# Langenscheidt
## Praktisches Wörterbuch
# Polnisch

Polnisch – Deutsch
Deutsch – Polnisch

Langenscheidt

Projektleitung: Dr. Sabrina Cherubini
Lexikografische Arbeiten: Martina den Hertog-Vogt, Anne Mählmann,
 Davy Henri Mulkens
Zusammenstellung und Bearbeitung der Zusatzseiten:
 Adriana G. Fuchs-Franke

Neubearbeitung auf Basis des
Praktischen Wörterbuchs Polnisch,
ISBN 978-3-12-514130-8

Bearbeitet von: Damian Mrowiński

**Warenzeichen, Marken und gewerbliche Schutzrechte**
Wörter, die unseres Wissens eingetragene Warenzeichen oder Marken
oder sonstige gewerbliche Schutzrechte darstellen, sind als solche —
soweit bekannt — gekennzeichnet.
Die jeweiligen Berechtigten sind und bleiben Eigentümer dieser Rechte.
Es ist jedoch zu beachten, dass weder das Vorhandensein noch das
Fehlen derartiger Kennzeichnungen die Rechtslage hinsichtlich dieser
gewerblichen Schutzrechte berührt.

1. Auflage 2023 (1,01 - 2023)
© PONS Langenscheidt GmbH,
Stöckachstraße 11, 70190 Stuttgart, 2023
Alle Rechte vorbehalten

www.langenscheidt.com

Typgrafisches Konzept: KOCHAN & PARTNER GmbH, München
Satz: Claudia Wild, Konstanz und uteweber-grafikdesign, Geretsried
Druck und Bindung: Druckerei C. H. Beck Nördlingen
Printed in Germany

ISBN **978-3-12-514483-5**

| | |
|---|---|
| **machać** (-am) ⟨**machnąć**⟩ (-nę) (inst) schwingen (akk); winken | Verweis auf Konjugationsmuster im Anhang und Hinweis auf Formenbildung: (-am), (-nę) |
| **richten** (-e-) **A** v/t **1** ⟨s⟩kierować (**auf** akk, **nach** na akk; **an** akk do gen; **gegen** przeciwko dat); Waffe a. ⟨wy⟩celować | Hinweise auf abweichende Rektion und den Gebrauch der Präpositionen in runden Klammern: (-e-) |
| **tłuc\*** ⟨s-⟩ (tłukę) talerz zerbrechen; szybę | Sternchen bei unregelmäßigen Verben |
| **ugryźć\*** pf (ugryzę) abbeißen; komar, osa | |
| **paczka** f (-i; gen -czek) (przesyłka) Paket n; (opakowanie) Schachtel f; (prezent) Päckchen n; (grupa) umg Clique f | Erklärende Hinweise und Stilebenenangaben in Kursivschrift: (przesyłka), (opakowanie), (prezent), (grupa) umg |
| **stopa** f (-y; gen stóp) ANAT Fuß m; EKON Satz m; zysku Rate f; **~ życiowa** Lebensstandard m; **~ procentowa** BANK Zinssatz | Sachgebiete in Großbuchstaben: ANAT, EKON, BANK |
| **szyk**¹ m (-u; bpl) Schick m, Eleganz f; **z ~iem** adv schick<br>**szyk**² m (-u; bpl) (szereg) Reihe f; LOT Formation f; GRAM Wortfolge f; **~ marszowy** | Hochzahlen unterscheiden gleichlautende Wörter in ihrer Bedeutung |

# Langenscheidt

## Praktisches Wörterbuch Polnisch

### Słownik praktyczny
### polsko — niemiecki
### niemiecko — polski

# Langenscheidt
# Słownik praktyczny

## polsko – niemiecki
## niemiecko – polski

Nowe opracowanie

Pod redakcją
Zespołu Redakcyjnego Langenscheidt

Langenscheidt

# Inhalt | Spis treści

## Tipps für die Benutzung | Wskazówki dla vżytkownika
Was steht wo im Wörterbuch? | Jak znaleźć dane hasło? ... 6
Die Aussprache des Polnischen | Wymowa polska ... 12
Die Aussprache des Deutschen |
   Wskazówki dotyczące wymowy i transkrypcji ... 15
Das polnische Alphabet | Alfabet polski ... 19
Das deutsche Alphabet | Alfabet niemiecki ... 20
Abkürzungen und Symbole | Skróty i symbole ... 21

## Polnisch – Deutsch | Słownik polsko-niemiecki ... 27

## Deutsch – Polnisch | Słownik niemiecko-polski ... 269

## Kommunikation | Komunikacja
Small Talk | Rozmowa towarzyska ... 590
Minidolmetscher für Pflegeberufe | Minirozmówki dla
   opiekunów/opiekunek osób chorych i starszych ... 594

## Extras | Dodatek
Uhrzeit | Czas ... 604
Zahlen | Liczby ... 606

## Grammatik | Gramatyka
Kurzgrammatik des Polnischen | Zarys gramatyki polskiej ... 609
Kurzgrammatik des Deutschen |
   Wskazówki dotyczące gramatyki języka niemieckiego ... 616
Wichtige deutsche starke und unregelmäßige Verben |
   Ważne nieregularne czasowniki w języku niemieckim ... 620

# Tipps für die Benutzung

## Was steht wo im Wörterbuch?

### 1 Alphabetische Reihenfolge

Die deutschen Umlaute **ä**, **ö** und **ü** werden wie die Buchstaben **a**, **o** bzw. **u** eingeordnet. Das **ß** ist dem (in der Schweiz ausschließlich verwendeten) **ss** gleichgestellt:

> **Ass** *n* (-es; -e) as
> **aß**, **äße** → essen
> **Assessment-Center** *n* (-s; -) assessment centre *unv*, centrum *n* oceny
> **Assistent(in)** *m(f)* (-en) asystent(ka)
> **Ast** *m* (-[e]s; Äste) gałąź *f*, konar
> **ästhetisch** estetyczny
> **Asthma** *n* (-s; bpl) astma, dychawica

Einige weibliche Formen sind mit der männlichen zusammengefasst:

> **bohater** *m* (-a; -owie), **bohaterka** *f* (-i; gen -rek) Held(in) *m(f)*; filmu Hauptperson
> **Dozent(in)** *m(f)* (-en) docent(ka)

### 2 Rechtschreibung

Für die Schreibung der deutschen Wörter gelten die aktuellsten DUDEN-Empfehlungen.

Der Bindestrich wird am Zeilenanfang wiederholt, wenn das getrennte Wort ursprünglich bereits einen Bindestrich enthält:

Was steht wo im Wörterbuch? ▪ 7

## 3 Aussprache

Aussprachehinweise (in eckigen Klammern [ ]) werden nur in solchen Fällen gegeben, in denen sich Schwierigkeiten für den Benutzer ergeben könnten (vgl. auch das Kapitel **Die Aussprache des Polnischen**).

## 4 Grammatische Hinweise

### Verben

| | | |
|---|---|---|
| v/t | transitiver Gebrauch (mit direktem Objekt) | **osuszać** (-am) ⟨-yć⟩ (-ę) v/t (ab)trocknen; trockenlegen |
| | | **flüstern** (-re) v/t ⟨wy⟩szeptać, szepnąć |
| v/i | intransitiver Gebrauch (ohne direktes Objekt) | **namiękać** (3. Pers -a) ⟨-nąć⟩ (-nie) v/i aufweichen, weich werden |
| | | **ähneln** v/i (-le) (dat) być podobnym (do gen), przypominać (akk) |
| v/r | reflexiver (rückbezüglicher) Gebrauch des deutschen Verbs | **zusammenfügen** **A** v/t ⟨po⟩łączyć (w całość) **B** v/r **sich ~** składać ⟨złożyć⟩ się |
| ⟨za-⟩, ⟨-nąć⟩ | Teil, der das Verb perfektiv macht (Vorsilbe, Endung) | **meldować** ⟨za-⟩ (-uję) melden; w biurze |
| | | **nasuwać** (-am) ⟨-nąć⟩ (-nę) schieben (**na** |
| (-am), (-uję) | Grammatikangaben | **machać** (-am) ⟨machnąć⟩ (-nę) (inst) schwingen (akk); winken |

Weitere Informationen im Kapitel **Konjugation der Verben**.

### Adjektive und Substantive
Hinweise zur Formenbildung in runden Klammern:

| | | |
|---|---|---|
| (-u; -y) (-y; bpl) | Genitiv Singular und Nominativ Plural | **namiot** m (-u; -y) Zelt n |
| | | **oliwa** f (-y; bpl) Olivenöl n; TECH Schmier- |

## 5 Lexikografische Zeichen

| | | |
|---|---|---|
| ~ | Die Tilde ~ steht für das Stichwort innerhalb des Artikels | **pieczeń** *f* (*-ni; -nie*) Braten *m*; **~ cielęca** Kalbsbraten *m*; **~ wołowa** Rinderbraten |
| ¹, ² | Hochzahlen unterscheiden Wörter gleicher Schreibung, aber völlig unterschiedlicher Bedeutung | **szyk**¹ *m* (*-u; bpl*) Schick *m*, Eleganz *f*; **z ~iem** *adv* schick<br>**szyk**² *m* (*-u; bpl*) (*szereg*) Reihe *f*; LOT Formation *f*; GRAM Wortfolge *f*; **~ marszowy** |
| **A**, **B**, **C** | Grammatische Unterschiedungen werden mit Buchstaben gegliedert | **abtreten** (*irr*) **A** *v/t* wycierać ⟨-trzeć⟩; *Teppich* wydept(yw)ać **B** *v/i* (*sn*) ustępować ⟨ustąpić⟩ (**vom Amt** ze stanowiska) |
| **1**, **2**, **3** | Arabische Ziffern dienen zur Bedeutungsunterscheidung | **richtig A** *adj* **1** właściwy (-wie), dobry (-brze) **2** (*zutreffend*) słuszny, trafny **3** (*fehlerlos*) prawidłowy (-wo), poprawny |
| * | Ein Sternchen kennzeichnet unregelmäßige polnische Verben: | **tłuc*** ⟨s-⟩ (*tłukę*) *talerz* zerbrechen; *szybę*<br>**ugryźć*** *pf* (*ugryzę*) abbeißen; *komar, osa* |
| → | Der Pfeil bedeutet „siehe" | **warknąć** *pf* → warczeć |

# Wskazówki dla użytkownika

## Jak znaleźć dane hasło?

### 1 Porządek alfabetyczny

Niemieckie przegłosy: **ä** (a-umlaut), **ö** (o-umlaut) i **ü** (u-umlaut) znajdą Państwo pod literą **a**, **o** i **u**. Niemiecka litera **ß** jest przyporządkowana kombinacji **ss**, która używana jest w Szwajcarii:

> **Ass** *n* (-es; -e) as
> **aß, äße** → essen
> **Assessment-Center** *n* (-s; -) assessment centre *unv*, centrum *n* oceny
> **Assistent(in)** *m(f)* (-en) asystent(ka)
> **Ast** *m* (-[e]s; Äste) gałąź *f*, konar
> **ästhetisch** estetyczny
> **Asthma** *n* (-s; bpl) astma, dychawica

Niektóre formy rodzaju żeńskiego połączone zostały z rodzajem męskim:

> **bohater** *m* (-a; -owie), **bohaterka** *f* (-i; gen -rek) Held(in) *m(f)*; *filmu* Hauptperson  **Dozent(in)** *m(f)* (-en) docent(ka)

### 2 Ortografia

Pisownia słówek niemieckich opiera się na aktualnych zasadach ortograficznych zalecanych przez obowiązujący w Niemczech słownik DUDENA.

Myślnik pojawia się ponownie na początku linijki, jeżeli uprzednio już pojawił się przy haśle:

## 3 Wymowa

Wskazówki dotyczące wymowy (w nawiasach kwadratowych [ ]) zostały użyte jedynie w przypadkach, w których wystąpiłyby wątpliwości (proszę porównać rozdział: **Wymowa niemiecka**).

## 4 Wskazówki gramatyczne

### Czasowniki

| | | |
|---|---|---|
| v/t | czasownik przechodni (z dopełnieniem bezpośrednim) | **osuszać** (-am) ⟨-yć⟩ (-ę) v/t (ab)trocknen; trockenlegen |
| | | **flüstern** (-re) v/t ⟨wy⟩szeptać, szepnąć |
| v/i | czasownik nieprzechodni (bez dopełnienia bezpośredniego) | **namiękać** (3. Pers -a) ⟨-nąć⟩ (-nie) v/i aufweichen, weich werden |
| | | **ähneln** v/i (-le) (dat) być podobnym (do gen), przypominać (akk) |
| v/r | czasownik zwrotny | **zusammenfügen** A v/t ⟨po⟩łączyć (w całość) B v/r **sich** ~ składać ⟨złożyć⟩ się |
| (irr; -) (irr; sn) | informacje fleksyjne | **beibehalten** (irr; -) zachow(yw)ać (akk), |
| (-e-) | | **beichten** (-e-) v/t |
| (-zt) | | **beizen** (-zt) bejcować; Fleisch marynować |

### Przymiotniki i rzeczowniki
W nawiasach okrągłych bezpośrednio po rzeczowniku podane są końcówka dopełniacza liczby pojedyńczej i końcówka mianownika liczby mnogiej:

| | |
|---|---|
| (-es; -e) | **Ausweis** m (-es; -e) legitymacja, dowód |
| (-s; -s) | **Auto** n (-s; -s) auto, samochód |

Dalsze informacje znajdą Państwo w rozdziale: **Gramatyka niemiecka**.

## 5 Znaki leksykograficzne

| | | |
|---|---|---|
| ~ | Tylda ~ zastępują słowo w danym haśle: | **pieczeń** f (-ni; -nie) Braten m; ~ **cielęca** Kalbsbraten m; ~ **wołowa** Rinderbraten |
| ¹, ² | Liczby do potęgi zaznaczają słowa o tej samej pisowni ale innym znaczeniu: | **szyk**¹ m (-u; bpl) Schick m, Eleganz f; **z ~iem** adv schick<br>**szyk**² m (-u; bpl) (szereg) Reihe f; LOT Formation f; GRAM Wortfolge f; ~ **marszowy** |
| **A**, **B**, **C** | Literami drukowanymi oznaczone są różnice gramatyczne: | **abtreten** (irr) **A** v/t wycierać ⟨-trzeć⟩; Teppich wydept(yw)ać **B** v/i (sn) ustępować ⟨ustąpić⟩ (**vom Amt** ze stanowiska) |
| **1**, **2**, **3** | Liczby arabskie służą do podkreślenia różnic w znaczeniu danego słowa: | **richtig A** adj **1** właściwy (-wie), dobry (-brze) **2** (zutreffend) słuszny, trafny **3** (fehlerlos) prawidłowy (-wo), poprawny |
| * | Gwiazdką zaznaczone są niemieckie czasowniki mocne i polskie czasowniki nieregularne: | **tłuc\*** ⟨s-⟩ (tłukę) talerz zerbrechen; szybę<br>**ugryźć\*** pf (ugryzę) abbeißen; komar, osa |
| → | Strzałka odsyła do innego hasła („patrz też..."): | **warknąć** pf → warczeć |

# Die Aussprache des Polnischen | Wymowa polska

- Zur Darstellung der polnischen Laute werden die Zeichen der IPA (*International Phonetic Association*) verwendet. Die polnischen **Vokale** werden in der Regel **kurz** und **offen** ausgesprochen. Ausnahmen: **i** und **u**, die zwar kurz aber geschlossen sind, und **e**, das geschlossen ist, wenn es zwischen zwei erweichten Konsonanten oder vor **j** steht.

- Die **Konsonanten b**, **d**, **f**, **j**, **k**, **l**, **m**, **n**, **p** und **t** bezeichnen Laute, die mit entsprechenden deutschen Lauten identisch sind; **k**, **p** und **t** werden jedoch ohne Behauchung (d. h. ohne den nachfolgenden flüchtigen *h*-Laut) gesprochen. Siehe auch weiter unten unter „Palatalisierung".

## 1 Vokale und Lautverbindungen

| Buch-stabe | phon. Zeichen | Erklärung | Beispiel |
|---|---|---|---|
| a | a | helles, kurzes **a** | rada, sałata |
| ą | ɔ̃ | nasaliertes **o** wie frz. in *bon* | wąsy ['vɔ̃sɨ] |
| e | ɛ | offenes **e** wie in Rest | deska |
|   | e | geschlossenes kurzes **e** | mienie, dzień |
| ę | ɛ̃ | nasaliertes **e** wie frz. in *Cousin* | kęs [kɛ̃s] |
| i | i | geschlossenes kurzes **i** | ile, minerał |
|   | ĭ | jotiertes **i** etwa wie in Nation | magia |
| o | ɔ | offenes kurzes **o** wie in von | oko, promocja |
| ó | u | geschlossenes kurzes **u** | ósmy, ówdzie |
| u | u | geschlossenes kurzes **u** | ul, uwaga |
| y | ɨ | etwa wie **i** in bin, Tisch, mit zurückgezogener Zunge gesprochen | syn, pytanie |

- Die **Nasalvokale ą** und **ę** unterliegen einer Angleichung an den darauf folgenden Konsonanten und verlieren oft völlig ihr nasales Element.

Wymowa polska ▪ 13

- **ą** wird gesprochen:
  - vor **b** und **p** wie *om* [ɔm]
  - vor **c** (**ć**), **cz**, **d**, **dz**, **dź** (**dzi**) und **t** wie *on* [ɔn, ɔŋ]
  - vor **g** und **k** wie *ong*, *onk* in *Kong*o, *Onk*el [ɔŋg, ɔŋk]

- **ę** wird gesprochen:
  - vor **b** und **p** wie *em* [ɛm]
  - vor **c** (**ć**), **cz**, **d**, **dz**, **dź** (**dzi**) und **t** wie *en* [ɛn, ɛŋ],
  - vor **g** und **k** wie *eng*, *enk* in *Eng*adin, *Enk*el [ɛŋg, ɛŋk]

▪ Die Lautverbindungen **an** (**ań**), **en** (**eń**), **in** (**iń**), **yn** (**yń**), **on** (**oń**) und **un** (**uń**) werden dagegen, wenn ein **s**, **z**, **sz**, **ż**, **f**, **w** oder **ch** folgt, häufig nasal ausgesprochen: **kwadrans** ['kvadrãs], **sens** [sɛ̃s], **konsul** ['kõnsul]. Die Lautverbindungen **au** und **eu** klingen wie deutsches *a* bzw. *e* mit nachfolgendem unsilbigem *u*: **auto** ['aŭtɔ], **Europa** [ɛŭ'rɔpa]; **aj** [aĭ] wird wie deutsch *ei* in *s*ei*n* und **oj** [ɔy] wie *eu* in *Sch*eu*ne* gesprochen.

## 2 Konsonanten und Konsonantenverbindungen

| Buchstabe(n) | phon. Zeichen | Erklärung | Beispiel |
|---|---|---|---|
| c | ts | wie deutsch **z** in **Z**orn | **cud, cal** |
| ch | x | wie **ch** in a**ch** | **chata, chęć** |
| ci + Vokal | tɕ | etwa wie **tj** in **tj**a | **ciało** ['tɕawɔ], **ciebie** |
| cz | tʃ | wie **tsch** in deu**tsch** | **Czech, czerwony** |
| ć | tɕ | etwa wie **tj** in **tj**a | **sieć, ćma** |
| dz | dz | etwa wie **d** + stimmhaftes **s** | **wiedza, sadza** |
| dzi + Vokal, dź | dʑ | etwa wie **d** + stimmhaftes **sj** | **śledź, dziecko** ['dʑɛtskɔ] |
| dż, drz | dʒ | etwa wie **dsch** in **Dsch**ungel | **dżuma, drzewo** |
| h | x | wie **ch** in a**ch** | **hak, huta** |
| ł | w | wie englisches **w** in **w**eek | **Bałtyk, ławka** |
| ng, nk | ŋg, ŋk | **ng** in **Eng**adin, **nk** in **Enk**el | **bank, Bangladesz** |

| ni + Vokal, ń | ŋ | etwa wie **gn** in Champa**gn**er | **koń, koniec** ['kɔɲɛts] |
|---|---|---|---|
| r | r | Zungenspitzen-**r** | **rynek, szwagier** |
| rz | ʃ | wie **sz** (nach **k, p, t** und im Auslaut) | **krzak, przód, trzoda, tchórz** |
| | ʒ | wie **ż** | **morze, rzeka** |
| s | s | immer stimmlos wie **ß** in gro**ß** | **sól, kosa** |
| si + Vokal, ś | ɕ | ähnelt dem dt. **ch** in Mär**ch**en, mit einem flüchtigen *sch*-Laut gesprochen | **sierp** [ɕɛrp], **siad, środek** |
| sp, st | sp, st | immer wie **ß + p** bzw. **ß + t** | **spółka, stacja** |
| sz | ʃ | wie **sch** in **Sch**ule | **szafa, szary** |
| w | v | wie **w** in **W**ald | **woda, wiedza** |
| z | z | wie stimmhaftes **s** in **S**ense | **zupa, zaraz** |
| zi + Vokal, ź | ʑ | stimmhafte Entsprechung zu **ś** | **źle, ziarno** [vʑarnɔ] |
| ż | ʒ | stimmhafte Entsprechung zu **sz**, wie dt. **j** in **J**ournal | **żaba, nożyce** |

- **Doppelkonsonanten** werden doppelt oder wie ein gelängter einfacher Konsonant gesprochen: **wanna** [van-na] oder [van:a]

- **Palatalisierung.** Ein **i** zwischen Konsonant und Vokal zeigt eine „weiche" Aussprache an. Das **i** bildet hier keine Silbe, sondern ist ein flüchtiger *j*-Laut (gekennzeichnet in der Umschrift durch ein Häkchen: þ, m̧, ɲ usw.), der zusammen mit dem davor stehenden Konsonanten gesprochen wird.

- **Betonung.** Im Polnischen wird in der Regel die vorletzte Silbe betont. In den wenigen Ausnahmefällen steht in diesem Wörterbuch das Betonungszeichen ['] vor der betonten Silbe.

# Die Aussprache des Deutschen | Wskazówki dotyczące wymowy i transkrypcji

W słowniku zastosowano symbole ogólnie przyjętej transkrypcji fonetycznej IPA (*International Phonetic Association*). Znak (ː) po samogłosce oznacza, że samogłoskę wymawia się długo. Znak (') oznacza że akcent leży na następującej po nim samogłosce.

## 1 Samogłoski i dyftongi

| litera, połączenie literowe | znak fonetyczny | objaśnienia | przykłady |
|---|---|---|---|
| a, aa, ah | ɑː | **a** tylnojęzykowe długie | Name, Haar |
| au | au | jak polskie **au** | Haus, Auto |
| ä | ɛ | krótkie jak polskie **e** | Bäcker, Fächer |
| ä, äh | ɛː | bardziej przeciągłe niż polskie **e** | Träne, Fähre |
| ai, ay | aɪ | jak polskie **aj** | Mais, Saite |
| äu, eu | ɔy | jak polskie **oj** | Fräulein, neun |
| e | ɛ | **e** krótkie, zbliżone do polsk. **e** | Werk, kennen |
| e, ee, eh | eː | **e** długie, ścieśnione | Weg, See |
| e | ə | **e** zredukowane, brzmi pośrednio między polsk. **a** i **y** | bitte, Bruder |
| ei | aɪ | jak polskie **aj** | nein, fein |
| eu | øː | w zapożyczeniach z francuskiego | Ingenieur, Redakteur |
| i | ɪ | **i** krótkie, dźwięk pośredni między polsk. **i** i **y** | bin, eckig, Rind |
| i, ie, ih | iː | **i** długie | Titel, viel, ihm |

| o | ɔ | **o** krótkie, otwarte | Bord, Schock |
|---|---|---|---|
| o, oh, oo | oː | **o** długie, wymawiane z wysunięciem warg do przodu | loben, Sohn, Moor |
| ö | œ | **ö** szerokie, bardziej zbliżone do **e** | öfter, zwölf |
| ö, oe, öh | ø | **ö** długie, ścieśnione | böse, Goethe |
| u, uh, ou | uː | **u** długie, ścieśnione | gut, Uhr, Route |
| u, ou | u | **u** krótkie | Bund, Klub |
| ü, üh, y | yː | samogłoska długa, pośrednia między **u** i **i**, wymawiana z zaokrągleniem warg | Blüte, Bühne, Analyse |
| ü, y | ʏ | **ü** krótkie | Mütze, Hygiene |

*Uwaga*: znak [~] oznacza samogłoski nosowe: ã, õ itd., znak [˘] samogłoski bardzo krótkie, niezgłoskotwórcze; ĭ, ŭ itd.

## 2 Spółgłoski

| litera, połączenie literowe | znak fonetyczny | objaśnienia | przykłady |
|---|---|---|---|
| c | k, ts, tʃ | w wyrazach obcych | Computer, Celsius, Cello |
| ch | ç | po samogłoskach **e**, **i**, **ä**, **ö**, **ü**, **y**, po dyftongach **ai**, **eu**, **ei**, **äu**, po spółgłoskach **l**, **m**, **n**, **r**, w nagłosie przed **e**, **i** oraz w przyrostku **-chen** | richtig, leicht, Milch, China, Kindchen |
| ch | x | po samogłoskach **a**, **o**, **u** i po **au** | Macht, Sucht, fauchen |
| ch | ʃ | w wyrazach obcych | Champagner |

Wymowa niemiecka ■ 17

| | | | |
|---|---|---|---|
| chs | ks | | sechs, wachsen |
| chs | xs | przed przyrostkiem **-sam** i końcówkami rozpoczynającymi się od **s** | wachsam, lachst |
| ck | k | | backen, Decke |
| g | ʒ | w zapożyczeniach z francuskiego | Gelee, Genie |
| h | h | dźwięczne **h** na początku wyrazu | Haus, haben |
| j | ʒ, dʒ | w wyrazach obcych | Jalousie, Jersey |
| ng | ŋ | przed spółgłoską oraz e zredukowanym, w wygłosie zgłoski | Gang, Ringe, länger |
| ph | f | jak polskie **f** | Philosoph |
| qu | kv | jak polskie **kw** | Quelle, Quark |
| r | r | **r** tylnojęzykowe w nagłosie i po spółgłoskach i prawie nie drżące w wygłosie i przed spółgłoskami | rot, stark |
| r | e | zwokalizowane **r** w nieakcentowanej końcówce **-er** | Lehr-er, bitt-er |
| s | z | w nagłosie przed samogłoską i w środku słowa między samogłoskami oraz po **l, m, n, r** jak polskie **z** | sofort, lesen, Reise, Ferse |
| s | s | w nagłosie przed spółgłoskami z wyjątkiem p i t, w środku słowa przed spółgłoskami oraz w wygłosie jak polskie **s** | Skala, Espe, Haus, Gans |
| ß, ss | s | zawsze jak polskie **s** | Schoß, Flüsse |
| sch | ʃ | jak polskie **sz** | Schule, schwarz |

| sp, st | ʃp, ʃt | jak polskie **szp**, **szt** | **Spiel, Stadt** |
|---|---|---|---|
| **tsch** | tʃ | jak polskie **cz** | **deutsch** |
| **tz** | ts | zawsze jak polskie **c** | **Witz, Katze** |
| **v, w** | v | jak polskie **w** | **Vulkan, Waage** |
| **v** | f | w niemieckich wyrazach rodzimych jak **f** | **vier, Volk, Vater** |
| **x** | ks |  | **Hexe, Xylophon** |
| **y** | j | w wyrazach obcych jak polskie **j** | **New York** |
| **z** | ts | zawsze jak polskie **c** | **Zwerg, Zimmer** |

- Samogłoski wymawia się długo:

    - W zgłosce zakończonej na samogłoskę wzgl. na pojedynczą spółgłoskę: **ragen** [rɑːgn̩], **devot** [deˈvoːt];

    - W wypadkach gdy występują podwojone samogłoski, **e** po samogłosce **i** lub t.zw. „nieme" **h** po innych samogłoskach: **Aal** [ɑːl], **Liebe** [ˈliːbə], **Hahn** [hɑːn].

- Samogłoski wymawia się krótko:

    - Przed dwiema spółgłoskami lub przed podwojoną spółgłoską, przed **sch** i **x**:
        - **Mord** [mɔrt], **Mokka** [ˈmɔka], **rasch** [raʃ], **hexen** [ˈhɛksn̩];
    - W samogłosce nieakcentowanej: **amerikanisch** [ameriˈkɑːnɪʃ].

- Spółgłoski **p, t, k** wymawia się z przydechem, dającym w wyniku słaby dźwięk *h* towarzyszący artykulacji danej spółgłoski. Spółgłoski dźwięczne **b, d, g** wymawia się jak **p, t, k** w wygłosie zgłoski lub gdy następuje po nich druga bezdźwięczna spółgłoska albo przyrostek, rozpoczynający się spółgłoską. **h** nie wymawia się po spółgłosce, jeśli odnosi się ono do tej samej zgłoski: **Thron** [troːn], **Rheuma** [ˈrɔyma] (ale: **Brat-huhn**, **Vorder-haus**).

# Das polnische Alphabet | Alfabet polski

| Buchstabe | Name | Umschrift | Buchstabe | Name | Umschrift |
|---|---|---|---|---|---|
| A, a | a | a | P, p | pɛ | p |
| ą | ɔ̃ | ɔ̃ | R, r | ɛr | r |
| B, b | bɛ | b | S, s | ɛs | s |
| C, c | tsɛ | ts | Ś, ś | ɛɕ | ɕ |
| Ć, ć | tɕɛ | tɕ | T, t | tɛ | t |
| D, d | dɛ | d | U, u | u | u |
| E, e | ɛ | ɛ, e | W, w | vu, vɛ | v |
| ę | ɛ̃ | ɛ̃ | Y, y | i grɛk | ɨ |
| F, f | ɛf | f | Z, z | zɛt | z |
| G, g | gɛ | g | Ź, ź | ʑɛt | ʑ |
| H, h | xa | x | Ż, ż | ʒɛt | ʒ |
| I, i | i | i | | | |
| J, j | jɔt | j | | | |
| K, k | ka | k | **Buchstabengruppen** | | |
| L, l | ɛl | l | Ch, ch | xa | x |
| Ł, ł | ɛw | w | Cz, cz | tʃe | tʃ |
| M, m | ɛm | m | Dz, dz | dɛzɛt, dzɛ | dz |
| N, n | ɛn | n | Dź, dź | dɛzɛt s krɛskɔ̃ | dʑ |
| ń | ɛɲ, ɲɛ | ɲ | Dż, dż | dɛzɛt s krɔpkɔ̃ | dʒ |
| O, o | ɔ | ɔ | Rz, rz | ɛrzɛt | ʒ, ʃ |
| Ó, ó | ɔ krɛskɔvanɛ[1] | | Sz, sz | ɛszɛt, ʃa | ʃ |

1) kreskowane: mit Strich

# Das deutsche Alphabet | Alfabet niemiecki

|   |   | wymowa |   |   | wymowa |
|---|---|---|---|---|---|
| A | a | [ɑ:] | O | o | [o:] |
| Ä | ä | [ɛ:] | Ö | ö | [ø:] |
| B | b | [be:] | P | p | [pe:] |
| C | c | [tse:] | Q | q | [ku:] |
| D | d | [de:] | R | r | [ɛr] |
| E | e | [e:] | S | s | [ɛs] |
| F | f | [ɛf] |   | ß | [ɛs'tsɛt] |
| G | g | [ge:] | T | t | [te:] |
| H | h | [ha:] | U | u | [u:] |
| I | i | [i:] | Ü | ü | [y:] |
| J | j | [jɔt:] | V | v | [faʊ] |
| K | k | [ka:] | W | w | [ve:] |
| L | l | [ɛl] | X | x | [ɪks] |
| M | m | [ɛm] | Y | y | ['ʏpsilɔn] |
| N | n | [ɛn] | Z | z | [tsɛt] |

# Abkürzungen und Symbole | Skróty i symbole

| | | |
|---|---|---|
| *a.* | auch | również, też |
| *abk* | Abkürzung | skrót |
| *abw* | abwertend | pejoratywny |
| *adj* | Adjektiv, Eigenschaftswort | przymiotnik |
| ADMIN | Verwaltung(ssprache) | administracja |
| *adv* | Adverb, Umstandswort | przysłówek |
| AGR | Landwirtschaft | rolnictwo |
| *akk* | Akkusativ | biernik |
| ANAT | Anatomie | anatomia |
| ARCH | Architektur | architektura |
| *art* | Artikel | rodzajnik |
| ASTRON | Astronomie | astronomia |
| *attr* | attributiv | przydawkowo |
| *austr* | österreichisch | wyraz austriacki |
| AUTO | Auto | motoryzacja |
| BANK | Bankwesen | bankowość |
| *bes* | besonders | szczególnie, zwłaszcza |
| BIOL | Biologie | biologia |
| BOT | Botanik, Pflanzenkunde | botanika |
| *bpl* | ohne Plural | tylko liczba pojedyncza |
| BUD | Bauwesen | budownictwo |
| CHEM | Chemie | chemia |
| *dat* | Dativ | celownik |
| *dem* | demonstrativ | wskazujący |
| *dial* | Dialektausdruck | wyraz gwarowy |
| *dim* | Diminutiv, Verkleinerung | wyraz zdrobniały |

| | | |
|---|---|---|
| *e-e, e-m, e-r, e-s* | eine, einem, einer, eines | (rodzajnik nieokreślony) |
| EKOL | Ökologie | ekologia |
| EKON | Wirtschaft | ekonomia |
| ELEK | Elektrotechnik | elektrotechnika |
| *engS* | im engeren Sinne | w węższym znaczeniu |
| *etw* | etwas | coś, czegoś, czymś |
| *f* | Femininum | rodzaju żeńskiego |
| *fam* | umgangssprachlich, familiär | wyraz potoczny, poufały |
| *fig* | figürlich, bildlich, übertragene Bedeutung | w znaczeniu przenośnym |
| FILM | Film, Kino | film, kino |
| FILOZ | Philosophie | filozofia |
| FIN | Finanzen, Buchhaltung | finanse, księgowość |
| FIZ | Physik | fizyka |
| *f(m)* | Femininum mit Maskulinendung in Klammern | rodzaj żeński z końcówką rodzaju męskiego w nawiasie |
| FOTO | Fotografie | Fotografie |
| *f/pl* | Femininum Plural | rodzaj żeński, liczba mnoga |
| *gen* | Genitiv | dopełniacz |
| GEOG | Geografie | geografia |
| GEOL | Geologie | geologia |
| GÓRN | Bergbau | górnictwo |
| GRAM | Grammatik | gramatyka |
| *h* | haben | (słowo posiłkowe) |
| HANDEL | Handel | handel |
| HIST | Geschichte, historisch | historia, historyczny |
| *idkl* | indeklinabel | nieodmienny |
| *impf* | imperfektives Verb | czasownik niedokonany |

| | | |
|---|---|---|
| (im)pf | imperfektives und perfektives Verb | czasownik dokonany i niedokonany |
| ind | Indikativ | tryb oznajmujący |
| indef | unbestimmt | nieokreślony |
| inf | Infinitiv | bezokolicznik |
| inst | Instrumental | narzędnik |
| int | Interjektion | wykrzyknik |
| interrog | interrogativ | pytajny |
| iron | ironisch | ironicznie |
| irr | unregelmäßig | nieprawidłowy |
| IT | Informatik | informatyka |
| j-d, j-m, j-n, j-s | jemand, jemandem, jemanden, jemandes | ktoś, komuś, kogoś, czyjś |
| JĘZ | Sprachwissenschaft | językoznawstwo |
| JUR | Recht(ssprache) | prawo, prawniczy |
| KOLEJ | Eisenbahnwesen | kolejnictwo |
| koll | Kollektivum, Sammelbezeichnung | wyraz zbiorowy |
| komp | Komparativ | stopień wyższy |
| konj | Konjunktion, Bindewort | spójnik |
| konjunkt | Konjunktiv | tryb przypuszczający |
| KOSM | Raumfahrt | kosmonautyka |
| KULIN | Kochkunst | kucharstwo |
| LEŚN | Forstwirtschaft | leśnictwo |
| lit | literarisch | wyraz literacki |
| LIT | Literatur | literatura |
| lok | Lokativ | miejscownik |
| LOTN | Flugwesen | lotnictwo |
| ŁOW | Jagd | łowiectwo |
| m | Maskulinum | męski (rodzaj) |
| MAL | Malerei | malarstwo |

| | | |
|---|---|---|
| MAR | Schifffahrt | żegluga, marynarka |
| MAT | Mathematik | matematyka |
| MED | Medizin | medycyna |
| METEO | Meteorologie | meteorologia |
| m(f) | Maskulinum mit Femininendung in Klammern | rodzaj męski z końcówką rodzaju żeńskiego w nawiasie |
| m/f | Maskulinum und Femininum | rodzaj męski i rodzaj żeński |
| MIL | Militär, militärisch | wojskowość |
| MINER | Mineralogie | mineralogia |
| m/n | Maskulinum und Neutrum | rodzaj męski i rodzaj nijaki |
| MOT | Kraftfahrzeuge | motoryzacja |
| m/pl | Maskulinum Plural | rodzaj męski, liczba mnoga |
| mst | meist | przeważnie |
| MUS | Musik | muzyka |
| n | Neutrum, sächlich | nijaki (rodzaj) |
| neg! | kann als beleidigend empfunden werden | może być uważane za obraźliwe |
| nom | Nominativ | mianownik |
| n/pl | Neutrum Plural | rodzaj nijaki, liczba mnoga |
| num | Zahlwort | liczebnik |
| obs | veraltet, obsolet | przestarzały |
| od | oder | albo, lub |
| ofic | offiziell | oficjalny |
| ogóln | allgemein | w znaczeniu ogólnym |
| örtl | örtlich | miejscowo |
| pers | Person, persönlich | osoba, osobowo |
| persf | Personalform | forma męskoosobowa |
| pf | perfektives Verb | czasownik dokonany |
| pl | Plural, Mehrzahl | liczba mnoga |

| | | |
|---|---|---|
| *płd-niem* | süddeutsch | południowoniemiecki |
| *poet* | poetisch | poetycki |
| POL | Politik | polityka |
| *pop* | salopp, derb | wyraz pospolity, rubaszny |
| *poss* | Possessivpronomen, besitzanzeigendes Fürwort | zaimek dzierżawczy |
| *pperf* | Perfektpartizip | imiesłów czasu przeszłego (dokonanego) |
| *ppr* | Partizip Präsens | imiesłów współczesny czynny |
| *präd* | prädikativ | orzecznik(owy) |
| *präp* | Präposition | przyimek |
| *prät* | Präteritum | czas przeszły |
| *pron* | Pronomen, Fürwort | zaimek |
| PSYCH | Psychologie | psychologia |
| ® | eingetragene Marke | chroniona nazwa towaru |
| RADIO | Radio, Rundfunk | radiofonia |
| *refl* | reflexiv | zwrotny |
| *reg* | regional | regionalny |
| *rel* | relativ | względny |
| REL | Religion | religia |
| *rtv* | Radio, Fernsehen | radio, telewizja |
| *sachf* | Sachform des Plurals | forma niemęskosobowa |
| *sg* | Singular, Einzahl | liczba pojedyncza |
| *sl* | Slang, Jargon | slang |
| *sn* | sein | (słowo posiłkowe) |
| SOZIOL | Soziologie | socjologia |
| SPORT | Sport | wyraz sportowy |
| *subst* | Substantiv, Hauptwort | rzeczownik |
| *sup* | Superlativ | stopień najwyższy |
| *szwajc* | schweizerisch | wyraz szwajcarski |

| | | |
|---|---|---|
| TEATR | Theater | teatr |
| TECH | Technik | technika |
| TEL | Telefon, Telekommunikation | telekomunikacja |
| TV | Fernsehen | telewizja |
| TYPO | Buchdruck, Typografie | drukarstwo |
| *u.* | und | i, oraz |
| *umg* | umgangssprachlich | wyraz potoczny, poufały |
| *unpers* | unpersönlich | nieosobowy |
| *unv* | unveränderlich | nieodmienny |
| *usw* | und so weiter | i tak dalej, i temu podobne |
| *v.* | von | od |
| *v/i* | intransitives Verb | czasownik nieprzechodni |
| *vok* | Vokativ | wołacz |
| *v/r* | reflexives Verb | czasownik zwrotny |
| *v/t* | transitives Verb | czasownik przechodni |
| *vulg* | vulgär | wulgarny, nieprzyzwoity |
| *weitS* | im weiteren Sinne | w szerszym znaczeniu |
| WŁOK | Textilindustrie | włókiennictwo |
| *z. B.* | zum Beispiel | na przykład |
| *zeitl* | zeitlich | czasowo |
| ZOOL | Zoologie | zoologia |
| *zssgn* | Zusammensetzungen | złożenie (złożenia) |
| *żart* | scherzhaft | żartobliwie |
| → | siehe | patrz |

# Polnisch – Deutsch

## A

**a** *konj* und; aber; *partikel* und; **~(a)!** *int* ah!; **~ jak!** klar doch!
**abażur** *m (-u; -y)* Lampenschirm *m*
**abecadło** *n (-a; gen -deł)* Alphabet *n*; *(podstawy)* Abc *n*
**abonament** *m (-u; -y)* Abonnement *n*
**abonent** *m (-a; -ci)*, **abonentka** *f (-i; gen -tek)* (*subskrybent*) Abonnent(in) *m(f)* **abonować** ⟨za-⟩ *(-uję)* abonnieren
**aborcja** *f (-i; -e)* Abtreibung *f*
**absencja** *f (-i; -e) ofic* Fehlen *n*, Abwesenheit *f*
**absolutny** absolut
**absolwent** *m (-a; -ci)*, **absolwentka** *f (-i; gen -tek)* Absolvent(in) *m(f)*
**absorbować** ⟨za-⟩ *(-uję)* in Anspruch nehmen; (*interesować*) beschäftigen, interessieren
**abstrahować** *(-uję)* absehen (**od** *gen* von *dat*)
**absurd** *m (-a od -u; -y)* Absurdität *f*, Unsinn *m* **absurdalny** absurd, widersinnig
**aby** *konj* um ... zu, damit; dass; **~ tylko ...** wenn (doch) nur ...
**ach** *int* ach
**adaptacja** *f (-i; -e)* Adaptation *f*, Anpassung *f*; **~ filmowa** Verfilmung *f*; **~ budynku** Umbau *m*; **~ na biuro** Umbau *m* für Bürozwecke
**adapter** *m (-a od -u; -y)* Plattenspieler *m* ELEK, IT Adapter *m* **adaptować** ⟨za-⟩ *(-uję)* bearbeiten; *budynek* umbauen; **~ się** sich anpassen
**administracja** *f (-i; -e)* Verwaltung *f*; **administrator** *m (-a; -rzy)*, **administratorka** *f (-i; gen -rek)* Verwalter(in) *m(f)*; IT Betreiber(in) *m(f)* **administrować** *(-uję) (inst)* verwalten, leiten *(akk)*

**adnotacja** *f (-i; -e)* Vermerk *m*, Anmerkung *f*
**adoptować** ⟨za-⟩ *(-uję)* adoptieren
**adorator** *m (-a; -rzy)*, **adoratorka** *f (-i; gen -rek)* Verehrer(in) *m(f)*
**adres** *m (-u; -y)* Adresse *f*, Anschrift *f*; **~ domowy** Privatadresse *f*; **~ zwrotny** Absenderadresse *f*; **~ elektroniczny** od **e-mailowy** E-Mail-Adresse *f* **adresat** *m (-a; -ci)*, **adresatka** *f (-i; gen -tek)* Empfänger(in) *m(f)* **adresować** ⟨za-⟩ *(-uję)* adressieren (**do** *gen* an *akk*)
**adwent** *m (-u; -y)* Advent *m* **adwentowy: okres ~** Adventszeit *f*
**adwokat** *m (-a; -ci)* Rechtsanwalt *m*; *(kobieta)* Rechtsanwältin *f*
**aerozol** *m (-u; -e)* Spray *m* od *n*
**afektowany** affektiert, gekünstelt
**afera** *f (-y)* Affäre *f*, Skandal *m*
**aferzysta** *m (-y; -ści; gen -ów)*, **aferzystka** *f (-i; gen -tek)* Hochstapler(in) *m(f)*, Betrüger(in) *m(f)*
**afgański** afghanisch
**afisz** *m (-a; -e)* Plakat *n*; **zejść** *pf* **z ~a** TEATR vom Spielplan abgesetzt werden **afiszować się** *(-uję)* **(z** *inst)* zur Schau stellen *(akk)*, umg angeben (mit *dat*)
**Afrykanin** *m (-a; -anie; gen -ów)*, **Afrykanka** *f (-i; gen -nek)* Afrikaner(in) *m(f)* **afrykański** Afrika-, afrikanisch
**agencja** *f (-i; -e)* Agentur *f*; Vertretung *f* **agenda** *f (-y)* Filiale *f*; *(terminarz)* Terminkalender *m* **agent** *m (-a; -ci)*, **agentka** *f (-i; gen -tek)* Agent(in) *m(f)*, Spion(in) *m(f)* **agentura** *f (-y)* Filiale *f*; *pej* Spionagedienst *m*
**aglomeracja** *f (-i; -e)* Ballungsgebiet *n*
**agrafka** *f (-i; gen -fek)* Sicherheitsnadel *f*
**agresja** *f (-i; -e)* Aggression *f* **agresor** *m (-a; -rzy)* Aggressor *m*, Angreifer *m*
**agrest** *m (-u; -y)* Stachelbeere *f*; *(owoce)* Stachelbeeren *f/pl*
**agresywny** aggressiv
**agronom** *m (-a; -owie)* Diplomlandwirt *m* **agrotechnika** *f* Agrotechnik, Landwirtschaftstechnik

**AIDS** *m* (*unv*) Aids *n*; **chory na ~** Aidskranke(r) *m*
**akacja** *f* (*-i; -e*) Akazie *f*
**akademia** *f* (*gen dat lok -ii; -e*) Hochschule *f*; (*uroczystość*) Feierstunde *f* **akademik** *m* (*-a; -i*) *umg* Studenten(wohn)heim *n*
**akcent** *m* (*-u; -y*) JĘZ Akzent *m* **akcentować** ⟨za-⟩ (*-uję*) akzentuieren, betonen
**akceptować** ⟨za-⟩ (*-uję*) akzeptieren
**akcesoria** *pl* (*gen -ów*) Zubehör *n*; (*dodatki*) Accessoires *pl*
**akcja** *f* (*-i; bpl*) Aktion *f*; FIN Aktie *f* **akcjonariusz** *m* (*-a; -e*), **akcjonariuszka** *f* (*-i; gen -szek*) Aktionär(in) *m(f)*, Aktieninhaber(in) *m(f)* **akcyjny** Aktions-; **spółka** *f* **akcyjna** Aktiengesellschaft *f*; **kapitał** *m* **~** Aktienkapital *n*
**akompaniament** *m* (*-u; -y*) MUS Begleitung *f*; **~ fortepianowy** Klavierbegleitung *f* **akompaniować** (*-uję*) MUS begleiten
**akord** *m* (*-u; -y*) MUS, EKON Akkord *m*; **pracować na ~** im Akkord arbeiten
**akordeon** *m* (*-u; -y*) Akkordeon *n*
**akredytować** (*-uję*) akkreditieren
**akrobata** *m* (*-y; -ci*), **akrobatka** *f* (*-i; gen -tek*) Akrobat(in) *m(f)*; **~ na trapezie** Trapezkünstler *m*
**aksamit** *m* (*-u; -y*) Samt *m*
**akt** *m* (*-u; -y*) Akt *m*; (*dokument*) Urkunde *f*; **~ kupna** Kaufbrief *m*; **~ oskarżenia** Anklageschrift *f*; **~ zgonu** Sterbeurkunde *f*; **~ urodzenia** Geburtsurkunde *f*; **~ ślubu** Heiratsurkunde *f*; **~ otwarcia** Eröffnungsfeier *f*
**aktor** *m* (*-a; -rzy*), **aktorka** *f* (*-i; gen -rek*) Schauspieler(in) *m(f)* **aktorski** (**-ko**) schauspielerisch **aktorstwo** *n* (*-a; bpl*) Schauspielkunst *f*; Schauspielerei *f*
**aktówka** *f* (*-i; gen -wek*) Aktentasche *f*
**aktualizacja** *f* (*-i; -e*) Aktualisierung *f*; IT Update *n* **aktualizować** ⟨z-⟩ (*-uję*) aktualisieren **aktualnie** *adv* zurzeit, momentan **aktualność** *f* (*-ści; bpl*) Aktualität *f* **aktualny** aktuell, gegenwärtig; (*ważny*) gültig
**aktywizować** ⟨z-⟩ (*-uję*) aktivieren, beleben **aktywność** *f* (*-ści; bpl*) Aktivität *f* **aktywny** aktiv
**akumulator** *m* (*-a; -y*) Akkumulator *m* **akumulować** ⟨z-⟩ (*-uję*) akkumulieren; *ciepło* speichern
**akupunktura** *f* (*-y; bpl*) Akupunktur *f*
**akurat** *partikel* (*w tej chwili; właśnie*) gerade; (*dokładnie*) genau
**akustyczny** akustisch; (*nieizolujący*) hellhörig
**akuszerka** *f* (*-i; gen -rek*) Hebamme *f*, Geburtshelferin *f*
**akwarela** *f* (*-i; -e*) (*obraz*) Aquarell *n*; (*farba*) Aquarellfarbe *f* **akwarium** *n* (*unv*, *-ia; gen -ów*) Aquarium *n*
**alarm** *m* (*-u; -y*) Alarm *m*; (*urządzenie*) Alarmanlage *f*; **bić na ~** Alarm schlagen **alarmować** ⟨za-⟩ (*-uję*) alarmieren
**Albańczyk** *m* (*-a; -cy*), **Albanka** *f* (*-i; gen -nek*) Albaner(in) *m(f)* **albański** albanisch
**albinos** *m* (*-a; -y; persf -i*) Albino *m*
**albo** *konj* oder **albo ..., albo ...** entweder ... oder **~ też** oder aber
**album** *m* (*-u; -y*) Album *n*
**ale**[1] *konj* aber, (je)doch; *partikel* aber; **~ gdzie tam!** ach wo!, (aber) woher denn!; **~ pogoda!** was für ein Wetter!; **~ smaczne!** das schmeckt aber gut! **ale**[2] *n* (*unv*) Aber *n*; **bez żadnego ~** ohne Wenn und Aber
**aleja** *f* (*-ei; -e; gen -ej*) Allee *f*
**alergia** *f* (*gen dat lok -ii; -e*) Allergie *f* (**na** *akk* gegen *akk*) **alergiczny** allergisch
**alert** *m* (*-u; -y*) Alarmbereitschaft *f*
**alfabet** *m* (*-u; -y*) Alphabet *n*; **~ dla niewidomych** Blindenschrift *f* **alfabetyczny** alphabetisch
**alfons** *m* (*-a; -i od -y*) *pop* Zuhälter *m*, *umg* Loddel *m*
**algebra** *f* (*-y; bpl*) Algebra *f*
**Algierczyk** *m* (*-y; -cy*), **Algierka** *f* (*-i; gen -rek*) Algerier(in) *m(f)* **algierski** algerisch
**aliant** *m* (*-a; -ci*) Alliierte(r) *m*
**alibi** *n* (*unv*) Alibi *n*
**alimenty** *pl* (*gen -ów*) Unterhaltszahlung *f*, Alimente *pl*
**alkaliczny** alkalisch, basisch
**alkohol** *m* (*-u; -e*) Alkohol *m* **alkoholik** *m* (*-a; -cy*), **alkoholiczka** *f* (*-i; gen -czek*) Alkoholiker(in) *m(f)*, Alkoholkranke(r) *m, f* **alkoholowy** alkoholisch, Alkohol-
**alleluja** *n* (*unv*) Halleluja *n*; **wesołego ~!** frohe Ostern!
**alpejski** Alpen-, alpin **alpinista** *m* (*-y; -ści; gen -ów*), **alpinistka** *f* (*-i; gen -tek*) Bergsteiger(in) *m(f)*, Alpinist(in) *m(f)*

**alt – antresola** ▪ **29**

**alt** m (-u; -y) (głos) Alt m; (osoba) (gen -a) Altist(in) m(f)
**altana** f (-y), **altanka** f (-i; gen -nek) Laube f
**alternator** m (-a; -y) AUTO Lichtmaschine f **alternatywa** f (-y) Alternative f **alternatywny** alternativ
**altówka** f (-i; gen -wek) Bratsche f **altysta** m (-y; -ści), **altystka** f (-i; gen -tek) Bratschist(in) m(f)
**aluzja** f (-i; -e) Anspielung f; **robić ~je** (do gen) anspielen (auf akk) **aluzyjnie** adv andeutungsweise
**alzacki** elsässich, Elsässer
**amalgamat** m (-u; -y) Amalgam n
**amant** m (-a; -ci) Verehrer m; (typ aktora) Charmeur m **amator** m (-a; -rzy), **amatorka** f (-i; gen -rek) (hobbysta) Amateur(in) m(f) (a. SPORT); (miłośnik) Liebhaber(in) m(f), Fan m; (laik) Dilettant(in) m(f); (reflektujący) Interessent(in) m(f); **ogrodnik m ~** Hobbygärtner m **amatorski** (**-ko**) Amateur-, Hobby-; hobbymäßig **teatr m ~** Laienbühne f **po~sku** adv als Laie, nicht fachmännisch
**ambasada** f (-y) Botschaft f **ambasador** m (-a; -rzy) Botschafter m
**ambitny** ehrgeizig, ambitioniert
**ambulans** m (-u; -e) Ambulanz f, Krankenwagen m **ambulatorium** n (unv; -ia; gen -ów) (zakład leczniczy) Ambulanz f, Behandlungsstation f **ambulatoryjny** MED ambulant
**Amerykanin** m (-a; -anie; gen -ów) Amerikaner m **Amerykanka** f (-i; gen -nek) Amerikanerin f **amerykański** amerikanisch
**amfibia** f (gen dat lok -ii; -e) ZOOL Lurch m; (pojazd) Amphibienfahrzeug n
**amnestia** f (gen dat lok -ii; -e) Amnestie f **amnezja** f (-i; -e) MED Amnesie f, Gedächtnisschwund m
**amoralny** amoralisch, unmoralisch
**amortyzacja** f (-i; -e) EKON Amortisation f; TECH Stoßdämpfung f **amortyzator** m (-a; -y) TECH Stoßdämpfer m **amortyzować** ⟨z-⟩ (-uję) dämpfen; EKON amortisieren
**ampułka** f (-i; gen -łek) Ampulle f
**amputować** (-uję) MED amputieren, abnehmen
**amunicja** f (-i; bpl) Munition f
**anaboliczny: środki** m/pl **~ne** Anabolika n/pl

**anachroniczny** anachronistisch
**analfabeta** m (-y; -ci), **analfabetka** f (-i; gen -tek) Analphabet(in) m(f) **analfabetyzm** m (-u; bpl) Analphabetismus m
**analiza** f (-y) Analyse f, Untersuchung f **analizować** ⟨z-⟩ (-uję) analysieren
**analogiczny** analog, ähnlich
**ananas** m (-a; -y) Ananas f
**anarchiczny** anarchisch **anarchista** m (-y; -ści, -ów), **anarchistka** f (-i; gen -tek) Anarchist(in) m(f) **anarchistyczny** anarchistisch
**anatomia** f (gen dat lok -ii; bpl) Anatomie f **anatomiczny** anatomisch
**andrut** m (-a; -y) Waffel f
**anegdota** f (-y) Anekdote f
**aneks** m (-u; -y) (dodatek) Beilage f (**do** gen zu dat); (dobudówka) Anbau m **anektować** ⟨za-⟩ (-uję) annektieren
**anemiczny** anämisch; fig leblos, langsam
**anestezjolog** m (-a; -dzy) Anästhesist m; (kobieta) Anästhesistin f
**angażować** ⟨za-⟩ (-uję) einstellen, anstellen; aktora engagieren
**Angielka** f (-i; gen -lek) Engländerin f **angielski** englisch; **język m ~** Englisch n; **ziele n ~e** Piment n od m, Nelkenpfeffer m; **mówić po angielsku** Englisch sprechen
**Anglik** m (-a; -cy) Engländer m
**anglistyka** f (-i; bpl) Anglistik f
**anglojęzyczny** englischsprachig **anglosaski** angelsächsisch
**ani** konj: **~ ... ~, nie ... ~** nie weder ... noch; partikel nicht (einmal), kein; **~ razu** kein einziges Mal; **~ śladu** (gen) keine Spur von (dat)
**anielski** (**-ko**) engelhaft, Engels-
**animacja** f (-i; -e) Animation f **animowany: film m ~** Zeichentrickfilm m
**anioł** m (-a, aniele!; -owie od anioły) Engel m; **Anioł Stróż** Schutzengel m
**ankieta** f (-y) Fragebogen m; (akcja) Umfrage f
**anonimowy** (**-wo**) anonym
**anons** m (-u; -e) Anzeige f **anonsować** ⟨za-⟩ (-uję) annoncieren, ankündigen
**antarktyczny** antarktisch, Antarktis-
**antena** f (-y) Antenne f
**antrakt** m (-u; -y) TEATR Pause f
**antresola** f (-i; -e) Zwischengeschoss n,

## A — 30 — antybiotyk – artykuł

Halbgeschoss *n*
**antybiotyk** *m (-u; -i)* Antibiotikum *n*
**antyczny** antik
**antydatować** *(-uję)* zurückdatieren
**antydopingowy: kontrola f ~wa** Dopingkontrolle *f* **antyhałasowy: osłona ~hałasowa** Lärmschutz *m*
**antyk** *m (-u; bpl)* HIST Antike *f*; *(pl -i) (przedmiot)* Antiquität *f*
**antykoncepcyjny: pigułka f ~na** *umg* Antibabypille *f*
**antykwariat** *m (-u; -y) z książkami* Antiquariat *n*; *z antykami* Antiquitätenladen *m* **antykwariusz** *m (-a; -e)* Antiquar *m*; *(sprzedawca antyków)* Antiquitätenhändler *m*
**antyniemiecki** deutschfeindlich **antypatia** *f (gen dat lok -ii; -e)* Abneigung *f* **antypatyczny** unsympathisch, unangenehm **antypolski** polenfeindlich **antysemicki** antisemitisch **antyseptyczny** antiseptisch **antywirusowy** Antiviren- **antywojenny** Antikriegs-
**anulować** *(-uję)* aufheben; *dług* tilgen; *decyzję* rückgängig machen **anulowanie** *n (-a)* Annullierung *f*
**anyż** *m (-u; -e)* Anis *m*
**aparat** *m (-u; -y)* Apparat *m*; *cyfrowy* Digitalkamera *f*
**apartament** *m (-u; -y)* Appartement *n*
**apaszka** *f (-i; gen -szek)* Halstuch *n*
**apatyczny** apathisch, teilnahmslos
**apel** *m (-u; -e; gen i od -ów)* Appell *m*
**apelacja** *f (-i; -e)* JUR Appellation *f*, Berufung *f* **apelować** ⟨**za-**⟩ *(-uję)* appellieren (**do** *gen* an *akk*)
**apetyczny** appetitlich **apetyt** *m (-u; -y)* Appetit *m*
**aplauz** *m (-u; -y)* Applaus *m*, Beifall *m*
**aplikacja** *f (-i; -e)* JUR Referendariat *n*; *(wzór)* Applikation *f*; IT Anwendung *f*, Programm *n* **aplikant** *m (-a; -ci)*, **aplikantka** *f (-i; gen -tek)* JUR Referendar(in) *m(f)*
**aplikować** ⟨**za-**⟩ *(-uję)* MED verabreichen
**apostoł** *m (-a; -owie)* REL Apostel *m*
**aprobata** *f (-y; bpl)* Billigung *f*, Zustimmung *f* **aprobować** ⟨**za-**⟩ *(-uję)* billigen, gutheißen; genehmigen
**apteczka** *f (-i; gen -czek)* Reiseapotheke *f*; *pierwszej pomocy* Verband(s)kasten *m*
**apteka** *f (-i; gen –tek)* Apotheke *f* **aptekarka** *f (-i; gen -rek)* Apothekerin *f*
**Arab** *m (-a; -owie)* Araber *m* **arab** *(-a; pl -y) (koń)* Araber *m* **Arabka** *f (-i; gen -bek)* Araberin *f* **arabski** arabisch
**aranżować** ⟨**za-**⟩ *(-uję)* arrangieren
**arbuz** *m (-a; -y)* Wassermelone *f*
**archeologia** *f (gen dat lok -ii; bpl)* Archäologie *f* **archeologiczny** archäologisch
**archipelag** *m (-u; -i)* Archipel *m*
**architekt** *m (-a; -ci)* Architekt *m*; *(kobieta)* Architektin *f* **architektoniczny** architektonisch **architektura** *f (-y; bpl)* Architektur *f*
**archiwizacja** *f (-i; -e)* Archivierung *f*; **~ danych** IT Zwischenablage *f* **archiwizować** ⟨**z-**⟩ *(-uję)* archivieren **archiwum** *n (unv; -wa, -ów)* Archiv *n*
**arcybiskup** *m (-a; -i)* Erzbischof *m* **arcydzieło** *n (-a)* Meisterwerk *n*
**areał** *m (-u; -y)* Areal *n*, Fläche *f*
**arena** *f (-y)* Arena *f*
**areszt** *m (-u; -y)* Arrest *m*; JUR Beschlagnahme *f*; **~ śledczy** Untersuchungshaft *f* **aresztować** ⟨**za-**⟩ *(-uję)* verhaften, festnehmen **aresztowanie** *n (-a)* Verhaftung *f*, Festnahme *f* **aresztowany**[1] verhaftet **aresztowany**[2] *m (-ego; -i)*, **aresztowana** *f (-ej; -e)* Häftling *m*
**argentyński** argentinisch
**argumentować** ⟨**za-**⟩ *(-uję)* argumentieren (**za** *inst* für *akk* **przeciw** *dat* gegen *akk*), begründen
**aria** *f (gen dat lok -ii; -e)* Arie *f*
**arka** *f (-i; bpl)*: **~ Noego** REL Arche *f* Noah
**arktyczny** arktisch
**arkusz** *m (-a; -e, -y)* Bogen *m*
**armator** *m (-a; -rzy)* Reeder *m*
**armatura** *f (-y)* Armatur *f*
**armeński** armenisch
**armia** *f (gen dat lok -ii; -e)* Armee *f*
**arogancki** *(persf -ccy)* (**-ko**) arrogant, überheblich
**aromat** *m (-u; -y)* Aroma *n*, Duft *m* **aromatyczny** aromatisch
**arteria** *f (gen dat lok -ii; -e)* MED Schlagader *f*; *(trasa)* Hauptstrecke *f*
**artretyzm** *m (-u; bpl)* Arthritis *f*, Gicht *f*
**artykuł** *m (-u; -y)* Artikel *m*; **~ły** *m/pl* **spożywcze** Lebensmittel *n/pl*; **~ły** *m/pl* **gospodarstwa domowego** Haushaltswaren *f/pl*

## artyleria — awangarda

**artyleria** f (gen dat lok -ii; bpl) Artillerie f
**artysta** m (-y; -ści; gen -ów), **artystka** f (-i; gen -tek) Künstler(in) m(f) **artystyczny** künstlerisch; (harmonijny) kunstreich, kunstvoll **artyzm** m (-u; bpl) osoby Kunstfertigkeit f; dzieła Großartigkeit f
**arystokratyczny** aristokratisch; maniery vornehm
**arytmetyczny** arithmetisch; **zadanie** f **~czne** Rechenaufgabe f **arytmetyka** f (-i; bpl) Arithmetik f; w szkole Rechnen n
**as** m (-a; -y) Ass n
**asekuracja** f (-i; bpl) SPORT Sicherung f (zabezpieczanie się) Rückversicherung f, Absicherung f **asekuracyjny** Sicherungs- **asekurować się** ⟨za-⟩ (-uję) sich absichern; fig a. sich rückversichern
**asocjacja** f (-i; -e) Assoziation f
**asortyment** m (-u; -y) Sortiment n, Auswahl f
**aspekt** m (-u; -y) Aspekt m
**aspiracje** pl (gen -cji) Ambitionen pl
**aspołeczny** asozial
**astma** f (-y; bpl) Asthma n
**astrologia** f (gen dat lok -ii; bpl) Astrologie f **astronauta** m (-y; -ci), **astronautka** f (-i; gen -tek) Astronaut(in) m(f), Weltraumfahrer(in) m(f) **astronautyka** f (-i; bpl) Astronautik f **astronomia** f (gen dat lok -ii; bpl) Astronomie f **astronomiczny** astronomisch
**asygnować** ⟨wy-⟩ (-uję) pieniądze zur Verfügung stellen (**na** akk für akk); czek ausstellen
**asystent** m (-a; -ci), **asystentka** f (-i; gen -tek) Assistent(in) m(f)
**atak** m (-u; -i) MIL, SPORT Angriff m; MED Anfall m **atakować** ⟨za-⟩ (-uję) angreifen
**atelier** n (unv) Atelier n; **~ filmowe** Filmstudio n
**atest** m (-u; -y) HANDEL Zulassung f
**atlantycki** atlantisch, Atlantik-
**atlas** m (-u; -y) Atlas m
**atleta** m (-y; -ci; gen -tów), **atletka** f (-i; gen -tek) Athlet(in) m(f) **atletyczny** athletisch **atletyka** f (-i; bpl) Athletik f; **lekka ~** Leichtathletik f
**atłas** m (-u; -y) Atlas m, Satin m; **jak ~** fig samten
**atmosfera** f (-y) Atmosphäre f **atmosferyczny**: **warunki** pl **~ne** Wetterlage f

**atom** m (-u; -y) Atom n **atomowy** atomar, Atom-; **elektrownia** f **~owa** Atomkraftwerk n
**atrakcja** f (-i; -e) Attraktion f **atrakcyjny** attraktiv, reizvoll; oferta verlockend
**atrament** m (-u; -y) Tinte f; **~ do stempli** Stempelfarbe f
**atut** m (-u; -y) Trumpf m; (zaleta) Vorteil m
**audiowizualny** audiovisuell
**audycja** f (-i; -e) RADIO, TV Sendung f **audytorium** n (unv; -ria; gen -ów) (sala) Hörsaal m; (słuchacze) Publikum n
**aukcja** f (-i; -je) Auktion f, Versteigerung f
**auspicje** pl: **pod ~ami** (gen) unter der Schirmherrschaft (gen od von dat)
**Australijczyk** m (-a; -cy), **Australijka** f (-i; gen -jek) Australier(in) m(f) **australijski** australisch
**austriacki** österreichisch, Österreich- **Austriaczka** f (-i; gen -czek), **Austriak** ['aŭ-] m (-a; -cy) Österreicher(in) m(f)
**autentyczny** authentisch, echt; (oryginalny) original
**auto** n (-a; gen aut) Auto n **autoalarm** m (-u; -y) w samochodzie Alarmanlage f
**autobiograficzny** autobiografisch
**autobus** m (-u; -y) (Auto)Bus m; **~em** mit dem Bus
**autochton** m (-a; -ni), **autochtonka** f (-i; gen -nek) Einheimische(r) m, f **autograf** m (-u; -y) (podpis) Autogramm n **autokar** m (-u; -y) Reisebus m **automat** m (-u; -y) Automat m; umg Maschinenpistole f **automatyczny** automatisch **automatyzacja** f (-i; bpl) Automatisierung f **automatyzować** ⟨z-⟩ (-uję) automatisieren **autonomia** f (gen dat lok -ii; bpl) Autonomie f **autonomiczny** autonom
**autor** m (-a; -rzy), **autorka** f (-i; gen -rek) Autor(in) m(f); (inicjator) Urheber(in) f **autorstwo** n (-a; bpl) Autorschaft f; Urheberschaft f **autorytatywny** autoritär; (wiarygodny) glaubwürdig **autoryzacja** f (-i; -e) Autorisierung f **autoryzowany** autorisiert
**autoserwis** m (-u; -y) Kfz-Service m od n
**autostop** m: **jechać ~em** per Anhalter fahren, trampen **autostopowicz** m (-a; -e), **autostopowiczka** f (-i; gen -czek) Anhalter(in) m(f), Tramper(in) m(f)
**autostrada** f (-y) Autobahn f
**awangarda** f (-y) Avantgarde f

**awans** m (-u; -e) Beförderung f; **~ społeczny** sozialer Aufstieg m; **dostać ~** befördert werden **awansować** (-uję) v/t befördern; v/i befördert werden; aufsteigen (a. SPORT)

**awantura** f (-y) Streit m, umg Krach m **awanturniczy** (kłótliwy) streitsüchtig, zänkisch; POL demagogisch, hetzerisch **awanturować się** (-uję) krakeelen

**awaria** f (gen dat lok -ii; -e) Störung f; pojazdu Panne f; statku Havarie f

**awersja** f (-i; bpl) Widerwille m

**azalia** f (gen dat lok -ii; -e) Azalee f

**azbest** m (-u; bpl) Asbest m **azbestowy** Asbest-

**Azjata** m (-y; -ci) Asiate m **Azjatka** f (-i; gen -tek) Asiatin f **azjatycki** asiatisch, Asien-

**azot** m (-u; bpl) Stickstoff m

**azyl** m (-u; -e) Asyl n; **prawo ~u** Asylrecht n; **udzielić ~u** Asyl gewähren **azylant** f (-a; -ci), **azylantka** f (-i; gen -tek) Asylbewerber(in) m(f)

**aż** konj bis; dass; partikel (+ praep) **~ do** (gen) bis an od in (akk), bis nach od zu (dat); **~ do wczoraj** bis gestern; **~ po kolana** bis zu den Knien; **spóźnił się ~ dwie godziny** er kam erst zwei Stunden später; **~ tyle** so viel

# B

**babcia** f (-; vok -ciu!; -e) Großmutter f, umg Oma f **babka** f (-i; gen -bek) Großmutter f; z piasku Sandkuchen m; (ciasto) Napfkuchen m **babski** umg Frauen**babunia** f, **babusia** f (-i; vok -iu!; -e) dim Omi f

**baczny** aufmerksam, wachsam

**bać się*** (boję) Angst haben (gen vor dat); (martwić się) Angst haben (**o** akk um akk)

**badacz** m (-a; -e), **badaczka** f (-ki; gen -czek) Forscher(in) m(f) **badać** ⟨z-⟩ (-am) untersuchen; puls fühlen **badanie** n (-a) Untersuchung f; **~ie opinii publicznej** Meinungsumfrage f; **~ie rynku** Marktforschung f; **~ie krwi** Blutuntersuchung f; **~ie wzroku** Sehtest m **badawczy** (-czo) forschend, prüfend; wyprawa Forschungs-

**bagatela** f (-i; -e, -i) Kleinigkeit f

**bagaż** m (-u; -e) (Reise)Gepäck n; **~ podręczny** Handgepäck n **bagażnik** m (-a; -i) Kofferraum m; rower Gepäckträger m **bagażowy**¹ Gepäck- **bagażowy**² m (-ego; -i) Gepäckträger m

**bagno** n (-a; gen -gien) Moor n, Sumpf m

**bajeczny** märchenhaft, fabelhaft **bajka** f (-i; gen -jek) Märchen n

**bajt** m (-u od-a; -y) Byte n

**bak** m (-u; -i) Tank m

**bakteriobójczy** (-czo) keimtötend **bakteriologiczny** bakteriologisch

**bal**¹ m (-a; -e; gen -i) Balken m, Bohle f

**bal**² m (-u; -e; gen -ów) (zabawa) Ball m

**baleron** m (-u; -y) Rollschinken m

**balet** m (-u; -y) Ballett n **baletnica** f (-y; -e) Ballettänzerin f **baletowy** Ballett-

**balkon** m (-u; -y) Balkon m

**balon** m (-u; -y) Ballon m **balonik** m (-a; -i) (kleiner) Luftballon m; umg Tüte f, Röhrchen n

**balustrada** f (-y) Brüstung f, Balustrade f

**bałagan** m (-u; -y) Durcheinander n, Chaos n; **narobić ~u** (**w** lok) durcheinanderbringen (akk), in Unordnung bringen (akk) **bałamucić** ⟨z-⟩ (-cę) verführen

**bałkański** Balkan-

**bałtycki** baltisch; Ostsee-

**bałwan** m (-a; -y) ze śniegu Schneemann m; pej Dummkopf m; **~y** pl Wogen f/pl

**bambusowy** Bambus-

**banan** m (-a; -y) Banane f

**banda** f (-y) (Verbrecher)Bande f; (paczka) umg Clique f; SPORT Bande f

**bandaż** m (-a; -e) Binde f, Verband m **bandażować** ⟨za-⟩ (-uję) ranę verbinden

**bandera** f (-y) MAR Flagge f

**bandycki** kriminell, verbrecherisch **bandyta** m (-y; -ci; gen -ów) Verbrecher m, Kriminelle(r) m **bandytyzm** m (-u; bpl) Kriminalität f

**baner, banner** m (-u od-a; -y) (Werbe)-Banner m, Werbung f

**banicja** f (-i; bpl) Ausgrenzung f

**bank** m (-u; -i) Bank f

**bankiet** m (-u; -y) Bankett n

**banknot** m (-u; -y) Geldschein m, Banknote f **bankomat** m (-u; -y) Geldautomat m **bankructwo** n (-a) Bankrott m, umg Pleite f **bankrutować** ⟨z-⟩ (-uję) in Konkurs gehen, umg bankrottgehen

**bańka** f (-i; gen -niek) Kanne f; **~ mydlana** Seifenblase f

**bar** m (-u; -y) Bar f; Imbissstube f; **~ szybkiej obsługi** Schnellimbiss m

**barak** m (-u; -i) Baracke f

**baran** m (-a; -y) Widder m, Schafbock m; **Baran** ASTRON Widder m; pej Dummkopf m **baranek** m (-nka; -nki) ZOOL Lamm n; (skóra) Lammfell n

**barbarzyńca** m (-y; gen -ów) pej Barbar m

**bardziej** mehr; **coraz ~** immer mehr; **tym ~** umso mehr; **tym ~ nie** umso weniger, erst recht nicht **bardzo** adv sehr; **nie ~** umg nicht besonders, nicht wirklich

**bariera** f (-y) Barriere f; **~ dźwięku** Schallmauer f; **~ ochronna** AUTO Leitplanke f

**bark** m (-u; -i) Schulter f

**barka** f (-i; gen -rek) Frachtkahn m, Lastschiff n

**barman** m (-a; -i), **barmanka** f (-i; gen -nek) Barkeeper(in) m(f)

**barokowy** barock, Barock-

**barometr** m (-u; -y) Barometer n

**barszcz** m (-u; -e): **~ czerwony** Suppe f aus Roter Bete

**barwa** f (-y) Farbe f **barwić** ⟨za-⟩ (-ię) färben **barwnik** m (-a; -i) Farbstoff m; BIOL Pigment n **barwny** (kolorowy) bunt; (interesujący) interessant

**barykada** f (-y) Barrikade f **barykadować** ⟨za-⟩ (-uję) verbarrikadieren, versperren

**baryton** m (-a; -y) Bariton m

**bas** m (-a; -y) (śpiewak) Bassist m; (-u; -y) (głos) Bass m

**basen** m (-u; -y) Schwimmbad n; (naczynie) Bettpfanne f; **~ odkryty** Freibad n; **~ kryty** Schwimmhalle f

**baskijka** f (-i; gen -ek) Baskenmütze f **baskijski** baskisch, Basken-

**baśń** f (-ni; -nie; gen -ni) Märchen n

**bat** m (-a; -y) Peitsche f, Knute f

**bateria** f (gen dat lok -ii; -e) ELEK Batterie f; przy umywalce Armatur f

**bateryjka** f (-i; gen -jek) dim Batterie f

**batuta** f (-y) Taktstock m; **pod ~ą** (gen) MUS unter der Leitung von (dat)

**Bawarczyk** m (-a; -cy) Bayer m **Bawarka** f (-i; gen -rek) Bayerin f **bawarski** (po -sku) bay(e)risch

**bawełna** f (-y; bpl) Baumwolle f **bawełniany** baumwollen, Baumwoll-

**bawić** (-ię) v/i (ver)weilen, sich aufhalten; v/t unterhalten; erheitern, belustigen; **~ dzieci** babysitten; **~ się** sich amüsieren; **~ się z dziećmi** mit den Kindern spielen; **~ się w** (akk) spielen (akk)

**bawół** m (-ołu; -oły) Büffel m

**baza** f (-y) Basis f; **~ danych** IT Datenbank f

**bazar** m (-u; -y) Wochenmarkt m

**bazgrać** ⟨na-⟩ (bazgrzę) pej krakeln, kritzeln

**bazgranina** f (-y) Gekritzel n, Krakelei f

**bazia** f (-i; -e, -i) Weidenkätzchen n

**bazować** (-uję) (**na** lok) basieren, fußen, sich gründen (auf dat)

**bazylia** f (gen dat lok -ii; -e) Basilikum n

**bazylika** f (-i) Basilika f

**bażant** m (-a; -y) Fasan m

**bąbel** m (-bla; -ble) Blase f **bąbelek** m (-lka; -lki) dim Bläschen n

**bądź**[1] konj oder **bądź**[2] sei **bądź ... bądź ...** entweder ... oder ..., sei es ... sei es ...; partikel **co ~** irgendetwas; **gdzie ~** irgendwo; **~ co ~** wie dem auch sei, immerhin

**bąk** m (-a; -i) ZOOL Hummel f; (zabawka) Kreisel m; (dziecko) umg Knirps m; **puścić** pf **~a** umg pupsen **bąkać** (-am), ⟨bąknąć⟩ (-nę) murmeln; (napominać) munkeln

**beczeć** (-ę) ⟨beknąć⟩ (-nę) blöken; koza meckern

**beczka** f (-i; gen -czek) Fass n, Tonne f; **~ na wino** Weinfass n **beczkowy**: **piwo ~e** Bier n vom Fass, Fassbier n

**befsztyk** m (-u; -i) Beefsteak n; **~ tatarski** Tatar(beefsteak) m

**bejca** f (-y; -e, -y) Beize f

**bek** m (-u; -i) Blöken n; kozy Meckern n; (płacz) umg Geheule n

**bekhend** m (-u; -y) SPORT Rückhand f

**beknąć** pf → beczeć

**beksa** f (-i; gen -czek) m -ów Heulsuse f; m (-y; gen -ów) Heulpeter m

**bela** f (-i; -e) Ballen m

**Belg** m (-a; -owie) Belgier m **Belgijka** f

(-i; gen -jek) Belgierin f **belgijski (po -sku)** belgisch

**belka** f (-i; gen -lek) Balken m; (stopień wojskowy) umg Streifen m; **~ nośna** BUD Träger m

**bełkotać ⟨wy-⟩** (-czę od -cę) stammeln, lallen

**benzyna** f (-y) Benzin n

**berbeć** m (-cia; -cie, -ci) umg Knirps m

**beret** m (-u; -y) Barett n, Baskenmütze f

**berliński** Berlin-, Berliner

**berło** n (-a; gen -reł) Zepter n od m

**bernardyn** m (-y; -y) Bernhardiner m

**bessa** f (-y) HANDEL Baisse f

**bestia** f (gen dat lok -ii; -e) Bestie f (a. fig pej) **bestialski (-ko od po -ku)** bestialisch, grausam

**besztać ⟨z-⟩** (-am) umg rügen

**beton** m (-u; -y) Beton m; (konserwatysta) umg pej Betonkopf m **betonować ⟨za-⟩** (-uję) betonieren **betonowy** Beton-

**bez¹** m (bzu; bzy) Flieder m; **czarny ~** Holunder m

**bez²** präp (gen) ohne (akk); **~ potrzeby** unnötig; **~ ustanku** ununterbrochen; **~ wad** makellos, fehlerfrei

**beza** f (-y) KULIN Baiser n

**bezalkoholowy** alkoholfrei **bezawaryjny** störungsfrei **bezbarwny** farblos; (nijaki) fade, nichtssagend **bezbłędny** fehlerfrei, einwandfrei **bezbolesny (-śnie)** schmerzlos **bezcelowość** f (-ści; bpl) Zwecklosigkeit f **bezcelowy (-wo)** zwecklos, vergeblich

**bezcen: za ~** umg spottbillig **bezcenny** kostbar

**bezceremonialny** ungeniert, forsch **bezchmurny** wolkenlos, heiter **bezczelność** f (-ści; bpl) Frechheit f, Unverschämtheit f **bezczelny** frech, dreist, unverschämt **bezczynność** f (-ści; bpl) Untätigkeit f **bezczynny** untätig, tatenlos **bezdenny** bodenlos, abgrundtief **bezdomny¹** obdachlos; pies herrenlos, streunend **bezdomny²** m (-ego; -ni), **bezdomna** f (-ej; -ne) Obdachlose(r) m, f **bezdotykowy** kontaktlos

**bezduszny** herzlos, gefühllos **bezdzietność** f (-i; bpl) Kinderlosigkeit f **bezdzietny** kinderlos **bezdźwięczny** tonlos; JĘZ stimmlos

**beze** präp: **~ mnie** ohne mich

**bezgotówkowy (-wo)** bargeldlos **bezgraniczny** grenzenlos **bezinteresowny** uneigennützig, selbstlos **bezkarny** straflos, ungestraft **bezkofeinowy** koffeinfrei **bezkonkurencyjny** konkurrenzlos, unübertroffen **bezkrwawy (-wo)** unblutig **bezkrwisty** blutleer **bezkrytyczny** unkritisch **bezkształtny** gestaltlos; (nieforemny) unförmig

**bezlitosny (-śnie)** unbarmherzig; krytyka gnadenlos, schonungslos **bezludny** menschenleer; wyspa unbewohnt **bezład** m (-u; bpl) Unordnung f, umg Durcheinander n **bezładny** unordentlich, durcheinander; mowa verworren, chaotisch

**bezmiar** m (-u; -y) Unendlichkeit f; krzywd Übermaß n (an dat) **bezmierny** unermesslich, unendlich **bezmięsny** fleischlos **bezmyślny** gedankenlos, stumpfsinnig; uśmiech dümmlich **beznadziejny** hoffnungslos, aussichtslos **beznamiętny** leidenschaftslos, fade **bezobjawowy (-wo)** MED ohne Symptome

**bezokolicznik** m (-a; -i) Infinitiv n **bezołowiowy** bleifrei **bezołowiówka** f (-i; gen -wek) F bleifreies Benzin n **bezosobowy (-wo)** unpersönlich **bezowocny** fruchtlos, vergeblich **bezpański** pies herrenlos **bezpartyjny** parteilos **bezpestkowy** BOT kernlos **bezpieczeństwo** n (-a; bpl) Sicherheit f; **~o i higiena pracy** Unfallverhütung und Arbeitsschutz; **~o ruchu** Verkehrssicherheit f; **pas** m **~a** Sicherheitsgurt m; **Rada** f **Bezpieczeństwa** Sicherheitsrat m **bezpiecznik** m (-a; -i) ELEK Sicherung f **bezpieczny** sicher m; **~ w użyciu** betriebssicher

**bezplanowy (-wo)** planlos **bezpłatny** kostenlos; bilet frei; urlop unbezahlt **bezpłciowy (-wo)** geschlechtslos; umg fade, langweilig **bezpłodność** f (-ści; bpl) Unfruchtbarkeit f **bezpłodny** unfruchtbar **bezpodstawny** grundlos, haltlos **bezpośredni (-nio)** direkt **bezpowrotny** unwiederbringlich **bezprawie** n (-a; bpl) Gesetzlosigkeit f **bezprawny** rechtswidrig, widerrechtlich; willkürlich **bezprecedensowy**

(-wo) beispiellos **bezproblemowy**
(-wo) problemlos **bezprocentowy**
(-wo) zinslos **bezprzewodowy**: **telefon** *m* ~ schnurloses Telefon *n* **bezprzykładny** beispiellos **bezradny** hilflos; *gest* ratlos
**bezrobocie** *n* (-*a*; *bpl*) Arbeitslosigkeit *f* **bezrobotny**[1] arbeitslos **bezrobotny**[2] *m* (-ego; -ni), **bezrobotna** *f* (-ej; -e) Arbeitslose(r) *m*, *f*; **zasiłek** *m* **dla ~ch** Arbeitslosengeld *n* **bezrolny** landlos, ohne Land(besitz) **bezruch** *m* (-u; *bpl*) Stillstand *m*; Bewegungslosigkeit *f*; **w ~u** bewegungslos **bezsenność** *f* (-ści; *bpl*) Schlaflosigkeit *f* **bezsenny** schlaflos **bezsensowny** absurd, unsinnig **bezsilny** machtlos (**wobec** *gen* gegenüber *dat*) **bezskutecznie** *adv* vergeblich **bezskuteczny** erfolglos, vergeblich **bezsporny** unbestritten **bezsprzeczny** zweifellos, unleugbar **bezstronny** unparteiisch; sachlich **bezterminowy** (-wo) unbefristet **beztroska** *f* (-i; *bpl*) Unbekümmertheit *f*, Sorglosigkeit *f* **beztroski** (*persf* -cy) (-ko) unbekümmert, sorglos **bezustanny** ständig, unaufhörlich **bezusterkowy** (-wo) einwandfrei **bezużyteczność** *f* (-ści; *bpl*) Nutzlosigkeit *f* **bezużyteczny** unnütz, nutzlos; (*zepsuty*) unbrauchbar **bezwartościowy** (-wo) wertlos **bezwarunkowy** bedingungslos **bezwiedny** unbewusst, automatisch **bezwizowy** visafrei
**bezwład** *m* (-u; *bpl*) MED Lähmung *f*; (*apatia*) Trägheit *f* **bezwładny** gelähmt, bewegungsunfähig
**bezwolny** willenlos **bezwonny** geruchlos **bezwstyd** *m* (-u; *bpl*) Schamlosigkeit *f* **bezwstydny** schamlos; (*bezczelny*) unverschämt **bezwyznaniowy** konfessionslos **bezwzględność** *f* (-ści; *bpl*) Rücksichtslosigkeit *f* **bezwzględny** (*okrutny*) rücksichtslos; (*absolutny*) unbedingt, absolut **bezzakłóceniowy** RADIO störungsfrei **bezzałogowy** ASTRON unbemannt **bezzasadnie** *adv* grundlos, ohne Grund **bezzwłoczny** unverzüglich **bezzwrotny** nicht rückzahlbar
**beż** *m* (-u, -e) Beige *n*
**bęben** *m* (-bna; -bny) Trommel *f*; **grać na bębnie** die Trommel schlagen **bębenek** *m* (-nka; -nki) *dim* (kleine) Trommel *f*; ANAT Trommelfell *n* **bębnić** (-ię; -nij!) trommeln
**bęcwał** *m* (-a; -y) *umg pej* Trottel *m*
**będę** 1. *Pers sg* ich werde
**bękart** *m* (-a; -y) *fig, pej* Balg *m od n*
**biada!** *int* weh(e)!
**białaczka** *f* (-i; *bpl*) Leukämie *f* **białawy** (-wo) weißlich **białko** *n* (-a; *gen* -łek) Eiweiß *n*; *oka* das Weiße im Auge **Białorusin** *m* (-a; -i) Weißrusse *m* **Białorusinka** *f* (-i; *gen* -nek) Weißrussin **białoruski** weißrussisch **biały** (*persf* -li) (-ło) weiß; **biała kawa** *f* Milchkaffee *m*; **białe wino** *n* Weißwein *m*; **białe pieczywo** *n* Weißbrot *n*, helle Brötchen *pl*; **w ~dzień** am helllichten Tag; **czarno na ~m** schwarz auf weiß
**biblia** [bi-] *f* (*gen*, *dat*, *lok* -ii; -e) Bibel **biblijny** biblisch, Bibel-
**biblioteczka** *f* (-i; *gen* -czek) Handbibliothek *f* **biblioteczny** Bibliotheks-, Büchereri-
**biblioteka** *f* (-i) Bibliothek *f*; (*szafa*) Bücherschrank *m* **bibliotekarka** *f* (-i; *gen* -rek), Bibliothekarin *f*
**bibuła** *f* (-y) Löschpapier *n*; (*krepina*) Krepppapier *n*; (*nielegalna prasa*) *umg* Flugblätter *pl*; ~ **filtracyjna** Filterpapier *n*
**bicie** *n* (-a) Schlagen *n*; *zegara* Läuten *n*; ~ **serca** Herzschlag *m*; **z ~m serca** mit Herzklopfen **bicz** *m* (-a; -e) Peitsche *f* **bić** ⟨z-⟩ (*biję, bij!*) schlagen, prügeln (**w** *akk od* **po** *lok* auf *akk*); ~ **po twarzy** ins Gesicht schlagen; ⟨po-⟩ *rekord* brechen; *rywala* schlagen; *kartę* stechen; ~ **k-o** j-n zusammenschlagen; ⟨u-⟩ schlagen; *świnie* schlachten; ⟨wy-⟩ *monety* prägen; *serce* klopfen, schlagen; *dzwon* läuten; ~ **brawo** Beifall klatschen; ~ **się** kämpfen (**o** *akk* um *akk*)
**biec** ⟨po-⟩ (-nę, -ł) laufen, *umg* rennen
**bieda** *f* (-y) Armut *f*; **z ~ od biedy** zur Not; **pół biedy** halb so schlimm **biedactwo** *n* (-a) armes Ding *n* **biedaczka** *f* (-i; *gen* -czek) die Ärmste, armes Ding *n* **biedak** *m* (-a; -cy *od* -ki) (*ubogi*) Arme(r) *m*; (*biedaczysko*) armer Schlucker *m* **biednieć** ⟨z-⟩ (-eję) arm werden, verarmen; (*mizernieć*) schlecht aussehen, abmagern **biedny**[1] arm; *ubranie* ärmlich, dürftig **biedny**[2] *m* (-ego; -ni), **biedna** (-ej; -ne) Arme(r) *m*, *f*; **pomagać ~m** wohl-

tätig sein **biedota** f (-y; bpl) koll (biedni) Arme pl
**biedronka** f (-i; gen -nek) Marienkäfer m
**biedzić się** ⟨nabiedzić się⟩ (-dzę) sich (ab)plagen, sich abmühen (**nad** inst mit dat)
**bieg** m (-u; -i) Lauf m; AUTO Gang m; **~i** pl SPORT Laufwettbewerb m; **~ maratoński** Marathonlauf m; **~ z przeszkodami** Hindernislauf m; **w pełnym ~u** in voller Fahrt; **z ~iem rzeki** flussabwärts; **z ~iem lat** im Lauf(e) der Jahre; **zmiana ~ów** AUTO Gangschaltung f; **wsteczny ~** AUTO Rückwärtsgang m **biegacz** m (-a; -e), **biegaczka** f (-i; gen -czek) Läufer(in) m(f) **biegać** (-am) laufen (a. SPORT); **~ (dla zdrowia)** joggen; **~ po sklepach** umg die Geschäfte abklappern
**biegle** fließend; pisać flott **biegły**¹ (persf –li) bewandert, erfahren (**w** inst in dat) **biegły**² m (-ego; -li), **biegła** f (-ej; -łe) Sachverständige(r) m, f **biegnąć** → biec **biegun** m (-a; -y) FIZ, GEOG Pol m; **fotel** m **na ~ach** Schaukelstuhl m
**biegunka** f (-i; gen -nek) MED Durchfall m
**biegunowo** adv diametral, extrem
**biel** f (-i; -e) Weiß m; **w ~i** in Weiß **bielej** adv komp weißer **bielić** ⟨po-⟩ (-lę) tünchen; drzewo kalken
**bielizna** f (-y) Unterwäsche f **bieliźniarka** f (-i; gen -rek) Wäscheschrank m, Wäschekommode f
**bielmo** n (-a) MED Star m **bielony** getüncht **bielszy** komp adj weißer
**biernik** m (-a; -i) GRAM Akkusativ m **bierność** f (-ści; bpl) Passivität f **bierny** passiv; **strona** f **bierna** GRAM Passiv n
**bierzmowanie** n (-a) REL Firmung f
**bieżący** (-co) laufend; sprawa aktuell; woda fließend;; **być na bieżąco** auf dem Laufenden sein (**z** inst mit dat) **bieżnia** f (-i; -e) SPORT Rennbahn f **bieżnik** m (-a; -i) (obrus) Tischläufer m; opony Profil n
**bigamista** m (-y; -ci) Bigamist m
**bigos** m (-u; -y) gedünstetes Sauerkraut mit Fleisch
**bijak** m (-a; -i) SPORT Schläger m **bijatyka** f (-i) Schlägerei f, Prügelei f
**bilans** m (-u; -e) FIN Bilanz f (a. fig) **bilansować** ⟨z-⟩ (-uję) bilanzieren
**bilard** m (-u; bpl) Billard n
**bilet** m (-u; -y) Fahrkarte f; **~ powrotny**

Rückfahrkarte f; **~ lotniczy** Flugticket n; **~ miesięczny** Monatskarte f; **~ wstępu** Eintrittskarte f; **~ do kina** Kinokarte f
**biochemia** f (gen dat lok –ii; bpl) Biochemie f
**biodro** n (-a) Hüfte f
**biografia** f (gen dat lok -ii; -e) Biografie f
**biologia** f (gen dat lok -ii; bpl) Biologie f **biologiczny** biologisch **biotechnologia** f (gen dat lok -ii; bpl) Biotechnik f, Biotechnologie f
**biret** m (-u; -y) Barett n; biskupi Birett n
**bis** m (-u; -y) (dodatkowy występ) Zugabe f
**biskup** m (-a; -i) Bischof m **biskupi** bischöflich **biskupstwo** n (-a) Bistum n
**biszkopt** m (-u; -y) Biskuit n **biszkoptowy** Biskuit-
**bit** m (-u; -y) Bit n
**bitki** f/pl (-tek) (geklopfte) Koteletts n/pl
**bitwa** f (-y) Schlacht f
**biuletyn** m (-u; -y) Bulletin n, Bericht m
**biurko** n (-a; gen -rek) Schreibtisch m
**biuro** n (-a) Büro n; **~meldunkowe** Einwohnermeldeamt n; **~ podróży** Reisebüro n; **~ rzeczy znalezionych** Fundbüro n; **~ w domu** Homeoffice n **biurokracja** f (-i; bpl) Bürokratie f **biurokratyczny** bürokratisch **biurowiec** m (-wca; -wce) Büro(hoch)haus n **biurowość** f (-ści; bpl) Verwaltungswesen n **biurowy** Büro-
**biust** m (-u; -y) Busen m **biustonosz** m (-a; -e) Büstenhalter m, BH m
**biwak** m (-u; -i) Zeltlager n **biwakować** (-uję) zelten
**biznes** m (-u; -y) Geschäft n **biznesmen** m (-a; -i) Geschäftsmann m **biznesowy** Geschäfts-
**biżuteria** f (gen dat lok -ii; bpl) Schmuck m

**blacha** f (-y) Blech n; kuchenna Herdplatte f **blacharski** Klempner- **blacharz** m (-a; -e) Klempner m
**bladość** f (-ści; bpl) Blässe f **blady** (persf – dzi) (**-do**) blass
**blaga** f (-i) umg Flunkerei f, Lügengeschichte f **blagier** m (-a; -rzy), **blagierka** f (-i; gen -rek) Angeber(in) m(f)
**blaknąć** ⟨z-⟩ (3. Pers -nie) verblassen; tkanina ausbleichen
**blamować się** ⟨z-⟩ (-uję) sich blamieren
**blankiet** m (-u; -y) Vordruck m

**blanszować – bochen** ▪ **37**

**blanszować** (-uję) KULIN blanchieren
**blask** m (-u; -i) Schein m; (połysk) Glanz m (a. fig)
**blat** m (-u; -y) Platte f, Blatt n
**blednąć** ⟨z-⟩ (-nę; -nął od bladł) erblassen, blass werden; fig verblassen
**blef** m (-u; bpl) Bluff m **blefować** (-uję) bluffen
**blezer** m (-a; -y) Blazer m, Sportjacke f
**blichtr** m (-u; bpl) Flitterglanz m
**bliski** (persf -cy) ⟨-ko⟩ nah; przyjaźń eng; **być ~m k-u** j-m nahestehen **blisko** präp (gen od **od** gen) nah (an dat), in der Nähe (von dat); adv w przestrzeni nahe, in der Nähe; w czasie nahe, bald; **z bliska** aus der Nähe **bliskość** f (-ści; bpl) Nähe f **bliskowschodni** nahöstlich, Nahost- **bliskoznaczny** sinnverwandt, synonym
**blizna** f (-y) Narbe f
**bliźni** m (-ego; -i) Nächste(r) m **bliźniaczka** f (-i; gen -czek) Zwillingsschwester f **bliźniaczo: być ~ podobnym** zum Verwechseln ähnlich sein **bliźniaczy** Zwillings- **bliźniak** m (-a; -i) Zwilling m; (brat bliźniak) Zwillingsbruder m; (dom) Doppelhaus n **bliźnięta** pl (gen -niąt) Zwillinge pl **bliżej** adv komp näher; **~ nieznany** nicht näher bekannt **bliższy** komp adj näher
**bloczek** m (-czka; -czki) Notizblock m; w poczekalni Wartennummer f
**blog** m (-a; -i) Blog n od m; **prowadzić ~** ein(en) Blog führen **bloger** m (-a; -rzy) Blogger m;(kobieta) Bloggerin f
**blok** m (-a; -i) Block m; RADIO Programm n; **~ rysunkowy** Zeichenblock m; **~ mieszkalny** Wohnblock m; **~ startowy** SPORT Startblock m **blokada** f (-y) Blockade f; ulicy Sperrung f **blokować** ⟨za-⟩ (-uję) versperren, blockieren **blokowisko** n (-a) umg pej Plattenbausiedlung f
**blond** (unv) blond **blondyn** m (-a; -i) blonder Mann m; blonder Junge m **blondynka** f (-i; gen -nek) Blondine f
**bluszcz** m (-u; -e) Efeu m
**bluzgać** ⟨-am⟩ ⟨-nąć⟩ (-nę) v/i spritzen; pop fluchen
**bluźnierstwo** n (-a) Gotteslästerung f
**błagać** ⟨-am⟩ (an)flehen **błaganie** n (-a) Flehen n
**błahostka** f (-i; gen -tek) Kleinigkeit f,

Lappalie f **błahy** gering(fügig), belanglos f; pretekst fadenscheinig
**bławatek** m (-tka; -tki) Kornblume f
**błazen** m (-zna; -zny) Clown m; fig Hanswurst m **błazeństwo** n (-a) Albernheit f **błaznować** (-uję) umg albern, Faxen machen
**błaźnić się** ⟨z-⟩ (-ię, -nij!) sich lächerlich machen, sich blamieren
**błąd** m (błędu; błędy) Fehler m; (pomyłka) Irrtum m; **~ w rachunku** Rechenfehler m **błądzić** ⟨-dzę⟩ (umher)irren (**po** lok in dat); **~ wzrokiem** den Blick schweifen lassen **błąkać się** ⟨-am⟩ umherirren, umherstreifen; pies streunen **błędnie** adv irrtümlich(erweise) **błędny** falsch; wzrok verstört, irre; **błędne koło** n Teufelskreis m
**błękit** m (-u; -y) Blau n, Bläue f **błękitny** himmelblau
**błocić** ⟨na-, za-⟩ (-cę) umg dreckig machen
**błogi** (-go) wohlig, behaglich; uśmiech (glück)selig; wpływ heilsam
**błogosławić** ⟨po-⟩ (-ię) REL segnen; fig loben, preisen **błogosławieństwo** n (-a) Segen m **błogosławiony** (persf -wieni) REL seliggesprochen; fig wohlig, selig
**błona** f (-y) BIOL Haut f, Membrane f **błonica** f (-y; bpl) MED Diphtherie f
**błotnik** m (-a; -i) Kotflügel m; rowerowy Schutzblech m **błotnisty** (-to) schlammig, matschig **błotny** Sumpf-, Moor- **błoto** n (-a) Matsch m
**błysk** m (-u; -i) Aufleuchten n, Aufblitzen n, **~ pioruna** Blitz m **błyskać** (-am) ⟨błysnąć⟩ (-nę) aufblitzen, aufleuchten; **błyska się** es blitzt **błyskawica** f (-y; -e) Blitz m; **jak ~** wie der Blitz **błyskawiczny** blitzschnell, blitzartig
**błyskotliwy** (-wie) glänzend; osoba scharfsinnig; rozmowa geistreich
**błysnąć** pf → **błyskać**
**błyszczący** (-co) glänzend **błyszczeć** (-ę) glänzen **błyszczka** f (-i; gen -czek) Blinker m
**bo** konj denn, weil, da
**bobas** m (-a; -y) umg Knirps m
**bobkowy**: listek **~** Lorbeerblatt n
**bobslej** m (-a; -e) Bob(sleigh) m **bobslejowy** Bob-; **tor m ~** Bobbahn f
**bochen** m (-chna; -chny), **bochenek** m

(-nka; -nki): **~ chleba** Brotlaib m
**bocian** m (-a; -y) Storch m
**boczek** m (-czka; -czki) KULIN (Bauch)-Speck m **bocznica** f (-y; -e) KOLEJ Anschlussgleis n, Nebengleis n **boczny** Seiten-, Neben-
**boczyć się** (-ę) schmollen (**na** akk mit dat)
**bodaj, bodajże** partikel wenigstens; (chyba) wohl
**bodziec** m (-dźca; -dźce) Impuls m; (zachęta) Ansporn m; materialny Anreiz m
**bogacić** ⟨wz-⟩ (-cę) bereichern **bogactwo** n (-a) Reichtum m; Vielfalt f **bogacz** m (-a; -e), **bogaczka** f (-i; gen -czek) Reiche(r) m, f
**Bogarodzica** f (-y; bpl) Muttergottes f
**bogaty** (persf –ci) (**-to**) reich (**w** akk **a** dat)
**bogini** f (gen dat lok -ni; -e) Göttin f
**boginka** f (-i; gen -nek) Nymphe f, Nixe f
**bogobojny** fromm
**bohater** m (-a; -owie), **bohaterka** f (-i; gen -rek) Held(in f); filmu Hauptperson f **bohaterski** (-**ko, po -ku**) heldenhaft **bohaterstwo** n (-a; bpl) Heldentum n, Mut m
**bohomaz** m (-u/-a; -y) fig umg Schinken m, Kitsch m
**boisko** n (-a) Sportplatz m; **~ do piłki nożnej** Fußballplatz m
**boja** f (gen dat lok boi; -e) Boje f
**bojaźliwy** (**-wie**) ängstlich
**bojkot** m (-u; -y) Boykott m **bojkotować** ⟨z-⟩ (-uję) boykottieren
**bojowniczka** f (-i; gen -czek), **bojownik** m (-a; -cy) Kämpfer(in) (**o prawa ludzkie** für die Menschenrechte)
**bok** m (-u; -i) (Körper)Seite f; zwierzęcia Flanke f, Weiche f; **na ~** zur Seite, beiseite; **na ~u** auf der Seite; **w ~** zur Seite; **z ~u** von der Seite, seitwärts; **zarabiać na ~u** schwarz dazuverdienen; **~iem** adv seitlich (**do** gen zu dat); **po ~ach** auf beiden Seiten, beiderseits; **trzymać się z ~u** sich heraushalten, sich nicht einmischen **bokobrody** pl (gen -ów) Koteletten pl; Backenbart m
**boks**[1] m (-u; -y) w stajni Box f
**boks**[2] m (-u; bpl) Boxen n, Boxsport m; **uprawiać ~** boxen **bokser** m (-a; -rzy) Boxer m; (pl -y) (pies) Boxer m **bokserski** Box- **boksować** (-uję) boxen
**bolący** schmerzhaft, schmerzempfindlich **bolączka** f (-i; gen -czek) wunder Punkt m
**bolec** m (-lca; -lce) Bolzen m
**boleć**[1*] (3 Pers –li) wehtun, schmerzen; **boli mnie głowa** ich habe Kopfschmerzen; **co cię boli?** was tut dir weh?; **jej słowa bolały go** ihre Worte taten ihm weh
**boleć**[2] (-eję) (**nad** inst) beklagen, bedauern (akk); **boleję, że ...** es tut mir sehr leid, dass ...
**bolesny** (**-śnie**) rana schmerzhaft; strata schmerzlich
**bolimuszka** f (-i) Stechfliege f
**bomba** f (-y) Bombe f; (sensacja) umg Knüller m **bombardować** ⟨z-⟩ (-uję) bombardieren **bombka** f (-i; gen -bek) Weihnachtskugel f **bombowy** (**-wo**) MIL Bomben-; (fantastyczny) fantastisch, bombig
**bon** m (-u; -y) Gutschein m; Wertpapier n
**bonifikata** f (-y) Preisnachlass m; SPORT Vorgabe f
**bordo** (unv), **bordowy** (**-wo**) weinrot
**borowik** m (-a; -i) Steinpilz m
**borówka** f (-i; gen -wek) Preiselbeere f; (czernica) Blaubeere f
**borsuk** m (-a; -i) Dachs m
**borykać się** (-am) sich abplagen (**z** inst mit dat)
**bosak**[1]: **na ~a** umg barfuß
**bosak**[2] m (-a; -i) Bootshaken m
**boski** (persf -cy) (**-ko**) göttlich; **Matka f Boska** Muttergottes f **bosko** adv fig göttlich
**bosman** m (-a; -i) Bootsmann m
**boso** adv barfuß **bosonogi** barfüßig
**bośniacki** bosnisch
**botaniczny** botanisch **botanika** f (-i; bpl) Botanik f
**botwina** f (-y), **botwinka** f (-i; gen -nek) BOT Rübenblätter n/pl; KULIN Suppe f aus Rübenblättern
**boty** m/pl (-ów) Stiefeletten f/pl
**boy** m (-a; -e; gen -ów) w hotelu Page m, Boy m
**bożek** m (-żka; -żki) Gottheit f, Götze m **boży** Gottes-; **Boże Narodzenie** n Weihnachten n; **Boże Ciało** n Fronleichnam m **bożyszcze** n (-a) Idol n, Abgott m (a. REL)
**bób** m (bobu; boby) Saubohnen f/pl
**bóbr** m (bobra; bobry) Biber m
**bóg** m (gen boga; dat bogu; bogowie) Gott

*m*; **~ wojny** Kriegsgott *m*; **~ miłości** Liebesgott *m*; **bogowie** *pl* **mitologii greckiej** Götter *pl* der griechischen Mythologie
**bójka** *f* (-*i*; *gen* -*jek*) Schlägerei *f*, Prügelei *f*
**ból** *m* (-*u*; -*e*; *gen* -*ów*) Schmerz *m*; **~ gardła** Halsschmerzen *m*/*pl*; **~ głowy** Kopfschmerzen *m*/*pl*; **z ~em serca** schweren Herzens
**bóstwo** *n* (-*a*; *gen* -) Gottheit *f*; *fig* Idol *n*
**bóść\*** (*3. Pers bodzie*) *baran* stoßen
**braciszek** *m* (-*szka*; -*szkowie*) *dim* Brüderchen *n*; *zakonny* Ordensbruder *m*
**brać** (*biorę*) ⟨**wziąć**⟩ (*wezmę*) v/t nehmen; *ryba* anbeißen; *umg* Drogen nehmen; **~ ze sobą** mitnehmen; **~ za** (*akk*) (*uważać*) halten für (*akk*); **~ na kolana** auf den Schoß nehmen; **~ na ręce** auf den Arm nehmen; **~ kąpiel** ein Bad nehmen; **~ prysznic** duschen; **~ do wojska** einberufen; **~ udział** teilnehmen (**w** *lok* an *dat*); **~ ślub** heiraten; **~ rozwód** sich scheiden lassen; **~ na serio** ernst nehmen; **~ na siebie** auf sich nehmen; **~ za złe** übel nehmen; **bierze mróz** es friert; **~ się do** (*gen*) herangehen an (*akk*), beginnen mit (*dat*); *umg* anpacken (*akk*); **~ się w garść** sich zusammenreißen
**brak**[1] *m* (-*u*; -*i*) Mangel *m* (*gen* an *dat*); (*wada*) Defekt *m*; (*wyrób*) Ausschussware *f*; **~ wody** Wassermangel *m*; **~ apetytu** Appetitlosigkeit *f*; **~ doświadczenia** Unerfahrenheit *f*; **z ~u czasu** aus Zeitmangel; **odczuwać ~** (*gen*) vermissen (*akk*)
**brak**[2] *prąd* (*gen*) es fehlt, es mangelt (an *dat*); **~ było** (*gen*) es fehlte, es mangelte an (*dat*); **~ mi ciebie** du fehlst mir; **~ mi słów** mir fehlen die Worte
**brakować** (*3. Pers* –*uje*) (*gen*) fehlen, mangeln an (*dat*); **brakuje mi sił** mir fehlt die Kraft; **brakuje mi ciebie** ich vermisse dich; **niczego mi nie brakuje** es fehlt mir an nichts; **tego tylko brakowało** das fehlte gerade noch
**brama** *f* (-*y*) Tor *n*; *wjazdowa* Toreinfahrt *f*; *sieciowa* Gateway *n* **bramka** *f* (-*i*; *gen* -*mek*) SPORT Tor *n*, Treffer *m* **bramkarz** *m* (-*a*; -*e*) SPORT Torwart *m*; *umg* Türsteher *m*
**bransoletka** *f* (-*i*; *gen* -*tek*) Armband *n*
**branża** *f* (-*y*; -*e*) Branche *f*
**brat** *m* (-*a*, *dat* -*tu*, *lok* -*cie*; -*cia*, *gen* -*ci*, *inst* -*ćmi*) Bruder *m*; **~ bliźniak** Zwillingsbruder *m*; **~ cioteczny** *od* **stryjeczny** Cousin *m*

**bratanek** *m* (-*nka*; -*nkowie*) Neffe *m*
**bratanica** *f* (-*y*; -*e*) Nichte *f* **bratek** *m* (-*tka*; -*tki*) Stiefmütterchen *n* **braterski** (-**ko**, **po** -**ku**) brüderlich **braterstwo** *n* (-*a*; *bpl*) Brüderlichkeit *f* **bratni** brüderlich **bratowa** *f* (-*wej*, -*wo!*; -*e*) Schwägerin *f*
**brawo** *n* (-*a*) Bravo *n*, Bravoruf *m* **brawurowy** (-**wo**) waghalsig, riskant
**brazylijski** brasilianisch, Brasilien-
**brąz** *m* (-*u*; *bpl*) Bronze *f*; (*kolor*) Braun *n*; **epoka** *f* **~u** Bronzezeit *f*; **opalić się na ~** braun gebrannt sein **brązowy** (-**wo**) braun; *z brązu* Bronze-
**brednie** *pl* (*gen* -) Unsinn *m*, *umg* Quatsch *m* **bredzić** (-*dzę*) *w gorączce* fantasieren; *fig pej* faseln
**breja** *f* (*brei*; *bpl*) Matsch *m*
**brew** *f* (*brwi*; *brwi*) Augenbraue *f*
**brnąć** (-*nę*) stapfen; *fig* sich verstricken (**w** *akk* in *dat*)
**broda** *f* (-*y*; *gen bród*) Kinn *n*; (*zarost*) Bart *m*; **zapuścić** *pf* **brodę** sich e-n Bart wachsen lassen **brodaty** bärtig **brodawka** *f* (-*i*; *gen* -*wek*) MED Warze *f*
**brodzić** (-*dzę*) waten **brodzik** *m* (-*a*; -*i*) Duschwanne *f*; **~ dla dzieci** Kinderplantschbecken *n*
**broić** ⟨**na-**, **z-**⟩ (-*ję*, -*isz*, *brój!*) Unfug treiben
**broker** *m* (-*a*; -*rzy*) Broker *m*; (*kobieta*) Brokerin *f*
**brona** *f* (-*y*) Egge *f*
**bronchit** *m* (-*u*; -*y*) Bronchitis *f*
**bronić** (-*ię*) ⟨**o-**⟩ (*gen*) verteidigen (*akk*); (*strzec*) schützen (**przed** *inst* vor *dat*); **~ k-u** (*gen*) j-m verbieten (*akk*)
**broń** *f* (-*ni*; *bpl*) Waffe *f*; *koll* Waffen *f*/*pl*; **~ masowego rażenia** Massenvernichtungswaffen *pl*; **złożyć** *pf* **~** die Waffen niederlegen
**broszka** *f* (-*i*; *gen* -*szek*) Brosche *f*
**broszura** *f* (-*y*) Broschüre *f*
**browar** *m* (-*u*; -*y*) Brauerei *f*
**bród** *m* (-*odu*; -*ody*) Furt *f*; **w ~** *fig* in Hülle und Fülle
**bródka** *f* (-*i*; *gen* -*dek*) Bärtchen *n*
**brud** *m* (-*u*; -*y*; *gen* -*ów*) Schmutz *m*, *umg* Dreck *m*; **~y** *pl* Schmutzwäsche *f* **brudas** *m* (-*a*; -*y*) *umg* Schmutzfink *m*, Ferkel *m*
**brudnopis** *m* (-*u*; -*y*) (*zeszyt*) Schmierheft *n*; (*kartka*) Schmierpapier *n* **brudny** (-**no**) schmutzig **brudzić** ⟨**po-**, **za-**⟩

## bruk – budzik

(*-dzę*) beschmutzen, schmutzig machen **bruk** *m* (*-u; -i*) (Straßen)Pflaster *n*; **wyrzucić** *pf* **na ~** *fig* auf die Straße setzen
**brukiew** *f* (*-kwi; -kwie*) Kohlrübe *f*
**brukować** ⟨wy-⟩ (*-uję*) pflastern **brukowiec** *m* (*-wca; -wce*) Pflasterstein *m*; *fig pej* Boulevardblatt *n*
**brukselka** *f* (*-i; -lek*) Rosenkohl *m* **brukselski** *adj* Brüsseler
**brunatny** (*-no*) braun, Braun- **brunet** *m* (*-a; -ci*) brünetter Mann *m*, Dunkelhaarige(r) *m* **brunetka** *f* (*-i; gen -tek*) Brünette *f*
**brusznica** *f* (*-y; -e*): **borówka f ~** Preiselbeere *f*
**brutal** *m* (*-a; -e; gen -i*) Brutalo *m*, Rohling *m* **brutalność** *f* (*-ści; bpl*) Brutalität *f* **brutalny** brutal
**bruzda** *f* (*-y*) Furche *f*; (*rowek*) Rille *f*
**brwiowy**: **łuk** *m* **~** Augenbrauenbogen *m*
**bryk** *m* (*-a; -i*) *umg* Lösungsbuch *n*
**brykać** (*-am*) tollen, herumspringen
**brykiet** *m* (*-u; -y*) (Braunkohlen)Brikett *n*
**brylant** *m* (*-u; -y*) Brillant *m*
**bryła** *f* (*-y*) Klumpen *m*; MAT Körper *m*
**bryndza** *f* (*-y; -e*) Schafskäse *m*
**brytan** *m* (*-a; -y*) Hofhund *m*
**brytfanna** *f* (*-i*) Bratpfanne *f*
**brytyjski** britisch
**bryza** *f* (*-y*) Brise *f*
**bryzgać** (*-am*) ⟨-nąć⟩ (*-nę*) spritzen (*inst* mit *dat*)
**bryzol** *m* (*-u; -e, -i*) KULIN Brisolett *n*, Brisolette *f*
**brzask** *m* (*-u; -i*) Morgengrauen *n*; **o ~u** bei Tagesanbruch
**brzdąc** *m* (*-a; -e*) Knirps *m*
**brzdąkać** (*-am*) *umg* klimpern
**brzeg** *m* (*-u; -i*) Ufer *n*; *morski* Küste *f*; *kieliszka* Rand *m*; *stołu* Kante *f*; **na ~u** am Rand; **wypełniony po ~i** randvoll; **nad ~iem** am Ufer; an der Küste; **pierwszy z ~u** der erste Beste
**brzęczeć** (*-ę*) summen; *szyba* klirren; *dzwonek* klingen; *łańcuch* rasseln
**brzmieć** ⟨za-⟩ (*-ę, -mij!*) hallen; *melodia* klingen; *nazwa* lauten **brzmienie** *n* (*-a*) Klang *m*; *tekstu* Wortlaut *m*
**brzoskwinia** *f* (*-i; -e; gen -wiń*) Pfirsich *m*
**brzoza** *f* (*-y; gen brzóz*) Birke *f* **brzozowy** Birken-
**brzuch** *m* (*-a; -y*) Bauch *m*; **na ~u** auf dem Bauch, bäuchlings; **bóle** *pl* **~a** Bauchschmerzen *pl*; **mięśnie** *m/pl* **~a** Bauchmuskeln *m/pl* **brzuchaty** dickbäuchig; *dzbanek* bauchig **brzuchomówca** *m* (*-y*) Bauchredner *m*
**brzydactwo** *n* (*-a*) (*osoba; rzecz*) hässliches Ding *n* **brzydal** *m* (*-a; -e; gen -li od -lów*) hässlicher Mann *m* **brzydki** (*persf –cy*) (**-ko**) hässlich; *wyraz* unanständig **brzydnąć** ⟨z-⟩ (*-nę, -ł od -nął*) hässlich werden; (*stać się uciążliwym*) lästig fallen **brzydota** *f* (*-y*) Hässlichkeit *f* **brzydula** *f* (*-i; -e*) (*kobieta*) graue Maus *f* **brzydzić się** (*-dzę*) (*gen*) sich ekeln (vor *dat*); (*inst*) verabscheuen (*akk*)
**brzydziej** *komp adv* hässlicher
**brzytwa** *f* (*-y; gen -tew*) Rasiermesser *n*
**buble** *fam m/pl* (*-i*) Ladenhüter *m/pl*
**buchać** (*-am*) ⟨-nąć⟩ (*-nę*) *ogień* entgegenschlagen; *woda* sich ergießen; *dym* hervorquellen
**buchalteria** *f* (*gen dat lok -ii; bpl*) Buchhaltung *f*
**buchnąć** *pf* (*-nę*) *umg* klauen, mausen; → **buchać**
**buczeć** (*-ę*) *syrena* heulen **buczek** *m* (*-czka; -czki*) (*sygnalizator*) Sirene *f*, Alarm *m*
**buda** *f* (*-y*) Bude *f*; *ciężarówki* Verdeck *n*; **psia ~** Hundehütte *f*
**buddyjski** buddhistisch
**budka** *f* (*-i; gen -dek*) Kiosk *m*; Imbissstand *m*
**budowa** *f* (*-y*) Bau *m*; **plac** *m* **od teren** *m* **budowy** Baustelle *f* **budować** ⟨z-⟩ (*-uję*) bauen; (*tworzyć*) aufbauen, schaffen; *fig* erbauen; **~ się** gebaut werden, im Bau sein; (*dla siebie*) sich ein Haus bauen **budowla** *f* (*-i; -e, -i*) Bauwerk *n*; (*budynek*) Gebäude *n* **budowlany**[1] Baubudowlany[2] *m* (*-ego; -ni*) Bauarbeiter *m* **budownictwo** *n* (*-a; bpl*) Bauwesen *n*; Bautätigkeit *f*; **~ mieszkaniowe** Wohnungsbau *m* **budowniczy** *m* (*-ego; -czowie*) Baumeister *m* **budulec** *m* (*-lca; -lce*) Baumaterial *n*, Baustoff *m* **budynek** *m* (*-nku; -nki*) Gebäude *n*, **~ mieszkalny** Wohnhaus *n*; **~ w stanie surowym** Rohbau *m*
**budyń** *m* (*-niu; -nie; gen -ni*) Pudding *m*
**budzić** ⟨o-⟩ (*-dzę*) (auf)wecken; *fig* wecken, hervorrufen; **~ się** aufwachen, erwachen **budzik** *m* (*-a; -i*) Wecker *m*

**budżet** m (-u; -y) Etat m, Haushalt(splan) m **budżetowiec** m (-a; -y) F Angestellte(r) m im staatlichen Sektor;(kobieta) Angestellte f im staatlichen Sektor **budżetówka** f (-i; gen -wek) F staatlicher Sektor m
**bufet** m (-u; -y) Büfett n; (lada) Theke f; na dworcu Imbiss m; **zimny ~** kaltes Büfett n
**bufonada** f (-y) Aufschneiderei f, Imponiergehabe n
**bufor** m (-a; -y) KOLEJ Puffer m
**buhaj** m (-a, -e, -ów) (Zucht)Bulle m
**bujać** (-am) v/t schaukeln, wiegen; **~ k-o** umg j-n anschwindeln, j-n auf den Arm nehmen; v/i w powietrzu schweben; (kłamać) flunkern **bujak** m (-a; -i) Schaukelstuhl
**bujda** f (-y) umg Schwindel m, Humbug m
**bujny** üppig; życie bewegt; fantazja blühend
**buk** m (-u; -i) Buche f
**bukiet** m (-u; -y) Strauß m; wina Bukett n
**bukmacher** m (-a; -rzy) Buchmacher m
**buksować** (-uję) v/i koło durchdrehen
**bukszpan** m (-u; -y) Buchsbaum m
**bulaj** m (-a/-u; -e) MAR Bullauge n **buldog** m (-a; -i) Bulldogge f **buldożer** m (-a; -y) Bulldozer m
**bulić** ⟨wy-⟩ (-lę) umg blechen
**bulion** m (-u; -y) Fleischbrühe f; **~ w kostkach** Brühwürfel m
**bulwa** f (-y) Knolle f
**bulwersować** ⟨z-⟩ (-uję) fig erregen
**Bułgar** m (-a; -rzy) Bulgare m **Bułgarka** f (-i; gen -rek) Bulgarin f **bułgarski (po-sku)** bulgarisch
**bułka** f (-i; gen -lek) Brötchen n; reg Semmel f
**bumelować** (-uję) umg sich vor der Arbeit drücken, pfuschen
**bunkier** m (-kra; -kry) Bunker m
**bunt** m (-u; -y) Aufruhr m, Rebellion f; na statku Meuterei f; fig Auflehnung f
**buntować** ⟨z-⟩ (-uję) aufwiegeln; **~ się** sich auflehnen; na statku meutern **buntowniczy** (-czo) aufrührerisch, rebellisch **buntownik** m (-a; -cy) Rebell m; na statku Meuterer m
**buńczuczny** hochmütig, frech
**bura** f (-y) Rüge f
**buraczany** Rüben- **buraczki** pl (-ów) KULIN Rote Bete f **burak** m (-a; -i) Rübe f

**burczeć** ⟨-czę⟩ ⟨burknąć⟩ (-nę) brummen
**burda** f (-y) Krawall m, Randale f
**burkliwy** (-wie) umg mürrisch, griesgrämig
**burmistrz** m (-a; -owie) Bürgermeister m; (kobieta) Bürgermeisterin f
**bursztyn** m (-u; -y) Bernstein m **bursztynowy** Bernstein-; kolor bernsteinfarben
**burta** f (-y) MAR Bord m; **lewa ~** Backbord n; **prawa ~** Steuerbord n
**bury** (-ro) grau
**burza** f (-y; -e) Gewitter n **burzliwy** (-wie) stürmisch (a. fig) **burzyć** (-ę) ⟨z-⟩ zerstören; BUD abreißen; **~ się** sich auflehnen (**przeciw** dat gegen akk)
**burżuazyjny** bourgeois
**burżuj** m (-a; -e) pej Kapitalist m
**busola** f (-i; -e) Bussole f, Kompass m
**buszować** (-uję) (**po** lok) durchstöbern (akk); **~ w Internecie** im Internet surfen
**but** m (-a; -y) Schuh m; **~y** pl **na zimę** Winterschuhe pl
**butelka** f (-i; gen -lek) Flasche f; **~ wina** Weinflasche f; **~ zwrotna** Pfandflasche f
**butik** m (-u; -i) Boutique f
**butla** f (-i; -e) Ballon m, Korbflasche f; **~ tlenowa** Sauerstoffflasche f
**butny** hochmütig, herrisch
**buzia** f (-i; -e; gen -ź od -zi) dim umg Gesicht n; (usta) Mäulchen n; **buziak** m (-a; -i) Küsschen n
**by** konj dass, damit, um ... zu; partikel trybu warunkowego würde, hätte, wäre; **napisałbym** ich würde schreiben; ich hätte geschrieben
**być** (jestem; bądź!) sein; (istnieć) geben (akk), vorhanden sein; **~ z** (gen) kommen, sein aus (dat); **~ do** (gen) reichen bis zu (dat); **~ może** kann sein; **nie może ~!** das kann (doch) nicht sein!; **~ na ty** sich duzen; **~ na pan** sich siezen; **~ w stanie** (+ inf) imstande sein zu (+ inf); **jestem w domu** ich bin zu Hause; **jestem z Polski** ich komme aus Polen; **jestem szczęśliwy/zmęczony** ich bin glücklich/müde; **jest mi smutno** ich bin traurig; **jest mi głupio/zimno** es ist mir peinlich/kalt; **jest zima** es ist Winter; **(jest) już po wszystkim** es ist schon alles vorbei; **on jest lekarzem / moim bratem** er ist Arzt / mein Bruder; **jesteśmy po śniadaniu** wir ha-

ben schon gefrühstückt; **oni są studentami** sie sind Studenten; **kim jest pan z zawodu?** was sind Sie von Beruf?; **co ci jest?** was ist mit dir?, was hast du?; **co jest na obiad?** was gibt es zu Mittag?; **gdzie są moje notatki?** wo sind meine Notizen?; **niech i tak będzie** von mir aus; **było już późno** es war schon spät

**bydlę** n (-ęcia; -ęta) Vieh n **bydło** n (-a; bpl) koll (Rind)Vieh n; fig pej Vieh n

**byk** m (-a; -i) Stier m; Bulle m; **Byk** ASTRON Stier m; umg grober Fehler

**byle** partikel irgendein; konj nur um ... zu; **~ co** irgendwas; **~ gdzie** irgendwo; **~ jak** irgendwie; pej ungenau, schlampig; **~ jaki** irgendein, x-beliebig; (lichy) schlecht, schwach; **~ kto** jeder beliebige, irgendjemand **byleby** konj damit nur, wenn nur

**byli** 3. Pers persf prät sie waren

**były** (persf -li) ehemalig, Ex-; umg verflossen

**bynajmniej (nie)** durchaus nicht, keineswegs; **~!** keine Spur!

**bystrość** f(-ści; bpl): **~ umysłu** Scharfsinn m, Intelligenz f **bystrry** (komp -rzejszy) (**-ro**; komp -rzej) osoba scharfsinnig; nurt reißend

**byt** m (-u; -y) Existenz f, Dasein n **bytność** f (-ści; bpl) Anwesenheit f; Aufenthalt m

**bywać** (-am) (**u** gen) besuchen (akk), verkehren (bei dat); **bywa, że ...** es kommt vor, dass ... **bywalczyni** f (-i; -e), **bywalec** m (-lca; -lcy) Stammgast

**bzdura** f (-y) umg Quatsch m, Blödsinn m **bzdurny** umg dumm, albern

**bzik** m (-a; bpl) umg Macke f, Fimmel m; **mieć ~a** e-n Knall haben

**bzykać** (-am) summen

# C

**cacko** n (-a; gen -cek) Schmuckstück n

**cal** m (-a; -e) Zoll m **calówka** f (-i; gen -wek) Zollstock m

**całkiem** adv ganz, vollständig; (dość) ziemlich **całkowity** (-cie) völlig, vollkommen; suma gesamt

**cało** adv heil, unversehrt

**całodobowy** rund um die Uhr geöffnet, Tag und Nacht geöffnet; dyżur 24--Stunden- **całodzienny** ganztägig, Tages- **całokształt** m (-u; bpl) Gesamtheit f; Gesamtbild n **całonocny** die ganze Nacht über dauernd **całoroczny** ganzjährig **całościowy** (-wo) ganzheitlich **całość** f (-ści; bpl) Ganze(s) n; Gesamtheit f

**całować** ⟨po-⟩ (-uję) küssen; **~ w usta** auf den Mund küssen **całus** m (-a; -y) Kuss m

**cały** (persf -li) (**-ło**) ganz; (kompletny) vollständig; (zdrów) heil, unverletzt; **z całej siły** mit voller Kraft; **~mi godzinami** stundenlang;; **z całego serca** von ganzem Herzen

**cap** m (-a; -y) Ziegenbock m; umg geiler Bock m

**car** (-a; -owie), **caryca** f (-y; -e) HIST Zar(in) m(f)

**casco** ['kaskɔ] n (idkl) Kaskoversicherung f

**cążki** pl (-ów) (kleine) Zange f

**cebula** f (-i; -e) Zwiebel f **cebulowy** Zwiebel-

**cech** m (-u; -y) Zunft f, Innung f

**cecha** f (-y) Merkmal n, Eigenschaft f; **~ charakteru** Charakterzug m

**cechować** (-uję) auszeichnen; (znaczyć) kennzeichnen

**cedzak** m (-a; -i) (sito) Durchschlag m **cedzić** (-dzę) ⟨prze-⟩ kartofle durchschlagen; ⟨wy-⟩ (mówić) zischen

**cegielnia** f (-i; -e) Ziegelei f **cegiełka** f (-i; gen -łek) fig Spende f, Beitrag m **ceglasty** ziegelrot **cegła** f (-y; gen -gieł) Ziegel m

**cekaem** m (-u; -y) Maschinengewehr n

**cel** m (-u; -e; gen -ów) Ziel n; (tarcza) Ziel-

**scheibe** f; *(zamierzony skutek)* Zweck m; **bez ~u** zwecklos; **do ~u** ins *od* ans Ziel; **w tym ~u** zu diesem Zweck; **w ~u** zwecks; **mieć na ~u** zum Ziel haben
**cela** f *(-i; -e)* Zelle f
**celibat** m *(-u; -y)* Zölibat n
**cellulitis** m *(-u; -y)* Orangenhaut f, Cellulitis f
**celniczka** f *(-i; gen -czek)* Zollbeamtin f
**celność** f *(-ści; bpl)* Treffsicherheit f **celny**[1] genau; *uwaga* treffend
**celny**[2] Zoll-, zollamtlich; **opłata** f **celna** Zollgebühr f; **urząd** m **~** Zollamt n
**celować** ⟨wy-⟩ *(-uję)* MIL zielen, anlegen **(do** *gen od* **w** *akk* auf *akk)*; sich auszeichnen **(w** *lok in dat)*
**celowość** f *(-ści; bpl)* Zweckmäßigkeit f
**celowy** (-**wo**) absichtlich, gewollt
**celujący** (-**co**) ausgezeichnet; **celująco** mit der Note "sehr gut"
**cement** m *(-u; -y)* Zement m **cementownia** f *(-i; -e)* Zementfabrik f
**cena** f *(-y)* Preis m *(a. fig); (wartość)* Wert m; **~ kupna** Kaufpreis m; **po tej cenie** zu diesem Preis **cenić** *(-ię)* schätzen, hoch schätzen **cennik** m *(-a; -i)* Preisliste f
**cenny** kostbar; *(ważny)* wertvoll
**centrala** f *(-i; -e)* Zentrale f **centralizacja** f *(-i; bpl)* Zentralisation f **centralny** zentral, Zentral-; *(główny)* Haupt- **centrum** n *(unv; -ra; gen -ów)* Zentrum n; **~ handlowe** Einkaufszentrum n; **~ obliczeniowe** Rechenzentrum n; **~ szczepień** Impfzentrum n; **~ testowe** Testzentrum n
**centymetr** m *(-a; -y; gen -ów)* Zentimeter m *od* n; *(taśma) umg* Zentimetermaß n
**cenzura** f *(-y)* Zensur f **cenzurować** *(-uję)* zensieren
**cep** m *(-a; -y)* Dreschflegel m; *umg pej* Tölpel m
**cera**[1] f *(-y; bpl)* Haut f, Teint m; **sucha ~** trockene Haut f
**cera**[2] f *(-y)* gestopfte Stelle f
**ceramiczny** keramisch, Keramik- **ceramika** f *(-i; bpl)* Keramik f; **~ szlachetna** Feinkeramik f
**cerata** f *(-y)* Wachstuch n
**ceremonia** f *(gen dat lok -ii; -e)* Zeremonie f
**cerkiew** f *(-kwi; -kwie)* orthodoxe Kirche f **cerkiewny** griechisch-orthodox
**cerować** ⟨za-⟩ *(-uję)* stopfen
**certyfikat** m *(-u; -y)* Zertifikat n; **~ pochodzenia** HANDEL Ursprungszeugnis n
**cesarski** kaiserlich, Kaiser- **cesarz** m *(-a; -e)*, **cesarzowa** f *(-wej; -we)* Kaiser(in) m(f)
**cesja** f *(-i; -e)* JUR Zession f, Abtretung f
**cetnar** m *(-a; -y)* Zentner m
**cewka** f *(-i; gen -wek)* TECH Spule f; **~ zapłonowa** Zündspule f; **~ moczowa** ANAT Harnröhre f
**cęgi** pl *(gen -ów)* Zange f
**cętka** f *(-i; gen -tek)* Tupfen m, Tüpfelchen n
**chaber** m *(-bra; -bry)* Kornblume f
**chadecja** f *(-i; bpl) koll* Christdemokraten pl **chadeckí** christdemokratisch
**chałka** f *(-i; gen -łek)* Hefezopf m
**chałupa** f *(-y)* Bauernhaus n; *umg* Bude f **chałupnictwo** n *(-a; bpl)* Hausgewerbe n, Heimarbeit f
**chamski** (**po -ku**) ordinär, grob
**chaotyczny** chaotisch
**charakter** m *(-u; -y)* Charakter m; **~ pisma** Handschrift f; **w ~ze gościa** als Gast **charakterystyczny** charakteristisch **charakterystyka** f *(-i)* Charakteristik f **charakteryzacja** f *(-i; -e)* TEATR Maske f **charakteryzator** m *(-a; -rzy)*, **charakteryzatorka** f *(-i; gen -rek)* Maskenbildner(in) m(f) **charakteryzować** ⟨s-⟩ *(-uję)* charakterisieren, beschreiben; ⟨u-⟩ TEATR schminken; *(wyróżniać)* auszeichnen, kennzeichnen
**charczeć** *(-ę)* röcheln
**chart** m *(-a; -y)* Windhund m
**charterowy** [tʃ-] Charter-
**charytatywny** karitativ, wohltätig
**chaszcze** pl *(-y od -ów)* Dickicht n
**chata** f *(-y) (dom)* Hütte f
**chcieć**\* *(chcę)* wollen; *(życzyć sobie)* mögen, wünschen; **chce mi się** (+ *inf)* ich will *od* möchte (+ *inf);* **nie chce mi się** ich habe keine Lust; **chciałbym, żeby ... ich** möchte, dass ...
**chciwiec** m *(-wca; -wcy) pej* Raffzahn m, Geizhals m **chciwość** f *(-ści; bpl) pej* Habgier f, Habsucht f **chciwy** (**-wie**) *pej* habgierig, habsüchtig; *wzrok* gierig; **~ na pieniądze** geldgierig
**chełbia** f *(-i; -e)* Qualle f
**chełpić się** *(-ię)* prahlen, sich brüsten *(inst* mit *dat)* **chełpliwość** f *(-ści; bpl)* Prahlsucht f, Wichtigtuerei f **chełpliwy** (**-wie**) prahlerisch, angeberisch

## chemia – chorobotwórczy

**chemia** f (gen dat lok -ii; bpl) Chemie f
**chemiczny** chemisch **chemik** m (-a; -cy) Chemiker m; (kobieta) Chemikerin f
**cherlawy** (-wo) kränklich, schwächlich, umg mickrig
**chęć** f (-ci) (ochota) Lust f; (zamiar) Absicht f; **mieć ~** Lust haben (**do** gen od **na** akk auf akk od zu dat); **dobre chęci** guter Wille; **z miłą chęcią** sehr gern **chętka** f (-i; gen -tek) Lust f, Gelüst n; **mieć chętkę** umg scharf sein (**na** akk auf akk)
**chętnie** adv gern **chętny** eifrig, bereitwillig; **~ do pomocy** hilfsbereit
**chichotać** (chichoczę) kichern
**Chinka** f (-i; gen -nek) Chinesin f **Chińczyk** m (-a; -cy) Chinese m **chiński** (**po -sku**) chinesisch **chińszczyzna** f (-y; bpl) chinesische Küche f; fig Kauderwelsch n
**chiromancja** f (-i; bpl) Handlesekunst f
**chirurg** m (-a; -dzy) Chirurg m **chirurgiczny** chirurgisch
**chlapa** f (-y) Regenwetter n; Tauwetter n
**chlapać** (-ię) ⟨-nąć⟩ (-nę) (inst) (be)spritzen (mit dat); **~ się** planschen
**chlastać** (-am od -szczę) ⟨-nąć⟩ (-nę) v/i klatschen, platschen; v/t ein paar überziehen
**chleb** m (-a; -y) Brot n; **~ z masłem** Butterbrot n; **zarabiać na ~** sein Brot verdienen **chlebowy** Brot-
**chlew** m (-a od -u; -y) Schweinestall m
**chlipać** (-ię) umg schluchzen
**chlor** m (-u; bpl) CHEM Chlor n **chlorowodór** m (-doru; bpl) Chlorwasserstoff m
**chlorowy** Chlor-
**chluba** f (-y; bpl) Stolz m **chlubić się** (-ię) (inst) sich rühmen (gen), stolz sein (auf akk) **chlubny** ruhmvoll, glorreich; świadectwo glänzend, prächtig
**chlupać** (-ię) ⟨-nąć⟩ (-nę) v/i schwappen, gluckern, platschen; **chlupnąć** pf (inst) spritzen (mit dat); **chlupać** pf plumpsen (**do** gen in akk); **~ się** plantschen
**chlustać** (-am) ⟨-nąć⟩ (-nę) (be)spritzen, begießen; (tryskać) hervorschießen, hervorspritzen
**chłam** m (-u; bpl) umg Ramsch m
**chłodek** m (-dku; -dki) CHEM (angenehme) Kühle f **chłodnia** f (-i; -e) Kühlhaus n **chłodnica** f (-y; -e) AUTO Kühler m **chłodniczy** Kühl- **chłodnieć** ⟨po-⟩

(-eję) kühl(er) werden, sich abkühlen
**chłodny** (-no) kühl; **jest chłodno** es ist kühl
**chłodzić** ⟨o-⟩ (-dzę) (ab)kühlen
**chłonąć** ⟨w-⟩ (-nę) absorbieren, aufsaugen; fig aufnehmen
**chłop** m (-a, dat -u; -i) Bauer m; (mężczyzna) (pl -y) umg Kerl m **chłopak** m (-a; -i od -cy) umg Junge m; (partner) Freund m
**chłopczyk** m (-a; -i) kleiner Junge m
**chłopiec** m (-pca; -pcy) Junge m **chłopięcy** (-co) jungenhaft, knabenhaft; odzież Knaben- **chłopka** f (-i; gen -pek) Bäuerin f **chłopski** (**po -sku**) bäuerlich, Bauern- **chłopstwo** n (-a; bpl) koll Bauern pl, Bauerntum n
**chłosta** f (-y) Prügel pl **chłostać** ⟨wy-⟩ (-szczę) auspeitschen; fig geißeln
**chłód** m (-odu; -ody) Kühle f, Kälte f (a. fig)
**chmara** f (-y) ptaków Schwarm m; ludzi Menge f
**chmiel** m (-u; bpl) Hopfen m
**chmura** f (-y) Wolke f **chmurka** f (-i; gen -rek) Wölkchen n **chmurny** bewölkt, wolkig; fig finster, düster
**chmurzyć** (-ę): **~ się** ⟨za-⟩ sich bewölken
**chochla** f (-i; -e, gen -chel) Kelle f
**chochlik** m (-a; -i) Kobold m, Wichtelmännchen n
**chociaż** konj obgleich, obwohl; partikel wenigstens
**chodak** m (-a; -i) Holzschuh m **chodnik** m (-a; -i) Bürgersteig m; (dywan) Läufer m **chody** p (gen -ów): **mieć ~** umg Beziehungen haben
**chodzić** (-dzę) gehen; umg (kursować) verkehren; (działać) funktionieren; **~ do szkoły** zur Schule gehen; **~ do pracy** arbeiten gehen; **~ na palcach** auf Zehenspitzen gehen; **~ pieszo** zu Fuß gehen; **chodzi o ...** es geht um ...
**choinka** f (-i; -nek) Weihnachtsbaum m; (zabawa) Weihnachtsfeier f **choinkowy** Weihnachtsbaum-
**cholerny** pop verdammt, Scheiß-
**cholesterol** m (-u; bpl) Cholesterin n
**chomik** m (-a; -i) Hamster m
**chorągiew** f (-gwi; -gwie) Fahne f **chorągiewka** f (-i; gen -wek) Fähnchen n
**choroba** f (-y) Krankheit f; **~ zawodowa** Berufskrankheit f **chorobliwy** (-wie) krankhaft (a. fig) **chorobotwórczy**

**chorobowy – chwytać** ▪ 45

(**-czo**) krankheitserregend **chorobowy** Krankheits-; **zasiłek** m ~ Krankengeld n **chorować** ⟨-uję⟩ krank sein; **~ na serce** herzkrank sein; **~ na grypę** (die) Grippe haben **chorowity** (persf –ci) kränklich, anfällig

**chorwacki** (**po -cku**) kroatisch **Chorwat** m (-a) Kroate m **Chorwatka** f (-i; gen -tek) Kroatin f

**chory**[1] (persf –rzy) krank; **~ na serce** herzkrank; **~ umysłowo** geisteskrank **chory**[2] m (-ego; -rzy), **chora** f (-ej; -e) Kranke(r) m, f

**chować** ⟨-am⟩ ⟨s-⟩ verstecken, verbergen; (trzymać) aufbewahren; ⟨wy-⟩ dzieci großziehen; **~ się** aufwachsen, ⟨po-⟩ beerdigen, bestatten; **chować** (hodować) halten, züchten; **zdrowo się chować** sich gut entwickeln, gedeihen **chowanego: bawić się w ~** Verstecke spielen

**chód** m (-odu; -ody) Gang m; SPORT Gehen n; **być na chodzie** umg gut in Schuss sein

**chór** m (-u; -y) Chor m; **~em** adv im Chor **chórzysta** m (-y; -ści), **chórzystka** f (-i; gen -tek) Chorsänger(in) m(f), Chorist(in) m(f)

**chów** m (-owu; bpl) Haltung f, Zucht f

**chrabąszcz** m (-a; -e; gen -y) Maikäfer m

**chrapać** ⟨-ię⟩ schnarchen

**chrapliwy** (**-wie**) krächzend, heiser

**chrom** m (-u; bpl) CHEM Chrom n **chromowy** Chrom-

**chroniczny** chronisch

**chronić** ⟨o-, u-⟩ (-ię) schützen; bewahren (**od** gen, **przed** inst vor dat); ⟨s-⟩ **~ się** sich flüchten, Schutz suchen (**przed** inst vor dat) **chroniony** geschützt

**chropawy** (**-wo**) rau, uneben; grob rau

**chrupać** ⟨s-⟩ (-ię) (jeść) knabbern

**chrupki** knusprig; **~ chleb** m Knäckebrot n

**chrypka** f (-i; gen -pek) Heiserkeit f **chrypliwy** (**-wie**) heiser **chrypnąć** ⟨o-⟩ (-nę) heiser werden

**Chrystus** m (-a; vok -sie od Chryste!; bpl) Christus m

**chrzan** m (-u; bpl) Meerrettich m

**chrząkać** ⟨-am⟩ ⟨-nąć⟩ (-nę) sich räuspern; świnia grunzen **chrząkanie** n (-a; bpl) Räuspern n; świni Grunzen n

**chrząstka** f (-i; gen -tek) Knorpel m

**chrząszcz** m (-a; -e) ZOOL Käfer m

**chrzcić** ⟨o-⟩ (-czę) taufen **chrzcielnica** f (-y; -e) Taufbecken n **chrzciny** pl (gen -) Tauffeier f **chrzest** m (czrztu; chrzty) Taufe f **chrzestny**: **matka f chrzestna** Taufpatin f, Patentante f; **ojciec** m ~ Taufpate m, Patenonkel m; **~ syn** m Patensohn m, Patenkind n; **chrzestna córka** f Patentochter f, Patenkind n

**chrześcijanin** m (-a; -anie; gen -), **chrześcijanka** f (-i; gen -nek) Christ(in) m(f) **chrześcijański** (**po -ku**) christlich **chrześcijaństwo** n (-a; bpl) Christentum n

**chrześniaczka** f (-i; gen -czek) Patentochter f, Patenkind n

**chrzęścić** (-szczę) słoma knistern; żwir knirschen

**chuchać** (-am) ⟨-nąć⟩ (-nę) hauchen

**chudnąć** ⟨s-⟩ (-nę) abmagern, abnehmen **chudość** f (-ści; bpl) Magerkeit f **chudy** (**-do**) dünn, mager; mięso fettarm, Mager- **chudzielec** m (-lca; -lcy od -lce) umg Klappergestell n

**chuligan** m (-a; -i) pej Rowdy m, Randalierer m **chuligaństwo** n (-a; bpl) pej Rowdytum n

**chusta** f (-y) Umschlag(e)tuch n **chusteczka** f (-i; gen -czek) dim Tüchlein n; **~ do nosa** Taschentuch n; **~ higieniczna** Papiertaschentuch n, umg Tempotaschentuch® n

**chwalić** ⟨po-⟩ (-lę) loben, (an)preisen; **~ się** (inst) prahlen, angeben (mit dat); stolz sein (auf akk) **chwała** f (-y; bpl) Ruhm m; **~ Bogu** Gott sei Dank

**chwast** m (-u; -y) Unkraut n

**chwiać** (-eję) (inst) hin und her wiegen, biegen (akk); **~ się** schwanken; ząb wackeln

**chwiejność** f (-ści; bpl) fig Unbeständigkeit f **chwiejny** wack(e)lig, (sch)wankend; fig unbeständig

**chwila** f (-i; -e) Augenblick m, Moment m; **chwile** pl Zeit f, Augenblicke pl; **~mi** manchmal; **co ~** immer wieder; **na chwilę** für e-n Moment; **po chwili** nach e-r Weile; **przed chwilą** soeben; (**przez**) **chwilę** e-e Weile, e-e Zeit lang; **w tej chwili!** sofort! **chwilowy** (**-wo**) momentan

**chwycić** pf → chwytać **chwytać** (-am) ⟨chwycić⟩ (-cę) v/t fassen, packen (**za** akk an D); piłkę (auf)fangen; v/i (gut) ankommen; **mróz chwyta** es friert; **~ się** (gen) sich festhalten (an *dat*); **~ się nadziei** sich an die Hoffnung klammern; **chwytać się różnych sposobów** zu verschiedenen Mitteln greifen

**chyba** *partikel* wohl; *konj* **~ że** außer wenn, es sei denn, dass; **~ nie** wohl kaum

**chybiać** (-*am*) ⟨-**ić**⟩ (-*ię*) vorbeischießen; *cios* fehlgehen, danebengehen; **~ celu** das Ziel verfehlen; **na chybił trafił** aufs Geratewohl **chybiony** misslungen, Fehl-

**chylić** ⟨**po-, s-**⟩ (-*lę*) neigen

**chyłkiem** *adv* verstohlen, heimlich

**chytry** (*persf –rzy*) (-**ro**) geizig, knauserig; (*przebiegły*) listig

**ci**[1] *pron dat* dir; **pomogę ~** ich helfe dir; **wszystko ~ powiem** ich erzähle dir alles **ci**[2] *pron dem pl persf* diese **ci**[3] *partikel*: **a to ~ historia!** *umg* das ist ja ein Ding!; **masz ~ los!** *umg* das ist eine schöne Bescherung!

**ciałko** *n* (-*a*; *gen* -*łek*) BIOL Körperchen *n*

**ciało** *n* (-*a*) Körper *m*; (*zwłoki*) Leichnam *m*; **górna część ciała** Oberkörper *m*; **~obce** Fremdkörper *m*

**ciarki** *pl* (*gen –rek*) Schauder *m*, Gänsehaut *f*; **przeszły mnie ~** es überlief mich kalt

**ciasnota** *f* (-*y*; *bpl*) Enge *f*, Beengtheit *f*

**ciasny** (-**no**) eng; *fig* engstirnig, beschränkt

**ciastko** *n* (-*a*; *gen* -*tek*) Stück *n* Kuchen

**ciasto** *n* (-*a*) Kuchen *m*; (*masa*) Teig *m*; **~ francuskie** Blätterteig *m*

**ciąć*** (-*tnę*) *v/t* schneiden; *piłą* sägen; *v/i komary* stechen

**ciąg** *m* (-*u*; -*i*) Verlauf *m*; *powietrza* Zug *m*; **~ dalszy** Fortsetzung *f*; **w ~u** (*gen*) innerhalb (*gen*); **w dalszym ~u** weiterhin **ciągle** *adv* ständig, (an)dauernd **ciągły** ständig, andauernd **ciągnąć** (-*nę*) *v/t* ziehen (**za** *akk*); (*wlec*) schleppen; **~ za sobą** hinter sich herziehen; **tu ciągnie** es zieht hier; **~ się** sich hinziehen; *w przestrzeni* sich erstrecken **ciągnik** *m* (-*a*; -*i*) Schlepper *m*

**ciąża** *f* (-*y*) Schwangerschaft *f*; *u. zwierząt* Trächtigkeit *f*; **być w ciąży** schwanger sein; **zajść** *pf* **w ciążę** schwanger werden; **przerwać** *pf* **ciążę** abtreiben (lassen) **ciążenie** *n* (-*a*; *bpl*) Gravitation *f*, Anziehungskraft *f* **ciążyć** (-*ę*) lasten, drücken; (*być dokuczliwym*) lästig sein

**cichaczem** unbemerkt; heimlich, verstohlen

**cichnąć** ⟨**u-**⟩ (-*nę*; -*ł*) verstummen; *wiatr* abflauen, nachlassen **cichy** (*persf -si*) (-**cho, po -chu**) leise; (*spokojny*) still, ruhig; **bądź cicho!** sei still!

**ciebie** *pron akk* dich; *pron gen* deiner; **u ~** bei dir

**ciec*** (3. *Pers ciekni*e) fließen, rinnen; (*przeciekać*) lecken **ciecz** *f* (-*y*; -*e*) Flüssigkeit *f*

**ciekawić** (-*ię*) interessieren, neugierig machen **ciekawość** *f* (-*ści*; *bpl*) Neugier *f* **ciekawy** (-**wie**) interessant, spannend; **~** (*gen*) neugierig, gespannt (auf *akk*)

**ciekły** flüssig

**cielesny** (-**śnie**) körperlich

**cielę** *n* (-*ęcia*; -*ęta*) Kalb *n* **cielęcina** *f* (-*y*; *bpl*) Kalbfleisch *n* **cielęcy** Kalb(s)- **cielić się** ⟨**ocielić się**⟩ (3. *Pers -li*) kalben

**cielisty** hautfarben

**ciemię** *n* (-*enia*; -*iona*) ANAT Scheitel *m*

**ciemku**: **po ~** im Dunkeln **ciemnieć** ⟨**po-, ś-**⟩ (-*eję*) dunkler werden **ciemno** *n* (-*a*; *bpl*) Dunkelheit *f* **ciemnoblond** dunkelblond **ciemnoczerwony** dunkelrot **ciemnoskóry** dunkelhäutig **ciemność** *f* (-*ści*) Dunkelheit *f*, Finsternis *f* **ciemny** (-**no**) dunkel; (*zacofany*) rückständig; **robi się ciemno** es wird dunkel

**cieniej** *komp adv* dünner; schmaler

**cienki** (-**ko**) dünn; (*wąski*) schmal

**cieńszy** *komp adj* dünner; schmaler

**cieplarnia** *f* (-*i*; -*e*; *gen* -) Treibhaus *n*, Gewächshaus *n* **cieplica** *f* (-*y*; -*e*) Thermalquelle *f* **cieplny** Wärme-

**ciepławy** (-**wo**) lauwarm

**ciepło** *n* (-*a*; *bpl*) Wärme *f* **ciepły** (-**ło**) warm

**cierń** *m* (-*nia*; -*nie*; *gen* -*ni*) Dorn *m*, Stachel *m*

**cierpieć** (-*ę*) leiden; **~ na** (*akk*) MED leiden an (*dat*); **nie ~** (*gen*) nicht leiden können (*akk*); **~ z powodu** (*gen*) leiden unter (*dat*) **cierpienie** *n* (-*a*) Leiden *n*, Schmerz *m*

**cierpki** (-**ko**) herb

**cierpliwość** *f* (-*ści*; *bpl*) Geduld *f* **cierpliwy** (-**wie**) geduldig

**cierpnąć** ⟨**ś-**⟩ (-*nę*) taub werden, *umg* einschlafen; **skóra mi cierpnie** mir läuft

es kalt den Rücken hinunter
**ciesielski** Zimmermanns-
**cieszyć** ⟨u-⟩ (-ę) freuen, erfreuen; **~ się** sich freuen (**z** gen über akk); **cieszyć się na** (akk) sich freuen auf (akk); **cieszę się, że** ... ich freue mich, dass ...
**cieśla** m (-i; -e) Zimmermann m
**cieśnina** f (-y) Meerenge f
**cię** pron akk dich; pron gen deiner; **kocham ~** ich liebe dich
**cięcie** n (-a; gen -ęć) Schnitt m; (rana) Schnittwunde f **cięciwa** f (-y) Bogensehne f
**cięgi** pl (gen -ów) umg Schläge pl
**cięty** uwaga spitz, bissig; (bystry) schlagfertig
**ciężar** m (-u; -y) Gewicht n; Last f (a. fig); **być ~em** (**dla** gen) zur Last fallen (dat); **podnoszenie** n **~ów** SPORT Gewichtheben n **ciężarek** m (-rka; -rki) Gewicht n; przy wędce Angelblei n **ciężarna**¹ kobieta schwanger; samica trächtig **ciężarna**² f (-nej; -ne) Schwangere f **ciężarowy**: **samochód** m **~** Lastwagen m
**ciężarówka** f (-i; gen -wek) umg Laster m, Lkw m
**ciężki** (-ko) schwer; (trudny) schwierig
**ciocia** f (-i; -e) Tante f
**cios** m (-u; -y; gen -ów) Schlag m
**cioteczny**: **brat** m **~** Cousin m; **siostra** f **cioteczna** Cousine f **ciotka** f (-i; gen -tek) Tante f
**ciskać** (-am) ⟨-nąć¹⟩ (-nę) werfen, schleudern
**cisnąć**² (-nę) drücken; **~ się** sich drängen
**cisza** f (-y; bpl) Stille f; **proszę o ciszę!** Ruhe bitte! **ciszej** adv komp leiser; stiller
**ciśnienie** n (-a): **~ powietrza** Luftdruck m; **~ krwi** Blutdruck m
**ciuchy** m/pl (gen -ów) umg Klamotten pl
**ciułać** ⟨u-⟩ (-am) zusammensparen
**ciżba** f (-y) Menschenmenge f, Gedränge n
**ckliwy** (-wie) rührselig, sentimental
**clić** ⟨o-⟩ (-lę, clij!) verzollen **cło** n (cła; gen ceł) Zoll m; **wolny od cła** zollfrei; **podlegający clu** zollpflichtig
**cmentarz** m (-a; -e) Friedhof m; przy kościele Kirchhof m **cmentarzysko** n (-a) Gräberfeld n; **~ samochodów** Autofriedhof m
**cmokać** (-am) ⟨-nąć⟩ (-nę) schnalzen; (całować) umg küssen, einen Kuss geben

**cnota** f (-y) Tugend f; (dziewictwo) Jungfräulichkeit f **cnotliwy** (-wie) keusch
**co** pron (gen czego, dat czemu, inst lok czym) was; umg (który) welche(r) (jak) wie; **~ (to) za** was für (ein), welch; **~ słychać?** wie geht's?; **~ to jest?** was ist das?; **~ do mnie** was mich betrifft; **~ mu jest?** was hat er (denn)?; **czym mogę służyć?** Sie wünschen?; präp (unv) jeden, jede, jedes; alle; **~ tydzień** jede Woche; **~ drugi dzień** alle zwei Tage; **~ dopiero** geschweige denn; **~ takiego?** wie bitte?; **~ z tego?** na und? 
**codziennie** adv täglich, jeden Tag **codzienny** täglich, Tages-; (powszedni) alltäglich
**cofać** (-am) ⟨-nąć⟩ (-nę) zurückziehen; zlecenie zurücknehmen, widerrufen; AUTO rückwärtsfahren; zegar zurückstellen; **~ się** zurückgehen; **cofnąć pf zamówienie** (**na** akk) abbestellen (akk); **nie ~ się** nicht zurückschrecken (**przed** inst vor dat)
**cokolwiek** pron irgendetwas; was auch immer; adv ein bisschen
**cokół** m (-ołu; -oły) Sockel m
**conocny** allnächtlich
**coraz** immer wieder, ständig; **~ lepiej** immer besser; **~ bardziej** immer mehr
**coroczny** alljährlich
**coś** pron (gen czegoś, dat czemuś, akk coś, inst lok czymś) etwas, umg was; **~ takiego!** (nein,) so etwas!, nicht zu fassen!
**cotygodniowy** allwöchentlich
**córka** f (-i; gen -rek) Tochter f
**COVID-19** m MED COVID-19, Covid-19 f u. n
**cucić** ⟨o-⟩ (-cę) (wieder) zu sich bringen
**cud** m (-u; -a, -ów) Wunder n (a. REL); **~em** (wie) durch ein Wunder **cudaczny** wunderlich, sonderbar, komisch **cudny** wunderschön, wundervoll **cudownie** adv wunderbar, herrlich; (cudem) auf wunderbare Weise **cudowny** wunderbar, herrlich
**cudzoziemiec** m (-mca; -mcy), **cudzoziemka** f (-i; gen -mek) Ausländer(in) m(f) **cudzoziemski** (**po -sku**) fremdländisch, ausländisch **cudzy** fremd **cudzysłów** m (-owu; -owy, -owów) Anführungszeichen pl
**cugle** pl (gen -i) Zügel pl
**cukinia** f (-i; gen -ii, -ie) Zucchini f
**cukier** m (-kru; -kry) Zucker m **cukierek** m (-rka; -rki) Bonbon m od n **cukiernia** f

## cukiernica – czas

(-i; -e, -i) Konditorei f **cukiernica** f(-y; -e) Zuckerdose f **cukiernik** m (-a; -cy) Konditor m, Zuckerbäcker m **cukrownia** f (-i; -e) Zuckerfabrik f **cukrzyca** f(-y; bpl) Zuckerkrankheit f, Diabetes m
**cumować** ⟨za-⟩ ⟨-uję⟩ MAR v/t festmachen; v/i anlegen
**cwał** m (-u; bpl) Galopp m; **~em** im Galopp
**cwałować** ⟨po-⟩ ⟨-uję⟩ galoppieren
**cwaniaczka** f (-i; gen -czek) gerissene Person **cwaniak** m (-a; -cy od -i) F + Schlawiner m, Schlitzohr n **cwany** umg gewieft, gerissen
**cyberprzemoc** f (-y; -blm) Cybermobbing n
**cycek** m (-cka; -cki) Zitze f; **~ki** pl vulg Titten pl
**cyfra** f (-y) Ziffer f, Zahl f **cyfrowy** Zahlen-; digital
**cyganić** ⟨-ię⟩ umg schummeln, schwindeln
**cygarniczka** f (-i; gen -czek) Zigarettenspitze f **cygaro** n (-a) Zigarre f
**cyjanek** m (-nku; -nki) umg Zyankali n
**cykać** ⟨-am⟩ ⟨-nąć⟩ ⟨-nę⟩ v/i zegar ticken; konik polny zirpen
**cykl** m (-u; -e) Zyklus m
**cyklamen** m (-u; -y) Alpenveilchen n
**cykliczny** zyklisch
**cyklon** m (-u; -y) METEO Zyklon m, Wirbelsturm m
**cykuta** f (-y) BOT Schierling m
**cylinder** m (-dra; -dry) TECH Zylinder m; (kapelusz) Zylinder(hut) m
**cymbał** m (-a; -y) umg pej Trottel m, Einfaltspinsel m
**cyna** f (-y; bpl) Zinn n; do lutowania Lötzinn n
**cynaderki** f/pl (-rek) KULIN Nieren f/pl
**cynamon** m (-u; bpl) Zimt m
**cynfolia** f (gen dat lok -ii; bpl) Stanniol n
**cyniczny** zynisch
**cynk** m (-u; bpl) CHEM Zink n **cynkować** ⟨o-⟩ ⟨-uję⟩ verzinken **cynkowy** Zink-
**cynować** ⟨o-⟩ ⟨-uję⟩ verzinnen
**cypel** m (-pla; -ple; gen -pli od -plów) Landzunge f; (szczyt) Spitze f
**cypryjski** zypr(iot)isch, Zypern-
**cyprys** m (-u; -y) Zypresse f
**cyrk** m (-u; -i) Zirkus m (a. fig)
**cyrkiel** m (-kla; -kle) Zirkel m
**cyrkowiec** m (-wca; -wcy) umg Zirkusartist m

**cyrkulacja** f (-i; -e) Zirkulation f, Kreislauf m **cyrkulować** ⟨-uję⟩ zirkulieren
**cysterna** f (-y) Zisterne f, Tank m
**cytat** m (-u; -y) Zitat n **cytować** ⟨za-⟩ ⟨-uję⟩ zitieren
**cytrusowe: owoce** m/pl **~** Zitrusfrüchte f/pl **cytryna** f (-y) Zitrone f **cytrynowy** Zitronen-; kolor zitronengelb
**cywil** m (-a; -e; gen -ów) Zivilist m; **w ~u** umg in Zivil **cywilizacja** f (-i; -e) Zivilisation f **cywilny** zivil; JUR zivilrechtlich, bürgerlich; **stan** m **~** Familienstand m; **wziąć** pf **ślub ~** standesamtlich heiraten
**czad** m (-u; bpl) CHEM Kohlenmonoxyd n; (woń spalenizny) Brandgeruch m
**czaić się** ⟨zaczaić się⟩ ⟨-ję⟩: **~ na k-o** j-m auflauern, auf j-n lauern
**czajnik** m (-a; -i) Wasserkessel m
**czapeczka** f (-i; gen -czek) dim Mützchen n, Käppchen n **czapka** f (-i; gen -pek) Mütze f, Kappe f
**czapla** f (-i; -e) ZOOL Reiher m
**czar** m (-u; -y) Zauber m; (urok) Reiz m; **~y** pl Zauberei f, Hexerei f
**czarnoksiężnik** m (-a; -cy) Hexenmeister m, Magier m **czarnooki** schwarzäugig **czarnorynkowy** Schwarzmarkt- **czarnoskóry** dunkelhäutig **czarnowłosy** schwarzhaarig **czarny** (-no) schwarz; fig düster; **czarna skrzynka** f LOT Flugschreiber m; **na czarną godzinę** für den Notfall; **czarno na białym** schwarz auf weiß; **pracować na czarno** schwarzarbeiten
**czarodziej** m (-a; -e; gen -ów) Zauberer m **czarodziejka** f (-i; gen -jek) Zauberin f **czarodziejski** Zauber-, **czarodziejstwo** n (-a; bpl) Zauberei f
**czarować** ⟨o-⟩ ⟨-uję⟩ verzaubern **czarownica** f (-y; -e) Hexe f **czarownik** m (-a, -cy) Zauberer m; (szaman) Medizinmann m **czarowny** zauberhaft
**czarter** m (-u; -y) Charterflug m **czarterować** ⟨-uję⟩ chartern **czarterowy** Charter-
**czarujący** (-co) bezaubernd
**czas** m (-u; -y) Zeit f; **~ odjazdu** Abfahrtszeit f; **wolny ~** Freizeit f; **~ pracy** Arbeitszeit f; **~** (+ inf) (es ist) Zeit zu …; **mieć ~ na** (akk) Zeit haben für (akk); **przez jakiś ~** e-e Zeit lang; **do pewnego ~u** e-e Zeit lang, gewisse Zeit; **na ~, w ~** rechtzeitig; **na ~ie** zeitgemäß, aktuell; **od tego ~u**

seitdem, seit dieser Zeit; **w ~ie** (gen) während (gen); **z ~em** mit der Zeit; **za moich ~ów** zu meiner Zeit; **~ami** od **~em** manchmal, ab und zu; **to kwestia ~u** das ist eine Frage der Zeit; **szkoda ~u** das ist Zeitverschwendung **czasopismo** n (-a) Zeitschrift f **czasownik** m (-a; -i) Verb n **czasowy** Zeit-, zeitlich **czaszka** f (-i; gen -szek) ANAT Schädel m; **trupia ~** Totenkopf m
**czat, chat** m (-u od -a; -y) Chat n **czatować**[1] (-uję) lauern (**na** akk auf akk)
**czatować**[2] (-uję) IT chatten
**cząsteczka** f (-i; gen -czek) FIZ Molekül n
**cząstkowy** partiell, fragmentarisch
**czcić*** ⟨u-⟩ (czczę) begehen **czcigodny** ehrwürdig, (hoch)verehrt
**czcionka** f (-i; gen -nek) Letter f; IT Schriftart f
**Czech** m (-a; -si) Tscheche m
**czego**[1] umg warum **czego**[2] pron gen was
**czekać** ⟨po-, za-⟩ (-am) warten (**na** akk auf akk); **czekać** erwarten, bevorstehen
**czekolada** f (-y) Schokolade f **czekoladka** f (-i; gen -dek) Praline f **czekoladowy** Schokoladen-; **kolor** schokolade(n)braun
**czeladnik** m (-a, -cy) Geselle m
**czele: na ~** fig an der Spitze
**czeluść** f (-ści; -ście) Schlund m, gähnender Abgrund m
**czemu** warum
**czepek** m (-pka; -pki) Haube f; **niemowlęcia** Babymütze f; **~ kąpielowy** Badekappe f
**czepiać się** (-am) (gen) sich festhalten (**an** akk); ⟨krytykować⟩ umg meckern, herumreiten (auf dat)
**czepiec** m (-pca; -pce) Haube f
**czeremcha** f (-y) Faulbaum m
**czereśnia** f (-i; -e) (drzewo) Kirschbaum m, Kirsche f; (owoc) (Süß)Kirsche f
**czerniak** m (-a; -i) MED Melanom n **czernieć** ⟨s-⟩ (3. Pers -eje) schwarz werden
**czerń** f (-ni; bpl) Schwarz n
**czerpać** (-ię) schöpfen **czerpak** m (-a; -i) Schöpfbecher m
**czerstwy** chleb altbacken
**czerw** m (-wia; -wie, -wi) Made f
**czerwiec** m (-wca; -wce) Juni m **czerwienić się** ⟨za-⟩ (-ę) rot werden
**czerwony** (-no) rot; **na czerwono** rot

**czesać** ⟨u-⟩ **-szę** kämmen
**czeski** (**po -sku**) tschechisch **Czeszka** f (-i; gen -szek) Tschechin f
**cześć** f (czci; bpl) Hochachtung f; REL Verehrung f; **~!** na powitanie hallo!; na pożegnanie tschüs(s)!; **na ~** od **ku czci** (gen) zu Ehren (gen od von dat)
**często** adv oft, häufig **częstotliwość** f (-ści) Frequenz f, Häufigkeit f
**częstować** ⟨po-⟩ (-uję) (inst) bewirten (mit), anbieten (akk); **~ się** zugreifen
**częsty** häufig **częściej** komp adv öfter, häufiger
**część** f (-ści) Teil m od n; **~ składowa** Bestandteil m; **~ zapasowa** Ersatzteil n; **większa ~** Großteil m
**czkawka** f (-i; gen -wek) Schluckauf m
**człon** m (-u; -y) Element n **członek**[1] m (-nka; -nki) (penis) umg Glied n
**członek**[2] m (-nka; -nkowie), **członkini** f (-ni; gen -iń) Mitglied n; **~ partii** Parteimitglied n; **~ załogi** MAR, ASTRON Besatzungsmitglied n **członkostwo** n (-a) Mitgliedschaft f **członkowski** Mitglieds-
**człowieczeństwo** n (-a; bpl) Menschlichkeit f **człowiek** m (-a; ludzie) Mensch m; **~ interesu** Geschäftsmann m
**czmychnąć** pf (-nę) umg das Weite suchen, Reißaus nehmen
**czołg** m (-u; -i) Panzer(kampfwagen) m
**czołgać się** (-am) kriechen, robben
**czoło** n (-a) Stirn f
**czołowy** Stirn-; (przedni) frontal; (wybitny) führend
**czołówka** f (-i; gen -wek) Spitze f; filmu Vorspann m
**czop** m (-a od -u; -y) Zapfen m, Spund m **czopek** m (-pka; -pki) Stöpsel m; MED Zäpfchen n
**czosnek** m (-nku; bpl) Knoblauch m **czosnkowy** Knoblauch-
**czółenka** n/pl (-nek) Pumps m/pl **czółno** n (-a; gen -len) Kahn m
**czterdziestka** f (-i; gen -tek) umg Vierzig f **czterdziestoletni** vierzigjährig **czterdziestu** num persf vierzig **czterech, czterej** num persf vier **czternastka** f (-i; gen -tek) umg Vierzehn f **czternastu** num persf vierzehn **czterokrotny** vierfach **czteroletni** vierjährig **czteroosobowy** Vierpersonen-
**cztery** (persf czterej od czterech) vier

**czterysta** num (persf –stu) vierhundert
**czub** m (-a; -y) ZOOL Federhaube f; **mieć w ~ie** umg e-n in der Krone haben, e-n intus haben **czubaty** (-to) talerz randvoll; łyżka gehäuft **czubek** m (-bka, -bki; gen -ów) Spitze f; **~ głowy** Scheitel m; **~ palca** Fingerspitze f
**czuć** ⟨po-⟩ (-uję) fühlen; ból empfinden; ciepło spüren; **czuję, że ...** ich habe das Gefühl, dass ...; **czuć zapach ziół** es riecht nach Kräutern; **jak się czujesz?** wie geht es dir?; **czuję się dobrze** ich fühle mich wohl
**czujka** f (-i; gen -jek) TECH Warngerät n
**czujnik** m (-a; -i) Sensor m **czujny** wachsam; sen leicht
**czułostkowy** (-wo) sentimental **czułość** f (-ści) Zärtlichkeit f; przyrządu Empfindlichkeit f **czuły** (persf –li) (-le) zärtlich; przyrząd empfindlich; słuch fein; **~ na światło** lichtempfindlich
**czupiradło** n (-a; gen -deł) fig Vogelscheuche f
**czupryna** f (-y) Haarschopf m
**czuwać** (-am) achthaben; (nie spać) wach sein
**czwartek** m (-tku; -tki) Donnerstag m
**czwartkowy** Donnerstags- **czwarty** vierte(r); **czwarta (godzina)** vier Uhr; **jedna czwarta** ein Viertel
**czworo** num vier; **we ~** zu viert; **złożyć we ~** vierfach falten **czworobok** m (-u; -i), **czworokąt** m (-a; -y) Viereck n **czworonożny** vierbeinig **czwórka** f (-i; gen -rek) Vier f; **we czwórkę** zu viert; **~mi** in Viererreihen
**czy** partikel ob; konj oder; **~ to prawda?** ist das wahr?; **~ wierzysz w to?** glaubst du das?; **tak ~ inaczej** so oder so
**czyhać** (-am) **~ na k-o** j-m auflauern
**czyj** wessen **czyjkolwiek** wessen auch immer **czyjś** (irgend)jemandes
**czyli** oder, das heißt
**czym** pron inst lok: **o ~ myślisz?** woran denkst du?; **~ przyjechałeś?** womit bist du gekommen?
**czyn** m (-u; -y) Tat f; **~ przestępczy** Straftat f **czynnik** m (-a; -i) Faktor m **czynność** f (-ści) (zajęcie) Tätigkeit f; serca Funktion f **czynny** aktiv; mechanizm in Betrieb; sklep offen; **~ zawodowo** berufstätig
**czynsz** m (-u; -e) Miete f

**czysta** f (-ej; -e) Wodka m, Korn m
**czystość** f (-ści; bpl) Sauberkeit f; fig Klarheit f **czysty** (persf -ści) (-to) sauber; wełna rein; woda klar; dochód Netto-
**czyszczenie** n (-a) Reinigung f **czyścibut** m (-a; -y) Schuhputzer m **czyścić** ⟨wy-⟩ (-szczę) reinigen, säubern, putzen; zęby putzen; **~ szczotką** bürsten
**czytać** (-am) lesen; **~ k-u** j-m vorlesen; **~ na głos** laut vorlesen **czytanka** f (-i; gen -nek) Lesebuch n **czytelnia** f (-i; -e) Lesesaal m; (wypożyczalnia) Leihbücherei f **czytelniczka** f (-i; gen -czek), **czytelnik** m (-a; -cy) Leser(in) **czytelny** leserlich, (gut) lesbar; deutlich

**ćma** f (ćmy; gen ciem) Nachtfalter m
**ćmić** (-ię, ćmij!) umg paffen, schmauchen; **~ się** v/i glimmen, schwach leuchten
**ćpać** (-am) pop fixen
**ćpun** m (-a; -y), **ćpunka** f (-i; gen -nek) umg Junkie m, Fixer m
**ćwiartka** f (-i; gen -tek) Viertel n; Viertelkilo n; **~ wódki** umg eine Flasche Wodka
**ćwiczebny** skok Übungs-; teren Trainings- **ćwiczenie** n (-a) Übung f; **ćwiczenia** pl Seminar n; **ćwiczenia** pl polowe MIL Manöver n **ćwiczyć** ⟨wy-⟩ (-ę) v/t üben; **ćwiczyć** (uprawiać SPORT) trainieren; **~ się** (w lok) (ein)üben (akk)
**ćwierć** f (-ci; -ci) Viertel n **ćwierćfinałowy: mecz m ~** Viertelfinalspiel n **ćwierćnuta** f (-y) Viertelnote f **ćwierćwiecze** n (-a) Vierteljahrhundert n
**ćwikła** f (-y; bpl) gekochte und geriebene Rote Bete mit Meerrettich **ćwikłowy: burak m ~** Rote Bete f

# D

**dach** m (-u; -y) Dach n **dachówka** f (-i; gen -wek) Dachziegel m
**dać** pf (dam; daj!) geben; **dajmy na to** angenommen (dass); **~ się** (+ inf) (być możliwym) (inf+) lassen; **da się zrobić** es geht, es lässt sich machen, es ist machbar; **co się da** was nur (irgendwie) geht od möglich ist; **jak się tylko da** wenn es überhaupt geht; sobald es möglich ist; irgendwie; **nie daj się!** lass dich nicht unterkriegen
**daktyl** m (-a; -e) Dattel f
**dal** f (-i; -e) Ferne f, Weite f; **w ~i** in der Ferne; **trzymać się z ~a** sich fernhalten (od gen von dat)
**dalece** adv: **tak ~** dermaßen, derart; **jak ~** inwieweit **dalej** komp adv weiter; **i tak ~** und so weiter; **~!** los!, weiter! **daleki** (persf -cy) (**-ko**) weit, fern; krewny entfernt; **z daleka** von Weitem **daleko** adv weit; **~ idący** fig weitreichend
**dalekopis** m (-u; -y) Fernschreiber m; (wiadomość) Fernschreiben n **dalekosiężny** fig weitreichend **dalekowzroczność** f (-ści; bpl) MED Weitsichtigkeit f; fig Weitsicht f
**dalia** f (gen dat lok -ii; -e) Dahlie f
**dalmierz** m (-a; -e) Entfernungsmesser m
**dalszy** komp adj weiter, Weiter-; **~ plan** m Hintergrund m; **dalsze kształcenie** n Weiterbildung f, Fortbildung f
**dama** f (-y) Dame f **damski** Damen-
**dane** pl (gen -ych) Angaben pl; IT Daten pl; **~ osobowe** Personalien pl; **ochrona** f **danych osobowych** Datenschutz m; **baza** f **danych** IT Datenbank f; **przetwarzanie** n **danych** IT Datenverarbeitung f; **wprowadzenie** n **danych** IT Dateneingabe f
**danie** n (-a; gen -ań) KULIN Gericht n; **drugie ~** zweiter Gang m; **~ jarskie** vegetarisches Gericht n
**daniel** m (-a; -e) Damhirsch m
**dansing** m (-u; -i) Tanz m; Tanzlokal n
**dany** (były); **w ~m wypadku** in diesem Fall; **w ~ch warunkach** unter den gegebenen Umständen

**daremny** vergeblich
**darmo** adv umsonst; (bezpłatnie) umsonst, gratis; **za pół ~** halb geschenkt
**darmowy** kostenlos, Frei-
**darnina** f (-y), **darń** f (-ni; -nie) Rasen m
**darować** (-uję) schenken; karę erlassen; winę verzeihen; **nie móc sobie ~** (gen) sich nicht verzeihen können (akk) **darowizna** f (-y) Schenkung f
**darzyć** (-ę): **~ zaufaniem** k-o j-m Vertrauen schenken
**daszek** m (-szka od -szku; -szki) kleines Schutzdach n; Mützenschirm m
**data** f (-y) Datum n
**datek** m (-tku; -tki) Spende f, Gabe f
**datować** (-uję) datieren; **~ się** stammen, datieren **datownik** m (-a; -i) Datum(s)stempel m; **~ okolicznościowy** Sonderstempel m
**dawać** (daję) ⟨**dać**⟩ (dam) geben; zysk abwerfen; cień spenden; ogłoszenie aufgeben; **~ do naprawy** reparieren lassen; **~ do zrozumienia** zu verstehen geben; **~ się** (inf +) lassen; **(nie) ~ się otworzyć** sich (nicht) öffnen lassen
**dawca** m (-y; gen -ów), **dawczyni** f (-i; -e) Spender(in) m(f); organu Organspender(in) m(f); krwi Blutspender(in) m(f)
**dawka** f (-i; gen -wek) Dosis f **dawkować** (-uję) dosieren
**dawniej** komp adv früher **dawno** adv vor Langem, längst, schon lange (her); **jak ~** wie lange; **od dawna** seit Langem **dawny** (były) ehemalig, früher; (stary) alt
**dąb** m (dębu; dęby) Eiche f
**dąć** ⟨**za-**⟩ (dmę) MUS blasen; wiatr wehen
**dąsać się** (-am) schmollen **dąsy** pl (gen -ów) schlechte Laune f
**dążenie** n (-a) Streben n **dążyć** (-ę) (**do** gen) streben (nach dat), anstreben, verfolgen (akk)
**dbać** ⟨**za-**⟩ (-am) (**o** akk) sorgen (für akk), sich kümmern (um akk); o wygląd pflegen; **nie dbać o** (akk) vernachlässigen (akk) **dbałość** f (-ści; bpl) Sorge f (**o** akk um akk); Sorgfalt f **dbały** (persf -li) (**-le**) fürsorglich; sorgfältig
**debata** f (-y) Debatte f **debatować** (-uję) debattieren (**nad** inst über akk)
**debel** m (-bla; -ble) SPORT Doppel n; (łódź) Doppelzweier m
**debil** m (-a; -e), **debilka** f (-i; gen -lek)

## debilny — denuncjator

*umg pej* Idiot(in) *m(f)* **debilny** *umg pej* schwachsinnig, idiotisch

**debiut** *m* (-u; -y) Debüt *n* **debiutować** ⟨za-⟩ (-uję) debütieren

**dech** *m* (*tchu*; *bpl*): **nabrać tchu** Luft holen; **bez tchu** außer Atem, atemlos; **jednym tchem** in e-m Zug

**decydent** *m* (-a; -ci) Entscheidungsträger *m* **decydować** ⟨z-⟩ (-uję) (**o** *lok*) entscheiden (über *akk*); **~ się** (**na** *akk*) sich entscheiden (für *akk*) **decydujący** (-**co**) entscheidend **decyzja** *f* (-i; -e) Entscheidung *f*; (*orzeczenie*) Bescheid *m*; **powziąć** *pf* **decyzję** eine Entscheidung treffen

**dedykacja** *f* (-i; -e) Widmung *f* **dedykować** ⟨za-⟩ (-uję) widmen

**defekt** *m* (-u; -y) Defekt *m*; (*usterka*) Störung *f*; **z ~em** fehlerhaft

**defensywa** *f* (-y) Defensive *f*

**deficyt** *m* (-u; -y) Defizit *n*; *kasowy* Fehlbetrag *m*

**defilada** *f* (-y) Vorbeimarsch *m*; MIL Parade *f* **defilować** ⟨prze-⟩ (-uję) vorbeimarschieren, defilieren

**definicja** *f* (-i; -e) Definition *f* **definitywny** definitiv, endgültig

**deformować** ⟨z-⟩ (-uję) deformieren, verformen **defraudacja** *f*(-i;-e) Veruntreuung *f*, Unterschlagung *f* **degeneracja** *f* (-i; *bpl*) Degeneration *f* (*a.* BIOL)

**degradacja** *f* (-i; *bpl*) Degradierung *f*; *fig* Abstieg *m*; **~ środowiska** Umweltzerstörung *f*

**deka** *n* (*unv*) *umg* Dekagramm *n* **dekada** *f* (-y) Dekade *f*

**dekarz** *m* (-a; -e) Dachdecker *m*

**deklaracja** *f* (-i; -e) Erklärung *f*; **~ podatkowa** Steuererklärung *f* **deklarować** ⟨za-⟩ (-uję) deklarieren, angeben; erklären, bekannt geben

**deklinacja** *f*(-i; -e) GRAM Deklination *f*

**dekoder** *m* (-a; -y) Decoder *m*

**dekolt** *m* (-u; -y) Dekolleté *n*, Halsausschnitt *m*

**dekoracja** *f*(-i; -e) Dekoration *f*; FILM Kulisse *f* **dekoracyjny** dekorativ; Dekorations- **dekorator** *m*(-a; -rzy), **dekoratorka** *f* (-i; *gen* -rek) Dekorateur(in) *m(f)* **dekoratywny** dekorativ **dekorować** ⟨u-⟩ (-uję) dekorieren

**dekret** *m* (-u; -y) Dekret *n*

**delegacja** *f* (-i; -e) Delegation *f*; (*wyjazd*) *umg* Dienstreise *f* **delegat** *m* (-a; -ci), **delegatka** *f* (-i; *gen* -tek) Delegierte(r) *m*, *f* **delegatura** *f* (-y) Vertretung *f*; Mission *f* **delegować** ⟨wy-⟩ (-uję) delegieren, (ab)senden

**delektować się** (-uję) (*inst*) sich gütlich tun (an *dat*), genießen (*akk*)

**delfin** *m* (-a; -y) Delfin *m*; SPORT Delfin (-schwimmen) *n*

**delicje** *pl* (*gen* -cji) Leckerbissen *pl*

**delikatesy** *pl* (*gen* -ów) Delikatessen *pl*; (*sklep*) *umg* Feinkostgeschäft *n*

**delikatność** *f* (-ści; *bpl*) Zartheit *f*; (*takt*) Feingefühl *n* **delikatny** fein

**delikwent** *m* (-a; -ci), **delikwentka** *f* (-i; *gen* -tek) Delinquent(in) *m(f)*; (*facet*) *umg* Typ *m*

**demaskować** ⟨z-⟩ (-uję) entlarven, enttarnen; **~ się** sich verraten

**dementować** ⟨z-⟩ (-uję) dementieren

**demilitaryzacja** *f* (-*i*; *bpl*) Entmilitarisierung *f* **demobilizować** ⟨z-⟩ (-uję) *żołnierzy* demobilisieren; *pracowników* demotivieren, entmutigen

**demokracja** *f* (-i; -e) Demokratie *f* **demokrata** *m* (-y; -ci), **demokratka** *f* (-i; *gen* -tek) Demokrat(in) *m(f)* **demokratyczny** demokratisch

**demolować** ⟨z-⟩ (-uję) demolieren, zerstören

**demon** *m* (-a; -y) Dämon *m*

**demonstracja** *f* (-i; -e) Demonstration *f* **demonstracyjny** demonstrativ **demonstrować** ⟨za-⟩ (-uję) demonstrieren; zeigen, vorführen **demontować** ⟨z-⟩ (-uję) demontieren, zerlegen

**denat** *m* (-a; -ci), **denatka** *f* (-i; *gen* -tek) Opfer *n*; (*samobójca*) Selbstmörder(in) *m(f)*

**denaturat** *m* (-u; *bpl*) Brennspiritus *m*

**denerwować** ⟨z-⟩ (-uję) nervös machen, irritieren; **~ się** sich aufregen, nervös werden **denerwująco** *adv*: **działać ~ na k-o** j-m auf die Nerven gehen

**denko** *n* (-a) Boden *m* **denny** Grund-; *umg* (*bezwartościowy*) sauschlecht

**dentysta** *m* (-y; -ci) Zahnarzt *m* **dentystka** *f* (-i; *gen* -tek) Zahnärztin *f* **dentystyczny** zahnärztlich, Zahnarzt- **dentystyka** *f* (-i; *bpl*) Zahnmedizin *f*

**denuklearyzacja** *f* (-i; *0*) atomare Abrüstung **denuncjator** *m* (-a; -rzy), **denuncjatorka** *f* (-i; *gen* -rek) Denunziant(in) *m(f)*

**denuncjować – dioda** ▪ 53

**denuncjować** ⟨za-⟩ (-uję) denunzieren
**departament** m (-u; -y) Ministerialabteilung f; **Departament stanu** w USA Außenministerium n
**depesza** f (-y; -e) (telegram) Telegramm n; agencyjna Agenturmeldung f
**deponować** ⟨z-⟩ (-uję) deponieren; pieniądze hinterlegen, deponieren
**deportować** (-uję) deportieren
**depozyt** m (-u; -y) Deponierung f; **~ bankowy** Depot n
**deprawować** ⟨z-⟩ (-uję) sittlich verderben, die Moral zersetzen **depresja** f (-i; -e) Depression f **deprymować** ⟨z-⟩ (-uję) deprimieren **deprymujący** (-co) deprimierend
**deptać** ⟨po-⟩ (-cze) (zer)treten; fig mit Füßen treten **deptak** m (-a; -i) umg Flaniermeile f
**deputat** m (-u; -y) Deputat n **deputowany** m (-ego; -ni), **deputowana** f (-ej; -ne) Deputierte(r) m, f
**dermatolog** m (-a; -dzy) Hautarzt m; (kobieta) Hautärztin f
**desant** m (-u; -y) Truppenlandung f; **~ powietrzny** Luftlandung f
**deseń** m (-niu od -nia; -nie) Muster n
**deser** m (-u; -y) Dessert n, Nachtisch n; **na ~** als od zum Nachtisch
**deska** f (-i; gen -sek) Brett n; **~ surfingowa** Surfbrett n; **~ do prasowania** Bügelbrett n
**deskorolka** f (-i; gen -lek) Skateboard n
**desktop** m (-a od -u; -y) Desktop n
**desperacki** (-ko) verzweifelt, desperat
**despotyczny** despotisch
**destrukcyjny** destruktiv
**destylacja** f (-i; -e) CHEM Destillation f
**destylować** ⟨prze-⟩ (-uję) destillieren
**desygnować** (-uję) designieren (**na** akk zu dat)
**deszcz** m (-u; -e) Regen m **deszczownia** f (-i; -e) Bewässerungsanlage f **deszczowy** (-wo) regnerisch, Regen-
**deszczówka** f (-i; bpl) umg Regenwasser n
**detal** m (-u; -e) Einzelheit f, Detail n; **nie wchodząc w ~e** ohne ins Detail zu gehen **detaliczny** detailliert; **handel** m **~** Einzelhandel m; **cena** f **detaliczna** Ladenpreis m
**detektyw** m (-a; -i) Detektiv m **detektywistyczny** detektivisch; książka De-

tektiv-
**detonator** m (-a; -y) Sprengkapsel f **detonować** ⟨z-⟩ (-uję) detonieren
**dewaluacja** f (-i; -e) EKON Abwertung f; fig Herabsetzung f
**dewastacja** f (-i; -e) Zerstörung f **dewastować** ⟨z-⟩ (-uję) zerstören
**deweloper, developer** m (-a; -rzy) Bauunternehmer m; (kobieta) Bauunternehmerin f; (firma) Wohnungsbaufirma f **deweloperski, developerski** Bau-
**dewiza** f (-y) Devise f; Motto n **dewizowy** Devisen- **dewizy** pl (gen -) Devisen pl
**dewocjonalia** pl (gen -ów) Devotionalien pl
**dezaprobata** f (-y; bpl) Missbilligung f
**dezodorant** m (-u; -y) Deo(dorant) n
**dezorganizacja** f (-i; bpl) Desorganisation f, Chaos n **dezorganizować** ⟨z-⟩ (-uję) durcheinanderbringen
**dezorientować** ⟨z-⟩ (-uję) verwirren; **~ się** desorientiert sein, durcheinander sein
**dezynfekcja** f (-i; bpl) Desinfektion f
**dętka** f (-i; gen -tek) AUTO Schlauch m **dęty** MUS Blas-
**diabelny** umg verdammt, höllisch **diabelski** (-ko) teuflisch, Teufels-; **~ młyn** m Riesenrad n **diabeł** m (-bła; -bły; gen -ów) Teufel m
**diaboliczny** diabolisch
**diagnoza** f (-y) Diagnose f **diagnozować** ⟨z-⟩ (-uję) diagnostizieren **diagonalny** diagonal **diagram** m (-u; -y) Diagramm n **diakonisa** f (-y) Diakonisse f **dialekt** m (-u; -y) Dialekt m **dialektyczny** dialektisch
**dialog** m (-u; -i) Dialog m
**diament** m (-u; -y) Diamant m **diamentowy** Diamant-
**diecezja** f (-i; -e) Diözese f
**dieta** f (-y) Diät f, Schonkost f; **być na diecie** auf Diät sein **dietetyczny** Diät-
**diler, dealer** m (-a; -rzy), **dilerka, dealerka** f (-i; gen -rek) Vertragshändler(in) m(f); (sprzedawca narkotyków) Drogenhändler(in) m(f) **dilerstwo, dealerstwo** n (-a; bpl) Verkaufen n als Vertragshändler; (sprzedaż narkotyków) Drogenhandel m
**dioda** f (-y) ELEK Diode f; **~ LED** LED--Anzeige f, LED f

## dla – dobry

**dla** *präp (gen)* für *(akk)*; zu *(dat)*; um zu (+ *inf)*; **~ niepełnosprawnych** behindertengerecht; **~ mnie** für mich; meinetwegen
**dlatego** deswegen; **~, że ...** weil ...
**dławić** ⟨z-⟩ *(-ię) fig* unterdrücken, ersticken; **~ się** sich verschlucken *(inst an dat)*
**dłoń** *f (-ni; -nie)* Handfläche *f*; (flache) Hand *f*
**dłubać** *(-ię)* stochern; *fig* tüfteln **(przy** *lok an dat)*; **~ w nosie** in der Nase bohren
**dług** *m (-u; -i)* Schulden *f/pl*
**długawy** *(-wo)* etwas zu lang; *film* langatmig **długi** *(-go)* lang, Lang-; *choroba* langwierig **długo** *adv* lang; *o czasie* lange; **jak ~?** wie lange?; **na ~** für lange Zeit; **tak ~ aż** so lange bis
**długodystansowiec** *m (-wca; -wcy)* Langstreckenläufer *m* **długofalowy** *fig* langfristig; *FIZ* Langwellen- **długoletni** langjährig **długopis** *m (-u; -y)* Kugelschreiber *m* **długość** *f (-ści)* Länge *f*; *(okres)* Dauer *f* **długoterminowy** *(-wo)* langfristig **długotrwały** *susza* lang anhaltend; *choroba* langwierig **długowieczny** langlebig **długowłosy** langhaarig
**dłuto** *n (-a)* Meißel *m*; Beitel *m*
**dłużej** *komp adv* länger; **~ nie** nicht mehr länger
**dłużniczka** *f (-i; gen -czek)*, **dłużnik** *m (-a; -cy)* Schuldner(in) **dłużny**: **być ~m k-u** j-m schulden, bei j-m Schulden haben
**dłuższy** *komp adj* länger; **na ~ czas** für längere Zeit; **od dłuższego czasu** seit längerer Zeit **dłużyć się** *(3. Pers -y)* sich in die Länge ziehen; *czasu* langsam vergehen
**dmuchać** *(-am)* ⟨-nąć⟩ *(-nę)* blasen **dmuchawa** *f (-y) TECH* Gebläse *n*; *umg* Heizlüfter *m* **dmuchawiec** *m (-wca; -wce) umg* Pusteblume *f* **dmuchnąć** *(-nę) umg* stibitzen
**dnieć** *(3. Pers –eje)*: **dnieje** es dämmert; **dniało** der Morgen dämmerte, es dämmerte
**dniówka** *f (-i; gen -wek)* Arbeitstag *m*; *(płaca)* Tagelohn *m*; **pracować na dniówkę** als Tagelöhner arbeiten
**dno** *n (dna; gen den)* Grund *m*; *(spód)* Boden *m*; **pójść na ~** untergehen; **do góry dnem** gekentert; umgestülpt; **wypić** *pf* **do dna** leer trinken, ex trinken
**do** *präp (gen)* bis zu *(dat)*, (bis) an *(akk)*; in *(akk)*, nach *(dat)*; zu *(dct)*; **od ... ~** von ... nach, von ... bis zu *oa* an; *(wartość przybliżona)* etwa ... bis ...; **~ piątku** bis Freitag; **~ domu** nach Hause; **~ Berlina** nach Berlin; **~ lekarza** zum Arzt; **tankować ~ pełna** volltanken; **pół ~ drugiej** halb zwei; **~ zobaczenia!** bis bald!
**doba** *f (-y; gen dób)* 24 Stunden; *fig* Zeitalter *n*; **przez całą dobę** rund um die Uhr
**dobić** *pf* → **dobijać**
**dobiegać** *(-am)* ⟨**dobiec** *od* **-gnąć**⟩ *(-nę)* **(do** *gen)* laufen (bis an *akk*, zu *dat*); *o dźwiękach* zu hören sein, dringen; **~ końca** sich dem Ende nähern
**dobierać** *(-am)* ⟨**dobrać**⟩ *(dobiorę)* dazunehmen, noch mehr nehmen; *kolory* passend aussuchen
**dobijać** *(-am)* ⟨**dobić**⟩ *(-ję) v/t* den Gnadenstoß geben *(dat)*; **~ k-o** *umg* j-n krank machen, j-m den Rest geben; **~ do brzegu** anlegen; **dobijać się do drzwi** an die Tür hämmern
**dobitek**: **na ~** *umg* obendrein, dazu noch, zu allem Übel **dobitny** *głos* kräftig, laut; *żądanie* nachdrücklich, unmissverständlich
**doborowy** erstklassig, vorzüglich, Elite- **dobosz** *m (-a; -e)* Trommler *m*; Paukist *m* **dobór** *m (-oru; gen) pl)* Auswahl *f*
**dobrać\*** *pf*: **~ się** sich finden, gut zusammenpassen
**dobranoc** *(unv)* gute Nacht **dobrany** *adj* gut zueinanderpassend, harmonisch **dobre** *n (-ego; bpl)* Gute(s) *n*; **na ~** richtig, ernsthaft; **po ~mu** im Guten; **wszystkiego ~go!** alles Gute
**dobrnąć** *pf (-nę)* **(do** *gen)* mit Mühe und Not erreichen *(akk)*
**dobro** *n (-a; gen dóbr)* Gutes, das Gute; **~ społeczne** Gemeinwohl *n*; **zapisać** *pf* **na ~** *FIN* gutschreiben **dobrobyt** *m (-u; bpl)* Wohlstand *m* **dobroczynność** *f (-ści; bpl)* Wohltätigkeit *f* **dobroczynny** *kąpiel* wohltuend; *akcjc* wohltätig, Wohltätigkeits- **dobroć** *f (-ci; bpl)* Güte *f*; **po dobroci** *umg* im Guten, friedlich **dobroduszny** gutmütig **dobrodziejstwo** *n (-a)* Wohltat *f*; *pl* Segen *m* **dobrowolny** freiwillig
**dobry** *(persf -rzy) od* ⟨**do**⟩ *(do gen)* für *(akk)*; **dobra!** *umg* fein!; **a to dobre!** das ist ja ein Ding!; **na dobrą sprawę** eigentlich; **na dobrej drodze** auf dem richtigen

## dobrze – dojrzewać

Weg **dobrze** *adv* gut; ~ **ubrany** gut gekleidet; ~ **wychowany** wohlerzogen; ~ **widziany** gut angesehen; **czuć się** ~ sich wohlfühlen; **to** ~ **robi** es tut gut; ~ **ci tak mówić** du hast leicht reden; ~ **ci tak!** geschieht dir recht!
**dobudow(yw)ać** (-[w]uję) anbauen
  **dobudówka** *f* (-*i*; *gen* -wek) Anbau *m*
**docelowy** Ziel-
**doceniać** (-*am*) ⟨-**ić**⟩ (-*nię*) richtig einschätzen, würdigen; **nie** ~ unterschätzen
**docent** *m* (-*a*; -*ci*) Dozent *m*
**dochodowość** *f* (-*ści*; *bpl*) Rentabilität *f*
**dochodowy** gewinnbringend, rentabel
**dochodzenie** *n* (-*a*) Untersuchung *f*, Ermittlungen *pl*; ~ **sądowe** Ermittlungsverfahren *n* **dochodzić** ⟨*dojść*⟩ (-*dzę*) ⟨-*dę*⟩ (**do** *gen*) kommen (*zu dat*); (*osiągać*) erreichen (*akk*); (*sięgać*) reichen (*bis zu dat*); (*dźwięki zu* hören sein; *zapachy* hervordringen; ~ **do** (*gen*) (*zbliżać się*) sich nähern (*dat*); ~ **do głosu** zu Wort kommen; ~ **do zdrowia** gesund werden; ~ **do skutku** zustande kommen; ~ **do siebie** zu sich kommen; ~ **do porozumienia** sich einigen; ~ **swoich praw** seine Rechte geltend machen; **jak do tego doszło?** wie ist es dazu gekommen?; **do tego dochodzi jeszcze ...** hinzu kommt noch ...
**dochowywać** (-*wuję*) ⟨**dochować**⟩ (-*am*) (*gen*) bewahren (*akk*); ~ **słowa** sein Wort halten; ~ **wierności** treu bleiben
**dochód** *m* (-*odu*; -*ody*) Einkommen *n*; **czysty** ~ Reinertrag *m*; ~ **narodowy** EKON Volkseinkommen *n*
**dociąć*** *pf* → docinać **dociągać** (-*am*) ⟨-*nąć*⟩ (-*nę*) ziehen, schleppen (**do** *gen* bis zu *dat*); *pas* festziehen
**docierać** (-*am*) ⟨**dotrzeć**⟩ (*dotrę*) *v*/*i* (**do** *gen*) gelangen, vordringen (*bis zu dat*); *v*/*t* AUTO einfahren; ~ **się** *umg* sich aneinander anpassen
**docinać** (-*am*) ⟨-**ciąć**⟩ (*dotnę*): ~ **k-u** j-n hänseln, gegen j-n sticheln **docinek** *m* (-*nka*; -*nki*) Stichelei *f*, Spitze *f*
**dociskać** (-*am*) ⟨-**nąć**⟩ (-*nę*) fest (an)drücken; **docisnąć się** *pf* sich durchdrängen (**do** *gen* zu *dat*)
**doczekać** *pf* (-*am*) (*gen*) (*dożyć*) erleben (dürfen) (*akk*); ~ **się** (*gen*) endlich bekommen (*akk*); **nie móc się** ~ (*gen*) kaum erwarten können (*akk*)

**doczepi(a)ć** anhängen, ankoppeln
**doczesny** vergänglich; *życie* irdisch
**dodatek** *m* (-*tku*; -*tki*; *gen* -*ów*) Zuschlag *m*; *do gazety* Beilage *f*; *pl* Accessoires *pl*; ~ **mieszkaniowy** Wohngeld *n* **dodatkowy** (-**wo**) zusätzlich, Zusatz- **dodatni** (-**nio**) positiv **doda(wa)ć** (**do** *gen*) (hin)zufügen (*dat*); (*dołożyć yć*) (da)zugeben (*dat*); (*k-u*) *siły itp.* verleihen (*dat*); MAT addieren; ~ **otuchy** (*dat*) ermuntern, ermutigen (*akk*); *fam* ~ **gazu** e-n Zahn zulegen
**dodawanie** *n* (-*a*; *bpl*) MAT Addition *f*
**dodzwonić się** *pf* (-*nię*) (**do** *gen*) (telefonisch) erreichen (*akk*)
**dogadać się** *pf* (z *inst*) sich verständigen (mit); einig werden (mit) **dogadzać** (-*am*) ⟨**dogodzić**⟩ (-*dzę*): ~ **k-u** j-n zufriedenstellen, es j-m recht machen; ~ **sobie** schlemmen, sich gut gehen lassen **doganiać** (-*am*) ⟨**dogonić**⟩ (-*nię*) einholen
**dogląd** *m* (-*u*; *bpl*) Aufsicht *f*; Betreuung *f* **doglądać** (-*am*) *pf* beaufsichtigen (*akk*), aufpassen (*auf akk*)
**dogmat** *m* (-*u*; -*y*) REL, FILOZ Dogma *n*
**dogodny** günstig; *czas* passend; **na ~ch warunkach** zu günstigen Bedingungen **dogodzić** *pf* → dogadzać **dogonić** *pf* → doganiać **dogotowywać się** (3. Pers -*wuje*) ⟨**dogotować się**⟩ (-*uje*) gar werden
**dogrywać** (-*am*) ⟨**dograć**⟩ (-*am*) zu Ende spielen **dogrywka** *f* (-*i*; *gen* -wek) SPORT Verlängerung *f* **dogryzać** (-*am*) ⟨**dogryźć***⟩ (*dogryzę*): ~ **k-u** j-n hänseln, gegen j-n sticheln
**doić** ⟨**wy-**⟩ (-*ję*, *dój!*) melken; (*pić*) *umg* (weg)saufen, in sich hineinschütten
**dojadać** (-*am*) ⟨**dojeść**⟩ (*dojem*) zu Ende essen, aufessen; *resztki* aufzehren; **nie** ~ nicht genug zu essen haben, darben
**dojazd** *m* (-*u*; -*y*) Anfahrt *f*; (*droga*) Zufahrt *f*
**dojechać*** *pf* (**do** *gen*) ankommen (*in dat od an dat*) **dojeść*** *pf* → dojadać **dojeżdżać** (-*am*) (**do** *gen*) sich nähern (*dat*); ~ **do pracy** pendeln **dojmujący** durchdringend, schneidend
**dojrzałość** *f* (-*ści*; *bpl*) Reife *f*; ~ **płciowa** Zeugungsfähigkeit *f*, Geschlechtsreife *f* **dojrzały** (*persf* –*li*) (-**le**) reif; ~ **płciowo** geschlechtsreif, zeugungsfähig **dojrzeć**[1] *pf* (-*ę*) (*ujrzeć*) erblicken **dojrzewać** (-*am*) ⟨**dojrzeć**[2]⟩ (-*eję*) *owoce* reif

## 56 ■ dojście – domyślać się

werden; **~ do** (gen) fig reif werden (für akk)

**dojście** n (-a) Weg m (**do** gen in akk, zu dat); Zugang m; **mieć ~** umg Beziehungen haben **dojść*** pf (**do** gen) kommen (zu dat), erreichen (akk); **jak ~ do dworca?** wie komme ich zum Bahnhof?

**dok** m (-u; -i) Dock n

**dokańczać** (-am) ⟨**dokończyć**⟩ (-czę) abschließen, zu Ende bringen **dokazywać**[1] (-uję) umg herumtollen, Unfug treiben

**dokazywać**[2] (-uję) ⟨**dokazać**⟩ (-żę) (gen) erreichen, vollbringen (akk)

**dokąd** wohin; **~ bądź** irgendwohin, gleich wohin

**dokładać** (-am) ⟨**dołożyć**⟩ (-ę) hinzutun, hinzufügen; *pieniądze* zuschießen, beisteuern **dokładność** f (-ści; bpl) Genauigkeit f; (*staranność*) Sorgfalt f **dokładny** genau, exakt, präzise; (*staranny*) sorgfältig

**dokoła** adv ringsum(her); *präp* (gen) um (akk) herum; **~ siebie** um sich (herum)

**dokonywać** (-uję) ⟨**dokonać**⟩ (-am) vollbringen (akk); *zbrodni* begehen (akk); *wyboru* treffen (akk); **~ się** stattfinden

**dokończenie** n (-a) Abschluss m, Beendigung f **dokończyć** pf → dokańczać

**dokształcać** (-am) fortbilden **dokształcający** Fortbildungs-

**doktor** m (-a; -rzy od -owie) Doktor m; umg Arzt m **doktorski** Doktor- **doktoryzować się** (-uję) promovieren (**z** gen in dat)

**dokuczać** (-am) ⟨-yć⟩ (-ę): **~ k-u** j-n ärgern, j-n belästigen; *ból* plagen, zusetzen **dokuczliwy** (**-wie**) lästig, zudringlich; *ból* quälend

**dokument** m (-u; -y) Dokument m; *tożsamości* Ausweis m **dokumentacja** f (-i; -e) Dokumentation f **dokumentalny** dokumentarisch, Dokumentar- **dokumentować** ⟨u-⟩ (-uję) dokumentieren, belegen

**dola** f (-i; bpl) Los n, Schicksal n

**dolatywać** (-uję) ⟨**dolecieć**⟩ (-cę) (**do** gen) fliegen (nach dat), ankommen (in dat); vordringen; sich nähern (dat)

**dolegliwość** f (-ści) Leiden n; (*uciążliwość*) Beschwerlichkeit f

**doliczać** (-am) ⟨-yć⟩ (-czę) (**do** gen) (hin)zuzählen, dazurechnen (zu dat); zählen (bis akk); **~ odsetki** aufzinsen

**dolina** f (-y) Tal n

**dolnoniemiecki** niederdeutsch **dolny** untere(r), Unter-; GEOG Nieder-, Unter-

**dołączać** (-am) ⟨-yć⟩ [-czę] (**do** gen) beifügen, beilegen (dat); anschließen

**dołek** m (-łka; -łki) Erdloch n, Vertiefung f; *na twarzy* Grübchen n; **być w dołku** umg fig in e-r Krise stecken **dołem** unten entlang

**dołożyć** pf → dokładać

**dom** m (-u; -y) Haus n; fig Zuhause n; **~ mieszkalny** Wohnhaus n; **~ handlowy** Warenhaus n; **~ dziecka** Kinderheim n; **~ starców** Altersheim n, Altenheim n; **~ akademicki** Studentenwohnheim n; **~ publiczny** Bordell n, **w ~u** zu Hause; im Haus; **z ~u** *kobieta* geborene; **zajmować się ~em** den Haushalt führen

**domagać się** (-am) (gen) verlangen (akk)

**domek** m (-mku; -mki) kleines Haus n; **~ letniskowy** Sommerhaus n; **~ jednorodzinny** Einfamilienhaus n

**domena** f (-y) Spezialgebiet n; IT Domain f

**domiar** m (-u; -y) FIN Steuernachzahlung f; **na ~ złego** zu allem Unglück

**domieszać** pf (-am) (**do** gen) beimischen (dat) **domieszka** f (-i; gen -szek) Beimischung f, Zusatz(stoff) m

**dominować** (-uję) (**nad** inst) dominieren (akk) **dominujący** herausragend; *charakter* dominant

**domknąć** pf → domykać

**domniemany** mutmaßlich, vermeintlich

**domofon** m (-u; -y) Haussprechanlage f **domokrążca** m (-y; gen -ów) Hausierer m **domostwo** n (-a) Gehöft n **domownik** m (-a; -cy) Mitbewohner m, Hausbewohner m **domowy** häuslich, Haus-; *telefon* Privat-; **domowej roboty** selbst gemacht; **zadanie** n **domowe** Hausaufgabe f

**domykać** (-am) ⟨**domknąć**⟩ (-nę) fest schließen, zuschließen; **nie ~ się** v/i schlecht schließen **domysł** m (-u; -y) Vermutung f, Spekulation f **domyślać się** (-am) (gen) vermuten, ahnen (akk); **domyślam się, że ...** ich vermute, dass

... **domyślny** findig, scharfsinnig
**donica** f (-y; -e) Blumenkübel m **doniczka** f (-i; gen -czek) Blumentopf m
**doniesienie** n (-a; gen -eń) Denunziation f, Anzeige f **donieść\*** pf → donosić
**doniosłość** f (-ści; bpl) Bedeutung f, Tragweite f **doniosły** (-śle) bedeutsam, bedeutend
**donos** m (-u; -y) Denunziation f, Anzeige f **donosiciel** m (-a; -e), **donosicielka** f (-i; gen -lek) Denunziant(in) m(f) **donosić** (donoszę) ⟨donieść⟩ (donoszę) (**o** lok) melden (akk); **~ na k-o** j-n denunzieren
**donośny** laut, vernehmlich
**dopadać** ⟨-am⟩ ⟨dopaść⟩ (dopadnę) (**do** gen **od** gen) erreichen (akk), sich hineinstürzen (in akk)
**dopasow(yw)ać** ⟨-[w]uję⟩ anpassen (**do** gen **an** akk); einpassen **dopaść\*** pf (gen) erwischen, bekommen (akk)
**dopełniacz** m (-a; -e) GRAM Genitiv m
**dopełniać** ⟨-am⟩ ⟨-ić⟩ (-nię) nachfüllen, auffüllen **dopełnienie** n (-a) Ergänzung f; GRAM Objekt n
**dopiąć** pf: **~ swego** sein Ziel erreichen, seinen Willen durchsetzen
**dopić** pf → dopijać **dopiekać** ⟨-am⟩ ⟨dopiec\*⟩ (dopiekę) v/i słońce stechen, brennen; **~ k-u** j-m zusetzen, j-n quälen
**dopiero** erst; **~ co** gerade eben; **a to ~!** das ist ja ein Ding!
**dopijać** ⟨-am⟩ ⟨dopić⟩ (dopiję) austrinken **dopilnować** pf (-uję) ⟨gen⟩ aufpassen (auf akk)
**dopingować** ⟨-uję⟩ ansporen, motivieren **dopingowy** Doping-
**dopisek** m (-sku; -ski) Notiz f; **na marginesie** Randbemerkung f **dopisywać** ⟨-uję⟩ ⟨-ać⟩ v/t zu Ende schreiben; dazuschreiben; **pogoda dopisuje** das Wetter ist sehr gut
**dopłacać** ⟨-am⟩ ⟨-ić⟩ (-cę) (**do** gen) zuzahlen (zu dat); **porto** nachzahlen **dopłata** f (-y) Zuzahlung f; Nachzahlung f; **do biletu** Zuschlag m; **do listu** Strafporto n
**dopłynąć** pf (**do** gen) schwimmen (bis zu dat); **statek** fahren (bis zu dat od bis nach dat)
**dopływać** ⟨-am⟩ ⟨dopłynąć⟩ (-nę) (**do** gen bis zu dat); **statek** fahren (**do** gen bis zu dat od bis nach dat); **dopływać** (**do** gen) (zbliżać się) sich nähern

# domyślny – dorodny ■ 57

**dopomagać** ⟨-am⟩ ⟨dopomóc⟩ (dopomogę) aushelfen, behilflich sein (**w** lok bei dat) **dopominać się** ⟨-am⟩ (gen **od o** akk) fordern (akk); (gen) verlangen (nach dat)
**dopóki** konj solange
**doprawdy** adv wirklich
**doprowadzać** ⟨-am⟩ ⟨-ić⟩ (-dzę) (**do** gen) führen (bis do zu dat); fig bringen (zu dat); TECH zuführen; **prąd** anschließen; **~ do rozpaczy** zur Verzweiflung bringen; **~ do ruiny** zugrunde richten; **~ do końca** zu Ende führen **doprowadzenie** n (-a; bpl) Anschluss m
**dopuszczać** ⟨-am⟩ ⟨dopuścić⟩ (dopuszczę) (**do** gen) zulassen (akk); **~ się** (gen) begehen, verüben (akk)
**dopuścić** pf: **do tego nie można ~** das darf man nicht zulassen; → dopuszczać
**dopytywać się** ⟨-uję⟩ (**o** akk) sich erkundigen, fragen (nach dat)
**dorabiać** ⟨-am⟩ ⟨dorobić⟩ (-ię) anfertigen, machen; **klucz** nachmachen (lassen); **~ sobie** (inst) sich etwas dazuverdienen (mit dat); **~ się** Vermögen bilden; (gen) **majątku** erwerben (akk); **samochodu** sich leisten (akk); **pozycji** sich erarbeiten, erlangen (akk)
**doradca** m (-y), **doradczyni** f (-i; -e, -ń) Berater(in) m(f); Ratgeber(in) m(f) **doradczy** beratend, Berater-
**doradzać** ⟨-am⟩ ⟨-ić⟩ (-ę) (an)raten, beraten **doradztwo** n (-a; bpl) Beratungsstelle f
**dorastać** ⟨-am⟩ ⟨dorosnąć⟩ (dorosnę) groß werden, erwachsen werden, heranwachsen; **~ do** (gen) heranreichen an (akk), die Größe erreichen von (dat); alt genug sein für (akk)
**doraźnie** adv sofort; (**na razie**) einstweilen, vorerst **doraźny** vorläufig; behelfsmäßig; **cel** derzeitig; **pomoc** f **doraźna** Soforthilfe f; **rozwiązanie** n **doraźne** Notlösung f
**doręczać** ⟨-am⟩ ⟨-yć⟩ (-czę) aushändigen, überbringen; **list** zustellen **doręczenie** n (-a) Zustellung f
**dorobek** m (-bku; bpl) Vermögen n; **artystyczny** Werk n; **~ kulturalny** Kulturgut n **dorobić** pf → dorabiać
**doroczny** alljährlich
**dorodny** stattlich, gut gebaut; **zboże** gut geraten

## dorosły – dotyczyć

**dorosły**[1] *(persf –śli)* ⟨**-śle**⟩ erwachsen; *(pełnoletni)* **dorosły**[2] *m ⟨-ego; -śli⟩*, **dorosła** *f (-ej; -e)* Erwachsene(r) *m, f* **dorosnąć** *pf* → dorastać
**dorównywać** (-uję) ⟨**dorównać**⟩ (-am) *(dat)* ebenbürtig sein, gleichkommen *(dat)*, heranreichen (an *akk*)
**dorsz** *m (-a; -e)* Kabeljau *m*, Dorsch *m*
**dorywczo** *adv* gelegentlich, hin und wieder **dorywczy** zeitweilig, gelegentlich; *znajomość* zufällig
**dorzecze** *n (-a)* Stromgebiet *n*
**dorzeczny** vernünftig, gescheit
**dorzucać** (-am) ⟨**-ić**⟩ (-cę) (**do** *gen*) werfen; *(gen)* hinzufügen *(akk)*
**dosadny** kräftig, direkt
**dosiadać** (-am) ⟨**dosiąść**⟩ *(dosiądę)* zu steigen; ~ **konia** aufs Pferd steigen; ~ **się** (**do** *gen*) sich dazusetzen (zu *dat*)
**do siego**: ~ **roku!** prost Neujahr!
**dosięgać** (-am) ⟨**-nąć**⟩ (-nę) *(gen od* **do** *gen)* reichen (bis zu *dat*); *fig* erreichen *(akk)*
**doskonalić** ⟨**u-**⟩ (-lę) vervollkommnen; *język* verbessern; ~ **się** besser werden **doskonałość** *f (-ści; bpl)* Vollkommenheit *f* **doskonały** *(persf –li)* ⟨**-le**⟩ hervorragend, ausgezeichnet, exzellent; *(idealny)* vollkommen
**dosłać** *pf* → dosyłać
**dosłowny** wörtlich **dosłyszeć** *pf*: **nie ~** nicht mitbekommen, nicht gehört haben; schwerhörig sein
**dostarczać** (-am) ⟨**-yć**⟩ (-ę) *(akk)* liefern, bringen *(akk)*; *dowody* beschaffen; *pocztę* zustellen; *(gen)* fig bieten *(akk)*; **dostarczać** *(gen)* beliefern (mit *dat*)
**dostatecznie** *adv* genug **dostatek** *m (-tku; bpl)* Wohlstand *m*; **pod dostatkiem** im Überfluss **dostatni** ⟨**-nio**⟩ wohlhabend, begütert
**dostawa** *f (-y)* Lieferung *f* **dostawać** *(dostaję)* ⟨**dostać**⟩ *(dostanę)* bekommen; (**do** *gen*) *(dosięgać)* reichen (bis zu *dat*); ~ **się** (**do** *gen*) gelangen, kommen (nach *dat*, in *akk*) **dostawca** *m (-y; gen -ów)* Lieferant *m* **dostawczy** Liefer-
**dostąpić** *pf* (-ię) *(gen)* fig erlangen, finden *(akk)* **dostęp** *m (-u; bpl)* Zutritt *m*; *fig* Zugang *m* **dostępny** zugänglich
**dostojeństwo** *n (-a)* Würde *f* **dostojnik** *m (-a; -cy)* Würdenträger *m* **dostojny** würdevoll, würdig; *(czcigodny)* ehr-

würdig, hochgeehrt
**dostosowanie** *n (-a; bpl)* Anpassung *f* **dostosow(yw)ać** (-[w]uję) anpassen (**do** *gen* an *akk, dat*)
**dostrajać** (-am) ⟨**dostroić**⟩ ⟨**-ję**⟩ MUS nachstimmen; *fig* anpassen (**do** *gen* an *dat*) **dostrzegać** (-am) ⟨**dostrzec**⟩ *(dostrzegę)* bemerken **dostrzegalny**: **ledwie ~** kaum sichtbar; kaum merkbar
**dosyłać** (-am) ⟨**dosłać**⟩ *(doślę)* nachsenden, nachreichen **dosypywać** (-uję) ⟨**dosypać**⟩ (-ię) *(gen)* nachschütten *(akk)*; auffüllen (mit *dat*)
**doszczętny** restlos, völlig **doszkalać** (-am) ⟨**doszkolić**⟩ (-lę) fortbilden
**doszukać się** *pf* (-am) *(gen)* (endlich) finden *(akk)* **doszukiwać się** (-uję) *(gen)* fig suchen (nach *dat*)
**doścgać** (-am) ⟨**-nąć**⟩ (-nę) einholen, erreichen
**dość** *adv* genug; *(stosunkowo)* ziemlich; ~ **dobrze** ziemlich *od* ganz gut; ~ **tego!** jetzt reichts mir aber!; **nie ~, że ... , to** ... nicht nur ..., sondern auch ...
**dośrodkowy** (-**wo**) FIZ, MED zentripetal
**doświadczać** (-am) ⟨**doświadczyć**⟩ (-ę) *(gen)* erfahren *(akk)*; *ból* erleiden, erdulden *(akk)* **doświadczalny** experimentell, empirisch; Versuchs-, Test- **doświadczenie** *n (-a; -eń)* Erfahrung *f*; *(eksperyment)* Versuch *m*; **z doświadczenia** aus Erfahrung **doświadczony** erfahren **doświadczyć** *pf* → doświadczać
**dotąd** bis hierher; *(do tej chwili)* bis jetzt, bisher
**dotkliwy** (-**wie**) empfindlich, schmerzlich; *chłód* durchdringend **dotknąć** *pf* → dotykać **dotknięty** *(persf –ci)* (inst) betroffen (von *dat*); *(urażony)* verletzt, gekränkt
**dotować** (-uję) subventionieren
**dotrwać** *pf* (-am) (**do** *gen*) ausharren, aushalten (bis zu *dat*); *dochować się* erhalten bleiben (bis zu *dat*) **dotrzeć** *pf* → docierać **dotrzymywać** (-uję) ⟨**dotrzymać**⟩ (-am) halten; *tajemnicy* bewahren; *towarzystwa* leisten; *terminu* einhalten
**dotychczas** *adv* bisher **dotychczasowy** bisherig
**dotyczyć** (-czę) *(gen)* betreffen *(akk)*, gelten (für *akk*); **co dotyczy ...** was ... be-

trifft; **to mnie nie dotyczy** das geht mich nichts an **dotyk** m (-u; -i) Berührung f; **być miękkim w ~u** sich weich anfühlen; **zmysł** m **~u** Tastsinn m **dotykać** (-am) ⟨**dotknąć**⟩ (-nę) (gen) berühren, anfassen (akk); **~ k-o** j-n verletzen, j-n kränken; **nie ~!** nicht berühren! **dotykalny** fühlbar, tastbar **dotykowy** Tast-

**douczać** (-am) ⟨-**yć**⟩ (-ę) weiterbilden
**doustny** MED oral, Schluck-
**dowažać** (-am) ⟨**dowaźyć**⟩ (-żę): **nie ~** zu knapp (ab)wiegen
**dowcip** m (-u; -y) Witz m **dowcipkować** (-uję) Witze reißen **dowcipny** witzig
**dowiadywać się** (-uję) ⟨**dowiedzieć się**⟩ (dowiem) (gen od **o** lok) erfahren (akk); **~ się** (o akk) sich erkundigen, fragen (nach dat)
**dowiedzieć\*** się pf (o lok) erfahren (akk, von) **dowiedziony** erwiesen **dowierzać** (-am): **nie ~** misstrauen **dowieść** pf → dowodzić **dowieźć** pf → dowozić
**dowodzenie** n (-a; bpl) Beweisführung f; (inst) Befehl m (über akk) **dowodzić** (dowodzę) ⟨**dowieść**⟩ (dowiodę) (gen) beweisen (akk); **dowodzić** (inst) befehligen, kommandieren (akk)
**dowolny** frei, nach Wahl; (jakikolwiek) beliebig; **jazda** f **dowolna** SPORT Kür f
**dowozić** (dowożę) ⟨**dowieźć**⟩ (dowiozę) v/t fahren, bringen (**do** gen zu dat); **~ k-u** (akk) j-n beliefern (mit dat)
**dowód** m (-odu; -ody) Beweis m; (dokument) Beleg m; **~ osobisty** Personalausweis m; **~ rejestracyjny** AUTO Fahrzeugschein m; **~ rzeczowy** Beweisstück n; **na ~** (gen) als Beweis (für akk) **dowództwo** n (-a) Kommando n; (sztab) Stab m
**dowóz** m (-ozu; bpl) Zufuhr f, Anlieferung f
**doza** f (-y) Dosis f
**dozgonny** ewig, bis ans Grab
**doznawać** (doznaję) ⟨**doznać**⟩ (doznam) (gen) empfinden (akk); **dobra** erfahren (akk); **kontuzji** erleiden (akk); **~ zawodu** e-e Enttäuschung erleben
**dozorca** m (-y; gen -ów), **dozorczyni** f (-i; -e; gen -yń) Aufseher(in) m(f); **domu** Hausmeister(in) m(f) **dozorować** (-uję) (gen) beaufsichtigen (akk)
**dozować** (-uję) dosieren

**dozór** m (-oru; bpl) Aufsicht f; **~ techniczny** technische Überwachung f
**dożyć** pf (gen) ⟨**doczekać**⟩ erleben (akk); **~ stu lat** hundert Jahre alt werden; **~ późnego wieku** ein hohes Alter erreichen
**dożylny** intravenös
**dożynki** pl (-nek) Erntedankfest n
**dożywotni** (-nio) lebenslang; JUR lebenslänglich
**dół** m (dołu; doły) Grube f, Loch n; (dolna część) Unterteil m od n; unteres Ende n; **w od na ~** nach unten, abwärts, hinunter; **z od na dołu** von unten; **w** od **na dole** unten; **płatny z dołu** zahlbar nach Lieferung od erbrachter Leistung
**drabina** f (-y) Leiter f **drabinka** f (-i; gen -nek) SPORT Sprossenwand f; **~ linowa** Strickleiter f
**dramat** m (-u; -y) Drama n (a. fig) **dramatopisarz** m (-a; -e) **dramatopisarka** f (-i; gen -rek) Dramatiker(in) m(f), Bühnenautor(in) m(f) **dramatyczny** dramatisch; Theater-
**draństwo** n (-a; bpl) Gemeinheit f
**drapacz** m (-a; -e): **~ chmur** Wolkenkratzer m **drapać** (-ię) ⟨**drapnąć**⟩ (-nę) kratzen (**w** akk an dat); **drapać się pod górę** bergauf klettern
**drapieżnik** m (-a; -i) ZOOL Raubtier n
**drapieżny** raubgierig, aggressiv
**drapnąć** pf → drapać
**drapować** ⟨**u-**⟩ (-uję) drapieren
**drasnąć** pf ⟨**za-**⟩ (-nę) kratzen; kula streifen
**drastyczny** drastisch, brutal; radikal, einschneidend
**draśnięcie** n (-a; gen -ć) Kratzer m, Schramme f
**drażetka** f (-i; gen -tek) Dragee n
**drażliwość** f (-ści; bpl) Überempfindlichkeit f, Gereiztheit f **drażliwy** (-wie) temat heikel; osoba reizbar
**drąg** m (-a; -i) Knüppel m **drążek** m (-żka; -żki) Stab m; Stange f; SPORT Reck m **drążyć** ⟨**wy-**⟩ (-żę) aushöhlen; tunel graben
**drelich** m (-u; -y) Drillich m; (ubranie) Drillichzeug n
**dren** m (-u; -y) Dränrohr n; MED Drain n **drenować** (-uję) dränieren; MED drainieren
**dreptać** (drepczę) trippeln
**dres** m (-u; -y) Trainingsanzug m
**dreszcz** m (-u; -e) Schauder m; **~e** pl

**dreszczyk** m (-u; -i) fig Schüttelfrost m; **~ emocji** Nervenkitzel m
**drewniak** m (-a; -i) Holzhaus n; (but) Holzschuh m **drewniany** hölzern, Holz-; fig steif **drewno** n (-a; bpl) Holz n
**drezdeński** adj Dresd(e)ner
**dręczący** quälend **dręczyć** (-ę) quälen, plagen (inst mit dat)
**drętwieć** ⟨z-⟩ (-eję) steif werden; noga taub werden **drętwy** (-wo) taub; fig fad(e), steif
**drgać** (-am) ⟨-nąć⟩ (-nę) vibrieren, schwingen; nerwowo zucken **drgania** n/pl (gen -ań) FIZ Schwingungen f/pl **drgawki** f/pl (gen -wek) Krämpfe m/pl, Zuckungen f/pl **drgnąć** pf: **ani (nie) ~** sich nicht von der Stelle rühren; → drgać
**drobiazg** m (-u; -i) Kleinigkeit f; (błahostka) Lappalie f **drobiazgowość** f (-ści; bpl) pej Pedanterie f, Kleinlichkeit f **drobiazgowy** (-wo) pej peinlich genau, kleinlich
**drobić** ⟨po-⟩ (-ię) zerkleinern, zerkrümeln **drobne** pl (gen -ych) Kleingeld n, Wechselgeld n
**drobnomieszczański** kleinbürgerlich; pej spießbürgerlich **drobnostka** f (-i; gen -tek) → drobiazg **drobnostkowy** pej kleinlich, pedantisch **drobnoustrój** m (-oju; -oje) Mikroorganismus m **drobnoziarnisty** feinkörnig **drobny** (-no) klein, Klein-; suma gering; (miałki) fein, Fein-; (błahy) gering(fügig); (delikatny) zierlich
**doczyć się** (-ę) (z inst) necken (akk)
**droga** f (-i; gen dróg) Weg m; **~ startowa** Startbahn f; **Droga Mleczna** Milchstraße f; **swoją drogą** ander(er)seits; **w drodze** unterwegs; **szczęśliwej drogi!** gute Reise!
**drogeria** f (gen dat lok -ii; -e) Drogerie f
**drogi**¹ (persf -dzy) **(go-)** teuer; fig lieb, kostbar **drogi**² m (-ego; -dzy), **droga** f (-iej; -ie) Liebe(r) m, f; **mój drogi!** mein Lieber! **drogocenny** kostbar, Edel- **drogowskaz** m (-u; -y) Wegweiser m **drogowy** Straßen-; Verkehrs-; **ruch m ~** Straßenverkehr m; **pomoc f drogowa** Pannendienst m; **prace pl drogowe** Straßen(bau)arbeiten f/pl; **znaki m/pl drogowe** Verkehrsschilder n/pl **drogówka** f (-i; bpl) umg Verkehrspolizei f
**dron** m (-a; -y) MIL Drohne f

**drozd** m (-a; -y) ZOOL Drossel f
**drożdże** pl (gen -y) Hefe f
**drożeć** ⟨po-, z-⟩ (-eję) teurer werden, sich verteuern **drożej** komp adv teurer **drożyzna** f (-y; bpl) umg gesalzene Preise pl, stolze Preise pl
**drób** m (drobiu; bpl) Geflügel n
**dróżka** f (-i; gen -żek) Pfad m
**drucik** m (-a; -i) dünner Draht m, Metallfaden m
**drugi** zweite(r); Zweit-; (inny) andere(r); **druga (godzina)** zwei (Uhr); **~e danie** n Hauptgericht n; **~ plan** m Hintergrund m; **co ~** jeder zweite; **po ~e** zweitens; **jeden po** od **za ~m** einer nach dem anderen; hintereinander, nacheinander; **po ~ej stronie** auf der anderen Seite; **z ~ej strony** fig andererseits; **z ~ej ręki** aus zweiter Hand **drugoplanowy**: **rola f drugoplanowa** FILM Nebenrolle f **drugorzędny** zweitrangig; zweitklassig, mittelmäßig
**druh** m (-a; -owie od -y) Kamerad m; (harcerz) Pfadfinder m **druhna** f (-y; gen -hen) Brautjungfer f; (harcerka) Pfadfinderin f
**druk** m (-u; bpl) Druck m; (krój liter) Druckschrift f; **wyjść** pf **~iem** im Druck erscheinen **drukarka** f (-i; gen -rek) Druckmaschine f; **~ atramentowa** IT Tintenstrahldrucker m; **~ laserowa** IT Laserdrucker m **drukarnia** f (-i; -e) Druckerei f **drukarski** Druck-; **błąd m ~** Druckfehler m **drukarz** m (-a; -e) Drucker m **drukować** ⟨wy-⟩ (-uję) (aus)drucken; veröffentlichen
**drut** m (-u; -y; gen -ów) Draht m; **~ kolczasty** Stacheldraht m; **~y** Stricknadeln pl; **robić na ~ach** stricken
**druzgotać** ⟨z-⟩ (-czę od -cę) zerschmettern, zertrümmern
**drużba** m (-y; -owie) Brautführer m
**drużyna** f (-y) Mannschaft f **drużynowo** adv als Mannschaft **drużynowy** m (-ego; -i), **drużynowa** f (-ej; -e) Gruppenleiter(in) m(f)
**drwalnia** f (-i; -e) Holzschuppen m
**drwiący** (-co) spöttisch, höhnisch **drwić** (-ę, -ij!) (z gen) verspotten (akk), sich lustig machen (über akk) **drwiny** f/pl (gen -) Spott m
**dryblas** m (-a; -y) umg Lulatsch m, Schlaks m
**dryblować** (-uję) SPORT dribbeln

**dryfować** (-uję) driften, treiben
**dryl** m (-u; bpl) MIL Drill m **drylować** (-uję) owoce entkernen
**drzazga** f (-i) Splitter m; Holzspan m
**drzeć*** ⟨po-⟩ (drę) v/t zerreißen; **~ na kawałki** in Stücke reißen; **~ się** v/i reißen; **drzeć się** umg brüllen
**drzemać** (-ię) schlummern **drzemka** f (-i; gen -mek): **~ poobiednia** Mittagsschlaf m
**drzewko** n (-a; gen -wek) dim Bäumchen n **drzewny** Baum-; przemysł Holz- **drzewo** n (-a) Baum m; (materiał) Holz n; **~ iglaste** Nadelbaum m; **~ owocowe** Obstbaum m; **~ genealogiczne** Stammbaum m **drzeworyt** m (-u; -y) Holzschnitt m
**drzwi** pl (gen -) Tür f; **~ wejściowe** Eingangstür f; **~ do pokoju** Zimmertür f; **~ rozsuwane** Schiebetür f; **~ami** durch die Tür; **przy ~ach zamkniętych** nicht öffentlich **drzwiczki** pl (gen -czek) Tür f, Türchen n
**drżeć** (-ę) zittern **drżenie** n (-a; bpl) Zittern n
**dubbing** m (-u; bpl) Synchronisation f
**dubeltówka** f (-i; gen -wek) Doppelflinte f
**dubler** m (-a; -rzy), **dublerka** f (-i; gen -rek) Double n **dublować** ⟨z-⟩ (-uję) verdoppeln; rolę doubeln; SPORT überrunden
**duch** m (-a; -y) Geist m; (zjawa) Gespenst n; **Duch Święty** REL der Heilige Geist; **~ czasu** Zeitgeist m; **w głębi ~a** im Inneren **duchowieństwo** n (-a; bpl) Geistlichkeit f, Klerus m **duchowny**[1] geistlich; **seminarium n duchowne** Priesterseminar n; **osoba f duchowna** Geistlicher(r) m **duchowny**[2] m (-ego; -i) Geistliche(r) m **duchowy** (-wo) Geistes-, geistig; dobra immateriell
**dudnić** (-ię) dröhnen; deszcz trommeln
**dudy** pl (gen -ów) Dudelsack m
**duet** m (-u; -y) Duett n
**duma** f (-y; bpl) Stolz m **dumać** (-am) sinnen, grübeln **dumny** stolz (**z** auf akk)
**Dunka** f (-i; gen -nek) Dänin f **Duńczyk** m (-a; -cy) Däne m **duński** (**po -ku**) dänisch
**dupa** f (-y) vulg Arsch m; **do dupy** pop beschissen; **mieć w dupie** (akk) pop scheißen (auf akk)

**dur** (unv) MUS Dur n
**dureń** m (-rnia; -rnie; gen -ów) umg pej Dummkopf m, Depp m **durny** umg dumm, blöd(e)
**durszlak** m (-a; -i) Durchschlag m
**durzyć się** (-ę) umg verknallt sein (**w** lok in akk) **dusić** (-szę) würgen; łzy unterdrücken; **~ się** zu ersticken drohen; fig ersticken, keine Luft kriegen; ⟨z-⟩ fig ersticken; ⟨u-⟩ KULIN dünsten; **~ się** KULIN schmoren
**dusza** f (-y; -e) Seele f; **czego ~ zapragnie** alles, was das Herz begehrt **duszność** f (-ści) Atemnot f **duszny** (-no) schwül; powietrze stickig **duszpasterski** seelsorgerisch **duszpasterz** m (-a; -e) Seelsorger m
**dużo** adv viel **duży** (persf –zi) groß, Groß-; mróz stark
**DVD** m od f (unv) DVD f
**dwa** num (persf dwaj od dwóch) zwei; **~ razy** zweimal **dwadzieścia** num (persf dwudziestu) zwanzig **dwaj** num persf zwei **dwanaście** num (persf dwunastu) zwölf **dwie** num sachf zwei **dwieście** num (persf dwustu) zweihundert **dwoisty** doppelt; dualistisch **dwojaki** zweierlei **dwojako** adv auf zweierlei Weise **dwoje** num koll zwei; **jedno z dwojga** eins von beiden
**dworcowy** Bahnhofs- **dworski** höfisch, Hof-; (ziemiański) Guts- **dworzec** m (-rca; -rce) Bahnhof m; **~ lotniczy** Flughafen m
**dwóch** num persf zwei **dwójka** f (-i; gen -jek) Zwei f; (ocena) ungenügend; **we dwójkę** zu zweit **dwójkowy** IT Dual- **dwójnasób**: **w ~** zweifach
**dwór** m (-oru; -ory) Gutshaus n; królewski Hof m; **na ~** hinaus, nach draußen; **na dworze** draußen
**dwu** zssgn zwei-, Zwei-; doppel-, Doppel- **dwuaktówka** f (-i; gen -wek) TEATR Zweiakter m **dwubój** m (-boju; -boje) Biathlon n **dwucyfrowy** zweistellig **dwuczęściowy** zweiteilig **dwudaniowy** aus zwei Gängen **dwudniowy** zweitägig **dwudziestka** f (-i; gen -tek) Zwanzig f **dwudziesty** zwanzigste(r) **dwugłoska** f (-i) JĘZ Diphthong m **dwugodzinny** zweistündig **dwujęzyczny** zweisprachig **dwukierun-**

## dwukierunkowy – dyszeć

**kowy** in beiden Richtungen **dwukropek** m (-pka; -pki) Doppelpunkt m **dwukrotnie** adv zweimal **dwukrotny** zweifach **dwuletni** zweijährig **dwulicowy** heuchlerisch **dwumiesięczny** zweimonatig **dwunastka** f (-i; gen -tek) Zwölf f **dwunasty** zwölfte(r); **dwunasta (godzina)** zwölf Uhr
**dwupasmowy** zweispurig **dwupasmówka** f (-i; gen -wek) F zweispurige Straße f **dwupiętrowy** zweistöckig **dwuroczny** zweijährig **dwurodzinny** Zweifamilien- **dwurzędowy** zweireihig **dwusetny** zweihundertste(r) **dwusilnikowy** zweimotorig **dwustopniowy** (-wo) zweistufig **dwustronny** zweiseitig; POL bilateral **dwusuwowy**: **silnik m ~** Zweitaktmotor m **dwuszereg** m (-u; -i) Zweierreihe f **dwutlenek** m (-nku; bpl): **~ węgla** Kohlendioxid n **dwutomowy** zweibändig **dwutorowy** zweigleisig **dwutygodniowy** zweiwöchig **dwuwymiarowy** zweidimensional **dwuznaczny** zweideutig, doppelsinnig
**dybel** m (-bla; -ble) Dübel
**dychawica** f (-y; bpl) Asthma f
**dydaktyczny** didaktisch
**dyfteryt** m (-u; bpl) Diphtherie f
**dygnitarz** m (-a; -e) Würdenträger m
**dygotać** (-czę od -cę) zittern (**z** gen vor dat)
**dykcja** f (-i; bpl) Aussprache f
**dykta** f (-y) Sperrholz n
**dyktando** n (-a; gen -) Diktat n; **pod czyjeś ~** nach j-s Vorgaben **dyktator** m (-a; -rzy) Diktator m **dyktatura** f (-y) Diktatur f **dyktować** (-uję) diktieren (a. fig)
**dyl** m (-a; -e, -i od ów) Bohle f
**dyletancki** (**po** -ku) dilettantisch, laienhaft
**dym** m (-u; -y) Rauch m, Qualm m; **~ z papierosa** Zigarettenrauch m **dymić** (-ię) v/i piec rauchen, qualmen; zupa dampfen; **~ się** unpers rauchen
**dymisja** f (-i; -e) Rücktritt m; **podać się** pf **do dymisji** zurücktreten **dymisjonować** (-uję) des Amtes entheben, entlassen **dymisjonowany** im Ruhestand
**dymny** Rauch-
**dynamiczny** dynamisch
**dynastia** f (gen dat lok -ii; -e) Dynastie f
**dynia** f (-i; -e) Kürbis m

**dyplom** m (-u; -y) Diplom n **dyplomacja** f (-i; bpl) Diplomatie f **dyplomata** m (-y; -ci), **dyplomatka** f (-i; gen -tek) Diplomat(in) m(f) **dyplomatyczny** diplomatisch **dyplomowany** diplomiert, Diplom-; gelernt
**dyrekcja** f (-i; -e) Direktion f, Leitung f **dyrektor** m (-a; -rzy) Direktor m; (kobieta) Direktorin f **dyrektywa** f (-y) Direktive f, Richtlinie f
**dyrygent** m (-a; -ci) Dirigent m; (kobieta) Dirigentin f **dyrygować** (-uję) (inst) dirigieren (akk)
**dyscyplina** f (-y) Disziplin f **dyscyplinarny** Disziplinar-, disziplinarisch
**dysertacja** f (-i; -e) ofic Dissertation f, Doktorarbeit f
**dysfunkcja** f (-i; -e) MED Funktionsstörung f
**dysk** m (-u; -i) SPORT Diskus m; MED Bandscheibe f; **~ (twardy)** IT Festplatte f
**dyskobol** m (-a; -e), **dyskobolka** f (-i; gen -lek) Diskuswerfer(in) m(f)
**dyskoteka** f (-i) Diskothek f, umg Disco f
**dyskrecja** f (-i; bpl) Diskretion f **dyskredytować** ⟨z-⟩ (-uję) diskreditieren, in Verruf bringen
**dyskryminacja** f (-i; bpl) Diskriminierung f **dyskryminować** (-uję) diskriminieren
**dyskusja** f (-i; -e) Diskussion f; **poddać** pf **pod dyskusję** zur Diskussion stellen; **to nie podlega dyskusji** das steht außer Frage **dyskusyjny** Diskussions-; pogląd umstritten **dyskutować** (-uję) diskutieren (**o** lok über akk)
**dyskwalifikacja** f (-i; -e) Disqualifikation f **dyskwalifikować** ⟨z-⟩ (-uję) disqualifizieren
**dysponować** (-uję) (inst) verfügen (über akk) **dyspozycja** f (-i; -e) Anweisung f; MED Veranlagung f; **mieć/być do dyspozycji** zur Verfügung haben/stehen
**dysproporcja** f (-i; -e) Missverhältnis n
**dystans** m (-u; -e) Distanz f
**dystrybucja** f (-i; bpl) HANDEL Vertrieb m **dystrybutor** m (-a; -rzy) Vertreiber m; (-a; -y) paliwa Zapfsäule f
**dystynkcje** pl (gen -i) Rangabzeichen n
**dysydent** m (-a; -ci), **dysydentka** f (-i; gen -tek) Dissident(in) m(f)
**dysza** f (-y; -e) TECH Düse f **dyszeć** (-ę, -y) schnaufen, keuchen

**dyszel** m (-szla; -szle) Deichsel f
**dywan** m (-u; -y) Teppich m
**dywidenda** f (-y) Dividende f
**dywizja** f (-i; -e)MIL Division f **dywizjon** m (-u; -y) MIL Geschwader n
**dyżur** m (-u; -y) Bereitschaftsdienst m; w szkole Aufsicht f; **~ nocny** Nachtdienst m, Nachtwache f **dyżurny** diensthabend; **lekarz** m **~** diensthabende(r) Arzt m **dyżurować** (-uję) Bereitschaftsdienst haben
**dzban** m (-a; -y) Krug m **dzbanek** m (-nka; -nki) Kanne f
**dziać się** (t-ko 3 os. dzieje, działo się) vor sich gehen, sich abspielen; (z inst) widerfahren (dat), passieren (mit); **co się tu dzieje?** was ist los hier?
**dziad** m (-a, -dzie od -du!; -y) (mmężczyzna) umg pej alter Knacker m; (żebrak) umg Bettler m **dziadek** m (-dka, -dkowie) Großvater m, umg Opa m **dziadowski** Bettel-, Bettler-; (nędzny) ärmlich, schäbig; **po dziadowsku** adv (nędznie) ärmlich; (byle jak) schluderig
**dział** m (-u; -y) Zweig m; w zakładzie pracy Abteilung f; czasopisma Teil m od n; (część własności) Anteil m; **~ kadr** Personalabteilung f
**działacz** m (-a; -e), **działaczka** f (-czki; gen -czek) Aktivist(in) m(f), aktives Mitglied n; **~ sportowy** Sportfunktionär m; **~ partyjny** Parteifunktionär m; **~ podziemia** Untergrundkämpfer m **działać** (-am) handeln; (prowadzić działalność) tätig sein; lekarstwo wirken; telefon funktionieren; **~ na nerwy k-u** umg j-m auf die Nerven gehen **działalność** f (-ści; bpl) Tätigkeit f, Wirken n **działanie** n (-a; bpl) Handeln n; lekarstwa Wirkung f
**działka** f (-i; gen -łek) Parzelle f; (ogródek działkowy) Schrebergarten m; Gemüsegarten m; TECH Skalenstrich m **działkowicz** m (-a; -e) Schrebergärtner m
**działo** n (-a) Geschütz n, Kanone f
**dzianina** f (-y) Strickware f
**dziarski** rüstig
**dziąsło** n (-a; gen -seł) Zahnfleisch n
**dzicz** f (-y; bpl) Wildnis f; umg Mob m **dziczeć** ⟨z-⟩ (-eję) verwildern; fig verrohen **dziczyzna** f (-y; bpl) KULIN Wild(bret) n
**dzieciarnia** f (-i; bpl) koll żart Kinder pl
**dzieciątko** n (-a; gen -tek) dim Baby n, Kindchen n; **Dzieciątko Jezus** Christ-
kind n **dziecięcy** (-co) kindlich; wózek Kinder- **dziecinny** kindisch, naiv **dzieciństwo** n (-a; bpl) Kindheit f **dzieciobójstwo** n (-a; bpl) JUR Kindesmord m **dziecko** n (-a; dzieci, inst dziećmi) Kind n; **od dziecka** von Kindheit an
**dziedzic** m (-a; -e) Erbe m **dziedzictwo** n (-a) Erbe n **dziedziczka** f (-i; gen -czek) Erbin f **dziedziczny** erblich, Erb- **dziedziczyć** ⟨o-⟩ (-ę) (**po** lok) JUR erben (von dat); BIOL vererben (von dat)
**dziedzina** f (-y) Gebiet n, Bereich m
**dziedziniec** m (-ńca; -ńce) Hof m
**dziegieć** m (-gciu; bpl) Teer m
**dzieje** pl (gen -ów) Geschichte f; **stare dzieje** umg alte Geschichten pl **dziejowy** historisch
**dziekan** m (-a; -i) na uniwersytecie Dekan m; (kobieta) Dekanin f
**dzielenie** n (-a; bpl) Teilung f; MAT Division f **dzielić** ⟨po-⟩ (-lę) teilen (a. MAT); **~ między** (akk) aufteilen (unter akk); **~ na** (akk) einteilen in (akk); **dzielić** ⟨rozdzielać⟩ trennen (**od** gen von dat); **~ się** (inst) teilen (akk)
**dzielnica** f (-y; -e) Viertel n; kraju Region f **dzielność** f (-ści; bpl) Tapferkeit f **dzielny** tapfer, mutig
**dzieło** n (-a) Werk n; **~ sztuki** Kunstwerk n
**dziennie** adv täglich **dziennik** m (-a; -i) Tageszeitung f, RADIO Tagesschau f; **~ podróży** Reisetagebuch n; **~ urzędowy** Amtsblatt n; **~ pokładowy** Logbuch n
**dziennikarka** f (-i; gen -rek) Journalistin f **dzienny** Tages- **dzień** m (dnia; dni od dnie, gen dni) Tag m; **~ świąteczny** Feiertag m; **~ powszedni** Werktag m; **~ tygodnia** Wochentag m; **~ dobry!** guten Tag!; **za dnia** bei Tageslicht; **z dnia na ~** von einem Tag auf den anderen; von Tag zu Tag; **w ciągu dnia** im Laufe des Tages; tagsüber; **co (drugi) ~** jeden (zweiten) Tag; **na drugi ~** am nächsten Tag
**dzierżawa** f (-y) Pacht f **dzierżawca** m (-y; gen -ów) Pächter m **dzierżawczy**: **zaimek** m **~** GRAM Possessivpronomen n **dzierżawić** (-ię) pachten; verpachten
**dziesiątek** m (-tka; -tki) Jahrzehnt n **dziesiątkować** ⟨z-⟩ (-uję) dezimieren **dziesiąty** zehnte(r); **jedna dziesiąta** ein Zehntel
**dziesięcioboista** m (-y; -ści) Zehn-

## dziesięciokrotny – egipski

**kämpfer** m **dziesięciokrotny** zehnfach **dziesięciolecie** n (-a; gen -i) Jahrzehnt n; (jubileusz) zehnter Jahrestag m **dziesięć** num (persf dziesięciu) zehn
**dziewczęcy** (-co) mädchenhaft **dziewczyna** f (-y) Mädchen n, junge Frau f **dziewczynka** f (-i; gen -nek) (kleines) Mädchen
**dziewiątka** f (-i; gen -tek) Neun f **dziewiąty** neunte(r)
**dziewica** f(-y; -e) Jungfrau f **dziewiczy** (-czo) fig jungfräulich
**dziewięciokrotny** neunfach **dziewięcioletni** neunjährig **dziewięć** num (persf dziewięciu) neun **dziewięćdziesiąt** num (persf dziewięćdziesięciu) neunzig **dziewięćset** num (persf dziewięciuset) neunhundert **dziewiętnaście** num (persf dziewiętnastu) neunzehn
**dzięcioł** m (-a; -y) Specht m
**dziękczynny** Dank(es)- **dzięki** präp (gen) dank (dat); **~Bogu!** Gott sei Dank!; **~!** int umg danke! **dziękować** ⟨po-⟩ (-uję) danken (**za** akk für); **~ k-u** sich bei j-m bedanken
**dzik** m (-a; -i) Wildschwein n; (odyniec) Keiler m **dziki** (**-ko**) wild; (nietowarzyski) menschenscheu, ungesellig; **na dziko** illegal **dzikus** m (-a; -i), **dzikuska** f (-i; gen -sek) Kauz m
**dziobać** (-ię) ⟨-nąć⟩ (-nę) picken **dzioby** pl (gen -ów) umg Pockennarben pl **dziób** m (-oba; -oby) Schnabel m; statku Bug m
**dzisiaj** heute **dzisiejszy** heutig, von heute; **po dzień ~** bis zum heutigen Tage, bis heute
**dziupla** f (-i; -e) Baumhöhle f; (gniazdo) Nisthöhle f
**dziura** f (-y) Loch n; (miejscowość) umg Kaff n **dziurawić** ⟨prze-⟩ (-ię) (durch)löchern **dziurawy** löch(e)rig
**dziurka** f (-i; gen -rek) kleines Loch n; **~ od klucza** Schlüsselloch n **dziurkacz** m (-a; -e) Locher m **dziurkować** (-uję) lochen
**dziwactwo** n (-a) Marotte f **dziwaczka** f (-i; gen -czek) umg Schrulle f, Sonderling m **dziwaczny** seltsam, umg schrullig; kurios **dziwak** m (-a; -cy) Sonderling m, (komischer) Kauz m, Eigenbrötler m **dziwić** ⟨z-⟩ (-ię) verwundern, erstaunen; **~ się** (dat) sich wundern (über

akk)
**dziwka** f (-i; gen -wek) vulg pej Nutte f
**dziwny** seltsam, merkwürdig; **nic dziwnego!** kein Wunder! **dziwo**: **o ~** erstaunlicherweise **dziwoląg** m (-a; -i) Sonderling m; Kuriosität f
**dzwon** m (-u; -y) Glocke f **dzwonek** m (-nka; -nki) Glocke f; u drzwi Klingel f; BOT Glockenblume f **dzwonić** ⟨za-⟩ (-ię) (**do** gen) anrufen (akk); **~ do drzwi** klingeln; dzwony läuten; telefon klingeln **dzwonko** n (-a; gen -nek): **~ śledzia** Heringshappen m **dzwonnica** f (-y; -e) Glockenturm m
**dźwięczeć** (3. Pers -y) klingen **dźwięczny** klangvoll; GRAM stimmhaft **dźwięk** m (-u; -i) Klang m; MUS Ton m; JĘZ Laut m; FIZ Schall m; **zapis m ~u** Tonaufzeichnung f **dźwiękoszczelny** schalldicht
**dźwig** m (-u; -i) Kran m **dźwigać** (-am) ⟨-nąć⟩ (-nę) (hoch)heben **dźwigar** m (-a; -y) BUD Träger m **dźwignąć** pf (-nę) (hoch)heben; **~ z gruzów** wieder aufbauen; **~ się** sich erheben **dźwignia** f (-i; -e) TECH Hebel m; fig treibende Kraft f **dźwigowy** m (-ego; -owi) Kranführer m
**dżdżownica** f (-y; -e) Regenwurm m
**dżem** m (-u; -y) Marmelade f
**dżersej** m (-a; -e) Jersey m
**dżinsy** pl (gen -ów) Jeanshose f
**dżokej** m (-a; -e; gen -ów) Jockey m
**dżul** m (-a; -e) FIZ Joule m
**dżuma** f (-y; bpl) MED Pest f
**dżungla** f (-i; -e) Dschungel m (a. fig)

# E

**echo** n (-a) Echo n
**edukacyjny** Erziehungs-, Bildungs-
**efekciarstwo** n (-a; bpl) Effekthascherei f **efekt** m (-u; -y) Effekt m; (skutek) Wirkung f; **w efekcie** (gen) als Ergebnis (gen) **efektowny** effektvoll **efektywny** effektiv
**Egipcjanin** m (-a; -nie; gen -), **Egipcjanka** f (-i; gen -nek) Ägypter(in) m(f)

**egipski (po -ku)** ägyptisch
**egoista** m (-y; -ści), **egoistka** f (-i; gen -tek) Egoist(in) m(f) **egoistyczny** egoistisch, selbstsüchtig
**egzaltowany** exaltiert, überspannt
**egzamin** m (-u; -y) Prüfung f; **~ na prawo jazdy** Fahrprüfung f; **~ końcowy** Examen n **egzaminacyjny** Prüfungs- **egzaminować ⟨prze-⟩** (-uję) prüfen
**egzekucja** f (-i; -e) Hinrichtung f; JUR Vollstreckung f
**egzekutywa** f (-y) Exekutive f **egzekwować ⟨wy-⟩** (-uję) (wymagać) fordern; JUR eintreiben; wyrok vollstrecken
**egzema** f (-y; bpl) MED Ekzem n
**egzemplarz** m (-a; -e) Exemplar n; **w trzech ~ach** in dreifacher Ausfertigung
**egzotyczny** exotisch
**egzystować** (-uję) existieren
**ekipa** f (-y) Mannschaft f; naukowa Team n
**ekologia** f (gen dat lok -ii; bpl) Ökologie f
**ekologiczny** ökologisch, Umwelt-; (naturalny) Öko-, Bio-; (bezpieczny dla środowiska) umweltfreundlich
**ekonomia** f (gen dat lok -ii; bpl) Wirtschaftswissenschaft f, Ökonomie f (a. fig) **ekonomiczny** wirtschaftlich, ökonomisch (a. fig) **ekonomika** f (-i; bpl) Wirtschaft f; **~ przedsiębiorstw** Betriebswirtschaft f **ekonomista** m (-y; -ści), **ekonomistka** f (-i; gen -tek) Volkswirt(in) m(f); przedsiębiorstwa Betriebswirt(in) m(f)
**ekosystem** m (-u; -y) Ökosystem n **ekoturystyka** f (-i; bpl) sanfter Tourismus m
**ekran** m (-u; -y) RADIO Bildschirm m **ekranizacja** f (-i; -e) Verfilmung f
**ekscentryczny** exzentrisch **ekscesy** m/pl (gen -ów) Exzesse m/pl, Ausschreitungen f/pl **ekskluzywny** exklusiv **ekskomunikować** (-uję) REL exkommunizieren **eksmisja** f (-i; -e) Exmittierung f, Zwangsräumung f **eksmitować ⟨wy-⟩** (-uję) exmittieren, zwangsräumen **ekspansja** f (-i; bpl) Expansion f **ekspatriacja** f (-i; bpl) Ausbürgerung f
**ekspedient** m (-a; -ci), **ekspedientka** f (-i; gen -tek) Verkäufer(in) m(f)
**ekspedycja** f (-i; -e) Expedition f; (dział) Versandabteilung f **ekspedycyjny** Expeditions-; Versand-
**ekspert** m (-a; -ci) Experte m; (biegły) Gutachten m **ekspertyza** f (-y) Expertise f, Gutachten n
**eksperymentalny** experimentell, Versuchs- **eksperymentować** (-uję) experimentieren
**eksploatacja** f (-i; bpl) Abbau m; (wyzysk) Ausbeutung f; (użytkowanie) Nutzung f **eksploatować** (-uję) nutzen; (wydobywać) abbauen; (wykorzystywać) ausbeuten
**eksplozja** f (-i; -e) Explosion f
**eksponat** m (-u; -y) Ausstellungsstück n, Exponat n **eksponować ⟨wy-⟩** (-uję) ausstellen, zeigen; fig betonen, unterstreichen
**eksport** m (-u; bpl) Export m, Ausfuhr f; **na ~** für den Export **eksportować ⟨wy-⟩** (-uję) exportieren
**ekspozycja** f (-i; -e) Ausstellung f **ekspozytura** f (-y) Filiale f; Zweiggeschäft n
**ekspres** m (-u; -y) Eilbrief m; (pociąg) Intercity m ~ **do kawy** Kaffeemaschine f
**ekstaza** f (-y; bpl) Extase f
**eksterminacja** f (-i; bpl) ludności Ausrottung f, (ethnische) Säuberung f; Massenmord m
**ekstra** adv umg extra, zusätzlich; adj, adv toll, super **ekstradycja** f (-i; -e) JUR Auslieferung f
**ekstrakt** m (-u; -y) Extrakt m, Auszug m
**ekstrawagancki** (persf –ccy) **(-ko)** extravagant
**ekstremalny** extrem **ekstremista** m (-y; -ści), **ekstremistka** f (-i; gen -tek) Extremist(in) m(f)
**ekwipunek** m (-nku; bpl) Ausrüstung f, Ausstattung f
**elastyczność** f (-ści; bpl) Elastizität f **elastyczny** elastisch; fig flexibel
**elegancki (-ko)** elegant
**elektor** m (-a; -rzy) Wahlmann m **elektorat** m (-u; bpl) Wählerschaft f, Wähler pl **elektorski** Wahl-
**elektrociepłownia** f (-i; -e) Heizkraftwerk n **elektroda** f (-y) Elektrode f **elektrokardiogram** m (-u; -y) Elektrokardiogramm n **elektroliza** f (-y; bpl) Elektrolyse f **elektromagnes** m (-u; -y) Elektromagnet m **elektromechanik** m (-a; -cy) Elektromechaniker m **elektromonter** m (-a; -rzy) Elektriker m **elektroniczny** elektronisch

**elektrotechnika** f (-i; bpl) Elektrotechnik f
**elektrownia** f (-i; -e) Kraftwerk n; **~ cieplna** Wärmekraftwerk n; **~ wodna** Wasserkraftwerk n; **~ atomowa** Atomkraftwerk n; **~ wiatrowa** Windkraftanlage f **elektrowóz** m (-wozu; -wozy) Elektrolok f **elektryczność** f (-ści; bpl) Elektrizität f **elektryczny** elektrisch, Elektro- **elektryk** m (-a; -cy) Elektriker m; **inżynier** m **~** Elektroingenieur m **elektryzować** ⟨**wy-**⟩ (-uję) elektrisieren
**element** m (-u; -y; gen -ów) Element n
**elementarz** m (-a; -e, -y) Fibel f
**elewacja** f (-i; -e) budynku Fassade f **elewator** m (-a; -y) Getreidesilo m od n
**eliminacja** f (-i; -e) Eliminierung f **eliminacyjny** mecz Ausscheidungs-, Voreliminować ⟨**wy-**⟩ (-uję) eliminieren, beseitigen; (wyłączać) ausschalten
**elipsa** f (-y) Ellipse f
**elita** f (-y) Elite f **elitarny** elitär, Elite-
**emalia** f (gen dat lok -ii; -e) Emaille f; (farba) Emailfarbe f **emaliowany** Email-
**emancypantka** f (-i; gen -tek) Frauenrechtlerin f **emancypować się** ⟨**wy-**⟩ (-uję) sich emanzipieren
**emblemat** m (-u; -y) Emblem n
**embrion** m (-u; -y) Embryo m
**emeryt** (-a; -ci), **emerytka** f (-i; gen -tek) Rentner(in) m(f) **emerytura** f (-y) Rente f; **wcześniejsza ~** Vorruhestand m; **przejść** pf **na emeryturę** in Rente gehen
**emigracja** f (-i; -e) Emigration f, Auswanderung f; **na emigracji** im Exil **emigracyjny** Emigrations-, Exil- **emigrować** ⟨**wy-**⟩ (-uję) emigrieren, auswandern, ins Exil gehen
**emisja** f (-i; -e) FIN, CHEM Emission f; RADIO Übertragung f **emitować** ⟨**wy-**⟩ (-uję) emittieren; RADIO übertragen
**emocja** f (-i; -e) Emotion f **emocjonalny** emotional, gefühlsmäßig; gefühlsbetont **emocjonujący** (-co) aufregend, spannend
**emulsja** f (-i; -e) Emulsion f
**encyklika** f (-i) Enzyklika f
**encyklopedia** f (gen dat lok -ii; -e) Enzyklopädie f **encyklopedyczny** enzyklopädisch
**energetyczny** Energie-; **surowce** m/pl **energetyczne** Energieträger m/pl **energia** f (gen dat lok -ii; bpl) Energie f **energiczny** energisch, entschlossen **energochłonny** energieintensiv **energooszczędny** stromsparend
**entuzjastyczny** enthusiastisch, begeistert **entuzjazmować się** (-uję) (inst) sich begeistern (für akk)
**e-papieros** m (-a; -y) E-Zigarette f
**epicki** episch
**epidemia** f (gen dat lok -ii; -e) Epidemie f, Seuche f **epilepsja** f (-i; bpl) Epilepsie f, Fallsucht f
**episkopat** m (-u; -y) Episkopat n
**epitafium** n (unv; -fia; gen -fiów) na grobie Grabinschrift f; (utwór) Epitaph n
**epizod** m (-u; -y) LIT Episode f (a. fig); TEATR, RADIO Nebenrolle f
**epoka** f (-i) Epoche f, Zeitalter n; **~ lodowcowa** GEOL Eiszeit f **epokowy** (**-wo**) epochal, epochemachend **epopeja** f (-ei; -e) LIT Epos n
**era** f (-y) Ära f
**erekcja** f (-i; -e) BIOL Erektion f; budowli Gründung f
**eremita** m (-y; -ci) Einsiedler m
**erka** f (-i; gen -erek) umg Rettungswagen m
**erotyka** f (-i; bpl) Erotik f **erotyczny** erotisch
**erupcja** f (-i; -e) Eruption f, Ausbruch m
**esej** m (-u; -e; gen -ów) Essay m od n
**esencja** f (-i; -e) Essenz f; umg Teeaufguss m
**eskadra** f (-y) LOT Staffel f; MAR Geschwader n
**eskalacja** f (-i; bpl) Eskalation f
**eskimoski** Eskimo-
**eskorta** f (-y) Eskorte f, Geleit n **eskortować** (-uję) eskortieren
**estetyczny** ästhetisch
**Estonka** f (-i; gen -nek) Estin f **Estończyk** m (-a; -cy) Este m **estoński** (**po -ku**) estnisch
**estrada** f (-y) Podium n, Bühne f
**etap** m (-u; -y) Etappe f **etapowo** adv etappenweise
**etat** m (-u; -y) Festanstellung f, Vollzeitstelle f; **na pół ~u** halbtags **etatowy** fest angestellt
**etażerka** f (-i; gen -rek) Regal n, Gestell n
**eter** m (-u; bpl) Äther m; **na falach ~u** im Radio
**etiuda** f (-y) MUS Etüde f
**etniczny** ethnisch

**etyczny** ethisch **etykieta** f (-y) Etikett n; (zachowanie) Etikette f **etykietka** f (-i; gen -tek) Etikett n, Aufkleber m
**etylina** f (-y) verbleites Benzin n
**euroczek** m (-u; -i) Euroscheck m
**Europejczyk** m (-a; -cy), **Europejka** f (-i; gen -jek) Europäer(in) m(f) **europejski** (**po -ku**) europäisch
**ewakuacja** f (-i; -e) Evakuierung f **ewakuacyjny** Evakuierungs- **ewakuować** (-uję) evakuieren
**ewangelicki** evangelisch, protestantisch
**ewentualność** f (-ści) Eventualität f **ewentualny** eventuell
**ewidencja** f (-i; -e) ludności Erfassung f; (wykaz) Verzeichnis n **ewidencjonować** (-uję) registrieren, Buch führen (über akk)
**ewolucja** f (-i; -e) BIOL Evolution f; SPORT akrobatische Figur f

# F

**fabryka** f (-i) Fabrik f **fabrykować** (-uję) fälschen
**fabularny**: **film ~** Spielfilm m
**facet** m (-a; -ci) umg Kerl m, Typ m
**fachowiec** m (-wca; -wcy) Fachmann m **fachowy** (**-wo**) fachmännisch, professionell; Fach-
**facjata** f (-y) Dachwohnung f
**fajerwerk** m (-u; -i) Feuerwerk n
**fajka** f (-i; gen -jek) Pfeife f
**fajny** umg toll
**fajtłapa** m (-y; gen -ów) umg Tollpatsch m, Schlafmütze f
**fakt** m (-u; -y) Tatsache f; **po fakcie** nachträglich **faktura** f (-y) Rechnung f, Lieferschein m **faktyczny** tatsächlich, faktisch; **stan** m **~** Tatbestand m, tatsächlicher Sachverhalt m
**fakultatywny** fakultativ **fakultet** m (-u; -y) Fakultät f
**fala** f (-i; -e) Welle f; **~ powodziowa** Flutwelle f; **~ zimna** METEO Kältewelle f
**falbana** f (-y), **falbanka** f (-i; gen -nek) Rüsche f
**falisty** (**-ście** od **-to**) Wellen-; wellenförmig; wellenartig; włosy gewellt; teren hügelig **falochron** m (-u; -y) Wellenbrecher m **falować** (-uję) woda wogen, Wellen schlagen
**falstart** m (-u; -y) SPORT Fehlstart m
**falsyfikat** m (-u; -y) Fälschung f
**fałd** m (-u; -y), **fałda** f (-y) Falte f **fałdować** ⟨s-⟩ (-uję) falten, in Falten legen
**fałsz** m (-u; -e) (kłamstwo) Lüge f; (obłuda) Falschheit f **fałszerka** f (-i; gen -rek) Fälscherin f **fałszerstwo** n (-a) Fälschung f, Fälschen n **fałszerz** m (-a; -e) Fälscher m **fałszować** ⟨s-⟩ (-uję) v/t fälschen; v/i falsch singen **fałszowany** gefälscht **fałszywość** f (-ści; bpl) Falschheit f **fałszywy** (**-wie**) falsch; (podrobiony) gefälscht
**fanatyczny** fanatisch **fanatyczka** f (-i; gen -czek), **fanatyk** m (-a; -cy) Fanatiker(in)
**fant** m (-u, -y) Pfand n
**fantastyczny** fantastisch **fantazja** f (-i; bpl) Fantasie f (a. MUS) **fantazjować** (-uję) fantasieren **fantazyjny** fantasievoll
**farba** f (-y) Farbe f; **~ kryjąca** Deckfarbe f **farbować** ⟨u-⟩ (-uję) v/t färben; ⟨za-⟩ v/i färben
**farma** f (-y) Farm f
**farmacja** f (-i; bpl) Pharmazie f
**farsa** f (-y) Farce f, Posse f
**farsz** m (-u; -e; gen -ów) KULIN Füllung f
**fartuch** m (-a; -y) Schürze f
**fasada** f (-y) Fassade f (a. fig pej)
**fascynować** ⟨za-⟩ (-uję) faszinieren **fascynujący** (**-co**) faszinierend
**fasola** f (-i; -e) koll Bohnen pl **fasolowy** Bohnen-
**fastryga** f (-i) Heftfaden m, Heftnaht f **fastrygować** ⟨s-⟩ (-uję) heften
**faszerować** ⟨na-⟩ (-uję) (inst) KULIN füllen; umg fig vollpumpen (mit dat) **faszerowany** KULIN gefüllt
**faszystowski** HIST faschistisch
**fatalny** schlecht, katastrophal; fatal, verhängnisvoll
**fatałaszki** pl (gen -ów) Klamotten pl, Firlefanz m
**fatyga** f (-i) Mühe f; **szkoda fatygi** das ist die Mühe nicht wert **fatygować** ⟨po-⟩ (-uję) bemühen

## faul – flota

**faul** m (-u od -a; -e; gen -i od -ów) SPORT Foul n

**faworyt** m (-a; -ci), **faworytka** f (-i; gen -tek) Favorit(in) m(f) **faworyzować** (-uję) bevorzugen

**faza** f (-y) Phase f

**febra** f (-y; bpl) Schüttelfrost m

**federacja** f (-i; -e) Föderation f, Bund m **federacyjny** föderativ **federalny** Bundes-

**feler** m (-u; -y) umg Fehler m, Macke f

**felieton** m (-u; -y) Feuilleton n

**feministka** f (-i; gen -tek) Feministin f

**fenol** m (-u; -e) CHEM Phenol n

**fenomenalny** phänomenal

**feralny** Pech-, Unglücks-

**ferie** pl (gen -ii) Winterferien pl

**ferma** f (-y) Farm f

**fermentować** ⟨s-⟩ (3. Pers -uje) gären

**festiwal** m (-u; -e, -i) Festival n

**festyn** m (-u; -y) Volksfest n

**fetor** m (-u; -y) übler Geruch m, Gestank m

**fetyszysta** m (-y; -ści) Fetischist m

**feudalny** HIST feudal, Feudal-

**figa** f (-i) BOT Feige f; **~!** int nichts da!

**figiel** m (-gla; -gle) Streich m, Schabernack m ⚹ **figlarny** verspielt, kokett

**figowiec** m (-wca; -wce) Feigenbaum m **figowy** Feigen-; **listek** m **~** Feigenblatt n

**figura** f (-y) Figur f; (kapliczka) Bildstock m

**fikać** (-am): **~ koziołki** Purzelbäume schlagen

**fikcyjny** fiktiv

**fikus** m (-a; -y) Gummibaum m

**filar** m (-u od -a; -y) Pfeiler m; fig Stütze f

**filatelistyka** f (-i; bpl) Philatelie f, Briefmarkenkunde f

**filet** m (-u; -y) Filet n

**filharmonia** (gen dat lok -ii; -e) Philharmonie f

**filia** f (gen dat lok -ii; -e) Filiale f, Zweigstelle f

**filiżanka** f (-i; gen -nek) Tasse f

**film** m (-u; -y) Film m **filmować** ⟨s-⟩ (-uję) filmen

**filologia** (gen dat lok -ii; -e) Philologie f, Sprach- und Literaturwissenschaft f **filologiczny** philologisch

**filozof** m (-a; -owie) Philosoph m **filozofia** f (gen dat lok -ii; -e) Philosophie f **filozoficzny** philosophisch **filozofować** (-uję) umg philosophieren

**filtr** m (-u od -a; -y) Filter n od m (a. FOTO) **filtrować** (-uję) filtern

**filuterny** schalkhaft, neckisch

**Fin** m (-a; -owie) Finne m

**finalista** m (-y; -ści), **finalistka** f (-i; gen -tek) Finalist(in) m(f) **finalizować** ⟨s-⟩ (-uję) interes abschließen **finał** m (-u; -y) Finale n

**finanse** pl (gen -ów) Finanzen pl, Gelder pl **finansować** ⟨s-⟩ (-uję) finanzieren **finansowy** (-wo) finanziell, Finanz-

**fingować** ⟨s-⟩ (-uję) fingieren, vortäuschen

**Finka** f (-i; gen -nek) Finnin f **fiński** (**po -ku**) finnisch

**fioletowy** (-wo) violett

**fiołek** m (-łka; -łki) Veilchen n

**firanka** f (-i; gen -nek) Gardine f

**firma** f (-y) Firma f **firmowy** Firmen-; (znany) Marken-; **danie** n **firmowe** Spezialität f des Hauses; **znak** m **~** Warenzeichen n

**fiskalny** fiskal, Fiskus-

**fizjologia** f (gen dat lok -ii; bpl) Physiologie f **fizjologiczny** physiologisch

**fizyczny** physisch, körperlich; **praca f fizyczna** körperliche Arbeit f; **wychowanie** n **fizyczne** Sportunterricht m **fizyka** f (-i; bpl) Physik f

**flaczki** pl (gen -ów) KULIN Kuttelsuppe f

**flaga** f (-i) Flagge f

**flaki** pl (gen -ów) KULIN Kuttelsuppe f

**flakonik** m (-a; -i) Fläschchen n

**flamandzki** flämisch

**flamaster** m (-tra; -try) Filzschreiber m

**flaming** m (-a; -i) Flamingo m

**flanka** f (-i; gen -) MIL, SPORT Flanke f

**flaszka** f (-i; gen -szek) umg Pulle f

**flądra** f (-y; gen -der) ZOOL Flunder f; fig pej Schlampe f

**flecista** m (-y; -ści), **flecistka** f (-i; gen -tek) Flötenspieler(in) m(f)

**flegma** f (-y; bpl) MED Schleim m, Auswurf m **flegmatyczny** phlegmatisch

**fleksitarianin** m (-a; -anie), **fleksitarianka** f (-ki; gen -nek) Flexitarier(in) m(f)

**flesz** m (-a; -e) FOTO Blitzlicht n

**flet** m (-u; -y) Flöte f

**flirtować** (-uję) flirten

**flisak** m (-a; -cy) (Holz)Flößer m

**florecista** m (-y; -ści), **florecistka** f (-i; gen -tek) Florettfechter(in) m(f)

**flota** f (-y) Flotte f

**fluktuacja** f (-i; -e) Fluktuation f, Schwankung f
**fluor** m (-u; bpl) CHEM Fluor n
**fochy** pl (gen -ów) Launen pl, Mucken pl
**foka** f (-i) ZOOL Seehund m, Robbe f
**folder** m (-u od -a; -y) Faltblatt n; IT Ordner m
**folia** f (gen dat lok -ii; -e) Folie f
**fonoteka** f (-i) Tonarchiv n
**fontanna** f (-y) Springbrunnen m
**foremny** wohlgeformt, ebenmäßig
**forma** f (-y; gen form) Form f; (bpl) (kondycja) Kondition f; **(nie) być w formie** (nicht) in Form sein; **~ do ciasta** Backform f **formalność** f (-ści) Formalität f **formalny** formell, förmlich **format** m (-u; -y) Format n **formatować** ⟨s-⟩ (-uję) IT formatieren **formować** ⟨u-⟩ (-uję) formen, prägen; ⟨s-⟩ rząd bilden
**formularz** m (-a; -e) Formular n, Vordruck m **formuła** f (-y) Formel f **formułować** ⟨s-⟩ (-uję) formulieren
**fornir** m (unv; -ry, gen -rów) Furnier n
**forsa** f (-y; bpl) umg Kohle f, Knete f
**forsować** ⟨prze-⟩ (-uję) durchsetzen; **forsować** MIL forcieren; **~ się** sich übernehmen (inst mit dat) **forsowny** marsz anstrengend
**forteca** f (-y) Festung f
**fortel** m (-u; -e) List f, Trick m
**fortepian** m (-u; -y) Klavier n, Flügel m
**fortuna** f (-y; bpl) Glück n; (majątek) Vermögen n; **koło ~ fortuny** Glücksrad n
**fortyfikacja** f (-i; -e) MIL Befestigung f
**forum** n (unv; -ra; gen -rów) Forum n
**fosfor** m (-u; bpl) Phosphor m **fosforyzować** (-uję) phosphoreszieren
**fotel** m (-a; -e) Sessel m; **~ bujany** Schaukelstuhl m
**fotogeniczny** fotogen **fotograf** m (-a; -owie) Fotograf m; (kobieta) Fotografin f **fotografia** f (gen dat lok -ii; -e) Fotografie f **fotograficzny** Foto- **fotografować** ⟨s-⟩ (-uję) fotografieren **fotokopia** f (gen dat lok -ii; -e) Fotokopie f **fotomontaż** m Fotomontage f **fotoreportaż** m (-u; -e) Bildreportage f **fotoreporter** m (-a; -rzy), **fotoreporterka** f (-i; gen -rek) Fotoreporter(in) m(f) **fotos** m (-u) FILM Poster m od n
**fracht** m (-u; -y) Fracht f **frachtowiec** m (-wca; -wce) Frachtschiff n, Frachter m
**fragment** m (-u; -y) Fragment n

**frajer** m (-a; -rzy) umg Depp m
**frak** m (-a; -i) Frack m
**frakcja** f (-i; -e) POL Fraktion f
**francuski (po -ku)** französisch; **ciasto** n **~e** Blätterteig m **Francuz** m (-a; -i) Franzose m **Francuzka** f (-i; gen -zek) Französin f
**frapujący (-co)** frappierend
**frazes** m (-u; -y) pej Floskel f
**frekwencja** f (-i; bpl) Besucherzahl f, Frequenz f
**fresk** m (-u; -i) Fresko n
**frędzla** f (-i; -e) Franse
**frotté** (unv) Frottee n; adj Frottee-
**frustrować** ⟨s-⟩ (-uję) frustrieren; **~ się** frustriert sein
**fruwać** (-am) fliegen
**frykasy** pl (gen -ów) Leckereien pl, Leckerbissen pl
**fryzjer** m (-a; -rzy) Friseur m, Frisör m **fryzjerka** f (-i; gen -rek) Friseuse f, Frisörin f **fryzjerski** Friseur-; **zakład** m **~** Friseursalon m **fryzura** f (-y) Frisur f, Haarschnitt m
**fundacja** f (-i; gen -tek) Stiftung f **fundować** ⟨u-⟩ (-uję) stiften, spenden; ⟨za-⟩ umg spendieren **fundusz** m (-u; -e; gen -szy od -szów) Fonds m
**funkcja** f (-i; -e) Funktion f; (a. MAT, TECH); (urząd) Amt n **funkcjonalny** praktisch **funkcjonariusz** m (-a; -e; gen -y) Amtsträger m, Beamte(r) m **funkcjonować** (-uję) funktionieren
**funt** m (-a; -y) Pfund n
**furgonetka** f (-i; gen -tek) Kleinlaster m
**furia** f (gen dat lok -ii; bpl) Raserei f, Wut f
**furkotać** (3. Pers –cze) surren, schwirren; żagiel flattern
**fusy** pl (gen -ów): **~ po kawie** Kaffeesatz m
**fuszerka** f (-i; gen -rek) umg Pfuscherei f
**futerał** m (-u; -y) Futteral n, Etui n
**futerkowy** Pelz- **futro** n (-a; gen -ter) zwierzęcia Fell n; (okrycie) Pelz m
**futryna** f (-y): **~ okienna** Fensterrahmen m

**futrzany** Pelz-
**fuzja** f (-i; -e) EKON Fusion f

# G

**gabinet** m (-u; -y) Arbeitszimmer n; POL Kabinett n; **~ lekarski** Sprechzimmer n; **~ kosmetyczny** Schönheitssalon m
**gad** m (-a; -y; gen -ów) ZOOL Reptil n
**gadać** ⟨-am⟩ umg quatschen **gadanie** n (-a; bpl) umg Geschwätz n **gadatliwy** (-wie) geschwätzig
**gadżet, gadget** m (-u; -y) Gadget n
**gafa** f (-y) Fauxpas m; **popełnić** pf **gafę** ins Fettnäpfchen treten
**gaj** m (-u; -e; gen -ów) Hain m **gajowy** m (-ego; -i) Förster m
**gala** f (-i; -e) Gala f; (strój) Festkleidung f
**galanteria** f (gen dat lok -ii; bpl) Accessoires pl
**galaretka** f (-i; gen -tek) Gelee n
**galeria** f (gen dat lok -ii; -e) ARCH, MAL Galerie f; (pasaż handlowy) Einkaufspassage f, Kaufhaus n
**galop** m (-u; -y) Galopp m; **~em** im Galopp **galopować** (-uję) galoppieren
**gałązka** f (-i; gen -zek) Zweig m, Reis n
**gałgan** m (-a; -y) Lappen m
**gałka** f (-i; gen -łek) Kugel f, Knauf m; (pokrętło) (Dreh)Knopf m; **~ oczna** ANAT Augapfel m; **~ muszkatołowa** Muskatnuss f; **~ lodów** Eiskugel f
**gama** f (-y) Vielfalt f; MUS Tonleiter f
**gamoń** m (-nia; -nie) umg Tölpel m, Depp m
**ganek** m (-nku; -nki) Windfang m
**gang** m (-u; -i) Gang f, Verbrecherbande f; **~ samochodowy** Autoschieberbande f
**ganiać** ⟨-am⟩ umg (herum)rennen; (za inst) hinterherrennen (dat) **ganić** ⟨z-⟩ (-ię) tadeln, rügen (**za** akk wegen gen)
**gap** m (gapia; -pie; gen -piów) Gaffer m, Schaulustige(r) m **gapa** f (-y) umg Trottel m; **jechać na gapę** umg schwarzfahren **gapić się** ⟨za-⟩ (-ię) gaffen; (**na** akk) angaffen (akk) **gapiostwo** m (-a; bpl) Zerstreutheit f, Gedankenlosigkeit f **gapiowaty** (-to) dümmlich, dusselig
**garaż** m (-u; -e) Garage f; Parkhaus n
**garb** m (-u; -y) Buckel m; wielbłąda Höcker m
**garbarnia** f (-i; -e) Gerberei f
**garbaty** buck(e)lig; (krzywy) krumm, schief **garbić się** (-ię) e-e krumme Haltung haben
**garbować** ⟨wy-⟩ (-uję) gerben
**garbus** m (-a; -i od -y) umg Bucklige(r) m; (pl -y) (auto) umg Käfer m **garbuska** f (-i; gen -sek) Bucklige f
**garderoba** f (-y) Garderobe f
**gardło** n (-a; gen pl -deł) Hals m, Kehle f; (przejście) Schlucht f **gardłowy** kehlig, tief
**gardzić** ⟨po-⟩ (-dzę) (inst) verachten (akk); (odrzucać) verschmähen (akk)
**gardziel** f (-i; -e) Rachen m; (przejście) Engpass m
**garkuchnia** f (-i; -e) Suppenküche f
**garmażeryjny**: **wyroby** m/pl **garmażeryjne** Fertiggerichte n/pl
**garncarnia** f (-i; -e) Töpferwerkstatt f, Töpferei f **garncarz** m (-a; -e; gen -y) Töpfer m **garnek** m (-nka; -nki) Topf m
**garnitur** m (-u; -y) Anzug m; (komplet) Satz m
**garnuszek** m (-szka; -szki) Becher m
**garsonka** f (-i; gen -nek) Kostüm n
**garstka** f (-i; gen -tek) fig Handvoll f
**garść** f (-ści; -ście) Hand f; Handvoll f
**gasić** ⟨z-⟩ (-szę) löschen; silnik abstellen; pragnienie stillen; zapał dämpfen **gasnąć** ⟨z-⟩ (-nę) ogień erlöschen; silnik stehen bleiben
**gastronomia** f (gen dat lok -ii; bpl) Gastronomie f **gastronomiczny** gastronomisch
**gaśnica** f (-y; -e) Feuerlöscher m
**gatunek** m (-nku; -nki) Sorte f; BIOL Spezies f, Art f; (jakość) Qualität f **gatunkowy** BIOL artspezifisch; (jakościowy) Qualitäts-, Marken-
**gawędzić** ⟨po-⟩ (-dzę) plaudern
**gaworzyć** (-ę) dziecko brabbeln
**gawron** m (-a; -y) Saatkrähe f
**gaz** m (-u; -y) Gas n; umg Gaspedal n; **~ łzawiący** Tränengas n; **~ ziemny** Erdgas n; **~y** pl **spalinowe** Abgase pl; **na pełnym ~ie** mit Vollgas
**gaza** f (-y; -e) Gaze f, Mull m
**gazeciarz** m (-a; -e) Zeitungsverkäufer m **gazeta** f (-y) Zeitung f
**gazociąg** m (-u; -i) Gasleitung f, Pipeline f **gazomierz** m (-a; -e) Gaszähler m **gazownia** f (-i; -e) Gaswerk n

**gaździna** f ⟨-y⟩ Bergbäuerin f in der Tatra
**gaźnik** m ⟨-a; -i⟩ AUTO Vergaser m
**gaża** f ⟨-y; -e⟩ Gage f
**gąbczasty** ⟨-to⟩ schwammartig **gąbka** f ⟨-i; gen -bek⟩ Schwamm m
**gąsienica** f BIOL Raupe f; TECH Raupenkette f
**gąsior** m ⟨-a; -y⟩ Gänserich m; (butla) Korbflasche f **gąska** f ⟨-i; gen -sek⟩ kleine Gans f; (grzyb) Grünling m
**gąszcz** m ⟨-u; -e⟩ Dickicht n; fig Gewirr n
**gbur** m ⟨-a; -y⟩ umg pej Flegel m, Rüpel m
**gburowaty** ⟨-to⟩ flegelhaft, rüpelhaft, ordinär
**gdakać** ⟨-czę⟩ kura gackern
**gdański** adj Danziger
**gderać** ⟨-am⟩ nörgeln, umg meckern
**gdy** konj wenn; als; **~ tylko** sobald; **podczas ~** während **gdyby** konj wenn
**gdyż** konj weil
**gdzie** adv wo; (dokąd) wohin; **~ indziej** woanders **gdziekolwiek** irgendwo ⟨-hin⟩; wo auch immer **gdzieniegdzie** hie(r) und da **gdzieś** adv irgendwo
**gej** m ⟨-a; -e⟩ umg Schwule(r) m
**gem** m ⟨-a; -y⟩ tenis Game n
**gencjana** f ⟨-y⟩ Enzian m
**gender** m (uvn od -u) Gender m
**generacja** f ⟨-i; -e⟩ Generation f **generalny** generell; próba General-, (naczelny) Haupt- **generał** m ⟨-a; -owie⟩ General m
**genetyczny** genetisch **genetyka** f ⟨-i; bpl⟩ Genetik f **geneza** f ⟨-y; bpl⟩ Genese f, Entstehungsgeschichte f
**genialny** genial **geniusz** m ⟨-a; -e⟩ Genie n
**geografia** f ⟨gen dat lok -ii; bpl⟩ Geografie f **geograficzny** geografisch **geologiczny** geologisch **geometryczny** geometrisch
**germanistyka** f ⟨-i; bpl⟩ Germanistik f
**gest** m ⟨-u; -y⟩ Geste f, Handbewegung f
**getto** n ⟨-a⟩ G(h)etto n
**gęba** f ⟨-y; gen gąb od gęb⟩ Maul n; umg Visage f; **zamknij gębę!** halt die Klappe!
**gęsi** Gänse-; **dostać ~ej skórki** e-e Gänsehaut bekommen; **~ego** adv im Gänsemarsch
**gęstnieć** ⟨z-⟩ (3. Pers -eje) dichter werden, sich verdichten; ciecz dick(flüssig) werden, eindicken **gęstość** f ⟨-ści; bpl⟩ Dichte f; cieczy Dickflüssigkeit f **gęstwina** f ⟨-y⟩ Dickicht n **gęsty** ⟨-to⟩ dicht; ciecz dick(flüssig)

**gęś** f ⟨-si; -si⟩ ZOOL Gans f
**giąć** ⟨z-, wy-⟩ ⟨gnę⟩ (ver)biegen
**giełda** f ⟨-y⟩ FIN Börse f; (targi) Messe f
**giełdziarz** m ⟨-a; -e⟩ umg Börsianer m
**giętki** (persf –cy) ⟨-ko⟩ biegsam; fig flexibel **giętkość** f ⟨-ści; bpl⟩ Biegsamkeit f; fig Flexibilität f
**gigabajt** m ⟨-u od -a; -y⟩ Gigabyte n **gigantyczny** gigantisch, Riesen-
**gimnastyczny** gymnastisch, Turn- **gimnastyk** m ⟨-a; -cy⟩ Turner m; (nauczyciel) Turnlehrer m **gimnastyka** f ⟨-i; bpl⟩ Gymnastik f, Turnen n **gimnastykować się** ⟨-uję⟩ turnen, Gymnastik machen
**gimnazjalny** Gymnasial-, gymnasial **gimnazjum** n (unv; pl -a; -ów) Gymnasium n
**ginąć** ⟨z-⟩ ⟨-nę⟩ umkommen; na wojnie fallen; w wypadku verunglücken; (niknąć) verschwinden; rzeczy verloren gehen
**ginekolog** m ⟨-a; -dzy⟩ Frauenarzt m; (kobieta) Frauenärztin f
**gitara** f ⟨-y⟩ Gitarre f **gitarzysta** m ⟨-y; -ści⟩, **gitarzystka** f ⟨-i; gen -tek⟩ Gitarrist(in) m(f)
**glazura** f ⟨-y⟩ Fliesen pl; Glasur f **glazurować** ⟨po-⟩ ⟨-uję⟩ Fliesen legen
**gleba** f ⟨-y⟩ Erdboden m, Krume f
**lędzić** ⟨-dzę⟩ umg quasseln, schwafeln
**gliceryna** f ⟨-y; bpl⟩ Glyzerin n
**glina** f ⟨-y⟩ Lehm m, Ton m; (policjant) umg Bulle m **glinianka** f ⟨-i; gen -nek⟩ Lehmgrube f, Tongrube f **gliniany** Ton-
**glob** m ⟨-u; -y⟩ Erdkugel f **globalny** global; dochód gesamt, Gesamt-
**glon** m ⟨-u; -y⟩ Alge f
**gładki** ⟨-ko⟩ glatt; (jednobarwny) ungemustert; **gładko ogolony** glatt rasiert **gładzić** ⟨wy-⟩ ⟨-dzę⟩ glätten, glatt streichen; ⟨po-⟩ streicheln
**głaskać** ⟨po-⟩ ⟨-szczę⟩ streicheln
**głaz** m ⟨-u; -y⟩ Fels(block) m, Stein m
**głąb**¹ m ⟨-a; -y⟩ Strunk m; umg Dummkopf m
**głąb**² f (głębi; głębie) Tiefe f; **~ kraju** Landesinnere(s) n **głębia** f ⟨-i; -e⟩ Tiefe f; **w głębi duszy** im Inneren **głębiej** adv komp tiefer **głęboki** ⟨-ko⟩ tief; analiza tiefgründig **głęboko** adv tief; fig zutiefst; **~ idący** tief gehend **głębość** f

## głębszy – godzinowy

**(-ści)** Tiefe **głębszy** komp adj tiefer
**głodny (-no)** hungrig **głodówka** f (-i; gen -wek) Hungerstreik m; MED Fastenkur f **głodzić** (-dzę) hungern lassen; **~ się** hungern, fasten
**głos** m (-u; -y) Stimme f (a. MUS, POL); **na ~** laut; **na cały ~** aus vollem Halse, lautstark; **na dwa ~y** zweistimmig **głosić** (-szę) (ver)künden **głoska** f (-i; gen -sek) JĘZ Laut m **głosować** ⟨za-⟩ (-uję) abstimmen (**nad** inst über akk); stimmen (**za** inst, **na** akk für akk; **przeciwko** dat gegen akk) **głosowanie** n (-a) Abstimmung f; Stimmabgabe f **głośnik** m (-a; -i) Lautsprecher m **głośność** f (-ści; bpl) Lautstärke f **głośny (-no)** laut; (sławny) bekannt, berühmt
**głowa** f (-y; gen głów) Kopf m; **~ państwa** Staatsoberhaupt n; **~ rodziny** Familienoberhaupt n; **na głowę** pro Kopf; **łamać sobie głowę** sich den Kopf zerbrechen; **wbić** pf **sobie w głowę** sich in den Kopf setzen; **~ o góry!** Kopf hoch!; **mieć z głowy** vom Tisch haben **głowica** f (-y; -e) TECH Kopf m; ARCH Kapitell n **głowić się** (-ę, -ów!) sich den Kopf zerbrechen (**nad** inst über dat)
**głód** m (-odu; bpl) Hunger m
**głóg** m (głogu; głogi) BOT Weißdorn m, Hagebutte f
**główka** f (-i; gen -wek) dim Köpfchen n; SPORT Kopfball m
**głównie** adv hauptsächlich **głównodowodzący** m (-ego; -y) Oberbefehlshaber m **główny** hauptsächlich, Haupt-; **wejście** Haupt-
**głuchnąć** ⟨o-⟩ (-nę) taub werden **głuchoniemy** taubstumm **głuchota** f (-y; bpl) Gehörlosigkeit f, Taubheit f **głuchy** (persf –si) (-cho) taub, gehörlos; dźwięk dumpf; cisza tief
**głupi (-io)** dumm; (żenujący) peinlich; **jest mi ~o** mir ist peinlich **głupieć** ⟨z-⟩ (-eję) verblöden; (tracić głowę) den Kopf verlieren **głupota** f (-y; bpl) Dummheit f **głupstwo** n (-a) Quatsch m; (błahostka) Kleinigkeit f
**głuszec** m (-szca; -szce) Auerhahn m **głuszyć** (3. Pers -y) dämpfen
**gmach** m (-u; -y) Gebäude n, Bau m
**gmatwać** ⟨za-⟩ (-am) durcheinanderbringen, komplizierter machen; **~ się** durcheinanderkommen; **gmatwać się**

sich verstricken (**w** lok in dat) **gmatwanina** f (-y) Gewirr n, Wirrwarr m
**gmerać** (-am) kramen, wühlen
**gmina** f (-y) Gemeinde f **gminny** Gemeinde-, kommunal
**gnać** (-am) v/t treiben; v/i rennen
**gnębić** (-ę) unterdrücken; fig bedrücken, quälen
**gniazdko** n (-a; gen -dek) kleines Nest n; ELEK Steckdose f
**gnić** ⟨z-⟩ (-ję) (ver)faulen, verwesen
**gnida** f (-y) Nisse f; pej Giftzwerg m
**gnieść*** (gniotę) zerknittern, zerknüllen; ciasto kneten; **~ się** (tłoczyć się) sich zusammendrängen; material knittern
**gniew** m (-u; bpl) Zorn m; **wpaść w ~** in Zorn geraten **gniewać** (-am) ärgern; **~ się** zerstritten sein (**z** inst mit dat); **~ się na k-o** umg j-m böse sein (**o** akk wegen gen) **gniewny** erbost, erzürnt; gest zornig, böse
**gnieździć się** (gnieżdżę) nisten; fig aufeinanderhocken, hausen
**gnój** m (-oju; bpl) Dünger m, Mist m
**gnuśnieć** ⟨z-⟩ (-eję) träge werden **gnuśny** träge, einfallslos
**go** pron akk ihn; gen seiner
**godło** n (-a; gen -deł) Emblem n; **~ państwowe** Staatswappen n
**godnie** adv gebührend, wie es sich gehört; (z godnością) mit Würde **godność** f (-ści; bpl) Würde f; (Familien)Name m; (pl -ści) hohes Amt n **godny** würdig; würdevoll; (przeciwnik) ebenbürtig; **~ podziwu** bewundernswert; **~ zaufania** vertrauenswürdig; **~ polecenia** empfehlenswert; **~ uwagi** beachtenswert
**gody** pl (gen -ów) BIOL Brunst f, Brunstzeit f; **złote ~** goldene Hochzeit f
**godzić** ⟨po-⟩ (-dzę, gódź!) v/t aussöhnen, versöhnen; (łączyć) vereinbaren, verbinden **z** inst mit dat); **~ się** ⟨z-⟩ (**na** akk od **z** inst) einverstanden sein (mit dat), hinnehmen (akk); sich gefallen lassen (akk)
**godzina** f (-y) Stunde f; Uhrzeit f; **godziny** pl **otwarcia** Öffnungszeiten pl; **godziny** pl **przyjęć** Sprechstunde f; **godziny** f/ pl **nadliczbowe** Überstunden f/pl; **~ odjazdu** Abfahrtszeit f; **~ przyjazdu** Ankunftszeit f; **która ~?** wie spät (ist es)?; **o której godzinie?** um wie viel Uhr?; **~mi** stundenlang **godzinowy: stawka** f **godzinowa** Stundenlohn m

**gogle** pl (-i) Schneebrille f
**goić** ⟨za-⟩ (-ję, gój!) heilen; **~ się** abheilen, vernarben
**golarka** f (-i; gen -rek) umg Rasierer m
**golenie (się)** n (-a) Rasieren, Rasur f; **maszynka do golenia** Rasierapparat m
**golf**[1] m (-a; bpl) SPORT Golf n **golf**[2] m (-a od -u; -y) Rollkragen m; (sweter) Rollkragenpullover m
**golić** ⟨o-⟩ (-lę) rasieren
**gołąb** m (-ębia; -ębie; gen -ębi) Taube f **gołąbek** m (-bka; -bki) dim Täubchen n; (grzyb) Täubling m **gołębi** Tauben-; charakter friedlich, sanft **gołębiarz** m (-a; -e) Taubenzüchter m **gołębica** f (-y; -e) (samiczka) Taube f **gołębnik** m (-a; -i) Taubenschlag m
**gołoledź** f (-dzi; bpl) Eisglätte f, Glatteis n
**gołosłowny** unbegründet, haltlos
**goły** (persf -li) (-ło) nackt; pisklę kahl; (bez pieniędzy) umg abgebrannt; **z ~mi rękami** mit leeren Händen; **z ~mi nogami** barfuß
**gondola** f (-i; -e) Gondel f
**gonić** (-ię) v/t (akk) verfolgen (akk); v/i rennen; (za inst) nachjagen (dat) **goniec** m (-ńca; -ńcy, -ńców) (Eil)Bote m; w szachach (pl -ńce) Läufer m **gonitwa** f (-y; gen -) Jagd f (a. fig); (bieganie) Gerenne n
**gończy**: **list** m ~ Steckbrief m
**gorąco**[1] n (-a; bpl) Hitze f **gorący** (-co[2]) heiß; powitanie herzlich; prośba inständig; **~ okres** m Hochbetrieb m **gorączka** f (-i; bpl) Fieber n **gorączkować** (-uję) fiebern, Fieber haben; **~ się** sich ereifern
**gorączkowy** (-wo) MED Fieber-, fiebrig; fig fieberhaft
**gorczyca** f (-y; -e) BOT Senf m
**goręcej** komp adv heißer **gorętszy** komp adj heißer
**gorliwość** f (-ści; bpl) Eifer m **gorliwy** (-wie) eifrig
**gors** m (-u; -y) Busen; (koszuli) Hemdbrust f **gorset** m (-u; -y) Korsett n, Mieder n; MED (Stütz)Korsett n
**gorszący** (-co) anstößig, skandalös **gorszy** komp adj schlechter; schlimmer; **co gorsza** was noch schlimmer ist **gorszyć** ⟨z-⟩ (-ę): **~ k-o** (inst) bei j-m Anstoß erregen, j-n schockieren (mit dat); **~ się** (inst) Anstoß nehmen (an dat)
**gorycz** f (-y; bpl) Bitterkeit f **goryczka** f (-i; gen -czek) BOT Enzian m

**goryl** m (-a; -e) ZOOL Gorilla m; (ochroniarz) umg Bodyguard m
**gorzej** komp adv schlechter; schlimmer
**gorzelnia** f (-i; -e) Brennerei f
**gorzki** (-ko) bitter
**gospoda** f (-y) Wirtshaus n, Gaststätte, Gasthof m **gospodarczy** (-czo) landwirtschaftlich; (ekonomiczny) wirtschaftlich, Wirtschafts- **gospodarka** f (-i; gen -rek) Wirtschaft f; **~ narodowa** Volkswirtschaft f; **~ rolna** Landwirtschaft f **gospodarny** sparsam, wirtschaftlich **gospodarować** (-uję) (inst) wirtschaften (mit dat); (**na** lok) AGR bewirtschaften (akk) **gospodarstwo** n (-a) Bauernhof m, landwirtschaftlicher Betrieb m; **~ domowe** Haushalt m **gospodarz** m (-a; -e) Landwirt m; (pan domu) Gastgeber m **gospodyni** f (-i; -e, -ń) Landwirtin f, Bäuerin f; (pani domu) Gastgeberin f; **~ domowa** Hausfrau f
**gościć** (-szczę) v/t bewirten; v/i zu Besuch sein (**u** gen bei dat)
**gościec** m (-śćca; bpl) Rheuma n
**gościna** f (-y; bpl) gastliche Aufnahme f, Besuch m; **być w gościnie u k-o** bei j-m zu Gast sein; **podziękować** pf **za~nę** sich für die Gastfreundschaft bedanken **gościniec** m (-ńca; -ńce) Landstraße f **gościnność** f (-ści; bpl) Gastfreundschaft f **gościnny** gastfreundlich, gastlich; występ Gast-; **pokój** n ~ Gästezimmer n
**gość** m (-ścia; -ście; gen -ści, inst -śćmi) Gast m; (facet) umg Typ m; **mieć gości** Besuch haben, Gäste haben; **stały ~** Stammgast m
**gotować** ⟨u-⟩ (-uję) kochen; **~ się** v/i kochen **gotowany** gekocht **gotowość** f (-ści; bpl) Bereitschaft f **gotowy** fertig; **~ do** (gen) bereit zu (dat); **~ do użycia** gebrauchsfertig **gotówka** f (-i; bpl) Bargeld n; **gotówką** (in) bar, cash
**gotycki** gotisch **gotyk** m (-u; bpl) Gotik f
**goździk** m (-a; -i) Nelke f
**góra** f (-y) Berg m; sukni Oberteil n od m; budynku oberes Stockwerk n; pl Gebirge n, Berge pl; **jechać w góry** in die Berge fahren; **do góry** nach oben, hoch; **na górze** oben; **od góry do dołu** von oben bis unten; **pod górę** bergauf; **z góry** von oben; fig von oben herab; **płacić z góry** im Voraus zahlen; **iść w górę** fig steigen
**górka** f (-i; gen -rek) Hügel m **górnic-**

**górnictwo – groszowy**

**two** n (-a; bpl) Bergbau m; (nauka) Bergbaukunde f **górniczy** transport Bergbau-; strój bergmännisch, Bergmanns- **górnik** m (-a; -cy) Bergmann m, Bergarbeiter m

**górnolotny** hochtrabend **górnoniemiecki** oberdeutsch **górny** obere(r), Ober-; hoch, Hoch- **górować** (-uję): ~ **nad** (inst) überragen (akk); (wyróżniać się) übertreffen (inst an dat) **górski** Berg- **górzysty** bergig, gebirgig
**gówno** n (-a; gen -wien) vulg Scheiße f
**gra** f (-y; gen gier) Spiel n; ~ **na fortepianie** Klavierspiel n; ~ **w karty** Kartenspiel n; ~ **w piłkę nożną** Fußballspiel n; **nie wchodzić** pf **w grę** nicht infrage kommen
**grab** m (-u od -a; -y) Weißbuche f
**grabić** ⟨za-⟩ (-ię) działkę harken; ⟨z-⟩ liście zusammenkehren; ⟨o-⟩ (łupić) (be)rauben **grabie** pl (gen -) Harke f, Rechen m
**grabież** f (-y; -e) Raub m, Plünderung f
**graca** f (-y) AGR Hacke f
**gracz** m (-a; -e) Spieler m **grać** ⟨za-⟩ (-am) spielen; ~ **w** (akk) spielen (akk); ~ **na** (lok) MUS spielen (akk); ~ **na zwłokę** verzögern; ~ **na giełdzie** an der Börse spekulieren; **coś tu nie gra** hier stimmt etwas nicht
**grad** m (-u; bpl) Hagel m; **pada** ~ es hagelt **graficzny** grafisch **grafik** m (-a; -cy) Grafiker m; (kobieta) Grafikerin f; ~ **komputerowy** Computergrafik f **grafika** f (-i) Grafik f **grafit** m (-u; -y) Grafit m
**grafologiczny** grafologisch
**graham** m (-a; -y) Grahambrot n
**grajek** m (-jka; -jkowie) Musikant m
**gram** m (-a; -y) Gramm n
**gramatyczny** grammati(kal)isch **gramatyka** f (-i; bpl) Grammatik f
**gramofon** m (-u; -y) Plattenspieler m
**granat** m (-u; -y) MIL Granate f; BOT Granatapfel m; (kolor) Nachtblau n **granatowy** (-**wo**) nachtblau
**graniastosłup** m (-a; -y) Prisma n
**granica** f (-y; -e) Grenze f; **za granicą** im Ausland; **za granicę** ins Ausland; **na granicy** an der Grenze **graniczny** Grenz- **graniczyć** (-ę) grenzen (**z** inst an akk)
**granit** m (-u; -y) Granit m
**granulowany** granuliert
**grań** f (-ni; -nie, -ni) Grat m, (scharfe) Kammlinie f

**grasica** f (-y; -e) ANAT Thymusdrüse f
**grasować** (-uję) sein Unwesen treiben; choroba grassieren
**grat** m (-a; -y) umg Schrott m; ~**y** pl Gerümpel n
**gratis(owy)** fam gratis, frei, kostenlos
**gratka** f (-i; gen -tek) umg günstige Gelegenheit f; (zakup) umg Schnäppchen n
**gratulacja** f (-i; -e) Glückwunsch m **gratulować** ⟨po-⟩ (-uję): ~ **k-u** (gen) j-m gratulieren, j-n beglückwünschen (zu dat)
**gratyfikacja** f (-i; -e) Gratifikation f
**grawerować** ⟨wy-⟩ (-uję) (ein)gravieren **grawerunek** m (-u; -i) Gravur f
**grdyka** f (-i) Adamsapfel m
**grecki** (**po -ku**) griechisch **Greczynka** f (-i; gen -nek) Griechin f **Grek** m (-a; -cy) Grieche m **greka** f (-i; bpl) Altgriechisch n

**gremialnie** adv (alle) zusammen, geschlossen **gremialny** gemeinsam
**grobla** f (-i; -e; gen -i) Damm m
**grobowiec** m (-wca; -wce) Grabmal n **grobowy** Grab-; (posępny) düster; **grobowa cisza** f Totenstille f
**groch** m (-u; bpl) BOT Erbse f; KULIN Erbsen pl; Bohnen pl; ~ **z kapustą** umg fig Kraut und Rüben **grochówka** f (-i; gen -wek) Bohnensuppe f
**grodzić** ⟨o-⟩ (-dzę) umzäunen
**grom** m (-u; -y) Donner(schlag) m; **jak** ~ **z jasnego nieba** wie ein Blitz aus heiterem Himmel
**gromada** f (-y) Schar f; BIOL Klasse f **gromadnie** adv zahlreich, in großen Scharen **gromadny** gemeinsam, Massen- **gromadzić** ⟨z-⟩ (-dzę) anhäufen, (an)sammeln, zusammentragen; ~ **zapasy** Vorräte machen; ~ **się** sich versammeln
**gromić** ⟨z-⟩ (-ię) schelten, rügen; ⟨roz-⟩ wojsko schlagen, besiegen
**gromnica** f (-y) REL Sterbekerze f
**gronkowce** pl (gen -ów) MED Staphylokokken pl **grono** n (-a) BOT Traube f; (grupa) Kreis m
**gronostaj** m (-a; -e; gen -ajów) ZOOL Hermelin n
**grosz** m (-a; -e) Untereinheit des Zloty; **bez** ~**a** ohne einen Pfennig **za** ~**e** spottbillig
**groszek** m (-szku; -szki) KULIN (grüne) Erbsen pl
**groszowy** gering; zakupy billig

**grot** m (-u; -y) Spitze f; **~ strzały** Pfeilspitze f; MAR Großsegel n
**grota** f (-y) Grotte f
**groteskowy** (-wo) grotesk
**groza** f (-y; bpl) Grauen n **grozić** (grożę) drohen; **~ k-u** (inst) j-m drohen (mit dat); j-n bedrohen (mit dat); **za to grozi kara więzienia** darauf steht Gefängnisstrafe
**groźba** f (-y; gen gróźb) Drohung f; (bpl) Gefahr f; **~ pożaru** Brandgefahr f **groźny** (surowy) streng; (niebezpieczny) gefährlich **grożący: ~ śmiercią** todbringend, tödlich; **~ zawaleniem** einsturzgefährdet
**grób** m (-obu; -oby) Grab n, Grabstätte f
**grubas** m (-a; -y) Dicke(r) m **grubieć** ⟨z-⟩ (-eję) dick(er) werden
**grubo** adv umg (bardzo) arg, ziemlich **gruboskórny** pej grob, dickfellig **grubość** f (-ści; bpl) Dicke f **gruboziarnisty** grobkörnig **gruby** dick; głos tief; rysy grob; **jelito** n **grube** ANAT Dickdarm m; **grube pieniądze** pl umg ein Batzen Geld; **gruba ryba** f fig hohes Tier n
**gruchać** (-am) gurren; fig turteln **gruchot** m (-u; -y) Krachen n; umg (rzecz) Schrott m
**gruczoł** m (-u; -y) ANAT Drüse f
**gruda** f (-y) Klumpen m; **~ ziemi** Erdscholle f **grudka** f (-i; gen -dek) Klümpchen n **grudzień** m (-dnia; -dnie) Dezember m
**grunt** m (-u; -y) (ziemia) Boden m;; (obszar) Grundstück n; (dno) Grund m; (podkład) Grundierung f; **~ to ...** umg Hauptsache ...; **w gruncie rzeczy** im Grunde genommen **gruntować** ⟨za-⟩ (-uję) MAL grundieren; **w wodzie** die Wassertiefe messen **gruntowny** gründlich; remont Grund-
**grupa** f (-y) Gruppe f **grupować** ⟨z-⟩ (-uję) gruppieren, versammeln **grupowo** adv gruppenweise, in Gruppen
**grusza** f (-y; -e) Birnbaum m
**gruz** m (-u; -y) Schutt m; **~y** pl (gen -ów) Trümmer pl
**gruzeł** m (-zła; -zły) Klumpen m; MED Knoten m
**Gruzin** m (-a; -i), **Gruzinka** f (-i; gen -nek) Georgier(in) **gruziński** (po -ku) georgisch
**gruźlica** f (-y; bpl) Tuberkulose f
**gryczany** Buchweizen- **gryka** f (-i; bpl) Buchweizen m

**grymas** m (-u; -y) Grimasse f **grymasić** (-szę) quengeln, nörgeln; dziecko quengeln **grymaśny** nörgelig, mäkelig; dziecko quengelig
**grypa** f (-y; bpl) Grippe f
**gryps** m (-u; -y) sl Kassiber m
**grysik** m (-u; bpl) Grieß(brei) m
**gryzmolić** (-lę) kritzeln, schmieren
**gryzoń** m (-nia; -nie) Nagetier n **gryźć\*** (gryzę) kauen; orzechy knabbern; pies beißen; komary stechen; sumienie plagen; sweter kratzen
**grzać** ⟨o-⟩ (-eję) (er)wärmen; mieszkanie heizen; **~ się** sich (auf)wärmen; ⟨za-⟩ wodę erwärmen; ⟨na-⟩ warm machen, erwärmen; **~ się** warm werden, sich erwärmen; TECH heiß laufen; **grzać** v/i wärmen; kalorifery warm sein **grzałka** f (-i; gen -łek) Tauchsieder m **grzanka** f (-i; gen -nek) (chleb) Toast m
**grządka** f (-i; gen -dek) Beet n
**grząski** ⟨-ko⟩ sumpfig, morastig; fig heikel
**grzbiet** m (-u; -y) Rücken m; umg (plecy) Rücken m
**grzebać** ⟨po-⟩ (-ię) (chować zmarłych) bestatten, begraben; (zasypać) unter sich begraben; **grzebać** wühlen, kramen (**w** lok in dat); kury scharren; **grzebać się** umg trödeln (**z** inst mit dat)
**grzebień** m (-nia; -nie) Kamm m
**grzech** m (-u; -y) Sünde f
**grzechotać** (-czę) rasseln **grzechotka** f (-i; gen -tek) Rassel f **grzechotnik** m (-a; -i) Klapperschlange f
**grzecznościowy** Höflichkeits- **grzeczność** f (-ści) Höflichkeit f; (przysługa) Gefallen m; **przez ~** aus Höflichkeit
**grzeczny** höflich; dziecko brav
**grzejnik** m (-a; -i) Heizkörper m; Heizgerät n
**grzesznica** f (-y; -e), **grzesznik** m (-a; -cy) Sünder(in) **grzeszny** sündig, sündhaft **grzeszyć** ⟨z-⟩ (-ę) sündigen, sich versündigen
**grzęznąć** ⟨u-⟩ (-nę, grzązł) einsinken, stecken bleiben
**grzmieć** (-ę, -mij!) donnern; głos dröhnen; **grzmi** unpers es donnert **grzmocić** (-cę) ⟨grzmotnąć⟩ (-nę) umg hauen; ⟨wy-⟩ (ver)prügeln, verhauen **grzmot** m (-u; -y) Donner m **grzmotnąć** pf v/t

(*rzucić*) schleudern; *v/i umg* lang hinschlagen

**grzyb** *m* (*-a; -y*) Pilz *m*; (*bpl*) (*pleśń*) Schimmel *m* **grzybica** *f* (*-y; -e*) Pilzkrankheit *f*

**grzywa** *f* (*-y*) Mähne *f*

**grzywna** *f* (*-y; gen -wien*) Geldstrafe *f*

**gubernator** *m* (*-a; -rzy*) *w USA* Gouverneur *m*

**gubić** ⟨*z-*⟩ (*-ię*) verlieren; (*niszczyć*) zugrunde richten; **~ się** verloren gehen; (*błądzić*) sich verirren

**guma** *f* (*-y*) Gummi *m od n* **gumiś** *m* (*-sia; -sie*) *umg* Gummibärchen *n* **gumka** *f* (*-i; gen -mek*) *do ścierania* Radiergummi *m*; *do majtek* Gummi(band) *n*

**gust** *m* (*-u; -y od -a*) Geschmack *m*; **sprawa ~u** Geschmackssache *f* **gustować** (*-uję*) (**w** *lok*) mögen (*akk*), Gefallen finden (*an dat*) **gustowny** geschmackvoll

**guz** *m* (*-a; -y*) (*stłuczenie*) Beule *f*; MED Knoten *m*

**guzdrać się** (*-am*) *umg* trödeln

**guzik** *m* (*-a; -i*) Knopf *m*

**gwałcić** ⟨*z-*⟩ (*-cę*) *kobietę* vergewaltigen; ⟨*po-*⟩ *prawo* verletzen **gwałt** *m* (*-u; -y*) Vergewaltigung *f* **gwałtowny** impulsiv; (*burzliwy*) heftig; (*nagły*) plötzlich

**gwar** *m* (*-u; bpl*) Lärm *m*

**gwara** *f* (*-y*) Mundart *f*; Jargon *m*

**gwarancja** *f* (*-i; -e*) Garantie *f*; EKON Bürgschaft *f* **gwarancyjny** Garantie- **gwarantować** ⟨*za-*⟩ (*-uję*) garantieren, zusichern (*akk*); bürgen (für *akk*)

**gwardia** *f* (*gen dat lok -ii; -e*) Garde *f*

**gwarny** (**-no**) geräuschvoll, laut; *ulica* belebt

**gwiazda** *f* (*-y*) Stern *m*; (*osoba*) Star *m* **gwiazdka** *f* (*-i; gen -dek*) Starlet *n*; (*Boże Narodzenie*) Weihnachten *pl*; (*prezent*) Weihnachtsbescherung *f* **gwiazdor** *m* (*-a; -rzy*) (*Film*)Star *m* **gwiazdozbiór** *m* (*-oru; -ory*) Sternbild *n* **gwiaździsty** (**-ście**) sternförmig; *noc* sternenklar; **gwiaździste niebo** *n* Sternenhimmel *m*

**gwint** *m* (*-u; -y*) Gewinde *n*

**gwizd** *m* (*-u; -y*) Pfeifen *n*, Pfiff *m* **gwizdać** (*gwiżdżę*) ⟨*-nąć*⟩ (*-nę*) pfeifen **gwizdek** *m* (*-dka; -dki*) Pfeife *f*; (*gwizd*) Pfiff *m*

**gwizdnąć** *pf umg* klauen

**gwóźdź** *m* (*gwoździa, gwoździe; inst gwoździami*) TECH Nagel *m*

**gzyms** *m* (*-u; -y*) Sims *m*

**habit** *m* (*-u; -y*) Kutte *f*

**haczyk** *m* (*-a; -i*) Haken *m*

**haft** *m* (*-u; -y*) Stickerei *f* **haftka** *f* (*-i; gen -tek*) Häckchenverschluss *m* **haftować** ⟨*wy-*⟩ (*-uję*) (be)sticken

**hak** *m* (*-a; -i*) Haken *m* (*a.* SPORT)

**haker**, **hacker** *m* (*-a; -rzy*) Hacker *m*; (*-kobieta*) Hackerin *f* **hakerstwo**, **hackerstwo** *n* (*-a; bpl*) Hackertum *n*

**hala**[1] *f* (*-i; -e*) (*pomieszczenie*) Halle *f* **hala**[2] *f* (*-i; -e*) (*łąka*) Alm *f*

**halibut** *m* (*-a; -y*) Heilbutt *m*

**halka** *f* (*-i; gen -lek*) Unterrock *m*

**halogenowy** Halogen-

**hałas** *m* (*-u; -y*) Lärm *m* **hałasować** (*-uję*) Lärm machen **hałaśliwy** (**-wie**) laut, lärmend

**hałda** *f* (*-y*) Halde *f*

**hamak** *m* (*-u; -i*) Hängematte *f*

**hamować** ⟨*za-*⟩ (*-uję*) bremsen; *ruch* behindern; ⟨*po-*⟩ *łzy* unterdrücken; *gniew* zügeln; **~ się** sich mäßigen

**hamulec** *m* (*-lca; -lce; gen -ów*) Bremse *f*, *fig* Hemmung *f*; **~ ręczny** Handbremse *f*

**handel** *m* (*-dlu; bpl*) Handel *m*; **prowadzić** Handel treiben **handlarz** *m* (*-a; -e*), **handlarka** *f* (*-i; gen -rek*) Kleinhändler(in) *m*(*f*) **handlować** (*-uję*) Handel treiben, handeln (*inst* mit *dat*) **handlowiec** *m* (*-wca; -wcy*) Kaufmann *m*; (*kobieta*) Kauffrau *f*

**hangar** *m* (*-u; -y*) Flugzeughalle *f*

**haniebny** schändlich, niederträchtig

**hańba** *f* (*-y; bpl*) Schande *f*, Schmach *f* **hańbić** ⟨*z-*⟩ (*-ię*) entehren, schänden

**haracz** *m* (*-u; -e*) Schutzgeld *n*; (*okup*) Lösegeld *n*

**harcerka** *f* (*-i; gen -rek*), **harcerz** *m* (*-a; -e, -y*) Pfadfinder(in) **harcerski** Pfadfinder- **harcerstwo** *n* (*-a; bpl*) Pfadfinderbewegung *f*

**hardy** (*persf –dzi*) (**-do**) hochmütig, stolz; (*zuchwały*) trotzig, frech

**harfa** *f* (*-y*) Harfe *f*

**harmonia** *f* (*gen dat lok -ii; bpl*) Harmonie *f*; MUS (*pl -e*) Ziehharmonika *f* **har-**

**monijka** f (-i; gen -jek) Mundharmonika f
**harmonijny** harmonisch **harmonizować** ⟨z-⟩ (-uję) v/t in Einklang bringen, aufeinander abstimmen; **harmonizować** ⟨z inst⟩ harmonieren (mit dat), passen (zu dat) **harmonogram** m (-u; -y) Zeitplan m
**harować** (-uję) umg schuften, rackern **harówka** f (-i; gen -wek) umg Plackerei f, Schinderei f
**hartować** ⟨za-⟩ (-uję) TECH härten; fig abhärten
**haski** adj Haager
**hasło** n (-a; gen -seł) (kod) Passwort n; w słowniku Stichwort n; (sygnał) Signal n; (motto) Losung f (a. MIL)
**haszysz** m (-u; 0) Haschisch m
**haust** m (-u; -y) Schluck m; **jednym ~em** in einem Zug
**hazardowy** (-wo) halsbrecherisch, riskant; **gra** f **hazardowa** Glücksspiel n
**heban** m (-u; 0) Ebenholz n
**hebel** m (-bla; -ble) Hobel m **heblować** ⟨o-⟩ (-uję) hobeln
**hebrajski** (po -ku) hebräisch
**heca** f (-y; -e) umg fig **ale ~!** das ist ja ein Ding!
**hejnał** m (-u; -y) Trompetensignal n, Turmblasen n
**hektar** m (-a; -y) Hektar n
**hel** m (-u; 0) CHEM Helium n
**helikopter** m (-a; -y) Hubschrauber m
**hełm** m (-u; -y) Helm m
**hemoroidy** pl (gen -ów) Hämorrhoiden pl
**herb** m (-u; -y) Wappen n; **~ rodowy** Familienwappen n
**herbaciany** Tee- **herbata** f (-y) Tee m **herbatniki** m/pl (gen -ów) Teegebäck n, Kekse pl
**herc** m (-a; -y) FIZ Hertz n
**heretycki** REL ketzerisch **herezja** f (-i; -e) REL Ketzerei f
**hermetyczny** hermetisch, luftdicht; fig geschlossen
**heroiczny** heroisch **heroina** f (-y; 0) Heroin n
**heski** hessisch, Hessen-
**heteroseksualny** heterosexuell
**hiena** f (-y) Hyäne f
**hieroglif** m (-u; -y) Hieroglyphe f
**higiena** f (-y; 0) Hygiene f; **~ osobista od ~ ciała** Körperpflege f; **~ jamy ustnej**

Zahnpflege f, Mundpflege f **higieniczny** hygienisch
**Hindus** m (-a; -i), **Hinduska** f (-i; gen -sek) Inder(in) m(f); **hindus(ka)** REL Hindu m(f)
**hipnotyzować** ⟨za-⟩ (-uję) hypnotisieren **hipnoza** f (-y; 0/pl) Hypnose f
**hipoteczny** hypothekarisch, Hypotheken- **hipoteka** f (-i) Hypothek f **hipoteza** f (-y) Hypothese f
**histeryczny** hysterisch
**historia** f (gen dat lok -ii; -e) Geschichte f
**historyczny** geschichtlich, historisch
**Hiszpan** m (-a; -ie) Spanier m **hiszpański** (po -ku) spanisch
**hodować** (-uję) züchten; **~ się** wachsen; ⟨wy-⟩ (krzyżować) züchten **hodowca** m (-y; gen -ów) Züchter m **hodowla** f (-i; -e) Zucht f **hodowlany** rasa Zucht-
**hojnie** adv reich(lich), großzügig **hojny** freigebig, großzügig, spendabel
**hokej** m (-a; 0/pl) Hockey n; **~ na lodzie** Eishockey n
**hol**[1] m (-u; -e; gen -ów od -li) Eingangshalle f; w teatrze Foyer n **hol**[2] m (-u; -e; gen -ów) (Ab)Schleppseil n; MAR Schlepptau n; **brać na ~** abschleppen; **na ~u** im Schlepp
**Holender** m (-dra; -drzy), **Holenderka** f (-i; gen -rek) Holländer(in) m(f) **holenderski** (po -ku) holländisch
**holować** (-uję) ⟨od-⟩ (ab)schleppen, im Schlepp haben **holowniczy** Schlepp-; **lina** f **holownicza** (Ab)Schleppseil n **holownik** m (-a; -i) MAR Schlepper m
**hołota** f (-y; 0/pl) pej Pack n, Mob m
**homar** m (-a; -y) Hummer m
**homeopatyczny** homöopathisch
**homoseksualny** homosexuell, umg schwul
**honor** m (-u; 0/pl) Ehre n; **słowo** n **~u** Ehrenwort n **honorować** (-uję) honorieren; kartę kredytową akzeptieren **honorowy** (-wo) ehrenhaft; członek Ehren-; **~ dawca** m **krwi** Blutspender m
**hormon** m (-u; -y) Hormon n **hormonalny** hormonell; lek Hormon-
**horyzont** m (-u; -y) Horizont m (a. fig)
**hossa** f (-y) FIN Hausse f
**hostia** f (gen dat lok -ii; -e) REL Hostie f
**hotel** m (-u; -e) Hotel n; **~ robotniczy** Arbeiterwohnheim n
**hrabia** m (gen -iego; -iowie; gen -iów) Graf

**hrabianka** *f* (-*i; gen* -nek) Komtesse *f*
**hrabina** *f* (-*y*) Gräfin *f*
**huczeć** (-*ę*) dröhnen; *wodospad* tosen
**hucznie** *adv* großzügig, im großen Stil
**huk** *m* (-*u; -i*) *maszyn* Dröhnen *n*; *fal* Getöse *n*
**hulać** (-*am*) feiern, auf den Putz hauen; *wiatr* blasen, sausen **hulajnoga** *f* (-*i*) Roller *m* ~ **elektryczna** E-Roller *m* **hulanka** *f* (-*i; gen* -nek) Sause *f*
**humanitarny** *pomoc* humanitär; *traktowanie* human
**humor** *m* (-*u; bpl*) Humor *m*; (*nastrój*) Laune *f*; *pl* (*gen* -ów) Launen *pl*; **mieć poczucie ~u** Humor haben; **w złym/dobrym ~ze** schlecht/gut gelaunt **humorystyczny** humoristisch
**huragan** *m* (-*u; -y*) METEO Hurrikan *m*
**hurt** *m* (-*u; bpl*) Großhandel *m* **hurtem** im Großhandel **hurtownia** *f* (-*i; -e, -i*) Großhandlung *f*; (*magazyn*) Lager *n*; **hurtownik** *m* (-*a; -cy*) Großhändler *m* **hurtowo** *adv* im Großhandel
**huśtać** ⟨po-⟩ (-*am*) schaukeln **huśtawka** *f* (-*i; gen* -wek) Schaukel *f*; *pozioma* Wippe *f*
**hydrauliczny** hydraulisch; *roboty* Klempner- **hydraulik** *m* (-*a; -cy*) Rohrinstallateur *m*, Klempner *m* **hydroelektrownia** *f* (-*i; -e*) Wasserkraftwerk *n* **hydroenergia** *f* (*gen dat lok* -*ii*; *bpl*) Wasserkraft *f* **hydroplan** *m* (-*u; -y*) Wasserflugzeug *n* **hydroterapia** *f* (*gen dat lok* -*ii; bpl*) Hydrotherapie *f*, Wasserheilkunde *f*

# I

**i** *konj* und; *partikel* auch; sogar **i ... i ...** sowohl ... als auch ...
**ich** *pron akk perst* sie; *gen perst, sachf* ihrer; *pron poss* ihr; **pozdrów ~ ode mnie!** grüße sie von mir! ~ **dziecko** ihr Kind
**idea** *f* (*gen dat lok* -*ei; -ee; gen idei*) Idee *f*
**idealny** ideal **ideał** *m* (-*u; -y*) Ideal *n*; (*osoba*) Vorbild *n*
**identyczny** identisch **identyfikować** ⟨z-⟩ (-*uję*) identifizieren
**ideologiczny** ideologisch **ideowy** (-*wo*) ideologisch; *wsparcie* ideell
**idiota** *m* (-*y; -ci*), **idiotka** *f* (-*i; gen* -tek) *umg pej* Idiot(in) *m*(*f*) **idiotyczny** *pej* idiotisch, dämlich
**idylla** *f* (-*i; -e*) Idylle *f*, Idyll *n* **idylliczny** idyllisch
**iglica** *f* (-*y; -e*) ARCH Spitze *f* **igliwie** *n* (-*a; bpl*) Fichtennadeln *pl* **igła** *f* (-*y; gen* -*gieł*) Nadel *f*
**ignorować** ⟨z-⟩ (-*uję*) ignorieren
**igrzyska** *pl* (*gen* -): ~ **olimpijskie** die Olympischen Spiele
**ikona** *f* (-*y*) IT Symbol *n*
**ile** *pron interrog* (*persf ilu*) wie viel; ~ **to kosztuje?** wie viel kostet das?; ~ **masz lat?** wie alt bist du?; ~ **razy?** wie viele Male?, wie oft?; **tyle ... ~ ...** so viel ... wie viel ...; **o ~ wiem** soviel ich weiß **ilekroć** *konj* sooft; jedes Mal wenn, immer wenn **ileś** *pron* (*persf iluś*) mehrere, viele
**iloczyn** *m* (-*u; -y*) MAT Produkt *n* **ilość** *f* (-*ści*) (An)Zahl *f*, Menge *f*
**iluminacja** *f* (-*i; -e*) Illumination *f*, Festbeleuchtung *f* **iluminator** *m* (-*a; -y*) MAR Bullauge *n*
**ilustracja** *f* (-*i; -e*) Illustration *f* **ilustrowany** illustriert; **magazyn** *m* ~ Illustrierte *f*
**iluzja** *f* (-*i; -e*) Illusion *f*, Selbsttäuschung *f* **iluzjonista** *m* (-*y; -ści*), **iluzjonistka** *f* (-*i; gen* -tek) Zauberkünstler(in) *m*(*f*) **iluzoryczny** illusorisch
**ił** *m* (-*u; -y*) MINER Ton *m* **iłowaty** tonig
**im**¹ *pron pl dat* ihnen; **co ~ dasz?** was gibst du ihnen? **im**² *adv* je; ~ **prędzej tym lepiej** je eher desto besser
**imadło** *n* (-*a; gen* -*deł*) Schraubstock *m*
**imaginacja** *f* (-*i; bpl*) Einbildungskraft *f*, Vorstellungskraft *f* **imaginacyjny** imaginär
**imbir** *m* (-*u; bpl*) Ingwer *m*
**imbryk** *m* (-*a; -i*) Teekessel *m*
**imieniny** *pl* (*gen* -) Namenstag *m*
**imiesłów** *m* (-*owu; -owy*) JĘZ Partizip *n*
**imię** *n* (*imienia; imiona*) Vorname *m*; **jak ci na ~?** wie heißt du (mit Vornamen)?, wie ist dein Vorname?; **mieć na ~ Alicja** Alicja heißen; **mówić do k-o po imieniu** j-n duzen; **w imieniu** (*gen*) im Namen (*gen*); **mieć dobre ~** e-n guten Ruf haben; **szkoła** *f* **imienia NN** NN-Schule *f*

**imigracja** f (-i; -e) Einwanderung f, Immigration f
**imitacja** f (-i; -e) Imitation f; fig Nachahmung f **imitować** (-uję) imitieren, nachahmen
**immatrykulacja** f (-i; -e) Immatrikulation f
**impas** m (-u; -y) fig Sackgasse f, Klemme f
**imperialistyczny** imperialistisch
**impertynencja** f (-i; -e) Unverschämtheit f **impertynencki** (-**ko**) unverschämt, frech **impertynentka** f (-i; gen -tek) pej freche Göre f
**impet** m (-u; bpl) Schwung m, Schwungkraft f
**imponować** ⟨za-⟩ (-uję) imponieren, beeindrucken **imponujący** (-**co**) imponierend, beeindruckend; (ogromny) imposant
**import** m (-u; bpl) Import m, Einfuhr f **importować** (-uję) importieren, einführen
**impotencja** f (-i; bpl) Impotenz f; **cierpieć na impotencję** impotent sein
**impregnować** (-uję) imprägnieren
**impreza** f (-y) Veranstaltung f; (prywatka) Party f **improwizować** (-uję) improvisieren **impulsywny** impulsiv
**inaczej** anders; (w przeciwnym razie) sonst, andernfalls; **tak czy ~** so oder so; **jakże ~** wie denn sonst; **~ niż** anders als
**inauguracja** f (-i; -e) feierliche Eröffnung f **inauguracyjny** Eröffnungs- **inaugurować** ⟨za-⟩ (-uję) (feierlich) eröffnen
**incydent** m (-u; -y) Zwischenfall m
**indagować** (-uję) ausfragen (**o** akk über akk)
**indeks** m (-u; -y) Index m (a. IT; studenta Studienbuch n; **~ rzeczowy** Sachregister n **indeksacja** f (-i; -e) EKON Indexierung f **indeksować** (-uję) indexieren
**Indianin** m (-a; -anie), **Indianka** f (-i; gen -nek) Indianer(in) m(f) neg! Ureinwohner(in) m(f) Nordamerikas **indiański** Indianer- neg! die Ureinwohner(-innen)-Nordamerikas betreffend
**indonezyjski** (**po -ku**) indonesisch
**indor** m (-a; -y) Truthahn m, Puter m
**indukcja** f (-i; -e) FIZ, FILOZ Induktion f **indukcyjny** Induktions-
**indyczka** f (-i; gen -czek) Truthenne f, Pu-

te f **indyczy** Puten- **indyczyć się** (-ę) umg sich aufblasen, aufbrausen
**indyjski** (**po -ku**) indisch
**indyk** m (-a; -i) Truthahn, Puter
**indywidualność** f (-ści; bpl) Individualität f; (osoba) Persönlichkeit f **indywidualny** individuell; wyjazd privat **indywiduum** n (unv; -dua; gen -duów) Individuum n
**infekcja** f (-i; -e) Infektion f
**inflacja** f (-i; -e) Inflation f
**informacja** f (-i; -e) Information f; (biuro) Auskunft f **informacyjny** Informations-, Auskunfts- **informator** m (-a; -y) (książka) Führer m; (osoba) (pl -rzy) Informant m **~ wydawniczy** Verlagsprogramm m **informatyka** f (-i; bpl) Informatik f **informować** ⟨po-⟩ (-uję) informieren, in Kenntnis setzen, Bescheid geben; (wyjaśnić) unterrichten; **~ się** (**o** lok) sich erkundigen (nach dat), sich informieren (über akk)
**ingerować** ⟨za-⟩ (-uję) sich einmischen, eingreifen
**inhalować** (-uję) inhalieren
**inicjator** m (-a; -rzy), **inicjatorka** f (-i; gen -rek) Initiator(in) m(f); bójki Anstifter(in) m(f) **inicjatywa** f (-y) Initiative f; **z inicjatywy** (gen) auf Anregung (von dat, gen); **~ społeczna** Bürgerinitiative f **inicjować** ⟨za-⟩ (-uję) initiieren, anregen
**iniekcja** f (-i; -e) Injektion f
**inkasent** m (-a; -ci) Kassierer m; **~ gazowni** Gasableser m **inkaso** n (-a) BANK Inkasso n
**inkrustowany** inkrustiert
**inkubator** m (-a; -y) MED Brutkasten m
**innowacja** f (-i; -e) Innovation f; Neuerung f
**inny** andere(r); **co innego** etwas Anderes; **kto ~** ein anderer, jemand anders; **~m razem** ein andermal; **~mi słowy** mit anderen Worten; **nikt ~** niemand anders
**inscenizacja** f (-i; -e) Bühnenbearbeitung f, Inszenierung f
**inspekcja** f (-i; -e) Inspektion f **inspektor** m (-a; -rzy) Inspektor m; (kobieta) Inspektorin f **inspektorat** m (-u; -y) Aufsichtsbehörde f, Aufsichtsamt n **inspekty** m/pl (gen -ów) Frühbeet n
**instalacja** f (-i; -e) Installation f; (zespół urządzeń) Anlage f **instalować** ⟨za-⟩ (-uję) installieren; (urządzać) einrichten

**instrukcja** f (-i; -e) Instruktion f, Anleitung f; **~ obsługi** Bedienungsanleitung f **instruktor** m (-a; -rzy) Lehrer m; **~ jazdy** Fahrlehrer m; **~ tańca** Tanzlehrer m
**instrument** m (-u; -y) MUS Instrument n (a. fig)
**instynktowny** instinktiv
**instytucja** f (-i; -e) Institution f, Einrichtung f **instytut** m (-u; -y) Institut n
**insynuacja** f (-i; -e) Unterstellung f **insynuować** (-uję): **~ k-u** (akk) j-m unterstellen (akk)
**integracja** f (-i; bpl) Integration f **integralny** integral, integrierend **integrować** ⟨z-⟩ (-uję) integrieren
**intelektualista** m (-y; -ści), **intelektualistka** f (-i; gen -tek) Intellektuelle/r m, f **intelektualny** intellektuell
**inteligencja** f (-i; bpl) Intelligenz f; (grupa) Elite f **inteligencki** intellektuell **inteligentny** intelligent
**intencja** f (-i; -e) Absicht f, Intention f; **w intencji** (gen) für (akk)
**intensyfikować** ⟨z-⟩ (-uję) intensivieren **intensywność** f (-ści; bpl) Intensität f **intensywny** intensiv; **oddział m intensywnej opieki** MED Intensivstation f
**interes** m (-u; -y) (sprawa) Angelegenheit f;; (zakład) umg Geschäft n; **~y** pl HANDEL Geschäfte pl; **nie twój ~!** umg das ist nicht deine Sache!; **w ~ie** im Interesse **interesant** m (-a; -ci) Interessent m, Kunde m **interesować** ⟨za-⟩ (-uję) interessieren; **~ się** (inst) sich interessieren (für akk) **interesowny** eigennützig, berechnend **interesujący** (-co) interessant, spannend
**interfejs, interface** m (-u; -y) Interface n **internat** m (-u; -y) Internat n **internauta** m (-y; -ci), **internautka** f (-i; gen -tek) Internaut(in) m(f) **Internet** m (-u; bpl) Internet n **internetowy** Internet-
**internować** (-uję) internieren **interpretować** (-uję) interpretieren, auslegen **interpolacja** f (-i; bpl) IT Interpolation f **interpunkcja** f (-i; bpl) Interpunktion f, Zeichensetzung f **interwencja** f (-i; -e) Intervention f, Eingreifen n **interwencyjny: prace** f/pl **interwencyjne** Arbeitsbeschaffungsmaßnahmen f/pl **interweniować** (-uję) intervenieren, eingreifen
**intonować** ⟨za-⟩ (-uję) pieśń anstimmen
**intratny** einträglich, lukrativ, gewinnbringend
**introligatornia** f (-i; -e) Buchbinderei f **intruz** m (-y; -i) Eindringling m
**intryga** f (-i) Intrige f, Intrigenspiel n **intrygancki** intrigant **intrygować** ⟨za-⟩ (-uję) neugierig machen, fesseln **intrygujący** (-co) spannend, fesselnd
**intymność** f (-ści; bpl) Intimität f **intymny** intim
**inwalidzki** Invaliden-; **wózek** m ~ Rollstuhl m
**inwazja** f (-i; -e) Invasion f **inwentaryzacja** f (-i; -e) Inventur f **inwentarz** m (-a; -e) (zwierzęta) Vieh n; (dobytek) Inventar n; (spis) Verzeichnis n
**inwestor** m (-a; -rzy) Investor m, Kapitalanleger m **inwestować** ⟨za-⟩ (-uję) investieren, Kapital anlegen **inwestycja** f (-i; -e) Investition f, Kapitalanlage f **inwestycyjny** Investitions-, Anlage- **inżynier** m (-a; -owie) Ingenieur m; (kobieta) Ingenieurin f **inżynieria** f (gen dat lok -ii; bpl): **~ genetyczna** Gentechnologie f
**iracki** irakisch **irański** iranisch
**Irlandczyk** m (-a; -cy) Ire m **Irlandka** f (-i; gen -dek) Irin f **irlandzki** irisch
**ironiczny** ironisch
**irygacyjny** Bewässerungs- **irys** m (-a; -y) Schwertlilie f
**irytacja** f (-i; bpl) Verärgerung f, Gereiztheit f **irytować** ⟨z-⟩ (-uję) ärgern, irritieren
**iskra** f (-y; gen -kier) Funke(n) m **iskrzyć** (-ę) Funken sprühen; **~ się** funkeln
**islamski** islamisch, Islam-
**Islandczyk** m (-a; -cy) Isländer m **islandzki** isländisch
**istnieć** (-eję) existieren; nadzieja bestehen **istnienie** n (-a) Existenz f **istny** wahr **istota** f (-y) Wesen n; **~ żywa** Lebewesen n **istotny** wesentlich, sichtbar; (rzeczywisty) tatsächlich
**iść*** (idę) ⟨pójść⟩ (pójdę) gehen; **~ pieszo** zu Fuß gehen; **~ po** (akk) holen gehen (akk); **~ za** (inst) folgen (dat); **~ spać** schlafen gehen; **~ na spacer** spazieren gehen; **~ do lekarza** zum Arzt gehen; **~ w górę** steigen; **~ na zakupy** einkaufen gehen; **~ na rękę k-u** j-m entgegenkommen; **co za tym idzie** daraus folgt

**izba** f (-y) POL Kammer f; **~ przyjęć** Aufnahmestation f

**izolacja** f (-i; -e) Isolation f **izolatka** f (-i; gen -tek) Einzelzelle f; w szpitalu Isolierstation f **izolować** ⟨od-⟩ (-uję) isolieren, absondern

**Izraelczyk** m (-a; -cy), **Izraelka** f (-i; gen -lek) Israeli m(f) **izraelski** israelisch, Israel-

# J

**ja** pron (gen akk mnie, dat mi, inst mną, lok mnie) ich

**jabłecznik** m (-a; -i) Apfelkuchen m; (wino) Apfelwein m **jabłeczny** Apfel- **jabłko** n (-a; gen -łek) Apfel m; (symbol władzy) Reichsapfel m **jabłoń** f (-ni; -nie; gen -ni) Apfelbaum m

**jacht** m (-u; -y) żaglowy Segeljacht f, Jolle f

**jad** m (-u; -y) Gift n (a. fig); BIOL Toxin n

**jadać** (-am) (gewöhnlich) essen, zu essen pflegen **jadalnia** f (-i; -e, -i) w domu Esszimmer n; w pensjonacie Speisesaal m **jadalny** essbar **jadłodajnia** f (-i; -e; gen -i) Gaststätte f, Esslokal n **jadłospis** m (-u; -y) Speisekarte f, Menü n

**jadowity** (persf –ci) (-cie) giftig; Gift-; fig boshaft, gehässig

**jaglany**: **kasza** f **jaglana** Hirse f **jagły** f/pl (-gieł) Hirse f; Hirsebrei m

**jagnię** n (-ęcia; -ęta; gen -qt) Lamm n **jagnięcy** Lamm-

**jagoda** f (-y; gen -gód) Beere f; (czarna jagoda) Blaubeere f

**jajeczkowanie** n (-a) BIOL Eisprung m **jajecznica** f (-y; -e) Rührei n **jajko** n (-a; gen -jek) KULIN, BIOL Ei n; **~ na twardo** hart gekochtes Ei n; **~ na miękko** weich gekochtes Ei n; **~ sadzone** Spiegelei n; **~ święcone** Osterei n **jajnik** m (-a; -i) ANAT Eierstock m **jajo** n (-a; gen jaj) BIOL, KULIN Ei n **jajowaty** eiförmig, oval

**jak** pron interrog, konj wie; konj und adv als; wenn; **~** (+ sup) partikel aller-, größt-; **~ długo?** wie lange?; **~ się masz?** wie geht es dir?; **~ to?** wie denn?, wie jetzt?; **~ tyl-**

**ko** sobald; **~ najszybciej** möglichst schnell; **~ również** sowie; **nic innego ~** nichts anderes als; **~ gdyby nigdy nic** als ob nichts passiert wäre

**jakby** konj als ob; (gdyby) wenn; partikel so etwas wie

**jaki** pron (persf jacy) welch(er); was für ein(er); welch ein(er); **w ~ sposób** auf welche Weise; **~ch wielu** od **wiele** wie viele andere; **~m prawem** mit welchem Recht; **~m cudem** wie um alles in der Welt; **~ smaczny!** wie schmackhaft! **jakikolwiek** pron indef irgendein(er), irgendwelche(r) **jakiś** pron indef irgendein(er), ein(er); (około) ungefähr, etwa; **~ś** (+ adj) irgendwie (+ adj)

**jako** präp als; **~ tako** umg so lala **jakoby** konj, partikel angeblich **jakoś** pron irgendwie

**jakościowy** (-wo) qualitativ; Qualitäts-, Güte- **jakość** f (-ści; bpl) Qualität f, Güte f

**jałmużna** f (-y; zw bpl) Almosen n

**jałowiec** m (-ńca; -wce) Wacholder m

**jałowy** unfruchtbar; opatrunek steril; **bieg** m **~** Leerlauf m

**jama** f (-y) Grube f; wilcza Bau m

**jamnik** m (-a; -i) Dackel m

**janowiec** m (-wca; -wce) Ginster m

**Japonka** f (-i; gen -nek) Japanerin f **japoński** (**po** -**ku**) japanisch

**jarmarczny** Jahrmarkts-; fig wertlos, billig **jarmark** m (-u; -i) Jahrmarkt m

**jarosz** m (-a; -e) Vegetarier m; (kobieta) Vegetarierin f **jarski** vegetarisch

**jarząb** m (-rzębu; -rzęby) Eberesche f **jarzeniówka** f (-i; gen -wek) umg Leuchtröhre f **jarzyć się** (3. Pers -y) glimmen, glühen; (lśnić) leuchten

**jarzyna** f (-y) Gemüse(pflanze f) n

**jasełka** pl (gen -łek) Krippenspiel n

**jasiek** m (-śka; -śki) BOT, KULIN dicke Bohnen pl

**jaskinia** f (-i; -e) (Felsen)Höhle f **jaskiniowiec** m (-wca; -wcy) Höhlenmensch m

**jaskółka** f (-i; gen -łek) Schwalbe f; SPORT Standwaage f

**jaskrawy** (-wo) grell; fig krass

**jasnoblond** (unv) hellblond **jasność** f (-ści; bpl) Helligkeit f; fig Klarheit f **jasny** hell; (oczywisty) klar; **jasne piwo** n helles Bier n; **jasna sprawa, że ...** umg es ist klar, dass ...; **jasne!** int na klar!

**jastrych** m (-u; -y) BUD Estrich m

## jastrząb – jezioro

**jastrząb** m (-rzębia; -ębie; gen -ębi) Habicht m

**jaszczur** m (-a; -y) Echse f **jaszczurka** f (-i; gen -rek) Eidechse f

**jaśmin** m (-u; -y) Jasmin m

**jaw** m: **wyjść pf na ~** an den Tag kommen, ans Licht kommen **jawnie** adv offen **jawny** offenkundig, offensichtlich; (publiczny) öffentlich

**jawor** m (-u; -y) Bergahorn m

**jazda** f (-y) Fahrt f; ~ **koleją** Bahnfahrt f; ~ **na rowerze** Radfahren n; ~ **na nartach** Skilaufen n; ~ **konna** Reiten n

**jaźń** f (-ni; -nie) das Ich, Bewusstsein n

**ją** pron akk sie

**jądro** n (-a; gen -der) BIOL, FIZ Kern m

**jąkać się** (-am) stottern

**jątrzyć** (-ę) *ranę* reizen, aufreißen; *fig* Unruhe stiften; ~ **się** eitern; *fig* sich verschärfen

**je** pron sach akk sie; pron n akk es

**jechać** ⟨po-⟩ (jadę) fahren; ~ (inst) fahren mit (dat); ~ **pociągiem** mit dem Zug fahren; ~ **rowerem od na rowerze** mit dem Fahrrad fahren; ~ **do Monachium** nach München fahren; ~ **na urlop** in den Urlaub fahren; ~ **na gapę** *umg* schwarzfahren; ~ **po k-o** j-n abholen; ~ **konno** reiten

**jeden** num (persf jedni) ein(er); (jakiś) irgendeine(er); ~ **raz** einmal; ~ **do zera** SPORT eins zu null; **ani** ~ kein Einziger **jedenastka** f (-i; gen -tek) Elf f; (drużyna) SPORT Elf f **jedenasty** adj elfte(r) **jedenaście** num (persf jedenastu) elf

**jedlina** f (-y) (dekoracja) Tannengrün n

**jedna** num f eine **jednać** ⟨z-⟩ (-am): ~ **sobie** für sich gewinnen, einnehmen; ⟨po-⟩ ~ **się** sich versöhnen **jednak** konj (je)doch, dennoch; *partikel* doch **jednakowo** adv (tak samo) gleich, identisch; (niezmiennie) genauso wie früher, wie immer **jedni** num persf die einen, einige **jedno** num n eins **jednoczesny** (-śnie) gleichzeitig **jednoczyć** ⟨z-⟩ (-ę) vereinen **jednodniowy** eintägig **jednogłośnie** adv einstimmig **jednokierunkowy**: **ulica** f **jednokierunkowa** Einbahnstraße f **jednokrotny** einmalig **jednolity** (-cie) einheitlich, (zwarty) homogen **jednomyślny** (-ślnie) einmütig, einhellig **jednopiętrowy** einstöckig **jednopokojowy**: **mieszkanie** n **jednopokojowe** Einzimmerwohnung f

**jednorazowy** (-owo) einmalig; *strzykawka* Einweg- **jednorazówka** f (-i; gen -wek) *umg* Einwegspritze f **jednoroczny** einjährig **jednorodny** gleichartig, homogen **jednorodzinny**: **domek** m ~ Einfamilienhaus n **jednostajny** eintönig, monoton **jednostka** f (-i; gen -tek) Einheit f (a. MIL) (osoba) Individuum n; ~ **miary** Maßeinheit f **jednostkowy** (-owo) *doświadczenie* individuell; (sporadyczny) vereinzelt **jednostronny** einseitig; POL unilateral **jedność** f (-ści; bpl) Einheit f; (zgoda) Einigkeit f **jednotorowy** eingleisig **jednozgłoskowy** einsilbig **jednoznaczny** eindeutig

**jedwab** m (-biu; -bie, gen -bi) Seide f **jedwabny** seiden, Seiden-

**jedynaczka** f (-i; gen -czek) einzige Tochter f, Einzelkind n **jedynak** m (-a; -cy) einziger Sohn m, Einzelkind n **jedynie** adv einzig, lediglich **jedynka** f (-i; gen -nek) (liczba) Eins f; (ocena) Fünf f **jedyny** einzig; ~ **w swoim rodzaju** einzigartig, einmalig, unnachahmlich

**jedzenie** n (-a) Essen n

**jego** pron m akk ihn; pron m, n gen seiner; pron poss sein; seine **jej** pron f dat ihr; gen ihrer; pron poss ihr; ihre

**jeleń** m (-nia; -nie, gen -ni) ZOOL Hirsch m

**jelito** n (-a) ANAT Darm m

**jemioła** f (-y) Mistel f

**jemu** pron m, n dat ihm

**jeniec** m (-ńca; -ńcy) Kriegsgefangene(r) m **jeniecki** (Kriegs)Gefangenen-

**jesienny** herbstlich, Herbst- **jesień** f (-ni; -nie) Herbst m; **jesienią** im Herbst

**jesion** m (-u; -y) Esche f

**jesionka** f (-i; gen -nek) (Woll)Mantel m

**jesiotr** m (-a; -y) Stör m

**jest** 3. Pers sg er ist; sie ist; es ist

**jeszcze** noch; ~ **jak!** *umg* und ob!; ~ **czego!** nix da!

**jeść*** ⟨z-⟩ (jem) essen; ~ **śniadanie** frühstücken; ~ **obiad** zu Mittag essen; ~ **kolację** zu Abend essen; **chce mi się** ~ ich habe Hunger

**jeśli** *konj* wenn

**jezdnia** f (-i; -e; gen -i) Straße f, Fahrbahn f **jezioro** n (-a) See m; **sztuczne** ~ Stausee m

**jeździć** *(jeżdżę)* (gewöhnlich) fahren; unterwegs sein; *pojazdy* fahren, verkehren; **~** *(inst)* fahren (mit *dat*); *(przesuwać się)* rutschen; **~ samochodem** Auto fahren; **~ konno** reiten; **~ na rowerze** Rad fahren; **umiesz ~ na nartach?** kannst du Ski laufen? **jeździec** *m (-dźca, -dźce!; -dźcy)* Reiter *m* **jeździecki** Reit- **jeździectwo** *n (-a; bpl)* Reiten *n*, Reitsport *m*

**jeż** *m (-a; -e, -y)* Igel *m*; **mieć włosy na ~a** einen Bürstenhaarschnitt haben

**jeżdzyć** ⟨**na-**⟩ *(-ę)* aufrichten; **~ się** die Haare aufrichten; *fig* sich sträuben, sich widersetzen; *trudności* sich türmen

**jeżyna** *f (-y)* Brombeere *f*

**jęczeć** *(-ę) z bólu* stöhnen; *(narzekać)* jammern

**jęczmienny** Gersten- **jęczmień** *m (-nia; -nie)* Gerste *f*; MED Gerstenkorn *n*

**jędrny** *skóra* straff

**jędza** *f (-y; -e) w bajce* Hexe *f*; *(kobieta) umg* Hausdrachen *m*

**jęk** *m (-u; -i) z bólu* Stöhnen *n* **jęknąć** *(-nę)* aufstöhnen

**jęzor** *m (-a; -y)* Zunge *f* **języczek** *m (-czka; -czki) dim* Zunge *f*; ANAT Zäpfchen *n* **język** *m (-a; -i)* ANAT Zunge *f*; *(mowa)* Sprache *f*; **~ ojczysty** Muttersprache *f*; **~ literacki** Hochsprache *f*; **mam na końcu ~a** es liegt mir auf der Zunge **językowy** Sprach(en)-; ANAT Zungen- **językoznawstwo** *n (-a; bpl)* Sprachwissenschaft *f*

**jidysz** *m (-u; bpl)* Jiddisch *n*

**jodła** *f (-y; gen -deł)* Tanne *f*

**jogurt** *m (-u; -y)* Jogurt *m*

**Jowisz** *m (-a; bpl)* ASTRON Jupiter *m*

**jubilat** *m (-a; -ci)*, **jubilatka** *f (-i; gen -tek)* Jubilar(in) *m(f)*; Geburtstagskind *n*

**jubiler** *m (-a; -rzy)* Juwelier *m*, Goldschmied *m* **jubilerski** Juwelier-

**jubileusz** *m (-u; -e)* Jubiläum *n*

**judzić** ⟨**pod-**⟩ *(-dzę)* (auf)hetzen

**junior** *m (-a; -rzy)*, **juniorka** *f (-i; gen -rek)* Junior(in) *m(f)*

**juror** *m (-a; -rzy)*, **jurorka** *f (-i; gen -rek)* Mitglied *n* der Jury, Preisrichter(in) *m(f)*

**jutro¹** *adv* morgen; **~ rano** morgen früh **jutro²** *n (-a; bpl)* Morgen *m*; **od jutra** ab morgen; **do jutra!** bis morgen! **jutrzejszy** morgig **jutrzenka** *f (-i; gen -nek)* Morgenröte *f*

**już** schon; bereits; **~ nie** nicht mehr; **~ nigdy** nie mehr; **~ po wszystkim** es ist vorbei

# K

**kabała** *f (-y; gen -)* REL Kabbala *f*
**kabaret** *m (-u; -y)* Kabarett *n*
**kabel** *m (-bla; -ble; gen -bli)* ELEK Kabel *n*; *(osoba) umg* Denunziant *m* **kabina** *f (-y)* Kabine *f*; *(przymierzalnia)* Umkleidekabine *f*
**kabura** *f (-y)* Halfter *n*
**kac**: **mieć ~** *umg* e-n Kater haben
**kacet** *m (-u; -y) umg* HIST KZ *n*
**kacyk** *m (-a; -i od -owie)* *(naczelnik)* Häuptling *m*; *pej* Provinzpolitiker *m*
**kaczan** *m (-u; -y)* Maiskolben *m*
**kaczka** *f (-i; gen -czek)* Ente *f*; **~ pieczona** Entenbraten *m* **kaczor** *m (-a; -y)* Enterich *m* **kaczy** Enten-
**kadencja** *f (-i; -e)* Amtszeit *f*; *(parlamentu)* Legislaturperiode *f*; MUS Kadenz *f*
**kadra** *f (-y; gen -)* Personal *n*; MIL Kader *m*; **kadry** *pl* **kierownicze** Führungskräfte *pl*; **~ narodowa** SPORT Nationalmannschaft *f*
**kadzidło** *n (-a; gen -deł)* Weihrauch *m*
**kafel** *m (-fla; -fle; gen -fli)* Kachel *f*
**kafeteria** *f (gen dat lok -ii; -ie)* Cafeteria *f*
**kaflowy** Kachel-; gekachelt
**kaftan** *m (-u; -y)*: **~ bezpieczeństwa** Zwangsjacke *f*; **~ roboczy** Arbeitskittel *m* **kaftanik** *m (-a; -i)* Babyjäckchen *n*
**kaganiec** *m (-ńca; -ńce)* Maulkorb *m*
**kajak** *m (-a; -i)* Kajak *m od n*, Paddelboot *n*; **~ składany** Faltboot *n* **kajakarstwo** *n (-a; bpl)* Kanusport *m*
**kajdanki** *pl (-nek od -ów)* Handschellen *pl* **kajdany** *pl (gen -)* Fesseln *pl* (*a. fig*), Ketten *pl*
**kajuta** *f (-y)* Kajüte *f*
**kajzerka** *f (-i; gen -rek)* Kaiserbrötchen *n*
**kaktus** *m (-a; -y)* Kaktus *m*
**kalafior** *m (-a; -y)* Blumenkohl *m*
**kalambur** *m (-u; -y)* Kalauer *m*
**kalarepa** *f (-y)* Kohlrabi *m*

## 84 ■ kalectwo – kapitulować

**kalectwo** n (-a) Körperbehinderung f, Gebrechen n **kaleczyć** ⟨s-⟩ (-ę) verletzen; ~ **sobie rękę** sich die Hand verletzen
**kaleka** m (-i; -cy od -ki, gen -ów) neg! Krüppel m neg! Körperbehinderte(r) f(m) **kaleki** (persf –cy) osoba körperbehindert; noga verkrüppelt
**kalendarz** m (-a; -e) Kalender m
**kalenica** f (-y) (Dach)First m
**kalesony** pl (gen -ów) lange Unterhose f
**kalina** f (-y) BOT Schneeball m
**kalka** f (-i; gen - od -lek) Pauspapier n **kalkomania** f (gen dat lok -ii; -e) (obrazek) Abziehbild n
**kalkulacja** f (-i; -e) FIN Kalkulation f **kalkulator** m (-a; -y) Taschenrechner m **kalkulować** ⟨s-⟩ (-uję) FIN kalkulieren, veranschlagen; ⟨wy-⟩ überlegen; **kalkulować się** umg sich auszahlen, sich lohnen
**kaloryczny** kalorienreich
**kaloryfer** m (-a; -y) Heizkörper m
**kalosz** m (-a; -e) Gummistiefel m
**kalwiński** kalvini(sti)sch
**kał** m (-u; bpl) Kot m; MED Stuhl m
**kałuża** f (-y; -e) Pfütze f
**kambuz** m (-a; -y) MAR Kombüse f
**kameleon** m (-a; -y) ZOOL, fig Chamäleon n
**kamera** f (-y) Kamera f **kameralny** MUS Kammer-; nastrój intim **kamerton** m (-u; -y) Stimmgabel f **kamerzysta** m (-y; -ści) Kameramann m
**kamica** f (-y; bpl): ~ **nerkowa** MED Nierensteinleiden n **kamieniarz** m (-a; -e) Steinmetz m **kamienica** f (-y) Miets haus n **kamienieć** ⟨s-⟩ (-eję) versteinern; fig erstarren **kamieniołom** m (-u; -y) Steinbruch m **kamienisty** (-ście) steinig **kamienny** Stein-, steinern; steinern **kamień** m (-nia; -nie) Stein m; ~ **węgielny** fig Grundstein m; ~ **nazębny** MED Zahnstein m; ~ **spadł mi z serca** mir ist ein Stein vom Herzen gefallen
**kamizelka** f (-i; gen -lek) Weste f
**kampania** f (gen dat lok -ii; -e) Kampagne f; ~ **promocyjna** Werbekampagne f; ~ **wyborcza** Wahlkampf m
**Kanadyjczyk** m (-a; -cy), **Kanadyjka** f (-i; gen -jek) Kanadier(in) m(f) **kanadyjski** kanadisch
**kanalizacja** f (-i; bpl) Kanalisation f **kanalizacyjny** Kanalisations- **kanał** m (-u; -y) Kanal m

**kanapa** f (-y) Couch f **kanapka** f (-i; gen -pek) belegtes Brötchen n, Sandwich n; na drugie śniadanie Pausenbrot n
**kanarek** m (-rka; -rki) Kanarienvogel m
**kancelaria** f (gen dat lok -ii; -e) Kanzlei f
**kanciarstwo** n (-a) umg Schwindelei f
**kanciasty** (-to) (scharf)kantig, eckig; twarz kantig
**kanclerz** m (-a; -e) Kanzler m; ~ **federalny** Bundeskanzler m
**kandydat** m (-a; -ci), **kandydatka** f (-i; gen -tek) Bewerber(in) m(f), Kandidat(in) m(f) **kandydować** (-uję) (**do** gen od **na** akk) kandidieren (für akk), sich bewerben (um akk)
**kandyzowany** kandiert
**kangur** m (-a; -y) Känguru n
**kanonik** m (-a; -cy) Kanoniker m, Domherr m **kanonizować** (-uję) heiligsprechen
**kant** m (-u; -y) Kante f; spodni Bügelfalte f; umg Schwindel m **kantować** ⟨o-⟩ (-uję) umg reinlegen, schummeln
**kantyna** f (-y) Kantine f
**kapa** f (-y) Tagesdecke f
**kapać** (-ię) ⟨-nąć⟩ (-nę) tropfen, triefen
**kapary** pl (gen -ów) KULIN Kapern pl
**kapeć** m (-pcia; -pcie; gen -pci) Hausschuh m
**kapela** f (-i; -e) MUS Kapelle f; sl Rockband f **kapelan** m (-a; -i): ~ **wojskowy** Militärgeistliche(r) m **kapelmistrz** m (-a; -e od -owie) Kapellmeister m
**kapelusz** m (-a; -e) Hut m; grzyba (Pilz)-Hut m
**kaperować** ⟨s-⟩ (-uję) kapern; SPORT abwerben **kaperunek** m (-nku; -nki) Kaperung f; Abwerbung f
**kapiszon** m (-a; -y) Zündblättchen n
**kapitalista** m (-y; -ści), **kapitalistka** f (-i; gen -tek) Kapitalist(in) m(f) **kapitalistyczny** kapitalistisch
**kapitalny** umg toll; remont m **kapitał** m (-u; -y) EKON Kapital n; ~ **zakładowy** Stammkapital n
**kapitan** m (-a; -owie) MIL Hauptmann m; MAR, SPORT Kapitän m **kapitanat** m (-u; -y) MAR Hafenamt n **kapitański** Kapitäns-; **mostek** m ~ MAR Kommandobrücke f
**kapitulacja** f (-i; -e) MIL Kapitulation f (a. fig) **kapitulować** ⟨s-⟩ (-uję) kapitulie-

ren *(a. fig)*
**kaplica** *f (-y; -e)* REL Kapelle *f*
**kapłan** *m (-a; -i)* Priester *m* **kapłański** priesterlich, Priester-
**kapować** ⟨s-⟩ *(-uję)* umg kapieren, raffen; ⟨za-⟩ umg petzen
**kaprys** *m (-u; -y)* Laune *f*; MUS Capriccio *n* **kaprysić** *(-szę)* Launen haben **kapryśny** *(-ego)* launisch; *dziecko* bockig
**kapsuła** *f (-y)*, **kapsułka** *f (-i; gen -łek)* Kapsel
**kaptur** *m (-a; -y)* Kapuze *f*
**kapucyn** *m (-a; -i)* Kapuziner(mönch) *m*
**kapusta** *f (-y)* Kohl *m*; **biała** ~ Weißkohl *m*; ~ **głowiasta** Kopfsalat *m* **kapuśniak** *m (-a; -i)* Sauerkrautsuppe *f*
**kara** *f (-y)* Strafe *f* (**za** *akk* für *akk*); ~ **pozbawienia wolności** Freiheitsstrafe *f*; ~ **więzienia** Gefängnisstrafe *f*; ~ **śmierci** Todesstrafe *f*; ~ **grzywny** Bußgeld *n*; **za karę** zur Strafe
**karabin** *m (-u; -y)* Gewehr *n* **karabinek** *m (-nka; -nki)* Karabiner; Karabinerhaken
**karać** ⟨u-⟩ *(karzę)* (be)strafen (**za** *akk* für *akk*)
**karafka** *f (-i; gen -fek)* Karaffe *f*
**karalny** strafbar; **czyn** *m* ~ Straftat *f*
**karaluch** *m (-a; -y)* Kakerlak *m*, Küchenschabe *f*
**karambol** *m (-u; -e)* AUTO Karambolage *f*
**karaś** *m (-sia; -sie)* Karausche *f*
**karawan** *m (-u; -y)* Leichenwagen *m* **karawana** *f (-y)* Karawane *f*
**karbidówka** *f (-i; gen -wek)* Karbidlampe *f*
**karciany** Karten-
**karcić** ⟨s-⟩ *(-cę)* tadeln; (er)mahnen
**karczoch** *m (-a; -y)* Artischocke *f*
**karczować** ⟨wy-⟩ *(-uję)* roden **karczowisko** *n (-a)* Rodung *f*, Rodeland *n*
**kardiogram** *m (-u; -y)* Kardiogramm *n* **kardiostymulator** *m (-a; -y)* Herzschrittmacher
**kardynalny** grundsätzlich, Haupt-, kardinal
**kardynał** *m (-a; -owie)* REL Kardinal *m*
**karetka** *f (-i; gen -tek)*: ~ **pogotowia (ratunkowego)** Rettungswagen *m*; ~ **więzienna** Gefangenenwagen *m*
**kariera** *f (-y)* Laufbahn *f*; *(sukces)* Karriere *f*
**kark** *m (-u; -i)* Nacken *m*, Genick *n*; **mieć na** ~**u** *fig* am Hals haben **karkołomny**

halsbrecherisch
**karłowaty** kleinwüchsig, zwergenhaft
**karmazyn** *m (-u; -y)* ZOOL Rotbarsch *m*
**karmel** *m (-u; bpl)* Karamell *m*
**karmić** ⟨na-⟩ *(-ię)* füttern; **karmić piersią** stillen
**karnawał** *m (-u; -y)* Karneval *m*, Fasching *m*
**karny**[1] Straf-; *(posłuszny)* diszipliniert
**karny**[2] *m (-ego; -e)* SPORT Elfmeter *m*
**karo** *n (-a)* Karo *n*, Eckstein *m*
**karp** *m (-pia; -pie)* Karpfen *m*
**karta** *f (-y)* Karte *f*; ~ **wstępu** Eintrittskarte *f*; ~ **członkowska** Mitgliedskarte *f*; ~ **rejestracyjna** AUTO Fahrzeugschein *m*; HANDEL Gewerbeschein *m*; ~ **biblioteczna** Bibliotheksausweis *m*; ~ **żeglarska** Segelschein *m*; ~ **wyborcza** Wahlzettel *m*; ~ **graficzna** Grafikkarte *f*; ~ **dźwiękowa** Soundkarte *f* **kartka** *f (-i; gen -tek)* Blatt *n*; *na notatki* (Notiz)Zettel *m* **kartkówka** *f (-i; gen -wek)* w *szkole* Test *m*
**kartofel** *m (-fla; -fle)* BOT, KULIN Kartoffel *f* **kartoflanka** *f (-i; gen -nek)* umg Kartoffelsuppe *f*
**karton** *m (-u; -y)* Karton *m*; *(materiał)* Pappe *f*
**kartoteka** *f (-i)* Kartothek *f*, Kartei *f*
**karuzela** *f (-i; -e)* Karussell *n*
**karygodny** sträflich
**karykatura** *f (-y)* Karikatur *f* **karykaturować** ⟨s-⟩ *(-uję)* karikieren **karykaturzysta** *m (-y; -ści)*, **karykaturzystka** *f (-i; gen -tek)* Karikaturist(in) *m(f)*
**karzeł** *m (-rła; -rły)* Zwerg *m*
**kasa** *f (-y)* Kasse *f*;; *(pieniądze)* umg Kohle *f* ~ **biletowa** Fahrkartenschalter *m*; ~ **pancerna** Geldschrank *m*; ~ **oszczędności** Sparkasse *f*; ~ **chorych** Krankenkasse *f*
**kasacja** *f (-i; -e)* Auflösung *f*; JUR Kassation *f*
**kasjer** *m (-a; -rzy)*, **kasjerka** *f (-i; gen -rek)* Kassierer(in) *m(f)*
**kask** *m (-u; -i)* (Schutz)Helm *m*
**kasować** ⟨s-⟩ *(-uję)* entwerten; *zapis* löschen; *wyrok* aufheben **kasowość** *f (-ści; bpl)* Rentabilität *f*
**kastrować** ⟨wy-⟩ *(-uję)* kastrieren; kastrieren lassen
**kasyno** *n (-a; gen -)* Kasino *n*
**kasza** *f (-y; -e)* Grütze *f* **kaszanka** *f (-i; gen -nek)* Grützwurst *f*

## kaszel – kier

**kaszel** m (-szlu; bpl) Husten m
**kaszkiet** m (-u; -y) Schirmmütze f
**kaszlać, kaszleć** (-ę, -ǀ-laj!) ⟨**kaszlnąć**⟩ v/s (-nę) husten
**kasztan** m (-u; -y) Kastanie f; (koń) Braune m **kasztanowy** Kastanien-; kolor kastanienbraun
**kat** m (-a; -ci) Henker m
**kataklizm** m (-u; -y) (Natur)Katastrophe f
**katalizator** m (-a; -y) Katalysator m **katalog** m (-u; -i) Katalog m **katalogować** ⟨s-⟩ (-uję) katalogisieren
**katar** m (-u; -y) Schnupfen m
**katastrofa** f (-y) Katastrophe f; **~ kolejowa** Eisenbahnunglück n; **~ lotnicza** Flugzeugabsturz m; **~ samochodowa** Autounfall m, Verkehrsunfall m; **~ ekologiczna** Umweltkatastrophe f
**katechizm** m (-u; -y) Katechismus m
**katedra** f (-y; gen -i) REL Dom m; na uczelni Lehrstuhl m; (podium) Katheder n
**kategoria** f (gen dat lok -ii; -e) Kategorie f **kategoryczny** kategorisch, entschieden
**katolicki** (**po -ku**) katholisch **katolicyzm** m (-u; bpl) Katholizismus m **katoliczka** f (-i; gen -czek), **katolik** m (-a; -cy) Katholik(in)
**katować** (-uję) foltern; (męczyć) schinden, quälen
**kaucja** f (-i; -e) Kaution f; za butelkę Pfand n
**kaukaski** kaukasisch, Kaukasus-
**kawa** f (-y) Kaffee m; **~ naturalna** od **ziarnista** Bohnenkaffee m; **~ zbożowa** Malzkaffee m; **~ rozpuszczalna** Instantkaffee m
**kawaler** m (-a; -owie) Junggeselle m, Single m **kawaleria** f (gen dat lok -ii; bpl) Kavallerie f **kawalerka** f (-i; gen -rek) Einzimmerwohnung f
**kawałek** m (-u; -y) (großes) Stück n; (dowcip) Witz m; (psikus) Streich m; **~ chłopa** Riesenkerl m; **zrobić k-u ~** j-m e-n Streich spielen **kawałeczek** m (-czka, -czki) dim Stückchen n **kawałek** m (-łka, -łki) Stück n; umg Musikstück n; **na kawałki** in Stücke
**kawiarnia** f (-i; -e; gen - od -rń) Café n
**kawior** m (-u; bpl) Kaviar m
**kawka** f (-i; gen -wek) ZOOL Dohle f; dim Käffchen n **kawowy** Kaffee-; kolor kaffeebraun

**kazać** (każę, każ!): **~ k-u** (+ inf) j-n anweisen zu (+ inf), j-n (+ inf) lassen; anordnen
**kazalnica** f (-y; -e) REL Kanzel f **kazanie** n (-a) REL Predigt f; fig Strafpredigt f
**kazirodztwo** n (-a; bpl) Inzest m
**kaznodzieja** m (-ei; -e, G-ów) Prediger m
**każdorazowo** adv jedes Mal **każdy** jeder; **za ~m razem** jedes Mal; **w ~m razie** jedenfalls
**kącik** m (-a; -i) dim Ecke f; (rubryka) Rubrik f
**kąpać** ⟨wy-⟩ (-ię) baden; **~ się** v/i baden; sich baden **kąpiel** f (-i; -e; gen -i) Bad n **kąpielisko** n (-a) Badestelle f, Strandbad n; (miejscowość) Badeort m; **~ morskie** Seebad n **kąpielówki** pl (gen -wek) Badehose f
**kąśliwy** (-wie) fig bissig
**kąt** m (-a; -y) Ecke f; MAT Winkel m; **własny ~** die eigenen vier Wände; **pod ~em** (gen) unter dem Gesichtspunkt (gen) **kątomierz** m (-a; -e) Winkelmesser m
**kciuk** m (-a; -i) Daumen m
**keczup** m (-u; bpl) Ketchup m od n
**keks** m (-u; -y) Kuchen mit Backobst, Nüssen und Rosinen
**kelner** m (-a; -rzy), **kelnerka** f (-i; gen -rek) Kellner(in) m(f)
**kemping** m (-u; -i) Campingplatz m **kempingować** (-uję) campen **kempingowiec** m (-wca; -wcy) Camper
**kędzierzawy** kraushaarig; włosy kraus
**kępa** f (-y) drzew Gruppe f; krzewów Gebüsch n; (wysepka) Werder m
**kęs** m (-a; -y) Bissen m, Stück n
**kibel** m (-bla; -ble) pop Klo n
**kibic** m (-a; -e) sportowy Fan m
**kichać** (-am) ⟨-nąć⟩ (-nę) niesen; (lekceważyć) umg pfeifen (**na** akk auf akk)
**kiczowaty** (-**to**) kitschig
**kiedykolwiek** pron irgendwann; (kiedyś) je **kiedyś** früher; einmal, einst
**kielich** m (-a; -y) Kelch m (a. BOT), Trinkglas n; **iść na ~a** umg e-n trinken gehen **kieliszek** m (-szka; -szki) Glas n; **~ do wódki** Schnapsglas n; **~ do wina** Weinglas n
**kielnia** f (-i; -e) BUD Kelle f
**kiełbasa** f (-y) Wurst f **kiełbaska** f (-i; gen -sek) Würstchen n
**kiełkować** ⟨wy-⟩ (-uję) keimen
**kiepski** (-**ko**) umg miserabel, schlecht
**kier** m (-a; -y) w kartach Herz n; **as m ~**

Herzass *n*
**kiermasz** *m* (*-u*; *-e*) Markt *m*, Basar *m*
**kierować** ⟨s-⟩ (*-uję*) richten (**do** *gen* an *akk*); *protest* verweisen (**do** *gen* an *akk*); *broń* richten (**na** *akk* auf *akk*); *uwagę* lenken (**na** *akk* auf *akk*); **~ się** sich begeben; ⟨**po-**⟩ *zakładem* leiten (*akk*); **kierować samochodem** ein Auto steuern; **kierować się** (*inst*) sich leiten lassen (von *dat*) **kierowca** *m* (*-y*; *gen -ów*) Fahrer *m*; (*kobieta*) Fahrerin *f* **kierownica** *f* (*-y*) Lenkrad *n*; *roweru* Lenkstange *f* **kierownictwo** *n* (*-a*; *bpl*) (*kierowanie*) Leitung *f* **kierowniczka** *f* (*-i*; *gen -czek*) *umg* Leiterin *f* **kierowniczy** leitend, führend, Führungs- **kierownik** *m* (*-a*; *-cy*) Leiter *m*, Geschäftsführer *m*; (*kobieta*) Leiterin *f*, Geschäftsführerin *f*
**kierunek** *m* (*-nku*; *-nki*) Richtung *f*; **pod ~kiem** (*gen*) unter der Leitung (von *dat*) **kierunkowskaz** *m* (*-u*; *-y*) Wegweiser *m*; AUTO Blinker *m* **kierunkowy** Richt-; **numer** *m* **~** TEL Vorwahl(nummer) *f*
**kieszeń** *m* (*-ni*; *-nie*) Tasche *f* **kieszonkowe** *n* (*-ego*; *bpl*) Taschengeld *n* **kieszonkowiec** *m* (*-wca*; *-wcy*) *umg* Taschendieb *m*
**kij** *m* (*-a*; *-e*; *gen -ów*) Stock *m*; *do szczotki* Stiel *m*
**kijanka** *f* (*-i*; *gen -nek*) ZOOL Kaulquappe *f*
**kikut** *m* (*-a*; *-y*) Stumpf *m*
**kilim** *m* (*-u*; *-y*) Wandteppich *m*
**kilka** (*persf kilku*) einige, ein paar, mehrere **kilkadziesiąt** (*persf kilkudziesięciu*) Dutzende *pl*, **~ tysięcy** Zigtausend **kilkakrotny** mehrmalig; *zwycięzca* mehrfach **kilkanaście** (*persf kilkunastu*) über ein Dutzend, mehrere **kilkaset** (*persf kilkuset*) einige Hundert, ein paar Hundert **kilkoro** *num koll* ein paar, einige **kilkudniowy** mehrtägig; *dziecko* ein paar Tage alt **kilkugodzinny** mehrstündig **kilkuletni** mehrjährig; einige Jahre alt **kilkumiesięczny** mehrmonatig; *dziecko* ein paar Monate alt **kilkurodzinny** Mehrfamilien- **kilkutysięczny** mehrere Tausend zählend
**kilobajt** *m* (*-u od -a*; *-y*) Kilobyte *n*
**kilogram** *m* (*-a*; *-y*) Kilogramm *n* **kilometr** *m* (*-u*; *-y*) Kilometer *m*
**kiła** *f* (*-y*; *bpl*) Syphilis *f*
**kimać** (*-am*) *umg* pennen
**kineskop** *m* (*-u*; *-y*) Bildröhre *f*

**kinkiet** *m* (*-u*; *-y*) Wandleuchte *f*
**kino** *n* (*-a*) Kino *n*
**kioskarz** *m* (*-a*; *-e*), **kioskarka** *f* (*-i*; *gen -rek*) Kioskverkäufer(in) *m(f)*
**kipieć** (*-ę, -i*) kochen, brodeln; *mleko* hochkochen; **~** (**z** *gen*) *fig* kochen (vor *dat*)
**kisić** ⟨u-⟩ (*-szę, -ś!*) einlegen; *kapustę* säuern **kisiel** *m* (*-u*; *-e*) Fruchtgelee *n*, Rote Grütze *f*
**kiszka** *f* (*-i*; *gen -szek*): **ślepa ~** ANAT *umg* Blinddarm *m*; (*pomieszczenie*) *umg* Schlauch *m*; **kiszki** *pl umg* Darm *m*; **~ pasztetowa** Leberwurst *f*
**kiszony**: **kiszona kapusta** *f* Sauerkraut *n*
**kiść** (*-ści*; *-ście*) Traube *f*, Rispe *f*
**kit** *m* (*-u*; *bpl*) Kitt *m* **kita** *f* (*-y*) Schwanz *m*; ŁOW Lunte *f*
**kitel** *m* (*-tla*; *-tle*) Kittel *m*
**kitować** ⟨za-⟩ (*-uję*) (ver)kitten
**kiwać** (*-am*) ⟨*-nąć*⟩ (*-nę*) *głową* nicken; *ręką* winken; SPORT dribbeln; **~ na k-o** j-n herbeiwinken; **kiwać się** wackeln; (*kołysać się*) sich wiegen; ⟨**wy-**⟩ *umg* hereinlegen
**klacz** *f* (*-y*; *-e*) Stute *f*
**klakson** *m* (*-u*; *-y*) Hupe *f*
**klamka** *f* (*-i*; *gen -mek*) (Tür)Klinke *f*
**klamra** *f* (*-y*; *gen -mer*) Klammer *f*; *przy pasku* Schnalle *f*
**klapa** *f* (*-y*) Klappe *f*, Deckel *m*; **~ bezpieczeństwa** Sicherheitsventil *n* **klapać** (*-ię*) klappern (*inst* mit *dat*)
**klarnet** *m* (*-u*; *-y*) Klarinette *f*
**klarowny** *sok* klar; *sytuacja* eindeutig, klar
**klasa** *f* (*-y*) Klasse *f*; (*sala lekcyjna*) Klassenzimmer *n* **klaskać** (*klaszczę*) ⟨*-nąć*⟩ (*-nę*) (Beifall) klatschen; **~ w dłonie** in die Hände klatschen **klasówka** *f* (*-i*; *gen -wek*) Klassenarbeit *f*, Klausur *f* **klasyczny** klassisch
**klasyfikować** ⟨za-⟩ (*-uję*) klassifizieren **klasyka** *f* (*-i*; *bpl*) Klassik *f*
**klasztor** *m* (*-u*; *-y*) Kloster *n*
**klatka** *f* (*-i*; *gen -tek*) Käfig *m*; *dla ptaków* Bauer *n*; **~ schodowa** Treppenhaus *n*; **~ piersiowa** ANAT Brustkorb *m*
**klauzula** *f* (*-i*; *-e*) Klausel *f*
**klawiatura** *f* (*-y*) *fortepianu* Klaviatur *f*; *komputera* Tastatur *f* **klawisz** *m* (*-a*; *-e*) Taste *f*; (*strażnik*) *umg* Aufseher *m*
**kląć** (*-nę*) fluchen; **~** (**na** *akk*) schimpfen (über *akk*) **klątwa** *f* (*-y*; *gen -*) Fluch *m*;

## klecić – kochać

REL Bannfluch m
**klecić** ⟨s-⟩ (-cę) (budować) umg zusammenzimmern, zusammenbasteln; tekst zusammenstoppeln
**kleić** ⟨s-⟩ (-ję) (zusammen)kleben; drewno leimen; **~ się** kleben; **nie kleić się** fig umg nicht klappen
**klejnot** m (-u; -y) Juwel n (a. fig)
**klekotać** (3. Pers -ce od -cze) bocian klappern; maszyna rattern, knattern
**klepać** ⟨-ię⟩ ⟨-nąć⟩ klopfen; ⟨wy-⟩ umg herunterleiern **klepnąć** pf → klepać
**klepsydra** f (-y) Sanduhr f; (nekrolog) Todesanzeige f
**kler** m (-u; bpl) Klerus m, Geistlichkeit f
**klerykalny** klerikal
**kleszcz** m (-a; -e) Zecke f **kleszcze** pl (gen -y) Zange f; ZOOL Schere f **kleszczowy: poród ~** Zangengeburt f
**klęczeć** ⟨-ę⟩ knien **klęczki** pl: **na klęczkach** auf den Knien **klękać** ⟨-am⟩ ⟨-nąć⟩ (-nę) (sich) niederknien
**klęska** f (-i; gen -) Niederlage f; **~ głodu** Hungersnot f; **~ żywiołowa** Naturkatastrophe f
**klient** m (-a; -ci) Kunde m; JUR Mandant m **klientela** f (-i; bpl) Kundschaft f **klientka** f (-i; gen -tek) Kundin f; JUR Mandantin f
**klika** f (-i) (paczka) Clique f; pej Klüngel m
**klikać** ⟨-am⟩ ⟨-nąć⟩ (-nę) klicken; **~ na** (akk) anklicken (akk)
**klimat** m (-u; -y) Klima n (a. fig) **klimatyczny** klimatisch, Klima- **klimatyzator** m (-a; -y) Klimaanlage f
**klin** m (-a; -y) Keil m
**kliniczny** klinisch **klinika** f (-i) Klinik f; Klinikum n; **~ psychiatryczna** psychiatrische Klinik
**klisza** f (-y; -e) FOTO Film m
**kloc** m (-a; -e) Klotz m
**klomb** m (-u; -y) Blumenbeet n
**klon** m (-u; -y) (drzewo) Ahorn m; BIOL Klon m
**klops** m (-a; -y) Hackbraten m **klopsik** m (-a; -i) Fleischklößchen n, Frikadelle f
**klosz** m (-a; -e) Lampenschirm m
**klown** m (-a; -i od -y) Clown m
**klub** m (-u; -y) Klub m; **~ sportowy** Sportverein m, Sportklub m; **~ młodzieżowy** Jugendzentrum n

**klucz** m (-a; -e, -y) Schlüssel m **~ do mieszkania** Wohnungsschlüssel m; **~ USB** USB-Stick m
**kluć się** ⟨wy-⟩ (-ję) schlüpfen
**kładka** f (-i; gen -dek) Steg m
**kłamać** ⟨s-⟩ (-ię) lügen **kłamca** m (-y; gen -ów) Lügner m **kłamstwo** n (-a) Lüge f
**kłaniać się** ⟨-am⟩ ⟨ukłonić się⟩ (-nię) sich verbeugen; (przywitać się) grüßen; **kłaniam się ich grüße Sie!**
**kłaść*** ⟨kładę⟩ ⟨położyć⟩ (położę) hinlegen; płytki verlegen; **~ spać** zu Bett bringen; **~ się spać** sich schlafen legen
**kłąb** m (kłębu; kłęby) Knäuel n; BOT Knolle f; **kłęby** pl **dymu** Rauchschwaden pl **kłębek** m (-bka; -bki) Knäuel n; **zwinąć się** pf **w ~** sich zusammenrollen
**kłoda** f (-y) Baumklotz m
**kłopot** m (-u; -y) Sorge f, Problem n; **~y** pl **pieniężne** Geldprobleme pl; **~y** pl **sercowe** fig Liebeskummer m; **wprawić** pf **w ~** in Verlegenheit bringen; **proszę nie robić sobie ~u!** machen Sie sich keine Umstände! **kłopotliwy** heikel
**kłos** m (-a; -y) Ähre f
**kłócić się** (-cę) streiten (**o** akk um akk); kolory umg sich beißen
**kłódka** f (-i; gen -dek) Vorhängeschloss n
**kłótliwy** (-wie) streitsüchtig, zänkisch **kłótnia** n (-i; -e) Streit m, Krach m
**kłuć** ⟨u-⟩ (kluję) stechen, umg pieken **kłujący** stechend; roślina stachelig
**kłus** m (-a; bpl) Trab m
**kły** m/pl (gen -ów) Eckzähne m/pl; psa Fangzähne m/pl; dzika Hauer m/pl; słonia Stoßzähne m/pl
**kminek** m (-nku; bpl) Kümmel m
**knajpa** f (-y) umg Kneipe f
**knedle** m/pl (gen -i) Klöße mit Pflaumenfüllung
**knocić** ⟨s-⟩ (-cę) umg verpfuschen, Mist bauen
**knot** m (-a; -y) Docht m; umg (bubel) Kitsch m
**knuć** ⟨u-⟩ (-ję) aushecken, im Schilde führen
**kobiecy** (-co) weiblich, feminin; czasopismo Frauen- **kobieta** f (-y) Frau f
**kobyła** f (-a; -i od -y) Stute f
**koc** m (-a; -e) (Woll)Decke f
**kochać** (-am) lieben; **~ się** sich lieben; (mieć stosunek) Liebe machen; **~ się w**

(inst) verliebt sein (in akk); **kocham cię** ich liebe dich **kochanek** f (-i; gen -nek) Liebhaber(in) m(f) **kochany** lieb
**koci** Katzen- **kocię** n (-ęcia; -ęta) Katzenjunge(s) n
**kocioł** m (kotła; -tły) Kessel m (a. MIL)
**kocur** m (-a; -y) ZOOL Kater m
**koczownik** m (-a; -cy) Nomade m
**kod** m (-u; -y) Code m; (liczba) Geheimzahl f; ~ **banku** Bankleitzahl f; ~ **pocztowy** Postleitzahl f
**kodeks** m (-u; -y) Kodex m; ~ **karny** JUR Strafgesetzbuch n; ~ **postępowania cywilnego** JUR Zivilprozessordnung f
**kodować** ⟨za-⟩ (-uję) verschlüsseln, codieren
**kogut** m (-a; -y) Hahn m
**koić** ⟨u-⟩ (-ję) lindern; beruhigen
**kojarzyć** ⟨s-⟩ (-ę) verbinden, assoziieren (**z** inst mit dat); pary vermitteln; verstehen
**kojący** (-co) beruhigend
**kojec** m (-jca; -jce) dla zwierząt Verschlag m; dla dziecka Laufstall m
**kok** m (-a; -i) Dutt m
**kokaina** f (-y; bpl) Kokain n
**kokarda** f (-y) (Band)Schleife f
**kokieteryjny** kokett **kokietować** (-uję) kokettieren (inst mit dat)
**koklusz** m (-u; bpl) Keuchhusten m
**kokos** m (-u; -y) Kokosnuss f **kokosowy** Kokos-
**koks** m (-u; bpl) Koks m
**koktajl** m (-u; -e) Cocktail m
**kolacja** f (-i; -e) Abendessen n, Abendbrot n
**kolano** n (-a) Knie n
**kolarstwo** n (-a; bpl) Radsport m **kolarz** m (-a; -e) Radsportler m **kolarzówka** f (-i; gen -wek) F Rennrad n
**kolaż** m (-u; -e) Collage f
**kolba** f (-y) Kolben m
**kolce** pl (gen -ów) BOT Dornen m/pl; ZOOL Stachel m/pl; SPORT Spikes m/pl **kolczasty** (-to) stach(e)lig, Stachel- **kolczyk** m (-a; -i) Ohrring m
**kolebka** f (-i; gen -bek) Wiege f
**kolec** m (-lca; -lce) Dorn, Stachel
**kolega** m (-i; -dzy; gen -gów) Kumpel m; Freund m; ~ **z pracy** (Arbeits)Kollege m; ~ **szkolny** Schulkamerad m, Schulfreund m; ~ **ze studiów** Kommilitone m; ~ **po fachu** Kollege m vom Fach **kolegialny** kolegial **kolegiata** f (-y) Stiftskirche f **kolegować** (-uję) befreundet sein (**ze sobą** miteinander)
**koleina** f (-y) (tiefe) Radspur f
**kolej** f (gen dat lok -ei; -e) (Eisen)Bahn f; (następstwo) (bpl) Reihenfolge f; ~ **rzeczy** Lauf m der Dinge **po kolei** der Reihe nach; ~ **na mnie** ich bin dran **kolejarz** m (-a; -e, -y) Eisenbahner m **kolejka** f (-i; gen -jek) Regionalbahn f; linowa Seilbahn f; (ogonek) Schlange f; (zabawka) (elektrische) Eisenbahn f; **stać w kolejce** anstehen (**po** akk nach dat); **stanąć w kolejce** sich anstellen **kolejno** adv nacheinander **kolejność** f (-ści; bpl) Reihenfolge f; **według kolejności** der Reihe nach **kolejny** folgende(r), nächste(r); numer laufend **kolejowy** (Eisen)Bahn-, Zug-
**kolekcjonować** (-uję) sammeln
**kolektyw** m (-u; -y) Kollektiv n **kolektywny** kollektiv, Gemeinschafts-
**koleżanka** f (-i; gen -nek) Freundin f **koleżeński** (**po koleżeńsku**) kollegial
**kolęda** f (-y) Weihnachtslied n; (chodzenie z kolędą) Sternsingen n; (wizyta) Hausbesuch e-s Priesters in der Weihnachtszeit
**kolidować** (-uję) kollidieren (**z** inst mit dat)
**kolisty** (kreis)rund, kreisförmig
**kolka** f (-i; gen -lek) MED Kolik f
**kolonia** f (gen dat lok -ii; -e) Kolonie f; **kolonie** (letnie) Ferienlager n; **jechać na kolonie** in die Ferien fahren **kolonizować** ⟨s-⟩ (-uję) kolonisieren
**kolor** m (-u; -y) Farbe f; **pod** ~ farblich passend **kolorowy** (-wo) farbig, bunt; skaner Farb- **koloryzować** (-uję) schönfärben, ausschmücken
**kolos** m (-a; -y) Koloss m, Riese m
**kolportaż** m (-u; bpl) Vertrieb m, Versand m **kolporter** m (-a; -rzy), **kolporterka** f (-i; gen -rek) (Zeitungs)Austräger(in) m(f), Straßenverkäufer(in) m(f) **kolportować** (-uję) austragen, verschicken, verkaufen; pogłoski kolportieren
**kolumna** f (-y) Kolonne f; ARCH Säule f; TYPO Kolumne **kolumnada** f (-y) Kolonnade f, Säulengang m
**kołdra** f (-y; gen -der) Bettdecke f
**kołek** m (-łka; -łki) Pflock m, Pfahl m
**kołnierz** m (-a; -e; gen -y) Kragen m
**koło**¹ n (-a; gen kół) Kreis m; pojazdu Rad n; **w ~** (gen) im Kreis (um akk), um (akk) he-

## koło – komu

rum; **~ ratunkowe** Rettungsring m; **~ zębate** Zahnrad n; **błędne ~** Teufelskreis m **koło²** präp (gen) neben (gen), an (dat); czasowo gegen (akk); (około) ungefähr; w pobliżu miejscowości bei; **przejść ~** (gen) vorbeigehen an (dat); **~ Berlina** bei Berlin; **~ południa** gegen Mittag
**kołowrót** m (-rotu; -roty) (Seil)Winde f; (barierka) Drehkreuz n; (bpl) fig Chaos n
**kołowy** Kreis-
**kołpak** m (-a; -i) AUTO Radkappe f
**kołysać** ⟨kołyszę⟩ wiegen; **~ do snu** in den Schlaf wiegen **kołysanka** f (-i; gen -nek) Wiegenlied n **kołyska** f (-i; gen -sek) Wiege f
**komar** m (-a; -y) (Stech)Mücke f
**kombinacja** f (-i; -e) Kombination f **kombinator** m (-a; -rzy), **kombinatorka** f (-i; gen -rek) umg pej Spekulant(in) m(f), Schwindler(in) m(f)
**kombinezon** m (-u; -y) Overall m **kombinować** ⟨wy-⟩ (-uję) kombinieren; umg (zastanawiać się) überlegen; (zalatwiać) (krumme) Geschäfte machen
**komedia** f (gen dat lok -ii; -e) Komödie f (a. fig pej)
**komenda** f (-y) Kommando n; IT Befehl m; **~ policji** Polizeipräsidium n; **~ straży pożarnej** Feuerwehrzentrale f **komendant** m (-a; -ci) Kommandant m **komenderować** (-uję) kommandieren (a. fig)
**komentarz** m (-a; -e, -y) Kommentar m **komentować** ⟨s-⟩ (-uję) kommentieren
**komercyjny** kommerziell
**kometa** f (-y) ASTRON Komet m **kometka** f (-i; gen -tek) Federball m; (gra) Federballspiel m
**komfortowy** (-wo) komfortabel
**komiczny** komisch **komik** m (-a; -cy) Komiker m **komiksy** m/pl (gen -ów) Comics pl
**komin** m (-a; -y) Schornstein m **kominek** m (-nka; -nki) Kamin m **kominiarz** m (-a; -e) Schornsteinfeger m
**komis** m (-u; -y) Pfandhaus n
**komisariat** m (-u; -y) Polizeidienststelle f **komisaryczny** kommissarisch **komisarz** m (-a; -e) policji Kommissar m
**komisja** f (-i; -e) Kommission f, Ausschuss m **komitet** m (-u; -y) Komitee n
**komitywa** f (-y; bpl) Vertrautheit f, Freundschaft f; **żyć w komitywie** eng befreundet sein ⟨z inst mit dat⟩; **wejść pf w komitywę** Freundschaft schließen ⟨z inst mit dat⟩
**komiwojażer** m (-a; -owie) Handlungsreisende(r) m, Vertreter m
**komoda** f (-y; gen -mód) Kommode f
**komora** f (-y) TECH, ANAT Kammer f **komorne** n (-ego; pl) Miete f **komornik** m (-a; -cy) Gerichtsvollzieher m **komórka** f (-i; gen -rek) Schuppen m; BIOL Zelle f (a. fig); (telefon) umg Handy n
**kompakt** m (-u; -y) umg CD f
**kompas** m (-u; -y) Kompass m
**kompatybilny** kompatibel
**kompensacyjny** Ausgleichs- **kompensata** f (-i; bpl) Entschädigung f, Kompensation f **kompensować** (-uję) ausgleichen; PSYCH kompensieren
**kompetencja** f (-i; -e) Kompetenz f **kompetentny** kompetent, sachkundig; (uprawniony) zuständig, befugt
**kompleks** m (-u; -y) Komplex m
**komplement** m (-u; -y) Kompliment n
**komplet** m (-u; -y) Satz m; mebli Garnitur f; osób volle Anzahl f; **~ do kawy** Kaffeeset n; **być w komplecie** vollzählig sein
**kompletny** komplett **kompletować** ⟨s-⟩ (-uję) komplettieren, vervollständigen
**komplikacja** f (-i; -e) Schwierigkeit f, Komplikation f **komplikować** ⟨s-⟩ (-uję) komplizieren, kompliziert machen
**komponent** m (-u; -y) Komponente f, Bestandteil m **komponować** ⟨s-⟩ (-uję) MUS komponieren
**kompot** m (-u; -y) Kompott n
**kompozycja** f (-i; -e) MUS Komposition f **kompozytor** m (-a; -rzy), **kompozytorka** f (-i; gen -rek) Komponist(in) m(f)
**kompres** m (-u; -y) Kompresse f, Umschlag m
**kompromis** m (-u; -y) Kompromiss m **kompromitacja** f (-i; -e) Blamage f, Bloßstellung f **kompromitować** ⟨s-⟩ (-uję) kompromittieren, blamieren, bloßstellen **kompromitujący** (-co) kompromittierend, blamabel
**komputer** m (-a; -y) Computer m, Rechner m **komputerowy** Computer- **komputerowiec** m (-wca; -wcy) umg Computerfreak m
**komu** pron dat wem

**komuna** f (-y) Kommune f; umg pej Kommunistenpack n **komunalny** kommunal, Kommunal-, Gemeinde- **komunał** m (-u; -y) Floskel f **komunia** f (gen dat lok -ii; -e) Kommunion f **komunikacja** f (-i; bpl) Verkehr m; (porozumienie) Kommunikation f **komunikat** m (-u; -y) Meldung f, Bericht m; **podać** pf ~ bekannt geben **komunikować** ⟨za-⟩ (-uję) mitteilen, bekannt geben; **komunikować się** kommunizieren, in Verbindung sein **komunistyczny** kommunistisch

**konać** (-am) im Sterben liegen; ~ **ze śmiechu** sich totlachen, sich vor Lachen biegen **konający** m (-ego; -), **konająca** f (-cej, -ce) Sterbende(r) m, f

**konar** m (-u; -y) Ast m

**koncentracja** f (-i; -e) Konzentration f **koncentracyjny: obóz** ~ Konzentrationslager n **koncentrować** ⟨s-⟩ (-uję) konzentrieren; ~ **się** sich konzentrieren (na lok auf akk)

**koncepcja** f (-i; -e) Konzept n, Entwurf m **koncern** m (-u; -y) Konzern m **koncert** m (-u; -y) Konzert n **koncesja** f (-i; -e) Konzession f

**kondensować** (-uję) kondensieren

**kondukt** m (-u; -y): ~ **żałobny** Trauerzug m

**konduktor** m (-a; -rzy), **konduktorka** f (-i; gen -rek) umg Schaffner(in) m(f)

**kondycja** f (-i; -bpl) Kondition f **kondygnacja** f (-i; -e) Stockwerk n, Geschoss n

**konewka** f (-i; gen -wek) Gießkanne f **konfederacja** f (-i; -e) Konföderation f **konferansjer** m (-a; -rzy) Moderator m **konferencja** f (-i; -e) Konferenz f **konfesjonał** m (-u; -y) Beichtstuhl m **konfident** m (-a; -ci), **konfidentka** f (-i; gen -tek) Informant(in) m(f)

**konfiguracja** f (-i; -e) IT Konfiguration f **konfiskata** f (-y; -) Beschlagnahme f, Einziehung f **konfiskować** ⟨s-⟩ (-uję) konfiszieren, beschlagnahmen, einziehen

**konfitury** f/pl (gen -) Konfitüre f **konfrontacja** f (-i; -e) (konflikt) Konfrontation f; (porównanie) Gegenüberstellung f **konfrontować** ⟨s-⟩ (-uję) (z inst) gegenüberstellen (dat)

**kongres** m (-u; -y) Kongress m

**koniak** m (-u; -i) Kognak m

**koniczyna** f (-y) Klee m

**koniec** m (-ńca; -ńce) Ende n; sprawy Ausgang m; ~ **miesiąca** Monatsende n; ~ **języka** Zungenspitze f; ~ **świata** Weltuntergang m; **bez końca** ohne Ende, endlos; **do (samego) końca** bis zum Schluss; **w końcu** am Ende, schließlich; **pod** ~ gegen Ende; **na** ~ zum Schluss; ~ **z tym!** Schluss damit!

**koniecznie** adv unbedingt **konieczność** f (-ści) Notwendigkeit f; **z konieczności** notgedrungen **konieczny** notwendig, unerlässlich

**konik** m (-a; -i) dim Pferd(chen) n; (hobby) Steckenpferd n; (figura szachowa) Springer m

**koniugacja** f (-i; -e) GRAM Konjugation f **koniunktura** f (-y; bpl) Konjunktur f **konkluzja** f (-i; -e) Schlussfolgerung f **konkretny** konkret **konkretyzować** ⟨s-⟩ (-uję) konkretisieren, präzisieren **konkubent** m (-a; -i) Lebensgefährte m **konkubina** f (-y) Lebensgefährtin f **konkurencja** f (-i; bpl) Konkurrenz f **konkurencyjny** Konkurrenz- **konkurent** m (-a; -ci) (osoba) Konkurrent m; (firma) Konkurrenzunternehmen n **konkurować** (-uję) konkurrieren

**konkurs** m (-u; -y) Wettbewerb m; (oferta) Ausschreibung f (**na** akk für akk); ~ **piękności** Misswahl f; **poza ~em** außer Konkurrenz

**konno: jechać** ~ reiten **konny** Pferde- **konopie** pl (gen -) Hanf m

**konsekwencja** f (-i; -e) Konsequenz f **konsekwentny** konsequent

**konserwa** f (-y) Konserve f, Dose f **konserwacja** f (-i; bpl) Konservierung f; TECH Instandhaltung f; zabytków Pflege f **konserwatorium** n (unv; -ia; gen -iów) Konservatorium n **konserwatysta** m (-y; -ści-ów), **konserwatystka** f (-i; gen -tek) Konservative(r) m, f **konserwatywny** konservativ **konserwować** ⟨za-⟩ (-uję) konservieren; TECH warten

**konsola** f (-i; -e) (urządzenie multimedialne) Konsole f; (tablica rozdzielcza) Schalttafel f

**konsorcjum** n (unv; -ja; gen -jów) EKON Konsortium n **konspekt** m (-u; -y) Entwurf m, Konzept n

**konspiracja** f (-i; -bpl) POL Untergrund

## 92 ▪ konspiracyjny – końcówka

**konspiracyjny** POL Untergrund-; *żart* verschwörerisch
**konsternacja** f (-i; *bpl*) Befremdung f, Verlegenheit f
**konstrukcja** f (-i; -e) Konstruktion f
**konstrukcyjny** Konstruktions- **konstruktor** m (-a; -rzy), **konstruktorka** f (-i; *gen* -rek) Konstrukteur(in) m(f) **konstruktywny** konstruktiv **konstruować** ⟨s-⟩ (-uję) konstruieren, bauen
**konstytucja** f (-i; -e) POL Konstitution f, Verfassung f **konstytucyjny** POL konstitutionell, Verfassungs- **konstytuować** ⟨u-⟩ (-uję) konstituieren, bilden
**konsul** m (-a; -owie; *gen* -ów) Konsul m **konsulat** m (-u; -y) Konsulat n **konsultacyjny** Beratungs- **konsultant** m (-a; -ci) Berater m **konsulting** m (-u; *bpl*) Unternehmensberatung f
**konsultować** ⟨s-⟩ (-uję) (z *inst*) konsultieren (*akk*), besprechen (mit *dat*); ~ **się** konsultieren (*akk*), sich beraten lassen (bei *dat*)
**konsumencki** Verbraucher- **konsument** m (-a; -ci), **konsumentka** f (-i; -tek) Konsument(in) m(f), Verbraucher(in) m(f) **konsumować** ⟨s-⟩ (-uję) (jeść) konsumieren, verzehren; verbrauchen **konsumpcja** f (-i; *bpl*) Konsum m, Verbrauch m
**konsygnacja** f (-i; -e) Lieferschein m **konszachty** pl (*gen* -ów) *pej* Machenschaften pl, Kungeleien pl
**kontakt** m (-u; -y) Kontakt m;; (*wyłącznik*) *umg* Schalter m **kontaktować** ⟨s-⟩ (-uję): ~ **k-o** (z *inst*) den Kontakt herstellen, j-n zusammenbringen, (mit *dat*); **nie kontaktować** *umg* ELEK keinen Kontakt haben; *fig umg* nichts kapieren; ~ **się** den Kontakt aufnehmen (z *inst* mit *dat*) **kontaktowy** Kontakt-; *umg osoba* kontaktfreudig
**kontener** m (-u; -y) Container m **kontenerowiec** m (-wca; -wce) Containerschiff n
**konto** n (-a; *gen* -) Konto n; ~ **użytkownika** IT Benutzerkonto n
**kontra**[1] f (-y) Gegenargument n;; *w boksie* Konter(schlag) m **kontra**[2] *präp* (*nom*) gegen, versus (*akk*)
**kontrahent** m (-a; -ci), **kontrahentka** f (-i; *gen* -tek) Vertragspartner(in) m(f), Kontrahent(in) m(f)

**kontrakt** m (-u; -y) Kontrakt m, Vertrag m **kontraktowy** vertraglich, Vertrags-
**kontrargument** m (-u; -y) Gegenargument n
**kontrast** m (-u; -y) Kontrast m (*a.* FOTO), Gegensatz m **kontrastowy** (-**wo**) kontrastreich
**kontrasygnować** (-uję) gegenzeichnen **kontratak** m (-u; -i) Gegenangriff m **kontrkandydat** m (-a; -ci), **kontrkandydatka** f (-i; *gen* -tek) Gegenkandidat(in) m(f) **kontrofensywa** f (-y) Gegenoffensive f
**kontrola** f (-i; -e) Kontrolle f **kontroler** m (-a; -rzy), **kontrolerka** f (-i; *gen* -rek) Prüfer(in) m(f); *biletów* Kontrolleur(in) m(f) **kontrolny** Kontroll- **kontrolować** ⟨s-⟩ (-uję) kontrollieren, (über)prüfen
**kontrować** ⟨s-⟩ (-uję) kontern; *w kartach* Kontra spielen **kontrowersyjny** kontrovers, strittig
**kontrpropozycja** f Gegenvorschlag m **kontrrewolucja** f (-i; *bpl*) Gegenrevolution f
**kontuar** m (-u; -y) Ladentisch m, Theke f
**kontur** m (-u; -y) Kontur f, Umriss m
**kontuzja** f (-i; -e) Verletzung f
**kontynent** m (-u; -y) Kontinent n **kontynentalny** kontinental **kontyngent** m (-u; -y) Kontingent n **kontynuacja** f (-i; -e) Fortsetzung f **kontynuować** (-uję) v/t fortsetzen, fortführen; v/i fortfahren
**konwalia** f (*gen dat lok* -ii; -e) Maiglöckchen n
**konwenanse** m/pl (*gen* -ów) Umgangsformen f/pl, Konventionen f/pl **konwencja** f (-i; -e) Konvention f **konwencjonalny** konventionell
**konwersacja** f (-i; -e) Konversation f
**konwersja** f (-i; *bpl*) IT, REL Konvertieren n **konwerter** m (-a; -y) IT Konverter m **konwertować** (-uję) IT, REL konvertieren
**konwojować** (-uję) eskortieren
**konwój** m (-oju; -oje; *gen* -ów) Eskorte f
**konwulsje** f/pl (*gen* -i) Krämpfe m/pl **konwulsyjny** krampfhaft
**koń** m (-nia; -nie; *inst* -ńmi) Pferd n; (*skoczek*) Springer m; ~ **czystej krwi** Vollblut n; ~ **mechaniczny** Pferdestärke f
**końcówka** f (-i; *gen* -wek) Endstück n; GRAM Endung f; SPORT Endspiel n; TECH

Aufsatz m
**kończyć** ⟨s-⟩ (-ę) beenden, abschließen; ~ **z** (inst) aufhören, Schluss machen mit (dat); ~ **trzydzieści lat** dreißig werden; ~ **się** zu Ende gehen; (wyczerpać się) ausgehen; ~ **się** enden (inst mit dat) **końszyna** f (-y) ANAT Extremität
**kooperacja** f (-i; -e) Kooperation f, Zusammenarbeit f **kooperować** (-uję) kooperieren
**koordynować** ⟨s-⟩ (-uję) koordinieren
**kopać** (-ię) ⟨-nąć⟩ (-ę) treten; koń ausschlagen **kopalnia** f (-i; -e; gen - od -lń) Bergwerk n; fig Fundgrube f **kopalny** fossil **koparka** f (-i; gen -rek) Bagger m
**koper** m (-pru; -pry) Dill m
**koperta** f (-y) Briefumschlag m; płyty Hülle f
**kopia** f (gen dat lok -ii; -e) Kopie f **kopiarka** f (-i; gen -rek) Kopierer m
**kopiec** m (-pca; -pce) Erdhügel m; mogiła Grabhügel m; AGR Miete f
**kopiować** ⟨s-⟩ (-uję) kopieren
**kopnąć** pf: **prąd go kopnął** umg er hat e-n Schlag bekommen
**kopulasty** (-to) kuppelförmig **kopuła** f (-y) Kuppel f
**kopyto** n (-a) Huf m
**kora** f (-y) (Baum)Rinde f, Borke f
**koral** m (-a; -e; gen -i) Koralle f **koralowy** Korallen-; kolor korallenrot
**korba** f (-y) Kurbel f
**kordon** m (-u; -y) Kordon m
**Koreanka** f (-i; gen -nek), **Koreańczyk** m (-a; -cy) Koreaner(in) **koreański** (**po** -**ku**) koreanisch
**korek** m (-rka; -rki; gen -ów) butelki Korken m; wanny Stöpsel m; umg na ulicy Stau m; (bpl) BOT Korkrinde f; pl umg ELEK Sicherung f
**korekta** f (-y) Korrektur f **korepetycje** f/pl (gen -i) Nachhilfestunden f/pl
**korespondencja** f (-i; bpl) Briefwechsel m; biurowa Schriftverkehr m **korespondencyjny** Schrift-, Brief-; **studia** pl **korespondencyjne** Fernstudium n **korespondent** m (-a; -ci), **korespondentka** f (-i; gen -tek) Korrespondent(in) m(f), Berichterstatter(in) m(f) **korespondować** (-uję) im Briefwechsel stehen
**korkociąg** m (-u; -i) Korkenzieher m; LOT Trudel m **korkować** ⟨za-⟩ (-uję) ver-

## kończyć — kosztorys ■ 93

korken; ulicę versperren
**kornik** m (-a; -i) Borkenkäfer m
**korniszon** m (-a; -y) Cornichon n
**korona** f (-y) Krone f **koronacja** f (-i; -e) Krönung f **koronawirus** m (-a; -y) Coronavirus m u. n **koronka** f (-i; gen -nek) MED Krone f; (tkanina) Spitze f
**korowód** m (-odu; -ody) Reigen m
**korporacja** f (-i; -e) Körperschaft f
**korpulentny** vollschlank, korpulent **korpus** m (-u; -y) Rumpf m; MIL Korps n
**korsykański** korsisch
**kort** m (-u; -y) Tennisplatz m
**korupcja** f (-i; bpl) Korruption f
**korygować** ⟨s-⟩ (-uję) korrigieren
**korytarz** m (-a; -e) Korridor m, Flur m
**korzenić się** (3. Pers -ni) BOT wurzeln, Wurzeln schlagen **korzenny** würzig, Würz- **korzeń** m (-nia; -nie) Wurzel f
**korzystać** ⟨s-⟩ (-am) (**z** gen) nutzen (akk); in Anspruch nehmen; (zyskać) profitieren (**na** lok von dat); ~ **z toalety** die Toilette benutzen **korzystny** günstig
**korzyść** f (-ści) Nutzen m; **na** ~ (gen) zugunsten (von dat)
**kos** m (-a; -y) Amsel f
**kosa** f (-y) Sense f **kosiarka** f (-i; gen -rek) do zboża Mähmaschine f; do trawy Rasenmäher m **kosić** ⟨s-⟩ (-szę) mähen
**kosmaty** zott(el)ig
**kosmetyczka** f (-i; gen -czek) Kosmetikerin f; (torebka) Kulturbeutel m **kosmetyczny** kosmetisch, Schönheits- **kosmetyk** m (-u; -i) Schönheitsmittel n, Kosmetikum n **kosmetyka** f (-i; bpl) Kosmetik f, Schönheitspflege f
**kosmiczny** kosmisch, (Welt)Raum- **kosmyk** m (-a; -i) (Haar)Strähne f
**kostium** m (-u; -y) Kostüm n; ~ **kąpielowy** Badeanzug m
**kostka** f (-i; gen -tek) Knochen m; do gry Würfel m; ANAT Knöchel m; ~ **lodu** Eiswürfel m; ~ **cukru** Zuckerwürfel m; ~ **masła** ein Stück Butter **kostnica** f (-y; -e) Leichenhalle f
**kosz** m (-a; -e) Korb m
**koszary** pl (gen -) Kaserne f
**koszerny** koscher
**koszmar** m (-u; -y) Albtraum m **koszmarny** grauenhaft, entsetzlich
**koszt** m (-u; -y/-a) Kosten pl; pl a. Spesen pl; ~**em** (gen) auf Kosten (von, gen); **narazić na** ~**y** in Unkosten stürzen **koszto-**

## 94 ■ kosztorys – kreślarka

**rys** m (-u; -y) Kostenvoranschlag m **kosztować** (-uję) kosten **kosztowności** f/pl (gen -) Kostbarkeiten f/pl, Juwelen n/pl **kosztowny** (cenny) kostbar; (drogi) kostspielig
**koszula** f (-i; -e) Hemd n **koszulka** f (-i; gen -lek) SPORT Trikot n
**koszyk** m (-a; -i) Korb m **koszykarka** f (-i; gen -rek), **koszykarz** m (-a; -e) SPORT Basketballspieler(in) **koszykówka** f (-i; bpl) Basketball m
**kościelny** kirchlich, Kirchen-
**kościotrup** m (-a; -y) Gerippe n, Skelett n **kościół** m (-ola; -oły) Kirche f
**kościsty** knochig **kość** f (-ści; -ści; inst -śćmi) Knochen m; do gry Würfel m; ~ **ogonowa** ANAT Steißbein n; ~ **słoniowa** Elfenbein n **koślawy** (-wo) schief, krumm; stół wack(e)lig; pismo krakelig
**kot** m (-a; -y) Katze f, (samiec) Kater m
**kotara** f (-y) Vorhang m, Portiere f
**kotka** f (-i; gen -tek) Katze f
**kotlet** m (-a; -y) Kotelett n; ~ **mielony** Frikadelle f, Bulette f; ~ **schabowy** Schnitzel n
**kotlina** f (-y) Mulde f; GEOL Talkessel m
**kotwica** f (-y) Anker m
**kowal** m (-a; -e) Schmied m
**koza** f (-y; gen kóz) Ziege f; umg Popel m
**kozetka** f (-i; gen -tek) Couch f, Liege f
**kozi** Ziegen- **kozica** f (-y; -e) Gämse f **kozioł** m (kozła; kozły) Bock m; ~ **ofiarny** fig Sündenbock m **koziorożec** m (-żca; -żce) ZOOL Steinbock m **koźlątko** n (-tka; gen -tek) dim Zicklein n
**kożuch** m (-a; -y) Schafpelz m; na mleku Haut f
**kółko** n (-a; gen -lek) (kleiner) Kreis m; TECH Rad n; zainteresowań Zirkel m; **w ~** immerfort
**kpiąco** adv spöttisch **kpić** ⟨-ię, kpij!⟩: ~ **z** (gen) verspotten (akk), sich lustig machen (über akk) **kpina** f (-y) Spott m, Schikane f
**kra** f (-y; gen kier) Eisscholle f; koll Treibeis n
**krab** m (-a; -y) ZOOL Krabbe f
**krach** m (-u; -y) EKON Zusammenbruch m
**kraciasty** kariert, Karo-
**kradzież** f (-y; -e) Diebstahl m **kradziony** gestohlen
**kraj** m (-u; -e) Land n; ~ **rodzinny** Heimat f; ~ **rozwijający się** Entwicklungsland n; **tęsknota** f **za ~em** Heimweh n

**krajobraz** m (-u; -y) Landschaft f **krajowy** Inlands-; rozgrywki Landes- **krajoznawczy** landeskundlich, Heimat-
**krakowski** adj Krakauer
**kraksa** f (-y) Verkehrsunfall m
**kram** m (-u; -y) Verkaufsstand m; (rzeczy) umg Kleinkram m
**kran** m (-u; -y) umg Wasserhahn m; **woda** f **z ~u** Leitungswasser n **kranówka** f (-i; bpl) F Leitungswasser n
**krańcowy** (-wo) äußerst, extrem; stacja End-
**krasnal** m (-a; -e), **krasnoludek** m (-dka; -dki) w bajce Zwerg m, Heinzelmännchen n; ogrodowy Gartenzwerg m
**kraść\*** ⟨u-⟩ (kradnę) stehlen
**krata** f (-y) Gitter n; (deseń) Karomuster n; **w kratę** kariert **kratować** ⟨za-⟩ (-uję) vergittern
**krawat** m (-a od -u; -y) Krawatte f, Schlips m

**krawcowa** f (-wej, -wo!; -we) Schneiderin f **krawędź** f (-dzi; -dzie) Kante f; wanny Rand m **krawężnik** m (-a; -i) Bordkante f, Randstein m **krawiec** m (-wca, -wcze!; -wcy) Schneider m
**krąg** m (kręgu; kręgi) Kreis m; **kręgi** pl **pod oczami** Augenringe pl **krążenie** n (-a; bpl) MED Kreislauf m; powietrza Zirkulation f **krążyć** (-ę) kreisen (**dokoła** gen um akk); woda zirkulieren; towar im Umlauf sein
**kreacja** f (-i; -e) Robe f; TEATR Rolle f; (tworzenie) Schöpfung f **kreatura** f (-y) pej Kreatur f **kreatywny** kreativ, schöpferisch
**kreda** f (-y) Kreide f (a. GEOL)
**kredens** m (-u; -y) Anrichte f
**kredka** f (-i; gen -dek) Buntstift m; ~ **do oczu** Kajalstift m
**kredyt** m (-u; -y) Kredit m; **na ~** auf Kredit
**krem** m (-u; -y) Creme f
**kremacja** f (-i; -e) Einäscherung f
**kremowy** (-wo) cremefarben; KULIN Creme-
**kreować** ⟨wy-⟩ (-uję) kreieren
**krepa** f (-y) Krepp m
**kres** m (-u; bpl) Ende n; **być u ~u sił** am Ende seiner Kräfte sein; **Kresy** pl (gen -ów) HIST östliches Grenzgebiet Polens; Galizien j
**kreska** f (-i; gen -sek) Strich m **kreskówka** f (-i; gen -wek) Zeichentrickfilm m **kre-**

## kreślarka — krystalizować się

**ślarka** f (-i; gen -rek), **kreślarz** m (-a; -e) technische(r) Zeichner(in) **kreślić** (-lę) (rysować) zeichnen; ⟨prze-⟩ (durch)streichen; ⟨na-⟩ schildern, zeichnen
**kret** m (-a; -y) Maulwurf m **kretowisko** n (-a) Maulwurfshügel m
**kretyn** m (-a; -i) pej Schwachkopf m
**krew** f (krwi; bpl) Blut n; **z zimną krwią** kaltblütig; **zbić** pf **do krwi** blutig schlagen; **zachować** pf **zimną ~** einen kühlen Kopf bewahren
**krewetka** f (-i; gen -tek) Garnele f
**krewna** f (-ej; -e), **krewny** m (-ego; -i) Verwandte(r)
**kręcić** (-cę) drehen; włosy wickeln; (kłamać) umg schwindeln; **~ głową** fig den Kopf schütteln; **~ się koło** (gen) sich sehr interessieren für (akk); **kręci mi się w głowie** mir ist schwindelig **kręcony** lockig; **kręcone schody** pl Wendeltreppe f
**kręg** m (-u; -i) ANAT Wirbel m **kręgielnia** f (-i; -e) Kegelbahn f **kręgosłup** m (-a; -y) Wirbelsäule f **kręgowce** m/pl (-ów) Wirbeltiere n/pl
**krępować** ⟨s-⟩ (-uję) fesseln; fig einschränken; **krępować** in Verlegenheit bringen; **krępować się** sich genieren **krępujący** (-co) peinlich
**krętactwo** n (-a) Betrügerei f, Schwindel m **krętacz** m (-a; -e), **krętaczka** f (-i; gen -czek) Schwindler(in) m(f) **kręty** (-to) gewunden; uliczka wink(e)lig, verwinkelt
**krnąbrny** widerspenstig, aufsässig; störrisch
**krochmalić** ⟨wy-⟩ (-lę) bieliznę stärken
**krocze** f (-a) ANAT Damm m
**kroić** ⟨po-⟩ (-ję, krój!) schneiden; ⟨s-⟩ zuschneiden
**krok** m (-u; -i) Schritt m (a. fig)
**krokodyl** m (-a; -e) ZOOL Krokodil n
**kromka** f (-i; gen -mek): **~ chleba** Brotscheibe f
**kronika** f (-i) Chronik f; RADIO Wochenschau f; **~ sportowa** Sportschau f
**kropić** ⟨po-⟩ (-ię) (be)spritzen, befeuchten; **kropi** es tröpfelt, es nieselt **kropka** f (-i; gen -pek) Punkt m **kropla** f (-i; -e; gen -li od -pel) Tropfen m **kroplówka** f (-i; gen -wek) MED Tropf m
**krosta** f (-y) Pustel f, Pickel m
**krowa** f (-y; gen krów) Kuh f **krowi** Kuh-
**krócej** komp adv kürzer **króciutki** (-ko) dim ganz kurz
**krój** m (-oju; -oje; gen -ojów) Schnitt m
**król** m (-a; -owie; gen -ów) König m; (pl -e) **(Święto** n) **Trzech Króli** Dreikönigsfest n
**królestwo** n (-a) Königreich n
**królik** m (-a; -i) Kaninchen n **królikarnia** f (-i; -e) Kaninchenstall m
**królowa** f (-ej, -wo!; -e) Königin f (a. fig)
**krótki** (-ko) kurz **krótko** adv kurz **krótkofalowy** kurzwellig, Kurzwellen-; fig kurzfristig **krótkoterminowy** (-wo) kurzfristig **krótkotrwały** kurz, von kurzer Dauer **krótkowidz** m (-a; -e) Kurzsichtige(r) m; (kobieta) Kurzsichtige f **krótkowzroczny** kurzsichtig **krótszy** komp adj kürzer; **~ od** (gen) kürzer als (nom)
**krówka** f (-i; gen -wek) (kleine) Kuh f; (cukierek) Sahnebonbon m od n; **boża ~** Marienkäfer m
**krtań** f (-ni; -nie) Kehlkopf m
**kruchy** brüchig; mięso mürbe; (nietrwały) zerbrechlich; (delikatny) zart; **kruche ciasto** n Mürbeteig m
**krucjata** f (-y) HIST Kreuzzug m
**kruczek** m (-czka; -czki) Trick m, Kniff m
**kruk** m (-a; -i) Rabe m
**kruszec** m (-szcu; -szce) Erz n **kruszonka** f (-i; gen -nek) KULIN Streusel m/pl **kruszyć** ⟨po-⟩ (-ę) v/t chleb zerkrümeln, zerbröseln; **~ się** v/i (zer)bröseln; ⟨s-⟩ skałę brechen; skała zerbröckeln; ⟨na-⟩ krümeln
**krużganek** m (-nka od -nku; -nki) ARCH Kreuzgang m
**krwawić** (-ię) bluten **krwawy** (-wo) blutig; kolor blutrot **krwiak** m (-a; -i) Bluterguss m **krwinka** f (-i; gen -nek) Blutkörperchen n **krwiodawca** m (-y; gen -ów), **krwiodawczyni** f (-i; -e; -czyń) Blutspender(in) m (f) **krwotok** m (-u; -i) Blutung f
**kryć** (-ję) verstecken, verbergen; dach decken; **~ k-o** umg j-n decken **kryjówka** f (-i; gen -wek) Versteck n
**kryminalista** m (-y; -ści), **kryminalistka** f (-i; gen -tek) Kriminelle(r) m, f **kryminalny** kriminell; **policja** f **kryminalna** Kriminalpolizei f **kryminał** m (-u; -y) umg Krimi m; (czyn) umg kriminelle Sache f; (więzienie) umg Knast m
**krystalizować się** ⟨skrystalizować się⟩ (3. Pers -uje) sich herauskristallisie-

ren **kryształ** m (-u; -y) MINER Kristall m; (bpl) (szkło) Kristall n
**kryty** dach gedeckt; kort überdacht
**krytyczka** f (-i; gen -czek) Kritikerin **krytyczny** kritisch **krytyk** m (-a; -cy) Kritiker m **krytyka** f (-i) Kritik f **krytykować** ⟨s-⟩ (-uję) kritisieren (**za** akk für akk)
**kryzys** m (-u; -y) Krise f
**krzak** m (-a; -i) ung Strauch m
**krzątać się** (-am) wirtschaften, geschäftig hantieren; **~ w kuchni** in der Küche hantieren; **~ koło** (gen) beschäftigt sein mit (dat), sich kümmern um (akk)
**krzepki** (persf -cy) (**-ko**) kräftig, stark; (osoba) rüstig, vital **krzepnąć** ⟨s-⟩ (-ę) fest werden; krew gerinnen; ⟨o-⟩ erstarken
**krzesełkowy**: **wyciąg** m ~ Sessellift m **krzesło** n (-a; gen -seł) Stuhl m
**krzew** m (-u; -y) Strauch m
**krztusić się** ⟨zakrztusić się⟩ (-szę) sich verschlucken (inst an dat)
**krzyczeć** (-czę) ⟨krzyknąć⟩ (-nę) schreien (**z** gen vor dat); **~ na k-o** j-n anschreien **krzyk** m (-u; -i) Schrei m; (niezadowolenie) ung Geschrei n **krzykliwy** (**-wie**) laut; kolor grell; głos schrill
**krzywa** f (-ej; -e) MAT Kurve f
**krzywda** f (-y) Unrecht n, Leid n **krzywdzić** ⟨s-⟩ (-dzę): **~ k-o** j-m ein Leid antun; moralnie j-m unrecht tun, j-n ungerecht behandeln
**krzywić** ⟨s-⟩ (-ę) verbiegen, krümmen; **~ usta** den Mund verziehen **krzywy** (**-wo**) krumm, schief; verbogen
**krzyż** m (-a; -e) REL Kreuz n; ung (kręgosłup) Kreuz n; **bóle** m/pl **w ~u** Kreuzschmerzen m/pl; **na ~** über Kreuz, gekreuzt **krzyżak** m (-a; -i) do choinki Ständer m; ZOOL Kreuzspinne f **krzyżować** ⟨s-⟩ (-uję) kreuzen; ⟨u-⟩ kreuzigen; ⟨po-⟩ plany durchkreuzen **krzyżowy** Kreuz- **krzyżówka** f (-i; gen -wek) Kreuzworträtsel n; ung Kreuzung f (a. BIOL) **krzyżyk** m (-a; -i) (kleines) Kreuz n; **zaznaczyć** pf **~iem** ankreuzen
**kserokopia** f (gen dat lok -ii; -e) Fotokopie f **kserokopiarka** f (-i) Fotokopierer m
**ksiądz** m (-ędza, -eże!; -ęża; gen -ęży) Priester m
**książeczka** f (-i; gen -czek) dim Büchlein n; **~ oszczędnościowa** Sparbuch n

**książę** m (GA księcia, gen, lok księciu, inst księciem, vok książę; książęta, -żąt) Fürst; Herzog; Prinz
**książka** f (-i; gen -żek) Buch n **księga** f (-i; gen ksiąg) Buch n **księgarnia** f (-i; -e) Buchhandlung f **księgowa** f (-ej; -e) Buchhalterin f **księgować** ⟨za-⟩ (-uję) (ver)buchen **księgowość** f (-ści; bpl) Buchführung f **księgowy**[1] Buch-, buchhalterisch **księgowy**[2] m (-ego; -i) Buchhalter m **księgozbiór** m (-oru, -ory) Bibliothek f

**księstwo** n (-a; gen -) Fürstentum n, Herzogtum n **księżna** f (-nej; -ne; gen -nych) Fürstin f, Herzogin f **księżniczka** f (-i; gen -czek) Prinzessin f **księży** Priester- **księżyc** m (-a; -e) Mond m; **Księżyc** ASTRON (bpl) Mond m; **~ w pełni** Vollmond m; **przy świetle ~a** im Mondschein **księżycowy** Mond-; noc mondhell
**ksylofon** m (-u; -y) Xylofon n
**ksywa** f (-y) ung Spitzname m; (gwara więzienna) Gaunersprache f
**kształcenie** n (-a; bpl) (Aus)Bildung f **kształcić** ⟨wy-⟩ (-cę) ausbilden (lassen); talent weiterentwickeln; głos schulen **kształt** m (-u; -y) Form f; **~y** pl Figur f, Rundungen pl; **w kształcie** (gen) in Form (von dat) **kształtny** wohlgeformt, wohlgestaltet **kształtować** ⟨u-⟩ (-uję) gestalten, formen
**kto** pron (gen akk kogo, dat komu, inst lok kim) wer **ktokolwiek** pron indef (gen akk kogokolwiek, dat komukolwiek, inst lok kimkolwiek) irgendjemand; wer auch immer **ktoś** pron indef (gen akk kogoś, dat komuś, inst lok kimś) jemand
**którędy** wo (entlang), welchen Weg **który** (gen akk którego, dat któremu, inst lok którym) pron interrog m welcher; pron rel m der; **~ sok chcesz?** welchen Saft möchtest du?; **dom, w ~m mieszkam** das Haus, in dem ich wohne; **którego dziś mamy?** welches Datum haben wir heute? **którykolwiek** pron indef (persf którzykolwiek) irgendein(er), irgendwelch(er)
**kubański** kubanisch, Kuba- **kubek** m (-bka; -bki) Becher m **kubeł** m (-bła; -bły) Eimer m, Kübel m
**kubiczny** kubisch, Kubik- **kucharka** f (-i; gen -rek) Köchin f **kucharski** Koch-, kulinarisch **kucharz**

*m (-a; -e; gen -y)* Koch *m* **kuchenka** *f (-i; gen -nek) dim* kleine Küche *f*; Herd *m* **kuchenny** Küchen- **kuchmistrz** *m (-a; -e)* Meisterkoch *m*; *(szef kuchni)* Küchenchef **kuchmistrzyni** *f (-i; -e)* Chefköchin *f*; Meisterköchin *f* **kuchnia** *f (-i; -e; gen -i)* Küche *f*; *gazowa* Herd *m*
**kucyk** *m (-a; -i)* Pony *n*; *(fryzura)* Zopf *m*
**kuć** *(kuję, kuj!, kuł)* schmieden; *(uczyć się) umg* pauken
**kufel** *m (-fla; -fle; gen -fli)* Bierkrug *m*, Seidel *n*
**kufer** *m (-fra; -fry)* Truhe *f*
**kukiełka** *f (-i; gen -łek)* Marionette *f* **kukła** *f (-y; gen -kieł)* Puppe *f*; *fig pej* Marionette *f*
**kukułczy** Kuckucks- **kukułka** *f (-i; gen -łek)* Kuckuck *m*
**kukurydza** *f (-y; -e)* Mais *m*
**kula** *f (-i; -e)* Kugel *f*; **kule** *f/pl* Krücken *f/pl*; **~ śniegowa** Schneeball *m*; **chodzić o ~ch** an Krücken gehen; **~ ziemska** Erdkugel *f*
**kulawy** lahm, hinkend; *mebel* wack(e)lig
**kulbak** *m (-a; -i)* ZOOL Heilbutt
**kuleć** *(-eję)* hinken *(a. fig)*
**kulić** ⟨s-⟩ *(-lę)* einziehen; *plecy* krümmen; **~ się** sich zusammenkrümmen
**kulig** *m (-u; -i)* Schlittenfahrt *f*
**kulisa** *f (-y)* Kulisse *f* **kulisty** kugelförmig
**kulka** *f (-i; gen -lek)* (kleine) Kugel *f*; *szklana* (Glas)Murmel *f*; TECH Kugel *f* **kuloodporny** kugelsicher
**kulszowy**: *rwa f* **kulszowa** Ischias *m*
**kult** *m (-u; -y)* Kult *m*
**kultura** *f (-y)* Kultur *f (a. AGR)* **kulturalny** kulturell, Kultur-; *(obyty)* kultiviert
**kulturystyka** *f (-i; bpl)* Bodybuilding *n*
**kultywować** *(-uję)* kultivieren, pflegen
**kumoterstwo** *n (-a; bpl) pej* Vetternwirtschaft *f*, Clique *f*
**kuna** *f (-y)* Marder *m*
**kundel** *m (-dla; -dle) (pies) umg* Mischling *m*
**kunsztowny** kunstvoll
**kupa** *f (-y) (kał) umg* Kacke *f*; *(wiele)* Haufen *m*; **do kupy** *umg* zusammen
**kupić** *pf* → **kupować kupiec** *m (-pca, -pcze-!; -pcy) (handlarz)* Kaufmann *m*; *(kobieta)* Kauffrau *f*; *(nabywca)* Käufer *m*; *(kobieta)* Käuferin *f* **kupiecki (po -ku)** kaufmännisch

**kupka** *f (-i; gen -pek)* Häufchen *n*
**kupno** *n (-a; bpl)* Kauf *m* **kupny** *umg* industriell
**kupon** *m (-u; -y)* Kupon *m*; *toto-lotka* Lottoschein *m*
**kupować** *(-uję)* ⟨**kupić**⟩ *(-ię)* kaufen **(za** *akk* für *akk)* **kupujący** *m (-ego; -y)* Käufer *m*, Kunde *m*
**kura** *f (-y)* Huhn *n*, Henne *f*
**kuracja** *f (-i; -e)* Kur *f*
**kuratela** *f (-i; -bpl)* JUR Vormundschaft *f*, Pflegschaft *f* **kurator** *m (-a; -rzy-)*, **kuratorka** *f (-i; gen -rek)* JUR Pfleger(in) *m(f)*, Vormund *m*; Bewährungshelfer(in) *m(f)* **kuratorium** *n (unv; -ia; gen -iów)* Schulamt *n*
**kurcz** *m (-u; -e; gen -y od -ów)* Krampf *m*
**kurczak** *m (-a; -i)* KULIN (Brat)Hähnchen *n* **kurczę** *n (-ęcia; -ęta; gen -qt)* Küken *n*
**kurczowy (-wo)** krampfhaft **kurczyć** ⟨s-⟩ *(-ę)* einziehen; **~ się** sich verkrampfen; *materiał* einlaufen; *zapasy* zusammenschrumpfen
**kurdyjski** Kurden-, kurdisch
**kurek** *m (-rka; -rki)* TECH Hahn *m*; *na kościele* Wetterhahn *m*
**kurewski** *vulg* Scheiß-, beschissen
**kuria** *f (gen dat lok -ii; -e)* Kurie *f*
**kurier** *m (-a; -rzy)* Kurier *m*, Bote *m*
**kurnik** *m (-a; -i)* Hühnerstall *m*
**kuropatwa** *f (-y)* Rebhuhn *n*
**kurs** *m (-u; -y)* Kurs *m*; *autobusu* Strecke *f* **kursant** *m (-a; -ci)*, **kursantka** *f (-i; gen -tek)* Kursteilnehmer(in) *m(f)* **kursować** *(-uję)* verkehren; *fig* im Umlauf sein, kursieren
**kursywa** *f (-y)* Kursivschrift *f*
**kurtka** *f (-i; gen -tek)* Jacke *f*
**kurtyna** *f (-y)* Vorhang *m*
**kurwa** *f (-y) vulg (prostytutka)* Hure *f*; *(przekleństwo)* Scheiße!
**kurz** *m (-u; -e)* Staub *m* **kurzajka** *f (-i; gen -jek)* Warze *f*
**kurzy** Hühner-
**kurzyć** *(-ę)* Staub aufwirbeln; **kurzy się** es staubt; **~ się** ⟨za-⟩ verstaubt sein, stauben
**kusić** ⟨s-⟩ *(-szę)* verlocken, verführen **(do** *gen* zu *dat)*
**kusza** *f (-y; -e)* Armbrust *f*
**kuszący (-co)** verführerisch, verlockend
**kuszetka** *f (-i; gen -tek)* Liegewagen *m*
**kuśnierz** *m (-a; -e)* Kürschner *m*

**kuśtykać** ⟨-am⟩ hinken, humpeln
**kutas** m ⟨-a; -y⟩ (penis) vulg Schwanz m
**kuter** m ⟨-tra; -try⟩ rybacki Kutter m
**kuzyn** m ⟨-a; -i⟩, **kuzynka** f ⟨-i; gen -nek⟩ Cousin(e) m(f)
**kwadrans** m ⟨-a; -e⟩ Viertelstunde f; **za ~ druga** Viertel vor zwei **kwadrat** m ⟨-u; -y⟩ Quadrat n **kwadratowy** (**-wo**) quadratisch; nawias eckig
**kwakać** (3. Pers -cze) schnattern
**kwalifikacja** f ⟨-i; -e⟩ Qualifikation f (a. SPORT)
**kwalifikować** ⟨za-⟩ ⟨-uję⟩ qualifizieren; **~ się** sich qualifizieren, sich eignen (**na** akk für akk) **kwalifikowany** qualifiziert
**kwarantanna** f ⟨-y-⟩ Quarantäne f
**kwarc** m ⟨-u; -e⟩ Quarz m **kwarcówka** f ⟨-i; gen -wek⟩ Heimsonne f, Höhensonne® f
**kwartalnik** m ⟨-a; -i⟩ Vierteljahresschrift f
**kwartalny** vierteljählich, Quartals- **kwartał** m ⟨-u; -y⟩ Vierteljahr n, Quartal n
**kwartet** m ⟨-u; -y⟩ Quartett n
**kwas** m ⟨-u; -y; gen -ów⟩ Säure f; (zaczyn) Sauerteig m
**kwaśnieć** ⟨s-⟩ (3. Pers -eje) sauer werden **kwaśnosłodki** süßsauer **kwaśny** (**-no**) sauer
**kwatera** f ⟨-y⟩ Quartier n
**kwesta** f ⟨-y⟩ Geldsammlung f, Spendenaktion f **kwestia** f (gen dat lok -ii; -e) Frage f, Problem n **kwestionariusz** m ⟨-a; -e⟩ Fragebogen m **kwestionować** ⟨za-⟩ ⟨-uję⟩ infrage stellen, beanstanden **kwestować** ⟨-uję⟩ Spenden sammeln
**kwękać** ⟨-am⟩ umg stänkern, jammern
**kwiaciarka** f ⟨-i; gen -rek⟩ Blumenverkäuferin f **kwiaciarnia** f ⟨-i; -e⟩ Blumengeschäft n **kwiaciasty** geblümt, mit Blumenmuster **kwiat** m ⟨-u; -y⟩ Blume f; (część rośliny) Blüte f **kwiatek** m ⟨-tka; -tki⟩ Blume f
**kwiecień** m (kwietnia; -tnie; gen -tni od -tniów) April m **kwiecisty** (**-ście**) voller Blumen; sukienka geblümt; styl blumig
**kwietnik** m ⟨-a; -i⟩ Blumenbeet n; (mebel) Blumenständer m
**kwintet** m ⟨-u; -y⟩ Quintett n
**kwit** m ⟨-u; -y⟩ Quittung f, Schein m; **~ bagażowy** Gepäckschein m **kwita** (unv): **być ~** (**z** inst) quitt sein (mit dat)
**kwitnąć** ⟨-nę⟩ blühen; interes florieren
**kwitować** ⟨po-⟩ ⟨-uję⟩ quittieren; ⟨s-⟩ (inst) quittieren, reagieren (mit dat)
**kwoka** f ⟨-i⟩ Gluckhenne f
**kwota** f ⟨-y⟩ Betrag m

**laboratorium** n (unv; -ia; gen -iów) Labor n **laboratoryjny** Labor-
**lać** ⟨-eję⟩ gießen; **leje jak z cebra** es gießt wie aus Kübeln; **~ się** laufen, fließen; umg sich prügeln; ⟨z-⟩ umg (ver)prügeln
**lada**¹ f ⟨-y⟩ Ladentisch m; **~ chłodnicza** Kühlvitrine f **lada**² f partikel: **~** (+ subst) jede(r) kleinste (+ subst); **~ trudność** jede kleinste Schwierigkeit f; **z ~ powodu** aus jedem kleinsten Grund; **~ moment** jeden Moment, jeden Augenblick; **nie ~** (+ subst) erstklassig, hervorragend; **nie ~ sukces** außerordentlicher Erfolg m
**laicki** laienhaft; (świecki) weltlich, säkular **laik** m ⟨-a; -cy⟩ Laie m
**lajkować** ⟨za-⟩ v/t ⟨-uję⟩ IT liken
**lak** m ⟨-u; -i⟩ Siegellack m **lakier** m ⟨-u; -e⟩ Lack m; **~ samochodowy** Autolack m; **~ do paznokci** Nagellack m; **~ do włosów** Haarlack m **lakierki** m/pl ⟨-ów⟩ Lackschuhe m/pl **lakierować** ⟨po-⟩ ⟨-uję⟩ lackieren **lakować** ⟨za-⟩ ⟨-uję⟩ versiegeln
**lala** f ⟨-i; -e⟩, **lalka** f ⟨-i; gen -lek⟩ Puppe; **teatr lalek** Puppentheater n
**lamentować** ⟨-uję⟩ jammern, lamentieren (**nad** inst über akk)
**lampa** f ⟨-y⟩ Lampe f
**lampart** m ⟨-a; -y⟩ Leopard m
**lampka** f ⟨-i; gen -pek⟩ (kleine) Lampe f; **~ nocna** Nachttischlampe f; **~ kontrolna** Kontrolllampe f; **~ nagrobkowa** Grablicht n; **~ wina** ein Glas Wein
**lanie** n ⟨-a; bpl⟩ umg e-e Tracht Prügel
**laptop** m ⟨-a; -y⟩ Laptop m
**larwa** f ⟨-y⟩ ZOOL Larve f
**las** m ⟨-u; -y⟩ Wald m
**laser** m ⟨-a; -y⟩ Laser m
**laska** f ⟨-i; gen -sek⟩ (Spazier)Stock m; (dziewczyna) umg Braut f
**lata** pl (gen -) Jahre pl; **~ sześćdziesiąte** Sechzigerjahre pl, Sechziger pl; **sto lat!**

# latać – lewatywa

hoch soll ... leben!; **na stare ~** auf die alten Tage; **przez (długie) ~** jahrelang
**latać** *(-am)* fliegen; *(biegać)* umg rennen; **~ za** *(inst)* umg hinterherlaufen *(dat)*; **~ po sklepach** umg die Geschäfte abklappern
**latarka** *f (-i; gen -rek)* Taschenlampe *f*
**latawiec** *m (-wca; -wce)* Drachen *m*; umg Lebemann *m*
**lato** *n (-a, -a)* Sommer *m*; **babie ~** Altweibersommer *m*
**laureat** *m (-a; -ci)*, **laureatka** *f (-i; gen -tek)* Preisträger(in) *m(f)* **laurowy: listek** *m* od **liść** *m* ~ KULIN Lorbeerblatt *n*
**lawa** *f (-y; bpl)* Lava *f*
**lawenda** *f (-y)* Lavendel *m*
**lawina** *f (-y)* Lawine *f*
**ląd** *m (-u; -y)* Land *n*; **~ stały** Festland *n*
**lądować** ⟨wy-⟩ *(-uję)* landen (**na** *lok* auf *dat*) **lądowanie** *n (-a)* Landung *f* **lądowisko** *n (-a)* Landeplatz *m*
**lecieć** *(-cę, leć!)* fliegen; *(spadać)* herunterfallen; umg *(biec)* umg rennen; *lata* vergehen; *film* laufen; **jak leci?** wie geht es?
**leciutki** *(-ko)* ganz leicht
**leczenie** *n (-a)* Behandlung *f*; Therapie *f* **lecznictwo** *n (-a; bpl)* Gesundheitswesen *n* **leczniczy** ⟨-czo⟩ heilend, Heil- **leczyć** *(-ę)* behandeln; **~ się** sich behandeln lassen, in Behandlung sein
**ledwie, ledwo** *konj* kaum; *partikel* gerade, kaum; **~ nie** beinahe, fast
**legalizować** ⟨za-⟩ *(-uję)* legalisieren **legalny** legal
**legenda** *f (-y)* Sage *f*; *mapy* Legende *f*
**legia** *f (gen dat lok -ii; -e)* Legion *f*
**legislatywa** *f (-y)* Legislative *f*
**legitymacja** *f (-i; -e)* Ausweis *m* **legitymować** ⟨wy-⟩ *(-uję)* Ausweispapiere verlangen; **~ się** sich ausweisen *(inst* mit *dat)*
**legowisko** *n (-a)* Schlafstätte *f*; *niedźwiedzia* Lager *n*
**legumina** *f (-y)* Süßspeise *f*
**lej** *m (-a; -e)* Trichter *m*
**lejce** *pl (gen -ów)* Zügel *pl*
**lejek** *m (-jka; -jki)* Trichter *m*
**lek** *m (-u; -i)* Arzneimittel *n*, Medikament *n* **lekarka** *f (-i; gen -rek)* umg Ärztin *f* **lekarski** ärztlich, Arzt- **lekarstwo** *n (-a)* Arzneimittel *n*, Medikament *n* **lekarz** *m (-a; -e)* Arzt *m*; **~ naczelny** Chefarzt *m*; **~ pogotowia** Notarzt *m*
**lekceważący** ⟨-co⟩ missachtend, geringschätzig **lekceważenie** *n (-a; bpl) przepisu* Missachtung *f*; *osoby* Geringschätzung *f*; *(bagatelizacja)* Unterschätzung *f* **lekceważyć** ⟨z-⟩ *(-że) osobę* gering schätzen; *przepis* missachten
**lekcja** *f (-i; -e)* Unterricht *m*; *(nauczka)* Lehre *f*; *pl* Hausaufgaben *f/pl*
**lekki** *(persf –cy)* **(-ko)** leicht; *makijaż* dezent; *herbata* schwach **lekkoatletyczny** Leichtathletik- **lekkomyślny** leichtsinnig **lekkość** *f (-ści; bpl)* Leichtigkeit *f* **lekkostrawny** leicht verdaulich
**leksykon** *m (-u; -y)* Lexikon *n* **lektura** *f (-y)* Lektüre *f*
**lemoniada** *f (-y)* Limonade *f*
**len** *m (lnu; lny)* BOT Flachs *m*; *(materiał)* Leinen *n*
**lenić się** *(-ę)* faul sein **lenistwo** *n (-a; bpl)* Faulheit *f*, Trägheit *f* **leniwiec** *m (-wca; -wce)* ZOOL Faultier *n* **leniwy** **(-wie)** faul, träge **leń** *m (-nia; -nie; gen -ni od -niów)* pej Faulenzer *m*

**L**

**lep** *m (-u; -y)*: **~ na muchy** Fliegenfänger *m* **lepić** ⟨u-⟩ *(-ię)* formen, kneten; *bałwana* bauen; **lepić się** kleben, haften (**do** *gen* an *dat)*
**lepiej** *komp adv* besser
**lepki** *(-ko)* klebrig
**lepszy** *komp adj (persf lepsi)* bessere(r)
**lesbijka** *f (-i; gen -jek)* Lesbierin *f*, umg Lesbe *f*
**leszcz** *m (-a; -e)* ZOOL Blei *m*
**leszczyna** *f (-y)* Haselnussstrauch *m*
**leśnictwo** *n (-a; bpl)* Forstwirtschaft *f*; *(nauka)* Forstwissenschaft *f*; *(pl -a) (okręg)* Forstrevier *n* **leśniczówka** *f (-i; gen -wek)* Forsthaus *n* **leśniczy** *m (-ego; -owie)* Förster *m* **leśny** Wald-; *gospodarka* Forst-
**letni** **(-nio)** Sommer-, sommerlich; *(ciepławy)* lauwarm **letniczka** *f (-i; gen -czek)*, **letnik** *m (-a; -cy)* Feriengast *m*, Sommergast *m* **letnisko** *n (-a)* Ferienort *m*, Urlaubsort *m*
**lew** *m (lwa; lwy)* Löwe *m*
**lewa** *f (-ej; -e)* Stich *m*; *(strona)* linke Seite *f*; **od lewej** von links **lewacki** linksradikal
**lewarek** *m (-rka; -rki)* TECH Wagenheber *m*
**lewatywa** *f (-y)* MED Klistier *n*

## lewica – liznąć

**lewica** f (-y) POL Linke f **lewicowy** linksgerichtet, Links-
**lewkonia** f(gen dat lok -ii; -e) BOT Levkoje f
**lewo**: **na ~ od w ~** nach links; **na ~ od** (gen) links von (gen); **na ~** umg schwarz; **założyć** pf **na ~** linksherum anziehen **leworęczny** linkshändig **lewy** linke(r); umg fig falsch, gefälscht; **lewa ręka** f linke Hand f; **~ pas** m AUTO linke (Fahr)Spur f
**leźć*** (lezę) kriechen; (iść) umg latschen
**leżak** m (-a; -i) Liegestuhl m **leżanka** f (-i; gen -nek) Liege f **leżąco**: **na ~ im** Liegen, liegend **leżeć** (-ę, -y) liegen
**lędźwie** pl (gen -) ANAT Lenden pl
**lęk** m (-u; -i) Angst f, Furcht f **lękliwy** (-wie) ängstlich
**libacja** f (-i; -e) Saufgelage n
**liberalizować** (-uję) liberalisieren **liberalny** liberal **liberał** m (-a; -owie) Liberale(r) m
**licealista** m (-y; -ści), **licealistka** f (-i; gen -tek) Oberschüler(in) m(f)
**licencja** f (-i; -e) Lizenz f
**liceum** n (unv; -ea; gen -ów) Gymnasium n; **~ zawodowe** Berufsfachschule f
**licytacja** f (-i; -e) Versteigerung f, Aktion f **licytator** m (-a; -rzy) Auktionator m, Versteigerer m **licytować** (-uję) versteigern; w kartach bieten, reizen
**liczba** f (-y) Zahl f; (bpl) (ilość) Anzahl f; **~ pojedyncza** JĘZ Einzahl f, Singular m; **~ mnoga** JĘZ Mehrzahl f, Plural m; **~ parzysta** gerade Zahl f; **~ nieparzysta** ungerade Zahl f **liczbowo** adv zahlenmäßig
**liczebnik** m (-a; -i) JĘZ Zahlwort n, Numerus m **liczebny** zahlenmäßig **liczenie** n (-a; bpl) Zählen n; Rechnen n
**licznik** m (-a; -i) MAT, TECH Zähler m; **~ gazowy** Gasuhr f, Gaszähler m; w samochodzie Kilometerzähler m **liczny** zahlreich **liczyć** ⟨po-⟩ (-ę) v/t zählen; **umieć ~** rechnen können; **~ na** (akk) zählen auf (akk); **~ się** zählen; **~ się z** (inst) hoch schätzen, achten (akk); (brać pod uwagę) rechnen (mit dat); **to się nie liczy** das zählt nicht
**lider** m (-a; -rzy) POL Spitzenpolitiker m SPORT Tabellenführer m; MUS Leader m
**lignina** f (-y; bpl) MED Zellstoff m
**ligowiec** m (-wca; -wcy) SPORT Ligaspieler m

**likier** m (-u; -y) Likör m
**likwidacja** f (-i; -e) EKON Liquidierung f, Auflösung f **likwidować** ⟨z-⟩ (-uję) EKON liquidieren, auflösen; (usuwać) beseitigen
**lilia** f (gen dat lok -ii; -e) Lilie f
**liliput** m (-a; -ci) Liliputaner m
**limitować** (-uję) limitieren, begrenzen
**lin** m (-a; -y) ZOOL Schleie f
**lina** f (-y) Seil n; MAR Tau n; **~ holownicza** Abschlepptau n
**linczować** ⟨z-⟩ (-uję) lynchen
**linia** f (gen dat lok -ii; -e) Linie f; autobusowa Strecke f
**linieć** (3. Pers -eje) (sich) haaren
**linijka** f (-i; gen -jek) Zeile f; (przyrząd) Lineal n **liniowany** lini(i)ert **liniowy** (-owo) linear; Linien-
**linka** f (-i; gen -nek) Leine f, Seil n **linoskoczek** m (-czka; -czkowie od -czki) Seiltänzer m; (kobieta) Seiltänzerin f **linowy** Seil-
**lipa** f (-y) Linde f; (bpl) umg Schwindel m; (tandeta) umg Ramsch m **lipiec** m (-pca; -pce) Juli m
**liryczny** lyrisch **liryka** f (-i; bpl) Lyrik f
**lis** m (-a; -y; gen -ów) ZOOL Fuchs m **lisi** Fuchs-
**list** m (-u; -y) Brief m; urzędowy Schreiben n
**lista** f (-y) Liste f **listonosz** m (-a; -e) Briefträger(in) m(f), Postbote m
**listopad** m (-a; -y) November m **listowie** n (-a; bpl) Laub n
**listowny** schriftlich
**listwa** f (-y; gen -tew) Leiste f; tkaniny Borte f
**liszaj** m (-a; -e) MED Flechte f
**liściasty** BOT Laub-; wzór Blatt- **liść** m (-ścia; -ście, inst -ćmi) BOT Blatt n
**litera** f (-y) Buchstabe m **literacki** (-ko, po -ku) literarisch; krytyk Literatur-; **język** m **~** Hochsprache f **literatura** f (-y) Literatur f **literować** ⟨prze-⟩ (-uję) buchstabieren
**litewski** (po -ku) litauisch
**litość** f (-ści; bpl) Mitleid n **litować się** (-uję) Mitleid haben (nad inst mit dat)
**litr** m (-a; -y) Liter m/n **litrowy** Liter-
**Litwin** m (-a; -i), **Litwinka** f (-i; gen -nek) Litauer(in) m(f)
**lizać** (-żę, liż!) ⟨liznąć⟩ (-nę) v/t lecken **lizak** m (-a; -i) Lutscher m; umg policyjny Kelle f **liznąć** pf (gen) fig umg rein-

schnuppern (in akk); → lizać **lizus** m (-a; -y) umg pej Schleimer m
**lniany** olej Lein-; obrus leinen, Leinen-
**lockdown** m -o; -y Lockdown m
**lodołamacz** m (-a; -e) MAR Eisbrecher m
**lodowaty** (**-to**) eiskalt **lodowiec** m (-wca; -wce) Gletscher m **lodowisko** n (-a) Eishalle f **lodówka** f (-i; gen -wek) Kühlschrank m **lodziarnia** f (-i; -e) Eisdiele f **lodziarka** f (-i; gen -rek), **lodziarz** m (-a; -e) Eisverkäufer(in)
**logarytm** m (-u; -y) Logarithmus m
**logiczny** logisch **logika** f (-i; bpl) Logik f
**logo** n uvn Logo n
**logować się** ⟨za-⟩ (-uję) sich einloggen **logowanie** n (-a; bpl) Einloggen n
**lojalność** f (-ści; bpl) Loyalität f **lojalny** loyal
**lok** m (-a; -i) (Haar)Locke f; **w ~i** gelockt
**lokaj** m (-a; -e) Lakai m (a. pej)
**lokal** m (-u; -e) Lokal n; ofic Wohnraum m **lokalizować** ⟨z-⟩ (-uję) unterbringen, orten, lokalisieren **lokalny** lokal, Lokal-, örtlich **lokata** f (-y) EKON (Kapital)Anlage f; SPORT Platz m **lokator** m (-a; -rzy), **lokatorka** f (-i; gen -rek) Mieter(in) m(f)
**lokomotywa** f (-y) Lok(omotive) f
**lokować** ⟨u-⟩ (-uję) platzieren; gości unterbringen; FIN anlegen
**lokówka** f (-i; gen -wek) Lockenwickler m
**lombard** m (-u; -y) Leihhaus n
**lornetka** f (-i; gen -tek) Fernglas n; **~ teatralna** Opernglas n
**los** m (-u; -y) Schicksal n; na loterii Los n
**losować** (-uję) losen, ein Los ziehen; (ustalać) auslosen **losowanie** n (-a) Ziehung f
**lot** m (-u; -y) Flug m; **w ~** schnell, sofort; **z ~u ptaka** aus der Vogelperspektive
**loteria** f (gen dat lok -ii; -e) Lotterie f
**lotka** f (-i; gen -tek) SPORT Federball m
**lotnia** f (-i; -e) SPORT Drachen m **lotnictwo** n (-a) Luftfahrt f; MIL Luftwaffe f **lotniczy** Flug-; poczta Luft- **lotnisko** n (-a) Flughafen m
**loża** f (-y; -e) Loge f
**lód** m (lodu; lody; gen -ów) Eis n
**lśniący** glänzend **lśnić** ⟨**się**⟩ (3. Pers lśni) glänzen
**lub** konj ofic oder
**lubić** (-ię) gernhaben, mögen
**lud** m (-u, -u!; -y) Volk n **ludność** f (-ści; bpl) Bevölkerung f **ludobójstwo** n (-a;

bpl) Völkermord m **ludowy** Volks- **ludożerca** m (-y; gen -ów) Kannibale m **ludzie** pl (gen -, inst -dźmi) Leute pl, Menschen pl **ludzki** menschlich, Menschen-; (humanitarny) human, menschenwürdig **ludzkość** f (-ści; bpl) Menschheit f
**lufa** f (-y) MIL Lauf m
**lufcik** m (-a; -i) Lüftungsklappe f
**lukier** m (-kru; -kry) Zuckerguss m
**lukrecja** f (-i; bpl) Lakritze f
**luksusowy** (**-wo**) luxuriös, Luxus-
**luneta** f (-y) Fernrohr n
**lupa** f (-y) Lupe f
**lusterko** n (-a; gen -rek) (kleiner) Spiegel m, Handspiegel m **lustracja** f (-i; -e) (Über)Prüfung f **lustro** n (-a; gen -ter) Spiegel m **lustrować** ⟨z-⟩ (-uję) (über)prüfen **lustrzanka** f (-i; gen -nek) Spiegelreflexkamera f
**luterański** evangelisch-lutherisch
**lutnia** f (-i; -e) MUS Laute f
**luty** m (-ego; -e) Februar m; **w ~m** im Februar
**luz** m (-u; -y) (freier) Platz m; (czas) umg Freizeit f; (swoboda) Lockerheit f; **na (pełnym) ~ie** umg (ganz) locker, entspannt **luzować** ⟨z-⟩ (-uję) ablösen; ⟨po-⟩ lockern **luźny** (**-no**) ubranie weit; kartki lose; kontakt locker
**lwica** f (-y; -e) Löwin f

**łabędź** m (-dzia; -dzie; gen -dzi) Schwan m
**łach(man)** m (-a; -y) Lumpen
**łaciaty** scheckig, gescheckt
**łacina** f (-y; bpl) Latein n
**ład** m (-u; bpl) Ordnung f; **dojść do ~u** zurechtkommen (**z** inst mit dat)
**ładny** hübsch; iron schön
**ładować** (-uję) laden **ładowanie** n (-a; bpl) (Be)Laden m; IT Ladevorgang m **ładowarka** f (-i; gen -rek) (maszyna) Lader m; ELEK Ladegerät n; **~ stojąca** TEL Ladestation f **ładunek** m (-nku; -nki) Ladung f; **~ wybuchowy** Sprengsatz m, Sprengstoff m

**łagodnieć** ⟨z-⟩ (-eję) sanft(er) werden; *ból* nachlassen **łagodność** f (-ści; *bpl*) *charakteru* Sanftmut m **łagodny** sanft; *klimat* mild **łagodzić** ⟨z-⟩ (-dzę) lindern, mildern; ⟨za-⟩ *konflikt* beilegen
**łajdactwo** n (-a) Gemeinheit f **łajdaczka** f (-i; *gen* -czek) *umg pej* Flittchen n **łajdak** m (-a; -cy) *pej* Schuft m, Schurke m
**łakocie** pl (gen -) Süßigkeiten f/pl **łakomy** (-mie) naschhaft; *fig* begehrt
**łamać** ⟨z-⟩ (-ię) v/t brechen; ~ **przepisy** gegen Gesetze verstoßen; ~ **się** v/i brechen; **łamać się opłatkiem** die Oblate teilen **łamigłówka** f (-i; *gen* -wek) Rätsel n; *fig* Denkaufgabe f **łamliwy** spröde, brüchig
**łania** f (-i; -e) Hirschkuh f
**łańcuch** m (-a; -y) Kette f; **na ~u** an der Kette **łańcuszek** m (-szka; -szki) Halskette f, Kettchen n
**łapa** f (-y) Pfote f; *niedźwiedzia* Tatze f; *Iwa* Pranke f **łapać** ⟨z-⟩ (-ię) fangen **łapczywy** (-wie) gierig **łapka** f (-i; *gen* -pek) *dim* Pfötchen n; *na myszy* Mausefalle f; *na muchy* Fliegenklatsche f **łapówka** f (-i; *gen* -wek) Bestechungsgeld n
**łasica** f (-y; -e) Wiesel n **łasić się** ⟨-zę⟩ *kot* sich anschmiegen (**do** *dat* an *akk*)
**łaska** f (-i-) Gunst f; JUR Begnadigung f; REL Gnade f **łaskawy** (-wie) wohlwollend; *iron* gnädig
**łaskotać** ⟨po-⟩ (-czę) kitzeln **łaskotki** pl (gen -tek): **mieć ~** kitz(e)lig sein **łaskotliwy** kitz(e)lig
**łata** f (-y) Fleck m; *na ubraniu* Flicken m **łatać** ⟨za-⟩ (-am) flicken
**łatwowierny** leichtgläubig **łatwy** (-wo) leicht, einfach
**ławica** f (-y; -e) *piasku* Sandbank f; *ryb* Fischschwarm m **ławka** f (-i; *gen* -wek) Bank f; *w szkole* Schulbank f **ławnik** m (-a; -cy) Schöffe m; (*kobieta*) Schöffin f
**łazić** ⟨-żę⟩ *umg* schlendern, umherstreifen; (*wspinać się*) klettern
**łazienka** f (-i; *gen* -nek) Bad n, Badezimmer n
**łazik** m (-a; -i) *umg* Jeep® m; *pej* Herumtreiber m
**łaźnia** f (-i; -e) Badeanstalt f
**łączniczka** f (-i; *gen* -czek) Kurier m **łącznie** adv (**z** *inst*) einschließlich (*gen*), zusammen (mit *dat*) **łącznik** m (-a; -cy) Kurier m; (*pl* -i); JĘZ Bindestrich m **łączność** f (-ści; *bpl*) Verbindung f **łączny** gesamt, Gesamt- **łączyć** ⟨po-⟩ (-ę) verbinden (**z** *inst* mit *dat*)
**łąka** f (-i) Wiese f
**leb** m (łba; łby) Kopf m; *umg* Birne f; **na ~, na szyję** *umg* Hals über Kopf **łebek** m (-bka; -bki) Kopf m; **od łebka** *umg* pro Nase; **po łebkach** *umg* oberflächlich
**lechtaczka** f (-i; *gen* -czek) ANAT Klitoris f
**łobuzerski** (**-ko, po -ku**) frech
**łodyga** f (-i) Stängel m, Stiel m
**łokieć** m (-kcia; -kcie, -kci) Ell(en)bogen m
**łom** m (-u; -y) Brechstange f **łomot** m (-u; -y) Gepolter n; *serca* Pochen n
**łopata** f (-y) Schaufel f **łopatka** f (-i; *gen* -tek) (kleine) Schippe f; ANAT Schulterblatt n
**łososiowy** Lachs-; *kolor* lachsfarben **łosoś** m (-sia; -sie) Lachs m
**łotewski** (**po -ku**) lettisch
**łotr** m (-a; -y od -rzy) *pej* Schurke m
**łowca** m (-y; *gen* -ów) Jäger m **łowić** ⟨z-⟩ (-ię) fangen; ~ **ryby** fischen, angeln **łowiecki** Jagd-
**łódka** f (-i; *gen* -dek) Boot n, Kahn m **łódź** f (łodzi; łodzie; *gen* -łodzi) Boot n
**łóżko** n (-a; *gen* -żek) Bett n; **iść do łóżka** ins Bett gehen
**lubin** m (-u; -y) Lupine f
**łucznictwo** n (-a; *bpl*) SPORT Bogenschießen n
**łudzący** (-co) täuschend
**łuk** m (-u; -i) Bogen m (a. ARCH)
**łuna** f (-y) Feuerschein m; *nad miastem* Lichtschein m
**łup** m (-u; -y) Beute f; **paść ~em** (*gen*) zum Opfer fallen (*dat*) **łupać** (-ię) spalten; *orzech* knacken
**łupież** f (-y; *bpl*) MED Schuppen pl
**łupina** f (-y) Schale f
**łuska** f (-i; *gen* -sek) *ryby* Schuppe f; *grochu* Hülse f (a. MIL) **łuskać** (-am) knacken; *groch* enthülsen
**łużycki** (**po -ku**) sorbisch
**łydka** f (-i; *gen* -dek) Wade f
**łyk** m (-u; -i) Schluck m **łykać** (-am) ⟨**łyknąć**⟩ (-nę) schlucken
**łyko** n (-a) Bast m
**łysieć** ⟨wy-⟩ (-eję) e-e Glatze bekommen **łysina** f (-y) Glatze f, kahle Stelle f **łysy**[1] kahl **łysy**[2] m (-ego; -si) Glatzkopf m
**łyżeczka** f (-i; *gen* -czek) *dim* (Tee)Löffel m

**łyżka** f ⟨-i; gen -żek⟩ Löffel m; **~ stołowa** Esslöffel m

**łyżwa** f ⟨-y; gen -żew⟩ Schlittschuh m **łyżwiarstwo** n ⟨-a; bpl⟩ Eis(kunst)lauf m **łyżwiarka** f ⟨-i; gen -rek⟩, **łyżwiarz** m ⟨-a; -e⟩ Schlittschuhläufer(in), Eis(-kunst)läufer(in)

**łza** f⟨lzy; gen łez⟩ Träne f **łzawiący**: **gaz ~** Tränengas m **łzawić** ⟨-ię⟩ tränen **łzawy** rührselig

# M

**ma** 3. Pers sg er hat; sie hat; es hat
**macać** ⟨wy-⟩ ⟨-am⟩ (be)tasten, (be)fühlen
**macedoński** mazedonisch
**machać** ⟨-am⟩ ⟨**machnąć**⟩ ⟨-nę⟩ (inst) schwingen (akk); winken
**machnąć** v → machać
**macica** f ⟨-y; -e⟩ ANAT Gebärmutter f
**macie** 2. Pers pl ihr habt
**macierzanka** f ⟨-i; gen -nek⟩ Thymian m
**macierzyński** mütterlich; instynkt Mutter- **macierzyństwo** n ⟨-a; bpl⟩ Mutterschaft f
**maciora** f ⟨-y⟩ ZOOL Sau f
**macocha** f ⟨-y⟩ Stiefmutter f **macoszy** (po -szemu) stiefmütterlich
**maczać** ⟨-am⟩ (ein)tunken, (ein)tauchen
**mafijny** Mafia-
**magazyn** m ⟨-u; -y⟩ Lager(haus) n; żywnościowy Vorratsraum m; (pismo) Magazin n **magazynier** m ⟨-a; -rzy⟩, **magazynierka** f ⟨-i; gen -rek⟩ Lagerist(in) m(f), Lagerverwalter(in) m(f) **magazynować** ⟨z-⟩ ⟨-uję⟩ lagern; BIOL speichern
**magia** f ⟨gen dat lok -ii; -bpl⟩ Magie f **magiczny** magisch
**magiel** m ⟨-gla; -gle⟩ Mangel f
**magik** m ⟨-a; -cy⟩ Zauberkünstler m
**magisterski** Magister- **magistrala** f ⟨-i; -e⟩ Hauptverkehrsstraße f; kolejowa Hauptstrecke f; gazowa Haupt(rohr)leitung f
**maglować** ⟨wy-⟩ ⟨-uję⟩ mangeln; fig umg durch die Mangel drehen

**magnes** m ⟨-u; -y⟩ Magnet m
**magnetowid** m ⟨-u; -y⟩ Videorekorder m **magnetyczny** magnetisch, Magnet-
**magnez** m ⟨-u; bpl⟩ Magnesium n
**mahometański** mohammedanisch, islamisch
**maj** m ⟨-a; -e⟩ Mai m
**mają** 3. Pers pl sie haben **majątek** m ⟨-tku; -tki⟩ Vermögen n; (dobra ziemskie) Landgut n
**majeranek** m ⟨-nku; -nki⟩ Majoran m
**majonez** m ⟨-u; -y⟩ Majonäse f, Mayonnaise f
**major** m ⟨-a; -rzy od -owie⟩ Major m
**majster** m ⟨-tra; -trowie⟩ Meister m
**majsterkować** ⟨-uję⟩ umg basteln, werkeln **majsterkowicz** m ⟨-a; -e⟩ umg Heimwerker m, Bastler m
**majtać** ⟨-am⟩ umg baumeln (inst mit dat)
**majteczki** pl⟨gen -czek⟩ (Kinder)Höschen n **majtki** pl ⟨gen -tek⟩ Unterhose f
**mak** m ⟨-u; -i⟩ BOT (Klatsch)Mohn m; KULIN ⟨bpl⟩ Mohn m
**makabryczny** makaber
**makaron** m ⟨-u; -y⟩ Nudeln pl
**makata** f ⟨-y⟩ Wandteppich m
**makieta** f ⟨-y⟩ Baumodell n
**makijaż** m ⟨-u; -e⟩ Make-up m
**makowiec** m ⟨-wca; -wce⟩ Mohnkuchen m **makowy** Mohn- **makówka** f ⟨-i; gen -wek⟩ Mohnkapsel f
**makro** n ⟨-a; gen -akr⟩ Makro m od n; adj sehr groß
**maksyma** f ⟨-y⟩ Maxime f **maksymalny** maximal, Maximal-, Höchst-
**malarka** f ⟨-i; gen -rek⟩ Malerin f **malarstwo** n ⟨-a; bpl⟩ Malerei f **malarz** m ⟨-a; -e⟩ (artysta) (Kunst)Maler m; pokojowy Maler m
**maleć** ⟨z-⟩ ⟨-eję⟩ kleiner werden; siły nachlassen **maleńki** dim klitzeklein **maleństwo** n ⟨-a⟩ Baby n, Würmchen n
**malina** f ⟨-y⟩ Himbeere f **malinowy** Himbeer-; kolor himbeerrot
**malować** ⟨na-⟩ ⟨-uję⟩ malen; ⟨po-⟩ streichen; ⟨u-⟩ schminken; paznokcie lackieren; **~ się** sich schminken **malowanki** pl⟨gen -nek⟩ Malbuch n **malowniczy** ⟨-czo⟩ malerisch
**maltański** maltesisch, Malta-
**maluch** m ⟨-a; -y⟩ Knirps m **malutki** ⟨-ko⟩ dim winzig (klein)

**malwa** f (-y) Malve f
**malwersacja** f (-i; -e) Unterschlagung f, Veruntreuung f
**mało** adv wenig; **~ kto** kaum jemand; **o ~ nie** fast, beinahe; **~ tego** nicht nur das, mehr noch; **~ ważny** nicht wichtig **małoduszny** kleinmütig **małolat** m (-a; -y), **małolata** f (-y-) umg Teenager m, Teenie m **małomówny** wortkarg **małostkowy** (-wo) kleinlich **małowartościowy** minderwertig
**małpa** f (-y) Affe m; umg pej blöde Kuh f; IT At-Zeichen n, slang Klammeraffe f
**małpować** ⟨z-⟩ (-uję) pej nachäffen, nachahmen
**mały**¹ (persf –li) klein; prędkość gering; **od ~łego** von klein auf **mały**² f (-ego; -li), **mała** f (-ej; -e), Kleine(r) m, f; **małe** pl (-ych) ZOOL Junge pl
**małż** m (-a; -e) ZOOL Miesmuschel f
**małżeński** ehelich, Ehe- **małżeństwo** n (-a) Ehe f; (para małżeńska) Ehepaar n **małżonek** m (-nka; -nkowie) ofic Ehemann m, Gatte m **małżonka** f (-i; gen -nek) ofic Ehefrau f, Gattin f
**małżowina** f (-y; -) ANAT Ohrmuschel f
**mam** 1. Pers sg ich habe
**mama** f (-y) Mama f
**maminsynek** m (-nka; -nkowie) Muttersöhnchen m
**mamy** 1. Pers. pl wir haben
**mandarynka** f (-i; gen -nek) Mandarine f
**mandat** m (-u; -y) POL Mandat n
**manekin** m (-a; -y) Schaufensterpuppe f; krawiecki Schneiderpuppe f
**manewr** m (-u; -y) Manöver n **manewrować** (-uję) manövrieren
**mania** f (gen dat lok -ii; -e) Manie f (a. MED); **~ prześladowcza** MED Verfolgungswahn m
**manicurzystka** f (-i; gen -tek) os. Maniküre f
**maniera** f (-y) Manier f, Art f (a. pej)
**manifestacja** f (-i; -e) Demonstration f, umg Demo f **manifestować** (-uję) demonstrieren, ⟨za-⟩ manifestieren, bekunden
**manipulacja** f (-i; -e) pej Manipulation f
**manipulować** (-uję) (inst) pej manipulieren (akk)
**mankament** m (-u; -y) Mangel m
**mankiet** m (-u; -y) Manschette f; u. spodni Hosenumschlag m

**manna** f (-y; bpl) KULIN Grieß m
**mańkut** m (-a; -ci od -y) Linkshänder(in) m(f)
**mapa** f (-y) Karte f
**marcepan** m (-u; -y) Marzipan n
**marchew** f (-chwi; -chwie), **marchewka** f (-i; gen -wek) Möhre f, Mohrrübe f
**margaryna** f (-y) Margarine f
**margines** m (-u; -y) Rand m; **~ społeczny** Asoziale pl **marginesowy** zweitrangig, nebensächlich
**marionetka** f (-i; gen -tek) Marionette f
**marka** f (-i; gen -rek) Marke f; (uznanie) guter Ruf m; **dobrej marki** von guter Qualität
**marketingowy** Marketing-
**markotny** missmutig
**marmolada** f (-y) Marmelade f
**marmur** m (-u; -y) Marmor m
**marnotrawić** ⟨z-⟩ (-ię) verschwenden, vergeuden **marnotrawstwo** n (-a; bpl) Verschwendung f, Vergeudung f
**marnować** ⟨z-⟩ (-uję) verkommen lassen; czas vergeuden; okazję verpassen; **~ się** verkümmern **marny** miserabel; **pójść** pf **na marne** umsonst sein
**marsz** m (-u; -e) Marsch m; (-a) MUS Marsch m; **~ żałobny** Trauermarsch m; **~ protestacyjny** Protestmarsch m
**marszałek** m (-łka; -łkowie) MIL Marschall m; **~ sejmu** POL Sejmpräsident m
**marszczyć** ⟨z-⟩ (-ę) in Falten legen; czoło runzeln; **~ się** Falten werfen; skóra faltig werden
**martwica** f (-y; bpl) MED Nekrose f **martwić** ⟨z-⟩ (-ię) Sorgen bereiten, bekümmern; **~ się** sich Sorgen machen (**o** akk um akk) **martwieć** ⟨z-⟩ (-eję) erstarren (**z** gen vor dat) **martwy** (-wo) tot; wzrok starr
**marudny** queng(e)lig **marudzić** (-dzę) umg quengeln; (guzdrać się) trödeln
**maryjny** REL Marien-
**marynarka** f (-i; gen -rek) Sakko m od n; MIL (-i; bpl) Marine f **marynarski** mundur Matrosen-; zwyczaj Seemanns-, seemännisch; MIL Marine- **marynarz** m (-a; -e) Seemann m, Matrose m
**marynata** f (-y) Marinade f **marynować** ⟨za-⟩ (-uję) marinieren
**marzec** m (-rca; -rce) März m
**marzenie** n (-a) Traum m
**marznąć** [-r.z-] ⟨z-⟩ (-nę, -ł) frieren

**marzyciel – melancholijny** ▪ **105**

**marzyciel** m (-a; -e), **marzycielka** f (-i; gen -lek) Träumer(in) m(f) **marzyć** (-ę) träumen (**o** lok von dat)
**marża** f (-y; -e) HANDEL Handelsspanne f, Marge f
**masa** f (-y) Masse f (a. FIZ); (duża ilość) Menge f
**masakra** f (-y) Massaker n, Gemetzel n
**masarski**: **wyroby** m/pl **~e** Wurstwaren f/pl
**masaż** m (-u; -e) Massage f **masażysta** m (-y; -ści), **masażystka** f (-i; gen -tek) Masseur(in) m(f)
**maselniczka** f (-i; gen -czek) Butterdose f
**maska** f (-i; gen -sek) Maske f; dentysty Mundschutz m; terrorysty Strumpfmaske f; samochodu Motorhaube f; ekranu Bildschirmmaske f **maskarada** f (-y) Maskenfest n **maskować** ⟨za-⟩ (-uję) tarnen **maskowy**: **bal** m **~** Maskenball m
**masło** n (-a; bpl) Butter f
**masować** ⟨wy-⟩ (-uję) massieren
**masowo** adv in Massen, zahlreich **masowy** Massen-
**mass media** pl (gen -ów) Massenmedien n/pl
**masyw** m (-u; -y) Massiv n **masywny** massiv
**masz** 2. Pers sg du hast
**maszerować** (-uję) marschieren
**maszt** m (-u; -y) Mast m
**maszyna** f (-y) Maschine f **maszynista** m (-y; -ści) Kranführer m; kolejowy Lokführer m **maszynka** f (-i; -nek) Kocher m; **~ do golenia** Rasierapparat m **maszynopis** m (-u; -y) Typoskript n **maszynowy** (**-wo**) Maschinen-; maschinell
**maść** f (-ści; -ście) Salbe f; konia Farbe f
**maślak** m (-a; -i) Butterpilz m **maślanka** f (-i; gen -nek) Buttermilch f
**mata** f (-y) Matte f
**matczyn(y)** Mutters, mütterlich
**matematyczny** mathematisch **matematyka** f (-i; bpl) Mathematik f
**materac** m (-a; -e) Matratze f
**materia** f (gen dat lok -ii; bpl) Materie f (a. FIZ, FILOZ) **materialny** materiell **materiał** m (-u; -y) Material n; (tkanina) Stoff m
**matka** f (-i; gen -tek) Mutter f; **Matka Boska** Muttergottes f; **~ chrzestna** Patentante f, Taufpatin f; **samotna ~** alleinerziehende Mutter f; **~ zastępcza** Leihmutter f
**matowy** (**-wo**) matt
**matryca** f (-y; -e) TECH, TYPO Matrize f
**matrymonialny** Ehe-, Heirats-
**matura** f (-y) Abitur n **maturzysta** m (-y; -ści), **maturzystka** f (-i; gen -tek) Abiturient(in) m(f)
**mazać** ⟨po-⟩ (mażę) (be)schmieren (inst mit dat)
**mazgaj** m (-a; -e, -ów od -ai) umg pej Heulpeter m; (dziewczynka) Heulsuse f
**mazurek** m (-rka; -rki) MUS Masurka f; KULIN Osterkuchen m
**mączka** f (-i; gen -czek): **~ ziemniaczana** KULIN Stärke f **mączny** Mehl-
**mądrość** f (-ści; bpl) Klugheit f, Weisheit f **mądry** (persf -rzy) (**-rze**) klug **mądrzeć** ⟨z-⟩ (-eję) klüger werden
**mąka** f (-i; bpl) Mehl n
**mątwa** f (-y) Tintenfisch m
**mąż** m (męża; mężowie; gen mężów) Ehemann m; **wyjść** pf **za ~** (**za** akk) heiraten (akk)
**mdleć** ⟨ze-⟩ (-eję) ohnmächtig werden
**mdlić** (3. Pers -i): **mdli mnie** mir wird übel **mdłości** pl (gen -) Brechreiz m, Übelkeit f **mdły** (**-ło**) zapach übelerregend; światło fahl; smak fad(e) (a. fig)
**mebel** m (-bla; -ble; gen -bli) Möbelstück n **meblować** ⟨u-⟩ (-uję) möblieren, einrichten **meblowóz** m (-ozu; -ozy) Möbelwagen m, Umzugswagen m
**mecenas** m (-a; -i) Mäzen m, Gönner m
**mech** m (mchu; mchy) Moos n
**mechaniczny** mechanisch (a. fig) **mechanik** m (-a; -cy) Mechaniker m **mechanizm** m (-u; -y) Mechanismus m **mechanizować** ⟨z-⟩ (-uję) mechanisieren
**mecz** m (-u; -e) Fussballspiel m
**meczet** m (-u; -y) Moschee f
**medal** m (-u; -e) Medaille f **medalik** m (-a; -i) Medaillon n **medalista** m (-y; -ści), **medalistka** f (-i; gen -tek) Medaillengewinner(in) m(f)
**mediator** m (-a; -rzy) POL Vermittler m
**meduza** f (-y) ZOOL Qualle f
**medycyna** f (-y; bpl) Medizin f
**medytować** (-uję) meditieren
**megalomania** f (gen dat lok -ii; bpl) Größenwahn m
**meksykański** mexikanisch
**melancholijny** melancholisch

**meldować** ⟨za-⟩ *(-uję)* melden; *w biurze meldunkowym* polizeilich melden, anmelden **meldunek** *m (-nku; -nki)* Meldung *f*; *w biurze meldunkowym* Anmeldung *f*
**meldunkowy** Anmelde-
**melodia** *f (gen dat lok -ii; -e)* Melodie *f*
**melodyjny** melodisch, wohlklingend
**meloman** *m (-a; -i)*, **melomanka** *f (-i; gen -nek)* Musikliebhaber(in) *m(f)*
**melon** *m (-a; -y)* BOT Melone *f*
**menedżer** *m (-a; -owie)*, **menedżerka** *f (-i; gen -rek)* Manager(in) *m(f)* **menedżerski** Manager-
**mennica** *f (-y; -e)* Münzstätte *f*
**mentalność** *f (-ści; bpl)* Mentalität *f*
**mentolowy** Menthol-
**menu** *n (unv)* Speisekarte *f*; IT Menüleiste *f*
**merytoryczny** inhaltlich
**Mesjasz** *m (-a; bpl)* REL Messias *m*
**meszek** *m (-szku; bpl)* Flaum *m*
**meta** *f (-y)* SPORT Ziel *n*; **na dłuższą/krótką metę** auf lange/kurze Sicht
**metal** *m (-u; -e)* Metall *n*; umg Hard Rock *m* **metaliczny** metallisch **metalowy** Metall-
**metan** *m (-u; bpl)* Methan(gas) *n*
**meteorologiczny** *stacja meteorologisch*, Wetter-
**meteoryt** *m (-u; -y)* Meteorit *m*
**metka**¹ *f (-i; gen -tek)* Mettwurst *f*
**metka**² *f (-i; gen -tek)* Etikett *n*
**metoda** *f (-y)* Methode *f*, Verfahren *n*
**metodyczny** methodisch
**metr** *m (-a; -y)* Meter *m od n*
**metraż** *m (-u; -e)* Wohnfläche *f*
**metro** *n (-a; bpl)* U-Bahn *f*, Untergrundbahn *f*
**metrowy** meterlang
**metryka** *f (-i):* ~ **ślubu** Heiratsurkunde *f*; ~ **urodzenia** Geburtsurkunde *f*; ~ **chrztu** Taufschein *m*
**mewa** *f (-y)* Möwe *f*
**męczący** (-**co**) anstrengend, ermüdend
**męczennik** *m (-a; -cy)*, **męczennica** *f (-y; -e)* Märtyrer(in) *m(f)*; *iron* Opfer *n*
**męczyć** ⟨z-⟩ *(-ę)* anstrengen, ermüden; *zwierzęta* quälen; ~ **k-o** j-n belästigen, sich j-m aufdrängen; ~ **się** *(inst)* müde werden *(von dat)*; sich quälen, leiden
**męka** *f (-i; mąk)* Qual *f*
**męski** Männer-; *płeć* männlich; *obuwie* Herren-; **po męsku** *adv* wie ein Mann,

männlich **męskość** *f (-ści; bpl)* Männlichkeit *f*
**mętlik** *m (-u; bpl)* umg Durcheinander *n*
**mętny** trübe; *fig* wirr, chaotisch
**mężatka** *f (-i; gen -tek)* verheiratete Frau *f*; **ona jest mężatką** sie ist verheiratet
**mężczyzna** *m (-y; -źni; gen -zn)* Mann *m*
**mężny** mutig, tapfer
**mglisty** (-**ście**) *od* -**to**) neblig, dunstig; *fig* unklar, wirr; *wspomnienie* vage
**mgła** *f (-y; gen mgieł)* Nebel *m*, Dunst *m*; **zajść** *pf* ~ *vli* beschlagen
**mi** *pron dat* mir
**miał** *m (-u; -y)* węglowy Grus *m*
**miałki** (-**ko**) fein (gemahlen); *fig* seicht
**mianować** *(-uję)* ernennen *(inst* zu *dat)*
**mianowicie** nämlich; **a** ~ und zwar
**mianownik** *m (-a; -i)* GRAM Nominativ *m*
**miara** *f (-y; gen -)* Maß *n*; *(przyrząd)* Bandmaß *n*; *(kryterium)* Maßstab *m*; **bez miary** maßlos; **ponad miarę** übermäßig; **szyty na miarę** maßgeschneidert; **w miarę możliwości** nach Möglichkeit; **w pewnej mierze** gewissermaßen; **w dużej mierze** in hohem Maße **miarka** *f (-i; gen -rek)* Messband *n*; *do płynów* Messgefäß *n*
**miarodajny** maßgebend; *źródło* glaubwürdig **miarowy** (-**wo**) gleichmäßig; *ubranie* maßgeschneidert
**miasteczko** *n (-a; gen -czek)* Städtchen *n*
**miasto** *n (-a)* Stadt *f*
**miauczeć** *(3. Pers -y)* kot miauen
**miażdżyca** *f (-y; bpl)* MED (Arterio)Sklerose *f* **miażdżyć** ⟨z-⟩ *(-ę)* zerquetschen, zermalmen; *fig* vernichten
**miąć** ⟨z-⟩ *(mnę)* (zer)knittern; *papier* zerknüllen; ~ **się** zerknittert sein; knittern
**miąższ** *m (-u; bpl)* Fruchtfleisch *n*
**miecz** *m (-a; -e)* Schwert *n* **mieczyk** *m (-a; -i)* BOT Gladiole *f*; ZOOL Schwertfisch *m*
**mieć*** *(mam)* haben; ~ (+ *inf)* haben zu (+ *inf)*, sollen; ~ **na sobie** anhaben; **nie ma (już)** es gibt kein(e)/keinen (mehr); ~ **miejsce** stattfinden; ~ **za złe** übelnehmen; **jak się masz?** wie geht es dir?; **ile masz lat?** wie alt bist du?; ~ **za nic** *(akk)* nicht viel halten von *(dat)*; ~ **za sobą** *fig* hinter sich haben; ~ **się za** *(akk)* sich halten für *(akk)*; ~ **się dobrze** sich gut fühlen; **ma się rozumieć!** umg na klar!
**miednica** *f (-y; -e)* Waschschüssel *f*; ANAT Becken *n*

**miedza** f (-y; -e) Feldrain m
**miedziany** Kupfer-, kupfern; *kolor* kupferrot **miedzioryt** m (-u; -y) Kupferstich m **miedź** f (-dzi; bpl) Kupfer n
**miejsce** n (-a) Platz m; Stelle f; ~ **pracy** Arbeitsstelle f; ~ **zamieszkania** Wohnort m; ~ **urodzenia** Geburtsort m; ~ **spotkania** Treffpunkt m; ~ **wypadku** Unglücksstelle f; ~ **siedzące** Sitzplatz m; ~ **przy oknie** Fensterplatz m; **na twoim miejscu** an deiner Stelle; **na** ~ (gen) anstelle (gen od von dat); **nie na miejscu** fig unangebracht, unpassend; **na miejscu** zum hier Essen **miejscami** adv stellenweise
**miejscowość** f (-ści) Ortschaft f, Ort m **miejscowy** örtlich, Orts-, lokal; *ludność* einheimisch, ortsansässig **miejscówka** f (-i; gen -wek) Platzkarte f **miejski** (**po -ku**) städtisch; **rada** f **miejska** Stadtrat m
**mielizna** f (-y) Sandbank f
**mielony** gemahlen; **mięso** n **mielone** Hackfleisch n
**mienić się** (-ię) schillern, schimmern **mierniczy** Mess-, Vermessungs- **mierniczy**² m (-ego; -owie) Land(ver)-messer m **miernik** m (-a; -i) Maßeinheit f; (*kryterium*) Maßstab m **mierny** pej mittelmäßig; *ocena* genügend
**mierzeja** f (-ei; -eje; gen -ei) Nehrung f **mierzyć** ⟨z-⟩ (-ę) (aus)messen; *suknię* anprobieren; ~ **się** seine Größe messen
**miesiąc** m (-a; -e; gen -sięcy) Monat m **miesiącami** monatelang **miesiączka** f (-i; gen -czek) Regelblutung f, Periode f
**miesięcznik** m (-a; -i) Monatsschrift f **miesięczny** monatlich, Monats-
**mieszać** ⟨**wy-**⟩ (-am) (um)rühren; ⟨**z-**⟩ *farby* (ver)mischen; *fig* verlegen machen; ~ **się** sich vermischen; *fig* verlegen werden; ⟨**po-**⟩ (*mylić*) verwechseln, durcheinanderbringen; ~ **się** durcheinanderkommen, durcheinandergeraten; ⟨**w-**⟩ *fig* hineinziehen, verwickeln (**do** gen in akk); ~ **się** sich einmischen (**do** gen in akk); ⟨**na-**⟩ umg ein Chaos anrichten; ~ **w głowie k-u** j-n verwirren **mieszaniec** m (-ńca; -ńce) BOT, ZOOL Mischling m; (*człowiek*) *iróny* neg! Mischling m **mieszanka** f (-i; gen -nek) Mischung f, Gemisch n
**mieszczański** bürgerlich

**mieszkać** (-am) wohnen **mieszkalny** Wohn- **mieszkanie** n (-a) Wohnung f **mieszkaniec** (-ńca; -ńcy), **mieszkanka** f (-i; gen -nek) Bewohner(in) m(f); *kraju* Einwohner(in) m(f) **mieszkaniowy** Wohnungs-
**mieścić** ⟨z-⟩ (*mieszczę, mieści*) (*akk*) Platz bieten (für *akk*); ~ **się** hineinpassen, Platz finden; (*znajdować się*) sich befinden; ~ **się w** (*lok*) enthalten sein (in dat); ~ **w sobie** umfassen, beinhalten
**mięczak** m (-a; -i) umg Schlappschwanz m; pl (gen -ów) BIOL Weichtiere n/pl
**mięsień** m (-śnia; -śnie) Muskel m **mięsny** Fleisch- **mięso** n (-a) Fleisch n **mięśniowy** Muskel-
**mięta** f (-y) (Pfeffer)Minze f **miętosić** ⟨z-⟩ (-szę) zerknüllen **miętowy** Pfefferminz-
**mig**: **na ~i** durch Zeichen; **w** ~ umg in null Komma nichts **migacz** m (-a; -e) Blinker m, Blinkleuchte f **migać** (-am) ⟨-nąć⟩ (-nę) blinken; (*przemykać*) vorbeifliegen, vorbeihuschen **migawka** f (-i; gen -wek) FOTO Verschluss m **migawkowy** fig flüchtig, fragmentarisch
**migdał** m (-u; -y) KULIN, ANAT Mandel f **migdałek** m (-łka; -łki) ANAT Mandel f
**mignąć** pf → migać **migotać** (3. Pers -ce) flimmern; *świeca* flackern **migowy** Blink-
**migracja** f (-i; -e) Migration f, Auswanderung f
**migrena** f (-y) Migräne f
**mijać** (-am) ⟨**minąć**⟩ (-nę) v/t *idąc* vorbeigehen (*akk* an dat); *jadąc* vorbeifahren (*akk* an dat); *granicę* passieren; v/i *czas* vergehen; *termin* ablaufen; *trudności* vorbei sein; **kara go nie minie** er wird der Strafe nicht entgehen; ~ **się** aneinander vorbeigehen; *jadąc* aneinander vorbeifahren; (*nie spotkać się*) sich verpassen; **to mija się z prawdą** das entspricht nicht der

Wahrheit mindestens
**mikrobus** m (-u; -y) Kleinbus m **mikrofalowy**: **kuchenka** f **mikrofalowa** Mikrowelle f **mikrofon** m (-u; -y) Mikrofon n **mikroskopijny** mikroskopisch
**mikser** m (-a; -y) *kuchenny* (Küchen-)Mixer m; *do koktajli* Mixbecher m; RADIO Mischpult n; (*pl -rzy*) Tonmischer m **miksować** (-*uję*) mixen
**mila** f (-i; -e) Meile f
**milczący** (-**co**) schweigend; (*małomówny*) schweigsam **milczeć** (-*ę*) schweigen **milczenie** n (-a) Schweigen n; **w milczeniu** schweigend
**mile** adv angenehm, nett; **jest ~ widziane** ... es wird gern gesehen ...
**miligram** m (-u; -y) Milligramm n **milimetr** m (-u; -y) Millimeter m od n **milioner** m (-a; -rzy), **milionerka** f (-i; gen -rek) Millionär(in) m(f) **milionowy** Millionen-
**militarystyczny** *pej* militaristisch, militant
**milknąć** ⟨za-⟩ (-*nę*, -*ł*) verstummen
**milowy** Meilen-
**milszy** *komp adj* netter **miło** adv angenehm, nett; **~ mi** es freut mich; **to ~ z twojej strony** es ist lieb von dir **miłosierny** barmherzig **miłosny** Liebes- **miłostka** f (-i; gen -tek) Liebschaft f, Affäre f **miłość** f (-ści; *bpl*) Liebe f **miłośniczka** f (-i; gen -czek), **miłośnik** m (-a; -cy) (**sztuki**) Kunst-)Liebhaber(in); (**sportu** Sport-)Fan m **miły** (*persf -ły*) (-**le, -ło**) nett, angenehm; (*drogi*) lieb; *gość* willkommen
**mimo** *präp* (*gen*) trotz (*gen*); **~ woli** unwillkürlich, unbeabsichtigt; **~ to** konj trotzdem; **~ że** konj obwohl **mimochodem** adv beiläufig **mimowolny** unwillkürlich, unbeabsichtigt; *świadek* wider Willen
**mina**[1] f (-y) Miene f, Gesicht n **mina**[2] f (-y) MIL Mine f
**minąć** *pf* → mijać
**mineralny** Mineral- **minerał** m (-u; -y) Mineral n
**miniaturowy** MAL Miniatur-; (*mały*) winzig **minimalny** minimal, gering **minimum**[1] n (*unv*; *-ima*; *gen -imów*) Minimum n; **zredukować** *pf* **do ~** auf ein Minimum reduzieren; **~ socjalne** Existenzminimum n **minimum**[2] partikel

**miniony** vergangen
**minispódniczka** f (-i; gen -czek) Minirock m
**minister** m (-*tra*; -*trowie*) Minister m; (*kobieta*) Ministerin f **ministerstwo** n (-a) Ministerium n; **~ spraw zagranicznych** Außenministerium n
**minus** m (-a; -y) MAT Minus(zeichen) n; *fig* Minus n
**minuta** f (-y) Minute f; **co do minuty** auf die Minute (genau); **~ ciszy** Schweigeminute f
**miodowy** Honig-; *kolor* honigfarben, honiggelb; **~ miesiąc** m Flitterwochen *pl*
**miot** m (-u; -y) ZOOL Wurf m **miotła** f (-y; gen -teł) Besen m
**miód** m (-*odu*; -*ody*) Honig m; **~ pitny** Met m, Honigwein m
**misja** f (-i; -e) POL, REL Mission f
**miska** f (-i; gen -sek) Schüssel f; **~ klozetowa** Klosettbecken n
**misterny** kunstvoll, künstlerisch
**mistrz** m (-a; -*owie*) Meister m (*a.* SPORT) **mistrzostwo** n (-a) Meisterschaft f (*a.* SPORT) **mistrzowski** (-**ko, po -ku**) meisterhaft; **dyplom ~** Meisterprüfung f **mistrzyni** f (-i; -e, -ń) Meisterin f (*a.* SPORT)
**mistyka** f (-i; *bpl*) Mystik f
**misyjny** Missions-
**miś** m (-*sia*; -*sie*) *umg* (kleiner) Bär m; (*zabawka*) Teddybär m; (*futro*) Kunstpelz m
**mitologiczny** mythologisch
**mityczny** mythisch, Sagen-
**mizeria** f (*gen dat lok -ii*; -*e*) Gurkensalat m **mizerny** (*chory*) kränklich; (*lichy*) miserabel
**mknąć** (-*nę*) (dahin)eilen
**mlaskać** (-*am*) ⟨**mlasnąć**⟩ (-*nę*) schmatzen
**mlecz** m (-*u od -a*; -*e*; gen -*y*) BOT Löwenzahn m **mleczarnia** f (-i; -e) Molkerei f, Meierei f **mleczarz** m (-a; -e) Molkereiarbeiter m; (*roznoszący mleko*) Milchmann m
**mleć*** ⟨ze-⟩ (*mielę, miele*) mahlen
**mleko** n (-a; *bpl*) Milch f; **pełne ~** Vollmilch f; **~ w proszku** Milchpulver n; **~ matki** Muttermilch f; **na mleku** KULIN Milch-
**młocarnia** f (-i; -e) Dreschmaschine f
**młode** n (-*ego*; -*e*; gen -*ych*) Junge(s) n,

Jungtier n **młodnieć** ⟨od-⟩ (-eję) sich jünger fühlen; jünger aussehen **młodociany**¹ JUR jugendlich **młodociany**² m (-ego; -i), **młodociana** f (-ej; -e) JUR Jugendliche(r) m, f **młodość** f (-ści; bpl) Jugend f, Jugendzeit f **młodszy** komp adj jünger; oficer Unter- **młody** (persf -dzi) ⟨-do⟩ jung; **pan** m ~ Bräutigam m; **panna** f **młoda** Braut f; **państwo** n **młodzi** Brautpaar n **młodzieńczy** (-czo) jugendlich **młodzież** f (-y; 0) (**szkolna** Schul-)Jugend **młodzieżowy** Jugend- **młodzik** m (-a; -i) SPORT Jungstar m

**młot** m (-a; -y) Hammer m (a. SPORT); ~ **pneumatyczny** Presslufthammer m; **między** ~em a kowadłem fig zwischen zwei Stühlen

**młyn** m (-a; -y) Mühle f **młynarka** f (-i; gen -rek), **młynarz** m (-a; -e) Müller(in) **młynek** m (-nka; -nki): ~ **do kawy** Kaffeemühle f; ~ **do pieprzu** Pfeffermühle f **młyński** Mühl-

**mną** pron inst: **ze** ~ mit mir

**mnich** m (-a; -si) Mönch m

**mnie** pron gen meiner; dat mir; akk mich; lok; **u** ~ bei mir; **ode** ~ von mir; **beze** ~ ohne mich

**mniej** adv weniger; ~ **więcej** ungefähr, etwa **mniejszość** f (-ści) Minderheit f **mniejszy** komp adj kleiner (**od** gen als akk); geringer; **mniejsza o to** darauf kommt es nicht an

**mniemanie** n (-a) Meinung f, Ansicht f; **mieć wysokie** ~ **o sobie** viel von sich halten

**mnożenie** n (-a) Multiplikation f **mnożyć** ⟨po-⟩ (-ę) MAT multiplizieren, malnehmen;; ~ **się** sich vermehren (a. BIOL) **mnóstwo** n (-a) Menge f

**mobilizacja** f (-i; -e) Mobilisierung f; MIL Mobilmachung f **mobilizować** ⟨z-⟩ (-uję) mobilisieren (**do** gen zu dat) **mobilny** mobil

**moc** f (-y; -e) Kraft f; wiatru Stärke f; FIZ, TECH Leistung f; **na ~y** (gen) JUR kraft (gen); **to nie leży w mojej ~y** das steht nicht in meiner Macht **mocarstwo** n (-a) POL Großmacht f **mocniej(szy)** komp kräftiger, stärker; fester **mocno** adv stark; przykręcić fest **mocować** ⟨przy-⟩ (-uję) befestigen, anbringen (**do** gen an akk); ~ **się** (**z** inst) ringen (mit dat) (a. fig)

**mocz** m (-u; bpl) Urin m, Harn m **moczopędny** harntreibend **moczowy**: **pęcherz** m ~ ANAT Harnblase f **moczyć** (-ę) ⟨z-⟩ nass machen; **moczyć bieliznę** Wäsche einweichen; ~ **się** nass werden; dziecko das Bett nässen; bielizna eingeweicht werden

**moda** f (-y; gen mód) Mode f; **być w modzie** in (Mode) sein **model**¹ m (-u; -e) Modell n **model**² m (-a; -e) Model n, Dressmann m **modelarstwo** n (-a; bpl) Modellbau m **modelka** f (-i; gen -lek) (Foto)Modell n, Model n **modelować** (-uję) modellieren **modernizacyjny** Modernisierungs- **modernizować** ⟨z-⟩ (-uję) modernisieren

**modlić się** ⟨pomodlić się⟩ (-ę, módl!) (**o** akk, **za** akk) beten (für akk, um akk) **modlitwa** f (-y) Gebet n

**modrzew** m (-wia; -wie; gen -wi) BOT Lärche f

**moduł** m (-u; -y) IT Modul n

**modyfikować** ⟨z-⟩ (-uję) modifizieren **modzel** m (-a; -e) Schwiele f

**mogiła** f (-y) Grabhügel m; **wspólna** ~ Massengrab n

**moknąć** ⟨z-⟩ (-nę, -mókł) nass werden **mokry** (-rzy) (-ro) nass

**molo** n (-a od unv; gen mol) Mole f, Pier m **moment** m (-u; -y) Moment m; (element) Moment n (a. FIZ) **momentalnie** adv sofort, augenblicklich **momentalny** sofortig

**monachijski** adj Münch(e)ner

**monarchia** f (gen dat lok -ii; -e) Monarchie f

**moneta** f (-y) Münze f

**mongolski** mongolisch, Mongolen-

**monit** m (-u; -y) Mahnung f **monitor** m (-a; -y) Bildschirm m, Monitor m **monitorować** (-uję) kontrollieren; (chronić) überwachen **monitować** (-uję) (an)mahnen

**mono** in zssgn mono-, Mono-, ein-, Ein- **monografia** f (gen dat lok -ii; -e) Monografie f **monogram** m (-u; -y) Monogramm n **monopol** m (-u; -e) EKON Monopol n

**monstrualny** monströs

**montaż** m (-u; -e) Montage f **montażysta** m (-y; -ści), **montażystka** f (-i;

*gen -tek*) RADIO Cutter(in) *m(f)*; **Montierer(in)** *m(f)*
**monter** *m (-a; -rzy)* Monteur *m*; **~ instalator** Installateur *m*; **~ instalacji wodociągowych** Rohrleger *m* **montować** ⟨z-⟩ *(-uję)* montieren; ⟨za-⟩ *(zakładać)* installieren
**moralność** *f (-ści; bpl)* Moral *f*, Sittlichkeit *f* **moralny** moralisch **morał** *m (-u; -y) bajki* Moral *f*
**mord** *m (-u; -y)* Mord *m*, Bluttat *f*
**moderca** *m (-y; gen -ów)* Mörder *m* **morderczy** (-czo) mörderisch **mordować** *(-uję)* morden, töten; **~ się** sich töten; *(męczyć się)* umg sich abplagen (**z** *inst* mit *dat*)
**morela** *f (-i; -e, -i)* Aprikose *f*; *austr* Marille *f* **morelowy** Aprikosen-, Marillen-
**morfina** *f (-y; bpl)* Morphium *n*
**morfologia** *f (gen dat lok -ii; bpl)* Morphologie *f*; *umg* Blutbild *n*
**mors** *m (-a; -y)* Walross *m*
**morski** See-; *woda* Meer(es)-; *kolor* meerblau; **latarnia** *f* **morska** Leuchtturm *m*; **świnka** *f* **morska** ZOOL Meerschweinchen *n* **morszczuk** *m (-a; -i)* Seehecht *m*
**morze** *n (-a; gen mórz)* Meer *n*, See *f*; **nad ~m** an der See, am Meer; **na pełnym morzu** auf hoher See
**mosiądz** *m (-u; -bpl)* Messing *n*
**moskitiera** *f (-y)* Moskitonetz *n*
**most** *m (-u; -y)* Brücke *f*; **~ zwodzony** Zugbrücke *f*; **~ wiszący** Hängebrücke *f*; **mostek** *m (-tka; -tki)* Steg *m*; ANAT Brustbein *n*; MED, SPORT Brücke *f*; KULIN Bruststück *n*
**moszna** *f (-y)* Hodensack *m*
**motek** *m (-tka; -tki) wełny* Knäuel *m od n*
**motel** *m (-u; -e)* Motel *n*
**motocykl** *m (-a; -e)* Motorrad *n* **motocyklista** *m (-y; -ści)*, **motocyklistka** *f (-i; gen -tek)* Motorradfahrer(in) *m(f)* **motocyklowy** Motorrad-
**motor** *m (-u; -y)* Motor *m (a. fig)*; *umg* Motorrad *n* **motorniczy** *m (-ego; -owie)* Wagenführer *m* **motorower** *m (-u; -y)* Mofa *m* **motorowy** Motor-, Trieb- **motorówka** *f (-i; gen -wek)* Motorboot *n* **motoryzacyjny** Auto-; *przemysł* Kraftfahrzeug- **motoryzować** ⟨z-⟩ *(-uję)* motorisieren
**motyka** *f (-i)* AGR Hacke *f*
**motyl** *m (-a; -e)* Schmetterling *m*

**motyw** *m (-u; -y)* Motiv *n (a. MAL, MUS)* **motywować** ⟨u-⟩ *(-uję)* wniosek begründen *(inst* mit *dat)*; ⟨z-⟩ *(zachęcać)* motivieren (**do** *gen* zu *dat*)
**mowa** *f (-y; gen mów)* Rede *f*; *(bpl)* (język) Sprache *f*; **~ ciała** Körpersprache *f*; **zaburzenie** *n* **mowy** Sprachstörung *f*; **nie ma mowy!** das kommt nicht infrage!
**mozaika** *f (-i)* Mosaik *n*
**mozolny** mühselig, anstrengend
**może** *adv* vielleicht **możliwie** *adv* möglichst; *umg* nicht so übel **możliwość** *f (-ści)* Möglichkeit *f* **możliwy** möglich; *umg* nicht schlecht; **~ do zrobienia** machbar; **możliwe, że ...** es ist möglich, dass ...; **robić wszystko, co możliwe** alles Mögliche tun **można** man kann; *(wolno)* man darf; **nie ~** man kann nicht; man darf nicht; **~ by** man könnte; **jak ~ najlepiej** so gut wie möglich
**móc\*** *(mogę)* können; *(mieć prawo)* dürfen; **być może** (es) kann sein, es mag sein
**mój** *pron poss m* mein; **moja w tym głowa** ich kümmere mich darum; **~ drogi** mein Lieber; **z mojej strony** meinerseits
**mól** *m (mola; mole)* Motte *f*
**mówca** *m (-y; gen -ów)*, **mówczyni** *f (-i; -e)* Redner(in) *m(f)* **mówić** *(-ę)* sprechen (**o** *lok* über *akk*); **~ prawdę** die Wahrheit sagen; **nie ma o czym ~** (es ist) nicht der Rede wert; **to mówi samo za siebie** das spricht für sich; **nic mi to nie mówi** das sagt mir nichts; **~ przez nos** nuscheln
**mózg** *m (-u; -i)* ANAT Gehirn *n* **mózgowy** ANAT (Ge)Hirn-
**mroczny** (-no) düster **mrok** *m (-u; -i)* Abenddämmerung *f*, Dunkel *n*; **zapada ~** es wird dunkel
**mrowisko** *n (-a)* Ameisenhaufen *m*
**mrozić** *(-żę)* ⟨za-⟩ einfrieren **mroźny** (-no) frostig, eisig **mrożony** tiefgefroren
**mrówka** *f (-i; gen -wek)* Ameise *f* **mrówkowiec** *m (-wca; -wce) umg* Wohnsilo *m od n*, Plattenbau *m*
**mróz** *m (-ozu; -ozy)* Frost *m*
**mruczeć** *(-ę, -y)* ⟨mruknąć⟩ *(-nę)* brummen, murmeln; *kot* schnurren **mrugać** *(-am)* ⟨mrugnąć⟩ *(-nę)* blinzeln, zwinkern; *gwiazdy* flimmern; **~ do k-o** j-m zuzwinkern **mrukliwy** (-wie) mürrisch, muffelig

**mrużyć** ⟨z-⟩ (-ę): ~ **oczy** die Augen zusammenkneifen
**mrzonka** f (-i; gen -nek) Hirngespinst n
**msza** f (-y; -e; gen -y) REL Messe f
**mszyca** f (-y; -e) Blattlaus f
**mściciel** m (-a; -e), **mścicielka** f (-i; gen -lek) Rächer(in) m(f) **mścić*** ⟨po-⟩ (mszczę) rächen (**za** akk für akk) **mściwy** (-wie) rachsüchtig
**mu** pron dat m, n ihm; **daj mu mój adres!** gib ihm meine Adresse!
**mucha** f (-y) Fliege f **muchomór** m (-ora; -ory) Fliegenpilz m
**mulisty** schlammig, morastig
**multimedia** pl -ów Multimedia n
**muł**[1] m (-a; -y) Maultier n **muł**[2] m (-u; -y) Schlamm m
**mundur** m (-u; -y) Uniform f **mundurowy** Uniform-
**mur** m (-u; -y) Mauer f; **~y** pl Gemäuer n, Mauerwerk n; **~ berliński** HIST die Berliner Mauer **murarz** m (-a; -e) Maurer m **murowany** Backstein-, aus Ziegelstein; umg fig todsicher
**Murzyn** m (-a; -i), neg! obs **Murzynka** f (-i; gen -nek) neg! Schwarze(r) m, f **murzyński** neg! obs getto Schwarzen-; **plemiona** schwarzafrikanisch
**mus**[1] m (-u; -y) KULIN Mousse f **mus**[2] m (-u; bpl) umg Muss n; **z ~u** gezwungenermaßen **musieć** (muszę) müssen
**muskularny** muskulös
**musować** (3. Pers -uje) perlen, sprudeln
**muszka** f (-i; gen -szek) kleine Fliege f
**muszla** f (-i; -e; gen -i) Muschel f; **~ klozetowa** Klo(sett)schüssel f; **~ koncertowa** Freilichtbühne f
**musztarda** f (-y) Senf m **musztardowy** Senf-
**muzeum** n (unv; -ea; gen -eów) Museum n
**muzułmanin** m (-a; -anie; gen -ów) Muslim m **muzułmanka** f (-i; gen -nek) Muslimin f **muzułmański** muslimisch
**muzyczny** Musik-; talent musikalisch
**muzyk** m (-a; -cy) Musiker m; (kobieta) Musikerin f **muzyka** f (-i; bpl) Musik f **muzykalny** musikalisch **muzykować** (-uję) musizieren
**my** pron (GAL nas, dat nam, inst nami) wir
**myć** ⟨u-⟩ (-ję) waschen; okno putzen
**mydlić** ⟨na-⟩ (-lę) einseifen; **mydlić oczy** fig ein X für ein U vormachen **mydło** n (-a; gen -deł) Seife f; **~ w płynie** Flüssigseife f
**myjnia** f (-i; -e, -i) Waschanlage
**mylić** ⟨po-⟩ (-lę) verwechseln, durcheinanderbringen; **~ się** sich irren; (zrobić błąd) Fehler machen; **pozory** pl **mylą** der Schein trügt; **o ile się nie mylę ...** wenn ich mich nicht irre ...; ⟨z-⟩ (powodować pomyłkę) irreführen, täuschen **mylny** irrig, falsch
**mysz** f (-y; -y) Maus f (a. IT) **myszka** f (-i; gen -szek) Mäuschen n; (plamka) Muttermal n
**myśl** f (-i; gen -i) Gedanke m; **mieć na ~i** meinen; **być dobrej ~i** guter Dinge sein; **po mojej ~i** in meinem Sinne; **w ~** (gen) gemäß, entsprechend (dat); **na ~ o** (lok) bei dem Gedanken an (akk) **myśleć** (-ę, -i) denken (**o** lok an akk); (mieć zdanie) denken, meinen (**o** lok über akk); **niewiele myśląc** ohne lange zu überlegen; **co o tym myślisz?** was denkst du darüber?
**myśliciel** m (-a; -e) Denker m
**myśliwy** m (-ego; -wi) Jäger m
**myślnik** m (-a; -i) Gedankenstrich m
**mżawka** f (-i; gen -wek) Sprühregen m
**mżyć** (3. Pers -y): **mży** es nieselt

# N

**na** präp (akk) auf, in (akk); (lok) an, auf, in (dat); (na jak długo; na jaki cel) (akk) für (akk); (na okazję) (akk) zu (dat); **~ zachodzie** im Westen; **~ zebranie** zur Versammlung; **~ obiad** zum Mittagessen; **~ urlopie** im Urlaub; **~ uniwersytecie** an der Universität; **sto kilometrów ~ godzinę** hundert Kilometer pro Stunde; **~ razie** noch, vorläufig; **~ razie!** umg tschüs!, bis dann!; **~ życzenie** auf Wunsch; **~ czczo** auf nüchternen Magen; **~ leżąco** liegend; **~ przekór** zum Trotz; **~ przemian** abwechselnd; **~ wznak** auf dem Rücken; **~ wynos** zum Mitnehmen, außer Haus; **~ zewnątrz** draußen; **~ dole** unten; **~ drugi dzień** am nächsten Tag; **~ czworakach** auf allen vieren
**nabawiać się** (-am) ⟨-ić się⟩ (-ię) (gen)

MED sich zuziehen, bekommen (akk)
**nabiał** m (-u; bpl) koll Milchprodukte pl
**nabić** pf: **~ sobie guza** sich e-e Beule holen; → nabijać
**nabierać** (-am) ⟨nabrać⟩ *nabiorę*) pf) nehmen (akk); *apetytu* bekommen (akk); *wartości* gewinnen (an dat); **~ k-o** umg j-n anschwindeln; **~ powietrza** Atem holen; **~ sił zu** Kräften kommen; **~ pewności siebie** selbstbewusster werden
**nabijać** (-am) ⟨nabić⟩ (-ję) füllen; *broń* laden; **~ na** (akk) aufspießen auf (akk); **nabijać się z k-o** umg j-n auf den Arm nehmen, j-n necken
**nabożeństwo** n (-a) Gottesdienst m, Andacht f
**nabój** m (-boju; -boje; -boi od -bojów) MIL Patrone f; **ślepy ~** MIL Platzpatrone f
**nabrać*** pf: **dać się** pf **~** umg reinfallen (na akk auf akk); → nabierać
**nabrzeże** n (-a) MAR Kai m
**nabrzmiały** geschwollen
**nabytek** m (-tku; -tki) Erwerb m, Anschaffung f **nabywać** (-am) ⟨nabyć*⟩ (nabędę) erwerben, anschaffen; **~ wprawy** geübter werden; **~ doświadczenia** Erfahrungen sammeln **nabywca** m (-y; gen -ów) Käufer m, Abnehmer m
**nachalny** pej aufdringlich **nachmurzony** grimmig
**nachodzić** (*nachodzę, nachodzi*) ⟨najść⟩ überkommen; (*przychodzić*) belästigen; **nachodzić na siebie** sich überlappen; **nachodzić się** pf sich die Füße wund laufen
**nachylać** (-am) ⟨-ić⟩ (-ę) beugen **nachylony** gebeugt
**naciąć*** pf → nacinać **naciągać** (-am) ⟨-nąć⟩ (-ę) v/t spannen; *pończochy* anziehen; *pokrowiec* überziehen; *mięsień* zerren; (*nabierać*) umg hereinlegen; v/i *herbata* ziehen
**naciekać** (3. Pers -a) ⟨naciec* od -nąć⟩ (*nacieknie*) (hin)einfließen, (hin)einsickern **nacierać** (-am) ⟨natrzeć⟩ (natrę) v/t einreiben (*inst* mit dat); v/i (**na** akk) angreifen (akk)
**nacinać** (-am) ⟨naciąć⟩ (natnę) (gen) abschneiden; (akk) anschneiden
**nacisk** m (-u; -i) Druck m (a. fig); **z ~iem** fig mit Nachdruck **naciskać** (-am) ⟨-nąć⟩ (-ę) drücken; **naciskać na k-o** j-n unter Druck setzen, auf j-n Druck ausüben

**nacjonalistyczny** nationalistisch
**naczelnik** m (-a; -cy) Leiter m **naczelny** Ober-, Haupt-
**naczynie** n (-a; gen -yń) Gefäß n, Behälter m; pl Geschirr n; **naczynia** pl **krwionośne** Blutgefäße pl
**nać** f (-ci; bpl) Kraut n
**nad** präp (akk) (*ponad*) über (akk); an (akk); (*lok*) (*ponad*) über (dat); an (dat); **~ morzem** am Meer; **~ mną** über mir
**nadać** pf → nadawać **nadajnik** m (-a; -i) Sender m
**nadal** adv weiter(hin), nach wie vor
**nadaremnie** adv umsonst, vergebens **nadaremny** vergeblich **nadarzać się** (3. Pers -a) ⟨-yć się⟩ (-y) sich bieten **nadawać** (*nadaję*) ⟨nadać⟩ (*nadam*) aufgeben;*tytuł* verleihen; *prawo* gewähren; RADIO senden; **~ się** (do gen, na akk) sich eignen (für akk) **nadawca** m (-y; gen -ów), **nadawczyni** f (-i; -e) Absender(in) m(f)
**nadąć** pf → nadymać **nadąsany** schmollend, beleidigt **nadążać** (-am) ⟨-yć⟩ (-ę): **nie ~ za** (*inst*) nicht Schritt halten (können) (mit dat); (*nie rozumieć*) nicht folgen können (dat); **nie ~ z** (*inst*) zeitlich nicht hinbekommen (akk), nicht fertig werden (mit dat)
**nadbagaż** m (-u; -e) Übergepäck n **nadbałtycki** Ostsee-, baltisch **nadbrzeże** n (-a) Ufer(gebiet) n; *morskie* Küste f
**nadbudowa** f (-y) BUD Aufstockung f
**nadburmistrz** m (-a; -e) Oberbürgermeister m
**nadchodzący** kommend **nadchodzić** (*nadchodzę*) ⟨nadejść⟩ (*nadejdę*) ankommen; fig (heran)nahen **nadciśnienie** n (-a; bpl) MED hoher Blutdruck m; FIZ Überdruck m **nadczynność** f (-ści; bpl) MED Überfunktion f
**nade**: **~ mną** über mir
**nadejście** n (-a) Ankunft f **nadejść*** pf → nadchodzić
**nadepnąć** pf (-nę) treten (**na** akk auf akk) **nadesłać*** pf → nadsyłać **nadęty** umg pej aufgeblasen
**nadfioletowy** ultraviolett **nadgodzina** f Überstunde **nadgorliwy** (-wie) übereifrig **nadgraniczny** grenznah, Grenz- **nadjeżdżać** (-am) ⟨nadjechać*⟩ (*nadjadę*) ankommen

**nadleśnictwo** n (-a) Forstamt n **nadleśniczy** m (-ego; -czy) Forstmeister m **nadliczbowy** überzählig; **godziny** f/pl **nadliczbowe** Überstunden f/pl **nadludzki (-ko)** übermenschlich **nadmiar** m (-u; bpl) (gen) Übermaß n (an dat); **w ~ze** im Überfluss

**nadmieniać** (-am) ⟨-ić⟩ (-ę) erwähnen, bemerken **nadmierny** übermäßig **nadmorski** Küsten- **nadmuchiwać** (-uję) ⟨nadmuchać⟩ (-am) aufblasen **nadobowiązkowy (-wo)** fakultativ **nadpłacać** (-am) ⟨-ić⟩ (-ę) überbezahlen **nadprodukcja** f (-i; bpl) Überproduktion f **nadprogramowy (-wo)** zusätzlich **nadprzyrodzony** übernatürlich **nadpsuty** angefault **nadrabiać** (-am) ⟨-ić⟩ (-ię) czas aufholen; zaległości aufarbeiten, nachholen; **~ drogi** e-n Umweg machen

**nadruk** m (-u; -i) Aufdruck m; na tkaninie Druckmuster n **nadrzędny** übergeordnet **nadskakiwać** (-uję): **~ k-u** j-m schmeicheln **nadspodziewany** unverhofft **nadstawi(a)ć** hinhalten; uszy spitzen **nadstawka** f (-i; gen -wek) TECH Aufsatz m **nadsyłać** (-am) ⟨nadesłać⟩ ⟨nadeślę⟩ einsenden, zusenden

**naduzycie** n (-a) Missbrauch m; JUR Unterschlagung f; **~ podatkowe** Steuerhinterziehung f **naduży(wa)ć** (gen) missbrauchen (akk); **~ alkoholu** übermäßig trinken, alkoholabhängig sein **nadwaga** f (-i; bpl) Übergewicht n **nadwartość** f Mehrwert m **nadwerężać** (-am) ⟨-yć⟩ (-ę) überstrapazieren, überbeanspruchen; **~ się** sich übernehmen, sich überfordern **nadwodny** Ufer-, Wasser-

**nadwozie** n (-a; gen -i) AUTO Karosserie f **nadwrażliwy** überempfindlich **nadwyżka** f (-i; gen -żek) Überschuss m; EKON Mehreinnahme f **nadziać** pf: **~ się** sich aufspießen (**na** akk auf akk) **nadzieja** f (-ei; -e; gen -ei) Hoffnung f; **mieć nadzieję** hoffen **nadziemski** [d.-] überirdisch **nadzienie** n (-a) KULIN Füllung f **nadziewać** (-am) ⟨nadziać⟩ (-eję) KULIN füllen (inst mit dat); aufspießen **nadziewany** KULIN gefüllt, mit Füllung **nadzorca** [-d.z-] m (-y; gen -ów), **nadzorczyni** f(-i; -e) Aufseher(in) m(f) **nadzorczy** [-d.z-] Aufsichts- **nadzorować** [-d.z-] (-uję) beaufsichtigen, überwachen **nadzór** [-d.z-] m (-oru; bpl) Aufsicht f, Überwachung f **nadzwyczaj** [-d.z-] adv außergewöhnlich, besonders **nafta** f (-y; bpl) Petroleum n **naftowy** lampa Petroleum-; pola Erdöl-

**nagabywać** (-uję) belästigen, behelligen (**o** akk wegen gen) **nagana** f (-y) Tadel m, Rüge f **nagi** (persf –dzy) **(-go)** nackt; drzewo kahl **naginać** (-am) ⟨nagiąć⟩ ⟨nagnę⟩ niederbeugen, niederbiegen; **naginać** (**do** gen) fig auf Biegen und Brechen anpassen (an akk); nötigen (zu dat) **naglący** dringend, eilig **naglić: czas nagli** die Zeit drängt **nagłaśniać** (-am) ⟨nagłośnić⟩ ⟨-ię, -nij!⟩ publik machen **nagłówek** m (-wka, -wki) Überschrift f; listu Briefkopf m **nagły** plötzlich; (pilny) dringend **nagminny** weit verbreitet, allgemein **nagniotek** m (-tka, -tki) Hühnerauge n **nagonka** f (-i; gen -nek) ŁOW Treibjagd f; fig Hetzkampagne f

**nagość** f (-ści; bpl) Nacktheit f **nagrać** pf → **nagrywać nagradzać** (-am) ⟨nagrodzić⟩ (-ę) (inst) belohnen (mit dat); (wręczać nagrodę) auszeichnen (mit dat) **nagranie** n (-a) Tonbandaufnahme f

**nagrobek** m (-bka; -bki) Grabmal n, Grabstein m **nagrobkowy** Grab- **nagroda** f (-y) Belohnung f; w zawodach Preis m; dla znalazcy Finderlohn m; **~ pocieszenia** Trostpreis m; **~ pieniężna** Geldpreis m **nagrodzić** pf → nagradzać **nagrodzony** preisgekrönt **nagromadzenie** n (-a) Anhäufung f **nagrywać** (-am) ⟨nagrać⟩ (-am) aufnehmen; **~ się na sekretarkę** auf den Anrufbeantworter sprechen **nagrzewać** (-am) ⟨nagrzać⟩ (-eję) erwärmen, warm machen; mocno erhitzen; **~ się** warm werden, sich erwärmen; żelazko heiß werden

**naiwność** f (-ści; bpl) Naivität f **naiwny** naiv

**najadać się** (-am) ⟨najeść się⟩ (najem) (inst) satt werden (von dat); (gen) viel essen (von gen)

**najazd** m (-u; -y) Einfall m, Überfall m **nająć** pf → **najmować najbardziej** sup adv am meisten **naj-**

**bliższy** sup adj nächste(r); **najbliższa rodzina** f die engste Familie **najczęściej** sup adv am häufigsten **najdalej** sup adv am weitesten; (*najpóźniej*) spätestens **najdłużej** sup adv am längsten **najdłuższy** sup adj längste(r)
**najechać**\*; → najeżdżać
**najem** m (-jmu; bpl) ofic Vermietung f; **umowa** f **o ~** Mietvertrag m **najemca** m (-y; gen -ów) ofic Mieter m **najemny** Lohn-
**najeźdźca** (-y; gen -ów) Angreifer m, Aggressor m **najeżać** (-am) ⟨-yć⟩ (-ę): **~ sierść** das Fell sträuben **najeżdżać** (-am) ⟨**najechać**⟩ (*najadę*): **~ na** (*akk*) fahren gegen (*akk*); **~ na k-o** j-n anfahren; **~ na kraj** ein Land überfallen
**najgorszy** sup adj schlechteste(r), schlimmste(r); **w ~m wypadku** schlimmstenfalls **najgorzej** sup adv am schlechtesten, am schlimmsten **najlepiej** sup adv am besten **najlepszy** sup adj beste(r); **w ~m wypadku** bestenfalls; **wszystkiego najlepszego!** herzlichen Glückwunsch!, alles Gute! **najmniej** sup adv am wenigsten; (**co**) **~** *partikel* mindestens; **jak ~** so wenig wie möglich **najmniejszy** sup adj kleinste(r); geringste(r)
**najmować** (-uję) ⟨**nająć**⟩ (*najmę*) mieten; (*zatrudniać*) Saisonarbeiter beschäftigen; **~ się** als Saisonarbeiter arbeiten
**najniżej** sup adv ganz unten, zuunterst **najniższy** sup adj niedrigste(r) **najnowszy** sup adj (aller)neueste(r); (*wiadomość*) jüngste(r), letzte(r) **najpierw** adv zuerst **najprawdopodobniej** sup adv am wahrscheinlichsten **najprędzej** sup adv am schnellsten; **jak ~** so schnell od so bald wie möglich **najstarszy** sup adj älteste(r) **najście** n (-a) fig umg Überfall m **najść**\* pf → nachodzić **najważniejszy** sup adj wichtigste(r) **najwcześniej** sup adv am frühesten; frühestens **najwyżej** adv am höchsten, höchst-; (**co**) **~** *partikel* höchstens **najwyższy** sup adj höchste(r) **najzupełniej** adv ganz und gar
**nakarmić** pf → karmić
**nakaz** m (-u; -y) Befehl m; fig Gebot n **nakazywać** (-uję) ⟨**nakazać**⟩ (*nakażę*) befehlen, anordnen; verlangen, gebieten; **~ milczenie** Schweigen gebieten

**naklejać** (-am) ⟨**-ić**⟩ (-ję) aufkleben; **~ znaczek na kopertę** e-n Brief frankieren **naklejka** f (-i; gen -jek) Aufkleber m
**nakład** m (-u; -y) Aufwand m; TYPO Auflage f; **~ pracy** Arbeitsaufwand m; **~em** (*gen*) im Verlag ... **nakładać** (-am) ⟨**nałożyć**⟩ (-ę) auflegen; *obowiązek* auferlegen; *karę* verhängen
**nakłaniać** (-am) ⟨**nakłonić**⟩ (-ię) bewegen, bringen (**do** *gen* zu *dat*)
**nakręcać** (-am) ⟨**nakręcić**⟩ (-ę) aufziehen; *film* drehen **nakrętka** f (-i; gen -tek) TECH Mutter f; *na butelkę* Schraubverschluss m
**nakrycie** n (-a) Gedeck n; **~ głowy** Kopfbedeckung f **nakrywać** (-am) ⟨**nakryć**⟩ (*nakryję*) bedecken, zudecken; **~ stół** den Tisch decken; **nakryć pf k-o** j-n ertappen (**na** *lok* bei *dat*)
**nalać** pf → nalewać
**nalegać** (-am) drängen; **~ na** (*akk*) bestehen auf (*dat*) **nalepiać** (-am) ⟨**-ić**⟩ (-ię) aufkleben **nalepka** f (-i; gen -pek) Aufkleber m **naleśnik** m (-a; -i) Eierkuchen m, Palatschinke f **nalewać** (-am) ⟨**nalać**⟩ (*naleję*) eingießen; *wina* einschenken **nalewka** f (-i; gen -wek) Obstler m
**należeć** (-ę, -y): **~ do** (*gen*) gehören (zu *dat*); (*być członkiem*) angehören (*dat*); **~ do k-o** j-m gehören; **należy** (+ *inf*) man muss, man soll (+ *inf*); **należałoby** (+ *inf*) man müsste, man sollte (+ *inf*); **jak należy** wie es sich gehört; **~ się k-u** j-m zustehen; j-m gebühren **należność** f (*-ści*) (fälliger) Betrag m, Außenstände m/pl **należyty** nötig; angemessen
**nalot** m (-u; -y) MIL Luftangriff m; MED Belag m; **~ dywanowy** Flächenbombardement n
**naładowany** (voll)geladen; ELEK, MIL geladen
**nałogowiec** m (-wca; -wcy) Süchtige(r) m **nałogowy** süchtig; fig passioniert **nałożyć** pf → nakładać **nałóg** m (-ogu; -ogi) Sucht f; fig Hang m, (üble) Gewohnheit f
**nam** *pron dat* uns
**namacać** pf (-am) ertasten **namacalny** tastbar; fig greifbar
**namaszczenie** n (-a) REL Salbung f
**namawiać** (-am) ⟨**namówić**⟩ (*namówię*) überreden (**na** *akk od* **do** *gen* zu *dat*); *do*

*kradzieży* anstiften (zu *dat*); **~ się** sich bereden

**nami** *pron inst*: **z ~** mit uns

**namiastka** *f* (-*i*; *gen* -*tek*) Ersatz *m*

**namiękać** (3. *Pers* -*a*) ⟨-**nąć**⟩ (-*nie*) *v/i* aufweichen, weich werden

**namiętność** *f* (-*ści*) Leidenschaft *f* **namiętny** leidenschaftlich

**namiot** *m* (-*u*; -*y*) Zelt *n*

**namowa** *f* (-*y*) Überredung *f*; *do kradzieży* Anstiftung *f* **namówić** *pf*: **dać się ~** sich überreden lassen; → *namawiać*

**namydlać** (-*am*) ⟨-**ić**⟩ (-*ę*) einseifen **namysł** *m* (-*u*; *bpl*): **bez ~u** ohne zu überlegen; **po ~śle** nach einiger Überlegung **namyślać się** (-*am*) ⟨-**ić się**⟩ (-*ę*): **~ (nad** *inst*) überlegen (*akk*), nachdenken (über *akk*)

**nanosić** (*nanoszę*) ⟨**nanieść**\*⟩ (*naniosę*) eintragen

**naocznie** *adv* mit eigenen Augen

**naokoło** *präp* (*gen*) (rings) um (*akk*); *adv* rings(her)um, rundherum

**napad** *m* (-*u*; -*y*) MIL Überfall *m*; MED Anfall *m* (*a. fig*) **napadać** (-*am*) ⟨**napaść**¹⟩ (*napadnę*); ~ **(na** *akk*) überfallen (*akk*) (*a.* MIL); **~ na k-o** j-n angreifen, j-n attackieren

**napalić** *pf* (-*ę*) heizen; **~ się** *umg* scharf sein (**na** *akk* auf *akk*)

**napastliwy** (-*wie*) aggressiv **napastnik** *m* (-*a*; -*cy*) Angreifer *m*; SPORT Stürmer *m* **napastować** (-*uję*) angreifen; (*zaczepiać*) belästigen **napaść**\*¹ *pf* → *napadać* **napaść**² *f* (-*ści*)- MIL Angriff *m* (*a. fig*)

**napchać** *pf* → *napychać*

**napełniać** (-*am*) ⟨-**ić**⟩ (-*ię*) (auf)füllen (*inst* mit *inst*); *fig* erfüllen

**napęd** *m* (-*u*; -*y*) TECH Antrieb *m*; IT Laufwerk *n*

**napiąć** *pf* → *napinać* **napić się** *pf* (*napiję*) (*gen*) trinken (*akk*) **napierać** (-*am*) ⟨**naprzeć**⟩ (*naprę*) MIL angreifen, anrücken; **~ (na** *akk*) pressen, drücken (auf *akk*), sich stemmen (gegen *akk*); **~ na k-o** j-n bedrängen

**napięcie** *n* (-*a*) ELEK Spannung *f* **napięty** gespannt; *program* voll; *fig* angespannt **napinać** (-*am*) ⟨**napiąć**⟩ (*napnę*) (an)spannen

**napis** *m* (-*u*; -*y*) Aufschrift *f*; *wyryty* Inschrift *f* **napisać** *pf* → *pisać*

**napiwek** *m* (-*wku*; -*wki*) Trinkgeld *n*

**napływ** *m* (-*u*; -*bpl*) Zustrom *m*; *informacji* Zufluss *m* **napływać** (-*am*) ⟨**napłynąć**⟩ (-*nę*) hineinfließen; *ludzie* (herbei)strömen; *listy* eintreffen **napływowy** *ludność* zugewandert

**napoczynać** (-*am*) ⟨**napocząć**⟩ (*napoczne*) *butelkę* anbrechen; *chleb* anschneiden **napominać** (-*am*) ⟨**napomnieć**⟩ (*napomnę*, -*nij*!) ermahnen **napomknąć** *pf* → *napomykać* **napomnienie** *n* (-*a*) Ermahnung *f* **napomykać** (-*am*) ⟨**napomknąć**⟩ (-*ę*): **~ (o** *lok*) (beiläufig) erwähnen, andeuten (*akk*) **napot(y)kać** (-*am*) *v/t* begegnen (*dat*), stoßen (auf *akk*)

**napój** *m* (-*oju*; -*oje*) Getränk *n*; **~ chłodzący** Erfrischungsgetränk *n* **napór** *m* (-*oru*; *bpl*) Druck *m*

**naprawa** *f* (-*y*) Reparatur *f*; Instandsetzung *f*; *zła* Wiedergutmachung *f*; **dać** *pf* **do naprawy** reparieren lassen

**naprawdę** *adv* wirklich, tatsächlich

**naprawiać** (-*am*) ⟨-**ić**⟩ (-*ię*) reparieren, ausbessern; *zło* wiedergutmachen

**naprędce** *adv* schnell, eilig

**naprężać** (-*am*) ⟨-**yć**⟩ (-*ę*) (an)spannen

**napromieniowanie** *n* (-*a*) Bestrahlung *f* **naprowadzać** (-*am*) ⟨**naprowadzić**⟩ (*naprowadzę*) lenken; *fig* bringen

**naprzeciw** *präp* (*gen*) gegenüber (*dat*); *adv* entgegen; **wyjść** *pf* **~ k-u** j-m entgegenkommen **naprzeć**\* *pf* → *napierać*

**naprzód** *adv* nach vorn, vor-; *fig* vorwärts

**naprzykrzać się** (-*am*): **~ k-u** sich j-m aufdrängen

**napuchnięty** geschwollen **napuszony** aufgeblasen; *styl* schwülstig **napychać** (-*am*) ⟨**napchać**⟩ (-*am*) vollstopfen

**narada** *f* (-*y*) Besprechung *f*, Beratung *f*

**naradzić się** (-*am*) ⟨-**ić się**⟩ (-*ę*): **~ (nad** *inst*) beraten (über *akk*), besprechen (*akk*)

**naraz** *adv* plötzlich, auf einmal; (*jednocześnie*) gleichzeitig

**narażać** (-*am*) ⟨**narazić**⟩ (*narażę*) riskieren, aufs Spiel setzen; **~ k-o na koszty** j-m Kosten verursachen; **~ na niebezpieczeństwo** gefährden; **~ się k-u** bei j-m Missfallen erregen **narażenie** *n* (-*a*; *bpl*): **z ~m życia** unter Lebensgefahr

**narciarka** *f* (-*i*; *gen* -*rek*) Skiläuferin *f*

(*czapka*) Skimütze f **narciarski** Ski-, Schi- **narciarstwo** n (-a; *bpl*) Skisport m **narciarz** m (-a; -e) Skiläufer m, Skifahrer m
**narcyz** m (-a; -y) Narzisse f
**nareszcie** *adv* endlich
**narkoman** m (-a; -i), **narkomanka** f (-i; *gen* -nek) Drogensüchtige(r) m, f **narkomania** f (*gen dat lok* -ii; *bpl*) Drogensucht f **narkotyk** m (-u; -i) Rauschgift n, Droge f **narkotyzować się** (-*uję*) Drogen nehmen **narkoza** f (-y; *bpl*) Narkose f
**narobić** *pf* (-ię) (*gen*) bereiten (*akk*)
**narodowość** f (-ści) Nationalität f **narodowy** (-**wo**) national, National-
**narodzenie** (**się**) (-a), **narodziny** *pl* (-) Geburt f **narośl** f (-i; -e) Beule f; Knoten m, Wucherung f
**narożnik** m (-a; -i) Ecke f; (*kanapa*) Ecksofa n **narożny** Eck-
**naród** m (-*odu*; -*ody*) Volk n, Nation f
**narta** f (-y) Ski m, Schi m
**naruszać** (-*am*) ⟨-**yć**⟩ (-ę) verstoßen (gegen *akk*); *umowę* brechen; *równowagę* stören; *zapasy* angreifen **naruszenie** n (-a) (*gen*) Verstoß m (gegen *akk*), Verletzung f (*gen*); ~ **umowy** Vertragsbruch m; ~ **prawa** Rechtsverletzung f
**narybek** m (-*bku*; *bpl*) ZOOL Fischbrut f; *fig* Nachwuchs m
**narząd** m (-u; -y) ANAT Organ n
**narzecze** n (-a; *gen* -y) Dialekt m
**narzeczona** f (-*ej*; -e) Verlobte f
**narzekać** (-*am*) sich beklagen, klagen (**na** *akk* über *akk*) **narzędnik** m (-a; -i) GRAM Instrumental m **narzędzie** n (-a; *gen* -i) Werkzeug n (*a. fig*)
**narzucać** (-*am*) ⟨-**ić**⟩ (-ę) aufwringen; **narzucić płaszcz** e-n Mantel überwerfen; **narzucać się** k-u sich j-m aufdrängen **narzutka** f (-i; *gen* -tek) Umhang m
**nas** *pron lok*; *akk* uns; *gen* unserer
**nasada** f (-y) Stiel m, Griff m; ~ **włosa** Haaransatz m **nasadzać** (-*am*) ⟨-**ić**⟩ (-ę) aufsetzen, aufstecken
**nasenny**: **środek** ~ Schlafmittel n
**nasi** *pron persf* unsere
**nasiąkać** (-*am*) ⟨-**nąć**⟩ (-nę) (*inst*) sich vollsaugen, durchtränkt sein (mit *dat*)
**nasienie** n (-a; -*siona*; *gen* -*sion*) Samen m **nasienny** Samen-
**nasilenie** n (-a; *bpl*) Verstärkung f; *siroby* Verschlimmerung f
**naskórek** m (-*rka*; *bpl*) (Ober)Haut f **nasłać\*** *pf* → **nasyłać**
**nasłuchiwać** (-*uję*) (*gen*) horchen, lauschen (*dat*)
**nastawać** (*nastaję*) ⟨**nastać**⟩ (*nastanę*) kommen **nastawiać** (-*am*) ⟨-**ić**⟩ (-*ię*) *budzik* stellen; *wodę* aufsetzen; *płytę* auflegen; *ostrość* einstellen; MED richten; (**przeciw** *dat*) einstellen (gegen *akk*) **nastawianie** n (-a) Einstellung f; MED Richten n
**nastąpić** *pf* → **następować następca** m (-y; *gen* -ów), **następczyni** f (-i; -e) Nachfolger(in) m(f); ~ **tronu** Thronfolger m **następnie** *adv* dann, ferner(hin), anschließend **następny** nächste(r), kommende(r), folgende(r); ~**ego dnia** am nächsten Tag **następować** (-*uję*) ⟨**nastąpić**⟩ (-*ię*) eintreten; ~ **po** (*lok*) folgen (auf *akk*) **następstwo** n (-a) Folge f, Konsequenz f **następująco** *adv* folgendermaßen **następujący** folgend
**nastolatek** m (-*tka*; -*tki*), **nastolatka** f (-i; *gen* -*tek*) Jugendliche(r) m, f, Teenager m
**nastrajać** (-*am*) ⟨**nastroić**⟩ (-*ję*) MUS stimmen (*a. fig*) **nastraszyć** *pf* (-ę) erschrecken, Angst einjagen
**nastręczać** (-*am*) ⟨-**yć**⟩ (-ę) bereiten; (*polecać*) vermitteln, empfehlen; ~ **się** sich bieten
**nastroić** *pf* → **nastrajać nastrojowy** (-**wo**) stimmungsvoll **nastrój** m (-*oju*; -*oje*, -*ojów*) Stimmung f; **w dobrym nastroju** gut gelaunt, guter Laune
**nasturcja** f (-i; -e) Kapuzinerkresse f
**nasuwać** (-*am*) ⟨-**nąć**⟩(-nę) schieben (**na** *akk* auf *akk*); ~ **na czoło** in die Stirn ziehen; *wątpliwości* aufkommen lassen; *skojarzenia* hervorrufen; ~ **myśl** k-u j-n auf den Gedanken bringen; ~ **się** aufkommen; *myśl* naheliegen; *pytanie* sich stellen, sich aufdrängen
**nasycony** (*persf* -*eń*) *kolor* satt; *rynek* gesättigt **nasyłać** (-*am*) ⟨**nasłać**⟩ (*naślę*): ~ **na k-o** auf j-n ansetzen, j-m auf den Hals schicken
**nasypywać** (-*uję*) ⟨**nasypać**⟩ (-*ię*) (*gen*) streuen (*akk*), ~ (**do** *gen*) hineinschütten (in *akk*)
**nasz** *pron poss* m (*persf nasi*) unser
**naszyć** *pf* → **naszywać naszyjnik** m

(-a; -i) Halskette f **naszywać** (-am) ⟨**naszyć**⟩ (naszyję) aufnähen
**naśladować** (-uję) nachahmen **naśladowca** m (-y; gen -ów), **naśladowczyni** f (-i; -e/-ń) Nachahmer(in) m(f) **naśladowczy** Nachahmungs- **naśladownictwo** n (-a; bpl) Nachahmung f
**naświetlać** (-am) ⟨**naświetlić**⟩ (-lę) bestrahlen; FOTO belichten; fig darlegen
**natarcie** n (-a) MIL, SPORT Angriff m **natarczywy** (-wie) aufdringlich, hartnäckig
**natchnienie** n (-a; bpl) Inspiration f
**natężać** (-am) ⟨-**yć**⟩ (-ę) anspannen; wzrok anstrengen; uwagę konzentrieren; ~ **się** sich verstärken **natężenie** n (-a) Intensität f, Stärke f (a. FIZ)
**natknąć się** pf → natykać się
**natomiast** dagegen, hingegen
**natrafi(a)ć** (**na** akk) begegnen (dat)
**natrętny** aufdringlich, zudringlich, lästig
**natrysk** m (-u; -i) Dusche f
**natrzeć*;** → nacierać
**natura** f (-y) Natur f **naturalizacja** f (-i; -e) Einbürgerung f **naturalny** natürlich
**natychmiast** adv sofort, auf der Stelle, umgehend **natychmiastowy** sofortig, unverzüglich
**natykać się** (-am) ⟨**natknąć się**⟩ (-ę): ~ **na** (akk) stoßen (auf akk)
**nauczać** (-am); ~ **k-o** (gen) j-n lehren (akk) **nauczka** f (-i; gen -czek) fig Lehre f **nauczyciel** m (-a; -e), **nauczycielka** f (-i; gen -lek) Lehrer(in) m(f) **nauczycielski** Lehrer- **nauczyć** pf; → uczyć
**nauka** f (-i) Wissenschaft f (uczenie się) Lernen n; (doktryna) Lehre f; ~ **szkolna** Schulunterricht m; ~ **zawodu** Berufsausbildung f, Lehre f; ~ **języków obcych** Fremdsprachenunterricht m; ~ **jazdy** Fahrschule f **naukowiec** m (-wca; -wcy) Wissenschaftler m; (kobieta) Wissenschaftlerin f **naukowy** (-wo) wissenschaftlich; tytuł akademisch; ekspedycja Forschungs-
**naumyślnie** adv absichtlich
**nawa** f (-y) ARCH Schiff n
**nawadniać** (-am) ⟨**nawodnić**⟩ (-ię) bewässern
**nawalać** (-am) ⟨-**ić**⟩ (-lę) umg kaputtgehen, nicht funktionieren; osoba Mist bauen, versagen **nawalnica** f (-y; -e) Gewittersturm m, Unwetter n
**nawet** sogar, selbst; ~ **gdyby** selbst wenn; ~ **nie** nicht (ein)mal
**nawias** m (-u; -y) (znak) Klammer f (a. MAT); **w** ~**ie** in Klammern
**nawiązywać** (-uję) ⟨**nawiązać**⟩ (nawiążę) knüpfen; łączność herstellen; współpracę aufnehmen; ~ **do** (gen) anknüpfen (an akk), sich beziehen (auf akk); ~ **rozmowę** ins Gespräch kommen; ~ **znajomość** eine Bekanntschaft machen; **nawiązując do** (gen) mit Bezug auf (akk); ~ **się** sich entwickeln
**nawierzchnia** f (-i; -e; gen -i) Straßendecke f, Belag m; **o twardej** ~ befestigt
**nawigacja** f (-i; -e) Navigation f
**nawijać** (-am) ⟨**nawinąć**⟩ (-nę, -ń!) aufwickeln, aufrollen; **nawijać** umg quasseln
**nawinąć** pf → nawijać
**nawlekać** (-am) ⟨**nawlec***⟩ (nawlokę) igłę einfädeln; paciorki auffädeln **nawodnić** pf → nawadniać
**nawoływać** (-uję) rufen; ~ **do** (gen) fig aufrufen, auffordern (zu dat)
**nawóz** m (-ozu; -ozy) Dünger m; ~**wóz sztuczny** Kunstdünger m
**nawracać** (-am) ⟨**nawrócić**⟩ (-ę) bekehren (**na** akk zu dat) **nawrót** m (-otu; -oty) Rückfall m
**nawyk** m (-u; -i) (An)Gewohnheit f **nawykać** (-am) ⟨-**nąć**⟩ (-nę); ~ **do** (gen) sich gewöhnen (an akk); (nabrać nawyku) sich angewöhnen (akk)
**nawzajem** gegenseitig; einander; **dziękuję,** ~! danke, gleichfalls!
**nazbyt** adv allzu
**naziemny** oberirdisch; LOT Boden-
**naznaczać** (-am) ⟨-**yć**⟩ (-ę) kennzeichnen; termin festlegen, festsetzen
**nazwa** f (-y) Name m, Bezeichnung f **nazwać*** pf → nazywać **nazwisko** n (-a) Nachname m, (Familien)Name m; ~ **panieńskie** Geburtsname m, Mädchenname m **nazywać** (-am) ⟨**nazwać**⟩ (-ę) nennen; ~ **się** heißen; **nazywam się ...** ich heiße ...; **jak to się nazywa?** wie heißt das?
**negatyw** m (-u; -y) FOTO Negativ n **negatywny** negativ (a. MED)
**negliż** m (-u; -e, -y) Negligee n
**negocjacje** f/pl (-i) Verhandlungen f/pl
**negocjator** m (-a; -rzy) Verhandlungs-

partner *m*

**negocjować** ⟨-uję⟩ verhandeln **negować** ⟨-uję⟩ verneinen, bestreiten **nekrolog** *m* ⟨-u; -i⟩ Todesanzeige *f*; *(artykuł)* Nachruf *m*

**neon** *m* ⟨-u; -y⟩ Leuchtreklame *f*

**nerka** *f* ⟨-i; *gen* -rek⟩ Niere *f*

**nerw** *m* ⟨-u; -y⟩ ANAT Nerv *m*; **~y** *fig* Nerven *pl* **nerwica** *f* ⟨-y⟩ Nervenkrankheit *f*, Neurose *f* **nerwoból** *m* ⟨-u; *gen* -i *od* -ów⟩ Nervenschmerz *m*, Neuralgie *f* **nerwowy** ⟨-wo⟩ nervös; ANAT, MED Nerven-

**neseser** *m* ⟨-u *od* -a; -y⟩ Necessaire *n*

**neska** *f* ⟨-i; *bpl*⟩ *umg* Instantkaffee *m*

**neutralizować** ⟨z-⟩ ⟨-uję⟩ neutralisieren **neutralny** neutral *(a.* POL)

**newralgiczny** neuralgisch

**nęcący** ⟨-co⟩ verlockend, verführerisch **nęcić** ⟨z-⟩ ⟨-cę⟩ (ver)locken

**nędzny** arm, dürftig; *umg* miserabel

**nękać** ⟨-am⟩ plagen, quälen

**niańczyć** ⟨-ę⟩ *dziecko* pflegen; auf dem Arm tragen **niańka** *f* ⟨-i; *gen* -niek⟩ Kindermädchen *n*

**nią** *pron inst*; *pron akk* sie; **z ~** mit ihr

**niby** *partikel* anscheinend; eigentlich; **na ~** zum Schein, Schein-

**nic** *pron* ⟨*gen* niczego, *dat* niczemu, *akk* nic, *inst lok* niczym⟩ nichts; **~ nie mam** ich habe nichts; **~ a ~** rein gar nichts; **to ~** das macht nichts; **~ takiego** nichts Schlimmes; nichts Besonderes; **~ z tego** (nie będzie) daraus wird nichts; **~ ci do tego** das geht dich nichts an; **za ~ w świecie** um nichts in der Welt; **być do niczego** *umg* nicht zu gebrauchen sein, nichts taugen; **na ~** *umg* für die Katz

**nich** *pron persf akk* sie; *pron pl gen* ihrer; *pron pl lok*; **o ~** über sie, von ihnen **do ~** zu ihnen

**nicpoń** *m* ⟨-nia; -nie; *gen* -i *od* -ów⟩ Taugenichts *m*, Schlingel *m*

**niczego** *pron gen* nichts **niczemu** *pron dat* nichts; *dat* → *nic* **niczyj** niemandes, niemandem gehörend; *pies* herrenlos; **bez ~ej pomocy** ohne fremde Hilfe **niczym** *pron inst lok* nichts; → nic

**nić** *f* ⟨nici; nici, *inst* -ćmi⟩ Faden *m*

**niderlandzki** niederländisch

**nie**¹ *partikel* nein; nicht; doch; **już ~** nicht mehr; **~ płacąc** ohne zu bezahlen; **no ~?** ist es nicht so? **nie**² *pron sachf akk* sie; *pron n akk* es

**nieaktualny** nicht aktuell **nieapetyczny** unappetitlich **niebezpieczeństwo** *n* ⟨-a⟩ Gefahr *f* **niebezpieczny** gefährlich

**niebieskawy** ⟨-wo⟩ bläulich **niebieski** ⟨-ko⟩ blau; *sklepienie n* **~e** Himmelsgewölbe *n*, Firmament *n*; *ciało n* **~e** ASTRON Himmelskörper *m*, Gestirn *n*; *królestwo n* **~e** REL Himmelreich *n*; **~ ptak** *m fig* Schmarotzer *m*

**niebo** *n* ⟨-a; *bpl*⟩ Himmel *m* (*a.* REL)

**niebrzydki** ⟨-ko⟩ ganz hübsch **niebywały** ohnegleichen, nie noch da gewesen **niecałkowity** ⟨-cie⟩ unvollständig; teilweise **niecały** nicht ganz, knapp **niecenzuralny** unanständig, unflätig

**niech** *partikel* sollen, mögen; *konj* wenn (nur); **~ zadzwoni** er *od* sie soll anrufen; **~ pan usiądzie** setzen Sie sich, bitte; **~** (**ci**) **będzie!** meinetwegen! **niechby** wenn doch

**niechcący** *adv* unabsichtlich, ungewollt

**niechęć** *f* ⟨-ci; *bpl*⟩ Unlust *f*; **~ do** (*gen*) Abneigung gegen (*akk*) **niechętnie** *adv* ungern, widerwillig **niechętny** unmotiviert; **~ do** (*gen*) abgeneigt (*dat*)

**niechlujny** *umg* schlampig; *ubranie* schluderig **nieciekawy** ⟨-wie⟩ uninteressant

**niecierpliwić** ⟨z-⟩ ⟨-ię⟩ ungeduldig machen, j-s Geduld strapazieren; **~ się** ungeduldig sein **niecierpliwy** ⟨-wie⟩ ungeduldig

**niecka** *f* ⟨-i; *gen* -cek⟩ GEOL Mulde *f*

**nieco** ein wenig, etwas **niecodzienny** nicht alltäglich

**nieczęsto** *adv* nicht oft **nieczuły** *(persf —li)* ⟨-le⟩ gefühllos; **~ na** (*akk*) unempfindlich gegen (*akk*) **nieczynny** *sklep* geschlossen; *winda* außer Betrieb; *zakład* stillgelegt; *wulkan* erloschen; CHEM inaktiv **nieczysty** ⟨-to⟩ unsauber; **nieczyste sumienie** *n* schlechtes Gewissen *n*

**nieczytelny** unleserlich **niedaleki** unweit; *w czasie* nah(e) **niedaleko** *adv* unweit, nicht weit entfernt (*gen od* **od** *gen* von *dat*) **niedawno** *adv* kürzlich, neulich; **~ temu** vor Kurzem **niedawny** jüngste(r), letzte(r); **od niedawna** seit Kurzem; **do niedawna** bis vor Kurzem

**niedbalstwo** n (-a; bpl) Nachlässigkeit f, umg Schlampigkeit f
**niedelikatny** taktlos, grob **niedługo** adv nicht lange; (wkrótce) bald **niedobór** m (-oru; -ory) Mangel m (gen an dat) **niedobrany** nicht zusammenpassend, unharmonisch **niedobry** (persf –rzy) schlecht; dziecko ungezogen **niedociągnięcie** n (-a) Unzulänglichkeit f; Mangel m
**niedogodność** f (-ści) Unbequemlichkeit f, Ungelegenheit f **niedogodny** ungünstig **niedojrzały** (persf -li) (-le) unreif **niedokładny** ungenau, unpräzise **niedokonany** GRAM unvollendet, imperfektiv **niedokrwistość** f (-ści; bpl) MED Blutarmut f **niedokształcony** (persf -eni) mit lückenhaftem Wissen **niedołęga** f/m (-i; gen - od -ów) umg Tollpatsch m **niedołężny** gebrechlich; (nieudolny) unfähig
**niedomaganie** n (-a) Beschwerden pl **niedomówienie** n (-a) Andeutung f; (nieporozumienie) Missverständnis n **niedomyślny** begriffsstutzig **niedopałek** m (-łka; -łki) Stummel m **niedopatrzenie** n (-a) Unachtsamkeit f **przez ~** aus Versehen **niedopuszczalny** unzulässig; błąd krass, sträflich
**niedoręczenie** n (-a): **w razie niedoręczenia** falls unzustellbar
**niedorozwinięty** unterentwickelt **niedorozwój** m (-oju; bpl) Unterentwicklung f **niedorzeczny** unsinnig, absurd **niedosłyszeć** (-ę) schwer hören, schwerhörig sein
**niedosmażony** nicht (ganz) durchgebraten **niedosolony** zu wenig gesalzen **niedostateczny** ungenügend, unzulänglich; stopień mangelhaft **niedostępny** unzugänglich; (wyniosły) unnahbar **niedostrzegalny** unsichtbar; fig unmerklich **niedoszły** (persf -li) nicht zustande gekommen; artysta verhindert
**niedoświadczony** (persf –eni) unerfahren **niedotrzymanie** n (-a) Nichteinhaltung f **niedouczony** (persf -eni) halbgebildet, ignorant **niedowaga** f (I; bpl) Untergewicht n **niedowiarek** m (-rka; -rki od -owie) Zweifler m, Skeptiker m **niedowidzieć** pf (niedowidzę) schlecht sehen (können), schlechte Augen haben
**niedowierzająco** adv ungläubig **niedowierzanie** n (-a; 0): **z ~m** zweifelnd; misstrauisch, argwöhnisch **niedozwolony** unerlaubt, verboten **niedożywiony** (persf –eni) unterernährt **niedrogi** (-go) nicht teuer, preiswert **niedużo** adv nicht viel **nieduży** nicht groß **niedwuznaczny** unmissverständlich **niedyskrecja** f (-i; -e) Indiskretion f **niedyspozycja** f (-i; -e) Unpässlichkeit f, Unwohlsein n
**niedziela** f (-i; -e) Sonntag m **niedzielny** sonntäglich, Sonntags-
**niedźwiadek** m (-dka; -dki) Jungbär m, Bärchen n **niedźwiedzi** Bären- **niedźwiedzica** f (-y; -e) Bärin f; **Wielka Niedźwiedzica** ASTRON Großer Bär m **niedźwiedź** m (-dzia; -dzie; gen -dzi) ZOOL Bär m; **~ biały** Eisbär m; **~ brunatny** Braunbär m
**nieekonomiczny** unwirtschaftlich **nieestetyczny** unästhetisch **niefachowy** (-wo) unfachmännisch, laienhaft **nieforemny** unförmig **nieformalny** inoffiziell; wniosek formlos **niefortunny** unglücklich **niegłęboki** (-ko) nicht tief; woda seicht **niegłupi** (-pio) ganz clever, nicht dumm
**niego** pron n akk ihn; pron gen m, n seiner; **dla ~** für ihn; **do ~** zu ihm; **u ~** bei ihm
**niegościnny** ungastlich **niegotowy** unfertig, nicht fertig **niegroźny** ungefährlich **niegrzeczny** unhöflich; dziecko ungezogen **niegustowny** geschmacklos **niehigieniczny** unhygienisch **nieingerencja** f (-i; -e) POL Nichteinmischung f **nieistotny** unwichtig, unerheblich
**niej** pron f lok; dat ihr; gen ihrer; **od ~** von ihr; **do ~** zu ihr; **dla ~** für sie; **bez ~** ohne sie
**niejadalny** grzyby nicht essbar; iron ungenießbar **niejadowity** wąż ungiftig **niejaki** gewisse(r); **od ~ego czasu** seit einiger Zeit; **~ pan ...** ein gewisser Herr ... **niejako** partikel gewissermaßen **niejasny** (-no) unklar
**niejeden** pron m (persf niejedni) mancher, manch eine(r) **niejednokrotnie** adv mehrmals **niejednokrotny** mehrmalig, wiederholt **niejednolity**

(**-cie**) uneinheitlich **niejednoznaczny** vieldeutig **niekaralny** JUR nicht strafbar
**niekiedy** manchmal, bisweilen; **kiedy ~** dann und wann
**niekoleżeński** unkollegial **niekompetentny** inkompetent **niekompletny** unvollständig **niekoniecznie** adv nicht unbedingt **niekonsekwentny** inkonsequent **niekorzystny** ungünstig; *wrażenie* schlechte **niekorzyść** f: **na ~** (*gen*) zu Ungunsten, zum Nachteil (*gen od* von *dat*)
**niekształtny** unförmig **niektóre** pl (*persf -rzy*) manche, einige **niekulturalny** unkultiviert **nielegalny** illegal **nieletni** minderjährig **nieliczny** vereinzelt; *grupa*, nicht zahlreich; **nieliczne** (*persf -ni*) einige (wenige) **nielogiczny** unlogisch **nielojalny** nicht loyal **nieludzki** (*persf –ccy*) (**-ko**) unmenschlich
**nieład** m (*-u; bpl*) Unordnung f, *umg* Durcheinander n; **w ~zie** ungeordnet
**nieładny** nicht schön **niełatwy** (**-wo**) nicht leicht, nicht einfach
**nie ma** (*gen*) es gibt nicht (*akk*), es gibt keine(n)
**niemal(że)** adv fast, beinahe **niemało** adv nicht wenig **niemały** nicht gering, ziemlich groß, beträchtlich **niemądry** (*persf –rzy*) (**-rze**) unklug
**niemczyzna** f (*-y; bpl*) Deutsch n
**Niemiec** m (*-mca; -mcy; gen -ów*) Deutsche(r) m **niemiecki** deutsch; **język ~** Deutsch n; **mówić po niemiecku** Deutsch sprechen; **co to znaczy po niemiecku?** was heißt das auf Deutsch?
**niemiłosierny** unbarmherzig; *umg* fürchterlich **niemiły** (*persf –li*) (**-ło od -le**) unangenehm, unerfreulich; (*nieuprzejmy*) unhöflich
**Niemka** f (*-i; gen -mek*) Deutsche f
**niemnący** knitterfest, knitterfrei
**niemniej** dennoch, nichtsdestoweniger
**niemodny** unmodern, nicht modisch
**niemoralny** unmoralisch, unsittlich
**niemowa** f (*-y; gen -mów*) Taubstumme(r) m, f
**niemowlę** n (*-ęcia; -ęta; gen -ąt*) Säugling m **niemowlęcy** Säuglings-, Baby-
**niemożliwie** adv *umg* furchtbar, schrecklich **niemożliwy** unmöglich, nicht möglich; *umg* furchtbar, unmöglich; **to ~** es ist unmöglich; **~ do** (*gen*) nicht zu (+ *inf*)
**niemrawy** (**-wo**) langsam, träge
**niemu** pron m, n dat ihm
**niemy**[1] taubstumm; *fig* stumm **niemy**[2] m (*-ego; -i*), **niema** f (*-ej; -e*) Taubstumme(r) m, f
**nienaganny** tadellos **nienaprawialny** irreparabel **nienaruszalny** unantastbar **nienaruszony** unberührt; *pieczęć* unversehrt **nienasycony** unersättlich; CHEM ungesättigt **nienaturalny** unnatürlich **nienaumyślnie** adv unabsichtlich
**nienawidzić** (*-dzę*) hassen **nienawistny** verhasst; *spojrzenie* hasserfüllt **nienawiść** f (*-ści; bpl*) Hass m
**nienormalny** nicht normal, anormal; *umg* verrückt **nienowy** nicht (mehr) neu **nieobcy** nicht fremd **nieobecność** f (*-ści; bpl*) Abwesenheit f; **pod ~** während der Abwesenheit **nieobecny** abwesend **nieobliczalny** unermesslich; *fig* unberechenbar **nieobrobiony** unbearbeitet **nieobsadzony** unbesetzt **nieoceniony** (*persf –eni*) unschätzbar **nieoczekiwany** unerwartet **nieodczuwalny** nicht spürbar, unmerklich
**nieodgadniony** unergründlich **nieodłączny** unzertrennlich; *iron* obligat **nieodmienny** unveränderlich, GRAM indeklinabel **nieodparty** (**-cie**) unwiderstehlich; *argument* unwiderlegbar **nieodpłatny** kostenlos, frei **nieodpowiedni** (**-nio**) ungeeignet; *strój* unpassend; *towarzystwo* schlecht **nieodpowiedzialny** unverantwortlich **nieodwołalny** unwiderruflich **nieodwracalny** unabwendbar; *decyzja* unumstößlich **nieodzowny** unerlässlich, unabdingbar **nieodżałowany** *strata* unersetzlich
**nieoficjalny** inoffiziell **nieograniczony** (**-czenie**) unbegrenzt, unbeschränkt **nieokreślony** unbestimmt; GRAM indefinit **nieokrzesany** *fig* ungehobelt, grob **nieomylny** unfehlbar; *instynkt* untrüglich **nieopanowany** unbeherrscht; *gniew* unbändig **nieopatrzny** unbedacht **nieopisany** unbeschreiblich **nieopłacalny** unrentabel **nieosiągalny** unerreichbar

**nieosobowy** (-wo) GRAM unpersönlich

**nieostry** nicht scharf; FOTO unscharf **nieożywiony** unbelebt (a. GRAM) **niepalący** m (-ego; -), **niepaląca** f (-ej; -e) Nichtraucher(in) m(f); **przedział dla niepalących** Nichtraucherabteil n **nieparzysty** ungerade; *organ* Einzel-

**niepełnoletni** minderjährig **niepełnosprawny** behindert **niepełny** nicht (ganz) voll; *fig* unvollständig, halb **niepewność** f (-ści; *bpl*) Unsicherheit f; *losu* Ungewissheit f **niepewny** unsicher; *los* ungewiss; *sojusznik* unzuverlässig **niepijący**: **być ~m** keinen Alkohol trinken **nieplanowy** (-wo) außerplanmäßig, nicht eingeplant **niepłodny** unfruchtbar **niepocieszony** (*persf –eni*) untröstlich **niepoczytalny** unzurechnungsfähig

**niepodległość** f (-ści; *bpl*) POL Unabhängigkeit f **niepodległy** (*persf –li*) unabhängig, souverän **niepodobny** nicht ähnlich; **~ do k-o** j-m nicht ähnlich; (*nietypowy*) für j-n untypisch **niepodzielny** unteilbar; *władza* uneingeschränkt **niepogoda** f (-y; *bpl*) schlechtes Wetter n, Regenwetter n **niepohamowany** unbändig, ungezügelt, ungehemmt **niepojętny** begriffsstutzig **niepojęty** unbegreiflich, unerklärlich **niepokaźny** unscheinbar **niepokoić** ⟨za-⟩ (-ję): **~ k-o** j-m Sorgen machen, j-n beunruhigen; (*nie dawać spokoju*) j-n belästigen; **niepokoi mnie, że ...** es beunruhigt mich, dass ...; **~ się** sich Sorgen machen (*o akk* um *akk*) **niepokojący** (-co) besorgniserregend, beunruhigend **niepokonany** unbesiegbar, *fig* unüberwindlich **niepokój** m (-oju; -oje) Unruhe f

**niepomyślny** ungünstig **niepopłatny** finanziell nicht lohnend **nieprawny** unkorrekt; (*zatwardziały*) unverbesserlich **niepopularny** unpopulär **nieporadny** unbeholfen, unbedarft **nieporęczny** unhandlich; sperrig **nieporozumienie** n (-a) Missverständnis n **nieporównywalny** unvergleichbar **nieporuszony** unbeweglich; *fig* unberührt **nieporządek** m (-dku; -dki) Unordnung f **nieporządny** unordentlich **nieposkromiony** unbändig

**niepospolity** (-cie) außergewöhnlich **niepostrzeżenie** *adv* unbemerkt **niepotrzebny** unnötig **niepoważny** nicht ernst, unseriös **niepowetowany** unersetzlich; *krzywda* nicht dergutzumachen **niepowodzenie** n (-a) Misserfolg m **niepowołany** nicht befugt **niepowszedni** *okazja* rar; *talent* selten **niepowtarzalny** einmalig, einzigartig; *okazja* einmalig **niepoznawalny** unergründlich, unerforschlich **niepozorny** unscheinbar **niepożądany** unerwünscht **niepraktyczny** unpraktisch

**nieprawda** f (-y; *bpl*) Unwahrheit f; **to ~** das ist nicht wahr; **~?** nicht wahr? **nieprawdopodobny** unwahrscheinlich, (*niesamowity*) unglaublich **nieprawdziwy** (-wie) unecht; (*sztuczny*) unecht, imitiert **nieprawidłowy** (-wo) nicht richtig **nieprawny** unrechtmäßig **nieprawomocny** JUR nicht rechtskräftig **niepredko** *adv* nicht so bald **nieproduktywny** unproduktiv **nieprofesjonalny** unprofessionell **nieproporcjonalny** schlecht proportioniert; **~ do** (*gen*) *fig* nicht angemessen (*dat*), unverhältnismäßig zu (*dat*) **nieproszony** unaufgefordert; *gość* ungebeten **nieprzechodni** GRAM intransitiv **nieprzeciętny** überdurchschnittlich **nieprzejezdny** unbefahrbar, unpassierbar **nieprzekonujący** (-co) nicht überzeugend **nieprzekraczalny**: **~ termin** m (letzte) Frist f **nieprzekupny** unbestechlich **nieprzemakalny** wasserdicht **nieprzepisowy** (-wo) unvorschriftsmäßig; regelwidrig **nieprzepuszczalny** undurchlässig **nieprzerwany** ununterbrochen **nieprześcigniony** unübertroffen **nieprzetłumaczalny** unübersetzbar **nieprzewidziany** unerwartet **nieprzychylny** nicht wohlgesinnt; *opinia* negativ; *okoliczności* widrig **nieprzydatny** unbrauchbar; **~ do** (*gen*) od **na** (*akk*) ungeeignet für (*akk*) od zu (*dat*) **nieprzyjaciel** m (-a; -e; -ciół) Feind m (*a.* MIL) **nieprzyjacielski** MIL feindlich **nieprzyjazny** (-źnie) feindselig; *okolica* unwirtlich **nieprzyjemność** f (-ści) Unannehmlichkeit f **nieprzyjemny**

unangenehm **nieprzypadkowy** (**-wo**) nicht zufällig **nieprzystępny** unzugänglich; (*wyniosły*) unnahbar **nieprzytomny** bewusstlos; *wzrok* wirr **nieprzyzwoity** (**-cie**) unanständig; *wyrazy* unflätig **niepunktualny** unpünktlich **nieracjonalny** irrational **nieraz** *adv* mehrmals, oft(mals) **nierdzewny** rostbeständig **nierealny** unwirklich; *plan* unrealistisch **nieregularny** unregelmäßig **nierentowny** unrentabel **nierozdzielny** unzertrennlich **nierozgarnięty** (*persf –ci*) beschränkt, dumm **nierozpuszczalny** unlöslich **nierozsądny** unvernünftig **nierozumny** unvernünftig, unbesonnen; *zwierzę* nicht vernunftbegabt **nierozwiązalny** un(auf)lösbar **nierozwinięty** unterentwickelt **nieróbstwo** *n* (*-a*; *bpl*) *pej* Drückebergerei *f*, Schmarotzertum *n*

**nierównomierny** ungleichmäßig **nierówny** (**-no**) uneben; (*krzywy*) schief; (*różniący się*) ungleich; *puls* unregelmäßig **nieruchomość** *f* (*-ści*) Immobilie *f* **nieruchomy** (**-mo**) unbeweglich **nierzadki** häufig, nicht selten **nierzadko** *adv* öfter **nierzeczowy** (**-wo**) unsachlich **nierzeczywisty** unwirklich **nierzetelny** unzuverlässig **niesamowity** (**-cie**) unheimlich; (*niezwykły*) ungeheuer **niesforny** widerspenstig **nieskończony** endlos, unendlich (*a.* MAT) **nieskromny** unanständig; (*chełpliwy*) überheblich **nieskuteczny** nicht effektiv; *metoda* unwirksam **niesłony** (**-no**) nicht salzig **niesłowny** unzuverlässig **niesłusznie** *adv* zu Unrecht; (*niewłaściwie*) falsch, nicht richtig **niesłuszny** unbegründet; (*niewłaściwy*) nicht richtig, falsch **niesłychany** unerhört, ungeheuer **niesmaczny** nicht schmackhaft; *fig* geschmacklos **niesmak** *m* (*-u*; *bpl*) bitterer Nachgeschmack *m*

**niesnaski** *f/pl* (*gen -sek*) Streitereien *f/pl* **niespecjalnie** *adv* nicht besonders **niespodzianka** *f* (*-i*; *gen -nek*) Überraschung *f* **niespodzi(ew)any** unerwartet, überraschend **niespokojny** unruhig **niesprawiedliwość** *f* (*-ści*) Ungerechtigkeit *f*, Unrecht *n* **niesprawiedliwy** ungerecht (**wobec** *od* **dla** *gen*) gegenüber (*dat*) **niestały** unbeständig **niestaranny** nachlässig, nicht sorgfältig

**niestety** *partikel* leider, bedauerlicherweise

**niestosowny** unpassend, unangemessen **niestrawność** *f* (*-ści*; *bpl*) Verdauungsstörung *f* **niestrawny** unverdaulich, schwer verdaulich **niestrudzony** (*persf –eni*) (**-dzenie**) unermüdlich **niestworzony** ungeheuer, *ung* unglaublich **niesumienny** nachlässig; nicht gewissenhaft **nieswojo** *adv* unwohl, unbehaglich **niesymetryczny** asymmetrisch **niesympatyczny** unsympathisch **nieszablonowy** (**-owo**) originell, nicht gewöhnlich **nieszczególny** nicht besondere(r), mäßig **nieszczelny** undicht **nieszczery** (*persf –rzy*) (**-rze**) unaufrichtig, unehrlich, heuchlerisch

**nieszczęsny** unglückselig; *przypadek* verhängnisvoll, unglückselig **nieszczęście** *n* (*-a*) Unglück *n*; **na ~** unglücklicherweise **nieszczęśliwy** (**-wie**) unglücklich **nieszkodliwy** (**-wie**) unschädlich, harmlos; **~ dla środowiska** umweltfreundlich

**nieścisłość** *f* (*-ści*) Ungenauigkeit *f*, ungenaue Angabe *f* **nieścisły** (**-śle**) ungenau, unpräzise

**nieść\*** (*niosę*, *niesie*) *v/t* tragen; (*sprawiać*) bringen; **~ na barana** huckepack tragen; **~ jaja** Eier legen; **~ się** dringen, sich verbreiten; *dźwięki* zu hören sein; *kura* Eier legen

**nieślubny** unehelich **nieśmiały** (**-ło**) schüchtern, scheu; *próba* zaghaft **nieśmiertelny** unsterblich **nieświadomość** *f* (*-ści*; *bpl*) Ahnungslosigkeit *f*; (*niewiedza*) Unkenntnis *f* **nieświadomy** (**-mie**) ahnungslos; unbewusst; **być ~m** (*gen*) sich nicht bewusst sein (*gen*) **nieświeży** (**-żo**) nicht (mehr) frisch; **~ oddech** *m* Mundgeruch *m* **nietakt** *m* (*-u*; *bpl*) Taktlosigkeit *f* **nietaktowny** taktlos **nieterminowy** (**-wo**) nicht fristgerecht **nietłukący** unzerbrechlich **nietolerancyjny** intolerant **nietoperz** *m* (*-a*; *-e*; *gen -y*) Fledermaus *f* **nietowarzyski** ungesellig **nietrudny** (**-no**) unschwer, nicht schwer **nietrwały** (**-le**) kurzlebig, unbeständig;

żywność verderblich **nietrzeźwy** betrunken **nietutejszy** osoba (orts)fremd, nicht einheimisch; *zwyczaj* nicht hiesig
**nietykalność** f (-ści; bpl) Unantastbarkeit f; POL Immunität f **nietykalny** unantastbar; POL Immunität genießend
**nietypowy** (-wo) untypisch **nieubłagany** unerbittlich; *los* unabwendbar
**nieuchronny** unvermeidlich, unabwendbar **nieuchwytny** unerreichbar; *przestępca* flüchtig; *zjawisko* nicht fassbar; *zapach* kaum wahrnehmbar; ~ **dla ucha** unhörbar **nieuctwo** n (-a; bpl) Ignoranz f, Unwissenheit f **nieuczciwy** (-wie) unehrlich **nieudany** misslungen; *dziecko* missraten **nieudolność** f (-ści; bpl) Unfähigkeit f; *stylu* Unbeholfenheit f **nieudolny** unfähig, inkompetent; *styl* unbeholfen **nieufność** f (-ści; bpl) Misstrauen n **nieufny** misstrauisch **nieugięty** (-cie) unbeugsam
**nieuk** m (-a; -cy) *pej* ungebildeter Mensch m, Banause m
**nieustający** ständig, ununterbrochen; **nieustanny** unaufhörlich **nieustępliwy** (-wie) unnachgiebig **nieustraszony** (-enie) unerschrocken **nieusuwalny** *osoba* unkündbar **nieuwaga** f (-i; bpl) Unaufmerksamkeit f **nieuważny** unaufmerksam, zerstreut **nieuzasadniony** unbegründet **nieużyteczny** unbrauchbar, unnütz **nieużytki** m/pl (gen -ów) AGR Brachland n, Ödland n **niewart** (persf -ci) präd (gen) nicht wert; **nic** ~ nichts wert **nieważkość** f (-ści; bpl) FIZ Schwerelosigkeit f **nieważny** unwichtig; JUR ungültig **niewątpliwie** adv zweifellos **niewątpliwy** unzweifelhaft, unbestritten
**niewdzięczny** undankbar **niewesoły** (-ło) nicht erfreulich **niewiadomy** unbekannt **niewiara** f (-y; bpl) Unglaube m **niewidoczny** unsichtbar **niewidomy**[1] blind, sehbehindert **niewidomy**[2] m (-ego; -i), **niewidoma** f (-ej; -e) Blinde(r) m, f, Sehbehinderte(r) m, f **niewidzialny** unsichtbar **niewiedza** f (-y; bpl) Unwissen n, Unkenntnis f **niewiele** (persf -lu) wenig(e); adv wenig viel; ~ **brakowało** es fehlte nicht viel; ~ **myśląc** ohne viel zu überlegen **nie-**

**wielki** nicht groß, ziemlich klein; gering **niewierność** f (-ści; bpl) małżeńska Untreue f; (*nielojalność*) Treulosigkeit f **niewierny** *mąż* untreu; (*nielojalny*) treulos **niewierzący** ungläubig
**niewinność** f (-ści; bpl) Unschuld f; (*błahość*) Harmlosigkeit f **niewinny** unschuldig; (*błahy*) harmlos **niewłaściwy** (-wie) falsch, nicht richtig; *moment* unpassend
**niewola** f (-i; bpl) Gefangenschaft f **niewolnica** f (-y; -e) Sklavin f **niewolnictwo** n (-a; bpl) Sklaverei f **niewolnik** m (-a; -cy) Sklave m
**niewód** m (-odu; -ody) Schleppnetz n **niewprawny** ungeübt **niewrażliwy** unsensibel; ~ **na** (akk) unempfänglich für (akk), gleichgültig (gegenüber dat); (*odporny*) unempfindlich (gegen akk) **niewskazany** nicht ratsam, nicht empfehlenswert **niewspółmierny** unverhältnismäßig (**do** gen zu dat) **niewybaczalny** unverzeihlich **niewybuch** m (-u; -y) MIL Blindgänger m **niewygoda** f (-y; gen -ód) Unbequemlichkeit f **niewygodny** unbequem **niewykonalny** unerfüllbar, nicht machbar, unrealistisch **niewykwalifikowany** unqualifiziert, ungelernt **niewymierny** nicht messbar; MAT irrational **niewymuszony** ungezwungen **niewypał** m (-u; -y) MIL Blindgänger m; *fig* Flop m **niewypłacalny** zahlungsunfähig **niewyraźny** undeutlich; (*markotny*) merkwürdig **niewyrobiony** ungeübt; *osoba* unerfahren **niewyspany** unausgeschlafen **niewyszukany** schlicht **niewytrzymały** nicht ausdauernd; *materiał* nicht haltbar; ~ **na** (akk) empfindlich gegen (akk)
**niewzruszony** (-szenie) unerschütterlich, standhaft; *twarz* unbewegt **niezaangażowany** nicht engagiert, nicht beteiligt; POL blockfrei **niezachwiany** unerschütterlich, unbeirrbar **niezadługo** adv in Kürze **niezadowolenie** n (-a; bpl) (**z** gen) Unzufriedenheit f (mit dat), Missfallen n (an dat) **niezadowolony** (persf –eni) unzufrieden (**z** gen mit dat) **niezależność** f (-ści; bpl) Unabhängigkeit f **niezależny** unabhängig (**od** gen von dat)
**niezamężna** unverheiratet **nieza-**

**możny** nicht wohlhabend **niezapominajka** f (-i; gen -jek) Vergissmeinnicht n **niezapomniany** unvergesslich; *przyjaciel* unvergessen **niezaprzeczalny** unbestreitbar, unbestritten **niezaradny** unbeholfen; hilflos **niezasłużenie** adv unverdientermaßen, unverdient **niezastąpiony** unersetzbar **niezauważalny** unmerklich **niezauważony** (**-enie**) unbemerkt **niezawisłość** f (-ści; bpl) Unabhängigkeit f; *kraju* Souveränität f **niezawisły** (**-śle**) unabhängig; *kraj* souverän **niezawodność** f (-ści; bpl) Zuverlässigkeit f **niezawodny** zuverlässig **niezbadany** unerforscht **niezbędny** unentbehrlich, unerlässlich **niezbity** (**-cie**) handfest; *fakt* unumstößlich
**niezbyt** *partikel* nicht allzu, nicht besonders
**niezdarny** ungelenk **niezdatny** ungeeignet (**do** gen für akk, zu dat); *woda* f **niezdatna do picia** kein Trinkwasser **niezdecydowanie** n (-a) Unschlüssigkeit f **niezdolność** f (-ści; bpl) Unfähigkeit f, Unvermögen n **niezdolny** unbegabt; **~ do** (gen) unfähig zu (dat); **~ do służby wojskowej** wehrdienstuntauglich; **~ do pracy** arbeitsunfähig **niezdrowy** (**-wo**) ungesund **niezdyscyplinowany** undiszipliniert
**niezgodność** f (-ści; bpl) Widersprüchlichkeit f, **~ charakterów** Unverträglichkeit f der Charaktere **niezgodny** unverträglich, zänkisch; (*rozbieżny*) widersprüchlich; **~ z** (inst) nicht übereinstimmend mit (dat); **~ z przepisami** vorschriftswidrig; **~ z prawem** rechtswidrig **niezgrabny** unförmig, nicht schön; *ruchy* ungelenk; *styl* unbeholfen **niezliczony** unzählig **niezły** (persf -źli) (**-źle**) ganz gut, ziemlich gut **niezmienny** unveränderbar, gleichbleibend **niezmiernie** adv äußerst, überaus **niezmordowany** unermüdlich **niezmywalny** nicht abwaschbar, wasserfest
**nieznaczny** unbedeutend, gering (-fügig) **nieznajomość** f (-ści; bpl) Unkenntnis f **nieznajomy**¹ unbekannt **nieznajomy**² m (-ego; -i), **nieznajoma** f (-ej; -e) Unbekannte(r) **nieznany** unbekannt **nieznośny** unerträglich

**niezręczny** ungeschickt **niezrozumiały** (**-le**) unverständlich **nierówny** unvergleichlich, unübertroffen **niezupełnie** adv nicht ganz **niezupełny** unvollständig **niezwłoczny** unverzüglich **niezwykły** außergewöhnlich **nieźle** adv ganz gut **nieżonaty** m ledig **nieżyciowy** (**-wo**) weltfremd **nieżyczliwy** (**-wie**) unfreundlich **nieżyjący** verstorben
**nieżyt** m (-u; -y): **~ żołądka** MED Gastritis f
**nieżywotny** JĘZ unbelebt **nieżywy** tot
**nigdy** nie(mals); **~ więcej** nie mehr; **jak ~** wie noch nie (zuvor)
**nigdzie** nirgends, nirgendwo(hin); **~ indziej** nirgendwo sonst
**nijak**: **~ nie** überhaupt nicht, gar nicht **nijaki** (persf -cy) fade, ausdruckslos, farblos; GRAM neutral, sächlich **nijako** adv: **czuć się ~** umg sich komisch fühlen **nikiel** m (-klu; bpl) Nickel n
**nikim** pron inst lok: **z ~** mit niemandem **niklować** ⟨po-⟩ (-uję) vernickeln **niklowany** vernickelt, Nickel-
**nikły** (**-le** od **-ło**) spärlich; *szansa* gering **niknąć** ⟨z-⟩ (-nę) (*znikać*) verschwinden; (*przemijać*) schwinden, vergehen
**nikogo** pron akk niemanden, keinen; gen niemandes; **~ tu nie ma** es ist niemand da **nikomu** pron dat niemandem, keinem
**nikotyna** f (-y; bpl) Nikotin n
**nikt** pron (gen akk nikogo, dat nikomu, inst lok nikim) niemand, keiner
**nim**¹ konj bevor, ehe; bis
**nim**² pron m, n inst lok; pron pl dat ihnen; **z ~** mit ihm; **o ~** über ihn
**nimi** pron pl inst: **z ~** mit ihnen
**niniejszy** vorliegend; **~m** adv hiermit **niski** (persf -cy) (**-ko**) klein; *budynek* niedrig; *ukłon* tief **nisko** adv niedrig; tief **niskogatunkowy** minderwertig **niskokaloryczny** kalorienarm
**nisza** f (-y; -e) Nische f (a. fig)
**niszczący** (**-co**) zerstörerisch, destruktiv; schädlich **niszczeć** ⟨z-⟩ (3. Pers -eje) verkommen, verfallen **niszczyciel** m (-a; -e) Zerstörer m (a. MAR) **niszczyć** ⟨z-⟩ (-ę) zerstören, zugrunde richten; *zdrowie* ruinieren; *szkodniki* vernichten; *ubranie* abtragen

**nit** m (-u; -y) Niet m **nitka** f (-i; gen -tek) Faden m **nitować** ⟨z-⟩ (-uję) (ver)nieten
**niuans** m (-u; -e) Nuance f
**nizina** f (-y) Niederung f, Tiefebene f **nizinny** flach, eben; *krajobraz* Tiefland-
**niż**¹ *konj* als, denn; **więcej ~** mehr als
**niż**² m (-u; -e) METEO Tief(druckgebiet) n; (*nizina*) Tiefland n; **~ demograficzny** geburtenschwache Jahrgänge m/pl **niżej** adv komp niedriger; tiefer; **~ podpisany** Unterzeichnete(r) m **niższość** f (-ści; bpl) Unterlegenheit f **niższy** komp adj niedriger; kleiner; tiefer
**no** partikel nun; na; los; **~ proszę!** na bitte!; **~ dobrze** nun gut; **~ to co?** na und?; **~ to** na dann
**noc** f (-y; -e) Nacht f; **~ą** od w **~y** in der Nacht; **całymi ~ami** nächtelang; **~ świętojańska** Johannisnacht f **nocleg** m (-u; -i) Übernachtung f, Übernachtungsmöglichkeit f **nocnik** m (-a; -i) Nachttopf m **nocny** nächtlich; *program* Nacht- **nocować** ⟨prze-⟩ (-uję) übernachten
**noga** f (-i; gen nóg) Bein n; (*stopa*) Fuß m; **w nogi!** umg nichts wie weg! **nogawka** f (-i; gen -wek) Hosenbein n
**nokaut** m (-u; -y) SPORT Knock-out m
**nominacja** f (-i; -e) Ernennung f, Nominierung f **nominacyjny** Ernennungs- **nominalny** nominell **nominał** m (-u; -y) EKON Nennwert m
**nonsens** m (-u; -y) Unsinn m
**nora** f (-y) Bau m, Höhle f; (*mieszkanie*) umg Loch n; **mysia ~** Mauseloch n **norka** f (-i; gen -rek) ZOOL Nerz m
**norma** f (-y) Norm f; **~ prawna** Rechtsnorm f **normalizować** ⟨z-⟩ (-uję) normieren; *stosunki* normalisieren **normalny** normal **normować** ⟨u-⟩ (-uję) regeln; **~ się** sich normalisieren
**Norweg** m (-a; -owie) Norweger m **norweski** (**po -ku**) norwegisch
**nos** m (-a; -y) Nase f; *buta* Spitze f; **mieć dobrego ~a** einen guten Riecher haben; **to jest pod ~em** das ist nur ein Katzensprung; **mieć w ~ie** umg (*akk*) pfeifen auf (*akk*) **nosacizna** f (-y; bpl) MED Rotz m **nosiciel** m (-a; -e), **nosicielka** f (-i; gen -lek) Träger(in) m(f); MED Übertrager(in) m(f) **nosić** (*nosze*) tragen; **~ przy sobie** bei sich tragen; **~ na barana** huckepack tragen; **~ się z myślą** sich mit dem Gedanken tragen

**nosorożec** m (-żca; -żce, -żców) Nashorn n **nosowy** ANAT Nasen-; JĘZ nasal
**nostalgiczny** nostalgisch
**nosze** pl (gen -y) Trage f, Tragbahre f **nośnik** m (-a; -i): **~ informacji** IT Datenträger m
**nota** f (-y) POL, SPORT Note f
**notarialny** notariell **notariusz** m (-a; -e) Notar m
**notatka** f (-i; gen -tek) Notiz f **notatnik** m (-a; -i) Notizblock m, Notizbuch n
**notebook** m (-a; -i) Notebook n **notes** m (-u; -y) Notizbuch n, Terminkalender m
**notoryczny** notorisch, unverbesserlich
**notować** ⟨za-⟩ (-uję) v/t notieren; v/i Notizen machen
**nowator** m (-a; -rzy) Neuerer m, Wegbereiter m **nowatorski** (**-ko**) innovativ, Innovations-
**nowela** f (-i; -e) LIT, JUR Novelle f **nowelizacja** f (-i; -e) JUR Novellierung f
**nowicjusz** m (-a; -e) Neuling m; *w zawodzie* Berufsanfänger m; REL Novize m
**nowina** f (-y) Neuigkeit f, Nachricht f
**nowoczesny** (**-śnie**) modern **noworoczny** Neujahrs- **noworodek** m (-dka; -dki) Neugeborene(s) n
**nowość** f (-ści) Neuheit f; (*wiadomość*) Neuigkeit f
**nowotwór** m (-oru; -ory) MED Tumor m **nowożytny** neuzeitlich
**nowy** (**-wo**) neu, Neu-; neuartig; **Nowy Rok** m Neujahr n; **od nowa** von Neuem, aufs Neue
**nozdrze** n (-a; -a, -y) Nasenloch n;; ZOOL Nüster f
**nożyce** pl (gen -) Schere f (*a*. SPORT)
**nów** m (*gen nowiu*; bpl) Neumond m
**nówka** f (-i; gen -wek) F Neuanschaffung f, nagelneue Sache f
**nóż** m (*noża*; *noże*; *gen noży*) Messer n
**nóżka** f (-i; gen -żek) dim Beinchen n; Füßchen n; *kieliszka* Stiel m
**nucić** ⟨za-⟩ (-cę) summen
**nuda** f (-y; -y; gen -ów) Langeweile f; **z nudów** aus Langeweile **nudności** pl (gen -) Übelkeit f **nudny** (**-no**) langweilig **nudziara** f (-y), **nudziarz** m (-a; -e) Langweiler(in) m(f) **nudzić** ⟨z-⟩ (-dzę) langweilen; **nudzi mi się** mir ist langweilig
**numer** m (-u; -y) Nummer f; *ubrania* Größe f; **~ telefonu** Telefonnummer f; **~ kierunkowy** Vorwahl(nummer) f; **zrobić** pf **~**

**k-u** *umg* j-m übel mitspielen **numerować** ⟨**po-**⟩ (-uję) nummerieren
**nurek** *m* (-rka; -rkowie) Taucher *m*; (kobieta) Taucherin *f* **nurkować** (-uję) tauchen
**nurt** *m* (-u; -y) Strömung *f*; **~y** *pl* Fluten *pl*
**nuta** *f* (-y) MUS Note *f*; *fig* Anklang *m*
**nużący** (**-co**) ermüdend, öde **nużyć** ⟨**z-**⟩ (-ę) ermüden

**o¹** *präp* (akk) um (akk); über (akk); gegen (akk); (lok) über (akk); von (dat); **starszy ~ dwa lata** (um) zwei Jahre älter; **krótszy ~ trzy centymetry** (um) drei Zentimeter kürzer; **mówił ~ tobie** er sprach über dich *od* von dir; **~ której godzinie?** um wie viel Uhr?; **~ trzeciej** um drei (Uhr); **chodzić ~ lasce** am Stock gehen; **oprzeć ~ ścianę** gegen *od* an die Wand lehnen; **~ jasnych włosach** mit blondem Haar; **~ świcie** bei Tagesanbruch; **~ własnych siłach** aus eigener Kraft; **~ szybkim działaniu** schnell wirkend
**o²** *int* o, oh, ah; **~ tak!** o ja!
**oaza** *f* (-y) Oase *f*
**oba** (persf obaj) num beide
**obalać** (-am) ⟨**-ić**⟩ (-lę) (um)stürzen; *teze* widerlegen, umstoßen; *testament* anfechten
**obarczać** (-am) ⟨**-yć**⟩ (-ę); **~ k-o** (inst) fig j-m aufbürden, j-m auferlegen (akk); j-m zur Last legen (akk); **~ się** fig (inst) sich verantwortlich fühlen (für akk)
**obawa** *f* (-y) Befürchtung *f*; **mieć obawy** Bedenken haben, befürchten **obawiać się** (-am) sich fürchten (gen vor dat); **~ o** (akk) Angst haben, bangen (um akk)
**obcas** *m* (-a; -y) (Schuh)Absatz *m*
**obcesowy** (**-wo**) osoba dreist, frech; odpowiedź brüsk, barsch
**obchodzić** (obchodzę) ⟨**obejść**⟩ (obejdę) herumgehen; przeszkodę umgehen; (poruszać) angehen; **obchodzić** begehen; **~ się** (**z** inst) behandeln (akk); (posługiwać się) umgehen (mit dat); **~ się bez** (gen) auskommen ohne (akk) **obchód** *m* (-odu; -ody) MED Visite *f*
**obciąć\*** *pf* → obcinać **obciążać** (-am) ⟨**-yć**⟩ (-ę) (inst) beschweren (mit dat); *fig* belasten **obciążenie** *n* (-a) Belastung *f*
**obcierać** (-am) ⟨**obetrzeć**⟩ (obetrę) abwischen, abtrocknen; skórę abreiben **obcinać** (-am) ⟨**obciąć**⟩ (obetnę) abschneiden; *fig* kürzen **obcisły** (**-ło**) hauteng, eng anliegend
**obcojęzyczny** fremdsprachig **obcokrajowiec** *m* (-wca; -wcy) Ausländer *m*; (kobieta) Ausländerin *f* **obcość** *f* (-ści; bpl) Fremdheit *f*, Fremdartigkeit *f* **obcować** (-uję): **~ z** (inst) verkehren mit (dat), Kontakt pflegen zu (dat) **obcy¹** fremd; Fremd- **obcy²** *m* (-ego; -cy), **obca** *f* (-ej; -ce) Fremde(r) *m*, *f*, Fremdling *m*
**obdarow(yw)ać** (-[w]uję) beschenken
**obdarzać** (-am) ⟨**-yć**⟩ (-ę) (inst) schenken, entgegenbringen (akk)
**obdukcja** *f* (-i; -e) Obduktion *f*
**obdzierać** (-am) ⟨**obedrzeć**⟩ (obedrę) abziehen; **~ k-o ze złudzeń** j-m seine Illusionen rauben; **~ k-o ze skóry** j-n schröpfen, j-n ausnehmen
**obecnie** *adv* ofic gegenwärtig, zurzeit **obecność** *f* (-ści; bpl) Anwesenheit *f*; **lista ~ obecności** Anwesenheitsliste *f*; **w jego obecności** in seiner Gegenwart **obecny** anwesend; (teraźniejszy) derzeitig, jetzig; **być ~m** anwesend sein; pl Anwesende *pl*
**obedrzeć\*** *pf* → obdzierać
**obejmować** (-uję) ⟨**objąć**⟩ (obejmę) umarmen; urząd antreten; (zawierać) umfassen, enthalten; **cena nie obejmuje ubezpieczenia** im Preis ist die Versicherung nicht enthalten
**obejrzeć** *pf* → oglądać **obejść\*** *pf*; → obchodzić
**obelga** *f* (-i) Beleidigung *f* **obelżywy** (**-wie**) beleidigend, verletzend
**oberwać\*** *pf* → obrywać
**oberżyna** *f* (-y) Aubergine *f*
**obeznany** (**z** inst) vertraut (mit dat), bewandert (in dat)
**obezwładniać** (-am) ⟨**-ić**⟩ (-ię, -nij!) überwältigen; *fig* lähmen, alle Kraft rauben
**obeżreć\*** *pf* → obżerać
**obfitować** (3. Pers -uje) reich sein (**w** akk an dat) **obfity** (**-cie**) reich(lich), ausgie-

big; (bujny) üppig

**obgryzać** (-am) ⟨**obgryźć\***⟩ (obgryzę) abnagen, benagen; **~ paznokcie** an den Fingernägeln kauen

**obiad** m (-u; -y) Mittagessen n; **co jest na ~?** was gibt es zum Mittagessen?

**obicie** n (-a) Bezug m **obić** → objiać

**obie** num sachf beide

**obiecać** pf (-am) → obiecywać **obiecanka** f (-i; gen -nek) leere Versprechung f **obiecujący** (-co) vielversprechend; *początek* verheißungsvoll **obiecywać** (-uję) ⟨**obiecać**⟩ (-am) versprechen; **~ sobie po** (lok) sich viel versprechen von (dat)

**obieg** m (-u; bpl) Umlauf m (a. FIN, ASTRON); **puścić** pf **w ~** in Umlauf bringen; **wycofać** pf **z ~u** aus dem Verkehr ziehen; **drugi ~** TYPO Samisdat m **obiegać** (-am) ⟨**obiec** od **-nąć**⟩ (obiegnę) herumlaufen (akk um akk); ASTRON umkreisen **obiegowy** opinia verbreitet, gängig; Umlauf(s)-

**obiektyw** m (-u; -y) Objektiv n **obiektywny** objektiv

**obierać** (-am) ⟨**obrać**⟩ (obiorę) schälen; *zawód* wählen **obierki** f/pl (gen -rek), **obierzyny** f/pl (gen -) Schalen f/pl, Abfälle m/pl

**obietnica** f (-y; -e) Versprechen n

**objiać** (-am) ⟨**objić**⟩ (objije) abschlagen; *krzesło* beziehen; **objiać się** umg sich vor der Arbeit drücken; *umg* herumhängen, sich herumtreiben

**objaśniać** (-am) ⟨**-ić**⟩ (-ię, -nij!) erläutern, erklären **objaśnienie** n (-a) Erläuterung f, Erklärung f

**objaw** m (-u; -y) Ausdruck m; MED Symptom n

**objazd** m (-u; -y) Umleitung f; Umweg m

**objąć** pf → obejmować **objeżdżać** (-am) ⟨**objechać\***⟩ (objadę) umfahren; *kraj* bereisen; **~ k-o** umg j-n anfahren, j-n zusammenstauchen; ⟨**objeździć**⟩ (objeżdżę) besuchen; inspizieren **objęcie** n (-a) Umarmung f **objętość** f (-ści) Volumen n; *książkę* Umfang m

**oblać** pf → oblewać **oblatany** umg (obeznany) schlau, fit

**oblewać** (-am) ⟨**oblać**⟩ (obleję) begießen (*inst* mit dat); umg (świętować) feiern; **~ nowe mieszkanie** umg e-e Einweihungsparty machen; **~ egzamin** umg durchfallen

**oblężenie** n (-a) MIL Belagerung f (a. umg)

**obliczać** (-am) ⟨**-yć**⟩ (-ę) (er)rechnen; (*szacować*) berechnen, veranschlagen, schätzen

**obliczyć** pf → obliczać

**obligacja** f (-i; -e) FIN Obligation f, Anleihe f

**oblizywać** (-uję) ⟨**oblizać**⟩ (obliżę) (ab)-lecken

**oblodzony** vereist, mit Eis bedeckt

**obładow(yw)ać** (-[w]uję) beladen **obława** f (-y) Treibjagd f; *policyjna* Razzia f

**obłąkany** wahnsinnig, geisteskrank **obłęd** m (-u; -y) MED Wahnsinn m (a. fig)

**obłok** m (-u; -i) Wolke f

**obłuda** f (-y; bpl) Heuchelei f **obłudny** heuchlerisch, falsch

**obły** eiförmig, oval

**obmawiać** (-am) ⟨**obmówić**⟩ (-ię) verleumden, schlechtmachen **obmierzły** [-r.z-] (-źle) widerlich **obmowa** f (-y) Verleumdung f, üble Nachrede f **obmówić** pf → obmawiać **obmurow(yw)-ać** (-[w]uję) ummauern **obmyślać** (-am) ⟨**obmyślić**⟩ (-lę) überlegen, durchdenken

**obniżać** (-am) ⟨**-yć**⟩ (-ę) senken; *poziom* sinken **obniżka** f (-i; gen -żek): **~ cen** Preissenkung f; **~ kosztów** Kostensenkung f; **~ płac** Lohnkürzung f

**obojczyk** m (-a; -i) ANAT Schlüsselbein n

**oboje** num koll beide

**obojętnieć** ⟨**z-**⟩ (-eję) gleichgültig werden (**na** *akk* gegen akk) **obojętność** f (-ści; bpl) Gleichgültigkeit f **obojętny** gleichgültig, egal; (*neutralny*) neutral; **jest mi obojętne** das ist mir egal

**obojnak** m (-a; -i) BIOL Zwitter m, Hermaphrodit m

**obok** präp (gen) neben (dat); adv daneben, nebenan; **~ siebie** nebeneinander; **przejść** pf **~** (gen) vorbeigehen (an dat)

**obopólny** gegenseitig, beiderseitig

**obora** f (-y; gen obór) Kuhstall m **obornik** m (-a; bpl) Mist m, Dung m

**obostrzenie** n (-a) *przepisów* Verschärfung f

**obowiązek** m (-zku; -zki) Pflicht f; **~ noszenia masek** Maskenpflicht f; **pełniący obowiązki** (gen) stellvertretender ...; **poczuwać się do obowiązku** sich verpflichtet fühlen **obowiązkowo** *adv* unbedingt **obowiązkowość** f (-ści; bpl) Pflichtbewusstsein n, Pflichtgefühl n **obowiązkowy** (-owo) pflichtbewusst; *lektura* Pflicht-, obligatorisch **obowiązujący** geltend, gültig; **nadać moc obowiązującą** in Kraft setzen **obowiązywać** (3. Pers -uje) gelten, gültig sein; JUR in Kraft sein

**obozowisko** n (-a) Lagerplatz m; *namiotowe* Zeltlager m

**obój** m (oboju; oboje) MUS Oboe f

**obóz** m (obozu; obozy) Lager n (a. POL); *pod namiotami* Zeltlager n; ~ **wypoczynkowy** Ferienlager n; ~ **językowy** Sprachferien pl; ~ **dla uchodźców** Flüchtlingslager n; ~ **koncentracyjny** Konzentrationslager n

**obrabiać** (-am) ⟨**obrobić**⟩ (-ię) bearbeiten; *ziemię* bestellen; *materiał* (um)säumen

**obrabow(yw)ać** (-[w]uję) ausrauben, berauben **obracać** (-am) ⟨**obrócić**⟩ (-ę) (um)drehen, wenden; *wzrok* richten; **obracać pieniędzmi** Geld(er) zur Verfügung haben; ~ **w gruzy** in Schutt und Asche legen; ~ **w żart** als Scherz hinstellen; ~ **się** *a.* verkehren; ~ **się przeciwko** (*dat*) sich wenden (gegen *akk*); ~ **się na dobre** sich zum Guten wenden **obrachunek** m (-nku; -nki) FIN Abrechnung f

**obrać*** pf → obierać

**obradować** (-uję) beraten (**nad** *inst* über *akk*)

**obradzać** (3. Pers -a) ⟨**obrodzić**⟩ (-i) AGR hohen Ertrag bringen **obramow(yw)ać** (-[w]uję) einfassen, umranden; umrahmen

**obraz** m (-u; -y) MAL Gemälde n, Bild n (a. fig)

**obraza** f (-y; bpl) Beleidigung f; *uczuć* Verletzung f **obrazić** pf → obrażać

**obrazować** ⟨z-⟩ (-uję) schildern, darstellen; wiedergeben **obrazowy** (-wo) bildhaft, plastisch; anschaulich

**obraźliwy** (-wie) beleidigend, kränkend **obrażać** (-am) ⟨**obrazić**⟩ ⟨**obrażę**⟩ beleidigen, kränken; *uczucia* verletzen **obrażenie** n (-a) MED Verletzungen f/pl **obrażony** beleidigt

**obrączka** f (-i; gen -czek) Ring m; *ślubna* Trauring m

**obręb** m (-u; -y) Bereich m; *materiału* Saum m; **w ~ie** innerhalb; im Umkreis; **poza ~em** außerhalb

**obręcz** f (-y; -e, -y) Reifen m; *koła* Felge f **obrobić** pf → obrabiać **obrodzić** pf → obradzać

**obrona** f (-y; bpl) Verteidigung f; (*ochrona*) Schutz m; **stawać w obronie** (*gen*) sich einsetzen (für *akk*); **wziąć** pf **w obronę** in Schutz nehmen **obronny** Verteidigungs- **obrońca** m (-y; gen -ów), **obrończyni** f (-i; -e) Verteidiger(in) m(f); fig Beschützer(in) m(f)

**obrotny** geschäftstüchtig; (*zaradny*) clever, lebenspraktisch **obrotowy** Dreh-; **podatek** m ~ Umsatzsteuer f-

**obroża** f (-y; -e) psa Halsband n

**obróbka** f (-i; gen -bek) Bearbeitung f **obrócić** pf → obracać **obrót** m (-rotu; -roty) Drehung f; fig Wendung f; FIN Umsatz m; ~ **kapitałem** Zahlungsverkehr m; **pracować na wysokich obrotach** auf Hochtouren arbeiten

**obrus** m (-u; -y) Tischtuch n

**obrys** m (-u; -y) Umriss m

**obrywać** (-am) ⟨**oberwać**⟩ (-ę) v/t abreißen; *owoce* pflücken; *umg* eins auf den Deckel kriegen; ~ **się** v/i abreißen

**obrzezanie** n (-a) REL Beschneidung f **obrzęd** m (-u; -y) Ritual n (a. REL), Zeremonie f **obrzędowy** rituell (a. REL) **obrzękły** aufgedunsen, aufgeschwemmt; MED angeschwollen

**obrzucać** (-am) ⟨**-ić**⟩ (-ę) (*inst*) bewerfen (mit *dat*); ~ **wzrokiem** (*akk*) e-n Blick werfen (auf *akk*), mustern (*akk*); ~ **wyzwiskami** beschimpfen

**obrzydlistwo** n (-a) Abscheulichkeit f, Scheußlichkeit f **obrzydliwy** (-wie) abscheulich, widerlich, ekelhaft **obrzydnąć** pf → brzydnąć **obrzydzać** (-am) ⟨**-ić**⟩ (-ę) verleiden **obrzydzenie** n (-a; bpl) (*wstręt*) Ekel m; (*niechęć*) Widerwille m; **do obrzydzenia** bis zum Überdruss

**obsada** f (-y) Besetzung f; (*załoga*) Besatzung f; TECH Fassung f **obsadka** f (-i; gen -dek) Federhalter m **obsadzać** (-am) ⟨**-ić**⟩ (-ę) *stanowiska* besetzen (*inst* mit *dat*)

**obserwacja** f (-i; -e) Beobachtung f **obserwacyjny** Beobachtungs- **obserwatorium** n (unv; -ia gen -iów) Observatorium n **obserwować** ⟨za-⟩ (-uję) beobachten

**obsługa** f (-i) Bedienung f; (*personel*) Per-

sonal n **obsługiwać** ⟨-uję⟩ ⟨**obsłużyć**⟩ ⟨-ę⟩ bedienen; (*świadczyć usługi*) betreuen
**obstawa** f (-y) *koll* Leibwächter *pl*, Bodyguards *pl* **obstawać** ⟨obstaję⟩ beharren (**przy** *lok* auf *dat*)
**obstrzał** m (-u; -y) Beschuss m
**obsuwać się** ⟨-am⟩ ⟨**obsunąć się**⟩ ⟨-nę⟩ (ab)rutschen; (*upaść*) fallen, abgleiten
**obsypywać** ⟨-uję⟩ ⟨**obsypać**⟩ ⟨-ię⟩ (*inst*) bestreuen (mit *dat*); *fig* überhäufen, überschütten (mit *dat*); **~ pocałunkami** mit Küssen bedecken
**obszar** m (-u; -y) Gebiet n (*a. fig*)
**obszerny** geräumig; *ubranie* weit; *tekst* ausführlich
**obszycie** n (-a) Besatz m, Borte f **obszywać** ⟨-am⟩ ⟨**obszyć**⟩ ⟨obszyję⟩ besetzen, einfassen (*inst* mit *dat*)
**obtaczać** ⟨-am⟩ ⟨**obtoczyć**⟩ ⟨-ę⟩ **~ w mące** in Mehl wälzen; **~ w bułce tartej** panieren
**obudowa** f (-y) Verkleidung f, Gehäuse n; BUD Bebauung f **obudow(yw)ać** ⟨-[w]uję⟩ (*inst*) verkleiden (mit); einbauen (*akk*)
**obumierać** ⟨-am⟩ ⟨**obumrzeć**⟩ ⟨obumrę⟩ absterben; *fig* verkümmern
**oburącz** *adv* beidhändig
**oburzać** ⟨-am⟩ ⟨-yć⟩ ⟨-ę⟩ empören; **~ się** sich empören (**na** *akk* über *akk*) **oburzający** (**-co**) empörend **oburzenie** n (-a; *bpl*) Empörung f, Entrüstung f **oburzony** empört, entsetzt
**obustronnie** *adv* beidseitig, beiderseits **obustronny** beiderseitig; POL bilateral
**obuwie** n (-a; *bpl*) Schuhwerk n, Schuhe *pl*
**obwarzanek** m (-*nka*; -*nki*) Brezel f
**obwąchiwać** ⟨-uję⟩ ⟨**obwąchać**⟩ ⟨-am⟩ beschnüffeln, beschnuppern
**obwiązywać** ⟨-uję⟩ ⟨**obwiązać**⟩ ⟨obwiążę⟩ umwickeln, umbinden (*inst* mit *dat*); **~ sznurem** verschnüren
**obwieszczać** ⟨-am⟩ ⟨**obwieścić**⟩ ⟨obwieszczę⟩ verkünden, bekannt machen **obwieszczenie** n (-a) Bekanntmachung f **obwieść** *pf* → obwozić
**obwiniać** ⟨-am⟩ ⟨-ić⟩ ⟨-ię⟩: **~ k-o** (**o** *akk*) j-n beschuldigen (*gen*), j-m zur Last legen (*akk*)
**obwodnica** f (-y; -e) Ringstraße f **obwozić** ⟨obwożę⟩ ⟨**obwieźć**⟩ ⟨obwiozę⟩ *v/t* herumfahren
**obwód** m (-*odu*; -*ody*) Umfang m; (*rejon*) Bezirk m; MAT Umkreis m; ELEK Stromkreis m; **~ wyborczy** Wahlkreis m; **~ klatki piersiowej** Brustumfang m; **~ scalony** ELEK integrierter Schaltkreis m **obwódka** f (-*i*; *gen* -*dek*) Rand m, Umrandung f
**oby** *partikel* möge(n) …, wenn nur …; **~ tak dalej!** nur weiter so!
**obycie** n (-a; *bpl*) Gewandtheit f, Schliff m; **~ z** (*inst*) Vertrautheit f, Erfahrung f mit (*dat*)
**obyczaj** m (-u; -e; *gen* -ów) Brauch m, Sitten *f*/*pl*; **~e** *pl* (moralische) Normen *pl*, Sitten *pl*; **starym ~em** nach altem Brauch
**obyty**: **~ z** (*inst*) vertraut mit (*dat*); *towarzysko* (welt)gewandt
**obywatel** m (-a; -e), **obywatelka** f (-*i*; *gen* -*lek*) (Staats)Bürger(in) *m*(*f*) **obywatelski** Bürger-, bürgerlich **obywatelstwo** n (-a; *bpl*) Staatsangehörigkeit f, Staatsbürgerschaft f
**obżarstwo** n (-a; *bpl*) Völlerei f, Verfressenheit f
**ocalać** ⟨-am⟩ ⟨-ić⟩ ⟨-lę⟩ retten **ocaleć** *pf* (-eję) überleben; *rzecz* unversehrt bleiben **ocalenie** n (-a) Rettung f **ocalić** *pf* → ocalać
**ocean** m (-u; -y) Ozean m
**ocena** f (-y) Bewertung f *szkolna* Note f; (*wycena*) Schätzung f **oceniać** ⟨-am⟩ ⟨-ić⟩ ⟨-ę⟩ bewerten; (*szacować*) schätzen; *w szkole* benoten
**ocet** m (*octu*; *octy*) Essig m
**ochładzać** ⟨-am⟩ ⟨**ochłodzić**⟩ ⟨-ę⟩ (ab)kühlen, kalt stellen **ochłodzenie** n (-a) METEO Abkühlung f (*a. fig*) **ochłonąć** *pf* (-nę) sich beruhigen, zu sich kommen (**po** *lok* nach *dat*)
**ochoczo** *adv* eifrig, bereitwillig **ochota** f (-y; *bpl*) Lust f (**do** *gen* zu *dat*, **na** *akk* auf *akk*) **ochotniczka** f (-*i*; *gen* -*czek*) Freiwillige f **ochotniczy** Freiwilligen- **ochotnik** m (-a; -*cy*) Freiwillige(r) m
**ochraniacz** m (-a; -e) Schoner m, Schützer m **ochraniać** ⟨-am⟩ ⟨**ochronić**⟩ ⟨-ię⟩ (**przed** *inst* od **od** *gen*) schützen, bewahren (vor *dat*), sichern (gegen *akk*) **ochrona** f (-y) Schutz m; **~ klimatu** Klimaschutz m; **~ środowiska** Umweltschutz m; **~ przeciwpożarowa** Brandschutz m; **~ zabytków** Denkmalschutz m; **~ osobista** Leibwache f; **być pod ochroną** unter Na-

**turschutz stehen; ~ poszczepienna** Impfschutz *m* **ochroniarz** *m (-a; -e)* umg Leibwächter *m*, Bodyguard *m* **ochronić** *pf* → ochraniać; chronić **ochronny** Schutz-

**ochrypły** (-le) heiser, rau

**ociągać się** (-am) zögern, zaudern (**z** *inst* mit *dat*)

**ocielić się** *pf* → cielić się

**ociemniały** (persf -li) blind, erblindet; sehbehindert

**ociepl|ać** (-am) ⟨-ić⟩ (-lę) isolieren, abdichten; **~ się** sich erwärmen, wärmer werden; **ocieplił**o **się** es ist wärmer geworden **ocieplenie** *n* (-a; bpl) Erwärmung *f*

**ociężały** (-le) schwerfällig

**ocknąć się** *pf* (-nę) aufwachen

**oclenie** *n* (-a; bpl) Verzollung *f*; **nie mieć nic do oclenia** nichts zu verzollen haben

**ocyganić** *pf* (-ię) umg beschwindeln

**oczarow(yw)ać** (-[w]uję) bezaubern

**oczekiwać** (-uję) (gen od **na** akk) erwarten (akk)); **~ po kimś** (gen) von j-m erwarten (akk) **oczekiwanie** *n* (-a) Erwartung *f*

**oczerniać** (-am) ⟨-ić⟩ (-ię) anschwärzen

**oczko** *n* (-a; gen oczek) dim Äuglein *n*; w pierścionku Stein *m*; na kostce do gry Auge *n*; w pończosze Laufmasche *f*; przy robieniu na drutach Masche *f*; (gra) Siebzehnundvier *n* **oczodół** *m* (-dołu; -doły) Augenhöhle *f*

**oczyszcz|ać** (-am) ⟨oczyścić⟩ (oczyszczę) (**z** *gen*) reinigen (von *dat*); fig reinwaschen (von *dat*) **oczyszczalnia** *f* (-i; -e) Kläranlage *f* **oczyszczanie** *n* (-a) Reinigung *f*

**oczytany** belesen **oczywisty** offensichtlich, augenfällig **oczywiście** *adv* natürlich, selbstverständlich

**od** *präp* (*gen*) von (*dat*); w czasie seit (*dat*); (przeciw) gegen (*akk*); als; **starszy ~e mnie** älter als ich; **~ ręki** adv sofort; **~ sztuki** pro Stück; **~ zaraz** ab sofort

**odbicie** *n* (-a) Spiegelbild *n*; (odzwierciedlenie) Widerspiegelung *f*; (odcisk) Abdruck *m*; **~ światła** Lichtreflex *m* **odbić** *pf* → odbijać

**odbiec** *pf*, **odbiegać** ⟨odbiegnąć⟩ weglaufen; fig abweichen **odbierać** (-am) ⟨odebrać⟩ (odbiorę) wegnehmen; towar abnehmen; nagrodę entgegennehmen; bagaż abholen; prawo aberkennen; RADIO empfangen; (odczuwać) ausspannen; (vli MAR ablegen; **~ się** sich widerspiegeln; głos widerhallen; piłka zurückprallen; ślad sich abdrücken; rękami sich abstoßen; fig sich auswirken (**na** lok auf *akk*)

**odbiorca** *m* (-y; gen -ów), **odbiorczyni** *f* (-i; -e) Empfänger(in) *m*(*f*) **odbiornik** *m* (-a; -i) RADIO Empfangsgerät *n* **odbiór** *m* (-oru; bpl) Empfang *m* (a. RADIO); BUD Abnahme *f*; z utworu Aufnahme *f* **odbitka** *f* (-i; gen -tek) FOTO, TYPO Abzug *m*

**odblask** *m* (-u; bpl) Widerschein *m* **odblaskowy** reflektierend

**odbudowa** *f* (-y) BUD (Wieder)Aufbau *m* (a. fig) **odbudow(yw)ać** (-[w]uję) (wieder) aufbauen

**odbyć*** *pf* → odbywać

**odbytnica** *f* (-y; -e) ANAT Mastdarm *m*

**odbywać** (-am) ⟨odbyć⟩ (odbędę) służbę ableisten; karę verbüßen; podróż unternehmen; **~ się** stattfinden

**odchody** *pl* (gen -ów) Exkremente n/pl **odchodzić** (-ę) ⟨odejść⟩ (odejdę) weggehen; pociąg abfahren; farba abblättern; (opuszczać) verlassen; **odchodzić** abgehen

**odchudzać się** (-am) eine Schlankheitskur machen, abnehmen

**odchylać** (-am) ⟨-ić⟩ (-lę) firankę beiseiteschieben; **~ się** (zur Seite) ausweichen **odchylenie** *n* (-a) Abweichung *f*

**odciąć*** *pf*; → odcinać **odciągać** (-am) ⟨-nąć⟩ (-nę) v/t wegziehen; **~ k-o od** (*gen*) j-n abbringen von (*dat*); **~ uwagę** die Aufmerksamkeit ablenken **odciążać** (-am) ⟨-yć⟩ (-ę) entlasten (a. fig)

**odcień** *m* (-nia; -nie) Farbton *m*, Schattierung *f* (a. fig)

**odcinać** (-am) ⟨odciąć⟩ (odetnę) abschneiden; **~ się** kontern, schlagfertig antworten; **~ się od** (*gen*) sich trennen von (*dat*), brechen mit (*dat*) **odcinek** *m* (-nka; -nki) Abschnitt *m*; filmu Folge *f*; **~ czasu** Zeitspanne *f*

**odcisk** *m* (-u; -i) Abdruck *m*; MED Blase *f* **odciskać** (-am) ⟨-nąć⟩ (-nę) ślad ein-

drücken; *sok* ausdrücken; *pieczęć* aufdrücken; **~ się** sich abdrücken
**odcyfrować** *pf* (-*uję*) entziffern **odczekać** *pf* (-*am*) abwarten
**odczu(wa)ć** fühlen, empfinden; *ból* (ver)spüren **odczuwalny** spürbar
**odczyn** *m* (-*a*; -*y*) CHEM pH-Wert *m*
**odczyt** *m* (-*u*; -*y*) Vortrag *m*; TECH Ablesung *f*; IT Einlesen *n* **odczytywać** (-*uję*) ⟨*odczytać*⟩ (-*am*) entziffern; *licznik* ablesen; (*interpretować*) auffassen; IT lesen
**oddać** *pf* → *oddawać*
**oddalać** (-*am*) ⟨-*ić*⟩ (-*lę*) entfernen; *wniosek* ablehnen **oddalenie** *n* (-*a*) Entfernung *f*; *wniosku* Ablehnung *f* **oddalony** entfernt (**od** *gen* von *dat*) **oddanie** *n* (-*a*) Rückgabe *f*; *fig* Hingabe *f*; **~ do eksploatacji** Inbetriebnahme *f* **oddany** ergeben, treu; (*pochłonięty*) vertieft, versunken (**in** *akk*) **oddawać** (*oddaję*) ⟨*oddać*⟩ (-*am*) abgeben; (*zwracać*) zurückgeben; (*ofiarowywać*) übergeben; *usługę* erweisen; *sens* wiedergeben; **~ głos** (**na** *akk*) POL seine Stimme geben (*dat*); **~ mocz** harnen; **~ pod opiekę** in Obhut geben; **~ przysługę** e-n Gefallen tun; **~ życie** sein Leben opfern; **~ krew** Blut spenden; **~ do użytku** in Betrieb nehmen; **~ do dyspozycji** zur Verfügung stellen; **~ się** sich widmen, sich hingeben; sich überlassen; **~ się w ręce policji** sich der Polizei stellen
**oddech** *m* (-*u*; -*y*) Atmung *f*; Atem(zug) *m*
**oddychać** (-*am*) atmen **oddychanie** *n* (-*a*; *bpl*) Atmung *f*, Atmen *n*; **sztuczne ~** künstliche Beatmung *f*
**oddział** *m* (-*u*; -*y*) Abteilung *f*; (*filia*) Filiale *f*; *w szpitalu* Station *f*; MIL Einheit *f* **oddziaływać** (-*uję*) ⟨*oddziałać*⟩ (-*am*) sich auswirken (**na** *akk* auf *akk*); CHEM reagieren **oddzielać** (-*am*) ⟨-*ić*⟩ (-*lę*) (ab)trennen; **~ się** sich entfernen; *rzecz* sich lösen **oddzielny** getrennt; (*szczególny*) besondere(r); *pokój* separat
**oddźwięk** *m* (-*u*; -*i*) *fig* Anklang *m*, Echo *n*
**ode** *präp*: **~ mnie** von mir **odebrać\*** *pf* → *odbierać*
**odechcie(wa)ć się**: **odechciewa** (**odechciało**) **mu się** (*gen, inf*) er hat(te) keine Lust mehr (auf *akk*, zu) **odegnać** *pf* → *odganiać* **odegrać** *pf* → *odgrywać*
**odejmować** (-*uję*) ⟨*odjąć*⟩ (*odejmę*) (*odłączać*) abnehmen (*a*. MED); MAT subtrahieren, abziehen **odejmowanie** *n* (-*a*; *bpl*) MAT Subtraktion *f*
**odejście** *n* (-*a*) Weggang *m* **odejść\*** *pf*: **~ z kwitkiem** nichts erledigen, nichts erreichen; → *odchodzić*
**odepchnąć** *pf* → *odpychać* **odeprzeć\*** *pf* v/i entgegnen, erwidern; → *odpierać* **oderwać\*** *pf* → *odrywać* **oderznąć** *pf* → *odrzynać* **odesłać\*** *pf* → *odsyłać*
**odetchnąć** *pf* (-*nę*) aufatmen (*a. fig*) **odezwa** *f* (-*y*) Aufruf *m*, Appell *m* **odezwać się** *pf* → *odzywać się*
**odgadywać** (-*uję*) ⟨*odgadnąć*⟩ (-*nę*) erraten; **~ zagadkę** ein Rätsel lösen **odgałęzienie** *n* (-*a*) Abzweigung *f* **odganiać** (-*am*) ⟨*odgonić*⟩ (-*ię*) *od* ⟨*odegnać*⟩ (-*am*) verjagen; *muchy* verscheuchen **odgarniać** (-*am*) ⟨-*nąć*⟩ (-*nę*) beiseiteschieben; *śnieg* räumen
**odginać** (-*am*) ⟨*odgiąć*⟩ (*odegnę*) aufbiegen, zurückbiegen **odgłos** *m* (-*u*; -*y*) Widerhall *m*, Nachhall *m* **odgonić** *pf* → *odganiać* **odgradzać** (-*am*) ⟨*odgrodzić*⟩ (-*ę*) abtrennen
**odgrodzić** *pf* → *odgradzać* **odgruzow(yw)ać** (-[*w*]*uję*) enttrümmern **odgrywać** (-*am*) ⟨*odegrać*⟩ (-*am*) spielen; **~ się** *umg* sich revanchieren, heimzahlen (**za** *akk* für *akk*) **odgryzać** (-*am*) ⟨*odgryźć\**⟩ (*odgryzę*) abbeißen, abknabbern; **~ się** schlagfertig antworten **odgrzać** *pf* → *odgrzewać* **odgrzebywać** (-*uję*) ⟨*odgrzebać*⟩ (-*ię*) ausgraben; **~ zasypanych** Verschüttete bergen **odgrzewać** (-*am*) ⟨*odgrzać*⟩ (-*eję*) aufwärmen
**odholować** *pf* (-*uję*) abschleppen
**odjazd** *m* (-*u*; -*y*) Abreise *f*; *pociągu* Abfahrt *f* **odjeżdżać** (-*am*) ⟨*odjechać\**⟩ (*odjadę*) wegfahren, abreisen; *autobus* abfahren **odkażać** (-*am*) ⟨*odkazić*⟩ (*odkażę*) desinfizieren **odkażający** desinfizierend, antiseptisch
**odkąd** *pron* seit; seit wann; (*od miejsca*) von wo
**odkładać** (-*am*) ⟨*odłożyć*⟩ (-*ę*) beiseitelegen; (*oszczędzać*) zurücklegen; (*odraczać*) verschieben; *słuchawkę* auflegen; **~ się** sich ablagern
**odkopywać** (-*uję*) ⟨*odkopać*⟩ (-*ię*) ausgraben; **~ zasypanych** Verschüttete bergen; ⟨*odkopnąć*⟩ (-*nę*) *piłkę* zurückschla-

gen **odkorkow(yw)ać** (-[w]uję) entkorken **odkrajać**, **odkrawać** (-am) ⟨**odkroić**⟩ (-ję) abschneiden **odkręcać** (-am) ⟨**odkręcić**⟩ (-ę) abschrauben, abdrehen; *kurek* aufdrehen; ~ **się** sich umdrehen **odkroić** *pf* → odkrajać

**odkrycie** *n* (-a) Entdeckung *f*; *tajemnicy* Enthüllung *f* **odkrywać** ⟨**odkryć**⟩ (-yję) entdecken; *tajemnicę* enthüllen; ~ **się** sich aufdecken **odkryty** offen, frei **odkrywca** *m* (-y; *gen* -ów) Entdecker *m* **odkrywczy** Entdeckungs-, bahnbrechend; originell

**odkupiciel** *m* (-a; *bpl*) REL Erlöser *m* **odkupywać** (-uję) ⟨**-ić**⟩ (-ę) zurückkaufen (**od** *gen* von *dat*); *winę* sühnen

**odkurzacz** *m* (-a; -e) Staubsauger *m* **odkurzać** (-am) ⟨**-yć**⟩ (-ę) staubsaugen; *fig* ausgraben

**odlać** *pf* → odlewać **odlatywać** (-uję) ⟨**odlecieć**⟩ (*odlecę*) wegfliegen, (ab)fliegen; (*odpadać*) abfallen

**odległość** *f* (-ści) Entfernung *f*, Abstand *m* **odległy** entlegen, entfernt; *w czasie* fern

**odlepiać** (-am) ⟨**-ić**⟩ (-ję) ablösen **odlew** *m* (-u; -y) Abguss *m*, Gussstück *n* **odlewać** (-am) ⟨**odlać**⟩ (*odleję*) abgießen; TECH gießen

**odliczać** (-am) ⟨**-yć**⟩ (-ę) abzählen; FIN abrechnen, abziehen **odliczenie** *n* (-a) FIN Abzug *m*

**odlot** *m* (-u; -y) Abflug *m*; **czas** *m* **~u** Abflugzeit *f*

**odludny** abgeschieden, menschenleer **odłamywać** (-uję) ⟨**odłamać**⟩ (-ię) *v/t* abbrechen; ~ **się** *v/i* abbrechen

**odłączać** (-am) ⟨**-yć**⟩ (-ę) (ab)trennen; ELEK abschalten **odłożyć** *pf* → odkładać **odłupywać** (-uję) ⟨**odłupać**⟩ (-ię) absplittern; abschlagen; ~ **się** *v/i* abbröckeln; absplittern; abplatzen

**odmarzać** [-r.z-] (-am) ⟨**odmarznąć**⟩ (-*n*ę) *v/i* auftauen **odmawiać** (-am) ⟨**odmówić**⟩ (-ię) (*gen*) ablehnen (*akk*); *termin* absagen; *prawa* absprechen; *modlitwę* sprechen; *pomocy* verweigern; ~ **sobie** (*gen*) sich nicht gönnen (*akk*)

**odmiana** *f* (-y) Variante *f*; AGR Sorte *f*; GRAM Flexion *f*; (*zmiana*) Abwechslung *f*; ~ **rzeczownika** Deklination *f*; ~ **czasownika** Konjugation *f*; **dla odmiany** zur Abwechslung **odmieniać** (-am) ⟨**-ić**⟩ (-ię) (ver)ändern; GRAM beugen **odmienny** anders(artig), verschieden; GRAM flektierbar

**odmierzać** (-am) ⟨**-yć**⟩ (-ę) abmessen, ausmessen; *godziny* zählen **odmładzać** (-am) ⟨**odmłodzić**⟩ (-*dz*ę) jünger machen, jünger erscheinen lassen; *zespół* verjüngen **odmłodnieć** *pf* → młodnieć **odmowa** *f* (-y) Absage *f*, Ablehnung *f* **odmowny** ablehnend, negativ; *ofic* abschlägig **odmówić** *pf* → odmawiać **odmrażać** (-am) ⟨**odmrozić**⟩ (*odmrożę*) abtauen; *mrożonkę* auftauen; ~ **sobie uszy** an den Ohren Erfrierungen erleiden **odmrożenie** *n* (-a) MED Erfrierung *f*

**odnajmować** (-uję) ⟨**odnająć**⟩ (*odnajmę*): ~ **k-u** an j-n vermieten; ~ **od k-o** von j-m mieten **odnawiać** (-am) ⟨**odnowić**⟩ (-ię, -*nów!*) erneuern; *mieszkanie* renovieren; *kontakty* wiederherstellen

**odniesienie** *n* (-a): **w odniesieniu do** (*gen*) in Bezug auf (*akk*), bezüglich (*gen*) **odnieść*** *pf* → odnosić

**odnoga** *f* (-*i*; *gen* -*nóg*) *rzeki* Flussarm *m*; *górska* Bergausläufer *m* **odnosić** (*odnoszę*) ⟨**odnieść**⟩ (*odniosę*) (hin)bringen; ~ (**z powrotem**) zurückbringen; *sukces* erzielen; *korzyści* ziehen; *zwycięstwo* davontragen, erringen; *szkodę* erleiden; ~ **się dobrze do k-o** j-n gut behandeln; ~ **się do** (*gen*) sich beziehen auf (*akk*), betreffen (*akk*) **odnośnie**: ~ **do** (*gen*) in Hinsicht auf (*akk*), hinsichtlich (*gen*)

**odnowić** *pf* → odnawiać **odosobniony** *miejsce* abgeschieden; *przypadek* vereinzelt

**odpad** *m* (-u; -y) Abfall(stoff) **odpadać** (-am) ⟨**odpaść**⟩ (*odpadnę*) abfallen; SPORT ausscheiden

**odparow(yw)ać** *pf* (-[w]uję) *v/t* verdampfen **odpaść*** *pf* → odpadać

**odpędzać** (-am) ⟨**odpędzić**⟩ (-*dz*ę) verjagen, vertreiben; *owady* wegscheuchen **odpiąć** *pf* → odpinać **odpierać** (-am) ⟨**odeprzeć**⟩ (*odeprę*) zurückdrängen; *cios* parieren; *zarzut* zurückweisen; *argument* widerlegen

**odpinać** (-am) ⟨**odpiąć**⟩ (*odepnę*) abknöpfen; *guzik* aufknöpfen; ~ **się** sich lösen, aufgehen

**odpis** *m* (-u; -y) Abschrift *f*; FIN Abbuchung *f* **odpisywać** (-uję) ⟨**odpisać**⟩

(*odpiszę*) FIN abbuchen; *własność* übertragen; **~ k-u** an j-n zurückschreiben; **~ od k-o** von j-m abschreiben; **~ od podatku** von der Steuer absetzen

**odpłacać** (*-am*) ⟨*-ić*⟩ (*-ę*) (**za** *akk*) heimzahlen, vergelten (*akk*); (*być wdzięcznym*) sich revanchieren (für *akk*); **~ się** sich revanchieren **odpłatny** → *odpłatny* kostenpflichtig

**odpłynąć** *pf* → **odpływać odpływ** *m* (*-u; -y*) Abfluss *m*; GEOG Ebbe *f* **odpływać** (*-am*) ⟨**odpłynąć**⟩ (*-nę*) wegschwimmen; *statek* in See stechen; *ciecz* abfließen

**odpoczynek** *m* (*-nku; -nki*) Erholung *f* **odpoczywać** (*-am*) ⟨**odpocząć**⟩ (*-nę*) sich erholen, sich ausruhen

**odporność** *f* (*-ści; bpl*) Widerstandsfähigkeit *f*; MED Immunität *f* **odporny** widerstandsfähig; **~ na** (*akk*) unempfindlich gegen (*akk*); MED immun; **~ na wpływy atmosferyczne** wetterfest

**odpowiadać** (*-am*) ⟨**odpowiedzieć**⟩ (*odpowiem*) antworten; **~ na** (*akk*) beantworten (*akk*); **odpowiadać za** (*akk*) verantwortlich sein für (*akk*), verantworten (*akk*); haften für (*akk*); **odpowiadać** (*dat*) entsprechen (*dat*), übereinstimmen (mit *dat*); (*pasować*) zusagen **odpowiedni** (**-nio**) geeignet; *strój* angemessen; *kwalifikacje* erforderlich; **~ do** (*gen*) angemessen (*dat*), passend zu (*dat*) **odpowiednik** *m* (*-a; -i*) Entsprechung *f*, Äquivalent *n*

**odpowiedzialność** *f* (*-ści; bpl*) Verantwortung *f* **odpowiedzialny** verantwortungsvoll, verantwortungsbewusst; **~ za** (*akk*) verantwortlich, zuständig für (*akk*); (*winny*) verantwortlich

**odpowiedzieć** *pf* → **odpowiadać odpowiedź** *f* (*-dzi*) Antwort *f*

**odpracow(yw)ać** (*-[w]uję*) abarbeiten **odprawa** *f* (*-y*) Besprechung *f*; (*zapłata*) Abfindung *f*; (*załatwianie formalności*) Abfertigung *f* **odprawiać** (*-am*) ⟨*-ić*⟩ (*-ię*) *osobę* wegschicken; *towar* abfertigen

**odprężać** (*-am*) ⟨*-yć*⟩ (*-ę*) entspannen **odprężenie** *n* (*-a; bpl*) Entspannung *f* **odprowadzać** (*-am*) ⟨*-ić*⟩ (*-ę*) bringen, begleiten; *gaz* ableiten; *towar* abführen

**odpruwać** (*-am*) ⟨**odpruć**⟩ (*odpruję*) abtrennen; **~ się** abreißen

**odpuszczać** (*-am*) ⟨**odpuścić**⟩ (*odpuszczę*) vergeben; **~ sobie** *umg* sausen lassen **odpychać** (*-am*) ⟨**odepchnąć**⟩ (*-nę*)

wegstoßen **odpychający** (**-co**) abstoßend

**odra** *f* (*-y; bpl*) MED Masern *pl*

**odrabiać** (*-am*) ⟨**odrobić**⟩ (*-ię*) nachholen; *błędy* wiedergutmachen; *długi* abarbeiten; *lekcje* machen **odraczać** (*-am*) ⟨**odroczyć**⟩ (*-ę*) aufschieben; *posiedzenie* vertagen; *wyrok* aussetzen **odradzać** (*-am*) ⟨*-ić*⟩ (*-ę*) abraten (*gen* von *dat*)

**odrastać** (3. *Pers -a*) ⟨**odrosnąć**⟩ (*odrośnie*) nachwachsen **odraza** *f* (*-y; bz pl*) Abscheu *m*, Widerwille *m* **odrażający** (**-co**) abstoßend

**odrąbywać** (*-uję*) ⟨**odrąbać**⟩ (*-ię*) abhacken

**odrębny** besondere(r); (*różny*) verschieden; (*osobny*) separat **odręczny** *podpis* handschriftlich; *naprawa* sofortig

**odrętwienie** *n* (*-a*) Lähmung *f*

**odrobić** *pf* → odrabiać **odrobina** *f* (*-y*) (*gen*) (ein) bisschen ...; *fig* Funken *m* **odroczyć** *pf* → odraczać **odrodzenie** *n* (*-a*) Aufleben *n*; **Odrodzenie** MAL Renaissance *f* **odrosnąć** *pf* → odrastać

**odróżniać** (*-am*) ⟨*-ić*⟩ (*-ię*) unterscheiden (**od** *gen* von *dat*); **~ się od siebie** sich voneinander unterscheiden **odróżnienie** *n* (*-a; bpl*) Unterscheidung *f*; **w odróżnieniu** (**od** *gen*) im Gegensatz (zu *dat*)

**odruch** *m* (*-u; -y*) BIOL, MED Reflex *m* (*a. fig*) **odruchowy** (**-owo**) unwillkürlich, spontan; automatisch; BIOL reflexartig

**odrywać** (*-am*) ⟨**oderwać**⟩ (*-ę*) abreißen; *wzrok* abwenden; **~ k-o** j-n abhalten, j-n ablenken (**od** *gen* von *dat*); **~ się** sich (ab)lösen, abreißen

**odrzucać** (*-am*) ⟨*-ić*⟩ (*-ę*) zurückwerfen; *ofertę* ausschlagen; *warunki* ablehnen; *skargę* verwerfen **odrzutowiec** *m* (*-wca; -wce*) Düsenflugzeug *n*

**odrzynać** (*-am*) ⟨**oderżnąć**⟩ (*-nę*) abschneiden; *piłą* absägen **odsapnąć** *pf* (*-nę*) *umg* verschnaufen

**odsetek** *m* (*-tka; -tki*) Prozent *n*; *pl* FIN Zinsen *m/pl*

**odskakiwać** (*-uję*) ⟨**odskoczyć**⟩ wegspringen **odskocznia** *f* (*-i; -e*) Sprungbrett *n* **odsłaniać** (*-am*) ⟨**odsłonić**⟩ (*-ię*) aufdecken; *firankę* zurückziehen; *pomnik* enthüllen; *piersi* entblößen **odsłonić** *pf* → odsłaniać

**odstawać** (*odstaję*) abstehen; *fig* abweichen **odstawi(a)ć** wegstellen; *lek* absetzen

**odstąpić** *pf* → odstępować

**odstęp** *m (-u; -y)* Abstand *m* **odstępować** (-*uję*) ⟨odstąpić⟩ (-*ę*) *v/t (dat)* abtreten; *v/i* zurücktreten (**od** *gen* von *dat*)

**odstępstwo** *n (-a)* Abweichung *f*

**odstraszać** (-*am*) ⟨-yć⟩ (-*ę*) abschrecken (**od** *gen* von) **odstraszający** (-**co**) abschreckend

**odsuwać** (-*am*) ⟨odsunąć⟩ (-*nę*) wegschieben; beiseiteschieben; *zasuwkę* zurückschieben; **~ od władzy** entmachten; **~ się** *v/i* zur Seite rücken; *fig* sich zurückziehen

**odsyłacz** *m (-a; -e)* Verweis *m*; Fußnote *f* **odsyłać** (-*am*) ⟨odesłać⟩ (-*odeślę*) zurückschicken; *w tekście* verweisen (**do** *gen* an *akk*)

**odsypywać** (-*uję*) ⟨odsypać⟩ (-*ię*) abschütten

**odszkodowanie** *n (-a)* Entschädigung *f*; Schadenersatz *m*; Schmerzensgeld *n*

**odszukać** *pf* (wieder) finden; ausfindig machen **odszyfrow(yw)ać** (-[*w*]*uję*) entschlüsseln

**odświeżać** (-*am*) ⟨-yć⟩ (-*ę*) erfrischen; *fig* auffrischen

**odświętny** festlich

**odtąd** *adv* seitdem; von nun an; *w przestrzeni* von hier ab

**odtransportować** *pf* (-*uję*) abtransportieren **odtrącać** (-*am*) ⟨odtrącić⟩ (-*ę*) wegstoßen;; *fig* zurückweisen **odtrutka** *f* (-*i*; *gen* -*tek*) Gegengift *n* **odtwarzać** (-*am*) ⟨odtworzyć⟩ (-*ę*) rekonstruieren; *nastrój* wiedergeben; *rolę* interpretieren **odtwarzacz** *m* (-*a*; -*e*): **~wideo** Videorekorder *m*; **~DVD** DVD-Player *m*; **~CD** *od* **~kompaktowy** CD-Spieler *m* **odtwórca** *m* (-*y*; *gen* -*ów*) Interpret *m*, Darsteller *m*

**oduczać** (-*am*) ⟨-yć⟩ (-*ę*): **~ k-o** (*gen*) j-m abgewöhnen (*akk*); **~ się** sich abgewöhnen; (*zapomnieć*) verlernen; **~ się palić** sich das Rauchen abgewöhnen

**odurzający** berauschend **odurzenie** *n (-a)* Rausch *m*, Rauschzustand *m*

**odwadniać** (-*am*) ⟨odwodnić⟩ (-*ię*, -*nij!*) entwässern; *MED* dehydrieren

**odwaga** *f* (-*i*; *bpl*) Mut *m*; **~ cywilna** Zivilcourage *f*

**odwalać** (-*am*) ⟨-ić⟩ (-*lę*) wegräumen; *pracę umg pej* hinter sich bringen, abhaken **odwal się!** *pop* hau ab!

**odważnik** *m (-a; -i)* Gewicht *n* **odważny** mutig

**odwdzięczać się** (-*am*) ⟨-yć się⟩ (-*ę*) sich revanchieren (**za** *akk* für *akk*)

**odwet** *m (-u; bpl)* Vergeltung *f*, Revanche *f*; **w ~** (**za** *akk*) als Rache (für *akk*)

**odwiązywać** (-*uję*) ⟨odwiązać⟩ (*odwiążę*) losbinden **odwieczny** uralt **odwiedzać** (-*am*) ⟨-ić⟩ (-*dzę*) besuchen **odwiedziny** *pl* (*gen* -) Besuch *m*; *w szpitalu* Besuchszeit *f*; **przyjść** *pf* **w ~** zu Besuch kommen (**do** *gen* zu *dat*)

**odwieść*** *pf* → odwodzić **odwieźć*** *pf* → odwozić **odwijać** (-*am*) ⟨odwinąć⟩ (-*nę*, -*ń*!) *prezent* auswickeln; *sznurek* abwickeln, abrollen **odwinąć** *pf* → odwijać

**odwlekać** (-*am*) ⟨odwlec*⟩ (*odwlokę*) wegziehen; *fig* hinauszögern, hinausschieben **odwodnić** *pf* → odwadniać **odwodzić** (*odwodzę*) ⟨odwieść⟩ (*odwiodę*) abbringen (**od** *gen* von *dat*)

**odwołać** *pf* → odwoływać **odwołanie** *n (-a)* Abberufung *f*; Berufung *f*; **~ od decyzji** Widerspruch *m*; **~ alarmu** Entwarnung *f* **odwoływać** (-*uję*) ⟨odwołać⟩ (-*am*) absagen; *zarzut* widerrufen; *zamówienie* abbestellen; **~ ze stanowiska** abberufen; **~ alarm** entwarnen; **~ się** sich berufen (**do** *gen* auf *akk*); *JUR* Berufung einlegen

**odwozić** (*odwożę*) ⟨odwieźć⟩ (*odwiozę*) hinfahren, hinbringen

**odwracać** (-*am*) ⟨odwrócić⟩ (-*cę*) (um)drehen; *kartkę* umblättern; *wzrok* abwenden **odwrotnie** *adv* umgekehrt; (*przeciwnie*) im Gegenteil **odwrotny** umgekehrt, gegenteilig; **odwrotna strona** *f* Rückseite *f*; **~ kierunek** *m* Gegenrichtung *f* **odwrócić** *pf* → odwracać **odwrót** *m* (-*otu*; -*oty*) Rückzug *m*; **na odwrocie** auf der Rückseite; **na ~** *adv* umgekehrt; (*przeciwnie*) im Gegenteil; **nie ma odwrotu** es gibt kein Zurück mehr

**odwykać** ⟨-nąć⟩ (-*nę*, -*ń*): **~ od** (*gen*) (*odzwyczaić się*) es nicht mehr gewohnt sein zu (+ *inf*), nicht mehr gewöhnt sein (*akk*); (*nie żałować*) nicht mehr vermissen (*akk*); (*odwyczyć się*) verlernen (*akk*)

**odwzajemniać** (-*am*) ⟨-ić⟩ (-*ię*, -*nij*!) erwidern; **~ się k-u** sich bei j-m revan-

chieren (**za** akk für akk)
**odzew** [-d.z-] m (-u; -y) MIL Losung f; fig Echo n
**odziedziczony** JUR geerbt, Erb-; vererbt (a. BIOL)
**odzież** f (-y; bpl) (Be)Kleidung f, Konfektion f
**odznaczać** [-d.z-] (-am) ⟨-yć⟩ (-ę) auszeichnen; **~ się** sich abzeichnen **odznaczenie** n (-a) Auszeichnung f **odznaczyć** pf: **~ się** (inst) sich hervortun (durch akk); → odznaczać **odznaka** f (-i) Abzeichen n
**odzwierciedlać** [-d.z-] (-am) ⟨-ić⟩ (-lę, -lij!) widerspiegeln **odzwierciedlenie** n (-a) Widerspiegelung f
**odzwyczajać** [-d.z-] (-am) ⟨-ić⟩ (-ję, -j!): **~ k-o od** (gen) j-m abgewöhnen (akk)
**odzyskanie** [-d.z-] n (-a; bpl) Rückgewinnung f **odzysk(iw)ać** wiedererlangen
**odzywać się** (-am) ⟨odezwać się⟩ (-ę, -ie, -wij!) antworten; sich melden; w kartach ansagen; **odezwij się kiedyś!** melde dich mal!, lass von dir hören!; **nie ~ się** nichts von sich hören lassen; **nie odzywać się do siebie** nicht miteinander sprechen
**odżywać** [-d.ż-] (-am) ⟨**odżyć**⟩ (-ję) aufleben, aufblühen; nadzieja erwachen, aufleben **odżywczy** Nähr- **odżywiać** (-am) ⟨-ić⟩ (-ię) ernähren **odżywianie (się)** n (-a; bpl) Ernährung f **odżywka** f (-i; gen -wek): **~ do włosów** Haarspülung f, Haarbalsam m; **~ dla niemowląt** Babynahrung f

**ofensywa** f (-y) MIL Offensive f; SPORT Angriff m **ofensywny** offensiv; SPORT Angriffs-
**oferent** m (-a; -ci) Anbieter m **oferować** ⟨za-⟩ (-uję) anbieten **oferta** f (-y) Angebot n; **złożyć pf ofertę** ein Angebot machen; **~ kupna** Kaufangebot n; **~ sprzedaży** Verkaufsangebot n
**ofiara** f (-y) Opfer n; (datek) Spende f; REL Opfergabe f; **~ wypadku** Unfallopfer n; **~ powodzi** Flutopfer n **ofiarny** aufopfernd; REL Opfer- **ofiarodawca** m (-y; gen. -ów), **ofiarodawczyni** (-i; -e) Spender(in) m(f) **ofiaro(yw)ać** (-[w]uję) spenden, stiften; (a. **się z** inst) anbieten (akk); opfern
**oficer** m (-a; -owie) Offizier m **oficjalny** offiziell

**oficyna** f (-y) Seitenflügel m; Hinterhaus n
**ofsajd** m (-u; -y) SPORT Abseits n
**ogarniać** (-am) ⟨**ogarnąć**⟩ (-nę) umfassen; ogień erfassen; uczucie ergreifen
**ogień** m (ognia; ognie; gen -ni) Feuer n; **sztuczne ognie** pl Feuerwerk n; **zimne ognie** pl Wunderkerzen f/pl
**ogier** m (-a; -y) ZOOL Hengst m
**oglądać** (-am) ⟨**obejrzeć**⟩ (-ę) sich anschauen, sich angucken; wystawę besuchen; zabytki besichtigen; **~ telewizję** fernsehen; **~ się w lustrze** sich im Spiegel betrachten; **~ się do tyłu** sich umsehen
**ogłada** f (-y; bpl) Schliff m, gute Manieren pl
**ogłaszać** (-am) ⟨**ogłosić**⟩ (ogłoszę) bekannt geben; konkurs ausschreiben; wyrok verkünden; **~ się** v/i inserieren **ogłosić** pf → ogłaszać **ogłoszenie** n (-a) Bekanntgabe f; na tablicy Aushang m; w gazecie Anzeige f
**ogłuchnąć** pf (-nę) taub werden
**ogłupiały** verwirrt; verblödet, stumpfsinnig **ogłupieć** pf (-eję) fig den Verstand verlieren
**ogłuszać** (-am) ⟨-yć⟩ (-ę) taub machen; ofiarę betäuben
**ognioodporny**, **ogniotrwały** feuerfest, feuerbeständig **ognisko** n (-a) Lagerfeuer n **ogniskowa** f (-ej; -e) FIZ Brennweite f **ogniskować** ⟨z-⟩ (-uję) fokussieren, konzentrieren; światło bündeln **ognisty** (**-ście**) fig feurig
**ogniwo** n (-a) łańcucha Kettenglied n; organizacji Zelle f; ELEK Element n
**ogon** m (-a; -y) ZOOL Schwanz m; komety Schweif m; samolotu Heck n;; **koński** ~ fig Pferdeschwanz m **ogonek** m (-nka; -nkí) ZOOL Schwänzchen n; liścia Stiel m; umg (kolejka) Schlange f; **stać w ogonku** Schlange stehen
**ogólnie** adv allgemein **ogólnikowy** (**-wo**) allgemein, nichtssagend, vage; floskelhaft **ogólnoeuropejski** gesamteuropäisch **ogólnokształcący** szkoła allgemein bildend **ogólnopolski** gesamtpolnisch **ogólnoświatowy** global, weltweit **ogólny** Gesamt-, gesamt; (powszechny) allgemein **ogół** m (-u; bpl) Gesamtheit f, Allgemeinheit f **dobro** n **~u** Allgemeinwohl n; **~em** im Ganzen, zusammen; **na ~** im Allgemei-

nen, generell; **w ogóle nie** überhaupt nicht

**ogórek** m (-rka; -rki) Gurke f

**ograbiać** (-am) ⟨-ić⟩ (-ię) ausrauben

**ogradzać** (-am) ⟨ogrodzić⟩ (-ę) umzäunen

**ograniczać** (-am) ⟨-yć⟩ (-ę) einschränken, beschränken (**do** gen auf akk) **ograniczenie** n (-a) Einschränkung f **ograniczony** begrenzt, beschränkt; (tępy) beschränkt **ograniczyć** pf → ograniczać

**ogrodnictwo** n (-a; bpl) Gärtnerei f

**ogrodzenie** n (-a) Umzäunung f, Zaun m **ogrodzić** pf → ogradzać; grodzić

**ogrom** m (-u; bpl) (gen) ungeheure Größe f; Übermaß n; riesige Menge f **ogromny** riesig

**ogród** m (-odu; -ody) Garten m; **ogródek** m (-dka; -dki) (kleiner) Garten m; przydomowy Vorgarten m; kawiarniany Biergarten m; **~ działkowy** Kleingarten m, Schrebergarten m

**ogryzek** m (-zka; -zki) jabłka Kerngehäuse n

**ogrzewać** (-am) ⟨ogrzać⟩ (-eję) (auf)wärmen, erhitzen; ręce (er)wärmen; mieszkanie beheizen **ogrzewanie** n (-a) Heizung f; **centralne ~** Zentralheizung f

**ogumienie** n (-a) AUTO Bereifung f

**ohydny** scheußlich; czyn widerlich, abscheulich

**oj** int oh, ach; hei

**ojciec** m (ojca, dat ojcu, ojcze!, ojcowie; gen -ców) Vater m; **Ojciec Święty de** Heilige Vater; **ze strony ojca** väterlicherseits **ojcostwo** n (-a) Vaterschaft f **ojcowski** (**po -sku**) väterlich **ojczym** m (-a; -owie od -i) Stiefvater m **ojczysty** Heimat-, heimatlich; (narodowy) national **ojczyzna** f (-y) Heimat f; (kraj pochodzenia) Heimatland f

**okaleczenie** n (-a) Körperverletzung f

**okap** m (-u; -y) (Dach)Traufe f; w kuchni Abzugshaube f, Rauchfang m

**okaz** m (-u; -y) Exemplar n; muzealny Ausstellungsstück n **okazały** (**-le**) (duży) stattlich; (imponujący) prächtig **okaziciel** m (-a; -e) Inhaber m; **na ~a** Inhaber- **okazja** f (-i; -e) Gelegenheit f; (kupno) Sonderangebot n, umg Schnäppchen n; **przy okazji** bei Gelegenheit; **z okazji** (gen) anlässlich (gen); **życzenia** pl **z okazji urodzin** Geburtstagswünsche pl **okazyjny** Sonder-; **po okazyjnej cenie** zum Sonderpreis **okazywać** (-uję) ⟨okazać⟩ (okażę) (vor)zeigen; (dać wyraz) bekunden; zeigen; pomoc leisten; **~ się** sich erweisen (als nom); **jak się okazało** wie es sich herausstellte

**okienko** n (-a; gen -nek) (kleines) Fenster n; w urzędzie Schalter m; umg Zeitfenster n **okiennica** f (-y; -e) Fensterladen m **okienny** Fenster-

**oklaski** pl (gen -ów) Beifall m, Applaus m

**okleina** f (-y) Furnier n **oklejać** (-am) ⟨-ić⟩ (-ję) bekleben (inst mit dat)

**oklepany** umg abgedroschen

**okład** m (-u; -y) MED Umschlag m; **z ~em** umg mehr als, über **okładać** (-am) ⟨obłożyć⟩ (-ę) (inst) belegen (mit dat); zeszyty einschlagen **okładka** f (-i; gen -dek) Umschlag m **okładzina** f (-y) Belag m; Verkleidung f

**okłamywać** (-uję) ⟨okłamać⟩ (-ię) belügen; **~ się** einander belügen; sich (selbst) belügen, sich etwas vormachen

**okno** n (-a; gen okien) Fenster n (a. IT); **~ wystawowe** Schaufenster n; **~ dialogowe** Dialogbox f

**oko** n (-a; oczy, oczu, oczom, oczami od oczyma, oczach) Auge n; (pl oka, ok, okom, okami) tłuszczu Fettauge n; sieci Netzmasche f; **mieć ~ na** (akk) ein Auge haben auf (akk); **na ~** schätzungsweise, nach Augenmaß; **na oczach wszystkich** vor allen Augen; **w cztery oczy** unter vier Augen; **widzieć na własne oczy** mit eigenen Augen sehen; **mieć na oku** im Auge behalten; **na pierwszy rzut oka** auf den ersten Blick

**okolica** f (-y) Umgebung f; Gegend f (a. ANAT)

**okoliczność** f (-ści) Umstand m, Tatsache f; pl Umstände pl; **w tych okolicznościach** unter diesen Umständen

**około** präp (gen) (w przybliżeniu) etwa, ungefähr, zirka

**okoń** m (-nia; -nie; gen -ni) ZOOL Barsch m

**okop** m (-u; -y) MIL Schützengraben m

**okólnik** m (-a; -i) Rundschreiben n

**okradać** (-am) ⟨okraść⟩ (okradnę) bestehlen, ausrauben

**okrakiem** adv rittlings; breitbeinig

**okrasa** f (-y) Fett n, Speck m **okraść*** pf → okradać **okratować** (-uję) vergit-

**okrąg – opak** ▪ **137**

tern
**okrąg** m (okręgu; okręgi) Kreis m (a. MAT)
**okrągły** (**-lo**) rund **okrążać** (-am)
⟨**-yć**⟩ (-ę) umkreisen; MIL umzingeln
**okrążyć** pf → okrążać
**okres** m (-u; -y) Zeitraum m; GEOL Zeitalter n; szkolny Quartal n; (miesiączka) umg Periode f; **~ próbny** Probezeit f; **~ ochronny** Schonzeit f; **~ świąteczny** Feiertage pl; Weihnachtszeit f; Osterzeit f
**okresowo** adv zeitweise
**określać** (-am) ⟨**-ić**⟩ (-ę) bestimmen; (nazywać) bezeichnen **określenie** n (-a) Bestimmung f; (nazwa) Bezeichnung f **określony** bestimmt
**okręcać** (-am) ⟨**-ić**⟩ (-ę) (inst) umwickeln (mit dat); (obracać) herumdrehen
**okręg** m (-u; -i): **~ administracyjny** Verwaltungsbezirk m
**okręt** m (-u; -y) Schiff n; MIL Kriegsschiff n; **~ podwodny** MIL Unterseeboot n, U-Boot n **okrętowy** Schiffs-
**okrężny** Kreis-, Ring-; **ruch m ~** Kreisverkehr m; **droga okrężna** Umweg m
**okropność** f (-ści) Grauen n, Ungeheuerlichkeit f **okropny** schrecklich, furchtbar, grässlich; (przerażający) grauenvoll, grauenerregend, grauenhaft
**okrucieństwo** n (-a) Grausamkeit f
**okrutny** grausam
**okrycie** n (-a) Bedeckung f, Decke f; (ubranie) (warme) (Be)Kleidung f
**okrzyk** m (-u; -i) (Aus)Ruf m; **~i** pl **radości** Freudenschreie n/pl, Freudenrufe m/pl
**okulary** pl (gen -ów) Brille f; **~ przeciwsłoneczne** Sonnenbrille f
**okulista** m (-y; -ści) Augenarzt m **okulistka** f (-i; gen -tek) Augenärztin f
**okup** m (-u; -y) Lösegeld n **okupacja** f (-i; -e) MIL Besatzung f **okupować** (-uję) MIL besetzen (a. fig)
**olbrzym** m (-a; -i od -y) Riese m **olbrzymi** riesenhaft, riesig
**oleisty** ziarna ölhaltig; konsystencja ölig
**olej** m (-u; -e) KULIN Öl n; TECH Schmieröl n; **~ słonecznikowy** Sonnenblumenöl n
**olejek** m (-jku; -jki) Öl n **~ do opalania** Sonnenöl n; **~ do ciast** Backaroma m
**oleodruk** m (-u; -i) Öldruck m
**olimpiada** f (-y) SPORT Olympische Spiele pl; (konkurs) Wettbewerb m **olimpijczyk** m (-a; -cy) SPORT Olympionike m, Olympiateilnehmer m **olimpijski**

olympisch, Olympia-
**oliwa** f (-y; bpl) Olivenöl n; TECH Schmieröl n **oliwić** (-ię) ölen **oliwka** f (-i; gen -wek) Olive f; (drzewo) Olivenbaum m; (kosmetyk) (Baby)Öl n
**olśnić** pf → olśniewać **olśnienie** n (-a) fig (plötzliche) Erleuchtung f **olśniewać** (-am) ⟨**-ić**⟩ (-ię) fig bezaubern **olśniewający** (**-co**) fig bezaubernd
**ołowiany** Blei-, bleiern **ołów** m (ołowiu; bpl) Blei n **ołówek** m (-wka; -wki) Bleistift m
**ołtarz** m (-a; -e) Altar m
**omal, omalże** partikel beinahe, fast, nahezu
**omamiać** (-am) ⟨**-ić**⟩ (-ię) irreführen, täuschen; betören
**omawiać** (-am) ⟨**omówić**⟩ (-ię) besprechen
**omijać** (-am) ⟨**ominąć**⟩ (-nę) umgehen; pojazdem umfahren
**omlet** m (-u; -y) Omelett n, Eierkuchen m
**omówić** pf → omawiać **omówienie** n (-a) Besprechung f; Umschreibung f; **bez omówień** unverblümt
**omułek** m (-łka; -łki) Miesmuschel f
**omylić** pf → mylić **omyłkowy** irrtümlich
**on** pron (gen go od jego od niego, dat jemu od mu od niemu, akk go od jego, inst lok nim) er **ona** pron (GD jej od niej, akk ją od nią, inst nią, lok niej) sie
**ondulacja** f (-i; -e): **trwała ~** Dauerwelle f
**one** pron sachf (gen ich od nich, dat im od nim, akk je od nie, inst nimi, lok nich) sie
**oni** pron persf (gen akk ich od nich, dat im od nim, inst nimi, lok nich) sie
**oniemiały** (persf) (**z** gen) sprachlos, stumm (vor dat)
**onieśmielać** (-am) ⟨**-ić**⟩ (-lę) verlegen machen, verunsichern
**ono** pron (gen jego od niego, dat jemu od mu od niemu, akk je, inst lok nim) es
**opactwo** n (-a) Abtei f
**opad** m (-u; -y) MED Blutsenkung f; **~y** METEO Niederschläge m/pl; **~ śniegu** Schneefall m; **~y radioaktywne** Fall-out m **opadać** (-am) ⟨**opaść**⟩ (opadnę) niedersinken; liście fallen; temperatura sinken; **opadać** überkommen; **on opada z sił** s-e Kräfte lassen nach
**opak**: **na ~** verkehrt, andersherum

## opakowanie – opowieść

**opakowanie** n (-a) Verpackung f; (sztuka) Packung f; Schachtel f; **w oryginalnym opakowaniu** originalverpackt **opakowywać** (-wuję) ⟨**opakować**⟩ (-uję) verpacken

**opalacz** m (-a; -e) Badeanzug m **opalać** (-am) ⟨**-ić**⟩ (-lę) pokój beheizen; na słońcu bräunen; **~ się** sich sonnen

**opalenizna** f (-y) Sonnenbräune f **opalić** pf → opalać **opalony** braun gebrannt, sonnengebräunt; pokój beheizt

**opancerzony** gepanzert

**opanowanie** n (-a; bpl) Beherrschung f, Gelassenheit f **opanowany** beherrscht, gelassen **opanow(yw)ać** (-[w]uję) beherrschen; sytuację meistern; pożar eindämmen; uczucie ergreifen

**opar** m (-u; -y) Dunst m, Dunstschleier m; **~y** pl Dämpfe m/pl; (wyziewy) Ausdünstungen f/pl

**oparcie** n (-a) Rückenlehne f; fig (fig) Rückhalt m **w oparciu o** (akk) in Anlehnung an (akk)

**oparzenie** n (-a) MED Verbrennung f, Verbrühung f **oparzyć** pf (-ę) verbrennen

**opaska** f (-i; gen -sek) Band n; **~ na czoło** Stirnband n; **~ uciskowa** MED Druckverband m

**opaść*** pf → opadać

**opatentować** pf (-uję) patentieren

**opatrunek** m (-u; -i) MED Verband m

**opatrzność** f (-i; bpl) Vorsehung f

**opcja** f (-i; -e) Möglichkeit f

**opera** f (-y) Oper f; (budynek) Opernhaus n

**operacja** f (-i; -e) Operation f **operator** m (-a; -rzy) Kameramann m **operatywny** osoba leistungsfähig; działanie wirksam, effektiv

**operetka** f (-i; gen -tek) Operette f

**opętanie** n (-a) Besessenheit f (a. REL)

**opić** pf → opijać

**opiec*** pf → opiekać **opieka** f (-i; bpl) Betreuung f; Pflege f; JUR Vormundschaft f; **~ społeczna** Sozialleistung f; (instytucja) Sozialamt n; **~ lekarska** ärztliche Betreuung f; **~ nad chorymi** Krankenpflege f; **~ nad zabytkami** Denkmal(s)pflege f; **wymagać opieki** pflegebedürftig sein **opiekacz** m (-a; -e) Toaster m **opiekać** (-am) ⟨**opiec**⟩ (opiekę) anbraten, anrösten; grzanki toasten

**opiekować się** ⟨**zaopiekować się**⟩ (-uję) (inst) sich kümmern (um akk), sorgen (für akk) **opiekun** m (-a; -i), **opiekunka** f (-i; gen -nek) Betreuer(in) m(f); JUR Vormund m; Bewährungshelfer(in) m(f) **opiekuńczy** (-czo) fürsorglich; **instynkt** m **~** Beschützerinstinkt m

**opieprzać** (-am) ⟨**-yć**⟩ (-ę) vulg zusammenscheißen

**opierać** (-am) ⟨**oprzeć**⟩ (oprę) (**o** akk) (an)lehnen (gegen akk od an akk); **~ na** (lok) fig stützen auf (akk); **~ się na** (lok) fig fußen, gründen auf (dat); **~ się** (dat) widerstehen (können), standhalten (dat); sich widersetzen (dat)

**opieszałość** f (-ści; bpl) Trägheit f, Langsamkeit f **opieszały** (persf -li) (**-le**) langsam, träge

**opijać** (-am) ⟨**opić**⟩ (opiję) begießen (akk), anstoßen (auf akk)

**opinia** f (gen dat lok -ii; -e) Meinung f; (reputacja) Ruf m; (ekspertyza) Gutachten n

**opis** m (-u; -y) Beschreibung f **opisywać** (-uję) ⟨**opisać**⟩ (opiszę) beschreiben

**opłacać** (-am) ⟨**-ić**⟩ (-ę) bezahlen (inst mit dat); **~ się** sich lohnen, sich auszahlen **opłacalny** einträglich, rentabel **opłacić** pf → opłacać **opłacony** bezahlt; list frankiert

**opłata** f (-y) Gebühr f; Bezahlung f

**opłatek** m (-tka; -tki) REL Oblate f; (spotkanie) Weihnachtsfeier f

**opływać** (-am) ⟨**-nąć**⟩ (-nę) umschwimmen; statkiem umschiffen; żaglówką umsegeln

**opodal** adv (gen) in einiger Entfernung (von dat); präp (gen) unweit (gen)

**opona** f (-y) AUTO Reifen m; **opony** pl **mózgowe** ANAT Hirnhaut f

**oponować** ⟨**za-**⟩ (-uję): **~ (przeciw** akk, **przeciw** dat gegen akk) opponieren (gegen akk), sich widersetzen (dat)

**opornie** adv (ciężko) schwer, mühsam; (niechętnie) widerstrebend **opornik** m (-a; -i) ELEK Widerstand m **oporny** widerspenstig, widersetzlich; dłużnik säumig

**oportunistyczny** opportunistisch

**opowiadać** (-am) ⟨**opowiedzieć**⟩ (opowiem) erzählen; **~ się** sich aussprechen (**za** inst für akk, **przeciw** dat gegen akk) **opowiadanie** n (-a) Erzählung f (a. LIT) **opowiedzieć** pf → opowiadać

**opowieść** f (-ści) Erzählung f, Geschichte f

**opozycja** f (-i; -e) POL Opposition f (a. fig)

**opozycyjny** oppositionell, Oppositions-

**opór** m (-oru; -ory) Widerstand m; **bez oporu** widerstandslos; **mieć opory** Hemmungen haben

**opóźniać** (-am) ⟨-ić⟩ (-ię) verzögern; **~ się z** (inst) in Verzug kommen, im Rückstand sein mit (dat) **opóźnienie** n (-a) Verzögerung f; pociągu Verspätung f **opóźniony** (persf -eni) verspätet; kraj rückständig

**opracowanie** n (-a) Ausarbeitung f; dzieła Bearbeitung f; (rozprawa) Abhandlung f **opracow(yw)ać** (-[w]uję) bearbeiten; plan ausarbeiten

**oprawa** f (-y) TYPO Einband m; fig Rahmen m **oprawiać** (-am) ⟨-ić⟩ (-ię) TYPO (ein)binden; obraz einrahmen; rybę zurichten **oprawka** f (-i; gen -wek) okularów Gestell n, Fassung f **oprawny** tom gebunden

**opresja** f (-i; -e) Notlage f, Schwierigkeit f

**oprocentowanie** n (-a; bpl) Verzinsung f

**oprowadzać** (-am) ⟨-ić⟩ (-ę): **~ e-e** Führung machen (**po** lok durch akk); **oprowadzać wycieczki** Reiseführer sein, Führungen machen

**oprócz** präp (gen) außer (dat), ausgenommen (akk)

**opróżniać** (-am) ⟨-ić⟩ (-ię, -nij!) leeren; pokój räumen

**opryskiwać** (-uję) ⟨opryskać⟩ (-am) bespritzen (a. AGR **opryskliwy** (-wie) barsch, ruppig

**opryszczka** f (-i; gen -czek) MED Herpes m

**oprzeć*** pf → opierać

**oprzytomnieć** pf (-eję) wieder zu Bewusstsein kommen; (opamiętać się) zur Vernunft kommen

**optyczny** optisch **optyk** m (-a; -ycy) Optiker m **optyka** f (-i; bpl) Optik f

**optymalizować** ⟨z-⟩ (-uje) optimieren **optymista** m (-y; -ści), **optymistka** f (-i; gen -tek) Optimist(in) m(f) **optymistyczny** optimistisch

**opuchli(z)na** f (-y) Schwellung f **opuchły, opuchnięty** geschwollen

**opust** m (-u; -y) Rabatt m

**opustoszały** menschenleer

**opuszczać** (-am) ⟨**opuścić**⟩ (opuszczę) senken; wyraz auslassen; wykład versäumen; rodzinę verlassen **opuszczony** (persf -eni) verlassen; (zaniedbany) vernachlässigt

**opuszka** f (-i; gen -szek) Fingerkuppe f

**opuścić** pf → opuszczać

**orać*** ⟨za-⟩ (orzę) (um)pflügen

**oranżada** f (-y) Limonade f

**oraz** konj und, sowie

**orbita** f (-y) ASTRON Umlaufbahn f

**order** m (-u; -y) Orden m

**ordynacja** f (-i; -e): **~ wyborcza** Wahlordnung f **ordynarny** ordinär **ordynator** m (-a; -rzy) Oberarzt m

**orędzie** n (-a) POL Ansprache f

**organ** m (-u; -y) BIOL Organ n (a. fig) **organiczny** organisch **organista** m (-y; -ści, -ów), **organistka** f (-i; gen -tek) Organist(in) m(f)

**organizacja** f (-i; -e) Organisation f **organizacyjny** organisatorisch; Organisations- **organizator** m (-a; -rzy), **organizatorka** f (-i; gen -rek) Organisator(in) m(f) **organizm** m (-u; -y) Organismus m **organizować** ⟨z-⟩ (-uje) organisieren; (załatwiać) umg beschaffen

**organki** pl (gen -ów) Mundharmonika f **organy** pl (gen -ów) Orgel f

**orgazm** m (-u; -y) Orgasmus m, Höhepunkt m

**orgia** f (gen dat lok -ii; -e) Orgie f

**orientacja** f (-i; -e) Orientierung f; **zmysł m orientacji** Orientierungssinn f **orientacyjny** Orientierungs- **orientalny** orientalisch

**orka**[1] f (-i; bpl) AGR Pflügen n; fig Plackerei f **orka**[2] f (-i; gen -rek) ZOOL Schwertwal m

**orkiestra** f (-y) Orchester n

**ornament** m (-u; -y) Ornament n

**orny** Acker-; **grunt** m **~** Ackerland n

**orszak** m (-u; -i) Gefolge n; **~ ślubny** Hochzeitszug m; **~ żałobny** Trauerzug m

**ortodoksyjny** REL orthodox (a. fig)

**ortograficzny** orthografisch, Rechtschreib-

**ortopedyczny** orthopädisch

**oryginalny** (autentyczny) original, Original-; (niezwykły) originell, eigen **oryginał** m (-u; -y) Original n

**orzech** m (-a; -y) Nuss f; (drzewo) Nussbaum m; **~ włoski** Walnuss f; **~ laskowy**

Haselnuss f **orzechowy** Nuss-; *drewno* Nussbaum-; *kolor* nussbraun
**orzeczenie** n (-a) Entscheid m
**orzeł** m (orła; orły) Adler m; *umg fig* As m
**orzeźwiać** (-am) ⟨-ić⟩ (-ię) erfrischen **orzeźwiający** (-co) erfrischend; **napój** m ~ Erfrischungsgetränk n
**osa** f (osy; gen os) Wespe f
**osada** f (-y) Siedlung f; *łodzi* Mannschaft f
**osadnik** m (-a; -cy) Siedler m; (pl -i) Klärbecken n **osadowy** GEOL sedimentär, Sediment- **osadzać** (-am) ⟨-ić⟩ (-ę) befestigen; ~ **się** sich ablagern
**osamotnienie** n (-a; bpl) Vereinsamung f, Einsamkeit f **osamotniony** (persf -eni) vereinsamt, einsam
**osądzać** (-am) ⟨-ić⟩ (-ę) v/t beurteilen; v/i urteilen; JUR verurteilen
**oschły** (persf -li) (-le) trocken, abweisend; *osoba* spröde, reserviert
**osełka** f (-i; gen -łek) Schleifstein m
**oset** m (ostu; osty) Distel f
**osiadać** (-am) ⟨osiąść⟩ (osiądę) sich niederlassen; *osad* sich ablagern; ~ **na** (lok) kurz sich legen auf (akk) **osiadły** sesshaft
**osiągać** (-am) ⟨-nąć⟩ (-nę) erzielen, erringen; *szczyt* erreichen **osiągalny** erreichbar **osiągnięcie** n (-a) Errungenschaft f; *osobiste* Leistung f
**osiąść\*** pf → osiadać
**osiedlać** (-am) ⟨osiedlić⟩ (-ę) ansiedeln; ~ **się** sich niederlassen, s-n Wohnsitz nehmen **osiedle** n (-a) Wohnviertel n **osiedlić** pf → osiedlać
**osiem** num (persf ośmiu) acht **osiemdziesiąt** (persf osiemdziesięciu) achtzig **osiemnasty** achtzehnte(r) **osiemnaście** (persf osiemnastu) achtzehn **osiemset** (persf ośmiuset) achthundert
**osika** f (-i) Espe f
**osioł** m (osła; osły) Esel m (a. fig)
**oskarżać** (-am) ⟨-yć⟩ (-ę) (o akk) beschuldigen, anschuldigen (gen); ~ **przed sądem** anklagen, verklagen **oskarżenie** n (-a) Anschuldigung f; JUR Anklage f; **wnieść** pf ~ **(przeciw** dat) Anklage erheben (gegen akk) **oskarżony** m (-ego; -eni), **oskarżona** f (-ej; -e) Angeklagte(r) m, f **oskarżyciel** m (-a; -e), **oskarżycielka** f (-i; gen -lek) Ankläger(in) m(f) **oskarżyć** pf → oskarżać
**oskrobywać** (-uję) ⟨oskrobać⟩ (-ię) abkratzen; *rybę* entschuppen
**osłabiać** (-am) ⟨-ić⟩ (-ię) (ab)schwächen, entkräften (a. fig) **osłabienie** n (-a) (Ab)Schwächung f; *organizmu* Schwäche f **osłabiony** (persf -eni) geschwächt **osłabnąć** pf → słabnąć **osłaniać** (-am) ⟨osłonić⟩ (-ię) verdecken, abschirmen
**osłona** f (-y) Schutz m; MIL, SPORT Deckung f **osłonić** pf → osłaniać
**osłuchiwać** (-uję) ⟨osłuchać⟩ (-am) MED abhorchen
**osłupienie** n (-a; bpl) Bestürzung f; **wprawić** pf **w** ~ verblüffen
**osnowa** f (-y) w tkaninie Kette f
**osoba** f(-y; gen osób) Person f; ~ **towarzysząca** Begleitung f; **na osobę** od **od osoby** pro Person; **osoby** pl **trzecie** Dritte pl; ~ **transplciowa** Transgender m od f; ~ **z niepełnosprawnością** Mensch m mit Behinderung **osobistość** f (-ści) Persönlichkeit f **osobisty** (-ście) persönlich
**osobliwy** (-wie) merkwürdig, seltsam, eigenartig
**osobnik** m (-a; -i) BIOL Individuum n; (pl -cy) (osoba) Person f, Individuum n **osobny** (**-no**) getrennt; (własny) eigen
**osobowość** f (-ści) Persönlichkeit f; ~ **prawna** Rechtsfähigkeit f **osobowy** Personen-; *skład* personell; **akta** pl **osobowe** Personalakte f
**ospa** f (-y; bpl) Pocken pl; ~ **wietrzna** Windpocken pl
**ospały** (persf -li) (-le) träge, langsam
**ostatecznie** adv endgültig; *partikel* schließlich, letztlich **ostateczność** f (-ści; bpl) äußerste Not f; zwingende Notwendigkeit f; **w ostateczności** im Notfall, als Notlösung **ostatecznoy** endgültig, definitiv **ostatek** m (-tka; -tki) Rest m; **do ostatka** bis zum Schluss; **na ~ek** am Ende; **~kiem sił** mit letzter Kraft **ostatni** letzte(r); (aktualny) jüngste(r), neueste(r)
**ostentacyjny** ostentativ, betont
**ostoja** f (-oi; -e; gen -oi) Zufluchtsort m; BIOL Rückzugsgebiet n
**ostrosłup** m (-a; -y) MAT Pyramide f
**ostrość** f (-ści; bpl) Schärfe f (a. fig, FOTO)
**ostrożność** f (-ści; bpl) Vorsicht f **ostrożny** vorsichtig; (delikatny) behutsam
**ostry** (-**ro**) scharf; *światło* grell; *zapach* streng; ~ **dyżur** m MED Bereitschaftsdienst m

**ostryga** f (-i) Auster f
**ostrze** n (-a; gen -y) Klinge f
**ostrzegać** (-am) ⟨ostrzec*⟩ (ostrzegę) warnen (**przed** inst vor dat) **ostrzegawczy** Warn- **ostrzeżenie** n (-a) Warnung f
**ostrzyc*** pf (ostrzygę) (kurz) schneiden; owcę scheren **ostrzyć** ⟨na-⟩ (-ę) schärfen, wetzen; ołówek (an)spitzen **ostudzać** (-am) ⟨-ić⟩ (-ę) v/t (ab)kühlen
**osuszać** (-am) ⟨-yć⟩ (-ę) v/t (ab)trocknen; trockenlegen
**osuwać się** (-am) ⟨-nąć się⟩ (-nę) (hin)abrutschen, (hin)abgleiten; osoba niedersinken
**oswajać** (-am) ⟨oswoić⟩ (-ję) zwierzę zähmen, zahm machen; **~ z** (inst) gewöhnen an (akk); **~ się** zahm werden; **~ się z** (inst) sich gewöhnen an (akk)
**oswabadzać** (-am) ⟨oswobodzić⟩ (-dzę, -bódź!) befreien (**od** gen von dat) **oswobodzenie** n (-a; bpl) Befreiung f **oswoić** pf → oswajać **oswojony** zahm, gezähmt
**oszacować** pf → szacować **oszaleć** pf (-eję) den Verstand verlieren, umg verrückt werden
**oszałamiać** (-am) ⟨oszołomić⟩ (-ję) betäuben; fig berauschen, überwältigen **oszałamiający** (-**co**) berauschend
**oszczep** m (-u; -y) Speer m
**oszczerstwo** n (-a) Verleumdung f
**oszczędność** f (-ści; bpl) Sparsamkeit f **oszczędny** sparsam **oszczędzać** (-am) ⟨-ić⟩ (-ę) sparen (**u** akk) sparen für (akk); **~ na** (lok) sparen an (dat); **~ k-u** (gen) j-m ersparen (akk); **oszczędzać** v/i haushalten, mit dem Geld sparsam umgehen; **oszczędzać ubranie** die Kleidung schonen; **oszczędzać się** sich schonen
**oszołomić** pf → oszałamiać **oszołomienie** n (-a; bpl) Rausch m; (szok) Bestürzung f
**ospeczać** (-am) ⟨-ić⟩ (-ę) entstellen; krajobraz verunstalten, verschandeln
**oszukać** pf; → oszukiwać **oszukiwać** (-uję) ⟨oszukać⟩ (-am) betrügen, belügen; hintergehen **oszust** m (-a; -ści), **oszustka** f (-i; gen -tek) Betrüger(in) m(f) **oszustwo** n (-a) Betrug m
**oś** f (osi; osie) Achse f (a. MAT)
**ościenny** benachbart, angrenzend
**oścież: na ~** adv sperrangelweit

**ość** f (ości; oście) Gräte f
**oślepiać** (-am) ⟨-ić⟩ (-ję) blenden; fig verblenden, blind machen **oślepiający** (-**co**) blendend **oślepnąć** pf (-nę) erblinden, blind werden
**oślica** f (-y; -e) Eselin f, Eselstute f
**ośmielać** (-am) ⟨-ić⟩ (-lę) ermutigen; **~ się** wagen; sich trauen, Mut fassen; (mieć czelność) sich erdreisten **ośmieszać** (-am) ⟨-yć⟩ (-ę) lächerlich machen
**ośmiobok** m (-u; -i) MAT Achteck n, Oktagon n **ośmiodniowy** achttägig **ośmiokrotny** achtfach **ośmioletni** achtjährig
**ośmiornica** f (-y) Krake m
**ośmioro** num koll acht
**ośnieżony** schneebedeckt, verschneit
**ośrodek** m (-dka; -dki) Zentrum n
**oświadczać** (-am) ⟨-yć⟩ (-ę) erklären, bekunden; **~ się** e-n Heiratsantrag machen **oświadczenie** n (-a) Erklärung f, Bekundung f **oświadczyny** pl (gen -) Heiratsantrag m
**oświata** f (-y; bpl) Bildung f, Bildungswesen n **oświecenie** n (-a; bpl) HIST, LIT Aufklärung f
**oświetlać** (-am) ⟨-ić⟩ (-lę) beleuchten **oświetlenie** n (-a; bpl) Beleuchtung f
**otaczać** (-am) ⟨otoczyć⟩ (-ę) umgeben (inst mit dat) (a. fig); (okrążyć) umzingeln; **~ ramieniem k-o** den Arm um j-n legen
**otchłań** f (-ni; -nie) Abgrund m
**otępienie** n (-a; bpl) Stumpfsinn m, Dumpfheit f
**oto** partikel eben; nun; **~ oni** da sind sie **otoczenie** n (-a) Umgebung f; **w otoczeniu** (gen) umgeben (von dat) **otoczyć** pf → otaczać
**otóż** partikel und zwar, nämlich, also; **~ to** das ist es eben
**otręby** pl (gen -rąb) Kleie f
**otrucie** n (-a) Vergiftung f; **~ gazem** Gasvergiftung f **otruć** pf → truć **otruty** (persf -ci) vergiftet
**otrząsać** (-am) ⟨-nąć⟩ (-nę) abschütteln; **~ się z** (inst) abschütteln (akk); fig sich schütteln vor (inst); **~ się po** (lok) zu sich kommen nach (dat), sich erholen von (dat); **otrząsnął się na myśl o** (lok) es graute ihm schon bei dem Gedanken an (akk)
**otrzepywać** (-uję) ⟨otrzepać⟩ (-ję) abklopfen, abschütteln

**otrzewna** f (-ej; -e) ANAT Bauchfell n
**otrzymywać** (-uję) ⟨**otrzymać**⟩ (-am) bekommen, erhalten; TECH gewinnen
**otucha** f (-y; bpl) Zuversicht f, Mut m; **pełen otuchy** zuversichtlich
**otwarcie** n (-a; bpl) Eröffnung f; ~ **na** (akk) fig Aufgeschlossenheit f für (akk); **godziny** pl **otwarcia** Öffnungszeiten pl
**otwartość** f (-ści; bpl) Offenheit f, Ehrlichkeit f **otwarty** (persf -ci) (-**cie**) offen; teren frei **otwieracz** m (-a; -e) Öffner m
**otwierać** (-am) ⟨**otworzyć**⟩ (-ę, -órz!) öffnen, aufmachen; nowy sklep eröffnen; parasol aufspannen; zamek aufschließen
**otworzyć** pf → otwierać **otwór** m (-oru; -ory) Öffnung f
**otyłość** f (-ści; bpl) MED Fettsucht f **otyły** (persf -li) beleibt, dick
**owa** pron dem f jene **owacja** f (-i; -e) Beifall m
**owad** m (-a; -y) Insekt n **owadobójczy**: **środek** m ~ Insektenbekämpfungsmittel n, Insektengift n
**owalny** oval
**owca** f (-y; -e, owiec) Schaf n **owczarek** m (-rka; -rki) Schäferhund m **owczarnia** f (-i; -e; gen -i od -ń) Schafstall m **owczarz** m (-a; -e, -y) Schäfer m, Schafhirt m **owczy** Schafs-
**owdowieć** pf (-eję) Witwe werden; mężczyzna Witwer werden
**owe** pron dem sachf jene
**owi** pron dem persf jene; → **ów**
**owies** m (owsa; owsy) Hafer m
**owijać** (-am) ⟨**-nąć**⟩ (-nę, -ń!) einwickeln (inst in akk); ~ **się wokół** (gen) sich wickeln um (akk)
**owłosiony** behaart
**owo** pron dem n jenes
**owoc** m (-u; -e) Frucht f; ~**e** pl Obst n; ~**e** pl **morza** Meeresfrüchte pl **owocny** fig fruchtbar, erfolgreich
**owrzodzenie** n (-a) Geschwür n
**owsianka** f (-i; gen -nek) Haferbrei m, **owsiany** Hafer-
**owszem** adv doch; im Gegenteil
**ozdabiać** (-am) ⟨**ozdobić**⟩ (-ię) verzieren, (aus)schmücken **ozdoba** f (-y; gen -dób) Verzierung f, Schmuck m; fig Zierde f **ozdobić** pf → ozdabiać **ozdobny** verziert; dekorativ
**oziębienie** n (-a; bpl) Abkühlung f **oziębły** (persf -li) (-**le**) fig kühl, reserviert

**ozimina** f (-y) Wintersaat f, Wintergetreide n **ozimy** AGR Winter-
**oznaczać** (-am) ⟨**-yć**⟩ (-ę) kennzeichnen, markieren; **oznaczać** bedeuten, heißen
**oznaka** f (-i) Anzeichen n
**ozór** m (ozora; ozory) Zunge f (a. KULIN)
**ożaglowanie** n (-a; bpl) MAR Takelwerk n, Segelwerk nf
**ożywczy** (-**czo**) belebend, erfrischend **ożywiać** (-am) ⟨**-ić**⟩ (-ię) wieder zum Leben erwecken; fig beleben **ożywiony** lebhaft; osoba aufgeregt; materia belebt

# Ó

**ósemka** f (-i; gen -mek) Acht f **ósmy** achte(r)
**ów** (**owa** f, **owo** n, **owe** ż-rzecz, **owi** m-os) diese(r, -s); jene(r, -s)
**ówczesny** damalig

# P

**pacha** f (-y) ANAT Achselhöhle f; ubrania Ärmelansatz m
**pachnieć** (-nę; -nij!) (inst) duften, riechen (nach dat)
**pachołek** m (-łka; -łki) (słupek) Leitpfosten m; MAR Poller m
**pachwina** f (-y) ANAT Leiste f
**pacierz** m (-a; -e; gen -y) Gebet n
**paciorki** m/pl (gen -ów) Glasperlen f/pl
**pacjent** m (-a; -ci), **pacjentka** f (-i; gen -tek) Patient(in) m(f)
**paczka** f (-i; gen -czek) (przesyłka) Paket n; (opakowanie) Schachtel f; (prezent) Päckchen n; (grupa) umg Clique f
**padać** (-am) ⟨**paść**⟩ (padnę, -dnij!) fallen; bydło verenden; **pada deszcz** es regnet;

**pada śnieg** es schneit
**padlina** f (-y) Aas n
**pagórek** m (-rka; -rki) Hügel m, Anhöhe f
**pajacyk** m (-a; -i) (zabawka) Hampelmann m
**pająk** m (-a; -i) Spinne f **pajęczyna** f (-y) Spinnennetz n
**pakiet** m (-u; -y) (stos) Paket n (a. fig) **pakować** ⟨s-⟩ (-uję) (ein)packen; **~ się** v/i packen; ⟨o-⟩ verpacken; ⟨w-⟩ umg stecken (**do** gen in akk); **~ się** umg sich hineindrängen (**do** gen in akk) **pakowny** geräumig **pakowy**: **papier ~** Packpapier n
**pal** m (-a; -e; gen -i) Pfahl m
**palacz** m (-a; -e), **palaczka** f (-i; gen -czek) Raucher(in) m(f); (pracownik) Heizer m **palarnia** f (-i; -e) Raucherzimmer n
**palący**[1] brennend (a. fig); słońce sengend, gleißend **palący**[2] m (-ego; -cy), **paląca** f (-ej; -ce) Raucher(in) m(f); **przedział m dla ~ch** Raucherabteil n
**palec** m (-lca; -lce) Finger m; u nogi Zehe f; **~ wskazujący** Zeigefinger m; **~ serdeczny** Ringfinger m; **na palcach** auf Zehenspitzen; **palce lizać!** lecker!
**palenie** n (-a; bpl) Rauchen n
**palić** (-lę) v/t rauchen; światło brennen lassen; wapno brennen; kawę rösten; v/i brennen; w piecu heizen; **~ ognisko** ein Lagerfeuer machen; **~ się** v/i brennen; **pali się!** es brennt! ⟨s-⟩ verbrennen **paliwo** n (-a) Brennstoff m; AUTO Treibstoff m
**palma** f (-y) Palme f
**palnik** m (-a; -i) TECH Schweißbrenner m; kuchenki Gasflamme f **palny** brennbar
**palto** n (-a) Mantel m
**paluch** m (-a; -y) ANAT große Zehe f **paluszek** m (-szka; -szki) dim Fingerchen n; **słone paluszki** pl KULIN Salzstangen pl
**pałac** m (-u; -e) Palast m, Schloss n
**pałka** f (-i; -ki) Knüppel m; BOT Rohrkolben m
**pamiątka** f (-i; gen -tek) Andenken n, Erinnerungsstück n; **~ z podróży** Souvenir n; **na pamiątkę** zur Erinnerung, als Andenken **pamięć** f (-ci; bpl) Gedächtnis n; (wspomnienie) Andenken n, Erinnerung f; IT Speicher m; **~ robocza** IT Arbeitsspeicher m; **na ~** adv auswendig **pamiętać** (-am) (akk) sich erinnern (an akk); **~ o** (lok) denken an (akk), nicht vergessen (akk)
**pamiętnik** m (-a; -i) Tagebuch n; Poesiealbum n

**pan** m (-a, dat lok -u; -owie; gen -ów) Herr m; forma grzecznościowa w stosunku do mężczyzny Sie; (właściciel psa) Herrchen n; (nauczyciel) Lehrer m; **jak się ~ nazywa?** wie heißen Sie?; **proszę ~a, która jest godzina?** Entschuldigung, wie spät ist es?; **~ domu** Hausherr m; **Pan Bóg** (Herr)Gott m; **być na ~ z** (inst) j-n siezen
**pancerny** gepanzert, Panzer- **pancerz** m (-a; -e) Panzer m
**pandemia** f (gen dat lok; -ii; -e) Pandemie f
**pani** f (-, akk inst -q, vok -!; -e; gen -ań) Frau f; forma grzecznościowa w stosunku do kobiety Sie; (właścicielka psa) Frauchen n; (nauczycielka) umg Lehrerin f; **jak się ~ nazywa?** wie heißen Sie?; **proszę ~, która jest godzina?** Entschuldigung, wie spät ist es?; **~ domu** Hausherrin f; **być na ~ z** (inst) j-n siezen
**paniczny** panisch
**panienka** f (-i; gen -nek) junge Dame f; (prostytutka) Nutte f
**panierować** ⟨za-⟩ (-uję) panieren
**panika** f (-i; bpl) Panik f
**panna** f (-y) (junge) unverheiratete Frau f; (stan cywilny) ledig; **Panna** ASTRON Jungfrau f; **stara ~** pej alte Jungfer f; **Najświętsza Maria Panna** REL (Heilige) Jungfrau f Maria
**panować** (-uję) herrschen (a. fig), regieren; **~ nad** (inst) beherrschen; im Griff haben (akk); **~ nad sobą** sich beherrschen; **panuje tam nieporządek** es herrscht dort Unordnung
**pantofel** m (-fla; -fle) Halbschuh m; **pantofle domowe** pl Hausschuhe pl
**pański** herrschaftlich; w zwrotach grzecznościowych w stosunku do mężczyzny Ihr; **~ list** Ihr Brief
**państwo**[1] n (-a; gen -) Staat m **państwo**[2] n (-a, lok -stwu; bpl) (małżeństwo) Herr und Frau f (+ nazwisko); forma grzecznościowa w stosunku do osób różnej płci Sie; **~ młodzi** Brautpaar n; **~ pozwolą, że ...** erlauben Sie bitte, dass ...; **proszę państwa!** meine Damen und Herren!
**państwowy** staatlich, Staats-
**papier** m (-u; -y) Papier n; **~ listowy** Briefpapier n; **~ toaletowy** Toilettenpapier n; **~ ścierny** Schmirgelpapier n, Schmirgelpapier n; **~y** pl (dokumenty) umg Papiere pl; **~y** pl **wartościowe** pl EKON Wertpa-

**piere** pl **papierek** m (-rka; -rki) Papierschnipsel m; **~ po cukierku** Einwickelpapier n

**papieros** m (-a; -y) Zigarette f; **~ elektroniczny** E-Zigarette f

**papieski** päpstlich, Papst- **papież** m (-a; -e) Papst m

**papka** f (-i; gen -pek) Brei m

**paproć** f (-i; -e; gen -i) Farn m

**papryka** f (-i) BOT, KULIN Paprika f; (owoc) Paprikaschote f

**papuga** f (-i) Papagei m **papużka** f (-i; gen -żek): **~ falista** Wellensittich m

**para**¹ f (-y) Dampf m **para**² f (-y) Paar n; **~ zakochanych** Liebespaar n; **młoda ~** Brautpaar n; **~ butów** ein Paar Schuhe; **~mi** adv in Paaren

**paradoksalny** paradox

**parafia** f (gen dat lok -ii; -e) Gemeinde f; Pfarrbezirk m **parafialny** Pfarr-; Gemeinde- **parafianin** m (-a; -anie; gen -), **parafianka** f (-i; gen -nek) (Pfarr)Gemeindemitglied n

**paragon** m (-u; -y) Kassenzettel m **paragraf** m (-u; -y) Paragraf m

**paraliż** m (-u; bpl) MED Lähmung f (a. fig)

**parapet** m (-u; -y) Fensterbank f **parasol** m (-a; -e) Regenschirm m; **ogrodowy** Schirm m

**parcela** f (-i; -e) Parzelle f, Grundstück n

**parę** (gen dat lok -ru, inst -roma; prsf nom akk -ru) ein paar, einige; **~ razy** ein paar Mal **paręset** (persf paruset) einige hundert

**park** m (-u; -i) Park m

**parkan** m (-u; -y) (Bretter)Zaun m

**parkiet** m (-u; -y) (podłoga) Parkett n; **do tańca** Tanzfläche f

**parking** m (-u; -i) Parkplatz m; (budynek) Parkhaus n **parkometr** m (-u; -y) Parkuhr f **parkować** ⟨za-⟩ (-uję) parken

**parlament** m (-u; -y) Parlament n **parlamentarzysta** m (-y; -ści) Parlamentarier m

**parny** (-no) schwül

**parodia** f (gen dat lok -ii; -e) Parodie f

**parogodzinny** mehrstündig, einige Stunden dauernd **parokrotnie** adv mehrmals **parokrotny** mehrmalig **paroletni** mehrjährig, ein paar Jahre dauernd; dziecko ein paar Jahte alt **paromiesięczny** mehrmonatig, einige Monate dauernd; dziecko ein paar Monate alt

**parotygodniowy** mehrwöchig

**parować** (-uję) verdampfen; **kartofle** dampfen **parowiec** m (-wca; -wce) Dampfer m

**parów** m (-owu; -owy) Schlucht f

**parówka** f (-i; gen -wek) Frankfurter Würstchen n

**partaczyć** ⟨s-⟩ (-ę) umg pej pfuschen, schlampig arbeiten

**parter** m (-u; -y) Erdgeschoss n; w teatrze Parkett n **parterowy** Parterre-, Erdgeschoss-; dom einstöckig

**partia** f (gen dat lok -ii; -e) POL Partei f; (części) Partie f; MUS Part m

**partner** m (-a; -rzy), **partnerka** f (-i; gen -rek) Partner(in) m(f) **partnerstwo** n (-a; bpl) Partnerschaft f

**partyjny** Partei- **partykuła** f (-y) GRAM Partikel f **partytura** f (-y) MUS Partitur f

**partyzant** m (-a; -ci) Partisan m **partyzantka** f (-i; gen -tek) Partisanenkampf m; (kobieta partyzant) Partisanin f

**parytet** m (-u; -y) FIN Parität f

**parzyć** ⟨s-⟩ (-ę) v/t verbrühen, verbrennen; KULIN blanchieren; ⟨za-⟩ herbatę aufgießen, ziehen lassen; kawę aufbrühen; **~ się** ziehen; v/i heiß sein; **parzyć się** ZOOL sich paaren

**parzysty** gerade; BIOL, ANAT paarig

**pas** m (-a; -y) Gürtel m; w samochodzie Gurt m; (talia) Taille f; **~ startowy** LOT Startbahn f; **~ ruchu** AUTO Fahrspur f; **w ~y** gestreift; **po ~** bis zur Gürtellinie

**pasaż** m (-u; -e) Passage f

**pasażer** m (-a; -owie), **pasażerka** f (-i; gen -rek) pociągu Fahrgast m; samolotu Fluggast m

**pasek** m (-ska; -ski) Gürtel m; plecaka Gurt m; IT Menüleiste; materiału Streifen m; **do zegarka** Uhr(arm)band n

**paserstwo** n (-a; bpl) Hehlerei f

**pasieka** f (-i) Bienenhaus n

**pasierb** m (-a; -owie) Stiefsohn m **pasierbica** f (-y; -e) Stieftochter f

**pasja** f (-i; -e) Passion f; **z pasją** adv leidenschaftlich **pasjonujący** (-co) faszinierend

**pasmo** n (-a) włosów Strähne f

**pasować** (-uję) passen (**do** gen zu dat); **pasuje ci kolor czerwony** Rot steht dir gut; **ta kurtka pasuje na ciebie** die Jacke passt dir; **~ do siebie** zueinanderpassen, gut zusammenpassen; **coś mi tu nie pa-**

**suje** *umg* hier stimmt etwas nicht, da ist etwas faul; **~ jak ulał** wie angegossen passen; **pasuje ci ten termin?** *umg* passt dir dieser Termin?; **~ jak wół do karety** *od* **jak pięść do oka** überhaupt nicht zusammenpassen

**pasożyt** *m (-a; -y)* BIOL Parasit *m*, Schmarotzer *m*

**pasta** *f (-y)* KULIN Paste *f*; **~ do zębów** Zahnpasta *f*, Zahncreme *f*; **~ do butów** Schuhcreme *f*; **~ do podłogi** Bohnerwachs *n*

**pasterka** *f (-i; gen -rek)* REL Mitternachtsmette *f*

**pasteryzowany** pasteurisiert

**pasterz** *m (-a; -e)* Hirte *m*, Schäfer *m*

**pastor** *m (-a; -orzy od -owie)* Pastor *m*; *(kobieta)* Pastorin *f*

**pastować** ⟨wy-⟩ *(-uję)* **buty** eincremen; **parkiet** bohnern

**pastwisko** *n (-a)* Weide *f*

**pastylka** *f (-i; gen -lek)* Dragee *n*

**pasywny** passiv

**pasza** *f (-y; -e)* AGR Futter *n*

**paszcza** *f (-y; -e)* Rachen *m*, Maul *n*

**paszport** *m (-u; -y)* (Reise)Pass *m*

**pasztet** *m (-u; -y)* KULIN Pastete *f*; *umg fig* Schlamassel *m* **pasztetówka** *f (-i; gen -wek)* Leberwurst *f*

**paść¹** *pf* → padać

**paść²** *(paszę) v/t* weiden; **~ się** *v/i* weiden, grasen; ⟨u-⟩ mästen; **~ się** *żart* dick und fett werden, Speck ansetzen

**patelnia** *f (-i; -e)* Bratpfanne *f*

**patentowany** patentiert **patetyczny** pathetisch **patologiczny** pathologisch

**patriotyczny** patriotisch

**patrol** *m (-u; -e)* Patrouille *f*, Streife *f* **patrolować** *(-uję)* patrouillieren

**patron** *m (-a; -i)* Schirmherr *m*; *instytucji* Namenspatron *m*; REL Schutzheilige(r) *m*

**patroszyć** ⟨wy-⟩ *(-ę)* KULIN ausnehmen

**patrzeć**, **patrzyć** *(-ę)* schauen, *umg* gucken; **~ na** *(akk)* sich anschauen, sich ansehen *(akk)*; *fig* betrachten, sehen *(akk)*; **~ za** *(inst)* nachsehen, nachblicken *(dat)*; **~ krzywo na** *(akk)* schief ansehen *(akk)*, missbilligen *(akk)*; **~ przez palce** *fig* ein Auge zudrücken **patrz!** *partikel* schau!, guck!

**patyk** *m (-a; -i)* Stock *m*

**paw** *m (-wia; -wie; gen -wi)* Pfau *m*

**pawilon** *m (-u; -y)* Pavillon *m*

**pawlacz** *m (-a; -e)* Hängeboden *m*

**pazerny** habgierig

**paznokieć** *m (-kcia; -kcie) u. rąk* Fingernagel *m*; *u. nóg* Zehennagel *m*

**pazur** *m (-a; -y)* Kralle *f*

**październik** *m (-a; -i)* Oktober *m*

**pączek** *m (-czka; -czki)* BOT Knospe *f*; KULIN Berliner *m*, Krapfen *m* **pąk** *m (-a; -i)* nierozwinięty Knospe *f*; **~ róży** Rosenblüte *f*

**pchać** *(-am)* ⟨-nąć⟩ *(-ę)* schieben; *drzwi* aufstoßen, aufdrücken; **~ do** *(gen) fig* treiben zu *(dat)*; **pchać się** drängen; **pchać się do** *(gen)* sich hineindrängen, sich hineinzwängen in *(akk)*

**pchnąć** *pf:* vorantreiben

**pech** *m (-a; bpl)* Pech *m* **pechowiec** *m (-wca; -wcy)* Pechvogel *m*

**pedagogiczny** pädagogisch **pedał** *m (-u; -y)* Pedal *n*; **~ gazu** Gaspedal *n* **pedantyczny** pedantisch **pedikiur** *m (-u; bpl)* Pediküre *f*, Fußpflege *f*

**pejcz** *m (-a; -e)* Reitpeitsche *f*

**pejzaż** *m (-u; -e)* Landschaft *f (a.* MAL*)*

**peklowany** gepökelt, Pökel-

**peleryna** *f (-y)* Umhang *m*

**pełnia** *f (-i; -e)* Vollmond *m*; **w pełni sezonu** in der Hochsaison **pełnić** *(-ię, -nij!)* erfüllen; *wartę* stehen, halten

**pełnoletni** volljährig

**pełnomocnictwo** *n (-a)* Vollmacht *f* **pełnomocnik** *m (-a; -cy)* Bevollmächtigte(r) *m*

**pełny(-no)** voll; **pełne mleko** *n* Vollmilch *f*

**pełzać** *(-am)* ⟨-nąć⟩ *(-ę)* kriechen

**pendrive** *m (-a; -y)* IT USB-Stick *m*

**penicylina** *f (-y)* Penicillin *n*

**pensja** *f (-i; -e) (płaca)* Gehalt *n*

**pensjonat** *m (-u; -y)* Pension *f*, Gästehaus *n*

**perfumy** *pl (gen -)* Parfüm *n*

**pergamin** *m (-u; -y)* Pergament *n*; Pergamentpapier *n*

**periodyczny** periodisch

**perkusista** *m (-y; -ści)* Schlagzeuger *m* **perkusja** *f (-i; bpl)* MUS Schlagzeug *n*

**perła** *f (-y; gen -reł)* Perle *f*

**peron** *m (-u; -y)* Bahnsteig *m*

**personalny** personal, personell; *dział* Personal- **personel** *m (-u; bpl)* Personal *n*

**perspektywa** *f (-y)* Perspektive *f (a.* MAL*)*

**perswazja** *f (-i; -e)* Zureden *n*

## 146 • pertraktacje – pienić się

**pertraktacje** pl (gen -i) Verhandlungen pl **pertraktować** (-uję) verhandeln (**o lok** über akk)
**peruka** f (-i) Perücke f
**perwersyjny** pervers, abartig
**peryferie** pl (gen -ii) Peripherie f, Randgebiet n; **~ miasta** Stadtrand m
**peryskop** m (-u; -y) Sehrohr n
**pestka** f (-i; gen -tek) Stein m; słonecznika Kern m; umg fig Klacks m
**pesymistyczny** pessimistisch
**peszyć** ⟨s-⟩ (-ę) verlegen machen, einschüchtern
**petarda** f (-y) Knallkörper m
**petent** m (-a; -ci), **petentka** f (-i; gen -tek) Besucher(in) m(f); Antragsteller(in) m(f)
**petycja** f (-i; -e) Petition f
**pewien** (persf -wni) gewisse(r); (jakiś) ein(er), bestimmte(r); **co ~ czas** von Zeit zu Zeit; **pewnego dnia** eines Tages; **pewnego razu** einmal; **po pewnym czasie** nach einiger Zeit
**pewnie** partikel wahrscheinlich, wohl
**pewno** partikel wahrscheinlich, wohl; **na ~** bestimmt, sicherlich; **na ~!** int ganz sicher! **pewność** f (-ści; bpl) Gewissheit f; (niezawodność) Zuverlässigkeit f; **~ siebie** Selbstsicherheit f; **dla pewności** sicherheitshalber **pewny** sicher; (niezawodny) zuverlässig; **~ siebie** selbstsicher
**pęcherz** m (-a; -e): **~ moczowy** ANAT Harnblase f
**pęczek** m (-czka; -czki) (wiązka) Bund n
**pęcznieć** ⟨na-⟩ (3. Pers -eje) (auf)quellen
**pęd** m (-u; -y) BOT Trieb m; (bpl) (hohes) Tempo n, (hohe) Geschwindigkeit f; **~ powietrza** starker Luftzug m, Luftgeschwindigkeit f; **~em** adv in Windeseile, flugs
**pędzel** m (-dzla; -dzle) Pinsel m
**pędzić** (-dzę) v/i rasen, rennen; v/t treiben (a. AGR)
**pęk** m (-u; -i) Bund n, Bündel n; **~ kluczy** Schlüsselbund m
**pękać** (-am) ⟨-nąć⟩ (-nę) (zer)platzen, (zer)springen; struna reißen; wargi aufspringen; **~ ze śmiechu** sich vor Lachen biegen **pękaty** (-to) bauchig **pęknięcie** n (-a) (szczelina) Sprung m, Riss m; **~ rury** Rohrbruch m
**pępek** m (-pka; -pki) (Bauch)Nabel m
**pętelka** f (-i; gen -lek) Schlaufe f **pętla** f (-i; -e; gen -i) Schlinge f; (zakręt) Schleife f;

AUTO Endstation f
**piać** (-eję) krähen
**piana** f (-y) Schaum m
**pianino** n (-a) kleines Klavier n, Pianino n
**pianka** f (-i; gen -nek) Schaum m (a. KULIN)
**piasek** m (-sku; -ski) Sand m **piaskownica** f (-y; -e) Sandkasten m
**piaszczysty** (-to) sandig
**piąć się** (pnę, piął) hochklettern; BOT sich ranken
**piątek** m (-tku; -tki) Freitag m; **w ~** am Freitag; **Wielki Piątek** Karfreitag m **piątka** f (-i; gen -tek) Fünf f; (ocena) Eins f **piąty** fünfte(r)
**picie** n (-a) Getränk n; **woda f zdatna do picia** Trinkwasser n; **coś do picia** etwas zu trinken **pić** (-ję) v/t, v/i trinken; **chce mi się ~** ich habe Durst; **~ (na) czyjeś zdrowie** auf j-s Gesundheit od Wohl trinken
**piec¹** m (-a; -e) Ofen m; **kuchenny** (Küchen)Herd m; **prosto z ~a** ofenfrisch
**piec²**ᵃ ⟨u-⟩ backen; kurczaka braten; **piec ~ się** v/i backen; kurczak braten
**piecyk** m (-a; -i) (kleiner) Ofen m; (grzejnik) Heizgerät n; (piekarnik) Backofen m
**pieczara** f (-y) Höhle f, Grotte f **pieczarka** f (-i; gen -rek) Champignon m
**pieczątka** f (-i; gen -tek) Stempel m
**pieczeń** f (-ni; -nie) Braten m; **~ cielęca** Kalbsbraten m; **~ wołowa** Rinderbraten m
**pieczęć** f (-ci; -cie, -ci) Siegel m **pieczętować** ⟨o-⟩ (-uję) abstempeln; pokój versiegeln
**pieczony** ciasto gebacken; mięso gebraten, Brat- **pieczywo** n (-a; bpl) Backwaren f/pl
**piedestał** m (-u; -y) Sockel m
**piegi** m/pl (gen -ów) Sommersprossen f/pl **piekarnia** f (-i; -e) Bäckerei f **piekarnik** m (-a; -i) Backofen m **piekarz** m (-a; -e) Bäcker m **piekło** n (-a; gen -kieł) REL Hölle f (a. fig)
**pielęgnacja** f (-i; bpl) Pflege f **pielęgniarka** f (-i; gen -rek) Krankenschwester f; **~ dla niemowląt** Säuglingsschwester f **pielęgniarz** m (-a; -e; gen -y) Krankenpfleger m **pielęgnować** (-uję) pflegen
**pielgrzymka** f (-i; gen -mek) Pilgerfahrt f
**pieluchomajtki** pl (gen -tek) Windelhöschen n
**pienić się** (-ię, -ń!) schäumen

**pień** m (pnia; pnie; gen pni) Stamm m (a. GRAM); ścięty (Baum)Stumpf m
**pieprz** m (-u; bpl) KULIN Pfeffer m (a. fig)
**pieprzny** pfeff(e)rig; kawał umg gepfeffert **piernik** m (-a; -i) Pfefferkuchen m, Lebkuchen m
**pierogi** m/pl (gen -ów) Teigtaschen f/pl
**pierś** f (-si; -ci) Brust f; pl Busen m, Brüste pl; ~ **kurczaka** KULIN Hähnchenbrust f
**pierścionek** m (-nka; -nki) Ring m
**pierwiastek** m (-tka; -tki) CHEM Element n; MAT Radikal n **pierwiosnek** m (-nka; -nki) Primel f
**pierwotny** zamiar ursprünglich; (prymitywny) Ur- **pierwowzór** m (-wzoru; -wzory) Prototyp m; literacki Original n
**pierwszeństwo** n (-a; bpl) Vorrang m, Priorität f; ~ **przejazdu** AUTO Vorfahrt f
**pierwszoplanowy** (-wo) Haupt-
**pierwszorzędny** erstklassig
**pierwszy** erste(r); pierwsza (godzina) ein Uhr; po pierwsze erstens; po raz ~ zum ersten Mal
**pierzyna** f (-y) Federbett n
**pies** m (psa, dat psu, gen psów) Hund m; pod psem umg miserabel, schlecht; Uwaga! zły ~ Vorsicht! bissiger Hund m
**pieszczota** f (-y) Liebkosung f, Zärtlichkeit f **pieszczotliwie** (-wie) zärtlich
**pieszy**[1] Fuß-; **piesza wycieczka** Wanderung f; **ruch m ~** Fußgängerverkehr m
**pieszy**[2] m (-ego; -si), **piesza** f (-ej; -e) Fußgänger(in) m(f)
**pieścić** (pieszczę) (akk) liebkosen (akk), schmusen mit (dat)
**pieśń** f (-ni) Lied n
**pietruszka** f (-i; gen -szek) Petersilie f; (korzeń) Petersilienwurzel f
**pięciobok** m (-u; -i) MAT Fünfeck n **pięciobój** m (-oju; -oje) SPORT Fünfkampf m
**pięciokrotny** fünfmalig **pięcioletni** fünfjährig **pięcioro** num koll fünf
**pięć** fünf **pięćdziesiąt** (pięćdziesięciu) fünfzig **pięćset** fünfhundert
**piękno** n (-a; bpl) Schönheit f **piękny** schön
**pięść** f (-ci) Faust f
**pięta** f (-y) Ferse f
**piętnaście** (persf piętnastu) fünfzehn
**piętro** n (-a; gen -ter) Stockwerk n
**pigułka** f (-i; gen -łek) Pille f
**pijaczka** f (-i; gen -czek), **pijak** m (-a; -cy) Trinker(in), abw Säufer(in) **pijany** betrunken; ~ **jak bela** stockbesoffen **pijaństwo** n (-a; bpl) Trunksucht f **pijatyka** f (-i) umg Trinkgelage n
**pijawka** f (-i; gen -wek) Blutegel m
**pik** m (-a; -i) w kartach Pik n
**pikantny** KULIN pikant (a. fig)
**pikle** pl (-i) Mixedpickles pl
**piksel** m (-sla od -sela; -sle od -sele; gen -sli od -seli) Pixel m
**pilniczek** m (-czka; -czki) Nagelfeile f **pilnik** m (-a; -i) Feile f
**pilnować** (-uję) (gen) bewachen (akk); (dbać) aufpassen (auf akk), sich kümmern (um akk); (przestrzegać) einhalten (akk); ~ **się** sich in Acht nehmen **pilny** osoba fleißig, sorgfältig; sprawa dringend
**pilot** m (-a; -ci) LOT Pilot m; MAR Lotse m; (przewodnik) Reiseleiter m; (pl -y) RADIO Fernbedienung f
**piła** f (-y) Säge f
**piłka**[1] f (-i; gen -łek) Handsäge f
**piłka**[2] f (-i; gen -łek) Ball m; ~ **nożna** Fußball m; ~ **ręczna** Handball m; ~ **siatkowa** Volleyball m; ~ **koszykowa** Basketball m; **grać w piłkę nożną** Fußball spielen **piłkarski** Fußball- **piłkarz** m (-a; -e) Fußballspieler m
**piłować** (-uję) piłą sägen; pilnikiem feilen
**pinezka** f (-i; gen -zek) Reißzwecke f
**ping-pong** m (-a; bpl) Tischtennis n
**pion** m (-u; -y) Lot n; fig Ressort n
**pionier** m (-a; -rzy) Pionier m
**pionowy** (-wo) senkrecht, vertikal
**piorun** m (-a; -y) Blitz m, Blitzschlag m; **uderzenie** n ~**a** Donnerschlag m **piorunochron** m (-u; -y) Blitzableiter m
**piosenka** f (-i; gen -nek) Lied n
**pióro** n (-a) Feder f
**piracki** MAR Piraten-; kopia illegal, Schwarz- **piramida** f (-y) Pyramide f **pirat** m (-a; -ci) Pirat m; RADIO Piratensender m
**pisać** (na-) (piszę) v/t schreiben (**do** gen an akk); **jak się to pisze?** wie schreibt man das?; ~ **wiadomości na Whatsappie®** whatsappen umg **pisak** m (-a; -i) Filzstift m **pisarka** f (-i; gen -rek) Schriftstellerin f
**pisk** m (-u; -i) Schrei m; opon Quietschen n; piskląt Piepsen n **piskliwy** (-wie) kreischend, schrill
**pismo** n (-a) Schrift f; (list z urzędu) Schreiben n; ~ **drukowane** Druckschrift f; ~ **ręczne** Handschrift f; **Pismo Święte**

die Heilige Schrift; **na piśmie** schriftlich; **w mowie i piśmie** in Wort und Schrift
**pisnąć**; → **piszczeć**
**pisownia** f (-i; -e) Rechtschreibung f
**pistolet** m (-u; -y) Pistole f
**piszczałka** f (-i; gen -łek) (Block)Flöte f; *organowa* Orgelpfeife f **piszczeć** (-ę, -y) kreischen; *koła* quietschen; *pisklęta* piepsen **piszczel** f (-i; -e) ANAT Schienbein n
**pitny** Trink-
**piwiarnia** f (-i; -e) Bierkeller m, Bierlokal n **piwnica** f (-y; -e) Keller m **piwo** n (-a; gen piw) Bier n; **~ z beczki** Fassbier n
**piwonia** f (gen dat lok -ii; -e) Pfingstrose f
**pizza** f (gen dat lok -zzy; -e) Pizza f
**piżama** f (-y) Pyjama m, Schlafanzug m
**plac** m (-u; -e) Platz m; (*parcela*) Grundstück n; **~ zabaw** Spielplatz m; **~ budowy** Baustelle f; **~ bitwy** Schlachtfeld n
**placek** m (-cka; -cki) Kuchen m; **placki** pl **ziemniaczane** Kartoffelpuffer m/pl, Reibekuchen m/pl **placówka** f (-i; gen -wek) (*filia*) Zweigstelle f; (*instytucja*) Einrichtung f; MIL Posten m
**plaga** f (-i) Plage f
**plajtować** ⟨s-⟩ (-uję) umg pleitegehen
**plakat** m (-u; -y) Plakat n, Poster m od n
**plakatówka** f (-i; gen -wek) Plakatfarbe f
**plakietka** f (-i; gen -tek) Plakette f
**plama** f (-y) Fleck m **plamić** ⟨za-⟩ (-ię) (*akk*) e-n Fleck machen (auf *dat*), beflecken (*akk*)
**plan** m (-u; -y) Plan m; **~ miasta** Stadtplan m; **zgodnie z ~em** nach Plan, planmäßig; **na pierwszym ~ie** im Vordergrund (*a. fig*); **na drugim ~ie** im Hintergrund
**planeta** f (-y) Planet m
**planować** ⟨za-⟩ (-uję) planen **planowanie** n (-a) Planung f **planowy** planmäßig
**plantacja** f (-i; -e) Plantage f
**plaster** m (-tra; -try) MED Pflaster n; KULIN (große) Scheibe f; **~ miodu** Honigwabe f **plasterek** m (-rka; -rki) KULIN Scheibe f
**plastik** m, **plastyk** m Plastik n, Kunststoff m **plastyczny** plastisch
**platyna** f (-y; bpl) Platin n
**plazmowy** Plasma-
**plaża** f (-y; -e) (Bade)Strand m; **na plaży** am Strand
**plądrować** ⟨s-⟩ (-uję) (aus)plündern

**plątać** ⟨po-⟩ (-czę) durcheinanderbringen; **~ się** verwickeln; *fig* durcheinandergeraten; **wszystko mu się plącze** er bringt alles durcheinander
**plebania** f (gen dat lok -ii; -e) Pfarrhaus n
**plecak** m (-a; -i) Rucksack m
**pleciony** geflochten, Flecht-
**plecy** pl (gen -ów) Rücken m; *fig* umg Beziehungen pl
**pleć\*** ⟨wy-⟩ (pielę) jäten
**plemię** n (-ienia; -iona) (Volks)Stamm m
**plener** m (-u; -y): **w ~ze** im Freien, draußen; Freilicht-
**plenum** n (unv, -a; gen -ów) Plenarsitzung f
**pleść\*** ⟨u-⟩ (plotę) flechten; **pleść** umg Unsinn reden, Quatsch erzählen; quasseln
**pleśnieć** ⟨s-⟩ (3. Pers -eje) (ver)schimmeln **pleśń** f (-ni; -nie) BOT Schimmel m
**plik** m (-u; -i) Stapel m; IT Datei f
**plisowany** Plissee-, Falten-
**plomba** f (-y) Plombe f; *zęba* (Zahn)Füllung f **plombować** ⟨za-⟩ (-uję) verplomben; *ząb* e-e Füllung machen
**plon** m (-u; -y) Ernte f; **święto n ~ów** Erntedankfest n
**plotka** f (-i; gen -tek) Klatschgeschichte f, Gerücht n; pl Klatsch und Tratsch, Gerüchte pl **plotkować** (-uję) klatschen (**o** lok über *akk*)
**pluć** (-ję) ⟨-nąć⟩ (-nę, -ń!) spucken; *fig* speien
**plunąć** pf → **pluć**
**plus** m (-a; -y) MAT Pluszeichen n; *fig* Pluspunkt m
**pluskać** (-am od -szczę) ⟨-nąć⟩ (-nę) platschen, schwappen; **pluskać się** plantschen
**pluskwa** f (-y; gen -kiew) ZOOL Wanze f (*a. fig*)
**plusnąć**; → **pluskać**
**plusz** m (-u; -e) Plüsch m
**pluton**[1] m (-u; bpl) CHEM Plutonium n
**pluton**[2] m (-u; -y) MIL Zug m; **~ egzekucyjny** Erschießungskommando n
**płaca** f (-y; -e) Lohn m; **~ za godzinę** Stundenlohn m
**płachta** f (-y) Plane f
**płacić** ⟨za-⟩ (-cę; -c!) (be)zahlen (**za** *akk* für *akk*); *fig* (be)zahlen (*inst* mit *dat*)
**płacz** m (-u; -e) Weinen n **płakać** (płaczę; -cz!) weinen (**z** gen vor *dat*)

**płaski** (-**ko**) flach; *fig* platt
**płaszcz** *m* (-*a*; -*e*) Mantel *m*; TECH Ummantelung *f*
**płaszczyzna** *f* (-*y*) Fläche *f*; MAT Ebene *f* (*a. fig*)
**płatek** *m* (-*tka*; -*tki*) Blütenblatt *n*; **płatki** *m/pl* **śniegu** Schneeflocken *f/pl*; **płatki** *pl* **kukurydziane** Cornflakes *pl*
**płatniczy** Zahlungs-; **płatnik** *m* (-*a*; -*cy*) Zahler *m*; **~ podatku** Steuerzahler *m*
**płatny** zahlbar; *urlop* bezahlt; *usługa* kostenpflichtig
**płaz** *m* (-*a*; -*y*) ZOOL Lurch *m*
**płciowy** geschlechtlich, Geschlechts-
**płeć** *f* (*płci*; *płcie*) Geschlecht *n*
**płetwa** *f* (-*y*) Flosse *f*; **płetwonurek** *m* (-*rka*; -*rkowie*) (Sport)Taucher *m*
**płodny** fruchtbar; **płody** *pl* → **płód**
**płodzić** ⟨**s**-⟩ (-*dzę*, *płódź!*) zeugen
**płomień** *m* (-*nia*; -*nie*) Flamme *f*
**płonąć** (-*nę*, -*ń!*) brennen
**płoszyć** ⟨**s**-⟩ (-*ę*) aufscheuchen; *osobę* einschüchtern, verängstigen; **~ się** *koń* scheuen
**płot** *m* (-*u*; -*y*) Zaun *m*
**płowieć** ⟨**s**-, **wy**-⟩ (3. *Pers* -*eje*) *v/i* verschießen; *kolor* ausbleichen
**płoza** *f* (-*y*; *gen płóz*) Kufe *f*
**płód** *m* (-*odu*; -*ody*) MED Fötus *m*, Leibesfrucht *f*; **płody** *pl* **rolne** Agrarprodukte *pl*
**płótno** *n* (-*a*; *gen płócien*) Leinen *n*; MAL Leinwand *f*
**płuco** *n* (-*a*): *zw. pl* Lunge *f*; **zapalenie płuc** Lungenentzündung *f*
**pług** *m* (-*a*) AGR Pflug *m*
**płukać** ⟨**wy**-⟩ (-*czę*) spülen; **~ gardło** gurgeln
**płycizna** *f* (-*y*) Sandbank *f*
**płyn** *m* (-*u*; -*y*) Flüssigkeit *f*; **w ~ie** flüssig; **~ do mycia naczyń** Spülmittel *n*; **~ do kąpieli** Schaumbad *n* **płynny** flüssig; **mówić płynnie po polsku** fließend Polnisch sprechen
**płyta** *f* (-*y*) Platte *f*;; **~ kompaktowa** CD *f*, Compact Disc *f*; **~ pamiątkowa** Gedenktafel *f*
**płytki** (-**ko**) flach, seicht
**pływaczka** *f* (-*i*; *gen* -*czek*) Schwimmerin *f* **pływać** (-*am*) schwimmen; *statek* fahren **pływak** *m* (-*a*; -*cy*) Schwimmer *m*
**pływalnia** *f* (-*i*; -*e*) Schwimmbad *n*; *odkryta* Freibad *n*
**po** *präp* (*lok*) auf (*akk*, *dat*), in (*dat*) nach (*dat*); an (*dat*); von (*dat*); (*akk*) bis an (*akk*), bis zu (*dat*); je; **klepać ~ ramieniu** auf die Schulter klopfen; **poznać** *pf* **~ głosie** an der Stimme erkennen; **kufer ~ babce** e-e Truhe von der Großmutter (geerbt); **już ~ piątej** es ist schon nach fünf; **~ kolana** bis zu den Knien, kniehoch; **iść ~ chleb** Brot holen (gehen); **chodzić ~ parku** im Park spazieren; **~ lewej stronie** auf der linken Seite; **~ pracy** nach der Arbeit; **~ kolei der Reihe nach; butelka f ~ mleku** Milchflasche *f*; **puszka** *f* **~ piwie** Bierdose *f*; **mówić ~ niemiecku** Deutsch sprechen; **co to znaczy ~ niemiecku?** was heißt das auf Deutsch?; **~ co?** wozu?; **~ omacku** tastend; im Dunkeln

**pobicie** (-*a*) JUR Körperverletzung *f*
**pobić** *pf* (*pobiję*) zusammenschlagen, (körperlich) verletzen; MIL besiegen
**pobierać** (-*am*) ⟨**pobrać**⟩ (*pobiorę*) beziehen; *podatki* erheben; *próbki* entnehmen; **~ z konta pieniądze** Geld vom Konto abheben; **~ się** heiraten
**pobieżny** flüchtig
**pobliski** nahe (gelegen) **pobliże**: **w pobliżu** (*gen*) in der Nähe (*gen*, *von dat*)
**pobłażać** (-*am*) (zu) nachsichtig sein (gegenüber *dat*), Nachsicht haben (mit *dat*); tolerieren (*akk*) **pobłażliwy** (-**wie**) nachsichtig, tolerant
**pobocze** *n* (-*a*) Straßenrand *m*, Randstreifen *m*
**pobojowisko** *n* (-*a*) *fig* Chaos *n* **poborca** *m* (-*y*; *gen* -*ów*) Steuereinnehmer *m* **poborowy** (-*ego*; -*i*) Wehrpflichtige(r) *m*
**pobór** *m* (*oru*; -*ory*; *gen* -*ów*) *do wojska* Einberufung *f*; FIN Erhebung *f* **pobrać\*** *pf* → **pobierać pobranie**: **za ~m** *per* Nachnahme
**pobudka** *f* (-*i*; *gen* -*dek*) Wecken *n* **pobudliwy** (leicht) erregbar **pobudzać** (-*am*) ⟨-**ić**⟩ (-*dzę*) anregen (**do** *gen* zu *dat*) **pobudzający** (-**co**) anregend
**pobyt** *m* (-*u*; -*y*) Aufenthalt *m*; **~ za granicą** Auslandsaufenthalt *m*; **miejsce ~ stałego ~** ständiger Wohnsitz *m*
**pocałunek** *m* (-*nku*; -*nkl*) Kuss *m*
**pochlebiać** (-*am*) ⟨-**ić**⟩ (-*ię*) schmeicheln **pochlebny** schmeichelhaft **pochlebstwo** *n* (-*a*) Schmeichelei *f*
**pochłaniać** (-*am*) ⟨**pochłonąć**⟩ (-*nę*) *ciepło* absorbieren; *czas* in Anspruch neh-

**pochmurny – podbijać**

men
**pochmurny** bewölkt
**pochodnia** f ⟨-i; -e⟩ Fackel f
**pochodzenie** n ⟨-a; bpl⟩ Herkunft f **pochodzić** (*pochodzę*) ⟨z *gen*⟩ kommen (aus *dat*); ~ **od** (*gen*) wyraz sich herleiten von (*dat*); BIOL abstammen von (*dat*); ~ **z** (*gen*) stammen aus (*dat*)
**pochopny** voreilig; *decyzja* überstürzt
**pochować** *pf* → chować **pochód** m ⟨-chodu; -chody⟩ (Fest)Umzug m; (*marsz*) Marsch m **pochwa** f ⟨-y⟩ ANAT Scheide f (*a*. MIL), Vagina f
**pochwalać** *cieplo* ⟨-am⟩ gutheißen **pochwalny** *cieplo* Lob-, lobend **pochwała** f ⟨-y⟩ Lob n
**pochylać** ⟨-am⟩ ⟨-ić⟩ ⟨-lę⟩ senken; neigen; ~ **się** sich beugen (**nad** *inst* über *akk*) **pochyły** ⟨-ło⟩ *drzewo* schief; *grunt* geneigt
**pociąg**[1] m ⟨-u; -i⟩ Zug m; **~iem** mit dem Zug **pociąg**[2] m ⟨-u; bpl⟩ (*skłonność*) ⟨do *gen*⟩ Hang m (**zu** *dat*), Vorliebe f (**für** *akk*); **mieć ~ do** (*gen*) sich hingezogen fühlen zu (*dat*); einen Hang zu etw haben
**pociągać** ⟨-am⟩ ⟨-nąć⟩ ⟨-nę⟩ ziehen (**za** *akk* an *dat*); (*nęcić*) anziehen; **~ za sobą** nach sich ziehen; **~ do odpowiedzialności** zur Verantwortung ziehen; **pociągać nosem** die Nase hochziehen **pociągający** ⟨-co⟩ anziehend, attraktiv; *myśl* verlockend
**po cichu** *adv* leise; *fig* stillschweigend
**pocić się** ⟨spocić się⟩ ⟨-cę⟩ schwitzen; *szkło* beschlagen sein, anlaufen
**pociecha** f ⟨-y⟩ Trost m; *umg* Sprössling m
**po ciemku** *adv* im Dunkeln
**pocierać** ⟨-am⟩ ⟨potrzeć⟩ ⟨*potrę*⟩ reiben (*inst* mit *dat*)
**pocieszać** ⟨-am⟩ ⟨-yć⟩ ⟨-ę⟩ trösten, Trost spenden **pocieszający** tröstend; tröstlich, erfreulich **pocieszenie** n ⟨-a⟩ Trost m; **na ~** zum Trost **pocieszyć** *pf* → pocieszać
**pocisk** m ⟨-u; -i⟩ Geschoss n, Granate f
**początek** m ⟨-tku; -tki⟩ Anfang m, Beginn m; **na początku** am Anfang; **od początku** von Anfang an **początkowo** *adv* anfangs, zuerst **początkowy** anfänglich, Anfangs- **początkujący**[1] angehend **początkujący**[2] m ⟨-ego; -y⟩, **początkująca** f ⟨-ej; -e⟩ Anfänger(in) m(f); **dla początkujących** für Anfänger
**poczciwy** ⟨-wie⟩ gutmütig
**poczekalnia** f ⟨-i; -e⟩ Warteraum m, Wartezimmer n **poczęstunek** m ⟨-nku kleiner Imbiss m
**poczta** f ⟨-y⟩ Post® f; (*listy*) Post f; ~ **lotnicza** Luftpost f; ~ **elektroniczna** IT E-Mail f; **pocztą** mit der Post® *od* per Post®; **pocztą elektroniczną** per Mail **pocztówka** f ⟨-i; *gen* -wek⟩ Postkarte f
**poczucie** n ⟨-a; *bpl*⟩ (*gen*) Gefühl n, Sinn m (für *akk*); **~ obowiązku** Pflichtgefühl n; **~ honoru** Ehrgefühl n; **~ winy** Schuldgefühl n; **~ bezpieczeństwa** Geborgenheit f
**poczuć** *pf* ⟨*poczuję*⟩ fühlen, spüren; *radość* empfinden **poczuwać się** ⟨-am⟩: ~ **do** (*gen*) sich bewusst sein (*gen*); sich bekennen zu (*dat*); ~ **do obowiązku** sich verpflichtet fühlen
**poczwarka** f ⟨-i; *gen* -rek⟩ ZOOL Puppe f
**poczytalny** JUR zurechnungsfähig
**pod** *präp* (*akk*) unter (*akk*); an (*akk*); gegen (*akk*); (*inst*) unter (*dat*); an, vor (*dat*); **~ warunkiem** unter der Bedingung; **~ Warszawą** bei Warschau; **~ światło** gegen das Licht
**podanie** n ⟨-a⟩ Antrag m; *w piłce nożnej* Pass m; (*legenda*) Überlieferung f; **złożyć** *pf* ~ e-n Antrag stellen
**podarty** zerrissen
**podatek** m ⟨-tku; -tki⟩ Steuer f; ~ **dochodowy** Einkommensteuer f; ~ **od wynagrodzeń** Lohnsteuer f; ~ **od wartości dodanej** Mehrwertsteuer f; ~ **od nieruchomości** Grundsteuer f; **wolny od podatku** steuerfrei **podatkowy** steuerlich, Steuer- **podatnik** m ⟨-a; -cy⟩ Steuerzahler m **podatny**: ~ **na** (*akk*) empfänglich für (*akk*); ~ **na choroby** anfällig für Krankheiten
**podawać** ⟨*podaję*⟩ ⟨podać⟩ ⟨-am⟩ geben; *warunki* nennen; *komunikat* bekannt geben; (*serwować*) servieren; *piłkę* zuspielen; ~ **do wiadomości** bekannt geben; ~ **do sądu** verklagen (*akk*); ~ **dalej** weitergeben; ~ **się za** (*akk*) sich ausgeben (für *akk*)
**podaż** f ⟨-y; *bpl*⟩ EKON (Waren)Angebot n
**podbicie** n ⟨-a⟩ ANAT Spann m; *ubrania* Futter n **podbiegać** ⟨-am⟩ ⟨podbiec⟩ ⟨*podbiegnę*⟩ laufen, angelaufen kommen (**do** *gen* zu *dat*) **podbiegunowy** GEOG polar, Polar- **podbijać** ⟨-am⟩ ⟨podbić⟩

**podbój – podobny** ▪ **151**

(*podbiję*) MIL erobern (*a. fig*); *cenę* hochtreiben **podbój** m (*-oju; -oje*) Eroberung f, Unterwerfung f **podbródek** m (*-dka; -dki*) Kinn n **podbudowa** f (*-y*) BUD Unterbau m

**podburzać** (*-am*) ⟨*-yć*⟩ (*-ę*) aufwiegeln (**przeciw** dat gegen akk) **podchmielony** umg angeheitert, angesäuselt **podchodzić** (*-ę*) ⟨**podejść**⟩ (*podejdę*) näher kommen (**do** gen an akk); **~ k-o** j-n hintergehen; **~ do** (gen) (*traktować*) herangehen an (akk); **~ do egzaminu** e-e Prüfung ablegen; **~ pod górę** hinaufsteigen

**podciąć*** pf → podcinać **podciągać** (*-am*) ⟨*-nąć*⟩ (*-nę*) hochziehen; **~ do** (*gen*) heranziehen an (*akk*); **~ pod** (*akk*) *fig* umg durchgehen lassen (als nom), einstufen (unter *akk*); umg (*polepszyć*) verbessern

**podcinać*** (*-am*) ⟨**podciąć**⟩ (*podetnę*) AGR beschneiden, stutzen; *piłkę* schneiden

**podczas** *präp* (gen) während (gen); **~ gdy** *konj* während, in der Zeit als **podczerwony** infrarot

**poddać** pf → poddawać **poddasze** n (*-a*) Dachgeschoss n **poddawać** (*poddaje*) ⟨**poddać**⟩ (*poddam*) MIL übergeben; *myśl* eingeben; **~** (*dat*) unterziehen (*dat*); **~ się** MIL sich ergeben; (*rezygnować*) aufgeben; **~ się** (*dat*) sich unterziehen (*dat*)

**pode:** **~ mną** unter mir **podejmować** (*-uję*) ⟨**podjąć**⟩ (*podejmę*) aufheben; *pieniądze* abheben; *walkę* aufnehmen; *ryzyko* eingehen; *gości* bewirten; **~ próbę** e-n Versuch unternehmen; **~ środki ostrożności** Vorsichtsmaßnahmen ergreifen; **~ decyzję** e-n Entschluss fassen

**podejrzany** verdächtig **podejrzenie** n (*-a*) Verdacht m **podejrzewać** (*-am*) (**o** *akk*) verdächtigen (gen); (*przypuszczać*) vermuten **podejrzliwy** (*-wie*) misstrauisch

**podejść*** pf → podchodzić **podekscytowany** erregt, aufgeregt **podeprzeć*** pf → podpierać **poderwać*** pf → podrywać **podeszwa** f (*-y; gen -szew*) (Schuh)Sohle f; *stopy* (Fuß)Sohle f **podgłówek** m (*-wka, -wki*) Kopfstütze f **podjazd** m (*-u; -y*) Zufahrt f, Zufahrtsweg m **podjąć** pf → podejmować

**podjeżdżać** (*-am*) ⟨**podjechać***⟩ (*podjadę*) (heran)fahren (**do** gen an akk);*-pod górę* hinauffahren

**podkład** m (*-u; -y*) Grundierung f **podkładać** (*-am*) ⟨**podłożyć**⟩ (*-ę*) unterlegen **podkładka** f (*-i; gen -dek*) Unterlage f

**podkoszulek** m (*-lka; -lki*) Unterhemd n, T-Shirt n **podkowa** f (*-y; gen -ów*) Hufeisen n

**podkreślać** (*-am*) ⟨*-ić*⟩ (*-ę*) unterstreichen

**podlać** pf → podlewać **podlegać** (*-am*) unterstehen; *przemianie* unterliegen **~ ochronie** unter Naturschutz stehen **to nie podlega dyskusji** das steht außer Frage

**podlewać** (*-am*) ⟨**podlać**⟩ (*-eję*) *kwiaty* gießen; KULIN begießen **podlotek** m (*-tka; -tki*) Teenager m, Backfisch m **podłączać** (*-am*) ⟨**podłączyć**⟩ (*-ę*) anschließen (**do** gen an akk); **~ się** umg die Leitung anzapfen **podłoga** f (*-i; gen -óg*) Fußboden m **podłoże** n (*-a*) Untergrund m; *fig* Hintergrund m **podłożyć** pf → podkładać

**podłużny** länglich, Längs-
**podły** (*persf -li*) (*-le*) gemein, niederträchtig

**podmiejski** Vorstadt-, vorstädtisch **podmiot** m (*-u; -y*) JĘZ Subjekt n; JUR Rechtssubjekt n

**podnajemca** m (*-y; gen -ów*) Untermieter m

**podniebienie** n (*-a*) ANAT Gaumen m (*a. fig*)

**podniecać** (*-am*) ⟨*-ić*⟩ (*-cę*) anregen; (*wzburzać*) erregen **podniecenie** n (*-a*) Erregung f, Erregtheit f **podnieść*** pf → podnosić

**podniosły** (*-śle*) erhaben, gehoben **podnosić** (*podnoszę*) ⟨**podnieść**⟩ (*podniosę*) (hoch)heben; *głowę* heben; *ceny* erhöhen; *słuchawkę* abnehmen; *flagę* hissen; *kołnierz* hochklappen; **~ na duchu** Mut machen; **~ kotwicę** MAR den Anker lichten; **~ się** aufstehen **podnośnik** m (*-a; -i*) AUTO Wagenheber m

**podobać się** (*-am*) gefallen; **jak ci się odoba?** wie gefällt es dir? **podobieństwo** n (*-a*) Ähnlichkeit f **podobno** *partikel* angeblich; **on ~ wyjechał** er soll abgereist sein **podobny** ähnlich; **być**

## podomka – podziemny

**~m** (do gen) ähnlich sein, ähneln (dat) (**w** lok in dat); **i tym podobne** und Ähnliches; **podobnie jak** ebenso wie
**podomka** f (-i; gen -mek) Kittelkleid n
**podpalacz** m (-a; -e) Brandstifter m
**podpalać** (-am) ⟨-ić⟩ (-ę) in Brand stecken
**podpierać** (-am) ⟨podeprzeć⟩ (podeprę) abstützen (inst mit dat); **~** (inst) fig untermauern, stützen (mit dat); **~ się** sich stützen (inst auf akk)
**podpis** m (-u; -y) Unterschrift f; pod ilustracją Bildunterschrift f **podpisywać** (-uję) ⟨podpisać⟩ (podpiszę) unterschreiben; ofic unterzeichnen; **~ się** v/i unterschreiben
**podpity** angetrunken **podpływać** (-am) ⟨-nąć⟩ (-nę) (do gen) heranschwimmen (an akk); łódź heranfahren **~ do brzegu** ans Ufer schwimmen **podpora** f (-y; gen -pór) Stütze f (a. fig) **podporucznik** m (-a; -cy) Leutnant m
**podpułkownik** m (-a; -cy) Oberstleutnant m
**podrabiać** (-am) ⟨podrobić⟩ (-ię) umg podpis fälschen; klucze nachmachen
**podrapać** pf (-ię) zerkratzen
**podrażnienie** n (-a) MED Reizung f; Gereiztheit f
**podręcznik** m (-a; -i) Lehrbuch n; **~ szkolny** Schulbuch n **podręczny** Hand-; apteczka Reise-
**podrobić**¹ pf → podrabiać **podrobić**² pf → drobić
**podrożeć** pf → drożeć
**podróż** f (-y; -e) Reise f **podróżny**¹ Reise- **podróżny**² m (-ego; -i), **podróżna** f (-ej; -e) Reisende(r) m, f, Fahrgast m
**podróżować** (-uję) reisen; **~ koleją** mit der Bahn reisen; **~ po** (lok) bereisen (akk)
**podrywać** (-am) ⟨poderwać⟩ (-ę) hochreißen; opinię untergraben; **~ k-o** umg j-n anmachen; j-n anbaggern; **~ się** aufspringen; ptak auffliegen
**podrzeć*** pf → drzeć
**podrzędny** untergeordnet; (mierny) mäßig, schlecht
**podrzucać** (-am) ⟨-ić⟩ (-ę) hochwerfen; (dostarczać) umg vorbeibringen; (potajemnie podsuwać) unterschieben; **~ k-o** umg j-n (hin)fahren
**podsadzać** (-am) ⟨-ić⟩ (-ę): **~ k-o** j-n hochheben **podskakiwać** (-uję) ⟨podskoczyć⟩ (-ę) hüpfen; samochód holpern; ceny steigen
**podsłuch** m (-u; -y) Lauschangriff m, Abhören n; **założyć** pf **~** e-e Abhöranlage installieren; **być na ~u** abgehört werden
**podsłuchiwać** (-uję) ⟨podsłuchać⟩ (-am) v/i horchen, lauschen; v/t belauschen; **~ przez telefon** abhören
**podstawa** f (-y) Grundlage f; **~ czaszki** ANAT Schädelbasis f; **mieć podstawę do** (gen) e-n Grund haben zu (dat); **na podstawie** (gen) aufgrund (von dat, gen); FILM, LIT in Anlehnung an (akk); **nie bez podstaw** nicht ohne Grund; **od podstaw** von Grund auf **podstawi(a)ć** (dar)unterstellen; nogę stellen; pociąg bereitstellen **podstawowy** Grund-; **szkoła** f **podstawowa** Grundschule f
**podsumow(yw)ać** (-[w]uję) addieren; fig zusammenfassen **podszewka** f (-i; gen -wek) Futter n
**podświadomy** (-mie) unterbewusst, im Unterbewusstsein
**podtrzymywać** (-uję) ⟨podtrzymać⟩ (-am) stützen, halten; żądania aufrechterhalten; **~ na duchu** Mut machen
**poduszka** f (-i; gen -szek) (Kopf)Kissen n
**podwajać** (-am) ⟨podwoić⟩ (-ję) verdoppeln
**podwieczorek** m (-rku; -rki) Vesper f od n **podwieźć*** pf → podwozić **podwijać** (-am) ⟨-nąć⟩ (-nę, -ńi) hochkrempeln **podwładny** m (-ego; -ni), **podwładna** f (-ej; -ne) Mitarbeiter(in) m(f) **podwodny** Unterwasser-
**podwoić** pf → podwajać **podwozić** (podwożę) ⟨podwieźć⟩ (podwiozę) hinfahren **podwozie** n (-a; gen -zi) AUTO Fahrgestell n; LOT Fahrwerk n
**podwórko** n (-a; gen -rek), **podwórze** n (-a) Hof m; **na podwórzu** draußen
**podwyżka** f (-i; gen -żek) Erhöhung f; **~ płac** Lohnerhöhung f; **~ cen** Preiserhöhung f **podwyższać** (-am) ⟨-yć⟩ (-ę) erhöhen
**podział** m (-u; -y) Aufteilung f, Einteilung f; Verteilung f **podziałka** f (-i; gen -łek) Skala f, Maßstab m **podzielić** pf → dzielić
**podziemie** [-d.-] n (-a; gen -i) POL Untergrund m **podziemny** unterirdisch; POL Untergrund-

**podziękowanie** n (-a) Dank m; *pisemne* Dankschreiben n
**podziw** m (-u; bpl) Bewunderung f **podziwiać** (-am) bewundern
**podzwrotnikowy** [-d.z-] tropisch
**podżegać** [-d.ż-] (-am) hetzen (**przeciw** dat gegen akk); anstiften (**do** gen zu dat)
**poeta** m (-y; -ci), **poetka** f (-i; gen -tek) Dichter(in) m(f) **poezja** f (-i; bpl) Poesie f
**poganka** f (-i; gen -nek) Heidin f **pogański** heidnisch
**pogarda** f (-y; bpl) Verachtung f; **mieć w pogardzie** verachten **pogardliwy** (-wie) verächtlich **pogardzać** (-am) ⟨-ić⟩ (-ę) (inst) verachten (akk); (odrzucać) verschmähen (akk)
**pogarszać** (-am) ⟨pogorszyć⟩ (-ę) verschlechtern; *chorobę* verschlimmern
**pogląd** m (-u; -y) Ansicht f, Anschauung f
**pogłębiać** (-am) ⟨-ić⟩ (-ę) vertiefen; *pogłębiarką* ausbaggern **pogłoska** f (-i; gen -sek) Gerücht n
**pogoda** f (-y) Wetter n; **mieć pogodę** schönes Wetter haben; **~ ducha** Heiterkeit f **pogodny** heiter
**pogoń** f (-ni; -nie) Verfolgung(sjagd) f
**pogorszyć** pf → pogarszać
**pogotowie** n (-a; bpl) Rettungsdienst m; (samochód) Rettungswagen m; (stan gotowości) Bereitschaft f; **~ drogowe** Pannenhilfe f; **~ górskie** Bergwacht f; **w pogotowiu** (einsatz)bereit
**pogranicze** n (-a) Grenzgebiet n; **na pograniczu** fig an der Grenze
**pogrom** m (-u; -y) Pogrom m od n
**pogrzeb** m (-u; -y) Beerdigung f; (kondukt) Leichenzug m **pogrzebać** pf (pogrzebię) begraben **pogrzebowy** Beerdigungs-, Bestattungs-; **zakład m ~** Bestattungsinstitut n
**pojawiać się** (-am) ⟨-ić⟩ (-ę) erscheinen; *zjawisko* zum Vorschein kommen
**pojazd** m (-u; -y) Fahrzeug n; **~ elektryczny** Elektrofahrzeug n; **~ kosmiczny** Raumschiff n **pojąć** pf (-mę) → pojmować
**pojednanie** n (-a) Versöhnung f, Aussöhnung f
**pojedynczy** (-czo) einzeln; (nie podwójny) einfach; **gra** f **pojedyncza** SPORT Einzel n
**pojemnik** m (-a; -i) Behälter m; Container m **pojemność** f (-ści; bpl) naczynia Fassungsvermögen n, Volumen n; **~ pamięci** IT Speicherkapazität f
**pojezierze** n (-a; gen -y) Seenplatte f
**pojęcie** n (-a) Begriff m; **nie mam pojęcia** ich habe keine Ahnung **pojętny** aufgeweckt, gescheit **pojmować** (-uję) ⟨**pojąć**⟩ (pojmę) begreifen
**pojutrze** übermorgen
**pokarm** m (-u; -y) Nahrung f; *dla zwierząt* Futter n; (*mleko matki*) (Mutter)Milch f
**pokaz** m (-u; -y) Vorführung f; **~ mody** Modenschau f; **na ~** zur Schau **pokazywać** (-uję) ⟨**pokazać**⟩ (pokażę) zeigen; TECH anzeigen; **nie ~ po sobie** (gen) sich nicht anmerken lassen (akk)
**pokład** m (-u; -y) MAR Deck n; GÓRN Flöz n; pl Schichten pl; **na ~zie** LOT, MAR an Bord
**pokojowy**¹ (-wo) Friedens-; friedlich
**pokojowy**² Zimmer- **pokojówka** f (-i; gen -wek) Zimmermädchen n
**pokolenie** n (-a) Generation f
**pokonywać** (-uję) ⟨**pokonać**⟩ (-am) besiegen; *trudności* überwinden **pokora** f (-y; bpl) Demut f
**pokost** m (-u; bpl) Firnis m
**pokój**¹ m (-oju; bpl) POL Frieden m **pokój**² m (-oju; -oje; gen -ów od -oi) Zimmer n; **~ dzienny** Wohnzimmer n; **~ dziecinny** Kinderzimmer n; **~ do pracy** Arbeitszimmer n; **~ do wynajęcia** Zimmer n zum Vermieten
**pokrewieństwo** n (-a) Verwandtschaft f
**pokrowiec** m (-wca; -wce) (Schutz)Hülle f; (Schutz)Bezug m
**pokrycie** n (-a) Bezug m; *dachu* Bedachung f; FIN (bpl) Deckung f **pokryć** pf → pokrywać
**po kryjomu** adv heimlich, insgeheim
**pokrywać** (-am) ⟨**pokryć**⟩ (-yję) (inst) überziehen (mit dat); dach decken; *koszty* tragen; BIOL decken; **~ się** sich bedecken; fig sich decken (**z** inst mit dat) **pokrywka** f (-i; gen -wek) garnka Deckel m
**pokrzywa** f (-y) Brennnessel f
**pokrzywdzony** (persf -eni) benachteiligt
**pokusa** f (-y) Versuchung f, Verlockung f
**pokuta** f (-y) REL Buße f
**pokwitowanie** n (-a) Quittung f; **za ~m** gegen Quittung
**Polak** m (-a; -cy) Pole m

**polana** f (-y) Waldlichtung f
**polarny** polar, Polar-
**pole** n (-a; gen pól) Feld n; MAT Fläche f; **~ namiotowe** Zeltplatz m; **~ karne** SPORT Strafraum m
**polec*** pf (polegnę) fallen **polecać** (-am) ⟨-ić⟩ (-cę) anordnen, veranlassen; empfehlen **polecenie** n (-a) Anweisung f, Auftrag m **polegać** (-am) (**na** lok) sich verlassen (auf akk); (zasadzać się) bestehen (in dat)
**polemiczny** polemisch
**polepszać** (-am) ⟨-yć⟩ (-ę) (ver)bessern **polepszenie** n (-a) (Ver)Besserung f
**polerować** ⟨wy-⟩ (-uję) polieren
**polewa** f (-y) KULIN Glasur f
**polędwica** f (-y; -e) Filet n; **~ wędzona** Lachsschinken m
**policja** f (-i; bpl) Polizei f; **~ drogowa** Verkehrspolizei f; **~ śledcza** Kriminalpolizei f; **zadzwonić** pf **na policję** die Polizei rufen **policjant** m (-a; -ci), **policjantka** f (-i; gen -tek) Polizist(in) m(f) **policyjny** Polizei-, polizeilich
**policzek** m (-czka; -czki) Wange f; (uderzenie) Ohrfeige f (a. fig) **policzyć** pf (-ę) uczestników zählen; koszty berechnen
**poligon** m (-u; -y) MIL Übungsgelände n
**politechnika** f (-i) technische Hochschule f
**politura** f (-y; bpl) Politur f
**polityczny** politisch, Politik- **polityk** m (-a; -cy) Politiker m; (kobieta) Politikerin f **polityka** f (-i; bpl) Politik f
**polka** f (-i; gen -lek) (taniec) Polka f
**Polka** f (-i; gen -lek) Polin f
**polny** Feld-; **konik** m **~** Grashüpfer m
**polonez** m (-a; -y) Polonäse f
**polować** (-uję) (**na** akk) jagen (akk); fig umg hinterher sein (dat) **polowanie** n (-a) Jagd f
**polski** (**po** -sku) polnisch, Polen-; **język** m **~** Polnisch n, polnische Sprache f; **mówić po polsku** Polnisch sprechen; **co to znaczy po polsku?** was heißt das auf Polnisch? **polszczyzna** f (-y; bpl) Polnisch n
**polubić** pf (-ię) lieb gewinnen
**połączenie** n (-a) Verbindung f; firm Zusammenschluss m **połączony** (persf -eni) (**z** inst) angeschlossen (an akk); TEL verbunden (mit dat) **połączyć** pf → **łą-**

czyć
**połknąć** pf; → **połykać**
**połowa** f (-y) Hälfte f; **do połowy** zur Hälfte, halb; **w połowie maja** Mitte Mai
**położenie** n (-a) Lage f **położna** f (-ej; -e) Hebamme f **położyć** pf → **kłaść**
**połóg** m (-ogu; -ogi) Wochenbett n
**połów** m (-owu; -owy): **~ ryb** Fischfang m
**połówka** f (-i; gen -wek) Hälfte f
**południe** n (-a) Mittag m; GEOG Süden m; **po południu** am Nachmittag, nachmittags; **przed ~m** am Vormittag, vormittags; **w ~** am Mittag, mittags; **na ~ od** (gen) südlich von (gen) **południk** m (-a; -i) GEOG Meridian m
**południowo-wschodni** Südost-, südöstlich **południowo-zachodni** Südwest-, südwestlich **południowy** Süd-, südlich
**połykać** (-am) ⟨**połknąć**⟩ (-nę) (hinunter)schlucken; umg verschlucken
**połysk** m (-u; bpl) Glanz m
**pomagać** (-am) ⟨**pomóc**⟩ (pomogę; pomóż!) helfen (**przy** inst od **w** lok bei dat); **~ sobie** sich gegenseitig helfen **pomału** adv langsam
**pomarańcza** f (-y; -e, -czy od -ańcz) Orange f **pomarańczowy** (-owo) Orangen-; kolor orange(farben)
**pomazać** pf (pomażę) (inst) beschmieren (mit dat)
**pomiar** m (-u; -y) Messung f
**pomidor** m (-a; -y) Tomate f
**pomieszczenie** n (-a) Raum m
**pomięty** zerknittert
**pomijać** (-am) ⟨-nąć⟩ (-nę) auslassen; (nie uwzględniać) übergehen
**pomniejszać** (-am) ⟨-yć⟩ (-ę) verkleinern; fig mindern, herabwürdigen
**pomnik** m (-a; -i) Denkmal n; (płyta nagrobna) Grabmal n
**pomoc** f (-y; bpl) Hilfe f; (pl -e) (osoba) Hilfskraft f; **pierwsza ~** Erste Hilfe f; **~ domowa** Haushaltshilfe f; **~ pl naukowe** Lernmittel pl; **przy ~y od za ~ą** (gen) mithilfe (von dat); **na ~!** Hilfe! **pomocnica** f (-y; -e) Helferin f; (zawód) Hilfsarbeiterin f; **~ lekarza** Arzthilfe f
**pomocniczy** Hilfs- **pomocnik** m (-a; -cy) Helfer m; (zawód) Hilfsarbeiter m
**pomocny** hilfreich; **być ~m** (**w** lok) behilflich sein (bei dat)
**pomost** m (-u; -y) Steg m; **~ do załadun-**

**ku** Verladebrücke f
**pomóc\*** pf → pomagać
**pompa¹** f (-y; -) Pumpe f; **~ wodna** Wasserpumpe f
**pompa²** f (-y; bpl) Pomp m
**pompować** (-uję) pumpen
**pomyje** pl (gen -) Abwaschwasser n
**pomylić** pf → mylić **pomyłka** f (-i; gen -łek) Irrtum m, Fehler m; (pomylenie) Verwechslung f; **przez pomyłkę** aus Versehen; irrtümlicherweise; **~!** TEL falsch verbunden!
**pomysł** m (-u; -y) Idee f, Einfall m **pomysłowy** (-owo) einfallsreich; kreativ
**pomyślność** f (-ści) Wohlergehen n, Glück n; **pomyślności!** zum Wohl! **pomyślny** günstig
**ponad** präp (akk) über (akk); (inst) über (dat); partikel über; **~ miarę** übermäßig; **to jest ~ moje siły** das übersteigt meine Kräfte; **~ wszelką wątpliwość** zweifellos
**ponadpartyjny** überparteilich **ponadto** adv überdies, darüber hinaus
**ponaglać** (-am) ⟨-ić⟩ (-lę) drängen, zur Eile antreiben **ponaglenie** n (-a) (pismo) Mahnschreiben n
**poncz** m (-u; -e) Punsch m
**poniedziałek** m (-łku; -łki) Montag m
**ponieść\*** pf koń durchgehen
**ponieważ** konj weil, da
**poniżać** (-am) ⟨-yć⟩ (-ę) erniedrigen **poniżej** präp (gen) unter (dat), unterhalb (gen) **poniżenie** n (-a) Erniedrigung f **poniżyć** pf → poniżać
**ponosić** (ponoszę) ⟨ponieść⟩ (poniosę) tragen; klęskę erleiden; karę bekommen; **~ śmierć** ums Leben kommen; **~ winę** Schuld haben (**za** akk an dat)
**ponownie** adv nochmals, wieder
**ponury** (persf -rzy) (**-ro**) grimmig; düster
**pończocha** f (-y) Strumpf m
**popadać** (-am) ⟨popaść⟩ (popadnę) geraten (**w** akk in akk) **poparcie** n (-a) Unterstützung f **poparzenie** n (-a) Verbrühung f, Verbrennung f **popchnąć** pf → popychać
**popęd** m (-u; -y) BIOL, PSYCH Trieb m
**popielaty** (**-to**) (asch)grau **Popielec** m (-lca; -lce) REL Aschermittwoch m **popielniczka** f (-i; gen -czek) Aschenbecher m
**popierać** (-am) ⟨poprzeć⟩ (poprę) unterstützen; (uzasadniać) untermauern

(inst mit dat)
**popiół** m (-ołu, lok -ele; -oły) Asche f (a. GEOL)
**popisywać się** (-uję) ⟨popisać się⟩ (popiszę) (inst) brillieren (mit dat); (robić na pokaz) sich aufspielen (mit dat)
**popłatny** lohnend **popłoch** m (-u; bpl) Panik f; **w ~u** in panischer Angst
**popołudnie** n (-a) Nachmittag m
**poprawa** f (-y) Besserung f; (poprawienie) Verbesserung f **poprawiać** (-am) ⟨-ić⟩ (-ię) verbessern; błąd korrigieren; strój in Ordnung bringen; **~ tekst** Korrektur lesen **poprawka** f (-i; gen -wek) w tekście Korrektur f; ubrania Änderung f; umg (egzamin) Wiederholungsprüfung f **poprawny** korrekt; ocena ausreichend
**poprzeczka** f (-i; gen -czek) Querbalken m; SPORT Latte f **poprzeczny** quer, Quer-
**poprzeć\*** pf → popierać
**poprzedni** vor(her)ig; (były) ehemalig; **~ego dnia** am Tag vorher **poprzednio** adv vorher **poprzedzać** (-am) ⟨-ić⟩ (-dzę) v/t vorangehen (dat), einleiten (akk)
**poprzek: w ~** adv quer
**poprzez** präp (akk) durch, über (akk)
**popularność** f (-ści; bpl) Popularität f **popularny** populär
**popychać** (-am) ⟨popchnąć⟩ (-nę) stoßen
**popyt** m (-u; bpl) EKON Nachfrage f
**por¹** m (-u; -y) ANAT Pore f **por²** m (-a; -y) BOT, KULIN Porree m
**pora** f (-y; gen pór) Zeit f; **~ roku** Jahreszeit f; **~ na** (akk) es ist Zeit für (akk); **w** (**samą**) **porę** (gerade) rechtzeitig; **o tej porze** um diese Zeit; **o każdej porze** jederzeit
**porada** f (-y) (fachlicher) Rat m **poradnia** f (-i; -e) Beratungsstelle f **poradnik** m (-a; -i) (książka) Ratgeber m
**poranek** m (-nku; -nki) Morgen m; (przedstawienie) Matinee f **poranny** morgendlich; Morgen-; Früh-
**porażenie** n (-a): **~ słoneczne** Sonnenstich m; **~ prądem** Stromschlag m **porażka** f (-i; gen -żek) MIL Niederlage f
**porcelana** f (-y) Porzellan n
**porcja** f (-i; -e) Portion f
**poręcz** f (-y; -e, gen -y) Geländer n; fotela (Arm)Lehne f **poręczenie** n (-a) JUR Bürgschaft f **poręczny** handlich **poręczyciel** m (-a; -e), **poręczycielka**

*f* (-i; *gen* -lek) JUR Bürge *m*
**porno** *umg* pornografisch
**porodowy**: **sala** *f* **porodowa** Kreißsaal *m*; **bóle** *pf* **porodowe** Wehen *pl*; **oddział** *m* ~ Entbindungsstation *f* **poronienie** *n* (-a) Fehlgeburt *f*
**porowaty** porös
**porozumienie** *n* (-a) Verständigung *f*; POL Übereinkommen *n*; (*układ*) Abkommen *n*; **w porozumieniu z** (*inst*) im Einverständnis (mit *dat*) **porozumiewać się** (-am) ⟨**porozumieć się**⟩ (*porozumiem*): ~ **z** (*inst*) sich mit j-m verständigen (**co do** *gen* über *akk*); (*dojść do zgody*) übereinkommen
**poród** *m* (-*odu*; -*ody*) Geburt *f*
**porównanie** *n* (-a; *gen* -ań) Vergleich *m* **porównywać** (-uję) ⟨**porównać**⟩ (-am) vergleichen
**port** *m* (-u; -y) Hafen *m*; *fig* Zuflucht *f* ~ **lotniczy** Flughafen *m*
**portal** *m* (-u; -e; *gen* -lów *od* -li) Portal *n* ~ **streamingowy** Streamingportal *n*
**portfel** *m* (-a; -e) Brieftasche *f*
**portier** *m* (-a; -rzy) Portier *m*, Pförtner *m* **portiernia** *f* (-i; -e) Pförtnerloge *f*, Empfang *m*
**portmonetka** *f* (-i; *gen* -tek) Portmonee *n*, Geldbeutel *m*
**porto¹** *n* (*unv bpl*) Portwein *m* **porto²** *n* (*unv*; *bpl*) Briefporto *n*
**portret** *m* (-u; -y) Porträt *n*, Bildnis *n*
**Portugalczyk** *m* (-a; -cy) Portugiese *m* **Portugalka** *f* (-i; *gen* -lek) Portugiesin *f* **portugalski** (**po -ku**) portugiesisch
**porucznik** *m* (-a; -cy) Oberleutnant *m*
**porwać** *pf* → zerreißen **porwanie** *n* (-a) Entführung *f*, Kidnapping *n* **porywacz** *m* (-a; -e) Entführer *m*, Kidnapper *m* **porywać** (-am) ⟨**porwać**⟩ (-ę) entführen, kidnappen; (*unieść*) fortreißen; (*chwycić*) packen; (*ogarnąć*) *fig* ergreifen; (*pociągać*) *fig* mitreißen; ~ **się** aufspringen; ~ **się na** (*akk*) losgehen auf (*akk*); (*podjąć się*) wagen (*akk*) **porywczy** (-czo) impulsiv, aufbrausend
**porządek** *m* (-*dku*; *bpl*) Ordnung *f*; ~**chronologiczny** Zeitfolge *f*, chronologische Reihenfolge *f*; **robić porządki** aufräumen, sauber machen; **w porządku!** *umg* in Ordnung! **porządkować** ⟨u-⟩ (-uję) ordnen; *mieszkanie* aufräumen
**porządny** ordentlich, solide; (*uczciwy*) anständig
**porzeczka** *f* (-i; *gen* -czek) Johannisbeere *f*
**porzucać** (-am) ⟨-ić⟩ (-ę) verlassen
**posądzać** (-am) ⟨-ić⟩ (-ę): ~ **k-o** (*o akk*) j-n verdächtigen (*gen*), j-m unterstellen (*akk*)
**posąg** *m* (-u; -i) Statue *f*
**poseł** *m* (-*sła*; -*słowie*) Abgeordnete(r) *m*; (*dyplomata*) Gesandte(r) *m*; ~ **do Sejmu** Sejmabgeordnete(r) *m*
**posiadacz** *m* (-a; -e), **posiadaczka** *f* (-i; *gen* -czek) Besitzer(in) *m(f)*; ~ **akcji** Aktieninhaber(in) *m(f)*; ~ **czeku** Scheckinhaber(in) *m(f)* **posiadać** (-am) besitzen; **nie ~ się z** (*gen*) außer sich sein (vor *dat*); **nie ~ się ze szczęścia** überglücklich sein **posiadłość** *f* (-*ści*) Grundstück *n*, Anwesen *n* **posiedzenie** *n* (-a) Sitzung *f*
**posiłek** *m* (-*łku*; -*łki*) Mahlzeit *f*
**posłanka** *f* (-i; *gen* -nek) Abgeordnete *f*
**posłowie** *n* (-a) Nachwort *n*
**posłuchać** *pf* (-am) hören (auf *akk*)
**posługiwać się** (-uję) ⟨**posłużyć**⟩ (-ę) (*inst*) sich bedienen (*gen*), benutzen (*akk*)
**posłuszeństwo** *n* (-a; *bpl*) Gehorsam *m*
**posłuszny** gehorsam, folgsam
**posłużyć się** *pf* → posługiwać się **pospolity** (-**cie**) gewöhnlich
**post** *m* (-u; -y) Fasten *n*; **Wielki Post** REL Fastenzeit *f*; **zachowywać** ~ fasten
**postać** *f* (-*ci*; -*cie od* -*ci*) Gestalt *f*; (*osoba*) Persönlichkeit *f*; **w utworze** Figur *f* **postanawiać** (-am) ⟨**postanowić**⟩ (-ię) beschließen **postanowienie** *n* (-a) Entschluss *m*; (*uchwała*) Beschluss *m* **postarzać** (-am) älter machen **postawa** *f* (-y) Haltung *f* (*a. fig*) **postawić** *pf*: ~ **się w czyjejś sytuacji** sich in j-s Lage versetzen; ~ stawiać
**postąpić** *pf* → postępować
**posterunek** *m* (-*nku*; -*nki*) Polizeiwache *f*; Wachposten *m*
**postęp** *m* (-u; -y) Fortschritt *m* **postępować** (-uję) ⟨**postąpić**⟩ (-ię) handeln, sich verhalten; *praca* fortschreiten; ~ **z** (*inst*) umgehen mit (*dat*) **postępowanie** *n* (-a) Verhalten *n* (**w stosunku do** *gen* gegenüber *dat*); JUR Verfahren *n* **postępowy** (-**wo**) fortschrittlich
**postojowy** Halte-; **światła** *n/pl* **postojowe** AUTO Standlicht *n* **postój** *m* (-*oju*;

**postronny – poważny** • **157**

-oje; gen -ojów) (odpoczynek) Rast f; pociągu **Aufenthalt** m; **~ taksówek** Taxistand m
**postronny** außenstehend
**posunąć** pf; → posuwać **posunięcie** n (-a) Zug m **posuwać** (-am) ⟨-nąć⟩ (-nę) (vor)schieben; **~ się** sich langsam fortbewegen, langsam vorrücken; praca vorankommen; choroba fortschreiten; (zrobić miejsce) Platz machen, zur Seite rücken; **~ się do** (gen) fig nicht zurückschrecken (vor dat); **~ się za daleko** fig zu weit gehen
**poszczególny** (jeder) Einzelne
**poszerzać** (-am) ⟨-yć⟩ (-ę) breiter machen; fig erweitern
**poszewka** f (-i; gen -wek) Kissenbezug m
**poszkodowany** geschädigt
**poszukiwacz** m (-a; -e), **poszukiwaczka** f (-i; gen -czek): **~ przygód** Abenteuer(in) m(f) **poszukiwać** (-uję) suchen (gen nach dat) **poszukiwanie** n (-a) Suche f; (akcja) Suchaktion f **poszukiwany** zbieg gesucht; towar begehrt
**poszwa** f (-y) Bettbezug m
**pościć** (poszczę, pość!) fasten
**pościel** f (-i; bpl) Bettwäsche f
**pościg** m (-u; -i) Verfolgung(sjagd) f
**pośladek** m (-dka; -dki) ANAT Gesäßhälfte f, umg Backe f
**poślizg** m (-u; -i): **wpaść** pf **w ~** AUTO ins Schleudern geraten **poślizgnąć się** pf (-nę) ausrutschen
**pośpiech** m (-u; bpl) Eile f, Hast f **pośpieszny** eilig, hastig; (pochopny) voreilig; **pociąg ~** Intercity m
**pośredni** (-nio) indirekt, mittelbar **pośrednictwo** n (-a) Vermittlung f; **biuro** n **pośrednictwa pracy** Arbeitsagentur f, Jobcenter n **pośredniczyć** (-ę) vermitteln (**w** lok in dat)
**pośrodku** adv in der Mitte
**poświęcać** (-am) ⟨-ić⟩ (-ę) widmen; REL weihen; **~ wiele uwagi** viel Aufmerksamkeit schenken; **~ wiele czasu** (dat) sich viel Zeit nehmen (für akk) **poświęcenie** n (-a) Aufopferung f; REL Einweihung f; **~ się** Selbstaufopferung f
**pot** m (-u; -y) Schweiß m; **mokry od ~u** schweißgebadet; **na ~y** MED schweißtreibend
**potajemny** heimlich
**potakiwać** (-uję) (zustimmend) nicken

**potas** m (-u; bpl) CHEM Kalium n
**potąd** bis hierher **potem** danach, nachher; dann
**potencjał** m (-u; -y) Potenzial n
**potępiać** (-am) ⟨-ić⟩ (-ię) verurteilen, missbilligen
**potężny** mächtig, gewaltig
**potknąć się** pf → potykać się
**potłuczenie** n (-a) Quetschung f, Prellung f
**potoczny** umgangssprachlich; wyobrażenie üblich, verbreitet; **język** m **~** Umgangssprache f **potok** m (-u; -i) Bach m; fig Strom m; **~ słów** Wortschwall m
**potomek** m (-mka; -mkowie), **potomkini** f (-i; -e; gen -ń) Nachkomme m, Nachfahre m **potomstwo** n (-a; bpl) Nachkommen pl; zwierząt Jungtiere pl
**potrafić** pf (-ię) können
**potrawa** f (-y) Speise f, Gericht n; **spis** m **potraw** Speisekarte f **potrawka** f (-i; gen -wek) Ragout n
**potrącać** (-am) ⟨-ić⟩ (-ę) anstoßen; samochodem anfahren; FIN abziehen (**z** gen von dat) **potrącenia** n/pl (gen -eń) FIN Abzüge m/pl
**potrójny** dreifach
**potrzeba**[1] f (-y) Bedürfnis n; (konieczność) Notwendigkeit f; **w razie potrzeby** notfalls **potrzeba**[2] präd: **~ mi** (gen) ich brauche (akk) **potrzebny** notwendig, nötig; **to jest mi potrzebne** ich brauche es **potrzebować** (-uję) (gen) brauchen **potrzebujący** pl (gen -ych) Bedürftige pl
**potrzeć**\* pf → pocierać

**P**

**potwierdzać** (-am) ⟨-ić⟩ (-ę) bestätigen **potwierdzenie** n (-a) Bestätigung f **potwierdzony** bestätigt
**potworny** furchtbar, abscheulich **potwór** m (-ora, -ory) Monster n
**potykać się** (-am) ⟨potknąć⟩ (-nę) stolpern (**o** akk über akk)
**potylica** f (-y; -e) ANAT Hinterkopf m
**pouczać** (-am) ⟨-yć⟩ (-ę) belehren; (instruować) anweisen, unterrichten
**poufale** adv → poufały **poufały** (-le) vertraulich, familiär **poufny** vertraulich
**powaga** f (-i; bpl) Ernst m; instytucji Ansehen n; **zachować** pf **powagę** ernst bleiben **poważnie** adv ernst, ernsthaft **poważny** ernst; problem ernsthaft; (po-

ważany) seriös; (znaczny) beachtlich; **muzyka** f poważna klassische Musik f
**powiadamiać** (-am) ⟨**powiadomić**⟩ (-ię) benachrichtigen (**o** lok über akk)
**powiat** m (-u; -y) (Land)Kreis m
**powidła** pl (gen -deł) Pflaumenmus n
**powiedzieć** pf (powiem) sagen; **~ prawdę** die Wahrheit sagen; **powiedz mi, czy ...** sag mir, ob ...; **że tak powiem** sozusagen **powiedzonko** n (-a; gen -nek) umg Spruch m
**powieka** f (-i) (Augen)Lid n
**powiernik** m (-a; -cy) Vertraute(r) m; JUR Treuhänder m **powierzać** (-am) ⟨-**yć**⟩ (-ę) tajemnicę anvertrauen; **~ k-u** (akk) (zlecić) j-n betrauen, j-n beauftragen (mit dat)
**powierzchnia** f (-i; -e) Oberfläche f (a. fig); (obszar) Fläche f (a. MAT) **powierzchowny** äußerlich; fig oberflächlich
**powierzyć** pf → powierzać **powiesić** pf: **~ się** sich erhängen; → wieszać
**powieść** f (-ści) Roman m
**powietrze** n (-a; bpl) Luft f; **na wolnym powietrzu** Freiluft- **powietrzny** Luft-; **poduszka** f **powietrzna** AUTO Airbag m
**powiększać** (-am) ⟨-**yć**⟩ (-ę) vergrößern **powiększenie** n (-a) Vergrößerung f (a. FOTO) **powiększyć** pf → powiększać
**powinien** (persf powinni): **~em** ich soll; ich sollte; **~em był ...** ich hätte ... sollen; **~eś** du sollst; du solltest; **~eś był ...** du hättest ... sollen; **~ zaraz wrócić e-** müsste bald zurück sein **powinna** sie sollte; sie soll **powinno** es sollte; es soll; **~ się** man sollte
**powitanie** n (-a) Begrüßung f; (przyjęcie) Empfang m; **na ~** zur Begrüßung **powitać** pf → witać
**powlekać** (-am) ⟨**powlec\***⟩ (powlokę) (frisch) beziehen; **~** (inst) überziehen (mit dat); TECH beschichten (mit dat); **~ się** (inst) überzogen werden (von dat) **powłoka** f (-i) Überzug m; (warstwa) Schicht f; (osłona) Hülle f; (poszwa) Bettbezug m
**powodować** ⟨s-⟩ (-uję) verursachen; **powodować się** (inst) sich leiten lassen (von dat)
**powodzenie** n (-a) Erfolg m; (pomyślność) Gelingen n; (popularność) Beliebtheit f; **cieszyć się ~m** beliebt sein; **powo-**

**dzenia!** viel Glück!, viel Erfolg!
**powojenny** Nachkriegs- **powoli** adv langsam
**powołanie** n (-a) Berufung f
**powód**[1] m (-odu; -ody) Grund m, Anlass m; **z powodu** (gen) wegen (gen); **z tego powodu** aus diesem Grunde, deshalb; **bez żadnego powodu** ohne jeden Grund; **nie ma powodu do** (gen) es gibt keinen Grund zu (dat)
**powód**[2] m (-oda; -owie), **powódka** f (-i; gen -dek) JUR Kläger(in) m(f)
**powódź** f (-odzi; -odzie) Hochwasser n, Überschwemmung f
**powrotny** Rück- **powrót** m (-otu; -oty) Rückkehr f; **(tam i) z powrotem** (hin und) zurück; **życzyć powrotu do zdrowia** gute Besserung wünschen
**powstanie** n (-a) Entstehung f; MIL Aufstand m **powstaniec** m (-ńca; -ńcy) Aufständische(r) m **powstawać** (powstaję) ⟨**powstać**⟩ (powstanę) entstehen; (wstać) sich erheben; **~ przeciw** (dat) fig sich erheben gegen (akk)
**powszechnie** adv allgemein
**powszedni** alltäglich
**powściągliwy** (-wie) zurückhaltend
**powtarzać** (-am) ⟨**powtórzyć**⟩ (-ę) wiederholen; **~ klasę** nicht versetzt werden, umg sitzen bleiben **powtórka** f (-i; gen -rek) umg Wiederholung f; (egzamin) Wiederholungsprüfung f **powtórzyć** pf → powtarzać
**poza**[1] f (-y; gen póz) Pose f (a. fig) **poza**[2] präp (inst) hinter (dat); außerhalb (gen); außer (dat); **~ tym** außerdem, darüber hinaus; **nikt ~ tym** niemand sonst; **mieć ~ sobą** (akk) fig hinter sich haben (akk)
**pozamałżeński** außerehelich **pozaziemski** außerirdisch
**pozbawiać** (-am) ⟨-**ić**⟩ (-ię): **~ k-o** (gen) j-m nehmen, j-m entziehen (akk); snu j-m rauben (akk); **~ się** (gen) sich bringen um (akk); sich entgehen lassen (akk)
**pozby(wa)ć się** (gen) loswerden (akk)
**pozdrawiać** (-am) ⟨**pozdrowić**⟩ (-ię, -rów!) grüßen; (witać) begrüßen; (przekazać pozdrowienia) Grüße ausrichten; **kazał cię pozdrowić** er lässt dich grüßen; **serdecznie pozdrawiam** w liście viele liebe Grüße **pozdrowienie** n (-a) Gruß m, Begrüßung f
**pozew** m (-zwu; -zwy) JUR Klage(schrift) f;

~ **sądowy** Vorladung f
**poziom** m (-u; -y) fig Niveau n, Stand m; ~ **wody** Wasserspiegel m; ~ **morza** Meeresspiegel m; ~ **życia** Lebensstandard m; **na ~ie** niveauvoll **poziomka** f (-i; gen -mek) wilde Erdbeere f **poziomy** (-mo) waagerecht, horizontal
**pozłacany** vergoldet
**poznać** pf: ~ **k-o z** (inst) einander vorstellen **poznawać** (-ję) ⟨**poznać**⟩ (-am) kennenlernen; (rozpoznać) wiedererkennen; ~ **po** (lok) erkennen an (dat); **nie poznawać** nicht wiedererkennen
**pozorny** scheinbar, Schein-
**pozostały** übrig (geblieben); część restlich; ~ **przy życiu** Überlebende(r) m
**pozostawi(a)ć** (liegen, stehen, übrig) lassen; zurücklassen; decyzję itp. überlassen; ~ **po sobie** hinterlassen; ~ **za sobą** hinter sich lassen
**pozować** (-uję) Modell stehen (**do** gen für akk); ~ **na** (akk) sich aufspielen (als nom)
**pozór** m (-oru; -ory) (An)Schein m; **na ~** scheinbar
**pozwalać** (-am) ⟨**pozwolić**⟩ (-lę, -wól!) (**na** akk) erlauben (akk); zulassen; ~ **sobie na** (akk) sich erlauben (akk); sich gönnen (akk); **móc sobie pozwolić na** (akk) sich leisten können (akk)
**pozwolenie** n (-a) Erlaubnis f; ofic Genehmigung f **pozwolić** pf: **pozwoli pan, że ...** gestatten Sie, dass ...; → pozwalać
**pozycja** f (-i; -e) Position f; ciała Haltung f
**pozytywny** positiv (a. MED)
**pożar** m (-u; -y) Brand m, Feuer n
**pożądanie** n (-a) Begierde f, Verlangen n **pożądany** erwünscht, wünschenswert; gość willkommen
**pożegnanie** n (-a) Abschied m; Verabschiedung f; **na ~** zum Abschied
**pożyczać** (-am) ⟨**-yć**⟩ (-ę): ~ **k-u** (akk) j-m borgen, j-m leihen (akk); ~ **od k-o** von j-m leihen (**na** akk für akk) **pożyczka** f (-i; gen -czek) Darlehen n **pożyczyć** pf → pożyczać
**pożyteczny** nützlich; (sensowny) sinnvoll **pożytek** m (-tku; tki) Nutzen m (**z** gen aus dat); **z pożytkiem** nützlich; **mieć ~ z** (gen) Nutzen haben von (dat)
**pożywienie** n (-a; bpl) Nahrung f, Kost f
**pożywny** nahrhaft

**pójść*** pf → iść
**póki** konj solange
**pół** (unv) halb; ~ **roku** halbes Jahr n; ~ **do drugiej** halb zwei; **za ~ ceny** zum halben Preis; ~ **na ~** halb und halb; **dzielić** pf **na ~** halbieren **półautomatyczny** halb automatisch **półbuty** m/pl (gen -ów) Halbschuhe m/pl **półfabrykat** m (-u; -y) Halbfabrikat n **półfinał** m (-u; -y) Halbfinale n **półgodzinny** halbstündig
**półka** f (-i; gen -łek) w regale Fach n; na ścianie Bord n; ~ **na bagaż** Gepäckablage f
**półkole** n (-a; gen -i) Halbkreis m **półksiężyc** m (-a; -e) Halbmond m **półkula** f (-i; -e) GEOG Halbkugel f
**północ** m (-y; bpl) Mitternacht f; GEOG Norden m; **o ~y** um Mitternacht; **na ~ od** (gen) nördlich von (dat) **północno-** in zssgn Nord-, nord- **północny** nördlich, Nord-
**półokrągły** (-ło) halbrund **półpiętro** n (-a; gen -ter) Zwischengeschoss m; Treppenhaus n **półrocze** n (-a) Halbjahr n
**półtora** num m od n, **półtorej** f (unv) anderthalb, eineinhalb **półwysep** m (-spu; -spy) Halbinsel f
**później** komp adv später; → późno **późniejszy** komp adj später; → późno
**późno** adv, **późny** spät
**prababka** f (-i; gen -bek) Urgroßmutter f
**praca** f (-y; -e) Arbeit f; ~ **zawodowa** Berufstätigkeit f; ~ **dodatkowa** Nebenjob m; ~ **dorywcza** Gelegenheitsjob m; ~ **sezonowa** Saisonarbeit f; ~ **na zlecenie** Auftragsarbeit f; ~ **zespołowa** Teamarbeit f; ~ **w niepełnym wymiarze godzin** Teilzeitbeschäftigung f; ~ **w pełnym wymiarze godzin** Vollzeitbeschäftigung f; ~ **z domu** Homeoffice n; **prace** pl **budowlane** Bauarbeiten pl **pracobiorca** m (-y; gen -ów) Arbeitnehmer m **pracodawca** m (-y; gen -ów) Arbeitgeber m **pracoholik** m (-a; -cy) Workaholic m **pracować** (-uję) arbeiten; (mieć posadę) e-e Stelle haben, angestellt sein; ~ **zawodowo** berufstätig sein; ~ **na pół etatu** halbtags arbeiten **pracowity** (-cie) arbeitsam **pracownia** f (-i; -e) MAL Atelier n; fizyczna Labor n **pracownica** f (-y; -e) Mitarbeiterin f **pracowniczy** Arbeitnehmer-; für Mitarbeiter **pracownik**

*m (-a; -cy)* Mitarbeiter *m*; **~ naukowy** wissenschaftlicher Mitarbeiter *m*; **~ banku** Bankangestellte(r) *m*
**prać\*** ⟨u-, wy-⟩ *(piorę)* waschen
**pradziad(ek)** *m* Urgroßvater
**pragnąć** *(-nę) (gen)* sich sehnen *(nach dat)*; (sich) sehnlich wünschen; *(pożądać)* begehren *(akk)* **pragnienie** *n (-a)* Durst *m*; *fig* Verlangen *n*
**praktyczny** praktisch **praktyka** *f (-i)* Praxis *f*; *(czas szkolenia)* Praktikum *n*; Lehre *f*; **~ lekarska** Arztpraxis *f* **praktykant** *(-a; -ci)*, **praktykantka** *f (-i; gen -tek)* Praktikant(in) *m(f)*; Lehrling *m* **praktykować** *(-uję)* praktizieren; *(odbywać praktykę)* ein Praktikum absolvieren; in der Lehre sein
**pralinka** *f (-i; gen -nek)* Praline *f*
**pralka** *f (-i; gen -lek)* Waschmaschine *f* **pralnia** *f (-i; -e)* Waschküche *f*; *(zakład)* Waschsalon *m*; **~ chemiczna** chemische Reinigung *f*
**pranie** *n (-a)* Wäsche *f*
**prasa** *f(-y; bpl)* Presse *f*; TECH *(pl -y)* Presse *f* **prasować** ⟨u-⟩ *(-uję)* bügeln, plätten; ⟨s-⟩ TECH pressen
**prawda** *f(-y)* Wahrheit *f*; **~?** nicht wahr?; **czy to ~?** ist das wahr?; **prawdę mówiąc** um ehrlich zu sein **prawdomówny** ehrlich, wahrheitsliebend **prawdopodobieństwo** *n (-a; bpl)* Wahrscheinlichkeit *f* **prawdopodobnie** *adv, partikel* wahrscheinlich **prawdziwie** *adv* wahrhaftig, wirklich **prawdziwy** wahr; *diament* echt
**prawica** *f (-y; bpl)* POL Rechte *f*
**prawidło**[1] *n (-a; gen -deł)* Regel *f* **prawidło**[2] *n (-a; gen -deł)* do butów Schuhspanner *m* **prawidłowy (-wo)** richtig
**prawie** *adv* fast, beinahe; **~ nie** kaum; **~ nikt** kaum jemand
**prawniczka** *f (-i; gen -czek)* Juristin *f*
**prawnie** *adv* rechtlich **prawnik** *m (-a; -cy)* Jurist *m*
**prawnuczka** *f (-i; gen -czek)* Urenkelin *f* **prawny** rechtlich, gesetzlich **prawo**[1] *n (-a)* Recht *n*; *(ustawa)* Gesetz *n*; *(studia)* Jurastudium *n*; **~ karne** Strafrecht *n*; **~ budowlane** Baurecht *n*; **~ lokalowe** Mietrecht *n*; **~ wyborcze** POL Wahlrecht *n*; **~ autorskie** Urheberrecht *n*; **~ do głosowania** POL Stimmrecht *n*; **~wo jazdy** Führerschein *m*; **~ powszechnego ciążenia** FIZ Gravitationsgesetz *n*; **mieć ~ do** *(akk)* das Recht haben *(auf akk od zu dat)*; **studiować ~** Jura studieren; **jakim prawem?** mit welchem Recht?; **zgodnie z prawem** laut Gesetz
**prawo**[2]: **na ~** *od* **w ~** (nach) rechts
**prawodawca** *m (-y; gen -ów)* Gesetzgeber *m* **prawomocny** rechtskräftig **praworęczny** rechtshändig **prawosławny** griechisch-orthodox **prawowity (-cie)** rechtmäßig **prawy** rechte(r); *osoba* rechtschaffen; **po prawej stronie** auf der rechten Seite; **z prawa** von rechts
**prażyć** *(-ę) v/t* rösten **prażynki** *pl (gen -nek)*: **~ ziemniaczane** Kartoffelchips *pl*
**pręcie** *n (-a; gen -i)* ANAT Glied *n*
**prąd** *m (-u; -y)* ELEK Strom *m*; *wody* Strömung *f*; **~ stały** FIZ Gleichstrom *m*; **~ zmienny** FIZ Wechselstrom *m*; **z ~em** stromabwärts; **pod ~** stromaufwärts; *fig* gegen den Strom **prądnica** *f (-y; -e)* Stromgenerator *m*; AUTO Lichtmaschine *f*
**prążek** *m (-żka; -żki)* Streifen *m*; **w prążki** gestreift
**precel** *m (-cla; -cle)* Brezel *f*
**precyzyjny** präzise, genau
**precz** *adv*: **~ stąd!** raus!, hinaus!; **~ z wojną!** kein Krieg!; **~ z dyktatorem!** nieder mit dem Diktator!
**prefabrykat** *m (-u; -y)* Fertig(bau)teil *n*
**prehistoryczny** prähistorisch, vorgeschichtlich **prelegent** *m (-a; -ci)*, **prelegentka** *f (-i; gen -tek)* Referent(in) *m(f)* **prelekcja** *f (-i; -e)* Vortrag *m*
**preliminarz** *m (-a; -e)* Kostenvoranschlag *m*
**preludium** *n (unv; -ia; gen -iów)* MUS Präludium *n (a. fig)*
**premia** *f(gen dat lok -ii; -e)* Prämie *f* **premier** *m (-a; -rzy)* Premierminister *m* **premiera** *f (-y)* Premiere *f*, Erstaufführung *f* **premiować** *(-uję)* prämieren, auszeichnen
**prenumerata** *f (-y)* Abonnement *n*; *(kwota)* Abonnementpreis *m* **prenumerator** *m (-a; -rzy)*, **prenumeratorka** *f (-i; gen -rek)* Abonnent(in) *m(f)*
**preparat** *m (-u; -y)* Präparat *n*
**presja** *f (-i; -e)* fig Druck *m*; **pod presją czasu** unter Zeitdruck
**prestiż** *m (-u; bpl)* Prestige *n*, Ansehen *n*
**pretekst** *m (-u; -y)* Vorwand *m*

**pretensja** f (-i; -e) Anspruch m; (uraza) Groll m; (żal) Grund m zur Klage
**prewencyjny** präventiv, vorbeugend
**prezent** m (-u; -y) Geschenk n **prezenter** m (-a; -rzy), **prezenterka** f (-i; gen -rek) RADIO Moderator(in) m(f) **prezentować** ⟨za-⟩ (-uję) zeigen
**prezerwatywa** f (-y) Kondom n
**prezes** m (-a; -i) Vorsitzende(r) m; Präsident m; (kobieta) Vorsitzende f; Präsidentin f
**prezydent** m (-a; -ci) POL Präsident m; (kobieta) Präsidentin f **prezydium** n (unv; -ia; gen -iów) Präsidium n
**prędki** (-ko) schnell; rasch **prędkościomierz** m (-a; -e) Tachometer m od n **prędkość** f (-ści) Geschwindigkeit f **prędszy** schneller; rascher; → prędki **prędzej** komp adv schneller; **czym ~** so schnell wie möglich; **~ czy później** früher oder später; → prędki
**pręt** m (-a; -y) Stab m
**prima aprilis** m (unv) (żart) Aprilscherz m
**priorytetowy** vorrangig
**problem** m (-u; -y) Problem n **problematyczny** problematisch, umstritten
**proboszcz** m (-a; -owie) Pfarrer m
**probówka** f (-i; gen -wek) Reagenzglas n; **dziecko** n **z probówki** Retortenbaby n
**proca** f (-y) Schleuder f
**procedura** f (-y) Prozedur f
**procent** m (-u; -y) Prozent n; **~y** pl Zinsen pl; **w stu ~ach** umg hundertprozentig **procentowy** (-wo) prozentual, Prozent-; (jednoprocentowy) einprozentig; **stopa** f **procentowa** EKON Zinssatz m
**proces** m (-u; -y) Prozess m (a. JUR) **procesja** f (-i; -e) Prozession f
**produkcja** f (-i; bpl) Produktion f **produkcyjność** f (-ści; bpl) Produktivität f **produkować** ⟨wy-⟩ (-uję) produzieren; prąd erzeugen **produkt** m (-u; -y) Produkt m (a. fig) Erzeugnis n **produktywny** produktiv
**proekologiczny** umweltfreundlich
**profesjonalny** (fachowy) professionell; (zawodowy) Berufs-, Profi- **profesor** m (-a; -owie od -orzy) Professor m; (kobieta) Professorin f; (nauczyciel gimnazjalny) (Gymnasial)Lehrer m; kobieta (Gymnasial)Lehrerin f
**profil** m (-u; -e; gen -ów od -li) Profil n; budynku Umriss m
**profilaktyczny** prophylaktisch, vorbeugend
**progi** pl → próg
**prognoza** f (-y) Prognose f (a. MED), Voraussage f **prognozować** (-uję) prognostizieren, voraussagen
**program** m (-u; -y) Programm n (a. IT); (audycja) Sendung f; **~ nauczania** Lehrplan m **programista** m (-y; -ści), **programistka** f (-i; gen -tek) IT Programmierer(in) m(f) **programować** ⟨za-⟩ (-uję) planen
**progresywny** progressiv, fortschrittlich
**projekt** m (-u; -y) Projekt n; ARCH, TECH Entwurf m; **~ budowlany** Bauplan m **projektor** m (-a; -y) Projektor m, Projektionsapparat m **projektować** ⟨za-⟩ (-uję) ARCH, TECH entwerfen; (planować) planen, beabsichtigen
**prokurator** m (-a; -rzy) Staatsanwalt m; (kobieta) Staatsanwältin f **prokuratura** f (-y) Staatsanwaltschaft f
**proletariacki** proletarisch
**prolongata** f (-y) Fristverlängerung f **prolongować** ⟨s-⟩ (-uję) termin verlängern
**prom** m (-u; -y) Fähre f
**promieniotwórczy** radioaktiv **promieniowanie** n (-a) Strahlung f **promień** m (-nia; -nie) Strahl m; MAT Radius m; **promienie** pl **rentgenowskie** FIZ Röntgenstrahlen pl; **w promieniu** (gen) im Umkreis (von dat)
**promil** m (-a; -e) Promille n
**prominentny** prominent
**promocja** f (-i; -e) HANDEL Werbekampagne f; ucznia Versetzung f; Promotion f **promocyjny: cena** f **promocyjna** Einführungspreis m, Sonderpreis m; **kampania** f **promocyjna** Werbekampagne f **promować** ⟨wy-⟩ (-uję) ucznia versetzen; HANDEL promoten, Werbung machen (für akk); die Doktorwürde verleihen
**proniemiecki** deutschfreundlich, prodeutsch
**propagować** (-uję) propagieren, befürworten; werben (für akk) **proponować** ⟨za-⟩ (-uję) vorschlagen; towar anbieten
**proporcja** f (-i; -e) Proportion f **proporcjonalny** proportional; sylwetka wohlgeformt

**propozycja** f (-i; -e) Vorschlag m; (oferta) Angebot n; **~ pracy** Arbeitsangebot n; **~ kupna** Kaufangebot n

**proroctwo** n (-a) REL Prophezeiung f (a. fig)

**prosić** ⟨po-⟩ (proszę) bitten (**o** akk um akk); (zapraszać) einladen (**na** akk zu dat); (urzędowo) ersuchen; **proszę bardzo!** bitte sehr od bitte schön!; **proszę? bitte?; proszę!** herein!; **poproszę (o) kawę** ich möchte gerne Kaffee; **proszę pana, która jest godzina?** Entschuldigung, wie spät ist es?; **proszę usiąść!** setzen Sie sich bitte!; **czy mogę prosić panią Kowalską?** TEL kann ich Frau Kowalska sprechen?

**prosię** n (-ięcia; -ięta; gen -iąt) ZOOL Ferkel n (a. fig pej); **~ pieczone** KULIN Spanferkel n

**proso** n (-a; bpl) Hirse f

**prosperować** (-uję) prosperieren, florieren

**prosta** f (-ej; -e) MAT Gerade f

**prosto** adv gerade(aus); (nieskomplikowanie) einfach; (wprost) direkt **prostokąt** m (-a; -y) MAT Rechteck n **prostokątny** rechteckig; MAT rechtwinklig **prostolinijny** fig geradlinig, geradsinnig **prostoliniowy** (-wo) geradlinig **prostopadły** (-le) senkrecht; (liniowo) rechtwinklig **prostować** ⟨wy-⟩ (-uję) drut gerade biegen

**prosty**¹ (persf -ści) ⟨-**to**⟩ gerade; (zwykły) einfach; **proste włosy** pl glatte Haare pl; **kąt m ~** rechter Winkel m **prosty**² m (-ego; -e) (cios) Gerade f

**prostytutka** f (-i; gen -tek) Prostituierte f

**proszek** m (-szku; -szki) Pulver n; (lek) Tablette f; **~ do prania** Waschpulver n; **~ do pieczenia** Backpulver n

**prośba** f (-y; gen próśb) Bitte f (**o** akk um akk); (podanie) Antrag m

**prościej** komp adv → prosto

**protekcja** f (-i; -e) Protektion f **protektorat** m (-u; bpl) Schirmherrschaft f; POL Protektorat m

**protest** m (-u; -y) Protest m; **na znak ~u** aus Protest

**protestant** m (-a; -ci), **protestantka** f (-i; gen -tek) Protestant(in) m(f)

**protestować** ⟨za-⟩ (-uję) protestieren (**przeciw** dat gegen akk)

**proteza** f (-y) Prothese f

**protokół** m (-ołu; -oły) Protokoll n (a. POL); **~ z zebrania** Sitzungsprotokoll n

**prowadzić** (-dzę) v/t führen; pojazd fahren; audycję moderieren; v/i droga führen (a. SPORT); **~ do** (gen) fig führen zu (dat)

**prowiant** m (-u; -y) Proviant m

**prowincja** f (-i; -e) Provinz f **prowincjonalny** pej provinziell; TEATR Provinz-

**prowizja** f (-i; -e) HANDEL Provision f

**prowizoryczny** provisorisch, behelfsmäßig; rozwiązanie vorläufig, Not-

**prowokacja** f (-i; -e) Provokation f **prowokować** ⟨s-⟩ (-uję) provozieren

**prozaiczny** prosaisch

**próba** f (-y) Probe f; (usiłowanie) Versuch m; **na próbę** zur Probe; **~ ciążowa** Schwangerschaftstest m **próbka** f (-i; gen -bek) Probe f; (produkt) Werbegeschenk n **próbować** ⟨s-⟩ (-uję) (sprawdzać) probieren; (usiłować) versuchen

**próchnica** f (-y; bpl) MED Karies f; AGR Humus m

**prócz** präp (gen) außer (dat), ausgenommen (akk); **~ tego** außerdem, überdies

**próg** m (-ogu; -ogi) Schwelle f; fig Grenze f

**próżnia** f (-i; -e) FIZ Vakuum n; fig Leere f

**próżniak** m (-a; -cy) Nichtstuer m, Müßiggänger m

**próżnować** (-uję) nichts tun, faulenzen; lümmeln **próżny** (osoba) eitel; (daremny) vergeblich

**pruć** ⟨s-⟩ (pruję) aufräufeln

**pruski** HIST preußisch, Preußen-

**prymitywny** primitiv **prymus** m (-a; -i od -y), **prymuska** f (-i; gen -sek) Klassenbeste(r) m, f

**pryskać** (-am) ⟨-nąć⟩ (-nę) spritzen; (uciekać) umg abhauen

**pryszcz** m (-a; -e) Pickel m; MED Pustel f

**prysznic** m (-a; -e) Dusche f

**prywatka** f (-i; gen -tek) Party f **prywatność** f (-i; bpl) Privatsphäre f **prywatny** privat, Privat- (a. EKON) **prywatyzacja** f (-i; bpl) Privatisierung f **prywatyzować** ⟨s-⟩ (-uję) privatisieren

**przebaczać** (-am) ⟨-yć⟩ (-ę) vergeben, verzeihen **przebaczenie** n (-a) Vergebung f, Verzeihung f

**przebić** pf → przebijać

**przebiec** pf: **~ się** e-e Weile laufen; → przebiegać **przebieg** m (-u; -i) Verlauf m; AUTO Kilometerzahl f **przebiegać** (-am) ⟨przebiec⟩ (przebiegnę) laufen; praca verlaufen; **~ przez** (akk) laufen über

(akk); **~ wzrokiem** überfliegen, flüchtig durchsehen; **przebiegać** verlaufen **przebiegły** (persf -li) (-**le**) listig
**przebierać** (-am) ⟨**przebrać**⟩ (przebiorę) umziehen; owoce auslesen; **~ k-o za** (akk) j-n verkleiden als (akk); **przebierać w** (lok) wählerisch sein bei (dat); **~ się za** (akk) sich verkleiden als (nom) **przebieralnia** f (-i; -e) Umkleideraum m
**przebijać** (-am) ⟨**przebić**⟩ (przebiję) v/t durchstechen; (wykuć) durchbrechen, durchschlagen; tunel (durch)graben; w kartach übertrumpfen; **~ się** sich durchschlagen (**do** gen zu dat) **przebój** m (-u; przeboje; gen -ów) Schlager m, Hit m
**przebrać\*** pf → przebierać **przebranie** n (-a) Verkleidung f **w przebraniu** (gen) verkleidet als (nom) **przebrany** verkleidet (**za** akk als nom)
**przebudowa** f (-y) Umbau m **przebudow(yw)ać** (-[w]uję) umbauen
**przeceniać** (-am) ⟨-**ić**⟩ (-ię) HANDEL herabsetzen; fig überbewerten, überschätzen
**przechodni**: GRAM transitiv **pokój** m – Durchgangszimmer n; **puchar** m – Wanderpokal m **przechodzić¹** ⟨przechodzę⟩ ⟨**przejść**⟩ (przejdę) rübergehen (**do** gen in akk); überqueren; SPORT sich qualifizieren; wyobraźnię übersteigen; oczekiwania übertreffen; **~ do** (gen) fig übergehen zu (dat); **~ obok** (gen) vorbeigehen (an dat); burza vorübergehen; ból nachlassen; **~ samego siebie** sich selbst übertreffen; **~ próbę** einer Probe unterzogen werden; **~ przez ulicę** über die Straße gehen; **~ do następnej klasy** versetzt werden; **~ badania** untersucht werden; **~ na emeryturę** in Rente gehen; **~ na** (akk) REL übertreten zu (dat); **to nie przejdzie** umg das kommt nicht durch; **przechodzić** trasa verlaufen
**przechodzić²** pf ⟨przechodzę⟩ durchmachen, durchstehen; **~ w kurtce dwie zimy** zwei Winter lang e-n Mantel tragen; **~ grypę** e-e Grippe verschleppen; e-e Grippe durchmachen
**przechodzień** m (-dnia; -dnie, -dniów) Fußgänger m, Passant m
**przechować** pf → przechowywać **przechowalnia** f (-i; -e): **~ bagażu** Gepäckaufbewahrung f **przechowywać**

(-wuję) ⟨**przechować**⟩ (-am) aufbewahren; zbiega verstecken
**przechylać** (-am) ⟨-**ić**⟩ (-lę) neigen; **~ się** sich beugen szafa schief stehen; statek sich zur Seite neigen **przeciąć\*** pf → przecinać
**przeciąg** m (-u; -i) (Luft)Zug m; **tu jest ~** es zieht hier; **w ~u** (gen) innerhalb, während (gen) **przeciągać** (-am) ⟨-**nąć**⟩ (-nę) (hin)durchziehen; kabel verlegen; konferencję in die Länge ziehen; **~ strunę** fig den Bogen überspannen; **~ się** sich strecken; konferencja sich in die Länge ziehen
**przeciążać** (-am) ⟨-**yć**⟩ (-ę) überladen; fig über(be)lasten (inst mit dat)
**przeciekać** (3. Pers -a) ⟨**przeciec\***⟩ (przecieknie) od ⟨**przecieknąć**⟩ (-nie) dach undicht sein; ciecz durchsickern; łódź leck sein
**przecier** m (-u; -y): **~ pomidorowy** passierte Tomaten pl
**przecież** partikel doch
**przeciętna** f (-ej; -e) Durchschnitt m, Durchschnittswert m **przeciętny** (statystyczny) durchschnittlich, Durchschnitts-; (mierny) mittelmäßig
**przecinać** (-am) ⟨**przeciąć**⟩ (przetnę) durchschneiden; drogę abschneiden; **~ się** sich überschneiden **przecinek** m (-nka; -nki) (znak) Komma n (a. MAT)
**przeciw** präp (dat) gegen (akk); wykroczenie wider (akk) **przeciwbólowy** (-**wo**) schmerzlindernd; **środek** m – Schmerzmittel n **przeciwciało** n (-a) BIOL Antikörper m **przeciwdziałać** (-am) (dat) entgegenwirken (dat), bekämpfen (akk) **przeciwieństwo** n (-a) Gegensatz m; **w przeciwieństwie do** (gen) im Gegensatz zu (dat)
**przeciwległy** (-**le**) gegenüberliegend **przeciwlotniczy**: **obrona** f **~cza** Flugabwehr f **przeciwniczka** f (-i; gen -czek) Gegnerin f **przeciwnie** partikel im Gegenteil **przeciwnik** m (-a; -cy) Gegner m **przeciwny** gegenüberliegend; (odwrotny) entgegengesetzt; **być ~m** (dat) gegen (akk) sein; **w ~m razie** andernfalls; **w kierunku ~m do ruchu wskazówek zegara** gegen den Uhrzeigersinn
**przeciwstawi(a)ć** (dat) gegenüberstellen, entgegensetzen (dat), **~ się** ent-

**gegentreten** (dat) **przeciwstawny** gegensätzlich, entgegengesetzt
**przeciwzapalny** MED entzündungshemmend
**przecznica** f (-y; -e) Querstraße f
**przeczucie** n (-a) Vorahnung f
**przeczyszczający**: **środek** m ~ MED Abführmittel n
**przed** präp (akk) vor (akk); (inst) vor (dat)
**przedawnienie** n (-a) JUR Verjährung f
**przeddzień** m: **w** ~ (gen) am Vortag (gen)
**przede** präp: ~ **mną** vor mir; ~ **wszystkim** vor allem **przedimek** m (-mka; -mki) GRAM Artikel m
**przedłużacz** m (-a; -e) ELEK Verlängerungsschnur f **przedłużać** (-am) ⟨-yć⟩ (-ę) verlängern; wizę verlängern lassen; ~ **się** sich in die Länge ziehen **przedłużenie** n (-a) Verlängerung f
**przedmieście** n (-a) Vorstadt f **przedmiot** m (-u; -y) (rzecz) Gegenstand m; w szkole (Lehr)Fach n; (temat) Thema n
**przedmowa** f (-y; gen -mów) Vorwort n
**przedni** vordere(r), Vorder- **przedostatni** vorletzte(r)
**przedpłata** f (-y) Anzahlung f **przedpokój** m (-u; -e; gen -i od ów) Flur m, Diele f **przedpołudnie** n (-a) Vormittag m
**przedrostek** m (-tka; -tki) GRAM Vorsilbe f, Präfix n
**przedrzeć*** pf → przedzierać **przedrzeźniać** (-am) nachahmen, nachäffen
**przedsiębiorca** m (-y; gen -ów) Unternehmer m **przedsiębiorczy** agil, tatkräftig **przedsiębiorstwo** n (-a) Unternehmen n **przedsięwzięcie** n (-a) Unternehmung f, Vorhaben n
**przedstawiać** (-am) ⟨-ić⟩ (-ię) vorstellen; wniosek vorlegen; sprawę darlegen; dowód vorweisen; kandydata vorschlagen; TEATR aufführen
**przedstawiciel** m (-a; -e; gen -i), **przedstawicielka** f (-i; gen -lek) Vertreter(in) m(f) **przedstawić** pf → przedstawiać **przedstawienie** n (-a) TEATR Vorstellung f; fig umg Theater n
**przedszkole** n (-a) Kindergarten m; Vorschule f
**przedświąteczny** (przed Bożym Narodzeniem) vorweihnachtlich; (przed Wielkanocą) vor Ostern; (przed świętem) vor einem Feiertag; **okres** m ~ Vorweihnachtszeit f
**przedtem** adv vorher, zuvor; (kiedyś) früher, vormals
**przedterminowy** (-wo) vorfristig, vor Ablauf der Frist **przedwczesny** (-śnie) vorzeitig, verfrüht; ~ **poród** m Frühgeburt f **przedwczoraj** vorgestern
**przedział** m (-u; -y) (Zug)Abteil n; fig Trennungslinie f; MAT Intervall n **przedziałek** m (-łka; -łki) (Haar)Scheitel m **przedzielać** (-am) ⟨-ić⟩ (-lę) durchtrennen; pomieszczenie (in zwei Räume) teilen **przedzierać** (-am) ⟨przedrzeć⟩ (przedrę) zerreißen, durchreißen; ~ **się** zerreißen; dźwięk durchdringen; (przedostawać się) sich durchkämpfen, sich den Weg bahnen (**przez** akk durch akk); vordringen, vorstoßen
**przedziurawiać** (-am) ⟨-ić⟩ (-ię) durchstechen **przegapiać** (-am) ⟨-ić⟩ (-ię) umg übersehen; okazję verpassen
**przegląd** m (-u; -y) Überprüfung f; AUTO, TECH Wartung f;; fig Übersicht f **przeglądać** (-am) ⟨przejrzeć⟩ (-ę) durchsehen; ~ **się w lustrze** sich im Spiegel betrachten **przeglądarka** f (-i; gen -rek) Suchmaschine f
**przegłos** m (-u; bpl) JĘZ Umlaut m
**przegrać** pf: ~ **cały wieczór w karty** den ganzen Abend Karten spielen; → przegrywać **przegradzać** (-am) ⟨przegrodzić⟩ (-ę) (ab)trennen, teilen **przegrana** f (-ej; -e) SPORT (Spiel)Verlust m; (porażka) Niederlage f **przegroda** f (-y) Trennwand f **przegrodzić** pf → przegradzać
**przegrywać** (-am) ⟨przegrać⟩ (-am) verlieren; pieniądze verspielen; dyskietkę überspielen
**przegub** m (-u; -y) Handgelenk n; TECH Gelenk n
**przejaśnienie** n (-a) METEO Aufheiterung f
**przejaw** m (-u; -y) Anzeichen n; (wyraz) Ausdruck m **przejawiać** (-am) ⟨-ić⟩ (-ię) offenbaren, zeigen; ~ **się** zum Ausdruck kommen
**przejazd** m (-u; -y) Fahrt f; MAR Überfahrt f; ~ **kolejowy** Bahnübergang m; **opłata** f **za** ~ Fahrpreis m; **być ~em** auf der Durchreise sein (**w** lok in dat) **przejażdżka** f (-i; gen -dżek) Spazierfahrt f; ~ **konna** Spazierritt m

**przejąć** pf → przejmować **przejechać*** pf: ~ **k-o** j-n überfahren; ~ **się** e-e Spazierfahrt machen; → przejeżdżać
**przejeżdżać** (-am) ⟨przejechać⟩ (przejadę) durchfahren; ~ **koło** (gen) vorbeifahren (an dat); ~ **(przez)** fahren über (akk); ~ (akk) (przeoczyć) vorbeifahren an (dat), verpassen (akk)
**przejęcie** n (-a) Übernahme f; **z ~m** ergriffen; voller Spannung **przejmować** (-uję) ⟨przejąć⟩ (przejmę) übernehmen; ~ **się** (inst) sich zu Herzen nehmen (akk)
**przejrzeć** pf (-ę, -y, -yj!) durchschauen; v/i das Augenlicht wiedergewinnen; ~ **(na oczy)** s-n Irrtum erkennen, sich seines Irrtums bewusst werden; → przeglądać **przejrzysty** (-ście) durchsichtig; woda klar
**przejście** n (-a) Durchgang m; fig Übergang m **przejściowy** vorübergehend; Übergangs- **przejść*** pf: **dużo ~** viel durchstehen (müssen); ~ **się** e-n Spaziergang machen (**po** lok durch akk); → przechodzić
**przekaz** m (-u; -y) BANK Überweisung f; (blankiet) Überweisungsschein m; ludowy Überlieferung f; fig Botschaft f; ~ **pocztowy** Postanweisung f; ~ **informacji** Informationsübermittlung f; **~em** adv durch Überweisung **przekazanie** n (-a) darów Übergabe f **przekazywać** (-uję) ⟨przekazać⟩ (przekażę) übergeben; majątek übertragen; polecenia übermitteln; pozdrowienia ausrichten; wiadomość weiterleiten; BANK überweisen
**przekąska** f (-i; gen -sek) Imbiss m, Zwischenmahlzeit m
**przekątna** f (-ej; -e) MAT Diagonale f
**przekląć** pf → przeklinać **przekleństwo** n (-a) Fluch m **przeklinać** (-am) ⟨przekląć⟩ (przeklnę) v/t verfluchen, verdammen; (używać przekleństw) fluchen
**przekład** m (-u; -y) Übersetzung f, Übertragung f **przekładać** (-am) ⟨przełożyć⟩ (-ę) rzecz umlegen; tekst übertragen; termin verlegen
**przekłuwać** (-am) ⟨przekłuć⟩ (-uję) durchstechen
**przekonanie** n (-a) Überzeugung f; **nie mieć przekonania do** (gen) nicht überzeugt sein von (dat) **przekonywać** (-uję) ⟨przekonać⟩ (-am) überzeugen (o lok von dat)
**przekora** f (-y; bpl) Trotz m, Eigensinn m **przekór: na ~** (dat) zum Trotz (dat); entgegen, wider (akk)
**przekraczać** (-am) ⟨przekroczyć⟩ (-ę) granicę passieren; prędkość überschreiten; prawo übertreten **przekradać się** (-am) ⟨przekraść* się⟩ (przekradnę) (sich) durchschleichen
**przekreślać** (-am) ⟨-ić⟩ (-lę) durchstreichen **przekręcać** (-am) ⟨-ić⟩ (-cę) umdrehen; fakty verdrehen
**przekroczenie** n (-a) JUR Ordnungswidrigkeit f **przekroczyć** pf → przekraczać
**przekrój** m (-kroju; -kroje; gen -ów): ~ **podłużny** Längsschnitt m; ~ **poprzeczny** Querschnitt m
**przekształcać** (-am) ⟨-ić⟩ (-cę) umwandeln, umgestalten; umstrukturieren; ~ **na** (akk) umfunktionieren zu (dat); verwandeln
**przekupić** pf → przekupywać **przekupstwo** n (-a) Korruption f, Bestechlichkeit f **przekupywać** (-uję) ⟨przekupić⟩ (-ię) bestechen
**przekwalifikować** pf (-uję) umschulen **przekwitać** (-am) ⟨-nąć⟩ (-nę) verblühen; **przekwitać** kobieta in die Wechseljahre kommen **przekwitanie** n (-a; bpl) Wechseljahre pl, Klimakterium n
**przelać** pf: ~ **na papier** zu Papier bringen; → przelewać **przelatywać** (-uję) ⟨przelecieć⟩ (przelecę) fliegen (**z** gen **do** gen von dat nach dat); ~ **nad** (inst) hinwegfliegen über, überfliegen (akk); **przelecieć** pf (czytać) umg überfliegen; czas vergehen
**przelew** m (-u; -y) BANK Überweisung f; **~em** adv per Überweisung; **dokonać** pf **~u** überweisen **przelewać** (-am) ⟨przelać⟩ (przeleję) umgießen, umfüllen; BANK überweisen ~ **się** überlaufen
**przelęknąć się** pf (-nę) erschrecken (gen vor dat)
**przeliczać** (-am) ⟨-yć⟩ (-ę) nachzählen; walutę umrechnen (**na** akk in A); ~ **się** sich verrechnen **przeliczenie** n (-a) Umrechnung f; **w przeliczeniu** umgerechnet
**przelotny** flüchtig; zjawisko kurzlebig; ~ **deszcz** m Regenschauer m
**przeludnienie** n (-a; bpl) Übervölkerung f

**przełamywać** (-uję) ⟨**przełamać**⟩ (-ię) (durch)brechen; *opór* brechen; *niechęć* überwinden; **~ się** v/i (durch)brechen, entzweigehen; (*przemóc się*) sich überwinden

**przełączać** (-am) ⟨**-yć**⟩ (-ę) umschalten **przełącznik** m (-a; -i) Umschalter m
**przełęcz** f (-y; -e) GEOG Pass m
**przełknąć** pf: **nie móc nic ~** umg nichts hinunterbringen; → przełykać
**przełom** m (-u; -y) Wende f; **na ~ie roku** um die Jahreswende **przełomowy** odkrycie bahnbrechend
**przełożyć** pf → przekładać
**przełyk** m (-u; -i) Speiseröhre f **przełykać** (-am) ⟨**przełknąć**⟩ (-nę) herunterschlucken; *fig* schlucken
**przemaczać** (-am) ⟨**przemoczyć**⟩ (-ę) nass machen **przemawiać** (-am) ⟨**przemówić**⟩ (-ię) e-e Rede halten; **~ za** (*inst*) sprechen für (*akk*)
**przemęczenie** n (-a; *bpl*) Übermüdung f, Überarbeitung f **przemęczony** (*persf -eni*) übermüdet
**przemian**: **na ~** abwechselnd **przemiana** f (-y) Wandel m, Veränderung f; **~ materii** BIOL Stoffwechsel m; **~ w** (*akk*) Verwandlung f in (*akk*); FIZ Umwandlung f
**przemijać** (3. *Pers* -a) ⟨**przeminąć**⟩ (-nie) *lato*, *młodość* vergehen **przemilczać** (-am) ⟨**-eć**⟩ (-ę) v/t *informacje* verschweigen; **przemilczeć** pf v/i beharrlich schweigen, in Schweigen verharren
**przemknąć** pf: **~ przez głowę** durch den Kopf schießen
**przemoc** f (-y; *bpl*) Gewalt f; **~ą** adv gewaltsam, mit Gewalt
**przemoczyć** pf → przemaczać **przemoknięty** (*persf -ci*), **przemokły** (*persf -li*) *ubranie* durchnässt; *człowiek* nass
**przemowa** f (-y; *gen* -ów) Rede f; Ansprache f **przemówić** pf etwas sagen, das Schweigen unterbrechen; → przemawiać **przemówienie** n (-a; *gen* -eń) Ansprache f, Rede f **przemycać** (-am) ⟨**-ić**⟩ (-cę) (durch)schmuggeln, einschmuggeln
**przemysł** m (-u; -y) Industrie f **przemysłowiec** m (-wca; -wcy) Industrielle(r) m **przemysłowy** (-wo) Industrie-, industriell
**przemyśleć** pf (-ę) überdenken

**przemyt** m (-u; *bpl*) Schmuggel m **przemytnik** m (-a; -cy) Schmuggler m
**przeniesienie** n (-a) Verlegung f; *służbowe* Versetzung f **przenieść\*** pf → przenosić
**przenikać** (-am) ⟨**-nąć**⟩ (-nę) v/i durchdringen; *informacja* durchsickern; *ciecz* eindringen **przenikliwy** (**-wie**) durchdringend; *głos* schrill **przeniknąć** pf → przenikać
**przenocować** pf: **~ k-o** j-n übernachten lassen, j-m ein Nachtquartier geben; → v/i **nocować przenosić** (*przenoszę*) ⟨**przenieść**⟩ (*przeniosę*) (hinüber)tragen; *zarazki* übertragen; *służbowo* versetzen; *zakład* verlegen; *słowo* trennen; **~ się** umziehen **przenośny** *telewizor* tragbar; *znaczenie* metaphorisch, bildlich
**przeobrażać** (-am) ⟨**przeobrazić**⟩ (*przeobrażę*) verwandeln (**w** *akk* in *akk*) **przeobrażenie** n (-a) Verwandlung f; Wandel m; ZOOL Metamorphose f
**przeoczenie** n (-a) Flüchtigkeitsfehler m; **przez ~** aus Versehen
**przeorać\*** pf (*szukać*) *fig* durchpflügen **przepadać** (-am) ⟨**przepaść**⟩ (*przepadne*) verloren gehen; (*zniknąć*) verschwinden; *zajęcia* ausfallen; **przepadać za** (*inst*) über alles lieben (*akk*), umg verrückt sein nach (*dat*) → przepaść¹
**przepaska** f (-i; *gen* -sek) (Haar)Band m
**przepaść¹\*** pf: **~ bez śladu** spurlos verschwinden; **przepadła mi okazja** ich habe die Gelegenheit verpasst; (**wszystko**) **przepadło** es ist alles verloren; **~ na egzaminie** umg bei einer Prüfung durchfallen; → przepadać
**przepaść²** f (-ści; -ście *od* -ści) Abgrund m; (*różnica*) Kluft f; **runąć** pf **w ~** in den Abgrund stürzen, in die Tiefe stürzen; **~ nie do przebycia** fig unüberbrückbare Kluft f
**przepchać**, **przepchnąć** pf → przepychać
**przepełniony** (*inst*) überfüllt mit (*dat*) **przepierzenie** n (-a) Trennwand f, Scheidewand f **przepiękny** wunderschön
**przepiórka** f (-i; *gen* -rek) Wachtel f
**przepis** m (-u; -y) KULIN (Koch)Rezept n; **~y** pl Vorschriften f/pl; **~ użycia** Gebrauchsanweisung f; **według ~u lekarza** nach ärztlicher Verordnung; **~y** pl drogo-

**we** Verkehrsregeln *f/pl* **przepisać** *pf* → przepisywać **przepisowy** (**-wo**) vorschriftsmäßig, ordnungsgemäß **przepisywać** (*-uję*) ⟨**przepisać**⟩ (*przepiszę*) abschreiben; *lekarstwo* verschreiben; *majątek* umschreiben

**przepłacać** (*-am*) ⟨**-ić**⟩ *-cę* zu viel bezahlen, zu teuer bezahlen **przepływać** (*-am*) ⟨**przepłynąć**⟩ (*-nę*) *jezioro* durchschwimmen; *statkiem* überqueren **przepona** *f* (*-y*) ANAT Zwerchfell *n*

**przepowiadać** (*-am*) ⟨**przepowiedzieć**⟩ (*przepowiem*) weissagen, voraussagen; *pogodę* vorhersagen; **~ przyszłość** hellsehen **przepowiednia** *f* (*-i; -e*) Weissagung *f*, Prophezeiung *f*

**przepraszać** (*-am*) ⟨**przeprosić**⟩ (*przeproszę*) sich entschuldigen (**za** *akk* für *akk*); **przepraszam!** Entschuldigung!, Verzeihung!; **~ się** sich versöhnen; einander verzeihen

**przeprosić** *pf* → przepraszać **przeproszenie** *n* (*-a*) Entschuldigung *f*

**przeprowadzać** (*-am*) ⟨**-ić**⟩ (*-ę*) (*realizować*) durchführen; *wywiad* führen; *kable* verlegen; **~ się** umziehen **przeprowadzka** *f* (*-i; gen -dzek*) Umzug *m*

**przepuklina** *f* (*-y*) MED Leistenbruch *m*, Hernie *f*

**przepustka** *f* (*-i; gen -tek*) Passierschein *m*; *fig* Eintrittskarte *f* **przepuszczać** (*-am*) ⟨**przepuścić**⟩ (*przepuszczę*) durchlassen; *umg* verpassen; *pieniądze* verschwenden **~ w drzwiach k-o** j-n vorlassen

**przepych** *m* (*-u; bpl*) Luxus *m*
**przepychać** (*-am*) ⟨**przepchać**⟩ (*-am*) *od* ⟨**przepchnąć**⟩ (*-nę*) (**przez** *akk*) hindurchschieben, durchdrücken (durch *akk*); **~ się** sich durchdrängen; sich durchzwängen (**przez** *akk* durch *akk*)

**przerabiać** (*-am*) ⟨**przerobić**⟩ (*-ię*) überarbeiten; *ubranie* ändern lassen; *umg lekcję* durchnehmen; **~** (**na** *akk*) (*przetwarzać*) verarbeiten (zu *dat*); (*zmieniać funkcję*) umfunktionieren (zu *akk*) **przerażający** (*-co*) entsetzlich, grauenvoll **przerobić** *pf*: **~ na swoje kopyto k-o** *umg* j-n umkrempeln; → przerabiać **przeróbka** *f* (*-i; gen -bek*) Änderung *f*; *tekstu* Überarbeitung *f*; *surowca* Verarbeitung *f*

**przerwa** *f* (*-y*) Pause *f*; (*luka*) Lücke *f*; (*przerwanie*) Unterbrechung *f* (**w** *lok od gen* in *dat*); **~ obiadowa** Mittagspause *f*; **~ na papierosa** Zigarettenpause *f*; **bez przerwy** pausenlos **przerwać** *pf* → przerywać **przerwanie** *n* (*-a*) Unterbrechung *f*; Abbruch *m*; **~ ciąży** Schwangerschaftsabbruch *m* **przerywać** (*-am*) ⟨**przerwać**⟩ (*-ę*) durchreißen; *czynność* unterbrechen; (*nie skończyć*) abbrechen; AGR verziehen; **~ k-u** j-n unterbrechen; **~ ciążę** die Schwangerschaft abbrechen; **~ się** abreißen **przerywany** unregelmäßig; *głos* stockend; *linia* gestrichelt

**przerzucać** (*-am*) ⟨**-ić**⟩ (*-cę*) (hinüber-)werfen; (hinüber)schütten; *most* schlagen; *umg* verlegen; (*przetrząsać*) durchwühlen; **~ bieg** AUTO e-n anderen Gang einlegen, schalten; **~ notatki** die Notizen durchblättern; **~ się** (**na** *akk*) *umg* umsatteln (auf *akk*)

**przesada** *f* (*-y*) Übertreibung *f* **przesadny** übertrieben **przesadzać** (*-am*) ⟨**-ić**⟩ (*-dzę*) AGR umpflanzen; *ucznia* umsetzen; *v/i* übertreiben (**w** *lok od* **z** *inst* mit *dat*)

**przesalać** (*-am*) ⟨**przesolić**⟩ (*-ę*) versalzen; *fig umg* übertreiben
**przesąd** *m* (*-u; -y*) Aberglaube *m* **przesądny** abergläubisch

**przesiadać się** (*-am*) ⟨**przesiąść się**⟩ (*przesiądę*) sich woanders hinsetzen, den Platz wechseln; *w podróży* umsteigen **przesiadka** *f* (*-i; gen -dek*) Umsteigen *n* **przesiedlenie** *n* (*-a*) Umsiedlung *f*; **~ się** Übersiedlung *f*

**przeskakiwać** (*-uję*) ⟨**przeskoczyć**⟩ (*-ę*) überspringen; **~ przez** (*akk*) springen über (*akk*)

**przesłanie** *n* (*-a*) *fig* Botschaft *f* **przesłanka** *f* (*-i; gen -nek*) Voraussetzung *f*

**przesłuchanie** *n* (*-a*) Verhör *n*, Vernehmung *f* **przesłuchiwać** (*-uję*) ⟨**przesłuchać**⟩ (*-am*) verhören, vernehmen **przesolić** *pf* → przesalać

**przestać**[1] *pf* → przestawać
**przestać**[2] *pf* (*przestoję*): **~ całą podróż** die ganze (Zug)Fahrt stehen müssen **przestarzały** *wyraz* veraltet; *system* veraltet, überholt **przestawać** (*przestaję*) ⟨**przestać**⟩ (*przestanę*) aufhören **przestawi(a)ć** umstellen, umsetzen **przestępca** *m* (*-y; gen -ów*) Kriminelle(r),

Verbrecher m **przestępczość** f (-ści; bpl) Kriminalität f **przestępczyni** f (-i; -e) Kriminelle f, Verbrecherin f **przestępny** JUR Straf-; **rok** m ~ Schaltjahr n **przestępstwo** n (-a) Verbrechen n, Straftat f

**przestraszyć** pf (-ę) erschrecken
**przestroga** f (-i; gen -óg) Warnung f
**przestrzegać**[1] (-am) (gen) przepisów sich halten (an akk); diety einhalten; tajemnicy wahren **przestrzegać**[2] (-am) ⟨przestrzec*⟩ (przestrzegę) warnen (**przed** inst vor dat)
**przestrzeń** f (-ni; -nie; gen -ni) fig Raum m; ~ **kosmiczna** Weltraum m
**przesunięcie** n (-a) Verschiebung f
**przesuwać** (-am) ⟨-nąć⟩ (-nę) verschieben, verrücken; termin verschieben, verlegen; ~ **ręką po** (lok) mit der Hand streichen über (dat); ~ **się** (weiter)rücken, umg rutschen; termin sich verschieben; chmury vorüberziehen; ~ **się do przodu** v/i vorrücken
**przesyłać** (-am) ⟨przesłać[1]⟩ (prześlę; -ślij!) schicken, senden; ~ **pozdrowienia k-u** j-n grüßen; ~ **dalej** weiterleiten **przesyłka** f (-i; gen -łek) pocztowa Sendung f
**przesyt** m (-u; bpl) Überdruss m
**przeszczep** m (-u; -y) Transplantation f; (organ) Transplantat n
**przeszkadzać** (-am) ⟨przeszkodzić⟩ (-ę) stören; (uniemożliwiać) verhindern; (utrudniać) behindern; ~ **k-u** (**w** lok) j-n stören (bei dat); **proszę sobie nie przeszkadzać!** lassen Sie sich nicht stören!
**przeszkoda** f (-y; gen -ód) Hindernis n
**przeszkodzić** pf → przeszkadzać
**przeszkolenie** n (-a) Schulung f
**przeszłość** f (-ści; bpl) Vergangenheit f
**przeszły** zdarzenia vergangen; tydzień letzte(r), vorige(r)
**przeszukiwać** (-uję) ⟨przeszukać⟩ (-am) durchsuchen; teren durchkämmen, absuchen
**prześcieradło** n (-a; gen -deł) (Bett)Laken n
**prześladować** (-uję) verfolgen **prześladowanie** n (-a) POL Verfolgung f **prześladowany**[1] verfolgt **prześladowany**[2] m (-ego; -i), **prześladowana** f (-ej; -ne) Verfolgte(r) m, f
**prześwietlać** (-am) ⟨-ić⟩ (-lę) MED röntgen; FOTO überbelichten; ~ **się** MED sich röntgen lassen **prześwietlenie** n (-a) MED Röntgen n; Röntgenbild n
**przetarg** m (-u; -i) Ausschreibung f; (aukcja) Versteigerung f
**przeterminowany** abgelaufen
**przetrwać** pf (-am) überstehen; (zachować się) sich erhalten; überdauern
**przetrzymywać** (-uję) ⟨przetrzymać⟩ (-am) (znosić) durchhalten; zakładników festhalten
**przetwarzać** (-am) ⟨przetworzyć⟩ (-ę) verarbeiten (a. IT) **przetwarzanie** n (-a; bpl): ~ **danych** IT Datenverarbeitung f **przetwornik** m (-a; -i) TECH Wandler m **przetworzyć** pf → przetwarzać
**przewaga** f (-i; bpl) Überlegenheit f; **mieć przewagę nad** (inst) j-m überlegen sein (**w** lok in dat) **przeważać** (-am) ⟨-yć⟩ (-ę) überwiegen **przeważnie** partikel meistens **przeważyć** pf → przeważać
**przewiązywać** (-uję) ⟨przewiązać⟩ (przewiążę) umbinden
**przewidywać** (-uję) ⟨przewidzieć⟩ (przewidzę) skutki voraussehen; (przeczuwać) ahnen; erwarten; (planować) vorsehen **przewidywany** voraussichtlich; vorhergesagt
**przewietrzać** (-am) ⟨-yć⟩ (-ę) pokój durchlüften; pościel auslüften; **przewietrzyć się** frische Luft schnappen, an die frische Luft gehen; pokój durchgelüftet sein
**przewieźć*** pf → przewozić **przewijać** (-am) ⟨przewinąć⟩ (-nę) dziecko wickeln; IT blättern **przewinienie** n (-a) Vergehen n, Verfehlung f **przewlekły** (**-le**) MED chronisch
**przewodnictwo** n (-a; bpl) obrad Vorsitz m **przewodniczący** m (-ego; -y), **przewodnicząca** f (-ej; -e) Vorsitzende(r) m, f; Leiter(in) m, f **przewodniczka** f (-i; gen -czek) Fremdenführerin f, Reiseführerin f **przewodniczyć** (-ę) (dat) den Vorsitz haben **przewodnik** m (-a; -cy) wycieczek Fremdenführer m, Reiseführer m; (przywódca) Anführer m; ~ **górski** Bergführer m; (pl -i) (książka) Reiseführer m; FIZ Leiter m; ~ **po mieście** Stadtführer m
**przewodzić** (-ę) (dat) (kierować) leiten (akk) **przewozić** (przewożę) ⟨prze-

**wieźć**⟩ (*przewiozę*) befördern, transportieren **przewoźnik** *m* (*-a*; *-cy*) Fuhrunternehmer *m*; *na promie* Fährmann *m*

**przewód** *m* (*-odu*; *-ody*) ELEK Kabel *n*; TECH Leitung *f*; **~ pokarmowy** ANAT Verdauungstrakt *m*; **~ słuchowy** ANAT Gehörgang *m*; **~ doktorski** Promotionsverfahren *n*; **~ sądowy** Gerichtsverhandlung *f*

**przewóz** *m* (*-ozu*; *-ozy*) Beförderung *f*, Transport *m*

**przewracać** (*-am*) ⟨**przewrócić**⟩ (*-cę*) umstoßen; *kartkę* umblättern; *na patelni* wenden; (*szperać*) (*durch*)wühlen; **~ na lewą stronę** auf die linke Seite wenden; **~ się** hinfallen **przewrócić** *pf* → **przewracać przewrót** *m* (*-otu*; *-oty*) POL Putsch *m*; Umwälzung *f*

**przewyższać** (*-am*) ⟨*-yć*⟩ (*-ę*) (*przekraczać*) übersteigen; **~ k-o** größer sein (als *nom*); *fig* j-m überlegen sein, j-n übertreffen (*inst a dat*)

**przez** *präp* (*lok*) durch (*akk*) (*a.* MAT); über (*akk*); **~ Poznań do Berlina** über Posen nach Berlin; **~ zazdrość** aus Neid; **~ telefon** telefonisch, per Telefon; **~ całe życie** das ganze Leben lang; **~ to** dadurch; **~ ciebie** deinetwegen

**przeziębiać** (*-am*) ⟨*-ić*⟩ (*-ię*) erkälten **przeziębienie** *n* (*-a*) Erkältung *f*

**przeznaczać** (*-am*) ⟨*-yć*⟩ (*-ę*) bestimmen (**na** *akk* für *akk*) **przeznaczenie** *n* (*-a*) (*los*) Schicksal *n*; (*powołanie*) Bestimmung *f*

**przezornie** *adv* vorsorglich, in weiser Voraussicht; vorsichtshalber

**przezroczysty** durchsichtig, transparent; *płyn* klar

**przezwisko** *n* (*-a*) Spitzname *m*; (*wyzwisko*) Schimpfwort *n* **przezywać** (*-am*): **~ k-o** j-n beschimpfen, j-n hänseln

**przeżegnać** *pf* (*-am*) bekreuzigen **przeżycie** *n* (*-a*; *-yć*) Überleben *n*; (*doznanie*) Erlebnis *n* **przeżywać** (*-am*) ⟨**przeżyć**⟩ (*przeżyję*) *przygodę* erleben; (*przejmować się*) sich zu Herzen nehmen, leiden

**przodek**¹ *m* (*-dka*, *-dkowie*) Vorfahr *m*, Ahn *m* **przodek**² *m* (*-dka od -dku*; *-dki*) GÓRN Ort *n*

**przodujący** führend, Spitzen-

**przód** *m* (*-odu*; *-ody*) Vorderteil *n od m*, Vorderseite *f*; MAR, LOT Bug *m*; **do przodu** nach vorn; **z przodu** vorne; **na przodzie** (*gen*) an der Spitze (*gen*); **iść przodem** vorgehen

**przy** *präp* (*lok*) an (*dat*); bei (*dat*); neben (*dat*); **~ stole** am Tisch; **~ sobie** bei sich; **~ pracy** bei der Arbeit; **~ świadkach** vor Zeugen; **~ ulicy Szkolnej** in der Szkolna--Straße (*gen*) **przybić** *pf* → **przybijać przybiegać** (*-am*) ⟨**przybiec**⟩ (*przybiegnę*) herbeieilen, herbeilaufen; angelaufen kommen; **~ do mety** SPORT ins Ziel kommen **przybijać** (*-am*) ⟨**przybić**⟩ (*przybiję*) annageln, anschlagen; *pieczęć* aufdrücken; **~ k-o** *fig* j-n tief bedrücken, j-n aus der Bahn werfen; **~ do brzegu** MAR anlegen

**przybliżać** (*-am*) ⟨*-yć*⟩ (*-ę*) näher bringen (**do** *gen* an *akk*); *fig* näherbringen; **~ się** sich nähern **przybliżony** ungefähr, ungenau

**przybłąkany** zugelaufen **przybory** *pl* (*gen -ów*) Zubehör *n*; **~ toaletowe** Waschzeug *n*; **~ do golenia** Rasierzeug *n*, **~ do pisania** Schreibzubehör *n*

**przybrany** KULIN garniert (*inst* mit *dat*); **przybrane dziecko** *n* Adoptivkind *n*, Pflegekind *n*; **przybrani rodzice** *pl* Pflegeeltern *pl*

**przybrzeżny** Küsten-, Ufer-

**przybudówka** *f* (*-i*; *gen -wek*) BUD Anbau *m*

**przybycie** *n* (*-a*) Ankunft *f*, Eintreffen *n* **przybytek** *m* (*-tku*; *-tki*) REL Tempel *m*; Zunahme *f*

**przychodnia** *f* (*-i*; *-e*) Ambulanz *f*, (Kranken)Station *f* für ambulante Behandlung *f* **przychodzić** (*przychodzę*) ⟨**przyjść**⟩ (*przyjdę*) kommen (**do** *gen* zu *dat*); *list* eintreffen; **~ po** (*akk*) abholen (kommen) (*akk*); **~ na myśl** k-u j-m in den Sinn kommen; **~ k-u z trudem** j-m schwerfallen; **~ do zdrowia** wieder gesund werden; **~ do siebie** zu sich kommen **przychód** *m* (*-odu*; *-ody*) (*zysk*) Ertrag *m*, Gewinn *m*

**przychylny** wohlwollend, gewogen; *decyzja* positiv

**przyciągać** (*-am*) ⟨*-nąć*⟩ (*-nę*) heranziehen; *fig* anziehen; **~ uwagę** Aufmerksamkeit erregen **przyciąganie** *n* (*-a*; *bpl*) FIZ Anziehung *f*, Anziehungskraft *f*

**przycisk** *m* (*-u*; *-i*) *dzwonka* Druckknopf *m*; IT Schaltfläche *f* **przyciskać** (*-am*)

⟨**przycisnąć**⟩ (-nę) drücken (**do** gen an akk); umg (zmuszać) Druck ausüben; ~ **do siebie** an sich drücken
**przyciszać** (-am) ⟨-yć⟩ (-ę) głos dämpfen; radio leiser stellen
**przyczepa** f (-y) Anhänger m
**przyczepi(a)ć** anheften; MOT, KOLEJ anhängen, ankoppeln; ~ **się** (**do** gen) sich heften (an akk); haften (an dat)
**przyczyna** f (-y) Ursache f, Grund m; **z tej przyczyny** aus diesem Grund
**przydatność** f (-ści; bpl) Brauchbarkeit f; Verwendbarkeit f; ~ **do spożycia** Haltbarkeit f; ~ **do pracy zawodowej** Erwerbsfähigkeit f **przydatny** brauchbar, nützlich (**do** gen für akk); ~ **do spożycia** haltbar
**przydomek** m (-mka od -mku; -mki) Beiname m
**przydział** m (-u; -y) Zuteilung f; (dokument) Berechtigungsschein m **przydzielać** (-am) ⟨-ić⟩ (-lę) zuteilen, zuweisen
**przyglądać się** (-am) ⟨przyjrzeć się⟩ (-ę, -rzyj!) (dat) betrachten, sich (genau) ansehen (akk)
**przygnębiający** (-co) deprimierend, bedrückend **przygnębienie** n (-a; bpl) Niedergeschlagenheit f, Bedrücktheit f **przygnębiony** (persf -eni) niedergeschlagen, deprimiert; mina unglücklich
**przygoda** f (-y; gen -ód) Abenteuer n; ~ **miłosna** Liebesaffäre f **przygodny** flüchtig, Zufalls-; świadek zufällig
**przygotować** pf → przygotowywać **przygotowywać** (-wuję) ⟨przygotować⟩ (-uję) vorbereiten; KULIN zubereiten
**przygraniczny** handel Grenz-; obszar grenznah **przygrzewać** (-am) ⟨przygrzać⟩ (-eję) v/t KULIN aufwärmen; v/i słońce brennen
**przyimek** m (-mka; -mki) GRAM Präposition f
**przyjaciel** m (-a; -e, -ciół, -ciołom, -ciółmi, -ciołach) Freund m **przyjacielski** (**-ko od po -ku**) freundschaftlich, Freundschafts- **przyjaciółka** f (-i; gen -łek) Freundin f
**przyjazd** m (-u; -y) Ankunft f
**przyjazny** (**-źnie**) freundlich **przyjaźnić się** (-ię, -nij!) befreundet sein (**z** inst mit dat) **przyjaźń** f (-źni; -źnie) Freundschaft f
**przyjąć** pf → przyjmować **przyjechać\*** pf → przyjeżdżać
**przyjemność** f (-ści) Vergnügen n, Genuss m **przyjemny** angenehm; **bardzo mi przyjemnie!** sehr angenehm!; **przyjemnej zabawy!** viel Spaß!, viel Vergnügen!
**przyjeżdżać** (-am) ⟨przyjechać⟩ (przyjadę) (an)kommen, eintreffen; pociąg ankommen
**przyjęcie** n (-a) Empfang m; weselne Feier f; ~ **do pracy** Einstellung f, Anstellung f **przyjęty** üblich, gebräuchlich **przyjmować** (-uję) ⟨przyjąć⟩ (przyjmę) v/t annehmen; nagrodę entgegennehmen; lek einnehmen;; pracownika einstellen; gościa empfangen; nowego członka aufnehmen; budowę abnehmen; (częstować) bewirten; ~ **na siebie** übernehmen; v/i Sprechstunde haben; ~ **się** BOT aufkeimen; fig sich einbürgern
**przyjrzeć się** pf → przyglądać się
**przyjść\*** pf → przychodzić
**przykazanie** n (-a) REL Gebot n
**przyklejać** (-am) ⟨-ić⟩ (-ję) ankleben; ~ **znaczek** freimachen, frankieren; ~ **się** v/i kleben (bleiben) (**do** gen an dat); fig umg sich aufdrängen
**przykład** m (-u; -y) Beispiel n; (wzór) Vorbild n; **na** ~ zum Beispiel; **brać** ~ **z k-o** sich an j-m ein Beispiel nehmen; **dać** pf ~ mit gutem Beispiel vorangehen **przykładać** (-am) ⟨przyłożyć⟩ (-ę) (**do** gen) legen, halten (an akk); ~ **wagę do** (gen) Wert legen auf (akk); ~ **się** sich anstrengen **przykładowo** adv beispielsweise; als Beispiel **przykładowy** exemplarisch, beispielhaft
**przykro** adv: **bardzo mi** ~! es tut mir sehr leid!; ~ **mi, ale ...** es tut mir leid, aber ...; **zrobiło mu się** ~ er wurde traurig **przykrość** f (-ści) (nieprzyjemność) Unannehmlichkeit f; **przykrości** pl (kłopoty) Ärger m, Schwierigkeiten pl; (bpl) Leid n, Kummer m; **sprawić** pf **k-u** j-n traurig machen, j-m wehtun **przykry** unangenehm; (smutny) traurig
**przykrywać** (-am) ⟨przykryć⟩ (przykryję) stół bedecken; dziecko zudecken (inst mit dat)
**przykrzyć się** (3. Pers -y): **przykrzy mi**

**się bez ciebie** ich vermisse dich; **przykrzy mi się** ich weiß nichts mit mir anzufangen

**przylatywać** (-uję) ⟨**przylecieć**⟩ ankommen; *ptak* angeflogen kommen; *fig* herbeieilen **przylądek** *m* (-dka; -dki) Landzunge *f*, Kap *n* **przylecieć** *pf* → przylatywać

**przyległy** angrenzend, benachbart **przylepiec** *m* (-pca; -pce) Heftpflaster *n* **przylot** *m* (-u; -y) Ankunft *f*

**przyłapywać** (-uję) ⟨**przyłapać**⟩ (-ię) ertappen, erwischen (**na** *lok* bei *dat*); **przyłapać** *pf* **na gorącym uczynku k-o** j-n auf frischer Tat ertappen

**przyłączać** (-am) ⟨**-yć**⟩ (-ę) anschließen (**do** *gen* an *akk*) **przyłączenie** *n* (-a) Anschluss *m*

**przyłożyć** *pf*; → przykładać **przymarzać** [-r.z-] (-am) ⟨**przymarznąć**⟩ (-nę) anfrieren (**do** *gen* an *dat*) **przymiarka** *f* (-i; *gen* -rek) *umg* Anprobe *f* **przymierzać** (-am) ⟨**-yć**⟩ (-ę) anprobieren

**przymiotnik** *m* (-a; -i) GRAM Eigenschaftswort *n*, Adjektiv *n*

**przymocow(yw)ać** (-[w]uję) befestigen **przymrozek** *m* (-zku od -zka; -zki) leichter (Nacht)Frost *m*

**przymus** *m* (-u; *bpl*) Zwang *m*, Druck *m*; JUR Nötigung *f*; **pod ~em** unter Zwang; JUR genötigt **przymusowy** unfreiwillig; Zwangs-; **przymusowe lądowanie** *n* LOT Notlandung *f*

**przynajmniej** *partikel* wenigstens **przynależność** *f* (-ści; *bpl*) Zugehörigkeit *f*; **~ państwowa** Staatsangehörigkeit *f*

**przynęta** *f* (-y) Köder *m*; *fig* Lockmittel *n* **przynosić** (przynoszę) ⟨**przynieść***⟩ (przyniosę) bringen; **~ ze sobą** mitbringen; *fig* mit sich bringen, zur Folge haben **przypadek** *m* (-dku; -dki) Zufall *m*; (*zdarzenie*) Fall *m*; **przez ~** durch Zufall; (-dka) GRAM Fall *m*, Kasus *m* **przypadkowo** *adv* zufällig, zufälligerweise **przypadkowy** Zufalls-, zufällig

**przypalać** (-am) ⟨**-ić**⟩ (-lę) anzünden; *żelazkiem* ansengen; KULIN anbrennen lassen; **~ się** *v/i* KULIN anbrennen

**przypiąć** *pf*; → przypinać **przypieczętować** *pf* (-uję) abstempeln; *fig* besiegeln **przypinać** (-am) ⟨**przypiąć**⟩ (przypnę) anstecken (**do** *gen* an *akk*); *narty* anschnallen

**przypłynąć** *pf* → przypływać **przypływ** *m* (-u; -y) *morza* Flut *f*; **~y** *pl* **i odpływy** *pl* Gezeiten *pl* **przypływać** (-am) ⟨**przypłynąć**⟩ (-nę) heranschwimmen, angeschwommen kommen; *łódź* (an)kommen

**przypominać** (-am) ⟨**przypomnieć**⟩ (-nę, -nij!): **~ k-u o** (*lok*) j-n erinnern an (*akk*); **~ sobie** (*akk*) sich erinnern (an *akk*); **~ się k-u** j-m wieder einfallen **przypomnienie** *n* (-a) Erinnerung *f*, Mahnung *f*

**przyprawa** *f* (-y) Gewürz *n* **przyprawiać** (-am) ⟨**-ić**⟩ (-ię) KULIN würzen (*inst* mit *dat*); (*przymocować*) befestigen (**do** *gen* an *akk*)

**przypuszczalny** *powód* vermutlich; *wynik* voraussichtlich; *sprawca* mutmaßlich **przypuszczenie** *n* (-a; *gen* -eń) Vermutung *f*, Annahme *f*

**przyroda** *f* (-y; *bpl*) Natur *f*; *umg* (*przedmiot*) Naturkunde *f* **przyrodni**: **~ brat** *m* Halbbruder *m* **przyrodnik** *m* (-a; -cy) Naturforscher *m* **przyrodolecznictwo** *n* (-a) Naturheilkunde *f* **przyrost** *m* (-u; -y) Zuwachs *m*, Anstieg *m*; **~ naturalny** Geburtenüberschuss *m* **przyrostek** *m* (-stka; -stki) GRAM Suffix *n*

**przyrząd** *m* (-u; -y) Gerät *n*, Instrument *n* **przyrządzać** (-am) ⟨**-ić**⟩ (-ę) KULIN zubereiten

**przyrzec*** *pf* → przyrzekać **przyrzeczenie** *n* (-a; *gen* -eń) Versprechen *n*, Versprechung *f* **przyrzekać** (-am) ⟨**przyrzec**⟩ (przyrzeknę, -nij!) versprechen; **~ sobie** sich versprechen

**przysądzać** (-am) ⟨**-ić**⟩ (-ę) JUR zuerkennen, zusprechen

**przysiad** *m* (-u; -y) Kniebeuge *f* **przysiąc*** *pf* → przysięgać **przysiąść*** *pf*: **~ fałdów** sich auf den Hosenboden setzen

**przysięga** *f* (-i; *gen* -siąg) Schwur *m*, Eid *m* **przysięgać** (-am) ⟨**przysiąc**⟩ (przysięgnę) schwören **przysięgły**[1] *tłumacz* vereidigt; **sędzia** *m* **~** Geschworene(r) *m* **przysięgły**[2] *m* (-ego; -li), **przysięgła** *f* (-ej; -e) Geschworene(r) *m*, *f*; **ława** *f* **~ch** *koll* Geschworene *pl*

**przysłowie** n (-a; gen -słów) Sprichwort n
**przysłowiowy** sprichwörtlich **przysłówek** m (-wka; -wki) GRAM Adverb n
**przysłuchiwać się** (-uję) (dat) zuhören (dat) **przysługa** f (-i) Gefallen m **przysługiwać** (3. Pers -uje): **~ k-u** j-m zustehen
**przysmak** m (-u; -i) Leckerbissen m
**przysmażać** (-am) ⟨-yć⟩ (-ę) anbraten
**przysparzać** (-am) ⟨przysporzyć⟩ (-ę) (gen) bereiten (akk)
**przyspieszać** (-am) ⟨-yć⟩ (-ę) v/t, v/i beschleunigen **przyspieszony** oddech schneller, beschleunigt
**przysporzyć** pf → przysparzać **przysposobienie** n (-a) JUR Adoption f
**przystanąć** pf → przystawać² **przystanek** m (-nku; -nki) Haltestelle f **przystań** f (-ni; -nie; gen -ni) Anlegestelle f; **~ żeglarska** Jachthafen m; **~ promowa** Fährhafen m; Fähranlegestelle f **przystawać¹** (przystaję) ⟨przystać⟩ (przystanę) (**na** akk) zustimmen (dat), akzeptieren (akk); **~ na propozycje** den Vorschlägen zustimmen, die Vorschläge akzeptieren
**przystawać²** (przystaję) ⟨przystanąć⟩ (-nę, przystań!) osoba stehen bleiben; pojazd anhalten
**przystawać³** (3. Pers przystaje) (**do** gen) passen (zu dat), korrespondieren (mit dat); **nie ~ do rzeczywistości** der Wirklichkeit nicht entsprechen; **deski przystają do siebie** die Bretter liegen plan aufeinander
**przystawi(a)ć** (**do** gen) näher stellen (an akk); drabinę anlehnen (an akk) **przystawka** f (-wki; gen -wek) KULIN Gemüsebeilage f
**przystąpić** pf → przystępować **przystępny** (leicht) zugänglich; osoba aufgeschlossen; tekst verständlich; cena erschwinglich **przystępować** (-uję) ⟨przystąpić⟩ (-ię) (**do** gen) (zaczynać) beginnen (mit dat); (przyłączyć się) beitreten (dat); **~ do komunii** REL zur Kommunion gehen
**przystojny** gut aussehend
**przystosowanie** n (-a) Anpassung f **przystosow(yw)ać** (-[w]uję) anpassen
**przystrajać** (-am) ⟨przystroić⟩ (przystroję) (aus)schmücken (inst mit dat)
**przysyłać** (-am) ⟨przysłać⟩ (przyślę) schicken **przysypywać** (-uję) ⟨przysypać⟩ (-ię) zuschütten; lawina verschütten, unter sich begraben **przyszkolny** Schul-
**przyszłość** f (-ści; bpl) Zukunft f; **w przyszłości** in Zukunft **przyszły** (zu)künftig; rok kommend, nächste(r)
**przyszywać** (-am) ⟨przyszyć⟩ (przyszyję) annähen **przyśnić się** pf (3. Pers -priyśni): **przyśniło mi się, że ...** ich habe geträumt, dass ...
**przytakiwać** (-uję) ⟨przytaknąć⟩ (-nę) (dat) zustimmen (dat); (kiwać głową) zustimmend nicken
**przytłaczać** (-am) ⟨przytłoczyć⟩ (-ę) erdrücken; **~ swoim ciężarem** mit seinem Gewicht erdrücken **przytłaczający** erdrückend
**przytomność** f (-ści; bpl) Bewusstsein n **~ umysłu** Geistesgegenwart f **przytomny** MED bei Bewusstsein; (uważny) geistesgegenwärtig
**przytrafi(a)ć się** passieren **przytrzymywać** (-uję) ⟨przytrzymać⟩ (-am) festhalten
**przytulać** (-am) ⟨-ić⟩ (-lę): **~ (do siebie)** an sich drücken, umg kuscheln; **~ się** sich schmiegen, umg sich kuscheln (**do** gen an akk); **~ się do siebie** (aneinander)kuscheln, schmusen **przytulny** gemütlich, behaglich
**przytyk** m (-u; -i) spitze Bemerkung f; Seitenhieb m
**przyuczony** pracownik angelernt
**przywara** f (-y) Laster n
**przywiązanie** n (-a) Verbundenheit f **przywiązywać** (-uję) ⟨przywiązać⟩ (przywiążę) (**do** gen) anbinden (an akk); fig binden; **~ się** (**do** gen) fig lieb gewinnen, in sein Herz schließen (akk)
**przywidzieć się** pf (3. Pers -dzi): **przywidziało ci się** du hast dir es eingebildet **przywieźć*** pf → przywozić
**przywilej** m (-u; -e) Privileg n, Sonderrecht n
**przywitanie** n (-a) Begrüßung f
**przywłaszczać** (-am) ⟨-yć⟩ (-ę): **~ sobie** sich widerrechtlich aneignen; władzę usurpieren
**przywozić** (przywożę) ⟨przywieźć⟩ (przywiozę) osoby (hin)bringen, (hin)fahren; towar liefern, bringen
**przywódca** m (-y; gen -ów) (An)Führer m

**przywóz** m (-ozu; -ozy) Lieferung f; Einfuhr f
**przywracać** (-am) ⟨**przywrócić**⟩ (-ę) porządek wiederherstellen; własność zurückgeben, wiedergeben
**przywykać** (-am) ⟨-nąć⟩ (-nę) sich gewöhnen (**do** gen an akk)
**przyzakładowy** Betriebs-
**przyznawać** (przyznaję) ⟨**przyznać**⟩ (-am) gewähren; stypendium bewilligen; tytuł verleihen; ~ **rację k-u** j-m recht geben; ~ **się** eingestehen; JUR gestehen
**przyzwoitość** f (-ści; bpl) Anstand m
**przyzwoity** (-cie) anständig; pensja umg nicht übel
**przyzwyczajać** (-am) ⟨-ić⟩ (przyzwyczaję) gewöhnen (**do** gen an akk) **przyzwyczajenie** n (-a) Gewohnheit f
**przyzwyczajony** (persf -eni) gewohnt (**do** gen an dat)
**psikus** m (-a; -y) Streich m, Schabernack m
**psocić** (-cę) dziecko Unfug treiben
**pstrąg** m (-a; -i) Forelle f
**pstrykać** (-am) ⟨-nąć⟩ (-nę): ~ **palcami** mit den Fingern schnippen; ~ **zdjęcia** umg Fotos knipsen
**psuć** ⟨**po-, ze-**⟩ (psuję) beschädigen, umg kaputt machen; nastrój verderben; ~ **się** umg kaputtgehen; jedzenie verderben, schlecht werden; sich verschlechtern
**psychiatra** m (-y; -rzy; gen -ów) Psychiater m **psychiczny** psychisch, seelisch **psychika** f (-i; bpl) Psyche f
**psychoanaliza** f(-y; bpl) Psychoanalyse f **psycholog** m (-a; -dzy od -owie) Psychologe m; (kobieta) Psychologin f **psychologiczny** psychologisch **psycholożka** f (-i; gen -żek) F Psychologin f **psychopatyczny** psychopathisch **psychoterapia** f (gen dat lok -ii; bpl) Psychotherapie f **psychoza** f (-y) Psychose f
**pszczelarz** m (-a; -e) Imker m, Bienenzüchter m **pszczoła** f(-y; gen -ół) Biene f
**pszenica** f(-y; -e) Weizen m **pszeniczny** pole Weizen-
**ptak** m (-a; -i) Vogel m; ~ **wędrowny** Zugvogel m; ~ **drapieżny** Greifvogel m; **z lotu** ~**a** aus der Vogelperspektive
**ptyś** m (-a; -e) KULIN Windbeutel m
**publiczność** f (-ści; bpl) Publikum n **publiczny** öffentlich; **dobro** n **publiczne**

# przywóz – pustynny ■ 173

Gemeinwohl n
**publikować** ⟨**o-**⟩ (-uję) veröffentlichen, publizieren
**puch** m (-u; -y) Daunen pl
**puchacz** m (-a; -e) Uhu m
**puchar** m (-a; -y) SPORT Pokal m
**puchnąć** ⟨**s-**⟩ (-nę) MED (an)schwellen
**pucybut** m(-a; -y od -ci) Schuhputzer m
**pucz** m (-u; -e) Putsch m
**pudełko** n (-a; gen -łek) Schachtel f
**puder** m (-dru; -dry) Puder m **puderniczka** f (-i; gen -czek) Puderdose f
**pudło** n (-a; gen -deł) Karton m; (strzał) Fehlschuss m
**pudrować** ⟨**u-**⟩ (-uję) twarz pudern
**pukać** (-am) ⟨-nąć⟩ (-nę) klopfen; umg (strzelać) schießen **puknięty** (persf -ci) umg bekloppt
**pula** f (-i; -e) Quote f; w kartach Bank f
**pulchny** locker; ciało mollig
**pulower** m (-a; -y) Pullover m, umg Pulli m
**pulpet** m (-a od -u; -y) KULIN Fleischkloß m; (-a) (grubas) umg Pummel m
**pulpit** m (-u; -y) Pult n; IT Desktop m; MUS Notenständer m
**puls** m (-u; -y) Puls m, Pulsschlag m **pulsować** (-uję) krew pulsieren
**pułap** m (-u; -y) Holzdecke f; fig Obergrenze f
**pułapka** f (-i; gen -pek) Falle f (a. fig)
**pułk** m (-u; -i) Regiment n; LOT Geschwader n **pułkownik** m (-a; -cy) Oberst m
**pumeks** m (-u; -y) Bimsstein m
**punkt** m (-u; -y) Punkt m (a. SPORT, MAT); ~ **karny** SPORT Strafpunkt m; ~ **informacyjny** Informationsstand m, Informationsstelle f; ~ **sprzedaży** Verkaufsstelle f; ~ **szczepień** Impfstelle f; ~ **widzenia** Standpunkt m **punktualny** pünktlich
**pupa** f (-y) umg Popo m
**pupil** m (-a; -e; gen -ów), **pupilek** m (-lka; -lki) Liebling m
**purpurowy** (-**wo**) purpurrot
**pustelnik** m (-a; -cy) Einsiedler m **pustka** f (-i; gen -tek) Leere f **pustkowie** n (-a) Einöde f
**pustostan** m (-u; -y) leer stehendes Haus n **pustoszyć** ⟨**s-**⟩ (-ę) verwüsten, verheeren **pusty** (persf -ści) (**-to**) leer; budynek leer stehend; orzech hohl **pustynia** f (-i; -e) Wüste f (a. fig); (odludzie) Einöde f
**pustynny** Wüsten-; (bezludny) öde,

## puszcza – radziecki

wüst
**puszcza** f (-y; -e) Urwald m
**puszczać** (-am) ⟨puścić⟩ (puszczę) loslassen; (pozwalać iść) gehen lassen; wodę laufen lassen; płytę spielen; latawca steigen lassen; vli mróz nachlassen; w praniu färben; ~ **pączki** BOT (aus)treiben; ~ **korzenie** BOT Wurzeln schlagen; **puszczać statki** Papierschiffe schwimmen lassen; ~ **oczko do k-o** j-m zuzwinkern; ~ **się** (gen) loslassen (akk); umg kobieta fremdgehen
**puszka** f (-i; gen -szek) Dose f
**puszysty** (-ście) włosy voll; śnieg locker; ogon buschig
**puścić** pf → puszczać
**puzon** m (-u; -y) Posaune f
**pycha** f (-y; bpl) Hochmut m; ~! umg lecker!
**pył** m (-u; bpl) Staub m **pyłek** m (-lku; -lki) Staubkorn n; BOT Blütenstaub m
**pysk** m (-u; -i) zwierzęcia Schnauze f (a. fig pop) **pyskaty** (persf -ci) umg frech, großmäulig **pyskować** (-uję) umg frech sein, das Maul aufreißen
**pyszny** (smaczny) köstlich
**pytać (się)** ⟨s-, za-⟩ (-am) fragen; ~ o (akk) sich erkundigen, fragen (nach dat); **pytać** nauczyciel abfragen **pytajnik** m (-a; -i) Fragezeichen n **pytanie** n (-a; gen -ań) Frage f
**pyza** f (-y;) KULIN Kartoffelkloß m; (grubas) umg Pummel m

Konto n **rachunkowość** f (-ści; bpl) Rechnungswesen n; Buchhaltung f **rachunkowy** (-wo) MAT rechnerisch, Rechen-; FIN Rechnungs-
**racica** f (-y; -e) ZOOL Klaue f
**racja**¹ f (-i; -e) Richtigkeit f; pl Gründe m/pl, Argumente n/pl; **mieć rację** recht haben; **z jakiej racji** mit welchem Grund, warum; ~! stimmt!, richtig! **racja**² f (-i; -e) Ration f
**racjonalizacja** f (-i; bpl) Rationalisierung f **racjonalizować** ⟨z-⟩ (-uję) rationalisieren **racjonalny** rational; produkcja rationell
**raczej** partikel eher, eigentlich; (bardziej) eher, lieber
**raczkować** (-uję) krabbeln
**rad** m (-u; bpl) CHEM Radium n
**rada** f (-y) Rat(schlag) m; ~ **nadzorcza** Aufsichtsrat m; ~ **zakładowa** Betriebsrat m; ~ **pedagogiczna** Lehrerkollegium n; **Rada Ministrów** Ministerrat m; **Rada Bezpieczeństwa** Sicherheitsrat m; **dać** pf **sobie radę** (z inst) zurechtkommen (mit dat); **dać** pf **sobie radę bez** (gen) auskommen ohne (akk); **na to nie ma rady** da ist nichts zu machen
**radca** m (-y; gen -ów): ~ **prawny** Rechtsberater m
**radio** n (-a) Radio n **radioaktywny** FIZ radioaktiv **radiofonia** f (gen dat lok -ii; bpl) Rundfunk m **radiokomunikacja** f (-i; bpl) Funkverkehr m **radiolokacja** f (-i; bpl) Funkortung f **radioodbiornik** m (-a; -i) Rundfunkgerät n, Radiogerät n
**radiosłuchacz** m (-a; -e), **radiosłuchaczka** f (-i; gen -czek) Radiohörer(in) m(f) **radiostacja** f (-i; -e) Rundfunksender m, Radiosender m **radiotelefon** m (-u; -y) Sprechfunkgerät n; Funktelefon n **radioterapia** f (gen dat lok -ii; bpl) MED Strahlentherapie f **radiowóz** m (-wozu; -wozy) Funkstreifenwagen m
**radosny** (persf -śni) (-śnie) fröhlich; freudig **radość** f (-ści) Freude f; **z radości** vor Freude
**radykalny** radikal
**radzić** ⟨po-⟩ (-dzę) raten, e-n Rat geben; ~ **sobie** (z inst) zurechtkommen, fertig werden (mit dat); **umieć sobie** ~ sich zu helfen wissen; ~ **się** (gen) sich beraten (mit dat), zu Rate ziehen (akk)
**radziecki** HIST sowjetisch, Sowjet-

# R

**raban** m (-u; -y) umg Radau m
**rabarbar** m (-u; -y) Rhabarber m
**rabat** m (-u; -y) Rabatt m
**rabin** m (-a; -i) REL Rabbiner m
**rabować** ⟨z-⟩ (-uję) plündern, (aus)rauben **rabunek** m (-nku; -nki) Raub m, Diebstahl m **rabunkowy** Raub-
**raca** f (-y; -e) Leuchtrakete f
**rachuba** f (-y;): **to nie wchodzi w rachubę** das kommt nicht infrage **rachunek** m (-nku; -nki) Rechnung f (a. MAT); (konto)

**rafa** f (-y) Riff n
**rafineria** f (gen dat lok -ii; -e) Raffinerie f
**raj** m (-u; bpl) REL Paradies n (a. fig)
**rajd** m (-u; -y) samochodowy Rallye f
**rajstopy** pl (gen -) Strumpfhose f
**rak** m (-a; -i) ZOOL, MED Krebs m; **Rak** ASTRON Krebs m
**rakieta**[1] f (-y) MIL, ASTRON Rakete f; ~ **sygnalizacyjna** od **świetlna** Leuchtrakete f, Leuchtkugel f; ~ **balistyczna** MIL Langstreckenrakete f
**rakieta**[2] f (-y) Tennisschläger m
**rakietka** f (-i; gen -tek) Tischtennisschläger m **rakietnica** f (-y; -e) Leuchtpistole f
**rama** f (-y) Rahmen m; **w ~ch** (gen) fig im Rahmen (gen)
**ramiączko** n (-a; gen -czek) Träger m; (wieszak) Kleiderbügel m; **cieniutkie ramiączka** m/pl Spaghettiträger m/pl
**ramię** n (-enia; -ona) Arm m; (bark) Schulter f
**ramka** f (-i; gen -mek) (kleiner) Rahmen m
**rampa** f (-y) Rampe f
**rana** f (-y) Wunde f; ~ **cięta** Schnittwunde f
**randka** f (-i; gen -dek) Rendezvous n, Date n
**ranga** f (-i; gen -) Rang m
**ranić** ⟨z-⟩ (-ię; rań!) verletzen
**ranking**[1] m (-u; -i) Rangliste f
**ranny**[1] verletzt; żołnierz verwundet **ranny**[2] m (-ego; -i), **ranna** f (-ej; -e) Verletzte(r) m, f; **ciężko** ~ Schwerverletzte(r) m
**ranny**[3] Morgen-; ~ **ptaszek** m fig Frühaufsteher m; **ranne pantofle** m/pl Hausschuhe m/pl **rano**[1] adv morgens; **wcześnie** ~ früh am Morgen; **dziś** ~ heute Morgen; **jutro** ~ morgen früh **rano**[2] n (-a) Morgen m; **z rana** am Morgen
**raport** m (-u; -y) Bericht m; MIL Meldung f
**raptem** adv plötzlich, unversehens; partikel umg gerade mal **raptowny** zmiana plötzlich, unerwartet; osoba hitzig, impulsiv
**rasa** f (-y) Rasse f **rasistowski** rassistisch **rasowy** Rassen-, rassisch; ZOOL rassig, Rasse-
**rata** f (-y) FIN Rate f; **~mi** ratenweise; **na raty** auf Raten **ratalny** Raten-; **sprzedaż** f **ratalna** Verkauf m auf Raten
**ratować** ⟨u-⟩ (-uję) retten (**od** gen vor dat); zasypanych bergen **ratowniczy** Rettungs-; Bergungs- **ratownik** m (-a; -cy) Retter m; (pływak) Rettungsschwimmer m **ratunek** m (-nku; bpl) Rettung f, Hilfe f; **ratunku!** Hilfe!
**ratusz** m (-a; -e; -y od -ów) Rathaus n
**ratyfikować** (-uję) ratifizieren
**raz**[1] m (-u; -y) Mal n; **pierwszy** ~ erstes Mal n; **dwa** ~**y** zweimal; **dwa** ~**y dwa** zwei mal zwei; **ile** ~**y?** wie oft?, wie viele Male?; **jeszcze** ~ noch einmal; ~ **po** ~ viele Male, wiederholt; ~ **na zawsze** ein für alle Mal; **za każdym** ~**em** jedes Mal; **pewnego** ~**u** einmal; **tym** ~**em** diesmal; **w ~ie** (gen) im Falle (gen); **w każdym** ~**ie** jedenfalls; **w najlepszym** ~**ie** bestenfalls; **na przyszły** ~ das nächste Mal; **innym** ~**em** ein andermal; **ostatnim** ~**em** beim letzten Mal; **ani** ~**u** nicht einmal, kein einzigs Mal; **w ~ie czego** falls etwas passiert, notfalls; **na jakiś czas ab** und zu; **być w sam** ~ gerade richtig sein, wie geschaffen sein
**raz**[2] adv (kiedyś) einmal; (wreszcie) einmal, endlich; **na ~ie** vorläufig, einstweilen; **od** ~**u** sofort; ~ **dwa!** ruck, zuck!; **na ~ie!** bis dann!; partikel erstens; **w takim ~ie** also; dann aber
**raz**[3] num (unv) umg ein(s)
**razem** adv zusammen; (wspólnie) gemeinsam
**razić** (rażę) schockieren, unangenehm berühren; światło blenden
**raźny** (-nie) munter; krok energisch, flott **rażący** (-co) blendend; niesprawiedliwość krass
**rąbać** ⟨po-⟩ (-ię) hacken; ⟨wy-⟩ drzewa fällen; otwór hauen **rąbnąć** pf (-nę) (uderzyć) umg knallen, hauen; **rąbnąć k-o** umg j-m eine runterhauen; (powiedzieć) herausplatzen (mit dat); ~ **się** umg sich stoßen, sich hauen
**rdza** f (-y; bpl) Rost m
**rdzeń** m (-nia; -nie) BOT Mark n; JĘZ Stamm m; ~ **kręgowy** ANAT Rückenmark n
**rdzewieć** ⟨za-⟩ (3. Pers -eje) (ver)rosten
**reagować** ⟨za-⟩ (-uję) reagieren **reakcja** f (-i; -e) Reaktion f (a. CHEM) **reakcyjny** pej reaktionär; CHEM Reaktions- **reaktor** m (-a; -y); ~ **jądrowy** FIZ Kernreaktor m
**realista** m (-y; -ści), **realistka** f (-i; gen -tek) Realist(in) m(f) **realistyczny** rea-

listisch
**realizacja** f (-i; -e) Realisierung f **realizator** m (-a; -rzy), **realizatorka** f (-i; gen -rek) FILM, RADIO Realisator(in) m(f)
**realizm** m (-u; bpl) Realismus m **realizować** ⟨z-⟩ (-uję) realisieren, verwirklichen; czek einlösen **realność** f (-ści; bpl) Realität f **realny** real, tatsächlich; plan durchführbar
**rebus** m (-u; -y) Bilderrätsel n
**recenzja** f (-i; -e) Rezension f, Besprechung f
**recepcja** f (-i; -e) Rezeption f **recepcjonista** m (-y; -ści), **recepcjonistka** f (-i; gen -tek) Rezeptionist(in) m(f) **recepta** f (-y) MED Rezept n (a. fig)
**recesja** f (-i; -e) EKON Rezession f
**rechotać** (-czę) żaby quaken; fig kichern
**recydywista** m (-y; -ści) JUR Wiederholungstäter m
**recytować** (-uję) wiersz rezitieren, vortragen
**redagować** ⟨z-⟩ (-uję) redigieren
**redakcja** f (-i; -e) Redaktion f **redakcyjny** uwagi redaktionell; telefon Redaktions- **redaktor** m (-a; -rzy) Redakteur m; (kobieta) Redakteurin f
**redukcja** f (-i; -e) Reduktion f; **~ personelu** Personalabbau m; **~ etatów** Stellenabbau m; **~ płac** Lohnkürzung f **redukować** ⟨z-⟩ (-uję) reduzieren; etaty abbauen; płace kürzen
**referat** m (-u; -y) Referat n **referent** m (-a; -ci), **referentka** f (-i; gen -tek) Referent(in) m(f); (pracownik) Sachbearbeiter(in) m(f)
**refleks** m (-u; -y) BIOL Reflex m; (odblask) (Licht)Reflex m, Widerschein m
**reflektor** m (-a; -y) AUTO Scheinwerfer m **reflektować** (-uję) Interesse haben, interessiert sein (**na** akk an dat); **~ się** sich besinnen
**reforma** f (-y) Reform f **reformować** ⟨z-⟩ (-uję) reformieren
**refren** m (-u; -y) MUS Refrain m; LIT Kehrreim m
**regał** m (-u; -y) Regal n, Gestell n
**regaty** pl (gen -) SPORT Regatta f
**regenerować** ⟨z-⟩ (-uję) BIOL regenerieren; fig regenerieren, erneuern (a. TECH) **regionalny** regional
**reglamentować** (-uję) żywność rationieren, kontingentieren

**regulacja** f (-i; -e) Regulierung f; prawa Regelung f **regulamin** m (-u; -y) (statut) Satzung f; (reguły) Vorschriften pl **regulaminowy** vorschriftsmäßig, ordnungsgemäß; satzungsgemäß **regularny** regulär; oddech regelmäßig **regulator** m (-a; -y) TECH Regler m **regulować** ⟨u-⟩ (-uję) regulieren; rachunek begleichen; stosunki regeln; ⟨**na-**, **wy-**⟩ dźwięk regulieren, einstellen **reguła** f (-y) Regel f; **reguły** pl gry Spielregeln pl; **z reguły** in der Regel
**rehabilitacja** f (-i; -e) JUR Rehabilitierung f; MED Rehabilitation f **rehabilitować** ⟨z-⟩ (-uję) JUR, MED rehabilitieren
**rejestr** m (-u; -y) Register n, Verzeichnis n **rejestracja** f (-i; -e) (ewidencja) Registrierung f; samochodu Zulassung f; pacjenta Aufnahme f; (numer rejestracyjny) Kennzeichen n **rejestracyjny** AUTO Zulassungs-; **tablica** f **rejestracyjna** Nummernschild n; **numer** m **~** (amtliches) Kennzeichen n **rejestrować** ⟨za-⟩ (-uję) anmelden; TECH aufzeichnen; (-wpisywać) registrieren; **~ się** sich registrieren lassen; sich anmelden
**rejon** m (-u; -y) ADMIN Bezirk m
**rejs** m (-u; -y) MAR Fahrt f; Kreuzfahrt f; LOT Flug m
**rekin** m (-a; -y) Hai m
**reklama** f (-y) Werbung f, Reklame f; **~ kontekstowa** IT kontextbezogene Reklame f **reklamacja** f (-i; -e) HANDEL Reklamation f, Beschwerde f **reklamować** ⟨za-⟩ (-uję) HANDEL reklamieren, sich beschweren **reklamówka** f (-i; gen -wek) umg (torba plastikowa) Plastiktüte f; (broszura) Werbebroschüre f; (rzecz) Werbegeschenk n; (film) Werbespot m
**rekolekcje** pl (gen -i) Exerzitien pl
**rekompensata** f (-y; gen -) straty Entschädigung f; fig Kompensation f **rekompensować** ⟨z-⟩ (-uję) stratę entschädigen; (zastępować) kompensieren
**rekonstruować** ⟨z-⟩ rekonstruieren
**rekord** m (-u; -y) SPORT Rekord m; Höchstleistung f; **pobić** pf **~** e-n Rekord brechen **rekordzista** m (-y; -ści), **rekordzistka** f (-i; gen -tek) Rekordhalter(in) m(f); **~ świata** Weltrekordler m
**rekreacyjny** Erholungs-; Fitness-
**rekrutować** (-uję) MIL einberufen, ein-

ziehen; *uczniów* aufnehmen; **~ się** sich rekrutieren (**z** *gen* aus *dat*)

**rektor** *m* (*-a*; *-rzy*) Rektor *m*; (*kobieta*) Rektorin *f*

**rekwirować** ⟨**za-**⟩ (*-uję*) requirieren, beschlagnahmen

**rekwizyt** *m* (*-u*; *-y*) TEATR Requisit *n*

**relacja** *f* (*-i*; *-e*) Bericht *m*; (*stosunek*) Verhältnis *n*; KOLEJ Strecke *f*; **zdać** *pf* **relację** (**z** *gen*) berichten (über *akk*)

**relaks** *m* (*-u*; *-y*) Entspannung *f* **relaksować** ⟨**z-**⟩ (*-uję*) entspannen

**relatywny** relativ, verhältnismäßig

**religia** *f* (*gen dat lok -ii*; *-e*) Religion *f* **religijny** religiös; *wojna* Religions-, Glaubens-

**relikwia** *f* (*gen dat lok -ii*; *-e*) REL Reliquie *f*

**remanent** *m* (*-u*; *-y*) *sklepu* Inventur *f*

**remis** *m* (*-u*; *-y*) SPORT Unentschieden *n* **remisowy** (**-wo**) SPORT unentschieden

**remiza** *f* (*-y*): **~ strażacka** Feuerwache *f*

**remont** *m* (*-u*; *-y*) Überholung *f*, Instandsetzung *f*; *mieszkania* Renovierung *f* **remontować** ⟨**wy-**⟩ (*-uję*) renovieren, TECH reparieren, überholen

**rencista** *m* (*-y*; *-ści*), **rencistka** *f* (*-i*; *gen -tek*) Rentner(in) *m(f)*

**renesans** *m* (*-u*; *bpl*) MAL Renaissance *f*

**renifer** *m* (*-a*; *-y*) Ren(tier) *n*

**renomowany** renommiert, angesehen

**renowacja** *f* (*-i*; *-e*) Restaurierung *f*

**renta** *f* (*-y*) Rente *f*

**rentgen** *m* (*-a*; *-y*) *umg* Röntgenapparat *m*; (*zdjęcie*) Röntgenbild *n*

**rentowny** rentabel, einträglich

**reorganizować** ⟨**z-**⟩ (*-uję*) reorganisieren

**repatriacja** *f* (*-i*; *bpl*) POL *jeńców* Heimkehr *f*, Repatriierung *f*

**reperacja** *f* (*-i*; *-e*) Reparatur *f* **reperować** ⟨**z-**⟩ (*-uję*) reparieren

**repertuar** *m* (*-u*; *-y*) Repertoire *n*, Spielplan *m*

**reportaż** *m* (*-u*; *-e*) Reportage *f* **reporter** *m* (*-a*; *-rzy*) Reporter *m*; (*kobieta*) Reporterin *f*

**represyjny** repressiv

**reprezentacja** *f* (*-i*; *-e*) Repräsentation *f*, Vertretung *f*; SPORT Mannschaft *f* **reprezentacyjny** repräsentativ **reprezentować** (*-uję*) repräsentieren, vertreten; (*przedstawiać*) darstellen

**reprodukcja** *f* (*-i*; *-e*) *obrazu* Reproduktion *f*; (*ilustracja*) Abbildung *f*

**republika** *f* (*-i*) Republik *f*

**reputacja** *f* (*-i*; *-e*) Ruf *m*; Reputation *f*

**resocjalizacja** *f* (*-i*; *bpl*) Resozialisierung *f*

**resor** *m* (*-u od -a*; *-y*) AUTO (Blatt)Feder *f*

**resort** *m* (*-u*; *-y*) Ressort *n*; Zuständigkeitsbereich *m*

**respektować** (*-uję*) respektieren, achten

**respirator** *m* (*-a*; *-y*) MED Beatmungsgerät *n*, Respirator *m*

**respondent** *m* (*-a*; *-ci*), **respondentka** *f* (*-i*; *gen -tek*) Befragte(r) *m*, *f*

**restauracja**[1] *f* (*-i*; *-e*) (*lokal*) Restaurant *n*

**restauracja**[2] *f* (*-i*; *-e*) (*odnawianie*) Restaurierung *f*; POL Restauration *f* **restaurator**[1] *m* (*-a*; *-rzy*) (*konserwator*) Restaurator *m*; (*kobieta*) Restauratorin *f* **restaurator**[2] *m* (*-a*; *-rzy*), **restauratorka** *f* (*-i*; *gen -rek*) Gastwirt(in) *m(f)* **restaurować** ⟨**od-**⟩ (*-uję*) restaurieren **restrukturyzować** (*-uję*) umstrukturieren

**reszta** *f* (*-y*) Rest *m*; (*pieniądze*) Wechselgeld *n*; **reszty nie trzeba!** stimmt so!

**resztka** *f* (*-i*; *gen -tek*) (kleiner) Rest *m*; *pl* Reste *pl*

**retoryczny** rhetorisch

**retransmisja** *f* (*-i*; *-e*) RADIO Wiederholung *f*

**retusz** *m* (*-u*; *-e*) Retusche *f* **retuszować** ⟨**wy-**⟩ (*-uję*) retuschieren

**reumatyzm** *m* (*-u*; *bpl*) Rheuma *n*

**rewaloryzacja** *f* (*-i*; *-e*) FIN Aufwertung *f*; *zabytków* Restaurierung *f*

**rewanż** *m* (*-u*; *-e*) Revanche *f* **rewanżować się** ⟨**zrewanżować się**⟩ (*-uję*) (**za** *akk*) sich revanchieren (für *akk*) **rewanżowy**: **mecz** *m* **~** SPORT Revanchespiel *n*

**rewelacja** *f* (*-i*; *-e*) Sensation *f*; **to ~!** das ist ja sensationell! **rewelacyjny** sensationell, brillant

**rewia** *f* (*gen dat lok -ii*; *-e*) Revue *f*

**rewident** *m* (*-a*; *-ci*), **rewidentka** *f* (*-i*; *gen -tek*) (Buch)Prüfer(in) *m(f)* **rewidować** ⟨**z-**⟩ (*-uję*) *bagaż* durchsuchen; *zdanie* revidieren

**rewizja** *f* (*-i*; *-e*) Durchsuchung *f*; JUR, POL, FIN Revision *f*; **~ osobista** Leibesvisitation *f* **rewizjonistyczny** POL revisionistisch

**rewizyta** *f* (*-y*; *-*) Gegenbesuch *m*

**rewolucja** *f* (*-i*; *-e*) POL Revolution *f* (a.

*fig*) **rewolucyjny** POL Revolutions-, revolutionär

**rewolwer** *m* (-u; -y) Revolver *m*

**rezerwa** *f* (-y) Reserven *f*/*pl*; MIL, SPORT Reserve *f*; **z rezerwą** *adv* zurückhaltend

**rezerwacja** *f* (-*i*; -*e*) Reservierung *f* **rezerwat** *m* (-u; -y) Reservat *n*; **~ przyrody** Naturschutzgebiet *n* **rezerwować** ⟨za-⟩ (-*uję*) reservieren; *bilet* buchen, reservieren

**rezolucja** *f* (-*i*; -*e*) Resolution *f*, Beschluss *m* **rezolutny** resolut

**rezonans** *m* (-u; -*e*) FIZ Resonanz *f* (*a. fig*)

**rezultat** *m* (-u; -y) Ergebnis *n*, Resultat *n*

**rezurekcja** *f* (-*i*; -*e*) REL Ostermesse *f*; Osternacht *f*

**rezydencja** *f* (-*i*; -*e*) Residenz *f* **rezygnacja** *f* (-*i*; -*e*) Resignation *f*; *ze stanowiska* Rücktritt *m*; **złożyć** *pf* **rezygnację** zurücktreten; **~ z** (*gen*) Verzicht *m* auf (*akk*) **rezygnować** ⟨z-⟩ (-*uję*) (**z** *gen*) verzichten (auf *akk*); **rezygnować** *v/i* aufgeben

**reżim, reżym** *m* (-u; *bpl*) POL Regime *n*; *fig* strenge Disziplin *f*

**reżyser** *m* (-*a*; -*rzy*; -*rów*) Regisseur *m*; (*kobieta*) Regisseurin *f* **reżyseria** *f* (*gen dat lok -ii*; *bpl*) Regie *f*, Regieführung *f* **reżyserka** *f* (-*i*; *gen -rek*) *umg* Regisseurin *f*; *umg* Regie *f* **reżyserować** ⟨wy-⟩ (-*uję*) *v/t* Regie führen (*bei dat*)

**ręcznie** *adv* von Hand, per Hand; manuell **ręcznik** *m* (-*a*; -*i*; -*ów*) Handtuch *n*; **~ kąpielowy** Badehandtuch *n* **ręczny** Hand-; manuell **ręczyć** (-*ę*) bürgen (**za** *akk* für *akk*)

**ręka** *f* (-*i*, *lok ręce od ręku*; *ręce*, *rąk*, *rękami od rękoma*, *lok rękach*) (*dłoń*) Hand *f*; **iść pod rękę** untergehakt gehen; **mieć pod ręką** bei der Hand haben, griffbereit haben; **iść na rękę k-u** *fig* j-m entgegenkommen; **dać** *pf* **wolną rękę k-u** j-m freie Hand lassen; **prosić o rękę** e-n Heiratsantrag machen

**rękaw** *m* (-*a*; -y) Ärmel *m*

**rękodzieło** *n* (-*a*; *bpl*) Kunsthandwerk *n* **rękojeść** *f* (-*ści*) Griff *m* **rękojmia** *f* (-*i*; -*e*) Garantie *f*; HANDEL Bürgschaft *f* **rękopis** *m* (-u; -y) Manuskript *n*; *średniowieczny* Handschrift *f*

**ring** *m* (-u; -*i*) SPORT (Box)Ring *m*

**robaczkowy**: **wyrostek** *m* **~** ANAT Blinddarm *m* **robak** *m* (-*a*; -*i*) Wurm *m*; *w jabłku* Made *f*

**robić** ⟨z-⟩ (-*ię*, *rób!*) machen; **~ zakupy** einkaufen, Einkäufe machen; **co ~** (**z** *inst*) was soll man machen (mit *dat*)?; **nic sobie nie ~ z** (*inst*) sich nichts machen aus (*dat*); **to ci dobrze zrobi** das wird dir guttun **robocizna** *f* (-y; *bpl*) Arbeit *f*; (*koszt pracy*) (Arbeits)Lohn *m* **roboczy** Arbeits-; **dzień** *m* **~** Werktag *m*; **pamięć** *f* **robocza** IT Arbeitsspeicher *m*

**robot** *m* (-*a*; -y) Roboter *m*; **~ kuchenny** Küchenmaschine *f* **robota** *f* (-y; *gen robót*) *umg* Arbeit *f*; **roboty** *pl* **drogowe** Straßenarbeiten *pl*; **własnej** *od* **swojej roboty** KULIN selbst gemacht; **nie mieć nic do roboty** nichts zu tun haben **robotnica** *f* (-y; -*e*) Arbeiterin *f* **robotniczy** Arbeiter- **robotnik** *m* (-*a*; -*cy*) Arbeiter *m*

**rocznica** *f* (-y; -*e*) Jahrestag *m*; **trzecia ~ ślubu** dritter Hochzeitstag *m*; **~ śmierci** Todestag *m*; **rocznie** *adv* jährlich, pro Jahr **rocznik** *m* (-*a*; -*i*) Jahrgang *m*; (*druk*) Jahrbuch *n* **roczny** jährlich, Jahres-; *dziecko* einjährig

**rodaczka** *f* (-*i*; *gen -czek*) Landsmännin *f* **rodak** *m* (-*a*; -*cy*) Landsmann *m*; *pl* Landsleute *pl* **rodowity** gebürtig; **~ Polak** *m* gebürtiger Pole *m* **rodowód** *m* (-*odu*; -*ody*) Herkunft *f*; (*dzieje rodu*) Stammbaum *m* **rodowy**: **nazwisko** *n* **rodowe** Mädchenname *m*, Geburtsname *m*

**rodzaj** *m* (-u; -*e*; *gen -ów*) Art *f*; BIOL, LIT Gattung *f*; JĘZ Geschlecht *n*; **~ ludzki** Menschengeschlecht *n*; **coś w ~u** (*gen*) etwas in der Art von (*dat*), etwas wie (*nom*); **jedyny w swoim ~u** einzigartig **rodzajnik** *m* (-*a*; -*i*) GRAM Artikel *m*

**rodzeństwo** *n* (-*a*) Geschwister *pl* **rodzic** *m* (-*a*) *ofic* Elternteil *m* **rodzice** *pl* (*gen -ów*) Eltern *pl* **rodzicielski** elterlich, Eltern- **rodzić** ⟨u-⟩ (-*dzę*, *ródź!*) gebären, (ein Kind) zur Welt bringen; ZOOL Junge bekommen, werfen; **~ się** geboren werden, zur Welt kommen; ⟨z-⟩ *fig* erzeugen, schaffen; **~ się** *fig* entstehen, sich entwickeln; **rodzić** ⟨u⟩ AGR tragen; **rodzić się** AGR wachsen, gedeihen

**rodzimy** national; *handel* Inlands-, inländisch; (*miejscowy*) einheimisch **rodzina** *f* (-y) Familie *f*; **~ zastępcza** Pflegeeltern *pl*; **ojciec** *m* **rodziny** Familienvater *m* **rodzinny** Familien-; **dom** *m* **~** Elternhaus *n*; **miasto** *n* **rodzinne** Heimatstadt f; **w ~m gronie** im Familienkreis **rodzony** leiblich

**rogówka** f (-i; gen -wek) ANAT Hornhaut f

**rok** m (-u; lata) Jahr n; **od ~u** seit einem Jahr; **za ~** in einem Jahr; **raz do ~u** einmal im Jahr; **Nowy Rok** Neujahr n; **do sięgo ~u!** gutes Neues Jahr!; **~ akademicki** Studienjahr n

**rokowanie** n (-a) MED Prognose f; **rokowania** pl Verhandlungen pl

**rokrocznie** jedes Jahr, Jahr für Jahr

**rola¹** f (-i; -e; gen ról) TEATR, FILM Rolle f; **~ tytułowa** Titelrolle f; **to nie gra roli** das spielt keine Rolle

**rola²** f (-i; -e; gen ról) Acker m; Ackerbau m

**rola³** f (-i; -e; gen ról) (zwój) Rolle f; **~ papieru** (große) Papierrolle f

**rolada** f (-y) KULIN (Kuchen)Rolle f; Roulade f

**roleta** f (-y) Rollladen m; Rollo n

**rolka** f (-i; gen -lek) Rolle f; **~ papieru** Papierrolle f; pl Inlineskates pl

**rolnictwo** n (-a; bpl) Landwirtschaft f

**rolniczy** (**-czo**) landwirtschaftlich, agrarisch **rolny** landwirtschaftlich; polityka Agrar-

**Rom** m (-owie; gen -ów), Rom m

**romans** m (-u; -e) (Liebes)Affäre f, (Liebes)Verhältnis n; (powieść) Liebesroman m; MUS Romanze f **romantyczny** romantisch (a. LIT)

**romański** ARCH romanisch

**romb** m (-u; -y) Rhombus m, Raute f

**Romka** f (-ki; gen -mek) Romni f

**rondo** n (-a) kapelusza (Hut)Krempe f; (runder) Platz m; AUTO Kreuzung f mit Kreisverkehr; **objechać** pf **~** AUTO im Kreisverkehr fahren

**ropa** f (-y; bpl) MED Eiter m; AUTO Schweröl n; **~ naftowa** Erdöl n, Rohöl n **ropieć** (3. Pers -eje) rana eitern **ropny** MED eitrig

**ropucha** f (-y) Kröte f

**rosa** f (-y; bpl) Tau m

**Rosjanin** m (-a; -anie, -) Russe m **Rosjanka** f (-i; gen -nek) Russin f

**rosnąć\*** ⟨u-⟩ (-nę) wachsen, groß werden; ciasto aufgehen

**rosołowy**: **kostka f rosołowa** Brühwürfel f **rosół** m (-ołu; -oły) Fleischbrühe f; **~ z kury** Hühnerbrühe f

**rostbef** m (-u; -y) Roastbeef n

**rosyjski** (**po -ku**) russisch; Russen-; **język** m **~** Russisch n

**roszczenie** n (-a) Forderung f **rościć** (roszczę): **~ (sobie) prawo (do** gen) beanspruchen (akk)

**roślina** f (-y; -) Pflanze f; **~ ozdobna** Zierpflanze f; **~ przemysłowa** Nutzpflanze f; **~ lecznicza** Heilpflanze f; **~ wieloletnia** Staude f **roślinność** f (-i; bpl) Vegetation f, Pflanzenwelt f **roślinny** pflanzlich; świat Pflanzen- **roślinożerny** pflanzenfressend

**rotacja** f (-i; -e) (zmiana) Wechsel m; (ruch) Rotation f

**rowek** m (-wka; -wki) Rille f; TECH Nut f

**rower** m (-u; -y) Fahrrad n; **~ elektryczny** E-Bike n; **~ wodny** Tretboot n; **jeździć na ~ze** Fahrrad fahren **rowerzysta** m (-y; -ści), **rowerzystka** f (-i; gen -tek) Radfahrer(in) m(f)

**rozbawiony** vergnügt, amüsiert **rozbełtywać** ⟨-uję⟩ ⟨**rozbełtać**⟩ (-am) jajko verquirlen

**rozbicie** n (-a): **~ samolotu** Flugzeugabsturz m; **~ okrętu** Schiffbruch m **rozbić** pf: **~ samochód** das Auto zu Schrott fahren

**rozbieg** m (-u; -i) SPORT Anlauf m **rozbiegać się** (-am) ⟨**rozbiec się**⟩ (rozbiegnę) auseinanderlaufen; drogi sich verzweigen, sich gabeln **rozbierać** (-am) ⟨**rozebrać**⟩ (rozbiorę) ausziehen; TECH zerlegen, auseinandernehmen; budynek abreißen **rozbieralnia** f (-i; -e) Umkleidekabine f, Umkleideraum m

**rozbieżność** f (-ści) Diskrepanz f **rozbieżny** unterschiedlich; **zdania są rozbieżne** die Meinungen gehen auseinander

**rozbijać** (-am) ⟨**rozbić**⟩ (rozbiję) zerschlagen; jajko aufschlagen; małżeństwo zerstören; **~ namiot** ein Zelt aufschlagen; **~ się** zerschellen; **rozbijać się** umg sich herumtreiben

**rozbiór** m (-oru; -ory): **~ zdania** GRAM Satzanalyse f **rozbiórka** f (-i; gen -rek) budynku Abriss m

**rozbitek** m (-tka; -tkowie) Schiffbrüchige(r) m

**rozbój** m (-boju; -boje) Raubüberfall m

**rozbrajać** (-am) ⟨**rozbroić**⟩ ⟨-ję⟩ MIL entwaffnen; bombę entschärfen; **~ się** POL abrüsten

**rozbroić** pf → rozbrajać **rozbrojenie** n (-a; bpl) MIL Entwaffnung f; bomby Ent-

schärfung f; POL Abrüstung f
**rozbrzmiewać** (3. Pers -a) ⟨**rozbrzmieć**⟩ (-eje) ertönen, erklingen **rozbudowa** f (-y) Ausbau m **rozbudow(yw)ać** (-[w]uję) ausbauen; vergrößern **rozbudzać** (-am) ⟨-ić⟩ ⟨-dzę⟩ erwecken **rozchmurzać się** (-am) ⟨-yć się⟩ (-ę) aufklaren, sich aufheitern
**rozchodzić się** (-ę) ⟨rozejść się⟩ (rozejdę) auseinandergehen, weggehen; małżeństwo sich scheiden lassen; drogi sich gabeln; zapach sich verbreiten; towar Absatz finden; pieniądze ausgehen **rozchorować się** pf (-uję) krank werden **rozchód** m (-odu; -ody) Ausgaben pl; FIN Soll n
**rozchwytywać** (-uję) (akk) sich reißen um (akk)
**rozchylać** (-am) ⟨-ić⟩ (-ę) öffnen; gałęzie zur Seite schieben; **~ się** sich öffnen **rozciągać** (-am) ⟨-nąć⟩ (-nę) auseinanderziehen; mięśnie dehnen; sweter ausleiern; **~ się** sich dehnen; sweter ausleiern; **rozciągać się** sich erstrecken **rozciągliwy** dehnbar, elastisch
**rozcieńczać** (-am) ⟨-yć⟩ (-ę) verdünnen **rozciąć\*** pf → rozcinać **rozcierać** (-am) ⟨**rozetrzeć**⟩ (rozetrę) ręce reiben; maść verreiben **rozcięcie** n (-a) Schnitt m; w ubraniu Schlitz m **rozcinać** (-am) ⟨rozciąć⟩ (rozetnę) zerschneiden
**rozczarowanie** n (-a) Enttäuschung f **rozczarow(yw)ać** (-[w]uję) enttäuschen; **rozczarować się** enttäuscht sein **rozczochrany** zerzaust
**rozczulać** (-am) ⟨-ić⟩ (-lę) rühren; **~ się** gerührt sein; sentimental werden
**rozdawać** (rozdaję) ⟨**rozdać**⟩ (-am) nagrody verleihen; karty austeilen; pieniądze ausgeben; ⟨podzielić⟩ verteilen
**rozdąć** pf → rozdymać
**rozdeptywać** (-uję) ⟨**rozdeptać**⟩ (rozdepczę) zertreten
**rozdrabniać** (-am) ⟨**rozdrobnić**⟩ (-ię, -nij!) zerkleinern; **~ się** umg sich verzetteln
**rozdrapywać** (-uję) ⟨**rozdrapać**⟩ (-ię) aufkratzen, aufreißen
**rozdrażniać** (-am) ⟨-ić⟩ (-ię) reizen, ärgern **rozdrażnienie** n (-a) Gereiztheit f **rozdrażniony** (persf -eni) gereizt, verärgert
**rozdroże** n (-a; gen -y) Kreuzweg m, Weggabelung f
**rozdział** m (-u; -y) Kapitel n; (podział) Aufteilung f; Verteilung f; fig Trennung f; **~ kościoła od państwa** Trennung f von Kirche und Staat
**rozdzielać** (-am) ⟨-ić⟩ (-lę) verteilen, aufteilen; (oddzielać) trennen; **~ się** sich trennen, sich teilen **rozdzielczość** f (-ści; bpl) IT Auflösung f **rozdzielczy: deska f rozdzielcza** AUTO Armaturenbrett n **rozdzielnik** m (-a; -i) ADMIN Verteiler m **rozdzielny** GRAM getrennt
**rozdźwięk** m (-u; -i) fig Missklang m
**rozebrać\*** pf → rozbierać **rozegrać** pf → rozgrywać
**rozejm** m (-u; -y) Waffenstillstand m
**rozejrzeć się** pf → rozglądać się **rozejść\* się** pf → rozchodzić się
**rozerwać\*** pf: **~ k-o** j-n unterhalten, zerstreuen
**rozespany** verschlafen, schlaftrunken **rozśmiać się** pf (-eję) auflachen, in Lachen ausbrechen; **~ głośno** laut auflachen **rozetrzeć\*** pf → rozcierać **rozewrzeć\*** pf → rozwierać
**rozeznanie** n (-a; bpl): **mieć (dobre) ~** sich (gut) auskennen (**w** lok in dat); **stracić** pf **~ (w sytuacji)** den Überblick (über die Lage) verlieren
**rozgałęzienie** n (-a) Verzweigung f **rozgardiasz** m (-u; bpl) Durcheinander n, Wirrwarr m **rozgarnięty** (persf -ci) aufgeweckt, gescheit
**rozginać** (-am) ⟨**rozgiąć**⟩ (rozegnę) auseinanderbiegen; zgięty drut gerade richten **rozglądać się** (-am) ⟨**rozejrzeć się**⟩ (-ę, -y, -yj!) umherblicken, sich umsehen (**po** lok in dat); **~ za** (inst) fig sich umschauen nach (dat) **rozgłaszać** (-am) ⟨**rozgłosić**⟩ (rozgłoszę) publik machen; tajemnicę umg ausposaunen
**rozgłos** m (-u; bpl) Ruhm m, Popularität f; **bez ~u** im Stillen, ohne Aufsehen **nadać** pf **~** (dat) publik machen (akk) **rozgłosić** pf → rozgłaszać **rozgłośnia** f (-i; -e) Rundfunksender m
**rozgniatać** (-am) ⟨**rozgnieść\***⟩ (rozgniotę) zerdrücken; niedopałek austreten **rozgniewać** pf (-am) zornig od wütend machen, erzürnen **rozgniewany** zornig, erzürnt
**rozgoryczony** (persf -eni) verbittert

**rozgraniczać** (-am) ⟨-yć⟩ (-ę) abgrenzen; (rozróżniać) unterscheiden, auseinanderhalten

**rozgrywać** (-am) ⟨rozegrać⟩ (-am) austragen; *partię* spielen; **~ się** *wypadki* sich abspielen; *walka* stattfinden; *akcja filmu* spielen **rozgryzać** (-am) ⟨rozgryźć*⟩ (rozgryzę) zerbeißen; *pestki* knacken

**rozgrzać** pf → rozgrzewać

**rozgrzeszenie** n (-a) REL Absolution f

**rozgrzewać** (-am) ⟨rozgrzać⟩ (-eję) wärmen; *silnik* warm laufen lassen; **~ się** *osoba* sich aufwärmen (a. SPORT); *silnik* warm laufen **rozgrzewka** f (-i; gen -wek) Aufwärmung f

**rozgwiazda** f (-y) Seestern m **rozjaśniacz** m (-a; -e) Bleichmittel n **rozjaśniać** (-am) ⟨-ić⟩ (-ię, -nij!) erhellen; *włosy* aufhellen **rozjechać*** pf (rozjadę) überfahren

**rozjemca** m (-y; gen -ów) Schiedsmann m, Schlichter m

**rozkaz** m (-u; -y) Befehl m (a. MIL) **rozkazać** pf → rozkazywać **rozkazywać** (-uję) ⟨rozkazać⟩ (rozkażę) befehlen (a. MIL)

**rozkład** m (-u; -y) (rozpad) Zerfall m (a. CHEM); *ciała* Verwesung f; *mieszkania* Schnitt m; BIOL Zersetzung f; **~ jazdy** Fahrplan m; **~ lekcji** Stundenplan m; **według ~u** planmäßig **rozkładać** (-am) ⟨rozłożyć⟩ (-ę) ausbreiten; *parasol* aufspannen; *leżak* aufklappen; *pracę* einteilen; *obowiązki* verteilen; *maszynę* zerlegen; BIOL zersetzen; **~ się** BIOL zersetzt werden, verfaulen; *ciało* verwesen

**rozkopywać** (-uję) ⟨rozkopać⟩ (-ię) *ulicę* aufgraben

**rozkosz** f(-y; -e) Wonne f, Genuss m; *zmysłowa* Wollust f; **~e** pl Freuden fpl; **z ~ą** adv genussvoll, mit Genuss **rozkoszny** reizend, wunderbar; *dziecko* entzückend **rozkoszować się** (-uję) (inst) genießen (akk)

**rozkręcać** (-am) ⟨-ić⟩ (-ę) auseinanderschrauben; *interes* umg ankurbeln; *towarzystwo* in Fahrt bringen; **~ się** *zabawa* umg in Fahrt kommen; *produkcja* in Gang kommen **rozkurczać** (-am) ⟨-yć⟩ (-ę) *palce* strecken; *mięsień* entspannen, lockern

**rozkwitać** (-am) ⟨-nąć⟩ (-nę)BOT aufblühen

**rozlać** pf → rozlewać

**rozległy** (-le) ausgedehnt, weit; fig umfangreich

**rozlepiać** (-am) ⟨-ić⟩ (-ię) *plakaty* (an)kleben

**rozlewać** (-am) ⟨rozlać⟩ (rozleję) verschütten; **~ (do kieliszków)** einschenken; **~ do butelek** in Flaschen abfüllen; v/i über die Ufer treten; **~ się** verschüttet werden

**rozliczać** (-am) ⟨-yć⟩ (-ę) abrechnen; verrechnen; **~ z** (gen) nachprüfen, kontrollieren (akk); fig beurteilen (akk); **~ się** abrechnen (**z** inst mit dat) (a. fig) **rozliczenie** n (-a) FIN Abrechnung f (a. fig)

**rozlokow(yw)ać** (-[w]uję) unterbringen; **~ się** unterkommen; sich einrichten

**rozlosow(yw)ać** (-[w]uję) verlosen

**rozluźniać** (-am) ⟨-ić⟩ (-ię, -nij!) lockern

**rozluźniony** locker

**rozładow(yw)ać** (-[w]uję) entladen; **~ napięcie** die Lage entspannen **rozładunek** m (-nku; -nki) Entladung f, Ausladen n **rozłam** m (-u; -y) fig Spaltung f **rozłączać** (-am) ⟨-yć⟩ (-ę) voneinander trennen, lösen; *coś nas rozłączyło* TEL die Verbindung wurde unterbrochen; **~ się** sich trennen, sich lösen; *proszę się nie rozłączać!* TEL bleiben Sie bitte dran!, legen Sie nicht auf! **rozłąka** f (-i) (rozstanie) Trennung f

**rozłożyć** pf → rozkładać

**rozmach** m (-u; bpl) fig Schwung m, Elan m

**rozmaitość** f (-ści; bpl) Vielfalt f, Mannigfaltigkeit f; **rozmaitości** pl Verschiedene(s) n, alles Mögliche **rozmaity** (-cie) verschieden

**rozmaryn** m (-u; -y) Rosmarin m

**rozmarzać** [-r.z-] (3. Pers -a) ⟨-nąć⟩ (-nie) v/i auftauen **rozmarzony** *oczy* träumerisch, verträumt; *osoba* verträumt, traumverloren **rozmawiać** (-am) (miteinander) sprechen; **~ o** (lok) sich unterhalten, sprechen über (akk) **rozmiar** m (-u; -y) (wielkość) Größe f

**rozmieniać** (-am) ⟨-ić⟩ (-ię) *pieniądze* wechseln **rozmieszać** pf (-am) verrühren **rozmieszczać** (-am) ⟨rozmieścić⟩ (rozmieszczę) *osoby* unterbringen; **~ się** unterkommen, s-n Platz einnehmen **rozmieszczenie** n (-a) Verteilung f

**rozmiękczać** (-am) ⟨-yć⟩ (-ę) v/t aufweichen; *fig* erweichen
**rozmnażać** (-am) ⟨**rozmnożyć**⟩ (-ę) BIOL züchten; **~ się** BIOL sich fortpflanzen
**rozmnażanie** n (-a; bpl) Züchtung f; **~ (się)** Fortpflanzung f **rozmnożyć** pf → rozmnażać
**rozmontow(yw)ać** (-[w]uję) auseinander nehmen, zerlegen
**rozmowa** f (-y; gen -ów) Gespräch n; (dyskusja) Unterhaltung f **rozmowny** gesprächig
**rozmówca** m (-y; gen -ów), **rozmówczyni** f (-; -e) Gesprächspartner(in) m(f) **rozmówić się** pf (-ię) sich aussprechen (**z** inst mit dat)
**rozmrażać** (-am) ⟨**rozmrozić**⟩ (rozmrożę) auftauen; *lodówkę* abtauen
**rozmysł: z ~em** mit Absicht, bewusst
**rozmyślać** (-am) grübeln; **~ nad** (inst od **o** lok) nachdenken, sinnen über (akk)
**rozmyślić się** pf (-lę) es sich anders überlegen
**roznegliżowany** halb nackt **rozniecać** (-am) ⟨**rozniecić**⟩ (-cę) *ogień* entfachen (a. fig) **roznosić*** pf → roznosić
**roznosiciel** m (-a; -e): **~ gazet** Zeitungsausträger m **roznosić** (roznoszę) ⟨**roznieść**⟩ (roznoszę) *gazety* austragen; *pocztę* zustellen; *napoje* servieren; *zarazki* übertragen; *plotki* verbreiten; **~ się** *wiadomości* sich verbreiten
**rozpacz** f (-y; bpl) Verzweiflung f, Leid n; **doprowadzić pf do ~y** zur Verzweiflung bringen **rozpaczać** (-am) verzweifelt sein (**nad** inst über akk) **rozpaczliwy** (-wie) verzweifelt
**rozpad** m (-u; -y) Auflösung f, Zerfall m (a. FIZ, CHEM) **rozpadać się** (3. Pers -a) ⟨**rozpaść się**⟩ (rozpadnie) zerfallen; *związek* in die Brüche gehen; *budynek* verfallen **rozpadlina** f (-y): **~ skalna** Felsspalte f
**rozpakow(yw)ać** (-[w]uję) auspacken
**rozpalać** (-am) ⟨-ić⟩ (-lę) anzünden; *namiętność* entfachen; **~ się** brennen
**rozpatrywać** (-uję) ⟨**rozpatrzyć**⟩ (-ę) prüfen; *możliwości* erwägen; **rozpatrzony pozytywnie** positiv beschieden; **~ się (w** lok) sich einen Überblick verschaffen (über akk)
**rozpęd** m (-u; bpl): **nabrać** pf **~u** an Geschwindigkeit gewinnen, schneller werden; *fig* in Schwung kommen

**rozpędzać** (-am) ⟨-ić⟩ (-ę) auseinandertreiben; *złe myśli* vertreiben; **rozpędzić na cztery wiatry** *umg* zum Teufel jagen; **~ się** Anlauf nehmen; AUTO beschleunigen, an Geschwindigkeit gewinnen
**rozpiąć** pf → rozpinać
**rozpieczętow(yw)ać** (-[w]uję) öffnen
**rozpieszczać** (-am) ⟨**rozpieścić**⟩ (rozpieszczę) verwöhnen; *dziecko* verhätscheln, verziehen **rozpieszczony** (persf -eni) verwöhnt; *dziecko* verzogen
**rozpiętość** f (-ści; bpl) Spannweite f
**rozpinać** (-am) ⟨**rozpiąć**⟩ (rozepnę) *płaszcz* aufknöpfen; *guzik* öffnen, aufmachen; **~ pasy** AUTO, LOT sich abschnallen; **~ się** *osoba* sich aufknöpfen; *agrafka* sich öffnen, aufgehen
**rozpisywać** (-uję) ⟨**rozpisać**⟩ (rozpiszę) *wybory* ausschreiben; *konkurs* ausloben
**rozplątywać** (-uję) ⟨**rozplątać**⟩ (rozplączę) entwirren (a. fig); *zagadkę* lösen
**rozpłakać się** pf (rozpłaczę) in Tränen ausbrechen, anfangen zu weinen
**rozpoczynać** (-am) ⟨**rozpocząć**⟩ (-nę) (akk) beginnen (mit dat); **~ się** v/i beginnen
**rozpogodzenie** n (-a) METEO Aufheiterung f
**rozporek** m (-rka; -rki) Hosenschlitz m
**rozporządzać** (-am) ⟨-ić⟩ (-dzę) anordnen; **rozporządzać** (inst) verfügen über (akk); **~ się** (inst) ohne Absprache entscheiden (über akk) **rozporządzenie** n (-a) Verfügung f
**rozpowszechniać** (-am) ⟨-ić⟩ (-ię, -nij!) verbreiten; *film* vertreiben; **~ się** sich verbreiten **rozpowszechnienie** n (-a; bpl) Verbreitung f; *filmu* Vertrieb m **rozpowszechniony** (weit)verbreitet
**rozpoznać** pf → rozpoznawać **rozpoznanie** n (-a) Identifizierung f; MED Diagnose f **rozpoznawać** (rozpoznaję) ⟨**rozpoznać**⟩ (-am) erkennen, identifizieren; (widzieć po raz kolejny) wiedererkennen; **~ po** (lok) erkennen (an dat); **~ się** einander wiedererkennen **rozpoznawczy** *znak* Erkennungs-; MIL Erkundungs-
**rozpraszać** (-am) ⟨**rozproszyć**⟩ (-ę) zerstreuen; **rozpraszać k-o** j-n stören, j-n ablenken; **~ się** sich zerstreuen; **rozpraszać się** zerstreut sein, unkonzentriert sein **rozprawa** f (-y) JUR (Gerichts)Ver-

handlung f; (traktat) Abhandlung f; **rozprawy** f/pl Debatten f/pl; ~ **doktorska** Dissertation f, Doktorarbeit f

**rozproszyć** pf → rozpraszać **rozprowadzać** (-am) ⟨-ić⟩ (-ę) vertreiben; *farbę* verstreichen

**rozpruwać** (-am) ⟨rozpruć⟩ (rozpruję) auftrennen

**rozpryskiwać** (-uję) ⟨rozpryskać⟩ (-am) od ⟨rozprysnąć⟩ (-nę) versprühen, (ver)spritzen; **rozprysnąć się** pf zersplittern

**rozprzestrzeniać** (-am) ⟨-ić⟩ (-ię) (rozpowszechniać) verbreiten; ~ **się** sich ausbreiten; *ogień* übergreifen (**na** akk auf akk)

**rozpuszczać** (-am) ⟨rozpuścić⟩ (rozpuszczę) auflösen; *włosy* lösen; *dzieci* verziehen, verwöhnen; (topić) schmelzen; ~ **pieniądze** das Geld verschwenden; ~ **się** *cukier* sich auflösen; *śnieg* schmelzen

**rozpuszczalnik** m (-a; -i) Lösungsmittel n **rozpuszczalny** löslich; ~ **w wodzie** wasserlöslich

**rozpylacz** pf; → rozpuszczać

**rozpylacz** m (-a; -e) Zerstäuber m

**rozrachunek** m (-nku; bpl) Abrechnung f (a. FIN); **w ostatecznym rozrachunku** fig letztendlich, alles in allem

**rozregulow(yw)ać** (-[w]uję) verstellen

**rodczy** *funkcje* Fortpflanzungs-

**rozróżniać** (-am) ⟨-ić⟩ (-ię, -nij!) unterscheiden

**rozruszać** pf (-am) *palce* bewegen; *silnik* warm laufen lassen; *towarzystwo* in Stimmung bringen **rozrusznik** m (-a; -i) AUTO Anlasser m

**rozrywać** (-am) ⟨rozerwać⟩ (-ę) zerreißen; ~ **się** *vli* zerreißen **rozrywka** f (-i; gen -wek) Unterhaltung f

**rozrzedzać** (-am) ⟨-ić⟩ (-dzę) verdünnen; ~ **się** dünner werden

**rozrzucać** (-am) ⟨-ić⟩ (-ę) durcheinanderwerfen, verstreuen **rozrzutność** f (-ści; bpl) Verschwendung f; verschwenderisches Wesen n **rozrzutny** verschwenderisch

**rozsadzać** (-am) ⟨-ić⟩ (-ę) AGR verpflanzen; *uczniów* auseinandersetzen; *skałę* sprengen

**rozsądek** m (-dku; bpl) Vernunft f; **zdrowy** ~ gesunder Menschenverstand m **rozsądny** vernünftig, klug

**rozsądzać** (-am) ⟨-ić⟩ (-ę) entscheiden,

urteilen; *spór* schlichten

**rozsiewać** (-am) ⟨rozsiać⟩ (-eję) aussäen

**rozstać\* się** pf → rozstawać się **rozstanie** n (-a) Trennung f **rozstawać się** (rostaję) ⟨rozstać się⟩ (rozstanę) (z inst) sich trennen (von dat) **rozstawi(a)ć** aufstellen; *nogi* spreizen **rozstawienie** n (-a) Aufstellung f; (odległość) Abstand m

**rozstępować się** (-uję) ⟨rozstąpić się⟩ (-ię) zur Seite treten, Platz machen **rozstrajać** (-am) ⟨rozstroić⟩ (rozstroję) MUS verstimmen; *nerwy* zerrütten **rozstrój** m (-oju; bpl) Chaos n, Zusammenbruch m; ~ **żołądka** Magenverstimmung f

**rozstrzeliwać** (-wuję) ⟨rozstrzelać⟩ (-am) erschießen

**rozstrzygać** (-am) ⟨-nąć⟩ (-nę) entscheiden (**o** lok über akk); den Ausschlag geben (für akk) **rozstrzygający** (-co) entscheidend; ausschlaggebend **rozstrzygnięcie** n (-a) Entscheidung f

**rozsunąć** pf → rozsuwać **rozsuwać** (-am) ⟨rozsunąć⟩ (-nę) auseinanderschieben; *stół* ausziehen

**rozsyłać** (-am) ⟨rozesłać¹⟩ (roześlę) aussenden; *listy* verschicken, versenden **rozsypywać** (-uję) ⟨rozsypać⟩ (-ię) verschütten; ~ **się** sich verschüttet werden

**rozszczepienie** n (-a): ~ **atomu** FIZ Kernspaltung f

**rozszerzać** (-am) ⟨-yć⟩ (-ę) fig erweitern; ~ **się** fig sich erweitern; *źrenice* sich weiten; *ogień* sich ausbreiten, übergreifen (**na** akk auf akk) **rozszerzenie** n (-a) fig Erweiterung f

**rozszyfrow(yw)ać** (-[w]uję) entschlüsseln; fig enträtseln **rozśmieszać** (-am) ⟨-yć⟩ (-ę) zum Lachen bringen, (bawić) amüsieren, erheitern

**roztapiać** (-am) ⟨roztopić⟩ (-ię) schmelzen; KULIN zerlassen; ~ **się** schmelzen, auftauen; *lody* zerfließen, schmelzen

**roztargnienie** n (-a; bpl) Zerstreutheit f; **przez** ~ aus Zerstreutheit; **z** ~**m** adv unkonzentriert, zerstreut

**rozterka** f (-i; bpl) Zwiespalt m, Dilemma n; **być w rozterce** sich in einem Dilemma befinden, gespalten sein

**roztłuc\*** pf (roztlukę) zerschlagen

**roztocze** pl (gen -y) ZOOL Milben pl **roztopić** pf → roztapiać; *topić* **roztopy**

**184** • roztropny – równorzędny

*pl (gen -ów)* Schneematsch *m*; **wiosenne ~** Tauwetter *n*, Schneeschmelze *f*
**roztropny** *osoba* besonnen; *plan* klug, vernünftig; *dziecko* aufgeweckt
**roztrzepany** schuss(e)lig, chaotisch; flatterhaft
**roztrzęsiony** *(persf -eni)* nervös, aufgewühlt; *głos* zitternd **roztwór** *m (-oru; -ory)* CHEM Lösung *f*; **~ soli** CHEM Salzlösung *f*; KULIN Salzwasser *n*
**rozum** *m (-u; -y) (umysł)* Verstand *m*; *(rozsądek)* Vernunft *f* **na chłopski ~** mit gesundem Menschenverstand *m*; **być niespełna ~ u** nicht ganz bei Verstand sein **rozumieć\*** *(rozumiem)* verstehen; **nic nie rozumiem** ich verstehe nichts; **co przez to rozumiesz?** was meinst du damit?; **~ się** sich verstehen **(z** *inst* mit *dat*); **to się rozumie samo przez się** das versteht sich von selbst; **ma się ~** selbstverständlich **rozumny** klug; *istota* vernunftbegabt **rozumowanie** *n (-a)* Denkweise *f*, Denken *n*
**rozwaga** *f (-i; bpl)* Besonnenheit *f*, Umsicht *f*
**rozwalać** *(-am)* ⟨-ić⟩ *(-lę) umg* kaputtmachen; *budynek* einreißen; **~ się** *umg* kaputtgehen; *osoba* sich hinflläzen
**rozwałkow(yw)ać** *(-[w]uję)* ausrollen
**rozważać** *(-am)* ⟨-yć⟩ *(-ę)* abwägen *v/i* bedenken; **~ za i przeciw** das Für und Wider erwägen
**rozweselać** *(-am)* ⟨-ić⟩ *(-lę)* aufheitern; **~ się** bessere Laune bekommen, sich erheitern
**rozwiać** *pf* → rozwiewać
**rozwiązać** *pf* → rozwiązywać **rozwiązanie** *n (-a; gen -ań) umowy* Auflösung *f*; *problemu* Lösung *f*; *(poród)* Entbindung *f*
**rozwiązły** liederlich, ausschweifend; *obyczaje* locker **rozwiązywać** *(-uję)* ⟨rozwiązać⟩ *(rozwiążę) problem* lösen; *supeł* aufbinden; *umowę* auflösen
**rozwidniać się** *(3. Pers -a)*: **rozwidnia się** es tagt, es dämmert
**rozwiedziony** *(persf -dzeni)* geschieden **rozwieszać** *(-am)* ⟨rozwiesić⟩ *(rozwieszę) bieliznę* aufhängen **rozwiewać** *(-am)* ⟨rozwiać⟩ *(rozwieję)* verwehen; *włosy* zerzausen; *wątpliwości* zerstreuen
**rozwieźć\*** *pf* → rozwozić
**rozwijać** *(-am)* ⟨rozwinąć⟩ *(-nę, rozwiń!) (wyjąć)* auswickeln **(z** *gen* aus *dat)*; *działal-*

ność entwickeln; *zwój* entrollen; *zainteresowania* entfalten; **~ się** sich entwickeln *kwiat* aufgehen **rozwinąć** *pf* → rozwijać **rozwinięty** entwickelt; **wysoko ~** hoch entwickelt; **słabo ~** unterentwickelt
**rozwlekły** (**-le**) weitschweifig, langatmig; *wymowa* gedehnt
**rozwodnik** *m (-a; -cy)* Geschiedene(r) *m*, geschiedener Mann *m*
**rozwolnienie** *n (-a)* MED Durchfall *m*
**rozwozić** *(rozwożę)* ⟨rozwieźć⟩ *(rozwiozę)* ausfahren; *pocztę* zustellen; **~ po domach** ins Haus liefern **rozwód** *m (-odu; -ody)* (Ehe)Scheidung *f* **rozwódka** *f (-i; gen -dek)* Geschiedene *f*, geschiedene Frau *f* **rozwój** *m (-oju; bpl)* Entwicklung *f* (a. BIOL)
**rozżalony** gekränkt; wehmütig; verbittert **rozżarzać** *(-am)* ⟨-yć⟩ *(-ę)* zum Glühen bringen, glühend machen; **~ się** (beginnen zu) glühen; **~ się do czerwoności** rot glühen
**rożek** *m (-żka; -żki)* KULIN Hörnchen *n*; *(wafel)* Eiswaffel *f* **rożen** *m (-żna; -żny)* Grill *m*; *(pręt)* (Brat)Spieß *m*
**ród** *m (rodu; rody) (rodzina)* Geschlecht *n*
**róg** *m (rogu; rogi)* Ecke *f*; MUS Waldhorn *n*; *(bpl) (materiał)* Horn *n*; **rogi** *m|pl byka* Hörner *n|pl*; *jelenia* Geweih *n*; *ślimaka* Fühler *pl* **w rogu** in der Ecke; **na rogu** an der Ecke; **za rogiem** um die Ecke
**rój** *m (roju; roje)* ZOOL Schwarm *m*
**rów** *m (rowu; rowy)* Graben *m (a.* GEOL)
**rówieśnica** *f (-y; -e)* Altersgenossin *f*, Gleichaltrige *f* **rówieśnik** *m (-a; -cy)* Altersgenosse *m*, Gleichaltrige(r) *m*
**równać** *(-am)* ⟨wy-⟩ ebnen; gerade machen, gerade richten; ⟨z-⟩ **(z** *inst)* angleichen *(dat,* an *akk)*; vergleichen (mit); **~ się** MIL sich (aus)richten; *(dat)* gleichen; gleichkommen *(dat)*; MAT **równa się ist** (gleich) **równanie** *n (-a)* MAT Gleichung *f* **równie** *adv* genauso, gleich; derart, dermaßen
**równik** *m (-a; bpl)* GEOG Äquator *m* **równina** *f (-y)* Ebene *f*, Flachland *n*
**równoczesny** (**-śnie**) gleichzeitig **równoległy** (**-le**) parallel **równoleżnik** *m (-a; -i)* GEOG Breitenkreis *m* **równomierny** gleichmäßig, gleichförmig **równoprawny** gleichberechtigt **równorzędny** *stanowisko* gleichwertig; *partner* gleichberechtigt; *przeciwnik*

ebenbürtig
**równość** f (-ści; bpl) Gleichheit f; (równouprawnienie) Gleichberechtigung f; **znak ~** MAT Gleichheitszeichen n
**równouprawnienie** n (-a; bpl) Gleichberechtigung f **równowaga** f (-i; bpl) Gleichgewicht n (a. fig) **równowartościowy** gleichwertig, äquivalent **równoważnia** f (-i; -e) SPORT Schwebebalken m **równoznaczny** gleichbedeutend (**z** inst mit dat)
**równy (-no)** (gładki) glatt; (płaski) eben; (prosty) gerade; (jednakowy) gleich; (regularny) gleichmäßig; umg rund; **być w ~m wieku** gleichaltrig sein
**róż** m (-u; -e) Rouge n; (kolor) Rosa n
**róża** f (-y; -e) Rose f; MED Wundrose f **różaniec** m (-ńca; -ńce) REL Rosenkranz m
**różnica** f (-y; -e) Unterschied m; MAT Differenz f **różnicować** ⟨z-⟩ (-uję) differenzieren **różnić** (-ię, -nij!) unterscheiden; **~ się** (inst) sich unterscheiden in (dat); **~ się pod względem** (gen) sich unterscheiden durch (akk); **~ się od** (gen) sich unterscheiden von (dat)
**różnoraki (-ko)** verschieden, verschiedenartig **różność** f (-ści; bpl) Vielfalt f; Andersartigkeit f
**różny** (odmienny) unterschiedlich; verschieden
**różyczka** f (-i; bpl) MED Röteln pl
**rtęć** f (-ci; bpl) Quecksilber n
**rubinowy** Rubin-; kolor rubinrot
**rubryka** f (-i) Rubrik f
**ruch** m (-u; -y) Bewegung f (a. POL); uliczny (Straßen)Verkehr m; w grze Zug m (a. fig); (ożywienie) Betrieb m; **bez ~u** bewegungslos; **~ oporu** POL Widerstandsbewegung f; **zgodnie z ~em wskazówek zegara** im Uhrzeigersinn; **teraz twój ~!** du bist dran! **ruchliwość** f (-ści; bpl) Beweglichkeit f **ruchliwy (-wie)** ulica belebt; trasa verkehrsreich; dziecko lebhaft; osoba geschäftig, aktiv; (ruchomy) beweglich **ruchomość** f (-ści; 0) Bewegungsfähigkeit; Beweglichkeit; (pl -ści) bewegliche Sache; pl a. Mobilien f/pl **ruchomy (-mo)** beweglich
**ruda** f (-y) Erz n; **~ żelaza** Eisenerz n **rudy (-do)** rotbraun; włosy rot; (rudowłosy) rothaarig
**rufa** f (-y) MAR Heck n; **na rufie** am Heck
**ruina** f (-y) Ruin m, Verfall m

**rujnować** ⟨z-⟩ (-uję) ruinieren; miasto zerstören; **~ się** sich ruinieren
**rulon** m (-u; -y) papieru Rolle f
**rum** m (-u; bpl) Rum m
**rumianek** m (-nku; -nki) BOT Kamille f; (napar) Kamillentee m **rumiany** rotbäckig; pieczeń knusperigbraun **rumienić** ⟨przy-⟩ (-ię) KULIN (an)bräunen; **~** KULIN braun werden; **~ się** ⟨za-⟩ erröten
**rumieniec** m (-ńca; -ńce) twarzy Röte f
**rumor** m (-u; -y) Krach m, Poltern n
**rumowisko** n (-a) Trümmerhaufen m, Schutt m
**rumsztyk** m (-u; -i) Rumpsteak n
**Rumun** m (-a; -i) Rumäne m **Rumunka** f (-i; gen -nek) Rumänin f **rumuński (po -ku)** rumänisch
**runąć** pf (-nę, -ń!) stürzen; samolot abstürzen; (zawalić się) zusammenstürzen
**runda** f (-y) SPORT Runde f
**rupieciarnia** f (-i; -e) Rumpelkammer f
**rupiecie** m/pl (gen -) Gerümpel n
**rura** f (-y) Rohr n **rurka** f (-i; gen -rek) Röhrchen n, kleines Rohr m **rurociąg** m (-u; -i) Rohrleitung f, Pipeline f; **~ gazowy** Gasleitung f
**ruszać** (-am) ⟨-yć⟩ (-ę) (inst) bewegen (akk); **~ ręką** die Hand bewegen; (dotykać) berühren, anfassen (akk); v/i osoba aufbrechen; losgehen; pojazd losfahren; fabryka den Betrieb aufnehmen; produkcja aufgenommen werden; silnik starten; **~ się** sich bewegen; ząb wackeln; **nie ruszaj się!** beweg dich nicht!
**ruszt** m (-u; -y) Grill m; w piecu (Feuer)Rost m
**rusztowanie** n (-a) BUD Gerüst n
**ruszyć** pf; → ruszać
**rutynowany** routiniert, versiert
**rwać*** (rwę) zerreißen; kwiaty pflücken; ząb ziehen; **~ chwasty** Unkraut jäten; **~ się** zerreißen; **~ się do** (gen) umg brennen auf (akk) **rwący** potok reißend; ból ziehend
**ryba** f (-y) ZOOL, KULIN Fisch m; **iść na ~by** angeln gehen **rybny** Fisch- **rybołówstwo** n (-a; bpl) Fischerei f, Fischfang m
**rycina** f (-y) w książce Illustration f, Bild n
**ryczałt** m (-u; -y) FIN Pauschale f, Pauschalsumme f; **~em** adv pauschal **ryczałtowy** Pauschal-, pauschal
**ryczeć** (-ę, -y) ⟨ryknąć⟩ (-nę) brüllen; kro-

*wa* muhen; *syrena* heulen

**ryć** ⟨**wy-**⟩ ⟨-ję, ryj!; ryl⟩ wühlen; *napis* stechen

**rydz** *m* ⟨-a, -e⟩ BOT Reizker *m*

**ryglować** ⟨**za-**⟩ ⟨-uję⟩ verriegeln

**rygor** *m* ⟨-u; -y⟩ strenge Disziplin *f* **rygorystyczny** rigoros, streng

**ryj** *m* ⟨-a; -e⟩ Rüssel *m*; *vulg* Fresse *f*

**ryk** *m* ⟨-u; -i⟩ Brüllen *n*; *krowy* Muhen *n*; *syreny* Heulen *n* **ryknąć** *pf* → *ryczeć*

**rym** *m* ⟨-u; -y⟩ Reim *m*

**rymować** ⟨-uję⟩ reimen; **~ się** sich reimen

**rynek** *m* ⟨-nku; -nki⟩ Marktplatz *m*; EKON Markt *m*; **~ krajowy** Binnenmarkt *m*; **~ pracy** Arbeitsmarkt *m*; **wypuścić** *pf* **na ~** auf den Markt bringen; **wolny ~** freier Markt *m*; **czarny ~** Schwarzmarkt *m*

**rynna** *f* ⟨-y; *gen* rynien⟩ Dachrinne *f* **rynsztok** *m* ⟨-a; -i⟩ Rinnstein *m*

**rys** *m* ⟨-u; -y⟩ Zug *m*, Eigenschaft *f*; **~y** *pl twarzy* Gesichtszüge *pl* **rysa** *f* ⟨-y⟩ Riss *m*; *(pęknięcie)* Sprung *m* **rysik** *m* ⟨-a; -i⟩ Griffel *m*

**rysopis** *m* ⟨-u; -y⟩ Personenbeschreibung *f* **rysować** ⟨**na-**⟩ ⟨-uję⟩ zeichnen *(inst* mit *dat)*; ⟨**po-**⟩ *powierzchnię* zerkratzen; **~ się** Risse bekommen

**rysunek** *m* ⟨-nku; -nki⟩ Zeichnung *f*; *ust* Form *f*; **nauka ~** Zeichenunterricht *m*; **~** *pl w szkole* Zeichenunterricht *m* **rysunkowy** Zeichen-; **film** *m* **~** Zeichentrickfilm *m*

**ryś** *m* ⟨-sia, -sie⟩ Luchs *m*

**rytm** *m* ⟨-u; -y⟩ MUS Rhythmus *m* (a. fig) **rytmiczny** rhythmisch; *(regularny)* gleichmäßig

**rytualny** rituell, Ritual-

**rywal** *m* ⟨-a; -e⟩ Rivale *m* **rywalizacja** *f* ⟨-i; *bpl*⟩ Rivalität *f*; SPORT Wettstreit *m* **rywalizować** ⟨-uję⟩ rivalisieren, konkurrieren (a. SPORT), wetteifern **rywalka** *f* ⟨-i; *gen* -lek⟩ Rivalin *f*, Konkurrentin *f* (a. SPORT)

**ryzykancki** waghalsig, tollkühn **ryzyko** *n* ⟨-a; *bpl*⟩ Risiko *n* **ryzykować** ⟨-uję⟩ *(narażać się)* riskieren, aufs Spiel setzen; *(odważać się)* wagen, riskieren **ryzykowny** *przedsięwzięcie* riskant, risikoreich; *twierdzenie* gewagt

**ryż** *m* ⟨-u; *bpl*⟩ Reis *m*

**rzadki** ⟨**-ko**⟩ *płyn* dünn(flüssig); *włosy* schütter; *las* licht; *(nieczęsto spotykany)*

selten **rzadko** *adv* selten; **~ zaludniony** dünn besiedelt **rzadkość** *f* ⟨-ści; *bpl*⟩ Seltenheit *f* **rzadziej** *komp adv* seltener

**rząd**[1] *m* ⟨*rzędu; rzędy*⟩ Reihe *f*; BIOL Ordnung *f*; **siedzieć w drugim rzędzie** in der zweiten Reihe sitzen; **iść rzędem** hintereinandergehen; **w pierwszym rzędzie** *fig* in erster Linie; **pod ~** nacheinander, hintereinander; **wydatki rzędu ...** Ausgaben in einer Größenordnung von ...; **drugiego rzędu** zweitrangig

**rząd**[2] *m* ⟨-u; -y⟩ POL Regierung *f*; **~y** *pl* Macht *f*; Herrschaft *f*; **sprawować ~y** die Macht haben; **zmiana** *f* **~u** Regierungswechsel *m*; **związek** *m* **~u** GRAM Rektion *f*

**rządek** *m* ⟨-dka; -dki⟩ *dim* Reihe *f*

**rządzić** ⟨-dzę⟩ *(inst)* POL regieren *(akk)*; *prawa* gelten; **~ się** das Regiment führen

**rzecz** *f* ⟨-y⟩ Sache *f*; **~y** *pl* **osobiste** persönliche Sachen *pl*; **na ~** *(gen)* zugunsten *(gen)*, für *(akk)*; **ogólnie ~ biorąc** im Allgemeinen; **~ w tym, że ...** es geht darum, dass ...; **mówić od ~y** dummes Zeug reden; **mówić do ~y** vernünftig reden; **przystąpić** *pf* **do ~y** zur Sache kommen; **co to ma do ~y?** was hat das damit zu tun?; **to nie ma nic do ~y** das tut nichts zur Sache; **ładne ~y!** *umg* das ist ja ein Ding!

**rzeczny** Fluss-; *port* Binnen-

**rzeczownik** *m* ⟨-a; -i⟩ GRAM Substantiv *n*, Nomen *n* **rzeczowy** (**-wo**) *argument* sachlich, sachbezogen; *(obiektywny)* objektiv **rzeczoznawca** *m* ⟨-y; *gen* -ów⟩ Sachverständige(r) *m*, Gutachter *m*; *(kobieta)* Sachverständige *f*, Gutachterin *f*

**rzeczywistość** *f* ⟨-ści; *bpl*⟩ Wirklichkeit *f*; **w rzeczywistości** in Wahrheit, in Wirklichkeit **rzeczywisty** (**-ście**) *adv* wirklich

**rzednąć** ⟨**z-**⟩ ⟨-nę, -nął *od* -dł⟩ *włosy* schütter werden

**rzeka** *f* ⟨-i⟩ Fluss *m*; **nad rzeką** am Fluss; **w górę rzeki** flussaufwärts; **w dół rzeki** flussabwärts

**rzekomy** angeblich, vermeintlich

**rzemień** *m* ⟨-nia; -nie⟩ Riemen *m*

**rzemieślniczy** handwerklich **rzemieślnik** *m* ⟨-a; -cy⟩ Handwerker *m* **rzemiosło** *n* ⟨-a; *gen* -⟩ Handwerk *n* (a. fig), Gewerbe *n*; **~ artystyczne** Kunsthandwerk *n*

**rzep** *m* ⟨-u; -y⟩ BOT Klette *f*; *(zapięcie)* Klett-

verschluss m **rzepa** f (-y) BOT Wasserrübe f **rzepak** m (-u; -i) BOT Raps m
**rzepka** f (-i; gen -pek) ANAT Kniescheibe f
**rzesza** f (-y; -e): **rzesze** pl (gen) Massen pl (von dat); **Trzecia Rzesza** HIST Drittes Reich n
**rześki** (pers f -cy) (-ko) frisch, munter; powietrze frisch, klar
**rzetelny** solide
**rzeź** f (-zi; -zie) Schlachten n; fig Gemetzel n; **bydło** ~ **na** ~ Schlachtvieh n
**rzeźba** f (-y; -e) Skulptur f, Plastik f; ~ **w brązie** Bronzeskulptur f; ~ **terenu** GEOL Bodenrelief n; ~ **bieżnika** AUTO Reifenprofil n **rzeźbiarka** f (-i; gen -rek) Bildhauerin f
**rzeźbiarstwo** n (-a) Bildhauerkunst f
**rzeźbiarz** m (-a; -e) Bildhauer m **rzeźbić** ⟨wy-⟩ (-ię) (aus)meißeln, (aus)hauen; w drewnie schnitzen; GEOL formen
**rzeźnia** f (-i; -e) Schlachthof m **rzeźnik** m (-a; -cy) Schlächter m
**rzęsa** f (-y) Wimper f
**rzodkiewka** f (-i; gen -wek) Radieschen n
**rzucać** ⟨-am⟩ ⟨-ić⟩ (-cę) werfen; (opuścić) verlassen; palenie aufgeben; **rzucało samochodem** das Auto wurde durchgerüttelt; ~ **kotwicę** MAR vor Anker gehen, Anker werfen; ~ **cień** einen Schatten werfen (a. fig); ~ **się na** (akk) a. fig sich stürzen auf (akk); ~ **się pod pociąg** sich vor den Zug werfen; ~ **się na szyję** k-u j-m um den Hals fallen; ~ **się w oczy** in die Augen springen, auffallen; ~ **okiem (na** akk) einen Blick werfen (auf akk)
**rzut** m (-u; -y) Wurf m; MAT Projektion f; ~ **wolny** SPORT Freistoß m; ~ **karny** Elfmeter m; ~ **rożny** SPORT Eckball m; ~ **dyskiem** SPORT Diskuswerfen n; ~ **oszczepem** SPORT Speerwerfen n; ~ **młotem** SPORT Hammerwerfen n; ~ **pionowy** ARCH Aufriss m; ~ **poziomy** ARCH Grundriss m **rzutować** (-uję) sich auswirken (na akk auf akk)
**Rzymianin** m (-a; -anie, -), **Rzymianka** f (-i; gen -nek) HIST Römer(in) m(f)
**rzymski** HIST römisch; **rzymskokatolicki** REL römisch-katholisch
**rżnąć** (-nę) drewno sägen; bydło schlachten; szkło schleifen; vulg ficken

# S

**sabotaż** m (-u; -e) Sabotage f **sabotażysta** m (-y; -ści), **sabotażystka** f (-i; gen -tek) Saboteur(in) m(f)
**sad** m (-u; -y) Obstgarten m
**sadło** n (-a; bpl) KULIN Speck m (a. fig umg)
**sadownictwo** n (-a; bpl) Obst(an)bau m
**sadysta** m (-y; -ści), **sadystka** f (-i; gen -tek) Sadist(in) m(f) **sadystyczny** sadistisch
**sadza** f (-y; -e) Ruß m
**sadzawka** f (-i; gen -wek) Weiher m, Teich m **sadzić** ⟨posadzić⟩ (-dzę) AGR anpflanzen **sadzonka** f (-i; gen -nek) AGR Setzling m; Ableger m
**sakrament** m (-u; -y) REL Sakrament n; **ostatni** ~ Krankensalbung f
**saksofon** m (-u; -y) Saxofon m
**sala** f (-i; -e) Saal m; w szpitalu (Kranken)Zimmer n; (publiczność) Publikum m; ~ **gimnastyczna** Turnhalle f; ~ **wykładowa** Hörsaal m; ~ **koncertowa** Konzerthalle f
**salaterka** f (-i; gen -rek) Salatschüssel f
**salon** m (-u; -y) Salon m
**salowa** f (-ej; -e) MED Stationshilfe f
**salutować** ⟨za-⟩ (-uję): ~ **k-u** MIL vor j-m salutieren
**salwa** f (-y) MIL Salve f
**sałata** f (-y) BOT Salat m; ~ **głowiasta** Kopfsalat m **sałatka** f (-i; gen -tatek) KULIN Salat m; ~ **jarzynowa** Gemüsesalat m
**sam**[1] pron (samodzielny) selbst, allein; (bez innych) alleine; (tylko) nur; **ten** ~ derselbe; **ta** ~**a** dieselbe; **to** ~**o** dasselbe; **tak** ~**o** genauso; **tyle** ~**o** genauso viel; **do** ~**ej ziemi** bis zum Boden; **do** ~**ego rana** bis zum frühen Morgen; **nad** ~**ym morzem** direkt am Meer; **w** ~**ą porę** genau rechtzeitig; ~ **jeden** ganz allein; **tym** ~**ym** dadurch; ~ **na** ~ (unv) Tête-à-Tête n **sam**[2] m (-u; -y) Supermarkt m
**samica** f (-y; -e) ZOOL Weibchen n **samiec** m (-mca; -mce) ZOOL Männchen n
**samobójca** m (-y; gen -ów), **samobójczyni** f (-i; -e) Selbstmörder(in) m(f) **samobójczy** (-czo) selbstmörderisch (a. fig), Selbstmord-; **bramka** f **samobójcza**

SPORT Eigentor n; **próba f samobójcza** Selbstmordversuch m **samobójstwo** n (-a; gen -) Selbstmord m
**samochód** m (-odu; -ody) Auto n, Wagen m **samochwalstwo** n (-a; bpl) pej Eigenlob n, Prahlerei f **samoczynny** TECH selbsttätig, automatisch **samodzielność** f (-ści; bpl) Selbstständigkeit f **samodzielny** selbstständig **samogłoska** f (-i; -sek) JĘZ Vokal m, Selbstlaut m **samokrytyczny** selbstkritisch **samokształcenie** n (-a; bpl) Selbststudium n
**samolot** m (-u; -y) Flugzeug n; **lecieć ~em** mit dem Flugzeug fliegen
**samolub** m (-a; -y) Egoist m, selbstsüchtiger Mensch m **samolubny** selbstsüchtig, egoistisch **samoobrona** f (-y; bpl) Selbstverteidigung f **samoobsługa** f (-i; bpl) Selbstbedienung f **samoobsługowy**: **sklep m ~** Supermarkt m **samopoczucie** n (-a; bpl) Allgemeinbefinden n, Verfassung f **samopomoc** f (-y; bpl) Selbsthilfe f **samoprzylepny** selbstklebend, Selbstklebe- **samorząd** m (-u; -y) ADMIN Selbstverwaltung f **samorządny** ADMIN selbst verwaltet; (niezależny) unabhängig, autonom **samorządowy** Selbstverwaltungs-; kommunal
**samorzutny** akcja spontan **samosąd** m (-u; -y) Lynchjustiz f, Selbstjustiz f **samostanowienie** n (-a; bpl) Selbstbestimmung f **samotność** f (-ści; bpl) Einsamkeit f, Alleinsein n **samotny** einsam; (sam) allein
**samouczek** m (-czka; -czki) Lehrbuch n für den Selbstunterricht **samouk** m (-a; -i od -cy) Autodidakt m; (kobieta) Autodidaktin f **samowola** f (-i; bpl) Willkür f, Eigenmächtigkeit f **samowystarczalny** (wirtschaftlich) unabhängig, autark **samowyzwalacz** m (-a; -e) FOTO Selbstauslöser m **samozachowawczy**: **instynkt m ~** Selbsterhaltungstrieb m **samozapłon** m (-u; bpl) AUTO Selbstzündung f
**sanacja** f (-i; bpl) fig Sanierung f
**sanatorium** n (unv; -ia; gen -iów) Sanatorium n
**sandacz** m (-a; -e) Zander m
**sanie** pl (sań) (Pferde)Schlitten m
**sanitariusz** m (-a; -e) Krankenpfleger m;

MIL Sanitäter m **sanitarny warunki** sanitär; MIL Lazarett-
**sankcja** f (-i; -e) Sanktion f **sankcjonować** (-uję) sanktionieren
**sanki** pl (gen -nek) (Rodel)Schlitten m
**sanna** f (-y; bpl) Schlittenfahrt f
**sapać** (-ię) ⟨-nąć⟩ (-nę) schnaufen, keuchen
**sardynka** f (-i; gen -nek) Sardine f
**sarkastyczny** sarkastisch
**sarna** f (-y) Reh n **sarnina** f (-y; bpl) KULIN Rehbraten m
**sasanka** f (-i; gen -nek) BOT Küchenschelle f
**satelita** m (-y; -y) ASTRON Satellit m (a. fig) **satelitarny** RADIO Satelliten-
**satyra** f (-y) Satire f **satyryczny** satirisch
**satysfakcja** f (-i; bpl) Befriedigung f; (zadośćuczynienie) Genugtuung f **satysfakcjonować** ⟨u-⟩ (-uję) befriedigen, zufriedenstellen
**sączek** m (-czka; -czki) CHEM Filter n; MED Drain m **sączyć** (-ę) (akk) (pić) nippen (an dat), schlürfen (akk); **~ się** woda (durch)sickern
**sąd** m (-u; -y) JUR Gericht n; (ocena) Urteil n; **~ dla nieletnich** JUR Jugendgericht n; **Sąd Najwyższy** das Oberste Gericht; **Sąd Ostateczny** REL das Jüngste Gericht **sądownictwo** n (-a; bpl) Gerichtswesen n, Gerichtsbarkeit f **sądownie** adv gerichtlich **sądowy** Gerichts-; **w drodze sądowej** auf dem Gerichtsweg **sądzić** (-dzę) JUR verhandeln; (uważać) meinen; (oceniać) urteilen (**o** lok über akk; (**nie) sądzę, że** ich glaube (nicht), dass ...; **sądząc po** (inst) od **z** (gen) zu urteilen nach (dat); **jak sądzisz?** was meinst du?, was glaubst du?
**sąsiad** m (-a; sąsiedzi; gen -ów) Nachbar m **sąsiadować** (-uję) Nachbarn sein; kraj angrenzen (**z** inst an akk) **sąsiedni** Nachbar-; stolik Neben- **sąsiedzka pomoc** f Nachbarschaftshilfe f; **mieszkać po sąsiedzku** gleich nebenan wohnen, in der Nachbarschaft wohnen **sąsiedztwo** n (-a; bpl) Nachbarschaft f
**scena** f (-y) TEATR Bühne f; FILM Szene f **scenariusz** m (-a; -e) filmu Drehbuch n; fig Szenario n **sceneria** f (gen dat lok -ii; -e) TEATR Bühnenbild n; fig Szenerie f

**scenograf** m (-a; -owie) Bühnenbildner m

**sceptyczny** skeptisch

**schab** m (-u; -y) (mięso) Schweinsrücken m

**schemat** m (-u; -y) Schema n (a. fig)

**schematyczny** schematisch

**schlebiać** (-am); **~ k-u** j-m schmeicheln

**schludny** sauber; *wygląd* gepflegt

**schnąć** (-nę, sechł, schła) trocknen

**schodek** m (-dka; -dki) (Treppen)Stufe f

**schodowy: klatka** f **schodowa** Treppenhaus n **schody** pl (gen -ów) Treppe f; **~ ruchome** Rolltreppe f **schodzić** (-ę) 〈zejść〉 heruntergehen, hinabsteigen; herunterkommen (**z** gen von dat); *plama* abgehen; **~ na bok** zur Seite treten; **~ z drogi** den Weg frei machen; fig aus dem Weg gehen; **~ na ląd** MAR an Land gehen; **~ się** zusammenkommen, sich versammeln

**schować** pf → chować **schowek** m (-wka; -wki) Versteck n, Geheimfach n

**schron** m (-u; -y) Bunker m **schronienie** n (-a; bpl) Zuflucht f, Schutz m **schronisko** n (-a): **~ młodzieżowe** Jugendherberge f; **~ górskie** Berghütte f; **~ dla zwierząt** Tierheim n

**schrypnięty** (persf -ci) heiser

**schwycić** pf (-cę) (akk) greifen (nach dat); *piłkę* auffangen **schwytać** pf (-am) zbiega ergreifen, festnehmen; **~ na** (lok) ertappen bei (dat); **~ na gorącym uczynku k-o** j-n auf frischer Tat ertappen

**schylać** (-am) 〈-ić〉 (-ę) *głowę* senken, beugen; *gałęzie* neigen

**scysja** f (-i; -e) Auseinandersetzung f, Zwist m

**scyzoryk** m (-a; -i) Taschenmesser n

**seans** m (-u; -e) *filmowy* Filmvorführung f; *psychoanalityczny* Sitzung f

**sedes** m (-u; -y) Klo(sett) n

**sedno** n (-a; bpl) Kern m, Wesen n; **~ sprawy** der Kern der Sache; **trafić** pf **w ~** den Nagel auf den Kopf treffen, ins Schwarze treffen

**segregator** m (-a; -y) (Akten)Ordner m; Ablagefach n **segregować** 〈po-〉 (-uję) sortieren, ordnen

**sejf** m (-u; -y) Safe m

**Sejm** m (-u; -y) POL Sejm m, polnisches Parlament n

**sekcja** f (-i; -e) Abteilung f, Sektion f; **~ zwłok** MED Autopsie f, Obduktion f

**sekret** m (-u; -y) Geheimnis n; **w sekrecie** vertraulich, im Vertrauen **sekretariat** m (-u; -y) Sekretariat n **sekretarka** f (-i; gen -rek) Sekretärin f **sekretny** geheim, vertraulich; *schody* Geheim-

**seksowny** umg sexy **seksualny** sexuell, Sexual-

**sekta** f (-y) REL Sekte f **sektor** m (-a; -y) Sektor m

**sekunda** f (-y) Sekunde f (a. fig) **sekundnik** m (-a; -i) Sekundenzeiger m

**selekcja** f (-i; bpl) Selektion f

**seler** m (-a; -y) Sellerie f

**selfie** n (uvn) TEL Selfie n

**semafor** m (-a; -y) KOLEJ Signalmast m

**semestr** m (-u; -y) Semester n

**seminarium** n (unv; -ia; gen -iów) Seminar n

**sen** m (snu, śnie; sny) (*marzenie senne*) Traum m (a. fig); (bpl) (*spanie*) Schlaf m; **~ zimowy** ZOOL Winterschlaf m; **~ na jawie** Tagtraum m; **mówić przez ~** im Schlaf sprechen; **kolorowych snów!** schlaf gut!, träume schön!

**senat** m (-u; -y) POL, ADMIN Senat m

**senior** m (-a; -rzy), **seniorka** f (-i; gen -rek) Senior(in) m(f) (a. SPORT)

**senność** f (-i; bpl) Schläfrigkeit f **senny** schläfrig

**sens** m (-u; bpl) Sinn m; **to nie ma ~u** es hat keinen Sinn; **z ~em** sinnvoll; **bez ~u** sinnlos; **w pewnym ~ie** in gewissem Sinne

**sensacja** f (-i; -e) Sensation f **sensacyjny** sensationell; (*film*) Thriller m

**sensowny** sinnvoll; *osoba* umg vernünftig

**sentencja** f (-i; -e) Sentenz f, Sinnspruch m

**sentyment** m (-u; -y) Sympathie f, Sentiment n **sentymentalny** sentimental, rührselig

**separacja** f (-i; -e) JUR Trennung f **separatka** f (-i; gen -tek) *w więzieniu* Einzelzelle f; *w szpitalu* Einzelzimmer n **separować** 〈od-〉 (-uję) isolieren, trennen (**od** gen von dat)

**seplenić** (-ię) lispeln

**ser** m (-a; -y) Käse m; **~ żółty** Hartkäse f, Schnittkäse m; **~ biały** Quark m

**Serb** m (-a; -owie) Serbe m **Serbka** f (-i; gen -bek) Serbin f **serbski** (**po -ku**) ser-

**serce** n (-a) ANAT Herz n (a. fig); dzwonu Klöppel m; **chory na ~** herzkrank; **bez serca** herzlos; **brać sobie do serca** sich zu Herzen nehmen; **przypaść** pf **do serca k-u** j-m ans Herz gewachsen sein; **z całego serca** von ganzem Herzen; **z ciężkim sercem** schweren Herzens; **z ręką na sercu** Hand aufs Herz

**serdeczność** f (-ści; bpl) Herzlichkeit f **serdeczny** herzlich; śmiech herzhaft; **~ przyjaciel** umg Busenfreund m; **serdeczne pozdrowienia** pl liebe Grüße pl; **serdecznie dziękuję!** herzlichen Dank!

**serdelek** m (-lka; -lki) Bockwurst f
**seria** f (gen dat lok -ii; -e) Serie f; MIL Garbe f **serial** m (-u; -e) RADIO Serie f
**serio**: **(na) ~** ernst(haft); **traktować ~** ernst nehmen; **~?** echt?, im Ernst?
**sernik** m (-a; -i) Käsekuchen m
**serwatka** f (-i; gen -tek) Molke f
**serwer** m (-a; -y) Server m
**serwetka** f (-i; gen -tek) (Stoff)Serviette f; **~ka papierowa** Papierserviette f
**serwis** m (-u; -y) naczyń Satz m; (usługi) Service m od n; RADIO Nachrichtensendung f; **~ do kawy** Kaffeeservice n; **~ gwarancyjny** Garantieleistung f; **~ społecznościowy** soziales Netzwerk n
**serwować** ⟨za-⟩ (-uję) potrawy servieren, reichen; SPORT aufschlagen
**seryjny** Serien-, serienmäßig; film Serien-
**sesja** f (-i; -e) Sitzung f; Tagung f; MUS, FOTO Session f
**set** m (-a; -y) SPORT Satz m
**setka** f (-i; gen -tek) Hundert n **setny** hundertste(r); **jedna setna** ein Hundertstel
**sezon** m (-u; -y) turystyczny Saison f (a. SPORT); AGR Erntezeit f
**sędzia**¹ m (-iego, -iemu, -iego, -ią, -i, -io!; -owie; gen -ów) JUR Richter m; SPORT Schiedsrichter m **sędzia**² f (GD -i, -ę, -ią, -i, -io!; -e; gen -i) JUR Richterin f
**sęk** m (-u; -i) w drewnie Astloch n; Ast (-ansatz) m; **~ w tym, że ...** umg der Haken dabei ist, dass ... **sękaty** knorrig
**sęp** m (-a; -y) ZOOL Geier m (a. fig umg)
**sfera** f (-y) (zakres) Bereich m
**siać** (-eję) AGR säen
**siad** m (-u; -y) SPORT Sitz m **siadać** (-am) ⟨siąść⟩ (siądę, siądź!) sich setzen (**na** lok auf akk); **~ do stołu** sich an den Tisch setzen

**siano** n (-a; bpl) Heu n
**siarka** f (-i; bpl) CHEM Schwefel m **siarkowodór** m (-oru; bpl) Schwefelwasserstoff m
**siatka** f (-i; gen -tek) Netz n; (ogrodzenie) Gitter n; **~ na zakupy** Einkaufstüte f; Einkaufsnetz n **siatkówka** f (-i; gen -wek) ANAT Netzhaut f; (bpl) SPORT Volleyball m
**siąść*** pf → **siadać**
**sidła** pl (-deł) (pułapka) Schlinge f; fig Falle f
**siebie** pron (dat lok sobie, gen akk siebie od się, inst sobą) sich; einander; **pasować do ~** zueinanderpassen; **następować po sobie** aufeinanderfolgen; **przed sobą** vor sich; **mieć ze sobą** mithaben; **zrobić** pf **sobie herbatę** sich einen Tee machen; **rozmawiać ze sobą** miteinander sprechen; **blisko ~** nahe beieinander
**sieczny**: **broń** f **sieczna** Hiebwaffe f
**sieć** f (-ci; -cie) rybacka (Fischer)Netz n; fig Netz(werk) n; IT Netz n
**siedmiokrotny** siebenmalig; siebenfach **siedmioletni** siebenjährig **siedmioro** num koll sieben
**siedzenie** n (-a) Sitzplatz m; umg Hinterteil n **siedziba** f (-y) Sitz m **siedzieć** (-dzę, -i, siedź!) sitzen (**na** lok auf dat)
**siekać** ⟨po-⟩ (-am) KULIN (klein) hacken
**siekiera** f (-y) Axt f, Beil n
**siemię** n (-ienia; bpl): **~ lniane** Leinsamen m
**sienny**: **katar** m **~** MED Heuschnupfen m
**sień** f (-ni; -nie) Flur m, Diele f
**sierota** f od m (-y; gen -) Waise f; fig umg Tollpatsch m
**sierp** m (-a; -y) Sichel f; SPORT Haken m
**sierpień** m (-pnia; -pnie) August m
**sierść** f (-ści; bpl) zwierzęcia Fell n
**sierżant** m (-a; -ci) Sergeant m
**siew** m (-u; -y) (Aus)Saat f
**sięgać** (-am) ⟨-nąć⟩ (-nę): **~ po** (akk) greifen nach (dat); fig greifen zu (dat); **sięgać** (gen od **do** gen) reichen bis zu (dat); **sięgać** (gen) zurückreichen in (akk); **jak okiem sięgnąć** pf so weit das Auge reicht
**sikać** (-am) ⟨-nąć⟩ (-nę) umg pinkeln; krew umg spritzen **sikawka** f (-i; gen -wek) Feuerspritze f
**sikora** f (-y), **sikorka** f (-i; gen -rek) Meise f

**silić się** ⟨-lę⟩ sich bemühen
**silniej(szy)** komp kräftiger, stärker **silnik** m ⟨-a; -i⟩ TECH, AUTO Motor m; LOT Triebwerk n **silny** stark
**silos** m ⟨-u; -y⟩ Silo m od n
**siła** f ⟨-y, dat lok -le; -y⟩ Kraft f; (natężenie) Stärke f; **siły** pl **zbrojne** MIL Streitkräfte pl; **~ fizyczna** Körperkraft f; **~ ciężkości** FIZ Schwerkraft f; **~ robocza** Arbeitskraft f; **w sile wieku** in den besten Jahren; **siłą mit** Gewalt; **użyć ~y siły** Gewalt anwenden; **bez użycia siły** ohne Gewaltanwendung; **siłą rzeczy** zwangsläufig **siłownia** f ⟨-i; -e⟩ Fitnessstudio n; ELEK Kraftwerk n
**siniak** m ⟨-a; -i⟩, **siniec** m ⟨-ńca; -ńce⟩ blauer Fleck m, blutunterlaufene Stelle f **sinieć** ⟨z-⟩ ⟨-eję⟩ blau werden **siny** ⟨-no⟩ (grau)blau, violett
**siodełko** n ⟨-a; gen -łek⟩ roweru (Fahrrad)-Sattel m **siodłać** ⟨o-⟩ ⟨-am⟩ satteln
**siorbać** ⟨-ię⟩ zupę schlürfen
**siostra** f ⟨-y; gen sióstr⟩ Schwester f **siostrzenica** f ⟨-y; -e⟩ Nichte f **siostrzeniec** m ⟨-ńca; -ńcy⟩ Neffe m
**siódemka** f ⟨-i; gen -mek⟩ Sieben f **siódmy** siebente(r), siebte(r)
**sito** n ⟨-a⟩ Sieb n **sitowie** n ⟨-a⟩ Schilf n
**siusiu: robić ~** umg Pipi machen
**siwieć** ⟨o-⟩ ⟨-eję⟩ ergrauen; włosy sieją werden **siwy** włosy grau, weiß; osoba grauhaarig, weißhaarig; kolor (hell)grau
**skafander** m ⟨-dra; -dry⟩ Anorak m; nurka Taucheranzug m
**skakać** ⟨-czę⟩ ⟨skoczyć⟩ ⟨-ę⟩ springen **skakanka** f ⟨-i; gen -nek⟩ Springseil n; **skakać na skakance** seilspringen
**skala** f ⟨-i; -e; gen -i od -⟩ (podziałka) Skala f; mapy Maßstab m; MUS Tonleiter f; **~ wartości** Wertmaßstab m; **zakrojony na wielką skalę** groß angelegt
**skaleczenie** n ⟨-a⟩ Verletzung f **skaleczony** (persf -eni) verletzt **skaleczyć** pf → **kaleczyć**
**skalisty** felsig **skała** f ⟨-y⟩ Felsen m
**skamieniały** GEOL versteinert, fossil
**skandal** m ⟨-u; -e; gen -i od -ów⟩ Skandal m **skandaliczny** skandalös, sträflich
**skaner** m ⟨-a; -i⟩ Scanner m; **~antywirusowy** Virenscanner m **skanować** ⟨ze-⟩ ⟨-uję⟩ scannen
**skandynawski** skandinavisch
**skarb** m ⟨-u; -y⟩ Schatz m; **~ państwa** FIN Fiskus m, Staatskasse f **skarbiec** m ⟨-bca; -bce⟩ Schatzkammer f **skarbniczka** f ⟨-i; gen -czek⟩ Kassenwartin f, Schatzmeisterin f **skarbonka** f ⟨-i; gen -nek⟩ Sparbüchse f; **na cele charytatywne** Sammelbüchse f **skarbowy** Finanz-; **opłata f skarbowa** Stempelsteuer
**skarga** f ⟨-i⟩ Klage f (a. JUR; **~ na** (akk) Beschwerde f über (akk)
**skarpa** f ⟨-y⟩ Böschung f
**skarpeta** f ⟨-y⟩, **skarpetka** f ⟨-i; gen -tek⟩ Socke f
**skarżyć** ⟨na-⟩ ⟨-ę⟩ umg petzen; **~ na k-o** j-n verpetzen; ⟨za-⟩ JUR verklagen (o akk wegen gen); **skarżyć się** klagen (na akk über akk)
**skaza** f ⟨-y⟩ Defekt m
**skazać** pf → **skazywać skazanie** n ⟨-a⟩: **~ na śmierć** JUR Todesurteil n **skazany**[1] JUR verurteilt (na akk zu dat) (a. fig) **skazany**[2] m ⟨-ego; -i⟩, **skazana** f ⟨-ej; -e⟩ JUR Angeklagte(r) m, f, Verurteilte(r) m, f
**skazić** pf → **skażać skazywać** ⟨-uję⟩ ⟨skazać⟩ ⟨skażę⟩ JUR verurteilen (na akk zu dat) (a. fig)
**skażać** ⟨-am⟩ ⟨skazić⟩ ⟨-żę⟩ verseuchen
**skąd** adv woher **skądinąd** partikel übrigens, nebenbei gemerkt; anderswoher
**skądkolwiek** adv woher auch immer; gleich(gültig) woher
**skąpić** geizen (na akk mit dat); **~ sobie** (gen) sich nicht gönnen (akk); **~** (gen) fig geizen mit (dat) **skąpiec** m ⟨-pca; -pcy⟩ pej Geizhals m **skąpstwo** n ⟨-a; bpl⟩ pej Geiz m **skąpy** ⟨-po⟩ pej geizig; informacje spärlich; ubranie knapp
**skiba** f ⟨-y⟩ (Erd)Scholle f
**skierować** pf → **kierować skierowanie** n ⟨-a⟩ do lekarza Überweisung f; do szpitala Einweisung f
**skin** m ⟨-a; -i⟩ Skinhead m
**sklejać** ⟨-am⟩ ⟨-ić⟩ ⟨-ję⟩ zusammenkleben; drewno verleimen **sklejka** f ⟨-i; gen -jek⟩ Sperrholz n
**sklep** m ⟨-u; -y⟩ Geschäft n, Laden m
**sklepienie** n ⟨-a⟩ Gewölbe n
**skład** m ⟨-u; -y⟩ Zusammensetzung f; amunicji Lager n; TYPO Satz m; **~ drużyny** SPORT Aufstellung f; **wchodzić w ~** (gen) bilden (akk); **w pełnym ~zie** vollzählig
**składać** ⟨-am⟩ ⟨złożyć⟩ ⟨-ę⟩ zusammenlegen; leżak zusammenklappen; namiot abbauen; (zestawiać) zusammensetzen; (montować) zusammenbauen; wieniec

niederlegen; *przysięgę* ablegen; *podpis* setzen; *podanie* einreichen; *sprawozdanie* erstatten; *oświadczenie* abgeben; *zeznanie* machen; *kondolencje* aussprechen; *broń* strecken; *jaja* ZOOL legen; TYPO setzen; **~ życzenia k-u** j-n beglückwünschen; **składać pieniądze** das Geld zurücklegen (**na** *akk* für *akk*); **~ się z** (*gen*) bestehen, sich zusammensetzen aus (*dat*); **~ się na** (*akk*) bilden (*akk*); (*dać składkę*) zusammenlegen (für *akk*), beisteuern (zu *dat*); **tak się złożyło** es hat sich so ergeben; **dobrze się składa, że ...** es trifft sich gut, dass ...

**składany** zusammenklappbar; *krzesło, nóż* Klapp- **składka** f (*-i; gen -dek*) (*zbiórka*) Sammelaktion f; (*pieniądze*) Spende f; (Hilfs)Fonds m; **~ członkowska** Mitgliedsbeitrag m; **~ ubezpieczeniowa** Krankenversicherungsbeitrag m **składnia** f (*-i; bpl*) JĘZ Syntax f **składnica** f (*-y; -e*) Lager(haus) n **składnik** m (*-a; -i*) Bestandteil m

**składować** (*-uję*) lagern **składowisko** n (*-a*) Lagerplatz m; **~ odpadów** Mülldeponie f; **~ złomu** Schrottplatz m **składowy**: **część f składowa** Bestandteil m

**skłaniać** (*-am*) ⟨**skłonić**⟩ (*-ię*) neigen; **~ do** (*gen*) veranlassen zu (*dat*); **~ k-o do** (*gen*) j-n bewegen, j-n bringen zu (*dat*); **~ się** sich verbeugen, sich verneigen; **skłaniać się do** (*gen*) neigen zu (*dat*), geneigt sein zu (+ *inf*)

**skłonić** *pf* → **skłaniać skłonność** f (*-ści*) (*upodobanie*) Neigung f (**do** *gen* zu *dat*); MED Veranlagung f; **skłonności** *pl* Vorlieben *pl*; Fähigkeiten *pl* **skłonny** MED anfällig (**do** *gen* für *akk*); **być ~m** (+ *inf*) geneigt sein zu (+ *inf*); bereit sein zu (+ *inf*)

**skłócać** (*-am*) ⟨**-ić**⟩ (*-ę*) entzweien, gegeneinander aufbringen **sknera** m *od* f (*-y*) *pej* Geizkragen m, Geizhals m

**skoczek** m (*-czka; -czkowie*) *narciarski* (Ski)Springer m; *spadochronowy* (Fallschirm)Springer m; *w cyrku* Akrobat m **skocznia** f (*-i; -e*) Sprungschanze f **skoczyć** *pf*; → **skakać**
**skojarzenie** n (*-a*) Assoziation f
**skok** m (*-u; -i*) Sprung m; **~ na bank** *umg* Banküberfall m; **~i** *pl* Schwankungen *pl*; **~ w dal** SPORT Weitsprung m; **~ wzwyż** SPORT Hochsprung m; **~ o tyczce** SPORT Stabhochsprung m; **~i** *pl* **narciarskie** SPORT Skispringen n; **~ w bok** *umg* Seitensprung m **skokowy**: **staw** m **~** ANAT Sprunggelenk n

**skołowany** *umg* (*völlig*) durcheinander **skomleć, skomlić** (*3. Pers -e, -lij!*) *pies* winseln; *umg* betteln **skomplikowany** kompliziert
**skonany** *umg* todmüde **skonsternowany** verwirrt, verlegen
**skończony** beendet, fertig; (*doskonały*) vollkommen **skończyć** *pf* → **kończyć**
**skoro** *konj* wenn **skoroszyt** m (*-u; -y*) Schnellhefter m **skorowidz** m (*-a; -e*) Verzeichnis n, Index m
**skorumpowany** korrumpiert
**skorupa** f (*-y*) Schale f; *raka* Panzer m; (*powłoka*) harte Kruste f; **~ ziemska** Erdkruste f; **~ ślimaka** Schneckenhaus n; **skorupy** *pl* Scherben *pl*
**skos**: **na ~** schräg über, quer durch
**skośny** schräg
**skowronek** m (*-nka; -nki*) Lerche f
**skowyczeć** (*3. Pers -y*) *pies* jaulen, winseln

**skóra** f (*-y; lok -rze*) Haut f; *wyprawiona* Leder n; **ze skóry** Leder-; **dać** *pf* **w skórę k-u** j-n verprügeln **skórka** f (*-i; gen -rek*) Schale f; *kiełbasy* Pelle f; **~ chleba** Brotrinde f
**skórzany** Leder-, ledern
**skracać** (*-am*) ⟨**skrócić**⟩ (*-ę*) *ubranie* kürzen (lassen); *sznur* kürzen; *czas pracy* verkürzen; *drogę* abkürzen; **~ się w praniu** kürzer werden; *czas pracy* sich verkürzen; **skracaj się!** *umg* fass dich kurz! **skradać się** (*-am*) sich heranschleichen (**do** *gen* an *akk*)
**skrajność** f (*-ści*) Extrem n **skrajny** extrem (*a.* POL)
**skraplać** (*-am*) ⟨**skroplić**⟩ (*-ę*) CHEM kondensieren; **~ się** *v/i* kondensieren
**skrawek** m (*-wka; -wki*) (*skraj*) Stück n
**skreślać** (*-am*) ⟨**-ić**⟩ (*-ę*) streichen
**skręcać** (*-am*) ⟨**-ić**⟩ (*-ę*) zusammenrollen; *nogę* verstauchen; (*montować*) zusammenschrauben; *v/i* abbiegen, einbiegen; *droga e-e* Biegung machen; **~ się** sich zusammenrollen; **~ się ze śmiechu** *umg* sich vor Lachen biegen, *umg* sich totlachen; **~ się z bólu** sich vor Schmer-

zen winden **skrępowanie** n (-a; bpl) Verlegenheit f **skrępowany** gefesselt; fig verlegen, befangen

**skręt**¹ m (-u; -y) Drehung f; drogi Biegung f **skręt**² (-a; -y) umg selbstgedrehte Zigarette f

**skrobać** (-ię) ⟨-nąć⟩ (-nę) kratzen; ~ warzywa schälen; rybę abschuppen; ~ **się** sich kratzen **skrobanka** f (-i; gen -nek) pop MED Abtreibung f

**skrobia** f (-i; bpl) BIOL, CHEM Stärke f

**skroić** pf: ~ **cały chleb** das ganze Brot schneiden

**skromność** f (-ści; bpl) Bescheidenheit f; Schlichtheit f **skromny** bescheiden; (niewyszukany) schlicht, einfach

**skroń** f (-ni; -nie, inst -ńmi) Schläfe f

**skroplić** pf → skraplać

**skrócić** pf → skracać **skrócony** gekürzt **skrót** m (-u; -y) Abkürzung f; (tekst) Kurzfassung f; **w skrócie** adv kurz, zusammengefasst; **iść na ~y** e-e Abkürzung nehmen **skrótowy** (-wo) kurzgefasst, knapp

**skrucha** f (-y; bpl) Reue f

**skrupulatny** sorgfältig; badania gründlich **skrupuł** m (-u; -y) Skrupel; **bez ~ów** ohne Skrupel

**skrycie** adv heimlich, insgeheim **skryć** pf → skrywać

**skrypt** m (-u; -y) Skript n

**skrytka** f (-i; gen -tek) Geheimfach n; ~ **pocztowa** Postfach n **skryty** (persf -ci) osoba verschlossen, unzugänglich; (tajemny) verborgen, heimlich **skrywać** (-am) ⟨skryć⟩ (skryję) verstecken; (zatajać) verheimlichen, verbergen; ~ **się** sich verstecken

**skrzeczeć** (-ę, -y) quaken; sroka krächzen **skrzek** m (-u; bpl) ZOOL (Frosch)-Laich m; (głos) Quaken n; Krächzen n

**skrzela**, **skrzele** pl (-i) Kiemen pl

**skrzep** m (-u; -y) MED umg Blutpfropf m **skrzepnięty**, **skrzepły** geronnen

**skrzydło** n (-a; gen -deł) Flügel m

**skrzynia** f (-i; -e) Kiste f; SPORT Bock m; ~ **biegów** AUTO Gangschaltung f **skrzynka** f (-i; gen -nek) Kasten m; **na listy** Briefkasten m; mailowa Mailbox f; **czarna~** Blackbox f

**skrzypaczka** f (-i; gen -czek) Geigenspielerin f **skrzypce** pl (gen -piec) Geige f

**skrzypek** m (-pka; -pkowie) Geigenspieler m **skrzypieć** (3. Pers -i) ⟨-nąć⟩ (-nę) quietschen; podłoga knarren; śnieg knirschen

**skrzyżowanie** n (-a) Kreuzung f (a. BIOL); **na skrzyżowaniu** an der Kreuzung

**skubać** (-ię) ⟨-nąć⟩ (-nę) zupfen

**skulić** pf → kulić

**skup** m (-u; -y) AGR Aufkauf m; Großmarkt m **skupiać** (-am) ⟨skupić⟩ (-ię) osoby versammeln; władzę konzentrieren; ~ **się** sich versammeln, sich konzentrieren; (koncentrować się) sich konzentrieren (**na lok** auf akk) **skupienie** n (-a) Konzentration f; **stan m skupienia** FIZ Aggregatzustand m **skupiony** (persf -eni) konzentriert **skupisko** n (-a) Anhäufung f, Ansammlung f **skupować** (-uję) ⟨skupić⟩ (-ię) aufkaufen, abnehmen

**skurcz** m (-u; -e): ~ **mięśni** Muskelkrampf m

**skurwysyn** m (-a; -y) vulg Arschloch n, Hurensohn m

**skusić** pf (skuszę) verleiten, verführen (**do** gen zu dat) **skuteczny** wirksam, effektiv **skutek** m (-tku; -tki) (konsekwencja) Folge f; (wynik) Ergebnis n; ~ **uboczny** Nebenwirkung f; **nie odnieść** pf **skutku** keinen Erfolg zeigen, keine Wirkung zeigen; **na ~** (gen) infolge (gen)

**skuter** m (-a; -y) (Motor)Roller m

**skutkować** ⟨po-⟩ (-uję) wirken, wirksam sein

**skwapliwy** (-wie) eilfertig, eifrig

**skwaśnieć** pf → kwaśnieć

**skwer** m (-u; -y) Grünanlage f

**slipy** pl (gen -ów) Slip m

**slogan** m (-u; -y) pej Floskel f; (hasło) Slogan m

**słabiej** adv komp schwächer **słabnąć** ⟨o-⟩ (-nę), słabł od słabnął) schwächer werden; wzrok schlechter werden **słabość** f (-ści; bpl) Schwäche f **słaby** (-bo) schwach

**słać** ⟨po-⟩ (ścielę): ~ **łóżko** das Bett machen

**słaniać się** (-am) taumeln, wanken

**sława** f (-y; bpl) Ruhm m; **światowej sławy** weltberühmt **sławny** berühmt

**słodki** (-ko) süß (a. fig); **słodka woda** f Süßwasser n **słodkowodny** Süßwasser- **słodycz** f (-y; bpl) Süße f; **~e** pl Süßigkeiten pl **słodzić** ⟨po-⟩ (-dzę, słódź!) süßen

**słoik** m (-a; -i) (Einweck)Glas n,

(Einmach)Glas *n*
**słoma** *f* (*-y*) Stroh *n* **słomka** *f* (*-i; gen -mek*) Strohhalm *m*
**słonecznik** *m* (*-a; -i*) Sonnenblume *f* **słoneczny** Sonnen-; *dzień* sonnig; **Układ** *m* **Słoneczny** ASTRON Sonnensystem *n*
**słonina** *f* (*-y; bpl*) KULIN Speck *m*
**słony** (*-no*) salzig
**słoń** *m* (*-nia; -nie; gen -ni*) Elefant *m*
**słońce** *n* (*-a; bpl*) Sonne *f*; (*promienie*) Sonnenschein *m*; **Słońce** ASTRON Sonne *f*; **leżeć na słońcu** in der Sonne liegen; **pod ~** gegen die Sonne
**słowacki** (**po -ku**) slowakisch **słoweński** (**po -ku**) slowenisch **Słowianin** *m* (*-a; -anie, -*) Slawe *m* **Słowianka** *f* (*-i; gen -nek*) Slawin *f* **słowiański** slawisch
**słowik** *m* (*-a; -i*) Nachtigall *f*
**słownie** *adv* in Worten **słownik** *m* (*-a; -i*) Wörterbuch *n* **słowny** mündlich; *człowiek* verlässlich
**słowo** *n* (*-a; gen słów*) Wort *n*; **~ wstępne** Vorwort *n*; **słowa** *pl* MUS Text *m*; **co do słowa** wörtlich, wortgetreu; **w całym tego słowa znaczeniu** im wahrsten Sinne des Wortes; **ani słowa** kein Wort; **trzymać za ~** beim Wort nehmen; *dotrzymać pf* **słowa** sein Wort halten; **liczyć się ze słowami** s-e Worte abwägen, auf s-e Worte achten; **swoimi słowami** mit eigenen Worten; **innymi słowy** mit anderen Worten; **słowem** mit e-m Wort; **brak mi słów** mir fehlen die Worte; **szkoda słów** es ist nicht der Rede wert
**słód** *m* (*-odu; bpl*) Malz *n*
**słój** *m* (*-oja; -oje; gen -oi od -ojów*) (*großes*) (Einmach)Glas *n*
**słówko** *n* (*-a; gen -wek*) *dim* Wörtchen *n*; **słówka** *pl* Vokabeln *pl*
**słuch** *m* (*-u; bpl*) Gehör *n* (*a.* MUS); **wada** *f* **~u** Hörfehler *m*; **o nim zaginął** man hört nichts mehr von ihm; **chodzą ~y, że ...** *umg* es gibt Gerüchte, dass ... **słuchacz** *m* (*-a; -e, -y*), **słuchaczka** *f* (*-i; gen -czek*) (Zu)Hörer(in) *m*(*f*); (*student*) Hörer *m*, Student *m* **słuchać** (*-am*) (*gen*) zuhören (*dat*);*muzyki* hören; **słucham?** bitte?; TEL hallo?; **tak, słucham** ja, bitte; **~ czyjejś rady** j-s Rat folgen; **słucham pana?** was wünschen Sie?; **słuchaj!** *umg* hör mal! **~ (się) k-o** (*być posłusznym*) auf j-n hören

**słuchawka** *f* (*-i; gen -wek*) TEL Hörer *m*; MED Stethoskop *n*; **słuchawki** *pl* Kopfhörer *pl*; **podnieść** *pf* **słuchawkę** TEL abnehmen; **odłożyć** *pf* **słuchawkę** TEL auflegen
**słuchowisko** *n* (*-a*) Hörspiel *n*
**słup** *m* (*-a; -y*) Pfeiler *m*; *telefoniczny* Mast *m*; **~ wysokiego napięcia** Strommast *m*; **~ ogłoszeniowy** Litfaßsäule *f*; **graniczny** Grenzpfahl *m* **słupek** *m* (*-pka; -pki*) Pfosten *m*, Pfahl *m*; *przed wjazdem* Prellstein *m*; BOT Stempel *m*; **~ek rtęci** Quecksilbersäule *f*; **~ek startowy** SPORT Startblock *m*; **~ek kilometrowy** Kilometerstein *m*
**słusznie** *adv* richtig; zu Recht **słuszność** *f* (*-i; bpl*) Richtigkeit *f*; **mieć ~** recht haben, im Recht sein; **nie mieć słuszności** unrecht haben, im Unrecht sein **słuszny** (*właściwy*) richtig; (*uzasadniony*) begründet; (*sprawiedliwy*) gerecht
**służalczy** (*-czo*) *pej* unterwürfig **służąca** *f* (*-ej; -e*) Dienstmädchen *n* **służący** *m* (*-ego; -y*) (Haus)Diener *m* **służba** *f* (*-y*) Dienst *m*; (**zasadnicza**) **~ wojskowa** Wehrdienst *m*; **zastępcza ~ wojskowa** Zivildienst *m*; **~ zdrowia** Gesundheitswesen *n*; **~ drogowa** Straßendienst *m*; **~ holownicza** Abschleppdienst *m*; **służby** *pl* **porządkowe** Sicherheitsdienst *m*; Sicherheitskontrolle *f* **służyć** (*-ę*) (*dat*) dienen, dienlich sein (*dat*); *pies* Männchen machen; **~ do** (*gen*) dienen, gebraucht werden zu (*dat*); **~ za** (*akk*) dienen, genutzt werden als (*nom*); **~ w wojsku** Wehrdienst leisten; **~ do mszy** REL ministrieren; **powietrze morskie bardzo mi służy** die Meeresluft tut mir gut; **zdrowie mu służy** er erfreut sich bester Gesundheit; **czym mogę ~?** kann ich Ihnen helfen?
**słychać**: **~** (*akk*) man hört (*akk*), es ist zu hören (*nom*); **co ~ ?** wie gehts?, was gibt es Neues?; **nic nie ~** man hört nichts;**~ szum morza** man hört das Meeresrauschen
**słynąć** (*-nę, -ń!*) (**z** *gen*) berühmt sein (für *akk*) **słynny** berühmt
**słyszalny** hörbar, vernehmbar **słyszeć** (*-ę, -y*) hören; **słyszałem, że ...** ich habe gehört, dass ...
**smaczny** wohlschmeckend, schmackhaft; **smacznego!** guten Appetit!
**smak** *m* (*-u; -i*) Geschmack *m* (*a. fig*); **~iem** KULIN mit Appetit; *fig* geschmackvoll; **bez ~u** KULIN ohne Geschmack (*a.*

*fig)*; **o ~u waniliowym** KULIN mit Vanillegeschmack, Vanille- **smakołyk** m *(-u; -i)* Leckerbissen m **smakosz** m *(-a; -e)* Feinschmecker m; *(kobieta)* Feinschmeckerin f **smakować** ⟨po-⟩ *(-uję)* v/t kosten, probieren **smakowity** *(-cie)* schmackhaft, appetitlich

**smalec** m *(-lcu; bpl)* Schmalz n

**smar** m *(-u; -y)* Schmierfett n; **~ do nart** Skiwachs n

**smarkacz** m *(-a; -e)* umg Rotznase f, Schnösel m **smarkać** ⟨-am⟩ ⟨-nąć⟩ *(-nę)* umg sich die Nase putzen **smarkula** f *(-i; -e)* umg Göre f, junges Ding n

**smarować** ⟨po-⟩ *(-uję)* schmieren *(inst* mit *dat)*; **plecy** einreiben

**smartfon** m *(-u; -y)* Smartphone n

**smażony** gebraten, Brat- **smażyć** ⟨u-⟩ *(-ę)* braten; **~ jajecznicę** Rührei machen; **~ się** v/i braten

**smoczek** m *(-czka; -czki)* Schnuller m; *na butelkę* Sauger m

**smok** m *(-a; -i)* Drache m

**smoła** f *(-y)* Teer m, Pech n

**smród** m *(-odu; -ody)* Gestank m, übler Geruch m

**smucić** *(-cę)* bekümmern, betrüben; **~ się** bekümmert sein, sich grämen **smutek** m *(-tku; bpl)* Trauer f, Traurigkeit f **smutny** *(-no)* traurig

**smycz** f *(-y; -e)* Hundeleine f **smyczek** m *(-czka; -czki)* MUS Bogen m

**smyk** *(-a; -i)* umg Lausbub m, Knirps m

**snajper** m *(-a; -rzy)* MIL Scharfschütze m

**snop** m *(-a; -y)* AGR Garbe f; **~ światła** Lichtbündel n

**snycerstwo** n *(-a; bpl)* Holzschnitzerei f **sobie** *pron refl dat lok:* **był ~** es war einmal

**sobota** f *(-y)* Samstag m, Sonnabend m; **w sobotę** am Sonnabend, am Samstag **sobowtór** m *(-a; -y)* Doppelgänger m; *(kobieta)* Doppelgängerin f

**sobór** m *(-a; -ory)* REL Konzil n; *(cerkiew)* orthodoxe Kirche f

**socjaldemokratyczny** sozialdemokratisch **socjalistyczny** sozialistisch **socjalny** sozial, Sozial-

**socjolog** m *(-a; -owie od -dzy)* Soziologe m; *(kobieta)* Soziologin f **socjologia** f *(gen dat lok -ii; bpl)* Soziologie f **socjolożka** f *(-i; gen -żek)* F Soziologin f

**soczewica** f *(-y; bpl)* BOT Linse f; KULIN koll Linsen *pl* **soczewka** f *(-i; gen -wek)* FIZ, FOTO Linse f

**soczysty** *(-ście)* saftig

**soda** f *(-y; bpl)* CHEM Soda f od n; **~ oczyszczona** Natron n; **~ żrąca** Ätznatron n **sodowy: woda** f **sodowa** Sodawasser n

**sofa** f *(-y)* Sofa n

**soja** f *(gen dat lok soi; bpl)* BOT Soja(bohne) f; KULIN koll Sojabohnen *pl*

**sojusz** m *(-u; -e)* Bündnis n, Allianz f **sojuszniczy** POL verbündet, alliiert; Bündnis- **sojusznik** m *(-a; -cy)* Verbündete(r) m

**sok** m *(-u; -i)* Saft m; *zagęszczany* Sirup m

**sokół** m *(-ola; -oły)* Falke m

**sola** f *(-i; -e)* ZOOL Seezunge f

**solanka** f *(-i; gen -nek)* Salzlake f; *(źródło)* Solquelle f

**solenizant** m *(-a; -ci)*, **solenizantka** f *(-i; gen -tek)* Person, die ihren Namenstag feiert

**solić** ⟨o-, po-⟩ *(-lę, sól!)* salzen

**solidarność** f *(-ści; bpl)* Solidarität f; **Solidarność** Gewerkschaft in Polen **solidarny** solidarisch **solidaryzować się** *(-uję)* sich solidarisieren *(z* inst mit *dat)*

**solidny** zuverlässig; *firma* seriös; *wykształcenie* solide

**solista** m *(-y; -ści)*, **solistka** f *(-i; gen -tek)* Solist(in) m/f

**solniczka** f *(-i; gen -czek)* Salzstreuer m **solny:** Salz-; **kwas** m **~** CHEM Salzsäure f **sołtys** m *(-a; -i)* ADMIN Gemeindevorsteher m

**sondaż** m *(-u; -e)* TECH Sondierung f **sonda** f *(-y)* MED Sonde f *(a.* TECH); *(sondaż)* (Meinungs)Umfrage f; **~ żołądka** Magenspiegelung f; **~ kosmiczna** ASTRON (Raum)Sonde f **sondować** *(-uję)* sondieren

**sopel** m *(-pla; -ple)* Eiszapfen m

**sortować** ⟨po-⟩ *(-uję)* sortieren

**sos** m *(-u; -y)* KULIN Soße f

**sosna** f *(-y; gen -sen)* BOT Kiefer f; *(drewno)* Kiefernholz n

**sowa** f *(-y)* Eule f

**sójka** f *(-i; gen -jek)* ZOOL Eichelhäher m

**sól** f *(soli; sole)* Salz n *(a.* CHEM); **sole** *pl* **mineralne** Mineralstoffe m/*pl*

**spacer** m *(-u; -y)* Spaziergang m; **iść na ~** spazieren gehen, e-n Spaziergang machen **spacerować** *(-uję)* spazieren (gehen); **~ po mieście** durch die Stadt bum-

**spacerówka – spluwać**

meln **spacerówka** f (-i; gen -wek) Buggy m
**spacja** f (-i; -e) Leertaste f; (odstęp) Leerzeichen n
**spać\*** ⟨śpię, śpij!⟩ schlafen
**spad** m (-u; -y) Gefälle n, Neigung f; **~y** pl Fallobst n **spadać** (-am) ⟨**spaść**⟩ (spadnę) (herunter)fallen (z gen von dat); ceny fallen; temperatura sinken; **~ na k-o** j-n treffen; obowiązki j-m zufallen; **spadaj!** umg hau ab! **spadek**¹ m (-dku; -dki) Gefälle n; temperatury Rückgang m; **~ ciśnienia** Druckabfall m; **~ na giełdzie** FIN Kursrückgang m
**spadek**² m (-dku; -dki) JUR Erbe n (a. fig), Erbschaft f; **otrzymać** pf **w spadku** erben (**po** lok von dat); **zostawić** pf **w spadku** vererben, hinterlassen
**spadkobierca** m (-y; gen -ów) JUR Erbe m (a. fig) **spadkobierczyni** f (-i; -e) JUR Erbin f
**spadochron** m (-u; -y) Fallschirm m **spadochroniarstwo** n (-a; bpl) Fallschirmsport m
**spadzisty** (-to od -ście) abschüssig, steil
**spakować** pf → pakować **spalać** (-am) ⟨**-ić**⟩ (-ę) verbrennen (a. BIOL); **spalać się** brennen **spalanie** n (-a; bpl) Verbrennung f **spalarnia** f (-i; -e): **~ odpadków** Müllverbrennungsanlage f **spaliny** pl (gen -) Abgase pl, Auspuffgase pl **spalony**¹ (persf -eni) verbrannt; fig enttarnt; SPORT Abseits- **spalony**² m (-ego; -e) SPORT Abseits n
**sparaliżowany** MED gelähmt (a. fig)
**spaść** pf → spadać
**spaść** pf → paść²
**spawacz** m (-a; -e) Schweißer m **spawać** ⟨ze-⟩ (-am) schweißen **spawarka** f (-i; gen -rek) Schweißbrenner m
**specjalista** m (-y; -ści) Fachmann m; (kobieta) Fachfrau f; **lekarz m ~** Facharzt m; (kobieta) Fachärztin f **specjalistyczny** Spezial-, fachlich **specjalizować się** ⟨**wyspecjalizować się**⟩ (-uję) sich spezialisieren (**w** lok auf akk)
**specjalnie** adv speziell, extra; (umyślnie) absichtlich **specjalność** f (-ści) Fachgebiet n, Spezialgebiet n; KULIN Spezialität f **specjalny** speziell, Spezial-; (szczególny) besondere(r); komisja Sonder-
**specyficzny** spezifisch, charakteris-

tisch; (swoisty) eigentümlich
**spedycyjny** Speditions-, Fuhr-
**spekulacja** f (-i; -e) pej Schwarzhandel m, umg krumme Geschäfte pl **spekulant** m (-a; -ci) pej Schwarzhändler m
**spekulować** (-uję) spekulieren
**spełniać** (-am) ⟨**-ić**⟩ (-ię) erfüllen; **~ swój cel** sich bewähren; **~ się** sich erfüllen, in Erfüllung gehen; sich bewahrheiten; osoba sich verwirklichen **spełnienie** n (-a) Erfüllung f; zawodowe (Selbst-) Verwirklichung f
**speszony** (persf -eni) verlegen, verwirrt
**spędzać** (-am) ⟨**-ić**⟩ ⟨-dzę⟩ verbringen; bydło zusammentreiben; **~ czas na** (lok) seine Zeit mit (dat) verbringen
**spiąć\*** pf; → spinać
**spiczasty** (-to) spitz
**spieniony** schaumbedeckt
**spięcie** n (-a) Auseinandersetzung f; umg ELEK Kurzschluss m
**spiętrzać** (-am) ⟨-yć⟩ (-ę) auftürmen, stapeln; wodę stauen
**spiker** m (-a; -rzy), **spikerka** f (-i; gen -rek) RADIO (Nachrichten)Sprecher(in) m(f)
**spinacz** m (-a; -e) Büroklammer f **spinać** (-am) ⟨**spiąć**⟩ (zepnę) kartki zusammenheften; włosy zusammenbinden; hochstecken **spinka** f (-i; gen -nek): **~ do włosów** Haarspange f; Haarnadel f; **~ do mankietów** Manschettenknopf m
**spirala** f (-i; -e) Spirale f; (wkładka domaciczna) umg Spirale f
**spirytus** m (-u; bpl) Spiritus m; Brennspiritus m
**spis** m (-u; -y) Verzeichnis n; **~ treści** Inhaltsverzeichnis n; **~ ludności** Volkszählung f; **~ potraw** Speisekarte f **spisać** pf → spisywać **spisek** m (-sku; -ski) POL Verschwörung f, Komplott n **spisywać** (-uję) ⟨**spisać**⟩ (zepnę) (akk) aufnehmen; wspomnienia aufschreiben; umowę aufsetzen; testament machen; (przepisać) umg abschreiben (**od** gen von dat); **~ na straty** fig abschreiben; **~ się** osoba sich hervortun, j-s Erwartungen nicht enttäuschen
**spiżarka** f (-i; gen -rek) Speisekammer f
**splatać** (-am) ⟨**spleść**⟩ (splotę) flechten
**spleśniały** verschimmelt, schimm(e)lig
**splunąć** pf → pluć; spluwać **spluwać** (-am) ⟨-nąć⟩ (-nę) (aus)spucken

**spłacać** (-am) ⟨-ić⟩ (-cę) abzahlen, zurückzahlen

**spłata** f (-y) Abzahlung f, Rückzahlung f; **spłaty** pl Raten pl

**spłonąć** pf (-nę) abbrennen; *osoba* verbrennen

**spłuczka** f (-i; gen -czek) Spülung **spłukiwać** (-uję) ⟨**spłukać**⟩ (-am) abspülen; *włosy* spülen

**spłynąć** pf → spływać **spływ** m (-u; -y): **~ kajakowy** Kanufahrt f **spływać** (-am) ⟨**spłynąć**⟩ (-nę) (ab)fließen; *pot* herunterfließen

**spocony** (persf -eni) verschwitzt

**spod** präp (gen) unter (dat) hervor; (z okolicy) aus der Gegend (von dat)

**spodek** m (-dka; -dki) Untertasse f **spodenki** (-nek) kurze Hose f **spodni** untere(r), Unter- **spodnie** pl (-i) Hose f

**spodziewać się** (-am) (gen) erwarten (akk)

**spoglądać** (-am) ⟨**spojrzeć**⟩ (-ę, -yj! od spójrz!) blicken, schauen; **~ na** (akk) anblicken, anschauen (akk)

**spojówka** f (-i; gen -wek) ANAT Bindehaut f

**spojrzenie** n (-a) Blick m; *fig* Sichtweise f

**spokojny** ruhig; *demonstracja* friedlich

**spokój** m (-oju; bpl) Ruhe f; (zgoda) Frieden m; **daj mi ~!** lass mich in Ruhe!

**spokrewniony** (persf -eni) verwandt (z inst mit dat)

**społeczeństwo** n (-a) SOZIOL Gesellschaft f; ZOOL Volk n **społeczność** f (-ści) Gemeinschaft f **społeczny** gesellschaftlich, Gesellschafts-; (socjalny) sozial, Sozial-; *mienie* Gemein-

**sponsorować** (-uję) sponsern

**spontaniczny** spontan

**sporadyczny** sporadisch, vereinzelt; METEO gelegentlich

**sporny** umstritten, strittig **sporo** adv ziemlich viel

**sport** m (-u; -y) Sport m; **uprawiać ~** Sport treiben; **~ wyczynowy** Leistungssport m; **~y** pl **zimowe** Wintersport m **sportowiec** m (-wca; -wcy) Sportler m **sportowy** (-owo) Sport-; *postawa* sportlich

**spory** ziemlich groß

**sporządzać** (-am) ⟨-ić⟩ (-dzę) anfertigen; *testament* aufsetzen; *listę* erstellen

**sposobność** f (-ści) Gelegenheit f

**sposób** m (-obu; -oby) Art (und Weise) f; (środek) Mittel n; **~ myślenia** Denkweise f; **~ bycia** Art f; **w ten ~** auf diese (Art und) Weise; **w następujący ~** folgendermaßen; **wszelkimi sposobami** mit allen Mitteln; **w żaden ~** auf keinen Fall; **na swój ~** auf seine Art und Weise

**spostrzegać** (-am) ⟨**spostrzec***⟩ (spostrzegę) erblicken, sehen; (odczuć) (be)merken, erkennen **spostrzeżenie** n (-a) Beobachtung f; (uwaga) Bemerkung f

**spotkać** pf → spotykać **spotkanie** n (-a) Treffen n; *ofic* Termin m; *umówione* Verabredung f; *nieoczekiwane* Begegnung f

**spotykać** (-am) ⟨**spotkać**⟩ (-am): **~ k-o** j-n treffen; **~ k-o przypadkowo** j-m zufällig begegnen; **spotkało go nieszczęście** ihm ist ein Unglück zugestoßen; **~ się** sich treffen (z inst mit dat); **~ się z uznaniem** Anerkennung finden; **~ się z trudnościami** auf Schwierigkeiten stoßen; **to się często spotyka** das kommt oft vor

**spowiadać** ⟨wy-⟩ (-am): **~ k-o** REL j-m die Beichte abnehmen; **~ się z** (gen) REL beichten (akk) (a. fig) **spowiedź** f (-dzi) REL Beichte f

**spowszedniały** alltäglich (geworden)

**spoza** präp (gen) hinter (dat) hervor

**spożycie** n (-a; bpl) *ofic* Konsum m, Verbrauch m **spożywca** m (-y; gen -ów) *ofic* Verbraucher m

**spód** m (spodu; spody) Unterteil m od n; *materiału* Unterseite f; (dno) Boden m; **na (samym) spodzie** (ganz) unten; **pod spodem** darunter, unten; **od spodu** von unten (her) **spódnica** f (-y; -e), **spódniczka** f (-i; gen -czek) Rock m

**spółdzielnia** f (-i; -e) Genossenschaft f

**spółgłoska** f (-i; gen -sek) GRAM Konsonant m, Mitlaut m **spółka** f (-i; gen -łek) EKON Gesellschaft f; **~ z ograniczoną odpowiedzialnością** Gesellschaft f mit beschränkter Haftung **spółkować** (-uję) *ofic* Geschlechtsverkehr haben

**spór** m (sporu; spory) Streit m (z powodu gen wegen gen); **spory** pl Streitigkeiten pl

**spóźniać się** (-am) ⟨-ić się⟩ (-ię, -nij!) sich verspäten, zu spät kommen; **~ na pociąg** den Zug verpassen; **~** *zegar* nachgehen **spóźnienie** n (-a) Verspätung f **spóźniony** verspätet; *fig* spät

**sprać*** pf: **~ k-o** *umg* j-n ordentlich verhauen, j-n verprügeln **spragniony** (persf -eni) durstig; **~ miłości** liebebedürf-

tig
**sprawa** f (-y) Sache f, Angelegenheit f; JUR Prozess m; **w tej sprawie** in dieser Angelegenheit; **to nie moja ~** das ist nicht meine Sache; **zdawać sobie sprawę z** (gen) sich im Klaren sein, sich bewusst sein (gen); **nie ma sprawy!** umg kein Problem! **sprawca** m (-y; gen -ów), **sprawczyni** f (-i; -e) JUR Täter m; Verursacher(in) m(f); **przeciw(ko) nieznanemu sprawcy** JUR gegen unbekannt
**sprawdzać** (-am) ⟨-ić⟩ (-dzę) (über)prüfen; w książce nachschlagen; bilety kontrollieren; **~ się** sich bewähren; przepowiednia sich bewahrheiten **sprawdzian** m (-u; -y) Test m; (praca) Klausur f; fig Prüfstein m
**sprawiać** (-am) ⟨-ić⟩ (-ię) verursachen, bewirken; radość bereiten; wrażenie machen
**sprawiedliwość** f (-ści; bpl) Gerechtigkeit f; (sądownictwo) Justiz f **sprawiedliwy** (**-wie**) gerecht
**sprawny** leistungsfähig; organizacja straff; system effizient, gut funktionierend; ruchy geschickt
**sprawozdanie** n (-a) Bericht m (a. RADIO) **sprawozdawca** m (-y; gen -ów), **sprawozdawczyni** f (-i; -e) Berichterstatter(in) m(f)
**sprężyna** f (-y) TECH Feder f
**sprinter** m (-a; -rzy), **sprinterka** f (-i; gen -rek) Kurzstreckenläufer(in) m(f)
**sprostać** pf (-am) (dat) bewältigen (akk), gewachsen sein (dat)
**sprostować** pf → prostować **sprostowanie** n (-a) Berichtigung f; Richtigstellung f
**sproszkowany** pulverisiert
**sprowadzać** (-am) ⟨-ić⟩ (-dzę) osobę kommen lassen, (herbei)holen; pomoc holen; towar einführen; **~ do** (gen) reduzieren (auf akk); **co cię sprowadza?** was führt dich hierher?; **~ na złą drogę k-o** j-n auf die schiefe Bahn bringen; **~ rozmowę na inne tory** das Gespräch in e-e andere Richtung lenken; **~ się** sich niederlassen; einziehen; **sprowadzać się do** (gen) (ograniczać się) sich reduzieren (auf akk)
**spróchniały** morsch; ząb umg kariös, schlecht
**spryskiwać** (-uję) ⟨**spryskać**⟩ (-am) be-

sprühen; bieliznę einsprengen, anfeuchten
**spryt** m (-u; bpl) Schlauheit f, Pfiffigkeit f **sprytny** clever, schlau
**sprzątaczka** f (-i; gen -czek) Putzfrau f **sprzątać** (-am) ⟨**-nąć**⟩ (-nę) aufräumen; putzen; (usunąć) wegräumen; **~ pokój** das Zimmer aufräumen; **~ ze stołu** den Tisch abräumen; **sprzątnij swoje rzeczy!** räume deine Sachen weg!; **sprzątać als** Putzfrau arbeiten, putzen gehen
**sprzeciw** m (-u; -y) Widerspruch m; JUR Einspruch m **sprzeciwiać się** (-am) ⟨-ić się⟩ (-ię) widersprechen; ~ (dat) sich widersetzen (dat), protestieren gegen (akk)
**sprzeczać się** (-am) (**o** akk) (sich) streiten (um akk), zanken (wegen gen) **sprzeczka** f (-i; gen -czek) Streit m **sprzeczność** f (-ści) Widerspruch m **sprzeczny** widersprüchlich; interesy gegensätzlich; **~ z** (inst) unvereinbar mit (dat)
**sprzed** präp (gen) (aus der Zeit) vor (dat)
**sprzedać** pf → sprzedawać **sprzedający** m (-ego; -y), **sprzedająca** f (-ej; -ce) Verkäufer(in) m(f) (a. JUR) **sprzedajny** käuflich, bestechlich **sprzedanie** n (-a; bpl): **do sprzedania** zu verkaufen **sprzedawać** (-aję) ⟨**sprzedać**⟩ (-am) verkaufen (a. fig) **sprzedawca** m (-y; gen -ów) Verkäufer m
**sprzęgło** n (-a; gen -gieł) AUTO Kupplung f; **włączyć** pf ~ einkuppeln, die Kupplung treten; **wyłączyć** pf ~ auskuppeln **sprzęt** m (-u; bpl) Ausrüstung f, Gerätschaft f; **~y** pl **domowe** Hausrat m, Mobiliar n **sprzężony** TECH (zusammen)gekoppelt; fig gekoppelt (**z** inst an akk)
**sprzyjać** (-am) (dat) begünstigen (akk); fördern (akk) **sprzyjający** günstig
**sprzymierzeniec** m (-ńca; -ńcy) Verbündete(r) m (a. POL) **sprzymierzony** (persf -eni) POL verbündet, alliiert
**spuchnięty** geschwollen
**spustoszenie** n (-a) Verwüstung f
**spuszczać** (-am) ⟨**spuścić**⟩ (spuszczę) herablassen, hinunterlassen; głowę senken; płyn ablassen; **~ psa z łańcucha** den Hund abketten; **~ psa ze smyczy** den Hund von der Leine losmachen; **~ z ceny** umg mit dem Preis runtergehen; **~ na wodę** MAR zu Wasser lassen; **nie ~ z**

**oczu** nicht aus den Augen lassen; **~ się** sich hinunterlassen **spuścić** pf → spuszczać **spuścizna** f (-y) Nachlass m; (spadek) Erbe n

**spychać** (-am) ⟨zepchnąć⟩ (-nę) (weg)schieben; (hinunter)stoßen; fig verdrängen

**srać** (-am) vulg scheißen

**srebrny** silbern, Silber- **srebro** n (-a) Silber n **srebrzyć** ⟨po-⟩ (-ę) versilbern

**sroka** f (-i) Elster f

**srom** m (-u; -y) ANAT Vulva f

**ssać\*** (ssę, ssie; ssij!) saugen; cukierek lutschen **ssak** m (-a; -i) Säugetier n

**stabilizować** ⟨u-⟩ (-uję) stabilisieren; **~ się** sich stabilisieren **stabilny** stabil

**stacja** f (-i; -e) kolejowa Bahnhof m; **~ metra** U-Bahnstation f; **~ benzynowa** Tankstelle f; **~ ładowania pojazdów elektrycznych** MOT Ladestation f; **~ nadawcza** RADIO Sender m; **~ dysków** IT Diskettenlaufwerk n **stacyjka** f (-i; gen -jek) AUTO Zündschloss n

**stać¹\*** (stoję, stoi; stój!) stehen; stillstehen; **~ prosto** gerade stehen; **biurko stoi przy oknie** der Schreibtisch steht am Fenster; **~ w korku** umg im Stau stehen; **~! stój!** halt!; **~ na warcie** Wache halten; **~ w miejscu** fig auf der Stelle treten; **jak sprawy stoją?** wie stehen die Dinge?; **po czyjej stoisz stronie?** auf welcher Seite stehst du?; **~ na głowie** SPORT auf dem Kopf stehen

**stać²** präd: **(nie) ~ go na hotel** er kann sich (k)ein Hotel leisten; **nie ~ mnie na to** das kann ich mir nicht leisten

**stadion** m (-u; -y) Stadion n

**stadnina** f (-y) Gestüt n **stado** n (-a) Herde f; ptaków Schwarm m

**stajnia** f (-i; -e; gen -i od -jen) Pferdestall m

**stal** f (-i; -e) Stahl m

**stale** adv ständig, stets

**stalowy** Stahl-; kolor stahlblau

**stalówka** f (-i; gen -wek) (Schreib)Feder f

**stały** (persf -li) konstant; uczucie beständig; dochód fest;; miejsce zamieszkania ständig; gość Stamm-; **na stałe** dauerhaft, auf Dauer

**stamtąd** adv von dort (aus), von da

**stan** m (-u; -y) Zustand m; Lage f; **~ zdrowia** Gesundheitszustand m; **~ wody** Wasserstand m; **~ kasy** Kassenbestand m; **~ cywilny** Familienstand m; **~ konta** BANK Kontostand m; **~ rzeczy** Sachverhalt m, Tatbestand m; **w dobrym ~ie** in gutem Zustand; **być w ~ie** (+ inf) imstande sein zu (+ inf); **żyć ponad ~** über s-e Verhältnisse leben

**stanąć** pf **stanęło na tym, że ...** es blieb dabei, dass ...; → **stawać**

**standaryzować** (-uję) standardisieren, vereinheitlichen

**stanieć** pf → **tanieć**

**stanik** m (-a; -i) Büstenhalter m, BH m

**stanowczy** resolut; odmowa kategorisch, entschieden; decyzja fest

**stanowić** (-ię, -nów!) v/t bilden, ausmachen; v/i entscheiden (**o** lok über akk) **stanowisko** n (-a) (posada) Stelle f; (pozycja) Stellung f; fig Standpunkt m; na wystawie Stand m; **~ pracy** Arbeitsplatz m; **~ kierownicze** leitende Position f

**stapiać** (-am) ⟨stopić⟩ (-ę) verschmelzen; masło zerlassen; TECH legieren

**starać się** (-am) sich bemühen, sich Mühe geben; **~ o** (akk) sich bewerben um (akk); sich bemühen um (akk) **staranność** f (-ści; bpl) Sorgfalt f **staranny** sorgfältig; ubiór gepflegt

**starczać** (3. Pers -a) ⟨-yć⟩ (-y) ausreichen, genügen (**na** akk für akk) **starczy** adj Alters-, altersbedingt

**starocie** f/pl (gen -) umg Gerümpel n, Trödel m **starodawny** uralt; altertümlich **staropolski** altpolnisch; **po staropolsku** auf altpolnische Art **starosta** m (-y; -owie) ADMIN Landrat m; (kobieta) Landrätin f; grupy Sprecher m **starościna** f (-y) grupy Sprecherin f

**starość** f (-ści; bpl) Alter n; **na ~** fürs Alter; im Alter; **ze starości** altersbedingt

**staroświecki** (-ko od **po -ku**) altmodisch **starożytność** f (-ści; bpl) Altertum n, Antike f **starożytny** antik; (stary) uralt

**starszy** (persf starsi) älter; w hierarchii Ober-

**start** m (-u; -y) Start m **starter** m (-a; -rzy) SPORT Starter m; AUTO (-u; -y) Anlasser m **startować** ⟨wy-⟩ (-uję) v/i starten

**staruszek** m (-szka; -szkowie) Alterchen n, Opa m **staruszka** f (-i; gen -szek) Mütterchen n, Oma f **stary** (persf -rzy) alt; **stare miasto** n Altstadt f

**starzec** m (-rca; -rcy) Greis m **starzeć się** ⟨ze-⟩ (-eję) osoba altern, alt od älter

werden **starzej** *komp adv* älter **starzyzna** f (-y; bpl) Trödel m
**statek** m (-tku; -tki) Schiff n
**statut** m (-u; -y) Satzung f, Statut n
**statyczny** statisch
**statysta** m (-y; -ści) FILM Statist m (a. fig), Komparse m **statystyczny** statistisch
**statystyka** f (-i) Statistik f
**statyw** m (-u; -y) Stativ n
**staw** m (-u; -y) Teich m; ANAT Gelenk n; ~ **hodowlany** Karpfenteich m; **ból w ~ach** Gelenkschmerzen m/pl
**stawać** (-ję) ⟨**stanąć**⟩ (-nę, -ń!) sich stellen; (zatrzymać się) stehen bleiben; pojazd anhalten; produkcja stillstehen; (nadepnąć) treten (**na** akk auf akk); ~ **na palcach** sich auf die Zehenspitzen stellen; ~ **przed sądem** vor Gericht erscheinen
**stawać się** (-ję) ⟨**stać się**⟩ (stanę) werden
**stawiać** (-am) ⟨**postawić**⟩ (-ię) hinstellen; (budować) bauen; warunki stellen; pomnik errichten; kołnierz hochschlagen; przecinek setzen; (fundować) umg spendieren, ausgeben; ~ **na swoim** seinen Willen durchsetzen; ~ **k-o w trudnej sytuacji** j-n in e-e schwierige Lage bringen; ~ **k-o przed faktem dokonanym** j-n vor vollendete Tatsachen stellen; **stawiać się** ofic sich einfinden **stawka** f (-i; gen -wek) FIN Satz m; w grze Einsatz m; ~ **za godzinę** Stundenlohn m
**staż** m (-u; bpl) Praktikum n; ~ **naukowy** Forschungsstipendium n; ~ **pracy** Berufsjahre pl **stażysta** m (-y; -ści), **stażystka** f (-i; gen -tek) Praktikant(in) m(f)
**stąd** adv von hier; konj (dlatego) daher
**stek** m (-u; -i) KULIN Steak n; ~ **kłamstw** ein Haufen Lügen; ~ **wyzwisk** unflätige Beschimpfungen pl
**stempel** m (-pla; -ple; gen -pli) Stempel m (a. GÓRN) **stemplować** ⟨o-⟩ (-uję) (ab)stempeln
**step** m (-u; -y) Steppe f
**ster** m (-u; -y) MAR Ruder n; LOT Steuerknüppel m
**sterczący** vorstehend; uszy abstehend **sterczeć** (-ę, -y) (heraus)ragen; abstehen
**stereofoniczny** stereofon, Stereo-
**stereotypowy** (-wo) stereotyp
**sternik** m (-a; -cy) MAR Steuermann m
**sterować** (-uję) MAR, LOT steuern **sterowanie** n (-a) Steuerung f; **zdalne ~** Fernsteuerung f
**sterta** f (-y) AGR Schober m; (stos) Stapel m, Haufen m
**sterylizować** (-uję) sterilisieren (a. MED)
**stęchlizna** f (-y; bpl) Modergeruch m, Muff m
**stękać** (-am) ⟨**-nąć**⟩ (-nę) stöhnen; **stękać** sich beklagen
**stępiony** nóż stumpf; fig abgestumpft
**stęskniony** sehnsüchtig, sehnsuchtsvoll
**stężony** CHEM konzentriert
**stłuc** pf → **tłuc stłuczenie** n (-a) MED Prellung f **stłumiony** gedämpft; krzyk erstickt
**sto** (persf stu) hundert
**stocznia** f (-i; -e) Werft f
**stodoła** f (-y; gen -dół) Scheune f
**stoisko** n (-a) HANDEL Stand m **stojak** m (-a; -i) Ständer m, Gestell n **stojący** stehend; **miejsce** Stehstok m (-u; -i) (Berg)Hang m
**stokrotka** f (-i; gen -tek) Gänseblümchen n **stokrotny** hundertfach
**stolarnia** f (-i; -e) Tischlerwerkstatt f, Tischlerei f **stolarz** m (-a; -e) Tischler m, Schreiner m
**stolec** m (-lca; -lce) MED Stuhl m; Stuhlgang m **stolica** f (-y; -e) Hauptstadt f; mody Metropole f; **Stolica Apostolska** der Heilige Stuhl m **stolik** m (-a; -i) kleiner Tisch m; w restauracji Tisch m **stolnica** f (-y; -e) Nudelbrett n
**stołeczny** Hauptstadt-, hauptstädtisch **stołek** m (-łka; -łki) Hocker m, Schemel m **stołować** (-uję) verpflegen; ~ **się** sich verpflegen (lassen), essen
**stołowy**¹ Tisch-; **pokój** Ess-; KULIN Tafel**stołowy**² m (-ego; -e) Esszimmer n, Speisezimmer n **stołówka** f (-i; gen -wek) zakładowa Kantine f; studencka Mensa f
**stomatologiczny** Zahnarzt-
**stonka** f (-i; gen -nek): ~ **ziemniaczana** Kartoffelkäfer m
**stonoga** f (-i; gen -nóg) Tausendfüß(l)er m
**stop** m (-u; -y) Legierung f
**stopa** f (-y; gen stóp) ANAT Fuß m; EKON Satz m; zysku Rate f; ~ **życiowa** Lebensstandard m; ~ **procentowa** BANK Zinssatz m
**stoper** m (-a; -y) Stoppuhr f

**stopić** pf → stapiać **stopień** m (-pnia; -pnie) schodów Stufe f (a. fig); (ocena) Note f; (jednostka miary) Grad m; MIL Dienstgrad m; **~ wyższy** GRAM Komparativ m; **~ najwyższy** Superlativ m; **~ rozwoju** Entwicklungsstufe f; **do tego stopnia, że ...** dermaßen, dass ...
**stopniować** (-uję) abstufen; ceny staffeln; GRAM steigern **stopniowy** allmählich, langsam
**storczyk** m (-a; -i) Orchidee f
**stornować** (-uję) stornieren
**stos** m (-u; -y) Stapel m; do spalenia Scheiterhaufen m; **ułożyć pf w ~** stapeln
**stosować** ⟨za-⟩ (-uję) anwenden; (używać) verwenden; **~ się (do** gen) sich halten (an akk), sich richten (nach dat) **stosowany** angewandt **stosownie (do** gen) passend (zu dat); entsprechend (dat) **stosowny** angebracht; **~ do** gen angemessen (dat), passend (zu dat); **w stosownej chwili** im passenden Augenblick; **uważać za stosowne** es für richtig halten
**stosunek** m (-nku; -nki) Verhältnis n; (nastawienie) Haltung f (**do** gen zu dat); płciowy Geschlechtsverkehr m; **stosunki** pl (kontakty) Beziehungen f; **w stosunku do** (gen) im Verhältnis zu (dat); **w stosunku do k-o j-m gegenüber; być w dobrych stosunkach (z** inst) ein gutes Verhältnis haben (zu dat); **mieć stosunki** Beziehungen haben **stosunkowy (-wo)** verhältnismäßig, relativ
**stowarzyszenie** n (-a) Verein m, Verband m **stowarzyszony** (persf -eni) organisiert (**w** lok in dat)
**stożek** m (-żka; -żki) Kegel m (a. MAT)
**stóg** m (-ogu; -ogi) Schober m
**stół** m (-ołu; -oły) Tisch m; **przy stole** am Tisch
**stracenie** n (-a) Hinrichtung f; **nie mieć nic do stracenia** nichts zu verlieren haben
**strach** m (-u; bpl) Angst f; **~y** pl (zjawa) Gespenster pl; **ze ~u** vor Angst; **~ na wróble** Vogelscheuche f; **aż ~!** umg furchtbar!, schrecklich!; **mieć ~a** umg Bammel haben
**stracić** pf skazańca hinrichten; → tracić
**stragan** m (-u; -y) Marktstand m, Marktbude f **straganiarka** f (-i; gen -rek) Marktfrau f, Markthändlerin f **straganiarz** m (-a; -e) Markthändler m
**strajk** m (-u; -i) Streik m; **~ głodowy** Hungerstreik m **strajkować** (-uję) streiken
**straszyć** (-ę): **~ k-o** j-n erschrecken, j-m Angst machen; (grozić) j-m drohen (inst mit dat); **tu straszy** hier spukt es **straszydło** n (-a; gen -deł) Ungeheuer n, Monster n
**strata** f (-y) Verlust m (a. FIN)
**strategiczny** strategisch
**stratny**: **być ~m** umg FIN Verluste machen
**strawić** pf → trawić
**straż** f (-y; -e) Wache f; **~ pożarna** Feuerwehr f; **~ graniczna** Grenzschutz m; **trzymać ~** Wache halten **strażacki** Feuerwehr- **strażak** m (-a; -cy) Feuerwehrmann m **strażnica** f (-y; -e) Wärterhäuschen n **strażniczka** f (-i; gen -czek) Wärterin f, Wächterin f **strażnik** m (-a; -cy) Wächter m, Wärter m
**strączek** m (-czka; -czki) Schote f, Hülse f
**strefa** f (-y) Zone f, Bereich m
**stremowany** nervös, aufgeregt
**stres** m (-u; -y) Stress m
**streszczać** (-am) ⟨streścić⟩ (streszczę) (kurz) zusammenfassen; **~ się** sich kurzfassen **streszczenie** n (-a) Zusammenfassung f; Inhaltsangabe f
**stręczycielstwo** n (-a; bpl) Zuhälterei f
**striptizerka** f (-i; gen -rek) Stripperin f
**stroić** ⟨wy-⟩ (-ję, strój) herausputzen; **~ się** sich herausputzen; ⟨przy-⟩ schmücken; **stroić** MUS stimmen; RADIO abstimmen; **stroić miny** Grimassen schneiden; **stroić sobie żarty** seine Scherze machen (**z** gen über akk) **stroje** pl → strój
**stromy** (-mo) steil, abschüssig; skała schroff
**strona** f (-y) Seite f (a. fig); (kierunek) Richtung f; JUR Partei f; **~ internetowa** IT Internetseite f, Homepage f; **~ świata** Himmelsrichtung f; **strony** pl **rodzinne** Heimat f; **na stronę** zur Seite, beiseite; **ze strony** von der Seite; seitens; **z jednej strony ..., z drugiej strony ...** einerseits ..., and(e)rerseits ...
**stronnictwo** n (-a) POL Partei f **stronniczka** f (-i; gen -czek) Anhängerin f, Verfechterin f **stronniczy** (-czo) parteiisch, voreingenommen
**stroszyć** ⟨na-⟩ (-ę) piór aufplustern
**strój** m (-oju; -oje; gen -ów) Kleidung f

**stróż** m *(-a; -e; -ów)* Wächter m; *(dozorca)* Hausmeister m

**strugać** *(-am)* ołówek (an)spitzen; *figurkę* schnitzen; TECH hobeln

**struktura** f *(-y)* Struktur f

**strumień** m *(-nia; -nie) (potok)* Bach m; *wody* Strahl m; **~ powietrza** Luftstrom m

**struna** f *(-y)* MUS Saite f; **struny** *pl* głosowe ANAT Stimmbänder *pl*

**strup** m *(-a; -y)* Schorf m

**struś** m *(-sia; -sie)* ZOOL Strauß m

**strych** m *(-u; -y)* Dachboden m

**stryj** m *(-a; -owie)* Onkel m (väterlicherseits) **stryjenka** f *(-i; gen -nek)* Tante f

**strzał** m *(-u; -y)* MIL, SPORT Schuss m **strzała** f *(-y)* Pfeil m **strzałka** f *(-i; gen -łek) (znak)* Pfeil m; TECH Nadel f

**strząsać** *(-am)* ⟨**-nąć**⟩ *(-nę)* abschütteln

**strzec*** *(strzegę) (gen)* hüten *(akk)*; *osoby* schützen; **~ się** *(gen)* sich hüten (vor *dat*)

**strzelać** *(-am)* ⟨**-ić**⟩ *(-ę)* schießen (**do** *gen* auf *akk*); *korki* knallen **strzelanina** f *(-y)* Schießerei f **strzelba** f *(-y)* Flinte f, Büchse f **strzelec** m *(-lca; -lcy)* Schütze m **strzelectwo** n *(-a; bpl)* Schießsport m **strzelić** *pf* → strzelać **strzelnica** f *(-y; -e)* Schießstand m; *na jarmaku* Schießbude f **strzelniczy** Schieß-

**strzemienne** n *(-ego; bpl)* umg Abschiedstrunk m, Abschiedstoast m **strzemię** n *(-enia; -iona)* Steigbügel m **strzepywać** *(-uję)* ⟨**strzepnąć**⟩ *(-ę)* abschütteln, abklopfen

**strzeżony**: **parking** m **~** bewachter Parkplatz m

**strzyc*** ⟨**o-**⟩ *(strzygę) włosy* kurz schneiden, scheren; *trawę* mähen; **~ się** sich die Haare schneiden (lassen)

**strzykawka** f *(-i; gen -wek)* (Injektions)-Spritze f

**stu** *in zssgn* hundert-, Hundert-

**studencki** studentisch, Studenten-**student** m *(-a; -ci)*, **studentka** f *(-i; gen -tek)* Student(in) m(f)

**studia** *pl (gen -ów)* (Hochschul)Studien *nlpl* Forschung f; **~ eksternistyczne** Fernstudium n; **na ~ch** im Studium, während des Studiums; **być na ~ch** studieren **studiować** *(-uję)* studieren **studium** n *(unv; -ia; gen -iów)* Fach(hoch)schule f; *(badanie)* Studie f *(a. MAL)*

**studnia** f *(-i; -e; gen - od -dzien)* Brunnen m

**studniowy** hundert Tage lang

**studzić** ⟨**o-**⟩ *(-dzę) v/t* abkühlen *(a. fig)*

**stuk** m *(-u; -i)* Klopfen n; *obcasów* Klappern n **stukać** *(-am)* ⟨**-nąć**⟩ *(-nę)* klopfen *(inst* mit *dat*); **~ do drzwi** an die Tür klopfen; **~ się** *(wznosić toast)* umg anstoßen

**stulecie** n *(-a; gen -i)* Jahrhundert n; *(jubiluesz)* hundertjähriges Jubiläum n **stuprocentowy** *(-wo)* hundertprozentig; *wełna* rein

**stwardniały** verhärtet, hart **stwardnienie** n *(-a)* MED Verhärtung f; **~ rozsiane** MED multiple Sklerose f

**stwarzać** *(-am)* ⟨**stworzyć**⟩ *(-ę)* schaffen **stwierdzać** *(-am)* ⟨**-ić**⟩ *(-ę)* feststellen **stwierdzenie** n *(-a; gen -eń)* Feststellung f

**stworzenie** n *(-a; bpl)* Schöpfung f *(a. REL)*; *(pl -a; gen -eń) (istota)* Geschöpf n **stworzyć** *pf (założyć)* gründen; REL (er)schaffen; → stwarzać; tworzyć

**styczeń** m *(-cznia; -cznie)* Januar m

**styczność** f *(-ści; pl)* Kontakt m; **mieć ~** Kontakt haben (**z** *inst* mit *dat*)

**stygnąć** ⟨**o-**⟩ *(-nę)* kalt werden, erkalten; *fig* abkühlen

**stykać** *(-am)* ⟨**zetknąć**⟩ *(-nę)* berühren, zusammenführen; *osoby* zusammenbringen, zusammenführen; **~ się** sich berühren; *osoby* zusammenkommen; **~ się z** *(inst)* in Berührung kommen mit *(dat)*; stoßen auf *(akk)*; **stykać się** anstoßen, grenzen (**z** *inst* an *akk*); aufeinanderstoßen *od* treffen

**styl** m *(-u; -e)* Stil m *(a. MAL)* **stylistyczny** stilistisch **stylowy** *(-wo)* stilvoll

**stymulator** m *(-a; -y)*: **~ serca** Herzschrittmacher m

**stypa** f *(-y)* Leichenschmaus m

**stypendium** n *(unv; -ia; gen -iów)* Stipendium n; *(studia)* Auslandsstipendium n **stypendysta** m *(-y; -ści)*, **stypendystka** f *(-i; gen -tek)* Stipendiat(in) m(f)

**subiektywny** subjektiv

**sublokator** m *(-a; -rzy)*, **sublokatorka** f *(-i; gen -rek)* Untermieter(in) m(f) **sublokatorski**: **pokój** m **~** Zimmer n zur Untermiete **subordynacja** f *(-i; pl)* Gehorsam m, Disziplin f **subskrypcja** f *(-i; -e)* Subskription f **substancja** f *(-i; -e)* Substanz f *(a. fig)*, Stoff m **subtelny** fein **subwencjonować**

**suchar** m *(-a; -y)* Zwieback m **suchość** f *(-ści; bpl)* Trockenheit f **suchy** *(persf susi)* trocken; *(uschnięty)* dürr, ausgetrocknet; **~ chleb** m nicht belegtes Brot n; **wytrzeć** pf **do sucha** trockenreiben

**sudecki** Sudeten-

**sudoku** n *(unv; bpl)* Sudoku n

**sufit** m *(-u; -y)* Decke f

**sugerować** ⟨za-⟩ *(-uję)* suggerieren

**sugestia** f *(gen dat lok -ii; -e)* Suggestion f

**suita** f *(-y)* MUS Suite f

**suka** f *(-i)* ZOOL Hündin f

**sukces** m *(-u; -y)* Erfolg m **sukcesywny** sukzessiv, allmählich

**sukienka** f *(-i; gen -nek)* Kleid n **suknia** f *(-i; -e; gen - od -kien)* (Abend)Kleid n

**suma** f *(-y)* Summe f; REL Hochamt n; **w sumie** insgesamt

**sumienie** n *(-a)* Gewissen n **sumienny** gewissenhaft

**sumować** ⟨za-⟩ *(-uję)* MAT zusammenzählen, summieren; *fig* zusammenfassen; **sumując** zusammenfassend; **~ się** sich summieren

**sunąć** *(-nę, -ń!)* (dahin)gleiten; *auto* (dahin)rollen

**supeł** m *(-pła; -pły)* Knoten m

**supernowoczesny** hochmodern **supersam** m *(-u; -y)* Supermarkt m

**suplement** m *(-u; -y)* Supplement m, Zusatz m, Ergänzung f, **~ diety** Nahrungsergänzungsmittel n

**surfing** m *(-u; bpl)* Surfing m **surfingowy**: **deska** f **surfingowa** Surfbrett n **surfować**, **serfować** *(-uję)* surfen; **~ w internecie** im Internet surfen

**surogat** m *(-u; -y)* Ersatzstoff m; *fig* Ersatz m

**surogatka** f *(-i; gen -tek)* Leihmutter f

**surowiec** m *(-wca; -wce)* Rohstoff m **surowość** f *(-ści; bpl)* Strenge f; Härte f; *klimatu* Rauheit f **surowy** hart, streng; *klimat* rau; **w stanie ~m** BUD im Rohbau **surówka** f *(-i; gen -wek)* KULIN Rohkostsalat m

**susza** f *(-y; -e)* Dürre f, Trockenperiode f **suszarka** f *(-i; gen -rek)* Haartrockner m, Föhn m; **do naczyń** Geschirrtrockner m; **do rąk** Händetrockner m **suszarnia** f *(-i; -e)* Trockenanlage f **suszony** getrocknet; *kiełbasa* luftgetrocknet **suszyć** *(-ę)* ⟨**wy-**⟩ trocknen (lassen); *suszarką* föhnen **~ się** v/i trocknen

**sutanna** f *(-y)* S(o)utane f

**sutek** m *(-tka; -tki)* Brustwarze f

**sutenerstwo** n *(-a; bpl)* Zuhälterei f

**suterena** f *(-y)* Souterrain n

**suwak** m *(-a; -i)* Reißverschluss m; **~ logarytmiczny** Rechenschieber m

**suwerenność** f *(-ści; bpl)* POL Souveränität f, Unabhängigkeit f

**swastyka** f *(-i)* Hakenkreuz n

**swąd** m *(swędu; bpl)* Brandgeruch m

**sweter** m *(-tra; -try)* Pullover m, Pulli m

**swędzenie** n *(-a; bpl)* Juckreiz m **swędzi(e)ć** *(-dzę)* jucken

**swoboda** f *(-y)* Freiheit f; *(niewymuszoność)* Ungezwungenheit f **swobodny** frei; *(niewymuszony)* ungezwungen; *ubranie* bequem

**swoi** *pron poss persf* meine; deine; seine; ihre; unsere; eure; Ihre; → **swój**¹ **swoisty** *(-ście)* eigen(tümlich), eigenartig, charakteristisch **swoja** *pron poss f* meine; deine; seine; ihre; unsere; eure; Ihre **swojski** *(-ko)* vertraut; *(rodzimy)* heimisch **swój**¹ *pron poss m (persf swoi)* mein; dein; sein; ihr; unser; euer; Ihr; **swoimi słowami** mit eigenen Worten; **chodzić swoimi drogami** eigene Wege gehen **swój**² m *(-ego; swoi)* vertraute Person f; *z rodziny* Familienmitglied n

**syberyjski** sibirisch

**sycić** *(-cę)* satt machen, sättigen; *fig* befriedigen, stillen

**sycylijski** sizilianisch

**syfon** m *(-u; -y)* Siphon m

**sygnalizator** m *(-a; -y)*: **~ świetlny** Lichtsignal n; **~ alarmowy** Alarmanlage f **sygnał** m *(-u; -y)* Signal n; TEL Freizeichen n; **jechać na sygnale** *umg* mit Blaulicht fahren; **~ wzywania pomocy** Notruf m

**sygnet** m *(-u; -y)* Siegelring m

**syjamski**: **bliźnięta** pl **~e** siamesische Zwillinge pl

**syjonistyczny** zionistisch

**syk** m *(-u; -i)* Zischen n

**sylaba** f *(-y)* JĘZ Silbe f **sylabizować** *(-uję)* *(akk)* Silbe für Silbe aussprechen *(akk)*; v/i *(czytać)* stockend lesen

**sylwetka** f *(-i; gen -tek)* *(figura)* Figur f; *(zarys)* Silhouette f

**symbol** m *(-u; -e)* Symbol n *(a.* CHEM*)*; *miasta* Wahrzeichen n **symboliczny**

**symetryczny** symmetrisch
**symfonia** f (gen dat lok -ii; -e) Sinfonie f, Symphonie f
**sympatia** f (gen dat lok -ii; -e) Sympathie f; (dziewczyna) umg Flamme f; (chłopak) umg Schwarm m; **czuć sympatię do** (gen) sich hingezogen fühlen zu (dat), Sympathie empfinden für (akk) **sympatyczny** sympathisch **sympatyk** m (-a; -cy) Sympathisant m
**symptom** m (gen -ów) choroby Symptom n, Anzeichen n
**symulacja** f (-i; -e) Simulieren n; **~ komputerowa** Computersimulation f **symulować** (-uję) simulieren **symultaniczny** simultan
**syn** m (-a, vok lok -u; -owie) Sohn m
**synagoga** f (-i) Synagoge f
**synchroniczny** synchron **synchronizować** ⟨z-⟩ (-uję) synchronisieren
**synek** m (-nka; -nkowie) dim Sohn m
**synonim** m (-u; -y) Synonym n
**synowa** f (-ej; -e) Schwiegertochter f
**syntetyczny** (sztuczny) synthetisch, künstlich, Kunst-; metoda synthetisch, zusammenfassend
**sypać** (-ię) ⟨-nąć⟩ (-nę) hineinschütten (**do** gen in akk); **~ k-o** umg j-n verpfeifen; **sypać piasek** Sand streuen; **sypać** aufschütten; **sypie (śnieg)** es schneit heftig, es fällt dichter Schnee; **sypać się** (heraus)rieseln (**z** gen aus dat); tynk bröckeln; iskry sprühen
**sypialnia** f (-i; -e) Schlafzimmer n **sypialny**¹ Schlaf- **sypialny**² m(-ego; -ne) Schlafwagen m; (pokój) Schlafzimmer n
**sypki** śnieg pulverig; piasek locker **sypnąć** pf → sypać
**syrena** f (-y) Sirene f
**syrop** m (-u; -y) Sirup m
**system** m (-u; -y) System n **systematyczny** systematisch; (planowy) planmäßig, systematisch
**sytuacja** f (-i; -e) Situation f, Lage f **sytuacyjny** komizm Situations-; plan Lage-
**sytuować** ⟨u-⟩ (-uję) platzieren
**szabas, szabat** m (-u; -y) REL Sabbat m
**szabla** f (-i; -e; gen -bel od -i) Säbel m
**szablon** m (-u; -y) Schablone f (a. pej)
**szablonowy** (-**wo**) pej schablonenhaft, stereotyp

**szach** m (-u od -a; bpl) Schach n; **~y** pl (gen -ów) Schach(spiel) n **szachista** m (-y; -ści), **szachistka** f (-i; gen -tek) Schachspieler(in) m(f) **szachownica** f (-y; -e) (plansza) Schachbrett n; (wzór) Schachbrettmuster n
**szacować** ⟨o-⟩ (-uję) schätzen **szacunek** m (-nku; bpl) Respekt m, (Hoch)Achtung f; (ocena) Schätzung f **szacunkowo** adv schätzungsweise
**szafa** f (-y) Schrank m
**szafka** f (-i; gen -fek) (kleiner) Schrank m; **~ nocna** Nachttisch m
**szajka** f (-i; gen -jek) Bande f
**szal** m (-a; -e) Schal m
**szala** f (-i; -e) Waagschale f
**szaleć** (-eję) toben; burza wüten; **~ z radości** vor Freude außer sich sein; **~ za** (inst) umg verrückt sein nach (dat) **szaleniec** m (-ńca; -ńcy) MED Wahnsinnige(r) m (a. fig) **szaleńczy** (-**czo**) wahnsinnig **szaleństwo** n (-a) MED Wahnsinn m (a. fig); (wybryk) Verrücktheit f
**szalet** m (-u; -y) mobile Toilette f
**szalik** m (-a; -i) Schal m; (chustka) Halstuch n
**szalony** wahnsinnig, umg verrückt; gniew rasend; taniec wild
**szalupa** f (-y) MAR Schaluppe f
**szał** m (-u; bpl) Raserei f; miłosny Rausch m
**szałas** m (-u; -y) Laubhütte f
**szałowy** umg toll, cool
**szałwia** f (gen dat lok -ii; -e) Salbei m
**szampan** m (-a; -y) Sekt m; **z Szampanii** Champagner m
**szampon** m (-u; -y) Shampoo n
**szanować** (-uję) (hoch) schätzen, achten; respektieren; ubranie schonen **szanowny** jubilat ehrenwert; **szanowni Państwo!** sehr geehrte Damen und Herren!
**szansa** f (-y; -e) Chance f (**na** akk auf akk)
**szantaż** m (-u; -e; gen -y od -ów) Erpressung f **szantażować** (-uję) erpressen **szantażysta** m (-y; -ści), **szantażystka** f (-i; gen -tek) Erpresser(in) m(f)
**szarak** m (-a; -i) Feldhase m
**szarańcza** f koll (-y; -e; gen -y) ZOOL Wanderheuschrecken f/pl; fig Meute f
**szarlataneria** f (gen dat lok -ii; bpl), **szarlataństwo** n (-a) Scharlatanerie f
**szarlotka** f (-i; gen -tek) Apfelstrudel m

**szarotka** f (-i; gen -tek) BOT Edelweiß n
**szarówka** f (-i; gen -wek) (Abend)Dämmerung f; *rano* Morgengrauen n
**szarpać** (-ię) ⟨-nąć⟩ (-nę) (akk) rütteln (an dat); **~ k-o an j-m zerren; ~ za** (akk) ziehen an (dat); (rozdzierać) (zer)reißen; v/i *pojazd* rucken; **~ sobie nerwy** umg sich stressen; **~ się** zappeln, sich winden; **~ się z** (inst) raufen, ringen mit (dat) **szarpnięcie** n (-a) Ruck m
**szary** (persf -rzy) (-ro) grau; **na ~m końcu** umg als Schlusslicht; **zrobić** pf **k-o na szaro** umg j-n reinlegen
**szatan** m (-a; -y) REL Teufel m (a. fig); BOT Satanspilz m
**szatnia** f (-i; -e) Garderobe f; (przebieralnia) Umkleideraum m **szatniarka** f (-i; gen -rek) Garderobenfrau f
**szatyn** m (-a; -i), **szatynka** f (-i; gen -nek) Dunkelhaarige(r) m, f, Braunhaarige(r) m, f
**szczaw** m (-wiu; -wie; gen -wi) Sauerampfer m
**szczebel** m (-bla; -ble) *drabiny* Sprosse f; fig Stufe f
**szczebiotać** (-czę od -cę) *ptaki* zwitschern; *dziecko* plappern
**szczecina** f (-y) Borsten pl; (zarost) Stoppelbart m
**szczególnie** partikel besonders; (osobliwie) sonderlich **szczególny** besondere(r) **szczegół** m (-u; -y) Einzelheit f, Detail n **szczegółowy** ausführlich, genau; Detail-
**szczekać** (3. Pers -a) bellen
**szczelina** f (-y) Spalte f; GEOL Kluft f **szczelny** dicht, hermetisch
**szczeniak** m (-a; -i) ZOOL Welpe m; (smarkacz) pej Schnösel m
**szczep** m (-u; -y) (plemię) Stamm m (a. BIOL); AGR Pfropfreis n **szczepić** ⟨za-⟩ (-ię) MED impfen (**przeciw** dat gegen akk); AGR (auf)pfropfen **szczepienie** n (-a) Impfung f (**przeciw** dat gegen akk) **szczepionka** f (-i; gen -nek) Impfstoff m
**szczerba** f (-y) (Zahn)Lücke f; *w murze* Riss m; *w ostrzu* Scharte f
**szczerość** f (-ści; bpl) Aufrichtigkeit f, Ehrlichkeit f **szczery** (persf -rzy) (-rze) ehrlich, aufrichtig; *złoto* pur
**szczerzyć** (-ę): **~ zęby** die Zähne fletschen

**szczęk** m (-u; -i) Rasseln n, Klirren n **szczęka** f (-i) ANAT Kiefer m; **szczęki** f/pl TECH Backen f/pl; **sztuczna ~** künstliches Gebiss n
**szczęściara** f (-y), **szczęściarz** m (-a; -e) umg Glückspilz m **szczęście** n (-a; bpl) Glück n; **na ~** zum Glück; **~ w nieszczęściu** Glück im Unglück **szczęśliwy** (-wie) glücklich; **szczęśliwej podróży!** gute Reise!; **Szczęśliwego Nowego Roku!** ein glückliches neues Jahr!
**szczoteczka** f (-i; gen -czek): **~ do zębów** Zahnbürste f **szczotka** f (-i; gen -tek) Bürste f; **~ do włosów** Haarbürste f; **~ do podłogi** Besen m **szczotkować** ⟨wy-⟩ (-uję) (aus)bürsten; *konia* striegeln **szczupak** m (-a; -i) Hecht m
**szczupleć** ⟨wy-⟩ (-eję) schlank werden **szczupły** (persf -li) (**-ło**) schlank
**szczur** m (-a; -y) Ratte f
**szczycić się** (-cę) (inst) stolz sein (auf akk), sich rühmen (gen)
**szczygieł** m (-gła; -gły) Stieglitz m
**szczypać** (-ię) ⟨-nąć⟩ (-nę) zwicken, kneifen **szczypce** pl (gen -piec od -ów) Zange f; ZOOL Scheren pl **szczypiorek** m (-rku; bpl) Schnittlauch m **szczypta** f (-y) Prise f, Messerspitze f
**szczyt** m (-u; -y) Gipfel m; *wieży* Spitze f; *stołu* Ende m; BUD Giebel m; **godziny ~u** Hauptverkehrszeit f, Stoßzeit f; **spotkanie** n **na szczycie** POL Gipfeltreffen n
**szef** m (-a; -owie) Chef m; (*kobieta*) Chefin f
**szefowa** f (-ej; -e) umg Chefin f
**szelest** m (-u; -y) Rascheln n **szeleścić** (szeleszczę) rascheln
**szelki** f/pl (gen -lek) Hosenträger m/pl
**szepnąć** pf; → szeptać **szept** m (-u; -y) Flüstern n **szeptać** (-czę od -cę) ⟨szepnąć⟩ (-nę) flüstern
**szereg** m (-u; -i) Reihe f **szeregować** ⟨u-⟩ (-uję) ordnen **szeregowiec** m (-wca; -wcy) MIL Schütze m
**szermierka**[1] f (-i; bpl) SPORT Fechten n **szermierka**[2] f (-i, gen -rek) Fechterin f
**szeroki** (persf -cy) (**-ko**) breit; *ubranie* weit **szerokość** f (-ści) Breite f (a. GEOG)
**szerszeń** m (-nia; -nie; gen -ni) Hornisse f
**szerszy** komp adj breiter **szerzyć** (-ę) verbreiten; **~ się** sich verbreiten; *epidemia* um sich greifen, sich ausbreiten
**szesnasty** sechzehnte(r) **szesnaście** num (persf szesnastu) sechzehn **sześcian**

## sześcioletni – szpecić

**m** (-u; -y) MAT Würfel m, Kubus m; **podnieść do ~u** MAT in die dritte Potenz erheben

**sześcioletni** sechsjährig **sześciu** num persf sechs **sześćdziesiąt** num (persf sześćdziesięciu) sechzig **sześćset** num (persf sześciuset) sechshundert

**szew** m (szwu; szwy) Naht f (a. MED); **zdjąć** pf **szwy** MED Fäden ziehen

**szewc** m (-a; -y) Schuhmacher m, Schuster m

**szkalować** ⟨o-⟩ (-uję) verleumden, diffamieren

**szkarlatyna** f (-y; bpl) MED Scharlach m

**szkatułka** f (-i; gen -łek) Schatulle f

**szkic** m (-u; -e) Skizze f, Entwurf m **szkicować** ⟨na-⟩ (-uję) skizzieren

**szkielet** m (-u; -y) ANAT Skelett n; (konstrukcja) Gerüst n (a. fig)

**szklanka** f (-i; gen -nek) (Wasser)Glas n; BOT Glaskirsche f **szklany** Glas-, **szklarnia** f (-i; -e) Gewächshaus n **szklarz** m (-a; -e) Glaser m

**szklić** ⟨o-⟩ (-lę, -lij!) verglasen **szklisty** (-ście) glasig **szkliwo** n (-a) Glasur f; ANAT Zahnschmelz m **szkło** n (-a; gen szkieł) Glas n

**szkocki** (po -ku) schottisch

**szkoda¹** f (-y; gen szkód) Schaden m; **szkody** pl **spowodowane pożarem** Brandschäden pl; **na szkodę** (gen) zum Schaden von (dat); **ze szkodą dla** (gen) nachteilig für (akk)

**szkoda²** adv: **~ mi go** er tut mir leid; **~** (gen) es ist schade um (akk); **~, że** ... es ist schade, dass ...; **jaka ~!** wie schade!; **~ nam było wyjeżdżać** es fiel uns schwer, wegzureisen; **~ twojego czasu** es ist schade um deine Zeit; **~ słów** es ist schade um jedes Wort; **~ nerwów** es hat keinen Sinn, sich darüber aufzuregen

**szkodliwy** (-wie) schädlich; **~ dla zdrowia** gesundheitsschädlich; **~ dla środowiska** umweltschädlich **szkodnik** m (-a; -i) Schädling m **szkodzić** ⟨za-⟩ (-dzę) schaden, **co to szkodzi?** was schadet es?; (nic) nie szkodzi! macht nichts!

**szkolenie** n (-a) Schulung f **szkolić** ⟨wy-⟩ (-lę) schulen; zawodowo fortbilden **szkolnictwo** n (-a; bpl) Schulwesen n **szkolny** Schul- **szkoła** f (-y; gen szkół) Schule f

**Szkot** m (-a; -ci) Schotte m **Szkotka** f (-i; gen -tek) Schottin f

**szlaban** m (-u; -y) Schlagbaum m

**szlachecki** Adels-, ad(e)lig

**szlachetny** edelmütig, großmütig; rysy ebenmäßig; surowiec edel; metal Edel-

**szlafrok** m (-a; -i) Morgenmantel m

**szlak** m (-u; -i) Strecke f, Route f **~ handlowy** Handelsweg m; **~ turystyczny** Reiseroute f; **~ wędrowny** Wanderweg m; **~ rowerowy** Fahrradweg m

**szlam** m (-u; -y) Schlamm m

**szlifować** ⟨o-⟩ (-uję) TECH schleifen; fig feilen (an dat)

**szlochać** (-am) schluchzen

**szmaciany**: **lalka** f **szmaciana** Stoffpuppe f

**szmaragd** m (-u; -y) Smaragd m

**szmata** f (-y) Lappen m, Lumpen m

**szmer** m (-u; -y) Geräusch n; strumyka Murmeln n

**szminka** f (-i; gen -nek) Lippenstift m; TEATR Schminke f

**szmuglować** (-uję) schmuggeln; samochody schieben

**sznur** m (-a; -y) Schnur f; fig Reihe f; **~ do bielizny** Wäscheleine f; **~ pereł** Perlenkette f **sznurek** m (-rka; -rki) Bindfaden m, Schnur f **sznurowadło** n (-a; gen -deł) Schnürsenkel m

**sznycel** m (-cla; -cle) Schnitzel n

**szoferka** f (-i; gen -rek) umg Fahrerkabine f

**szok** m (-u; -i) Schock m (a. MED) **szokować** ⟨za-⟩ (-uję) schockieren

**szop** m (-a; -y) Waschbär m

**szopa** f (-y) Schuppen m **szopka** f (-i; gen -pek) REL Krippe f; Krippenspiel n

**szorować** (-uję) scheuern, schrubben; v/i reiben

**szorstki** (persf -cy) (-ko) rau; fig schroff, barsch

**szorty** pl (gen -ów) Shorts pl

**szosa** f (-y) (Land)Straße f

**szowinistyczny** chauvinistisch

**szóstka** f (-i; gen -tek) Sechs f **szósty** sechste(r)

**szpachlować** (-uję) (ver)spachteln

**szpagat** m (-u; -y) SPORT Spagat m; (sznurek) Bindfaden m **szpak** m (-a; -i) ZOOL Star m **szpaler** m (-u; -y) Spalier n **szpara** f (-y) Spalt m

**szpecić** (-cę) verunstalten, entstellen; krajobraz verschandeln

**szperać** (-am) kramen, wühlen; *w archiwach* stöbern
**szpic** *m* (-a; -e) Spitze *f* **szpicel** *m* (-cla; -cle) *pej* Spitzel *m*, Schnüffler *m*
**szpieg** *m* (-a; -dzy) Spion *m* **szpiegostwo** *n* (-a; *bpl*) Spionage *f* **szpiegować** (-uję) spionieren
**szpik** *m* (-u; *bpl*): **~ kostny** ANAT Knochenmark *m*
**szpilka** *f* (-i; *gen* -lek) Stecknadel *f*; *do włosów* Haarnadel *f*; *do krawata* Krawattennadel *f*
**szpinak** *m* (-u; *bpl*) Spinat *m*
**szpital** *m* (-a; -e) Krankenhaus *n* **szpitalny** Krankenhaus-; *leczenie* stationär
**szprotka** *f* (-i; *gen* -tek) Sprotte *f*
**szprycha** *f* (-y) (Rad)Speiche *f*
**szpula** *f* (-i; -e) *kabli* Spule *f*
**szrama** *f* (-y) Narbe *f*, Schramme *f*
**szron** *m* (-u; *bpl*) Raureif *m*
**sztab** *m* (-u; -y) Stab *m*; **~ główny** MIL Generalstab *m*
**sztaba** *f* (-y), **sztabka** (-i; *gen* -bek) (Eisen)Stab *m*; **sztabka złota** Goldbarren *m*
**sztafeta** *f* (-y) SPORT Staffellauf *m*
**sztandar** *m* (-u; -y) Fahne *f*
**sztangista** *m* (-y; -ści) Gewichtheber *m*
**sztolnia** *f* (-i; -e) GÓRN Stollen *m*
**sztorc**: **na ~** *adv* hochkant
**sztorm** *m* (-u; -y) (See)Sturm *m*
**sztuczka** *f* (-i; *gen* -czek) Trick *m*, Kniff *m*
**sztuczny** künstlich, Kunst-; *(nieszczery)* gekünstelt
**sztućce** *m/pl* (*gen* -ów) Besteck *n*
**sztuka** *f* (-i) Kunst *f*; TEATR (Theater)Stück *n*; *(egzemplarz)* Stück *n*; **sztuki** *pl* **piękne** die bildenden Künste *pl*; **na sztuki** stückweise *od pro* Stück; **do trzech razy ~** aller guten Dinge sind drei
**szturchać** (-am) ⟨-nąć⟩ (-nę) *umg* knuffen, schubsen; **~ się** sich knuffen, sich schubsen
**sztych** *m* (-u; -y) *(rycina)* Stich *m*
**sztylet** *m* (-u; -y) Dolch *m*
**sztywnieć** ⟨ze-⟩ (-eję) steif werden **sztywny** (-**no**) steif; *fig* starr; *okładka* fest
**szubienica** *f* (-y; -e) Galgen *m*
**szufla** *f* (-i; -e) Schaufel *f*, Schippe *f* **szuflada** *f* (-y; *gen* -) Schublade *f*, Schubfach *n*
**szukać** (-am) suchen (*akk od* nach *dat*)
**szuler** *m* (-a; -rzy) Falschspieler *m*

**szum** *m* (-u; -y) Rauschen *n* **szumieć** (-ę, -i) rauschen; *szampan* schäumen; *wentylator* summen
**szuwary** *m/pl* (*gen* -ów) Schilf *n*
**szwaczka** *f* (-i; *gen* -czek) Näherin *f*
**szwagier** *m* (-gra; -growie) Schwager *m* **szwagierka** *f* (-i; *gen* -rek) Schwägerin *f*
**Szwajcar** *m* (-a; -rzy) Schweizer *m* **szwajcarski** Schweizer, schweizerisch
**szwalnia** *f* (-i; -e) Näherei *f*
**Szwed** *m* (-a; -dzi) Schwede *m* **Szwedka** *f* (-i; *gen* -dek) Schwedin *f* **szwedzki** (**po -ku**) schwedisch; *stół* **m ~** kaltes Büffet *n*
**szyb** *m* (-u; -y) Schacht *m*; **~ naftowy** Bohrloch *n*; **morski ~ naftowy** Bohrinsel *f* **szyba** (-y) (Fenster)Scheibe *f*; *samochodowa* Autoscheibe *f*
**szybciej** *komp adv* schneller
**szybkościomierz** *m* (-a; -e) AUTO Tachometer *m od n* **szybkość** *f* (-ści) Geschwindigkeit *f*; *decyzji* Schnelligkeit *f*
**szybować** (-uję) gleiten, segeln; LOT segelfliegen **szybowiec** *m* (-wca; -wce) Segelflugzeug *n* **szybownictwo** *n* (-a; *bpl*) Segelfliegerei *f* **szybownik** *m* (-a; -cy) Segelflieger *m*
**szyć** ⟨u-⟩ (-ję) nähen; *krawiec* schneidern
**szydełko** *n* (-a; *gen* -łek) Häkelnadel *f*
**szyderczy** (-**czo**) höhnisch, spöttisch; hämisch **szyderstwo** *n* (-a) Hohn *m*, Spott *m*
**szydzić** (-dzę) (**z** *gen*) verhöhnen, verspotten (*akk*)
**szyfr** *m* (-u; -y) Chiffre *f* **szyfrować** ⟨za-⟩ (-uję) chiffrieren, verschlüsseln
**szyja** *f* (*szyi*; -e) Hals *m* **szyjny**: **kręgi** *m/pl* **szyjne** ANAT Halswirbel *m/pl*
**szyk**[1] *m* (-u; *bpl*) Schick *m*, Eleganz *f*; **z ~iem** *adv* schick
**szyk**[2] *m* (-u; *bpl*) (*szereg*) Reihe *f*; LOT Formation *f*; GRAM Wortfolge *f*; **~ marszowy** Marschordnung *f*; **~i** *pl* MIL Reihen *pl*; **poplątać ~i k-u** *fig* j-s Pläne durchkreuzen
**szykować** ⟨przy-⟩ (-uję) *umg* vorbereiten, fertig machen; KULIN zubereiten; **~ się** (**do** *gen od* **na** *akk*) sich vorbereiten (auf *akk*), sich fertig machen (für *akk*)
**szyld** *m* (-u; -y) (Firmen)Schild *n*
**szympans** *m* (-a; -y) Schimpanse *m*
**szyna** *f* (-y) Schiene *f* (*a.* MED)
**szynka** *f* (-i; *gen* -nek) Schinken *m*
**szyszka** *f* (-i; *gen* -szek) BOT Zapfen *m*

# Ś

**ściana** f (-y) Wand f (a. MAT); **na ścianie** an der Wand; **~ działowa** Trennwand f, Zwischenwand f; **mieszkać przez ścianę** Wand an Wand wohnen

**ściąć\*** pf → ścinać

**ściągać** (-am) ⟨-nąć⟩ (-nę) v/t herunterziehen, herunterholen; IT herunterladen, downloaden; *buty* ausziehen; *podatki* einziehen; *wino* abfüllen; *brwi* zusammenziehen; ⟨*sprowadzić*⟩ kommen lassen; **ściągać** v/i *ludzie* zusammenströmen; **~ się** sich zusammenziehen

**ścieg** m (-u; -i) Zierstich m

**ściek** m (-u; -i) Abwasserkanal m; Gosse f

**ściekać** (3. Pers a) ⟨-nąć⟩ (-nie) herunterfließen

**ściemniać** (-am) ⟨-ić⟩ (-ię, -nij!) dämpfen, dimmen; *tło* dunkler machen; **ściemnia się** es wird dunkel, es dämmert; **ściemniać** fig umg flunkern **ściemnieć** pf → ciemnieć

**ścienny** Wand- **ścierać** (-am) ⟨zetrzeć⟩ (zetrę) abreiben; *tablicę* wischen; *gumką* ausradieren; KULIN reiben; **~ się** sich abreiben; fig aufeinanderprallen

**ścierka** f (-i; gen -rek): **~ do naczyń** Geschirrtuch n

**ścierpnąć** pf → cierpnąć

**ścieżka** f (-i; gen -żek) Pfad m; **~ rowerowa** Fahrradweg m; **~ zdrowia** Trimm--dich-Pfad m

**ścięgno** n (-a; gen -gien) ANAT Sehne f

**ścigać** (-am) *zbiega* verfolgen; JUR ahnden; **~ się** um die Wette laufen; fig wetteifern

**ścinać** (-am) ⟨ściąć⟩ (zetnę) *włosy* abschneiden; *drzewo* fällen; absägen; **~ się** gerinnen

**ścisk** m (-u; bpl) Gedränge n **ściskać** (-am) ⟨-snąć⟩ (-śnę) v/t zusammendrücken, zusammenpressen; umklammern; **~ dłoń k-u** j-m die Hand drücken; **ściska mnie w żołądku** mein Magen krampft sich zusammen; **ściskać się** sich umarmen; **~ się paskiem** den Gürtel enger schnallen **ścisły** (-śle) eng; *dieta* streng; *przepis* strikt; *tajemnica* streng gehütet; **nauki** pl **ścisłe** Naturwissenschaften pl; **ściśle tajne** streng geheim, topsecret **ścisnąć** pf: **~ się** zusammenrücken; → ściskać **ściszać** (-am) ⟨-yć⟩ (-ę) dämpfen, senken; *radio* leiser stellen

**ślad** m (-u; -y) Spur f; LOW Fährte f; **bez ~u** spurlos; **ani ~u** (gen) fig keine Spur von (dat); **iść ~em** (gen) j-s Spur folgen

**śląski** schlesisch

**śledzić** (-dzę): **~ k-o** j-n observieren, j-n beschatten; j-m nachspionieren; *przebieg* verfolgen, beobachten

**śledziona** f (-y) ANAT Milz f

**śledztwo** n (-a) Untersuchung f, Ermittlungen f/pl

**śledź** m (-dzia; -dzie; gen -dzi) Hering m

**ślepia** n/pl (gen -ów) ZOOL Augen n/pl; LOW Seher m/pl **ślepnąć** ⟨o-⟩ (-nę) erblinden, blind werden **ślepy**[1] (-po) umg blind (a. fig pej); **ślepa uliczka** f Sackgasse f (a. fig); **na ślepo** blind, blindlings; aufs Geratewohl **ślepy**[2] m (-ego; -i), **ślepa** f (-ej; -e) umg Blinde(r) m, f

**śliczny** wunderschön, niedlich

**ślimak** m (-a; -i) ZOOL Schnecke f

**ślina** f (-y; bpl) Speichel m, umg Spucke f

**ślinić** ⟨po-⟩ (-ię) mit Speichel befeuchten, umg mit Spucke befeuchten

**śliski** (-ko) glatt; *temat* umg heikel

**śliwa** f (-y) Pflaumenbaum m **śliwka** f (-i; gen -wek) Pflaume f; **~ suszona** getrocknete Pflaume f, Backpflaume f

**ślizgać się** (-am) rutschen; *na lodzie* eislaufen; **~ na łyżwach** Schlittschuh laufen

**ślizgawka** f (-i; gen -wek) Eisbahn f, Schlitterbahn f

**ślub** m (-u; -y) Trauung f; **~ cywilny** standesamtliche Trauung f; **~ kościelny** kirchliche Trauung f; **brać ~** heiraten, sich trauen lassen; **dawać ~** od **udzielać ~u k-u** j-n trauen; **~y** pl **zakonne** Ordensgelübde n **ślubny** *prezent* Hochzeits-; *dziecko* ehelich **ślubować** (-uję) geloben **ślubowanie** n (-a) Gelöbnis n (a. MIL); REL Gelübde n

**ślusarnia** f (-i; -e) Schlosserei f **ślusarz** m (-a; -e) Schlosser m

**śluz** m (-u; -y) BIOL, MED Schleim m

**śluza** f (-y) MAR Schleuse f

**śluzówka** f (-i; gen -wek) ANAT Schleimhaut f

**śmiać się** (-eję) lachen; **~ z** (gen) lachen über (akk); (wyśmiewać) auslachen (akk)
**śmiałość** f (-ści; bpl) Mut m; (pewność siebie) Selbstsicherheit f **śmiały** (persf -li) (-ło) mutig; (pewny siebie) selbstbewusst
**śmiech** m (-u; -y) Lachen n; Gelächter n; **ze ~em** lachend
**śmieciarka** f (-i; gen -rek) Müllwagen m **śmiecić** (-cę) Dreck machen, Dreck hinterlassen **śmieci(e)** m/pl (-i) Müll m; ... **na ~** Müll-
**śmielej** komp adv mutiger; selbstbewusster
**śmierć** f (-ci; bpl) Tod m; **na ~ i życie** auf Leben und Tod
**śmierdzący** stinkig, übel riechend **śmierdzieć** (-dzę, -i) stinken, übel riechen; **śmierdzi** (inst) es stinkt nach (dat)
**śmiertelność** f (-ści; bpl) Sterblichkeit f; Sterblichkeitsrate f **śmiertelny** tödlich; istota sterblich
**śmieszny** pej lächerlich; (ciekawy) umg lustig
**śmietana** f (-y; bpl) saure Sahne f, Rahm m; **bita ~** Schlagsahne f **śmietanka** f (-i; bpl) süße Sahne f, (Schlag)Sahne f
**śmietnik** m (-a; -i) Müllcontainer m; Schweinestall m **śmietnisko** n (-a) Müllkippe f, Müllabladeplatz m
**śmigło** n (-a; gen -gieł) Propeller m **śmigłowiec** m (-wca; -wce) Hubschrauber m
**śniadanie** n (-a) Frühstück n
**śnić** (-ię, -nij!) träumen (**o** lok von dat); **śniło mi się, że ...** ich habe geträumt, dass ...; **ani mi się śni!** umg das fällt mir nicht im Traum ein!
**śnieg** m (-u; -i) Schnee m; **zasypany ~iem** verschneit **śnieżka** f (-i; gen -żek) Schneeball m **śnieżny** Schnee- **śnieżyca** f (-y; -e) Schneesturm m
**śpiący** schlafend, (senny) schläfrig **śpiączka** f (-i; gen -czek) MED Koma n; (senność) umg Schläfrigkeit f
**śpieszny** eilig **śpieszyć** (-ę) eilen; **~ się** osoba in Eile sein; zegar vorgehen; **~ się z** (inst) sich beeilen mit (dat); **śpieszy mi się** ich habe es eilig
**śpiew** m (-u; -y) Gesang m; (przedmiot) umg Musikunterricht m **śpiewaczka** f (-i; gen -czek) (Opern)Sängerin f **śpiewać** ⟨za-⟩ (-am) singen **śpiewak** m (-a; -cy) operowy (Opern)Sänger m **śpiewnik** m (-a; -i) Liederbuch n;

REL Gesangbuch n
**śpioch** m (-a; -y) umg Schlafmütze f, Schlafratte f **śpiwór** m (-wora; -wory) Schlafsack m
**średni** mittlere(r), Mittel-; (przeciętny) durchschnittlich; temperatura Durchschnitts- **średnia** f (-ej; -e) MAT Mittelwert m; **~ wieku** Durchschnittsalter n
**średnica** f (-y; -e) Durchmesser m **średnik** m (-a; -i) Semikolon n **średnio** adv durchschnittlich; (słabo) umg mittelmäßig
**średniowiecze** n (-a; bpl) Mittelalter n **średniowieczny** mittelalterlich
**środa** f (-y; gen śród) Mittwoch m **środek** m (-dka; -dki) Mitte f; (wnętrze) Innere(s) n; (sposób) Mittel n (a. MED); **środki** pl **na życie** Lebensunterhalt m; **~ piorący** Waschmittel n; **środki** pl **ostrożności** Vorsichtsmaßnahmen pl; **środki** pl **zaradcze** Hilfsmaßnahmen, Vorsorgemaßnahmen pl; **~ lokomocji** Verkehrsmittel n; **środki** pl **masowego przekazu** Massenmedien n/pl; **~ ciężkości** FIZ Schwerpunkt m; **do środka** hinein; **od środka** von innen; **bez środków do życia** mittellos; **w środku** in der Mitte; innen; fig mitten in (dat)
**środkowy** mittlere(r), Mittel-
**środowisko** n (-a) Umfeld n, Milieu n; BIOL Umwelt f; **~ przestępcze** Unterwelt f
**śródmieście** n (-a; gen -ści) Innenstadt f, Stadtmitte f **śródziemnomorski** mediterran, Mittelmeer-
**śruba** f (-y) Schraube f **śrubokręt** m (-u od -a; -y) Schraubenzieher m
**śrut** m (-u; bpl) ŁOW Schrot m od n
**świadczyć** (-ę): **~ o** (lok) zeugen von (dat); **~ usługi** Dienstleistungen anbieten
**świadectwo** n (-a) szkolne Zeugnis n (a. fig); dokument Urkunde n; Zertifikat n **świadek** m (-dka; -dkowie) JUR Zeuge m; **na ślubie** Trauzeuge m; **~ naoczny** Augenzeuge m; **przy świadkach** vor Zeugen
**świadomość** f (-ści; bpl) Bewusstsein n (a. MED) **świadomy** (-mie) bewusst (a. MED); (zamierzony) wissentlich; **być ~m** (gen) sich bewusst sein (gen)
**świat** m (-a; -y) Welt f; fig Reich n; **podróż** f **dookoła ~a** Weltreise f; **na całym świecie** in aller Welt
**światło** n (-a; gen -teł) Licht n; **~ dzienne** Tageslicht n; **pod ~** gegen das Licht;

**światła** pl **przednie** AUTO (Front)Scheinwerfer pl; **światła** pl **długie** AUTO Fernlicht n; **światła** pl **krótkie** AUTO Abblendlicht n; **światła** pl **postojowe** AUTO Standlicht n; **światła** pl **skrzyżowania** Ampel f

**światopogląd** m (-u; -y) Weltanschauung f **światowy** Welt-, weltweit; osoba weltgewandt, weltmännisch

**świąd** m (-u; 0) Juckreiz m

**świąteczny** (bożonarodzeniowy) weihnachtlich, Weihnachts-; (wielkanocny) Oster-; (odświętny) festlich; Fest-, Feiertags-; **okres** m ~ Festtage mlpl; ~ **stół** m Festtafel f; **świąteczna kartka** f na Boże Narodzenie Weihnachtskarte f **świątynia** f (-i; -e) Tempel m

**świder** m (-dra; -dry) Handbohrer m, Bohrmeißel m

**świeca** f (-y; -e) Kerze f (a. SPORT) **świecić** (-cę) scheinen; lampa leuchten; ~ **się** glänzen; światło brennen

**świecki** weltlich, säkular

**świeczka** f (-i; gen -czek) Kerze f **świecznik** m (-a; -i) Kerzenständer m, (Kerzen)Leuchter m

**świerk** m (-u; -i) Fichte f

**świerszcz** m (-a; -e) ZOOL Grille f

**świerzb** m (-u; bpl) MED Krätze f

**świetlica** f (-y; -e) w szkole Hort m; (sala) Gemeinschaftsraum m; (placówka) Kulturhaus n; Jugendzentrum n **świetlik** m (-a; -i) ZOOL Glühwürmchen n; BOT Augentrost m; BUD Oberlicht n **świetlny** Licht-; reklama Leucht-

**świetny** ausgezeichnet, hervorragend, exzellent; zwycięstwo glänzend

**świeżość** f (-ści; bpl) Frische f **świeży** (-żo) frisch; pracownik neu

**święcić** ⟨po-⟩ (-cę) REL weihen **święcony: woda** f **święcona** Weihwasser n; **jajko** n **święcone** Ei aus dem Osterkörbchen, das am Karsamstag in der Kirche gesegnet wird

**święto** n (-a; gen świąt) (dzień świąteczny) Feiertag m; (uroczystość) Fest n, Festtag m; **święta** pl (Boże Narodzenie) Weihnachten pl; (Wielkanoc) Ostern n; ~ **państwowe** gesetzlicher Feiertag m; **Święto Zmarłych** Allerheiligen n **świętojański: robaczek** m ~ ZOOL Glühwürmchen n **świętokradztwo** n (-a) Sakrileg n, Frevel m **świętoszek** m (-szka; -szki) pej Heuchler(in) m(f); Frömmler(in) m(f) **świętość** f (-ści) Heiligkeit f; Heiligtum n **świętować** (-uję) feiern, festlich begehen

**święty**[1] REL heilig, Heilig- **święty**[2] m (-ego; -cí), **święta** f (-tej; -te) REL Heilige(r) m, f; **Wszystkich Świętych** Allerheiligen n

**świnia** f (-i; -e) ZOOL Schwein n (a. fig) **świnka** f (-i; gen -nek) dim Schweinchen n; MED Mumps m **świński (po -ku)** umg schweinisch; skóra Schweins- **świństwo** n (-a) umg Schweinerei f; (jedzenie) scheußliches Zeug n

**świst** m (-u; -y) Pfeifen n **świstak** m (-a; -i) Murmeltier n **świstek** m (-tka; -tki) umg Wisch m

**świt** m (-u; -y) Morgengrauen n, Tagesanbruch m; **o świcie** bei Tagesanbruch

# T

**ta** pr dem f (gen dat lok tej, akk tę, inst tą) diese

**tabela** f (-i; -e) Tabelle f; ~ **wygranych** Gewinnliste f **tabelaryczny** tabellarisch

**tablet** m (-u; -y) Tablet-PC m Tablet n

**tabletka** f (-i; gen -tek) Tablette f

**tablica** f (-y; -e) do pisania (Schreib)Tafel f; (wykres) Tafel f **tabliczka** f (-i; gen -czek): ~ **czekolady** eine Tafel Schokolade; ~ **mnożenia** Einmaleins n; ~ **z nazwiskiem** Namensschild n

**tabor** m (-u; -y): ~ **cygański** obs Zigeunerwagen m negl; ~ **samochodowy** Fuhrpark m, Fahrzeugpark m

**taboret** m (-u; -y) Hocker m, Schemel m

**tabulator** m (-a; -y) Tabulator m

**taca** f (-y; -e) Tablett n; REL Kollekte f

**taczka** f (-i; gen -czek) Schubkarre f

**tafla** f (-i; -e, -i) Oberfläche f

**tajemnica** f (-y; -e) Geheimnis n; ~ **zawodowa** Schweigepflicht f; **w tajemnicy** heimlich, im Geheimen; **trzymać w tajemnicy** geheim halten **tajemniczy (-czo)** geheimnisvoll **tajemny** zaklęcie, moc geheim, magisch **tajniak** m (-a;

-cy) umg pej Spitzel m **tajność** f (-ści; bpl) Geheimhaltung f **tajny** geheim, Geheim-

**tak** partikel ja; adv so; **~ zwany** sogenannt; **i ~ dalej** und so weiter; **~ że** so dass; **i ~** sowieso; **~ samo** ebenso, genauso; **~ sobie** einfach so; so lala; **~ ... jak i ...** sowohl ... als auch ...; **~ czy owak** so oder so; **~ jest!** jawohl!

**taki** pron, partikel (persf tacy) so ein(er), solch(er); **~** (+ adj) so (+ adj); **~ sam** derselbe; **~ sobie** (so) leidlich, mittelmäßig; **nic ~ego** nichts Besonderes; **no coś ~ego!** na so was!

**taksa** f (-y) Gebühr f, Taxe f **taksówka** f (-i; gen -wek) Taxi n **taksówkarz** m (-a; -e) Taxifahrer m; (kobieta) Taxifahrerin f

**takt** m (-u; -y) MUS Takt m; (delikatność) Takt m, Feingefühl n **taktowny** taktvoll, feinfühlig

**taktyczny** MIL taktisch (a. fig) **taktyka** f (-i) MIL Taktik f (a. fig)

**także** auch, ebenfalls

**talent** m (-u; -y) Talent n, Begabung f

**talerz** m (-a; -e) Teller m

**talia** f (gen dat lok -ii; -e) Taille f; **~ kart** Kartenspiel n; **wcięty w talii** tailliert

**talon** m (-u; -y) Bezugs(s)chein m; Gutschein m

**tam** pron dort, da; dorthin; **~ i z powrotem** hin und zurück; **kto ~?** wer ist da?; **tu i ~** hier und da; **co ~ słychać?** umg wie geht's denn so?; **a gdzie ~!** i wo!

**tama** f (-y) Damm m

**tamci** pr dem persf diese dort; jene

**tamować** ⟨za-⟩ (-uję) stillen; ruch behindern; wodę stauen

**tamta** pron dem f diese dort; jene **tamtejszy** (persf -si) dortig **tamten** pron dem m (persf -ci) dieser dort; jener; **z tamtej strony** von der anderen Seite; **po tamtej stronie** drüben; **na tamtym świecie** im Jenseits **tamtędy** dort (entlang) **tamto** pron dem n dieses dort; jenes

**tandeta** f (-y) umg pej Ramsch m, Tand m **tandetny** umg pej minderwertig, billig

**taneczny** muzyka Tanz-

**tani** (-nio) billig (a. fig)

**taniec** m (-ńca; -ńce) Tanz m

**tanieć** ⟨po-, s-⟩ (3. Pers -eje) billiger werden **tanio** adv → tani

**tankować** ⟨za-⟩ (-uję) tanken **tanko-**

**wiec** m (-wca; -wce) Tanker m

**tańczyć** ⟨za-⟩ (-ę) tanzen

**tapczan** m (-u; -y) Bettcouch f

**tapeta** f (-y) Tapete f; IT Hintergrundbild n **tapetować** ⟨wy-⟩ ⟨-uję⟩ tapezieren

**tapicer** m (-a; -rzy) Polsterer m

**tarapaty** pl (gen -ów) Schwierigkeiten pl; **wpaść** pf **w ~** in Schwierigkeiten geraten

**taras** m (-u; -y) Terrasse f (a. AGR) **tarasować** ⟨za-⟩ (-uję) drogę, przejście versperren; drzwi verrammeln

**tarcie** n (-a) Reibung f; **tarcia** pl fig Reibereien pl

**tarcza** f (-y; -e) MIL (Schutz)Schild m; zegara Zifferblatt n; strzelecka Schießscheibe f

**tarczyca** f (-y; -e) ANAT Schilddrüse f

**targ** m (-u) (Wochen)Markt m; **~i** pl HANDEL Messe f; **pchli ~** Flohmarkt m

**targowisko** n (-a) Markt(platz) m

**tarka** f (-i; gen -rek) Reibe f **tarmosić** (-szę) zerren (**za** akk an dat)

**tartak** m (-u; -i) Sägewerk n **tarty** KULIN gerieben; **bułka f tarta** Paniermehl n

**taryfa** f (-y) Tarif m

**tarzać** (-am) wälzen; **~ się** sich wälzen

**tasak** m (-a; -i) Hackmesser n

**tasiemiec** m (-mca; -mce) MED Bandwurm m; (film) umg Schinken m **tasiemka** f (-i; gen -mek) Borte f, Band n

**tasować** ⟨po-⟩ (-uję): **~ karty** Karten mischen

**taśma** f (-y) (pas) Band n; **~ klejąca** Klebeband n, Tesafilm® m; **~ produkcyjna** od **montażowa** Fließband n

**tatar** m (-a; -y) Tatar(beefsteak) n **tatarak** m (-u; -i) BOT Kalmus m

**tatuaż** m (-u; -e) Tätowierung f

**tatuś** m (-sia; V-siu!; -siowie) dim Papa m, Vati m

**tchawica** f (-y; -e) ANAT Luftröhre f

**tchórz** m (-a; -e) Feigling m; ZOOL Iltis m **tchórzliwy** (-wie) feige; ängstlich **tchórzostwo** n (-a; bpl) Feigheit f

**te** pron dem pachf (GL tych, dat tym, akk te, inst tymi) diese

**teatr** m (-u; -y) Theater n **teatralny** Theater-; fig theatralisch

**techniczny** technisch **technik** m (-a; -cy) Techniker m; (kobieta) Technikerin f **technika** f (-i) Technik f **technikum** n (unv; -a; gen -ów) technische Fachschule f, Technikum n **technokracja** f (-i; bpl) Technokratie f **technologia** f (gen dat

*lok -ii; -e* Technologie *f*
**teczka** *f* (*-i; gen -czek*) (*torba*) Aktentasche *f*; (*dokumenty*) Mappe *f*
**tegoroczny** diesjährig, *austr* heurig
**teka** *f* (*-i*) Mappe *f*
**tekst** *m* (*-u; -y*) Text *m*
**tekstylia** *pl* (*gen -ów*) Textilien *pl*
**tekściarz** *m* (*-a; -e*) *umg* Texteschreiber *m*
**tektura** *f* (*-y*) Pappkarton *m*, Pappe *f*
**telefaks** *m* (*-u; -y*) (Tele)Fax *n* **telefon** *m* (*-u; -y*) Telefon *n*; (*rozmowa*) Telefongespräch *n*; *od kogoś* Anruf *m*; **~ komórkowy** Mobiltelefon *n*, Handy *n*; **odebrać** *pf* **~** ans Telefon gehen, abnehmen; **rozmawiać przez ~** telefonieren (**z** *inst* mit *dat*); **być pod ~em** telefonisch erreichbar sein; **przez ~** per Telefon; am Telefon **telefonia** *f* (*gen dat lok -ii; bpl*) Telefonie *f*; **~ komórkowa** Mobilfunk *m*; **~ internetowa** Internettelefonie *f* **telefoniczny** *aparat, książka, rozmowa* Telefon-; telefonisch; **budka ~ telefoniczna** Telefonzelle *f* **telefonować** ⟨za-⟩ (*-uję*) (**do** *gen*) anrufen (*akk*) **telegazeta** *f* (*-y*) Teletext *m*
**telekomunikacja** *f* (*-i; bpl*) Fernmeldewesen *n* **telepatyczny** telepathisch
**telepraca** *f* (*-y; -e*) Telearbeit *f* **teleskop** *m* (*-u; -y*) Teleskop *n* **teleturniej** *m* (*-u; -e*) Fernsehquiz *n*, Fernsehshow *f*
**telewidz** *m* (*-a; -owie; gen -ów*) Fernsehzuschauer *m*
**telewizja** *f* (*-i; -e*) Fernsehen *n*; **~ kablowa** Kabelfernsehen *n*; **oglądać telewizję** fernsehen **telewizor** *m* (*-a; -y*) Fernsehgerät *n*, *umg* Fernseher *m*
**temat** *m* (*-u; -y*) Thema *n* **tematyczny** thematisch
**temblak** *m* (*-u; -i*) MED (Arm)Schlinge *f*
**temperament** *m* (*-u; -y*) Temperament *n* **temperatura** *f* (*-y*) Temperatur *f* **temperować** ⟨za-⟩ (*-uję*) *ołówek* anspitzen; ⟨u-⟩ *fig* zügeln, bändigen
**tempo** *n* (*-a; gen -*) Tempo *n*; **~ pracy** Arbeitstempo *n*
**temu**: **rok ~** vor e-m Jahr; **dawno ~** vor langer Zeit; schon lange her
**ten** *pron dem m* (*gen akk tego, dat temu, inst lok tym*) (*persf ci*) dieser
**tendencja** *f* (*-i; -e*) Tendenz *f*; Trend *m*
**tendencyjny** *pej* tendenziös
**tenis** *m* (*-a; bpl*) Tennis *n*; **~ stołowy** Tischtennis *n* **tenisista** *m* (*-y; -ści*), **tenisistka** *f* (*-i; gen -tek*) Tennisspieler(in) *m(f)*
**tenor** *m* (*-u; -y*) (*głos*) Tenor *m*; (*-a; -rzy*) (*śpiewak*) Tenor(sänger) *m*
**teologiczny** theologisch **teoretyczny** theoretisch **teoria** *f* (*gen dat lok -ii; -e*) Theorie *f*
**terapeuta** *m* (*-y; -ci; gen -ów*), **terapeutka** *f* (*-i; gen -tek*) Therapeut(in) *m(f)*; Heilpraktiker(in) *m(f)* **terapeutyczny** therapeutisch **terapia** *f* (*gen dat lok -ii; -e*) Therapie *f*
**teraz** jetzt; **i co ~?** und jetzt?, was nun?
**teraźniejszość** *f* (*-ści; bpl*) Gegenwart *f*
**teraźniejszy** jetzig, gegenwärtig
**teren** *m* (*-u; -y*) Gelände *n*; (*obszar*) Gebiet *n* (*a. fig*); **~y** *pl* **zielone** Grünanlagen *f/pl*; **~ budowy** Baugelände *n*; **pracować w ~ie** vor Ort arbeiten; im Außendienst tätig sein **terenowy** ADMIN lokal, kommunal; *ćwiczenia, gry* Gelände- **terenówka** *f* (*-i; gen -wek*) *F* Geländewagen *m*
**termin** *m* (*-u; -y*) (*odcinek czasu*) Frist *f*; (*data*) Termin *m*; (*wyraz*) Terminus *m*; **w ~ie** fristgerecht, termingerecht; **po ~ie** nach Ablauf der Frist; **przedłużyć** *pf* **~** die Frist verlängern; **dotrzymać** *pf* **~u** die Frist einhalten; **~ dostawy** Liefertermin *m*
**terminal** *m* (*-u; -y*) LOT Terminal *m od n*
**terminarz** *m* (*-a; -e*) (*kalendarz*) Terminkalender *m*; (*plan*) Terminplan *m* **terminowy** (*-wo*) fristgebunden, befristet; *wykonanie* fristgerecht, termingerecht
**termit** *m* (*-a; -y*) ZOOL Termite *f*
**termojądrowy** thermonuklear **termometr** *m* (*-u; -y*) Thermometer *n* **termos** *m* (*-u; -y*) Thermosflasche *f*
**terrorysta** *m* (*-y; -ści; gen -ów*), **terrorystka** *f* (*-i; gen -tek*) Terrorist(in) *m(f)*
**terrorystyczny** terroristisch, Terror- **terroryzm** *m* (*-u; bpl*) Terrorismus *m*
**terroryzować** (*-uję*) terrorisieren (*a. fig*)
**test** *m* (*-u; -y*) Test *m*; RADIO Testbild *n* **~ PCR** PCR-Test *m*; **szybki ~** Schnelltest *m*
**testament** *m* (*-u; -y*) Testament *n*
**testować** (*-uję*) testen
**teściowa** *f* (*-ej; -e*) Schwiegermutter *f*
**teść** *m* (*-ścia; -ściowie; gen -ściów*) Schwiegervater *m*
**teza** *f* (*-y*) These *f*
**też** *partikel* auch; **to ~** deshalb, daher; **jak**

~ sowie; ~ (mi) **pytanie!** was für eine Frage!; ~ **coś!** na so was!

**tęcza** f ⟨-y; -e⟩ Regenbogen m **tęczówka** f ⟨-i; gen -wek⟩ ANAT Regenbogenhaut f, Iris f

**tędy** adv hier entlang; da durch

**tęgi** ⟨persf -dzy⟩ ⟨-go⟩ beleibt, dick

**tępić** ⟨wy-⟩ ⟨-ię⟩ vernichten; gatunek ausrotten; fig ausmerzen; ⟨s-⟩ nóż stumpf machen; ~ **się** nóż stumpf werden **tępy** (nieinteligentny) minderbemittelt; (apatyczny) stumpf(sinnig); ból dumpf

**tęsknić** ⟨-ię, -nij!⟩ (za inst od do gen) Sehnsucht haben (nach dat), vermissen (akk); **tęsknię za tobą** ich habe Sehnsucht nach dir; ~ **za krajem** od **domem** Heimweh haben **tęsknota** f ⟨-y⟩ Sehnsucht f

**tętnica** f ⟨-y; -e⟩ ANAT Schlagader f, Arterie f **tętnić** ⟨-ię, -nij!⟩ dröhnen; krew pulsieren **tętno** n ⟨-a; gen tętn⟩ Puls(schlag) m

**tężec** m ⟨-żca; bpl⟩ MED Tetanus m

**tirówka** f ⟨-i; gen -wek⟩ F Straßennutte f

**tkactwo** n ⟨-a; bpl⟩ Weberei f **tkanina** f ⟨-y⟩ Stoff m, Gewebe n **tkanka** f ⟨-i; gen -nek⟩ BIOL Gewebe n **tkany** gewebt

**tkliwy** ⟨-wie⟩ zärtlich, liebevoll

**tkwić** ⟨u-⟩ ⟨-ię, -wij!⟩ (fest)stecken, (fest)sitzen

**tlen** m ⟨-u; bpl⟩ Sauerstoff m **tlenek** m ⟨-nku; -nki⟩ Oxyd n, Oxid m **tlenić** ⟨u-⟩ ⟨-ię⟩ włosy blondieren

**tło** n ⟨tła; gen teł⟩ Hintergrund m (a. fig); (kolor) Grundfarbe f; **w tle** im Hintergrund; **na tle** (gen) fig vor dem Hintergrund (gen)

**tłocznia** f ⟨-i; -e⟩ TECH Presse f **tłoczny** ⟨-no⟩ tramwaj, miejsce (gedrängt) voll, überfüllt; ulica sehr belebt **tłoczyć** ⟨-ę⟩ olej pressen; powietrze pumpen; TYPO prägen; ~ **się** sich drängen **tłok** m ⟨-u; bpl⟩ Gedränge n; ⟨-a; -i⟩ TECH Kolben m

**tłuc**\* ⟨s-⟩ (tłukę) talerz zerbrechen; szybę einschlagen; ~ **k-o** umg j-n (ver)hauen, j-n (ver)prügeln; ~ **sobie kolano** sich das Knie aufschlagen; ~ **się** szkło zerbrechen; ⟨u-⟩ kartofle (zer)stampfen; mięso klopfen; w moździerzu zerstoßen; świnie schlachten; **tłuc się** (bić się) umg sich prügeln; (robić hałas) umg poltern, rumoren; umg lange und unbequem fahren, durchgerüttelt werden **tłuczek** m ⟨-czka; -czki⟩ do kartofli Kartoffelstampfer m; do mięsa Fleischklopfer m

**tłum** m ⟨-u; -y⟩ (Menschen)Menge f

**tłumacz** m ⟨-a; -e⟩ Übersetzer m; ustny Dolmetscher m **tłumaczenie** n ⟨-a; gen -eń⟩ Übersetzung f (-a; ustne Dolmetschen n **tłumaczka** f ⟨-i; gen -czek⟩ Übersetzerin f; ustna Dolmetscherin f **tłumaczyć** ⟨wy-⟩ ⟨-ę⟩ (wyjaśniać) erklären; ~ **się** (inst) sich rechtfertigen (mit dat); ⟨prze-⟩ teksty übersetzen, übertragen; ustnie dolmetschen; ~ **z niemieckiego na polski** vom Deutschen ins Polnische übersetzen

**tłumić** ⟨s-⟩ ⟨-ię⟩ bunt niederschlagen; płacz, gniew unterdrücken; dźwięk dämpfen; ogień ersticken **tłumik** m ⟨-a; -i⟩ MOT Auspufftopf m

**tłumnie** adv scharenweise, zahlreich

**tłusty** ⟨persf -ści⟩ ⟨-to⟩ KULIN fett(reich); osoba, ziemia fett; włosy, cera fettig plama, krem Fett-; **tłuste mleko** n Vollmilch f; ~**m drukiem** TYPO fett gedruckt; ~ **czwartek** m letzter Donnerstag vor Fastnacht **tłuszcz** m ⟨-u; -e⟩ Fett n **tłuścić** ⟨za-⟩ ⟨-szczę⟩ fettig machen **tłuścioch** m ⟨-a; -y⟩ umg Fettkloß m

**to**¹ pron dem **n** (gen tego, dat temu, akk tym, inst lok tym) dieses; das; ~ **małe dziecko** dieses kleine Kind n; ~ **jest** = **dziecko, które widzieliśmy** das ist das Kind, das wir gesehen haben; **kto** ~? wer ist das?; ~ **ja** ich bin es; ~ **fakt** das ist eine Tatsache; ~ **mój mąż** das ist mein Mann; ~ **ciekawe** das ist interessant; ~ **prawda** das ist wahr, das stimmt; **do tego** dafür, dazu; **na tym** ~ darauf; **od tego** davon; **przez** ~ dadurch; **w tym** darin; **z tego** daraus; **z tym** damit; **jak ~ się nazywa?** wie heißt das?; ~ **mi się podoba** das gefällt mir; **co ty na ~?** was sagst du dazu?

**to**² konj dann, so; **jak chcesz, ~ zostań** wenn du willst, dann bleib; **jeśli czegoś się dowiesz, ~ mi powiedz** wenn du etwas erfährst, dann sag mir Bescheid

**to**³ partikel denn; **jak ~?** wie denn?; **no ~ co?** na und?; **a ~ dlaczego?** wieso denn (das)?; **otóż ~!** ja, eben!; **co ~ za jeden?** was ist das für einer?; **a ~ historia!** das ist ja eine Geschichte!; ~ **tu, ~ tam** mal hier, mal dort; **i ~ ...** und dann auch noch ...; ~ **nic** das macht nichts

**toaleta** f ⟨-y⟩ Toilette f

**toast** m (-u; -y) Toast m; Trinkspruch m
**tobą** pron inst: **z ~** mit dir; **ona interesuje się ~** sie interessiert sich für dich
**tobie** pron lok; pron dat dir; **myślę o ~** ich denke an dich
**toczyć** (-ę) rollen; (*prowadzić*) führen; *na tokarce* drechseln; *drewno* zerfressen; **~ się** rollen; (*trwać*) geführt werden; *akcja* spielen; *życie toczy się dalej* das Leben geht weiter
**tok** m (-u; bpl) Verlauf m; **~ rozumowania** Gedankengang m; **być w ~u** im Gang(e) sein; **w ~u** (gen) im Verlauf (gen)
**tokarka** f (-i; gen -rek) Drehbank f, Drechselbank f **tokarz** m (-a; -e) Dreher m, Drechsler m
**tokować** (-uję) ZOOL balzen
**toksyczny** toxisch, giftig
**tolerancyjny** tolerant **tolerować** (-uję) tolerieren, dulden
**tom** m (-u; -y) Band m
**tomografia** f (gen dat lok -ii; bpl) MED, TECH (Computer)Tomografie f
**ton** m (-u; -y) Ton m
**tona** f (-y) Tonne f
**tonacja** f (-i; -e) MUS Tonart f; (*koloryt*) Farbton m
**tonaż** m (-u; bpl) MAR Tonnage f
**tonąć** ⟨u-⟩ (-nę, *toń!*) ertrinken; ⟨za-⟩ *statek* untergehen, versinken (*a. fig*)
**toner** m (-a od -u; -y) Toner m
**topić** ⟨u-⟩ (-ię) ertränken; ⟨roz-⟩ *metal* schmelzen; KULIN zerlassen; **~ się** *śnieg, metal* schmelzen; (*a.* KULIN); **topić się** *osoba* dem Ertrinken nahe sein, fast ertrinken **topieliec** m (-lca; -lcy), **topielica** f (-y) Ertrunkene(r)
**toples(s)** *umg* oben ohne
**topnieć** ⟨s-⟩ (3. Pers -eje) schmelzen, auftauen
**topola** f (-i; -e) Pappel f
**topór** m (-ora; -ory) Beil n, Axt f
**tor** m (-u; -y) *kolejowy* Gleis n; *planet, pocisku* Bahn f (*a.* SPORT)
**torba** f (*gen* -reb) (Trage)Tasche f; *plastikowa, papierowa* Tüte f; **~ na zakupy** Einkaufstasche f
**torf** m (-u; -y) Torf m
**tornister** m (-tra; -try) (Schul)Ranzen m
**tors** m (-u; -y) Oberkörper m; (*rzeźba*) Torso m
**torsje** pl (gen -i): **mieć ~** od **dostać** pf **torsji** sich erbrechen (müssen)

**tort** m (-u; -y) Torte f
**tortura** f (-y) (*udręka*) Tortur f, Qual f; **tortury** pl Folter f **torturować** (-uję) foltern; *fig* quälen, plagen
**tost** m (-u; -y) KULIN Toast m, Toastbrot n
**totalitarny** POL totalitär **totalny** total; POL totalitär
**totolotek** m (-tka; bpl) Lotto n
**towar** m (-u; -y) Ware f **towarowy**[1] Waren-; *dworzec* Güter-; **dom m ~** Kaufhaus n, Warenhaus n **towarowy**[2] m (-ego; -we) Güterzug m
**towarzyski** (-ko) (*persf* -cy) *osoba* gesellig; *życie, kontakty* sozial, gesellschaftlich; **formy** pl **~e** Umgangsformen pl; **spotkanie** n **~e** SPORT Freundschaftsspiel n **towarzystwo** n (-a) Gesellschaft f **towarzysz** m (-a; -e) Begleiter m; (*tytuł*) Genosse m **towarzyszyć** (-ę): **~ k-u** j-n begleiten
**tożsamość** f (-ści; bpl) Identität f
**tracić** ⟨s-⟩ (-cę) verlieren; *okazję* verpassen
**tradycja** f (-i; -e) Tradition f **tradycyjny** traditionell; althergebracht
**traf** m (-u; -y) Zufall m; **szczęśliwym ~em** *adv* glücklicherweise **trafiać** ⟨-ić⟩ (-ię) treffen (**w** *akk* in *akk*); (*znaleźć drogę*) den Weg finden; (*dostać się*) gelangen, kommen; **~ na** (*akk*) (*natykać się*) stoßen, treffen auf (*akk*); **~ się** *okazja, szansa* sich bieten; **~ się** (*występować*) ab und zu vorkommen **trafienie** n (-a) SPORT (Voll)Treffer m; *w totolotku* Treffer m **trafny** *rzut* treffsicher; *ocena, nazwa* treffend; *wybór, dezyzja* richtig
**tragarz** m (-a; -e) Gepäckträger m
**tragedia** f (gen dat lok -ii; -e) LIT Tragödie f (*a. fig*) **tragiczny** tragisch
**trakt** m: **w trakcie** (gen) während, im Laufe (gen)
**traktat** m (-u; -y) POL Vertrag m; (*rozprawa*) Abhandlung f
**traktować** ⟨po-⟩ (-uję) (*akk*) behandeln (*akk*); **~ poważnie** ernst nehmen; **traktować o** (*lok*) handeln von (*dat*)
**trał** m (-u; -y) Schleppnetz n
**trampki** m/pl (gen -pek/bpl) Sportschuhe m/pl
**trampolina** f (-y) Trampolin n; *na basenie* Sprungbrett n
**tramwaj** m (-u; -e) Straßenbahn f, *umg* Tram f
**tran** m (-u; -y) (Leber)Tran m

**trans** m (-u; -e) Trance f
**transakcja** f (-i; -e) Transaktion f, Geschäft n **transfer** m (-u; -y) Transfer m **transformator** m (-a; -i) ELEK Transformator, umg Trafo m **transfuzja** f (-i; -e) krwi (Blut)Transfusion f **transmisja** f (-i; -e) RADIO Übertragung f **transmitować** (-uję) RADIO übertragen **transplantacja** f (-i; -e) MED Transplantation f, Verpflanzung f
**transport** m (-u; -y) Transport m **transportować** ⟨prze-⟩ (-uję) transportieren, befördern
**transpłciowy** transgender
**transwestyta** m (-y; -ci), **transwestytka** f (-i; gen -tek) Transvestit(in) m(f)
**trapez** m (-u; -y) Trapez n
**trasa** f (-y) Strecke f; wycieczki Route f; koncertowa Tour f
**tratwa** f (-y) Floß n
**traumatyczny** traumatisch
**trawa** f (-y) Gras n
**trawić** ⟨s-⟩ (-ię) verdauen **trawienie** n (-a; bpl) Verdauung f
**trawnik** m (-a; -i) Rasen m
**trąba** f (-y) MUS Trompete f; słonia Rüssel m **trąbić** ⟨za-⟩ (-ię) trompeten; kierowca hupen; ~ **na alarm** Alarm schlagen
**trąbka** f (-i; gen -bek) MUS Horn n; ZOOL Saugrüssel m
**trądzik** m (-a; -i) Akne f
**trefl** m (-a; -e) w kartach Treff n, Kreuz n
**treking, trekking** m (-u; -i) Trekking n
**trema** f (-y) Lampenfieber n
**tren** m (-u; -y) sukni Schleppe f
**trener** m (-a; -rzy), **trenerka** f (-i; gen -rek) Trainer(in) m(f); ~ **osobisty** (-ta f) Personaltrainer(in) m(f) **trenować** ⟨wy-⟩ (-uję) v/t, v/i trainieren
**tresować** ⟨wy-⟩ (-uję) dressieren (a. fig); psa abrichten
**treściwy** (-wie) bündig, inhaltsreich; pokarm nahrhaft, gehaltvoll **treść** f (-ści) książki, wypowiedzi, życia Inhalt m
**trębacz** m (-a; -e) Trompeter m; Hornist m
**triumf** m (-u; -y) Triumph m
**trochę** adv ein bisschen, ein wenig; ein paar; **ani** ~ kein bisschen
**trofeum** n (unv; -ea; gen -eów) Trophäe f
**trojaczki** pl (gen -ów) Drillinge pl **troje** num koll drei; **we** ~ zu dritt
**trolejbus** m (-u; -y) Obus m

**tron** m (-u; -y) Thron m
**trop** m (-u; -y) zwierzęcia Fährte f; fig Spur f **tropić** (-ię) aufspüren, einer Fährte folgen
**tropikalny** tropisch, Tropen-
**troska** f (-i) Sorge f, Kummer m **troskliwy** (-wie) fürsorglich, liebevoll **troszczyć się** ⟨zatroszczyć się⟩ (-ę) (**o** akk) sich kümmern (um akk), sorgen (für akk)
**trójca** f (-y): **Trójca Święta** REL Dreifaltigkeit f **trójka** f (-i; gen -jek) Drei f **trójkąt** m (-a; -y) MAT Dreieck n **trójkątny** dreieckig
**trójząb** m (-zębu; -zęby) Dreizack m
**trucht** m (-u; bpl) Trab m
**trucizna** f (-y) Gift n **truć** (-ję) vergiften (wollen); ~ **się** sich vergiften wollen
**trud** m (-u; -y) Mühe f; ~**y** pl Strapazen pl; **zadać** pf **sobie** ~ sich die Mühe machen; **z** ~**em** mit Mühe; **bez** ~**u** mühelos **trudno** adv schwer; schwierig; ~ **powiedzieć** schwer zu sagen; (**no to**) ~! da kann man nichts machen!, schade! **trudność** f (-ści) Schwierigkeit f; ~**ści** pl (kłopoty) Schwierigkeiten f/pl, Probleme n/pl; **jeśli to nie sprawi ci** ~**ści** wenn es dir keine Umstände macht **trudny** (-no) schwierig
**trujący** (-co) giftig, Gift-
**trumna** f (-y; gen -mien) Sarg m
**trup** m (-a; -y) Leiche f, Leichnam m; **iść po** ~**ach** fig über Leichen gehen **trupi** (-io) Leichen-; ~**a główka** od **czaszka** Totenkopf m
**truskawka** f (-i; gen -wek) Erdbeere f **truskawkowy** Erdbeer-; kolor erdbeerfarben
**truteń** m (-tnia; -tnie) ZOOL Drohne f; fig pej Schmarotzer m
**trutka** f (-i; gen -tek): ~ **na szczury** Rattengift n
**trwać** (-am) dauern; ~ **przy** (lok) beharren auf (dat) **trwały** (-le) beständig; kalectwo bleibend; materiał haltbar
**trwonić** (-ię) pieniądze verschwenden; czas, talent vergeuden
**tryb** m (-u; -y) Verfahren n; JĘZ Modus m; ~**y** pl TECH Getriebe n, Zahnräder pl; ~ **życia** Lebensweise f; **iść swoim** ~**em** seinen gewohnten Gang gehen; **w** ~**ie przyśpieszonym** im Eilverfahren
**trybuna** f (-y) Tribüne f **trybunał** m (-u; -y) JUR Tribunal n

**trykot** m ⟨-u; -y⟩ Trikot m od n
**trylogia** f ⟨gen dat lok -ii; -e⟩ Trilogie f
**trzask** m ⟨-u; -i⟩ gałęzi Knacken n; drzwi Knallen n; ognia Knistern n **trzaskać** ⟨-am⟩ ⟨trzasnąć⟩ ⟨-nę⟩ drzwiami knallen; gałąź knacken; ogień knistern **trzasnąć** pf → trzaskać
**trząść** ⟨trzęsę⟩ (inst) schütteln (akk); rütteln (an dat); **trzęsło** od **samochód trząsł der Wagen wurde geschüttelt**; **~ się** zittern
**trzcina** f ⟨-y⟩ Schilfrohr n; **~ cukrowa** Zuckerrohr n
**trzeba** (unpers): **~** man muss; man soll; **do tego (nie) ~** ... dafür braucht man (nicht) ... **jak ~** wie es sich gehört; **nie ~!** (es ist) nicht nötig!
**trzech** num persf drei **trzeci** dritte(r); **po ~e** drittens; **jedna ~a** ein Drittel n; **~a (godzina)** drei Uhr
**trzeć*** ⟨trę⟩ reiben (a. KULIN); **~ się** sich reiben
**trzej** num persf drei
**trzepaczka** f ⟨-i; gen -czek⟩ Teppichklopfer m; KULIN Schneebesen m **trzepać** ⟨wy-⟩ ⟨-ię⟩ dywan klopfen; ⟨-nąć⟩ ⟨-nę⟩ (uderzyć) umg hauen **~ się** ryby zappeln
**trzeszczeć** ⟨-ę, -y⟩ podłoga knarren; lód krachen; gałąź knacken
**trzeźwieć** ⟨wy-⟩ ⟨-eję⟩ nüchtern werden; ⟨o-⟩ zu sich kommen **trzeźwy** ⟨-wo⟩ nüchtern (a. fig)
**trzęsawisko** n ⟨-a⟩ Moor n, Sumpf m
**trzęsienie** n ⟨-a⟩ Schütteln n, Rütteln n; **~ ziemi** Erdbeben n
**trzmiel** m ⟨-a; -e⟩ Hummel f
**trzoda** f ⟨-y; gen trzód⟩ owiec, bydła Herde f
**trzon** m ⟨-u; -y⟩ grzyba Stiel m; organizacji Kern m **trzonowy: ząb** m **~** Backenzahn m
**trzustka** f ⟨-i; gen -tek⟩ ANAT Bauchspeicheldrüse f
**trzy** num (persf trzej od trzech) drei **trzycyfrowy** dreistellig **trzyczęściowy** dreiteilig **trzydziestka** f ⟨-i; gen -tek⟩ Dreißig f **trzydziesty** dreißigste(r) **trzydzieści** num (persf -trzydziestu) dreißig **trzyletni** dziecko dreijährig; plan Dreijahres-
**trzymać** ⟨-am⟩ v/t halten; (nie puszczać) festhalten; (przechowywać) aufbewahren; **~ za** (akk) halten (an dat); **~ za rękę** an der Hand halten; **~ w niepewności** im Ungewissen lassen; **trzyma mróz** der Frost lässt nicht nach; **trzymaj za mnie kciuki!** halt mir die Daumen!; **~ się** v/i halten; **~ się** (gen) od **za** (akk) sich festhalten an (dat); **~ się** (gen) fig festhalten an (akk); **~ się razem** zusammenhalten; **~ się z dala** (od gen) sich fern halten (von dat); **~ się prosto** sich gerade halten; **~ się kierunku** die Richtung beibehalten; **trzymaj się!** umg mach's gut!
**trzynastka** f ⟨-i; gen -tek⟩ Dreizehn f; (pensja) umg dreizehntes Monatsgehalt n **trzynastu** num persf dreizehn **trzynasty** dreizehnte(r) **trzynaście** num (persf trzynastu) dreizehn **trzysta** num (persf tzystu) dreihundert
**tu** hier; hierher
**tuba** f ⟨-y⟩ Tube f; MUS Tuba f
**tubylec** m ⟨-lca; -lcy⟩ Eingeborene(r) m, f, Ureinwohner m
**tucznik** m ⟨-a; -i⟩ Mastschwein n **tuczyć** ⟨u-⟩ ⟨-ę⟩ mästen (a. fig umg)
**tulić** ⟨-lę⟩: **~ (do siebie)** zärtlich an sich drücken, liebkosen; **~ się (do** gen) sich kuscheln, sich schmiegen (an akk); **~ się do siebie** sich aneinanderkuscheln
**tulipan** m ⟨-a; -y⟩ Tulpe f
**tułów** m ⟨-owia; -owie⟩ Rumpf m, Oberkörper m
**tuman** m ⟨-a; -y⟩ umg Dummkopf m
**tunel** m ⟨-u; -e⟩ Tunnel m; Unterführung f; GÓRN Stollen m
**tuńczyk** m ⟨-a; -i⟩ T(h)unfisch m
**tupać** ⟨-ię⟩ ⟨-nąć⟩ ⟨-nę⟩ stampfen, trampeln
**tupet** m ⟨-u; bpl⟩ Forschheit f, Dreistigkeit f
**tupnąć** pf → tupać
**tura** f ⟨-y⟩ Runde f; (zmiana) Turnus m
**Turczynka** f ⟨-i; gen -nek⟩ Türkin f **turecki (po -ku)** türkisch; Türken-; **siedzieć po turecku** im Schneidersitz sitzen **Turek** m ⟨-rka; -rcy⟩ Türke m
**turkusowy** Türkis-; kolor türkisgrün, türkisfarben
**turniej** m ⟨-u; -e⟩ SPORT Turnier n; RADIO Quiz n
**turnus** m ⟨-u; -y⟩ (grupa wczasowiczów) Gruppe f; (czas) Durchgang m
**turysta** m ⟨-y; -ści; gen -ów⟩, **turystka** f ⟨-i; gen -tek⟩ Tourist(in) m(f) **turystyczny** sezon touristisch, Touristen-; szlak, sprzęt

**Reise-; ruch** m ~ Fremdenverkehr m
**tusz** m (-u; -e) MAL Tusche f
**tuzin** m (-a; -y) Dutzend n
**tuż** adv gleich, direkt
**twardnieć** ⟨s-⟩ (-eję) hart werden
 **twardość** f (-ści; bpl) Härte f **twardy** (persf -dzi) ⟨do-⟩ hart; sen fest; mięso zäh
**twaróg** m (-ogu; -ogi) Quark m; austr Topfen m
**twarz** f (-y; -e) Gesicht n **twarzowy** kleidsam
**twierdza** f (-y; -e) Festung f **twierdzący** (-co) zustimmend, bejahend **twierdzenie** n (-a) Behauptung f **twierdzić** (-dzę) behaupten
**twoi** pron poss persf deine
**tworzyć** ⟨s-⟩ (-ę, twórz!) schaffen; ⟨u-⟩ bilden; (zakładać) gründen; ~ **się** entstehen; **tworzyć** schöpferisch (tätig) sein
**tworzywo** n (-a) Material n, Stoff m
**twój** pron poss m (persf twoi) dein; ~ **syn** m dein Sohn m; ~ **wkład** m dein Beitrag m
**twórca** m (-y; gen -ów) (artysta) Künstler m; Urheber m **twórczość** f (-ści; bpl) (künstlerisches) Schaffen, Kreativität f; (dzieła) Werke pl **twórczy** (-czo) kreativ, schöpferisch; dorobek, środowisko künstlerisch **twórczyni** f (-i; -e) (artystka) Künstlerin f;: Urheberin f
**ty** pron (gen akk ciebie od cię, dat tobie od ci, inst tobą, lok tobie) du; **być na ~ z** (inst) j-n duzen
**tyczka** f (-i; gen -czek) Stange f **tyczkarz** m (-a; -e) Stabhochspringer m
**tyć** ⟨u-⟩ (-ję) zunehmen, dick werden
**tydzień** m (tygodnia; tygodnie) Woche f; **(całymi) tygodniami** wochenlang; **w tygodniu** in der Woche
**tygodnik** m (-a; -i) Wochenblatt n **tygodniowy** (-wo) wöchentlich
**tygrys** m (-a; -y) Tiger m
**tyka** f (-i) Stange f **tykać**¹ (3. Pers -a) zegar ticken
**tykać**² (-am) ⟨tknąć⟩ (tknę); **nie ~** (gen) nicht anfassen, nicht berühren (akk); fig die Finger weglassen von (dat)
**tykać**³ (-am) umg duzen
**tyle** pron (persf GDAL tylu, inst tyloma) so viel(e); so viel; **drugie ~** noch einmal so viel; ~ **samo** genauso viel; **nie ~ ..., ile ...** nicht so sehr ..., sondern vielmehr ...; **dwa razy ~** doppelt so viel; ~ **że od ~ tylko, że ...** nur dass, ...; ~ **co nic** umg so

gut wie nichts; ~ ..., **ile ...** so viel ..., wie viel ...
**tylko** partikel, konj nur; **jak ~** sobald
**tylny** hintere(r), Hinter-; AUTO Rück-; **tylna kieszeń** f Gesäßtasche f
**tył** m (-u; -y) hintere(r) Teil m; lustra, obrazu Rückseite f; MAR, LOT Heck n; ~ **głowy** Hinterkopf m; **jechać ~em** rückwärtsfahren; **w tyle** hinten; **do ~u** nach hinten; **od ~u** von hinten; **~em do** (gen) mit dem Rücken zu (dat); **przestawić** pf **zegarek do tyłu** die Uhr zurückstellen; ~ **na przód** verkehrt herum; **pozostawać w tyle** (za inst) zurückbleiben (hinter dat); **~em do kierunku jazdy** entgegen der Fahrtrichtung **tyłek** m (-łka; -łki) umg Hintern m, Hinterteil n
**tymczasem** adv inzwischen, unterdessen; (natomiast) doch **tymczasowy** (-wo) vorläufig; Übergangs- f
**tymianek** m (-nku; -nki) Thymian m
**tynk** m (-u; -i) BUD Putz m **tynkować** ⟨o-⟩ (-uję) verputzen
**typ**¹ m (-u; -y) Typ m (a. TECH, PSYCH); **typ**² (-a; -y) pej umg Typ m, Kerl m
**typować** ⟨wy-⟩ (-uję) kandydata wählen, vorschlagen; wyniki tippen **typowy** (-wo) typisch
**tyranizować** (-uję) POL tyrannisieren (a. fig)
**tysiąc** (gen tysięcy; pl tysięcy) tausend **tysiąclecie** n (-a; gen -i) Jahrtausend n; (rocznica) Millenium n **tysięczny** tausendste(r)
**tytoń** m (-niu; -nie) Tabak m (a. BOT)
**tytuł** m (-u; -y) Titel m (a. SPORT); **pod ~em** unter dem Titel

# U

**u** präp (gen) bei (dat); (blisko) an (dat); ~ **mnie** bei mir
**uaktualniać** (-am) ⟨-ić⟩ (-ię, -nij!) aktualisieren **uaktywniać** (-am) ⟨-ić⟩ (-ię, -nij!) aktivieren
**ubezpieczać** (-am) ⟨-yć⟩ (-ę) pracownika, samochód versichern; MIL, SPORT de-

## 218 ■ ubezpieczenie – uczestniczyć

cken; **~ się** sich versichern, eine Versicherung abschließen (**od** gen gegen akk) **ubezpieczenie** n (-a) Versicherung f; **~ od odpowiedzialności cywilnej** Haftpflichtversicherung f; **~ na życie** Lebensversicherung f **ubezpieczony** m (-ego; -eni), **ubezpieczona** f (-ej; -e) Versicherte(r) m, f **ubezpieczyciel** m (-a; -e) Versicherungsgesellschaft f **ubezpieczyć** pf → ubezpieczać
**ubić** (pf) → ubijać; bić
**ubiegły** rok, miesiąc vergangen, vorig
**ubierać** (-am) ⟨**ubrać**⟩ (ubiorę) dziecko anziehen; choinkę schmücken; **~ się** sich anziehen; **~ się w** (akk) anziehen (akk); **~ się** (mieć określony styl) sich kleiden
**ubijać** (-am) ⟨**ubić**⟩ (ubiję) ziemię feststampfen; KULIN schlagen
**ubikacja** f (-i; -e) Toilette f, umg Klo n
**ubiór** m (-oru; -ory) Kleidung f
**ubliżać** (-am) ⟨-yć⟩ (-ę): **~ k-u** j-n beleidigen; **~** (dat) fig verletzen (akk) **ubliżający** (-co) beleidigend, kränkend
**ubocze**: **na uboczu** abseits **uboczny** Neben-; **działanie** n **uboczne** Nebenwirkung f
**ubogi**¹ (persf -dzy) (-go) arm, bedürftig
**ubogi**² m (-ego; -odzy), **uboga** f (-iej; -ie) Arme(r) m, f, Bedürftige(r) m, f
**ubolewać** (-am) (**nad** inst) beklagen (akk)
**ubożeć** ⟨z-⟩ (-eję) verarmen, fig verkümmern, verarmen
**ubój** m (uboju; uboje) Schlachten n, Schlachtung f
**ubrać**\* pf: **nie mieć się w co ~** nichts zum Anziehen haben; → ubierać **ubranie** n (-a) Kleidung f; Kleidungsstück n; **~ robocze** Arbeitskleidung f
**ubyć**\* pf → ubywać **ubytek** m (-tku; -tki) wody, energii Verlust m (a. FIN); w zębie Loch n **ubywać** (3. Pers -a) ⟨**ubyć**⟩ (ubędzie) (gen): **ubywa dnia** die Tage werden kürzer; **ubywa zapasów** die Vorräte schwinden
**ucałować** pf (-uję) küssen, einen Kuss geben
**ucho**¹ n (-a; uszy; gen uszu, uszom, uszami, uszach) Ohr n; **na własne uszy** mit eigenen Ohren **ucho**² n (do: uchom, uchami, uchach) Henkel m; siatki Träger m
**uchodzić** (-dzę) ⟨**ujść**⟩ (ujdę) entkommen, entfliehen; powietrze, gaz entweichen; **~ za** (akk) gelten als (nom); **to nie uchodzi** das gehört sich nicht, das ziemt sich nicht **uchodźca** m (-y; gen -ów) POL Flüchtling m
**uchronić** pf (-ię) (**od** gen **od przed** inst) bewahren (vor dat)
**uchwalać** (-am) ⟨-**ić**⟩ (-ę) POL beschließen; ustawę verabschieden; wniosek annehmen **uchwała** f (-y) POL Beschluss m
**uchwycić** pf (-ę) fassen, packen; fig erfassen **uchwyt** m (-u; -y) Griff m
**uchylać** (-am) ⟨-**ić**⟩ (-ę) drzwi, okno e-n Spaltbreit öffnen; kotarę (etwas) zur Seite schieben; decyzję aufheben; **~ się** e-n Spaltbreit aufgehen; **~ się od** (gen) sich entziehen (dat), umg sich drücken vor (dat); **~ się od płacenia podatków** Steuern hinterziehen
**uciążliwy** (-**wie**) schwierig; podróż anstrengend; obowiązek lästig; choroba langwierig
**ucichnąć** pf → cichnąć
**uciec**\* pf entkommen, entrinnen; → uciekać **uciecha** f (-y) Freude f, Spaß m **ucieczka** f (-i; gen -czek) Flucht f (a. fig); z domu Ausreißen n (a. SPORT); **~ z miejsca wypadku** AUTO Fahrerflucht f **uciekać** (-am) ⟨**uciec**⟩ (ucieknę, -kł) fliehen, flüchten **się** por wejdzie (a. fig); powietrze, gaz entweichen; z więzienia ausbrechen; **~ z domu** von zu Hause weglaufen; **~ się do** (gen) fig greifen zu (dat)
**ucierać** (-am) ⟨**utrzeć**⟩ (utrę) ser reiben
**ucieszyć** pf → cieszyć
**ucinać** (-am) ⟨**uciąć**⟩ (utnę) abschneiden; dyskusję (prompt) beenden; fundusze kürzen
**ucisk** m (-u; -i) Druck m (a. MED); fig Unterdrückung f **uciskać** (-am) drücken; fig unterdrücken
**uczcić**\* pf rocznicę feierlich begehen; → czcić **uczciwość** f (-ści; bpl) Ehrlichkeit f, Redlichkeit f **uczciwy** (-**wie**) ehrlich
**uczelnia** f (-i; -e; gen -i) Hochschule f
**uczeń** m (ucznia; uczniowie), **uczennica** f (-y; -e) Schüler(in) m(f)
**uczestnictwo** n (-a; bpl) Teilnahme f, Beteiligung f **uczestniczka** f (-i; gen -czek) Teilnehmerin f; **~ konferencji** Konferenzteilnehmerin f **uczestniczyć** (-ę) (**w** lok) teilnehmen (an dat); sich betei-

ligen (an *dat*)
**uczęszczać** (*-am*): **~ do szkoły** die Schule besuchen; **~ na kurs** einen Kurs besuchen **uczęszczany** *kawiarnia, kino* gut besucht, frequentiert; *droga, trasa* viel befahren, verkehrsreich
**uczniowski** Schüler-
**uczony**[1] gelehrt (*a. iron*) **uczony**[2] *m* (*-ego; uczeni*), **uczona** *f* (*-ej; -e*) Wissenschaftler(in) *m(f)*, Gelehrte(r) *m, f*
**uczta** *f* (*-y*) Gastmahl *n*, Festmahl *n*
**uczucie** *n* (*-a; gen -uć*) Gefühl *n* **uczuciowy** (*-wo*) *życie* Gefühls-; (*emocjonalny*) emotional; gefühlvoll
**uczulać** (*-am*) 〈**-ić**〉 (*-ę*) sensibilisieren, empfänglich machen (**na** *akk* für *akk*)
**uczyć** 〈**na-**〉 (*-ę*): **~ k-o** (*gen*) j-n unterrichten (**in** *dat*); j-m beibringen (*akk*); **~ się** (*gen*) lernen (*akk*); sich beibringen (*akk*); **~ się języka niemieckiego** Deutsch lernen
**uczynny** hilfsbereit
**udany** *projekt, wieczór, ciasto* gelungen; *dzieci* wohlgeraten
**udar** *m* (*-u; -y*): **~ słoneczny** MED Sonnenstich *m*; **~ mózgu** MED Gehirnschlag *m*
**udaremniać** (*-am*) 〈**-ić**〉 (*-ę, -nij!*) vereiteln, verhindern
**uda(wa)ć** *v/t* vortäuschen, sich stellen (**głuchy** taub); imitieren, spielen; *v/i* sich verstellen; **~ się** gelingen; (*poszczęścić się*) glücken; (*gut*) geraten; (**do** *gen*, **na** *akk*) sich begeben (nach, zu), aufsuchen (*akk*)
**uderzać** (*-am*) 〈**-yć**〉: **~ k-o** (*inst*) j-n schlagen (mit *dat*); *piorun, meteoryt* einschlagen (**w** *akk* in *akk*); *fig* auffallen; **uderzyć głową o kant** mit dem Kopf gegen eine Kante stoßen; **~ się** sich stoßen
**uderzenie** *n* (*-a*) Schlag *m*, Stoß *m*; MIL Angriff *m* **uderzyć** pf → uderzać
**udo** *n* (*-a*) ANAT Schenkel *m*; KULIN Keule *f*
**udobruchać** (*-am*) besänftigen, versöhnlich stimmen
**udogodnić** pf (*-ę, -nij!*) vereinfachen, günstiger gestalten **udogodnienie** *n* (*-a; gen -eń*) Vereinfachung *f*, Erleichterung *f*
**udoskonalać** (*-am*) 〈**-ić**〉 (*-ę*) vervollkommnen, perfektionieren **udoskonalenie** *n* (*-a*) *techniczne, produkcyjne* Verbesserung *f*

**udostępniać** (*-am*) 〈**-ić**〉 (*-ę, -nij!*) zur Verfügung stellen; *tajne akta* der Öffentlichkeit zugänglich machen
**udowadniać** (*-am*) 〈**udowodnić**〉 (*-ę, -nij!*) beweisen, nachweisen; **~ k-u** (*akk*) JUR j-n überführen (*gen*)
**udusić** pf (*uduszę*) erwürgen, erdrosseln; **~ się** ersticken; KULIN gar werden; → dusić
**udział** *m* (*-u; -y*) Teilnahme *f*, Beteiligung *f*; EKON, HANDEL Anteile *pl*; Teilhaberschaft *f*; (*wkład*) Anteil *m*; **~ w zbrodni** JUR Täterschaft *f*; **brać ~** teilnehmen (**w** *lok an, an* *dat*) **udziałowiec** *m* (*-wca, -wcy*) Teilhaber *m*, Anteilseigner *m*; (*kobieta*) Teilhaberin *f*, Anteilseignerin *f*
**udziec** *m* (*udźca; udźce*): **~ barani** KULIN Hammelkeule *f*
**udzielać** (*-am*) 〈**-ić**〉 (*-ę*) (*gen*) gewähren (*akk*); *koncesji* erteilen (*akk*); *korepetycji* geben; **~ (pierwszej) pomocy** (Erste) Hilfe leisten; **~ się** sich übertragen; sich mitteilen; **~ się społecznie** sich sozial engagieren **udzielić** pf → udzielać
**udźwiękowiać** (*-am*) 〈**-ić**〉 (*-ę, -wij!*) vertonen
**ufać** 〈**za-**〉 (*-am*) vertrauen; **nie ~** misstrauen **ufność** *f* (*-ści, bpl*) Zuversicht *f* **ufny** zuversichtlich; **~ we własne siły** voll(er) Selbstvertrauen
**ugasić** pf (*ugaszę*) *pożar* löschen, ersticken **ugaszczać** (*-am*) 〈**ugościć**〉 (*ugoszczę*) bewirten (*inst* mit *dat*)
**ugniatać** (*-am*) 〈**ugnieść\***〉 (*ugniotę*) kneten; *ziemię* feststampfen, festdrücken; **~** *v/i* drücken
**ugoda** *f* (*-y; gen ugód*) Einigung *f*, Übereinkunft *f* **ugodowy** (*-wo*) versöhnlich, kompromissbereit (*a.* POL) **ugościć** pf → ugaszczać
**ugór** *m* (*-oru; -ory*) AGR Brache *f*, Brachland *n*; **leżeć ugorem** brachliegen
**ugruntow(yw)ać** *n* (*-[w]uję*) begründen
**ugrupowanie** *n* (*-a*) POL Gruppierung *f*
**ugryźć\*** pf (*ugryzę*) abbeißen; *komar, osa* stechen
**ugrząźć\*** pf → grzęznąć
**ujawniać** (*-am*) 〈**-ić**〉 (*-ę, -nij!*) enthüllen; *aferę* aufdecken; *informacje* bekannt machen; **~ się** *fakty* ans Licht kommen, bekannt werden; (*dekonspirować się*) sich (den Behörden) stellen
**ująć** pf fassen; → ujmować

## ujednolicać – umacniać

**ujednolicać** (-*am*) ⟨-**ić**⟩ (-*ę*) vereinheitlichen

**ujemny** *skutki, opinia* negativ (*a.* FIZ); *temperatura, liczba* Minus-

**ujmować** (-*uję*) ⟨**ująć**⟩ (*ujmę*) fassen (**za** *akk* an *dat*); *problem* auffassen; (*zjednywać*) einnehmen; **~** (*gen*) (*odejmować*) (weg)nehmen; **~ sobie lat** sich jünger machen; **~ się za** (*wstawiać się*) sich einsetzen für (*akk*) **ujmujący** (-**co**) gewinnend, einnehmend

**ujście** *n* (-*a*) *rzeki* (Fluss)Mündung *f*; *fig* Ventil *n*

**ukazywać** (-*uję*) ⟨**ukazać**⟩ (*ukażę*) zeigen, darstellen; **~ się** sich zeigen, erscheinen; *książka, czasopismo* erscheinen; *widok* sich bieten; **~ się we śnie** im Traum erscheinen

**ukąszenie** *n* (-*a*) *żmii* Biss *m*; *komara* Stich *m*

**układ** *m* (-*u*; -*y*) Struktur *f*; ANAT System *n*; POL Vertrag *m*, Abkommen *n* (**o** *lok* über *akk*); **~y** *pl* (*znajomości*) Beziehungen *pl*

**układać** (-*am*) ⟨**ułożyć**⟩ (-*ę*) *rzeczy* ordnen, zurechtlegen; *włosy* legen; *tabelę, jadłospis* zusammenstellen; *z klocków* (zusammen)bauen; **~ do snu** k-o *j*-n schlafen legen; **~ wiersze** dichten; **~ się** *stosunki* sich gestalten; HANDEL verhandeln; **jeszcze wszystko się ułoży!** alles wird gut!; **dobrze im się układa** es läuft alles gut bei ihnen **układanka** *f* (-*i*; *gen* -*nek*) Puzzlespiel *n* **układny** zuvorkommend

**ukłon** *m* (-*u*; -*y*) Verbeugung *f* **ukłonić się** *pf* → **kłaniać się**

**ukłucie** *n* (-*a*) Stich *m*

**ukochana** *f* (-*ej*; -*e*), **ukochany** *m* (-*ego*; -*i*) Liebste(r); *adj* geliebte, liebste

**ukończenie** *n* (-*a*) Beendigung *f*; **~ szkoły** Schulabschluss *m*; **~ budowy** Baufertigstellung *f*

**ukoronowanie** *n* (-*a*) *fig* Krönung *f*

**ukośny** Schräg-, schräg

**ukradkiem** *adv* heimlich

**Ukrainiec** *m* (-*ńca*; -*ńcy*), **Ukrainka** *f* (-*i*; *gen* -*nek*) Ukrainer(in) *m*(*f*) **ukraiński** (**po** -**ku**) ukrainisch

**ukroić** *pf* (*ukroję*) abschneiden

**ukrycie** *n* (-*a*) Versteck *n*; **w ukryciu** heimlich, im Verborgenen **ukryty** verborgen; *choroba* latent **ukrywać** (-*am*) ⟨**ukryć**⟩ (*ukryję*) verstecken; *prawdę* verbergen; *fakty* verheimlichen

**ukrzyżowanie** *n* (-*a*) REL Kreuzigung *f*

**ukształtowanie** *n* (-*a*) Gestaltung *f*

**ul** *m* (*ula*; -*e*; *gen* -*i*) Bienenstock *m*

**ulatniać się** (-*am*) ⟨**ulotnić się**⟩ (-*ię*, -*nij!*) *gaz* entweichen; *umg osoba* sich verdünnisieren

**ulec\*** *pf* → **ulegać ulecżalny** heilbar **ulegać** (-*am*) ⟨**ulec**⟩ (*ulegnę*) unterliegen; *fig* erliegen; (*podporządkować się*) sich fügen; **~ naciskom** *fig* dem Druck nachgeben; **~ zmianie** *m* Wandel unterliegen; **~ wypadkowi** verunglücken; **~ zepsuciu** *v/i* verderben

**uległy** (*persf* -*li*) (-**le**) fügsam, nachgiebig **ulepszać** (-*am*) ⟨-*yć*⟩ (-*ę*) verbessern **ulepszenie** *n* (-*a*) Verbesserung *f*

**ulewa** *f* (-*y*) Platzregen *m*, Wolkenbruch *m*

**ulga** *f* (-*i*) Erleichterung *f*; (*zniżka*) Ermäßigung *f*; *podatkowa* Vergünstigung *f* **ulgowy**¹ ermäßigt **ulgowy**² *m* (-*ego*; -*we*) ermäßigte Fahrkarte *f*

**ulica** *f* (-*y*; -*e*) Straße *f*; **na ulicy ...** in der **...** Straße **uliczka** *f* (-*i*; *gen* -*czek*) enge Gasse *f*; **ślepa ~** *fig* Sackgasse *f*

**ulokować** *pf* → lokować **ulokowanie** *n* (-*a*) Unterbringung *f*; FIN Anlegen *n*

**ulotka** *f* (-*i*; *gen* -*tek*) POL Flugblatt *n*; (*reklama*) Werbezettel *m*, Flyer *m* **ulotnić się** *pf* → ulatniać się

**ulubienica** *f* (-*y*; -*e*), **ulubieniec** *m* (-*ńca*; -*ńcy*) Liebling *m* **ulubiony** Lieblings-

**ulżyć** *pf* (-*ę*): **~ k-u w pracy** *j*-m die Arbeit erleichtern; **~ czyimś cierpieniom** *j*-s Leid lindern

**ułamać** *pf* → **ułamywać ułamek** *m* (-*mka*; -*mki*) Bruchstück *n*; MAT Bruch *m* **ułamywać** (-*uję*) ⟨**ułamać**⟩ (-*ię*) abbrechen; **~ się** *v/i* abbrechen

**ułaskawiać** (-*am*) ⟨-**ić**⟩ (-*ię*) POL begnadigen **ułaskawienie** *n* (-*a*) POL Begnadigung *f*

**ułatwiać** (-*am*) ⟨-**ić**⟩ (-*ię*) erleichtern, leichter machen; vereinfachen, einfacher machen **ułatwienie** *n* (-*a*) Erleichterung *f*, Vereinfachung *f*

**ułomny** körperbehindert; *fig* unvollkommen

**ułożyć** *pf*: **~ się** HANDEL sich (gütlich) einigen; → **układać**

**umacniać** (-*am*) ⟨**umocnić**⟩ (-*ię*, -*nij!*)

befestigen (a. MIL); *pozycję, więzi* festigen; **~ się** *pozycja, więzi* sich festigen, stärker werden; **~ się w** (lok) bestärkt werden in (dat)

**umarły**¹ (persf -li) gestorben, tot **umarły**² m (-ego; -li), **umarła** f (-ej; -e) Tote(r) m, f, Verstorbene(r) m, f

**umarzać** (-am) ⟨**umorzyć**⟩ (-ę) *dochodzenie* einstellen; *karę, dług* erlassen; *kredyt* tilgen

**umawiać** (-am) ⟨**umówić**⟩ (-ię) vereinbaren; **~ się** (spotykać się) sich verabreden (**z** inst mit dat); (ustalać) vereinbaren; **~ się (co do** gen) sich einigen (über akk); **~ się na** (akk) sich verabreden zu (dat)

**umeblowanie** n (-a) Einrichtung f, Möbel pl

**umiar** m (-u; bpl) Zurückhaltung f; **z ~em** in Maßen; **zachować** pf **~** das rechte Maß einhalten; **bez ~u** maßlos **umiarkowanie** n (-a; bpl) Mäßigung f, Zurückhaltung f

**umieć** (-em) können; (es) verstehen, wissen zu (+ inf); **czy umiesz ...?** kannst du ...? **umiejętność** f (-ści) Fertigkeit f, Fähigkeit f **umiejętny** gekonnt, geschickt; sachkundig

**umierać** (-am) ⟨**umrzeć**⟩ (umrę) sterben; **~ na raka** an Krebs sterben; **umierać z** (gen) fig sterben vor (dat)

**umieszczać** (-am) ⟨**umieścić**⟩ (umieszczę) (ulokować) ofic unterbringen; *pieniądze* anlegen; (postawić) hinstellen

**umięśniony** (persf -eni) muskulös

**umilać** (-am) ⟨**-ić**⟩ (-ę) angenehm(er) machen, verschönern **umilknąć** pf (-nę) verstummen

**umniejszać** (-am) ⟨**-yć**⟩ (-ę) schmälern, mindern

**umocnić** pf → **umacniać umocnienie** n (-a) Befestigung f; fig Festigung f

**umocow(yw)ać** (-[w]uję) befestigen

**umoczyć** pf (-ę) v/t (ein)tauchen; (ein)tunken **umorzyć** pf → umarzać **umotywowanie** n (-a) Begründung f

**umowa** f (-y) Vertrag m; Vereinbarung f; **~ kupna** Kaufvertrag m; **~ o pracę** Arbeitsvertrag m; **~ o dzieło** Werkvertrag m; **zgodnie z umową** JUR vertragsgemäß; **wbrew umowie** gegen die Vereinbarung; JUR vertragswidrig **umowny** vertraglich, Vertrags-; (fikcyjny) fiktiv

**umożliwiać** (-am) ⟨**-ić**⟩ (-ię) ermöglichen, möglich machen

**umówić** pf → umawiać **umówiony** (persf -eni) verabredet; (ustalony) vereinbart

**umrzeć**\* pf → umierać

**umundurowanie** n (-a) Uniform f, Uniformen pl

**umyć** pf → myć

**umysł** m (-u; -y) Geist m, Verstand m **umysłowy** (-wo) geistig; Geistes-

**umyślny** absichtlich; JUR vorsätzlich

**umywalka** f (-i; gen -lek) Waschbecken n

**umywalnia** f (-i; -e) Waschraum m

**unia** f (gen dat lok -ii; -e) Union f

**uniemożliwiać** (-am) ⟨**-ić**⟩ (-ię) unmöglich machen, verhindern; *plan* vereiteln

**unieszkodliwiać** (-am) ⟨**-ić**⟩ (-ię) unschädlich machen; *napastnika* außer Gefecht setzen

**unieść**\* pf → unosić

**unieważniać** (-am) ⟨**-ić**⟩ (-ię, -nij!) *umowę* für nichtig erklären; *wybory* für ungültig erklären; *małżeństwo* annullieren; *zamówienie* stornieren **unieważnienie** n (-a) Nichtigkeitserklärung f; Annullierung f

**uniewinniać** (-am) ⟨**-ić**⟩ (-ię, -nij!) JUR freisprechen, für unschuldig erklären **uniewinnienie** n (-a) Freispruch m

**uniezależniać** (-am) ⟨**-ić**⟩ (-ię, -nij!) (**od** gen) unabhängig machen (von dat); **~ się** (**od** gen) sich unabhängig machen (von dat)

**unik** m (-u; -i): **zrobić** pf **~** (**przed** inst) ausweichen (dat) (a. SPORT) **unikać** (-am) (gen) *tematu, kontaktów, słońca* meiden (akk)

**uniknąć** pf (-nę) (gen) *kłótni, skandalu* vermeiden (akk); *kontroli, aresztowania* entkommen (dat)

**uniwerek** m (-rku; -rki) umg Uni f **uniwersalny** *temat, metoda* universell; *mebel, urządzanie* Allzweck-, universell **uniwersytecki** Hochschul-, Universitäts- **uniwersytet** m (-u; -y) Universität f

**unosić** ⟨**unieść**⟩ (unoszę / uniosę) *głowę, wzrok* heben; *wiatr, rzeka* forttragen; **~ w górę** hochheben; *~ balon, dym* aufsteigen; *kurtyna* hochgehen; (rozgniewać się) zornig werden; **~ się honorem** seinen Stolz zeigen; **~ się w powietrzu** schweben; *na wodzie* treiben

**unowocześniać** (-am) ⟨-ić⟩ (-ię, -nij!) modernisieren

**uogólniać** (-am) ⟨-ić⟩ (-ię, -nij!) verallgemeinern **uosabiać** (-am) verkörpern, personifizieren **uosobienie** n (-a) Verkörperung f

**upadać** (-am) ⟨upaść⟩ (upadnę) (hin)fallen; umfallen; firma bankrottgehen; powstanie, rewolucja niedergeschlagen werden; **~ na** (akk) fallen auf (akk); **~ na duchu** den Mut verlieren **upadek** m (-dku; -dki) Sturz m, Fall m; fig Niedergang m **upadłość** f (-ści; bpl) FIN Zahlungsunfähigkeit f, Insolvenz f **upadły** firma zahlungsunfähig, insolvent; osoba fig gefallen, tief gesunken; **do upadłego** umg bis zum Gehtnichtmehr

**upalny** lato, dzień heiß **upał** m (-u; -y) (Sommer)Hitze f

**uparty** (persf -ci) (-cie) osoba hartnäckig; pej stur

**upaść¹** pf; → upadać
**upaść²** pf → paść²

**upchać, upchnąć** pf → upychać

**upełnomocniać** (-am) ⟨-ić⟩ (-ię, -nij!) bevollmächtigen (**do** gen zu dat)

**upewniać** (-am) ⟨-ić⟩ (-ię, -nij!): **~ k-o o** lok j-n versichern (gen); (utwierdzać) j-m Gewissheit geben, j-n bestärken (in dat); **~ się** sich vergewissern, sich Gewissheit verschaffen (**o** lok über akk)

**upiąć** pf → upinać **upić** pf → upijać

**upiec** pf: **upiekło mu się** umg er ist davongekommen; → piec

**upierać się** (-am) ⟨**uprzeć się**⟩ (uprę) beharren (**przy** lok auf dat); stur bleiben

**upierzenie** n (-a; bpl) Gefieder n

**upiększać** (-am) ⟨-yć⟩ (-ę) verschönern; fakty beschönigen; **~ się** sich schön machen

**upijać** (-am) ⟨**upić**⟩ (upiję) (gen) abtrinken (akk); **~ k-o** j-n betrunken machen; **~ się** sich betrinken **upinać** (-am) ⟨upiąć⟩ (upnę) włosy hochstecken; materiał drapieren

**upiorny** gespenstisch, geisterhaft **upiór** m (-ora; -ory) Gespenst n

**upłynąć** pf → upływać **upływ** m (-u; bpl) czasu Ablauf m; **z ~em czasu** mit der Zeit; **~ krwi** MED Blutverlust m **upływać** (3. Pers sg) ⟨-nąć⟩ (-nie) czas vergehen; termin ablaufen

**upodobanie** n (-a) (zamiłowanie) Vor-

liebe f; (gust) Geschmack m; **z ~m** mit Vergnügen; **według swoich upodobań** nach seinem Geschmack

**upojenie** n (-a) Rausch m, Taumel m **upokarzać** (-am) ⟨**upokorzyć**⟩ (-ę, -kórz!) demütigen, erniedrigen; **~ się** sich erniedrigen

**upominać** (-am) ⟨**upomnieć**⟩ (upomnę, -nij!) ermahnen; **~ się** (**o** akk) fordern, verlangen (akk) **upominek** m (-nku; -nki) Geschenk n **upomnieć** pf → upominać **upomnienie** n (-a) Ermahnung f, Verweis m; (pismo) Mahnung f

**uporać się** pf (-am) fertig werden (**z** inst mit dat) **uporczywy** (-wie) hartnäckig **uporządkow(yw)ać** (-[w]uję) in Ordnung bringen; ordnen, regeln

**uposażenie** n (-a) Gehalt n, Bezüge pl **upośledzenie** n (-a) MED Behinderung f; fig Benachteiligung f **upośledzony** (persf -eni) MED (körper)behindert

**upoważniać** (-am) ⟨-ić⟩ (-ię, -nij!) (**do** gen) ermächtigen (zu dat); (uprawniać) berechtigen (zu dat) **upoważnienie** n (-a) Ermächtigung f; Vollmacht f; **z upoważnienia** im Auftrag

**upowszechniać** (-am) ⟨-ić⟩ (-ię, -nij!) verbreiten, popularisieren; **~ się** sich verbreiten

**upozorowanie** n (-a) Vortäuschung f **upór** m (-oru; bpl) Hartnäckigkeit f; pej Trotz m; Sturheit f

**upragniony** ersehnt

**upraszczać** (-am) ⟨**uprościć**⟩ (uproszczę) vereinfachen (a. pej)

**uprawa** f (-y; bpl) ziemi Bodenbearbeitung, Ackerbau m; roślin Anbau m **uprawiać** (-am) ziemię bebauen; warzywa, zboże anbauen; sport treiben; seks haben **uprawniać** (-am) ⟨-ić⟩ (-ię, -nij!) (**do** gen) berechtigen (zu dat) **uprawnienie** n (-a; gen -eń) Berechtigung f **uprawniony** (persf -eni) berechtigt; **~ do głosowania** POL stimmberechtigt

**uproszczenie** n (-a) Vereinfachung f (a. pej) **uprościć** pf → upraszczać **uprowadzać** (-am) ⟨**uprowadzić**⟩ (-ę) osobę entführen, kidnappen; samolot entführen **uprowadzenie** n (-a) Entführung f, Kidnapping n; **~ samolotu** Flugzeugentführung f

**uprzeć\*** się pf → upierać się **uprzednio** adv vorher

**uprzedzać** (-am) ⟨-ić⟩ (-dzę) (o lok) (vor)warnen (vor dat), im Voraus informieren (über akk); (akk) vorgreifen (dat); **~ k-o** (ubiec) j-m zuvorkommen; **~ pytanie** eine Frage vorwegnehmen; **~ się** (do gen) voreingenommen sein, Vorurteile haben (gegen akk) **uprzedzenie** n (-a; gen -eń) Vorurteil n; Voreingenommenheit f; (niechęć) Abneigung f; **bez uprzedzenia** ohne Ankündigung; ohne Vorwarnung; **wolny od uprzedzeń** vorurteilsfrei, unvoreingenommen **uprzedzić** pf → uprzedzać **uprzedzony** (persf -eni) voreingenommen

**uprzejmość** f (-ści) Höflichkeit f; (przysługa) Gefallen m **uprzejmy** (-mie) höflich, freundlich (**dla** gen od **wobec** gen gegenüber dat); **dziękuję uprzejmie!** danke sehr

**uprzemysłowienie** n (-a; bpl) Industrialisierung f

**uprzyjemniać** (-am) ⟨-ić⟩ (-ię, -nij!) angenehm(er) machen, angenehm(er) gestalten; **~ sobie czas** sich die Zeit vertreiben (inst mit dat)

**uprzytamniać** (-am) ⟨uprzytomnić⟩ (-ię, -nij!) bewusst machen; **~ sobie** (akk) sich bewusst werden (gen), sich vergegenwärtigen (akk) **uprzywilejowany** privilegiert; AUTO vorfahrtsberechtigt

**upuszczać** (-am) ⟨upuścić⟩ (upuszczę) fallen lassen

**upychać** (-am) ⟨upchać⟩ (-am) od ⟨-nąć⟩ (-nę) hineinstopfen, vollstopfen

**uran** m (-u; bpl) CHEM Uran n

**uratować** pf → ratować

**uraz** m (-u; -y) PSYCH Trauma n; MED Verletzung f **urazić** pf → urażać **urażać** (-am) ⟨urazić⟩ (urażę) ranę aufreißen; fig kränken, verletzen

**urbanistyczny** städtebaulich, urban

**urlop** m (-u; -y) Urlaub m; **~ macierzyński** Mutterschaftsurlaub m

**urna** f (-y; gen urn) Urne f

**uroczy** (-czo) entzückend, bezaubernd **uroczystość** f (-ści) Feier f, Fest n **uroczysty** (-ście) feierlich; strój, nastrój festlich, Fest- **uroda** f (-y; bpl) (piękno) Schönheit f; (wygląd) (hübsches) Aussehen n

**urodzaj** m (-u; -e) gute Ernte f, reiche Ernte f; **~ na owoce** gute Obsternte f

**urodzajny** AGR rok ertragreich; ziemia fruchtbar **urodzenie** n (-a): **od urodzenia** von Geburt an; **rok** m **urodzenia** Geburtsjahr n **urodzić** pf → rodzić **urodziny** pl (gen -) Geburtstag m; (przyjęcie) Geburtstagsfeier f

**urojony** eingebildet, imaginär

**urok** m (-u; -i) Zauber m, Reiz m; **~ osobisty** Charme m

**urosnąć** pf → rosnąć

**urozmaicać** (-am) ⟨-ić⟩ (-ę) (akk) Abwechslung bringen (in akk), beleben (akk) **urozmaicenie** n (-a) Abwechslung f **urozmaicony** abwechslungsreich

**uruchamiać** (-am) ⟨uruchomić⟩ (-ię) starten

**urwać** pf; → urywać

**urwis** m (-a; -y) Schlingel m, Frechdachs m

**urwisko** n (-a) Steilhang m, Abhang m **urwisty** zbocze steil

**urywać** (-am) ⟨urwać⟩ (-ę) v/t abreißen; (przerwać) abbrechen; **~ w połowie zdania** mitten im Satz abbrechen; **~ się** v/i abbrechen; głos stocken; (wyjść) sich verdrücken **urywek** m (-wka; -wki) tekstu Fragment m, Abschnitt m

**urząd** m (urzędu, urzędy) Amt n, Behörde f; **~ pocztowy** Postamt n; **~ stanu cywilnego** Standesamt n

**urządzać** (-am) ⟨-ić⟩ (-ę) mieszkanie einrichten; imprezę veranstalten; wesele ausrichten; urodziny, imieniny feiern; **~ się** sich einrichten **urządzenie** n (-a; -eń) Gerät n; Anlage f; **~ klimatyzacyjne** Klimaanlage f; **~ alarmowe** Alarmanlage f

**urzeczywistniać** (-am) ⟨-ić⟩ (-ię, -nij!) verwirklichen, in die Tat umsetzen; **~ się** sich verwirklichen, realisiert werden

**urzędniczka** f (-i; gen -czek) Angestellte f; państwowa Beamtin f **urzędnik** m (-a; -cy) Angestellte(r) m; państwowy Beamte(r) m

**urzędować** (-uję) amtieren, im Amt sein; (przyjmować) Sprechstunden haben **urzędowanie** n (-a; bpl): **godziny** pl **urzędowania** Sprechstunden pl, Öffnungszeiten pl **urzędowy** (-wo) ADMIN amtlich, Amts-; fig förmlich, offiziell

**urżnąć** (-am) ⟨urżnąć⟩ (-nę) abschneiden; **urżnąć się** pop sich volllaufen lassen

**usamodzielniać się** (-am) ⟨-ić się⟩

## uschnąć – uścisk

(-ię, -nij!) selbstständig werden
**uschnąć** pf → usychać
**usiąść*** pf (usiądę) sich hinsetzen; *ptak* sich setzen, sich niederlassen
**usilny** *prośba* eindringlich, inständig; *starania* intensiv **usiłować** (-uję): ~ (+ inf) sich bemühen, versuchen zu (+ inf) **usiłowanie** n (-a) Versuch m, Bemühungen f/pl
**usługowy** *dział, zakład* Dienstleistungs- **usłużny** gefällig, beflissen
**usłyszeć** pf (-ę) v/t hören
**uspokajać** (-am) ⟨**uspokoić**⟩ (-ję) beruhigen; ~ **sumienie** das Gewissen beruhigen; ~ **się** sich beruhigen; *wiatr* sich legen **uspokajający** (-**co**) beruhigend; entspannend; **środek** m ~ Beruhigungsmittel n
**uspołecznia**ć (-am) ⟨-ić⟩ (-ię, -nij!) sozialisieren; EKON vergesellschaften, verstaatlichen; ~ **się** sozialisiert werden; EKON vergesellschaftet *od* verstaatlicht werden
**usposobienie** n (-a) Wesen n, Gemüt n, Naturell n
**usprawiedliwia**ć (-am) ⟨-ić⟩ (-ię) (*inst*) rechtfertigen, entschuldigen (mit *dat*); ~ **się** (*inst*) sich rechtfertigen, sich entschuldigen (mit *dat*) **usprawiedliwienie** n (-a) Entschuldigung f
**usprawniać** (-am) ⟨-ić⟩ (-ię, -nij!) verbessern, effizienter machen
**usta** pl (*gen ust*) Mund m; *wargi* Lippen pl
**ustać¹*** pf → ustawać
**ustać²*** pf (ustoję): **nie móc** ~ nicht mehr stehen können, nicht ruhig stehen können; ~ **się** *płyn* klar werden
**ustala**ć (-am) ⟨-ić⟩ (-ę) vereinbaren; *tożsamość* feststellen **ustanawia**ć (-am) ⟨**ustanowić**⟩ (-ę) *prawo* einführen; *rekord* aufstellen; (*powołać*) ernennen **ustawa** f (-y) JUR Gesetz n **ustawać** (ustaję) ⟨**ustać**¹⟩ (ustanę) aufhören
**ustawi(a)ć** (auf)stellen, aufbauen **ustawiczny** ständig, dauernd
**ustawodawca** m (-y; *gen* -ów) Gesetzgeber m **ustawodawczy** gesetzgeberisch; **władza** f **ustawodawcza** Legislative f **ustawodawstwo** n (-a; *bpl*) Gesetzgebung f **ustawowy** gesetzlich
**ustąpić** pf; → ustępować
**usterka** f (-i; *gen* -rek) TECH Mangel m, (kleiner) Deffekt m

**ustęp** m (-u; -y) Abschnitt m; (*ubikacja*) *umg* Klo n **ustępować** (-uję) ⟨**ustąpić**⟩ (-ię) nachgeben; *ból* nachlassen; ~ **k-u miejsca** j-m seinen Platz anbieten; ~ **ze stanowiska** zurücktreten
**ustny** *egzamin, tradycja* mündlich
**ustosunkow(yw)ać się** (-[w]uję) (**do** *gen*) sich verhalten (gegenüber *dat*); Stellung nehmen, sich äußern (zu)
**ustrojowy** POL System-; BIOL organisch
**ustronny** *miejsce* abgelegen, einsam
**ustrój** m (-*oju*; -*oje*) POL System n; BIOL Organismus m; ~ **państwowy** Staatsform f
**ustrzec*** pf (ustrzegę): ~ (**od** *gen*) schützen (vor *dat*); ~ (**przed** *inst*) bewahren (vor *dat*); ~ **się** (**od** *gen*) sich schützen (vor *dat*); ~ **się** (**przed** *inst*) sich bewahren (vor *dat*)
**usunąć** pf → usuwać **usunięcie** n (-a) Entfernung f; Beseitigung f **usuwać** (-am) ⟨-nąć⟩ (-nę) entfernen; *ząb* ziehen; beseitigen; ~ **ciążę** abtreiben; ~ **się** Platz machen, zur Seite treten; *fig* sich zurückziehen
**usychać** (-am) ⟨**uschnąć**⟩ (-nę) v/i BOT vertrocknen
**usynowienie** n (-a) Adoption f eines Jungen
**usypać** pf → usypywać **usypiać**¹ (-am) ⟨**usnąć**⟩ (-nę) einschlafen **usypiać**² (-am) ⟨**uśpić**⟩ (-ę, -pij!) *dziecko* zum Schlafen bringen; *pacjenta* betäuben; (*dać środek uśmierzający*) einschläfern
**usypisko** n (-a) Halde f, Haufen m **usypywać** (-uję) ⟨**usypać**⟩ (-ię) aufschütten
**usytuowanie** n (-a) Lage f, Standort m
**uszczelka** f (-i; *gen* -lek) TECH Dichtung f **uszczelniać** (-am) ⟨-ić⟩ (-ię, -nij!) TECH abdichten
**uszczęśliwiać** (-am) ⟨-ić⟩ (-ię) beglücken, glücklich machen; ~ **k-o na siłę** j-n zu seinem Glück zwingen
**uszczypliwy** (-**wie**) bissig, stichelnd **uszczypnąć** pf (-nę) zwicken, kneifen; *trawy, liści* (ab)zupfen
**uszkadzać** (-am) ⟨**uszkodzić**⟩ (-ę) beschädigen; MED verletzen
**uszko** n (-a; *gen uszek*) *filiżanki* Henkel m
**uszkodzenie** n (-a) Beschädigung f; Schaden m; ~ **ciała** Körperverletzung f **uszkodzić** pf → uszkadzać
**uszyć** pf → szyć
**uścisk** m (-u; -i) Umarmung f; ~ **dłoni** Händedruck m; **przesyłam ci serdeczne**

**~i sei herzlich umarmt uściskać** pf (-am) umarmen, in die Arme schließen
**uśmiech** m (-u; -y) Lächeln n **uśmiechać się** (-am) ⟨-nąć się⟩ (-nę) lächeln; **~ do k-o** j-n anlächeln, j-m zulächeln
**uśpić** pf → usypiać
**uświadamiać** (-am) ⟨uświadomić⟩ (-ię) bewusst machen, klarmachen; **~ sobie** sich bewusst machen, sich klar werden; **~ seksualnie k-o** j-n sexuell aufklären; **uświadomiłem sobie, że ...** es wurde mir bewusst, dass ..., es wurde mir klar, dass ... **uświadomienie** n (-a; bpl) Bewusstmachung f; seksualne Aufklärung f
**utajony** verborgen, heimlich; MED latent **utalentowany** talentiert, begabt
**utarg** m (-u; -i) HANDEL Einnahmen pl; **~ dzienny** Tageserlös m, Tageseinnahmen pl **utargować** pf (-uję) HANDEL einnehmen; (wytargować) herunterhandeln
**utarty** ser gerieben; fig üblich, herkömmlich; **~m zwyczajem** traditionell, nach altem Brauch; **~ zwrot** m Gemeinplatz m
**utknąć** pf; → utykać
**utkwić** pf (-ię) stecken bleiben; **~ w pamięci** im Gedächtnis (haften) bleiben
**utleniony** włosy blondiert; **woda utleniona** Wasserstoffperoxyd n
**utonąć** pf ertrinken; → tonąć
**utopić** pf (-ię) ertränken; **~ się** ertrinken; → topić
**utopijny** utopisch
**utożsamiać** (-am) ⟨-ić⟩ (-ię) gleichsetzen; **~ się** sich identifizieren (z inst mit dat)
**utrata** f (-y) Verlust m; JUR Entzug m
**utrudniać** (-am) ⟨-ić⟩ (-ię, -) przygotowania erschweren; przejazd behindern **utrudnienie** n (-a) Schwierigkeit f; Behinderung f
**utrwalać** (-am) ⟨-ić⟩ (-ę) festigen; FOTO fixieren; (upamiętnić) verewigen; festhalten; **~ się** sich festigen
**utrzeć*** pf → ucierać
**utrzymać** pf → utrzymywać **utrzymanie** n (-a; bpl) (Lebens)Unterhalt m; (wyżywienie) Verpflegung f; **koszty** pl **utrzymania** Unterhaltskosten pl; **mieć k-o na utrzymaniu** für j-s Lebensunterhalt sorgen; **całodzienne ~** Vollpension f **utrzymywać** (-uję) ⟨utrzymać⟩

(-am) równowagę, porządek halten; rodzinę unterhalten; kontakty, stosunki pflegen, aufrechterhalten; **~ przy życiu** am Leben erhalten; **~** (twierdzić) behaupten; **~ się** sich halten; zwyczaj erhalten bleiben; **~ się (z** gen) seinen Lebensunterhalt verdienen (mit dat)
**utwierdzać** (-am) ⟨-ić⟩ (-dzę): **~ k-o (w** lok) j-n bestärken (in dat); **~ się (w** lok) bestärkt werden (in dat)
**utwór** m (utworu; utwory) Werk n; TEATR, MUS Stück n
**utykać**[1] (-am) ⟨utknąć⟩ (-nę) stecken bleiben **utykać**[2] (-am) hinken
**utylizacja** f (-i; bpl) TECH Wiederverwertung f, Recycling n
**uwaga** f (-i; bpl) Aufmerksamkeit f; **uwagi** pl (spostrzeżenia; pouczenia) Bemerkungen f/pl **~!** Achtung!; (w obliczu niebezpieczeństwa) Vorsicht!; **brać pod uwagę** berücksichtigen, in Betracht ziehen; **z uwagi na** (akk) in Anbetracht (gen); wegen (gen); **odwrócić** pf czyjąś uwagę j-n ablenken
**uwalniać** (-am) ⟨uwolnić⟩ (-ię, -nij!) MIL befreien; (wypuszczać na wolność) freilassen
**uwarunkow(yw)ać** (-[w]uję) (inst) abhängig machen (von)
**uważać** (-am) v/i aufpassen; (sądzić) der Meinung sein; **~ na** (akk) aufpassen auf (akk); **~ za** (akk) halten für (akk) **~ się za** (akk) sich halten für (akk) **uważny** aufmerksam
**uwidaczniać** (-am) ⟨uwidocznić⟩ (-ię, -nij!) offenbaren; vor Augen führen; **~ się** sichtbar werden, sich offenbaren
**uwielbiać** (-am) vergöttern; lieben
**uwierać** (3. Pers -a) but drücken; ubranie kneifen, zwicken
**uwierzyć** pf (-ę) glauben (**w** akk an akk); **~ k-u** j-m glauben **uwierzytelnienie** n (-a) Beglaubigung f
**uwieść*** pf → uwodzić
**uwodziciel** m (-a; -e), **uwodzicielka** f (-i; gen -lek) Verführer(in) m(f) **uwodzicielski** (-ko) verführerisch **uwodzić** (-ę) ⟨uwieść⟩ (uwiodę) verführen **uwolnić** pf → uwalniać **uwolnienie** n (-a) Befreiung f; zakładników Freilassung f
**uwydatniać** (-am) ⟨-ić⟩ (-ię, -nij!) hervorheben, unterstreichen; **~ się** hervortreten, sichtbar werden
**uwzględniać** (-am) ⟨-ić⟩ (-ię, -nij!) be-

**uwziąć\* się – wada**

rücksichtigen; *żądanie, prośbę ofic* stattgeben, entsprechen (*dat*); **nie ~** (*gen*) unberücksichtigt lassen (*akk*)

**uwziąć\* się** (*uwezmę*) sich fest vornehmen; nicht locker lassen

**uzależniać** (-*am*) ⟨-*ić*⟩ (-*ię, -nij!*) (**od** *gen*) abhängig machen (von *dat*); **~ się** abhängig werden, in Abhängigkeit geraten (von *dat*)

**uzasadniać** (-*am*) ⟨-*ić*⟩ (-*ię, -nij!*) begründen **uzasadnienie** *n* (-*a*) Begründung *f* **uzasadniony** *zarzut, wyrok* begründet; *pretensja, obawa, żal* berechtigt

**uzbierać** *pf* (-*am*) sammeln; *owoce pfl*ücken; *pieniądze* zurücklegen

**uzbrajać** (-*am*) ⟨**uzbroić**⟩ (*uzbroję*) bewaffnen; **~ się** sich bewaffnen; **uzbroić się w cierpliwość** sich mit Geduld wappnen **uzbrojenie** *n* (-*a*) MIL Ausrüstung *f*; BUD Erschließung *f*

**uzdatniać** (-*am*) ⟨-*ić*⟩ (-*ię, -nij!*) *wodę* aufbereiten; *odpady* wiederverwerten, recyclen **uzdolnienie** *n* (-*a*) Begabung *f*, Talent *n*

**uzdrawiać** (-*am*) ⟨**uzdrowić**⟩ (-*ię, -rów!*) MED heilen; FIN, HANDEL sanieren **uzdrawiający** (-*co*) heilsam **uzdrowić** *pf* → uzdrawiać **uzdrowienie** *n* (-*a*) MED Heilung *f*; FIN, HANDEL Sanierung *f* **uzdrowisko** *n* (-*a*) Kurort *m*

**uzębienie** *n* (-*a*) Gebiss *n*, Zähne *m/pl*

**uzgadniać** (-*am*) ⟨**uzgodnić**⟩ (-*ię, -nij!*) *cenę, termin* vereinbaren; *decyzję, postanowienie* absprechen; (*dopasować*) (aufeinander) abstimmen, koordinieren

**uziemienie** *n* (-*a*) ELEK Erdung *f*

**uzmysławiać** (-*am*) ⟨**uzmysłowić**⟩ (-*ię, -łów!*) bewusst *od* begreiflich machen; **~ sobie** sich bewusst werden; begreifen, erkennen

**uznać** *pf* → uznawać **uznanie** *n* (-*a*) Anerkennung *f*; **spotkać** *pf* **się z ~m** Anerkennung finden; **według własnego uznania** nach seinem Ermessen **uznawać** (-*ję*) ⟨**uznać**⟩ (-*am*) *prawo, niezależność, zwierzchnictwo* anerkennen; *winę, błąd* einsehen; **~ za** (*akk*) halten für (*akk*); **~ dziecko** JUR die Vaterschaft anerkennen; **~ się winnym** sich schuldig bekennen

**uzupełniać** (-*am*) ⟨-*ić*⟩ (-*ię, -nij!*) ergänzen; **~ się** sich ergänzen **uzupełniający** Ergänzungs-; komplementär; *wybory* *pl* **uzupełniające** POL Nachwahlen *f/pl* **uzyskanie** *n* (-*a; bpl*) Erlangung *f* **uzysk(iw)ać** erlangen, bekommen

**użalać się** (-*am*) ⟨-*ić się*⟩ (-*ę*) klagen (**na** *akk* über *akk*); **~ nad** (*inst*) bemitleiden (*akk*); **~ nad sobą** sich selbst bemitleiden

**użądlić** *pf* (3. *Pers* -*li*) *osa, pszczoła* stechen

**użycie** *n* (-*a*) Gebrauch *m*, Benutzung *f*; Verwendung *f*; **sposób** *m* **użycia** Gebrauchsanleitung *f*; **wygodny w użyciu** benutzerfreundlich; **przy użyciu** (*gen*) unter Anwendung von (*dat*) **użyć** *pf* → używać **użyteczność** *f* (-*i; bpl*) Nützlichkeit *f*; **budynek** *m* **użyteczności publicznej** öffentliches Gebäude *n* **użyteczny** nützlich **użytek** *m* (-*tku; -tki*) Gebrauch *m*; **użytki** *pl* AGR Nutzflächen *f/pl*; **do użytku zewnętrznego** zur äußerlichen Anwendung; **do użytku domowego** für den Hausgebrauch

**użytkować** (-*uję*) nutzen **użytkowanie** *n* (-*a*) Nutzung *f*; Unterhalt *m* **użytkowy** *powierzchnia, rośliny* Nutz-; *sztuka* angewandt; *lokal* Gewerbe-, gewerblich (genutzt) **używać** (-*am*) ⟨**użyć**⟩ (*użyję*) verwenden, benutzen; gebrauchen; *życia, wolności* genießen; *przemocy* anwenden **używany** gebraucht, benutzt **używka** *f* (-*i; gen* -*wek*) Genussmittel *n* **użyźniać** (-*am*) ⟨-*ić*⟩ (-*ię, -nij!*) AGR düngen

# W

**w** *präp* (*lok*) in (*dat*); (*akk*) in (*akk*); **~ Polsce** in Polen; **~ dzień** tagsüber; **~ czwartek** am Donnerstag; **~ lipcu** im Juli; **~ gotówce** bar

**wabić** (-*ię*) (an)locken (*inst* mit *dat*); **~ się** *pies* heißen **wabik** *m* (-*a; -i*) *fig* Lockmittel *n*

**wachlarz** *m* (-*a; -e*) Fächer *m*; *fig* Palette *f*

**wachta** *f* (-*y*) MAR Wache *f*

**wada** *f* (-*y*) (*cecha charakteru*) schlechte Eigenschaft *f*, Schwäche *f*; (*usterka*) Mangel *m*; MED Fehler *m*

**wadium** n (unv; -ia; gen -iów) JUR, EKON Kaution f

**wadliwy (-wie)** fehlerhaft; MED Miss-, Fehl-

**wafel** m (-fla; -fle; gen -fli) Waffel f

**waga** f (-i) Waage f; (ciężar) Gewicht n (a. SPORT); fig Bedeutung f **Waga** ASTRON Waage f; Sprechend na wagę abwiegen; **przywiązywać wagę do** (gen) Bedeutung beimessen (dat)

**wagarować** (-uję) die Schule schwänzen

**wagon** m (-u; -y) Waggon m; **~ restauracyjny** Speisewagen m

**wahać się** (-am) zögern; temperatura, cena schwanken; strzałka, wahadło pendeln **wahadło** n (-dła; gen -deł) Pendel n **wahadłowy: ruch** m **~** Pendelbewegung f; **drzwi** pl **wahadłowe** Schwingtür f

**wahanie** n (-a) fig Schwanken n, Zögern n; **wahania** pl temperatury, cen Schwankungen pl; **bez wahania** ohne zu zögern

**wakacje** pl (gen -i) (Sommer)Ferien pl **wakacyjny** Ferien-

**walc** m (-a; -y) Walzer m

**walczyć** (-ę) MIL, SPORT kämpfen (**z** inst gegen akk); **~ z** (inst) fig kämpfen mit (dat); **~ o lepszą przyszłość** für eine bessere Zukunft kämpfen

**walec** m (-lca; -lce; gen -lców) TECH Walze f; MAT Zylinder m

**waleczny** żołnierz tapfer, mutig

**walić** (-lę) ⟨-nąć⟩ (-nę) umg (uderzać) hauen, knallen; w drzwi hämmern; **serce mi wali** mein Herz hämmert; **~ się** umg budynki zusammenstürzen, einstürzen; drzewa umstürzen; plan scheitern; fig zusammenbrechen; (bić się) umg sich hauen, sich prügeln

**walka** f (-i; gen -i) MIL Kampf m (a. fig); SPORT (Wett)Kampf m; (zwalczanie) Bekämpfung f

**walny** zebranie Voll-, Haupt-

**walor** m (-u; -y) Wert m; **~y** pl Vorzüge m/pl, Vorteile m/pl; FIN Wertpapiere n/pl

**waluta** f (-y) Währung f

**wał** m (-u; -y) Deich m **wałek** m (-łka; -łki) TECH Walze f; Welle f; **wałki** pl **do włosów** Lockenwickler m/pl; **~ do ciasta** Nudelholz n

**wałęsać się** (-am) umg sich herumtreiben, herumscharwenzeln; pies streunen

**wam** pron dat euch; **jutro damy ~ znać** morgen sagen wir euch Bescheid

**wampir** m (-a; -y) Vampir m

**wanna** f (-y; gen wanien) (Bade)Wanne f; TECH Wanne f

**wapień** m (-nia; -nie) Kalkstein m **wapno** n (-a; bpl) Kalk m **wapń** m (-nia; bpl) CHEM Kalzium n

**warcaby** pl (gen -ów) Damespiel n; **grać w ~** Dame spielen

**warczeć** (-ę, -y) ⟨**warknąć**⟩ (-ę) pies knurren; maszyna rattern; **~ na siebie** sich anknurren

**warga** f (-i; gen -): mst pl Lippen f/pl; **zajęcza ~** MED Hasenscharte f; **wargi** pl **sromowe** ANAT Schamlippen pl

**wariacki (po -ku)** umg verrückt

**wariant** m (-u; -y) Variante f

**wariat** m (-a; -ci), **wariatka** f (-i; gen -tek) umg Verrückte(r) m, f (a. fig) **wariować** ⟨z-⟩ (-uję) umg verrückt werden

**warknąć** pf → **warczeć**

**warkocz** m (-a; -e) (Haar)Zopf m

**warstwa** f (-y) Schicht f

**warsztat** m (-u; -y) (zakład) Werkstatt f; fig Handwerk n **warsztatowy** Werkstatt-; fig handwerklich

**wart** prąd (persf -ci) wert; **to nic nie ~e** das ist nichts wert; **śmiechu ~e** lächerlich, zum Lachen; **~ przeczytania** lesenswert; **~ zobaczenia** sehenswert

**warta** f (-y) Wache f; **stać na warcie** Wache stehen; **zmiana warty** Wachablösung f

**warto** (unpers): **(nie) ~** (+ inf) es lohnt sich (nicht) zu (+ inf); **~ by było ...** es wäre nicht schlecht ..., man sollte vielleicht ...; **~ było** es hat sich gelohnt

**wartościowy (-wo)** wertvoll; pokarm vollwertig **wartość** f (-ści) Wert m (a. MAT, FIZ); **mieć dużą ~** einen hohen Wert haben; **poczucie** n **własnej wartości** Selbstwertgefühl n

**wartownia** f (-i; -e) (pomieszczenia) Wache f **wartownik** m (-a; -cy) Wächter m

**warunek** m (-nku; -nki) (zastrzeżenie) Bedingung f; (przesłanka) Voraussetzung f; **warunki** pl Bedingungen pl; mieszkaniowe, życia Verhältnisse pl; HANDEL Konditionen pl; **pod warunkiem, że ~** unter der Bedingung, dass ... **warunkowy** GRAM Bedingungs-, Konditional-

**warzywniczy** produkcja Gemüse- **wa-**

**rzywo** n (-a) Gemüsepflanze f; **warzywa** pl koll Gemüse n; **z warzyw** KULIN Gemüse-

**was** pron gen eurer; pron akk euch; pron lok

**wasz** pron poss m (persf wasi) euer

**wata** f (-y) Watte f

**waza** f (-y) Vase f; na zupę Suppenschüssel f

**wazon** m (-u; -y) (Blumen)Vase f

**ważka** f (-i; gen -żek) ZOOL Libelle f

**ważność** f (-ści; bpl) Wichtigkeit f; biletu, dokumentu Gültigkeit f; **tracić** ~ an Bedeutung verlieren; bilet, dokument verfallen, ungültig werden; **data** ~ **ważności** KULIN Verfallsdatum n, Mindesthaltbarkeitsdatum n **ważny** wichtig; bilet, dowód gültig; ~ **do ...** MED zu verwenden bis ... **ważyć** ⟨z-⟩ (-ę) v/t wiegen; ~ **się** sich wiegen; **ważyć** v/i wiegen (a. fig); **ile ważysz?** wie viel wiegst du?

**wąchać** ⟨po-⟩ (-am) v/t riechen (akk an dat)

**wąsaty** (persf -ci) schnurrbärtig, mit Schnurrbart

**wąski** (-ko) przejście, talia, wargi schmal; ubranie, grono, specjalizacja eng

**wątek** m (-tku; -tki) Strang m

**wątpić** (-ię) zweifeln (**w** akk an dat) **wątpliwość** f/pl (-ści) Zweifel m, Bedenken n; **to nie ulega wątpliwości** es steht außer Zweifel

**wątroba** f (-y) ANAT Leber f

**wąwóz** m (-ozu; -ozy) Schlucht f

**wąż** m (węża; węże) ZOOL Schlange f; gumowy (Gummi)Schlauch m

**wbić** pf: ~ **sobie do głowy** sich in den Kopf setzen; → wbijać

**wbiegać** (-am) ⟨**wbiec**⟩ (wbiegnę) (hinein)laufen (**do** gen in akk); ~ **na górę** hinauflaufen

**wbijać** (-am) ⟨**wbić**⟩ (wbiję) gwóźdź hineinschlagen; pal einrammen; klin hineintreiben; igłę einstechen

**wbrew** präp (dat) wider, gegen (akk); entgegen (dat)

**wbudow(yw)ać** (-[w]uję) einbauen

**wcale** adv: ~ **nie** gar nicht

**wchłaniać** (-am) ⟨**wchłonąć**⟩ (-nę) BIOL resorbieren, aufnehmen; ciecz aufsaugen; fig aufnehmen; aufsaugen; zapach einatmen

**wchodzić** (-ę) ⟨**wejść**⟩ (wejdę) (hinein)-gehen (**do** gen in akk); (mieścić się) hineinpassen; ~ **do** (gen) (przystąpić) beitreten (dat); ~ **na górę** hinaufgehen; ~ **w czyjeś położenie** sich in j-s Lage versetzen; **proszę wejść!** treten Sie ein!; ~ **do portu** MAR einlaufen; ~ **na rynek** auf den Markt kommen; ~ **w kontakt** in Kontakt treten; ~ **do finału** SPORT ins Finale kommen; ~ **w życie** JUR in Kraft treten;; **wchodzę w to!** umg ich bin dabei!, ich mach' mit!

**wciągać** (-am) ⟨-**nąć**⟩ (-nę) hineinziehen (**do** gen in akk) (a. fig); hinaufziehen (**na** akk auf akk); brzuch einziehen; powietrze einsaugen; flagę hissen; (absorbować) fesseln; ~ **na listę** in eine Liste aufnehmen od eintragen; ~ **w rozmowę** in ein Gespräch verwickeln; ~ **się wysoko zieha** sich einarbeiten

**wciąż** adv immerfort, fortwährend; weiterhin

**wcielać** (-am) ⟨-**ić**⟩ (-lę) eingliedern (**do** gen in akk); ~ **w życie** verwirklichen; ~ **w czyn** in die Tat umsetzen; ~ **do wojska** zur Armee einziehen **wcielenie** n (-a) Eingliederung f; (uosobienie) Verkörperung f

**wcierać** (-am) ⟨**wetrzeć**⟩ (wetrę) einreiben

**wcięcie** n (-a) TYPO Einzug m

**wcinać** (-am) ⟨**wciąć**⟩ (wetnę) einschneiden; ~ **się** sich einschneiden

**wciskać** (-am) ⟨**wcisnąć**⟩ (-nę) (hinein)-drücken, (hinein)stopfen; ~ **k-u** (sprzedawać) umg j-m andrehen; ~ **się** sich hineindrängen

**wczasowicz** m (-a; -e), **wczasowiczka** f (-i; gen -czek) Feriengast m, Urlauber(in) m(f) **wczasy** pl (gen -ów) Ferien pl, Urlaub m; ~ **lecznicze** Erholungskur f

**wcześniejszy** komp adj früher

**wczoraj** gestern **wczorajszy** gestrig; pieczywo vom Vortag

**wczu(wa)ć się** sich einfühlen

**wdech** m (-u; -y) Einatmung f

**wdowa** f (-y; gen wdów) Witwe f; **słomiana** ~ Strohwitwe f **wdowiec** m (-wca; -wcy) Witwer m

**wdychać** (-am) einatmen

**wdzierać się** (-am) ⟨**wedrzeć się**⟩ (wedrę) eindringen (**do** gen in akk)

**wdzięczność** f (-ści; bpl) Dankbarkeit f; **mieć dług wdzięczności wobec k-o** j-m zu Dank verpflichtet sein **wdzięczny**

*osoba, spojrzenie, temat* dankbar; (*uroczy*) anmutig, reizend
**wdzięk** *m* (*-u; bpl*) Anmut *f*, Charme *m*
**we** *präp*: **~ dwoje** zu zweit
**według** *präp* (*gen*) gemäß (*dat*); laut (*gen*)
**wedrzeć\*** *się pf* → **wdzierać się**
**wegetariański** vegetarisch
**wegetować** (*-uję*) *fig* dahinvegetieren, sein Dasein fristen
**wejrzenie**: **miłość** *f* **od pierwszego wejrzenia** Liebe *f* auf den ersten Blick
**wejście** *n* (*-a*) Eingang *m*; IT Eingabe *f*
**wejść\*** *pf*; → **wchodzić**
**wekować** ⟨*za-*⟩ (*-uję*) einwecken, einmachen
**weksel** *m* (*-sla; -sle*) FIN Wechsel *m*
**welon** *m* (*-u; -y*) Schleier *m*
**wełna** *f* (*-y*) Wolle *f* **wełniany** Woll-, wollen
**weneryczny**: **choroba** *f* **weneryczna** Geschlechtskrankheit *f*
**wentylator** *m* (*-a; -y*) Ventilator *m*, Lüfter *m*
**werbować** ⟨*z-*⟩ (*-uję*) anwerben; MIL rekrutieren **werbunek** *m* (*-nku; -nki*) Anwerbung *f*; MIL Rekrutierung *f*
**wersalka** *f* (*-i; gen -lek*) Schlafcouch *f*
**wersja** *f* (*-i; -e*) Version *f*
**werwa** *f* (*-y; bpl*) Schwung *m*, Elan *m*
**weryfikować** ⟨*z-*⟩ (*-uję*) verifizieren
**wesele** *n* (*-a*) Hochzeit *f*, **weselny** Hochzeits- **weselej** *komp adv* lustiger; fröhlicher
**wesoły** (*persf -seli*) (*-ło*) fröhlich, heiter; *opowiadanie* lustig; **Wesołych Świąt!** *na Boże Narodzenie* Frohe Weihnachten!; *na Wielkanoc* Frohe Ostern!
**wesprzeć\*** *pf* → **wspierać wessać\*** *pf* → **wsysać westchnąć** *pf* → **wzdychać**
**wesz** *f* (*wszy; gen wszy*) Laus *f*
**weterynaria** *f* (*gen dat lok -ii; bpl*) Tierheilkunde *f* **weterynarz** *m* (*-a; -e, -y*) Tierarzt *m*; (*kobieta*) Tierärztin *f*
**wetrzeć\*** *pf* → **wcierać wewnątrz** *adv* innen; *präp* (*gen*) innerhalb (*gen*), in (*dat*); **od ~** von innen; **do ~** nach innen **wewnętrzny** *kieszeń* Innen-; PSYCH, MED innere(r); HANDEL Binnen-; *w firmie* intern
**wezwać** *pf* → **wzywać wezwanie** *n* (*-a*) JUR Vorladung *f*; (*apel*) Aufruf *m*; **~ do wojska** Einberufung *f*; **kościół ~**

**wdzięk — wiatrówka** ▪ **229**

**pod ~m Św. Jana** Johanniskirche *f*
**węch** *m* (*-u; bpl*) Geruchssinn *m*
**wędka** *f* (*-dki; gen -dek*) Angel *f* **wędkarski** Angel-; Angler- **wędkarz** *m* (*-a; -e*) Angler *m*
**wędlina** *f* (*-y*) Wurstwaren *pl*, Aufschnitt *m*
**wędrować** ⟨*po-*⟩ (*-uję*) wandern **wędrowiec** *m* (*-wca; -wcy*) Wanderer *m*
**wędrowny** TEATR Wander-; **być na obozie ~m** wandern, eine Wanderung machen **wędrówka** *f* (*-i; gen -wek*) Wanderung *f*
**wędzonka** *f* (*-i; gen -nek*) Räucherspeck *m* **wędzony** geräuchert, Räucher-
**węgiel** *m* (*-gla; -gle*) Kohle *f*; CHEM Kohlenstoff *m*
**Węgier** *m* (*-gra; -grzy*), **Węgierka** *f* (*-i; gen -rek*) Ungar(in) *m(f)* **węgierski** (**po-ku**) ungarisch
**węgorz** *m* (*-a; -e*) Aal *m*
**węzeł** *m* (*-zła; -zły*) Knoten *m* (*a.* MAR); *kolejowy, komunikacyjny* Knotenpunkt *m*
**węże** *pl* → **wąż wężej** *adv komp* enger
**węższy** *komp adj* schmaler; enger
**wgięcie** *n* (*-a*) Delle *f*
**wgląd** *m* (*-u; bpl*) Einsicht *f*, Einblick *m*; **do ~u** zur Einsicht
**wgłębienie** *n* (*-a*) Vertiefung *f*
**wgniatać** (*-am*) ⟨**wgnieść\***⟩ (*wgniotę*) eindrücken
**wiać** (*-eję*) *wiatr* wehen; (*uciekać*) Reißaus nehmen; **wieje** *unpers* es weht
**wiadomo** *unpers*: **~, że ...** es ist bekannt, dass ...; **nie ~, czy ...** es ist nicht bekannt, ob ...; **nigdy nie ~** man weiß nie; **jak ~** bekanntlich; **o ile mi ~** soviel ich weiß
**wiadomość** (*-ści*) Nachricht *f*; **wiadomości** *pl* (*wiedza*) Wissen *n*; RADIO Nachrichten *pl*; **fałszywe wiadomości** Fake News *pl*; **przyjąć do wiadomości** zur Kenntnis nehmen **wiadomy** *powód, cel* bekannt
**wiadro** *n* (*-a; gen -der*) Eimer *m*
**wianek** *m* (*-nka; -nki*) Kranz *m*; *grzybów, obwarzanków* Ring *m*
**wiara** *f* (*-y*) REL Glaube(n) *m* (**w** *akk* an *akk*) (*a. fig*); **~ w siebie** Selbstvertrauen *n*; **nie do wiary** nicht zu glauben, unglaublich; **w dobrej wierze** im guten Glauben
**wiatr** *m* (*-u, lok wietrze; -y*) Wind *m*; **pod ~** gegen den Wind; **wiatrak** *m* (*-a; -i*) Windmühle *f* **wiatrówka** *f* (*-i; gen*

## 230 ▪ wiązać – wielokrotnie

-wek) Windjacke f; (broń) Luftgewehr n
**wiązać** (-żę) binden; ręce, jeńca fesseln; włosy zusammenbinden; **~ (z** inst) (łączyć) verbinden (mit dat); (godzić) vereinbaren (mit dat); **~ się (z** inst) sich binden (mit dat)
**wiązanie** n (-a) SPORT, BUD Bindung f
**wiązanka** f (-i; gen -nek) (Blumen)-Strauß m; MUS Potpourri n; (przekleństwa) umg Schimpfwörter pl **wiążący (-co)** przepis, odpowiedź bindend, verbindlich
**wicedyrektor** m (-a; -rzy) stellvertretender Direktor m **wicemistrz** m (-a; -owie), **wicemistrzyni** f (-i; -e) SPORT Vizemeister(in) m(f)
**wicher** m (-chru; -chry) Sturm m
**wić** ⟨u-⟩ (-ję) wianek flechten; gniazdo bauen; **~ się** żmija, droga sich schlängeln, sich winden; BOT sich ranken, sich schlingen; włosy sich ringeln; **~ się z bólu** sich vor Schmerzen winden; **~ się jak piskorz** fig sich wie ein Aal winden
**widać** es ist/es sind zu sehen; **było ~** es war/es waren zu sehen; **nic nie ~** es ist nichts zu sehen, man kann nichts sehen; **jak ~** wie man sieht; **~ po nim, że ...** man sieht es ihm an, dass ...
**widelec** m (-lca; -lce) Gabel f
**wideo** n (unv) Videorekorder m **wideokaseta** f (-y) Videokassette f
**widmo** n (-a) Gespenst n; FIZ Spektrum n
**widnokrąg** m (-kręgu; bpl) Horizont m; **na widnokręgu** am Horizont **widny** (-no) hell
**widocznie** adv offenbar, offensichtlich **widoczność** f (-ści; bpl) AUTO, MAR Sicht f **widoczny** sichtbar, (wyraźny) sichtlich **widok** m (-u; -i) (Aus)Blick m, Aussicht f (**na** akk auf akk); Anblick m; **~i** pl (perspektywy) Aussichten pl; **na ~** (gen) beim Anblick (gen); **z ~iem na morze** mit Meerblick; **mieć na ~u** im Auge haben **widokówka** f (-i; gen -wek) Ansichtskarte f **widowisko** n (-a) (impreza) Veranstaltung f; fig Schauspiel n **widownia** f (-i; -e) (pomieszczenie) Zuschauerraum m; (publiczność) koll Publikum n
**widz** m (-a; -wie) Zuschauer m; (kinowy) Kinobesucher m; teatralny Theaterbesucher m **widzenie** n (-a) Vision f; (wizyta w więzieniu) Besuch m; **do widzenia!** auf Wiedersehen!; **znać z widzenia** vom Sehen kennen **widzialność** f (-ści; bpl)

Sicht(weite) f **widzialny** sichtbar **widzieć\*** (-dzę, -i) sehen; **a widzisz!** umg siehst du!; **~ się** sich sehen
**widżet** m (-u; -y) Widget n
**wiec** m (-u; -e) Kundgebung f
**wieczność** f (-ści; bpl) Ewigkeit f (a. REL)
**wieczny** ewig
**wieczorek** m (-rku; -rki): **~ taneczny** Tanzabend m **wieczorny** abendlich, Abend- **wieczorowy** Abend-; **wieczorowa pora** f Abenddämmerung f **wieczór** m (-oru od -ora; -ory) Abend m; **dobry ~!** guten Abend!; **wieczorem** am Abend; **od rana do wieczora** vom Morgen bis zum Abend; **~ autorski** Lesung f
**wiedza** f (-y; bpl) Wissen n; Kenntnisse f/pl **wiedzieć\*** (wiem) wissen (**o** lok von dat); **skąd to wiesz?** woher weißt du das?; **wiem, że ...** ich weiß, dass ...; **o ile wiem** soviel ich weiß; **kto wie** wer weiß; **wiesz co?** umg weißt du was?
**wiedźma** f (-y) Hexe f
**wiejski** dörflich, Dorf-; okolica ländlich
**wiek** m (-u; bpl) Alter n; (epoka) Zeitalter n; (stulecie) Jahrhundert n; **w średnim ~u** mittleren Alters; **w ~u emerytalnym** im Rentenalter n; **w moim ~u** in meinem Alter; **z ~iem** mit den Jahren; **na ~i** für ewig
**wieko** n (-a) Deckel m
**wiekowy** (-wo) Alters-; (stary) uralt, jahrhundertealt
**wielbiciel** m (-a; -e), **wielbicielka** f (-i; gen -lek) (adorator) Verehrer(in) m(f); talentu, twórczości Bewundrer(in) m(f)
**wielbłąd** m (-a; -y) Kamel n
**wiele** num (persf -lu) viele; adv viel; **o ~ więcej** viel mehr; **o ~ za dużo** viel zu viel
**Wielkanoc** f (Wielkanocy od Wielkiejnocy; -e) Ostern n; **na ~** zu Ostern **wielkanocny** Oster-, österlich
**wielki** riesig; artysta, dzieło, odkrycie groß (-artig); **Wielki Tydzień** m REL Karwoche f; **wielka litera** f Großbuchstabe m
**wielkolud** m (-a; -y) Riese m **wielkomiejski** großstädtisch, Großstadt-
**wielkość** f (-ści) Größe f; (ogrom) Ausmaß n; **~ nakładu** TYPO Auflage(n)höhe f; **jednakowej wielkości** von gleicher Größe, gleich groß
**wielobarwny** mehrfarbig, farbenreich
**wielodniowy** mehrtägig **wielodzietny** kinderreich **wielokrotnie**

## wielokrotny – winogrona

*adv* mehrmals **wielokrotny** mehrmalig; *zwycięzca* mehrfach **wielonarodowy** Vielvölker-; multinational **wielopiętrowy** mehrstöckig **wieloraki (-ko)** vielfältig
**wieloryb** *m (-a; -y)* Wal *m*
**wielostopniowy** mehrstufig **wieloznaczny** mehrdeutig, vieldeutig
**wieniec** *m (-ńca; -e)* Kranz *m*
**wieprz** *m (-a; -e; gen -ów od -y)* Schwein *n*; Eber *m* **wieprzowina** *f (-y; bpl)* Schweinefleisch *n*
**wiercić (-cę)** bohren; **~ się** (herum)zappeln, unruhig sein
**wierność** *f (-ści; bpl)* Treue *f* **wierny** treu; *kopia* getreu; **wierni** *pl* REL Gläubige(n) *pl*
**wiersz** *m (-a; -e)* Gedicht *n*; *(wers)* Vers *m*; TYPO Zeile *f*
**wiertarka** *f (-i; gen -rek)* Bohrmaschine *f* **wiertło** *n (-a; gen -teł)* Bohrer *m*
**wierzba** *f (-y)* BOT Weide *f*
**wierzch** *m (-u; -y)* Oberseite *f*; Außenseite *f*; *ubrania* Oberteil *m od n*; **na ~u** oben; **na ~** nach oben; **założyć** *pf* **na ~** *umg* drüberziehen **wierzchni** *warstwa* Ober- **wierzchołek** *m (-łka; -łki) góry* Gipfel *m*; *drzewa* Wipfel *m*
**wierzyciel** *m (-a; -e)* FIN Gläubige(r) *m*
**wierzyć (-ę)** (**w** *akk*) glauben (**an** *akk*); *(ufać)* vertrauen (**auf** *akk*)
**wieszać (-am) ⟨powieszę⟩** (auf)hängen (**na** *lok* **an** *akk*); *(zabić)* erhängen; **~ się** sich hängen (**na** *lok* **an** *akk*) **wieszak** *m (-a; -i)* Kleiderhaken *m*; *stojący* Kleiderständer *m*; *(ramiączko)* Kleiderbügel *m*; *przy ubraniu* Aufhänger *m*
**wieś** *f (wsi; wsie; gen wsi)* Dorf *n*; **jechać na ~** aufs Land fahren; **na wsi** auf dem Land(e); **we wsi** im Dorf
**wieśniaczka** *f (-i; gen -czek)* Bäuerin *f*; *pej* Dörflerin *f* **wieśniak** *m (-a; -cy)* Bauer *m*; *pej* Dörfler *m*; **wieśniacy** *pl* Bauern *m/pl*; Dorfleute *pl*, Dorfbewohner *m/pl*; *pej* Dörfler *m/pl*
**wietrzeć ⟨z-⟩ (-eję)** GEOL verwittern; *piwo* schal werden **wietrzny (-no)** windig **wietrzyć ⟨wy-⟩ (-ę)** lüften
**wiewiórka** *f (-i; gen -rek)* Eichhörnchen *n*
**wieźć\*** *(wiozę) v/t* fahren; transportieren **wieża** *f (-y; -e)* Turm *m* *(a. SPORT)*; MUS (Stereo)Turm *m* **wieżowiec** *m (-wca; -wce)* Hochhaus *n*

**więc** *konj, partikel* also
**więcej** *adv komp* mehr; **co ~** mehr noch; **coraz ~** immer mehr; **nic ~** nichts mehr, sonst nichts
**więdnąć ⟨z-⟩ (-nę; wiądł)** BOT verwelken *(a. fig)*
**większość** *f (-ści; bpl)* Mehrheit *f (a. POL)*, Mehrzahl *f* **większy** *komp adj* größer; stärker; **~ od** *(gen) od* **niż** *(nom)* größer als *(nom)*; **większa część** *f* Großteil *m*
**więzienie** *n (-a)* Gefängnis *n* **więzień** *m (-źnia; -źniowie)* Häftling *m*, Gefangene(r) *m (a. fig)* **więź** *f (-zi; -zi)* Bindung *f* **więźniarka** *f (-i; gen -rek)* (weiblicher) Häftling *m*, *ofic* Gefängnisinsassin *f*; *obozu* (weiblicher) Häftling *m*, Gefangene *f*
**wigilia** *f (gen dat lok -ii; -e)*: **Wigilia (Bożego Narodzenia)** Heiligabend *m*, der Heilige Abend; *(kolacja)* Festessen *n* am Heiligabend; *(przeddzień)* Vorabend *m*, Vortag *m*
**wikt** *m (-u; bpl)* Kost *f*, Verpflegung *f*
**wilczur** *m (-a; -y)* (Deutscher) Schäferhund *m*
**wilgoć** *f (-ci; bpl)* Feuchtigkeit *f* **wilgotny (-no)** feucht
**wilk** *m (-a; -i)* Wolf *m*; **być głodnym jak ~** *umg* einen Bärenhunger haben; **~ morski** *żart* Seebär *m*
**willa** *f (-i; -e)* Villa *f* **willowy**: **dzielnica** *f* **willowa** Villenviertel *n*
**wina** *f (-y)* Schuld *f (a. JUR)*; **ponosić winę (za** *akk)* Schuld haben, schuld sein *(an dat)*; **z własnej winy** selbst verschuldet
**winda** *f (-y)* Aufzug *m*, Fahrstuhl *m*
**winiak** *m (-u; -i)* Weinbrand *m* **winiarnia** *f (-i; -e)* Weinlokal *n*
**winić (-ię)**: **~ k-o** *(o akk od* **za** *akk)* j-n beschuldigen *(gen)*, j-m die Schuld geben *(an dat)* **winien** *präd m (persf winni)* schuld(ig) *(a. JUR)*; **kto jest temu ~?** wer ist schuld daran?
**winnica** *f (-y; -e)* Weinberg *m* **winniczek** *m (-czka; -czki)* Weinbergschnecke *f*
**winny**[1] schuld(ig) *(a. JUR)*; **być ~m k-u pieniądze** j-m Geld schulden; **uznać** *pf* **~m** *od* **za winnego** j-n für schuldig erklären
**winny**[2] *m (-ego; -ni)*, **winna** *f (-ej; -ne)* Schuldige(r) *m, f*
**winny**[3] Wein-
**wino** *n (-a)* Wein *m* **winogrona** *n/pl (gen -)* Weintrauben *f/pl*

**winowajca** m (-y; gen -ów), **winowajczyni** f (-i; -e) Schuldige(r) m(f)
**winszować** ⟨po-⟩ (-uję): ~ **k-u** (gen) j-m gratulieren, j-n beglückwünschen (zu dat)
**wiodący** fig führend
**wiolonczela** f (-i; -e) Cello n
**wiosenny** Frühlings-, frühlingshaft
**wiosło** n (-a, lok -śle; gen -seł) łodzi Ruder n; kajaku Paddel n **wiosłować** (-uję) ~ w łodzi rudern; w kajaku paddeln
**wiosna** f (-y; gen -sen) Frühling m, Frühjahr n; **wiosną** im Frühling
**wioślarka** f (-i; gen -rek) Ruderin f **wioślarstwo** n (-a; bpl) Rudersport m, Rudern n **wioślarz** m (-a; -e) Ruderer m
**wir** m (-u; -y) Wirbel m; wody Strudel m
**wirować** (-uję) schleudern; v/i wirbeln **wirówka** f (-i; gen -wek) Wäscheschleuder m; mleka Zentrifuge f
**wirus** m (-a; -y) MED, IT Virus n od m
**wisieć** ⟨wiszę⟩ v/i hängen (**na** lok an dat); herabhängen **wisiorek** m (-rka; -rki) (Schmuck)Anhänger m
**wiśnia** f (-i; -e, gen -sien) (Sauer)Kirsche f; (drzewo) Kirschbaum m
**witać** ⟨przy-⟩ (-am) begrüßen(a. fig); (**serdecznie**) **witam!** od **witamy!** (herzlich) willkommen!; **witaj!** grüß dich!; ~ **się** sich begrüßen; ~ **się z** (inst) begrüßen (akk)
**witamina** f (-y) Vitamin n
**witryna** f (-y) (wystawa) Schaufenster n; (gablota) Vitrine f
**wiwat** m (-u; -y): ~! es lebe hoch!; ~**y** pl Hochrufe pl **wiwatować** (-uję): ~ **na cześć** (gen) hochleben lassen (akk)
**wiza** f (-y) Visum n
**wizja** f (-i; -e) Vision f; RADIO Bild n **wizjer** m (-a; -y) FOTO Sucher m; (judasz) Guckloch n
**wizyta** f (-y) Besuch m **wizytować** (-uję) inspizieren, besichtigen **wizytówka** f (-i; gen -wek) Visitenkarte f (a. fig); na drzwiach Namensschild n
**wjazd** m (-u; -y) Einfahrt f; do kraju Einreise f; ~ **na autostradę** Autobahnauffahrt f **wjeżdżać** (-am) ⟨**wjechać***⟩ (wjadę) (hin)einfahren (**do** gen in akk); na górę hinauffahren (**na** akk auf akk); na peron einfahren; ~ **na k-o** fig umg j-n anfahren
**wklejać** (-am) ⟨**wkleić**⟩ ⟨wkleję⟩ einkleben
**wklęsły** (-ło) policzki eingefallen; soczewka konkav, Konkav-

**wkład** m (-u; -y) Beitrag m (**do** gen zu dat); FIN Einlage f; (element wymienny) Einsatz m; ~ **do długopisu** Kugelschreibermine f; ~ **pracy** Arbeitsaufwand m **wkładać** (-am) ⟨**włożyć**⟩ (-ę) (hin)einlegen, hineintun (**do** gen in akk); buty anziehen; czapkę aufsetzen; pierścień anstecken; kapitał anlegen; wiele pracy investieren **wkładka** f (-i; gen -dek) do gazety Beilage f; TECH Einsatz m
**wkradać się** (-am) ⟨**wkraść się**⟩ (wkradnę) sich einschleichen (a. fig) **wkraść* się** pf; → wkradać się
**wkręcać** (-am) ⟨**-ić**⟩ (-ę) śrubę einschrauben; żarówkę eindrehen; ~ **k-u** umg j-m andrehen; ~ **się** nogawka, włosy (hinein)geraten (**w** akk in akk); umg sich einschleichen
**wkrótce** bald, in Kürze; demnächst
**wkurzony** (persf -eni) umg stinksauer, aufgebracht
**wkuwać** (-am) umg büffeln, pauken
**wlać** pf: ~ **k-u** umg j-m eins auf den Deckel geben; → wlewać
**wlatywać** (-uję) ⟨**wlecieć**⟩ (-ę) hereinfliegen, hineinfliegen
**wlec*** (wlokę) hinter sich herschleifen; umg mitschleppen; ~ **się** sich schleppen; czas sich hinziehen ~ **się po ziemi** auf dem Boden schleifen **wlecieć** pf → wlatywać **wlepiać** (-am) ⟨**-ić**⟩ (-ię) einkleben
**wlewać** (-am) ⟨**wlać**⟩ (wleję) eingießen; ~ **się** fließen, hineinlaufen (**do** gen in akk); fig sich ergießen
**wlotowy**: **ulica** f **wlotowa** Einfahrtstraße f
**władza** f (-y; bpl) POL Macht f (a. fig); **władze** pl (gen -) Behörden pl; ~ **państwowa** Staatsgewalt f; **dojść** pf **do władzy** an die Macht kommen; ~ **rodzicielska** JUR Sorgerecht n
**włamać się** pf → **włamywać się**, **włamanie** n (-a) Einbruch m **włamywacz** m (-a; -e) Einbrecher m **włamywać się** (-uję) ⟨**włamać się**⟩ (-ię) einbrechen (**do** gen in akk)
**własnoręczny** eigenhändig **własność** f (-ści; bpl) JUR Eigentum n; **mieć na ~** (akk) Eigentümer sein (gen od von dat) **własny** eigene(r)nazwa, inicjatywa Eigen-;; EKON Selbst-; **z własnej woli**

aus freien Stücken; **w obronie własnej** aus Notwehr; **na własne potrzeby** für den Eigenbedarf
**właściciel** *m* (-a; -e; *gen* -i), **właścicielka** *f* (-i; *gen* -lek) Eigentümer(in) *m(f)*, Besitzer(in) *m(f)* **właściwie** *partikel* eigentlich **właściwość** *f* (-ści) Beschaffenheit *f* **właściwy** (-wie) richtig
**właśnie** *partikel* eben; (*akurat*) gerade
**włączać** (-*am*) ⟨-yć⟩ (-ę) ELEK einschalten; *bieg* einlegen; *fig* einbeziehen (**do** *gen* in *akk*) **włącznie** einschließlich, inklusive
**Włoch** *m* (-a; -si) Italiener *m*
**włos** *m* (-a; -y) Haar *n*; *dywanu* Flor *m*; **~y** *pl* Haare *pl* ... **do ~ów** Haar-; **~y** *pl* **anielskie** Lametta *n*; **pod ~** gegen den Strich; **o mały ~** um ein Haar **włosie** *n* (-a; *bpl*) Rosshaar *n*, Haargarn *n*
**włoski** (**po -ku**) italienisch
**włoszczyzna** *f* (-y; *bpl*) Suppengrün *n*, Suppengemüse *n*
**Włoszka** *f* (-i; *gen* -szek) Italienerin *f*
**włożyć** *pf* → **wkładać**
**włóczka** *f* (-i; *gen* -czek) Strickwolle *f*
**włókiennictwo** *n* (-a; *bpl*) Textilindustrie *f*
**włókno** *n* (-a; *gen* -kien) Faser *f* (*a.* BOT, ANAT)
**wmawiać** (-*am*) ⟨**wmówić**⟩ (-ię): **~ k-u** j-m einreden **wmieszać** *pf* → mieszać
**wmontow(yw)ać** ⟨-(w)*uję*⟩ einbauen
**wmówić** *pf* → wmawiać
**wnęka** *f* (-i) Nische *f*
**wnętrze** *n* (-a) Innere*s* *n*; BUD Innenraum *m*; PSYCH Innenleben *n*; **do wnętrza** nach innen **wnętrzności** *pl* (*gen* -i) Eingeweide *n/pl*
**Wniebowstąpienie** *n* (-a; *bpl*) REL Christi Himmelfahrt *f*
**wnieść\*** *pf* → wnosić
**wnikać** (-*am*) ⟨-nąć⟩ (-nę) eindringen; **nie wnikając w szczegóły** ohne ins Detail zu gehen
**wniosek** *m* (-*sku*; -*ski*) Schlussfolgerung *f*; *pisemny* Antrag *m*; **dojść** *pf* **do wniosku, że ...** zu dem Schluss kommen, dass ... **wnioskodawca** *m* (-y; *gen* -ów), **wnioskodawczyni** *f* (-i; -e) Antragsteller(in) *m(f)* **wnioskować** ⟨wy-⟩ (-*uję*) (schluss)folgern, schließen (**z** *gen* aus *dat*)
**wnosić** ⟨*wnoszę*⟩ ⟨**wnieść**⟩ ⟨*wniosę*⟩ *v/t* hineintragen, hereinbringen; *na górę* hinauftragen, hinaufbringen; *skargę* einreichen; *protest* einlegen; **~ wkład** einen Beitrag leisten (**do** *gen* zu *dat*)
**wnuczka** *f* (-i; *gen* -czek) Enkelin *f*, Enkelkind *n*
**wobec** *präp* (*gen*) gegenüber (*dat*); (*z powodu*) angesichts (*gen*)
**woda** *f* (-y) Wasser *n*; **~ bieżąca** fließendes Wasser *n*; **wody** *pl* **gruntowe** Grundwasser *n*; **wody** *pl* **płodowe** Fruchtwasser *n* **z wody** KULIN gekocht, Koch-
**wodnisty** wäss(e)rig **wodny** Wasser-
**wodociąg** *m* (-*u*; -*i*) Wasserleitung *f*; **~i** *pl* *umg* Wasserwerke *pl*
**wodolot** *m* (-*u*; -*y*) Tragflügelboot *n*, Tragflächenboot *n* **wodorost** *m* (-*u*; -*y*) Wasserpflanze *f*, Tang *m* **wodospad** *m* (-*u*; -*y*) Wasserfall *m* **wodoszczelny** wasserdicht
**wodór** *m* (-*oru*; *bpl*) CHEM Wasserstoff *m*
**wojenny** Kriegs-
**wojewoda** *m* (-*y*; -*owie*) ADMIN Woiwode *m* **wojewódzki** ADMIN Woiwodschafts- **województwo** *n* (-*a*) ADMIN Woiwodschaft *f*
**wojna** *f* (-*y*; *gen* -*jen*) Krieg *m* (*a. fig*); **~ domowa** Bürgerkrieg *m*; **druga ~ światowa** HIST der Zweite Weltkrieg **wojsko** *n* (-*a*) Armee *f*; *umg* (*służba wojskowa*) Wehrdienst *m*; **wojska** *pl* **lądowe** Bodentruppen *pl* **wojskowy**[1] (-*wo*) militärisch, Militär-; **odmowa** *f* **służby wojskowej** Wehrdienstverweigerung *f* **wojskowy**[2] *m* (-*ego*; -*i*) Militär *m*, Soldat *m*
**wok** *m* (-*a*; -*i*) Wok *m*
**wokoło, wokół** *adv* ringsum, rundum; *präp* (*gen*) um (*akk*) herum
**wola** *f* (-*i*; *bpl*) Wille *m*; **mimo woli** unwillkürlich, unabsichtlich
**woleć** (-*ę*, -*i*) vorziehen, lieber mögen; **wolę** (+ *inf*) ich möchte lieber (+ *inf*); **wolałbym** (+ *inf*) ich würde lieber (+ *inf*)
**wolne** *n* (-*ego*; *bpl*): **mieć ~** *umg* freihaben **wolno** *präd*: man darf; **nie ~** man darf nicht; **~ było** man durfte; **czy ~ zapytać?** darf man fragen?; **czy ~ palić?** darf man rauchen?; **(nie) ~ mi** ich darf (nicht); **nikomu nie ~** niemand darf; **wszystko mu ~** er darf alles
**wolnocłowy** zollfrei **wolnorynkowy**: **gospodarka** *f* **wolnorynkowa** freie Marktwirtschaft *f*; **cena** *f* **wolnorynkowa**

Marktpreis m
**wolność** f (-ści; bpl) Freiheit f (a. POL, JUR); ~ **słowa** Meinungsfreiheit f; **nawolności** JUR auf freiem Fuß; ZOOL in freier Wildbahn **wolny**¹ frei; (stan cywilny) ledig; ~ **od** (gen) frei von (dat); ~ **od opłat** gebührenfrei; **na ~m powietrzu** im Freien **wolny**² (-no) (powolny) langsam; **na ~m ogniu** auf kleiner Flamme; **wolnego!** umg nu mal langsam!
**wołacz** m (-a; -e) GRAM Vokativ m **wołać** ⟨**za-**⟩ (-am) rufen **wołanie** n (-a) Rufen n, Rufe m/pl; ~ **o pomoc** Hilferuf m
**wołowina** f (-y; bpl) Rindfleisch n
**worek** m (-rka; -rki) Sack m
**wosk** m (-u; -i) Wachs n
**wozić** (-żę, woź od woź!) v/t (aus)fahren
**wozy** pl → **wóz**
**woźna** f (-ej; -e) w szkole Hausmeisterin f
**woźny** m (-ego; -i) w szkole Hausmeister m
**wódka** f (-i; gen -dek) czysta Wodka m, Schnaps m; **wódki** pl gatunkowe Spirituosen pl
**wódz** m (wodza; wodzowie) (przywódca) Führer m; plemienny (Stammes)Häuptling m; ~ **naczelny** MIL Oberbefehlshaber m
**wójt** m (-a; -owie) ADMIN Gemeindevorsteher m; (kobieta) Gemeindevorsteherin f
**wór** m (wora; wory) (großer) Sack m
**wóz** m (wozu; wozy) (Pferde)Wagen m; umg Auto n **wózek** m (-zka; -zki) na zakupy Einkaufswagen m; na bagaż Gepäckwagen m; dziecięcy Kinderwagen m; inwalidzki Rollstuhl m; ~ **dla lalek** Puppenwagen m; **poruszać się na wózku** im Rollstuhl sitzen
**wpadać** (-am) ⟨**wpaść**⟩ (wpadnę) hineinfallen; powietrze hereinkommen; (wbiec) hineinstürzen; (zostać wykrytym) umg auffliegen; (zajść w ciążę) umg ungewollt schwanger werden; (odwiedzić) vorbeikommen (**do** gen bei dat); ~ **w** (akk) fig geraten in (akk); ~ **pod samochód** unters Auto kommen; ~ **na pomysł** auf eine Idee kommen; ~ **w nałóg** süchtig werden; **wpadać** rzeka münden
**wpajać** (-am) ⟨**wpoić**⟩ (wpoję) beibringen, einprägen
**wpatrywać się** (-uję) **w** (akk) unverwandt ansehen (akk), seinen Blick heften (auf akk)
**wpis** m (-u; -y) Eintragung f **wpisywać** (-uję) ⟨**wpisać**⟩ (wpiszę) eintragen (**do** gen in akk); IT eingeben; ~ **się** sich eintragen
**wplątywać** (-uję) ⟨**wplątać**⟩ (wplączę) verwickeln, verstricken; ~ **się** sich verstricken, sich verwickeln (**w** akk in akk); włosy, gałąź sich (hin)eindrehen
**wpłacać** (-am) ⟨**-ić**⟩ (-ę) einzahlen **wpłata** f (-y) Einzahlung f
**wpłynąć** pf → **wpływać wpływ** m (-u; -y) Einfluss m; ~**y** pl FIN Einnahmen pl; **pod ~em** (gen) unter dem Einfluss (gen) **wpływać** (-am) ⟨**wpłynąć**⟩ (-nę) **do portu** (in den Hafen) einlaufen; kwota, listy, przelew eingehen; ~ **na** (akk) Einfluss haben auf (akk), beeinflussen (akk); **wpływać** rzeka münden (**do** gen in akk) **wpływowy** einflussreich
**wpoić** pf → **wpajać**
**wpół** adv: ~ **do drugiej** halb zwei
**wprawa** f (-y; bpl) Übung f; **wyjść** pf **z wprawy** aus der Übung kommen; **z wprawą** geschickt, routiniert; **dla wprawy** zur Übung
**wprawdzie** zwar; allerdings
**wprawiać** (-am) ⟨**-ić**⟩ (-ię) szybę einsetzen; oczko einfassen; ~ **w** (akk) fig einsetzen in, bringen in (akk); ~ **k-o w zakłopotanie** j-n in Verlegenheit bringen; ~ **w ruch** in Bewegung setzen; ~ **się** (**w** lok) sich üben (in dat)
**wprost** adv (bezpośrednio) direkt
**wprowadzać** (-am) ⟨**-ić**⟩ (-ę) (**do** gen) hineinführen, hereinbringen (in akk); zmiany, obowiązek, nazwę einführen; ~ **w** (akk) (zaznajomić) einführen in (akk); ~ **w życie** ins Leben rufen; ~ **w błąd** irreführen; ~ **do garażu** in die Garage fahren; ~ **się** einziehen (**do** gen in akk) **wprowadzenie** n (-a) Einführung f; ~ **danych** IT Eingabe f; ~ **w błąd** Irreführung f
**wpuszczać** (-am) ⟨**wpuścić**⟩ (wpuszczę) osobę, powietrze (her)einlassen (**do** gen in akk); nogawki (hinein)stecken
**wpychać** (-am) ⟨**wepchnąć**⟩ (-nę) hineinstopfen, hineinstecken; ~ **się** (**do** gen) sich hineindrängen (in akk)
**wracać** (-am) ⟨**wrócić**⟩ (-ę) zurückkommen; moda, myśli wiederkommen; z drogi umkehren; ~ **do domu** heimkehren; ~ **do zdrowia** wieder gesund werden; ~ **myślami do** (gen) zurückdenken an (akk)
**wrak** m (-u; -i) Wrack n (a. fig)

**wrażenie** n (-a) Eindruck m; **pod ~m** (gen) unter dem Eindruck von (dat); **z wrażenia** vor Aufregung

**wrażliwość** f (-ści; bpl) Sensibilität f; Empfindlichkeit f (**na** akk gegen akk)

**wrażliwy** sensibel; ~ **na** (akk) empfindlich (gegen akk); empfänglich (für akk); ~ **na zmiany pogody** wetterfühlig; ~ **na zimno** kälteempfindlich

**wreszcie** adv endlich, schließlich

**wręcz** geradezu; ~ **przeciwnie** ganz im Gegenteil; **walka** f ~ Nahkampf m **wręczać** (-am) ⟨-yć⟩ (-ę) **nagrody, dyplom** verleihen; (dać do ręki) aushändigen, überreichen

**wrodzony** angeboren; MED vererbt, Erb-

**wrogi** (persf -dzy) (-**go**) feindlich, feindselig; POL feindlich; ~ **stosunek** m **do obcych** Fremdenfeindlichkeit f **wrogość** f (-ści; bpl) Feindseligkeit f

**wrona** f (-y) Krähe f

**wróbel** m (-bla; -ble) Spatz m

**wrócić** pf → wracać

**wróg** m (wroga; wrogowie; -ów) Feind m (a. MIL)

**wróżba** f (-y) Wahrsagung f, Weissagung f; (zapowiedź) (Vor)Zeichen n **wróżka** f (-i; gen -żek) Wahrsagerin f; w baśni Fee f **wróżyć** ⟨po-⟩ (-ę) wahrsagen; ~ **z kart** Karten legen; ~ **z ręki** aus der Hand lesen; ⟨wy-⟩ (przepowiadać) voraussagen

**wrzask** m (-u; -i) Geschrei n **wrzasnąć** pf → wrzeszczeć

**wrzawa** f (-y) Lärm m, Tumult m

**wrzący** siedend, kochend; kochend heiß **wrzątek** m (-tku; bpl) kochendes Wasser n, kochend heißes Wasser n

**wrzesień** m (-śnia; -śnie) September m **wrzeszczeć** (-ę, -y) ⟨wrzasnąć⟩ (-nę) schreien, brüllen

**wrzos** m (-u; -y) Heidekraut n, Erika f **wrzosowisko** n (-a) Heide f

**wrzód** m (-odu; -ody) Geschwür n; (czyrak) Abszess m

**wrzucać** (-am) ⟨-ić⟩ (-ę) (hin)einwerfen (**do** gen in akk); **bieg** einlegen

**wrzynać się** (-am) ⟨werżnąć się⟩ (-nę) (sich) einschneiden; ubranie kneifen, zwicken

**wsadzać** (-am) ⟨-ić⟩ (-ę) (hin)einstecken (**do** gen in akk); (zamknąć w więzieniu) umg einbuchten; ~ **ręce do kieszeni** die Hän-

de in die Tasche stecken; ~ **k-o do pociągu** (odprowadzić) j-n in den Zug setzen

**wschodni** östlich, Ost-; (orientalny) orientalisch **wschodzić** (3. Pers -dzi) ⟨wejść⟩ (wejdzie) aufgehen; BOT keimen, aufgehen **wschód** m (-odu; bpl) GEOG Osten m (a. POL); ~ **słońca** Sonnenaufgang m; **na wschodzie** im Osten; **na ~ od** (gen) östlich von (dat)

**wsiadać** (-am) ⟨wsiąść⟩ (wsiądę) einsteigen (**do** gen in akk); ~ **na statek** sich einschiffen; ~ **na konia** aufsitzen

**wsiąkać** (-am) ⟨-nąć⟩ (-nę) woda versickern

**wsiąść*** pf → wsiadać

**wsie** pl → wieś

**wskakiwać** (-uję) ⟨wskoczyć⟩ (-ę) (hinauf)springen (**na** akk auf akk); (hinein)springen (**do** gen in akk)

**wskazać** pf → wskazywać **wskazany** ratsam; **pod ~m adresem** unter der angegebenen Adresse **wskazówka** f (-i; gen -wek) zegara Zeiger m; lekarza Anweisung f; (informacja) Hinweis m **wskazywać** (-uję) ⟨wskazać⟩ (wskażę) zeigen; **licznik, termometr** anzeigen; ~ **na** (akk) fig hindeuten auf (akk)

**wskaźnik** m (-a; -i) Kennziffer f; (miernik) Maßstab m; (przyrząd) Anzeigegerät n; ~ **cen** Preisindex m; ~ **benzyny** Benzinuhr f

**wskoczyć** pf; umg (auf einen Sprung) vorbeikommen (**do** gen bei dat)

**wskutek** präp (gen) infolge (gen od von dat)

**wspaniałomyślny** großmütig, großzügig **wspaniały** (persf -li) (**-le**) wunderbar, herrlich

**wsparcie** n (-a) Unterstützung f

**wspiąć*** **się** pf → wspinać się

**wspierać** (-am) ⟨wesprzeć⟩ (wesprę) (ab)stützen; fig unterstützen

**wspinaczka** f (-i; gen -czek) Bergsteigen n, Klettern n **wspinać się** (-am) ⟨wspiąć się⟩ (wespnę) (**na** akk) (hoch)klettern (auf akk), besteigen (akk)

**wspomagać** (-am) ⟨wspomóc⟩ (wspomogę) unterstützen

**wspominać** (-am) ⟨wspomnieć⟩ (-nę, -nij!) (**o** lok) erwähnen (akk); **wspominać** (akk) sich erinnern an (akk), zurückdenken an (akk) **wspomnienie** n (-a; gen -eń) Erinnerung f (**o** lok an akk); **na samo ~** (schon) beim bloßen Gedanken **wspo-**

**móc*** pf → **wspomagać**
**wspólniczka** f (-i; gen -czek) FIN Teilhaberin f;JUR Komplizin f **wspólnota** f (-y) Gemeinschaft f; (podobieństwo) Gemeinsamkeit f **wspólny** gemeinsam; **nie mieć nic wspólnego z** (inst) nichts gemein haben mit (dat); nichts zu tun haben mit (dat); **co to ma z tym wspólnego?** was hat das damit zu tun?
**współczesność** f (-ści; bpl) Gegenwart f **współczesny** (persf -śni) (obecny) gegenwärtig; (pisarz, malarz zeitgenössisch; (nowoczesny) modern; **historia** f **współczesna** Zeitgeschichte f
**współczucie** n (-a; bpl) Mitgefühl n, Anteilnahme f; **złożyć** pf **wyrazy współczucia** sein Beileid aussprechen **współczuć** (-uję) (dat) mitfühlen, mitleiden (mit dat)
**współdecydować** (-uję) mitbestimmen **współdziałać** (-am) zusammenarbeiten; **~ (przy** lok) mitwirken (bei dat) **współmierny** (do gen) proportional (zu dat), angemessen (dat) **współmieszkaniec** m (-ńca; -ńcy), **współmieszkanka** f (-i; gen -nek) Mitbewohner(in) m(f)
**współpraca** f (-y; bpl) Zusammenarbeit f; Mitarbeit f **współpracować** (-uję) zusammenarbeiten (**z** inst mit dat)
**współrzędna** f (-ej; -e) MAT Koordinate f **współudział** m (-u; bpl) Beteiligung f, Mitwirkung f; EKON Teilhaberschaft f **współzawodnictwo** n (-a; bpl) Wettbewerb m, Wettstreit m **współzawodniczka** f (-i; gen -czek) Wettbewerberin f **współzawodniczyć** (-ę) im Wettbewerb stehen, wetteifern (**z** inst mit dat) **współzawodnik** m (-a; -cy) Wettbewerber m **współżycie** n (-a; bpl) Zusammenleben n; BIOL Symbiose f **współżyć** (współżyję) zusammenleben; seksualnie Geschlechtsverkehr haben
**wstawać** (wstaję) 〈**wstać\***〉 (wstanę) aufstehen **wstawi(a)ć** hineinstellen, hereinstellen; szybę einsetzen; **~ się (za** inst) sich einsetzen (für); fam sich besaufen **wstawiennictwo** n (-a; bpl) Fürsprache f
**wstąpić** pf → **wstępować wstąpienie** n (-a) Beitritt m
**wstążka** f (-i; gen -żek) (Haar)Band n, Schleife f

**wstecz** adv nach hinten, zurück **wsteczny** pej rückschrittlich, reaktionär; JUR rückwirkend; **bieg** m **~** AUTO Rückwärtsgang m
**wstęga** f (-i) Band n
**wstęp** m (-u; -y) Eintritt m; Zutritt m; Einlass m; (przedmowa) Einleitung f; **~ wzbroniony** Zutritt verboten **wstępny** vorläufig; vorbereitend; **egzamin** m **~** Aufnahmeprüfung f; **artykuł** m **~** Leitartikel m **wstępować** (-uję) 〈**wstąpić**〉 (-ię) (**do** gen) (zostać członkiem) eintreten (in akk); (zajść) umg vorbeikommen (bei dat); **na tron** besteigen
**wstręt** m (-u; -y) Ekel m, Abscheu m **wstrętny** abscheulich, ek(e)lig
**wstrząs** m (-u; -y) Erschütterung f; fig Schock m (a. MED) **wstrząsać** (-am) 〈**-nąć**〉 (-nę) (inst) schütteln (akk); fig erschüttern (akk) **~ się** sich schütteln (**z** gen vor) **wstrząsający** (**-co**) erschütternd **wstrząsnąć** pf → **wstrząsać**
**wstrzemięźliwy** (**-wie**) życie, seksualnie enthaltsam; (powściągliwy) zurückhaltend **wstrzymywać** (-uję) 〈**wstrzymać**〉 (-am) produkcję, ruch, prace einstellen; śmiech, płacz unterdrücken; **~ się (z** inst) abwarten, sich zurückhalten (mit dat); **~ się od** (gen) verzichten auf (akk), sich versagen (akk); **~ się od głosu** POL sich der Stimme enthalten; **nie móc wstrzymać się od śmiechu** sein Lachen nicht unterdrücken können, umg sich das Lachen nicht verkneifen können
**wstyd** m (-u; bpl) Scham f; (onieśmielenie) Scheu f; **~ mi** ich schäme mich; **ze ~u** vor Scham; **(to) ~!** das ist eine Schande! **wstydliwy** (**-wie**) (nieśmiały) scheu; temat delikat
**wsuwać** (-am) 〈**wsunąć**〉 (-nę) (hin)einschieben, (hin)einführen; **~ do ręki** in die Hand drücken; **~ do kieszeni** in die Tasche stecken (a. fig); (zjadać) umg verputzen, (auf)futtern; **~ się** hineinschlüpfen (**pod** akk unter akk) **wsuwka** f (-i; gen -wek) do włosów Haarklemme f
**wsypywać** (-uję) 〈**wsypać**〉 (-ię) (hin)einschütten, (hin)einfüllen; (zdradzać) umg verpfeifen; **~ się** sich verraten, auffliegen
**wsysać** (-am) 〈**wessać**〉 (wessę) einsaugen
**wszczepiać** (-am) 〈**-ić**〉 (-ię) MED im-

plantieren, einpflanzen; AGR (auf)pfropfen; *fig* einimpfen

**wszechobecny** allgegenwärtig
**wszechstronny** vielseitig
**wszechświat** *m* (*-a; bpl*) (Welt)All *n*
**wszechwładny** omnipotent, allmächtig

**wszelki** jede(r), jegliche(r); **za wszelką cenę** um jeden Preis; **na ~ wypadek** für alle Fälle

**wszerz** *präp* (*gen*) quer durch (*akk*)
**wszędzie** *adv* überall
**wszy** *pl* → wesz
**wszyscy**[1] *pron indef persf* alle **wszyscy**[2] *pl* (*gen wszystkich*) alle **wszystek** *pron indef m*, **wszystka** *f*, **wszystkie** *sachf*, **wszystko** *n*, (*persf wszyscy*) all, ganz; **~ jedno** ganz gleich, egal

**wścibski** (*persf -cy*) penetrant, zudringlich

**wścieklizna** *f* (*-y; bpl*) MED Tollwut *f*
**wściekłość** *f* (*-ści; bpl*) Wut *f*, Raserei *f* **wściekły** (*persf -li*) (**-le**) *zwierzę* tollwütig; (*zły*) wütend

**wśród** *präp* (*gen*) inmitten (*gen*); unter (*dat*)

**wtajemniczać** (*-am*) ⟨**-yć**⟩ (*-ę*) einweihen (**w** *akk* in *akk*)

**wtargnąć** *pf* (*-nę*) eindringen (**do** *gen* in *akk*)

**wtedy** *adv* damals; dann **wtem** *adv* plötzlich

**wtorek** *m* (*-rku; -rki*) Dienstag *m*
**wtórny** sekundär

**wtrącać** (*-am*) ⟨**-ić**⟩ (*-ę*) *uwagę* einwerfen; **~ do więzienia** ins Gefängnis werfen; *v/i* bemerken; **~ się** (**w** *akk* **od do** *gen*) sich einmischen (in *akk*); **nie wtrącaj się!** misch dich nicht ein!, halte dich da raus!

**wtryskiwać** (*-uję*) ⟨**wtrysnąć**⟩ (*-nę*) einspritzen

**wtyczka** *f* (*-i; gen -czek*) ELEK Stecker *m*; *fig uwagę* Spitzel *m* **wtykać** (*-am*) ⟨**wetknąć**⟩ (*-nę*) (hin)einstecken; **po kryjomu** zustecken

**wuj** *m* (*-a; -owie; gen -ów*), **wujek** *m* (*-jka; -jkowie*) Onkel *m*

**wulgarny** vulgär, ordinär
**wulkan** *m* (*-u; -y*) Vulkan *m*
**wwozić** (*wwożę*) ⟨**wwieźć**\*⟩ (*wwiozę*) *v/t* importieren (**do** *gen* in *akk*); einfahren
**wy** *pron* (GAL was, *dat* wam, *inst* wami) ihr

**wybaczać** (*-am*) ⟨**-yć**⟩ (*-ę*) verzeihen
**wybaczenie** *n* (*-a*) Verzeihung *f*; **nie do wybaczenia** unverzeihlich **wybaczyć** *pf*: **proszę mi ~ od pan wybaczy!** verzeihen Sie!; → wybaczać

**wybieg** *m* (*-u; -i*) *dla zwierząt* Freigehege *n*; *dla modelek* Laufsteg *m* **wybiegać** (*-am*) ⟨**wybiec**⟩ (*wybiegnę*) hinausrennen, hinauslaufen (**z** *gen* aus *dat*) **~ się** *pf* Auslauf haben

**wybierać** (*-am*) ⟨**wybrać**⟩ (*wybiorę*) (aus)wählen, aussuchen; POL wählen; (*wyjmować*) herausnehmen; **~ się** sich auf den Weg machen; **~ się w podróż** eine Reise antreten

**wybijać** (*-am*) ⟨**wybić**⟩ (*wybiję*) *szybę* einschlagen; *ząb* ausschlagen; *godzinę*, *rytm* schlagen; **~ się** sich hervortun (**w** *lok* mit *dat*); Karriere machen **wybitnie** *adv* ausgesprochen, äußerst **wybitny** bedeutend; *zdolności* außergewöhnlich; (*znany*) prominent

**wyblakły** ausgebleicht, verblichen
**wyboisty** *droga* holp(e)rig, uneben
**wyborca** *m* (*-y; gen -ów*) POL Wähler *m*
**wyborczy** POL Wahl- **wyborny** ausgezeichnet **wyborowy** ausgesucht, Elite-; **strzelec** *m* ~ Scharfschütze *m*
**wybór** *m* (*-oru; -ory*) Wahl *f*; (*zestaw*) Auswahl *f*; **wybory** *pl* POL Wahlen *pl*; **dokonać** *pf* **wyboru** eine Wahl treffen; **do wyboru** zur Auswahl, wahlweise; **~ na** (*akk*) Wahl *f* zu (*dat*) **wybrać**\* *pf* → wybierać
**wybrany** gewählt

**wybredny** wählerisch
**wybrnąć** *pf* (*-nę*) (**z** *gen*) *fig* überstehen (*akk*); *umg* die Kurve kriegen; **~ z długów** seine Schulden los sein

**wybryk** *m* (*-u; -i*) Exzess *m*; (*figiel*) Streich *m*; **~ młodości** Jugendsünde *f*

**wybuch** *m* (*-u; -y*) *wojny* Ausbruch *m* **wybuchać** (*-am*) ⟨**-nąć**⟩ (*-nę*) explodieren; *wojna* ausbrechen; **~ śmiechem** in Gelächter ausbrechen **wybuchowy** (*-wo*) Spreng-, explosiv; *osoba* jähzornig, aufbrausend

**wycena** *f* (*-y*) FIN Schätzung *f*
**wychodzić** (*-ę*) ⟨**wyjść**⟩ (*wyjdę*) (**z** *gen*) (hinaus)gehen (aus *dat*); (heraus)kommen (aus *dat*); *zarządzenie* erscheinen; *włosy* ausfallen; *ze szpitala* entlassen werden; *ciasto* gut werden; **~ za mąż** (**za** *akk*) *kobieta* heiraten (*akk*); **~ na dobre** (*dat*) zu-

**wychować – wydłubywać**

gutekommen (dat); ~ **w morze** MAR in See stechen; **nie ~ z głowy k-u** j-m nicht aus dem Kopf gehen; ~ **dobrze** (na lok) gut abschneiden (bei dat); ~ **na swoje** auf seine Kosten kommen; ~ **na zdrowie k-u** j-m gut bekommen; ~ **naprzeciw** fig entgegenkommen; **nic z tego nie wyszło** daraus wurde nichts

**wychować** pf → wychowywać **wychowanek** m (-nka; -nkowie) JUR Pflegekind n; (absolwent) Absolvent m **wychowanie** n (-a; bpl) Erziehung f;; **wziąć** pf **na ~** in Pflege nehmen; **~ fizyczne** Sportunterricht m **wychowanka** f (-i; gen -nek) JUR Pflegekind n; (absolwentka) Absolventin f **wychowawca** m (-y; gen -ów) Erzieher m; w szkole Klassenlehrer m; na kolonii, na kursach Betreuer m **wychowawczy** (-czo) Erziehungs-; erzieherisch **wychowywać** (-wuje) ⟨**wychować**⟩ (-am) großziehen; erziehen; **~ na** (akk) erziehen zu (dat); **~ się** aufwachsen

**wychylać** (-am) ⟨**-ić**⟩ (-lę) hinausstrecken, herausstrecken; kieliszek austrinken, leeren; **~ się** sich hinauslehnen; wskazówka ausschlagen; **~ się z okna** aus dem Fenster lehnen

**wyciąć\*** pf; → wycinać
**wyciągać** (-am) ⟨**-nąć**⟩ (-nę) (wyjąć) (hervor)holen (**z** gen aus dat); herausholen; nogi ausstrecken; wnioski, konsekwencje ziehen (a. MAT); **~ się** sich ausstrecken
**wyciec\*** pf → wyciekać
**wycieczka** f (-i; gen -czek) Ausflug m; rowerowa Fahrradtour f; piesza Wanderung f; (grupa) Reisegruppe f
**wyciekać** (3. Pers -a) ⟨**wyciec**⟩ (wycieknie) (her)ausfließen, auslaufen
**wycieraczka** f (-i; gen -czek) Fußabtreter m; AUTO Scheibenwischer m **wycierać** (-am) ⟨**wytrzeć**⟩ (wytrę) ręce abtrocknen; buty abtreten; tablicę abwischen; kurz wischen; **~ nos** sich die Nase putzen, sich schnäuzen; **~ gumką** ausradieren; **~ się** sich abtrocknen
**wycięcie** n (-a) Ausschnitt m **wycinać** (-am) ⟨**wyciąć**⟩ (wytnę) (her)ausschneiden; drzewa fällen; las abholzen **wycinanka** f (-i; gen -nek) Scherenschnitt m **wycinek** m (-nka; -nki) Ausschnitt m; MED Gewebeprobe f
**wyciskać** (-am) ⟨**wycisnąć**⟩ (-nę) gąbkę ausdrücken; sok auspressen
**wyciszać** (-am) ⟨**-yć**⟩ (-ę) hałas, kroki dämpfen; **~ się** fig innere Ruhe finden
**wycofywać** (-uje) ⟨**wycofać**⟩ (-am) zurückziehen (a. MIL); **~ pieniądze z banku** sein Konto auflösen, umg sein Konto plündern; **~ się** sich zurückziehen (**z** gen aus dat) (a. MIL)
**wyczerpać** pf → wyczerpywać **wyczerpany** erschöpft; nakład vergriffen **wyczerpujący** (-co) odpowiedź, informacja erschöpfend, umfassend; praca aufzehrend, erschöpfend **wyczerpywać** (-uje) ⟨**wyczerpać**⟩ (-ię) możliwości, środki ausschöpfen; osobę, temat, zapasy erschöpfen; **~ się** zapasy, cierpliwość erschöpft sein; bateria aufgebraucht sein; możliwości, środki ausgeschöpft sein
**wyczucie** n (-a; bpl) (gen) Gespür n, Gefühl n (für akk) **wyczu(wa)ć** (ver)spüren
**wyczuwalny** spürbar
**wyczyn** m (-u; -y) Höchstleistung f
**wyć** (-ję) heulen
**wyćwiczony** geübt; mięsień durchtrainiert
**wydać** pf → wydawać **wydajność** f (-i; bpl) Leistung(sfähigkeit) f, Produktivität f; AGR Ertragsfähigkeit f **wydalać** (-am) ⟨**-ić**⟩ (-ę) ausweisen; z pracy entlassen; ze szkoły verweisen; BIOL ausscheiden
**wydalenie** n (-a) z kraju Ausweisung f; z pracy Entlassung f; ze szkoły Verweis m **wydanie** n (-a) (publikacja) Ausgabe f; (nakład) Auflage f; JUR Auslieferung f; (zdrada) Verrat m
**wydarzenie** n (-a) Ereignis n
**wydatek** m (-tku; -tki) FIN Ausgabe f **wydatny** nos markant; wkład beträchtlich
**wydawać** (wydaję) ⟨**wydać**⟩ (-am) pieniądze ausgeben; kwit ausstellen; książkę herausgeben; przyjęcie, rozkaz geben; zbiega ausliefern; (zdradzać) verraten; **~ się** scheinen; (wyjść na jaw) an den Tag kommen; (zdradzić się) sich verraten **wydawca** m (-y; gen -ów) Herausgeber m, Verleger m **wydawnictwo** n (-a) Verlag m
**wydech** m (-u; -y) Ausatmung f, Ausatmen n **wydechowy**: **rura** f **wydechowa** AUTO Auspuffrohr n
**wydłubywać** (-uje) ⟨**wydłubać**⟩ (-ię) ziarna, rodzynki herauspulen; oczy ausstechen

**wydłużać** (-am) ⟨-yć⟩ (-ę) *drogę, okres nauki, godziny otwarcia* verlängern; *ubranie* schlanker erscheinen lassen, strecken; **~ się** *trasa, okres życia* länger werden

**wydma** f (-y) Düne f

**wydobywać** (-am) ⟨**wydobyć**\*⟩ (*wydobędę*) (*wyjmować*) (hervor)holen (**z** *gen* aus *dat*); *węgiel, ropę* fördern; *sól* gewinnen; **~ na powierzchnię** bergen; **~ się** hervordringen; *gaz* entweichen

**wydolny** MED funktionsfähig, suffizient; *system* leistungsfähig, effizient

**wydra** f (-y; *gen* -der *od* -) ZOOL Fischotter m

**wydrapywać** (-uję) ⟨**wydrapać**⟩ (-ię) auskratzen; einritzen

**wydruk** m (-u; -i) IT Ausdruck m

**wydychać** (-am) ausatmen **wydział** m (-u; -y) Abteilung f; *na uniwersytecie* Fakultät f

**wydziedziczać** (-am) ⟨-yć⟩ (-ę) JUR enterben

**wydzielać** (-am) ⟨-ić⟩ (-ę) BIOL absondern; *ciepło, energię* abgeben; *porcje* zuteilen; CHEM freisetzen; **~ zapach** einen Duft verströmen; **~ się** BIOL abgesondert werden; *ciepło* abgegeben werden; CHEM frei werden **wydzielina** f (-y) BIOL Sekret n

**wydzierżawiać** (-am) ⟨-ić⟩ (-ię) verpachten; (*wziąć w dzierżawę*) pachten

**wygadać** *pf* (-am) *umg* ausplaudern **wygalać** (-am) ⟨**wygolić**⟩ (*wygolę*) ausrasieren **wyganiać** (-am) ⟨**wygonić**⟩ (-ię) *od* ⟨**wygnać**⟩ (-am) hinausjagen

**wygiąć** *pf* → wyginać; giąć **wygięcie** n (-a) Krümmung f, Biegung f **wyginać** (-am) ⟨**wygiąć**⟩ (*wygnę*) (durch)biegen, krümmen **wyginąć** *pf* (-nę) aussterben

**wygląd** m (-u; *bpl*) Aussehen n **wyglądać** (-am) aussehen; (*patrzeć*) hinaussehen; **~** (*gen*) (*oczekiwać*) sehnsüchtig warten auf (*akk*), Ausschau halten nach (*dat*); **jak ona wygląda?** wie sieht sie aus?; **~ przez okno** aus dem Fenster schauen; **~ na artystę** wie ein Künstler aussehen; **~ spod** (*gen*) *umg* hervorgucken (unter *dat*)

**wygłaszać** (-am) ⟨**wygłosić**⟩ (*wygłoszę*) *mowę, referat, kazanie* halten; *zdanie, opinię* äußern

**wygłupiać się** (-am) *umg* herumal-

## wydłużać – wyjściowy ■ 239

bern, Faxen machen; **nie wygłupiaj się!** lass den Quatsch!

**wygnanie** n (-a) POL Verbannung f; **na wygnaniu** in der Verbannung, im Exil

**wygoda** f (-y; *gen* -ód) Komfort m, Bequemlichkeit f **z wygodami** mit allem Komfort **wygodny** *sofa, wymówka, osoba* bequem

**wygolić** *pf* → wygalać **wygonić** *pf* → wyganiać **wygospodarować** *pf* (-uję) erübrigen

**wygórowany** überhöht; *ambicja* übertrieben, unmäßig

**wygrać** *pf* → wygrywać **wygrana** f (-ej; -e) Sieg m; (*kwota, rzecz*) Gewinn m; **w totolotka** Treffer m; **dać za wygraną** sich geschlagen geben **wygrywać** (-am) ⟨**wygrać**⟩ (-am) gewinnen (*a.* SPORT, POL, JUR); **~ k-o przeciw** (*dat*) j-n ausspielen gegen (*akk*) **wygryzać** (-am) ⟨**wygryźć**\*⟩ (*wygryzę*) *dziurę* durchfressen; **~ k-o** j-n rausekeln

**wygrzewać się** (-am) ⟨**wygrzać się**⟩ sich wärmen

**wyjaśniać** (-am) ⟨-ić⟩ (-ię, -nij!) erklären; **~ nieporozumienie** ein Missverständnis ausräumen; **~ k-u** (*uświadamiać*) j-n aufklären; **~ się** sich klären **wyjaśnienie** n (-a; -eń) Erklärung f, Erläuterung f; *nieporozumienia* (Auf)Klärung f

**wyjazd** m (-u; -y) Abreise f; (*droga*) Ausfahrt f; (*podróż*) Reise f

**wyjąć** *pf* → wyjmować

**wyjątek** m (-tku; -tki) Ausnahme f; **z wyjątkiem** (*gen*) mit Ausnahme von (*dat*); **w drodze wyjątku** ausnahmsweise **wyjątkowy** *szczególny* ausgesprochen, besondere(r); *sytuacja, wypadek* Ausnahme-, Sonder-

**wyjechać**\* *pf* → wyjeżdżać

**wyjeżdżać** (-am) ⟨**wyjechać**⟩ (*wyjadę*) (hinaus)fahren (**z** *gen* aus); *na urlop* fahren; (*odjeżdżać*) wegfahren; (*podróżować*) verreisen

**wyjmować** (-uję) ⟨**wyjąć**⟩ (*wyjmę*) (heraus)nehmen, (heraus)holen; *kleszcza, drzazgę* herausziehen **wyjrzeć** *pf* (-ę, -y) hinausschauen

**wyjście** n (-a) Ausgang m (*a.* TECH); *fig* Ausweg m; **~ awaryjne** Notausgang m; **tylne ~** Hinterausgang m; **nie mam wyjścia** ich habe keine Wahl; **~za mąż** *kobiety* Heirat f **wyjściowy** Ausgangs-; *ubra-*

*nie festlich* **wyjść\*** *pf*: **nie wyszło** *umg* es hat nicht geklappt; → **wychodzić**
**wykałaczka** f (-i; gen -czek) Zahnstocher m **wykańczać** (-am) ⟨**wykończyć**⟩ (-ę) fertig machen; ausarbeiten
**wykaz** m (-u; -y) Aufstellung f, Liste f **wykazywać** (-uję) ⟨**wykazać**⟩ (wykażę) (dowieść) nachweisen; badania ergeben; zainteresowanie bekunden; różnice aufzeigen; ~ **się** (inst) sich hervortun (mit dat)
**wykiwać** pf (-am) *umg* reinlegen
**wykluczać** (-am) ⟨-yć⟩ (-ę) ausschließen; ~ **się** sich ausschließen, einander ausschließen **wykluczony** ausgeschlossen
**wykład** m (-u; -y) Vorlesung f **wykładać** (-am) ⟨**wyłożyć**⟩ (-ę) towar auslegen; myśl, pogląd darlegen; ~ **pieniądze** Geld aufbringen, aufkommen (**na** akk für akk); ~ (inst) auslegen (mit dat); ~ **kaflami** kacheln; **wykładać** na uniwersytecie Vorlesungen halten (über akk) **wykładnik** m (-a; -i) fig Ausweis m; MAT Exponent m **wykładowca** m (-y; gen -ów) na uniwersytecie Hochschullehrer m; (kobieta) Hochschullehrerin f; na kursach Dozent m; (kobieta) Dozentin f **wykładzina** f (-y): ~ **dywanowa** Teppichboden m, Auslegeware f
**wykonać** pf → **wykonywać wykonanie** n (-a) Durchführung f; wyroku Vollstreckung f; (wykończenie) Ausarbeitung f; **w wykonaniu** (gen) TEATR, MUS gespielt von (dat) **wykonawca** m (-y; gen -ów) (aktor) Darsteller m; prac Auftragnehmer m **wykonawczy**: **władza** f **wykonawcza** POL Exekutive f **wykonywać** (-uję) ⟨**wykonać**⟩ (-am) (produkować) anfertigen, herstellen; zadanie erfüllen; rozkaz ausführen; projekt durchführen; ćwiczenie machen; wyrok vollstrecken
**wykończyć** pf → **wykańczać**
**wykopywać** (-uję) ⟨**wykopać**⟩ (-ię) dół, rów graben; rzecz ausgraben
**wykorzystywać** (-uję) ⟨**wykorzystać**⟩ (-am) szansę, czas, możliwości (aus)nutzen; odpady verwerten; ~ **k-o** j-n ausnutzen
**wykraczać** (-am) ⟨**wykroczyć**⟩ (-ę) (**przeciw** dat) verstoßen (**gegen** akk); (**nie**) ~ **poza** (akk) fig (nicht) hinausgehen (über akk) **wykrawać** (-am) ⟨**wykroić**⟩ (wykroję) (her)ausschneiden
**wykres** m (-u; -y) Diagramm n **wykreślać** (-am) ⟨-ić⟩ (-ę) streichen
**wykręcać** (-am) ⟨-ić⟩ (-ę) śrubę, żarówkę (her)ausschrauben, (her)ausdrehen; bieliznę auswringen; numer wählen; ~ **k-u rękę** j-m den Arm auf den Rücken drehen; ~ **się** fig sich drücken (**od** gen vor dat) **wykręt** m (-u; -y) Ausrede f, Ausflucht f **wykrętny** odpowiedź ausweichend
**wykroczenie** n (-a) JUR Ordnungswidrigkeit f **wykroczyć** pf → **wykraczać wykroić** pf → **wykrawać**
**wykrwawić się** pf (-ię) MED verbluten
**wykrycie** n (-a) Aufdeckung f **wykryć** pf → **wykrywać wykrywać** (-am) ⟨**wykryć**⟩ (wykryję) zbrodnię, błąd aufdecken; sprawcę ermitteln
**wykrzyknik** m (-a; -i) (znak) Ausrufungszeichen n; GRAM Interjektion f
**wykrzywiać** (-am) ⟨-ić⟩ (-ię) krümmen, (ver)biegen; usta verziehen; ~ **się** sich verbiegen; osoba den Mund verziehen
**wykształcenie** n (-a; bpl) (Aus)Bildung f; ~ **zawodowe** Fachausbildung f, Berufsausbildung f; **wyższe** Hochschulabschluss m **wykształcony** (persf -eni) gebildet
**wykupywać** (-uję) ⟨**wykupić**⟩ (-ię) zakładników freikaufen, loskaufen; receptę, bon, zastaw einlösen; ~ **wszystko** (alles) aufkaufen
**wykwalifikowany** robotnik qualifiziert; pielęgniarka gelernt
**wykwintny** fein, elegant; luxuriös
**wylać** pf → **wylewać wylatywać** (-uję) ⟨**wylecieć**⟩ (wylecę) (her)ausfliegen; samolot abfliegen; gaz entweichen; (zostać zwolnionym) *umg* rausfliegen; (wypadać) *umg* rausfallen; (wybiec) *umg* hinausstürzen
**wylądować** pf → **lądować**
**wylecieć** pf → **wylatywać wyleczyć** pf (-ę) gesund machen, heilen; chorobę auskurieren; ~ **się** gesund werden, eine Krankheit überstehen; ~ **się z** (gen) auskurieren (akk); fig geheilt werden (von dat) **wylew** m (-u; -y) rzeki Überschwemmung f; ~ **(krwi do mózgu)** MED Schlaganfall m; (krwiak) MED Bluterguss m **wylewać** (-am) ⟨**wylać**⟩ (wyleję) v/t ausgießen; niechcący verschütten; z pracy *umg* feuern; v/i rzeka über die Ufer treten; ~ **się** ciecz auslaufen

**wylęgać się** (3. Pers -a) ⟨**wyląc się**⟩ (3. Pers wylęgnie) od ⟨**wylęgnąć się**⟩ (3. Pers wylęgnie) ausschlüpfen

**wyliczać** (-am) ⟨-yć⟩ (-ę) (wymieniać) aufzählen; (obliczać) errechnen; **~ się** (z gen) abrechnen (akk)

**wylogować się** pf (-uję) sich ausloggen

**wylosow(yw)ać** (-[w]uję) auslosen

**wylot** m (-u; -y) rury Öffnung f; ulicy Ende n; (odlot) Abflug m; **na ~** adv durch (und durch)

**wyludniony** teren entvölkert; ulica, dom menschenleer

**wyładunek** m (-nku; -nki) Abladen n

**wyłamywać** (-uję) ⟨**wyłamać**⟩ (-ię) drzwi, zamek aufbrechen; kraty (her)ausbrechen; **~ się** v/i szczebel ausbrechen; fig aus der Reihe tanzen; **wyłamał mi się ząb** mir ist ein Zahn abgebrochen

**wyłączać** (-am) ⟨-yć⟩ (-ę) światło, telewizor ausschalten; prąd abstellen; sprzęgło auskuppeln; **~ z** (gen) fig ausschließen (von dat); ausgliedern (aus dat); **~ z prądu** den Stecker ziehen; **~ się** ELEK sich ausschalten; (nie uważać) abschalten **wyłączenie** n (-a) Ausschalten n; fig Ausschluss m **wyłącznie** adv ausschließlich, lediglich **wyłącznik** m (-a; -i) (Aus)Schalter m **wyłączny** ausschließlich, alleinig; JUR, EKON Allein-

**wyłożyć** pf → wykładać

**wymagać** (-am) (gen) verlangen, fordern (akk); (potrzebować) erfordern (akk) **wymagający**: **być ~m** hohe Ansprüche haben, hohe Anforderungen stellen (**wobec** gen an akk) **wymaganie** n (-a; -ań) Forderung f **wymagany** erforderlich

**wymarły** ausgestorben (a. fig)

**wymarsz** m (-u; -e) Abmarsch m, Ausrücken n

**wymarzony** erträumt; (idealny) ideal, Ideal-, Traum-

**wymawiać** (-am) ⟨**wymówić**⟩ (-ię) aussprechen; umowę, mieszkanie kündigen; **~ k-u** j-m Vorwürfe machen; **~ się** (inst) sich herausreden (mit dat); **jak to się wymawia?** wie spricht man das aus?

**wymazywać** (-uję) ⟨**wymazać**⟩ (wymażę) gumką ausradieren; IT löschen

**wymiana** f (-y) Austausch m; pieniędzy Umtausch m

**wymiar** m (-u; -y) FIZ Dimension f (a. fig); **~y** pl Maße pl; **~ sprawiedliwości** Rechtsprechung f, Justiz f; **~ kary** Strafmaß n; **~ podatku** Steuerveranlagung f

**wymieni(a)ć** austauschen, (a. słowa itp.) wechseln; umtauschen; gracza auswechseln; (nazywać) nennen, aufzählen **wymienny** austauschbar

**wymierny** messbar **wymierzać** (-am) ⟨-yć⟩ (-ę) ausmessen; podatek bemessen; **~ karę k-u** über j-n eine Strafe verhängen

**wymię** n (wymienia; wymiona) Euter n

**wymijać** (-am) ⟨-nąć⟩ (-nę) (wyprzedzać) überholen; (omijać) umgehen; AUTO umfahren; **~ się** aneinander vorbeigehen; AUTO aneinander vorbeifahren **wymijający** (-co) ausweichend

**wymiotować** ⟨z-⟩ (-uję) sich übergeben, sich erbrechen; (akk) erbrechen (akk) **wymioty** pl (-ów) Erbrechen n

**wymogi** m/pl (-ów) Anforderungen f/pl

**wymontow(yw)ać** (-[w]uję) ausbauen

**wymowa** f (-y; bpl) JĘZ Aussprache f; fig Aussage f

**wymóc***\* pf (wymogę) erzwingen, abtrotzen

**wymówić** pf → wymawiać **wymówienie** n (-a) (zwolnienie) Kündigung f

**wymówka** f (-i; gen -wek) Ausrede f

**wymuszać** (-am) ⟨**wymusić**⟩ (wymuszę) (**na** lok) okup, haracz, zeznanie erpressen (von dat); podpis erzwingen (von dat); **wymusił na mnie pierwszeństwo przejazdu** er nahm mir die Vorfahrt **wymuszenie** n (-a) haraczu, okupu Erpressung f; JUR Nötigung f (zu dat) **wymuszony** gezwungen, gekünstelt

**wymyślać** (-am) ⟨-ić⟩ (-lę) sich ausdenken, erfinden; **~ k-u** j-n beschimpfen

**wynagradzać** (-am) ⟨**wynagrodzić**⟩ (-dzę) belohnen (**za** akk für akk); stratę entschädigen; krzywdę wiedergutmachen; pracę vergüten **wynagrodzenie** n (-a) Belohnung f; (płaca) Lohn m, Gehalt n; Vergütung f; **~ szkody** Schadenersatz m; **bez wynagrodzenia** ehrenamtlich

**wynająć** pf → wynajmować **wynajdywać** (-uję) ⟨**wynaleźć**⟩ (wynajdę) erfinden; (wyszukiwać) finden **wynajem** m (-jmu; bpl) mieszkania Vermietung f; samochodu Verleih m; (An)Mieten n; **biuro wynajmu samochodów** Autoverleih m

**wynajmować** (-uję) ⟨**wynająć**⟩ (wynajmę) (brać w najem) mieten (**od** gen

## wynalazca – wypoczęty

von *dat*); (*oddawać w najem*) vermieten (*dat* an *akk*); *pojazd* verleihen **wynalazca** *m* (-y; *gen* -ów) Erfinder *m* **wynalazek** *m* (-zku; -zki) Erfindung *f* **wynaleźć\*** *pf* → wynajdywać
**wynegocjować** *pf* ⟨-uję⟩ aushandeln
**wynieść\*** *pf* → wynosić
**wynik** *m* (-u; -i) Ergebnis *n* MED Befund *m*; **~i** *pl* (*osiągnięcia*) Leistungen *pl*; **w ~u** (*gen*) als Ergebnis (*gen*), infolge (von *dat*) **wynikać** (3. Pers -a) ⟨-nąć⟩ (-nie) (z *gen*) (*powstawać*) sich ergeben, entstehen (aus *dat*); hervorgehen (aus *dat*); **z badań wynika, że ...** aus den Untersuchungen geht hervor, dass ...
**wyniosły** (*persf* -śli) ⟨-śle⟩ hochmütig, überheblich; (*wysoki*) hoch(ragend)
**wynosić** ⟨wynoszę⟩ ⟨wynieść⟩ ⟨wyniosę⟩ hinaustragen (z *gen* aus *dat*); *śmieci* hinausbringen; *na górę* hinauftragen (na *akk* auf *akk*); **~ koszty** betragen; **~ się** *umg* wegziehen; **wynoś się!** *umg* hau ab!, verschwinde!
**wynurzać** (-am) ⟨-yć⟩ aus dem Wasser herausstrecken; **~ się** auftauchen
**wyobcowany** entfremdet, isoliert
**wyobraźnia** *f* (-i; *bpl*) Fantasie *f*, Vorstellungskraft *f* **wyobrażać** (-am) ⟨wyobrazić⟩ ⟨wyobrażę⟩ darstellen, zeigen; **~ sobie** sich vorstellen; (*wmawiać sobie*) sich einbilden, sich einreden; **wyobraź sobie, że ...** stell dir vor, dass ... **wyobrażenie** *n* (-a; *gen* -eń) (*pojęcie, wizerunek*) Vorstellung *f*
**wyodrębniać** (-am) ⟨-ić⟩ ⟨-ię, -nij!⟩ aussondern; **~ się** (*inst*) sich unterscheiden (durch *akk*)
**wypad** *m* (-u; -y) Spritztour *f* **~ za miasto** Fahrt *f* ins Grüne **wypadać** (-am) ⟨wypaść⟩ ⟨wypadnę⟩ herausfallen (z *gen* aus *dat*); *włosy* ausfallen; (*nagle wybiec*) hinausstürzen; **~ w niedzielę** auf den Sonntag fallen; **~ dobrze** gut ausfallen; **wypadałoby** (+ *inf*) man müsste, man sollte (+ *inf*); **(nie) wypada** es gehört sich (nicht); **tak wypadło** es ist so gekommen; **może coś mu wypadło** vielleicht ist ihm etwas dazwischengekommen **wypadek** *m* (-dku; -dki) (*nieszczęście*) Unfall *m*; (*przypadek*) Fall *m*; **wypadki** *pl* (*zdarzenia*) Ereignisse *pl*; **~ drogowy** Verkehrsunfall *m*; **~ przy pracy** Arbeitsunfall *m*; **nagły ~** Notfall *m*; **na ~, gdyby ...** für

den Fall, dass ...; **w żadnym wypadku** auf keinen Fall
**wypalać** (-am) ⟨-ić⟩ (-ę) *dziurę* einbrennen; *papierosa* aufrauchen; *cegły* brennen; **~ się** *świeca* herunterbrennen
**wypaść\*** *pf*; → wypadać
**wypchać** *pf* → wypychać
**wypełniać** (-am) ⟨-ić⟩ ⟨-ię⟩ ausfüllen; *zadanie* erfüllen; *naczynie* (voll)füllen; **~ się** sich füllen
**wypędzać** (-am) ⟨-ić⟩ (-ę) verjagen; POL vertreiben **wypędzony** (*persf wypędzeni*) POL vertrieben
**wypiek** *m* (-u; -i) Backen *n* **~i** *pl* KULIN Gebäck *n*; (*rumieńce*) gerötete Wangen *pl*; **własnego** *od* **domowego ~u** selbst gebacken
**wypierać** (-am) ⟨wyprzeć⟩ ⟨wyprę⟩ verdrängen; hinausdrängen; **~ się** (*gen*) leugnen (*akk*); **~ się k-o** j-n verleugnen
**wypijać** (-am) ⟨wypić⟩ ⟨wypiję⟩ austrinken; *szklankę, kieliszek* leeren
**wypis** *m* (-u; -y) Auszug *m*; **~y** *pl* Textsammlung *f* **wypisywać** ⟨-uję⟩ ⟨wypisać⟩ ⟨wypiszę⟩ sich notieren (z *gen* aus *dat*); *czek* ausstellen; *długopis* leer schreiben; *ze szpitala* entlassen; *ze szkoły* herunternehmen, abmelden; **~ się** (z *gen*) austreten (aus *dat*); *wkład* leer geschrieben sein; **~ się ze szpitala** das Krankenhaus verlassen
**wyplątywać** ⟨-uję⟩ ⟨wyplątać⟩ ⟨wyplączę⟩ befreien, lösen; **~ się** (z *gen*) sich lösen (aus *dat*); *fig* sich herauswinden
**wypluwać** (-am) ⟨wypluć⟩ ⟨-uję⟩ ausspucken (a. *fig*)
**wypłacać** (-am) ⟨-ić⟩ (-ę) auszahlen
**wypłacalny** zahlungsfähig, solvent
**wypłaszać** (-am) ⟨wypłoszyć⟩ (-ę) verscheuchen, aufscheuchen **wypłata** *f* (-y) Gehalt *n*; Lohn *m*
**wypłoszyć** *pf* → wypłaszać
**wypłowiały** *kolor* verblichen; *materiał* verschossen
**wypłukiwać** ⟨-uję⟩ ⟨wypłukać⟩ (3. Pers *wypłucze*) ausspülen
**wypływać** (-am) ⟨-nąć⟩ (-nę) *płyn* (her)ausfließen; *pływak* hinausschwimmen; *statek* auslaufen; *źródło* entspringen; (*wynurzać się*) auftauchen; **wypływać z** (*gen*) ⟨wynikać⟩ sich ergeben (aus *dat*)
**wypocząć** *pf* → wypoczywać **wypo-**

**częty** erholt, ausgeruht **wypoczynek** m (-nku; -nki) Erholung f; *w podróży* Rast f **wypoczywać** (-am) ⟨**wypocząć**⟩ (-nę) ausruhen, sich erholen (**po lok** von *dat*)

**wypogadzać się** (-am) ⟨**wypogodzić się**⟩ *niebo, twarz* sich aufheitern; **wypogodziło się** es hat (sich) aufgeheitert **wypominać** (-am) ⟨**wypomnieć**⟩ (-nę, -nij!) vorwerfen, vorhalten

**wyposażać** (-am) ⟨-yć⟩ (-ę) ausstatten, ausrüsten (**w** *akk* mit *dat*) **wyposażenie** n (-a) Ausstattung f, Ausrüstung f; Zubehör n

**wypowiadać** (-am) ⟨**wypowiedzieć**⟩ (*wypowiem*) aussprechen; *pracę, mieszkanie* kündigen; *wojnę* erklären; *opinię* äußern; **~ się** sich äußern (**o** *lok* über *akk*); **~ się za** (*inst*) sich aussprechen (für *akk*); **~ się przeciwko** (*dat*) sich aussprechen (gegen *akk*) **wypowiedzenie** n (-a; *gen* -eń) Kündigung f **wypowiedzieć** *pf*; → wypowiadać **wypowiedź** f (-*dzi*) Äußerung f, Aussage f

**wypożyczalnia** f (-i; -e) Leihbücherei f; *samochodów* Autoverleih m; *płyt wideo* Videothek f

**wypracowanie** n (-a) Aufsatz m **wypracow(yw)ać** (-[w]uję) ausarbeiten, erarbeiten

**wypraszać** (-am) ⟨**wyprosić**⟩ (*wyproszę*) erbitten; *natręta* hinauskomplimentieren **wyprawa** f (-y) Expedition f **wyprawiać** (-am) ⟨-ić⟩ (-ię) *wesele, chrzciny* ausrichten; *skóry* gerben; **~ urodziny** Geburtstag feiern; **~ awantury** krakeelen; **~ k-o** j-n schicken (**do** *gen* in *akk* od *zu dat*); **co ty wyprawiasz?** was machst du denn für Sachen? **wyprawka** f (-i; *gen* -wek) Säuglingsausstattung f

**wyprosić** *pf* → wypraszać

**wyprowadzać** (-am) ⟨-ić⟩ (-ę) (hinaus)bringen, (hinaus)führen (**z** *gen* aus *dat*); AUTO (heraus)fahren; MAT ableiten; **~ z równowagi k-o** j-n aus der Fassung bringen; **~ z błędu k-o** j-n aufklären; **~ psa** *umg* mit dem Hund Gassi gehen; **~ się** ausziehen

**wypróbowany** (alt)bewährt, erprobt **wypróbow(yw)ać** (-[w]uję) erproben, testen **wyprzeć\*** *pf* → wypierać **wyprzedawać** (-*ję*) ⟨**wyprzedać**⟩ (-am) ausverkaufen; **~ wszystko** alles verkaufen

**wyprzedzać** (-am) ⟨-ić⟩ (-*dzę*) überholen; *fig* voraus sein

**wypukły** (-*ło*) gewölbt; *soczewka* konvex **wypuszczać** (-am) ⟨**wypuścić**⟩ (*wypuszczę*) herauslassen, hinauslassen; *zakładnika* freilassen; *powietrze, płyn* ablassen; (*nie trzymać*) loslassen; **~ na rynek** auf den Markt bringen

**wypychać¹** (-am) ⟨**wypchać**⟩ (-am) (*inst*) ausstopfen (mit *dat*); *ubranie* ausbeulen; **wypchaj się!** *vulg* leck mich am Arsch! **wypychać²** (-am) ⟨**wypchnąć**⟩ (-nę) hinausdrängen, *umg* hinausschubsen

**wypytywać** (-uję) ⟨**wypytać**⟩ (-am) ausfragen

**wyrabiać** (-am) ⟨**wyrobić**⟩ (-ię) *dokumenty* sich ausstellen lassen; *ciasto* durchkneten; *cechę* herausbilden; **~** herstellen, anfertigen; **co ty wyrabiasz?** *umg* was machst du denn für Sachen?; **~ sobie pogląd** sich eine Meinung bilden; **~ sobie pozycję** sich eine Position erarbeiten; **~ się** sich (heraus)bilden; **nie ~ się** *umg* nicht schaffen

**wyrachowanie** n (-a; *bpl*) Berechnung f, Kalkül n **wyrachowany** berechnend, eigennützig

**wyrastać** (-am) ⟨**wyrosnąć**⟩ (-ę) wachsen; *ciasto* aufgehen

**wyraz** m (-u; -y) (*słowo*) Wort n; *fig* Ausdruck m; **bez ~u** ausdruckslos; **pełen ~u** ausdrucksvoll; **z ~ami szacunku** hochachtungsvoll; **~ twarzy** Gesichtsausdruck m **wyrazić** *pf* → wyrażać **wyrazisty** (-*ście*) ausdrucksstark; deutlich

**wyraźny** deutlich; (*dobitny*) ausdrücklich; *pismo* lesbar **wyrażać** (-am) ⟨**wyrazić**⟩ (*wyrażę*) ausdrücken (*akk*) *opinię* äußern; **~ zgodę** (**na** *akk*) zustimmen (*dat*); **~ się o** (*lok*) sich äußern (über *akk*); **wyrażać się** (*przeklinać*) fluchen **wyrażenie** n (-a) Ausdruck m; JĘZ Phrase f; **~ zgody** Zustimmung f

**wyręczać** (-am) ⟨-yć⟩ (-ę): **~ k-o** j-m aushelfen, für j-n einspringen (**w** *lok* bei *dat*); **~ się** (*inst*) j-n einspannen, j-n für sich arbeiten lassen

**wyrobić** *pf* → wyrabiać

**wyrodny** *wyrodna matka* f Rabenmutter f

**wyrok** m (-u; -i) JUR Urteil n **wyroko-**

**wać** ⟨za-⟩ (-uję) urteilen (**o** lok über akk)
**wyrosnąć** pf; → wyrastać
**wyrozumiały** (persf -li) (-le) nachsichtig, verständnisvoll
**wyrób** m (-obu; bpl) Herstellung f, Produktion f
**wyrównać** pf → wyrównywać **wyrównanie** n (-a) Ausgleich m; (płaca) Nachzahlung f **wyrównany** ausgeglichen **wyrównawczy** Ausgleichs- **wyrównywać** (-uję) ⟨wyrównać⟩ (-am) ausgleichen; *należność* begleichen; *zaległości* nachholen; *poziom* angleichen; *powierzchnię* ebnen; *płace* nachzahlen; **~ się** sich ausgleichen
**wyróżniać** (-am) ⟨-ić⟩ (-ię) auszeichnen; (faworyzować) bevorzugen; (wyodrębniać) unterscheiden; **~ się** (inst) sich auszeichnen (durch akk) **wyróżnienie** n (-a) Auszeichnung f
**wyruszać** (-am) ⟨-yć⟩ (-ę) w drogę aufbrechen; **~ w podróż** eine Reise antreten
**wyrwać** pf → wyrywać
**wyrywać** (-am) ⟨wyrwać⟩ (wyrwę) (her)ausreißen; *ząb* ziehen; **~ k-u j-m** entreißen; **~ k-o** (z gen) fig j-n reißen (aus dat); **~ się** sich losreißen; (powiedzieć) umg herausplatzen (z inst mit dat) **wyrywkowy** (-wo) fragmentarisch; wahllos; **kontrola f wyrywkowa** Stichprobe f
**wyrządzać** (-am) ⟨-ić⟩ (-dzę): **~ krzywdę k-u j-m** Unrecht zufügen; **~ przykrość k-u j-m** Leid zufügen; **~ szkody** Schaden anrichten
**wyrzeczenie** n (-a; gen -eń) Opfer n, Entsagung f; **~ się** Verzicht m; Verleugnung f
**wyrzucać** (-am) ⟨-ić⟩ (-cę) wegwerfen; hinauswerfen; *śmieci* wegbringen; *z pracy* entlassen **wyrzut** m (-u; -y) Vorwurf m; **~y** pl **sumienia** Gewissensbisse pl; **z ~em** vorwurfsvoll
**wysadzać** (-am) ⟨-ić⟩ (-dzę) absetzen, aussteigen lassen; AGR auspflanzen; **~ w powietrze** in die Luft sprengen; **~ na ląd** ausschiffen, an Land setzen; **~ dziecko** aufs Töpfchen setzen
**wyschnąć** pf → wysychać
**wysepka** f (-i; gen -pek) kleine Insel f; **na rzece** Werder m; **~ przystankowa** Verkehrsinsel f
**wysiać** pf → wysiewać **wysiadać** (-am) ⟨wysiąść*⟩ (wysiądę) aussteigen (z gen aus dat); MAR von Bord gehen; (zepsuć się) umg kaputtgehen
**wysiedlenie** n (-a) Aussiedlung f, Vertreibung f
**wysiewać** (-am) ⟨wysiać⟩ (wysieję) aussäen **wysilać** (-am) ⟨-ić⟩ (-lę) anstrengen; **~ się** sich anstrengen; **~ się na** (akk) sich bemühen (um akk) **wysiłek** m (-łku; -łki) Anstrengung f, (Kraft)Aufwand m **wyskakiwać** (-uję) ⟨**wyskoczyć**⟩ (-ę) (heraus)springen, (hinaus)springen; LOT abspringen; *pryszcz, krosta* sich bilden; (wybiec) (hinaus)rennen, (hinaus)stürzen; **~ z** (inst) (powiedzieć) umg herausplatzen (mit dat) **wyskrobywać** (-uję) ⟨wyskrobać⟩ (-ię) auskratzen, ausschaben
**wysnuwać** (-am) ⟨wysnuć⟩ (-uję): **~ wnioski** Schlüsse ziehen, schlussfolgern
**wysoki** (persf -cy) (-**ko**) hoch (a. fig); *osoba* groß; **~e napięcie** n ELEK Starkstrom m **wysoko** in zssgn hoch-, Hoch- **wysokogatunkowy** hochwertig; *wino* Qualitäts-
**wysokość** f (-ści) Höhe f; **w wysokości ... FIN** in Höhe von ...
**wyspa** f (-y; gen -) Insel f
**wysportowany** sportlich, durchtrainiert
**wyssać** pf → wysysać
**wystarczać** (-am) ⟨-yć⟩ (-ę) (aus)reichen; genügen; **nie wystarcza im pieniędzy** sie haben nicht genug Geld, das Geld reicht ihnen nicht aus **wystarczający** (-**co**) ausreichend, genügend
**wystawa** f (-y) Ausstellung f; (witryna) Schaufenster n; **~ dzieł sztuki** Kunstausstellung f **wystawać** (wystaję) herausragen, vorspringen **wystawca** m (-y; gen -ów) na targach Aussteller m; *dokumentu* Ausstellende(r) m
**wystawi(a)ć** herausstellen, hinausstellen; MAL ausstellen; *towar* auslegen (**na** akk zu); TEATR aufführen; (narażać) aussetzen ([się] **na** akk [sich] dat); **~ na próbę** e-r Probe unterziehen
**wystąpić** pf → występować **wystąpienie** n (-a; gen -eń) Auftritt m; (odejście) Austritt m (**z** gen aus dat)
**występ** m (-u; -y) TEATR, SPORT Auftritt m; *muru, skalny* Vorsprung m **występować** (-uję) ⟨wystąpić⟩ (-ię) trudności, objawy auftreten (a. TEATR, FILM); **~ złoża, rośliny** vorkommen; **~ z** (gen) austreten

(aus *dat*); **~ w obronie** (*gen*) sich einsetzen, eintreten (für *dat*); **~ z inicjatywą** die Initiative ergreifen

**wystrojony** *umg* herausgeputzt **wystrzał** m (*-u*; *-y*) MIL Schuss m

**wystrzegać się** (*-am*) (*gen*) sich in Acht nehmen (vor *dat*); meiden (*akk*) **wystrzelić** *pf* (*-lę*) abfeuern; *rakietę* abschießen

**wysuwać** (*-am*) ⟨*-nąć*⟩ (*-nę*) ausziehen; *głowę* (her)ausstrecken;; *żądanie* stellen; *propozycję* vorbringen; *kandydata* aufstellen; **~ się** herausfallen (**z** *gen* aus *dat*)

**wysychać** (*-am*) ⟨**wyschnąć**⟩ (*-nę*) *v/i* austrocknen **wysyłać** (*-am*) ⟨**wysłać**¹⟩ (*wyślę*) *list, paczkę* senden, (ab)schicken; *osobę* schicken **wysyłka** f (*-i*; *gen -łek*) Versand m **wysypać** *pf* → wysypywać

**wysypisko** n (*-a*): **~ śmieci** Müllkippe f, Müllgrube f **wysypka** f (*-i*; *gen -pek*) MED Ausschlag m **wysypywać** (*-uję*) ⟨**wysypać**⟩ (*-ię*) ausschütten; **~ się** herausfallen, herausrieseln (**z** *gen* aus *dat*) **wysysać** (*-am*) ⟨**wyssać**⟩ (*wyssę, wyssie, wyssij!*) aussaugen

**wyszarpywać** (*-uję*) ⟨*-nąć*⟩ (*-nę*) entreißen, wegreißen

**wyszczególniać** (*-am*) ⟨*-ić*⟩ (*-ię, -nij!*) einzeln angeben, genau aufführen; spezifizieren

**wyszukany** fein; exquisit **wyszyć** *pf* → wyszywać

**wyszywać** (*-am*) ⟨**wyszyć**⟩ (*wyszyję*) (*akk*) besticken (mit *dat*)

**wyścig** m (*-u*; *-i*) Wettrennen n, Wettlauf m (*a. fig*); **~i** *pl* **konne** Pferderennen n; **~ zbrojeń** Wettrüsten n; **na ~i** um die Wette **wyścigówka** f (*-i*; *gen -wek*) *umg* Rennrad n

**wyśmienity** (*persf –ći*) (**-cie**) ausgezeichnet, köstlich; *humor* blendend **wytłumaczenie** n (*-a*) Erklärung f; (*usprawiedliwienie*) Rechtfertigung f **wytrawny** erfahren, versiert; *wino* trocken

**wytrwać** *pf* (*-am*) aushalten, ausharren; **~ w postanowieniu** an seinem Entschluss festhalten **wytrwałość** f (*-ści*; *bpl*) Ausdauer f; Beharrlichkeit f **wytrwały** (*persf –li*) (**-le**) ausdauernd; beharrlich, standhaft

**wytrych** m (*-a od -u*; *-y*) Dietrich m **wytrzeć\*** *pf* → wycierać

**wytrzeźwieć** *pf* → trzeźwieć **wytrzymać** *pf* → wytrzymywać **wytrzymałość** f (*-ści*; *bpl*) Ausdauer f; Belastbarkeit f TECH Widerstandsfähigkeit f **wytrzymały** (*persf –li*) ausdauernd, robust; TECH widerstandsfähig; **~ na** (*akk*) unempfindlich gegen (*akk*); TECH beständig gegen (*akk*); **~ na stres** belastbar

**wytrzymywać** (*-uję*) ⟨**wytrzymać**⟩ (*-am*) aushalten, ertragen; *v/i* durchhalten

**wytwarzać** (*-am*) ⟨**wytworzyć**⟩ (*-ę*) bilden, entwickeln; (*produkować*) herstellen, erzeugen; **~ się** sich bilden, entstehen **wytworzyć** *pf* → wytwarzać **wytwórnia** f (*-i*; *-e*) (Produktions)Betrieb m; **~ filmowa** Filmstudio n; **~ płytowa** Plattenfirma f

**wywabiacz** m (*-a*; *-e*): **~ plam** Fleckentferner m **wywabiać** (*-am*) ⟨*-ić*⟩ (*-ię*) *plamę* entfernen **wywalać** (*-am*) ⟨*-ić*⟩ (*-ię*) *umg* rausschmeißen; *drzwi* einrennen **wywalczyć** *pf* (*-ę*) erkämpfen **wywalić** *pf* → wywalać

**wywiad** m (*-u*; *-y*) Interview n; POL Geheimdienst m; MED Anamnese f **wywiadowca** m (*-y*; *gen -ów*) POL Geheimagent m **wywiadówka** f (*-i*; *gen -wek*) Elternabend m

**wywiązywać się** (*-uję*) ⟨**wywiązać się**⟩ (*wywiążę*) (**z** *gen*) sich entwickeln, entstehen (aus *dat*); *z zadania, z obowiązku* erfüllen *akk*

**wywierać** (*-am*) ⟨**wywrzeć**⟩ (*wywrę*) *nacisk, wpływ* ausüben; *skutek* zeigen **wywieszać** (*-am*) ⟨**wywiesić**⟩ (*wywieszę*) (her)aushängen; *język* hängen lassen **wywieszka** f (*-i*; *gen -szek*) Aushang m, Anschlag m **wywieźć\*** *pf* → wywozić **wywłaszczać** (*-am*) ⟨*-yć*⟩ (*-ę*) enteignen

**wywodzić** (*-ę*) ⟨**wywieść**⟩ (*wywiodę*) herleiten (**z** *gen* aus *dat*); **~ się** (**z** *gen*) stammen (aus *dat*) **wywołać** *pf* → wywoływać **wywoływać** (*-uję*) ⟨**wywołać**⟩ (*-am*) *ucznia* aufrufen; *fig* auslösen; *zdjęcia* entwickeln (lassen)

**wywozić** ⟨**wywieźć**⟩ (*wywiozę*) *za granicę* ausführen; *towar* wegbringen, wegfahren **wywóz** m (*-ozu*; *bpl*) Ausfuhr f **wywracać** (*-am*) ⟨**wywrócić**⟩ (*-cę*) *łódź* kentern; (*przewracać*) umkippen; **~ się** umfallen; *łódź* kentern **wywrócić**

**wywróżyć** pf → wróżyć **wywróżyć** pf → wróżyć **wywrzeć*** pf → wywierać **wyzbywać się** (-am) ⟨**wyzbyć się**⟩ (-będę) (gen) loswerden (akk); nawyku ablegen (akk)

**wyzdrowieć** pf (-eję) genesen **wyzdrowienie** n (-a; bpl) Genesung f

**wyziewy** pl (-ów) Gase pl

**wyznać** pf → wyznawać **wyznaczać** (-am) ⟨-yć⟩ (-ę) (określić) festlegen; nagrodę aussetzen; trasę markieren; **~ na** (akk) bestimmen (zu dat) **wyznanie** n (-a) Geständnis n; (religia) Konfession f; **~ miłosne** Liebeserklärung f **wyznawać** (wyznaję) ⟨**wyznać**⟩ (-am) gestehen; REL sich bekennen **wyznawca** m (-y; gen -ów), **wyznawczyni** f (-i; -e) (zwolennik) Anhänger(in) m(f)

**wyzwać*** pf → wyzywać **wyzwalacz** m (-a; -e) FOTO Auslöser m **wyzwalać** (-am) ⟨**wyzwolić**⟩ (-lę, -wól!) befreien; energię freisetzen; **~ się** sich befreien; energia freigesetzt werden **wyzwanie** n (-a) Herausforderung f

**wyzwolenie** n (-a) Befreiung f **wyzwolić** ⟨-lę⟩ pf → wyzwalać

**wyzysk** m (-u; bpl) pej Ausbeutung f **wyzysk(iw)ać** ausnutzen; ludzi ausbeuten

**wyzywać** (-am) ⟨**wyzwać**⟩ (wyzwę) (wymyślać) umg beschimpfen; herausfordern **wyzywający** (-co) herausfordernd, provozierend; poza lasziv

**wyż** m (-u; -e) METEO Hoch n, Hochdruckgebiet n

**wyżąć** pf → wyżymać **wyżej** komp adv höher

**wyżeł** m (-żła; -żły) Vorstehhund m

**wyżłobienie** n (-a) Rille f

**wyższość** f (-ści; bpl) Überlegenheit f; **z wyższością** herablassend; gönnerhaft **wyższy** komp adj höher; größer; **wyższa uczelnia** f Hochschule f; **siła** f **wyższa** höhere Gewalt f

**wyżymać** (-am) ⟨**wyżąć**⟩ (wyżmę) bieliznę auswringen **wyżyna** f (-y) Hochebene f, Hochland n; **wyżyny** pl fig Höhen pl **wyżywienie** n (-a; bpl) Ernährung f, (utrzymanie) Verpflegung f; **całodzienne ~** Vollpension f; **pokój** m **z ~m** Kost und Logis

**wzajemnie** adv einander **wzajemność** f (-ści) Gegenseitigkeit f; miłość f

**bez wzajemności** unerwiderte Liebe f **wzajemny** gegenseitig

**wzbogacać** (-am) ⟨-**ić**⟩ (-cę) bereichern, reich(er) machen; pożywienie anreichern; **~ się** sich bereichern, reich werden (**na** lok **an** dat) **wzbogacenie** n (-a) Bereicherung f; Anreicherung f

**wzbraniać** (-am) ⟨**wzbronić**⟩ (-ię) untersagen, verbieten; **~ się** (**przed** inst od inf) sich weigern (vor dat od zu + inf)

**wzbudzać** (-am) ⟨-**ić**⟩ (-dzę) radość, smutek hervorrufen; miłość, zaufanie erwecken; ciekawość erregen

**wzburzenie** n (-a; bpl) Erregung f, Aufruhr m **wzburzony** erregt, aufgewühlt; morze aufgewühlt, stürmisch

**wzdłuż** präp (gen) entlang (gen); adv der Länge nach; **~ i wszerz** kreuz und quer

**wzdychać** (-am) ⟨**westchnąć**⟩ (-nę) seufzen

**wzejść*** pf → wschodzić

**wzgląd** m (-lędu; -lędy) Rücksicht f; **względy** pl (powody) Gründe pl; (sympatia) Gunst f; **mieć na względzie** bedenken; **ze względu na** (akk) aus Rücksicht (auf akk); **bez względu na** (akk) unabhängig von (dat); **pod tym względem** in dieser Hinsicht; **pod względem** (gen) in Hinsicht (auf akk)

**względem** präp (gen) hinsichtlich, bezüglich (gen); gegenüber (gen); **~ siebie** zueinander **względny** relativ; (dość dobry) einigermaßen, leidlich

**wziąć*** pf → brać

**wzięty** begehrt, bekannt

**wzmacniacz** m (-a; -e) ELEK Verstärker m **wzmacniać** (-am) ⟨**wzmocnić**⟩ (-ę, -nij!) stärken; verstärken (a. TECH); **~ się** sich verstärken **wzmagać** (-am) ⟨**wzmóc**⟩ (wzmoge) verstärken, erhöhen; **~ się** zunehmen

**wzmianka** f (-i; gen -nek) Erwähnung f, Notiz f

**wzmocnić** pf → wzmacniać **wzmocnienie** n (-a) Stärkung f; TECH Verstärkung f **wzmożony** erhöht

**wznawiać** (-am) ⟨**wznowić**⟩ (-ię, -nów!) wieder aufnehmen; książkę neu auflegen

**wzniesienie** n (-a) Anhöhe f **wznieść*** pf → wznosić **wznosić** (wznoszę) ⟨**wznieść**⟩ (wzniosę) hochheben, erheben; dom errichten; **~ toast** einen Toast ausbringen (**za** akk auf akk); **~**

**się** emporsteigen, hochfliegen; **~ się** emporragen **wznowić** pf → wznawiać
**wznowienie** n (-a) TYPO Neuauflage f; TEATR Wiederaufführung f; rozmów Wiederaufnahme f

**wzorowy (-wo)** musterhaft, vorbildlich
**wzory** pl → wzór **wzorzec** m (-rca; -rce) (ideał) Vorbild n; (schemat) Muster n **wzorzysty (-ście)** gemustert, bunt
**wzór** m (-oru; -ory) (ideał) Vorbild n; (deseń, schemat) Muster n; MAT, CHEM Formel f

**wzrok** m (-u; bpl) Sehkraft f; (spojrzenie) Blick m **wzrokowy (-wo)** visuell; ANAT, MED Seh-; **kontakt** ~ Blickkontakt m

**wzrost** m (-u; -y) (wysokość) (Körper)Größe f; fig Wachstum n, Zunahme f; **~ cen** Preisanstieg m; **~ gospodarczy** Wirtschaftswachstum n

**wzruszać** (-am) ⟨-yć⟩ (-ę) bewegen, rühren; ziemię auflockern; **~ ramionami** mit den Achseln zucken **wzruszający (-co)** rührend, ergreifend **wzruszenie** n (-a) Rührung f, Ergriffenheit f **wzruszony** gerührt, ergriffen

**wzwód** m (-odu; -ody) Erektion f
**wzwyż** hinauf, nach oben
**wzywać** (-am) ⟨wezwać⟩ (wezwę) lekarza, policję, pomocy rufen; **~ do** (gen) aufrufen (zu dat); JUR laden; **~ k-o** j-n kommen lassen

# z

**z** präp (gen) aus, von (dat); vor (dat); (inst) mit (dat); partikel etwa; **~ Polski** aus Polen; **~ pracy** von der Arbeit; **~ tyłu** von hinten; **~ radości** vor Freude; **~ cukrem** mit Zucker; **sałatka f ~ pomidorów** Tomatensalat m; **~ godzinę** etwa eine Stunde

**za** präp (akk) hinter (akk); in (dat); für (akk), wegen (gen); (inst) hinter (dat); partikel (+ adv, adj) (all)zu (+ adv, adj); **~ domem** hinter dem Haus; **~ rok** in einem Jahr; **jest ~ dziesięć czwarta** es ist zehn vor vier; **~ dobre wyniki** für gute Leistung; **~ kra-** dzież wegen Diebstahls; **trzymać ~ rękę** an der Hand halten; **siedzieć ~ stołem** am Tisch sitzen; **~ nic** für nichts; **~ drogi** zu teuer; **~ dużo** zu viel; **co ~ szczęście!** was für ein Glück!, welch ein Glück!; **tego już ~ wiele!** jetzt reichts mir aber!

**zaaferowany** (inst) (sehr) beschäftigt (mit dat), gefesselt (von dat) **zaawansowany**[1] fortgeschritten **zaawansowany**[2] m (-ego; -ni), **zaawansowana** f (-ej; -ne) Fortgeschrittene(r) f(m) **zabarwienie** n (-a) Färbung f

**zabawa** f (-y) Spiel n; (impreza) Feier f; (przyjemność) Spaß m; **przyjemnej zabawy!** viel Spaß!; **dla zabawy** zum Spaß **zabawiać** (-am) unterhalten, amüsieren **zabawka** f (-i; gen -wek) Spielzeug n (a. fig) **zabawny** lustig, amüsant

**zabezpieczać** (-am) ⟨-yć⟩ (-ę) **(przed** inst) schützen (vor dat); (ab)sichern (gegen akk) **zabezpieczenie** n (-a) Schutz m; (Ab)Sicherung f; IT Sicherung f; **~ na starość** Altersvorsorge f **zabezpieczony** gesichert

**zabieg** m (-u; -i) MED Eingriff m; umg Abtreibung f; **~i** pl Bemühungen pl; **kosmetyczny** Behandlung f

**zabierać** (-am) ⟨zabrać⟩ ⟨zabiorę⟩ wegnehmen; **~ (ze sobą)** mitnehmen; **~ głos** das Wort ergreifen; **~ czas k-u** j-s Zeit beanspruchen, j-n aufhalten; **~ się (do** gen) (heran)gehen (an akk), anfangen (mit dat); **~ się z** (inst) umg mitkommen (mit dat)

**zabijać** (-am) ⟨zabić⟩ ⟨zabiję⟩ töten, umbringen

**zabłądzić** pf (-ę) sich verirren, sich verlaufen

**zabobon** m (-u; -y) Aberglaube m **zabobonny** abergläubisch

**zabójca** m (-y; gen -ów) Mörder m **zabójstwo** n (-a) Tötung f; **w afekcie** Totschlag m

**zabór** m (-oru; -ory): **~ Polski** HIST Teilung f Polens

**zabraknąć** pf nicht ausreichen, fehlen
**zabraniać** (-am) ⟨zabronić⟩ (-ię) (gen) verbieten, untersagen (akk); **zabrania się** es ist verboten

**zabroniony** verboten, nicht erlaubt
**zabrudzony** verschmutzt, umg dreckig
**zabudowa** f (-y; bpl) Bebauung f **zabudowania** pl (gen -ań) Gebäude pl
**zaburzać** (-am) ⟨-yć⟩ (-ę) stören

**zabytek** m (-tku; -tki) Denkmal n; pl Sehenswürdigkeiten pl; **~ klasy zerowej** Weltkulturerbe n; **~przyrody** Naturdenkmal n

**zachcianka** f (-i; gen -nek) Laune f **zachęcać** (-am) ⟨-ić⟩ (-cę) (**do** gen) ermuntern, ermutigen (zu dat); anspornen, motivieren (zu dat) **zachęta** f (-y) Ermutigung f; Ansporn m **zachłanność** f (-ści; bpl) Habgier f **zachłanny** habgierig; fig unersättlich

**zachmurzony** bewölkt, wolkig; fig düster, finster

**zachodni** GEOG, POL westlich, West- **zachodnioeuropejski** westeuropäisch **zachodzić** (-ę) ⟨zajść⟩ (zajdę) untergehen; niebezpieczeństwo bestehen; pomyłka unterlaufen; zmiany eintreten; (wstępować) vorbeikommen (**do** gen bei dat); **~ w ciążę** schwanger werden; **~ parą** beschlagen; **~ na siebie** sich überlappen

**zachorować** pf (-uję) krank werden; **~ na** (akk) erkranken (an dat) **zachować** pf: **nie umieć się ~** sich nicht benehmen können; → zachowywać **zachowanie** n (-a) Verhalten n, Benehmen n **zachowywać** ⟨-wuje⟩ ⟨zachować⟩ (-am) behalten; spokój bewahren; ostrożność walten lassen; zdrowie erhalten; dystans wahren; **~ przy życiu** am Leben erhalten; **~ dla siebie** für sich behalten; **~ się** sich verhalten; sich benehmen; tradycja sich erhalten

**zachód** m (-odu; bpl) GEOG, POL Westen m; **na ~ od** (gen) westlich (von dat);; (pl -ody) **~ słońca** Sonnenuntergang m

**zachwycać** (-am) ⟨-ić⟩ (-cę) begeistern, entzücken; **~ się** (inst) sich begeistern (für akk), entzückt od hingerissen sein (von dat) **zachwycający** (-**co**) entzückend, hinreißend **zachwyt** m (-u; -y) Begeisterung f

**zaciągać** (-am) ⟨-nąć⟩ (-nę) (hin)schleppen, (hin)ziehen; pożyczkę aufnehmen; **~ dług u k-o** bei j-m Schulden machen; **~ się** sich beziehen; **~ się na statek** vli anheuern; **~ się (papierosem)** auf Lunge rauchen

**zaciekawiać** (-am) ⟨-ić⟩ (-ię) neugierig machen, j-s Neugier wecken **zaciemniać** (-am) ⟨-ić⟩ (-ię, -nij!) verdunkeln
**zacierać** (-am) ⟨zatrzeć⟩ (zatrę) verwi-
schen; **~ ręce** sich die Hände reiben; **~ się** sich verwischen

**zacieśniać** (-am) ⟨-ić⟩ (-ię, -nij!) festziehen, zuziehen; kontakty vertiefen, enger werden lassen; **~ się** sich vertiefen, enger werden; krąg kleiner werden

**zaciszny** (bezwietrzny) windgeschützt; (spokojny) ruhig, gemütlich

**zacofanie** n (-a; bpl) Rückständigkeit f **zacofany** rückständig; kraj unterentwickelt

**zaczadzieć** pf (-eję) sich mit Kohlen(mon)oxyd vergiften

**zaczajać się** (-am) ⟨zaczaić się⟩ (-ję): **~ na k-o** j-m auflauern; **~ na** (akk) ŁOW pirschen (auf akk) **zaczarowany** verzaubert, verwunschen

**zacząć** pf → zaczynać

**zaczekać** pf (-am): **~ na** (akk) warten (auf akk); (odczekać) abwarten (akk); (mieć cierpliwość) sich gedulden **zaczepi(a)ć** v/t anhängen, befestigen; fam fig belästigen, anmachen; **zaczepić się** (**o** lok) hängen bleiben (an, in dat) **zaczepka** f (-i; gen -pek) Provokation f, umg Anmache f

**zaczerwieniony** (persf –eni) gerötet

**zaczyn** m (-u; -y) KULIN Sauerteig m **zaczynać** (-am) ⟨zacząć⟩ (-nę) (akk) beginnen, anfangen (akk od mit dat); paczkę anbrechen; (+ inf) beginnen, anfangen (zu + inf); **~ od nowa** neu anfangen; **~ się** v/i beginnen, anfangen, umg losgehen

**zaćmienie** n (-a): **~ Słońca** ASTRON Sonnenfinsternis f; **~ Księżyca** ASTRON Mondfinsternis f

**zadać** pf → zadawać **zadanie** n (-a; gen -ań) Aufgabe f **zadatek** m (-tku; -tki) Anzahlung f **zadatkować** (-uję) anzahlen **zadawać** (zadaję) ⟨zadać⟩ (-am) stellen; zadanie aufgeben; cios versetzen; ból zufügen; **~ sobie trud** sich die Mühe machen; **~ się** (**z** inst) umg sich abgeben (mit dat)

**zadbany** gepflegt

**zadłużenie** n (-a) Verschuldung f **zadłużony** (persf –eni) verschuldet

**zadomowić się** pf (-ię, -ów!) sich einleben

**zadośćuczynienie** n (-a) Genugtuung f; Wiedergutmachung f

**zadowalać** (-am) ⟨zadowolić⟩ (-lę, -wól!) zufriedenstellen, befriedigen; wymagania befriedigen, entsprechen (dat);

**~ się** (inst) sich begnügen, sich zufriedengeben, vorliebnehmen (mit dat) **zadowalający** (-co) zufriedenstellend, befriedigend **zadowolenie** n (-a) Zufriedenheit f; Befriedigung f **zadowolić** pf → zadowalać **zadowolony** (persf -eni) zufrieden (**z** gen mit dat)

**zadrażniony** stosunki, sytuacja gespannt

**zadrzeć*** pf → zadzierać

**zaduma** f (-y; bpl) Reflexion f; Nachdenklichkeit f

**Zaduszki** pl (-szek) REL Allerseelen n, Allerseelentag m

**zadyma** f (-y) umg Krawalle m/pl, Schlägerei f **zadymiać** (-am) ⟨-ić⟩ (-ię) vollqualmen **zadymka** f (-i; gen -mek) Schneegestöber n, Schneetreiben n

**zadyszany** außer Atem, keuchend

**zadzierać** (-am) ⟨**zadrzeć**⟩ (zadrę) hochheben; ogon aufrichten; **~ głowę** den Kopf in den Nacken legen; **~ nosa** die Nase hoch tragen; **~ z** (inst) aneinandergeraten (mit dat)

**zadziwiać** (-am) ⟨-ić⟩ (-ię) verwundern, in Erstaunen versetzen, verblüffen **zadziwiający** (-co) erstaunlich, verblüffend

**zafascynowany** fasziniert, gefesselt

**zagadka** f (-i; gen -dek) Rätsel n **zagadkowy** (-wo) rätselhaft **zagadnąć** pf (-nę): **~ k-o** j-n ansprechen (**o** akk wegen gen) **zagadnienie** n (-a) Frage f, Problem n

**zagajnik** m (-a; -i) Wäldchen n, Gehölz n **zaganiać** (-am) ⟨**zagnać**⟩ (-am) od ⟨**zagonić**⟩ (-ię) (hinein)treiben, (an)treiben (**do** gen in akk)

**zagazować** pf (-uję) vergasen

**zagięcie** n (-a) Knick m **zaginać** (-am) ⟨zagiąć⟩ (-zagnę) (ein)biegen; kartki knicken; **~ k-o** j-n verblüffen; **~ się** drut sich verbiegen; kartka einen Knick bekommen **zaginąć** pf (-nę) osoba vermisst werden; zwierzę entlaufen; rzecz verloren gehen **zaginiony** (persf -eni) vermisst, verschollen

**zaglądać** (-am) ⟨**zajrzeć**⟩ (-ę) (**do** gen) (hinein)schauen, (hinein)blicken (in akk); **~ do k-o** bei j-m vorbeischauen **zagłada** f (-y; bpl) Vernichtung f

**zagłębiać** (-am) ⟨-ić⟩ (-ię) versenken, eintauchen; **~ się** v/i versinken, eintau-

chen; eindringen; **~ się w** (lok) fig sich vertiefen (in akk) **zagłębie** n (-a; gen -i) GÓRN Kohle(n)revier n **zagłębienie** n (-a) Vertiefung f

**zagłówek** m (-wka; -wki) AUTO Kopfstütze f **zagłuszać** (-am) ⟨-yć⟩ (-ę) dźwięk übertönen; uczucia unterdrücken **zagnać** pf; → zaganiać

**zagonić** pf → zaganiać

**zagotować** pf (-uję) aufkochen, zum Kochen bringen

**zagrać** pf → grać **zagrabić** pf → grabić

**zagranica** f (-y; bpl) Ausland n **zagraniczny** Auslands-, ausländisch; POL Außen-

**zagrozić** pf (zagrożę) (inst) drohen (mit dat) **zagrożenie** n (-a) Gefährdung f; **~ życia** Lebensgefahr f **zagrożony** (persf -eni) gefährdet

**zagrywka** f (-i; gen -wek) SPORT Aufschlag m **zagryzać** (-am) ⟨**zagryźć***⟩ (zagryzę) (inst) dazuessen (akk); **zagryźć** pf (zabić) totbeißen

**zahamować** pf → hamować

**zahartowany** abgehärtet

**zaimek** m (-mka; -mki) GRAM Pronomen n, Fürwort n

**zainteresowanie** n (-a) Interesse n **zainteresowany** (gen) interessiert (an dat)

**zajadły** (persf –li) (-le) erbittert; dyskusja heftig, hitzig

**zajazd** m (-u; -y) Motel n, Gasthaus n

**zając** m (-a; -e; gen zajęcy) Hase m

**zająć** pf; → zajmować

**zajechać*** pf → zajeżdżać **zajezdnia** f (-i; -e) Betriebshof m, Depot n **zajeżdżać** (-am) ⟨**zajechać**⟩ (zajadę) (dojeżdżać) ankommen; **~ przed** (akk) vorfahren (vor akk); **~ do** (gen) bei j-m vorbeikommen; einen Abstecher machen (nach dat)

**zajęcie** n (-a) Beschäftigung f MIL Besetzung f; pl Unterricht m; na uczelni Seminar n; **z ~m** interessiert

**zajęty** (persf -ci) beschäftigt; telefon besetzt

**zajmować** (-uję) ⟨**zająć**⟩ (zajmę) einnehmen; pokój beziehen; kraj besetzen; czas beanspruchen, in Anspruch nehmen; JUR pfänden; miejsce besetzen SPORT belegen; **~ k-o** j-n beschäftigen;

**~ stanowisko** einen Posten innehaben; **~ się** (inst) sich beschäftigen (mit dat); (opiekować się) sich kümmern (um akk); **~ się domem** den Haushalt führen **zajmujący (-co)** fesselnd, spannend; osoba reizvoll

**zajrzeć** pf → **zaglądać**

**zajście** n (-a) Vorfall m, Zwischenfall m

**zajść*** pf: gelangen, (hin)kommen; → **zachodzić**

**zakamuflowany** getarnt **zakańczać** (-am) ⟨**zakończyć**⟩ (-ę) (inst) beenden, abschließen (mit dat) **zakatarzony** (persf −eni) verschnupft

**zakaz** m (-u; -y) Verbot n **zakazywać** pf → zakazywać **zakazany** verboten, untersagt; (podejrzany) anrüchig **zakazić*** pf → **zakażać zakazywać** (-uję) ⟨**zakazać**⟩ ⟨**zakażę**⟩ verbieten, untersagen **zakaźny** ansteckend **zakażać** (-am) ⟨**zakazić**⟩ (zakażę) MED anstecken, infizieren **zakażenie** n (-a) Ansteckung f; Infektion f

**zakąska** f (-i; gen -sek) Vorspeise f; ein Imbiss zum Wodka

**zaklęcie** n (-a) Zauberformel f

**zakład** m (-u; -y) Betrieb m; (założenie się) Wette f; karny Anstalt f; **~ fryzjerski** Friseursalon m; **~?** wollen wir wetten? **zakładać** (-am) ⟨**założyć**⟩ (-ę) anziehen; czapkę aufsetzen; firmę gründen; konto einrichten; krawat umbinden; telefon anschließen; opatrunek anlegen; **~ sobie** sich vornehmen; **~ nogę na nogę** die Beine übereinanderschlagen; **zakładam, że ...** ich nehme an, dass ...; **~ się (o** akk) wetten (um akk) **zakładka** f (-i; -dek) Einschlag m

**zakładniczka** f (-i; gen -czek), **zakładnik** m (-a; -cy) Geisel f

**zakłamanie** n (-a; bpl) Verlogenheit f **zakłamany** verlogen

**zakłopotanie** n (-a; bpl) Verlegenheit f **zakłopotany** verlegen

**zakłócać** (-am) ⟨**-ić**⟩ (-cę) stören **zakłócenie** n (-a) Störung f

**zakochiwać** się (-uję) ⟨**zakochać się**⟩ (-am) sich verlieben (**w** lok in akk)

**zakon** m (-u; -y) REL Orden m **zakonnica** f (-y; -e) Nonne f, Ordensschwester f **zakonnik** m (-a; -cy) Ordensbruder m, Mönch m

**zakończenie** n (-a) Beendigung f; Ende

n **zakończyć** pf → zakańczać **zakopać** pf → zakopywać **zakopywać** (-uję) ⟨**zakopać**⟩ (-ię) vergraben **zakotwiczać** (-am) ⟨**-yć**⟩ (-ę) v/t MAR verankern; festmachen; v/i vor Anker gehen **zakradać się** (-am) ⟨**zakraść* się**⟩ ⟨**zakradnę**⟩ sich (hin)einschleichen **zakratowany** vergittert

**zakres** m (-u; -y) Bereich m; **we własnym ~ie** mit eigenen Mitteln; **wyżywienie** n **we własnym ~ie** Selbstverpflegung f **zakreślać** (-am) ⟨**-ić**⟩ (-lę) anstreichen, markieren; koło beschreiben

**zakręcać** (-am) ⟨**-ić**⟩ (-cę) zudrehen; włosy eindrehen; **zakręcić** pf (inst) drehen (mit dat); **zakręcić się** pf sich drehen; **zakręcić się** pf **koło** (gen) umg sich sehr bemühen (um akk)

**zakręt** m (-u; -y) Kurve f **zakrętka** f (-i; gen -tek) Schraubverschluss m

**zakrwawiony** blutverschmiert **zakryć** pf → zakrywać

**zakrystia** f (gen dat lok -ii; -e) Sakristei f **zakrywać** (-am) ⟨**zakryć**⟩ (zakryję) verdecken; usta, oczy zudecken

**zakrzep** m (-u; -y) MED Thrombus m

**zaktualizowany** aktualisiert, auf den neuesten Stand gebracht

**zakup** m (-u; -y) Kauf m; **robić ~y** Einkäufe machen; **iść na ~y** einkaufen gehen **zakurzony** verstaubt, staubig

**zalać** pf → zalewać **zalany** überschwemmt; (pijany) umg besoffen

**zalecać** (-am) ⟨**-ić**⟩ (-cę) (dringend) anraten, dringend empfehlen; MED verordnen; **~ się do k-o** j-m den Hof machen, j-n umwerben **zalecenie** n (-a; gen -eń) Anordnung f; lekarskie Verordnung f

**zaledwie** partikel, konj kaum

**zaległy** fällig; korespondencja unerledigt

**zalepiać** (-am) ⟨**-ić**⟩ (-ię) zukleben; dziurę verkleben

**zaleta** f (-y) Vorzug m, Vorteil m

**zalew** m (-u; -y) Haff n **zalewać** (-am) ⟨**zalać**⟩ (zaleję) überschwemmen; a. fig (inst) (poplamić) verschütten (akk); (uszczelniać) ausgießen; wrzątkiem übergießen; **~ sąsiada** bei dem Nachbarn einen Wasserschaden verursachen; **~ robaka** seinen Kummer ersäufen; **~ się** (inst) verschütten (akk)

**zależeć** (-ę) abhängen, abhängig sein (**od** gen von dat); **to zależy od** (gen) es

## zależność – zamordowany

hängt von (dat) ab; **to zależy** es kommt drauf an **zależność** f (-ści) Abhängigkeit f **zależny** abhängig; **zależnie od tego, czy ...** je nachdem, ob ...
**zaliczać** (-am) ⟨-yć⟩ (-ę) (**do** gen) zählen (zu dat); anrechnen (auf akk); egzamin bestehen; **~ się do** (gen) zählen, gehören (zu dat) **zaliczenie** n (-a) Belegnachweis m, Belegschein m; **za ~m (pocztowym)** per Nachnahme **zaliczka** f (-i; gen -czek) Vorschuss m
**zalogować się** pf → logować się
**zalotny** kokett
**załadunek** m (-nku; -nki) Verladung f
**załagodzić** pf → łagodzić
**załamać** pf → załamywać **załamanie** n (-a) fig Zusammenbruch m; (zagięcie) Knick m **załamywać** (-uję) ⟨załamać⟩ (-ię) deprimieren; **~ się** lód brechen; kładka einbrechen; fig zusammenbrechen; głos versagen; FIZ sich brechen
**załatwiać** (-am) ⟨-ić⟩ (-ię) erledigen; klienta bedienen; interesy abwickeln; **~ k-u** umg j-m besorgen; **~ k-o** umg j-m übel mitspielen; **to niczego nie załatwia** das bringt nichts; **~ się** umg seine Notdurft verrichten; **muszę się załatwić** umg ich muss mal aufs Klo **załatwienie** n (-a) Erledigung f; Abwicklung f
**załączać** (-am) ⟨-yć⟩ (-ę): **~ do** (gen) beifügen, beilegen (dat) **załączenie** n: **w załączeniu** in der Anlage, beiliegend **załącznik** m (-a; -i) Anlage f; (łapówka) Schmiergeld n
**załoga** f (-i; gen -łóg) Besatzung f; zakładu Belegschaft f
**założyciel** m (-a; -e), **założycielka** f (-i; gen -lek) Gründer(in) m(f) **założycielski** Gründungs- **założyć** pf → zakładać
**zamach** m (-u; -y) Attentat n; terrorystyczny, bombowy Anschlag m; **~ na życie** Mordanschlag m; **~ stanu** Staatsstreich m; **~ wojskowy** Militärputsch m; **za jednym ~em** auf einen Schlag
**zamarzać** [-r.z-] (-am) ⟨-nąć⟩ (-nę) zufrieren erfrieren **zamaskowany** osoba maskiert; wejście getarnt
**zamawiać** (-am) ⟨zamówić⟩ (-ię) bestellen; powtórnie nachbestellen
**zamążpójście** n (-a; bpl) kobiety Heirat f
**zamek** m (-mku; -mki) Schloss n, Burg f; **~ z piasku** Sandburg f; (gen -mka) do drzwi Schloss n; **~ centralny** AUTO Zentralverriegelung f
**zameldować** pf → meldować **zameldowanie** n (-a) (polizeiliche) Anmeldung f
**zamęt** m (-u; bpl) Chaos n, Wirrwarr m
**zamężna** kobieta verheiratet
**zamglony** neblig
**zamian: w ~** (**za** akk) anstelle (gen od von dat) **zamiana** f (-y) Tausch m; FIZ, CHEM Umwandlung f
**zamiar** m (-u; -y) Absicht f
**zamiast** präp (gen) (an)statt (gen); **~ tego** stattdessen
**zamiatać** (-am) ⟨zamieść⟩ (zamiotę) fegen, kehren
**zamieć** f (-ci; -cie; gen -ci) Schneesturm m, Schneetreiben n
**zamiejscowy** auswärtig, ortsfremd; TEL Fern-
**zamieniać** (-am) ⟨-ić⟩ (-ię) tauschen (**na** akk gegen akk); (przeobrażać) verwandeln (**w** akk in akk); przez pomyłkę vertauschen; **~ kilka słów** ein paar Worte wechseln (**z** inst mit dat); **~ się** (inst) (untereinander) tauschen (akk); **~ się w** (akk) sich verwandeln (in akk) **zamienny**: **część f zamienna** Ersatzteil n
**zamierzać** (-am) (+ inf) vorhaben, beabsichtigen (zu + inf)
**zamierzony** beabsichtigt **zamieszać** pf → mieszać **zamieszanie** n (-a) Chaos n, Durcheinander n **zamieszany** fig verwickelt (**w** akk in akk)
**zamieszkały** (persf –li) wohnhaft (**w** lok in dat)
**zamieszki** pl (gen -szek) POL Unruhen pl
**zamieść*** pf → zamiatać **zamilknąć** pf → milknąć
**zamiłowanie** n (-a) (**do** gen) Vorliebe f (für akk); **z ~m** mit Leib und Seele, leidenschaftlich
**zaminowany** vermint
**zamknąć** pf: **zamknij się!** pop halt die Klappe!; **~** → zamykać **zamknięty** (persf –ci) geschlossen
**zamontowywać** (-wuję) ⟨zamontować⟩ (-uję) einbauen, anbringen; installieren, anschließen
**zamordowanie** n (-a) Ermordung f **zamordowany**[1] ermordet **zamordowany**[2] m (-ego; -ni), **zamordowana** f (-ej; -ne) Ermordete(r) m, f, Mordopfer n

**zamorski** Übersee-, überseeisch
**zamożny** wohlhabend, vermögend
**zamówić** pf → zamawiać **zamówienie** n (-a) Bestellung f (a. KULIN); (zlecenie) Auftrag m
**zamrażać** (-am) ⟨**zamrozić**⟩ (zamrożę) einfrieren (a. FIN) **zamrażalnik** m (-a; -i) Gefrierfach n **zamrażarka** f (-i; gen -rek) Gefriertruhe f, Gefrierschrank m
**zamrozić** pf → zamrażać
**zamsz** m (-u; -e) Wildleder n
**zamykać** (-am) ⟨**zamknąć**⟩ (-nę) abschließen; osobę einschließen; ulicę sperren; w schowku verschließen; **~ się** drzwi, okno schließen; osoba sich einschließen (**w** lok in dat); **~ się w sobie** sich verschließen
**zamyślony** (persf –eni) nachdenklich
**zanadto** zu viel, zu sehr; (all)zu
**zanieczyszczać** (-am) ⟨**zanieczyścić**⟩ (-czyszczę) verunreinigen, verschmutzen **zanieczyszczenie** n (-a; gen -eń) Verunreinigung f, Verschmutzung f; **~ środowiska** Umweltverschmutzung f; pl (umwelt)schädliche Substanzen pl
**zaniedbać** pf → zaniedbywać **zaniedbanie** n (-a) Vernachlässigung f
**zaniedbany** vernachlässigt, verwahrlost; wygląd ungepflegt
**zaniedbywać** (-uję) ⟨**zaniedbać**⟩ (-am) vernachlässigen; **~ się** nachlässig werden, sich gehen lassen; **~ się (w** lok) nachlassen (in dat)
**zanik** m (-u; -i) Schwund m; Rückgang m; MED Rückbildung f **zanikać** (-am) ⟨**-nąć**⟩ (-ę) schwinden;; **zanikać** MED sich zurückbilden
**zanim** konj bevor, ehe
**zaniżać** (-am) ⟨**zaniżyć**⟩ (-ę) herabsetzen, (ver)mindern; zu niedrig ansetzen
**zanosić** (zanoszę) ⟨**zanieść**⟩ (zaniosę) (hin)bringen; **(nie) zanosi się na to, że** ... es sieht (nicht) danach aus, dass ...
**zanurzać** (-am) ⟨**-yć**⟩ (-ę) (ein)tauchen, (unter)tauchen (**w** lok in akk); **~ się** v/i (ein)tauchen, (unter)tauchen **zanurzenie** n (-a) MAR Tiefgang m
**zaocznie** adv JUR in Abwesenheit **zaoczny**: **studia** pl **zaoczne** Fernstudium n
**zaograglać** (-am) ⟨**-ić**⟩ (-lę, -lij!) abrunden; liczbę aufrunden; **~ się** runder werden

**zaopatrywać** (-uję) ⟨**zaopatrzyć**⟩ (-ę) (**w** akk) versorgen (mit dat); HANDEL beliefern (mit dat) **zaopatrzenie** n (-a; bpl) Versorgung f; HANDEL Belieferung f **zaopatrzyć** pf → zaopatrywać
**zaostrzać** (-am) ⟨**zaostrzyć**⟩ (-ę) verschärfen; apetyt anregen
**zapach** m (-u; -y) Geruch m; przyjemny Duft m
**zapadać** (-am) ⟨**zapaść**[1]⟩ (zapadnę) einsinken cisza eintreten; decyzja fallen; wyrok gefällt werden; policzki einfallen; **~ w** (akk) versinken (in dat); **~ się** einbrechen; ciasto einfallen
**zapalać** (-am) ⟨**-ić**⟩ (-ę) anzünden; światło einschalten; motor anlassen; ogień entfachen; **czy można zapalić?** darf man rauchen?; **~ się** sich entzünden; światło angehen; **~ się (do** gen) fig entflammen (für akk)
**zapalenie** n (-a) MED Entzündung f **zapaleniec** m (-ńca; -ńcy) Enthusiast m **zapalić** pf → zapalać **zapalniczka** f (-i; gen -czek) Feuerzeug n **zapalony** (persf –eni) passioniert, leidenschaftlich
**zapał** m (-u; -y) Begeisterung f, Eifer m **zapałka** f (-i; gen -łek) Streichholz n
**zapamiętać** pf → zapamiętywać **zapamiętywać** (-uję) ⟨**zapamiętać**⟩ (-am) sich merken
**zaparzać** (-am) ⟨**-yć**⟩ (-ę) aufgießen; **~ się** ziehen
**zapas** m (-u; -y) Vorrat m; **~y** pl Vorräte pl; **mieć w ~ie** in Reserve haben; **na ~** auf Vorrat **zapasowy** Ersatz-; **kopia** f **zapasowa** IT Sicherheitskopie f; **wyjście** n **zapasowe** Notausgang m
**zapaść**[1] pf → zapadać
**zapaść**[2] f (-ści; bpl) MED Kreislaufkollaps m
**zapchać** pf → zapychać
**zapewne** adv sicher(lich) **zapewniać** (-am) ⟨**-ić**⟩ (-ię, -nij!) gewährleisten; noclegi sorgen; prawo (zu)sichern; **~ k-o (o** lok) j-m versichern (akk) **zapewnienie** n (-a) Zusicherung f; Beteuerung f
**zapędzać** (-am) ⟨**-ić**⟩ (-ę) (hinein)treiben (**do** gen in akk); fig antreiben; **~ się** fig zu weit gehen, sich vergaloppieren
**zapiąć** pf → zapinać
**zapieczętować** pf (-uję) versiegeln **zapiekać** (-am) ⟨**zapiec**⟩ (zapiekę) überbacken **zapiekanka** f (-i; gen -nek) KU-

LIN Auflauf m; (bagietka) überbackenes Baguette mit Champignons
**zapięcie** n (-a) Verschluss m; **~ na guzik** Knopfverschluss m **zapinać** (-am) ⟨**zapiąć**⟩ (-nę) zuknöpfen; *guzik* schließen
**zapis** m (-u; -y) Aufzeichnung f; IT Speicherung f; JUR Eintrag m; *w testamencie* Vermächtnis n; *pl* Anmeldung f (**do** *gen* zu *dat*) **zapisek** m (-sku; -ski) Notiz f **zapisywać** (-uję) ⟨**zapisać**⟩ (zapiszę) vollschreiben; (*zanotować*) aufschreiben; IT speichern; *dźwięk* aufzeichnen; *w testamencie* vermachen; *sumę* gutschreiben; **~ k-o** j-n anmelden (**do** *gen* zu *dat*); **~ się** sich anmelden (**do** *gen* zu *dat*)
**zaplanowany** (ein)geplant
**zapłacić** *pf* begleichen; → płacić **zapłakany** verweint **zapłata** f (-y) (Be)Zahlung f; *rachunku* Begleichung f; *za pracę* Lohn m (*a. fig*)
**zapłodnienie** n (-a) BIOL Befruchtung f; AGR Besamung f
**zapłon** m (-u; -y) AUTO Zündung f; **włącznik** m **~u** Zündschloss n **zapłonowy**: *świeca* f **zapłonowa** AUTO Zündkerze f
**zapobiegać** (-am) ⟨**zapobiec**⟩ (*zapobiegnę*) (*dat*) verhindern (*akk*); *chorobom* vorbeugen (*dat*) **zapobieganie** n (-a; *bpl*): **~ ciąży** Verhütung f **zapobiegawczy** (-czo) vorbeugend, prophylaktisch **zapobiegliwy** (-wie) umsichtig, vorausschauend
**zapoczątkow(yw)ać** (-[w]uję) einleiten, *fam* starten **zapominać** (-am) ⟨**zapomnieć**⟩ (-nę, -nij!) (*gen*) vergessen (*akk*); (*tracić umiejętność*) verlernen (*akk*); **~ o** (*lok*) vergessen (*akk*); **~ się** sich vergessen **zapomoga** f (-i; *gen* -óg) Beihilfe f, finanzielle Unterstützung f
**zapora** f (-y; *gen* -pór) Sperre f; **~wodna** Talsperre f, Staudamm m **zaporowy**: *jezioro* n **zaporowe** Stausee m
**zapotrzebowanie** n (-a) (**na** *akk*) Bedarf m (*an dat*), Nachfrage f (*nach dat*)
**zapowiadać** (-am) ⟨**zapowiedzieć**⟩ (*zapowiem*) ankündigen; RADIO ansagen **zapowiedź** f (-dzi) Ankündigung f; (*oznaka*) Anzeichen n
**zapozna(wa)ć** (**z** *inst*) bekannt/vertraut machen (*mit*); **~ się** kennen lernen
**zapracowany** (*zajęty*) überarbeitet, (sehr) beansprucht; *sukces, pozycja* (hart) erarbeitet **zapraszać** (-am) ⟨**zaprosić**⟩ (*zaproszę*) (**na** *akk*) einladen (zu *dat*); (**do** *gen*) einladen, auffordern (zu *dat*) **zaprawa** f (-y) Übung f; BUD Mörtel m
**zaprosić** *pf* → zapraszać **zaproszenie** n (-a; *gen* -eń) Einladung f **zaprowadzać** (-am) ⟨**-ić**⟩ (-ę) (hin)bringen, (hin)geleiten; (hin)führen; *zwyczaj, modę* einführen; *porządek* schaffen
**zaprzeczać** (-am) ⟨**-yć**⟩ (-ę) (*dat*) abstreiten, bestreiten (*akk*); (*powiedzieć nie*) verneinen; **~ k-u** j-m widersprechen **zaprzeczenie** n (-a) Verneinung f (*a.* JĘZ)
**zaprzepaszczać** (-am) ⟨**zaprzepaścić**⟩ (*zaprzepaszczę*) verpassen; *talent* vergeuden
**zaprzyjaźniać się** (-am) ⟨**-ić się**⟩ (-*ię*) Freundschaft schließen (**z** *inst* mit *dat*)
**zapupuszczać** ⟨**zapuścić**⟩ *brodę* wachsen lassen; *korzenie* schlagen
**zapychać** (-am) ⟨**zapchać**⟩ (-am) verstopfen; **~ się** verstopft sein, verstopfen; *umg* (*jeść*) sich vollstopfen (**mit** *dat*)
**zarabiać** (-am) ⟨**zarobić**⟩ (-*ię*) verdienen (**na** *lok* an *dat*); *ciasto* anrühren; **~ na życie** seinen Lebensunterhalt verdienen
**zaradny** tüchtig, geschickt
**zaraz** *adv* gleich, sofort
**zaraza** f (-y) Seuche f
**zaraźliwy** (-**wie**) ansteckend **zarażać** (-am) ⟨**zarazić**⟩ (*zarażę*) (*inst*) infizieren, anstecken (**mit** *dat*)
**zardzewiały** rostig, verrostet
**zarchiwizować** *pf* → archiwizować
**zaręczać** (-am) ⟨**-yć**⟩ (-ę) versichern; **~ za** (*gen*) bürgen (für *akk*); **~ się** sich verloben **zaręczyny** *pl* (*gen* -) Verlobung f
**zarobek** m (-bku; -bki) Lohn m; *pl* Einkünfte *pl*
**zarodek** m (-dka; -dki) Embryo m; BOT Keim m
**zarost** m (-u; *bpl*) Bartwuchs m; *na piersiach* Brusthaare *pl* **zarośla** *pl* (*gen* -i) Gebüsch n **zarośnięty** (*inst*) bewachsen, zugewachsen (**mit** *dat*)
**zarozumiały** (*persf* –li) (-**le**) überheblich, hochmütig, eingebildet; *mina* arrogant
**zarówno**: **~ ..., jak** sowohl ... als auch
**zarumieniony** (*persf* –eni) gerötet; KU-LIN geröstet
**zarys** m (-u; -y) (*kontur*) Umriss m; (*szkic*) Skizze f; (*książka*) Abriss m; **w głównych**

**zarząd – zaś**

~ach in groben Zügen
**zarząd** m (-u; -y) ADMIN Verwaltung f; firmy Vorstand m **zarządzać** (-am) ⟨-ić⟩ (-ę) anordnen, verfügen; (inst) verwalten, leiten (akk) **zarządzenie** n (-a) Verordnung f, Verfügung f
**zarzucać** (-am) ⟨-ić⟩ (-ę) überwerfen; wędkę auswerfen; (obwiniać) vorwerfen; v/i pojazd schleudern **zarzut** m (-u; -y) Vorwurf m; Einwand m; **bez ~u** tadellos, einwandfrei
**zarzynać** (-am) ⟨zarżnąć⟩ (-ę) schlachten
**zasada**[1] f (-y) Prinzip n; (reguła) Regel f; **zasady** Konditionen pl; **z zasady** grundsätzlich, aus Prinzip **zasada**[2] f (-y) CHEM Base f **zasadniczy** (-czo) grundsätzlich; **ustawa** f **zasadnicza** Grundgesetz n
**zasadzać** (-am) ⟨-ić⟩ (-ę) anpflanzen, einpflanzen; **~ się (na** lok) sich gründen, fußen (auf dat); **~ się na k-o** j-m auflauern
**zasiedlać** (-am) ⟨-ić⟩ (-lę) besiedeln
**zasięg** m (-u; bpl) Reichweite f, Bereich m; **w ~u wzroku** in Sichtweite; **dalekiego ~u** MIL Langstrecken-
**zasilać** (-am) versorgen **zasiłek** m (-łku; -łki) Beihilfe f; **~ chorobowy** Krankengeld n; **~ mieszkaniowy** Wohngeld n; **~ dla bezrobotnych** Arbeitslosengeld n; **~ socjalny** Sozialhilfe f
**zaskakiwać** (-uję) ⟨zaskoczyć⟩ (-ę) v/t überraschen; v/i TECH einrasten; (zrozumieć) umg schnallen **zaskakujący** (-co) überraschend, verblüffend **zaskarżać** (-am) ⟨-yć⟩ (-ę): **~ (do sądu)** verklagen; wyrok anfechten
**zaskoczenie** n (-a) Überraschung f **zaskoczony** (persf –eni) überrascht **zaskoczyć** pf → zaskakiwać
**zasłabnąć** pf (-nę) einen Schwächeanfall bekommen, umg umkippen **zasłaniać** (-am) ⟨zasłonić⟩ (-ię) bedecken; widok verdecken; twarz verhüllen; (chronić) schützen; **~ usta ręką** die Hand vor den Mund halten; **~ się** sich schützen **zasłona** f (-y) Vorhang m **zasłonić** pf → zasłaniać
**zasługa** f (-i) Verdienst n **zasługiwać** (-uję) ⟨zasłużyć⟩ (-ę) **(na** akk) verdienen (akk), wert sein (gen); **~ na uwagę** beachtenswert sein **zasłużony** (persf –eni) verdient; odpoczynek wohlverdient

**zasnąć** pf; → zasypiać[1]
**zasób** m (-obu; -oby) Vorrat m; **zasoby (naturalne)** Ressourcen pl; Bodenschätze pl; **~ słownictwa** Wortschatz m
**zaspa** f (-y) Schneewehe f **zaspać*** pf → zasypiać[2] **zaspany** verschlafen
**zaspokajać** (-am) ⟨zaspokoić⟩ (zaspokoję) stillen; potrzeby befriedigen
**zastać*** pf → zastawać
**zastanawiać** (-am) ⟨zastanowić⟩ (-ię): **~ k-o** j-m zu denken geben; **~ się (nad** inst) überlegen (akk) **zastanów się!** überleg es dir! **zastanowienie** n (-a; bpl) Überlegung f
**zastaw** m (-u; -y) Pfand n; **dać** pf **w ~** verpfänden **zastawa** f (-y): **~ stołowa** Tafelservice n; **~ do kawy** Kaffeeservice n **zastawać** ⟨zastaję⟩ ⟨zastać⟩ ⟨zastanę⟩ antreffen; **czy zastałem ...?** ist ... zu sprechen?
**zastąpić** pf → zastępować **zastępca** m (-y; gen -ów), **zastępczyni** f (-i; -e) Stellvertreter(in) m(f); **~ dyrektora** stellvertretender Direktor m **zastępczo** adv stellvertretend; ersatzweise **zastępczy** Ersatz-; **środek** behelfsmäßig **zastępować** (-uję) ⟨zastąpić⟩ (-ię) w **pracy** vertreten **zastępstwo** n (-a) Vertretung f
**zastosowanie** n (-a) Anwendung f; Verwendung f
**zastój** m (-oju; -oje) Stagnation f
**zastraszający** (-co) erschreckend **zastraszyć** pf (-ę) einschüchtern
**zastrzegać** (-am) ⟨zastrzec*⟩ (zastrzegę): **~ (sobie)** sich vorbehalten; **~ się** vorwegerklären **zastrzeżenie** n (-a) w **umowie** Vorbehalt m **zastrzeżony** czek gesperrt; numer Geheim-
**zastrzyk** m (-u; -i) Injektion f, umg Spritze f
**zasuwa** f (-y) (Tür)Riegel m
**zasychać** (-am) ⟨zaschnąć⟩ (-nę) eintrocknen **zasypać** pf → zasypywać **zasypiać**[1] (-am) ⟨zasnąć⟩ (-nę) einschlafen **zasypiać**[2] (-am) ⟨zaspać⟩ verschlafen **zasypywać** (-uję) ⟨zasypać⟩ (-ię) dół zuschütten; górników verschütten
**zaszczyt** m (-u; -y) Ehre f; **~y** pl Ehrungen pl
**zaszkodzić** pf → szkodzić **zaszywać** (-am) ⟨zaszyć⟩ (zaszyję) zunähen
**zaś** konj hingegen; partikel jedoch, aber

## zaśnieżony – zawód ■ 255

**zaśnieżony** schneebedeckt, verschneit
**zaświadczać** (-am) ⟨-yć⟩ (-ę) bezeugen, bestätigen; *pisemnie* bescheinigen **zaświadczenie** n (-a; gen -eń) Bescheinigung f
**zaświecić** pf (-ę) einschalten, *umg* anmachen; **~ się** angehen
**zatapiać** (-am) ⟨**zatopić**⟩ (-ię) versenken
**zatkać** pf → zatykać **zatłoczony** gesteckt voll, proppenvoll; *ulica* überfüllt
**zatłuszczony** fettig, speckig **zatłuścić** pf → tłuścić
**zatoka** f (-i) Bucht f
**zator** m (-u; -y) Stau m; MED Embolie f
**zatrucie** n (-a) MED Vergiftung f **zatruć** pf: **~ się** (*inst*) sich vergiften (mit *dat*); → zatruwać
**zatrudniać** (-am) ⟨-ić⟩ (-ię) beschäftigen, anstellen; **firma zatrudni ...** gesucht wird ..., wir suchen ... **zatrudnienie** n (-a) Beschäftigung f, Arbeitsstelle f **zatrudniony** (*persf* –eni) (**w** *lok*) beschäftigt, angestellt (bei *dat*)
**zatruty** vergiftet **zatruwać** (-am) ⟨**zatruć**⟩ (*zatruję*) vergiften
**zatrzask** m (-u; -i) Schnappschloss n; *w ubraniu* Druckknopf m
**zatrząść*** pf → trząść **zatrzeć*** pf → zacierać
**zatrzymywać** (-uję) ⟨**zatrzymać**⟩ (-am) anhalten; (*nie puszczać*) aufhalten; (*zachować*) behalten; *złodzieja* festnehmen; **~ się** v/i (*niechodzić*) anhalten; *osoba, czas* stehen bleiben; *w podróży* haltmachen; *w hotelu* absteigen
**zatwardzenie** n (-a) MED Stuhlverstopfung f **zatwierdzać** (-am) ⟨-ić⟩ (-ę) bestätigen; *projekt* genehmigen; *ustawę* verabschieden
**zatyczka** f (-i; gen -czek) Stöpsel m **zatykać** (*zatykam*) ⟨**zatkać**⟩ zustopfen; *butelkę* zustöpseln; **zatkało mnie** *umg* ich war völlig baff; **~ się** verstopft sein
**zaufanie** n (-a) Vertrauen n; **brak zaufania** Misstrauen n; **w zaufaniu** vertraulich **zaufany** vertraut
**zautomatyzowany** automatisiert
**zauważać** (-am) ⟨-yć⟩ (-ę) bemerken **zawadzać** (-am) ⟨-ić⟩ (-dzę) (**o** *akk*) stoßen (gegen *akk*)
**zawalać** (-am) ⟨-ić⟩ (-lę) zuschütten; *przejście* versperren; *umg* verhauen; **wszystko ~** *umg* alles vermasseln, Mist

bauen; **~ się** einstürzen; *fig* zusammenbrechen
**zawał** m (-u; -y) Herzinfarkt m
**zawartość** f (-ści) Inhalt m; *alkoholu, tłuszczu* Gehalt m **zawarty** enthalten (**w** *lok* in *dat*)
**zawczasu** *adv* rechtzeitig, beizeiten **zawdzięczać** (-am) verdanken
**zawiadamiać** (-am) ⟨**zawiadomić**⟩ (-ię) (**o** *lok*) benachrichtigen (von *dat*); verständigen, unterrichten (von *dat*) **zawiadomienie** n (-a) Benachrichtigung f
**zawiadowca** m (-y; gen -ów): **~ stacji** Stationsvorsteher m
**zawias** m (-u; -y) Scharnier n; Angel f
**zawiązywać** (-uję) ⟨**zawiązać**⟩ (*zawiążę*) zubinden; *krawat* binden; *chustę* umbinden; *oczy* verbinden; *spółkę* gründen; **~ się** *fig* sich bilden
**zawieja** f (-ei; -e; gen -ei) Schneesturm m, Schneegestöber n **zawierać** (-am) ⟨**zawrzeć**⟩ (*zawrę*) *pokój, umowę, małżeństwo* schließen **zawiesić** pf → zawieszać
**zawieszać** (-am) ⟨**zawiesić**⟩ (*zawieszę*) aufhängen; *okno* verhängen; *działalność* einstellen; **~ w czynnościach urzędowych** vom Dienst suspendieren; **~ w grze** SPORT sperren; **~ się** IT abstürzen **zawieszenie** n (-a) MOT Aufhängung f; **~ broni** Waffenruhe f; **z ~m** JUR auf Bewährung
**zawieźć*** pf → zawozić
**zawijać** (-am) ⟨**zawinąć**⟩ (*zawinę*) einwickeln; *rękawy* hochkrempeln; **~ do portu** MAR in den Hafen einlaufen; **~ się** einen Knick bekommen **zawiły** (-le) wirr; kompliziert **zawinąć** pf → zawijać
**zawiść** f (-ści; *bpl*) Neid m, Missgunst f
**zawodowiec** m (-wca; -wcy) SPORT Berufssportler m, *umg* Profi(spieler) m **zawodowy** Berufs-; **związek m ~** Gewerkschaft f **zawodówka** f (-i; gen -wek) *umg* Berufsschule f **zawody** pl (gen -ów) SPORT Wettkampf m, Wettbewerb m
**zawodzić** (*zawodzę*) ⟨**zawieść**⟩ (*zawiodę*) enttäuschen; *v/i system, siły* versagen (*a*. TECH)
**zawozić** (*zawożę*) ⟨**zawieźć**⟩ (*zawiozę*) (hin)fahren, (hin)bringen
**zawód**[1] m (-wodu; -wody) Beruf m **zawód**[2] m (-wodu; -wody) Enttäuschung f; **spotkał go ~** es war für ihn eine Ent-

**Z**

täuschung; **sprawić** pf **~ k-u** j-n enttäuschen (akk), j-m eine Enttäuschung bereiten
**zawór** m (-oru; -ory) TECH Ventil n
**zawracać** (-am) ⟨**zawrócić**⟩ (-ę) v/i umkehren, kehrtmachen; AUTO wenden; **nie zawracaj mi głowy!** lass mich in Ruhe!
**zawrócić** pf; → zawracać **zawrzeć** pf; → zawierać **zawstydzać** (-am) ⟨-ić⟩ (-ę) beschämen **zawstydzony** (persf –eni) beschämt
**zawsze** adv immer; partikel immerhin; **na ~ für immer**
**zawyżać** (-am) ⟨-yć⟩ (-ę) hochtreiben; poziom zu hoch ansetzen
**zawzięty** (persf –ci) (-cie) verbissen; walka erbittert
**zazdrosny** (persf –śni) (-śnie) eifersüchtig (**o** akk auf akk); (zawistny) neidisch **zazdrościć** (zazdroszczę): **~** (gen) **k-u** j-n beneiden (um akk); j-m missgönnen (akk) **zazdrość** f (-ści; bpl) Eifersucht f; (zawiść) Neid m, Missgunst f
**zazieleniać** (-am) ⟨-ić⟩ (-ię) begrünen; **~ się** grün werden
**zaznaczać** (-am) ⟨-yć⟩ (-ę) markieren; (podkreślić) betonen
**zazwyczaj** adv gewöhnlich, in der Regel
**zażalenie** n (-a) Beschwerde f
**zażenowanie** n (-a; bpl) Verlegenheit f
**zażenowany** verlegen
**zażyć** pf; **~** zażywać **zażyłość** f (-ści; bpl) Vertrautheit f **zażyły** vertraut, eng **zażywać** (-am) ⟨**zażyć**⟩ (zażyję) lek einnehmen; spokoju, kąpieli, wolności genießen
**ząb** m (zęba; zęby) Zahn m; widelca Zinke f; pl TECH Zähne m/pl; **~ mądrości** Weisheitszahn m **ząbek** m (-bka; -bki) dim Zähnchen n, **~ czosnku** Knoblauchzehe f **ząbkować** (-uję) zahnen
**zbaczać** (-am) ⟨**zboczyć**⟩ (-ę) v/i abbiegen; droga abgehen; z kursu, z tematu abkommen
**zbankrutowany** bankrott, umg pleite
**zbawienie** n (-a) REL Erlösung f
**zbędny** überflüssig; unnötig
**zbić** pf zusammenschlagen; kieliszek zerbrechen; szybę einschlagen; kolano aufschlagen
**zbiec** pf → zbiegać **zbieg** m (-a; -owie) Ausbrecher m, Entflohene(r) m **zbiegać** (-am) ⟨**zbiec**⟩ (zbiegnę) herunterlaufen, hinunterlaufen; (uciec) entfliehen; **~ po schodach** die Treppe herunterlaufen; **~ się** zusammenlaufen; w czasie zusammenfallen; materiał einlaufen
**zbieracz** m (-a; -e), **zbieraczka** f (-i; gen -czek) Sammler(in) m(f); AGR Pflücker(in) m(f) **zbierać** (-am) ⟨**zebrać**⟩ ⟨zbiorę⟩ sammeln; (zwoływać) versammeln; AGR pflücken; **~ pieniądze** Geld zurücklegen; **~ się** sich versammeln; rzeczy, substancje sich ansammeln; **~ się do drogi** sich auf den Weg machen; **zbiera się na deszcz** es sieht nach Regen aus; **zbiera mi się na wymioty** mir ist übel; **zbierało mu się na płacz** er war dem Weinen nahe **zbierajmy się!** lass uns gehen!
**zbieżność** f (-ści) Übereinstimmumg f
**zbiornik** m (-a; -i) Behälter m
**zbiorowisko** n (-a) Ansammlung f **zbiorowy** (-wo) gemeinschaftlich, kollektiv; fotografia Gruppen-; zamówienie Sammel- **zbiór** m (zbioru; zbiory) Sammlung f; MAT Menge f **zbiórka** f (-i; gen -rek) Treffpunkt m; MIL Appell m; makulatury, złomu Sammlungsaktion f
**zbliżać** (-am) ⟨**zbliżyć**⟩ (-ę) näher halten (**do** gen an akk); **~ do siebie** fig (einander) näherbringen; **~ się** sich nähern, näher kommen; fig nahen; burza aufziehen; **~ się do siebie** fig sich näherkommen **zbliżenie** n (-a; gen -eń) Annäherung f; FOTO, FILM Nahaufnahme f; (stosunek płciowy) Geschlechtsverkehr m **zbliżyć** pf → zbliżać
**zbocze** f (-a) (Berg)Hang m **zboczenie** n (-a): **~** (**seksualne**) (sexuelle) Perversion f **zboczeniec** m (-ńca; -ńcy): **~** (**seksualny**) sexueller Psychopath m, pervers veranlagter Mann m **zboczyć** pf → zbaczać
**zborny**: **punkt ~** Treffpunkt m, Sammelplatz m
**zboże** n (-a; gen zbóż) Getreide n, Korn n
**zbrodnia** f (-i; -e) (Schwer)Verbrechen n **zbrodniczy** (**-czo**) verbrecherisch
**zbroić** ⟨u-⟩ (-ję, zbrój!) bewaffnen (**się** sich); TECH bewehren; **~ się** a. aufrüsten v/i **zbrojenia** pl (gen -eń) MIL Aufrüstung f **zbrojnie** adv mit der Waffe, mit Waffengewalt **zbrojony**: beton m **~** Stahlbeton m
**zbrzydnąć** pf → brzydnąć
**zbulwersowany** schockiert, entsetzt

**zbyć\*** *pf;* → zbywać **zbyt** *m (-u; bpl)* EKON Absatz *m*; **cena** *f* ~**u** Verkaufspreis *m*, Abgabepreis *m*; **rynek** *m* ~**u** Absatzmarkt *m*

**zbyteczny** überflüssig, unnötig **zbytek** *m (-tku; -tki)* Luxus *m*, Überfluss *m*
**zbytni** übertrieben
**zbywać** *(-am)* ⟨**zbyć**⟩ *(zbędę)* veräußern, verkaufen; ~ **k-o** *(inst)* j-n abspeisen, vertrösten *(mit dat)*; **nie zbywa mu na** *(lok)* es fehlt ihm nicht an *(dat)*
**zdać** *pf:* ~ **egzamin** eine Prüfung bestehen; *fig* sich bewähren; ~ **do następnej klasy** in die nächste Klasse versetzt sein; ~ **na studia** einen Studienplatz bekommen; ~ **się** *umg* brauchbar sein, nützlich sein **(na** *akk* für *akk)*; → zdawać
**zdanie** *n (-a; gen -ań)* Meinung *f*; GRAM Satz *m*; ~ **podrzędne** GRAM Nebensatz *m*; **moim** ~ **m** meiner Meinung nach
**zdarzać się** *(-am)* ⟨**-yć się**⟩ passieren, sich ereignen; vorkommen **zdarzenie** *n (-a; gen -eń)* Ereignis *n*; Begebenheit *f*
**zdatny** geeignet **(do** *gen* zu *dat)*; **woda** *f* **zdatna do picia** Trinkwasser *n*; ~ **do użytku** gebrauchsfähig
**zdawać** *(zdaję)* ⟨**zdać**⟩ *(-am)* egzamin ablegen; *(przekazywać)* übergeben; *bagaż* aufgeben; **zdawać na studia** sich um einen Studienplatz bewerben; ~ **sobie sprawę z** *(gen)* sich bewusst sein *(gen)*; ~ **się (na** *akk)* sich verlassen (auf *akk*); **zdaje mi się, że ...** es scheint mir, dass ...; **zdawało ci się** das hast du dir eingebildet
**zdechły** *zwierzę* tot **zdechnąć** *pf* → zdychać
**zdejmować** *(-uję)* ⟨**zdjąć**⟩ *(zdejmę)* ausziehen; *okulary* abnehmen
**zdenerwowany** nervös, aufgeregt
**zderzać się** *(-am)* ⟨**-yć się**⟩ *(zderzę)* zusammenstoßen **(z** *inst* mit *dat)* **zderzak** *m (-a; -i)* AUTO Stoßstange *f*; *wagonu* Puffer *m* **zderzenie** *n (-a)* AUTO Zusammenstoß *m*
**zdjąć** *pf* → zdejmować
**zdjęcie** *n (-a)* FOTO Foto *n*
**zdobniczy** *element* dekorativ, Schmuck-
**zdobycie** *n (-a)* MIL Eroberung *f* **zdobyć\*** *pf* → zdobywać **zdobycz** *f (-y; -e)* Beute *f* **zdobyczny** erbeutet **zdobywać** *(-am)* ⟨**zdobyć**⟩ *(zdobędę)* gewinnen; *pozycję, władzę* erlangen; MIL erobern; *szczyt* bezwingen; *wiedzę* erwerben; *bramkę, punkty* erzielen; *(dostać)* *umg* ergattern, kriegen **zdobywca** *(-y; gen -ów)* Gewinner *m*; MIL Eroberer *m*
**zdolność** *f (-ści)* Fähigkeit *f*, Vermögen *n*; **zdolności** *pl* **(do** *gen)* Begabung *f*, Talent *n* (zu *dat*) **zdolny** begabt, talentiert; ~ **do** *(gen)* fähig (zu *dat*); ~ **do pracy** arbeitsfähig
**zdołać** *pf (-am):* ~ (+ *inf*) imstande sein (zu + *inf*), vermögen (zu + *inf*), können (+ *inf*)
**zdrada** *f (-y)* Verrat *m*; *męża, żony, partnera* Betrug *m*; ~ **małżeńska** Ehebruch *m*
**zdradzać** *(-am)* ⟨**-ić**⟩ *(-dzę)* verraten; *męża, żonę, partnera* betrügen *(akk)*; ~ **się** sich verraten **zdradziecki** verräterisch; *(zdradliwy)* heimtückisch **zdrajca** *m (-y; gen -ów)*, **zdrajczyni** *f (-i; -e)* Verräter(in) *m(f)*
**zdrobnienie** *n (-a)* JĘZ Diminutivform *f*, Verkleinerungsform *f*
**zdrowie** *n (-a; bpl)* Gesundheit *f*; **na** ~**!** *(toast)* zum Wohl!; *przy kichaniu* Gesundheit! **zdrowotny: urlop** *m* ~ Krankenurlaub *m* **zdrowy (-wo)** gesund *(a. fig)*
**zdruzgotany** zerschmettert, zertrümmert; *fig* niedergeschlagen, völlig verzweifelt
**zdrzemnąć się** *pf (-nę)* einnicken; ein Nickerchen machen
**zdumienie** *n (-a; bpl)* Erstaunen *n* **zdumiewający (-co)** erstaunlich, verblüffend **zdumiony** erstaunt, verblüfft
**zdwajać** *(-am)* ⟨**zdwoić**⟩ *(zdwoję)* verdoppeln
**zdychać** *(-am)* ⟨**zdechnąć**⟩ *(-nę, -ł)* zwierzę verenden; *pop* krepieren
**zdzierać** *(-am)* ⟨**zedrzeć**⟩ *(zedrę)* abreißen; *skórkę* abziehen; MED abschürfen
**zdzira** *f (-y) pej umg* Schlampe *f*
**zdziwić** *pf* → dziwić **zdziwienie** *n (-a)* Verwunderung *f*
**ze** *präp:* ~ **srebra** aus Silber
**zebra** *f (-y)* ZOOL Zebra *n*; *na ulicy* Zebrastreifen *m*
**zebrać\*** *pf;* → zbierać **zebranie** *f (-a)* Versammlung *f*
**zedrzeć\*** *pf* → zdzierać; drzeć
**zegar** *m (-a; -y)* Uhr *f* **zegarmistrz** *m (-a; -e od -owie)* Uhrmacher *m*
**zegnać** *pf* → zganiać **zejść\*** *pf* → schodzić
**zelówka** *f (-i; gen -wek)* Schuhsohle *f*

**zemdleć** pf (-eję) in Ohnmacht fallen f
**zemsta** f (-y) Rache f
**zepchnąć** pf → spychać
**zepsuty** defekt, beschädigt, umg kaputt; jedzenie verdorben (a. fig)
**zero** n (-a; gen -) Null f; MAT null (a. fig);; **jest siódma ~** es ist Punkt sieben; **dwa do zera** SPORT zwei zu null
**zerwać*** pf → zrywać **zeschnąć się** pf → zsychać się **zeskakiwać** (-uję) ⟨**zeskoczyć**⟩ (-ę) (**z** gen) abspringen, hinunterspringen (von dat) **zeskanować** pf → skanować **zeskrobywać** (-uję) ⟨**zeskrobać**⟩ (-ię) abkratzen
**zespawać** pf → spawać **zespołowy** (-wo) kollektiv, gemeinsam **zespół** m (-ołu; -oły) (Arbeits)Team n; TEATR Ensemble n; MUS Band f; TECH Aggregat n
**zestaw** m (-u; -y) Zusammenstellung f; narzędzi Satz m **zestawiać** ⟨-am⟩ ⟨**-ić**⟩ (-ię) zusammensetzen, zusammenstellen, kombinieren; (postawić obok siebie) zusammenschieben; **~ z** (gen) herunterholen (von dat); (porównywać) vergleichen (mit dat), gegenüberstellen (dat) **zestawienie** n (-a) Kombination f; (spis) Zusammenstellung f; **w zestawieniu z** (inst) im Vergleich zu (dat)
**zeszłoroczny** vorjährig, aus dem letzten Jahr **zeszły** vorig, vergangen, letzt
**zeszyt** m (-u; -y) Heft n
**zetknąć** pf → stykać **zetrzeć*** pf → ścierać
**zewnątrz: na ~** adv nach außen (a. fig); außen; draußen; **z ~** von außen; **temperatura f na ~** Außentemperatur f **zewnętrzny** Außen-; podobieństwo äußerlich

spiel n
**zgadzać się** ⟨-am⟩ ⟨**zgodzić się**⟩ (-ę): **~ na** (akk) (udzielać zgody) einverstanden sein (mit dat), zustimmen (dat); **~ z** (inst) (przyznawać rację) mit j-m einig sein; einverstanden sein (mit dat); **~** (rozumieć się) sich verstehen; rachunek, kopia übereinstimmen (**z** inst mit dat); **zgadza się!** stimmt!; **coś się tu nie zgadza** hier stimmt etwas nicht; **zgadzam się!** einverstanden!
**zgaga** f (-i; bpl) Sodbrennen n
**zganiać**[1] ⟨-am⟩ ⟨**zegnać**⟩ (-am) zusammentreiben **zganiać**[2] ⟨-am⟩ ⟨**zgonić**⟩ (-ię): **~ na k-o** umg auf j-n abwälzen
**zgiąć** pf → zginać; giąć
**zgięty** (persf -ci) drut gebogen; plecy krumm
**zginać** ⟨-am⟩ ⟨**zgiąć**⟩ (zegnę) krümmen; drut (ver)biegen; kartkę knicken; **~ się** sich beugen; drut sich verbiegen; kartka knicken **zginąć** pf → ginąć
**zgliszcza** pl (-) Brandstätte f
**zgłaszać** ⟨-am⟩ ⟨**zgłosić**⟩ (zgłoszę) melden; kradzież anzeigen; sprzeciw erheben; **~ się** sich melden; **~ się do** (gen) sich anmelden (zu dat); **~ się na ochotnika** sich freiwillig melden
**zgłosić** pf → zgłaszać **zgłoska** f (-i; gen -sek) Silbe f **zgłoszenie** n (-a) (zawiadomienie) Meldung f; kradzieży Anzeige f
**zgniatać** ⟨-am⟩ ⟨**zgnieść***⟩ (zgniotę) zerdrücken; papier zerknüllen
**zgnić** pf → gnić **zgniły** owoce verfault; zapach moderig; liście vermodert; kolor gedämpft
**zgoda** f (-y; bpl) Frieden m, friedliches Miteinander n; (zezwolenie Einverständnis n; **wyrazić** pf **zgodę** (**na** akk) einwilligen (in akk) **dojść** pf **do zgody** Einigung erzielen (**w** lok in dat); **~!** einverstanden!, abgemacht! **żyć w zgodzie** friedlich miteinander leben **zgodny** osoba friedlich; para harmonisch; (jednomyślny) einmütig; IT kompatibel; **być ~m z** (inst) übereinstimmen (mit dat); **~ z przepisami** vorschriftsgemäß **zgodzić się** pf → zgadzać się
**zgon** m (-u; -y) ofic Tod m, Ableben n **zgonić** pf → zganiać[2]
**zgorszenie** n (-a) Empörung f, Entrüstung f; **wywołać** pf **~** Anstoß erregen
**zgorzkniały** (persf -li) osoba, mina ver-

bittert, verhärmt
**zgrabny** hübsch; (elegancki) elegant; (zręczny) geschickt
**zgrany** (gut aufeinander) eingespielt
**zgromadzenie** n (-a) Ansammlung f; (zebranie) Versammlung f
**zgrubienie** n (-a) Verdickung f
**zgrupowanie** n (-a) Gruppierung f; MIL Konzentration f; SPORT Trainingslager n
**zgryźliwy (-wie)** gehässig, boshaft
**zgrzebło** n (-a) do koni Striegel m
**zgrzytać** (-am) ⟨-nąć⟩ (-nę) hamulce, drzwi quietschen
**zguba** f (-y) verlorener Gegenstand m, Verlust m; fig Untergang m **zgubić** pf → zgubiać **zgubiony** (persf -eni) verloren
**ziarnisty** körnig; **kawa** f **ziarnista** Bohnenkaffee m **ziarno** n (-a; gen -ren) Korn n; fasoli Bohne f; do siewu Saat f
**ziele** n (-a; zioła; gen ziół) (Heil)Pflanze f, (Heil)Kraut n **zieleniak** m (-a; -i) umg (sklep) Gemüseladen m; (targ) Gemüsemarkt m **zieleniec** m (-ńca; -ńce) Grünanlage f **zielenina** f (-y) KULIN Grünzeug n **zieleń** f (-ni; -nie) Grün n **zielony (-no)** grün
**ziemia** f (-i; -e) Boden m; (gleba) Erde f; (grunt) (Acker)Land n; **Ziemia** (bpl) ASTRON Erde f; **pod ziemią** unter der Erde; **do (samej) ziemi** bodenlang; **upaść** pf **na ziemię** auf den Boden fallen **ziemniaczany** KULIN Kartoffel- **ziemniak** m (-a; -i) Kartoffel f **ziemny** wał, prace Erd- **ziemski** atmosfera, kula Erd-; (doczesny) irdisch
**ziewać** (-am) ⟨-nąć⟩ (-nę) gähnen
**zięć** m (-cia; -ciowie) Schwiegersohn m
**zima** f (-y) Winter m; **zimą** im Winter
**zimno¹** n (-a) Kälte f; **drżeć z zimna** vor Kälte zittern
**zimno²** adv kalt; fig kühl, kalt; **~ mi** mir ist kalt; **zrobiło się ~** es ist kalt geworden; **w mieszkaniu jest ~** es ist kalt in der Wohnung; **~ mi w nogi** mir ist kalt an den Füßen; **~ jak w psiarni** umg saukalt; **podawać na ~** KULIN kalt servieren **zimny (-no²)** kalt (a. fig) **zimować** ⟨prze-⟩ (-uję) überwintern; umg uczeń sitzen bleiben **zimowy** winterlich, Winter-
**ziołolecznictwo** n (-a; bpl) Pflanzenheilkunde f
**ziomkostwo** n (-a) POL Vertriebenenverband m

**zjawa** f (-y) Gespenst n **zjawiać się** (-am) ⟨-ić się⟩ (-ię) (przybywać) erscheinen **zjawisko** n (-a) Phänomen n; fig Erscheinung f
**zjazd** m (-u; -y) Abfahrt f; SPORT Abfahrtslauf m; (zebranie) Tagung f **zjechać\*** pf: **~ k-o** umg j-n herunterputzen, j-n zur Schnecke machen; **książkę** umg verreißen; → zjeżdżać
**zjednoczenie** n (-a) Vereinigung f; (organizacja) Verband m, Trust m **zjednoczony** vereinigt **zjednoczyć** pf → jednoczyć
**zjednywać** (-uję) ⟨zjednać⟩ (pozyskać) gewinnen **zjeść\*** pf aufessen **zjeżdżać** (-am) ⟨zjechać⟩ (zjade) hinabfahren, hinunterfahren; (zsunąć się) umg herunterrutschen; **~ z autostrady** die Autobahn verlassen; **zjeżdżaj!** pop hau ab!; **~ się** zusammenkommen, zusammentreffen
**zlać** pf: **~ k-o** umg j-n verprügeln **zlatywać** (-uję) ⟨zlecieć⟩ (-cę) (hinunter)fliegen; czas umg schnell vergehen; **~ się** sich versammeln
**zlecać** (-am) ⟨-ić⟩ (-cę): **~ k-u** (akk) j-n beauftragen (mit dat); j-n betrauen (mit dat) **zlecenie** n (-a) Auftrag m; **~ wypłaty** Zahlungsanweisung f **zleceniodawca** m (-y; gen -ów) Auftraggeber m **zlecić** pf → zlecać
**zlecieć** pf → zlatywać
**zlepiać** (-am) ⟨-ić⟩ (-ię) zusammenkleben; **~ się** v/i zusammenkleben
**zlew** m (-u; -y) Spülbecken n, Spüle f **zlewać** (-am) ⟨zlać⟩ (zleję) (odlać) abgießen, abfüllen; do jednego naczynia zusammenschütten, zusammengießen; **~ się** fig zusammenfließen **zlewozmywak** m (-a; -i) Spüle f
**zlizywać** (-uję) ⟨zlizać⟩ (zliżę) ablecken
**zlot** m (-u; -y) (zjazd) Treffen n; ptaków Versammlung f
**złagodzenie** n (-a) Linderung f; **~ kary** Strafmilderung f
**złamać** pf; → łamać **złamanie** n (-a) MED Bruch m
**złącze** n (-a; gen -y) TECH Verbindung f
**zło** n (-a, dat lok złu; bpl) Böse(s) n; **mniejsze ~** das kleinere Übel f; **~ konieczne** notwendiges Übel n
**złocić** ⟨po-⟩ (-cę) vergolden
**złoczyńca** m (-y; gen -ów) Übeltäter m,

Verbrecher *m*

**złodziej** *m (-a; -e)* Dieb *m*; **~ samochodów** Autodieb *m* **złodziejski** diebisch, Diebes- **złodziejstwo** *n (-a; bpl)* Diebstahl *m*

**złom** *m (-u; bpl)* Schrott *m* **złomować** *(-uję)* verschrotten; MAR abwracken

**złościć** *(złoszczę)* ärgern, aufbringen; **~ się** sich ärgern **(na** *akk* über *akk)* **złość** *f (-ci; bpl)* Ärger *m*, Wut *f*; **na ~k-u** j-m zum Trotz; **jak na ~** zu allem Übel; **ze złością** verärgert, böse; **w złości** im Zorn **złośliwość** *f (-ści; bpl)* Boshaftigkeit *f*; *losu* Tücke *f* **złośliwy (-wie)** boshaft, gehässig; MED bösartig

**złotnik** *m (-a; -cy)* Goldschmied *m* **złoto** *n (-a)* Gold *n* **złotówka** *f (-i; gen -wek)* Einzlotymünze *f*, Einzlotystück *n* **złoty**[1] **(-to)** *(ze złota)* golden, Gold-; *kolor* goldfarben, golden **złoty**[2] *m (-ego; -e)* Zloty *m*

**złożenie** *n (-a)* JĘZ Zusammensetzung *f*, Kompositum *n*; **~ zeznań** JUR (Zeugen)Aussage *f*; *podania* Einreichung *f*; *wieńca* Niederlegung *f* **złożony** komplex; **być ~m z** *(gen)* bestehen, zusammengesetzt sein (aus *dat)*; JĘZ zusammengesetzt **złożyć** *pf* → składać

**złudzenie** *n (-a gen -eń) (wrażenie zmysłowe)* (Sinnes)Täuschung *f*, Einbildung *f*; *(iluzja)* Illusion *f*; **złudzenia** *pl (mrzonki)* Illusionen *pl*

**zły** *(persf źli)* **(źle)** schlecht; *los, wiadomości* schlimm; *osoba, intencje* böse; *(fałszywy)* falsch; **brać** *od* **mieć za złe** übelnehmen; **jesteś na mnie ~?** bist du böse auf mich?

**zmarły** *(persf -li)* verstorben **zmartwienie** *n (-a; gen -eń)* Sorge *f*, Kummer *m* **zmartwiony** *(persf -eni)* besorgt, bekümmert, betrübt

**zmartwychwstanie** *n (-a; bpl)* REL Auferstehung *f*

**zmarznięty** [-r.z-] frierend; erfroren **zmęczenie** *n (-a; bpl)* Müdigkeit *f*; *materiału* Ermüdung *f* **zmęczony** *(persf -eni)* müde

**zmiana** *f (-y; gen -)* Änderung *f*; *tematu* Wechsel *m*; *(przemiana)* Veränderung *f*; *(praca)* Schicht *f*; **praca f na zmiany** Schichtarbeit *f*; **na zmianę** abwechselnd **zmieniać** *(-am)* ⟨-ić⟩ *(-ię)* ändern; *miejsce, pościel* wechseln; *zawodnika* auswechseln; *głos* verstellen; *(odmieniać)* verändern; **~ k-o** j-n ablösen **(przy** *lok* bei

*dat)*; **~ bieg** AUTO in einen anderen Gang schalten; **~ się** sich (ver)ändern; *(zastępować się)* sich abwechseln **zmienny** unbeständig; *wiatr* drehend

**zmierzać** *(-am)* **(do** *gen)* sich zubewegen (auf *akk)*; *(dążyć)* anstreben *(akk)*

**zmieszać** *pf* → mieszać **zmieszanie** *n (-a; bpl)* Verlegenheit *f*, Verwirrung *f* **zmiękczacz** *m (-a; -e)* Weichspüler *m* **zmiękczać** *(-am)* ⟨-yć⟩ *(-ę)* weich machen; JĘZ palatalisieren

**zmniejszać** *(-am)* ⟨-yć⟩ *(-ę)* format verkleinern; *tempo* verringern; *karę* mildern; *niebezpieczeństwo* vermindern; **~ się** sich verringern; sich vermindern **zmniejszenie** *n (-a; bpl)* Verkleinerung *f*; Verringerung *f*; Verminderung *f*

**zmotoryzowany** motorisiert **zmowa** *f (-y; gen -ów)* Verschwörung *f*, Komplott *n*

**zmówić** *pf* → zmawiać **zmrok** *m (-u; bpl)* (Abend)Dämmerung *f* **zmuszać** *(-am)* ⟨zmusić⟩ *(zmuszę)* **(do** *gen)* zwingen (zu *dat)*; JUR nötigen (zu *dat)*; **~ się** sich zwingen **zmuszony** gezwungen; genötigt

**zmylić** *pf* → mylić **zmysł** *m (-u; -y)* Sinn *m*; **~ smaku** Geschmack(s)sinn *m*; **~ dotyku** Tastsinn *m*; **postradać** *pf* **~y** den Verstand verlieren **zmysłowo** *adv* sinnlich, mit den Sinnen; *(erotycznie)* sinnlich, leidenschaftlich **zmysłowy** Sinnes-, sinnlich; *(erotyczny)* sinnlich, leidenschaftlich

**zmyślać** *(-am)* ⟨-ić⟩ *(-ę)* sich ausdenken, erfinden; *(kłamać)* umg flunkern **zmyślony** (frei) erfunden, fiktiv; gelogen **zmywać** *(-am)* ⟨zmyć⟩ *(zmyję)* naczynia abwaschen; *makijaż* entfernen; *podłogę* (nass) wischen **zmywalny** abwaschbar **zmywarka** *f (-i; gen -rek)* (Geschirr)Spülmaschine *f*

**znaczący (-co)** *(ważny)* bedeutsam, bedeutend; *spojrzenie* vielsagend **znaczek** *m (-czka; -czki) w tekście* Häkchen *n*; **~ pocztowy** Briefmarke *f* **znaczenie** *n (-a; gen -eń)* Bedeutung *f* **znaczny** *(ważny)* bedeutend; *suma* beträchtlich; *koszty* erheblich **znaczony** gekennzeichnet; *karty* gezinkt **znaczyć** *(-ę)* bedeuten; *(robić znak)* kennzeichnen; **to znaczy** das heißt

**znać**[1] *(-am)* kennen; *język* können; **~ z wi-**

**dzenia** vom Sehen kennen; **dać** pf ~ **k-u** j-n wissen lassen, j-m Bescheid geben; ~ **się** sich kennen; ~ **się na** (lok) sich auskennen (in dat) **znać**² präd: ~ **po niej zdenerwowanie** man sieht ihr die Aufregung an

**znajdować** (-uję) ⟨**znaleźć**⟩ (znajdę) finden; zgubioną rzecz wiederfinden; ~ **się** sich befinden ~ **się** zgubiona rzecz sich wieder finden

**znajomość** f (-ści) Bekanntschaft f; (wiedza) Kenntnisse f/pl; **znajomości** pl (kontakty) Beziehungen pl; **po znajomości** durch Beziehungen; ~ **języków obcych** Fremdsprachenkenntnisse pl **znajomy** m (-ego; -i), **znajoma** f (-ej; -e) Bekannte(r) m, f

**znak** m (-u; -i) Zeichen n (a. fig); ~ **życia** Lebenszeichen n; ~ **zodiaku** Sternzeichen n; ~ **wodny** Wasserzeichen n; ~ **zapytania** GRAM Fragezeichen n (a. fig); **na** ~ (gen) als Zeichen **dawać się k-u we** ~ **i** j-m arg zusetzen

**znakomity** (persf –ci) (-cie) ausgezeichnet; osobistość illuster, berühmt

**znakować** ⟨**o-**⟩ (-uję) markieren, kennzeichnen; zwierzę kennzeichnen

**znalazca** m (-y; gen -ów), **znalazczyni** f (-i; -e) Finder(in) m(f) **znaleziony** gefunden **znalezisko** n (-a) Fund m **znaleźne** n (-ego; -e) Finderlohn m

**znamię** n (-ienia; -iona) na skórze Muttermal n **znany** bekannt; ~ **z tego, że** ... bekannt dafür, dass ... **znawca** m (-y; gen -ów), **znawczyni** f (-i; -e) Kenner(in) m(f)

**znęcać się** (-am) (**nad** inst) misshandeln, quälen (akk) **znęcić** pf → nęcić

**znicz** m (-a; -e) Grablicht n; ~ **olimpijski** Olympisches Feuer n

**zniechęcać** (-am) ⟨**-ić**⟩ (-cę): ~ **k-o do** (gen) j-m die Lust od die Motivation nehmen (zu dat), j-m verleiden (akk); j-n entmutigen; ~ **się** (**do** gen) die Lust verlieren (an dat), überdrüssig werden (gen); sich entmutigen lassen **zniechęcający** (-co) entmutigend **zniechęcenie** n (-a; bpl) Lustlosigkeit f, Gleichgültigkeit f **zniecierpliwiony** (persf –eni) ungeduldig; (rozdrażniony) gereizt, irritiert

**znieczulać** (-am) ⟨**-ić**⟩ (-lę) MED betäuben **znieczulający** Betäubungs- **znieczulenie** n (-a; bpl) MED (örtliche) Betäubung f

**zniekształcać** (-am) ⟨**-ić**⟩ (-cę) obraz verzerren; sens entstellen

**znienacka** adv urplötzlich, unerwartet **zniesienie** n (-a; bpl) ustawy Abschaffung f; zakazu Aufhebung f; **nie do zniesienia** nicht auszuhalten, unerträglich **zniesławienie** n (-a) Verleumdung f **znieść*** pf → znosić

**zniewaga** f (-i) Verunglimpfung f, Schmähung f **znieważać** (-am) ⟨**-yć**⟩ (-ę) verunglimpfen, schmähen

**znikać** (-am) ⟨**-nąć**⟩ verschwinden; (zaginąć) vermisst werden

**znikąd** adv von nirgendwoher

**zniknąć** pf → znikać; niknąć **zniknięcie** n (-a) Verschwinden n **znikomy** gering

**zniszczenie** n (-a) Zerstörung f; Vernichtung f **zniszczony** (persf –eni) zerstört; ubranie zerschlissen; zdrowie ruiniert

**zniżać** (-am) ⟨**-yć**⟩ (-ę) senken; ~ **się** sinken; teren abfallen **zniżka** f (-i; gen -żek) Ermäßigung f **zniżkowy** ermäßigt; **po cenie zniżkowej** zum Vorzugspreis

**znosić** (znoszę) ⟨**znieść**⟩ (zniosę) hinuntertragen, (he)runterbringen; samotność ertragen; ustawę abschaffen; zakaz aufheben; (gromadzić) zusammentragen; jajka legen; woda wegspülen, fortschwemmen; łódź abtreiben; klimat vertragen; **nie znoszę go** ich kann ihn nicht ausstehen; **nie** ~ **się** sich nicht ausstehen können **znośny** erträglich, leidlich

**znowu** adv wieder; partikel wiederum **znudzić** pf; → nudzić **znudzony** (persf –eni) gelangweilt; überdrüssig **znużenie** n (-a; bpl) Mattigkeit f, Erschöpfung f

**zobaczenie** n: **do zobaczenia!** auf Wiedersehen! **zobaczyć** pf (-ę) erblicken; film sehen; **zobaczymy!** wir werden sehen!; **zobacz!** schau! umg guck!; (**jeszcze**) **zobaczę!** mal gucken!; ~ **znowu** wiedersehen; ~ **się** sich sehen

**zobowiązać** pf → zobowiązywać **zobowiązanie** n (-a) Verpflichtung f; HANDEL, FIN Verbindlichkeit f **zobowiązywać** (-uję) ⟨**zobowiązać**⟩ (zobowiążę) verpflichten (**do** gen zu dat); ~ **się** sich verpflichten

**zodiak** m (-u; bpl) ASTRON Tierkreis m

**zoolog** m (-a; -owie od -dzy) Zoologe m; (kobieta) Zoologin f **zoologiczny** zoologisch
**zorza** f (-y; gen zórz) Morgenröte f; wieczorna Abendröte f **~ polarna** Polarlicht n
**zosta(wa)ć** bleiben (**przy** inst bei); t-ko pf (**uszkodzonym** beschädigt, **ojcem** Vater) werden
**zrastać się** (-am) ⟨**zrosnąć\* się**⟩ (zrosnę) MED, BOT zusammenwachsen; fig zusammenwachsen, verwachsen
**zrażać** (-am) ⟨**zrazić**⟩ (-żę): **~ do siebie** (akk) gegen sich aufbringen (akk), es verderben (mit dat); **nie ~ się** (inst) sich nicht abschrecken lassen (durch akk)
**zreformowany** reformiert **zreorganizowany** reorganisiert
**zresztą** übrigens, im Übrigen
**zrezygnowany** resigniert, entmutigt
**zręczność** f (-ści; bpl) Geschicklichkeit f; fig Geschick n **zręczny** geschickt (a. fig), kunstfertig
**zrodzić** pf → rodzić **zrosnąć\* się** pf → zrastać się
**zrozpaczony** (persf –eni) verzweifelt
**zrozumiały** (-le) verständlich **zrozumienie** n (-a; bpl) Verständnis n; **dać do zrozumienia** zu verstehen geben **zrozumieć\*** pf (zrozumiem) verstehen, begreifen
**zrównać** pf → zrównywać **zrównanie** n (-a) Einebnen n; fig Gleichstellung f; ASTRON Tag- und Nachtgleiche f
**zrównywać** (-uję) ⟨**zrównać**⟩ (-am) teren einebnen, planieren; **~ z** (inst) fig gleichstellen (mit dat); **~ z ziemią** dem Erdboden gleichmachen
**zróżnicowany** unterschiedlich
**zrujnowany** zdrowie, osoba ruiniert; miasto zerstört
**zrywać** (-am) ⟨**zerwać**⟩ (zerwę) v/t abreißen; kwiaty, owoce pflücken; stosunki abbrechen; umowę lösen; **~ z** (inst) fig brechen (mit dat); **~ z** (inst) umg mit j-m Schluss machen; **~ się** v/i abreißen; (wstać) aufspringen
**zrzeczenie (się)** n (-a) Verzicht m **zrzekać się** (-am) ⟨**zrzec\* się**⟩ (zrzekę) (gen) verzichten (auf akk); spadku ausschlagen **zrzeszać** (-am) ⟨**-yć**⟩ (-ę) organisieren, vereinigen; **~ się** sich organisieren, sich zusammenschließen **zrzeszenie** n (-a) Vereinigung f, Verband

m **zrzeszony** (persf –eni) organisiert (**w** lok in dat)
**zrzędzić** (-dzę) umg nörgeln, meckern (**na** akk über akk)
**zrzucać** (-am) ⟨**-ić**⟩ (-cę) abwerfen; winę abschieben **~ kilogramy** umg seine Pfunde loswerden; **~ się** umg zusammenlegen (**na** akk für akk) **zrzutka** f (-i; gen -tek): **robić zrzutkę** umg zusammenschmeißen, zusammenlegen (**na** akk für akk)
**zrzynać** (-am) ⟨**zerżnąć**⟩ (-nę) abschneiden; absägen; (ścigać) umg abschreiben
**zsadzać** (-am) ⟨**-ić**⟩ (-ę): **~ k-o** j-m beim Absteigen helfen, j-n absetzen (**z** gen von dat)
**zsiadać** (-am) ⟨**zsiąść\***⟩ (zsiądę) (**z** gen) absteigen (von dat); **~ z roweru** vom Fahrrad absteigen; **~ się** mleko sauer werden; galaretka fest werden
**zsuwać** (-am) ⟨**-nąć**⟩ (-nę) (**z** gen) (nach unten) schieben; abstreifen (von dat); stoły, krzesła zusammenschieben, zusammenrücken; **~ się** (**z** gen) (ab)rutschen, herunterrutschen (von dat)
**zsychać się** (-am) ⟨**zeschnąć się**⟩ (-nę) pieczywo austrocknen, hart werden
**zszywać** (-am) ⟨**zszyć**⟩ (zszyję) dziurę, materiał zusammennähen; ranę (ver)nähen; papiery zusammenheften **zszywka** f (-i; gen -wek) Heftklammer f
**zuch** m (-a; -y) (harcerz) Wölfling m **zuchwalstwo** n (-a) Dreistigkeit f
**zupa** f (-y) Suppe f; **~ w proszku** Fertigsuppe f
**zupełny** völlig, vollkommen; (kompletny) vollständig
**zużycie** n (-a; bpl) Verbrauch m; Abnutzung f **zużyć** pf → zużywać **zużyty** verbraucht; ubranie abgenutzt **zużywać** (-am) ⟨**zużyć**⟩ (zużyję) verbrauchen; **~ na** (akk) verwenden (für akk); **~ się** verbraucht sein; TECH sich abnutzen, verschleißen
**zwalać** (-am) ⟨**-ić**⟩ (-lę) stoßen; drzewo umstürzen; ładunek abladen; winę abwälzen; **~ na kupę** auf einen Haufen werfen **zwalczać** (-am) bekämpfen; **~ się** sich bekämpfen **zwalić** pf → zwalać **zwalniać** (-am) ⟨**zwolnić**⟩ (-ę, -nij!) tempo verlangsamen; zakładnika freilassen; więźnia, pacjenta entlassen (**z** gen aus dat); pokój räumen; miejsce frei machen; **~ k-o z pracy** j-n entlassen, j-m kündigen;

*od podatku* j-n freistellen; *v/i* langsamer werden; ~ **się** *z pracy* kündigen; *miejsce* frei werden

**zwany** genannt; **tak** ~ sogenannt

**zwarcie** *n* (*-a*) ELEK Kurzschluss *m*

**zwariowany** *umg* verrückt

**zwarzyć się** *pf* (*-ę*) *mleko* gerinnen

**zważać** (*-am*): **nie** ~ **na** (*akk*) nicht beachten (*akk*); **nie zważając na** (*akk*) ungeachtet, trotz (*gen*)

**zwątpić** *pf* (*-ię*) (**w** *akk*) verzweifeln (*an akk*); *jede Hoffnung aufgeben (auf akk*)

**zwątpienie** *n* (*-a*) Verzweiflung *f*

**zwędzić** *pf* (*-ę*) *umg* klauen, entwenden

**zwęglony** verkohlt **zwęszyć** *pf* (*-ę*) wittern **zwężać** (*-am*) ⟨**zwęzić**⟩ (*zwężę*) verengen; *suknię* enger machen; ~ **się** sich verengen, enger werden

**zwiać** *pf* → **zwiewać zwiad** *m* (*-u; -y*) MIL Erkundung *f*

**zwiastun** *m* (*-a; -y*) Vorbote *m*; FILM Trailer *m*

**związać** *pf*: (*połączyć*) verbinden (**z** *inst* mit *dat*) **związek** *m* (*-zku; -zki*) (*partnerstwo*) Beziehung *f*; (*zależność*) Zusammenhang *m*; (*organizacja*) Verband *m*; CHEM Verbindung *f*; ~ **nieformalny** JUR nichteheliche Gemeinschaft *f*; ~ **zawodowy** Gewerkschaft *f*; **zarejestrowany** ~ **partnerski** eingetragene Partnerschaft *f*; **w związku z** (*inst*) im Zusammenhang (mit *dat*) **związkowiec** *m* (*-wca; -wcy*) Gewerkschafter *m*, Gewerkschaftsmitglied *n*; (*kobieta*) Gewerkschafterin *f* **związywać** (*-uję*) ⟨**związać**⟩ ⟨*związę*⟩ zusammenbinden (**w** *akk* zu *dat*); *ręce, nogi* fesseln; ~ **się** (**z** *inst*) sich binden

**zwichnąć** *pf* (*-nę*): ~ **sobie nogę** sich den Fuß verrenken *od* verstauchen **zwichnięcie** *n* (*-a*) Verstauchung *f*

**zwiedzać** (*-am*) ⟨**-ić**⟩ (*-dzę*) *zabytki* besichtigen; *muzeum, wystawę* besuchen **zwiedzający** *m* (*-ego; -y*), **zwiedzająca** *f* (*-ej; -e*) Besucher(in) *m*(*f*) **zwiedzanie** *n* (*-a*) Besichtigung *f*; *muzeum* Besuch *m* **zwiedzić** *pf* → **zwiedzać**

**zwierzać** (*-am*) ⟨**-yć**⟩ (*-ę*) anvertrauen, offenbaren; ~ **się** k-u sich j-m anvertrauen, sich vor j-m öffnen; j-m vertraulich erzählen; ~ **się z kłopotów** k-u j-m sein Herz ausschütten

**zwierzątko** *n* (*-a; gen -tek*) *dim* Tierchen *n*

**zwierzchni**: **władza** *f* **zwierzchnia** Obrigkeit *f*

**zwierzę** *n* (*-ęcia, -ęta; gen -ąt*) Tier *n* **zwierzęcy** (*-co*) *skóra, świat, produkty* Tier-; *białko, tłuszcz* tierisch (*a. fig*)

**zwieść*** *pf*; → **zwodzić zwietrzały** *piwo* schal; GEOL verwittert **zwiewać** (*-am*) ⟨**zwiać**⟩ (*zwieję*) *v/i umg* abhauen

**zwieść*** *pf* → **zwodzić**

**zwiększać** (*-am*) ⟨**-yć**⟩ (*-ę*) erhöhen, steigern; *odległość* vergrößern; ~ **się** sich erhöhen, (an)steigen; sich vergrößern **zwięzły** ⟨**zwieźć**⟩ kurz und bündig

**zwijać** (*-am*) ⟨**zwinąć**⟩ (*-nę*) aufrollen; *gazetę* zusammenrollen; *namiot* abbauen; *interes umg* dichtmachen; ~ **się** sich zusammenrollen

**zwilżać** (*-am*) ⟨**-yć**⟩ (*-ę*) anfeuchten **zwinąć** *pf* → **zwijać zwinny** flink **zwiotczały** schlaff

**zwisać** (*-am*) *v/i* herunterhängen

**zwlekać** (*-am*): ~ **z** (*inst*) hinauszögern, hinausschieben (*akk*)

**zwłaszcza** insbesondere, zumal

**zwłoka** *f* (*-i; bpl*) Verzögerung *f*; Aufschub *m*

**zwłoki** *pl* (*gen -*) Leiche *f*, Leichnam *m* **zwodzić** (*-ę*) ⟨**zwieść**⟩ (*zwiodę*) täuschen, verblenden; irreführen

**zwolnić** *pf* → **zwalniać zwolnienie** *n* (*-a; gen -eń*) *z pracy* Entlassung *f*, Kündigung *f*; *lekarskie* Krankmeldung *f*; *z podatku* Freistellung *f*; *z więzienia, ze szpitala* Entlassung *f*; *zakładowe* Freilassung *f*; **wypisać** *pf* **k-u** j-n krankschreiben; **być na zwolnieniu** krankgeschrieben sein

**zwozić** (*zwożę*) ⟨**zwieźć**⟩ (*zwiozę*) anfahren, herbeibringen; *na dół* hinunterfahren

**zwracać** (*-am*) ⟨**zwrócić**⟩ (*-cę*) zurückgeben; *koszty* zurückerstatten; (*przesłać*) zurücksenden; ~ **k-u uwagę** j-n zurechtweisen; ~ **k-u uwagę na** (*akk*) j-n aufmerksam machen (auf *akk*); ~ **uwagę na** (*akk*) aufmerksam werden (auf *akk*); (*przypilnować*) aufpassen (auf *akk*); ~ **na siebie uwagę** auffallen; **nie** ~ **uwagi na** (*akk*) nicht beachten (*akk*); ~ **się** *inwestycja* sich rentieren; ~ **się do k-o** sich an j-n wenden

**zwrot** *m* (*-u; -y*) (*zwrócenie*) Rückgabe *f*; *pieniędzy* Rückzahlung *f*; *kosztów* Rückerstattung f; (skręt) Wendung f (a. GRAM); (przesyłka) Rücksendung f **zwrotka** f (-i; gen -tek) Strophe f **zwrotnik** m (-a; -i) GEOG Wendekreis m **zwrotny** FIN rückzahlbar; JĘZ reflexiv **zwrócić** pf → zwracać

**zwycięstwo** n (-a) MIL, SPORT Sieg m (a. fig) **zwycięzca** m (-y; gen -ów) MIL, SPORT Sieger m; w konkursie Gewinner m **zwyciężać** (-am) ⟨**-yć**⟩ (-ę) v/i MIL siegen; w konkursie gewinnen (a. SPORT); v/t MIL, SPORT besiegen

**zwyczaj** m (-u; -e) Brauch m; (nawyk) (An)Gewohnheit f; **starym ~em** nach altem Brauch; **wejść** pf **w ~** zur Gewohnheit werden; **być w ~u** gebräuchlich sein **zwyczajny** gewöhnlich

**zwykle** adv gewöhnlich, in der Regel; üblicherweise, normalerweise

**zwyżka** f (-i; gen -żek) cen, kosztów Erhöhung f; Anstieg m

**zygzagowaty** (-**to**) zickzackförmig

**zysk** m (-u; -i) Gewinn m, Profit m **zyskiwać** (-uję) ⟨**zyskać**⟩ (-am) (**na** lok) verdienen; fig gewinnen; sławę, popularność erlangen **~ na czasie** Zeit gewinnen **zyskowny** gewinnbringend, lukrativ

**zza** prąp (gen) hinter (dat) hervor

**zziajany** keuchend, außer Atem; pies hechelnd

**zżyć** pf → zżywać się **zżywać się** (-am) ⟨**zżyć się**⟩ (zżyję): **~ z** (inst) mit j-m vertraut werden, j-n lieb gewinnen; sich gewöhnen (an akk)

# Ż

**źdźbło** n (-a; gen źdźbeł) Grashalm m
**źle** adv schlecht; schlimm, übel; **~ zrozumieć** falsch verstehen, missverstehen; **~ wychowany** unerzogen
**źrebak** m (-a; -i) Fohlen n **źrebić się** ⟨**oźrebić się**⟩ (3. Pers -i) fohlen
**źrenica** f (-y; -e) Pupille f
**źródlany**: **woda** f **źródlana** Quellwasser n **źródło** n (-a; gen -deł) Quelle f; **gorące źródła** f/pl Thermen f/pl

# Ż

**żaba** f (-y) Frosch m **żabka** f (-i; gen -bek) dim Frosch m; SPORT Brustschwimmen n; do zasłon Gardinenklammer f; **pływać ~** brustschwimmen
**żaden** pron m keiner; **w żadnym wypadku** auf keinen Fall; **w ~ sposób** in keiner Weise; **nie jesteś żadnym wyjątkiem** du bist keine Ausnahme
**żagiel** m (-gla; -gle) Segel n **żaglowiec** m (-wca; -wce) Segelschiff n **żaglówka** f (-i; gen -wek) Segelboot n, Jolle f
**żakiet** m (-u; -y) Jackett n, (Kostüm)Jacke f
**żal** m (-u; -e) Traurigkeit f, Wehmut f; (skrucha) Reue f; (uraza) m Verbitterung f; **~e** pl Klagen pl; **~ mi go** er tut mir leid; **było jej ~** (gen) es tat ihr leid um ...; **czuć ~ (do** gen) verbittert sein (über akk); **~ mi, że ...** es tut mir leid, dass ... **żalić się** (-lę) sein Leid klagen
**żałoba** f (-y) Trauer f; **nosić żałobę** Trauer tragen **żałobny** Trauer-; **msza** f **żałobna** Totenmesse f
**żałować** (-uję) (gen) bedauern (akk); (odczuwać skruchę) bereuen (akk); **nie ~ wysiłków** keine Mühe scheuen; **~ k-u** (gen) j-m nicht gönnen (akk); **nie ~ k-u** (gen) j-m gönnen (akk); **bardzo żałuję** es tut mir sehr leid
**żar** m (-u; bpl) Glut f
**żarcie** n (-a) pop Fraß m
**żargon** m (-u; -y) JĘZ (Fach)Jargon m, Slang m
**żarliwy** inbrünstig; eifrig
**żarłoczny** pej gefräßig **żarłok** m (-a; -i) pej Fresssack m, Vielfraß m
**żaroodporny** hitzebeständig
**żarówka** f (-i; gen -wek) Glühbirne f
**żart** m (-u; -y) Scherz m, Spaß m; **dla ~u** zum Spaß, aus Spaß **żartobliwy** (-**wie**) scherzhaft **żartować** (-uję) scherzen, spaßen **żartownisia** f (-i; -e), **żartowniś** m (-sia; -sie) Spaßvogel m, Witzbold m
**żarzyć się** (3. Pers -y) glühen (a. fig)
**żądać** (-am) fordern, verlangen; anfordern
**żądło** n (-a; gen -deł) ZOOL Stachel m

**żądza** f (-y; -e) Begierde f, Verlangen n; ~ **wiedzy** Wissensdurst m; ~ **władzy** Machtgier f

**że** konj dass

**żebraczka** f (-i; gen -czek) Bettlerin f **żebrać** (-brzę, -brz!) betteln **żebrak** m (-a; -cy) Bettler m

**żebro** n (-a; gen -ber) Rippe f

**żeby** konj um zu, damit; dass; wenn (choćby) auch wenn; ~ **tak dalej!** partikel nur weiter so!; ~ **tak był szczęśliwy** partikel wenn er nur glücklich wäre

**żeglarka** f (-i; gen -rek) Seglerin f **żeglarski** Segel- **żeglarstwo** n (-a; 0) Segeln n **żeglarz** m (-a; -e) Seefahrer m; Segler m **żeglowdć** (-uję) segeln **żeglowny** rzeka schiffbar; droga, kanał Schifffahrts- **żegluga** f (-i; 0) Schifffahrt f

**żegnać** ⟨po-⟩ (-am) verabschieden; ~ **się z** (inst) sich verabschieden (von dat); na długo, na zawsze Abschied nehmen (von dat); **żegnaj!** lebe wohl!; ⟨prze-⟩ ~ **się** sich bekreuzigen

**żel** m (-u; -e) Gel n

**żelatyna** f (-y; 0) Gelatine f

**żelazko** n (-a; gen -zek) Bügeleisen n **żelazny** eisern (a. fig), Eisen- **żelazo** n (-a; 0) Eisen n

**żelbet**, **żelbeton** m (-u; 0) Stahlbeton m

**żeliwny** gusseisern

**żenić** ⟨o-⟩ (-ię) verheiraten; ~ **się** (z inst) mężczyzna heiraten (akk)

**żenujący** (-co) peinlich; milczenie betreten

**żeński** BIOL weiblich; zespół Frauen-; GRAM feminin

**żeton** m (-u; -y) Spielmarke f

**żłobek** m (-bka; -bki) (Kinder)Krippe f; (rowek) Rille f

**żmija** f (DGL -ii; -e) Schlange f; ~ **zygzakowata** Kreuzotter f

**żmudny** mühselig, langwierig

**żniwa** pl (gen -) Getreideernte f

**żołądek** m (-dka; -dki) Magen m **żołądkowy** Magen-; MED gastrisch, Gastro-

**żołądź** f (-ędzia; -ędzie) BOT Eichel f; (-ędzi; -ędzie) ANAT Eichel f

**żołnierz** m (-a; -e) Soldat m

**żona** f (-y) Ehefrau f **żonaty** (persf –ci) verheiratet

**żonglować** (-uję) jonglieren (a. fig)

**żółtaczka** f (-i; 0/pl) Gelbsucht f **żółtko** n (-tka; gen -tek) Eigelb n, Eidotter m od n **żółty** (-**to**) gelb

**żółw** m (-wia; -wie) Schildkröte f **żółwi** Schildkröten-; **w ~m tempie** im Schneckentempo

**żrący** (-**co**) ätzend; zapach, dym beißend **żreć\*** ⟨że⟩ fressen (a. pop); rdza zerfressen

**żubr** m (-a; -y) Wisent m

**żuć** (-ję) kauen

**żuk** m (-a; -i) Mistkäfer m

**żur** m (-u; -y) Suppe aus Sauerteig

**żuraw** m (-wia; -wie) ZOOL Kranich m; TECH Kran m **żurawina** f (-y) Moosbeere f

**żurnal** m (-u; -e) Modezeitschrift f

**żwawy** (-**wo**) munter

**żwir** m (-u; -y) Kies m; **do żwirowania** Schotter m

**życie** n (-a) Leben n (a. fig); (koszty utrzymania) Lebensunterhalt m; **przy życiu** am Leben; **za życia** zu Lebzeiten **życiorys** m (-u; -y) Lebenslauf m **życiowo** adv: **zaradny** ~ lebenspraktisch **życiowy** szansa, doświadczenie, proces Lebens-; umg (praktyczny) lebenspraktisch

**życzenie** n (-a; gen -eń) Wunsch m; **życzenia** pl Glückwünsche pl; **na** ~ auf Wunsch; **pozostawiać wiele do życzenia** viel zu wünschen übrig lassen **życzliwość** f (-ści; 0/pl) Wohlwollen n, Freundlichkeit f **życzliwy** (-**wie**) wohlwollend, freundlich **życzyć** (-ę) (gen) wünschen (akk); ~ **sobie** sich wünschen ~ **k-u dobrze** j-m Gutes wünschen

**żyć** (-ję) leben (a. fig); ~ **z** (gen) leben (von dat), seinen Lebensunterhalt verdienen (mit dat); **dobrze~ z** (inst) sich mit j-m gut vertragen; **niech żyje!** es lebe hoch!

**Żyd** m (-a; -dzi) Jude m **żydowski** (**po-ku**) jüdisch, Juden- **Żydówka** f (-i; gen -wek) Jüdin f

**żyjątko** n (-a; gen -tek) (Klein)Lebewesen n

**żyletka** f (-i; gen -tek) Rasierklinge f

**żylny** ANAT venös, Venen- **żyła** f (-y) ANAT Vene f **żyłka** f (-i; gen -łek) dim Äderchen n; wędki Angelschnur f

**żyrafa** f (-y) Giraffe f

**żyrandol** m (-a; -e) Kronleuchter m

**żyrować** ⟨po-⟩ (-uję) FIN bürgen

**żytni** Roggen- **żyto** n (-a) Roggen m

**żywica** f (-y; -e) Harz n

**żywić** (-ię) ernähren; *sympatię, wdzięczność* empfinden; **~ się** (*inst*) sich ernähren (von *dat*) **żywienie** *n* (-a; *bpl*) Ernährung *f*
**żywioł** *m* (-u; -y) Naturgewalt *f*; Element *n*
**żywność** *f* (-ści; *bpl*) Lebensmittel *pl*

**żywo** *adv*: **na ~** RADIO live **żywopłot** *m* (-u; -y) Hecke *f* **żywy** (-**wo**) lebend(ig); *dziecko* lebhaft; *kolor* kräftig; **handel** *m* **~m towarem** Menschenhandel *m*
**żyzny** fruchtbar

# Deutsch – Polnisch

**Aal** m (-[e]s; -e) węgorz **aalglatt** przebiegły, wykrętny
**Aas** n (-es; -e) padlina
**ab** A *präp* (*akk, dat*) od (*gen*); **~ heute** od dziś; **~ jetzt/hier** odtąd; **~ Werk** z zakładu; **~ 5 Jahren** w wieku od pięciu lat; **~ fünf Euro** od pięciu euro wzwyż; *umg* **(mit dir)!** jazda!, marsz!; **~ sein** *Knopf* urwać się; *Ast* odłamać się B *adv* **~ und zu**, **~ und an** od czasu do czasu, czasami
**abändern** zmieni⟨a⟩ć **abarbeiten** *v/t* odrabiać ⟨-robić⟩; *v/r* **sich ~** spracować się *pf*
**abartig** perwersyjny, wynaturzony
**Abbau** m (-[e]s; *bpl*) redukcja, zmniejszanie, zmniejszenie; (*Zerlegung*) rozbiórka, demontaż; CHEM rozkład, MED degradacja **abbauen** *v/t* rozbierać ⟨rozebrać⟩, ⟨z⟩demontować; *Personal* ⟨z⟩redukować; CHEM rozkładać ⟨rozłożyć⟩; *v/i* ⟨s⟩tracić siły
**abbeißen** (*irr*) odgryzać ⟨-gryźć⟩ **abbekommen** (*irr*; -) *umg* dosta⟨wa⟩ć; *Geklebtes* odkleić *pf*; **sie hat bei dem Unfall nichts ~** wyszła z wypadku bez szwanku
**abberufen** (*irr*; -) odwoł(yw)ać **Abberufung** *f* odwołanie **abbestellen** (-) *v/t* ⟨wy⟩cofać, cofnąć *pf* zamówienie, odwoł(yw)ać zamówienie (na *akk*) **abbiegen** (*irr*; -) *v/i* (*sn*) skręcać ⟨-cić⟩ (**nach links** w lewo)
**Abbild** *n* wizerunek; *fig* odbicie **abbilden** przedstawi⟨a⟩ć (na rysunku) **Abbildung** *f* rycina, rysunek; (*Illustration*) ilustracja **abbinden** (*irr*) *v/t* odwiąz(yw)ać; *Ader* odobwiąz(yw)ać; *v/i* BUD wiązać (się) **abblasen** (*irr*) odwoł(yw)ać **abblättern** *v/i* (*sn*) *Farbe* łuszczyć się
**abblenden** *v/i* AUTO przełączać ⟨-czyć⟩ na światła mijania **Abblendlicht** *n* światła *npl* mijania, *umg* krótkie światła *npl*
**abblitzen** *umg v/i* (*sn*): **j-n ~ lassen** odprawi⟨a⟩ć k-o z kwitkiem, da⟨wa⟩ć k-u kosza
**abbrechen** (*irr*) *v/t* odłam(yw)ać; *Blume* zrywać ⟨zerwać⟩; *Lager* zwijać ⟨zwinąć⟩; *Haus* ⟨z⟩burzyć; *Gespräch* przer(y)wać; *v/i* (*sn*) ur(y)wać się, ⟨s⟩kończyć się **abbrennen** (*irr*) *v/t* spalać ⟨-lić⟩; *Feuerwerk* puszczać, odpalać ⟨-lić⟩; *v/i* (*sn*) wypalać ⟨-palić⟩ się **abbringen** (*irr*) odwodzić ⟨odwieść⟩ (**j-n von** *dat* k-o od *gen*) **abbröckeln** *v/i* (*sn*) *Börsenkurs* zniżkować, stopniowo spadać ⟨spaść⟩
**Abbruch** m rozbiórka, wyburzenie; *Verhandlungen* przerwanie; *vorzeitig* zerwanie; *e-r Sache* **(keinen) ~ tun** (nie) ⟨za⟩szkodzić (*dat*) **abbruchreif** nadający się tylko do rozbiórki, zrujnowany, walący się
**abbuchen** FIN odpis(yw)ać z konta **abbürsten** ⟨o-, wy⟩czyścić szczotką; *umg fig j-n* **schlastać** *pf*
**Abc** [abe'tse:] *n* (-; -) abecadło
**abdanken** *v/i* poda⟨wa⟩ć się do dymisji; *Herrscher* abdykować (*im*)*pf*, zrzekać ⟨zrzec⟩ się tronu **abdecken** *v/t* odkry(wa)ć (*akk*); **den Tisch ~** sprzątać ⟨-tnąć⟩ ze stołu **abdichten** uszczelni⟨a⟩ć **abdrängen** *Auto* spychać ⟨zepchnąć⟩ **abdrehen** *v/t* odkręcać ⟨odkręcić⟩; *umg* wyłączać ⟨-czyć⟩, zamykać ⟨-mknąć⟩; *Film* nakręcić *pf*; *v/i* (*sn*) zmieni⟨a⟩ć kurs, skręcać ⟨-cić⟩
**Abdruck**[1] *m* (*pl* -e) TYPO odbitka, reprodukcja **Abdruck**[2] *m* (*pl* -drücke) odcisk, odbicie
**abdrücken** A *v/t* odciskać ⟨-snąć⟩, wyciskać ⟨-snąć⟩ (**in** *dat* **w** *lok*) B *v/t* (*schießen*) nacisnąć *pf* spust, wystrzelić *pf*
**abebben** *v/i* (*sn*) ⟨o⟩słabnąć, (stopniowo) mijać ⟨minąć⟩, przebrzmieć *pf*
**Abend** *m* (-s; -e) wieczór; (*Veranstaltung*) *a.* wieczorek; **am ~** wieczorem; **zu ~ essen** ⟨z⟩jeść kolację; **gegen ~** pod wieczór; **guten ~!** dobry wieczór!; **heute ~**

dziś wieczorem; **jeden ~** co wieczór **Abenddämmerung** f zmierzch, zmrok **Abendessen** n kolacja **abendfüllend** adj pełnometrażowy **Abendkleid** n suknia wieczorowa **Abendland** n (bpl) Zachód **Abendmahl** n REL sakrament Eucharystii, komunia **abends** adv wieczorem, wieczorami **Abendschule** f szkoła wieczorowa, umg wieczorówka **Abendstern** m (bpl) gwiazda wieczorna **Abendzeitung** f umg popołudniówka **Abenteuer** n przygoda **abenteuerlich** pełny (pełen, -lna, -lne) przygód **aber** konj ale, lecz, zaś; partikel ale(ż) **Aberglaube** m (bpl) przesąd, zabobon **abergläubisch** przesądny, zabobonny **aberkennen** (irr; -) pozbawi(a)ć (j-m akk k-o gen) **Aberkennung** f pozbawienie **abermals** adv znowu, znów, ponownie **abfahren** (irr) v/t odwozić ⟨-wieźć⟩, wywozić ⟨-wieźć⟩; Strecke (a. sn) objeżdżać ⟨-jechać⟩; Reifen zjeździć pf; v/i (sn) odjeżdżać ⟨-jechać⟩; Zug odchodzić ⟨odejść⟩; Schiff odpływać ⟨-płynąć⟩, wychodzić w morze; ins Tal zjeżdżać ⟨zjechać⟩ **Abfahrt** f odjazd; Zug, Bus odejście; Schiff odpłynięcie; SPORT zjazd **Abfahrtslauf** m bieg zjazdowy, zjazd **Abfahrtszeit** f czas odjazdu **Abfall** m odpady, odpadki pl; (Abnahme) spadek; fig odpadnięcie **Abfallbeseitigung** f unieszkodliwianie odpadów **abfallen** v/i (irr; sn) odpadać ⟨-paść⟩ (**von** od gen), impf opadać ⟨opaść⟩ **abfällig** ujemny **Abfallprodukt** n produkt odpadowy **Abfallverwertung** f utylizacja odpadów **abfangen** (irr) przechwytywać ⟨-chwycić⟩; Hieb odparow(yw)ać; Auto odzyskać pf panowanie (nad inst), wyrówn(yw)ać **abfärben** v/i puszczać ⟨puścić⟩ kolor, farbować; fig (**auf** akk) wywierać wpływ (na akk), zostawiać ślad(y) (na lok) **abfassen** sporządzać ⟨-dzić⟩, ⟨s⟩formułować, układać ⟨ułożyć⟩ **abfertigen** v/t odprawi(a)ć (akk), dokon(yw)ać odprawy (gen); (bedienen) obsługiwać ⟨obsłużyć⟩ (akk) **Abfertigung** f (bpl) odprawa; von Kunden obsługa **abfeuern** v/t strzelać ⟨wystrzelić⟩ (z gen); Torpedo odpalać ⟨-lić⟩ (akk) **abfinden** (irr) dać pf odszkodowanie (dat); **sich ~** (**mit etw**) ⟨po⟩godzić się (z inst) **Abfindung** f odprawa **abflauen** v/i (sn) ⟨o⟩słabnąć; Lärm przycichać ⟨-cichnąć⟩ **abfliegen** (irr) v/t Strecke oblatywać ⟨-lecieć⟩; v/i (sn) odlatywać ⟨-lecieć⟩, wylatywać ⟨-lecieć⟩ **abfließen** v/i (irr; sn) spływać ⟨spłynąć⟩, ściekać ⟨ściec⟩, a. fig, Kapital odpływać ⟨odpłynąć⟩ **Abflug** m odlot **abflugbereit** gotowy do startu **Abflugzeit** f czas odlotu **Abfluss** m (-es; bpl) spływ, a. fig odpływ; (pl -flüsse) spust, ściek **Abflussrohr** n rura odpływowa, rura spustowa **Abfuhr** f wywóz, umg wywózka; fig j-m **e-e ~ erteilen** dać pf odprawę (dat); **sich** (dat) **e-e ~ holen** dostać pf odmowę, umg odejść pf z kwitkiem od z niczym **abführen** v/t odprowadzać ⟨-dzić⟩; v/i działać rozwalniająco **Abführmittel** n środek przeczyszczający **abfüllen** rozl(ew)ać (**in Flaschen** do butelek); Wein, Bier butelkować **Abgabe** f (bpl) odda(wa)nie; e-r Erklärung złożenie; SPORT podanie; (Verkauf) sprzedaż f; (pl -n) podatek; (Gebühr) opłata **Abgang** m odejście; KOLEJ odjazd; HANDEL zbyt; TEATR zejście **Abgangszeugnis** n świadectwo ukończenia szkoły w niepełnym zakresie **Abgas** n gaz odlotowy; **~e** pl AUTO gazy mpl spalinowe, spaliny fpl **Abgastest** m badanie spalin na toksyczność **abgeben** (irr) odda(wa)ć; (verteilen) wyda(wa)ć; Amt składać ⟨złożyć⟩; Ball poda(wa)ć; Wärme wydzielać; **er wird einen guten Vater ~** będzie z niego dobry ojciec; umg **sich ~ mit** etw zajmować się, abw parać się (inst); **sich mit j-m ~** zadawać się z (inst) **abgedroschen** adj fig oklepany **abgegriffen** adj Buch zniszczony, sfatygowany; Phrase oklepany **abgehärtet** adj zahartowany **abgehen** (irr) **A** v/i (sn) **1** odchodzić ⟨odejść⟩; Brief być wysłanym **2** **von etw ~** (etw aufgeben) odstępować ⟨-stąpić⟩ od (gen); wychodzić ⟨wyjść⟩ **3** Ware mieć zbyt **4** impf puszczać ⟨puścić⟩; Farbe ⟨z⟩łuszczyć się, umg zlazić ⟨zleźć⟩; Tapete odklejać ⟨-kleić⟩ się; Knopf odrywać

⟨oderwać⟩ się **5** (*abgezogen werden*) **davon gehen ... Euro ab** z tego potrąca się ... euro **B** *v/t* obchodzić ⟨obejść⟩
**abgekämpft** *adj fig* wyczerpany, zmordowany **abgelegen** *adj* ustronny, odludny **abgemacht** *adj* umówiony, uzgodniony; *umg* **~!** zgoda!, dobra!; → abmachen **abgemagert** *adj* wychudzony **abgeneigt** *adj*: **nicht ~ sein (zu)** być skłonnym (+ *inf* od *do gen*)
**Abgeordnete(r)** *m* (-n) deputowany, poseł
**Abgesandte(r)** *m* (-n) wysłannik, delegat
**abgeschieden** *adj* samotny, odosobniony **abgeschlossen** *pperf* → abschließen; *adj* zamknięty **abgesehen** → absehen **abgespannt** *adj* wyczerpany, znużony **abgestanden** *adj Wasser* nieświeży; *Bier* zwietrzały **abgestorben** *pperf* → absterben; *adj Glieder* zdrętwiały; BIOL obumarły
**abgewöhnen** (j-m *akk*) oduczać ⟨-czyć⟩, odzwyczajać ⟨-czaić⟩ (k-o od *gen*); **sich** (*dat*) **etw ~** odwykać ⟨-knąć⟩, odzwyczajać ⟨-czaić⟩ się od (*gen*)
**abgöttisch** bałwochwalczy (-czo); **j-n ~ lieben** ubóstwiać k-o
**abgrenzen** *v/t* odgraniczać ⟨-czyć⟩; rozgraniczać ⟨-czyć⟩ (**von** *dat*, **gegen** od *gen*); *Aufgaben* określać ⟨-lić⟩; **sich ~** *a.* odcinać ⟨odciąć⟩ się (**von** od *gen*)
**Abgrenzung** *f* (*Abtrennung durch e-e Grenze*) odgraniczenie; *fig* rozgraniczenie
**Abgrund** *m* przepaść *f*, otchłań *f*
**Abguss** *m* TECH odlew; *Kunst* kopia
**abhacken** odrąb(yw)ać **abhaken** odhaczać ⟨-czyć⟩ **abhalten** (*irr*) trzymać z dala (**von sich** od siebie); *Sitzung* odby(wa)ć; *Regen* zatrzym(yw)ać; **j-n von etw ~** powstrzymywać ⟨-mać⟩ k-o od (*gen*) **abhandeln**: **j-m etw ~** wytargować *pf* od k-o (*akk*); *Thema* omawiać [-] ⟨omówić⟩, traktować
**Abhandlung** *f* (*Werk*) rozprawa, traktat (**über** *akk* o *inst*)
**Abhang** *m* zbocze, stok
**abhängen**[1] *v/t* odczepi(a)ć; *Bild* zdejmować ⟨zdjąć⟩; *Gegner* pozostawi(a)ć za sobą (*akk*) **abhängen**[2] (*irr*) *v/i* (**von**) zależeć (od *gen*); *Fleisch* dojrzewać
**abhängig** zależny; uzależniony **Abhängigkeit** *f* zawisłość *f*; MED uzależ-

nienie
**abhärten** *v/t* ⟨za⟩hartować (**gegen** na *akk*) **abhauen** *v/i* (*sn*) *umg* zwi(ew)ać, *pop* spieprzać **abheben** (*irr*) *v/t* zdejmować ⟨zdjąć⟩; *Geld* podejmować ⟨podjąć⟩; *v/i Flugzeug* odrywać ⟨oderwać⟩ się od ziemi; **sich ~ (von, gegen)** odcinać się (od *gen*, na tle *gen*) **abheften** *Kopie* odkładać ⟨odłożyć⟩ do akt
**abhelfen** *v/i* (*irr*): **e-r Sache** (*dat*) **~** poradzić *pf* (na *akk*), zaradzić *pf* (*dat*) **Abhilfe** *f* (*bpl*) rada
**abholen** *v/t* iść ⟨pójść⟩, ⟨po⟩jechać (po *akk*); (*kommen, um abzuholen*) przychodzić ⟨przyjść⟩, przyjeżdżać ⟨-jechać⟩ (po *akk*)
**abholzen** (-zt) wycinać ⟨-ciąć⟩ drzewa
**abhören** *Schüler* przepyt(yw)ać; *Tonband* przesłuch(iw)ać; TEL **j-n ~** zakładać ⟨założyć⟩ podsłuch u (*gen*)
**Abitur** *n* (-s; *selten* -e) egzamin dojrzałości, matura; **das ~ machen** zda(wa)ć maturę **Abiturient** *m* (-en) maturzysta *m* **Abiturientin** *f* maturzystka
**abkapseln** (-le): **sich ~** zamykać ⟨-mknąć⟩ się w sobie **abkaufen**: **j-m etw ~** odkupywać ⟨odkupić⟩ od k-o (*akk*)
**Abklatsch** *m* (-[e]s; -e) (*licha*) kopia
**abklingen** *v/i* (*irr*; *sn*) słabnąć, zanikać, *fig* (prze)mijać ⟨(prze)minąć⟩; *Schmerz a.* usta(wa)ć **abknicken** *v/t* odłam(yw)ać (*v/i* się) **abknöpfen** odpinać ⟨-piąć⟩
**abkochen** *Wasser usw* przegotow(yw)ać
**abkommen** *v/i* (*irr*; *sn*) zbaczać ⟨zboczyć⟩ (**von** z *gen*); odbiegać ⟨-biec⟩ (**vom Thema** od tematu) **Abkommen** *n* układ, konwencja (**über** *akk* o *lok*) **abkömmlich** *adj*: **~ sein** być wolnym, móc się zwolnić
**abkratzen** *v/t* zeskrob(yw)ać, zdrap(yw)ać; *v/i pop* (*sn*) wykitować *pf* **abkühlen** *v/t* ⟨o⟩studzić, wystudzać ⟨-dzić⟩, ochładzać ⟨-łodzić⟩; *v/i* (*sn*) ochłodnąć *pf*; **sich ~** oziębi(a)ć się
**abkürzen** skracać ⟨skrócić⟩ **Abkürzung** *f* skracanie; (*Kürzel*) skrót **abladen** (*irr*) wyłado(wy)wać; *Schüttgut* zsyp(yw)ać
**Ablage** *f für Akten* przegródka na akta, koszyk na akta; archiwum *n*; *szwajc* kolektura
**ablagern** *v/t* GEOL osadzać ⟨-dzić⟩, na-

nosić ⟨-nieść⟩; v/r **sich ~** osadzać ⟨-dzić⟩ się; v/i (sn) odleżeć się pf; *Wein* wystać się pf **Ablagerung** f (*Schicht*) osad; MED złóg

**ablassen** (*irr*) **A** v/t spuszczać ⟨spuścić⟩, wypuszczać ⟨-puścić⟩; (*leeren*) opróżni(a)ć **B** v/i *umg* (*von*) zaniechać pf (*gen*); da(wa)ć spokój (*dat*)

**Ablauf** m przebieg; (*Abfolge*) a. kolejność f; (*Erlöschen e-r Frist*) upływ; **vor ~ e-s Monats** przed upływem miesiąca **ablaufen** (*irr*) v/i (sn) *Frist* upływać ⟨upłynąć⟩, mijać ⟨minąć⟩; *Vertrag* wygasać ⟨-snąć⟩; *Pass* ⟨s⟩tracić ważność; v/t *Strecke* obiegać ⟨obiec⟩, obchodzić ⟨obejść⟩; pf, zedrzeć pf; **~ lassen** *Film* wyświetlać ⟨-lić⟩

**ablegen** v/t zdejmować ⟨zdjąć⟩; *Prüfung* zda(wa)ć; *Last* składać ⟨złożyć⟩; *Akten* odkładać ⟨odłożyć⟩ (do akt) **Ableger** m EKON oddział; *umg* żart latorośl f

**ablehnen** odmawiać ⟨-mówić⟩ (*gen*); *Antrag* odrzucać ⟨-cić⟩; (*missbilligen*) nie aprobować, potępiać **Ablehnung** f *e-r Bitte* odmowa; *e-s Antrags* odrzucenie; *e-s Zeugen* (*Missbilligung*) dezaprobata

**ableisten** *Wehrdienst* odby(wa)ć
**ableiten** v/t fig wywodzić ⟨-wieść⟩ (**von, aus** z *gen*); (*folgern*) ⟨wy⟩wnioskować (**aus** z *gen*); MAT znajdować pochodną
**Ableitung** f JĘZ wyraz pochodny; MAT pochodna

**ablenken** odwracać ⟨-wrócić⟩; **j-n von der Arbeit ~** odrywać ⟨oderwać⟩ od pracy (*akk*) **Ablenkung** f FIZ odchylenie; odwrócenie (uwagi) **Ablenkungsmanöver** n manewr mylący

**ablesen** (*irr*) odczyt(yw)ać
**abliefern** v/t: **an** (*akk*), **bei j-m ~** dostarczać ⟨-czyć⟩ do (*gen*); (*etw abgeben*) odda(wa)ć, wręczać ⟨-czyć⟩ (*dat*); *umg* odstawi(a)ć (do *gen*)
**ablösen** v/t (**von**) oddzielać ⟨-lić⟩; *Geklebtes* odklejać ⟨-kleić⟩, odlepi(a)ć (od *gen*); *j-n* zdejmować ⟨zdjąć⟩; *Wache* ⟨z⟩luzować; *Hypothek* spłacać ⟨-cić⟩; **sich, einander ~** (**bei**) zmieni(a)ć się, ⟨z⟩luzować się (przy, w *lok*) **Ablösung** f zmiana; (*eine Person*) zmiennik; MED odwarstwianie się

**abmachen** *umg* zdejmować ⟨zdjąć⟩; *Termin* uzgadniać ⟨uzgodnić⟩, załatwi(a)ć (**unter sich** między sobą) **Abmachung** f umowa, ugoda (**über** *akk* o *lok*, co do *gen*)

**abmagern** v/i (-re; sn) ⟨s-, wy⟩chudnąć **Abmagerungskur** f kuracja odchudzająca

**Abmarsch** m odmarsz, wymarsz
**abmelden** v/t *polizeilich* wymeldow(yw)ać; *Schüler* wypis(yw)ać (**von** z *gen*); *Auto* wycof(yw)ać z ruchu **Abmeldung** f wymeldowanie (się); *e-s Fahrzeugs* wycofanie z ruchu

**abmessen** (*irr*) odmierzać ⟨-rzyć⟩, wymierzać ⟨-rzyć⟩; *fig* oceni(a)ć **abmontieren** (-) ⟨z⟩demontować **abmühen**: **sich ~** (**mit**) ⟨na⟩trudzić się (nad *inst*)

**Abnahme** f odbiór, odebranie; (*pl* selten) (*Verringerung*) ubytek, ubywanie; *Sehkraft* osłabienie; (*Amputation*) odjęcie **abnehmen** (*irr*) od odbierać ⟨odebrać⟩; *Bein* odejmować ⟨odjąć⟩; *Parade* przyjmować ⟨-jąć⟩; **j-m etw ~** *Blut* pob(ie)rać od (*gen*); *Pflicht* uwalniać ⟨uwolnić⟩ k-o (od *gen*); *Arbeit* wyręczać ⟨-czyć⟩ k-o (w *lok*); v/i ubywać ⟨-być⟩ (*gen*); *Sturm* ⟨o⟩słabnąć; (*Gewicht reduzieren*) ⟨s⟩chudnąć

**Abneigung** f antypatia (**gegen** do *gen*)
**abnutzen**, *reg* **abnützen** v/t zuży(wa)ć, ⟨z⟩niszczyć; *durch Abrieb* ścierać ⟨zetrzeć⟩ **Abnutzung** f, *reg* **Abnützung** f zużycie (się), zużywanie się

**Abonnement** [-'mãŋ] n (-s; -s) abonament; *von Zeitungen* a. prenumerata **Abonnent(in)** m(f) (-en) abonent(ka); prenumerator(ka)

**Abordnung** f delegacja
**abpacken** ⟨za⟩paczkować **abpassen** *Zeit* upatrywać ⟨upatrzyć⟩; *Person* czatować (na *akk*) **abpflücken** obrywać ⟨oberwać⟩, zrywać ⟨zerwać⟩ (**von** z *gen*) **abprallen** v/i (sn) odbi(ja)ć się (rykoszetem), odskakiwać ⟨-skoczyć⟩ (**von** od *gen*) **abputzen** ⟨o⟩czyścić, oczyszczać; *Haus* ⟨o⟩tynkować **abquälen**: **sich ~** ⟨na⟩męczyć się (**mit etw** nad, z *inst*) **abraten** v/t (*irr*): **j-m von etw ~** odradzać ⟨-radzić⟩ k-u (*akk*) **abräumen** v/t u. v/i sprzątać ⟨-tnąć⟩; **den Tisch ~** sprzątać ⟨-tnąć⟩ ze stołu **abreagieren** (-) odreagow(yw)ać; **sich ~** a. ulżyć pf sobie

**abrechnen** v/t rozliczać ⟨-czyć⟩ (v/i *lok*; **mit** z *inst*); v/i *fig* porachować się pf (**mit** z *inst)* **Abrechnung** f rozliczenie (się); *fig* rozprawa, porachunki *mpl*

**abreiben** (*irr*) *v/t* ścierać ⟨zetrzeć⟩, (*a. trocknen*) wycierać ⟨wytrzeć⟩

**Abreise** f (*bpl*) odjazd, wyjazd **abreisen** *v/i* (*sn*) odjeżdżać ⟨-jechać⟩, wyjeżdżać ⟨-jechać⟩

**abreißen** (*irr*) *v/t* (*v/i, sn*) obrywać ⟨oberwać⟩ (się), odrywać ⟨oderwać⟩ (się), ur(y)wać (się); *Haus* ⟨z⟩burzyć (*akk*); *umg* zdzierać ⟨zedrzeć⟩

**abrichten** *Tier* ⟨wy⟩tresować, układać ⟨ułożyć⟩

**abriegeln** (-le) *v/t Tor* zaryglow(yw)ać; *Straße* (*Zugang sperren*) odcinać ⟨-ciąć⟩ dostęp do *gen*

**Abriss** *m* BUD rozbiórka; (*Übersicht*) zarys, kompendium *n*

**abrücken** *v/i* (*sn*) wyruszać ⟨-szyć⟩, wymaszerow(yw)ać; **~ von** (*dat*) odsuwać ⟨-sunąć⟩ się od (*gen*); *fig* odstępować ⟨-stąpić⟩ od (*gen*)

**Abruf** *m* (*bpl*) IT pobranie; **auf ~** na zawołanie; do odwołania; HANDEL na żądanie **abrufen** (*irr*) *Person* odwoł(yw)ać; *Daten* pob(ie)rać; *Ware* żądać (umowneJ) dostawy (*gen*)

**abrunden** (-e-) zaokrąglać ⟨-lić⟩ (**auf** *akk* do *gen*)

**abrupt** *adj* (*jäh*) nagły; *präd* nagle

**abrüsten** *v/i* rozbrajać ⟨-broić⟩ się; *v/t* BUD rozbierać ⟨rozebrać⟩ rusztowanie **Abrüstung** f (*bpl*) rozbrojenie; redukcja zbrojeń

**abrutschen** *v/i* (*sn*) zsuwać ⟨zsunąć⟩ się, ześlizgiwać ⟨ześliz(g)nąć⟩ się (**von** *z gen*); *Erde a.* o(b)suwać ⟨-sunąć⟩ się

**Absage** f odmowa; *e-r Veranstaltung* odwołanie; *fig* **e-e ~ erteilen** (*dat*) odrzucać ⟨-cić⟩ (*akk*); da(wa)ć k-u negatywną odpowiedź **absagen** *v/t* odwoł(yw)ać; *v/i* **er hat abgesagt** on powiadomił, że nie przyjdzie *od* przyjedzie, on odmówił udziału

**absägen** odpiłow(yw)ać, upiłow(yw)ać; *umg fig* pozbawi(a)ć stanowiska **absatteln** *v/t* rozsiodł(yw)ać (*akk*)

**Absatz** *m* **1** ustęp; TYPO wcięcie, akapit **2** *am Schuh* obcas; **mit hohen Absätzen** na wysokim obcasie **3** HANDEL (*bpl*) zbyt, sprzedaż f **Absatzmarkt** *m* rynek zbytu

**absaugen** odsysać ⟨odessać⟩; *Teppich* odkurzać ⟨-rzyć⟩ **abschaffen** *Institution* ⟨z⟩likwidować; *Mängel a.* usuwać ⟨usunąć⟩; *umg* pozby(wa)ć się (*gen*) **abschalten** *v/t* wyłączać ⟨-czyć⟩, odłączać ⟨-czyć⟩; (*sich ausruhen*) zaży(wa)ć spokoju

**abschätzen** oceni(a)ć, ⟨o⟩szacować **abschätzig** pogardliwy (-wie)

**Abscheu** *m* (-s; *bpl*) *od* f (*bpl*) wstręt, odraza (**vor** *dat* do *gen*) **abscheulich** ohydny, wstrętny, obrzydliwy (-wie), obrzydły; *fig* ohydny

**abschicken** wys(y)łać, odsyłać ⟨odesłać⟩ **abschieben** (*irr*) zwalać ⟨-lić⟩ (**auf j-n** na k-o); *Ausländer* deportować (im)pf, wydalać ⟨-lić⟩ (z kraju)

**Abschied** *m* (-[e]s; *selten* -e) pożegnanie (się), rozstanie (się) (**von** *z inst*); **~ nehmen** (**von**) pożegnać się pf (*z inst*); **zum ~** na pożegnanie **Abschiedsbrief** *m* list pożegnalny

**abschießen** (*irr*) wystrzeli(wa)ć; *Flugzeug* strącać ⟨-cić⟩, *a. Vogel* zestrzeli(wa)ć; *Panzer* zniszczyć pf **abschirmen** osłaniać ⟨osłonić⟩ (**gegen** przed *inst*); TECH *a.* ekranować

**Abschlag** *m* HANDEL zniżka, rabat; (*Rate*) rata; zaliczka **abschlagen** (*irr*) odbi(ja)ć; *Baum* ścinać ⟨ściąć⟩; *Bitte* odrzucać ⟨-cić⟩ (*akk*) **abschlägig** odmowny, negatywny **Abschlagszahlung** f zaliczka (**auf** *akk* na poczet *gen*)

**abschleifen** (*irr*) *v/t* zeszlifow(yw)ać; **sich ~** ścierać ⟨zetrzeć⟩ się

**Abschleppdienst** *m* pomoc drogowa **abschleppen** *v/t Auto* odholow(yw)ać; *Mädchen* poderwać pf ⟨na⟩mordować się przy noszeniu (*gen*) **Abschleppseil** *n* lina holownicza **Abschleppwagen** *m* wóz pomocy drogowej

**abschließen** (*irr*) *v/t* zamykać ⟨-mknąć⟩ (na klucz); *Vertrag* zawierać ⟨-wrzeć⟩; *Geschäft* dokon(yw)ać (*gen*); (*beenden*) ⟨s⟩kończyć, ⟨u⟩kończyć, ⟨za⟩kończyć **abschließend** kończąc, na zakończenie **Abschluss** *m* zakończenie; *Studium* ukończenie; *Vertrag* zawarcie; HANDEL dokonanie transakcji; transakcja **Abschlussprüfung** f egzamin końcowy **abschmecken** doprawi(a)ć do smaku **abschminken** *v/t* TEATR rozcharakteryzować pf; *umg* **sich** (*dat*) **etw ~** wybić pf sobie z głowy (*akk*) **abschnallen** od-

## 274 • abschneiden – abstechen

pinać ⟨-piąć⟩
**abschneiden** (irr) v/t odcinać ⟨-ciąć⟩; (wegschneiden) ukrawać ⟨ukroić⟩, obcinać ⟨obciąć⟩, ucinać ⟨uciąć⟩; Haare a. ⟨o⟩strzyc; v/i **gut, schlecht ~ (bei)** dobrze, źle się spisać pf (na lok) **Abschnitt** m odcinek; Text a. fragment; Zeit a. okres, etap
**abschrauben** odkręcać ⟨-cić⟩
**abschrecken** odstraszać ⟨-szyć⟩ **(von** od gen); Ei ⟨o⟩studzić **abschreckend** adj odstraszający ⟨-co⟩
**abschreiben** (irr) v/t przepis(yw)ać; EKON odpis(yw)ać; Aufsatz odpis(yw)ać **(aus** z gen, **von** od gen), umg ściągać ⟨-gnąć⟩; fig umg spisać pf na straty **Abschreibung** f EKON odpis (amortyzacyjny); amortyzacja, umorzenie **Abschrift** f kopia, odpis
**Abschürfung** f MED otarcie
**Abschuss** m MIL wystrzelenie, odpalenie; e-s Flugzeugs zestrzelenie, strącenie; e-s Panzers zniszczenie
**abschüssig** Straße stromy (-mo)
**Abschussrampe** f wyrzutnia pocisków rakietowych
**abschütteln** otrząsać ⟨-snąć⟩, strząsać ⟨-snąć⟩; fig otrząsać ⟨-snąć⟩ się (z gen, od lok); umg fig zmylić pf (pogoń), pozostawi(a)ć w tyle; fig Joch **abschwächen** v/t osłabi(a)ć; **sich ~** osłabi(a)ć się, ⟨o⟩słabnąć, ⟨z⟩maleć **abschweifen** v/i (sn; **von**) fig odbiegać ⟨-biec, -biegnąć⟩ (od gen) **abschwellen** v/i (sn) MED ⟨s⟩tęchnąć, opadać ⟨opaść⟩
**absehbar** spodziewany, zgodny z przewidywaniami; **in ~er Zeit** niebawem
**absehen** (irr) (voraussehen) przewidywać ⟨-dzieć⟩; v/i **von etw ~** ⟨z⟩rezygnować (z gen); powstrzym(yw)ać się od (gen)
**abseilen** v/t spuszczać ⟨spuścić⟩ na linie
**abseits** präp (gen) z boku, na uboczu
**Abseits** n (unv) SPORT spalony, ofsajd
**absenden** (irr; selten -e-) wys(y)łać **Absender** m nadawca m
**absetzbar** zbywalny; Person odwołalny; **steuerlich ~** potrącalny z podstawy opodatkowania **absetzen** A v/t 1 zdejmować ⟨zdjąć⟩ 2 Pille odstawi(a)ć 3 Last składać ⟨złożyć⟩ 4 Amtsträger usuwać ⟨usunąć⟩ (ze stanowiska); König zdetronizować pf 5 Fahrgast wysadzać ⟨-dzić⟩; Truppen a. zrzucać ⟨-cić⟩ na spadochro-

nach 6 Ware zby(wa)ć 7 Kosten potrącać ⟨-cić⟩ **(von** z gen) 8 Termin odwoł(yw)ać 9 Behandlung przer(y)wać 10 Zeile pisać od nowego wiersza B v/r **sich ~** osiadać ⟨osiąść⟩ 2 bieg pf (**ins Ausland** za granicę) 3 Truppen wycof(yw)ać się, odrywać ⟨oderwać⟩ się C v/i przer(y)wać, przesta(wa)ć
**Absicht** f zamiar; JUR intencja; **mit ~** umyślnie, celowo **absichtlich** umyślny, celowy (-wo), rozmyślny
**absolut** absolutny, bezwzględny
**Absolvent(in)** m(f) (-en) absolwent(ka)
**absolvieren** (-) ⟨u⟩kończyć
**absondern** v/t odosabniać ⟨-sobnić⟩; ⟨od⟩separować; bes BIOL, MED wydzielać ⟨-lić⟩ **Absonderung** f odseparowanie; BIOL (Stoff) wydzielina
**abspeichern** IT zapis(yw)ać (na dysk)
**abspeisen** fig (**mit**) zby(wa)ć k-o (inst)
**abspenstig** adj: **j-m etw, j-n ~ machen** odstręczać ⟨-czyć⟩ k-o od (gen), odbi(ja)ć k-u (akk)
**absperren** ⟨za⟩blokować, zamykać ⟨-mknąć⟩ **Absperrung** f zamknięcie; Wasser wstrzymanie; (Sperre) bariera; (Postenkette) kordon
**abspielen** odgrywać ⟨odegrać⟩; **sich ~** rozgrywać ⟨rozegrać⟩ się
**Absprache** f umowa, porozumienie; geheim zmowa **absprechen** (irr) v/t uzgadniać ⟨-godnić⟩; **j-m ~** (akk) odmawiać ⟨-mówić⟩ k-u (gen)
**abspringen** v/i (irr; sn) **(von)** zeskakiwać ⟨-skoczyć⟩; wyskakiwać ⟨-skoczyć⟩; ⟨z⟩rezygnować (z gen) **Absprung** m zeskok, zeskoczenie; **mit Fallschirm** skok (spadochronowy)
**abspülen** spłuk(iw)ać, opłuk(iw)ać
**abstammen** v/i pochodzić, wywodzić się **(von** z gen) **Abstammung** f pochodzenie
**Abstand** m odstęp; dystans; (Weite) a. odległość f; umg odstępne; **~ halten** zachowywać minimalną odległość; fig **~ nehmen (von)** zrezygnować pf (z gen), odstąpić pf (od gen); **mit ~** o wiele
**abstatten** (-e-) składać ⟨złożyć⟩ **abstauben** odkurzać ⟨-kurzyć⟩; (klauen) buchnąć pf, podwędzić pf; Tor strzelić pf (gola) „fałszem" **abstechen** (irr) v/t Tier zarzynać ⟨-rżnąć⟩; v/i **von etw ~** odbijać się, odcinać się od, na tle (gen)

**Abstecher** *m* wycieczka, wypad
**abstecken** wytyczać ⟨-czyć⟩ **abstehen** *v/i* (irr; a sn) *Ohren* nie przylegać, odstawać; *Haare* sterczeć
**absteigen** *v/i* (irr; sn) *vom Rad* zsiadać ⟨zsiąść⟩ (**von** z *gen*); *ins Tal* schodzić ⟨zejść⟩ (**von** z *gen*); (*einkehren*) zatrzym⟨yw⟩ać się (**in** *dat* w *lok*); *Sportverein* spadać ⟨spaść⟩
**abstellen** odstawiać ⟨-wić⟩; *Motor* wyłączać ⟨-czyć⟩; *Gas* zamykać ⟨-mknąć⟩ **Abstellgleis** *n fig* tor boczny **Abstellraum** *m* komórka; *für Gerümpel* rupieciarnia
**abstempeln** ostempl⟨ow⟩ywać; *fig* (**zu**, **als**) napiętnować (jako) **absterben** *v/i* (irr; sn) obumierać ⟨-mrzeć⟩, zamierać ⟨-mrzeć⟩ **Abstieg** *m* (-[e]s; -e) zejście, schodzenie; SPORT spadek
**abstimmen** *v/t* uzgadniać ⟨-godnić⟩, ⟨z⟩harmonizować (**zeitlich** w czasie; **aufeinander** ze sobą); *v/i* (**über** *akk*) **Abstimmung** *f* głosowanie; (*Harmonisierung*) uzgadnianie, uzgodnienie, zharmonizowanie
**abstoßen** (*irr*) *v/t* odpychać ⟨odepchnąć⟩; (*beschädigen*) odbi⟨ja⟩ć, utrącać ⟨-cić⟩; *Geweih* zrzucać ⟨-cić⟩; *Transplantat* odrzucać ⟨-cić⟩; (*abnutzen*) zniszczyć *pf*; *Ärmel* wycierać ⟨wytrzeć⟩; *Aktien* pozby⟨wa⟩ć się (*gen*); *fig* **j-n ~** *a.* działać odpychająco (na *akk*); **sich ~** odpychać ⟨odepchnąć⟩ się; *Springer* odbi⟨ja⟩ć się; *v/i* (sn) odbi⟨ja⟩ć
**abstrakt** abstrakcyjny, oderwany
**abstreiten** (*irr*) *v/t* zaprzeczać ⟨-czyć⟩ (*dat*), wypierać ⟨-przeć⟩ się (*gen*)
**Abstrich** *m* MED rozmaz; **~e machen** zmniejszać ⟨-szyć⟩ wymagania
**abstufen** ⟨u⟩stopniować; *Farben* ⟨s⟩tonować **abstumpfen** *fig* otępi⟨a⟩ć **Absturz** *m* LOTN rozbicie się, katastrofa (lotnicza); IT awaria **abstürzen** *v/i* (sn) runąć *pf*, spaść *pf*; *Flugzeug a.* rozbi⟨ja⟩ć się **abstützen** podpierać ⟨podeprzeć⟩
**absuchen** przeszuk⟨iw⟩ać; *Gelände* przetrząsać ⟨-snąć⟩ (**nach** j-m, etw w poszukiwaniu *gen*)
**absurd** absurdalny, niedorzeczny
**Abszess** *m* (-es; -e) ropień *m*, wrzód
**abtasten** obmac⟨yw⟩ać wybierać **abtauen** *v/i* (sn) roztajać *pf*
**Abtei** *f* opactwo

**Abteil** *n* KOLEJ przedział **abteilen** oddzielać ⟨-lić⟩, przedzielać ⟨-lić⟩ **Abteilung** *f* dział, wydział; *engS a.* sekcja, referat
**abtöten** zabi⟨ja⟩ć; *Nerv* zatru⟨wa⟩ć **abtragen** *Mauer* ⟨z⟩burzyć; *Kleid* znosić *pf*; *Schulden* spłacać ⟨-cić⟩ **abträglich** (*dat*) szkodliwy (dla *gen*) **abtransportieren** (-) odtransportować *pf*, odwozić ⟨-wieźć⟩, wywozić ⟨-wieźć⟩
**abtreiben** A *v/t*: **ein Kind ~** spędzać ⟨-dzić⟩ płód B *v/i* (sn) być znoszonym, dryfować **Abtreibung** *f* MED aborcja, sztuczne poronienie
**abtrennen** oddzielać ⟨-lić⟩; *Gebiet* odłączać ⟨-czyć⟩; (*herausreißen*) odrywać ⟨oderwać⟩; *Bein* odejmować ⟨odjąć⟩
**abtreten** (*irr*) A *v/t* wycierać ⟨-trzeć⟩; *Teppich* wydept⟨yw⟩ać B *v/i* (sn) ustępować ⟨ustąpić⟩ (**vom Amt** ze stanowiska)
**abtrocknen** *v/t* osuszać ⟨-szyć⟩, wycierać ⟨-trzeć⟩ **abtupfen** osuszać ⟨-szyć⟩ (wacikiem) **aburteilen** osądzać ⟨-dzić⟩
**abverlangen** (-) wymagać (**j-m** *akk* od k-o *gen*) **abwägen** (*irr*) rozważać ⟨-żyć⟩ **abwählen** odwoł⟨yw⟩ać (ze stanowiska) przez głosowanie **abwälzen** *fig* zwalać ⟨-lić⟩ (**auf** *akk* na *akk*) **abwandeln** zmieni⟨a⟩ć, modyfikować
**Abwanderung** *f* odpływ; przejście
**abwarten** *v/t* ⟨po⟩czekać (na *akk*), wyczek⟨iw⟩ać (*gen*)
**abwärts** *adv* w dół, na dół, do dołu; **von ... ~** *a.* poniżej (*gen*)
**Abwasch** *m* (-[e]s; *bpl*) zmywanie naczyń; (*Geschirr*) (brudne) naczynia *npl*; *austr* (*Spüle*) zlewozmywak **abwaschbar** zmywalny **abwaschen** (*irr*) *v/t* obmy⟨wa⟩ć, ⟨wy⟩myć; *Geschirr, Schmutz* zmywać ⟨zmyć⟩; *v/i* ⟨po⟩zmywać naczynia
**Abwasser** *n* (*pl* -wässer) ścieki *mpl* **Abwasserreinigung** *f* oczyszczanie ścieków
**abwechseln**: **sich** *od* **einander ~** zmieni⟨a⟩ć się, *umg* przeplatać się **Abwechslung** *f* zmiana; urozmaicenie **abwechslungsreich** urozmaicony
**abwegig** (*irrig*) mylny; (*absurd*) niedorzeczny
**Abwehr** *f* (*bpl*) obrona; (*a. Haltung*) opór **abwehren** odpierać ⟨odeprzeć⟩; *Mücken* ⟨o⟩bronić się (przed *inst*); *Unheil* za-

pobiegać ⟨-biec⟩ (dat) **Abwehrkräfte** fpl odporność f **Abwehrspieler** m gracz obrony

**abweichen** v/i (irr; sn) zbaczać ⟨zboczyć⟩; fig odchylać ⟨-lić⟩ się, odbiegać ⟨-biegnąć, odbiec od normy⟩ (**von** od gen) **Abweichung** f odchylenie; TECH a. odchyłka, uchyb

**abweisen** (irr) odprawi(a)ć; Antrag odrzucać ⟨-cić⟩ **abwenden** (irr; a -e-) v/t odwracać ⟨-wrócić⟩ (**von** od gen); Gefahr zapobiegać ⟨-pobiec⟩ (dat) **abwerben** (irr) ⟨s⟩kaperować, ⟨s⟩kaptować **abwerfen** (irr) v/t zrzucać ⟨-cić⟩; Gewinne przynosić ⟨-nieść⟩, da(wa)ć **abwerten** ⟨z⟩dewaluować

**abwesend** adj nieobecny; Lächeln daleki **Abwesenheit** f nieobecność f; **in ~** pod nieobecność, zaocznie

**abwickeln** odwijać ⟨-winąć⟩; Formalitäten załatwi(a)ć; Geschäft a. ⟨z⟩realizować **abwiegen** (irr) odważać ⟨-żyć⟩ **abwimmeln** umg Person pozby(wa)ć się ⟨-gen⟩, spławi(a)ć **abwischen** wycierać ⟨-trzeć⟩

**Abwurf** m zrzucanie, zrzucenie; SPORT wyrzut

**abzahlen** spłacać ⟨-cić⟩ (ratami) **abzählen** przeliczać ⟨-czyć⟩; e-e bestimmte Menge odliczać ⟨-czyć⟩

**Abzahlung** f spłacanie, spłata; **auf ~** na raty

**Abzeichen** n znaczek, odznaka; pl MIL dystynkcje fpl **abzeichnen** v/t przerysow(yw)ać; (signieren) ⟨za⟩parafować; **sich ~** ⟨za⟩rysować się (**gegen** na tle gen); fig a. zaznaczać ⟨-czyć⟩ się **abziehen** (irr) v/t zdejmować ⟨zdjąć⟩ (**von** z gen); Truppen wycof(yw)ać (**von** od gen); MAT odejmować ⟨odjąć⟩ (**von** od gen); vom Lohn potrącać ⟨-cić⟩ ⟨z gen⟩; Parkett cyklinować; v/i (sn) (weggehen) odchodzić ⟨odejść⟩; Vögel odlatywać ⟨-lecieć⟩; Rauch uchodzić ⟨ujść⟩, rozwi(ew)ać się; Gewitter oddalać ⟨-lić⟩ się

**Abzug** m odejście; wycofanie; Unkosten odliczenie, a. von Steuern potrącenie; fot odbitka; (Öffnung) ujście; (Hebel an Waffen) spust, kurek **abzüglich** präp (gen) z potrąceniem (gen),

**abzweigen** v/i (sn) odgałęzi(a)ć się, odchodzić (w bok); v/t podkradać, zorganizować f **Abzweigung** f odgałęzienie

**ach** int ach, och; **~ so/ja** aha; **~ was!** głupstwo!

**Achse** f oś f; umg **auf ~ sein** być w rozjazdach

**Achsel** f (-; -n) ramię, bark; **die ~n zucken** wzruszać ⟨-szyć⟩ ramionami; **unter die/der ~** pod pachę (pachą) **Achselhöhle** f pacha

**acht** num osiem, persf ośmiu; Sammelzahlwort ośmioro; **~ Uhr** ósma godzina **Acht**[1] f (-; -en) (cyfra) osiem, ósemka

**Acht**[2] f (bpl): **außer ~ lassen** (akk) nie zważać (na akk), nie brać ⟨wziąć⟩ pod uwagę (gen); **sich in ~ nehmen** (**vor** dat) mieć się na baczności (przed inst); wystrzegać się (gen); **nimm dich in ~** (**vor** dat) uważaj (na akk), wystrzegaj się (gen) **achtbar** zacny, czcigodny; Tat godny uznania

**achte** num ósmy **achtel** adj (unv): **ein ~** jedna ósma; umg ósemka **Achtel** n (szwajc m) ósma (część)

**achten** (-e-) v/t szanować, poważać; v/i (**auf** akk) uważać (na akk)

**ächten** (-e-) fig potępi(a)ć

**achtens** adv po ósme

**Achter** m ósemka

**Achterbahn** f kolejka górska (w lunaparku)

**achtfach** adj ośmiokrotny **achtjährig** ośmioletni

**achtlos** niedbały (-le); präd a. nie zwracając uwagi

**Achtung** f (bpl) szacunek, poważanie; uznanie (**vor** dat dla gen); **~!** uwaga!; umg **alle ~!** bez zarzutu!, jestem pełen uznania!

**achtzehnte** num osiemnasty **achtzig** num osiemdziesiąt, persf osiemdziesięciu

**Acker** m (-s; Äcker) pole (uprawne), rola **Ackerbau** m (bpl) rolnictwo **Ackerland** n (bpl) grunty mpl orne, ziemia pod uprawę

**Actionfilm** [ɛkʃən-] m kino akcji

**addieren** (-) doda(wa)ć, podsum(ow)ywać; **sich ~** ⟨z⟩sumować się

**Adel** m (-s; bpl) szlachectwo; (die Adligen) szlachta; fig szlachetność f **adeln** (-le) v/t nobilitować (akk), nada(wa)ć szlachectwo (dat)

**Ader** f (-; -n) żyła; fig, BOT żyłka

**Adler** m orzeł; (Weibchen) orlica

**adlig** szlachecki; fig szlachetny **Adli-**

**Adlige(r)** m (-en) szlachcic
**Admiral** m (-s; -e od -räle) admirał
**adoptieren** (-) *Kind* przysposabiać ⟨-sobić⟩, adoptować (im)*pf*; *Sohn* a. usynawiać ⟨-nowić⟩ **Adoption** f adopcja; *engS* a. usynowienie **Adoptiveltern** *pl* rodzice *mpl* adopcyjni **Adoptivkind** n dziecko adoptowane
**Adresse** f adres (*a.* IT); **an diese ~ schicken** wysłać *pf* pod tym adresem **adressieren** (-) ⟨za⟩adresować (**an** *dat* do *gen*)
**Advent** m (-[e]s; *selten* -e) adwent **Adventskalender** m kalendarz adwentowy **Adventskranz** m wieniec adwentowy
**Affäre** f afera
**Affe** m (-n) małpa
**Affekthandlung** f czyn popełniony w afekcie **affektiert** *adj* afektowany; *präd* z afektacją
**afghanisch** afgański
**Afrika** n Afryka **Afrikaner(in)** m(f) Afrykanka **afrikanisch** afrykański
**After** m odbyt(owy *in zssgn*)
**AG** Arbeitsgruppe f⟨-; -n⟩ grupa robocza
**Agentur** f agencja, agentura
**Aggregat** n (-[e]s; -e) TECH agregat, zespół **Aggregatzustand** m FIZ stan skupienia
**Aggression** f agresja **aggressiv** agresywny
**Agrarpolitik** f polityka rolna
**Ägypten** n Egipt **Ägypter(in)** m(f) Egipcjanin (-anka) **ägyptisch** egipski
**ähneln** v/i (-le) (*dat*) być podobnym (do *gen*), przypominać (*akk*)
**ahnen** *Unglück* przeczu(wa)ć; *Wahrheit* domyślać się (*gen*)
**ähnlich** *adj* podobny **Ähnlichkeit** f podobieństwo
**Ahnung** f przeczucie; pojęcie (**von** o *lok*); *umg* **ich habe keine (blasse) ~** nie mam (zielonego) pojęcia **ahnungslos** nie przeczuwając(y) niczego złego, niczego nie podejrzewając(y)
**Ahorn** m (-[e]s; -e) klon
**Ähre** f kłos
**Aids** [e:ts] n AIDS **Aidstest** [e:ts-] m test na AIDS
**Airbag** ['ɛːrbɛk] m (-s; -s) poduszka powietrzna
**Akademie** [*pl* -'miːən] f akademia **Akademiker(in)** m(f) osoba z wyższym wykształceniem **akademisch** uniwersytecki, *a. fig abw* akademicki
**akklimatisieren** (-): **sich ~** ⟨za⟩aklimatyzować się
**Akkord** m (-[e]s; -e) MUS akord; EKON (*bpl*) akord, płaca akordowa; **im ~ arbeiten** pracować na akord **Akkordarbeit** f praca akordowa
**Akku** *umg* m (-s; -s), **Akkumulator** m (-s; -toren) akumulator, bateria
**Akne** f MED trądzik
**Akt** m (-[e]s; -e) akt
**Akte** f akt, dokument; **~n** *pl* akta *pl*; **zu den ~n nehmen** dołączać ⟨-czyć⟩ do akt **Aktenkoffer** m dyplomatka **Aktentasche** f teczka, aktówka **Aktenzeichen** n sygnatura akt, znak
**Aktie** ['aktsia] f akcja **Aktiengesellschaft** f spółka akcyjna
**Aktion** f akcja; działanie
**Aktionär** m (-s; -e) akcjonariusz
**aktiv** czynny, aktywny; *Bilanz* dodatni **aktivieren** (-) ⟨z⟩aktywizować, uaktywni(a)ć; CHEM aktywować
**Aktualität** f aktualność f **aktuell** aktualny; *umg* dyżurny
**Akupunktur** f akupunktura
**akustisch** akustyczny
**akut** MED ostry; *Frage* palący
**Akzent** m (-[e]s; -e) akcent **akzentuieren** (-) ⟨za⟩akcentować
**akzeptabel** (możliwy) do przyjęcia **akzeptieren** (-) ⟨za⟩akceptować
**Alarm** m (-[e]s; -e) alarm **Alarmanlage** f urządzenie alarmowe; *im Auto* autoalarm **Alarmbereitschaft** f pogotowie (bojowe) **alarmieren** (-) ⟨za⟩alarmować
**Albaner(in)** Albanka **Albanien** Albania **albanisch** albański (po -ku)
**albern** *adj* głupi (-pio)
**Albtraum** m zmora, koszmar
**Album** n (-s; -ben) album
**Alge** f glon
**Algerien** n (-s; *bpl*) Algieria **Algerier** m Algierczyk **algerisch** algierski
**Alibi** n (-s; -s) alibi n
**Alkohol** m (-s; -e) alkohol **alkoholfrei** bezalkoholowy **Alkoholiker(in)** m(f) alkoholik (-iczka) **alkoholisch** alkoholowy **Alkoholtest** m pomiar stężenia alkoholu we krwi **Alkoholvergiftung** f zatrucie alkoholem

**all** *pron indef* (*sämtlich*) wszystek (-tka, -tko), cały (cała, -ło); **~e** (+ *Zahl*) co; **~e** *pl* wszystkie, całe, *persf* wszyscy; **wir ~e** my wszyscy; **vor ~em** przede wszystkim; **~es** wszystko; **~es Gute!** wszystkiego najlepszego!; **das (ist) ~es** to wszystko
**All** *n* (-s; *bpl*) wszechświat
**alle** *pl* → all; *umg adv* ... **ist ~** skończył (-ła, -ło) się; ... **sind ~** skończyły się, już nie ma (*gen*)
**Allee** *f* aleja, *dim* alejka
**allein** A *adj präd* sam (-ma, -mo) B *adv* (*nur*) tylko; **~ bleiben** osamotnieć *pf*; **~ lassen** zostawić *pf* samego, osamotnić *pf*; **~ stehend** samotny, odosobniony, pojedynczy; **er macht alles ~** on wszystko robi sam; *umg* **von ~** sam(o) przez się
**alleinerziehend** samotnie wychowujący **alleinig** jedyny, wyłączny
**allenfalls** *adv* ewentualnie; (*zur Not*) od biedy; (*höchstens*) (co) najwyżej
**aller** → all; *in zssgn* naj- **allerbeste** (jak) najlepszy; *adv* **am ~n** najlepiej **allerdings** *adv* wprawdzie; (*jedoch*) jednak
**Allergie** [*pl* -'gien] *f* alergia, uczulenie (**gegen** na *akk*) **allergisch** alergiczny, uczuleniowy; **ich bin ~ gegen** jestem uczulony (-na) na (*akk*)
**allerhand** *unv umg* wiele, co niemiara, (całą) masę; **das ist ja ~!** coś podobnego!, nie do wiary! **Allerheiligen** *n* (-; *bpl*) Wszystkich Świętych **allerlei** *unv* rozmaity, wszelkiego rodzaju
**alles** → all **allesamt** *umg adv* wszyscy (bez wyjątku), wszyscy razem
**allgemein** ogólny, powszechny; **~ bekannt** ogólnie znany; **~ verständlich** przystępny, ogólnie zrozumiały; **im Allgemeinen** na ogół, w ogóle **Allgemeinbildung** *f* wykształcenie ogólne **Allgemeinheit** *f* (*bpl*) ogół
**Allianz** *f* sojusz, przymierze
**alljährlich** coroczny; *präd* co roku **allmächtig** wszechmocny **allmählich** stopniowy (-wo)
**Alltag** *m* dzień powszedni **alltäglich** codzienny, powszedni; *Gesicht* zwykły, pospolity
**allzu** *adv* (na)zbyt, zanadto
**Alm** *f* pastwisko alpejskie, hala
**Almosen** *n* jałmużna
**Alpen** *pl* Alpy *pl*
**Alphabet** *n* (-[e]s; -e) alfabet, abecadło
**alphabetisch** alfabetyczny
**alpin** alpejski; wysokogórski
**als** *konj* kiedy, gdy; *in der Eigenschaft* jako; *beim Vergleich u. nach* **anders** niż (*nom*), od (*gen*); *einschränkend* tylko, jak; **damals, ~ ...** wtedy, gdy ..., w tym czasie, gdy ...; **älter ~ ich** starszy ode mnie; **mehr ~ hundert** więcej niż sto, ponad sto; **~ Lehrer arbeiten** pracować jako nauczyciel
**also** *adv* (a) więc, zatem; *partikel* a więc; **~ gut** niech będzie; **na, ~!** no właśnie!
**alt** (älter, älteste) stary (-ro); (*antik*) starożytny; **wie ~ bist du?** ile masz lat?; **er ist 20 Jahre ~** on ma dwadzieścia lat; **~ werden** (po)starzeć się; *Brot* ⟨s⟩czerstwieć
**Altar** *m* (-s; Altäre) ołtarz; *dim* ołtarzyk
**altbacken** *Brot* czerstwy (-wo) **altbekannt** znany od dawna
**Altenwohnheim** *n* dom rencisty
**Alter** *n* (-s; *bpl*) wiek; (*hohes Alter*) starość *f*; **im ~** na starość
**älter** *komp* starszy; *präd* starzej; **~ als du** starszy (-sza) od ciebie
**altern** *v*/*i* (-re; *sn*) starzeć się; zestarzeć się *pf*
**Alternative** *f* alternatywa; (*Person*) alternatywistka
**Altersgenosse** *m* rówieśnik **Altersgenossin** *f* rówieśniczka **Altersgrenze** *f* granica wieku **Altersheim** *n* dom starców **altersschwach** zgrzybiały; zmurszały (ze starości) **Altersversorgung** *f* zaopatrzenie na starość
**Altertum** *n* (-s; *bpl*) starożytność *f* **altertümlich** starożytny; *fig* staroświecki (-ko, po -ku)
**althergebracht** *adj* odwieczny, tradycyjny **Altlasten** *fpl* pozostałości *fpl*; (*Gifte im Boden*) stare zanieczyszczenia **altmodisch** staromodny **Altöl** *n* przepracowany olej **Altpapier** *n* (*bpl*) makulatura **Altstadt** *f* stare miasto, *umg* starówka
**Aluminium** *n* (-s; *bpl*) aluminium *n*; *in zssgn* aluminiowy
**am = an dem** ① **~ Main** nad Menem; **~ Dienstag** we wtorek; **~ 1. Mai** pierwszego maja ② + *sup* naj-; **~ weitesten** najdalej
**ambulant** MED ambulatoryjny; HANDEL obnośny, obwoźny **Ambulanz** *f* ambulans; (*Krankenwagen*) *a.* karetka; (*poliklinische Station*) ambulatorium, przychodnia

**Ameise** f mrówka **Ameisenhaufen** m mrowisko
**Amerika** n Ameryka **Amerikaner(in** f) m Amerykanin (-nka) **amerikanisch** amerykański (po -ku)
**Amnestie** f amnestia
**Ampel** f (-; -n) (*Lampe*) ampla; (*Verkehrsampel*) sygnalizator świetlny
**Ampulle** f ampułka
**amputieren** (-) v/t amputować (*im*)pf
**Amsel** f (-; -n) kos
**Amt** n (-[e]s; Ämter) urząd; rel msza śpiewana **amtieren** v/i (-) (**als**) piastować urząd (gen); vorübergehend pełnić obowiązki (gen); **amtlich** urzędowy (-wo); oficjalny **Amtsgericht** n sąd pierwszej instancji, etwa sąd grodzki od rejonowy **Amtshandlung** f czynność urzędowa **Amtsperson** f osoba urzędowa, umg oficjel
**amüsant** wesoły (-ło), zabawny **amüsieren** (-) v/t (się), bawić(a)ć
**an¹** präp ❶ (wo? mit dat) (bei) przy; (auf, über) na (lok), nad (inst); (neben) koło, obok (gen); (wann? mit dat) w (lok); **~ der Wand** hängen na ścianie; stehen przy ścianie; **am Ende** na końcu; **am Tag** w dzień; **~ diesem Tag** tego dnia, w tym dniu; **~ ... entlang** wzdłuż (gen) ❷ (wohin? mit akk) na (akk), do (gen); **~ die Wand** do ściany, o ścianę; **bis ~ ...** aż do (gen) ❸ (akk od dat) weder zeitlich noch räumlich **erkranken ~** (dat) zachorować pf na (akk); **reich ~** (dat) bogaty w (akk); **es liegt ~ dir** to zależy od ciebie; **arbeiten ~** (dat) pracować nad (inst); umg **ist nicht viel dran ...** niewiele wart(a, -o); **~ (und für) sich** właściwie, w istocie rzeczy
**an²** adv: **von jetzt/da ~** odtąd; **ab und ~** chwilami, czasami; umg **das Licht ist ~** światło jest włączone, światło się pali
**analog** analogiczny; TECH analogowy
**Analyse** f analiza **analysieren** (-) ⟨prze-, z⟩analizować
**Ananas** f (-; -[se]) ananas; in zssgn ananasowy
**Anarchie** [pl -'i:ən] f anarchia
**Anatomie** [pl -i:ən] f anatomia **anatomisch** anatomiczny
**anbahnen** v/t nawiąz(yw)ać; Ehe ⟨s⟩kojarzyć; **es bahnt sich ... an** zanosi się (na akk)

**Anbau** m (bpl) dobudówka, przybudówka; **aus kontrolliert ökologischem** (od **biologischem**) **Anbau** uprawa **anbauen** v/t AGR uprawiać, hodować **Anbaufläche** f AGR obszar uprawny **Anbaumöbel** npl meble mpl segmentowe
**anbehalten** v/t (irr; -) pozosta(wa)ć w (lok), nie zdejmować ⟨zdjąć⟩ (gen)
**anbei** w załączeniu
**anbeißen** (irr) v/t nadgryzać ⟨-gryźć⟩; umg fig połknąć pf haczyk **anbeten** uwielbiać, ubóstwiać
**Anbetracht** m: **in ~** (gen) z uwagi (na akk)
**anbiedern** (-re): **sich ~ bei** zabiegać o względy (gen), narzucać się (dat) **anbieten** (irr) v/t ofiarow(yw)ać; (vorschlagen) ⟨za⟩proponować; Essen ⟨po⟩częstować (j-m akk k-o inst); Ware ⟨za⟩oferować; **sich ~** nasuwać ⟨-sunąć⟩ się, napraszać się **Anbieter** m oferujący, oferent **anbinden** (irr) v/t przywiąz(yw)ać (**an** akk od dat do gen)
**Anblick** m widok; **beim ~** (gen, **von**) na widok (gen) **anblicken** v/t spoglądać ⟨spojrzeć⟩ (na akk) **anbraten** (irr) podsmażać ⟨-żyć⟩, przypiekać ⟨-piec⟩ **anbrechen** (irr) v/t nadłam(yw)ać; Flasche napoczynać ⟨-cząć⟩ **anbrennen** (irr) Ⓐ v/t zapalać ⟨-lić⟩ Ⓑ v/i (sn) przypalać ⟨-lić⟩ się **anbringen** (irr) (befestigen) przymocow(yw)ać; przyczepi(a)ć; Gründe przytaczać ⟨-toczyć⟩; Bitte wnosić ⟨wnieść⟩; umg przynosić ⟨-nieść⟩; (unterbringen) ulokować pf **Anbruch** m (bpl) nastanie; początek; **bei ~ der Nacht** z nastaniem nocy **anbrüllen** v/t wrzeszczeć ⟨wrzasnąć⟩, wsiadać ⟨wsiąść⟩ z góry (na akk)
**Andacht** f (bpl) (Gebet) modlitwa; (kurzer Gottesdienst) krótkie nabożeństwo **andächtig** skupiony; (feierlich) uroczysty; prąd z nabożeństwem
**andauern** v/i Frost utrzym(yw)ać się; Sitzung przeciągać ⟨-gnąć⟩ się, trwać **andauernd** adj ciągły (-le), stały (-le). **Andenken** n (-s; bpl) pamięć f; (a. pl) pamiątka, upominek; **zum ~** (an akk) na pamiątkę (gen)
**andere** inny; (zweite) drugi, następny; **etwas ~s** coś innego; **am ~n Tag** następnego dnia; **einer nach dem ~n** jeden po/za drugim; **unter ~m** między innymi **ande-**

**rerseits** adv z drugiej strony **andermal**: *nur in* **ein ~** innym razem
**ändern** (-re) v/t zmieni(a)ć; *Kleid* przerabiać ⟨-robić⟩
**andernfalls** adv w przeciwnym razie
**anders** adv **1** inaczej **2** *mit pron* inny; **jemand ~** ktoś inny; **niemand ~** nikt inny; **er ist ~ als ...** on jest inny niż ... **3** *mit adv* indziej; **irgendwo ~** gdzieś indziej
**andersherum** *umg* adv odwrotnie, w inną stronę
**Änderung** f zmiana; *bes* POL poprawka, nowelizacja
**andeuten** v/t (lekko) zaznaczać ⟨-czyć⟩; (*leise hinweisen*) napomykać ⟨-mknąć⟩ (*o lok*); **sich ~** zaznaczać ⟨-czyć⟩ się **Andeutung** f napomknienie, napomknięcie; (*Spur*) ślad
**Andrang** m (*bpl*) *umg* run; ścisk, tłok
**andrehen** zapalać ⟨-lić⟩; *Gas* odkręcać ⟨-cić⟩; (*festdrehen*) dokręcać ⟨-cić⟩
**androhen** zagrozić *pf* (**j-m** *akk* k-u *inst*) **Androhung** f: **unter ~ von Strafe** pod groźbą kary
**andrücken** przyciskać ⟨-snąć⟩ (**an** *akk* do *gen*) **aneignen** (-e-): **sich etw ~** *Habe* przywłaszczać ⟨-czyć⟩ sobie, zagarniać ⟨-nąć⟩ (*akk*); *Wissen* przyswajać ⟨-swoić⟩, zdoby(wa)ć
**aneinander** jeden (jedno) przy drugim, jeden (jedno) obok drugiego, jedna przy *od* obok drugiej, do siebie, ze sobą, o sobie; **~ vorbeireden** mówić nie słuchając jeden drugiego
**anekeln**: **j-n ~** ⟨o⟩budzić wstręt w (*lok*)
**anerkannt** adj uznany; renomowany
**anerkennen** (*irr; erkannte an od anerkannte*) uzna(wa)ć (*a.* **als** jako) **Anerkennung** f (*pl selten*) uznanie
**anfahren** (*irr*) v/t zwozić ⟨zwieźć⟩; (*rammen*) potrącić *pf* (*akk*); *Ziel* ⟨po⟩jechać w kierunku (*gen*); *umg fig* **j-n ~** ofukiwać ⟨-knąć⟩, *umg* ⟨ob⟩sztorcować (*akk*)
**Anfall** m atak, napad
**anfallen** (*irr*) v/t (*angreifen*) rzucać ⟨-cić⟩ się (na *akk*, *a. befallen*) napadać ⟨-paść⟩ (*akk*, na *akk*); v/i (*sn*) *Post* nadchodzić ⟨nadejść⟩; *Kosten* powsta(wa)ć **anfällig** (**für**) podatny (na *akk*), skłonny (do *gen*)
**Anfang** m początek; **am ~** na początku; **~ Mai** w początkach maja
**anfangen\*** rozpoczynać ⟨-cząć⟩, zaczynać ⟨-cząć⟩ (v/i się) **Anfänger(in)** m(f) początkujący (-ca), nowicjusz(ka)
**anfangs** adv początkowo, z początku
**Anfangsbuchstabe** m litera początkowa **Anfangsstadium** n początkowe stadium
**anfassen** v/t dotykać ⟨-tknąć⟩ (*gen*)
**anfechten** (*irr*) **sich:** *Urteil* zaskarżać ⟨-żyć⟩; *Argument* podważać ⟨-żyć⟩; *Vaterschaft* zaprzeczać ⟨-czyć⟩ (*gen*)
**anfertigen** wyrabiać ⟨-robić⟩; *Kopie* sporządzać ⟨-dzić⟩ **anfeuchten** (-e-) zwilżać ⟨-żyć⟩ **anflehen** błagać
**Anflug** m **1** LOTN podejście do lądowania; **im ~ sein** nadlatywać **2** *fig* ślad; (od)cień m
**anfordern** zapotrzebow(yw)ać; *Gutachten* ⟨za⟩żądać **Anforderung** f zapotrzebowanie; **~en** *pl* wymagania *npl*, wymogi *mpl*
**Anfrage** f zapytanie; POL interpelacja
**anfragen** v/i zapyt(yw)ać, pytać
**anfreunden** (-e-): **sich ~** (**mit**) zaprzyjaźnić się *pf* (*z inst*) **anfügen** (*dat*) dołączać ⟨-czyć⟩ (do *gen*) **anfühlen** v/t dotykać ⟨-tknąć⟩ (*gen*); **sich wie Leder ~** być w dotyku jak skóra
**anführen** ⟨po⟩prowadzić; (*befehlen*) dowodzić (*inst*); ⟨za⟩cytować **Anführer(in)** m(f) dowódca m (-czyni), przywódca m (-czyni) **Anführungszeichen** *npl* cudzysłów; **in ~** w cudzysłowie
**Angabe** f poda(wa)nie (**von etw** *gen*); informacja; **~n** *pl a.* dane *pl; e-s Gerätes* wskazanie; SPORT zagrywka; **~n machen** (**über** *akk*, **zu**) dać *pf* informacje, dostarczyć *pf* danych (o *lok*); **nach** (**amtlichen**) **~n** według (oficjalnych) danych
**angeben** (*irr*) v/t poda(wa)ć; *Wert* ⟨za⟩deklarować; *Richtung* wskaz(yw)ać; *Ton* nada(wa)ć; *Tempo* narzucać ⟨-cić⟩; *umg* szpanować, obnosić się (**mit** *z inst*) **Angeber(in)** m(f) efekciarz, szpaner(ka)
**angeblich** rzekomy; *präd* rzekomo, podobno, ponoć **angeboren** adj wrodzony **Angebot** n HANDEL oferta; EKON podaż f **angebracht** *pperf* → anbringen; *adj* stosowny, wskazany **angeheitert** adj *umg* podochocony
**angehen** (*irr*) **A** v/t **1** przystępować ⟨-stąpić⟩ (do *gen*) **2** *Gegner* ⟨za⟩atakować **3** **j-n um etw ~** zwracać ⟨zwrócić⟩ się do k-o o (*akk*), ⟨po⟩prosić k-o o (*akk*)

④ (*betreffen*) obchodzić, tyczyć się; **was mich angeht** co się tyczy mnie; **was geht mich das an?** co to mnie obchodzi? B *v/i* (*sn*) ① *umg* rozpoczynać ⟨-cząć⟩ się ② *Licht* zapalać ⟨-lić⟩ się ③ *Motor* zaskoczyć *pf* ④ *Pflanze* przyjmować ⟨-jąć⟩ się

**angehören** (*pperf angehört*) (*dat*) należeć (do *gen*) **Angehörige(r)** członek (rodziny, załogi)

**Angeklagte(r)** *m* (-n) oskarżony

**Angel** *f* (-; -n) wędka; BUD zawias

**Angelegenheit** *f* sprawa, rzecz *f*

**angelernt** *adj* przyuczony

**Angelhaken** *m* haczyk (u wędki) **angeln** (-le) A *v/t* ⟨z⟩łowić na wędkę B *v/i umg* wędkować **Angelrute** *f* wędzisko

**angemessen** *adj* odpowiedni (-nio), stosowny

**angenehm** przyjemny; *Mensch* miły

**angesehen** *adj* poważany, ceniony; *Firma* renomowany

**angesichts** *präp* (*gen*) wobec (*gen*); (im Hinblick auf) w świetle (*gen*)

**angespannt** *adj* naprężony

**Angestellte(r)** *m* (-n) pracownik (umysłowy); *engS* pracownik administracyjno-biurowy

**angetrunken** *adj* podpity **angewandt** *pperf* → anwenden; *adj* stosowany **angewiesen** *pperf* → anweisen; **~ sein auf** (*akk*) być zdanym na (*akk*), być zależnym od (*gen*)

**angewöhnen** *v/t*: **j-m, sich** (*dat*) **etw ~** przyzwyczajać ⟨-czaić⟩ k-o, się do (*gen*) **Angewohnheit** *f* przyzwyczajenie, nawyk

**angleichen** *v/t* (*irr*; *dat*, **an** *akk*) zrówn(yw)ać (z *inst*); *Mensch* upodabniać ⟨-dobnić⟩ (do *gen*)

**Angler(in)** *m(f)* wędkarz

**angliedern** *v/t* (*dat*, **an** *akk*) przyłączać ⟨-czyć⟩ (do *gen*)

**Angorawolle** *f* wełna angorska

**angreifen** *v/t* (*irr*) ⟨za⟩atakować (*akk*), nacierać ⟨natrzeć⟩ (na *akk*) CHEM działać niszcząco (na *akk*)

**angrenzen** *v/i* (**an** *akk*) graniczyć (z *inst*), przylegać (do *gen*)

**Angriff** *m* atak,; ofensywa; **in ~ nehmen** (*akk*) przystępować ⟨-stąpić⟩ **angriffslustig** zaczepny; agresywny

**Angst** *f* (-; Ängste) strach, lęk; (*Sorge*) obawa; **~ haben vor** (*dat*) bać się (*gen*) **Angsthase** *umg m* tchórz, strachajło **ängstlich** lękliwy, bojaźliwy, strachliwy; *präd* lękliwie, bojaźliwie, strachliwie **angucken** *umg v/t* ⟨po⟩patrzeć na (*akk*); **sich** (*dat*) **etw ~** oglądać ⟨obejrzeć⟩ (sobie) (*akk*) **anhaben** (*irr*) *umg* mieć na sobie; **niemand konnte ihm etwas ~** nikt nie mógł mu czegoś zarzucić

**anhalten** (*irr*) A *v/t* ① zatrzym(yw)ać; *Atem* wstrzym(yw)ać B *v/i* ① zatrzym(yw)ać się ② (*dauern*) trwać **Anhalter(in** *f*) *m* autostopowicz(ka); **per Anhalter** autostopem **Anhaltspunkt** *m* oznaka, wskazówka

**anhand** *präp* (*gen*), *adv*: **~ von** na podstawie (*gen*)

**Anhang** *m* dodatek, suplement

**anhängen**[1] *v/t* przyczepi(a)ć (**an** *akk* do *gen*); (*ankuppeln*) doczepi(a)ć; (*anfügen*) dołączać ⟨-czyć⟩; *umg fig* **j-m etw ~** posądzać ⟨-dzić⟩, pomawiać ⟨-mówić⟩ k-o o (*akk*)

**anhängen**[2] (*irr*) *v/i* (*dat*) być związanym (z *inst*), być zwolennikiem -niczką) (*gen*)

**Anhänger** *m* AUTO przyczepa; (*Schmuck*) wisiorek, breloczek; (*Person*) zwolennik, stronnik; *rel* wyznawca *m* **anhänglich** przywiązany

**anhäufen** ⟨na⟩gromadzić **Anhäufung** *f* nagromadzenie, skupisko

**anheben** (*irr*) *v/t* unosić ⟨unieść⟩, podnosić ⟨podnieść⟩; *Lohn* podwyższać ⟨-szyć⟩ **anheften** (**an** *akk*) przypinać ⟨-piąć⟩ (do *gen*); (*annähen*) przyfastrygować *pf* **anheizen** rozpalać ⟨-lić⟩ (**den Ofen** w piecu)

**Anhieb** *m*: **auf ~** od razu, z miejsca

**anhören** *v/t* wysłuch(iw)ać (*gen*); **sich** (*dat*) **etw ~** ⟨po-, wy⟩słuchać (*gen*); nasłuchać się *pf* (*gen*); **sich gut ~** dobrze brzmieć

**animieren** (-) zachęcać ⟨-cić⟩ (**zum Trinken** do picia)

**Anis** *m* anyż(ek)

**Anker** *m* MAR kotwica; BUD kotew *f*; ELEK twornik **ankern** *v/i* (-re) stać, stanąć *pf* na kotwicy, być zakotwiczonym

**anketten** (-e-) *v/t* (**an** *akk*) przywiąz(yw)ać łańcuchem (do *gen*)

**Anklage** *f* oskarżenie **Anklagebank** *f* ława oskarżonych **anklagen** (JUR j-n *e-r Sache*) oskarżać ⟨-żyć⟩ (k-o o *akk*) **Anklä-**

**ger(in)** m(f) oskarżyciel(ka) f akt oskarżenia

**Anklang** m: ~ **finden (bei)** być przyjętym (przez akk), zyskać pf uznanie (u gen)

**ankleben** v/t przyklejać ⟨-kleić⟩ (**an** akk do gen); Plakate rozlepi(a)ć **anklopfen** (**an** akk od dat) ⟨za⟩pukać (do gen) **anknüpfen** v/t fig nawiąz(yw)ać (a. v/i, **an** akk do gen)

**ankommen** v/i (irr; sn) przyby(wa)ć; zu Fuß przychodzić ⟨przyjść⟩; fahrend przyjeżdżać ⟨-jechać⟩ (**mit** etw inst); fliegend przylatywać ⟨-lecieć⟩ (**mit** etw inst); irgendwo ankommen dojść pf, dojechać pf; **es kommt auf ... an, ob** to zależy od ..., czy; **darauf kommt es nicht an** to nie gra roli

**ankoppeln** v/t (**an** akk) doczepi(a)ć (do gen); v/i KOSM ⟨przy⟩cumować (do gen)

**ankündigen** v/t zapowiadać ⟨-wiedzieć⟩; Besuch ⟨za⟩anonsować **Ankündigung** f zapowiedź f, zaanonsowanie

**Ankunft** f (bpl) przybycie; fahrend a. przyjazd; fliegend przylot

**Anlage** f **1** (bpl) (das Anlegen) urządzenie, założenie **2** (a. pl) FIN inwestycja; instalacja, aparatura; (Park) zieleniec; (Betrieb) zakład; (Gebäudekomplex) budowla, obiekt; (Neigung) skłonność f, (Begabung) uzdolnienie; (Beilage) załącznik **Anlagekapital** n kapitał zakładowy

**Anlass** m (-es, -lässe) powód (**zu** do gen); (Gelegenheit) okazja **anlassen** (irr) v/t Motor uruchamiać ⟨-chomić⟩; umg Mantel nie zdejmować ⟨zdjąć⟩ (gen); Licht nie ⟨z⟩gasić, (gen) **Anlasser** m TECH rozrusznik **anlässlich** präp (gen) z okazji (gen)

**Anlauf** m rozbieg; TECH, EKON rozruch; (Versuch) próba **anlaufen** (irr) v/t zawijać ⟨-winąć⟩ (do gen); v/i (sn) brać ⟨wziąć⟩ rozbieg; Produktion ruszać ⟨ruszyć⟩; Film wchodzić ⟨wejść⟩ na ekrany; Glas zachodzić ⟨zajść⟩ parą; Metall pokry(wa)ć się nalotem

**anlegen A** v/t **1** przykładać ⟨przyłożyć⟩ (**an** akk do gen) **2** Mantel wkładać ⟨włożyć⟩ **3** Park zakładać ⟨założyć⟩ **4** Kohle dokładać ⟨dołożyć⟩ **5** Vorrat ⟨z⟩robić; Kapital ⟨za⟩inwestować, ⟨u⟩lokować **B** v/i zawijać ⟨-winąć⟩ do portu **C** **sich mit j-m ~** szukać zwady z (inst)

**anlehnen** v/t przymykać ⟨-mknąć⟩; **an** (akk) ~ opierać ⟨oprzeć⟩ o (akk); **sich ~ (an** akk) opierać ⟨oprzeć⟩ się (o akk); fig wzorować się (na lok)

**Anleihe** f pożyczka

**anleiten** v/t pouczać, instruować **Anleitung** f instruowanie; gedruckt instrukcja, wskazówki fpl (**zu** do gen)

**anlernen** przyuczać ⟨-czyć⟩ **anliegen** v/i (irr) przylegać; Kleid a. być obcisłym, opinać **Anliegen** n interes; (Bitte) prośba **anlocken** ⟨przy⟩wabić; Leute przyciągać ⟨-gnąć⟩ **anlügen** okłam(yw)ać **anmachen** Licht zapalać ⟨-lić⟩; Feuer a. rozniecać ⟨-cić⟩; umg podrywać ⟨poderwać⟩

**anmaßen**: **sich** (dat) **etw ~** pozwalać ⟨-zwolić⟩ sobie na (akk); Recht uzurpować sobie (akk)

**anmelden** v/t zgłaszać ⟨zgłosić⟩ (**zu** do gen, na akk); Gewerbe ⟨za⟩rejestrować; Gast anonsować; Wohnsitz ⟨za⟩meldować na pobyt; **sich polizeilich ~** zameldować się na pobyt **Anmeldung** f bei der Polizei zameldowanie (się); MED (Raum) izba przyjęć

**anmerken** **1** pozna(wa)ć; **sich** (dat) **nichts ~ lassen** nie dać poznać po sobie **2** (bemerken) zauważyć pf **Anmerkung** f przypisek; adnotacja

**Anmut** f (bpl) wdzięk; engS a. gracja **anmutig** wdzięczny; prąd a. z gracją, pełen (-łna, -łne) gracji

**annageln** przybi(ja)ć (gwoździami) **annähen** przyszy(wa)ć (**an** akk do gen) **Annäherung** f zbliżanie, zbliżenie (się) **Annäherungsversuch** m awanse mpl, zaloty mpl

**Annahme** f przyjmowanie, przyjęcie; (Vermutung) założenie **annehmbar** (możliwy) do przyjęcia; znośny

**annehmen** v/t (irr) przyjmować ⟨-jąć⟩; FIN Wechsel akceptować; Namen przyb(ie)rać; (vermuten) przypuszczać; (voraussetzen) zakładać ⟨założyć⟩

**Annonce** [a'nõsə] f → Anzeige **annoncieren** [-'sï:-] (-) ogłaszać ⟨ogłosić⟩; ⟨za⟩anonsować

**annullieren** (-) anulować (im)pf, unieważni(a)ć

**anöden** umg (-e-) nudzić, zanudzać

**anonym** anonimowy (-wo)

**Anorak** m anorak, skafander

**anordnen** zarządzać ⟨-dzić⟩ **Anord-**

**Anordnung – anschwellen** • 283

**nung** f układ, ułożenie; (Verfügung) zarządzenie, polecenie
**anpacken** v/t (s)chwycić pf; umg zab(ie)rać się (e-e Sache do gen); v/i **mit ~** pomagać ⟨-móc⟩
**anpassen** v/t dopasow(yw)ać; dostosow(yw)ać, przystosow(yw)ać (dat, **an** akk do gen); Renten indeksować **Anpassung** f (bpl) dopasowanie; adaptacja
**Anpfiff** m SPORT sygnał rozpoczęcia gry; umg fig reprymenda
**anprangern** (-re) ⟨na⟩piętnować **anpreisen** zachwalać
**Anprobe** f przymiarka **anprobieren** (-) przymierzać ⟨-rzyć⟩
**anrechnen** zaliczać ⟨-czyć⟩ (a. **etw auf** akk na poczet gen); fig poczyt(yw)ać **Anrecht** n (bpl) prawo, uprawnienie (**auf** akk do gen)
**Anrede** f forma zwracania się; (Titel) tytułowanie **anreden:** j-n (**mit Du**) ~ zwracać ⟨zwrócić⟩ się do k-o (przez pan od pani); przemawiać ⟨-mówić⟩ do (gen), tytułować (akk)
**anregen** ⟨za⟩sugerować, ⟨za⟩inicjować; (stimulieren) pobudzać ⟨-dzić⟩, podniecać ⟨-cić⟩ **Anregung** f propozycja, sugestia; pobudzenie; **auf ~ (von)** z inicjatywy (gen); **zur ~** dla pobudzenia
**anreichern** (-re) v/t wzbogacać ⟨-cić⟩ (**mit w** akk); **sich ~** v/i (dat) gromadzić się w (lok)
**Anreise** f przyjazd (tu) **anreisen** v/i (sn) przyjeżdżać ⟨-jechać⟩, przyby(wa)ć
**Anreiz** m podnieta, zachęta, bodziec
**anrempeln** umg potrącać ⟨-cić⟩
**anrichten** Essen pod(aw)ać; Unheil narobić pf (gen)
**anrüchig** mający złą opinię, podejrzany
**Anruf** m zawołanie, okrzyk; TEL rozmowa telefoniczna **Anrufbeantworter** m automatyczna sekretarka **anrufen** (irr) v/t umg ⟨za⟩dzwonić (do gen); Gericht odwoł(yw)ać się (do gen)
**anrühren** v/t dotykać ⟨-tknąć⟩ (gen); Farbe rozrabiać ⟨-robić⟩; **nicht ~** nie ruszać ⟨-szyć⟩ (gen)
**ans = an das → an**
**Ansage** f zapowiedź f **ansagen** v/t zapowiadać ⟨-wiedzieć⟩ **Ansager(in)** m(f) konferansjer(ka); rtv spiker(ka), prezenter(ka)

**Ansammlung** f nagromadzenie; von Menschen zbiegowisko, gromada
**ansässig** adj (stale) zamieszkały
**Ansatz** m nasada, przyczep; pierwsze stadium; (Schicht) warstwa, osad **Ansatzpunkt** m punkt wyjścia
**anschaffen:** v/t **sich** (dat) ~ (akk) sprawi(a)ć sobie (akk); umg urodzić pf **Anschaffung** f nabycie; (Sache) nabytek, sprawunek
**anschauen** bes pł-niem, austr, szwajc → ansehen **anschaulich** Methode poglądowy (-wo); jasny (-no), plastyczny **Anschauung** f (Meinung) pogląd(y pl), opinia
**Anschein** m: **allem ~ nach** według wszelkiego prawdopodobieństwa; **es hat den ~, als ob** wygląda na to, jakby **anscheinend** adv widocznie
**Anschlag** m (Aushang) ogłoszenie; plakat; MUS uderzenie; (Attentat) zamach **anschlagen** (irr) v/t uderzać ⟨-rzyć⟩ (**w** akk); Aushang wywieszać ⟨-wiesić⟩, przybi(ja)ć (**an** akk na lok, do gen); Kur ⟨po⟩skutkować; Hund zaszczekać pf
**anschließen** (irr) v/t (**an** akk, dat) Fahrrad przywiąz(yw)ać łańcuchem z zamkiem (do gen); ELEK podłączać ⟨-czyć⟩ (do gen); **sich ~** (dat, **an** akk) (grenzen) przylegać (do gen); (folgen) następować ⟨-stąpić⟩ (po lok); **sich j-m**, e-r Partei usw ~ dołączać ⟨-czyć⟩ (się) (do gen)
**Anschluss** m połączenie; ELEK, TEL, POL podłączenie, przyłączenie; **im ~ an** (akk) bezpośrednio po (lok); fig umg **den ~ verpassen** przegapić pf szansę; fig **~ finden** znaleźć pf towarzystwo
**anschnallen** przypinać ⟨-piąć⟩; **sich ~** zapinać ⟨-piąć⟩ pasy bezpieczeństwa **Anschnallpflicht** f obowiązek zapinania pasów bezpieczeństwa
**anschneiden** (irr) nacinać ⟨-ciąć⟩; Frage poruszać ⟨-szyć⟩ **anschrauben** przyśrubow(yw)ać (**an** akk do gen) **anschreiben** (irr) v/t napisać pf (dat, do gen); **~ lassen** kupować ⟨-pić⟩ na kreskę **anschreien** (irr): j-n ~ ⟨za⟩krzyczeć, krzyknąć na (akk)
**Anschrift** f adres
**Anschuldigung** f obwinienie, zarzut **anschwärzen** umg abw oczerni(a)ć, obsmarow(yw)ać **anschweißen** przyspawać pf (**an** akk do gen) **anschwel-**

**len** v/i (irr; sn) Bein obrzmie(wa)ć; an Menge ⟨u⟩rosnąć **anschwemmen** nanosić ⟨-nieść⟩ **anschwindeln** umg ⟨z⟩bujać

**ansehen** (irr) v/t ⟨po⟩patrzeć, spoglądać ⟨spojrzeć⟩ (na akk); (halten für) uważać, poczytywać (**für, als** za akk); **man sah es ihm an, dass** widać było po nim, że; **sich** (dat) **etw ~** oglądać ⟨obejrzeć⟩ (sobie) (akk), przypatrywać ⟨-trzeć⟩ się (dat) **Ansehen** n (-s; bpl) poważanie, szacunek **ansehnlich** znaczny; Person postawny

**ansetzen** A v/t 1 przystawi(a)ć (**an** akk do gen) 2 Bowle nastawi(a)ć 3 Termin ustalać ⟨-lić⟩, wyznaczać ⟨-czyć⟩ 4 (vorausberechnen) kalkulować wstępnie; **Fett ~** ⟨u⟩tyć B v/i (zu) przymierzać się, szykować się, brać się (do gen), zaczynać (+ inf)

**Ansicht** f widok; (Meinung) zdanie, opinia (**über** akk o lok); **~en** pl a. zapatrywania npl **Ansichtskarte** f widokówka **Ansichtssache** f kwestia zapatrywania

**ansiedeln** osiedlać ⟨-lić⟩; **sich ~** osiedlać ⟨-lić⟩ się, osiadać ⟨osiąść⟩

**anspannen** Pferd zaprzęgać ⟨-przęgnąć, -prząc⟩; Muskel naprężać ⟨-żyć⟩; Kräfte wytężać ⟨-żyć⟩ **Anspannung** f naprężenie;; (Zustand) napięcie **anspielen** v/t e-n Spieler poda(wa)ć (dat, do gen); v/i fig **~ auf** (akk) mieć na myśli (akk), ⟨z⟩robić aluzję do (gen) **Anspielung** f aluzja

**Ansporn** m (bpl) podnieta, zachęta **anspornen: j-n zu etw ~** zachęcać ⟨-cić⟩, ⟨z⟩mobilizować k-o do (gen)

**Ansprache** f przemówienie; **e-e ~ halten** wygłaszać ⟨-głosić⟩ przemówienie **ansprechen** (irr) v/t zwracać ⟨zwrócić⟩ się (do gen); Gefühl przemawiać ⟨-mówić⟩ (do gen); (gefallen) ⟨s⟩podobać się (dat); v/i reagować **Ansprechpartner(in)** m(f) partner(ka) do rozmów; in e-r Firma pracownik odpowiedzialny za kontakt z klientem

**anspringen** (irr) v/t rzucać ⟨-cić⟩ się na (akk); v/i Motor zapalać ⟨-lić⟩

**Anspruch** m wymaganie; JUR roszczenie; **in ~ nehmen** (akk) ⟨s⟩korzystać (z gen); **Ansprüche erheben** wysuwać roszczenia **anspruchslos** niewymagają-

cy, niewybredny; (schlicht) skromny **anspruchsvoll** wymagający; ambitny

**anstacheln** (-le) pobudzać ⟨-dzić⟩ (**zu** do gen)

**Anstalt** f zakład, instytucja

**Anstand** m (bpl) przyzwoitość f; (Würde) godność f **anständig** przyzwoity (-icie); umg porządny **anstandslos** (ohne Probleme) bez trudności, bez zastrzeżeń

**anstarren** v/t wpatrywać się w (akk)

**anstatt** konj **~ dass, ~ zu ...** zamiast (tego, by) ...

**anstecken** A v/t MED, fig zarażać ⟨-razić⟩ (**mit etw** inst; **bei j-m** od gen) B v/i **diese Krankheit, so ein Lachen steckt an** to zakaźna choroba; taki śmiech jest zaraźliwy **Ansteckungsgefahr** f niebezpieczeństwo zakażenia

**anstehen** v/i Termin być wyznaczonym; Arbeit czekać na załatwienie

**ansteigen** v/i (irr; sn) podnosić ⟨-nieść⟩ się; Weg wznosić się

**anstelle** präp (gen), adv: **~ von** zamiast, umg w miejsce, na miejsce

**anstellen** A v/t przystawi(a)ć (**etw an** akk coś do gen); Arbeiter zatrudni(a)ć, ⟨za⟩angażować; (etw tun) ⟨z⟩robić; Unfug nabroić pf; Gerät włączać ⟨-czyć⟩ B **sich ~** stawać ⟨stanąć⟩ w kolejce (**nach** po akk); umg **sich dumm ~** mieć niezdarne ręce **Anstellung** f posada

**Anstieg** m (-[e]s; mst bpl) wzniesienie; fig wzrost

**anstiften** (**zu**) namawiać ⟨-mówić⟩ (do gen) **Anstiftung** f namowa, podżeganie

**anstimmen** Lied zaintonować pf

**Anstoß** m impuls, bodziec, podnieta; SPORT pierwsze uderzenie (piłki); fig **der erste ~** inicjatywa; **~ erregen** wywoł(yw)ać zgorszenie; **~ nehmen** (**an** dat) ⟨z⟩gorszyć się (inst) **anstoßen** (irr) v/t potrącać ⟨-cić⟩, (z lekka) uderzać ⟨-rzyć⟩; uderzać ⟨-rzyć⟩ się; **auf j-s Gesundheit ~** ⟨wy⟩pić zdrowie (gen)

**anstößig** gorszący (-co)

**anstreben** starać się o (akk), dążyć do (gen)

**anstreichen** (irr) ⟨po⟩malować **Anstreicher** m malarz (pokojowy)

**anstrengen** v/t wytężać ⟨-żyć⟩, wysilać ⟨-lić⟩; Prozess wytaczać ⟨-toczyć⟩ **Anstrengung** f wysiłek

**Ansturm** *m* (*bpl*) (*Andrang*) natłok
**antasten** naruszać ⟨-szyć⟩; *Recht* ⟨po⟩gwałcić
**Anteil** *m* udział (**an** *dat* **w** *lok*); **~ nehmen an** (*dat*) okaz(yw)ać zainteresowanie (*inst*); brać ⟨wziąć⟩ udział w (*lok*) **anteilig**, **anteilmäßig** proporcjonalny **Anteilnahme** *f* współczucie
**Antenne** *f* antena
**Antibabypille** *umg f* tabletka antykoncepcyjna **Antibiotikum** *n* antybiotyk **Antiblockiersystem** *n* AUTO ABS, (elektroniczny) układ zapobiegający blokowaniu kół
**antik** antyczny **Antike** *f* (*bpl*) antyk, starożytność *f*
**Antipathie** *f* antypatia
**Antiquariat** *n* (-[e]s; -e) antykwariat **antiquarisch** antykwaryczny **antiquiert** przestarzały, przeżyty **Antiquität** *f* antyk
**Antrag** *m* (-[e]s; Anträge) wniosek; (*Gesuch*) podanie **Antragsteller(in)** *m(f)* wnioskodawca *m* (-czyni); (*Gesuchsteller[in]*) petent(ka)
**antreffen** (*irr*) zasta(wa)ć **antreiben** (*irr*) naganiać, popędzać (**zu do** *gen*) **antreten** (*irr*) **A** *v/t* **1** *Reise* rozpoczynać ⟨-cząć⟩ **2** *Amt* obejmować ⟨objąć⟩ **B** *v/i* (*sn*) **1** MIL ustawi(a)ć się **2** (*sich stellen*) stawać ⟨stanąć⟩ (**zu e-m Wettbewerb** do zawodów, do współzawodnictwa)
**Antrieb** *m* bodziec, podnieta; TECH naped; **aus eigenem ~** samorzutnie, z własnej inicjatywy
**Antritt** *m* rozpoczęcie; *e-s Amtes* objęcie **Antrittsbesuch** *m* wizyta wstępna
**antun** (*irr*) wyrządzać ⟨-dzić⟩ (**Böses** zło); *umg* **sich** (*dat*) **etwas ~tun** targnąć się *pf* na swoje życie
**Antwort** *f* odpowiedź *f* **antworten** (-e) odpowiadać ⟨-wiedzieć⟩; (*reagieren*) *a.* skwitować *pf* (**mit etw** *inst*)
**anvertrauen** *v/t* powierzać ⟨-rzyć⟩; **sich j-m ~** zwierzać ⟨-rzyć⟩ się (*dat*)
**anwachsen** *v/i* (*irr*; *sn*) przyrastać ⟨-rosnąć, -róść⟩; *Menge* narastać ⟨-rosnąć, -róść⟩; *Lärm* nasilać ⟨-lić⟩ się
**Anwalt** *m* (-[e]s; -wälte) adwokat *m*; (*Sprecher*) rzecznik
**Anwärter(in)** *m(f)* kandydat(ka)
**anweisen** (*irr*) *Geld* przekaz(yw)ać; *Platz* wyznaczać ⟨-czyć⟩; (*anleiten*) ⟨po⟩instruować **Anweisung** *f* (*Geldanweisung*) przekaz (pieniężny); (*Anleitung*) instrukcja
**anwendbar** możliwy do zastosowania (**auf** *akk*, **bei** *dat* na, przy, w *lok*)
**anwenden** (*irr*; a -e-) ⟨za⟩stosować (**auf** *akk* **do** *gen*) **Anwender** *m* IT użytkownik **Anwendung** *f* (za)stosowanie; MED *bei e-r Kur* zabieg; IT aplikacja
**anwesend** *adj* obecny (**bei przy** *lok*); **alle Anwesenden** wszyscy obecni **Anwesenheit** *f* (*bpl*) obecność *f* **Anwesenheitsliste** *f* lista obecności
**anwidern** (-re) *j-n* napełni(a)ć odrazą
**anwinkeln** (-le) *Arme* zginać ⟨zgiąć⟩; *Beine* podkurczać ⟨-czyć⟩
**Anwohner(in)** *m(f)* mieszkaniec (-nka) (*gen*), zamieszkujący (-ca) (przy *lok*)
**Anzahl** *f* (*bpl*) liczba, ilość *f* **anzahlen** zadatkować *pf*, ⟨w⟩płacić akonto **Anzahlung** *f* zadatek, akonto; *bei Ratenzahlung* pierwsza rata
**anzapfen** napoczynać ⟨-cząć⟩; *umg* zakładać ⟨założyć⟩ podsłuch
**Anzeichen** *n* oznaka; (*Symptom*) objaw **Anzeige** *f* anons, ogłoszenie; *umg* reklama; (*Meldung*) doniesienie, zgłoszenie; (*Display*) wyświetlacz **anzeigen** anonsować, ogłaszać ⟨-łosić⟩; *Straftat* donosić ⟨-nieść⟩ (o *lok*)
**anziehen** (*irr*) **A** *v/t* **1** wkładać ⟨włożyć⟩ (na siebie); *j-n* ub(ie)rać **2** (*anlocken*) przyciągać ⟨-gnąć⟩; *Duft* przesiąkać ⟨-knąć⟩ (*inst*) **3** *Seil* naciągać ⟨-gnąć⟩; *Schraube* dokręcać ⟨-cić⟩; **die Bremse ~** zaciągać ⟨-gnąć⟩ hamulec **B** *v/i* **1** *Pferd* ruszać ⟨ruszyć⟩ (z miejsca) **2** *Preise* zwyżkować **Anziehungskraft** *f* FIZ siła przyciągania; *fig* atrakcyjność *f*
**Anzug** *m* ubranie, garnitur; *fig* **im ~ sein** nadciągać, zbliżać się
**anzüglich** uszczypliwy (-wie); (*zweideutig*) dwuznaczny, sprośny
**anzünden** *Feuer* rozpalać ⟨-lić⟩; *Haus* podpalać ⟨-lić⟩ **anzweifeln** *v/t* powątpiewać (**w** *akk*), mieć wątpliwości (co do *gen*)
**Apartment** *n* (-s; -s) apartament
**apathisch** apatyczny
**Apfel** *m* (-s; Äpfel) jabłko; *in zssgn* jabłkowy, jabłeczny **Apfelbaum** *m* jabłoń *f* **Apfelmus** *n* przecier jabłkowy **Apfelsine** *f* pomarańcza **Apfelstrudel** *m*

strudel z jabłkami **Apfelwein** m jabłecznik
**Apostel** m apostoł
**Apotheke** f apteka **Apotheker(in)** m(f) aptekarz (-rka); *in zssgn* aptekarski
**App** f (-; -) IT app m
**Apparat** m (-[e]s; -e) aparat; ANAT układ; **am ~!** przy telefonie!
**Appell** m (-s; -e) apel (**an** akk do gen)
**Appetit** m (-[e]s; bpl) apetyt; **guten ~!** smacznego! **appetitlich** apetyczny, smakowity (-cie)
**Applaus** m (-es; bpl) oklaski mpl
**Après-Ski** n (-; bpl) apres-ski
**Aprikose** f morela
**April** m (-s; -e) kwiecień m; *in zssgn* kwietniowy **Aprilscherz** m żart primaaprilisowy **Aprilwetter** n pogoda marcowa
**Aquaplaning** n (-s; bpl) poślizg na warstwie wody **Aquarell** n (-s; -e) akwarela
**Aquarium** n (-s; -ien) akwarium n
**Äquator** m (-s; bpl) równik
**Äquivalent** n (-[e]s; -e) ekwiwalent
**Araber(in** f) m arab(ka) **arabisch** arabski (po -ku)
**Arbeit** f praca; (*Beschäftigung*) zajęcie; *e-s Schülers* wypracowanie; (*Mühe*) trud; **körperliche ~** praca fizyczna; **häusliche ~en** zajęcia domowe; **bei der ~** przy pracy, w pracy
**arbeiten** (-e-) v/i pracować (**bei** u gen, na lok; **als** jako; **an** dat nad inst; **für** na, za akk; **für j-n, etw** dla gen); TECH a. funkcjonować
**Arbeiter(in** f) m pracownik (-ica, -iczka); *zssgn* robotniczy **Arbeit|geber(in)** m(f) pracodawca m (-czyni) **Arbeitnehmer(in)** m(f) pracobiorca m, pracownik (-iczka) **Arbeitsagentur** f urząd pracy, umg pośrednik **Arbeitsbedingungen** fpl warunki mpl pracy **Arbeitserlaubnis** f zezwolenie na pracę **arbeitsfähig** zdolny do pracy **Arbeitsgericht** n sąd pracy **Arbeitsgruppe** f grupa robocza **arbeitsintensiv** pracochłonny **Arbeitskampf** m walka o realizację żądań ekonomicznych **Arbeitskleidung** f ubranie robocze **Arbeitskraft** f (*Mensch*) pracownik; pl a. siła robocza **Arbeitslohn** m wynagrodzenie za pracę **arbeitslos** bezrobotny **Arbeitslose(r)** m (-n) bezrobotny **Arbeitslosenversiche-**

**rung** f ubezpieczenie na wypadek bezrobocia **Arbeitslosigkeit** f (bpl) bezrobocie **Arbeitsmarkt** m rynek pracy **Arbeitsrecht** n (bpl) prawo pracy **Arbeitsstelle** f miejsce pracy, zakład pracy **Arbeitstag** m dzień roboczy **arbeitsunfähig** niezdolny do pracy **Arbeitsunfall** m wypadek przy pracy **Arbeitsvermittlung** f pośrednictwo pracy **Arbeitsvertrag** m umowa o pracę **Arbeitsweise** f metoda pracy; *e-s Gerätes* zasada działania **Arbeitszeit** f czas pracy **Arbeitszimmer** n gabinet, pracownia
**archäologisch** archeologiczny
**Architektur** f architektura
**Archiv** n (-s; -e) archiwum n
**Argentinien** n Argentyna **Argentinier** m Argentyńczyk **argentinisch** argentyński
**Ärger** m (-s; bpl) złość f; kłopot(y pl); **~ haben (mit)** mieć nieprzyjemności fpl (z inst) **ärgerlich** rozgniewany; (*unangenehm*) przykry (-ro), irytujący (-co) **ärgern** (-re) v/t ⟨roz⟩złościć (**über** akk na akk, z powodu gen); (*reizen*) drażnić (akk), dokuczać (dat) **Ärgernis** n (-ses; -se) strapienie, kłopot; (*etw Anstößiges*) skandal, zgorszenie
**arglos** prostoduszny; *präd a.* bez fałszu
**Argwohn** m (-s; bpl) nieufność f; (*Verdacht*) podejrzenie **argwöhnisch** nieufny, podejrzliwy (-wie)
**Arie** ['aːriə] f aria
**aristokratisch** arystokratyczny
**arm** (ärmer; ärmste) biedny, ubogi (-go) (**an** dat w akk); **~er Schlucker, Teufel** biedaczysko; **~ werden** ⟨z⟩biednieć, ⟨z⟩ubożeć
**Arm** m (-[e]s; -e) TECH ramię; **in die ~e schließen** uściskać pf; fig **j-n auf den ~ nehmen** nab(ie)rać k-o na kawał
**Armaturenbrett** n tablica przyrządów
**Armband** n bransoletka **Armbanduhr** f zegarek na rękę
**Arme** m u. f: **der (die) ~** biedak (biedaczka), ubogi (uboga); **die ~n** biedni pl, biedota
**Armee** f armia
**Ärmel** m rękaw **ärmellos** bez rękawów
**Armenien** n (bpl) Armenia **Armenier(in)** m(f) Armeńczyk (-nka), Ormianin (-nka) **armenisch** armeński (po

-ku), ormiański (po -ku)
**ärmlich** ubogi (-go), niezamożny **armselig** nędzny; (*dürftig*) lichy (-cho)
**Armut** f (*bpl*) bieda, nędza; *fig* ubóstwo
**Aroma** n (-s; -men) aromat **aromatisch** aromatyczny, wonny
**arrangieren** [-'ʒi:rən] (-) ‹za›aranżować; **sich ~ (mit j-m)** dojść *pf* do porozumienia, dogadać się *pf* (*z inst*)
**Arrest** m (-[e]s; -e) areszt
**arrogant** arogancki (-ko)
**Arsch** *pop* m (-[e]s; Ärsche) *pop* dupa, dupsko; *abw* (*Trottel*) dupa, jełop
**Art** f rodzaj; (*Weise*) sposób; (*Spezies*) gatunek; **auf diese ~** w ten sposób; **nach ~ des Hauses** KULIN (przyrządzony) po domowemu
**Arterie** [-riə] f tętnica, *a. fig* arteria
**artig** grzeczny
**Artikel** m artykuł; GRAM rodzajnik
**Artillerie** [*pl* -i:ən] f artyleria; *in zssgn* artyleryjski, ... artylerii
**Artischocke** f karczoch
**Artist** m (-en) artysta cyrkowy, *umg* cyrkowiec **Artistin** f artystka cyrkowa, *umg* cyrkówka
**Arznei** f lek, lekarstwo **Arzneimittel** n środek leczniczy, lek
**Arzt** m (-es; Ärzte) lekarz **Ärztin** f lekarka **ärztlich** lekarski, ... lekarza
**Asbest** m (-[e]s; -e) azbest; *in zssgn* azbestowy
**Asche** f popiół; *e-s Verstorbenen* prochy *mpl*
**Aschenbecher** m popielniczka **Aschermittwoch** m środa popielcowa, Popielec
**Asiat(in)** m(f) (-en) Azjata m (-tka) **asiatisch** azjatycki **Asien** n Azja
**asketisch** ascetyczny
**asozial** aspołeczny
**Aspekt** m (-[e]s; -e) aspekt
**Asphalt** m (-[e]s; -e) asfalt
**Aspik** m od n: **in ~** w galaretce
**Ass** n (-es; -e) as
**aß, äße** → **essen**
**Assessment-Center** n (-s; -) assessment centre *unv*, centrum *n* oceny
**Assistent(in)** m(f) (-en) asystent(ka)
**Ast** m (-[e]s; Äste) gałąź f, konar
**ästhetisch** estetyczny
**Asthma** n (-s; *bpl*) astma, dychawica
**astrein** *umg* pewny; (*sehr gut*) na medal

**Astronaut(in)** m(f) (-en) astronauta m (-tka) **Astronomie** f (*bpl*) astronomia **astronomisch** astronomiczny
**Asyl** n (-s; *bpl*) azyl **Asylantrag** m wniosek o azyl **Asylbewerber(in)** m(f) (-en) azylant(ka)
**Atelier** [-li'e:] n (-s; -s) pracownia, atelier
**Atem** m (-s; *bpl*) oddech **atemberaubend** *adj* zapierający dech (w piersiach) **atemlos** zdyszany; *prąd* bez tchu **Atempause** f chwila wytchnienia **Atemzug** m wdech (i wydech); *pl* oddech; **bis zum letzten ~** do ostatniego tchnienia
**atheistisch** ateistyczny
**Äther** m (-s; *bpl*) eter(owy *in zssgn*)
**Athlet(in)** f) m (-en) atleta m (-tka) **athletisch** atletyczny
**atlantisch** atlantycki
**Atlas** m (-ses; -se od -lanten) atlas
**atmen** (-e-) *v/i* oddychać
**Atmosphäre** f atmosfera; *fig a.* aura
**Atmung** f (*bpl*) oddychanie, oddech
**Atom** n (-s; -e) atom **Atombombe** f bomba atomowa, *umg* atomówka
**Attacke** f atak
**Attentat** n (-[e]s; -e) zamach **Attentäter(in)** m(f) zamachowiec (-wczyni)
**Attest** n (-[e]s; -e) świadectwo; HANDEL atest, certyfikat
**attraktiv** atrakcyjny
**Attribut** n (-[e]s; -e) cecha, właściwość f; GRAM przydawka
**ätzend** *adj* żrący (-co)
**Aubergine** [obɛrˈʒiːnə] f oberżyna, bakłażan
**auch** *adv* też, także, również; (*selbst*) choćby, nawet; **ich ~** ja też; **du gehst ~?** ty także idziesz?; **ich ~ nicht** ja również nie; **~ noch** jeszcze (i); **~ das noch!** tego jeszcze brakowało!; **sowohl ... als ~** ... zarówno ..., jak i ...; *partikel* **wenn ~** chociaż, aczkolwiek; **wie dem ~ sei** bądź co bądź, jakkolwiek jest; **was (wer) ~ immer ...** cokolwiek (ktokolwiek) by (nie) ...
**Audioguide** m (-s) audioprzewodnik **audiovisuell** audiowizualny
**auf¹** *präp* ① *räumlich* (*wohin?*; *akk*) na (*akk*), do (*gen*); w kierunku (*gen*); **~ die Bank** do banku; **~ den Hafen zu** w kierunku portu; (*wo?*; *dat*) na, po, w (*lok*); **~ dieser Seite** po tej stronie; **~ der Bank** w banku ② *zeitlich* (*akk*) na (*akk*); **~ lange**

**Zeit** na długi czas; (*Reihenfolge*; *akk*) po (*lok*); **~ Regen folgt Sonne** po deszczu zaświeci słońce; (*während*; *dat*) podczas (*gen*), w (*lok*); **~ der Reise** podczas podróży, w czasie podróży; **von** (*dat*) ~ (*akk*) z (*gen*) na (*akk*); **von Sonntag ~ Montag** z niedzieli na poniedziałek [3] *Art u. Weise* (*akk*) za (*inst*); **~ Deutsch** po niemiecku; **~ einen Schlag** za jednym zamachem; **~ das** *od* **~s Herzlichste** jak najserdeczniej [4] *final* (*akk*) **bis ~** ... co do (*gen*); z wyjątkiem (*gen*); **bis ~ den Pfennig, Cent** co do grosza; **bis ~ Jan** z wyjątkiem Jana [5] (*pro*; *akk*) na (*gen*); **... ~ tausend Einwohner** ... na tysiąc mieszkańców

**auf**[2] *adv*: **~ und ab** do góry i na dół; (*hin und her*) tam i z powrotem; *umg* **~!** wstawaj!; **~, an die Arbeit!** (marsz) do roboty!; **Tür ~!** otwórzyć drzwi!; **die Tür ist ~** drzwi są otwarte

**aufatmen** *v/i* odetchnąć *pf*

**Aufbau** *m* (*bpl*) budowa, układ; TECH postawienie, montaż; (*pl* -ten) BUD, MAR nadbudówka; AUTO nadwozie; **im ~ Firma** w organizacji

**aufbauen** *v/t* ⟨po⟩stawić; *Maschine* ⟨z⟩montować; *Stadt* odbudow(yw)ać; organizować; *v/i fig* **~ auf** (*dat*) opierać ⟨oprzeć⟩ na (*lok*) **aufbauschen** *fig* wyolbrzymi(a)ć **aufbehalten** (*irr*, -) *Hut* nie zdejmować (*gen*) **aufbereiten** *Wasser* uzdatniać; *Daten* przetwarzać, opracowywać **aufbessern** *Gehalt* podnosić ⟨-nieść⟩; *Kenntnisse* polepszać ⟨-szyć⟩

**aufbewahren** przechow(yw)ać **Aufbewahrung** *f* (*bpl*) przechowywanie, przechowanie; (*Stelle*) przechowalnia; **zur ~** na przechowanie

**aufblasen** (*irr*) nadymać ⟨-dąć⟩, nadmuch(iw)ać **aufbleiben** *umg v/i* (*irr*; *sn*) czuwać, nie spać; *Fenster* pozosta(wa)ć otwartym **aufblenden** *v/i* AUTO włączać ⟨-czyć⟩ światła drogowe; *fot, rtv* rozjaśni(a)ć obraz **aufblühen** *v/i* (*sn*) rozkwitać ⟨-tnąć⟩, zakwitać ⟨-tnąć⟩ **aufbrausen** *v/i* (*sn*) wybuchać ⟨-chnąć⟩ **aufbrechen** (*irr*) *v/t* wyłam(yw)ać; *v/i* (*sn*) pękać ⟨-nąć⟩; (*in* Weg) **ich muss ~** muszę (już) iść *od* jechać **aufbringen** (*irr*) *fig* zdoby(wa)ć się (na *akk*); *Geldmittel* zebrać *pf* (**für** na *akk*); (*erzürnen*) ⟨z⟩bulwersować, ⟨roz⟩gniewać; **gegen sich ~** nastawić *pf* wrogo do siebie

**Aufbruch** *m* (*bpl*) odjazd, odejście

**aufbrühen** *Tee* zaparzać ⟨-rzyć⟩ **aufbürden** (-e-) obarczać ⟨-czyć⟩ (**j-m** *akk* k-o *inst*) **aufdecken** *v/t* odkry(wa)ć; *Tat a.* wykry(wa)ć; *v/i* nakry(wa)ć do stołu **aufdrängen** *v/t* wciskać ⟨wepchnąć⟩, wpychać ⟨wepchnąć⟩; **sich j-m ~** narzucać ⟨-cić⟩ się k-u **aufdrehen** *v/t* odkręcać ⟨-cić⟩; *umg* nastawi(a)ć głośniej **aufdringlich** natrętny; *Geruch* intensywny, mocny

**Aufdruck** *m* (*pl* -e) nadruk **aufdrücken** *v/t Siegel* odciskać ⟨-snąć⟩; *umg* wyciskać ⟨-snąć⟩

**aufeinander** *adv* jeden na drugi *od* drugim, jedno na drugie *od* drugim, jedna na drugą *od* drugiej; wzajemnie; **~ angewiesen sein** zależeć nawzajem od siebie

**Aufenthalt** *m* pobyt *f*; KOLEJ postój; **ohne ~** bez zatrzymywania się **Aufenthaltserlaubnis** *f* zezwolenie na pobyt **auferlegen**: **j-m etw ~** nakładać ⟨nałożyć⟩ na k-o (*inst*) **Auferstehung** *f* (*bpl*) zmartwychwstanie

**aufessen** (*irr*) zjadać ⟨zjeść⟩ **auffahren** (*irr*) *v/t umg* poda(wa)ć; *v/i* (*sn*) zrywać ⟨zerwać⟩ się; **auf** *ein Fahrzeug* **~** najeżdżać ⟨-jechać⟩ na (*akk*), uderzyć *pf* w tył (*gen*); **zu dicht ~** nie zachowywać niezbędnego odstępu **Auffahrt** *f* wjazd (na *akk*); *zum Gebäude* podjazd; *szwajc rel* **Auffahrunfall** *m* wypadek wskutek najechania

**auffallen** *v/i* (*irr*; *sn*) rzucać ⟨-cić⟩ się w oczy; **durch etw ~** zwracać ⟨zwrócić⟩ na siebie uwagę (*inst*); **mir fiel auf, dass ...** zauważyłem ⟨-łam⟩, że ... **auffällig** rzucający się w oczy

**auffangen** (*irr*) ⟨z⟩łapać; *fig* pochwycić *pf*; *Wasser* ⟨u⟩zbierać **auffassen** pojmować ⟨-jąć⟩ (**als** jako) **Auffassung** *f* pojęcie (**von** o *lok*) **auffinden** (*irr*) odnajdywać ⟨-naleźć⟩ **auffordern** (**zu**) wzywać ⟨wezwać⟩ (do *gen, inf*); (*einladen*) zapraszać, ⟨za⟩prosić (do *gen, inf*) **Aufforderung** *f* wezwanie; (*Einladung*) zaproszenie

**aufführen** *v/t* wystawi(a)ć; (*nennen*) wymieni(a)ć; *v/i* **sich ~** zachow(yw)ać się **Aufführung** *f* wystawienie; (*Stück*,

*das aufgeführt wird*) przedstawienie
**auffüllen** uzupełni(a)ć
**Aufgabe**¹ f zadanie; (*Pflicht*) obowiązek
**Aufgabe**² f (*bpl*) (*Schließung*) likwidacja; (*Verzicht*) rezygnacja (z *gen*)
**Aufgang** m (*Treppe*) klatka schodowa; *e-s Gestirns* wschód
**aufgeben** (*irr*) v/t nada(wa)ć; *Plan* ⟨z⟩rezygnować (z *gen*); *Rauchen* zaniechać *pf* (*gen*); v/i ⟨s⟩kapitulować, da(wa)ć za wygraną; **sich ~** poddać się beznadziei
**Aufgebot** n *vor Eheschließung* zapowiedź f; JUR wywołanie; **ein großes ~ an ...** duża ilość (*gen*); **das ~ bestellen** da(wa)ć na zapowiedzi
**aufgedunsen** *adj* nabrzmiały, obrzmiały, spuchnięty
**aufgehen** (*irr*; *sn*) v/i *Deckel* otwierać ⟨-worzyć⟩ się; *Vorhang* podnosić ⟨-nieść⟩ się; *Saat* wschodzić ⟨wzejść⟩; *Teig* ⟨u⟩rosnąć
**aufgeklärt** *adj* oświecony; (*wissend*) uświadomiony **aufgelegt** *adj* usposobiony (**zu** do *gen* **aufgeregt** *adj* podniecony; zdenerwowany **aufgeschlossen** *pperf* → aufschließen; *adj fig* (**gegenüber** *dat*, **für**) wykazujący zrozumienie (dla *gen*)
**aufgeschmissen** *pop adj*: **~ sein** być w kropce; popaść *pf* w tarapaty
**aufgießen** (*irr*) *Tee* zaparzać ⟨-rzyć⟩; KULIN pol(ew)ać (**mit etw** *inst*) **aufgreifen** (*irr*) *j-n* ⟨s⟩chwytać, ⟨z⟩łapać; *Thema* podchwytywać ⟨-chwycić⟩
**aufgrund** *präp* (*gen*), *adv*: **~ von** na podstawie (*gen*)
**Aufguss** m napar
**aufhaben** (*irr*) v/t mieć na głowie; *Aufgabe* mieć zadane; v/i **hat der Laden auf?** czy sklep (jest) otwarty? **aufhalten** (*irr*) v/t zatrzym(yw)ać; (*verzögern*) opóźni(a)ć, ⟨za⟩hamować; *j-m die Tür* przytrzym(yw)ać; **sich ~** przebywać; **sich mit etw ~** tracić czas na (*akk*)
**aufhängen** (*irr*) zawieszać ⟨-wiesić⟩, *a. Person* wieszać ⟨powiesić⟩ (**an** *dat*, *akk* na *lok*, *akk*) **Aufhänger** m am Sakko wieszak **Aufhängung** f AUTO zawieszenie
**aufheben** (*irr*) v/t vom Boden podnosić ⟨-nieść⟩; (*abschaffen*) znosić ⟨znieść⟩; **sich gegenseitig** się wzajemnie; anulować (*im*)*pf*; *Urteil* uchylać ⟨-lić⟩, ⟨s⟩kasować; zostawi(a)ć (**für später** na później); *Briefe* przechow(yw)ać **Aufhebung** f

(*Abschaffung*) zniesienie, anulowanie; *e-s Urteils* uchylenie
**aufheitern** (-*re*) v/t rozweselać ⟨-lić⟩, rozpogadzać ⟨-godzić⟩
**aufhetzen** podburzać ⟨-rzyć⟩ (**gegen** przeciwko *dat*) **aufholen** v/t nadrabiać ⟨-robić⟩ (*Verspätung* opóźnienie **aufhören** v/i ⟨s⟩kończyć się; (**mit etw**, **zu** + *inf*) zaprzesta(wa)ć (*gen*, *inf*), ⟨s⟩kończyć (*akk*); **ohne aufzuhören** bez przerwy
**aufklappen** v/t otwierać ⟨-worzyć⟩ (v/i się); *Stuhl* rozkładać ⟨rozłożyć⟩ **aufklaren** v/i przejaśni(a)ć się
**aufklären** v/t wyjaśni(a)ć (**j-n über** *akk* k-u *akk*); *Jugend* uświadamiać ⟨-domić⟩; *Tat* wykry(wa)ć; **sich ~** wyjaśni(a)ć się **Aufklärung** f wyjaśnienie; (*Belehrung*) uświadamianie, uświadomienie; *e-r Tat* wykrycie; HIST Oświecenie
**aufkleben** naklejać ⟨-leić⟩ **Aufkleber** m naklejka, nalepka
**aufknöpfen** rozpinać ⟨-piąć⟩ **aufkommen** v/i (*irr*; *sn*) (*entstehen*) pojawi(a)ć się; *Gedanke a.* nasuwać ⟨-sunąć⟩ się; *Wind* zrywać ⟨zerwać⟩ się; *Springer* wylądować *pf* **aufladen** (*irr*) *Last* ⟨za⟩ładować; ELEK ⟨na⟩ładować
**Auflage** f TYPO nakład; (*Ausgabe*) wydanie; **... mit der ~ ...** ... z zastrzeżeniem ...
**auflassen** (*irr*) *umg* zostawi(a)ć otwartym; *Hut* nie zdejmować **auflauern** v/i: **j-m ~** zaczajać ⟨-czaić⟩ się, czatować na (*akk*)
**Auflauf** m zbiegowisko; KULIN suflet, zapiekanka
**aufleben** v/i (*sn*) odży(wa)ć **auflegen** (*irr*) v/t *Platte* nastawi(a)ć; *Buch* wyda(wa)ć; *Hörer* odkładać ⟨odłożyć⟩; *Make-up* nakładać ⟨nałożyć⟩
**auflehnen**: **sich ~** (**gegen**) ⟨z⟩buntować się (przeciw *dat*)
**auflesen** (*irr*) ⟨po⟩zbierać; *umg j-n* zab(ie)rać (ze sobą) **auflockern** v/t spulchni(a)ć; *fig* rozluźni(a)ć
**auflösen** v/t rozpuszczać ⟨-puścić⟩ (**in** *dat* w *lok*); *Knoten* rozwiąz(yw)ać; *Verlobung* zrywać ⟨zerwać⟩; *Demo* rozpraszać ⟨-proszyć⟩; *Geschäft* ⟨z⟩likwidować; *Klammern* usuwać ⟨usunąć⟩; **sich ~** *Nebel* rozpraszać ⟨-proszyć⟩ się; *fig* **sich ~ in** (*akk*) zamieni(a)ć się w (*akk*), ustępować ⟨ustąpić⟩ miejsca (*dat*) **Auflösung** f rozwiązanie; *Firma* likwidacja; *fot* roz-

dzielczość f

**aufmachen** umg v/t otwierać ⟨-worzyć⟩; *Bluse* rozpinać ⟨-piąć⟩; v/i **wann machen die Geschäfte auf?** kiedy otwierają sklepy? **Aufmachung** f wygląd (zewnętrzny); opakowanie

**aufmerksam** uważny; *(gefällig)* uprzejmy; **j-n ~ machen auf** *(akk)* skierować pf uwagę k-o na *(akk)* **Aufmerksamkeit** f *(bpl)* uwaga; *(a. pl) (Geschenk)* prezent

**aufmuntern** (-re) pokrzepi(a)ć na duchu, doda(wa)ć otuchy

**Aufnahme** f *(pl)* podjęcie; *als Mitglied* przyjęcie; *e-s Protokolls* sporządzanie; *von Nahrung* przyjmowanie; BIOL przyswajanie; *e-s Films* kręcenie (filmu); *(a. pl) fot (Bild)* zdjęcie; *auf Tonband* nagranie; *(Raum im Krankenhaus)* izba przyjęć **Aufnahmeantrag** m podanie o przyjęcie **aufnahmefähig** *Person* wrażliwy **(für** na *akk*) **Aufnahmeprüfung** f egzamin wstępny

**aufnehmen** (irr) podnosić ⟨-nieść⟩, podejmować ⟨-djąć⟩; *Gast* przyjmować ⟨-jąć⟩ (**in** *akk* do *gen*; **bei** u *gen*; **als** w charakterze *gen*); *(Platz bieten)* pomieszczać ⟨-mieścić⟩; *(absorbieren)* wchłaniać ⟨wchłonąć⟩; *Protokoll* sporządzać ⟨-dzić⟩, *Film* ⟨na⟩kręcić; *Foto* ⟨z⟩robić zdjęcie (*gen*, *dat*); *Ton* nagr(yw)ać; **j-n bei sich** *(dat)* **~** przygarnąć pf *(akk)*; **fig es mit j-m ~ können** dorównać pf k-u

**aufpassen** v/i uważać; **auf j-n ~** uważać na *(akk)*, pilnować *(akk)*; umg **pass auf!** uważaj!

**Aufprall** m (-[e]s; selten -e) uderzenie **aufprallen** v/i (sn) **(auf** *akk)* uderzać ⟨-rzyć⟩ (o *akk*), zderzać się pf (z *inst*)

**Aufpreis** m HANDEL narzut

**aufpumpen** ⟨na⟩pompować

**aufputschen** v/t podburzać ⟨-rzyć⟩; *Nerven* pobudzać ⟨-dzić⟩ **Aufputschmittel** n środek pobudzający, umg doping

**aufraffen**: v/r **sich ~** dźwigać ⟨-gnąć⟩ się; **(zu etw)** zdoby(wa)ć się (na *akk*) **aufräumen** v/t u. v/i ⟨po⟩sprzątać, sprzątnąć pf; fig **(mit)** skończyć pf (z *inst*)

**aufrecht** *(aufgerichtet)* prosty (-to); *(redlich)* uczciwy (-wie) **aufrechterhalten** (irr; -) podtrzymywać (nadal), utrzymywać

**aufregen** v/t ⟨z⟩denerwować, ⟨po-, z⟩irytować; **sich ~** umg oburzać ⟨-rzyć⟩ się **(über** j-n, etw na *akk*) **Aufregung** f zdenerwowanie; **vor ~** ze zdenerwowania, z irytacji; **in ~ versetzen** wprawi(a)ć w zdenerwowanie, wywołać pf zamieszanie

**aufreißen** (irr) v/t *Umschlag* rozrywać ⟨-zerwać⟩; *Tür* (szeroko) otwierać ⟨-worzyć⟩; *Pflaster* zrywać ⟨zerwać⟩; *Augen* wytrzeszczać ⟨-czyć⟩; umg podrywać ⟨poderwać⟩; *Wunde* otwierać ⟨-worzyć⟩ się

**aufrichten** wyprostow(yw)ać; fig podnosić ⟨-nieść⟩ na duchu **aufrichtig** szczery (-rze) **Aufrichtigkeit** f *(bpl)* szczerość f

**aufrücken** v/i (sn) przesuwać ⟨-sunąć⟩ się do przodu

**Aufruf** m wezwanie; *(Appell)* odezwa, apel **aufrufen** (irr) wzywać ⟨wezwać⟩ **(zu etw** do *gen*); *Namen* wywoł(yw)ać

**Aufruhr** m (-s; -e, mst bpl) bunt, rozruchy mpl; *in der Natur*, fig wzburzenie **aufrührerisch** *Rede* buntowniczy; *Menge* zbuntowany **aufrunden** (-e-) zaokrąglać ⟨-lić⟩ wzwyż

**aufrüsten** v/t dozbrajać ⟨-zbroić⟩ (v/i się) **Aufrüstung** f MIL zbrojenia npl

**aufrütteln** fig ⟨o⟩budzić; aus **s-r Lethargie ~** wyr(y)wać k-o z letargu

**aufs** = auf das

**aufsagen** ⟨wy⟩recytować **aufsammeln** ⟨po⟩zbierać

**aufsässig** przekorny, krnąbrny

**Aufsatz** m wypracowanie; TECH nasadka, końcówka

**aufscheuchen** wypłaszać ⟨-płoszyć⟩ **aufschieben** (irr) *Tür* rozsuwać ⟨-sunąć⟩; fig odkładać ⟨odłożyć⟩ (na później), odraczać ⟨-roczyć⟩

**Aufschlag** m uderzenie; *(Geräusch)* huk; SPORT podanie, serwis; HANDEL narzut **aufschlagen** (irr) v/t rozbi(ja)ć; *Knie* stłuc pf **(sich** *[dat]* sobie); *Ärmel* odwijać ⟨-winąć⟩; HANDEL doliczać ⟨-czyć⟩ (narzut); *Tennis* serwować

**aufschließen** (irr) v/t odmykać ⟨odemknąć⟩ **Aufschluss** m wyjaśnienie; informacja **aufschlussreich** informacyjny, informujący

**aufschnappen** umg fig podchwycić pf **aufschneiden** (irr) v/t rozcinać ⟨-ciąć⟩; umg v/i bajerować, blagować **Aufschnitt** m (-s; bpl) KULIN zimne mięsa

*npl* (i wędliny *fpl*)
**aufschrauben** (*auf akk*) nakręcać ⟨-cić⟩ (na *akk*); ⟨*öffnen*⟩ odkręcać ⟨-cić⟩
**aufschrecken**[1] *v/t* spłoszyć *pf*
**aufschrecken**[2] *v/i* (*schreckt* od *schrickt auf, schreckte* od *schrak auf, aufgeschreckt; sn*): **aus dem Schlaf ~** zrywać ⟨zerwać⟩ się ze snu; **aus s-n Gedanken ~** ⟨o⟩budzić się z zamyślenia
**Aufschrei** *m* okrzyk (**der Freude** radości
**aufschreiben** (*irr*) napisać *pf*, zapis(yw)ać (**sich** [*dat*] **etw** *akk*) **Aufschrift** *f* napis **Aufschub** *m* odroczenie; *bes* FIN prolongata; **keinen ~ dulden** nie znosić zwłoki; **~ gewähren** (**für**) odraczać ⟨-roczyć⟩ termin (*gen*), ⟨s⟩prolongować (*akk*) **aufschütten** *Damm* usyp(yw)ać **aufschwatzen** *umg* wciskać ⟨-snąć⟩ **Aufschwung** *m* EKON rozkwit, ożywienie
**Aufsehen** *n* (-s; *bpl*) sensacja, poruszenie, *umg* huk; **~ erregen** wywoł(yw)ać sensację **Aufseher(in)** *m(f)* nadzorca *m* (-czyni); *im Gefängnis* dozorca (-czyni)
**aufsetzen** *v/t Fuß* stawiać ⟨postawić⟩; *Text* układać ⟨ułożyć⟩, sporządzać ⟨-dzić⟩; *v/i Flugzeug* ⟨wy⟩lądować; **sich ~** usiąść prosto **Aufsicht** *f* nadzór, dozór; **die ~ führen** sprawować nadzór; **unter ~** pod nadzorem
**aufspannen** otwierać ⟨-worzyć⟩ **aufsperren** *umg* odmykać ⟨odemknąć⟩; (*szeroko*) otwierać ⟨-worzyć⟩; *Maul* rozdziawi(a)ć **aufspielen** *v/i* przygrywać (**zum Tanz** do tańca); **sich ~** (**als**) udawać (*akk*), pozować (na *akk*) **aufspringen** *v/i* (*irr, sn*) zrywać ⟨zerwać⟩ się (na równe nogi); *Tür* odemknąć się *pf*; *Lippen* popękać *pf* **aufsprühen** *v/t* natryskiwać (*inst*) **aufspüren** ⟨wy⟩tropić; *Minen* wykry(wa)ć
**Aufstand** *m* powstanie **Aufständische(r)** *m* (-n) powstaniec
**aufstehen** *v/i* (*irr, sn*) wsta(wa)ć (**spät** późno **aufsteigen** *v/i* (*irr, sn*) *Bergsteiger* wspinać ⟨wspiąć⟩ się; wsiadać ⟨wsiąść⟩ (**aufs Pferd** na konia); *Nebel* wzbijać się w górę, wznosić ⟨wznieść⟩ się (w górę); *im Beruf* awansować (*im*)*pf*; SPORT awansować (*im*)*pf*, przechodzić ⟨przejść⟩ do wyższej ligi; *fig* ⟨z⟩rodzić się; *fig* napływać ⟨-płynąć⟩
**aufstellen** *v/t* ⟨po⟩stawić; *bes mehrere*

*Personen* ustawi(a)ć; *Kandidaten* wysuwać ⟨-sunąć⟩; *Rekord* ustanawiać ⟨-nowić⟩; *Plan* sporządzać ⟨-dzić⟩; **sich ~** ustawi(a)ć się; **sich als Kandidat ~ lassen** przyjąć *pf* kandydaturę **Aufstellung** *f* postawienie, wystawienie; *Möbel* ustawienie; *Kandidaten* wysunięcie; *Rekord* ustanowienie; (*Liste*) wykaz, zestawienie
**Aufstieg** *m* (-[e]s; -e) wspinaczka; *e-s Ballon* wznoszenie się; *fig* awans (**sozialer** społeczny)
**aufstocken** BUD nadbudow(yw)ać (piętro); *Kapital* zwiększać ⟨-szyć⟩ **aufstoßen** (*irr*) *v/i* (*a. sn*) odbi(ja)ć się (**j-m das Essen** k-u po jedzeniu) **aufstützen** *v/t* (**auf** *akk, dat*) opierać ⟨oprzeć⟩ (o *akk*), podpierać ⟨podeprzeć⟩ **Auftakt** *m* MUS przedtakt; *fig* wstęp, początek (**zu etw** do *gen*); **den ~ zu etw bilden** zapoczątkować *pf* (*akk*) **auftanken** *v/i* (*sn*) wynurzać ⟨-rzyć⟩ się;; zjawi(a)ć się **auftauen** *v/t* rozmrażać ⟨-mrozić⟩; *v/i* (*sn*) *Eis* ⟨od-, roz⟩tajać, ⟨roz⟩topić się
**aufteilen** ⟨po⟩dzielić (**in Gruppen** na grupy)
**Auftrag** *m* (-[e]s; Aufträge) polecenie; HANDEL zamówienie, zlecenie (**wykonania, dostawy**); **etw in ~ geben** (**bei**) zamawiać ⟨-mówić⟩, zlecać ⟨-cić⟩ coś (*dat*); **im ~ z polecenia** (**von j-m** *gen*) **auftragen** (*irr*) *Essen* poda(wa)ć; *Make-up* nakładać ⟨nałożyć⟩; *Kleid* donaszać ⟨-nosić⟩; **mir wurde aufgetragen, zu ...** polecono mi, abym ... **Auftraggeber(in)** *m(f)* zleceniodawca *m* (-czyni); zamawiający (-ca) **Auftragsbestätigung** *f* potwierdzenie zamówienia
**auftreiben** (*irr*) *umg* wyszukać *pf*, wytrzasnąć *pf* **auftreten** *v/i* (*irr, sn*) stąpać, kroczyć; *fig* występować ⟨-stąpić⟩ (**als w** charakterze *gen*, TEATR w roli *gen*)
**Auftrieb** *m* (-s; *bpl*) FIZ wypór; siła nośna; *fig* **neuen ~ bekommen** odzyskać *pf* werwę
**Auftritt** *m* TEATR występ
**aufwachen** *v/i* (*sn*) ⟨o⟩budzić się **aufwachsen** *v/i* (*irr; sn*) ⟨wy⟩rosnąć, ⟨wy⟩róść (**bei** u *gen*)
**Aufwand** *m* (-s; *bpl*) nakład(y *pl*); (*Kosten*) koszty
**aufwärmen** odgrz(ew)ać; **sich ~**

rozgrz(ew)ać się

**aufwärts** *adv* do góry, w górę, wzwyż
**aufwecken** ⟨o-, z⟩budzić **aufweichen** *v/t* rozmaczać ⟨-moczyć⟩; zmiękczać ⟨-czyć⟩ **aufwendig** (*kostspielig*) wymagający dużych nakładów, kosztowny; (*prunkvoll*) wystawny, zbytkowny **aufwerfen** (*irr*) usyp(yw)ać; *fig* poruszać ⟨-szyć⟩ **aufwerten** dowartościow(yw)ać; *Während* rewaluować (*im*)*pf* **aufwickeln** nawijać ⟨-winąć⟩ **aufwiegeln** (-le) poduszczać ⟨-czyć⟩ **aufwiegen** (*irr*) *fig* ⟨s⟩kompensować (**mit** *inst*)
**aufwirbeln** *v/t* wzbi(ja)ć (*v/i, sn* się); *fig* **viel Staub ~** wywołać wielkie poruszenie, narobić wiele huku
**aufzählen** wyliczać ⟨-czyć⟩ **Aufzählung** *f* wyliczenie; (*Liste*) zestawienie, wykaz
**aufzeichnen** ⟨na⟩rysować, ⟨na⟩szkicować; *Ton a.* nagrywać ⟨-grać⟩ (na taśmę, na wideo) **Aufzeichnung** *f* zapisywanie, *a. konkret* zapis, nagrania
**aufziehen** (*irr*) *v/t Vorhang* podnosić ⟨-nieść⟩; *Flagge* wciągać ⟨-gnąć⟩; *Saiten* naciągać ⟨-gnąć⟩; *Kind* wychow(yw)ać; *umg* (*necken*) podkpiwać (**z** *gen*); *v/i* (*sn*) **ein Gewitter zieht auf** nadciąga burza
**Aufzucht** *f* (*bpl*) wychów, hodowla
**Aufzug** *m* (*pl* -ten, *mst* bpl) pochód, procesja; (*Lift*) wyciąg, winda
**aufzwingen** (*irr*) narzucać ⟨-cić⟩ (**j-m** *akk* k-u *akk*)
**Auge** *n* oko, *pl* oczy; (*Punkt auf Würfeln*) oczko; *fig* **ein blaues ~ haben** mieć podbite oko; *umg fig* **mit e-m blauen ~ davonkommen** wyjść *pf* bez szwanku (**z** *gen*); **die ~n verdrehen** przewracać oczami; *fig* **ein ~ od beide ~n zudrücken** (**bei** *etw*) przymykać oczy (na *akk*); **seinen, ihren ~n nicht trauen** nie wierzyć własnym oczom; *fig* **die ~n offen halten** mieć oczy otwarte; **aus den ~n verlieren** stracić *pf* z oczu; *fig* **im ~ haben, ins ~ fassen** mieć na widoku, mieć zamiar; **etw im ~ behalten** mieć oko na (*akk*); **~ um ~** oko za oko; **unter vier ~n** w cztery oczy; **j-m wird schwarz vor (den) ~n** k-u robi się ciemno przed oczami
**Augenarzt** *m* okulista *m* **Augenblick** *m* chwila, chwil(eczk)a; **e-n ~ lang** przez chwilę; **jeden ~** lada chwila; **e-n ~, bitte!** (za) chwileczkę! **augenblicklich** (*gegenwärtig*) obecny, w chwili obecnej; *präd* (*momentan*) chwilowo **augenfällig** oczywisty (-ście) **Augenleiden** *n* choroba oczu **Augenmaß** *n* zdolność *f* oceny wymiarów na oko; **das richtige ~ haben (für)** trafnie oceniać (*akk*) **Augenzeuge** *m*, **Augenzeugin** *f* świadek naoczny

**August** *m* (-[e]s; -e) sierpień *m*; *in zssgn* sierpniowy; **im ~** w sierpniu
**Auktion** *f* aukcja
**aus**¹ *präp* (*dat*) z, ze (*gen*); **~ dem Fenster** z okna; **~ Polen** z Polski; **~ Gold** ze złota; **~ Angst** ze strachu **aus**² *adv umg* koniec; **~ sein** ⟨s⟩kończyć się; *Feuer* zgasnąć *pf*; **jetzt ist alles ~!** koniec pieśni!; **er ist auf ... ~** on szuka (*gen*); **von hier ~** stąd, odtąd; **von mir ~ kannst du bleiben** nie mam nic przeciw temu, abyś pozostał(a); **von mir ~!** wszystko jedno!; *umg* **Licht ~!** zgasić światło!
**Aus** *n* (-; *bpl*) SPORT aut
**ausarbeiten** opracow(yw)ać **ausarten** *v/i* (-e-; *sn*) zamieni(a)ć się (**in** *akk* w *akk*) **ausatmen** wydychać **ausbaden** *umg v/t* odpokutować *pf* (**za** *akk*)
**Ausbau** *m* (*pl* -ten, *mst* bpl) rozbudowa; *innen* wykończenie; (*Demontage*) wymontowanie, demontaż **ausbauen** wymontow(yw)ać; (*erweitern*) rozbudow(yw)ać; *Vorsprung* powiększyć *pf*; **~ zu ...** (*umgestalten*) ⟨za⟩adaptować na (*akk*) **ausbaufähig** *fig* obiecujący
**ausbessern** naprawi(a)ć; (*flicken*) ⟨za⟩łatać
**ausbeulen** wyp(y)chać; *Delle* wyrówn(yw)ać (wybrzuszenia)
**Ausbeute** *f* (*pl* selten) uzysk; *fig* efekt, plon **ausbeuten** (-e-) eksploatować, wyzysk(iw)ać **Ausbeutung** *f* (*bpl*) eksploatacja; wyzysk
**ausbilden** *v/t* ⟨wy⟩kształcić, ⟨wy⟩szkolić; *Stimme* wyrabiać ⟨-robić⟩, ⟨wy⟩kształcić; **sich zu ... ~ lassen** wyszkolić się *pf* na (*akk*) **Ausbild|er(in)** *m(f)* instruktor(ka), szkoleniowiec **Ausbildung** *f* szkolenie, edukacja; (*Bildungsniveau*) wykształcenie
**ausbleiben** *v/i* (*irr, sn*) (*nicht kommen*) nie nadchodzić ⟨nadejść⟩, nie przychodzić ⟨przyjść⟩; *Ereignis* nie nastąpić *pf*,
**Ausblick** *m* widok, *bes fig* perspektywa

**ausbrechen** (irr) v/t wyłam(yw)ać; v/i (sn) wybuchać ⟨-chnąć⟩ (a. **in Tränen** płaczem; **in Lachen** śmiechem); *Schweiß* występować ⟨-stąpić⟩; *Häftling* uciekać ⟨uciec⟩, zbiec pf (**aus** z gen); fig wyłamać się (**aus** z, spod gen) **Ausbrecher(in)** m(f) zbieg (z więzienia)

**ausbreiten** (-e-) v/t rozścielać ⟨rozesłać⟩, rozpościerać ⟨-postrzeć⟩; *Hände* rozkładać ⟨rozłożyć⟩; **sich ~** ⟨erstrecken⟩ rozpościerać się; fig rozprzestrzenia(ć) się, szerzyć się; *abw iron* **sich über etw ~** rozwodzić się nad (inst) **Ausbreitung** f (bpl) rozprzestrzenianie (się), szerzenie (się)

**Ausbruch** m wybuch; ucieczka **ausbrüten** wysiadywać ⟨-siedzieć⟩ (*Küken* kurczęta); *umg* ⟨u⟩knuć **Ausbürgerung** f pozbawienie obywatelstwa, ekspatriacja **Ausdauer** f wytrwałość f; SPORT a. wytrzymałość f

**ausdauernd** adj wytrwały (-le)

**ausdehnen** v/t *räumlich* rozszerzać ⟨-rzyć⟩, rozciągać ⟨-gnąć⟩; *zeitlich* przedłużać ⟨-żyć⟩; **sich ~** rozciągać ⟨-gnąć⟩ się **Ausdehnung** f rozszerzanie, rozszerzenie (się); *Gebiet* rozległość f

**ausdenken** (irr; sich (dat) etw **~** wymyślać ⟨-lić⟩ sobie (akk)

**Ausdruck**¹ m (pl -drücke) wyraz; GRAM, MAT wyrażenie; **etw zum ~ bringen** dać pf wyraz (dat); *umg* **Ausdrücke gebrauchen** używać brzydkich wyrazów **Ausdruck**² m (pl -e) IT wydruk

**ausdrucken** v/t wy⟩drukować **ausdrücken** v/t wyciskać ⟨-snąć⟩; *Zigarette* zgasić pf **ausdrücklich** adj ❶ wyraźny, stanowczy ⟨-czo⟩; *präd* a. kategoryczne **Ausdruckskraft** f (bpl) siła wyrazu, wyrazistość, ekspresja **ausdruckslos** nic niemówiący, bez wyrazu **ausdrucksvoll** wyrazisty ⟨-ście⟩; emfatyczny **Ausdrucksweise** f sposób wyrażania się, sposób wysławiania się

**auseinander** adv oddzielnie; **weit ~** daleko od siebie; **~ sein** różnić się wiekiem (**zwei Jahre** o dwa lata); *umg* **wir sind ~** rozeszliśmy się **Auseinandersetzung** f (szczegółowe) studium (**mit etw** gen); dysputa, wymiana zdań; (*Streit*) spór, scysja; MIL konflikt

**ausfahren** (irr) v/t *Ware* rozwozić ⟨-wieźć⟩; *Baby* ⟨wy⟩wozić na spacer; v/i (sn) wyjeżdżać ⟨-jechać⟩ **Ausfahrt** f wyjazd; (*Spazierfahrt*) przejażdżka

**Ausfall** m (bpl) ( -fälle) (*Nichtstattfinden*) odwołanie, skreślenie; e-s *Mitarbeiters* nieobecność f; e-s *Triebwerks* awaria **ausfallen** v/i (irr, sn) wypadać ⟨-paść⟩ (a. fig **gut, schlecht** dobrze, źle); (*nicht stattfinden*) nie odbyć się pf; *Maschine* nie działać, *umg* nawalać ⟨-lić⟩; **der Strom ist ausgefallen** nastąpiła przerwa w dostawie prądu; **er fällt wegen ... aus** on musi pauzować z powodu (gen)

**Ausfertigung** f sporządzenie; JUR kopia dokumentu; **in zweifacher ~** w dwóch egzemplarzach

**ausfindig** adv: **~ machen** odszukać pf, wyszukać pf, wynaleźć pf

**ausfließen** v/i (irr, sn) wyciekać ⟨-ciec⟩ **ausflippen** ⟨o⟩szaleć; *vor Angst* a. świrować

**Ausflucht** f (-; -flüchte) wymówka, wykręt

**Ausflug** m wycieczka (**ins Grüne** za miasto, na łono natury)

**Ausfluss** m wypływ; MED wydzielina

**Ausfuhr** f wywóz, eksport

**ausführen** j-n wyprowadzać ⟨-dzić⟩ na spacer; *umg* obnosić, pokazywać; *Waren* wywozić ⟨-wieźć⟩, eksportować (im)pf; *Auftrag* wykon(yw)ać; *Plan* ⟨z⟩realizować **ausführlich** wyczerpujący ⟨-co⟩ **Ausführung** f (bpl) wykonanie; realizacja; (*Darlegung*) wywody mpl

**Ausfuhrverbot** n zakaz wywozu

**ausfüllen** wypełni(a)ć; (*beanspruchen*) absorbować, zaprzątać ⟨-tnąć⟩

**Ausgabe** f wydatek; TYPO edycja; (bpl) *von Gepäck* wyda(wa)nie; BANK emisja

**Ausgang** m wyjście; (*Ergebnis*) wynik; **am ~** przy wyjściu; **~ haben** mieć wolne **Ausgangspunkt** m punkt wyjścia

**ausgeben** (irr) v/t ogóln wyda(wa)ć (a. *Geld* **für etw** na akk); *Banknoten* emitować; *Karten* rozda(wa)ć; poda(wa)ć (**für, als** za akk); *umg* **e-n ~** fundować (akk)

**ausgebucht** adj: *unser Hotel ist* **~** nie mamy wolnych pokoi **ausgefallen** pperf → ausfallen; adj niezwykły (-le), ekstrawagancki (-ko) **ausgeglichen** pperf → ausgleichen; adj zrównoważony; SPORT wyrównany

**ausgehen** v/i (irr; sn) wychodzić ⟨wyjść⟩ (**aus, von** z gen); *Duft* wydzielać się; (*en-*

*den)* ⟨s⟩kończyć się; *Geld* wyczerp(yw)ać się; *Licht* ⟨z⟩gasnąć; **ich gehe davon aus, dass ...** wychodzę z założenia, że ...
**ausgehungert** *adj* zgłodniały, wyposzczony, (*a. entkräftet*) wygłodzony **ausgelassen** *adj* swawolny, rozbrykany; (*fröhlich*) wesoły (-ło) **ausgelastet** *adj* zawalony pracą **ausgemacht** *adj Sache* uzgodniony, umówiony **ausgenommen** *pperf* → ausnehmen; *konj* chyba że; (*außer*) z wyjątkiem (*gen*) **ausgeprägt** *adj* wyraźny **ausgerechnet** *umg adv* akurat, właśnie **ausgeschlossen** *pperf* → ausschließen; *adj* wykluczony **ausgesprochen** *adj* (*ganz besonders*) zdecydowany; *adv* nad wyraz **ausgesucht** *adj* wyszukany; *adv* nadzwyczaj **ausgewachsen** *adj* wyrośnięty, wyrosły **ausgewogen** *adj* wyważony **ausgezeichnet** *adj* świetny, wyborny, znakomity (-cie)
**ausgiebig** obfity (-cie); gruntowny
**ausgießen** (*irr*) wyl(ew)ać; BUD *Fuge* zal(ew)ać (**mit etw** *inst*)
**Ausgleich** *m* (-[e]s; selten -e) wyrównanie; rekompensata **ausgleichen** (*irr*) *v/t* wyrówn(yw)ać; *Mangel* kompensować (**durch etw** *inst*); *Etat* zrównoważyć *pf*; *Konflikt* załagodzić *pf*; *v/i* SPORT wyrówn(yw)ać
**ausgleiten** *v/i* (*irr; sn*) pośliz(g)nąć się *pf*
**ausgraben** (*irr*) wykop(yw)ać; *fig* wygrzeb(yw)ać, odgrzeb(yw)ać **Ausgrabungen** *f/pl* wykopaliska *n/pl*
**Ausguss** *m* zlew (kuchenny)
**aushaken** *v/t* odczepi(a)ć, odpinać ⟨-piąć⟩; *v/i umg* **bei ihm hakt es manchmal aus** on czasem nie kuma o co chodzi
**aushalten** (*irr*) *v/t* wytrzym(yw)ać (*a. v/i*); *abw Person* utrzym(yw)ać (*akk*); *umg* **es ist nicht zum Aushalten** to nie do wytrzymania **aushandeln** wynegocjować *pf* **aushändigen** doręczać ⟨-czyć⟩, wręczać ⟨-czyć⟩
**Aushang** *m* ogłoszenie
**aushängen**[1] *v/t* wywieszać ⟨-wiesić⟩; *Tür* zdejmować ⟨zdjąć⟩ z zawiasów
**aushängen**[2] *v/i* (*irr*) być wywieszonym **Aushängeschild** *n* (*pl* -er) *fig* żywa reklama
**ausheben** (*irr*) *Grube* kopać, wykop(yw)ać; *Bande* unieszkodliwić *pf*
**aushelfen** *v/i* (*irr*): **j-m mit etw ~** pożyczać ⟨-czyć⟩ k-u (*gen*) **Aushilfe** *f* (dorywcza) pomoc, wyręka **Aushilfskraft** *f* pracownik sezonowy, siła pomocnicza **aushilfsweise** *adv* dorywczo, sezonowo, jako chwilowa wyręka
**aushöhlen** ⟨wy⟩drążyć; *fig* podkop(yw)ać **ausholen** *v/i* zamachnąć się *pf*; *fig* **weit ~** cofać ⟨-fnąć⟩ się daleko wstecz **aushorchen** *j-n* rozpyt(yw)ać, wypyt(yw)ać (**über** *akk* o *akk*) **auskennen** (*irr*): **sich ~** orientować się (**in** *dat* w *lok*); *fig* znać się (**mit** na *lok*) **auskippen** opróżni(a)ć; *Müll* wywalać ⟨-lić⟩, wysyp(yw)ać
**Ausklang** *m fig* finał **ausklingen** *v/i* (*irr; sn*) przebrzmieć *pf*; *fig* (**mit**) ⟨za⟩kończyć się (*inst*)
**ausklopfen** wytrzep(yw)ać; *Pfeife* wytrząsać ⟨-snąć⟩ **auskochen** *v/t* wygotow(yw)ać
**auskommen** *v/i* (*irr; sn*): **ich komme mit etw aus** mam dosyć (*gen*), wystarcza(ją) mi (*akk*); **mit j-m gut ~** żyć w zgodzie z (*inst*); **mit j-m schlecht ~** nie móc dojść do ładu z (*inst*); **ohne j-n, etw ~** obchodzić ⟨obejść⟩ się bez (*gen*); **nicht ~ ohne** (*akk*) nie móc się obejść bez (*gen*), nie da(wa)ć sobie rady bez (*gen*) **Auskommen** *n* (*bpl*) wystarczające dochody *mpl*; **sein ~ haben** mieć zapewnioną egzystencję
**auskühlen** *v/t* oziębi(a)ć, wyziębi(a)ć **auskundschaften** (-e-) wyszpiegować *pf*, wyśledzić *pf*
**Auskunft** *f* (-; -künfte) informacja; TEL biuro numerów; **e-e ~ einholen** (**über** *akk*) zasięgać ⟨-gnąć⟩ informacji (o *lok*); **e-e ~ erteilen** udzielać ⟨-lić⟩ informacji
**auskuppeln** *v/i* wyłączać ⟨-czyć⟩ sprzęgło **auskurieren** wykurować *pf*, wyleczyć *pf* **auslachen**: **j-n ~** wyśmi(ew)ać się z (*gen*), *umg* obśmi(ew)ać (*akk*) **ausladen**[1] (*irr*) *Ware* wyładow(yw)ać; *Fahrzeug* rozładow(yw)ać **ausladen**[2] (*irr*) *Person* cofać ⟨-fnąć⟩ zaproszenie (*gen*)
**Auslage** *engS a.* witryna; **~n** *pl* wydatki *mpl*
**Ausland** *n* (*bpl*) zagranica; **aus dem ~** z zagranicy; **ins ~** za granicę; **im ~** za granicą **Ausländer** *m* cudzoziemiec, obcokrajowiec **Ausländerfeindlichkeit** *f* ksenofobia **Ausländerin** *f* cudzoziemka **ausländisch** zagraniczny;

(*fremdländisch*) cudzoziemski (po -ku) **Auslandsaufenthalt** *m* pobyt za granicą **Auslandsgespräch** *n* TEL rozmowa międzynarodowa **Auslandsreise** *f* podróż zagraniczna
**auslassen** omijać ⟨ominąć⟩; *Wut* wyładow(yw)ać (**an** *dat* na *inst*); *Butter* roztapiać ⟨-topić⟩; **sich ~** rozwodzić się (**über** *akk* nad *inst*) **Auslassung** *f* pominięcie
**Auslastung** *f* (pełne) wykorzystanie (zdolności produkcyjnej); obciążenie (pracą)
**Auslauf** *m* wybieg **auslaufen** *v/i* (irr; sn) *Flüssigkeit* wyciekać ⟨-ciec⟩; (*enden*) ⟨s⟩kończyć się **Ausläufer** *m* GEOG odnoga
**auslegen** wykładać ⟨wyłożyć⟩ ( **mit Papier, Teppich** papierem, dywanem); *Geld* ⟨za⟩płacić (**für** za *akk*); *Text* interpretować **Auslegeware** *f* wykładzina dywanowa **Auslegung** *f* interpretacja, *a.* JUR wykładnia
**Ausleihe** *f* wypożyczalnia **ausleihen** (*irr*) wypożyczać ⟨-czyć⟩
**auslernen** *v/i* ⟨u⟩kończyć naukę (zawodu), wykwalifikować się *pf*
**Auslese** *f* (*Wein*) wino wyborowe; *fig* elita, kwiat **auslesen** (*irr*) ⟨-brać⟩ (*auswählen*) przebierać ⟨-brać⟩
**ausliefern** wyd(aw)ać; *Person* wyda(wa)ć; *an ein anderes Land* ekstradować **Auslieferung** *f* HANDEL dostawa, wysyłanie; ekstradycja
**ausliegen** *v/i* (*irr*) być wyłożonym (do wglądu) **auslöschen** ⟨po-, wy-, z⟩gasić; (*töten*) zgładzać ⟨-dzić⟩ **auslosen** wylosow(yw)ać
**auslösen** *v/t* uruchamiać ⟨-chomić⟩; *Gefangene* wykupywać ⟨-pić⟩; *Reaktion* wywoł(yw)ać, wyzwalać ⟨-zwolić⟩; **sich ~** zadziałać *pf* (samoczynnie), włączyć się *pf* **Auslöser** *m* wyzwalacz, spust
**ausmachen** *umg* ⟨z⟩gasić; *Summe* wynosić ⟨-nieść⟩; *Termin* uzgadniać ⟨uzgodnić⟩; **das macht mir nichts aus** to mi nie robi różnicy
**Ausmaß** *n* rozmiar, wymiar; *fig a.* skala; (*Umfang*) zakres
**ausmerzen** (-*zt*) wytrzebi(a)ć, ⟨wy⟩eliminować **ausmessen** wymierzać ⟨-rzyć⟩ **ausmisten** (-*e-*) usuwać ⟨usunąć⟩ gnój; *umg fig* wyrzucać ⟨-cić⟩ (na śmietnik)
**Ausnahme** *f* wyjątek **Ausnahmezustand** *m* stan wyjątkowy **ausnahmslos** *adv* bez wyjątku **ausnahmsweise** *adv* wyjątkowo, w drodze wyjątku
**ausnehmen** (*irr*) *v/t* ⟨wy⟩patroszyć; *fig* wyłączać ⟨-czyć⟩ (**von** z *gen*)
**ausnutzen**, *austr*, *pł-niem* **ausnützen** wykorzyst(yw)ać **Ausnutzung** *f*, *austr*, *pł-niem* **Ausnützung** *f* (*bpl*) wykorzyst(yw)anie
**auspacken** *v/t* wyjmować ⟨wyjąć⟩ z opakowania, rozpakow(yw)ać; *v/i umg fig* wyśpiewać *pf* **ausplaudern** wypaplać *pf*, *umg* wyklepać *pf* **ausplündern** splądrować *pf*; *Person* obrabować *pf* **auspressen** wyciskać ⟨-snąć⟩ **ausprobieren** (-) wypróbować *pf*
**Auspuff** *m* (*-[e]s*; *-e*) AUTO wydech **Auspuffrohr** *n* rura wydechowa
**auspumpen** wypompow(yw)ać **ausquartieren** (-) wykwaterow(yw)ać **ausradieren** (-) wymaz(yw)ać (gumką); *pop abw* zrówn(yw)ać z ziemią **ausrangieren** (-) *umg* wybrakow(yw)ać **ausrasieren** (-) wygalać ⟨-golić⟩ **ausrauben** obrabow(yw)ać **ausräumen** opróżni(a)ć; *Sachen* wyprzątać ⟨-tnąć⟩ **ausrechnen** *v/t* obliczać ⟨-czyć⟩, wyliczać ⟨-czyć⟩; **sich** (*dat*) **~** obliczyć sobie (w pamięci); wykalkulować *pf*
**Ausrede** *f* wymówka; (*Vorwand*) pretekst **ausreden** wyperswadować *pf* (**j-m die Reise** k-u podróż); **j-n ~ lassen** pozwolić k-u skończyć
**ausreichen** *v/i* wystarczać ⟨-czyć⟩ (**für** na *akk*); **das Geld reicht (nicht) aus** pieniędzy (nie) starczy (**für** na *akk*)
**Ausreise** *f* wyjazd **Ausreisegenehmigung** *f* pozwolenie na wyjazd **ausreisen** *v/i* (sn) wyjeżdżać ⟨-jechać⟩ (**nach** do *gen*)
**ausreißen** (*irr*) *v/t* wyr(yw)ać; *v/i* (sn) *umg* zmykać, zwiewać ⟨zwiać⟩ (**aus** z *gen*)
**ausrenken** wywichnąć, zwichnąć *pf* (**sich** [*dat*] **den Arm** sobie rękę) **ausrichten** (*erreichen*) osiągać ⟨-gnąć⟩; *Fest* ⟨z⟩organizować; *Grüße* przekaz(yw)ać; orientować (**nach Süden** na południe)
**ausrotten** (-*e-*) ⟨wy⟩tępić; *Übel* wykorzeni(a)ć **Ausrottung** *f* (*bpl*) ⟨wy⟩tępienie; wykorzenienie; (*Genozid*) eksterminacja

**Ausruf** m okrzyk **ausrufen** (irr) wykrzyknąć pf; Streik ogłaszać ⟨-łosić⟩; **(feierlich** uroczyście) **Ausrufezeichen** n wykrzyknik

**ausruhen** v/t (a. **sich**) odpoczywać ⟨-począć⟩, wypoczywać ⟨-począć⟩

**ausrüsten** wyposażać ⟨-żyć⟩ (**mit** a akk) **Ausrüstung** f sprzęt; ekwipunek

**ausrutschen** v/i (sn) pośliz(g)nąć się pf **Aussaat** f (w)siew

**Aussage** f wypowiedź f; JUR zeznanie (**zu** w sprawie gen); **nach ~** według zeznań **aussagen** v/t wyrażać ⟨-razić⟩; JUR zezna(wa)ć (a. v/i)

**ausschachten** (-e-) Grube kopać, wykop(yw)ać; Erde wyb(ie)rać

**ausschalten** v/t wyłączać ⟨-czyć⟩; fig a. ⟨wy⟩eliminować

**Ausschau** f (bpl): **~ halten (nach)** wypatrywać, wyglądać (gen) **ausschauen (nach)** wypatrywać, wyglądać (gen)

**ausscheiden** (irr) v/t wydzielać ⟨-lić⟩; Kot wydalać ⟨-lić⟩; v/i (sn) SPORT odpadać ⟨-paść⟩ **Ausscheidung** aus e-m Amt odejście, ustąpienie; (a. pl) MED wydzielina; wydalina

**ausscheren** v/i (sn) Auto (nagle) zmieni(a)ć pas ruchu; **(vor j-m)** zajeżdżać ⟨-jechać⟩ drogę (dat) **ausschimpfen** zbesztać pf **ausschlafen** (irr) v/i wysypiać ⟨-spać⟩ się

**Ausschlag** m MED wysypka; des Pendels wychylenie, odchylenie

**ausschlagen** (irr) v/t wybi(ja)ć; Angebot nie przyj(ąć⟩ (gen); Pferd wierzgać ⟨-gnąć⟩; Baum wypuszczać ⟨-puścić⟩ pąki od pędy **ausschlaggebend** adj decydujący; **~ sein (für)** zadecydować (o lok)

**ausschließen** (irr) wykluczać ⟨-czyć⟩, wyłączać ⟨-czyć⟩ **(aus**, **von** z gen); **es ist nicht auszuschließen, dass ...** niewykluczone, że ... **ausschließlich** adj wyłączny **Ausschluss** m wykluczenie, wyłączenie; **unter ~ der Öffentlichkeit** przy drzwiach zamkniętych

**ausschmücken** (przy-, wy)stroić; fig upiększać ⟨-szyć⟩ **ausschneiden** (irr) wycinać ⟨-ciąć⟩, wykrawać, wykrajać ⟨-kroić⟩

**Ausschnitt** m wycięcie; engS dekolt; (Teil) wycinek **(aus e-r Zeitung** z gazety) **ausschöpfen** wyczerp(yw)ać

**ausschreiben** (irr) wypisać pf; Stelle ogłaszać ⟨ogłosić⟩ konkurs (na akk) **Ausschreibung** f ogłoszenie konkursu; bes BUD przetarg **Ausschreitungen** fpl wybryki mpl, ekscesy mpl

**Ausschuss** m komisja, komitet; (bpl) TECH, HANDEL brak **Ausschussware** f towar wybrakowany

**ausschütten** v/t Sand wysyp(yw)ać; Wasser wyl(ew)ać; **sich vor Lachen ~** pękać ze śmiechu **Ausschüttung** f wypłata (dywidendy)

**ausschweifend** adj wybujały; Leben rozpustny **ausschwenken** Glas ⟨wy⟩płukać **ausschwitzen** wypacać ⟨-pocić⟩

**aussehen** v/i (irr) wyglądać **(jung** młodo; **wie ...** jak ..., na gen); **es sieht danach aus** na to wygląda; **es sieht nach Regen aus** zanosi się na deszcz **Aussehen** n (-s; bpl) wygląd; **dem ~ nach** z wyglądu

**außen** adv zewnątrz; **nach ~** na zewnątrz; **von ~ (her)** z zewnątrz

**Außenaufnahmen** fpl zdjęcia npl w plenerze **Außenbezirk** m dzielnica podmiejska **Außenbordmotor** m silnik zaburtowy **Außendienst** m (bpl) praca w terenie **Außenhandel** m handel zagraniczny; in zssgn ... handlu zagranicznego **Außenministerium** n ministerstwo spraw zagranicznych **Außenpolitik** f polityka zagraniczna **Außenseite** f strona zewnętrzna; e-s Stoffes wierzch **Außenseiter(in)** m(f) outsider **Außenspiegel** m lusterko boczne **Außenstände** mpl niespłacone należności fpl **Außenstehende(r)** obcy (-ca), osoba postronna **Außenstelle** f ekspozytura **Außenwelt** f (bpl) świat zewnętrzny

**außer** A präp (dat) (o)prócz (gen), poza (inst); **~ Betrieb** nieczynny; **er ist ~ Lebensgefahr** on już nie jest w sytuacji zagrażającej życiu; **~ sich sein (vor)** nie panować nad sobą, nie posiadać się z (gen); **~ sich geraten** stracić pf panowanie nad sobą, umg wyjść pf z siebie B konj **~ dass**, **~ wenn** chyba, że

**außerdem** adv (o)prócz tego, ponadto **außerdienstlich** pozasłużbowy (-wo)

**äußere** zewnętrzny; (auf der Oberfläche befindlich) a. wierzchni **Äußere(s)** n (-n; bpl) wygląd zewnętrzny, powierzchowność f

**außerehelich** pozamałżeński **außergewöhnlich** niezwykły ‹-le›, nadzwyczajny, *prąd* nadzwyczaj **außerhalb** *präp* (*gen*) poza (*inst*); *adv* (*nicht am Ort*) (po)za miastem *od* domem

**äußerlich** zewnętrzny; (*oberflächlich*) powierzchowny; (*scheinbar*) pozorny **Äußerlichkeit** *f* formalność *f*, forma zewnętrzna

**äußern** (-re) *v/t* objawi(a)ć, przejawi(a)ć; (*sagen*) wypowiadać ‹-wiedzieć› (**zu** na temat *gen*, w sprawie *gen*)

**außerordentlich** *adj* nadzwyczajny **außerplanmäßig** pozaplanowy (-wo)

**äußerst** *adv* nadzwyczaj, nader **Äußerste** *adj* najdalej wysunięty, krańcowy; **im ~n Fall** w ostatecznym razie; **zum Äußersten entschlossen sein** być zdecydowanym na wszystko

**außertariflich** *Lohn* pozaumowny **Äußerung** *f* wypowiedź *f*, uwaga

**aussetzen** A *v/t* 1 *Hund* po(d)rzucać ‹-cić›; *Pflanzen* wysadzać ‹-dzić› 2 *Belohnung* wyznaczać ‹-czyć› 3 *Spiel* przer(y)wać 4 **sich der Gefahr ~** narażać ‹-razić› (się) na niebezpieczeństwo 5 **etwas auszusetzen haben** (**an** *dat*) krytykować (*akk*) B *v/i*; 1 *Motor* pracować z przerwami; **das Herz setzte aus** serce przestało bić

**Aussicht** *f* widok, perspektywa; **es besteht keine ~ auf** (*akk*) nie ma widoków na (*akk*); **in ~ haben** mieć na widoku; **in ~ stellen** obiec(yw)ać **aussichtslos** beznadziejny; (*zwecklos*) bezcelowy (-wo) **Aussichtsturm** *m* wieża widokowa

**aussiedeln** wysiedlać ‹-lić› (przymusowo) **Aussiedler(in)** *m(f)* wysiedleniec **Aussiedlung** *f* (przymusowe) wysiedlenie, wysiedlanie, *umg* wywózka

**aussöhnen** *v/t* ‹po›godzić, pojednać *pf* (**mit** *z inst*) **Aussöhnung** *f* pojednanie (się)

**aussondern** (-re) wyłączać ‹-czyć› **aussortieren** (-) wysortow(yw)ać **aussperren** *v/t Arbeiter* ‹za›stosować lokaut (wobec *gen*); *j-n* nie wpuszczać ‹wpuścić› (do środka); **sich ~** nie móc wejść do środka **ausspielen** A *v/t* 1 *Karte* zagr(yw)ać, wychodzić ‹wyjść› (w *akk*) 2 SPORT *Gegner* ogrywać ‹ograć›; 3 *fig* odegrać *pf*; **j-n gegen** (*akk*) **~** wygrywać k-o przeciwko k-u B *v/i* być na ręku, zagrywać **ausspionieren** (-) wyszpiegować *pf*

**Aussprache** *f* (*bpl*) wymowa; (*a. pl*) dyskusja, wymiana zdań **aussprechen** (*irr*) *v/t Wort* wymawiać ‹-mówić›; (*äußern*) wypowiadać ‹-wiedzieć›; **j-m sein Beileid ~** składać ‹złożyć› k-u wyrazy ubolewania; **sich ~** opowiadać ‹-wiedzieć› się (**für** *za inst*); występować ‹-stąpić› (**gegen** przeciw *dat*); **sich mit j-m ~** rozmówić się *pf* z (*inst*) **Ausspruch** *m* wypowiedź *f*, sentencja

**ausspucken** *v/t* wypluw(a)ć; *v/i* spluwać ‹splunąć› **ausspülen** wypłuk(iw)ać, ‹s›płukać

**Ausstand** *m* strajk; **in den ~ treten** rozpocząć *pf* strajk, zastrajkować *pf*

**ausstatten** (-e-) wyposażać ‹-żyć› (**mit** *etw* w *akk*); *Zimmer* ‹u›meblować **Ausstattung** *f* wyposażenie; ARCH wystrój, szata; *e-r Braut* wyprawa

**ausstechen** (*irr*) *Auge* wykłu(wa)ć; *Plätzchen* wycinać ‹-ciąć› **ausstehen** (*irr*) A *v/t* znosić ‹znieść›; *umg* **nicht ~ können** nie cierpieć B *v/i* nie nadejść *pf*; ... **steht noch aus** jeszcze nie ma (*gen*); **die Sache ist ausgestanden** tę sprawę mam(y) za sobą **aussteigen** *v/i* (*irr*; *sn*) 1 wysiadać ‹-siąść›; **j-n ~ lassen** wysadzać ‹-dzić› (*akk*) 2 *umg fig* wycof(yw)ać się (**aus** *e-r Sache* z *gen*); (*alles aufgeben*) zerwać *pf* z otoczeniem

**ausstellen** wystawi(a)ć **Aussteller(in)** *m* wystawca *m* (-wczyni) **Ausstellung** *f* wystawienie; (*Veranstaltung*) wystawa, impreza wystawiennicza **Ausstellungsgelände** *n* teren wystawowy **Ausstellungskatalog** *m* katalog wystawy **Ausstellungsstück** *n* eksponat, wystawiony przedmiot

**aussterben** (-e-) *v/i* (*irr*; *sn*) wymierać ‹-mrzeć›, wyginąć *pf*; **vom Aussterben bedroht** zagrożony wyniszczeniem

**Ausstieg** *m* wysiadanie, wyjście; (*Luke*) wyłaz

**ausstopfen** wyp(y)chać

**Ausstoß** *m von Abgasen* emisja **ausstoßen** (*irr*) *Rauch* wydmuchiwać, wypuszczać ‹-puścić›; *Schrei* wyda(wa)ć; **j-n ~ aus** wykluczać ‹-czyć› k-o z (*gen*)

**ausstrahlen** *v/t* promieniować (**Hitze** ciepło; *a. fig* **Freude** radością), emitować (im)pf; rtv a. nada(wa)ć; v/i Schmerz promieniować (**in** akk do gen) **Ausstrahlung** f rtv nadawanie, emisja; fig (osobisty) urok

**ausstrecken** v/t wyciągać ⟨-gnąć⟩ (**nach** po akk; **sich** się) **ausstreichen** (irr) wykreślać ⟨-lić⟩ **ausströmen** v/t Duft wydzielać; Gas uchodzić, wydobywać się **aussuchen** wyszuk(iw)ać

**Austausch** m wymiana; zamiana; **im ~ für etw, j-n** w zamian za (akk) **austauschen** wymieni(a)ć; (ersetzen) a. zamieni(a)ć (**gegen** na akk) **Austauschstudent(in)** m(f) student(ka) objęty (-ta) wymianą z zagranicą

**austeilen** v/t (**an** akk) rozda(wa)ć (dat)

**Auster** f (-; -n) ostryga

**austoben: sich ~** wyszaleć się pf

**austragen** (irr) Post roznosić ⟨-nieść⟩; Kampf ⟨s⟩toczyć; Spiel rozgrywać ⟨rozegrać⟩; Kind donosić pf **Austragungsort** m miejsce rozgrywek

**Australien** n Australia **Australier(in** f) [-ˈlīe] m Australijczyk (-jka) **australisch** australijski

**austreiben** (irr) ▨ v/t wypędzać ⟨-dzić⟩ (**j-m** Launen k-u akk); **j-m den Teufel ~** wypędzić złego ducha z (gen); austr Tiere rozwałkow(yw)ać ▨ v/i Pflanzen pączkować **austreten** rozdept(yw)ać; Weg wydept(yw)ać; Gas wydobywać się **austricksen** wykiwać pf, zrobić pf na szaro

**austrinken** (irr) wypi(ja)ć

**Austritt** m (pl selten) wystąpienie; von Gas wydobywanie się

**austrocknen** v/t wysuszać ⟨-szyć⟩; v/i (sn) wysychać ⟨-schnąć⟩ **ausüben** uprawiać (akk); Macht sprawować; Einfluss wywierać ⟨-wrzeć⟩

**Ausverkauf** m wyprzedaż f **ausverkauft** adj wyprzedany

**Auswahl** f (bpl) wybór; selekcja **auswählen** wyb(ie)rać (**aus** z gen)

**Auswanderer** m, **Auswanderin** f wychodźca m, emigrant(ka) **auswandern** v/i (sn) ⟨wy⟩emigrować (im)pf (**nach** do gen) **Auswanderung** f emigracja

**auswärtig** zamiejscowy; zagraniczny; **das Auswärtige Amt** Ministerstwo Spraw Zagranicznych **auswärts** adv w innej miejscowości;; arbeiten a. w terenie; **~ spielen** grać na wyjeździe

**auswaschen** (irr) wymy(wa)ć; Fleck im Stoff wyp(ie)rać **auswechselbar** wymienny **auswechseln** wymieni(a)ć, zamieni(a)ć (**gegen** na akk)

**Ausweg** m wyjście (**aus** z gen) **ausweglos** bezwyjściowy, beznadziejny; prąd bez wyjścia

**ausweichen** v/i (irr; sn; dat) wymijać ⟨-minąć⟩ (akk); e-m Hieb uchylać ⟨-lić⟩ się od (gen)

**Ausweis** m (-es; -e) legitymacja, dowód **ausweisen** (irr) v/t wydalać ⟨-lić⟩ (**aus** z gen); **sich ~** ⟨wy⟩legitymować się (**durch** inst) **Ausweispapiere** npl dokumenty mpl **Ausweisung** f wydalenie (**aus** z gen)

**ausweiten** poszerzać ⟨-rzyć⟩, rozszerzać ⟨-rzyć⟩; **sich ~** szerzyć się **auswendig** adv na pamięć **auswerfen** (irr) zarzucać ⟨-cić⟩; wyrzucać ⟨-cić⟩ **auswerten** Statistik analizować **auswickeln** rozwijać ⟨-winąć⟩

**auswirken: sich ~ auf** (akk) oddział(yw)ać na (akk), odbi(ja)ć się na (lok) **Auswirkung** f skutek, następstwo

**Auswuchs** m (pl -wüchse) narośl f **auswuchten** TECH wyważać ⟨-żyć⟩

**Auswurf** m wyrzut

**auszahlen** wypłacać ⟨-cić⟩; Teilhaber spłacać ⟨-cić⟩; **sich ~** opłacać ⟨-cić⟩ się, umg kalkulować się **auszählen** obliczać ⟨-czyć⟩; e-n Boxer wyliczać ⟨-czyć⟩

**Auszahlung** f wypłata; e-s Miterben spłata

**auszeichnen** v/t wyróżni(a)ć, odznaczać (**durch** inst); (ehren) odznaczać ⟨-czyć⟩ (**mit** inst); oznaczać ⟨-czyć⟩ (**die Ware** cenę na towarze) **Auszeichnung** f odznaczenie; wyróżnienie

**ausziehbar** rozsuwa(l)ny **ausziehen** (irr) v/t zdejmować ⟨zdjąć⟩; Tisch rozsuwać ⟨-sunąć⟩; v/i (sn) aus e-m Ort opuszczać ⟨opuścić⟩ (akk); **aus e-r Wohnung ~** wyprowadzać ⟨-dzić⟩ się z mieszkania; **sich ~** rozbierać ⟨rozebrać⟩ się **Auszug** m wyprowadzka; (Extrakt) wyciąg **auszugsweise** adv, a. attr fragmentaryczny, częściowy (-wo), w wypisach

**authentisch** autentyczny

**Auto** n (-s; -s) auto, samochód **Autobahn** f autostrada **Autobahnausfahrt** f zjazd z autostrady **Autobahndreieck** n rozwidlenie autostra-

dy **Autobahngebühr** f opłata za korzystanie z autostrady **Autobahnkreuz** n skrzyżowanie autostrad **Autobahnraststätte** f restauracja przy autostradzie
**Autobombe** f samochód-pułapka m
**Autobus** m autobus, autokar
**Autodidakt** m samouk
**Autodiebstahl** m kradzież f samochodu
**Autofähre** f prom samochodowy **Autofahrer(in)** m(f) kierowca m (f)
**Autogramm** n (-s; -e) autograf
**Autokarte** f mapa samochodowa **Autokennzeichen** n numer rejestracyjny (samochodu)
**Automat** m (-en) automat **automatisch** automatyczny **automatisieren** (-) ⟨z⟩automatyzować
**Automobilklub** m automobilklub
**autonom** autonomiczny
**Autopsie** [pl -'si:ən] f sekcja zwłok
**Autor** m (-s; -toren) autor
**Autoradio** n radio samochodowe **Autorennen** n wyścig samochodowy **Autoreparatur** f naprawa samochodów, umg autonaprawa
**Autorin** f autorka
**autorisieren** (-) autoryzować **autoritär** autorytarny **Autorität** f autorytet
**Autounfall** m wypadek samochodowy
**Autoverkehr** m ruch samochodowy
**Autovermietung** f biuro wynajmu samochodów **Autowaschanlage** f automyjnia **Autowerkstatt** f warsztat samochodowy, umg autonaprawa **Autozubehör** n akcesoria pl samochodowe
**Axt** f (-; Äxte) siekiera, topór
**Azalee** f azalia, różanecznik
**Azetat** n (-s; -e) octan
**azurblau** lazurowy (-wo), błękitny

**Baby** ['be:bi] n (-s; -s) niemowlę, umg bobas, dzidziuś **Babynahrung** ['be:bi-] f przetwory mpl dla niemowląt
**Bach** m (-[e]s; -e) potok, strumień m
**Bachstelze** f pliszka
**Backbord** m lewa burta, bakburta
**Backe** f policzek; umg pośladek
**backen**¹ (irr) v/t ⟨u⟩piec, wypiekać ⟨wypiec⟩ **backen**² v/i (kleben) lepić się (**an** dat do gen)
**Backenknochen** m kość f policzkowa **Backenzahn** m ząb trzonowy
**Bäcker(in** f) m piekarz **Bäckerei** f piekarnia; umg (bpl) pieczenie **Backform** f forma do pieczenia **Backofen** m in der Bäckerei piec piekarski; im Herd piekarnik
**Backpacker** m (-s; -) turysta m pieszy
**Backpulver** n proszek do pieczenia **Backshop** m (-s) piekarnia f samoobsługowa **Backstein** m cegła **Backwaren** fpl pieczywo
**Bad** n (-es; Bäder) kąpiel f; (Raum) łazienka; (Kurort) uzdrowisko, zdrojowisko
**Badeanzug** m kostium kąpielowy **Badehose** f kąpielówki fpl, slipki mpl **Badekappe** f czepek kąpielowy **Badmantel** m szlafrok kąpielowy **Bademeister** m łaziebny; am Strand ratownik na plaży
**baden** (-e-) v/t ⟨wy⟩kąpać (v/i się)
**Badesaison** f sezon kąpielowy **Badestrand** m plaża **Badetuch** n ręcznik kąpielowy **Badezimmer** n łazienka
**bagatellisieren** (-) ⟨z⟩bagatelizować
**Bagger** m koparka, czerparka; (Flussbagger) pogłębiarka, bagrownica **baggern** v/t u. v/i (-re) bagrować
**Baguette** [-'gɛt] n (-s; -s) bagietka
**Bahn** f tor; KOLEJ kolej f; (Zug) pociąg; ASTRON orbita; SPORT a. bieżnia; (Streifen) pas; **mit der ~, per ~** koleją **bahnbrechend** adj torujący nowe drogi, pionierski, przełomowy **Bahndamm** m nasyp kolejowy
**bahnen** v/t ⟨u⟩torować (**den Weg** drogę; **sich** sobie)

**Bahnfahrt** f jazda koleją **Bahnhof** m stacja kolejowa; (Gebäude) dworzec **Bahnhofsgaststätte** f restauracja dworcowa **Bahnhofshalle** f hala dworca **Bahnhofsvorsteher(in)** m(f) zawiadowca m stacji **Bahnlinie** f linia kolejowa **Bahnsteig** m peron **Bahnübergang** m przejście przez tory, für Fahrzeuge przejazd kolejowy **Bahnverbindung** f połączenie kolejowe

**Bahre** f mary pl
**Baisse** ['bɛːsə] f bessa
**Bakterie** f bakteria **bakteriell** bakteryjny
**Balance** [-sə] f równowaga **balancieren** [-'siː-] v/t u. v/i (-) balansować
**bald** adv wkrótce **so ~ wie möglich** możliwie jak najprędzej; umg **bis ~!** (no to) na razie! **baldig** adj rychły **baldigst** adv sup jak najrychlej, jak najszybciej
**Baldriantropfen** mpl krople fpl walerianowe
**balgen: sich ~** mocować się, szamotać się; Kinder a. baraszkować
**Balkanhalbinsel** f półwysep Bałkański
**Balken** m belka
**Balkon** m (-s; -s od -e) balkon
**Ball**[1] m (-[e]s; Bälle) piłka; **~ spielen** grać w piłkę, bawić się piłką; umg **am ~ bleiben** nie zasypiać gruszek w popiele **Ball**[2] m (-[e]s; Bälle) bal; **auf e-n ~ gehen** iść ⟨pójść⟩ na bal
**Ballast** m (-[e]s; mst bpl) balast
**ballen** zaciskać ⟨-snąć⟩; (formen) ⟨u⟩lepić, ⟨z⟩gnieść (w ręku); **sich ~** Wolken kłębić się; Schnee lepić się
**Ballen** m bela, paka; ANAT kłąb
**Ballett** n (-[e]s; -e) balet **Balletttänzer(in)** m(f) baletnik -ica)
**Ballgast** m gość m na balu
**Ballon** m (-s; -s od -e) balon
**Ballsaal** m sala balowa
**Ballspiel** n gra w piłkę
**Ballungsgebiet** n, **Ballungsraum** m aglomeracja; zespół miast
**baltisch** (nad)bałtycki
**Bambus** m (-ses; -se) bambus **Bambusrohr** n trzcina bambusowa
**Banalität** f (bpl) banalność f; (a. pl) (Äußerung) banał
**Banane** f banan; **~n-** mst bananowy
**Banause** m (-n) abw nieuk, ignorant(ka)

**Bancomat** m (-en) szwajc FIN bankomat
**band** → binden
**Band**[1] m (-[e]s; Bände) tom; **in vier Bänden** czterotomowy; umg **das spricht Bände** to (jest) bardzo wymowne
**Band**[2] n (-[e]s; Bänder) wstęga; TECH taśma; (Frequenz) pasmo; **auf ~ sprechen** nagr(yw)ać na taśmę; umg fig **am laufenden ~** ciągle, bez przerwy
**Band**[3] [bɛnt] f (-; -s) kapela, band
**bandagieren** [-'ʒiː-] (-) ⟨o-, za⟩bandażować
**Bande** f banda, szajka
**bände** → binden
**bändigen** Tier poskramiać ⟨-skromić⟩
**Bandit** m (-en) bandyta m, zbój
**Bandscheibe** f ANAT chrząstka międzykręgowa **Bandscheibenvorfall** m MED dyskopatia **Bandwurm** m tasiemiec, soliter
**bang, bange** (-er od bänger; -ste od bängste) trwożny; **mir wird angst und ~e** strach mnie ogarnia
**Bank**[1] f (-; Bänke) ławka, ława; (Sandbank) mielizna; fig umg **durch die ~** bez wyjątku; **etw auf die lange ~ schieben** zwlekać (**z** inst), spychać z dnia na dzień (akk)
**Bank**[2] f (-; -en) FIN bank **Bankbürgschaft** f gwarancja bankowa
**Bankett**[1] n (-[e]s; -e) bankiet, uczta
**Bankett**[2] n (-[e]s; -e), **Bankette** f AUTO pobocze
**Bankkauffrau** f, **Bankkaufmann** m bankowiec **Bankkonto** n konto w banku **Bankleitzahl** f kod banku **Banknote** f banknot **Bankomat** m (-en) austr FIN bankomat **Bankrott** m (-s; -e) bankructwo
**Bankschließfach** n skrytka bankowa **Banküberfall** m napad na bank **Bankverkehr** m obrót bankowy
**Banner** m sztandar, chorągiew f; auf der Website baner
**bar: (in) ~ bezahlen** płacić gotówką; **etw für ~e Münze nehmen** brać za dobrą monetę (akk)
**Bar** f (-; -s) bar
**Bär** m (-en) niedźwiedź m; ASTRON **der Große ~** Wielka Niedźwiedzica
**Baracke** f barak
**barbarisch** barbarzyński (-ko, po -ku)
**Bardame** f barmanka
**Bärenhunger** umg m wilczy apetyt

**barfuß** *adv* boso, na bosaka
**barg, bärge** → bergen
**Bargeld** *n (bpl)* gotówka **bargeldlos** bezgotówkowy
**Bärin** *f* niedźwiedzica
**Barkeeper** [-ki:-] *m* barman
**Barkredit** *m* kredyt gotówkowy
**barmherzig** miłosierny **Barmherzigkeit** *f (bpl)* miłosierdzie
**barock** barokowy (-wo)
**Barometer** *n* barometr
**Barren**[1] *m* sztaba; SPORT poręcze *mpl*
**Barren**[2] *m pl-niem,* austr żłób, koryto
**Barriere** *f* (-; -n) bariera **barrierefrei** bez barier, bez przeszkód
**Barrikade** *f* barykada
**barsch** opryskliwy (-wie), szorstki (-ko), gburowaty (-to)
**Barsch** *m* (-[e]s; -e) ZOOL okoń *m*
**Barscheck** *m* czek gotówkowy
**Bart** *m* (-[e]s; Bärte) broda; *(Schnurrbart)* wąsy *mpl* **bärtig** brodaty; **~er Mann** brodacz
**Barzahlung** *f* zapłata gotówką
**Basar** *m* (-s; -e) *zu wohltätigen Zwecken* kiermasz; *im Orient* bazar
**Base** *f* CHEM zasada
**basieren** *v/i* (-) bazować **(auf** *dat* na *lok)*
**Basilika** *f* (-; -ken) bazylika
**Basis** *f* (-; Basen) baza
**Baskenmütze** *f* baskijka, beret
**Basketball** *m (bpl)* koszykówka
**Bass** *m* (-es; Bässe) bas; *(Instrument)* (kontra)bas
**basteln** (-le) *v/i* majsterkować
**bat, bäte** → bitten
**Batterie** [pl -'ri:ən] *f* ELEK, MIL, *fig* bateria; AUTO akumulator
**Batzen** *m* kawał, kęs, bryła
**Bau** *m* (-[e]s; *bpl*) *fig* budowa; *(pl* -ten) budynek **Bauarbeiten** *fpl* prace *fpl* budowlane, budowa **Bauart** *f* rodzaj konstrukcji, typ
**Bauch** *m* (-[e]s; Bäuche) brzuch **Bauchfellentzündung** *f* zapalenie otrzewnej **Bauchhöhle** *f* jama brzuszna **bauchig** brzuchaty **Bauchlandung** *umg f* lądowanie bez podwozia; *umg fig* wpadka, klapa **Bauchschmerzen** *mpl* bóle *pl* brzucha **Bauchspeicheldrüse** *f* trzustka **Bauchtanz** *m* taniec brzucha
**Baudenkmal** *n* zabytek architektoniczny **Bauelement** *n* TECH element konstrukcyjny; BUD typowy element budowlany
**bauen** *v/t* ⟨wy-, z⟩budować; *Maschine a.* ⟨s⟩konstruować; **sich** *(dat)* **ein Haus ~** ⟨z⟩budować sobie dom, ⟨po-⟩budować się; *v/i* **(an** *dat)* być zajętym przy budowie *(gen)*; *fig* **auf etw, j-n ~** polegać na *(lok)*
**Bauer**[1] *m* wieśniak, rolnik
**Bauer**[2] *n für Vögel* klatka
**Bäuerin** *f* chłopka, wieśniaczka **bäuerlich** chłopski (po -ku) **Bauernhof** *m* obejście, zagroda **Bauernregel** *f* przepowiednia ludowa
**baufällig** rozpadający się, grożący zawaleniem
**Bauführer** *m* kierownik budowy **Baugenehmigung** *f* zezwolenie na budowę **Baugenossenschaft** *f* spółdzielnia budowlana **Baugerüst** *n* rusztowanie **Baugrundstück** *n* działka budowlana **Bauherr** *m* inwestor **Bauholz** *n* budulec **Bauingenieur** *m* inżynier budowlany **Baujahr** *n* rok budowy; rok produkcji
**Baukasten** *m* klocki *mpl* (do zabawy) **Baukastensystem** *n* system modułowy
**baulich** budowlany; konstrukcyjny
**Baulücke** *f* niezabudowana działka
**Baum** *m* (-[e]s; Bäume) drzewo
**Baumeister** *m* budowniczy
**baumeln** *v/i* (-le) *umg* dyndać (się); zwisać
**Baumkrone** *f* korona (drzewa) **Baumschule** *f* szkółka **Baumstumpf** *m* pniak, pień *m*, pieniek
**Baumwolle** *f* bawełna
**Bauplan** *m* BUD projekt podstawowy (obiektu budowlanego) **Bauplatz** *m* plac budowy; *(Parzelle)* działka budowlana
**bauschen** *v/t* zbierać ⟨zebrać⟩ bufiasto; *(blähen)* wydymać
**Baustelle** *f* budowa; plac budowy **Baustil** *m* styl architektoniczny **Bauten** *pl* → Bau **Bauwerk** *n* budowla **Bauwirtschaft** *f* gospodarka budowlana
**Bayer** *m* (Bayerin *f*) Bawarczyk (-rka) **bay(e)risch** bawarski (po -ku) **Bayern** Bawaria
**Bazillus** *m* (-; -llen) laseczka, pałeczka, prątek

## 302 ■ beabsichtigen – Bedrohung

**beabsichtigen** (-) zamierzać ⟨-rzyć⟩
**Beachball** m (Ball) piłka f do siatkówki plażowej; (bpl) (Sportart) siatkówka f plażowa
**beachten** v/t (-) zwracać ⟨zwrócić⟩ uwagę na (akk); Vorschrift przestrzegać (gen)
**beachtenswert** godny uwagi, zasługujący na uwagę **beachtlich** znaczny, niemały (-ło), pokaźny **Beachtung** f (bpl) der Regeln przestrzeganie; ~ **verdienen** zasługiwać na uwagę; **keine ~ finden** nie zwracać ⟨zwrócić⟩ na siebie uwagi; **~ schenken** → beachten
**Beamte(r)** m (-n) urzędnik **Beamtin** f urzędniczka
**beängstigend** adj zastraszający ⟨-co⟩
**beanspruchen** (-) (fordern) domagać się, żądać (gen); Arbeit absorbować, pochłaniać ⟨-chłonąć⟩ **Beanspruchung** f (pl selten) (Belastung) obciążenie, naprężenie; e-s Rechts wysunięcie roszczenia do (gen)
**beanstanden** (-e-, -) (nicht akzeptieren) ⟨za⟩kwestionować; (reklamieren) reklamować **Beanstandung** f zakwestionowanie; reklamacja
**beantragen** (-) występować ⟨-stąpić⟩ z wnioskiem o (akk) **beantworten** (-) Brief odpowiadać ⟨-wiedzieć⟩ na (akk)
**bearbeiten** (-) obrabiać ⟨-robić⟩; Text opracow(yw)ać, Antrag rozpatrywać ⟨-trzeć⟩ **Bearbeitung** f opracow(yw)anie; e-s Antrags rozpatrzenie; TECH obrabianie, obróbka
**Beatmung** f (0): **künstliche ~** sztuczne oddychanie
**beaufsichtigen** (-) doglądać , ⟨przy⟩pilnować; amtlich nadzorować
**beauftragen** (-): **j-n mit etw ~** zlecać ⟨-cić⟩, powierzać ⟨-rzyć⟩ k-u (akk)
**bebauen** (-) AGR uprawiać (mit etw akk); BUD zabudow(yw)ać **Bebauungsplan** m plan zabudowy
**beben** v/i ⟨za⟩trząść się **Beben** n trzęsienie
**Becher** m kubek
**Becken** n basen; ANAT. (Schüssel) miednica; e-s WC muszla **Beckenknochen** m kość miedniczna
**Bedacht** m: **mit ~** z rozwagą **bedächtig** (langsam) wolny (-no); (wohlüberlegt) rozważny
**bedanken** (-): **sich ~ (bei ihm, bei ihr für)** ⟨po⟩dziękować (jemu, jej za akk)
**Bedarf** m (-[e]s; bpl) (an dat) zapotrzebowanie (na akk); HANDEL a. popyt (na akk); **(je) nach ~** w miarę potrzeby; **bei ~** w razie potrzeby **Bedarfsartikel** m artykuł pierwszej potrzeby **Bedarfshaltestelle** f przystanek na żądanie
**bedauerlich** przykry; **es ist ~, dass ...** przykro (mi, nam), że ... **bedauern** (-re; -) v/t j-n, etw ⟨po⟩żałować (gen); v/i żałować **Bedauern** n (-s; bpl) ubolewanie, żal **bedauernswert** godny pożałowania
**bedecken** (-) v/t zakry(wa)ć, nakry(wa)ć, przykry(wa)ć (**mit** etw inst); Fläche pokry(wa)ć; Gesicht zasłaniać ⟨-słonić⟩ (**sich** [dat] sobie); fig **sich bedeckt halten** nie zdradzać się ze swoimi zamiarami **bedeckt** adj METEO zachmurzony
**bedenken** (irr; -) v/t (überlegen) zastanawiać ⟨-nowić⟩ się nad (inst) rozważać ⟨-żyć⟩ (akk) **Bedenken** npl wątpliwości fpl, zastrzeżenia npl **bedenkenlos** bez skrupułów **bedenklich** Lage Miene zafrasowany; (zweifelhaft) wątpliwy (-wie); **j-n ~ stimmen** zastanawiać ⟨-nowić⟩ k-o **Bedenkzeit** f (bpl) czas do namysłu
**bedeuten** (-) (heißen) znaczyć, oznaczać; (andeuten) da(wa)ć do zrozumienia; (wichtig sein) mieć znaczenie; **j-m alles ~** być ponad wszystko dla (gen); **... bedeutet mir nichts** ... nie ma dla mnie żadnego znaczenia **bedeutend** adj doniosły, ważny; Person wybitny **Bedeutung** f znaczenie; (Tragweite) doniosłość f **bedeutungslos** bez znaczenia **bedeutungsvoll** → bedeutend
**bedienen** (-) v/t usługiwać k-u; Kunden obsługiwać ⟨-służyć⟩; **sich ~ j-s, e-r Sache** posługiwać ⟨-służyć⟩ się (inst); **~ Sie sich!** proszę się częstować! **Bedienstete(r)** m (-n) pracownik **Bedienung** f (bpl) usługiwanie; obsługa **Bedienungsanleitung** f instrukcja obsługi
**bedingt** adj warunkowy (-wo) **Bedingung** f warunek **bedingungslos** bezwarunkowy (-wo)
**bedrängen** (-) ⟨za⟩atakować; (belästigen) napastować **Bedrängnis** f (-; -se) opresja
**bedrohen** (-) v/t zagrażać, ⟨za⟩grozić (dat) **bedrohlich** groźny **Bedro-**

**hung** f zagrożenie
**bedrücken** (-) gnębić, trapić **bedürfen** (-) (gen) wymagać (gen); unpers **es bedarf** (gen) trzeba (gen od inf)
**Bedürfnis** n (-ses; -se) potrzeba **bedürftig** (arm) biedny, ubogi; in zssgn -**bedürftig** wymagający (gen)
**Beefsteak** ['bi:f-] n befsztyk; **deutsches ~** kotlet mielony
**beeilen** (-): **sich ~** (po)śpieszyć (się) (**mit** z inst) **beeindrucken** (-) v/t wywierać ⟨wywrzeć⟩ wrażenie na (lok), ⟨za⟩imponować (dat); **tief beeindruckt sein (von)** być pod silnym wrażeniem (gen) **beeinflussen** (-sst; -) v/t wywierać ⟨wywrzeć⟩ wpływ na (akk) **beeinträchtigen** (-) v/t (negative Wirkung ausüben) oddziaływać ujemnie na (akk); (erschweren) utrudni(a)ć **beenden** (-) ⟨s-, u-, za⟩kończyć
**beengt** pperf, adj: **~ wohnen** mieszkać w ciasnocie; **sich ~ fühlen** czuć się skrępowanym
**beerben** (-) obejmować ⟨objąć⟩ spadek, dziedziczyć (**den Vater** po ojcu)
**beerdigen** (-) ⟨po⟩chować **Beerdigung** f pogrzeb, pochówek
**Beere** f jagoda, dim jagódka
**Beet** n (-[e]s; -e) grządka **Beete** f → Bete
**befähigt**: **~t sein (zu)** kwalifikować się (na akk) **Befähigung** f kwalifikacje fpl (Eignung) uzdolnienie
**befahl, befähle** → befehlen
**befahrbar** Weg przejezdny; Fluss żeglowny **befahren** (-) v/t jeździć po (lok); Route kursować na (lok); **e-e viel ~e Straße** (bardzo) ruchliwa ulica
**befangen** adj skrępowany; (parteiisch) stronniczy/-czo/; **~ sein** in (dat) tkwić w (lok) **Befangenheit** f (bpl) skrępowanie, nieśmiałość f; (Parteiischsein) stronniczość f
**befassen** (-): **sich ~ mit** zajmować ⟨-jąć⟩ się, umg parać się (inst); **befasst sein mit** rozpatrywać (akk)
**Befehl** m (-[e]s; -e) rozkaz; **auf ~ (von)** na rozkaz, z rozkazu (gen); **unter dem ~ von** pod rozkazami (gen) **befehlen** (befiehlt, befahl, befohlen; -) v/t rozkaz(yw)ać; v/i **~ über** (akk) komenderować, dowodzić (inst) **Befehlshaber** m dowódca m **Befehlsverweigerung** f odmowa wykonania rozkazu

**befestigen** (-) przytwierdzać ⟨-dzić⟩, przymocow(yw)ać; Straße utwardzać ⟨-dzić⟩ **befestigt** adj umocniony; Straße o twardej nawierzchni
**befeuchten** (-e-; -) nawilżać ⟨-żyć⟩, a. Lippen zwilżać ⟨-żyć⟩
**befiehl(t)** → befehlen
**befinden** (irr) v/i ⟨za⟩decydować; **sich ~** znajdować się, być **Befinden** n (-s; bpl) stan zdrowia, samopoczucie
**befohlen** → befehlen
**befolgen** (-) v/t Regel zastosować się
**befördern** (-) (transportieren) transportować; Person awansować; **befördert werden** otrzymać pf awans **Beförderung** f przewóz, transport; awans
**befragen** (-) wypyt(yw)ać; Anwalt ⟨s⟩konsultować się z; Kunden ankietować **Befragung** f wypytywanie, badanie; (Umfrage) ankietowanie
**befreien** (-) v/t uwalniać ⟨uwolnić⟩ (**aus** z gen); (entbinden) a. zwalniać ⟨zwolnić⟩ (**von** od gen); Land wyzwalać ⟨-zwolić⟩, oswobadzać ⟨-bodzić⟩ **Befreiung** f uwolnienie, zwolnienie; e-s Volkes wyzwolenie, oswobodzenie
**Befremden** n (-s; bpl): **mit ~** ze zdziwieniem
**befreunden** (-e-; -): **sich ~** zaprzyjaźnić się pf, umg skumać się pf; umg fig oswajać ⟨oswoić⟩ się (**mit** z inst)
**befriedigen** (-) v/t zadowalać ⟨-wolić⟩, ⟨u⟩satysfakcjonować; Bedürfnis zaspokajać ⟨-koić⟩; **sich ~** onanizować się **Befriedigung** f (bpl) zaspokojenie; (Genugtuung) zadowolenie, satysfakcja
**befristet** adj terminowy; **~ auf drei Jahre** na okres trzech lat
**befruchten** (-) zapładniać ⟨-płodnić⟩, BOT a. zapylać ⟨-lić⟩ **Befruchtung** f zapłodnienie
**Befugnis** f (-; -se) uprawnienie; pl a. kompetencje fpl **befugt** adj uprawniony, upoważniony (**zu** etw do gen)
**befühlen** (-), **befummeln** umg (-) macać, obmac(yw)ać
**Befund** m (Untersuchungsergebnis) wynik badania; (Diagnose) orzeczenie; MED **ohne ~** bez zmian
**befürchten** (-) v/t obawiać się (gen) **Befürchtung** f obawa
**befürworten** (-e-; -) popierać ⟨poprzeć⟩; (billigen) ⟨za⟩aprobować **Befür-**

## 304 • Befürworter(in) — Beherrschung

**worter(in)** *m(f)* rzecznik (-iczka), orędownik (-iczka), protektor(ka)

**begabt** *adj* zdolny (**für** do *gen*) **Begabung** *f* dar, zdolności *fpl* **begann, begänne** → **beginnen**

**begegnen** (-e-; -; *sn*) *j-m, e-r Sache* spot(y)kać (*akk* od się z *inst*) **Begegnung** *f* spotkanie; SPORT a. mecz

**begehen** (*irr*; -) obchodzić; *Fehler* popełni(a)ć

**begehren** (-) pragnąć, (*a. sexuell*) pożądać **begehrenswert** ponętny, wzbudzający pożądanie

**begeistern** (-re; -) *v/t* zachwycać ⟨-cić⟩; **j-n ~ für etw** zapalać ⟨-lić⟩ k-o do (*gen*); **sich ~** zachwycać się (**an** *etw inst*), entuzjazmować się (**für** *etw inst*) **begeistert** *adj* zachwycony; *Empfang* entuzjastyczny **Begeisterung** *f* (*bpl*) zachwyt; zapał, entuzjazm

**Begierde** *f* żądza, pożądanie (**nach** *gen*) **Beginn** *m* (-s; *bpl*) początek; *e-r Veranstaltung a.* rozpoczęcie (*a*); **am, zu ~** na początku, z początkiem; **nach ~** po rozpoczęciu się; **seit ~** od rozpoczęcia się **beginnen** (begann, begonnen) *v/t* rozpoczynać, zaczynać ⟨-cząć⟩ (*v/i* się)

**beglaubigen** (-) uwierzytelni(a)ć **Beglaubigung** *n* uwierzytelnienie

**begleichen** (*irr*; -) ⟨u⟩regulować, zapłacić *pf*

**begleiten** (-e-; -) *zum Schutz* eskortować; *zur Gesellschaft* odprowadzać ⟨-dzić⟩ **Begleiter|in** *m(f)* osoba towarzysząca; (*als Bewacher*) konwojent(ka) **Begleiterscheinung** *f* zjawisko towarzyszące **Begleitschreiben** *n* pismo przewodnie **Begleitumstände** *mpl* (*gen*) okoliczności *fpl* towarzyszące (*dat*) **Begleitung** *f* (*mst bpl*) towarzyszenie; MUS akompaniament; **in ~** w towarzystwie, w asyście

**beglückwünschen** (-) ⟨po⟩gratulować (**j-n zu** k-u *gen*) **begnadigen** (-) ułaskawi(a)ć **Begnadigung** *f* ułaskawienie

**begnügen** (-): **sich ~ (mit)** zadowalać ⟨-wolić⟩ się (*inst*) **begonnen** → **beginnen**

**begraben** (*irr*; -) pogrzebać *pf* **Begräbnis** *n* (-ses; -se) pogrzeb, pochówek

**begreifen** (*irr*; -) pojmować ⟨-jąć⟩, ⟨z⟩rozumieć (**als** jako) **begreiflich** zrozumiały; **j-m etw ~ machen** ⟨wy⟩tłumaczyć k-u (*akk*)

**begrenzen** (-) ograniczać ⟨-czyć⟩ **begrenzt** *adj* ograniczony **Begrenzung** *f* ograniczenie; (*Grenze*) granica

**Begriff** *m* pojęcie; (*Vorstellung*) wyobrażenie; **im ~ sein zu** (+ *inf*) właśnie zamierzać (+ *inf*); **etw ist mir kein ~** nie słyszałem o (*lok*) **begriffsstutzig** niepojętny **begründen** (-) uzasadni(a)ć (**mit** *inst*); **in** (*dat*) **begründet sein** być uzasadnionym (*inst*) **Begründung** *f* uzasadnienie

**begrüßen** (-) *v/t* ⟨po-, przy⟩witać; *fig* (*gutheißen*) ⟨po⟩witać z radością **Begrüßung** *f* powitanie; **zur ~** na powitanie; **~s-** *in zssgn* powitalny

**begünstigen** (-) *j-n, etw* sprzyjać (*dat*); *j-n a.* faworyzować (*akk*) **Begünstigung** *f* HANDEL uprzywilejowanie; JUR poplecznictwo

**begutachten** (-) *v/t* ⟨za⟩opiniować (*akk*), wyda(wa)ć opinię o (*lok*) **behaart** *adj* owłosiony **behäbig** *adj* (*schwerfällig*) ociężały (-le)

**behaglich** *Gefühl* błogi (-go), przyjemny; *Wohnung* przytulny

**behalten** (*irr*; -) zatrzym(yw)ać (dla siebie, u siebie); **im Gedächtnis ~** zachować *pf* w pamięci, zapamiętać *pf*; *Form* zachow(yw)ać; **etw für sich ~** zachować *pf* przy sobie (*akk*) **Behälter** *m* pojemnik; kontener

**behandeln** (-) *v/t* obchodzić ⟨obejść⟩ się **z** (*inst*); *Thema* ⟨po⟩traktować (*akk*); (*besprechen*) omawiać ⟨omówić⟩; *Kranke* leczyć **Behandlung** *f* obchodzenie się; traktowanie; MED leczenie, terapia

**beharren** (-): **auf etw** (*dat*) **~** obstawać, upierać się przy (*lok*) **beharrlich** (*ausdauernd*) wytrwały (-le); (*hartnäckig*) uporczywy (-wie) **Beharrlichkeit** *f* (*bpl*) upór, uporczywość *f*; wytrwałość *f*

**behaupten** (-e-; -) *v/t* twierdzić **Behauptung** *f* twierdzenie

**beheben** (*irr*; -) usuwać ⟨usunąć⟩ **beheizt** *adj* Frontscheibe ogrzewany **behelfen** (*irr*; -): **sich ~ (mit** *etw*) ⟨po⟩radzić sobie (za pomocą *gen*) **beherbergen** (-) udzielać ⟨-lić⟩ gościny (*dat*)

**beherrschen** (-) *v/t* panować nad (*inst*); (*dominieren*) dominować nad (*inst*); *Gefühle* opanow(yw)ać; *Sprache* władać (*inst*) **Beherrschung** *f* panowanie; (*Sichzü-*

*geln)* opanowanie

**beherzigen** (-) v/t ⟨u⟩słuchać (gen) **beherzt** adj dzielny, nieustraszony **behilflich** adj: **j-m ~ sein** być pomocnym, pomagać ⟨-móc⟩ k-u **(bei** w *lok)*

**behindern** (-) *(erschweren)* utrudni(a)ć; **j-n ~ bei etw** przeszkadzać k-u w *(lok)*; SPORT potrącać ⟨-cić⟩ **behindert** adj MED upośledzony, niepełnosprawny **~e Person** osoba z niepełnosprawnością **behindertengerecht** adj przystosowany dla niepełnosprawnych **Behinderung** f utrudnienie; MED upośledzenie

**Behörde** f urząd; **~n** pl a. władze fpl; **~-in** zssgn urzędowy **behördlich** urzędowy (-wo)

**behüten** (-) ⟨u⟩strzec **(vor** dat przed *inst)*; **Gott behüte!** uchowaj Boże! **behutsam** ostrożny, delikatny

**bei** präp (dat) *räumlich u. zeitlich* koło, u *(gen)*, przy, na, o, w *(lok)*, pod *(inst)*; *(während)* podczas *(gen)*; **~ Berlin** pod Berlinem, koło Berlina; **~ der Arbeit** przy od w pracy; **~ der Post (arbeiten** pracować) na poczcie; **~ wem** u kogo; **bei mir u mnie; ~m Arzt** u lekarza

**beibehalten** (irr; -) zachow(yw)ać *(akk)*, trzymać się *(gen)* **beibringen** (irr) przedkładać ⟨przedłożyć⟩; **j-m etw ~** ⟨na⟩uczyć k-o *(gen)*, wpajać ⟨wpoić⟩ k-u *(akk)*; *Wunde* zada(wa)ć k-u *(akk)*

**Beichte** f spowiedź f **beichten** (-e-) v/t *Sünden* ⟨wy⟩spowiadać się z **Beichtstuhl** m konfesjonał

**beide** pron indef u. num sachf u. n obydwa, oba; persf obydwaj, obaj; f obydwie, obie; *Sachen u. Personen beiderlei Geschlechts* a. obydwoje, oboje; **wir ~** my obaj, my obie, my oboje; **alle ~**

**beiderseitig** obustronny; *(gegenseitig)* obopólny, wzajemny

**beieinander** adv jeden od jedno przy drugim, jedna przy drugiej

**Beifahrer(in** *f*) m pomocnik (-ica) kierowcy; pasażer(ka) **Beifahrersitz** m siedzenie obok kierowcy

**Beifall** m *(bpl)* oklaski mpl; fig poklask; **~ klatschen** *(dat)* oklaskiwać *(akk)* **beifällig** przychylny; präd a. aprobujący.

**beifügen** *e-m Brief* dołączać ⟨-czyć⟩ do *(gen)*; *(hinzufügen)* doda(wa)ć

**beige** [be:ʃ] *(unv)* beż(owy)

**beigeben** (irr) *(dat)* doda(wa)ć do *(gen)*; *umg* **klein ~** ustępować ⟨ustąpić⟩

**Beigeschmack** m *(bpl)* posmak **Beihilfe** f zapomoga; JUR pomocnictwo

**beikommen** (irr; sn) *(dat)* poradzić pf sobie z *(inst)*; *e-r Sache* **nicht ~ können** nie móc sobie poradzić z *(inst)*

**Beil** n (-es; -e) topór, siekiera

**Beilage** f dodatek; *(Anlage)* załącznik; **Gemüse, Reis, Kartoffeln als ~** z jarzyną, ryżem, ziemniakami **beiläufig** uboczny, nawiasowy; *präd* nawiasem **beilegen** *(beifügen)* dołączać ⟨-czyć⟩; *Streit* zażegn(yw)ać

**Beileid** m współczucie, kondolencja; **mein aufrichtiges ~!** proszę przyjąć wyrazy głębokiego współczucia!; **~s-** in zssgn kondolencyjny

**beiliegend** adj załączony; *präd (anbei)* w załączeniu

**beim = bei dem;** → **bei**

**beimessen** (irr) przywiąz(yw)ać *(dat* do *gen)*

**Bein** n (-[e]s; -e) noga; *(Knochen)* kość f; *(Hosenbein)* nogawka; **mit e-m Bein in** *(dat)* **stehen** być jedną nogą w *(lok)*; *umg* **die ~e in die Hand nehmen** brać ⟨wziąć⟩ nogi za pas; **auf die ~e stellen** fig postawić pf na nogi; *Sache a.* ⟨z⟩organizować

**beinah(e)** adv prawie; o mało co nie

**Beinbruch** m złamanie nogi

**beinhalten** (-e-; -) zawierać ⟨-wrzeć⟩

**beinhart** umg twardy jak kość

**Beipackzettel** m ulotka dołączona do opakowania

**beipflichten** (-e-) *(dat)* zgadzać ⟨zgodzić⟩ się

**Beirat** m kolegium doradcze

**beirren** (-): *mst in* **sich nicht ~ lassen** nie dawać ⟨dać⟩ się zbić z tropu

**beisammen** adv razem

**beiseite** adv *(wohin?)* na bok, na stronę; *(wo?)* na uboczu

**Beisitzer(in)** m(f) ławnik

**Beispiel** n przykład; *(Vorbild)* wzór; **zum ~ na przykład; sich ein ~ nehmen an** *(dat)* brać ⟨wziąć⟩ przykład (z *gen)*; **mit gutem ~ vorangehen** dawać (dobry) przykład; **dem ~ folgen** iść za przykładem; **ohne ~** bez precedensu **beispielhaft** przykładny, wzorowy (-wo) **beispiellos** bezprzykładny, bezprecedensowy **beispielsweise** adv na przykład

**beißen** (beißt, biss, bissest, gebissen) v/t kąsać ⟨ukąsić⟩, ⟨u⟩gryźć; **sich ~** gryźć się; v/i kąsać ⟨się⟩; *Rauch* szczypać; *Gewürz* palić, piec; *Fische* brać; *umg* **nichts zu ~ haben** nie mieć co do gęby włożyć **Beißzange** f obcęgi pl

**Beistand** m (bpl) pomoc f, poparcie **beistehen** (irr; a sn) v/i: **j-m** (**mit Rat und Tat**) wspierać ⟨wesprzeć⟩ k-o (radą i czynem)

**beisteuern**: **etw ~** wnosić ⟨wnieść⟩ swój wkład (**zu** do gen)

**Beitrag** m składka; (*Artikel*) przyczynek; **s-n ~ leisten** → beisteuern, beitragen **beitragen** v/t u. v/i (irr) przyczyni⟨a⟩ć się (**zu** do gen)

**beitreten** wstępować ⟨wstąpić⟩ (do gen); *bes* POL przystępować ⟨-stąpić⟩ do (gen) **Beitritt** m przystąpienie, akces

**Beize** f zaprawa, bejca

**beizeiten** adv zawczasu

**beizen** (-zt) bejcować; *Fleisch* marynować **bejahen** (-) *Frage* przytakiwać ⟨-knąć⟩ **bekämpfen** (-) zwalczać ⟨-czyć⟩ **Bekämpfung** f (bpl) zwalczanie (gen), walka z (inst)

**bekannt** pperf → bekennen; adj znany (**für** etw z gen; **als** jako); (*geläufig*) wiadomy (-mo); (*j-m persönlich*) znajomy; **~ geben** poda⟨wa⟩ć do wiadomości, oznajmi⟨a⟩ć; **~ machen** *Sache* ogłaszać ⟨ogłosić⟩; (*ausposaunen*) rozgłaszać ⟨-głosić⟩, nagłaśniać ⟨nagłośnić⟩; **j-n ~ machen mit j-m, etw** zapozna⟨wa⟩ć k-o z (inst); **~ werden**, (*in die Öffentlichkeit dringen*) wychodzić ⟨wyjść⟩ na jaw; **mit j-m ~ werden** pozna⟨wa⟩ć k-o **Bekannte(r)** m znajomy m **Bekanntenkreis** m grono znajomych **Bekanntgabe** f (bpl) podanie do wiadomości, ogłoszenie, opublikowanie **bekanntlich** adv jak wiadomo **Bekanntmachung** f ogłoszenie, obwieszczenie, oznajmienie **Bekanntschaft** f znajomość f; (*Personen*) znajomi mpl; **j-s ~ machen** zawierać ⟨zawrzeć⟩ znajomość z (inst); **mit etw ~ machen** zazna⟨wa⟩ć (gen)

**bekehren** (-) v/t nawracać ⟨-wrócić⟩ (**zu** na akk)

**bekennen** (irr; -) v/t wyzna⟨wa⟩ć (*impf a. Glauben*); **sich ~ zu** opowiadać ⟨-wiedzieć⟩ się za (inst); **sich schuldig ~** przyzna⟨wa⟩ć się do winy **Bekenntnis** n wyznanie; opowiedzenie się **~se** pl a. wynurzenia npl (**na temat** gen)

**beklagen** (-) opłak⟨iw⟩ać; **sich ~** (**über** akk) użalać się (na akk) **beklagenswert** godny pożałowania **Beklagte(r)** m (-n) pozwany

**bekleben** (-) oklejać ⟨okleić⟩, oblepi⟨a⟩ć (**mit** etw inst)

**bekleiden** (-e-; -) ub⟨ie⟩rać; *Amt* sprawować, piastować **Bekleidung** f (pl selten) odzież f; **~s-** *in zssgn* odzieżowy

**beklemmend** adj fig przygniatający (-co), ściskający serce **Beklemmung** f ucisk, niepokój

**bekloppt** pop stuknięty, kopnięty

**bekommen** (irr; -) v/t (erhalten) otrzym⟨yw⟩ać, dosta⟨wa⟩ć; *Lust* nab⟨ie⟩rać (gen); *Zug, Bus* złapać pf; **ein Kind ~** urodzić pf dziecko; **Hunger ~** poczuć pf głód, zgłodnieć pf; **Zähne ~** ząbkować; **zu sehen ~** zobaczyć pf; **geschenkt ~** dostać pf w prezencie; **wo bekommt man ...?** gdzie można dostać ...?; **was ~ Sie?** czego pan(i) sobie życzy?; (*was zahle ich*) ile płacę?; v/i (sn) **j-m gut** (**schlecht**) **~** (nie) wyjść pf na dobre, (nie) ⟨po⟩służyć (dat) **bekömmlich** (*gesund*) zdrowy; (*leicht verdaulich*) lekko strawny

**beköstigen** (-) stołować

**bekräftigen** (-) (bestätigen) potwierdzać ⟨-dzić⟩; (bestärken) **j-n ~ in** (dat) utwierdzać ⟨-dzić⟩ k-o w (lok)

**bekreuzigen** (-) ⟨prze⟩żegnać **bekritzeln** (-) pobazgrać pf, zabazgrać pf

**bekümmert** adj zmartwiony, stroskany **bekunden** (-e-; -) okaz⟨yw⟩ać **beladen** (irr; -) v/t obład⟨ow⟩yw⟩ać (**mit Sand** piaskiem); **den Wagen ~** ⟨za⟩ładować na wóz; pperf obładowany (**mit** inst)

**Belag** m (-[e]s; Beläge) wykładzina; MED nalot; *e-r Straße* nawierzchnia; **Brot mit ~** chleb z masłem, szynką, serem

**belagern** (-) oblegać ⟨-lec⟩ **Belagerung** f oblężenie

**Belang** m (-[e]s; -e): **von ~** ważny; **ohne ~** bez znaczenia; **~e** pl interesy mpl **belangen** (-) pociągać ⟨-gnąć⟩ do odpowiedzialności (**wegen, für** za akk) **belanglos** nieważny, nic nieznaczący

**belasten** (-) obciążać ⟨-żyć⟩ (**mit** etw inst); *psychisch* ciążyć (na lok, dat)

**belästigen** (-): **j-n ~** naprzykrzać się k-u (**mit Klagen, Fragen** skargami, pytania-

mi), nagabywać ⟨-bnąć⟩, nachodzić k-o; *aggressiv* zaczepiać k-o **Belästigung** f nagabywanie, nagabnięcie
**Belastung** f obciążenie **Belastungsprobe** f próba obciążenia
**belaufen** (irr; -): **sich ~ auf** (*akk*) wynosić ⟨-nieść⟩ (*akk*) **belauschen** (-) podsłuch(iw)ać
**beleben** (-) ożywi(a)ć **belebt** *adj* ożywiony; *Straße a.* ruchliwy
**Beleg** m (-[e]s; -e) (*Beweis*) dowód; (*Quittung*) pokwitowanie **belegen** (-) (*bedecken*) pokry(wa)ć, *a.*; (*nachweisen*) udowadniać ⟨-wodnić⟩, popierać ⟨-przeć⟩ dowodami; *Platz* ⟨za⟩rezerwować **Belegschaft** f załoga **belegt** *adj Platz* zajęty; *Zunge* obłożony; **~es Brötchen** kanapka; **das Hotel ist ~** w hotelu jest komplet gości
**belehren** (-) pouczać ⟨-czyć⟩; **sich ~ lassen** (**über** *akk*) dać *pf* wyjaśnić sobie (*akk*) **Belehrung** f pouczenie
**beleidigen** (-) *j-n* obrażać ⟨-razić⟩ (*akk*) **Beleidigung** f obraza, *bes* JUR zniewaga
**belesen** *adj* oczytany
**beleuchten** (-) oświetlać ⟨-lić⟩; *fig* naświetlać ⟨-lić⟩ **Beleuchtung** f oświetlenie; *fig* naświetlenie
**Belgi|en** (*in f*) [-giēr] m Belg(ijka) **belgisch** belgijski
**belichten** (-) fot naświetlać ⟨-lić⟩ **Belichtungsmesser** m światłomierz
**Belieben** n (*bpl*): **nach ~** według upodobania *od* uznania, uznaniowo **beliebig** dowolny **beliebt** lubiany; popularny, poszukiwany
**beliefern** (-) zaopatrywać (**mit** w *akk*)
**bellen** *v/i* szczekać, naszczekiwać
**belohnen** (-) wynagradzać ⟨-grodzić⟩ (**für** za *akk*) **Belohnung** f nagroda; (*das Belohnen*) wynagrodzenie
**belügen** (irr; -) okłam(yw)ać
**belustigen** (-) ⟨u⟩bawić **Belustigung** f ucieszka; zabawa
**bemächtigen** (-): **sich ~** (*gen*) zagarniać ⟨-nąć⟩ (*akk*), zawładnąć *pf* (*inst*) **bemalen** (-) *v/t* ⟨po⟩malować; *umg iron* **sich ~** ⟨od⟩pacykować się **bemängeln** (-le; -) wytykać ⟨-tknąć⟩
**bemannt** *adj Flug* załogowy, z załogą
**bemerkbar** dostrzegalny; zauważalny; **sich ~ machen** zwracać ⟨zwrócić⟩ na siebie uwagę **bemerken** (-) zauważać ⟨-żyć⟩ **bemerkenswert** godny uwagi **Bemerkung** f uwaga
**bemitleiden** (-e-; -) *v/t* litować się nad (*inst*) **bemitleidenswert** godny politowania
**bemühen** (-) ⟨po⟩fatygować (**zu** do *gen*); **sich ~** ⟨po⟩starać się (**um** *etw* o [*akk*]; ~ **Sie sich nicht!** proszę się nie fatygować! **Bemühung** f staranie, trud, wysiłek; *pl a.* zabiegi *mpl*, fatyga
**benachbart** *adj* sąsiedni; *Land* ościenny
**benachrichtigen** (-) powiadamiać, zawiadamiać ⟨-domić⟩ (**von** *od lok*) **Benachrichtigung** f zawiadomienie, powiadomienie
**benachteiligen** (-) ⟨po-, s⟩krzywdzić; **sich benachteiligt fühlen** czuć się pokrzywdzonym, krzywdować sobie
**benebelt** *umg adj* zawiany, pod gazem
**benehmen** (irr; -): **sich ~** zachow(yw)ać się **Benehmen** *n* (-s; *bpl*) zachowanie się
**beneiden** (-) ⟨po⟩zazdrościć (**j-n um** *akk* k-u *gen*); **er ist nicht zu ~** nie zazdroszczę mu **beneidenswert** godny pozazdroszczenia
**benennen** (irr; -) naz(y)wać
**Bengel** *umg* m bąk, urwis, smyk
**benommen** *adj* zamroczony **benoten** (-e-; -) stawiać ⟨postawić⟩ ocenę **benötigen** (-): **etw ~** potrzebować (*gen*)
**benutzen, benützen** (-) *v/t* uży(wa)ć (*gen*; **zu** do *gen*, na *akk*) **benutzerfreundlich** prosty w użyciu, przyjazny dla użytkownika **Benutzer(in)** m(f) użytkownik (-iczka), korzystający (-ca) (z *gen*) **Benutzerkonto** n IT konto użytkownika **Benutzername** m IT nazwa użytkownika **Benutzung** f używanie, użycie; posiłkowanie się, korzystanie
**Benzin** *n* (-s; *bpl*) benzyna; *in zssgn mst* benzynowy, ... na benzynę
**beobachten** (-e-; -) ⟨za⟩obserwować; (*überwachen*) monitorować **Beobachter(in)** m(f) obserwator(ka) **Beobachtung** f obserwacji; (*Ergebnis*) wynik obserwacji, spostrzeżenie
**bepflanzen** (-) obsadzać ⟨-dzić⟩
**bequem** wygodny; **machen Sie es sich ~** proszę się rozgościć **Bequemlichkeit** f wygoda; (*Trägheit*) wygodnictwo
**beraten** (irr; -) *v/t* doradzać ⟨-dzić⟩,

**Berater(in) — beruhen**

udzielać ⟨-lić⟩ porad(y) (dat); Plan obradować, radzić (nad inst); v/i naradzać ⟨-dzić⟩ się **über** akk nad inst); **sich von j-m ~ lassen** ⟨po⟩radzić się ⟨gen⟩; umg **gut ~ sein** dobrze postąpić **Berater(in)** m(f) doradca m **Beratung** f EKON, JUR doradztwo; (Besprechung) narada, obrady fpl **Beratungsstelle** f ośrodek poradnictwa, poradnia

**berauben** (-) v/t obrabow(yw)ać, ograbi(a)ć; fig pozbawi(a)ć

**berauschen** (-) v/t odurzać ⟨-rzyć⟩ (v/r **sich an** dat się inst); fig a. upajać ⟨upoić⟩ (v/r **sich an** dat się inst)

**berechnen** (-) obliczać ⟨-czyć⟩; (in Rechnung stellen) policzyć pf (**für** za akk) **Berechnung** f obliczenie; abw wyrachowanie

**berechtigen** (-) (das Recht geben) uprawni(a)ć (**zu** do gen); **berechtigt sein** być uprawnionym, mieć prawo (**zu** do gen) **berechtigt** adj uprawniony, autoryzowany; (legitim) uzasadniony **Berechtigung** f uprawnienie

**beredt** adj wymowny

**Bereich** m (-[e]s; -e) obszar; fig zakres **bereichern** (-re; -) wzbogacać ⟨-cić⟩

**bereinigen** (-) Missverständnisse a. usuwać ⟨-sunąć⟩ **bereisen** (-) objeżdżać ⟨-jechać⟩ (akk), podróżować po (lok)

**bereit** gotowy, präd m a. gotów; **~ sein (zu)** być przygotowanym (do gen, na akk); **sich ~ erklären (zu)** zgłaszać ⟨zgłosić⟩ (swoją) gotowość (inf, gen); **sich ~ machen** przygotow(yw)ać się (**zu** do gen) **bereiten** (-e-; -) przygotow(yw)ać; Mahl przyrządzać ⟨-dzić⟩; Freude sprawi(a)ć **bereithalten\*** trzymać/mieć w pogotowiu

**bereits** adv już; **~ ..., als** już ..., gdy **Bereitschaft** f gotowość f; **in ~** w pogotowiu **Bereitschaftsarzt** m lekarz dyżurny **Bereitschaftsdienst** m dyżur; pogotowie awaryjne **bereitstellen** Geldmittel przydzielać, wydzielać ⟨-lić⟩ (**für** na akk) **bereitwillig** chętny, ochoczy (-czo); (erbötig) uczynny, usłużny **bereuen** (-) v/t ⟨po⟩żałować (gen)

**Berg** m (-[e]s; -e) góra; umg fig a. kupa, sterta; **~e** pl GÓRN skała płonna **bergab** adv (z góry) w dół, na dół **Bergarbeiter** m górnik **bergauf** adv w górę, pod górę **Bergbau** n (bpl) górnictwo; in zssgn górniczy, ... górnictwa

**bergen** (birgt, barg, geborgen) ⟨u-, wy⟩ratować, ocalić pf; Leiche wydoby(wa)ć

**Bergführer** m przewodnik górski **Berggig** górzysty (-to) **Bergkette** f łańcuch górski **Bergrutsch** m obsunięcie się góry **Bergsteiger(in)** m(f) alpinista m (-tka)

**Bergung** f ratowanie; wydobycie **Bergungsaktion** f akcja ratownicza

**Bergwerk** n kopalnia

**Bericht** m (-[e]s; -e) sprawozdanie, relacja, raport; in der Presse reportaż **berichten** (-): **von etw ~** donosić ⟨donieść⟩ o (lok), ⟨po⟩informować o (lok) **Berichterstatt|er(in)** m(f) sprawozdawca m

**berichtigen** (-) ⟨s⟩prostować, poprawi(a)ć **Berichtigung** f sprostowanie; (Korrektur) (s)korygowanie; konkret poprawka

**Berliner** adj berliński; subst m KULIN pączek

**Bernstein** m (bpl) bursztyn

**berüchtigt** adj osławiony, znany

**berücksichtigen** (-) uwzględni(a)ć

**Beruf** m zawód; **von ~** z zawodu; **was sind Sie von ~?** kim pan(i) jest z zawodu? **berufen¹** (irr; -) v/t powoł(yw)ać (**an den Posten des, der ...** na stanowisko gen); **sich ~ auf** (akk) powoł(yw)ać się na (akk) **berufen²** adj (geeignet) kompetentny, właściwy; **sich ~ fühlen zu ...** czuć powołanie do (gen) **beruflich** zawodowy (-wo); **was machen Sie ~?** w jakim zawodzie pan(i) pracuje?

**Berufsaussichten** fpl perspektywy fpl zatrudnienia w danym zawodzie, przyszłość zawodowa **berufsbedingt** związany z zawodem, spowodowany pracą zawodową; präd w związku z zawodem **Berufsberatung** f poradnictwo zawodowe **Berufsschule** f szkoła zawodowa **Berufssportler** m zawodowiec **berufstätig** pracujący (zawodowo), zatrudniony **berufsunfähig** niezdolny do wykonywania zawodu

**Berufung** f powołanie; JUR odwołanie, apelacja

**beruhen** v/i (-) opierać się, polegać (**auf** dat na lok); **etw auf sich ~ lassen** zaniechać pf (gen), zostawi(a)ć (akk)

**beruhigen** (-) uspokajać ⟨-koić⟩, uciszać ⟨-szyć⟩; **sich ~** uspokajać ⟨-koić⟩ się, ucichać ⟨-chnąć⟩ **beruhigend** adj uspokajający (-co) **Beruhigung** f (bpl) uspokojenie; **zur ~** na uspokojenie, dla uspokojenia

**berühmt** adj słynny, sławny, znakomity **Berühmtheit** f (bpl) sława; (a. pl) Person znakomitość f

**berühren** (-) dotykać ⟨dotknąć⟩ (gen); fig poruszać ⟨-szyć⟩; **j-n tief ~** głęboko dotykać ⟨dotknąć⟩ k-o; **sich ~** stykać ⟨zetknąć⟩ się **Berührung** f dotyk

**besagen** (-) brzmieć; oznaczać **besagt** adj wspomniany, wymieniony

**besänftigen** (-) udobruchać pf

**Besatzer** umg m abw okupant **Besatzung** f (Mannschaft) załoga; MIL okupacja; **während der ~** podczas okupacji

**besaufen** pop (irr; -): **sich ~** chlać ⟨uchlać się⟩, dopraw(iać) się pf

**beschädigen** (-) uszkadzać ⟨uszkodzić⟩ **Beschädigung** f uszkodzenie

**beschaffen**[1] (-) v/t zdoby(wa)ć (akk), wystarać się pf o (akk); **sich** [dat] **etw ~** zdoby(wa)ć sobie (akk), uzyskać pf (akk) **beschaffen**[2] adj: **so ~** taki, takiego rodzaju; **so ~ sein** mieć taką naturę **Beschaffenheit** f (bpl) właściwość f; (Zustand) stan

**beschäftigen** (-) v/t zajmować ⟨zająć⟩; j-n beruflich zatrudni(a)ć; **sich mit etw ~** zajmować ⟨zająć⟩ się **beschäftigt** adj zajęty (**mit** inst); zatrudniony **Beschäftigung** f zajęcie (się), zajmowanie się; bezahlt zatrudnienie

**beschämen** (-) zawstydzać ⟨-dzić⟩

**Beschattung** f inwigilacja

**beschaulich** spokojny, niezmącony; kontemplacyjny

**Bescheid** m (-[e]s; -e) odpowiedź f; amtlich decyzja; **j-m ~ sagen** poinformować k-o; **gut ~ wissen in** (dat) dobrze orientować się w (lok)

**bescheiden**[1] (irr; -) v/t: **abschlägig ~ da(wa)ć** odmowną odpowiedź (dat); **sich ~ (mit)** zadowalać ⟨-wolić⟩ się (inst)

**bescheiden**[2] adj skromny

**bescheinigen** (-) v/t zaświadczać, poświadczać ⟨-czyć⟩ **Bescheinigung** f poświadczenie, bes schriftlich zaświadczenie

**bescheren** (-) zu Weihnachten podarować pf na gwiazdkę (j-n mit etw k-u akk); (zuteilwerden lassen) **Bescherung** f gwiazdka; umg iron **das ist ja eine schöne ~**! a to ładna historia!

**beschichten** (-) powlekać ⟨-wlec⟩ **beschießen** (irr; -) ostrzel(iw)ać **beschildern** (-) Route oznakować pf

**beschimpfen** (-) v/t wymyślać k-u, zwymyślać pf, wyzywać ⟨ze⟩lżyć k-o **Beschimpfung** f pl a. obelgi fpl, wyzwiska npl

**Beschlag** m okucie; (Hauch) nalot; Sache **mit ~ belegen, in ~ nehmen** zajmować ⟨-jąć⟩, okupować

**beschlagen**[1] (irr; -) v/t Pferd podku(wa)ć **beschlagen**[2] impf abw wytrawny; **gut ~ sein in** (dat) wyznawać się w (lok), dobrze znać się na (lok)

**Beschlagnahme** f zajęcie, konfiskata **beschlagnahmen** (-) ⟨s⟩konfiskować, zajmować ⟨-jąć⟩

**beschleunigen** (-) v/t przyspieszać ⟨-szyć⟩; v/i nab(ie)rać szybkości **Beschleunigung** f (bpl) przyspieszenie; von Fahrzeugen a. zryw

**beschließen** (irr; -) v/t (entscheiden) postanawiać ⟨-nowić⟩, ⟨z⟩decydować **Beschluss** m postanowienie, decyzja; e-s Gremiums uchwała

**beschmieren** (-) v/t zasmarow(yw)ać, ⟨po⟩paćkać; abw zabazgrać pf (mit inst); → **beschmutzen** (-zt; -) v/t ⟨po⟩walać, ⟨za⟩brudzić, zanieczyszczać ⟨-czyścić⟩

**beschönigen** (-) upiększać ⟨-szyć⟩ (fakty)

**beschränken** (-) ograniczać ⟨-czyć⟩ (**auf** akk do gen) **beschränkt** adj ograniczony **Beschränkung** f ograniczenie

**beschreiben** (irr; -) opis(yw)ać; Seite zapis(yw)ać **Beschreibung** f opis (-anie); e-s Täters rysopis; **etw spottet jeder ~** ... trudno opisać, ... nie do opisania

**beschriften** v/t (-e-; -) opatrywać ⟨-trzyć⟩ napisem (akk)

**beschuldigen** (-) obwini(a)ć (j-n des Diebstahls k-o o kradzież) **Beschuldigte(r)** m (-n) obwiniony **Beschuldigung** f obwinienie

**Beschuss** m (bpl) o(b)strzał

**beschützen** (-) chronić, ochraniać ⟨ochronić⟩, ⟨u⟩strzec (**vor** dat przed inst)

**Beschützer(in)** m(f) obrońca m (-czyni), opiekun(ka)
**Beschwerde** f skarga, zażalenie; **~n** pl MED dolegliwości fpl **beschweren** (beschwor, beschworen) obciążać ⟨-żyć⟩; **sich ~ über** (akk) skarżyć się, użalać się na (akk); **sich ~ bei j-m** poskarżyć się pf k-u, na (akk); offiziell wnosić ⟨wnieść⟩ zażalenie do (gen) **beschwerlich** uciążliwy, męczący
**beschwichtigen** (-) uspokajać ⟨-koić⟩; Zorn a. powściągać ⟨-gnąć⟩
**beschwingt** adj Melodie skoczny **beschwipst** umg adj podochocony
**beschwören** (irr; -) potwierdzać ⟨-dzić⟩ przysięgą; (anflehen) zaklinać, błagać; Erinnerungen przywoł(yw)ać
**beseitigen** (-) usuwać ⟨usunąć⟩; (j-n umbringen) sprzątnąć pf **Beseitigung** f (bpl) usuwanie, usunięcie; e-r Person sprzątnięcie
**Besen** m miotła, szczotka (do zamiatania) **besessen** pperf → besitzen; adj opętany (von inst); **wie ~** jak opętany
**besetzen** (-) Kleid obszy(wa)ć (mit inst); Posten obsadzać ⟨-dzić⟩; Haus okupować (im)pf **besetzt** adj zajęty; Land okupowany **Besetzung** f obsada; MIL okupacja
**besichtigen** (-) oglądać ⟨obejrzeć⟩; als Tourist a. zwiedzać ⟨-dzić⟩ **Besichtigung** f oględziny pl, e-s Museums zwiedzanie
**besiedeln** (-) zasiedlać ⟨-lić⟩, zaludni(a)ć **besiegen** (-) pokon(yw)ać; im Spiel ogr(yw)ać
**besinnen** (irr; -): **sich ~** zastanawiać ⟨-nowić⟩ się; **sich ~ auf** (akk) przypominać ⟨-mnieć⟩ sobie (akk); (sich bewusst werden) uświadomić pf sobie (akk) **Besinnung** f (bpl): **die ~ verlieren** ⟨s⟩tracić przytomność; **zur ~ kommen** oprzytomnieć pf **besinnungslos** nieprzytomny
**Besitz** m (-es; bpl) (das Besitzen) posiadanie; (Gut) posiadłość f; **~ ergreifen** (von) objąć pf w posiadanie (akk); **im ~ sein** (**von**) być w posiadaniu (gen) **Besitzanspruch** m JUR roszczenie posesoryjne **besitzen** (irr; -) posiadać, mieć **Besitz|er(in)** m(f) posiadacz(ka), właściciel(ka)
**besoffen** umg adj pop zalany, urżnięty

**besohlen** (-) ⟨pod⟩zelować
**besondere** szczególny; specjalny **Besonderheit** f specyfika, szczególność f
**besonnen** pperf → besinnen; adj rozważny, roztropny, rozsądny **Besonnenheit** f (bpl) rozwaga, roztropność f, rozsądek
**besorgen** (-) wystarać się pf o (akk); (erledigen) załatwić pf (akk)
**Besorgnis** f (-; -se) obawa, niepokój **besorgt** adj zatroskany; **~ über, um** etw zaniepokojony (inst)
**Besorgung** f załatwienie; **~en machen** załatwi(a)ć sprawunki
**bespitzeln** (-le; -) abw szpiclować
**besprechen** (irr; -) omawiać ⟨omówić⟩ **Besprechung** f (Erörterung) omówienie; (Beratung) odprawa, narada
**besser** adj lepszy; adv lepiej (**als** niż akk); **es geht ihm viel ~** jest mu dużo lepiej; **es wäre ~ ...** lepiej by było ...; **~ gesagt** ściśle mówiąc; **umso ~!** tym lepiej!; **~ werden** polepszać ⟨-szyć⟩ się **bessern** (-re) v/t polepszać ⟨-szyć⟩, poprawi(a)ć **Besserung** f (bpl) polepszenie (się), poprawa; **gute ~!** życzę szybkiej poprawy!
**beste, r, s** adj sup najlepszy; **am besten** najlepiej
**Bestand** m (-[e]s; Bestände) (Vorrat) zapas; an Waren a. remanent; an Tieren pogłowie; **~ haben** istnieć, trwać; **keinen ~ haben** długo nie potrwać pf od nie utrzymać się pf **beständig** (von Dauer) trwały; (konstant) stały (-le), niezmienny; Material wytrzymały, odporny (**gegen** na akk); **das Wetter bleibt ~** pogoda ustaliła się **Beständigkeit** f (bpl) (Dauerhaftigkeit) trwałość f; niezmienność f **Bestandsaufnahme** f inwentaryzacja; fig podsumowanie, bilans (dotychczasowych wyników, osiągnięć) **Bestandteil** m część składowa, element, składnik
**bestärken** (-) umacniać ⟨umocnić⟩, utwierdzać ⟨-dzić⟩ (**j-n in** dat k-o w lok) **bestätigen** (-) v/t potwierdzać ⟨-dzić⟩; Urteil zatwierdzać ⟨-dzić⟩ **Bestätigung** f potwierdzenie; zatwierdzenie
**bestatten** (-e-; -) ⟨po⟩chować **Bestattungsinstitut** n zakład pogrzebowy
**Beste** n (-s; bpl) dobro; **das ~ aus etw machen** wybrać najlepsze z kilku rozwiązań (gen); **zu deinem ~n** dla twego dobra; **ich tue mein ~s** robię, co mogę; **aufs**

~ jak najlepiej
**bestechen** (irr; -) przekupywać ⟨-pić⟩ (akk); fig urzekać ⟨-rzec⟩ (**durch** etw inst); **sich ~ lassen** da(wa)ć się przekupić **bestechlich** przekupny, sprzedajny **Bestechung** f łapownictwo, przekupstwo; passiv a. łapówkarstwo **Bestechungsgeld** n łapówka
**Besteck** n (-[e]s; -e) sztućce mpl; MED komplet narzędzi chirurgicznych
**bestehen** (irr; -) v/i istnieć, być; (fortdauern) istnieć dalej, trwać, utrzym(yw)ać się; **~ bleiben** pozosta(wa)ć; **~ aus** (dat) składać się z (gen); **~ in** (dat) polegać na (lok); **darauf ~, dass ...** stanowczo żądać, domagać się, aby ...; v/t Prüfung zdać pf; Probe przejść pf, wytrzym(yw)ać; **es besteht kein(e) ...** nie ma żadnego (-nej, -nych) ...
**bestehlen** (irr; -) okradać ⟨okraść⟩ **besteigen** (irr; -) dosiadać ⟨-siąść⟩ (gen); Berg wchodzić ⟨wejść⟩ na (akk)
**bestellen** (-) zamawiać ⟨zamówić⟩; Person (**zu** dat) wyznaczać ⟨-czyć⟩ na (akk) **Bestell|er(in)** m(f) zamawiający ⟨-ca⟩ **Bestellnummer** f numer katalogowy **Bestellung** f zamówienie; AGR uprawa
**bestenfalls** adv w najlepszym wypadku **bestens** adv jak najlepiej, bardzo dobrze
**besteuern** (-) opodatkow(yw)ać
**Bestie** ['bɛstiɑ] f bestia
**bestimmen** (-) v/t (entscheiden) ustalać ⟨-lić⟩; (vorsehen) wyznaczać ⟨-czyć⟩ (**j-n zu** k-o na akk); przeznaczać ⟨-czyć⟩ (**für** na akk, dla gen); (definieren) określać ⟨-lić⟩; (verfügen) zarządzać ⟨-dzić⟩, ⟨z⟩decydować; v/i (das Sagen haben) rządzić, komenderować; ⟨z⟩decydować (**über** akk o lok) **bestimmt** adj (festgelegt) określony; Ton stanowczy ⟨-czo⟩ **Bestimmtheit** f (bpl) (Entschiedenheit) stanowczość f **Bestimmung** f przepis, zarządzenie; e-r Pflanze określenie, oznaczenie; (Zweck) przeznaczenie; **sich an die ~en halten** stosować się do przepisów
**bestmöglich** adj możliwie jak najlepszy; adv jak można najlepiej
**bestohlen** → bestehlen **bestrafen** (-) ⟨u⟩karać (**für, wegen** za akk; **mit Gefängnis** więzieniem) **Bestrafung** f ukaranie; **zur ~** za karę **Bestrahlung** f oświetlanie; MED napromieniowanie

**bestrebt** adj: **~ sein zu** (+inf) starać się (+inf) **Bestrebungen** fpl usiłowania npl, starania npl
**bestreichen** (irr; -) ⟨po⟩smarować (**mit Salbe, Butter** maścią, masłem) **bestreiken** (-) Betrieb zastosow(yw)ać strajk wobec (gen) **bestreiten** (irr; -) (leugnen) zaprzeczać ⟨-czyć⟩ (dat); negować (akk) **bestücken** (-) wyposażać ⟨-żyć⟩, uzbrajać ⟨uzbroić⟩ (**mit w** akk) **bestürmen** fig bombardować, zasyp(yw)ać (**mit** inst)
**bestürzt** adj skonsternowany (**über** etw [akk] inst) **Bestürzung** f (bpl) konsternacja, zaskoczenie
**Besuch** m (-[e]s; -e) odwiedziny pl; Person goście m; **zu ~ kommen** przyjść od przyjechać w odwiedziny (**zu** do gen); **zu ~ sein** gościć, bawić (**bei** u gen) **besuchen** (-) odwiedzać ⟨-dzić⟩ **Besucher(in)** m(f) gość m **Besuchszeit** f czas odwiedzin od widzenia
**betätigen** (-) v/t naciskać ⟨-snąć⟩; Hebel przesuwać ⟨-sunąć⟩; **sich ~ als** działać jako
**betäuben** (-) ogłuszać ⟨-szyć⟩; MED znieczulać ⟨-lić⟩
**Bete** f: **Rote ~** burak ćwikłowy, ćwikła **beteiligen** (-) v/t dopuszczać ⟨-puścić⟩ do udziału (**an** dat w lok); **an** e-r Sache **beteiligt sein** być uwikłanym w (akk); **sich ~ an** (dat) brać ⟨wziąć⟩ udział, uczestniczyć w (lok); **an** e-r Firma mieć udział w (lok) **Beteiligte(r)** m (-n) uczestnik **Beteiligung** f udział, uczestniczenie, uczestnictwo
**beten** (-e-) v/i ⟨po⟩modlić się (**für** za akk **beteuern** (-re; -) v/t zapewni(a)ć (o lok)
**Beton** [-'tɔŋ, -'tɔːn] m (-s; -s od -e) beton **betonen** (-) ⟨za⟩akcentować; fig a. podkreślać ⟨-lić⟩ **betonieren** (-) ⟨za-, wy⟩betonować **betont** adj JĘZ, MUS akcentowany **Betonung** f akcent, przycisk
**betörend** adj czarujący ⟨-co⟩, ponętny
**Betracht** m: **in ~ kommen** wchodzić ⟨wejść⟩ w rachubę; **in ~ ziehen** brać ⟨wziąć⟩ pod rozwagę **betrachten** (-) (ansehen) oglądać ⟨obejrzeć⟩ (akk), przyglądać ⟨przyjrzeć⟩ się (dat); fig zapatrywać się na (akk); (halten für) uważać (**als Freund** za przyjaciela); **sich im Spiegel ~** przeglądać ⟨przejrzeć⟩ się w lustrze

**Betrachter(in)** *m(f)* obserwator(ka) **beträchtlich** znaczny, pokaźny **Betrachtung** *f* oglądanie, obejrzenie; *fig* **~en** rozważania *npl* (**über** *akk* o lok, na temat *gen*)
**Betrag** *m* (-[e]s; Beträge) suma, kwota; **über e-n** od **im ~ von** ... na sumę ... **betragen** (irr; -) *v/t* (*sich belaufen auf*) wynosić ⟨-nieść⟩; *Rechnung a.* opiewać (na sumę ...); **sich ~** sprawować się, zachow(yw)ać się **Betragen** *n* (-s; bpl) sprawowanie, zachowanie (się)
**betreffen** (irr; -) *v/t* dotyczyć (*gen*), odnosić ⟨-nieść⟩ się do (*gen*); **was ... betrifft** co się tyczy (*gen*), jeśli chodzi o (*akk*); **das betrifft dich nicht** to ciebie nie dotyczy, to się ciebie nie tyczy **betreiben** (irr; -) uprawiać; *Studien* prowadzić; **mit Strom betrieben** napędzany elektrycznością
**betreten**[1] (irr; -) wchodzić ⟨wejść⟩, wkraczać ⟨wkroczyć⟩ do (*gen*), na (*akk*); *Schwelle* przestępować ⟨-stąpić⟩; **den Rasen nicht ~** nie deptać trawników; **Betreten verboten** wstęp wzbroniony
**betreten**[2] *adj Person* zakłopotany, speszony
**betreuen** (-) opiekować się (*inst*); *Kranke a.* pielęgnować (*akk*) **Betreu|er(in)** *m(f)* opiekun(ka) **Betreuung** *f* (*bpl*) (*Fürsorge*) opiekowanie się, opieka; *von Kranken a.* pielęgnowanie
**Betrieb** *m* (-[e]s; -e) (*Unternehmen*) przedsiębiorstwo; (*bpl*) (*In-Funktion-Sein*) ruch; TECH *a.* eksploatacja; **in ~ sein** być w ruchu, pracować; **außer ~ sein** nie działać **betrieblich** zakładowy **Betriebsanleitung** *f* instrukcja obsługi **Betriebsferien** *pl* urlop zbiorowy **Betriebskosten** *pl* koszty *mpl* eksploatacji **Betriebsleiter(in)** *m(f)* kierownik(-niczka) zakładu **Betriebsrat** *m* rada zakładowa; (*Mitglied*) członek rady zakładowej **betriebssicher** niezawodny w użyciu *od* w działaniu, w eksploatacji **Betriebssystem** *n* IT system operacyjny **Betriebswirtschaft** *f* ekonomika i organizacja przedsiębiorstwa
**betrinken** (irr; -) **sich ~** upi(ja)ć się **betrübt** *adj* zmartwiony
**Betrug** *m* (-[e]s; bpl) oszustwo **betrügen** (irr; -) *v/t* oszuk(iw)ać (**j-n um** ... **Euro** k-o na ... euro); *Ehepartner* zdradzać ⟨-dzić⟩ **Betrüger(in)** *m(f)* oszust(ka) **betrügerisch** oszukańczy ⟨-czo⟩ **betrunken** *pperf* → betrinken; *adj* pijany, upity
**Bett** *n* (-[e]s; -en) łóżko; **das ~ machen** posłać *pf* łóżko; **ins ~ gehen** iść ⟨pójść⟩ do łóżka (*a. umg* mit j-m *z inst*); **ins ~ bringen** układać ⟨ułożyć⟩ do snu
**bettelarm** goły jak święty turecki **betteln** *v/i* (-le) żebrać
**Bettgeschichte** *umg f* sprawa łóżkowa **bettläg(e)rig** obłożnie chory **Bettler(in)** *f) m* żebrak (-aczka) **Bettwäsche** *f* bielizna pościelowa
**beugen** *v/t* zginać ⟨zgiąć⟩; *Rumpf* nachylać, pochylać, schylać ⟨-lić⟩; *Gesetz umg* naginać; **sich ~** pochylać ⟨-lić⟩ się (**über** *akk* nad *inst*); (*nachgeben*) naginać ⟨-giąć⟩ się (**j-s Willen** do czyjejś woli)
**Beule** *f* guz; (*Delle*) wgniecenie
**beunruhigen** (-) *v/t* ⟨za⟩niepokoić; **sich ~** (**über** *akk*, **um**, **wegen**) niepokoić się (*inst*, o *akk*, z powodu *gen*) **Beunruhigung** *f* (-) zaniepokojenie
**beurkunden** (-e-; -) sporządzać ⟨-dzić⟩ akt (*gen*) **beurlauben** (-) *v/t* für *e-n bestimmten Zweck* zwalniać ⟨zwolnić⟩ (**für e-e Stunde** na godzinę); *vom Amt* zawieszać ⟨zawiesić⟩ w czynnościach; **sich ~ lassen** brać ⟨wziąć⟩ urlop; zwalniać ⟨zwolnić⟩ się; **beurlaubt** *als adj* urlopowany; zawieszony w czynnościach **beurteilen** (-) oceniać ⟨-nić⟩
**Beute** *f* zdobycz *f*, łupy *pl* **Beutel** *m* torba **Beutezug** *m* wyprawa łupieska **bevölkern** (-re; -) zaludni(a)ć **Bevölkerung** *f* ludność *f*
**bevollmächtigen** (-) upoważni(a)ć (**j-n zu** k-o do *gen*) **Bevollmächtigte(r)** *m* (-n) pełnomocnik
**bevor** *konj* (za)nim; **nicht ~** ... nie wcześniej aż ...; **kurz ~ ich kam** na krótko przed moim przyjściem **bevormunden** (-e-; -) (*stale*) kontrolować (*akk*) **bevorstehen** (irr; -) zbliżać się, nadchodzić; **ihm steht** ... **bevor** oczekuje go ... **bevorzugen** (-) faworyzować, wyróżniać; (*vorziehen*) woleć
**bewachen** (-) strzec, pilnować (*gen*) **Bewacher(in)** *m(f)* strażnik (-niczka) **bewachsen** *adj* (**mit**) porosły (*inst*) **bewaffnet** *adj* zbrojny; *Soldat* uzbrojony **Bewaffnung** *f* uzbrojenie

**bewahren** (-) zachow(yw)ać; **vor** (dat) ~ (schützen) uchować pf, uchronić pf przed (inst); **Gott bewahre!** uchowaj Boże! **bewähren** (-): **sich ~** nie zawodzić ⟨zawieść⟩, spełni(a)ć oczekiwania (**als** jako); wytrzymać pf próbę **bewahrheiten** (-e-; -): **sich ~** sprawdzać ⟨-dzić⟩ się **bewährt** adj wypróbowany, doświadczony **Bewährung** f wykazanie swoich zalet; JUR **auf ~** z warunkowym zawieszeniem kary; **ohne ~** bez zawieszenia **Bewährungshelfer(in)** m(f) kurator(ka) sądowy (-wa)

**bewältigen** (-) da(wa)ć sobie radę, uporać się pf z (inst) **bewandert** adj obeznany, obyty

**Bewässerung** f nawadnianie, irygacja **bewegen**[1] (-) v/t ruszać, ruszyć pf (inst); (Lage verändern) poruszać ⟨-szyć⟩ (**von der Stelle** z miejsca)

**bewegen**[2] (bewog, bewogen): **j-n zu etw ~** nakłaniać, skłaniać ⟨na-, skłonić⟩; pobudzać ⟨-dzić⟩ k-o do (gen); **sich nicht ~ lassen (zu)** nie da(wa)ć się nakłonić (do gen)

**Beweggrund** m pobudka, motyw **beweglich** ruchomy (-mo); fig ruchliwy, żywy **bewegt** adj See wzburzony; (ergriffen) wzruszony **Bewegung** f ruch; sich **in ~ setzen** ruszać ⟨-szyć⟩ (z miejsca) **Bewegungsfreiheit** f (bpl) swoboda poruszania się; **fig** swoboda ruchów **bewegungslos** nieruchomy (-mo)

**Beweis** m (-es; -e) dowód; **zum ~** (gen) na dowód (gen); **etw unter ~ stellen** wykaz(yw)ać pf (inst) **beweisen** (irr; -): udowadniać ⟨-wodnić⟩(akk) **Beweisstück** n dowód rzeczowy

**bewerben** (irr; -): **sich ~ (um)** starać się, ubiegać się (o akk); (kandidieren) kandydować (**na** akk, do gen) **Bewerber|er(in)** m(f) kandydat(ka) (na akk) **Bewerbung** f ubieganie się, staranie się (o akk) **bewerkstelligen** (-) ⟨z⟩organizować **bewerten** (-) oceni(a)ć; SPORT punktować **bewilligen** (-) (zugestehen) zezwalać ⟨-zwolić⟩ na (akk), (zuteilen) przydzielać ⟨-lić⟩; **vom Parlament** uchwalać ⟨-lić⟩ **bewirken** (-) (verursachen) ⟨s⟩powodować, sprawi(a)ć

**bewirten** (-e-, -) ⟨po⟩częstować, ugaszczać ⟨ugościć⟩ (**mit Tee** herbatą) **bewirtschaften** (-) Hof gospodarować (na lok) **Bewirtung** f poczęstunek (dla gen)

**bewohnen** (-) mieszkać (w lok), zamieszkiwać (akk) **Bewohner(in)** m(f) mieszkaniec (-nka) **bewohnt** adj zamieszkany **bewölken** (-): **sich ~** zachmurzać się, ⟨za⟩chmurzyć się **bewölkt** adj chmurny (-no); Himmel a. zachmurzony **Bewölkung** f (dichte, starke pełne, duże) zachmurzenie

**Bewunderer** m (**~in** f) wielbiciel(ka) **bewundern** (-) podziwiać **bewundernswert, bewundernswürdig** godny podziwu; prąd nad podziw **Bewunderung** f (bpl) podziw

**bewusst** świadomy (-mie); (besagt) wiadomy; **sich ~ sein** (gen) zda(wa)ć sobie sprawę z (gen); **sich ~ werden** (gen) uświadamiać ⟨-domić⟩ sobie (akk) **bewusstlos** nieprzytomny; **~ werden** stracić przytomność **Bewusstsein** n (bpl) świadomość f; PSYCH jaźń f; **das ~ wiedererlangen** odzyskać pf przytomność; **bei ~** przytomny; **j-m zu(m) ~ kommen** dotrzeć pf do świadomości (gen)

**bezahlen** (-) v/t ⟨za⟩płacić (akk; a. **für** za akk) **bezahlt** adj płatny **Bezahlung** f zapłata; **gegen ~** za opłatą

**bezaubern** (-) oczarow(yw)ać; bes fig **j-n mit etw ~** urzekać ⟨urzec⟩ k-o (inst)

**bezeichnen** (-) v/t (nennen) określać ⟨-lić⟩ **Bezeichnung** f oznaczenie; (Name) nazwa

**bezeugen** (-) poświadczać ⟨-czyć⟩ (**dass** że)

**beziehen** (irr; -): v/t Bett ⟨po⟩słać; Wohnung wprowadzać ⟨-dzić⟩ się do (gen); Stellung zajmować ⟨-jąć⟩; Zeitung prenumerować; e-e Sache **auf etw, j-n ~** odnosić ⟨-nieść⟩ do (gen); **bezogen auf** (akk) w odniesieniu do (gen); **sich ~ auf** (akk) odnosić ⟨-nieść⟩ się do (gen); **der Himmel bezieht sich** niebo się chmurzy **Beziehung** f stosunek; (Zusammenhang) związek; **in dieser ~** pod tym względem; umg **~en haben** mieć chody **beziehungslos** bez związku (ze sobą) **beziehungsweise** adv względnie, albo

**Bezirk** m (-[e]s; -e) e-s Vertreters rejon **Bezug** m (-[e]s; Bezüge) (Schutzbezug) pokrycie, obicie; e-r Rente pobieranie; nur pl **Bezüge** pobory mpl; **in ~ auf** (akk) odnośnie do, w odniesieniu do (gen); ~ **nehmen auf** (akk) powoł(yw)ać się na (akk) **bezüglich** adj GRAM względny; präp (gen) odnośnie do (gen) **Bezugsquelle** f źródło zaopatrzenia **bezwecken** (-) v/t mieć na celu (akk), zmierzać (do gen) **bezweifeln** (-) v/t powątpiewać (w akk, o lok) **bezwingen** (irr; -) pokon(yw)ać, przemóc pf; Gipfel zdoby(wa)ć

**Bibel** f (-; -n) biblia; rel (bpl) Biblia **Biber** m bóbr **Bibliothek** f biblioteka **biblisch** biblijny

**bieder** adj Gesinnung zaściankowy

**biegen** (bog, gebogen) v/t zginać ⟨zgiąć⟩; zur Seite odginać, wyginać ⟨-giąć⟩; v/i (sn) skręcać ⟨-cić⟩ (**nach links** w lewo) **biegsam** giętki (-ko), gibki (-ko) **Biegung** f skręt, zakręt, zakole

**Biene** f pszczoła; umg **flotte** ~ fajna babka, cizia; **fleißig wie e-e** ~ pracowity jak mrówka **Bienenstock** m (pl -stöcke) ul **Bienenzucht** f (bpl) hodowla pszczół, pszczelarstwo

**Bier** n (-[e]s; -e) piwo **Bierdeckel** m podstawka (pod piwo)

**Biest** n (-[e]s; -er) bestia

**bieten** (bietet, bot, geboten) zapewni(a)ć; bei Versteigerung a. licytować; **sich etw nicht ~ lassen** nie pozwalać ⟨-zwolić⟩ (na akk); **sich ~** nadarzać ⟨-rzyć⟩ się, nastręczać ⟨-czyć⟩ się, a. Anblick przedstawi(a)ć się

**Bikini** m (-s) bikini **Bikinihose** f dół m od bikini **Bikinioberteil** n góra m od bikini **Bilanz** f bilans **Bilanzwert** m wartość księgowa

**bilateral** dwustronny, bilateralny

**Bild** n (-[e]s; -er) obraz; fotografia; **im ~ sein** być zorientowanym; **sich ein ~ machen (von)** wyrobić pf sobie zdanie (o lok) **Bildaufzeichnung** f zapis wideo **Bildband** m (pl -bände) TYPO fotozestaw

**bilden** (-e-) v/t ⟨u⟩tworzyć; (formen) ⟨u⟩formować; (sein) stanowić; Urteil wyrabiać ⟨-robić⟩ ⟨**sich** [dat] sobie⟩; (ausbilden) wykształcać, ⟨-cić⟩ **Bilderbuch** n książka z obrazkami **Bildfläche** f: fig umg **auf der ~ erscheinen** (nagle) zjawi(a)ć się; **von der ~ verschwinden** zniknąć pf z horyzontu **Bildhauer(in)** m(f) rzeźbiarz (-arka) **bildhübsch** (prze)śliczny, ślicznutki **bildlich** obrazowy (-wo) **Bildreportage** f fotoreportaż **Bildschirm** m ekran **Bildstörung** f zakłócenie obrazu

**Bildung** f (bpl) (Entstehung) tworzenie się, powstawanie; (Erziehung) kształcenie, edukacja; (erworbenes Wissen) wykształcenie **Bildungsanstalt** f uczelnia **Bildungsweg** m: **auf dem zweiten ~** po odbyciu studiów dla pracujących

**Billard** n (-s; -e od -s) bilard

**billig** tani (-nio) **billigen** ⟨za⟩aprobować **Billiglohnland** n kraj o bardzo niskich kosztach robociny **Billigung** f (bpl) aprobata **Billigware** f tandeta, tanizna

**Bimsstein** m (bpl) pumeks

**bin** → sein¹

**Binde** f opaska; MED bandaż **Bindegewebe** n ANAT tkanka łączna **Bindeglied** n ogniwo (łączące) **Bindehaut** f ANAT spojówka **binden** (bindet, band, gebunden) v/t ⟨z⟩wiązać (a. Person **mit e-m Eid** przysięgą); Schnürsenkel zawiąz(yw)ać; Buch oprawi(a)ć; Kranz ⟨u⟩wić; Blumenstrauß układać ⟨ułożyć⟩; Soße zagęszczać ⟨-ęścić⟩ (**mit** inst); Preis ustalać ⟨-lić⟩; fig **sich ~** (**an** akk) związ(yw)ać się (z inst) **bindend** adj fig wiążący **Bindestrich** m łącznik **Bindfaden** m sznurek, szpagat **Bindung** f więź f

**binnen** präp (dat, gen) w (prze)ciągu (gen) **Binnengewässer** npl wody fpl śródlądowe **Binnenland** n wnętrze kraju **Binnenmarkt** m rynek wewnętrzny **Binnenverkehr** m komunikacja wewnętrzna; transport wewnętrzny

**Biokost** f żywność f ekologiczna **biologisch** biologiczny **Biosprit** m (-s; -e) paliwo ekologiczne **Biotop** m od n (-s; -e) biotop

**Birke** f brzoza **Birne** f gruszka; (Glühbirne) żarówka

**bis** präp (akk) do (gen); ~ **an, in, zu** aż do (gen); ~ **auf einen** z wyjątkiem jednego; **alle ~ auf dich** wszyscy oprócz ciebie; ~ **auf Weiteres** aż do odwołania; (einstweilen) na razie; ~ **jetzt**, ~ **hierher** dotąd; umg ~ **dann!** serwus!; konj (zwischen): **klein ~ mittelgroß** od małych do średniej wielkości; **in zwei ~ drei Tagen** za dwa - trzy dni; (nicht länger als) aż, dopóki

nie; (bevor nicht) zanim nie
**Bischof** m (-s; Bischöfe) biskup **bischöflich** biskupi
**bisher** adv dotąd, dotychczas **bisherig** adj dotychczasowy
**Biskuit** [-'kvit] n od m (-s; -s) biszkopt
**biss** → beißen **Biss** m (-es; -e) ukąszenie, ugryzienie
**bisschen** pron: als adv **ein ~** trochę, nieco; **ein ~ ...** odrobinę, krzynę (gen); **kein ~ ...** haben nie mieć ani trochę (gen)
**Bissen** m kęs, kęsek, kąsek **bissig** kąśliwy; fig a. uszczypliwy (-wie); **~er Hund** zły pies
**bist** → sein¹
**Bistum** n (-s; -tümer) diecezja
**bisweilen** adv niekiedy, czasami
**bitte** partikel proszę; **~ schön!**, **~ sehr!** proszę uprzejmie!, proszę bardzo!; **hier ~!** proszę!; **hier entlang ~!** proszę tędy!; **geben Sie mir ~ ...** proszę mi dać ...; (wie) **~?**, **ja, ~?** proszę?, słucham?; **na ~!** no proszę! **Bitte** f prośba; **mit der ~ um ...** z prośbą o (akk) **bitten** (bittet, bat, gebeten) v/t ⟨po⟩prosić (**um Hilfe** o pomoc; **zu Tisch** do stołu); **zu sich** (dat) **~** prosić przyjść; **ich bitte Sie, das zu erledigen** proszę to załatwić; **aber ich bitte Sie!** ależ proszę pana od pani a!, ależ bardzo proszę!; **darf ich ~?** czy mogę prosić (do tańca)?
**bitter** gorzki (-ko) **bitterböse** strasznie zły; Brief gniewny **bitterlich** gorzkawy (-wo)
**Bittschrift** f petycja, prośba
**bizarr** dziwny, dziwaczny
**blähen** v/t nadymać ⟨-dąć⟩, wzdymać ⟨-dąć⟩; v/i MED działać wzdymająco, powodować wzdęcia **Blähungen** fpl wiatry mpl
**Blamage** [-ʒə] f blamaż **blamieren** (-) v/t ⟨s⟩kompromitować; **sich ~** ⟨s⟩kompromitować się, zblamować się pf
**blank** (glänzend) lśniący (-co); (unbedeckt) goły (-ło) **Blankovollmacht** f pełnomocnictwo in blanco
**Bläschen** n pęcherzyk; bąbelek **Blase** f pęcherz; in der Haut bąbel **Blasebalg** m miech **blasen** (bläs[es]t, bläst, blies, geblasen) v/t dmuchać ⟨-chnąć⟩; Wind dąć **Blasenentzündung** f zapalenie pęcherza moczowego
**blasiert** adj zblazowany

**Blasinstrument** n instrument dęty **Blaskapelle** f orkiestra dęta
**Blasphemie** f (bpl) bluźnierstwo
**blass** (-er od blässer, -este od blässeste) blady (-do); fig słaby (-bo); **~ werden** ⟨z⟩blednąć (**vor** z gen) **Blässe** f (bpl) bladość f
**Blatt** n (-[e]s; Blätter) вот liść m, (Papier) arkusz, kartka; karta **blättern** v/i (-re): **in** (dat) **~** przeglądać ⟨przejrzeć⟩, kartkować, wertować (akk) **Blätterteig** m ciasto francuskie **Blattsalat** m sałata (zielona)
**blau** niebieski (-ko), dunkler sinoniebieski (-ko), siny (-no); **~ werden** ⟨po⟩sinieć; **~ färben** ufarbować na niebiesko; umg **~er Fleck** siniak; **ein ~es Auge** podbite oko, siniec pod okiem **blauäugig** błękitnooki **Blaubeere** f borówka (czarna) **Blaulicht** n (bpl) niebieski sygnał błyskowy; **mit ~** umg na sygnale
**Blech** n (-[e]s; -e) blacha (a. MUS; bpl); dim blaszka **Blechdose** f puszka blaszana, blaszanka **blechern** adj blaszany; Stimme skrzekliwy (-wie) **Blechschaden** m uszkodzenie nadwozia, blacharka
**Blei**¹ n (-[s]; bpl) ołów; (pl -e) fig **schwer wie ~ sein** ciążyć ołowiem
**Blei**² m (-[e]s; -e) ZOOL leszcz
**Bleibe** umg f (pl selten) przytulisko, kwatera **bleiben** v/i (blieb, geblieben; sn) zosta(wa)ć, pozosta(wa)ć (**zu Hause** w domu; **an** dat, **bei** przy lok); **~ Sie am Apparat** proszę nie odkładać słuchawki **bleibend** adj stały, trwały; Eindruck niezatarty
**bleich** blady (-do) **bleichen** v/t ⟨wy⟩bielić; Haare utlenić
**bleiern** ołowiany **bleifrei** bezołowiowy **Bleikristall** n (bpl) kryształ, szkło ołowiowe **Bleistift** m ołówek **Bleistiftzeichnung** f rysunek ołówkiem
**Blende** f fot przesłona, przysłona **blenden** (-e-) oślepi(a)ć; Licht a. razić w oczy; **sich nicht ~ lassen** (**von**) nie dać się zwieść (inst)
**Blick** m (-[e]s; -e) spojrzenie, rzut oka; **auf den ersten ~** na pierwszy rzut oka; (sofort) od pierwszego wejrzenia; **e-n ~ werfen** (**auf**, **in** akk) rzucić okiem (na akk, do gen), obrzucić spojrzeniem (akk) **blicken** v/i: **auf j-n, etw ~** spoglądać ⟨spojrzeć⟩, ⟨po⟩patrzeć na (akk); umg fig **das**

**Blickpunkt – Bodybuilding**

**lässt tief ~ to** daje wiele do myślenia **Blickpunkt** m: **im ~ stehen** być w centrum uwagi **Blickwinkel** m kąt widzenia
**blieb** → bleiben **blies** → blasen
**blind** adj ślepy (**auf einem Auge** na jedno oko); **~ werden** ⟨o-⟩ślepnąć; *Spiegel* zmatowieć pf **Blinddarm** m jelito ślepe, umg ślepa kiszka **Blinddarmentzündung** f zapalenie wyrostka robaczkowego **Blinde(r)** m ślepy **Blindenhund** m pies przewodnik ociemniałego **Blindflug** m lot według przyrządów **Blindheit** f (bpl) ślepota; fig a. zaślepienie
**blindlings** adv na oślep, na ślepo
**blinken** v/i błyskać ⟨-snąć⟩, migać; v/t ⟨za⟩sygnalizować migaczem **Blinker** m AUTO migacz; zum Angeln błyszczka
**blinzeln** v/i (-le) mrugać ⟨-gnąć⟩
**Blitz** m (-es; -e) piorun; fot flesz **Blitzableiter** m odgromnik, piorunochron **blitzartig** błyskawiczny **blitzen** v/i (funkeln) lśnić, błyszczeć; (aufleuchten) błyskać ⟨-snąć⟩; *unpers* **es blitzt** błyska się; v/t umg ⟨s⟩fotografować przy fleszu; umg **geblitzt werden** być przyłapanym na przekroczeniu szybkości **Blitzgerät** n lampa błyskowa, flesz **Blitzlicht** n błysk (flesza) **Blitzschlag** m uderzenie pioruna **blitzschnell** błyskawiczny
**Block** m (-[e]s; Blöcke od -s) blok; TECH wlewek **Blockade** f blokada **blockieren** (-) ⟨za⟩blokować
**blöd, blöde** głupi (-pio); os., *Lächeln*: głupkowaty (-to) **Blödsinn** umg m (bpl) idiotyzm, nonsens; wygłupy mpl; **~ verzapfen** gadać same głupstwa, wygłupiać się **blödsinnig** umg idiotyczny, głupi (-pio)
**bloggen** v/i IT, TEL prowadzić blog **Blogger(in)** m(f) IT bloger m
**blond** blond (unv); **~es Haar** włosy blond; *Person* blondyn, (mst von Kindern) blondas **Blondine** f blondyn(k)a
**bloß** adj goły (-ło); *Füße* bosy; (nichts anderes als) sam; **mit ~em Auge** gołym okiem; adv umg tylko, jedynie; **was ist da ~ passiert?** cóż (to) się tam stało?; **geh ~ weg!** idźże stąd! **bloßlegen** odsłaniać ⟨-słonić⟩, odkry(wa)ć **bloßstellen** v/t ⟨s⟩kompromitować
**blühen** v/i kwitnąć; umg **ihm blüht ...** czeka go ..., grozi mu ... **Blume** f kwiat

**Blumenbeet** n klomb **Blumenerde** f ziemia inspektowa **Blumengeschäft** n kwiaciarnia **Blumenkohl** m kalafior **Blumentopf** m doniczka
**blumig** kwiecisty (-ście)
**Bluse** f bluzka, bluza
**Blut** n (-[e]s; bpl) krew f **Blutalkohol** m zawartość f alkoholu we krwi **Blutbad** n (bpl) rzeź f, masakra **Blutbild** n (bpl) obraz krwi **Blutdruck** m (bpl) ciśnienie tętnicze
**Blüte** f kwiat
**bluten** v/i (-e-) krwawić, broczyć krwią (**aus** z gen)
**Blütenduft** m zapach kwiatów **blütenweiß** adj śnieżnobiały
**Bluter** m hemofilik **Blutguss** m krwawy wylew, krwiak
**Blutgefäß** n naczynie krwionośne **Blutgruppe** f grupa krwi **Bluthochdruck** m nadciśnienie tętnicze **blutig** krwawy (-wo); *Hände* zakrwawiony **Blutkonserve** f krew konserwowana **Blutkörperchen** n krwinka **Blutprobe** f badanie zawartości alkoholu we krwi; (entnommene Menge) próbka krwi **blutrünstig** krwiożerczy (-czo) **Blutspender(in)** m(f) krwiodawca m (-czyni) **Blutsverwandtschaft** f (bliskie) pokrewieństwo **Blutübertragung** f transfuzja krwi **Blutung** f krwawienie, krwotok **Blutvergießen** n rozlew krwi **Blutvergiftung** f zakażenie krwi **Blutverlust** m upływ krwi **Blutwurst** f krwawa kiszka, kaszanka
**Bö** f (-, -en) poryw wiatru, szkwał
**Bock** m (-[e]s; Böcke) kozioł; umg **ich habe keinen ~ auf ...** nie mam chętki na ...
**bockig** uparty, przekorny **Bockwurst** f serdelek
**Boden** m (-s; Böden) ziemia; (Gefäßboden) dno; (Dachboden) strych; (Fußboden) podłoga; fig **den ~ unter den Füßen verlieren** ⟨s⟩tracić grunt pod nogami; **auf dem ~** (gen) na gruncie (gen) **Bodenbearbeitung** f uprawa roli **Bodenbelag** m wykładzina podłogowa **bodenlos** bezdenny; *Leichtsinn* bezgraniczny **Bodenpersonal** n LOTN obsługa naziemna **Bodenschätze** mpl bogactwa npl naturalne (ziemi) **bodenständig** rodzimy; *Bevölkerung* rdzenny
**Bodybuilding** [ˈbɔdıbıldıŋ] n (-s; bpl)

kulturystyka, *umg* pakowanie **Bogen** *m* (-s; - *od* Bögen) łuk **Bogengang** *m* arkady *fpl* **Bogenschießen** *n* łucznictwo
**Bohle** *f* bal, dyl, belka **böhmisch** czeski (po -ku)
**Bohne** *fBOT* fasola; (*Kaffeebohne*) ziarnko kawy **Bohnenkaffee** *m* kawa ziarnista **Bohnensuppe** *f* zupa fasolowa
**bohnern** (-re) *Fußboden* ⟨wy⟩froterować, ⟨wy⟩pastować **Bohnerwachs** *m* pasta do podłogi
**bohren** *v/t* ⟨wy⟩wiercić, ⟨wy⟩borować, ⟨wy⟩świdrować; *fig* świdrować; **sich ~** wbi(ja)ć się (**in die Erde** w ziemię) **Bohrer** *m* wiertło, *bes Handbohrer* świder **Bohrinsel** *f* platforma wiertnicza na morzu **Bohrloch** *n* GÓRN odwiert **Bohrmaschine** *f* wiertarka **Bohrturm** *m* wieża wiertnicza **Bohrung** *f* (*bpl*) (*das Bohren*) wiercenie; (*a. pl*) (*Loch*) wywiercony otwór
**böig** *Wind* porywisty (-ście)
**Boje** *f* pława, boja **Bolzen** *m* sworzeń *m*
**bombardieren** (-) ⟨z⟩bombardować (*impf a. umg fig* **mit Fragen** pytaniami) **Bombe** *f* bomba **Bombenalarm** *m* alarm bombowy **Bombenangriff** *m* nalot bombowców, bombardowanie **Bombendrohung** *f* zagrożenie bombowe **Bomber** *m* LOTN bombowiec
**Bonbon** [ˈbɔŋbɔŋ, -ˈbɔ̃] *m od n* (-s; -s) cukierek, karmelek **Bonus** *m* (-[ses]; -[se] *od* Boni) bonifikata; dodatkowa dywidenda
**Boot** *n* (-[e]s; -e) łódź *f*, łódka, czółno **Bootsanhänger** *m* przyczepa do przewozu łodzi **Bootsanlegestelle** *f* przystań *f* dla łodzi **Bootshaus** *n* przechowalnia łodzi **Bootsverleih** *m* wypożyczalnia sprzętu pływającego (przy stanicy wodnej)
**Bord**[1] *n* (-[e]s; -e) półka
**Bord**[2] *m* (-[e]s; bpl) (*Bordwand*) burta; pokład; **an ~** na pokładzie; **an ~ gehen** wsiadać ⟨wsiąść⟩ na statek *od* do samolotu; **über ~ werfen** wyrzucać ⟨-cić⟩ za burtę; **von ~ gehen** opuszczać ⟨opuścić⟩ statek *od* samolot
**Bordell** *n* (-s; -e) burdel
**Bordinstrumente** *npl* przyrządy *mpl* pokładowe **Bordkarte** *f* LOTN karta wstępu na pokład **Bordstein** *m* krawężnik
**borgen** ⟨wy⟩pożyczać ⟨⟨wy⟩pożyczyć⟩ ⟨j-m k-u⟩
**borniert** ograniczony, ciasny
**Börse** *f* EKON giełda; **an der ~** na giełdzie; **an die ~ gehen** wejść na giełdę **Börsenbericht** *m* sprawozdanie giełdowe **Börsenkurs** *m* kurs giełdowy
**Borste**(*n pl*) *f* szczecina **Borte** *f* obszywka, listewka
**bösartig** złośliwy (-wie)
**Böschung** *f* stok, zbocze; BUD skarpa
**böse** *adj* zły; *adv* źle; **ein ~er Mensch** zły człowiek; **j-m ~ sein** być na bakier (z *inst*), *umg* wkurzyć się *pf* (na *akk*; **wegen** z powodu *gen*); **bist du mir ~?** gniewasz się na mnie?; *als subst* **das Böse, Böses** zło; **Böses ahnen** mieć złe przeczucie
**boshaft** złośliwy (-wie) **Bosheit** *f* złośliwość *f*; **aus ~** na złość
**bosnisch** bośniacki (po -ku)
**Boss** *umg m* (-es; -e) boss, szef
**böswillig** złośliwy (-wie)
**bot** [boːt] → **bieten**
**Botanik** *f* (*bpl*) botanika **botanisch** botaniczny
**Bote** *m* (-n), **Botin** *f* goniec, posłaniec; *fig* zwiastun(ka) **Botschaft** *f* ambasada **Botschafter(in)** *m(f)* ambasador(ka)
**Bottich** *m* (-s; -e) kadź *f*; (*Waschbottich*) balia **Bouillon** [bulˈjɔŋ] *f* (-; -s) bulion **Boulevard** [bulˈvaːr] *m* (-s; -e) bulwar **Boulevardpresse** *f* prasa bulwarowa/brukowa
**Boutique** [buˈtiːk] *f* (-; -n) butik **Boutique-Hotel** *n* hotel *m* butikowy
**Bowle** [ˈboːlə] *f* kruszon **Bowling** [ˈboːlɪŋ] *n* (-s; bpl) gra w kręgle
**boxen** *v/t* boksować **Boxen** *n* (-s; bpl) pięściarstwo, boks **Boxer** *m* pięściarz, bokser **Boxkampf** *m* mecz bokserski
**boykottieren** (-) ⟨z⟩bojkotować
**brabbeln** *umg v/i* (-le) gaworzyć
**brach, bräche** → **brechen**
**brachte, brächte** → **bringen**
**Branche** [ˈbrãːʃə] *f* branża **Branchenverzeichnis** *n* branżowy katalog firm
**Brand** *m* (-[e]s; Brände) pożar, ogień *m*; **das Haus geriet in ~** w budynku wybuchł pożar; **etw in ~ stecken** podpalić *pf* (*akk*) **Brandanschlag** *m* podpalenie; *misslungener* próba podpalenia **Brandblase** *f* pęcherz od oparzenia **branden**

v/i (-e-) uderzać, rozbijać się **Brandgefahr** f niebezpieczeństwo pożaru, zagrożenie pożarowe **brandmarken** ⟨na⟩piętnować **brandneu** umg zupełnie nowy, nowiut(eń)ki **Brandschutz** m ochrona przeciwpożarowa **Brandstifter(in)** m(f) podpalacz **Brandstiftung** f podpalenie **Brandung** f (bpl) przybój **Brandwunde** f oparzelina **brannte** → brennen **Branntwein** m wódka

**brasilianisch** brazylijski

**brät** → braten **braten** (brät, briet, gebraten) v/t ⟨u⟩smażyć **Braten** m pieczeń f, pieczyste **Brathähnchen** n, **Brathendl** n austr pieczone kurcze **Bratkartoffeln** fpl ziemniaki mpl smażone **Bratpfanne** f patelnia **Bratröhre** f piekarnik **Bratwurst** f kiełbasa smażona

**Brauch** m (-[e]s; Bräuche) obyczaj; **nach altem ~** starym zwyczajem **brauchbar** zdatny, nadający się **brauchen** (pperf gebraucht) v/t ⟨benötigen⟩ potrzebować (gen); ⟨verbrauchen⟩ zużywać **Brauchtum** n (-s; bpl) obyczaje mpl

**brauen** v/t Bier warzyć **Brauerei** f browar

**braun** brunatny, brązowy (-wo); **~ gebrannt** opalony (na brąz); **~ werden** opalić się pf na brąz **bräunäugig** o brązowych oczach **Bräune** f (bpl) opalenizna **bräunen** v/t opalać ⟨opalić⟩; KULIN ⟨ob-, przy⟩rumienić; **sich ~** opalać się **Braunkohle** f węgiel brunatny

**Brause** f prysznic, natrysk; e-r Gießkanne sitko; ⟨Getränk⟩ (musująca) lemoniada **Brausepulver** n proszek musujący

**Braut** f (-; Bräute) panna młoda **Bräutigam** m (-s; -e) pan młody; (Verlobter) narzeczony **Brautjungfer** f druhna **Brautkleid** n suknia ślubna **Brautpaar** n państwo młodzi

**brav** grzeczny; ⟨bieder⟩ poczciwy, dobry **bravo!** int brawo!

**Brechbohnen** fpl fasol(k)a szparagowa **Brecheisen** n łom **brechen** (bricht, brach, gebrochen) v/t ⟨z⟩łamać, przełam(yw)ać; Blume zrywać ⟨zerwać⟩; **sich** [dat] **etw ~** złamać sobie (akk); v/i (sn) złamać się pf, przełam(yw)ać się; Sonne przebi(ja)ć się ⟨**durch** przez akk⟩; Eis załam(yw)ać się; **der Damm bricht** woda przerywa tamę; **mit j-m** od **etw ~** zrywać ⟨zerwać⟩ ⟨z inst⟩; MED ⟨z⟩wymiotować; **sich ~** Wellen rozbijać się (**an** dat o akk); Licht załamywać się **Brechmittel** n środek wymiotny **Brechreiz** m (bpl) mdłości fpl **Brechstange** f łom

**Brei** m (-[e]s; -e) breja, maź f; piure

**breit** szeroki; präd szeroko; **... Meter ~** szeroki na ... metry od metrów; **~er machen** poszerzać, rozszerzać ⟨-rzyć⟩ **breitbeinig** präd z rozkraczonymi nogami **Breite** f szerokość f **Breitengrad** m stopień m szerokości geograficznej **Breitensport** m sport masowy **breitschlagen** (irr) umg: **sich ~ lassen** dać się namówić od przekonać **breittreten** v/t (irr) abw rozwałkowywać (akk)

**Bremsbelag** m okładzina hamulcowa **Bremse**[1] f hamulec; **auf die ~ treten** naciskać ⟨-snąć⟩ hamulec **Bremse**[2] f ZOOL bąk **bremsen** v/t u. v/i ⟨za⟩hamować **Bremsflüssigkeit** f płyn hamulcowy **Bremslicht** n (pl -lichter) światło stop **Bremspedal** n pedał hamulca **Bremsspur** f ślad hamowania

**brennbar** palny **brennen** (brannte, gebrannt) v/t palić, spalać ⟨-lić⟩ **brennend** adj palący się; Liebe gorący **Brennerei** f gorzelnia **Brennholz** n drzewo na opał, drwa pl **Brennnessel** f pokrzywa **Brennpunkt** m FIZ ognisko; fig punkt zapalny **Brennspiritus** m denaturat **Brennstoff** m paliwo **brenzlig** umg fig krytyczny, umg podbramkowy; **es riecht ~** pachnie spalenizną

**Brett** n (-[e]s; -er) deska; **das Schwarze ~** tablica ogłoszeń; **~er** pl (Bühne, Ski) deski fpl **Bretterwand** f ścian(k)a z desek **Bretterzaun** m płot z desek **Brettspiel** n gra planszowa

**Brezel** f (-; -n) obwarzanek, precel

**Brief** m (-es; -e) list **Briefbombe** f bomba w liście **Briefgeheimnis** n (bpl) tajemnica korespondencji **Briefing** n (-s) briefing m **Briefkasten** m skrzynka pocztowa; im Haus skrzynka na listy **Briefkastenfirma** f fikcyjna firma **Briefkopf** m nagłówek listu **brieflich** listowny; präd listownie, drogą zawiadomienia pisemnego **Briefmarke** f znaczek pocztowy **Briefmarkensamml|ler(in)** m(f) filatelista m (-tka) **Brieföffner** m rozcinacz (do listów) **Briefpa-**

**pier** n papier listowy **Brieftasche** f portfel **Briefträger(in)** m(f) listonosz(ka) **Briefwaage** f waga do listów **Briefwahl** f głosowanie listowne **Briefwechsel** m (bpl) korespondencja; **im ~ stehen** korespondować
**brief** → braten
**Brikett** n (-s; -s) brykiet
**brillant** [brɪl'jant] świetny **Brillant** [brɪl'jant] m (-en) brylant; in zssgn brylantowy
**Brille** f okulary pl; **mit ~ w** okularach **Brillenetui** n futerał na okulary **Brillengestell** n oprawka okularów **Brillenträger(in)** m(f) osoba (stale) nosząca okulary, umg okularnik
**bringen** (brachte, gebracht) v/t przynosić ⟨-nieść⟩; (j-n begleiten) odprowadzać ⟨-dzić⟩; fahrend Sachen u. Personen odwozić, zawozić ⟨-wieźć⟩; im Radio poda(wa)ć; (publizieren) ⟨o⟩publikować; Unglück sprowadzać ⟨-dzić⟩ ⟨j-m na akk⟩; umg **was bringt das?** po co to (wszystko)?; **auf den Markt ~** ⟨wy⟩puścić ⟨-puścić⟩ na rynek; (es) **mit sich ~** ⟨s⟩powodować, sprawi(a)ć (że); etw **nicht über sich ~ zu** (+ inf) nie móc się przemóc, żeby (+ inf); **es zu etwas ~** wyjść na ludzi
**Brise** f bryza, wietrzyk
**Brite** m (-n) Brytyjczyk **Britin** f Brytyjka **britisch** brytyjski
**bröckeln** (-le) v/t ⟨po⟩kruszyć; v/i (a. sn) ⟨po-, roz⟩kruszyć się **Brocken** m kawał(ek), kęs
**brodeln** v/i (-le) wrzeć, bulgotać
**Brokat** m (-[e]s; -e) brokat
**Brombeere** f jeżyna, ostrężyna
**Bronchien** [-çiən] fpl oskrzele fpl **Bronchitis** f (-; -tiden) nieżyt oskrzeli
**Bronze** ['brõːsə] f brąz **bronzefarben** brązowy
**Brosche** f broszka
**Broschüre** f broszura
**Brot** n (-[e]s; -e) chleb; (Laib) bochenek; **e-e Scheibe ~** kromka chleba **Brötchen** n bułeczka; (belegt) kanapka **Broterwerb** m zarobkowanie **Brotkorb** m koszyczek na chleb **Brotzeit** f (bpl) pł-niem (Vesperbrot) przekąska
**Bruch** m (-[e]s; Brüche) złamanie; MAT ułamek; **zu ~ gehen** stłuc się pf, rozbić się pf; fig **in die Brüche gehen** źle się skończyć pf; Ehe rozpadać ⟨-paść⟩ się **bruchfest** Glas nietłukący **brüchig**

łamliwy, kruchy **Bruchlandung** f lądowanie awaryjne **Bruchrechnung** f rachunek ułamkowy **Bruchstelle** f przełom, miejsce złamania **Bruchstück** n odłamek; fig urywek **Bruchteil** m ułamek **Bruchzahl** f liczba ułamkowa, ułamek
**Brücke** f most **Brückenpfeiler** m filar mostu
**Bruder** m (-s; Brüder) brat, pl bracia **Bruderkrieg** m wojna bratobójcza **brüderlich** braterski; prād po braterski, jak bracia **Brüderschaft** f: **~ trinken** ⟨wy⟩pić bruderszaft (mit z inst)
**Brühe** f rosół; abw lura **brühen** zaparzać ⟨-rzyć⟩; Gemüse sparzyć pf **Brühwürfel** m kostka bulionowa
**brüllen** ⟨za⟩ryczeć, ryknąć **brummen** v/t mruczeć ⟨mruknąć⟩; umg **mir brummt der Kopf** huczy mi w głowie; v/i Bienen buczeć, huczeć; Motor warczeć; umg siedzieć; (murren) burczeć, zrzędzić
**brünett** Haar ciemny; Person ciemnowłosy; **~er Mann** od Junge brunet; **~e Frau** brunetka
**Brunft** f (-; Brünfte) okres godowy
**Brunnen** m studnia; (Mineralwasser) woda mineralna **Brunnenwasser** n (bpl) woda studzienna
**brüsk** szorstki (-ko), obcesowy (-wo) **brüskieren** v/t (-) zrobić pf afront (dat)
**Brüsseler** adj brukselski
**Brust** f (-; Brüste) pierś f; Busen piersi fpl **Brustbein** n mostek **brüsten**: **sich ~ (mit)** chełpić się (inst) **Brustfell** n opłucna **Brustkorb** m klatka piersiowa **Brustkrebs** m rak piersi **Brustschwimmen** n pływanie stylem klasycznym **Brüstung** f parapet, balustrada **Brustwarze** f sutek, brodawka sutkowa
**Brut** f von Vögeln wyląg, wylęg
**brutal** brutalny **Brutalität** f brutalność f
**brüten** (-e-) Vogel siedzieć na jajach; **es ist ~d heiß** parno jak w łaźni **Brutkasten** m MED inkubator **Brutstätte** f fig (für) wylęgarnia, siedlisko (gen)
**Bruttoeinkommen** n dochód brutto **Bruttopreis** m cena brutto **Bruttosozialprodukt** n (bpl) produkt społeczny brutto
**Bube** n (-n) Karte walet

## Buch – Bürobedarf

**Buch** n (-[e]s; Bücher) książka; **~ führen (über** akk) notować (sobie) (akk)
**Buche** f buk **Buchecker** f (-; -n) bukiew f
**buchen** Betrag ⟨za-⟩księgować; (reservieren) ⟨za⟩rezerwować
**Bücherbrett** n półka na książki **Bücherei** f wypożyczalnia książek, biblioteka **Bücherschrank** m szafa na książki, biblioteka
**Buchführung** f księgowość f **Buchhalter(in)** m(f) księgowy (-wa) **Buchhaltung** f (Abteilung) dział księgowości **Buchhandel** m księgarstwo **Buchhandlung** f księgarnia **Buchmesse** f targi mpl książki **Buchprüfung** f rewizja księgowa
**Büchse** f puszka; (Waffe) broń kulowa **Büchsenöffner** m otwieracz do puszek
**Buchstabe** m (-n) litera **buchstabieren** (-) ⟨prze-⟩literować **buchstäblich** dosłowny; präd dosłownie
**Bucht** f GEOG zatoka, zalew
**Buchumschlag** m okładka **Buchung** f FIN ⟨za⟩księgowanie; e-r Reise rezerwacja **Buchungsbestätigung** f potwierdzenie rezerwacji **Buchweizen** m gryka
**Buckel** m garb; umg grzbiet **buck(e)lig** garbaty (-to) **bücken**: **sich ~** nachylać, schylać ⟨-lić⟩ się **(nach etw** po coś)
**Bückling** m (-s; -e) KULIN pikling
**Bude** f buda; umg kawalerka **Budget** [by'dʒeː] n (-s) budżet
**Büffel** m bawół; in zssgn bawoli
**Bug** m (-[e]s; -e) MAR, LOTN dziób, przód; KULIN łopatka, plecówka
**Bügel** m kabłąk, pałąk; für Kleider wieszak **Bügeleisen** n żelazko **Bügelfalte** f kant (u spodni) **bügelfrei** nonajron, niemnący **bügeln** (-le) v/t ⟨od-, wy⟩prasować; v/i prasować
**bugsieren** (-) umg fig zaciągać ⟨-gnąć⟩
**Bühne** f scena **Bühnenbild** n (bpl) scenografia; (Szenerie, a. pl) sceneria **Bühnenbildner(in)** m(f) scenograf **Bühnenstück** n, **Bühnenwerk** n sztuka teatralna, utwór sceniczny
**buk** → backen
**Bulette** f reg kotlet mielony
**Bulgare** m (-n) Bułgar **Bulgarin** f Bułgarka **bulgarisch** bułgarski (po -ku)
**Bullauge** n iluminator **Bulldogge** f

buldog **Bulle** m (-n) byk, buhaj; abw (Polizist) glina m
**Bummel** umg m przechadzka, spacer; **e-n ~ machen** przechadzać ⟨przejść⟩ się **(durch die Stadt** po mieście) **Bummelstreik** m strajk włoski **Bummelzug** umg m ciuchcia
**Bund¹** m (-[e]s; Bünde) związek; POL (kon)federacja; e-r Hose pasek; **der ~ der Ehe** związki mpl małżeńskie; umg **beim ~ sein** służyć w bundeswerze
**Bund²** n (-[e]s; -e) wiązka, pęczek
**Bündel** n wiązka **bündeln** v/t (-le) ⟨z⟩wiązać (w paczki); FIZ ogniskować, skupia(ć)
**Bundesgenosse** m sojusznik, sprzymierzeniec **Bundeskanzler** m kanclerz federalny **Bundesland** n kraj związkowy, umg land **Bundesliga** f pierwsza liga **Bundesregierung** f rząd federalny **Bundesstaat** n państwo federalne; in den USA stan federalny
**bündig** Antwort zwięzły, präd zwięźle; **kurz und ~** krótko i węzłowato **Bündnis** n (-ses; -se) sojusz, przymierze; POL a. pakt **bündnisfrei** POL niezaangażowany
**Bunker** m MIL schron, bunkier
**bunt** (farbig) barwny, kolorowy; (vielfarbig) różnobarwny, różnokolorowy **~ gemischt** rozmaity **Buntmetalle** npl metale npl kolorowe **Buntstift** m ołówek kolorowy, kredka
**Bürde** f brzemię
**Burg** f zamek (warowny), gród, kasztel
**Bürge** m (-n) poręczyciel, gwarant **bürgen** v/i: **für j-n, etw ~** ręczyć, poręczać ⟨-czyć⟩ za (akk)
**Bürger** m obywatel; (Einwohner) mieszkaniec **Bürgerbewegung** f ruch obywatelski **Bürgerinitiative** f inicjatywa obywatelska **Bürgerkrieg** m wojna domowa **bürgerlich** obywatelski; Herkunft mieszczański, **Bürgermeister(in)** m(f) burmistrz **Bürger|recht|ler(in)** m(f) bojownik (-iczka) o prawa obywatelskie **Bürgersteig** m chodnik **Bürgertum** n (-s; bpl) mieszczaństwo
**Bürgschaft** f poręczenie
**Büro** n (-s; -s) biuro; kancelaria **Büroangestellte(r)** m pracownik biurowy **Büroarbeit** f praca biurowa **Bürobedarf** m przybory mpl biurowe, sprzęt

biurowy **Büroklammer** f spinacz **Bürokratie** f (abw bpl) biurokracja **bürokratisch** biurokratyczny **Büroraum** m lokal biurowy **Bürostunden** fpl godziny fpl pracy w biurze
**Bursche** m (-n) chłopak, wyrostek
**Bürste** f szczotka **bürsten** (-e-) ⟨wy⟩szczotkować
**Bus** m (-ses; -se) autobus **Busbahnhof** m dworzec autobusowy
**Busch** m (-[e]s; Büsche) krzak; pl a. zarośla pl; in den Tropen koll busz **Büschel** n pęczek; Haare kosmyk **buschig** krzaczasty (-to)
**Busen** m piersi fpl, biust
**Bushaltestelle** f przystanek autobusowy
**Bussard** m myszołów
**Buße** f (bpl) pokuta; JUR nawiązka **büßen** v/t u. v/i (-ßt) ⟨akk, für⟩ pokutować ⟨za akk⟩; przypłacać ⟨-cić⟩ (**mit** etw inst); **das sollst du mir ~!** za to mi jeszcze zapłacisz! **Bußgeld** n grzywna
**Busspur** f pas dla autobusów
**Buß- und Bettag** m Dzień Pokuty i Modlitwy
**Büste** f popiersie; (Brustpartie) biust **Büstenhalter** m biustonosz, stanik
**Butter** f (-; 0) masło **Butterbrot** n kromka chleba z masłem **Butterdose** f maselniczka **Buttermilch** f maślanka
**Bypass** ['baɪpas] m MED przepływ omijający, bypass

# C

**Cache** [kæʃ] m (unv) IT pamięć podręczna
**Café** [ka'feː] n (-s; -s) kawiarnia **Cafeteria** [ka-] f (-; -s) kafeteria
**Campagne** → Kampagne
**campen** ['kɛm-] v/i kempingować **Camper(in** f) m kempingowiec; m a. przyczepa kempingowa **Camping** ['kɛm-] n (-s; bpl) kempingowanie, obozowanie **Campingbus** m samochód kempingowy **Campingführer** m przewodnik dla obozujących na kempingach **Cam-**

**pingplatz** m kemping
**Candle-Light-Dinner** n (-s; -[s]) kolacja f w blasku świec **Cappuccino** m (-[s]) KULIN cappuccino
**Caravan** ['ka-] m (-s; -s) (Wohnanhänger) przyczepa kempingowa; (Campingbus) samochód kempingowy, caravan **Carsharing** n (-[s]; bpl) AUTO car-sharing
**CD** [tseː'deː] f (-; -s) CD, płyta kompaktowa, umg kompakt
**Cello** ['tʃɛlo] n (-s; -s od Celli) wiolonczela
**Chai Latte** m(-) KULIN herbata f korzenna z mlekiem **Champagner** [ʃamˈpanjɐr] m szampan **Champignon** ['ʃampɪnjɔn] m (-s; -s) pieczarka
**Chance** ['ʃãːs(ə)] f szansa **Chancengleichheit** ['ʃãːsən-] f równość f szans
**Chaos** ['ka-] m (-; bpl) chaos **chaotisch** [ka-] chaotyczny
**Charakter** [ka-] m (-s; -tere) charakter **Charaktereigenschaft** f cecha charakteru **charakterisieren** [ka-] (-) charakteryzować; (kennzeichnend sein für j-n, etw) a. cechować **charakteristisch** charakterystyczny (**für j-n, etw** dla gen) **charakterlos** [ka-]: **ein ~er Mensch** człowiek bez charakteru **Charakterzug** [ka-] m rys charakteru
**charmant** [ʃar-] miły (-le) **Charme** [ʃarm] m (-s; bpl) wdzięk, urok, czar
**Charterflug** ['tʃar-] m lot czarterowy, umg czarter **Chartermaschine** f samolot czarterowy **chartern** ['tʃar-] (-re) ⟨wy-, za⟩czarterować
**Chauvinismus** m (-; bpl) szowinizm; männlicher machismo unv
**Checkliste** ['tʃɛk-] f lista kontrolna
**Chef** [ʃɛf] m (-s; -s) szef **Chefin** f umg szefowa **Chefredakteur** m redaktor naczelny **Chefsekretärin** [ʃɛf-] f sekretarka szefa
**Chemie** [çeˈmiː] f (bpl) chemia **Chemiefaser** f włókno syntetyczne **Chemiker(in** f) m(f) chemik -(miczka) **chemisch** ['çe-] chemiczny **Chemo** f (-; -s) umg MED chemia f
**chilenisch** [tʃi- od çi-] chilijski
**Chinese** [çi-] m (-n) Chińczyk **Chinesin** f Chinka **chinesisch** [çi-] chiński (po -ku)
**Chip** [tʃɪp] m (-s; -s) (Spielmarke) żeton; in der Elektronik chip; **~s** pl KULIN chipsy mpl
**Chiropraktiker(in** f) m [çi-/ki-] kręgarz
**Chirurg(in** f) m (-en) [çi-/ki-] chirurg

**Chirurgie** f chirurgia **chirurgisch** [ҫi-] chirurgiczny
**Chlor** [klo:r] n (-s; bpl) chlor **Chlorkalk** ['klo:r-] m wapno chlorowane, chlorek bielący
**Cholesterin** [ço- od kɔlɛstɛ-] n (-s; bpl) cholesterol **Chor** [ko:r] m (-[e]s; Chöre) chór; (Verein) zespół chóralny
**Christ** [krıst] m (-en) chrześcijanin **Christbaum** [krıst-] m choinka **Christbaumschmuck** m ozdoby fpl choinkowe **Christentum** [k-] n (-s; 0) chrześcijaństwo **Christin** ['krıstın] f chrześcijanka **Christkind** ['krıst-] n Dzieciątko Jezus **christlich** ['krıst-] chrześcijański; präd po chrześcijańsku **Christus** ['krıstʊs] m (gen - od -ti, dat - od -to, akk -tum; bpl) Chrystus; **nach ~ od Christi Geburt** po Chrystusie; **vor Christi (Geburt)** przed Chrystusem
**Chrom** [kro:m] n (-s; bpl) chrom; in zssgn chromowy
**Chronik** ['kro:-] f kronika **chronisch** ['kro:-] chroniczny **chronologisch** [k-] chronologiczny
**circa** ['tsirka] adv około, circa
**Citytrip** m (-s) wypad m do miasta
**clever** ['k-] bystry, sprytny
**Clique** ['klıka] f abw klika, koteria; umg ferajna, paczka **Clown** [klaʊn] m (-s; -s) klown, błazen
**Club** usw → **Klub** usw **Cluburlaub** m urlop m klubowy
**Cockpit** ['kɔkpıt] n (-s; -s) LOTN kabina pilota, kokpit; MAR kokpit
**Cocktail** m (-[s]; -s) koktajl **Cocktailtomaten** fpl pomidorki mpl koktajlowe
**Collage** [kɔ'la:ʒə] f kolaż **Community** f (-; -s) IT community unv
**Computer** [kɔm'pju:tɐ] m (-s; -) komputer **Computerfachmann** m komputerowiec **computergestützt** adj wspomagany komputerowo **Computerkriminalität** [kɔm'pju:-] f przestępczość f komputerowa **Computertomographie** f tomografia komputerowa
**Concierge** m/f recepcjonista m; (kobieta) recepcjonistka f
**Container** [kɔn'te:nɐr] m kontener **Containerschiff** n kontenerowiec
**Cord** [kɔrt] m (-[e]s; -e od -s) sztruks, welwet; in zssgn sztruksowy, welwetowy
**Coronavirus** m od n koronawirus m

**COVID-19, Covid-19** f od n MED COVID-19 m
**Couch** [kaʊtʃ] f (-; -s od -en) tapczan **Couchtisch** m stół gabinetowy
**Cracker(s)** ['krɛ-] pl krakersy mpl
**Creme** [kre:m] f (-; -s od -n) krem; fig (bpl) śmietanka
**Crew** [kru:] f (-; -s) załoga; drużyna
**Croissant** n (-s) KULIN croissant
**Cup** [kap] m (-s; -s) SPORT puchar; e-s BH miseczka
**Cursor** ['kœrsɐr] m (-s; -/-s) kursor
**Cybermobbing** ['saɪbɐmɔbɪŋ] n (bpl) cyberprzemoc f

# D

**da** adv (dort) tam; (hier) tu, oto; zeitlich wtedy, wówczas; (in diesem Fall) w tym wypadku, w takim razie; (unter diesen Umständen) wobec tego, tu; konj (weil) ponieważ, skoro; (als) gdy; **~ und dort** tu i tam; **~ vorn** tam z przodu od na przodzie; **~ doch, ~ nun** skoro jednak; **~ sein** być (tu, tam); (existieren) istnieć; (bei Bewusstsein sein) przyjść do siebie, oprzytomnieć; Zeitpunkt nastąpić, nadejść; **von ~ an** odtąd; **es ist kein Brot ~** chleba nie ma; **ist jemand ~?** jest tu ktoś?; **es war niemand ~** (tam) nie było nikogo; **er war ~** on tam był; **~ sind wir** oto jesteśmy; **ich bin gleich wieder ~** zaraz wrócę; **wer ~?** kto tam?
**dabei** (a. 'da-] adv räumlich obok; nahe **~** tuż obok; (bei diesem, zudem) przy tym; (überdies) nadto; **~ sein** (beteiligt sein) brać udział; zeitlich (**gerade**) **~ sein** etw zu tun (właśnie) zabierać się do (gen des Verbalsubstantivs); **ich bin schon ~** już to robię; **er bleibt ~** on pozostaje przy swoim **dabeihaben** umg (irr) mieć przy sobie
**dableiben** (irr; sn) zosta(wa)ć
**Dach** n (-[e]s; Dächer) dach **Dachboden** m strych, poddasze **Dachgeschoss** n poddasze **Dachkammer** f facjat(k)a **Dachpappe** f papa dachowa **Dachrinne** f rynna

**Dachs** m (-es; -e) borsuk
**Dachstube** f mansarda
**dachte, dächte** → denken
**Dachterrasse** f taras na dachu **Dachwohnung** f mieszkanie na poddaszu
**Dachziegel** m dachówka
**Dackel** m jamnik
**dadurch** adv (tędy) przez ten (tę, to, te); Mittel przez to, w ten sposób; **~, dass** przez to, że **dafür** adv za tym; bekommen za to; verwenden na to; sorgen o to; **~ kann er nichts** to nie (jest) jego wina **dagegen** adv przeciw(ko) temu; im Vergleich w porównaniu z tym; (jedoch) zaś; **ich war ~** ja byłem temu przeciwny; **hast du etwas ~, dass ...** czy masz coś przeciw temu, że ...; **~ kann man nichts tun** na to nie ma rady
**dahaben** umg (irr) mieć (na składzie, u siebie, w domu) **daheim** adv w domu; **von ~** z domu
**daher** adv (von dort) stamtąd; (durch diesen Umstand) stąd; (deshalb) dlatego (też), toteż; **... kommt ~, dass ...** powodem (gen) jest to, że ... **dahin** adv tam; **auf dem Weg ~** po drodze tam; zeitlich **bis ~** do tego czasu, do tej chwili; (in diesem Sinne) w tym sensie **dahinab** adv (tam)tędy w dół **dahingestellt** adv: **es bleibt ~, ob ...** jeszcze nie jest pewne, czy ... **dahinschleppen: sich ~** fig ciągnąć się, umg ślimaczyć się
**dahinten** adv tam w tyle, (tam) z tyłu
**dahinter** adv (wo?) za tym(i), za tą; (wohin?) za te(n), za tę
**dalassen** umg (irr) pozostawi(a)ć
**damalig** ówczesny, niegdyszejszy **damals** adv wtedy, wówczas
**Dame** f pani; junge ~ panienka; **meine ~n** szanowne panie; Hinweis (für) **~n** dla kobiet **Damenbegleitung** f: **in ~** w towarzystwie kobiet(y) **Damenbinde** f podpaska (higieniczna) **Damenspiel** n (gra w) warcaby fpl **Damestein** m pionek
**damit** adv z tym, z tą; (mithin) tym samym; przez to; **was soll man ~ tun?** co z tym (fantem) zrobić?; **was willst du ~ sagen?** co chcesz przez to powiedzieć?; umg **her ~!** dawaj (to) tu!; konj [da'mɪt] aby, ażeby (**nicht** nie)
**dämlich** umg durny, (przy)głupi (-pio)
**Damm** m (-[e]s; Dämme) nasyp; (Staudamm) tama, zapora
**dämmerig** mroczny (-no) **dämmern** (-re): unpers **es dämmert morgens** świta; abends zmierzcha się; **der Abend dämmert** zapada zmrok; umg fig **jetzt dämmert es ihm** teraz świta mu (w głowie)
**Dämmerung** f (bpl) morgens świt; abends zmierzch, zmrok; **in der ~** o świcie; o zmierzchu, o zmroku
**Dampf** m (-[e]s); Dämpfe) para; CHEM, METEO mst pl **Dämpfe** opary mpl
**Dampfbad** n łaźnia parowa, umg parówka **dampfen** v/i parować, dymić (się) **dämpfen** amortyzować; Licht tłumić, przytłumi(a)ć; **mit gedämpfter Stimme** przytłumionym głosem **Dampfer** m parowiec, statek parowy **Dämpfer** m TECH, MUS tłumik **Dampfturbine** f turbina parowa
**Damwild** n koll daniele mpl
**danach** adv zeitlich potem; (hierauf) po czym; räumlich za nim(i), za nią; **es sieht (nicht) ~ aus** (nie) wygląda na to
**Däne** m (-n) Duńczyk
**daneben** adv (**dicht tuż**) obok; (außerdem) prócz tego, a nadto **danebengehen** v/i (irr; sn) Schuss chybi(a)ć celu; umg fig nie udać się pf, nie wypalić pf **danebenschießen** v/i (irr) <s>pudłować
**daniederliegen\*** leżeć w łóżku
**Dänin** f Dunka **dänisch** duński (po -ku)
**dank** präp (gen, dat) dzięki (dat) **Dank** m (-[e]s; bpl) podziękowanie, dzięki pl; **vielen ~** stokrotne dzięki; **Gott sei ~!** dzięki Bogu! **dankbar** wdzięczny (**für** akk za akk); **sich ~ erweisen** odwdzięczać <-czyć> się **Dankbarkeit** f (bpl) wdzięczność f **danken** <po>dziękować (**für** etw za akk); **nichts zu ~!** proszę bardzo!, nie ma za co!; **~d** z podziękowaniem; **~d erhalten** otrzymali(śmy) - dziękujemy **Dankgottesdienst** m nabożeństwo dziękczynne **Dankschreiben** n list z podziękowaniem
**dann** adv wtedy, wówczas; (später) potem, później; **nur ~, wenn ...** tylko wtedy, gdy ...
**daran** adv nad od przy tym, nad od przy nim (nią, nimi); denken o tym; erkennen po tym; glauben w to; hängen na tym, na nim (niej, nich); lehnen o to, o niego (nią, nich); teilnehmen w tym, w nim (niej, nich)
**darangehen** v/i (irr; sn) zab(ie)rać się

(**zu** ... **do** gen des Verbalsubstantivs)
**darauf** adv auf dieser Stelle na tym, na nim (niej, nich); auf diese Stelle na to, na niego (nią, nich); in diese Richtung w tym kierunku; (danach) potem, następnie; ~ **folgend** następny, kolejny **daraus** adv z tego, z niego (niej, nich); ~ **folgt** z tego wynika; ~ **wird nichts** z tego nic nie będzie
**darbieten** (irr) v/t przedstawi(a)ć; Lied wykon(yw)ać; **sich** ~ przedstawi(a)ć się; Gelegenheit nastręczać ⟨-czyć⟩ się **Darbietung** f przedstawienie; występ
**darf, darfst** → dürfen
**darin** adv w tym, w nim, w niej, w nich
**darlegen** objaśni(a)ć; Plan przedstawi(a)ć
**Darleh(e)n** n pożyczka
**Darm** m (-[e]s; Därme) jelito, umg kiszka **Darminfektion** f zakażenie jelit(owe)
**darstellen** v/t przedstawi(a)ć; Rolle wykon(yw)ać, odtwarzać ⟨odtworzyć⟩; ~**de Kunst** sztuki fpl wizualne; (Malerei) sztuki plastyczne **Darstell|er(in)** m(f) TEATR wykonawca m (-czyni) **Darstellung** f przedstawienie
**darüber** adv nad tym, nad nim (nią, nimi); sprechen o tym, o nim (niej, nich); klettern przez to, przez niego (nią, nie); anziehen na to, na niego (nią, nie); sich ärgern o to, z tego powodu; ~ **hinaus** ponadto, co więcej
**darum** adv räumlich wokół (tego); (deshalb) dlatego; (um diese Sache) o to; **es geht (nicht)** ~ (nie) o to chodzi
**darunter** adv pod tym, pod nim (nią, nimi)
**das** A art sg n (gen des, akk das, dat dem) wird nicht übersetzt, z.B. ~ **Ei** jajko, **des Eis** jajka, **dem Ei** jajku B pron dem (gen des) to, gen tego C subst (gen dessen) to, gen tego; ~ **hier** to tu; ~ **hat noch gefehlt!** tego jeszcze brakowało!; IV pron rel (gen dessen) który, która, które, co; **ein Buch,** ~ **man schon gelesen hat** książka, którą się już przeczytało
**Dasein** n (-s; bpl) byt, istnienie, egzystencja
**dasjenige** pron dem to; ~**, das** to, które
**dass** konj że; wenn im Hauptsatz Befehl, Verbot, Bitte, Bedauern usw ausgedrückt wird aby, żeby; **als** ~, **auf** ~ ażeby; **es sei denn,** ~ chyba że

**dasselbe** pron dem to samo
**dastehen** v/i (irr; reg sn) stać; fig znajdować się, być
**Datei** f (-; -en) IT zbiór (danych), plik
**Daten** npl → Datum; (Angaben) dane pl **Datenbank** f baza danych **Datenmissbrauch** m nadużycie danych komputerowych **Datenschutz** m ochrona danych komputerowych (osobowych) **Datenverarbeitung** f (bpl) przetwarzanie danych
**datieren** v/t (-) datować
**Dattel** f (-; -n) daktyl
**Datum** n (-s; -ten) data; **welches** ~ **haben wir heute?** którego dziś mamy?
**Dauer** f (bpl) czas (trwania), okres; (Fortbestehen) trwanie; **auf** ~ (auf lange) na dłuższą metę; (für immer) na stałe; (mit der Zeit) z czasem; **für die** ~ **von** ... na okres (gen); etw **ist von kurzer** ~ ... nie potrwa długo **Dauerauftrag** m FIN zlecenie stałe **Dauerausstellung** f wystawa stała **dauerhaft** trwały (-le) **dauern** v/i (-re) ⟨po⟩trwać; (sich hinziehen) przeciągać ⟨-gnąć⟩ się; **es wird lange** ~ to potrwa długo **Dauernutzung** f stałe użytkowanie **Dauerwelle** f trwała ondulacja, umg trwała **Dauerwurst** f kiełbasa podsuszana **Dauerzustand** m stan trwały; etw **darf nicht zum** ~ **werden** ... nie może trwać wiecznie
**Daumen** m kciuk
**Daunendecke** f kołdra puchowa
**davon** adv od tego, od niego (niej, nich); von etw als Teil z tego; wissen über etw o tym, o nim (niej, nich) **davonkommen** v/i (irr; sn) wychodzić ⟨wyjść⟩ cało z opresji; **mit dem Leben** ~ ujść pf z życiem
**davor** adv (vor diesem) przed tym, przed nim (nią, nimi); (vor dieses) przed ten od to, przed niego (nią, nich); **er hat** ~ **Angst** on się tego boi
**dazu** adv do tego, na to; (überdies) prócz tego; **noch** ~ w dodatku **dazugehören** v/i (pperf dazugehört) należeć do tego od do (gen), wchodzić w skład (gen) **dazukommen** v/i (irr; sn) nadchodzić ⟨nadejść⟩; (hinzukommen) dołączać
**dazwischen** adv (zwischen diesen) między tymi od nimi; (zwischen diese) między te od nie **dazwischenkommen** v/i

(irr; sn) (in die Quere kommen) przeszkadzać ⟨-szkodzić⟩ **dazwischenreden** v/i wtrącać ⟨-cić⟩ się **dazwischentreten** v/i (irr; sn) interweniować
**Dealer** ['diːlɐr] m s/ diler, dealer
**Debatte** f debata; **nicht zur ~ stehen** nie podlegać dyskusji
**Deck** n (-s; -s) MAR pokład **Decke** f (Bettdecke) kołdra; (Tischdecke) serweta, obrus; BUD sufit, pułap, strop **Deckel** m przykryw(k)a, dekiel; e-s Buchs okładka; e-r Kiste wieko **decken** v/t ⟨po⟩kryć; Bedarf pokry(wa)ć (v/r **sich mit** się z inst); fig j-n osłaniać ⟨osłonić⟩, kryć; SPORT, AGR kryć; **den Tisch ~** nakry(wa)ć do stołu; v/i Farbe kryć **Deckfarbe** f farba kryjąca **Deckmantel** m fig: **unter dem ~** (gen) pod płaszczykiem (gen) **Deckung** f (das Decken) osłanianie; pokrycie **deckungsgleich** pokrywający się; MAT przystający
**defekt** uszkodzony, niesprawny **Defekt** m (-[e]s; -e) wada, usterka; bes MED defekt
**defensiv** defensywny, obronny **Defensive** f defensywa
**Defibrillator** m (-s; -en) MED defibrylator
**definieren** (-) ⟨z⟩definiować **Definition** f definicja **definitiv** definitywny, ostateczny
**Defizit** n (-s; -e) deficyt
**deformieren** (-) ⟨z⟩deformować
**deftig** umg suty; fig rubaszny
**dehnbar** rozciągliwy; Begriff nieścisły **dehnen** v/t rozciągać ⟨-gnąć⟩; Laute przeciągać; **sich ~** przeciągać ⟨-gnąć⟩ się
**Deich** m (-[e]s; -e) grobla, wał **Deichsel** f (-; -n) dyszel **deichseln** umg (-le) załatwi(a)ć
**dein** pron poss twój, twoja f, twoje od twe n, pl, twoi persf; wenn es sich auf e-e Sache bezieht, die dem Subjekt gehört swój, swoja f, swoje od swe n, pl, swoi persf **deinerseits** adv z tw(oj)ej strony **deinetwegen** adv (wegen dir) przez ciebie; (dir zuliebe) dla ciebie
**Dekan** m (-s; -e) dziekan
**deklarieren** (-) ⟨za⟩deklarować **deklinieren** (-) GRAM deklinować
**Dekor** m u. n (-s; -s u -e) wzór, motyw **Dekoration** f dekoracja **dekorieren** (-) ⟨u⟩dekorować; bes KULIN a.

przyb(ie)rać (**mit** etw inst)
**Delegation** f delegacja **delegieren** (-) ⟨wy⟩delegować, oddelegow(yw)ać **Delegierte(r)** m (-n) delegat
**Delfin** m (-s; -e) ZOOL delfin
**delikat** (fein) a. subtelny; (köstlich) pyszny, wyszukany **Delikatesse** f przysmak
**Delikt** n (-[e]s; -e) przestępstwo
**Delle** f wgłębienie, wgniecenie
**dem** dat sg → der¹, das¹
**demagogisch** demagogiczny
**dementieren** (-) ⟨z⟩dementować
**dementsprechend** adj odpowiedni, präd odpowiednio (do tego) **demnach** adv (folglich) (a) zatem **demnächst** adv niebawem
**Demokrat(in** f) m (-en) demokrata m (-tka) **Demokratie** [pl -'tiːən] f demokracja **demokratisch** demokratyczny
**demolieren** (-) ⟨z⟩demolować
**Demonstrant(in)** m(f) (-en) demonstrant(ka) **Demonstration** f demonstracja **demonstrativ** demonstracyjny, ostentacyjny; GRAM wskazujący **demonstrieren** (-) v/t ⟨za⟩demonstrować; v/i demonstrować, wiecować
**Demontage** [-'taːʒə] f demontaż **demontieren** (-) ⟨z⟩demontować
**demütig** pokorny **demütigen** v/t upokarzać ⟨-korzyć⟩ **Demütigung** f upokorzenie
**demzufolge** adv wobec tego, zatem
**den** akk sg m → der¹; dat pl m f, n → die²
**denkbar** możliwy (do pomyślenia); adv (äußerst) bardzo, najf- (+ adj od adv); **nicht ~** nie do pomyślenia **denken** (dachte, gedacht) v/t ⟨po⟩myśleć (akk, o lok, nad inst); **was denkst du?** jak sądzisz?; sich (dat) **etw ~** (vorstellen) wyobrażać ⟨-brazić⟩ sobie (akk); v/i myśleć (**an**, **über** akk o lok; **an sich** o sobie); (nachdenken) myśleć, rozmyślać (**über** akk nad inst); (nicht vergessen) pamiętać (**an** akk o lok); **denk daran, dass ...** nie zapomnij o tym, że ... **Denkfehler** m błąd w rozumowaniu **Denkmal** n (-s; -mäler od -e) pomnik; (Kulturdenkmal) zabytek **Denkmal(s)schutz** m ochrona zabytków **Denkpause** f przerwa do namysłu **denkwürdig** pamiętny **Denkzettel** umg m: **j-m e-n ~ verpassen** dać pf k-u nauczkę
**denn** konj bo(wiem), ponieważ; **mehr ~**

**je** więcej niż kiedykolwiek; *partikel* więc, -ż, z.B. **wo ist er ~?** gdzież on jest?, więc gdzie on jest?; *adv* **es sei ~, dass** chyba że
**dennoch** *adv* jednak(że), przecież
**denunzieren** (-): **j-n ~** ⟨za⟩denuncjować k-o, *umg* kablować na k-o
**Deodorant** *n* (-s; -s) dezodorant
**deplatziert** *adj* niestosowny, nie na miejscu
**Deponie** [pl -'niːən] *f* składowisko **deponieren** (-) ⟨z⟩deponować
**Depot** [de'poː] *n* (-s; -s) (*Lager*) magazyn; (*Bus- Bahndepot*) zajezdnia
**Depression** *f* depresja **depressiv** depresyjny **deprimiert** *adj* zdeprymowany
**Deputierte(r)** *m* (-n) deputowany
**der**[1] *art sg m* (*gen des, dat dem, akk den*) *wird nicht übersetzt, z.B.* **der, den Tag** dzień, **des Tages** dnia, **dem Tag** dniu; *pron dem* (*gen dessen*) (*dieser*) ten, *gen* tego; (*jener*) tamten, *gen* tamtego; *umg* (*statt "er"*) on, *gen* (je)go; *pron rel* (*gen dessen*) *nom* ten, który, *akk, gen* ten, którego, *dat* ten, któremu **der**[2] *gen, dat sg f →* **die**[1] **der**[3] *gen pl m, f, n →* **die**[2] **derart** *adv* do tego stopnia **derartig** taki, podobny, tego rodzaju
**derb** *Witz* dosadny
**deren** *pron poss sg f* jej; *pl m, f, n* ich; *pron rel sg f* której; *pl m, f, n* których; *→* **die**[1] u., **die**[2]
**dergleichen** *pron dem* podobny; **und ~ mehr** i tym podobne; **nichts ~** nic podobnego **derjenige** *pron dem* ten; **~, der ...** ten, co ..., ten, kto..., ten, który ... **derselbe** *pron dem* ten sam; *umg* taki sam **derzeitig** obecny, aktualny; (*damalig*) ówczesny
**Desaster** *n* katastrofa, niepowodzenie
**desertieren** *v/i* (-, sn) ⟨z⟩dezerterować
**deshalb** *adv* dlatego, z tego powodu
**Design** [di'zaɪn] *n* (-s; -s) wzornictwo **Designer(in)** *m(f)* designer, projektant(ka) (*wzorów, mody*) **Designermode** *f* odzież sławnych projektantów **Designhotel** *n* hotel *m* designerski
**Desinfektion** *f* dezynfekcja **desinfizieren** (-) ⟨z⟩dezynfekować **Desinteresse** *n* (-s; *bpl*) brak zainteresowania (**an etw, j-m** *inst*)
**desorganisieren** (-) ⟨z⟩dezorganizować **desorientiert** *adj* zdezorientowany

**dessen** *gen sg m, n* tego, jego; *relativ* którego; *→* **das, der**[1]; **Vater und ~ Sohn** ojciec i jego syn; **~ ungeachtet** mimo to, nie bacząc na to
**Dessert** [dɛ'seːr] *n* (-s; -s) deser
**destilliert** *adj* destylowany
**desto** *konj* tym; **je mehr, ~ besser** im więcej, tym lepiej
**deswegen** *adv* dlatego, z tego powodu
**Detail** [de'taj] *n* (-s; -s) szczegół **detailliert** [-'jiːrt] szczegółowy (-wo)
**Detektiv** *m* (-s; -e) detektyw
**detonieren** *v/i* (-; sn) detonować
**deuten** (-e-) *v/t* ⟨wy⟩tłumaczyć **deutlich** wyraźny, jasny; (*vernehmlich*) dobitny
**deutsch** niemiecki (po -ku) **Deutsch** *n* (-[s]; *bpl*) (język) niemiecki; **auf ~** po niemiecku; **~ lernen** ⟨na⟩uczyć się niemieckiego; **~ sprechen** mówić po niemiecku **Deutsche**[1] *n* (-n; *bpl*) (język) niemiecki, niemczyzna; **ins ~ übersetzen** ⟨prze⟩tłumaczyć na niemiecki **Deutsche**[2] *f* Niemka **Deutsche(r)** *m* Niemiec **deutschsprachig** niemieckojęzyczny **deutschstämmig** niemieckiego pochodzenia **Deutschstunde** *f* lekcja (języka) niemieckiego
**Deutung** *f* tłumaczenie, interpretacja
**Devisen** *fpl*/FIN dewizy *fpl* **Devisenbestimmungen** *fpl* przepisy *mpl* dewizowe
**Dezember** *m* grudzień; **im ~** w grudniu; *in zssgn* grudniowy
**dezent** subtelny, dyskretny
**Dezernat** *n* (-s; -e) (wy)dział, referat
**Dezimalsystem** *n* (*bpl*) system dziesiętny
**dezimieren** (-) ⟨z⟩dziesiątkować
**Diabetes** *m* (-; *bpl*) cukrzyca **Diabetiker(in)** *m(f)* chory (-ra) na cukrzycę, *umg* cukrzyk
**Diagnose** *f* diagnoza; MED *a.* rozpoznanie
**diagonal** diagonalny; *präd a.* po przekątnej
**Diagramm** *n* (-s; -e) wykres **Dialekt** *n* (-[e]s; -e) narzecze, gwara **Dialog** *n* (-[e]s; -e) dialog **Diamant** *m* (-en) diament **Diaprojektor** *m* rzutnik do przezroczy
**Diät** *f* dieta; **~ machen** być na diecie;

umg **auf ~ setzen** (akk) zalecać ⟨-cić⟩ dietę (dat) **Diäten** fpl (Bezüge) diety fpl
**dich** pron pers ciebie, cię; reflexiv siebie, się
**dicht** gęsty (-to); Fass szczelny; **~ besiedelt** gęsto zaludniony; adv **~ an** od **bei, ~ hinter** (dat) tuż przy, tuż za (inst) **Dichte** f gęstość f; (inhaltlich) zwartość f
**dichten**¹ (-e-) Dach uszczelni(a)ć
**dichten**² (-e-) v/t ⟨na⟩pisać (**ein Gedicht** wiersz) **Dichter(in** f) poeta m (-tka), pisarz (-rka) **dichterisch** poetycki, twórczy
**dichtmachen** umg v/t u. v/i zamykać ⟨zamknąć⟩
**Dichtung**¹ f (Werk) utwór poetycki, poemat; (bpl) poezja, twórczość poetycka
**Dichtung**² f TECH uszczelka
**dick** gruby (-bo); **... cm ~** gruby na ... cm; umg fig zażyły; **~ machen** zagęszczać ⟨zagęścić⟩; **sich ~ anziehen** ciepło się ub(ie)rać; **~ werden** zgrubieć pf; Person a. utyć pf **Dickdarm** m jelito grube **Dicke**¹ f grubość f **Dicke**² f grubaska **dickflüssig** gęsty **Dickicht** n (-[e]s; -e) gęstwina, gąszcz **dickköpfig** umg uparty **Dickmilch** f zsiadłe mleko
**die**¹ art sg f (gen, dat der, akk die) wird nicht übersetzt, z.B. **~ Frau** nom kobieta, akk kobietę, **der Frau** gen kobiety, dat kobiecie; pron dem (gen deren) nom ta, akk tę od umg tą, gen tej; **~ da** nom tamta, akk tamtą, gen tamtej; umg (statt „sie") ona, gen jej; pron rel (gen deren) nom ta, która, gen, akk tę, którą, dat tej, której **die**² art pl m, f, n (gen der, dat den, akk die) wird nicht übersetzt, z.B. **~ Briefe** nom, akk listy, **der Briefe** listów, **den Briefen** listom; pron dem (gen deren, dat denen, akk die) nom te, persf ci, akk te, persf tych, gen tych, dat tym; **~ da** (gen deren od derer) nom tamte, persf tamci, akk tamte, persf tamtych, gen tamtych, dat tamtym; umg (statt „sie" pl) one, persf oni, per ich; pron rel (gen deren, dat denen, akk die) nom te, które ..., persf ci, którzy ...; akk te, które ..., persf tych, którzy ...; gen tych, które ..., persf tych, którzy ...; dat tym, które ..., persf tym, którzy ...
**Dieb** m (-[e]s; -e) złodziej **Diebesgut** n (bpl) rzeczy ukradzione, łup **Diebin** f złodziejka **Diebstahl** m (-[e]s; -stähle) kradzież f **diebstahlsicher** zabezpieczony od kradzieży
**diejenige** pron dem ta; **~, die** ta, co od która
**Diele** f (Raum) hol
**dienen** służyć **Diener(in** f) m sługa m/f, służący (-ca) **Dienst** m (-[e]s; -e) służba m; (Nachtdienst) dyżur; **im ~ sein** być na służbie, pełnić służbę; **außer ~** emerytowany
**Dienstag** m wtorek; in zssgn wtorkowy; **am ~** we wtorek
**Dienstausweis** m legitymacja służbowa **Dienstbereich** m zakres obowiązków służbowych **dienstbereit** adj dyżurny; (willig) uczynny **dienstfrei** wolny od służby **Dienstgrad** m stopień służbowy **Dienstleistung** f świadczenie usług; pl a. usługi fpl **dienstlich** służbowy (-wo) **Dienstreise** f podróż służbowa **Dienststelle** f instytucja, urząd, placówka **Dienststunden** fpl godziny fpl urzędowania **Dienstweg** m: **auf dem ~(e)** drogą służbową od urzędową
**dies** → **diese**; (das hier) to, oto **diese** pron dem sg f ta
**Diesel** m diesel; (Treibstoff) olej napędowy
**dieselbe** pron dem ta sama **dieselben** pron dem pl te same, persf ci sami
**Dieselmotor** m silnik Diesla **Dieselöl** n olej napędowy
**dieser, dieses** → **diese**
**diesig** mglisty (-to)
**diesjährig** tegoroczny **diesmal** adv tym razem **diesseits** präp (gen) od adv (**von** dat) po tej stronie (gen)
**Diffamierung** f dyfamacja
**Differenz** f różnica; **~en** pl (Unstimmigkeiten) kontrowersje fpl **Differenzial** n (-s; -e) TECH dyferencjał, mechanizm różnicowy **differenzieren** (-) ⟨z-⟩różnicować **Differenzierung** f zróżnicowanie
**digital** cyfrowy (-wo); numeryczny **Digitalanzeige** f wskaźnik cyfrowy
**Diktat** n (-[e]s; -e) dyktando; (bpl) dyktat **diktatorisch** dyktatorski (po -ku) **Diktatur** f dyktatura **diktieren** (-) ⟨po⟩dyktować **Diktiergerät** n dyktafon
**dilettantisch** dyletancki (po -ku)
**Dill** m (-s; bpl) koper; KULIN a. koperek
**Dimension** f wymiar
**Ding** n (-[e]s; -e) rzecz f; umg (pl **-er**)

(*Dingsda*) (to) coś, wihajster, gadżet, fidżel; **vor allen ~en** w pierwszym rzędzie
**Diözese** f diecezja
**Diphtherie** [dɪftəˈriː] f (*bpl*) błonica, dyfteryt
**Diplom** n (-s; -e) dyplom **Diplomarbeit** f praca dyplomowa **Diplomat(in** f) m dyplomata m (-tka) **Diplomatie** f (*bpl*) dyplomacja **diplomatisch** dyplomatyczny **Diplomingenieur** m magister inżynier
**dir** *pron* (*dat von* **du**) tobie, ci; *refl* sobie
**direkt** **A** *adj* bezpośredni; GRAM **~e Rede** mowa niezależna **B** *adv* bezpośrednio; (*geradezu*) wprost
**Direktion** f dyrekcja; **~s-** *in zssgn* dyrekcyjny **Direktor** [-ˈrɛk-] m (-s; -toren), **Direktorin** f dyrektor(ka *umg*); *in zssgn* dyrektorski
**Direktübertragung** f transmisja bezpośrednia **Direktzugriff** m IT dostęp bezpośredni
**Dirigent(in)** m(f) (-en) dyrygent(ka) **dirigieren** (-) *v/t* dyrygować (*inst*)
**Discounter** [-ˈkaʊnt-] m (-s; -) dyskonter m
**Diskothek** f dyskoteka
**diskreditieren** (-) ⟨z⟩dyskredytować
**Diskrepanz** f niezgodność f
**diskret** dyskretny **Diskretion** f dyskrecja
**diskriminieren** (-) dyskryminować
**Diskussion** f dyskusja **Diskussionsbeitrag** m artykuł *od* referat dyskusyjny
**Diskuswerfen** n (-s; *bpl*) rzut dyskiem
**diskutieren** (-) *v/t* dyskutować (*akk*); *v/i* **~ über etw** dyskutować nad (*inst*)
**disponieren** *v/i* (-): **über** (*akk*) ~ dysponować (*inst*) **Dispositionskredit** m kredyt dyspozycyjny
**disqualifizieren** (-) ⟨z⟩dyskwalifikować
**Dissident(in)** m(f) (-en) dysydent(ka)
**Distanz** f dystans **distanzieren** (-): **sich ~ von j-m, etw** dystansować się (*od gen*)
**Distel** f (-; -n) oset
**Disziplin** f dyscyplina **diszipliniert** *adj* zdyscyplinowany **Disziplinlosigkeit** f (*bpl*) brak dyscypliny
**Dividende** f dywidenda **dividieren** (-) ⟨po⟩dzielić **Division** f MAT dzielenie; MIL dywizja

**doch** *konj* jednak, ale; *adv* (*dennoch*) jednak(że); *partikel* przecież; **Sie wissen ~** pan(i) przecież wie; (*verstärkend*) ależ; **~!** ależ tak!; **also ~!** a więc jednak!; **nicht ~!** (ależ) nie!; (*auffordernd*) no -że
**Docht** m (-[e]s; -e) knot
**Dock** n (-[e]s; -s) dok
**Dogma** n (-s; -men) dogmat **dogmatisch** dogmatyczny
**Doktor** m (-s; -toren) doktor (**der Medizin** medycyny) **Doktorarbeit** f rozprawa doktorska **Doktorgrad** m stopień m doktora
**Dokument** n (-[e]s; -e) dokument **Dokumentarfilm** m film dokumentalny **dokumentieren** *v/t* (-) świadczyć o (*lok*); (*belegen*) ⟨u⟩dokumentować
**Dolch** m (-[e]s; -e) sztylet
**Dollar** m (-[s]; -s, aber mit Zahlen -) dolar
**dolmetschen** *v/t* ⟨prze⟩tłumaczyć; *v/i* tłumaczyć **Dolmetscher(in)** m(f) tłumacz(ka)
**Dom** m (-[e]s; -e) katedra
**dominant** dominujący **dominieren** (-) *v/i* dominować, górować
**Dompteur** m (-s; -e), **Dompteuse** f pogromca m, pogromczyni zwierząt
**Donau** f Dunaj
**Donner** m grzmot, grom **donnern** (-re) *umg v/t* ⟨za⟩grzmieć; (*sn*) *Zug* przejeżdżać ⟨-jechać⟩ z łoskotem; (*prallen*) grzmotnąć się *pf* (**gegen** o *akk*); *unpers* **es donnert** grzmi **Donnerschlag** m uderzenie pioruna, piorun
**Donnerstag** m czwartek; *in zssgn* czwartkowy; **am ~** w czwartek **donnerstags** *adv* w czwartki
**doof** *umg* durny, głupi (-pio); (*langweilig*) nudny
**Doping** n (-s; -s) doping **Dopingkontrolle** f kontrola antydopingowa
**Doppel** n duplikat; *in zssgn mst* podwójny **Doppelbett** n łóżko małżeńskie **Doppeldecker** m (*Flugzeug*) dwupłatowiec; (*Bus*) autobus piętrowy **doppeldeutig** dwuznaczny **Doppelgänger(in)** m(f) sobowtór **Doppelhaus** n (*dom*) bliźniak **Doppelpunkt** m dwukropek **doppelseitig** dwustronny; (*beidseitig*) obustronny **Doppelspiel** n gra podwójna **doppelt** *adj* podwójny, dwukrotny; *adv a.* w dwójnasób; **~ so**

**alt wie ich** dwukrotnie starszy ode mnie; **~ so viel** dwa razy tyle, dwakroć więcej **Doppelzimmer** n pokój dwuosobowy, umg dwójka
**Dorade** f (-; -n) ZOOL dorada f
**Dorf** n (-[e]s; Dörfer) wieś f, wioska **Dorfbewohner(in)** m(f) mieszkaniec (-nka) wsi
**Dorn** m (-[e]s; -en) cierń m, kolec **dornig** cierniowy, ciernisty (-ście)
**Dorsch** m (-[e]s; -e) dorsz, wątłusz
**dort** adv tam; **von ~** stamtąd; **~ drüben** tam(że) **dorthin** adv tam, w tamtą stronę **dortig** tamtejszy
**Dose** f puszka
**dösen** v/i ⟨po⟩drzemać (sobie)
**Dosenöffner** m otwieracz do konserw **dosieren** (-) dozować, dawkować **Dosis** f (-; Dosen) dawka, doza
**Dotter** m od n żółtko
**downloaden** v/t IT ściągać ⟨-nąć⟩; **eine Datei ~** ściągnąć plik
**Dozent(in)** m(f) (-en) docent(ka)
**Drache** m (-n) smok **Drachen** m latawiec **Drachenfliegen** n lotniarstwo **Drachenfrucht** f BOT pitaja f
**Draht** m (-[e]s; Drähte) drut **drahtlos** bezprzewodowy **Drahtseil** n lina stalowa **Drahtseilbahn** f kolej(ka) linowa **Drahtzaun** m ogrodzenie z drutu **Drahtzieher** m fig abw pokątny doradca, zakulisowy inspirator
**drall** jędrny, hoży (-żo)
**Drama** n (-s; -men) dramat **dramatisch** dramatyczny **dramatisieren** (-) dramatyzować
**dran** umg adv → daran; **ich bin ~** (teraz) moja kolej; **übel ~ sein** (mit) mieć nie lada kłopot (z inst); **da ist etwas ~** w tym coś jest
**dranbleiben** umg v/i (irr; sn) **(bitte) bleiben Sie dran!** proszę nie odkładać słuchawki!
**drang** → dringen **Drang** m (-[e]s; bpl) (Druck) parcie; (Streben) dążenie **(nach** do gen) **drängeln** umg (-le) v/i (u. v/r sich) pchać się, przepychać się **(durch die Menge** przez tłum); v/t wyp(y)chać **drängen** v/t spychać ⟨zepchnąć⟩; **zur Eile** przynaglać
**drankommen** umg (irr; sn) być wywoł(yw)anym; Schüler a. do tablicy od odpowiedzi)

**drastisch** drastyczny
**drauf** umg adv → darauf; **~ und dran sein zu** (+ inf) nieomal nie (+ inf), być blisko (gen) **Draufgänger** m ryzykant, umg odważniak **draufgehen** umg (irr; sn) zginąć pf **draufzahlen** umg v/t u. v/i dopłacać ⟨-cić⟩
**draus** umg → daraus
**draußen** (im Freien) na dworze **nach ~** na dwór; **von ~** z(e) dworu; **weit ~** daleko
**Dreck** m (-[e]s; bpl) umg brud(y pl); (Schlamm) błoto; (wertloses Zeug) **dreckig** umg brudny (-no); (mit Schlamm bedeckt) zabłocony
**Dreharbeiten** fpl kręcenie (filmu) **Drehbuch** n scenopis, scenariusz **drehen** v/t obracać ⟨-rócić⟩, kręcić (akk, inst); **sich ~** obracać ⟨-rócić⟩ się (**um** dokoła, wokół gen, **auf den Rücken** na plecy, **nach rechts** w prawo); (rotieren) kręcić się; umg **worum dreht es sich?** o co chodzi? **Dreher** m tokarz **Drehknopf** m pokrętło, gałka **Drehorgel** f katarynka **Drehscheibe** f KOLEJ obrotnica; e-s Töpfers koło garncarskie **Drehstrom** m prąd trójfazowy **Drehtür** f drzwi pl obrotowe **Drehung** f obrót; **e-e halbe ~** półobrót **Drehzahl** f TECH prędkość obrotowa; MOT liczba obrotów **Drehzahlmesser** m obrotomierz, licznik obrotów
**drei** num trzy, persf trzej, gen trzech; Sammelzahlwort troje; **um ~ Uhr** o trzeciej (godzinie); **~ viertel** trzy czwarte **Drei** f trójka **dreidimensional** trójwymiarowy (-wo) **Dreieck** n trójkąt **dreieckig** trójkątny **dreieinhalb** trzy i pół **dreifach** trzykrotny, potrójny **Dreifaltigkeit** f (bpl) rel Trójca **dreifarbig** trójbarwny **dreijährig** trzyletni; 3 Jahre lang a. trzechletni **Dreikönigsfest** n Trzech Króli **dreimal** adv trzykrotnie **dreimalig** trzykrotny **Dreirad** n rower(ek) trójkołowy, trójkołowiec **dreiseitig** trójstronny; Brief trzystronicowy **Dreisprung** m trójskok **dreist** zuchwały (-le), bezczelny **dreistellig** Zahl trzycyfrowy **dreistöckig** trzypiętrowy **Dreitagebart** m zarost trzydniowy **dreiviertellang** Jacke trzyćwierciowy **Dreiviertelstunde** f trzy kwadranse **Dreizimmerwohnung** f mieszkanie trzypokojowe

**dreschen** v/t u. v/i pop fig grzmocić, walić, młócić
**dressieren** (-) ⟨wy⟩tresować
**Dressing** n (-s; -s) sos zimny (do sałaty), dressing
**drillen** v/t MIL, fig musztrować, ćwiczyć
**Drillinge** mpl trojaczki mpl
**drin** umg adv → darin
**dringen** v/i (drang, gedrungen; sn): **durch etw ~** przenikać ⟨-knąć⟩ przez (akk); Geschoss przebija(ć) (akk); **in etw** (akk) **~** przedosta(wa)ć się do (gen); gewaltsam wdzierać ⟨wedrzeć⟩ się do (gen) **Dringlichkeit** f (bpl) pilność f; **... von besonderer ~** nagły, priorytetowy ...
**drinnen** adv wewnątrz, w środku
**dritt** adv: **zu ~** w(e) trójkę, we troje **dritte** num trzeci; etw **von ~r Seite erfahren** usłyszeć pf z trzecich ust **Drittel** n trzecia część; SPORT (Spielzeit) tercja **drittens** adv po trzecie **drittklassig, drittrangig** trzeciorzędny
**Droge** f (Rauschgift) narkotyk; **~n nehmen** narkotyzować się, brać narkotyki od umg dragi, pop grzać **Drogenabhängigkeit** f (bpl) narkomania **Drogenberatungsstelle** f poradnia dla narkomanów **Drogenhandel** m handel narkotykami, narkobiznes **Drogenkurier** m kurier narkotykowy **Drogensucht** f (bpl) narkomania
**Drogerie** (pl -ˈriːən) f drogeria
**drohen** v/i ⟨po-, za⟩grozić (**j-m mit etw** k-u inst)
**Drohne** f ZOOL trutem; m (a. fig) MIL dron m
**dröhnen** v/i grzmieć; Schritte dudnić
**Drohung** f groźba, pogróżka
**drollig** pocieszny, zabawny, draczny
**Drossel** f (-; -n) ZOOL drozd; ELEK, TECH dławik **drosseln** (-le) ograniczać ⟨-czyć⟩; Tempo przyhamow(yw)ać
**drüben** adv tam, po tamtej stronie; **von ~** stamtąd **drüber** umg adv → darüber
**Druck**¹ m (-[e]s; Drücke) ciśnienie; fig (bpl) nacisk, presja; **j-n unter ~ setzen** wywierać nacisk na k-o; **unter ~ handeln** działać pod presją; **in ~ geraten** znaleźć się pf w opresji; umg **im ~ sein** nie mieć chwili czasu; umg **~ machen** cisnąć, naciskać
**Druck**² m (-[e]s; -e) TYPO druk; **in ~ geben** odda(wa)ć do druku **Druckbuchstabe** m litera drukowana **drucken** v/t u. v/i drukować; v/t a. wydrukować pf
**drücken** v/t ściskać ⟨-snąć⟩; Taste naciskać, przyciskać ⟨-snąć⟩; **etw an** (akk) **~, j-n an sich ~** przyciskać ⟨-snąć⟩ coś do (gen), k-o do siebie; Preise zbi(ja)ć; v/i (lasten) uciskać, cisnąć; Schuh a. uwierać; sl (fixen) dawać sobie w żyłę; v/r umg **sich ~ (vor** dat) wymig(iw)ać się (od gen)
**Drucker** m drukarz; IT drukarka
**Drücker** m klamka; (Knopf) przycisk
**Druckerei** f drukarnia **Druckfehler** m błąd drukarski **Druckknopf** m TECH przycisk, guzik; am Kleid zatrzask, napa **Drucklulft** f (bpl) sprężone powietrze; in zssgn mst pneumatyczny **Druckmittel** n środek wywierania nacisku (**gegen** na akk) **Druckschrift** f (bpl) pismo drukowane; (a. pl) druk, broszura **Drucktaste** f przycisk; in zssgn przyciskowy
**drum** umg adv → darum; **seis ~** niech tak będzie; **mit allem Drum und Dran** ze wszelkimi szykanami
**drunter** umg adv → darunter; umg **hier geht alles ~ und drüber** tu panuje straszny bałagan
**Drüse** f gruczoł
**Dschungel** m dżungla
**du** pron ty; **mit j-m per ~ sein** być na ty z (inst); **mit j-m auf Du und Du stehen** być w zażyłych stosunkach z (inst)
**dubios** wątpliwy; Geschäft a. podejrzany
**ducken: sich ~** schylać ⟨-lić⟩ się; fig (**vor** dat) giąć kark (przed inst)
**Dudelsack** m dudy fpl
**Duell** n (-s; -e) pojedynek **Duett** n (-[e]s; -e) duet; **im ~ w** duecie
**Duft** m (-[e]s; Düfte) zapach, woń f **duften** v/i (-e-) pachnieć, pachnąć (**nach etw** inst) **duftig** Bluse powiewny, lekki **Duftnote** f charakterystyczny zapach
**dulden** (-e-) znosić ⟨znieść⟩, ⟨ś⟩cierpieć; tolerować
**dumm** (dümmer; dümmste) głupi, umg durny **Dummheit** f (bpl) głupota; Handlung głupstwo **Dummkopf** m abw głupiec, głuptas, umg dureń m
**dumpf** głuchy (-cho); Schmerz tępy
**Düne** f wydma
**Dung** m (-[e]s; bpl) obornik, gnój **düngen** nawozić ⟨-wieźć⟩ (**mit** inst) **Dünger** m nawóz
**dunkel** (-kl-) ciemny (-no); **es wird ~** robi

się ciemno, ściemnia się; **im Dunkeln** w ciemności, po ciemku **Dunkel** n (-s; bpl) ciemność f, ciemno **dunkelblau** ciemnoniebieski (-ko), granatowy (-wo) **dunkelhaarig** ciemnowłosy **Dunkelheit** f (bpl) ciemność f, mrok **Dunkelkammer** f ciemnia **Dunkelziffer** f nieznana liczba

**dünn** cienki (-ko); Haare rzadki (-ko); ~ **besiedelt** słabo zaludniony **Dünndarm** m jelito cienkie

**Dunst** m (-[e]s opar, mgiełka **dünsten** (-e-) v/t KULIN ⟨u⟩dusić; v/i dusić się **dunstig** zamglony, mglisty (-to)

**durch** präp (akk) przez, poprzez (akk); (mittels) przez (akk); ~ **Zufall** przez przypadek; oft nur mit subst im inst übersetzt: ~ **die Post** pocztą v/t; **darf ich** ~? czy mogę przejść?

**durcharbeiten** v/t przepracować pf (**die ganze Nacht** całą noc); **sich** ~ ⟨u⟩torować sobie drogę (**durch** przez akk) **durchatmen** v/i; **tief** ~ oddychać ⟨odetchnąć⟩ głęboko

**durchaus** adv zupełnie, absolutnie; (unbedingt) koniecznie; ~ **nicht** bynajmniej **durchbeißen** (irr; -) v/t przegryzać ⟨-gryźć⟩ **durchblättern** ⟨prze⟩wertować, ⟨prze⟩kartkować

**Durchblick** m umg fig orientacja **durchblicken**; umg fig (bei) ⟨z⟩orientować się

**Durchblutungsstörung** f zaburzenie ukrwienia

**durchbohren**[1] przewiercać ⟨-cić⟩ **durchbohren**[2] (-) przedziurawiać ⟨-wić⟩, przebi(ja)ć **durchbraten** (irr) wysmażać ⟨-żyć⟩ **durchbrechen**[1] v/i (sn) przełam(yw)ać (się); Sonne przebi(ja)ć się (**durch** przez akk); Geschwür pękać ⟨pęknąć⟩ **durchbrechen**[2] v/t (irr; -) przer(yw)ać; Schallmauer przekraczać ⟨-kroczyć⟩

**durchbrennen** v/i (irr; sn) przepalać ⟨-lić⟩ się; umg fig uciec pf **durchbringen** (irr) v/t przeforsować pf; Kranken uratować pf; Familie utrzym(yw)ać, wyżywić pf

**Durchbruch** m przełamanie; GEOL, fig przełom; MED perforacja; in e-r Mauer wyłom; e-r Sache **zum** ~ **verhelfen** popularyzować pf (akk)

**durchdacht** adj Plan przemyślany

**durchdenken** (irr; -) rozważać ⟨-żyć⟩ **durchdrehen** v/t Fleisch przepuszczać ⟨-puścić⟩ przez maszynkę; v/i Räder wpadać ⟨wpaść⟩ w poślizg

**durchdringen**[1] v/i (irr; sn) przedosta(wa)ć się, docierać ⟨dotrzeć⟩ (**bis** [aż] **do** gen) **durchdringen**[2] v/t (irr; -) przenikać ⟨-knąć⟩ przez (akk); Gefühl przejmować ⟨-jąć⟩

**durcheinander** adv bezładnie, (jak) groch z kapustą; **total** ~ **sein** umg mieć mętlik w głowie **Durcheinander** n (-s; bpl) mętlik, bałagan; (Gerenne) rwetes, rejwach

**durchfahren** v/i (irr; sn) przejeżdżać ⟨-jechać⟩ **Durchfahrt** f przejazd

**Durchfall** m MED biegunka, rozwolnienie; umg fig klapa, fiasko **durchfallen im Examen** ~ oblać pf egzamin

**durchfinden** umg (irr): **sich** ~ odszukać pf drogę, znaleźć pf drogę **durchforschen** v/t (-) przeszuk(iw)ać (**nach etw** w poszukiwaniu gen)

**durchführbar** wykonalny, przeprowadzalny **durchführen** przeprowadzać ⟨-dzić⟩; Plan a. wykon(yw)ać, ⟨z⟩realizować **Durchführung** f (bpl) przeprowadzenie; (Realisierung) wykonanie, realizacja

**Durchgang** m przejście; (Versuch) podejście, próba **durchgängig** adv stale, bez przerwy **Durchgangsverkehr** m ruch tranzytowy **durchgehen** (irr; sn) v/i przechodzić ⟨przejść⟩ (**weiter** dalej, **durch** przez akk; Pferde ponieść pf; **seine Fantasie ging mit ihm durch** poniosła go fantazja; **etw** ~ **lassen** puszczać ⟨puścić⟩ płazem (akk); v/t Text sprawdzać ⟨-dzić⟩

**durchgreifen** v/i (irr): **hart** ~ przedsiębrać ⟨-sięwziąć⟩ energiczne środki (**gegen** przeciwko dat) **durchhalten** v/t przetrzym(yw)ać **durchkommen** Zug przejeżdżać ⟨-jechać⟩; (etw überstehen) umg wygrzebać pf (**z** gen) **durchkreuzen** (-) pokrzyżować pf

**durchlassen** (irr) przepuszczać ⟨-puścić⟩ **durchlässig** przepuszczalny; fig otwarty

**durchlaufen**[1] (irr) v/i (sn) przechodzić ⟨przejść⟩, im Laufschritt przebiegać ⟨-biec⟩ (**durch** przez akk) **durchlaufen**[2] (irr; -) Strecke przebiegać ⟨-biec⟩;

## durchlesen – Dynastie

ukończyć pf **durchlesen** (irr) przeczytać pf (do końca) **durchleuchten** (-) prześwietlać ⟨-lić⟩ **durchmachen** umg odby(wa)ć; (erleiden) przeży(wa)ć, wycierpieć pf
**Durchmesser** m średnica
**durchnässt** pperf, adj przemoknięty
**durchnehmen** (irr) przerabiać ⟨-robić⟩ **durchprüfen** sprawdzać ⟨-dzić⟩ (gruntownie, systematycznie)
**Durchreise** f przejazd; tranzyt; **auf der ~** przejazdem
**durchringen** (irr): **sich zu e-m Entschluss ~** przemóc się pf i powziąć pf decyzję
**Durchsage** f komunikat, informacja
**durchsägen** przepiłow(yw)ać
**durchschaubar** fig przejrzysty
**durchscheinend** adj przeświecający
**Durchschlag** m odbitka, przebitka; (Sieb) durszlak, cedzak **durchschlagen**[1] (irr) v/t przerąb(yw)ać; Wand przebi(ja)ć; sich ~ przebi(ja)ć się (durch przez akk) **durchschlagen**[2] v/t (irr; -) przebi(ja)ć **Durchschlagpapier** n papier przebitkowy
**durchschneiden** (irr) przecinać ⟨-ciąć⟩; Kehle podcinać ⟨-ciąć⟩ **Durchschnitt** m (Mittelwert) przeciętna, średnia; **im ~** przeciętnie, średnio **Durchschrift** f kopia, odbitka
**durchsehen** (irr) v/t przeglądać ⟨przejrzeć⟩ (akk) **durchsetzen** v/t przeforsować pf; Willen narzucać ⟨-cić⟩; **sich ~** zdoby(wa)ć uznanie (**bei** u gen); **sich ~ mit** etw postawić pf na swoim, dopiąć pf swego
**Durchsicht** f (bpl) przejrzenie, przegląd; TECH przegląd **durchsichtig** przezroczysty ⟨-ście⟩; fig przejrzysty ⟨-ście⟩
**durchsickern** v/i (sn) przeciekać, wyciekać ⟨-knąć, -ciec⟩ **durchsprechen\*** omawiać ⟨omówić⟩ **durchstehen** (ausharren) wytrwać pf do końca
**durchstellen** TEL ⟨po-, prze⟩łączyć
**durchstoßen** (irr; -) przebi(ja)ć; MIL Front przełam(yw)ać **durchstreichen** (irr) przekreślać ⟨-lić⟩
**durchsuchen** przeszuk(iw)ać **Durchsuchung** f przeszuk(iw)anie; JUR rewizja
**durchwachsen** adj KULIN przerośnięty; umg zmienny, w kratkę **durchwäh-**

**len** v/i: **~ können** móc bezpośrednio połączyć się (**nach** z inst)
**durchweg** adv bez wyjątku
**durchwühlen** (-) przetrząsać ⟨-snąć⟩ (**nach** etw w poszukiwaniu gen) **durchzählen** przeliczać ⟨-czyć⟩ **durchziehen**[1] (irr) v/t (h) u. v/i (-; sn) przeciągać ⟨-gnąć⟩ (**durch** przez akk); umg zrealizować pf; **sich ~** przewijać się (**durch** w lok) **durchziehen**[2] v/t (irr; -) przecinać; Duft przesycać **Durchzug** m przemarsz, przejazd; (bpl) (Zugluft) przeciąg
**dürfen** (darf, durfte) Hilfsverb (pperf dürfen) móc, mst unpers można, wolno; **du darfst gehen** możesz iść, wolno ci iść; **darf ich bitten?** czy mogę prosić?; **was darf es sein?** czym mogę służyć?; v/t u. v/i (pperf gedurft) móc, mst unpers wolno, można; **ich, man** usw **darf (nicht** nie) wolno (dat), można **dürftig** marny, nędzny; abw lichy ⟨-cho⟩
**dürr** suchy, uschnięty **Dürre** f susza, posucha
**Durst** m (-[e]s; bpl) pragnienie; **ich habe ~** chce mi się pić; **~ haben auf** etw mieć chętkę na (akk) **durstig** spragniony (**nach** etw gen)
**Dusche** f natrysk, prysznic **duschen** v/i brać ⟨wziąć⟩ prysznic **Duschkabine** f kabina f prysznicowa
**Düse** f TECH dysza; zum Zerstäuben rozpylacz **Düsenflugzeug** n samolot odrzutowy, odrzutowiec
**düster** mroczny (-no); fig ponury (-ro)
**Dutzend** n (-s; -e) tuzin; **~e (von) ...** tuziny (gen); fig in zssgn tuzinkowy
**duzen** (-zt) v/t być na ty z (inst), umg tykać (akk); **sich ~** tykać się
**DVD** f (-; -s) TECH DVD (di-vi-di)
**dynamisch** dynamiczny; fig a. operatywny **Dynamit** n (-s; bpl) dynamit
**Dynastie** [pl -'tiːən] f dynastia

**E**

**Ebbe** f odpływ
**eben**¹ *präd* płaski, równinny; **~ machen** wyrówn(yw)ać; **zu ~er Erde** na ziemi; **wohnen** na parterze
**eben**² *adv* właśnie, akurat (teraz); **nicht ~ freundlich** nie bardzo uprzejmy; **das ist ~ so** tak to jest; **dann ~ nicht** no to nie
**ebenbürtig** równy, równorzędny; **j-m ~ sein** dorównywać k-u **Ebene** f GEOG równina; *(Niveau)* poziom, szczebel
**ebenfalls** *adv* również, też; **danke, ~!** dziękuję, nawzajem! **Ebenholz** n heban
**ebenso** *adv* tak samo, równie; *(auch)* również; **~ gut** również dobry; równie dobrze; **~ oft** równie często; **~ sehr** tak samo, również **(wie jak i)**; **~ viel** tyle samo, tyleż; **~ wenig** równie mało **(wie jak i)**; również nie
**Eber** m knur
**E-Bike** n (-s) rower m elektryczny
**ebnen** (-e-) równać, wyrówn(yw)ać; *fig* ⟨u⟩torować
**E-Book** n (-s) ebook m, książka f elektroniczna
**Echo** n (-s; -s) echo; *fig a.* oddźwięk
**echt** *adj* prawdziwy; *Farbe* trwały; MAT **~er Bruch** ułamek właściwy; *adv* prawdziwie, naprawdę; *umg* typowo **Echtheit** f (*bpl*) *e-r Urkunde* autentyczność f; *von Farben* trwałość f **Echtzeit** f czas rzeczywisty
**Eckball** m rzut rożny, korner **Ecke** f róg; *(Winkel)* kąt **Eckhaus** n dom narożny **eckig** kanciasty (-to); *Platte* czworokątny **Eckpfeiler** m *fig* filar **Eckzahn** m kieł
**edel** (-dler, -lst-) szlachetny; *(vornehm)* nobliwy (-wie) **Edelmetall** n metal szlachetny **Edelmut** m szlachetność f **Edelstein** m kamień szlachetny **Edelweiß** n (-[es]; -e) szarotka
**Efeu** ['eːfɔy] m (-s; *bpl*) bluszcz
**Effekt** m (-[e]s; -e) efekt **effektiv** efektywny; TECH *a.* użyteczny **effektvoll** efektowny
**egal** *adj (unv)* obojętne; **das ist ~** wszystko jedno, obojętnie; **(das) ist mir (nicht) ~** to (nie) jest mi obojętne
**Egel** m pijawka
**Egge** f brona
**Egoist(in)** m(f) (-en) egoista m (-tka)
**egoistisch** egoistyczny, samolubny
**ehe** *konj* zanim, nim
**Ehe** f małżeństwo **Ehebett** n łóżko małżeńskie **Ehebruch** m zdrada małżeńska **Ehefrau** f żona **Ehegemeinschaft** f wspólnota małżeńska **Eheleute** pl małżonkowie pl **ehelich** małżeński
**ehemalig** byly, eks(-) **ehemals** *adv* kiedyś, ongiś
**Ehemann** m mąż **Ehepaar** n para małżeńska
**eher** *adv (früher)* wcześniej; *umg* raczej
**Ehering** m obrączka (ślubna) **Eheschließung** f zawarcie małżeństwa **Ehestreit** m kłótnia małżeńska
**Ehre** f (*bpl*) honor, cześć f; *(a. pl)* zaszczyt
**ehren** *(achten)* czcić, szanować; *(Ehre machen)* zaszczycać ⟨-cić⟩; **j-n ~ mit etw für etw** uczcić pf, uhonorować pf k-o *(inst)* za *(akk)*; **Sehr geehrte Frau ...!** Szanowna Pani ...! **ehrenamtlich** honorowy (-wo) **Ehren|bürger(in)** m(f) obywatel(ka) honorowy (-wa) **ehrenhaft** uczciwy (-wie), prawy **Ehrenmal** n pomnik chwały **ehrenrührig** uwłaczający czci **Ehrenrunde** f runda honorowa **ehrenvoll** zaszczytny **Ehrenwort** n (*pl* -e) słowo honoru
**Ehrfurcht** f głęboki szacunek **Ehrgefühl** n (*bpl*) poczucie honoru **Ehrgeiz** m ambicja **ehrgeizig** ambitny **ehrlich** *(redlich)* uczciwy (-wie); *Gefühl* szczery (-rze) **Ehrlichkeit** f (-; *bpl*) *(Redlichkeit)* uczciwość f; *(Aufrichtigkeit)* szczerość f **Ehrung** f *(Zeremonie)* uczczenie, uhonorowanie; *(Ehrenerweis)* zaszczyt **ehrwürdig** czcigodny; *in ehrenden Anreden* wielebny
**Ei** n (-[e]s; -er) jajo, jajko; *klein* jajeczko **Eiche** f (-; -n) dąb; *(Holz)* dębina, drewno dębowe **Eichel** f (-; -n) BOT, ANAT żołądź f
**eichen**¹ v/t ⟨za⟩legalizować
**eichen**² *adj* dębowy
**Eichhörnchen** n wiewiórka
**Eid** m (-[e]s; -e) przysięga; **unter ~ aussagen** zezna(wa)ć pod przysięgą; **an ~es statt w** miejsce przysięgi **Eidechse** f jaszczurka; **~n-** jaszczurczy **eidesstatt-**

**lich** *adj*: ~e **Erklärung** zapewnienie w miejsce przysięgi **eidgenössisch** szwajcarski

**Eierbecher** *m* kieliszek do jajek **Eierkuchen** *m* omlet **Eierschale** *f* skorupka jaj(k)a **Eierstock** *m* ANAT jajnik **Eifer** *m* (-s; *bpl*) gorliwość *f*, zapał **Eifersucht** *f* (*bpl*) zazdrość *f* **eifersüchtig** zazdrosny (**auf** *j*-**n** o k-o); *präd* zazdrośnie **eifrig** gorliwy (-wie) **Eigelb** *n* (-s; -e aber 3 ~) żółtko

**eigen** *adj* (*j-m gehörend*) własny, *wenn dem Subjekt des Satzes gehörend* a. swój; **sein ~er Bruder** jego własny brat; **seinen ~en Bruder** sw(oj)ego (własnego) brata; **sich** (*dat*) **etw zu ~ machen** przejmować (-jąć) (*akk*) **Eigenart** *f* (*spezifische Wesensart*) swoistość *f*; (*merkwürdige Besonderheit*) osobliwość *f* **eigenartig** (*seltsam*) osobliwy (-wie) **Eigenbau** *m* (*bpl*) własna konstrukcja;... **Marke** ~ ... wałsnej *od* domowej roboty **Eigenbedarf** *m* potrzeby własne; **für den** ~ na potrzeby własne **Eigenfinanzierung** *f* samofinansowanie **eigenhändig** własnoręczny; *Testament* sporządzony własnoręcznie **Eigenheim** *n* własny domek **Eigenkapital** *n* kapitał własny **Eigenleben** *n* (*bpl*) życie osobiste *od* odrębne **eigenmächtig** samowolny **Eigenname** *m*-*r Sache* nazwa własna **eigennützig** interesowny, wyrachowany; *präd* interesownie, z wyrachowaniem

**eigens** *adv* specjalnie; (*ausschließlich*) tylko, wyłącznie

**Eigenschaft** *f* właściwość *f*, cecha; **gute ~en** *a.* przymioty *mpl*; **in seiner, ihrer** *usw* ~ **als** w charakterze (*gen*) **Eigensinn** *m* (*bpl*) upór **eigensinnig** krnąbrny, uparty (-cie) **eigenständig** samodzielny, niezależny

**eigentlich** *adj* właściwy, faktyczny; *adv* właściwie

**Eigentor** *n* SPORT bramka samobójcza **Eigentum** *n* (-s; *bpl*) własność *f* **Eigentümer(in)** *m*(*f*) właściciel(ka) **eigentümlich** swoisty (-ście), charakterystyczny; (*seltsam*) osobliwy (-wie) **Eigentumswohnung** *f* mieszkanie własn(ości)owe **eigenwillig** (*ungewöhnlich*) swoisty, indywidualny; *Kind* niesforny, krnąbrny

**eignen** (-e-): **sich ~ (zu, für)** nada(wa)ć się (**do** *gen*, na *akk*) **Eignung** *f* (*bpl*) przydatność *f* **Eignungstest** *m* test przydatności

**Eilauftrag** *m* pilne zamówienie **Eilbote** *m* kurier **Eilbrief** *m* list ekspresowy **Eile** *f* (-; *bpl*) pośpiech; **ich bin in ~** śpieszy mi się

**Eileiter** *m* ANAT, ZOOL jajowód

**eilen** *v*/*i* (*sn*) pośpieszać, pospieszać ⟨-szyć⟩, śpieszyć, spieszyć **eilig** (po)śpieszny, (po)spieszny; (*dringend*) nagły **Eilzug** *m* pociąg przyśpieszony **Eilzustellung** *f* dostawa ekspresowa

**Eimer** *m* wiadro, kubeł; TECH czerpak; *umg* **etw ist, sind im ~** diabli wzięli (*akk*)

**ein**[1] *art m* u. *n* (*gen eines, dat einem, akk m einen, n ein*) *im Polnischen keine Entsprechung* ~ **großes Haus** duży dom; ~ **Herr X** niejaki pan X; *umg* **was für ~ Lärm!** co za hałas!; *num* (*a. substantivisch*) ~**er** *od* **der** ~**e**, **[die]** ~**e**, ~**es** *od* **das** ~**e** jeden *m*, jedna *f*, jedno *n*; **nicht ~en Tag** ani jednego dnia; ~ **Uhr** pierwsza (godzina); ~ **bis zwei Tage** dzień albo dwa; **an ~ und demselben Tag** tego samego dnia, w tym samym dniu; ... **ist sein Ein und Alles** ... jest jego oczkiem w głowie; *indef pron* jeden, ktoś; *umg* (*man*) człowiek; ~**er von euch** jeden *od* ktoś z was; *umg* **das macht ~en nervös** to denerwuje człowieka; *umg* ~**en trinken** wypić jednego; *umg* ~**en sitzen haben** być pod gazem; → **eins**

**ein**[2] *adv*: **nicht mehr ~ und aus wissen** nie widzieć wyjścia, nie wiedzieć, co począć; ~ **und aus gehen** być częstym gościem (**bei n** *lok*, **u** *gen*); (*an Geräten*) włączony

**einander** *pron* nawzajem, wzajemnie **einarbeiten** *v*/*t* (*in akk*) *j*-n wdrażać ⟨wdrożyć⟩; **sich ~** wdrożyć się, wciągać ⟨-gnąć⟩ się (**do** *gen*)

**einäschern** (-re) *Leiche* spalać ⟨-lić⟩ **einatmen** wdychać; (*inhalieren*) wziewać, inhalować

**Einbahnstraße** *f* ulica jednokierunkowa

**Einband** *m* (*pl* -bände) TYPO oprawa (książki) **einbändig** jednotomowy

**Einbau** *m* (*bpl*) wbudowanie; *e-s Geräteteils* zainstalowanie, wmontowanie **einbauen** wbudow(yw)ać; *Gerät* ⟨za-⟩instalować, wmontow(yw)ać **Einbauküche** *f*

kuchnia obudowana **Einbauschrank** m szafa wnękowa
**einbegriffen** → einschließlich **einberufen\*** MIL powoł(yw)ać
**Einbettzimmer** n pokój jednoosobowy
**einbeziehen** (irr; -) włączać ⟨-czyć⟩ (in akk do gen) **einbiegen** v/i (irr; sn) skręcać ⟨-cić⟩ (**links** w lewo)
**einbilden** v/t: **sich** (dat) **etw ~** wyobrażać ⟨-brazić⟩ sobie (akk) **Einbildung** f (bpl) (Dünkel) zarozumiałość f; (a. a) urojenie **Einbildungskraft** f (bpl) wyobraźnia
**einbinden** (irr) TYPO oprawi(a)ć **einblenden** v/t rtv miksować wstawkę; **sich ~** (in akk) rtv włączyć się pf (do gen) **Einblick** m wgląd (**in etw do** gen, w akk)
**einbrechen** (irr) v/t Tür wyłam(yw)ać; Wand ⟨z⟩burzyć **Einbrecher(in** f) m włamywacz(ka)
**einbringen** (irr) przynosić ⟨-nieść⟩; Antrag wnosić ⟨wnieść⟩
**Einbruch** m e-s Gewölbes załamanie (się); JUR włamanie (się); EKON spadek (kursów); **bei, vor ~ der Nacht** z, przed nastaniem nocy
**einbürgern** (-re) v/t naturalizować; **sich ~** fig przyjmować ⟨-jąć⟩ się **Einbürgerung** f naturalizacja, nadanie obywatelstwa
**Einbuße** f strata, uszczerbek (**an** dat na lok) **einbüßen** v/t u. v/i ⟨s⟩tracić (akk)
**eincremen** ⟨po⟩smarować kremem **eindämmen** ⟨za⟩lokalizować; Kosten ograniczać ⟨-czyć⟩ **eindecken** umg: **sich mit etw ~** zaopatrywać ⟨-trzyć⟩ się w (akk) **eindellen** wgniatać ⟨wgnieść⟩
**eindeutig** jednoznaczny
**eindrehen** wkręcać ⟨-cić⟩; Haare zakręcać ⟨-cić⟩
**eindringen** v/i (irr; sn) przenikać, wnikać ⟨-knąć⟩; Hacker włam(yw)ać się (**in ein Computersystem** do sieci komputerowej) **Eindringling** m (-s; -e) intruz **Eindruck** m (pl -drücke) fig wrażenie **eindrucksvoll** imponujący (-co)
**eine** → ein¹
**einebnen** zrówn(yw)ać, ⟨z⟩niwelować
**eineinhalb** półtora m u. n, półtorej f
**einen** → einigen

**einer** → ein¹
**Einer** m jedynka; MAT **die ~** jednostki fpl
**Einerlei** n (-s; bpl) jednostajność f **einerseits** adv z jednej strony
**eines** → ein¹
**einfach** (leicht) prosty (-to), łatwy (-wo)
**Einfachheit** f (bpl) prostota; **der ~ halber** dla uproszczenia (sprawy)
**einfädeln** (-le) v/t nawlekać ⟨nawlec⟩; umg ukartować pf; **sich ~** włączać ⟨-czyć⟩ się do ruchu **einfahren** (irr) v/t docierać ⟨dotrzeć⟩; Ernte zwozić ⟨zwieźć⟩; Fahrwerk schować pf **Einfahrt** f wjazd; (Tor) brama (wjazdowa)
**Einfall** m (Idee) pomysł; (Eindringen) najazd, najście **einfallen** v/i (irr; sn) Idee przychodzić ⟨przyjść⟩ do głowy; **... fällt mir nicht ein** nie mogę sobie przypomnieć (gen); **sich** (dat) **etwas ~ lassen** ruszyć konceptem **einfallsreich** pomysłowy (-wo) **einfältig** naiwny, prostoduszny; (beschränkt) głupkowaty (-to)
**Einfamilienhaus** n dom jednorodzinny **einfarbig** jednokolorowy, jednobarwny
**einfassen** oprawi(a)ć **einfetten** natłuszczać ⟨-tłuścić⟩; Lager ⟨na⟩smarować
**einfinden** (irr): **sich ~** stawi(a)ć się **einfließen** v/i (irr; sn) napływać ⟨-płynąć⟩, wpływać ⟨wpłynąć⟩ **einflößen** poda(wa)ć, (powoli) wlewać ⟨wlać⟩
**Einflugschneise** f LOTN strefa podejścia
**Einfluss** m wpływ **Einflussbereich** m sfera wpływów **Einflussnahme** f wywieranie wpływu **einflussreich** wpływowy
**einförmig** monotonny, jednostajny **einfrieren** (irr) v/t zamrażać ⟨-mrozić⟩; v/i (sn) zamarzać ⟨-znąć⟩ **einfügen** v/t (**in** akk) wstawi(a)ć (do gen); **sich ~** włączać ⟨-czyć⟩ się (do gen) **einfühlen**: **sich ~** wczu(wa)ć się (**in** etw, **j-n** w akk) **Einfühlungsvermögen** n (bpl) empatia, zdolność f wczuwania się
**Einfuhr** f przywóz **Einfuhrbeschränkungen** fpl ograniczenia npl importowe **einführen** wprowadzać ⟨-dzić⟩ (**in** akk do gen, w akk); Waren sprowadzać ⟨-dzić⟩, importować (**aus** z gen) **Einfuhrgenehmigung** f pozwolenie przywozowe **Einführung** f wprowadzanie, wprowadzenie; e-r Methode

## 336 • Einfuhrzoll – Einkaufszentrum

wdrażanie, wdrożenie; *(Vorrede)* słowo wstępne **Einfuhrzoll** *m* cło przywozowe
**Eingabe** *f* podanie; IT wprowadzanie
**Eingang** *m* wejście; *(Zutritt)* dostęp; *von Waren* wpływ, nadejście **eingangs** *adv* na wstępie **Eingangstür** *f* drzwi *pl* wejściowe
**eingeben** *(irr) Arznei* da(wa)ć; *Daten* wprowadzać ⟨-dzić⟩; *Idee* podda(wa)ć
**eingebildet** *adj* zarozumiały (-łe), pyszałkowaty (-to); *(imaginär)* urojony; ~ **sein auf** ⟨*akk*⟩ pysznić się ⟨*inst*⟩
**eingefallen** *adj Wangen* zapadły **eingefleischt** *adj* zatwardziały
**eingehen** *(irr; sn) v/t* zawierać ⟨-wrzeć⟩; *Risiko* brać ⟨wziąć⟩ na siebie; *v/i* nadchodzić ⟨nadejść⟩; *Geld* wpływać ⟨wpłynąć⟩; *Pflanze* ⟨z⟩ginąć; *Firma* przestać *pf* istnieć, upadać ⟨upaść⟩; *Stoff* zbiegać ⟨zbiec⟩ się; **auf j-n** ~ wykaz(yw)ać dużo zrozumienia dla *(gen)*; **auf e-n Vorschlag** ~ przysta(wa)ć na propozycję; **auf Details** ~ wda(wa)ć się w szczegóły
**Eingemachte(s)** *n* zawekowane jarzyny *fpl* od mięso; kompot w wekach **eingenommen** *p partikel* → einnehmen; *adj wohlwollend* zachwycony (**von** *inst*); *ablehnend* uprzedzony (**gegen** do *gen*); **von sich** ~ **sein** mieć zbyt wysokie mniemanie o sobie
**eingeschränkt** *pperf* → einschränken
**eingeschrieben** *pperf* → einschreiben; *adj Brief* polecony **eingespielt** *adj* zgrany **eingestehen** *v/t (irr; pperf* eingestanden) przyzna(wa)ć się (do *gen*)
**eingetragen** *adj* zarejestrowany
**Eingeweide** *npl* wnętrzności *fpl* **eingeweiht** *adj* wtajemniczony **eingewöhnen** *(pperf eingewöhnt):* **sich** ~ ⟨za⟩aklimatyzować się, zadomowić się *pf*
**eingießen** *(irr)* wl(ew)ać, nal(ew)ać (**in** *akk* do *gen*) **eingliedern** wcielać ⟨-lić⟩, włączać ⟨-czyć⟩ (**in** *akk* do *gen*)
**eingraben** *v/t* wkop(yw)ać, zakop(yw)ać; **sich** ~ wryć się *pf* (**in** *akk* w *akk*)
**eingreifen** *(irr)* (**in** *akk*) wkraczać ⟨wkroczyć⟩, ingerować w *akk* **Eingriff** *m* ingerencja; *in j-s Rechte* naruszenie *(gen)*; MED zabieg **Eingruppierung** *f* zaszeregowanie
**einhalten** *(irr) v/t* dotrzym(yw)ać *(gen)*; *Vorschriften* przestrzegać *(gen)* **einhängen** *v/t* zawieszać ⟨zawiesić⟩; *Hörer (a. v/i)* odkładać ⟨odłożyć⟩ słuchawkę; **sich** ~ **(bei j-m)** brać ⟨wziąć⟩ k-o pod rękę
**einheimisch** miejscowy, tutejszy; *Erzeugnis a.* krajowy
**Einheit** *f (bpl)* jedność *f*; *(a. pl)* MAT, MIL jednostka **einheitlich** jednolity (-cie)
**Einheitspreis** *m* cena jednolita **einhellig** jednomyślny, zgodny
**einhergehen** *v/i (irr; sn):* **mit etw** ~ towarzyszyć *(dat)*, iść w parze (**z** *inst*) **einholen** dopędzać ⟨-dzić⟩; *Versäumtes* nadrabiać ⟨-robić⟩; *Flagge* opuszczać ⟨opuścić⟩; *Rat* zasięgać ⟨zasięgnąć⟩; *Segel* zwijać ⟨zwinąć⟩; *Netz* wyb(ie)rać
**einig** *adj* zgodny; **(sich)** ~ **sein** zgadzać się (**mit j-m darin, dass** z kimś co do tego, że ...; **über etw** co do *gen*); ~ **werden** dochodzić ⟨dojść⟩ do zgody, *umg* dogad(yw)ać się
**einige** *pron indef* **1** *pl* niektóre, *persf* niektórzy; *(wenige)* kilka, *persf* kilku; ~ **Hundert** kilkaset, *persf* kilkuset **2** *mit subst im Singular (ein wenig)* nieco, trochę; ~ **Mal(e)** kilka razy; **~s** coś niecoś **3** *sg u. pl (ziemlich viel)* sporo; ~ **Zeit** pewien czas; nieco od sporo czasu; **in ~r Zeit** za jakiś czas; **in ~r Entfernung** w pewnej odległości; **vor ~r Zeit** jakiś czas temu
**einigen** ⟨z⟩jednoczyć; **sich** ~ dochodzić ⟨dojść⟩ do porozumienia, *umg* dogad(yw)ać się (**über** *akk* co do *gen*)
**einigermaßen** *adv* poniekąd, do pewnego stopnia; *(leidlich)* możliwy (-wie) **einiges** → einige **Einigkeit** *f (bpl)* jedność *f*, jednomyślność *f*; *(Übereinstimmung)* zgoda **Einigung** *f* POL, EKON zjednoczenie
**einjährig** jednoroczny **einkalkulieren** (-) *Risiko* brać ⟨wziąć⟩ w rachubę, uwzględni(a)ć **einkassieren** (-) *Betrag* ⟨za⟩inkasować; *umg j-n* przyskrzynić *pf*
**Einkauf** *m* kupno, zakup; *(Gekauftes)* sprawunek; **Einkäufe machen** robić zakupy, załatwi(a)ć sprawunki **einkaufen** kupować, ⟨-pić⟩, zakupywać ⟨-pić⟩; ~ **gehen** iść ⟨pójść⟩ na zakupy **Einkaufsbummel** *m* spacer połączony z robieniem zakupów **Einkaufskorb** *m* koszyk na zakupy **Einkaufspreis** *m* cena zakupu **Einkaufstasche** *f* torba na zakupy **Einkaufswagen** *m* wózek na zakupy **Einkaufszentrum** *n* kompleks

handlowy, centrum handlowe
**einklagen** v/t dochodzić sądownie ⟨gen⟩
**einklammern** ujmować ⟨ująć⟩ w nawias **Einklang** m: fig etw in ~ **bringen** zestrajać ⟨-stroić⟩, zharmonizować pf; **sich in ~ befinden** zgadzać się
**einkleben** wklejać ⟨wkleić⟩ **einklemmen** zaciskać ⟨-snąć⟩; Finger przyciskać ⟨-snąć⟩ **einkochen** v/t u. v/i (sn) odparow(yw)ać; v/t (konservieren) zawekować pf
**Einkommen** n dochód, dochody pl
**Einkommen(s)steuer** f podatek dochodowy **einkreisen** otaczać ⟨otoczyć⟩; (markieren) oznaczać ⟨-czyć⟩ kółkiem **Einkünfte** pl dochody mpl
**einladen**¹ (irr) Ladung załadow(yw)ać (in akk do gen) **einladen**² (irr) Gast zapraszać ⟨-prosić⟩ (zu na akk; zu sich [dat] do siebie) **einladend** adj zachęcający ⟨-co⟩ **Einladung** f zaproszenie
**Einlage** f wkładka; TEATR wstawka; (Zahnfüllung) wypełnienie; FIN wkład **einlagern** ⟨za⟩magazynować
**Einlass** m (-es; bpl) wstęp **einlassen** (irr) v/t wpuszczać ⟨wpuścić⟩ (in akk do gen); Wasser napuszczać ⟨-puścić⟩; **sich ~ (auf** akk; **mit)** wda(wa)ć się (w akk; z inst)
**Einlauf** m SPORT kolejność f na finiszu; MED wlew, lewatywa **einlaufen** v/i (irr; sn) Menschen wbiegać ⟨-gnąć, wbiec⟩ (in akk do gen, na akk); Zug wjeżdżać ⟨wjechać⟩; Schiff wpływać ⟨wpłynąć⟩; Wasser wl(ew)ać się (in akk do gen); Stoff zbiegać ⟨zbiec⟩ się
**einleben: sich ~** ⟨za⟩aklimatyzować się, oswajać ⟨oswoić⟩ się
**einlegen** (irr) wkładać ⟨włożyć⟩, a. Film zakładać ⟨założyć⟩ (in akk do gen); Haare układać ⟨ułożyć⟩; Pause ⟨z⟩robić; Protest składać ⟨złożyć⟩; AUTO Gang włączać ⟨-czyć⟩, umg wrzucać ⟨-cić⟩; KULIN in Essig ⟨za⟩kisić, ⟨za⟩marynować; in Salzlake ⟨za⟩solić **Einlegesohle** f wkładka (do buta)
**einleiten** rozpoczynać ⟨-cząć⟩; Ära zapoczątkow(yw)ać, ⟨za⟩inaugurować; JUR wszczynać ⟨wszcząć⟩; Abwässer odprowadzać (in akk do gen) **Einleitung** f (Beginn) rozpoczęcie; (Eröffnung) inauguracja; JUR wszczęcie; (Vorwort) wstęp, uwagi fpl wstępne
**einlenken** v/i iść ⟨pójść⟩ na ustępstwa

**einleuchten** v/i: **j-m ~** trafi(a)ć k-u do przekonania **einliefern** dostawi(a)ć (**in ein Krankenhaus** do szpitala) **einlösen** Pfand wykupywać ⟨-pić⟩; Wechsel honorować; Scheck ⟨z⟩realizować; Versprechen spełni(a)ć
**Einmachglas** n wek, słoik
**einmal** adv (jeden) raz (**am Tag** na dzień); (eines Tages) pewnego razu; (einst) kiedyś; **auf ~** naraz; **nicht ~** ani razu; **erst ~** najpierw **Einmaleins** n (-; bpl) tabliczka mnożenia; fig abecadło **einmalig** jednorazowy; Chance jedyny; (einzigartig) unikatowy, unikalny
**einmarschieren** v/i (-; sn) wkraczać ⟨wkroczyć⟩, wmaszerować pf (**in** akk do gen)
**einmischen: sich ~ in** (akk) ⟨w⟩mieszać się, wtrącać ⟨-cić⟩ się do ⟨gen⟩; **misch dich nicht ein** nie mieszaj się **Einmischung** f mieszanie się, wtrącanie się; a. POL ingerencja (w akk)
**einmotorig** jednosilnikowy **Einmündung** f wlot (drogi, ulicy) **einmütig** jednomyślny, zgodny
**Einnahme** f HANDEL przychód, wpływ; e-s Tages utarg; (bpl) von Arzneien zażywanie, zażycie; von Essen spożywanie, spożycie; e-r Stadt zajęcie **Einnahmequelle** f źródło dochodu **einnehmen** (irr) pobierać ⟨-brać⟩; Arznei zaży(wa)ć; Mahl spoży(wa)ć; Platz zajmować ⟨-jąć⟩; fig **j-n für sich ~** zjedn(yw)ać sobie (akk)
**einordnen** ⟨po⟩segregować, ⟨u⟩porządkować; zaklasyfikować pf; **sich (rechts) ~** Auto zmieni(a)ć pas ruchu (przed skręceniem w prawo); **sich ~** (sich anpassen) przystosow(yw)ać się (**in** akk do gen) **einpacken** v/t ⟨za⟩pakować; v/i umg **~ können** spasować pf **einpassen** dopasow(yw)ać, wpasow(yw)ać **einpflanzen** ⟨po⟩sadzić; Organ wszczepi(a)ć **einplanen** zaplanować pf **einprägen** v/t wybi(ja)ć; **sich** (dat) **etw ~** zapamiętać pf (akk); **sich j-m ~** wryć się k-u w pamięć
**einquartieren** (-) zakwaterow(yw)ać (**bei** u gen) **einrahmen** opraw(ia)ć w ramy; fig obramow(yw)ać **einräumen** umieszczać ⟨umieścić⟩; Möbel ustawi(a)ć; Recht przyzna(wa)ć **einreden: j-m etw ~** wmawiać ⟨wmówić⟩ w k-o (akk) od w k-o, że ...; **sich** (dat) **etw ~** wmawiać

⟨wmówić⟩ w siebie (akk) **einreiben** (irr) v/t nacierać ⟨natrzeć⟩ (**mit etw** inst) **einreichen** składać ⟨złożyć⟩; Klage wnosić ⟨wnieść⟩; Revision zakładać ⟨założyć⟩

**Einreise** f wjazd (**in** akk, **nach** do gen) **einreisen** (sn) przyby(wa)ć (**in** akk, **nach** do gen; **aus** z gen) **Einreisevisum** n wiza wjazdowa

**einreißen** (irr) v/t nadrywać ⟨naderwać⟩ (się v/i, sn); Haus z/burzyć; v/i (sn) fig szerzyć się **einrenken** v/t MED nastawi(a)ć; umg fig uregulować pf; **das wird sich schon ~** to się już jakoś ułoży **einrichten** v/t urządz(a)ć-dzić⟩; (etablieren) zakładać ⟨założyć⟩, otwierać ⟨otworzyć⟩; (möblieren) ⟨u⟩meblować (**mit** inst); (ausstatten) wyposażać ⟨-żyć⟩ (**mit** w akk); MED nastawi(a)ć; TECH ustawi(a)ć; **sich ~** urządzać ⟨-dzić⟩ się; **sich auf etw ~** nastawi(a)ć się na (akk) **Einrichtung** f urządzanie, (a. Mobiliar) urządzenie, TECH a. instalacja; (Gründung) założenie, otwarcie; (Anstalt) instytucja, zakład (**öffentliche** użyteczności publicznej)

**einrosten** v/i (sn) zardzewieć pf; umg fig zgnuśnieć pf

**eins**¹ num jeden, raz; **~ zu null** jeden do zera; **um ~** o pierwszej; umg **~, zwei, drei ...** raz, dwa, trzy ...; adj **wir sind uns ~ darüber** jesteśmy zgodni co do tego; **es ist mir alles ~** jest mi wszystko jedno; **das ist alles ~** to jedno i to samo **eins**² indef pron → ein¹; **~ von beiden** jedno z dwojga; **~ nach dem anderen** jedno po drugim; **~ verstehe ich nicht** jednego nie rozumiem **Eins** f jedynka; (Schulnote in Polen) piątka

**einsam** samotny; Leben a. samotniczy (-czo) **Einsamkeit** f (bpl) samotność f; (Gegend) samotnia **einsammeln** ⟨po⟩zbierać, zebrać pf

**Einsatz** m wkładka, wstawka; im Spiel stawka; (das Einsetzen) zastosowanie, użycie; MIL wprowadzenie do akcji; konkret operacja, akcja; (Hingabe) zaangażowanie; mobilizacja **einsatzbereit** gotowy do działania co użycia; TECH technicznie sprawny

**einschalten** włączać ⟨-czyć⟩, **sich ~** włączać ⟨-czyć⟩ się (**in** akk do gen); (eingreifen) ingerować (w A) **einschätzen** oceni(a)ć (**falsch** błędnie) **einschenken** nal(ew)ać (**Wein** wina); napełni(a)ć (**die Gläser** kieliszki) **einschicken** (dat od **an** akk) przes(y)łać (dat, do gen) **einschieben** (irr) wsuwać ⟨wsunąć⟩ (**in** akk do gen) **einschlafen** (irr; sn) zasypiać ⟨-snąć⟩; Glieder ⟨z⟩drętwieć; umg fig usta(wa)ć **einschläfern** (-re) usypiać ⟨uśpić⟩

**Einschlag** m uderzenie; e-r Bombe trafienie; des Lenkrads skręt; (am Kleid) zakładka; LEŚEN wyrąb; **mit ... ~** (mit Beimischung) z domieszką (gen) **einschlagen** (irr) v/t Nagel wbi(ja)ć; Zähne wybi(ja)ć; Weg iść ⟨pójść⟩ (**nach** w kierunku gen, **ku** dat); Saum zakładać ⟨założyć⟩; Lenkrad skręcać ⟨-cić⟩; Laufbahn ob(ie)rać; (einwickeln) zawijać ⟨zawinąć⟩ (**in** akk w akk); v/i (**auf** j-n) bić, tłuc (akk); Geschoss trafi(a)ć; Blitz uderzać ⟨-rzyć⟩; umg mieć wzięcie; HANDEL cieszyć się popytem **einschlägig** odnośny; HANDEL a. branżowy; **~ vorbestraft** karany poprzednio za podobne przestępstwo

**einschleichen** (irr): **sich ~** wkradać ⟨wkraść⟩ się (**in** akk do gen, w akk) **einschleppen** Seuche zawlekać ⟨zawlec⟩ **einschließen** (irr) zamykać ⟨-knąć⟩; (umgeben) otaczać ⟨otoczyć⟩; (umfassen) obejmować ⟨objąć⟩ **einschließlich** präp (gen) łącznie z (inst); adv włącznie **einschmuggeln** przemycać ⟨-cić⟩ (**in** akk do gen) **einschnappen** v/i (sn) zatrzaskiwać ⟨-snąć⟩ się

**Einschnitt** m nacięcie; fig cezura, moment przełomowy

**einschränken** ograniczać ⟨-czyć⟩ (**in** dat w lok) **Einschränkung** f ograniczenie; (Vorbehalt) zastrzeżenie; **mit ~** z zastrzeżeniem; **ohne ~** bez zastrzeżeń **einschrauben** wkręcać ⟨-cić⟩ **Einschreib(e)brief** m list polecony **einschreiben** (irr) v/t wpis(yw)ać (**in** akk do gen, na akk); **~ lassen** Brief nada(wa)ć jako polecony; **sich ~** zapis(yw)ać się (**für** na akk)

**einschreiten** v/i (irr; sn) przedsiębrać ⟨-sięwziąć⟩ środki (**gegen** przeciwko dat), interweniować, wkraczać ⟨wkroczyć⟩ (**in diesem Fall** w tej sprawie) **einschüchtern** (-re) zastraszać ⟨-szyć⟩ (**mit Drohungen** pogróżkami) **Einschüchterung** f zastraszanie, zastraszenie **einschulen** zapis(yw)ać do szkoły **einsehen** (irr) v/t Akten zapozna(wa)ć się (z inst); (begreifen) zrozumieć pf, pojąć pf; Irrtum a. uzna(wa)ć; Irrtum uzna(wa)ć; v/i **ich sehe nicht ein, warum ich ...** nie widzę powodów, dlaczego mam ... **einseifen** namydlać ‹-lić›; umg fig zrobić pf bez mydła (akk) **einseitig** jednostronny

**einsenden** (irr) → einschicken **Einsendeschluss** m (bpl) ostateczny termin nadsyłania (gen); **~ für ... ist Freitag** ... należy nadsyłać do piątku

**Einser** umg m jedynka

**einsetzen** v/t wprawi(a)ć, wstawi(a)ć; Maschine uży(wa)ć, ‹za›stosować; Arbeiter zatrudni(a)ć (**bei** przy lok); Polizei wprowadzać ‹-dzić› do akcji; Leben narażać ‹-razić›; als Erben wyznaczać ‹-czyć› (**na** akk); in ein Amt a. wprowadzać ‹-dzić›, ustanawiać ‹-nowić›; im Spiel stawiać ‹postawić›; v/i rozpoczynać ‹-cząć› się, nasta(wa)ć; **sich ~ (für)** wstawi(a)ć się (za inst)

**Einsicht** f (Einblick) wgląd (**in** akk do gen); (Erkenntnis) przekonanie; (Verständnis) zrozumienie (dla gen); **zur ~ kommen** opamiętać się pf; **zu der ~ kommen, dass...** dojść pf do przekonania, że ... **einsichtig, einsichtsvoll** rozsądny

**Einsiedlerleben** n w pustelnicze życie

**einsinken** v/i (irr; sn) zapadać ‹-paść› się **einspannen** wprzęgać ‹-gnąć›, wprzęc› (**für** do gen); Werkstück zamocow(yw)ać; Papier zakładać ‹założyć› (**in** akk do gen)

**einsparen** zaoszczędzać ‹-dzić› (**bei** na inst) **Einsparung** f zaoszczędzenie; (das Eingesparte) oszczędność f

**einsperren** zamykać ‹-mknąć› **einspielen**: **sich ~** zgr(yw)ać się (**aufeinander** ze sobą) **einsprachig** jednojęzyczny **einspringen** v/i (irr; sn): **für j-n ~** wyręczać ‹-czyć›, zastępować ‹zastąpić› k-o **Einspritzung** f wtrysk; MED wstrzyknięcie **Einspruch** m sprzeciw; **~ erheben (gegen)** zgłaszać ‹zgłosić› sprzeciw (wobec gen) **einspurig** Straße jednopasmowy; KOLEJ jednotorowy

**einst** adv niegdyś; (künftig) kiedyś

**Einstand** m SPORT równowaga; umg s-n **~ geben** obl(ew)ać nową pracę (z kolegami)

**einstecken** wkładać ‹włożyć›; wtykać ‹wetknąć› (**in etw** w akk, do gen); Schläge znosić ‹znieść› **einsteigen** v/i (irr; sn) (**in** akk) wsiadać ‹wsiąść› (do gen, na akk); Dieb włazić ‹wleźć› (do gen); umg fig przystępować ‹-stąpić› (do gen); ‹za›angażować się; zainwestować pf

**einstellbar** nastawny **einstellen** v/t wstawi(a)ć; Arbeitskraft przyjmować ‹-jąć› (do pracy); Gerät nastawi(a)ć; Arbeit wstrzym(yw)ać (akk), zaprzesta(wa)ć (gen); Zahlungen a. zawieszać ‹-wiesić›; Verfahren umarzać ‹umorzyć›; **sich ~** stawi(a)ć się; Fieber występować ‹wystąpić›; Zweifel ‹z›rodzić się; **sich ~ auf etw** nastawi(a)ć się na (akk) **Einstellung** f zaangażowanie (do pracy); TECH nastawienie (**zu** e-r Sache do od wobec gen); (Beendigung) wstrzymanie, zaprzestanie; von Zahlungen a. zawieszenie; beim Film ujęcie; JUR umorzenie; (innere Haltung) postawa (**zu** wobec gen)

**Einstich** m ukłucie; (Stelle) ślad po ukłuciu **Einstieg** m (-[e]s; -e) wejście (**in** akk do gen); (Luke) właz; fig zapoznanie się (**in** akk z inst); (Beginn) rozpoczęcie, umg start **einstimmig** MUS jednogłosowy; Wahl jednogłośny; (einmütig) jednomyślny **einstöckig** jednopiętrowy **einstudieren** v/t (-) wyuczać ‹-czyć› się (gen) **einstufen** (in akk, **als** ...) zaklasyfikować pf (do gen, jako ...); Arbeiter zaszeregow(yw)ać (do gen)

**Einsturz** m zawalenie się; GÓRN zawał **einstürzen** v/i (sn) zawalać ‹-lić› się, runąć pf (w gruzy)

**einstweilen** adv tymczasem **einstweilig** tymczasowy; **~e Verfügung** zarządzenie tymczasowe (sądu)

**eintägig** jednodniowy **eintauchen** v/t zanurzać ‹-rzyć›, maczać ‹umoczyć›; v/i (sn) zanurzać ‹-rzyć› się **eintauschen** Sache wymieni(a)ć (**gegen** akk na akk) **einteilen** ‹po›dzielić (**in Stücke** na kawałki); przydzielać ‹-lić› (**zur Arbeit** do pracy); Arbeit rozkładać ‹rozłożyć›, rozplanować pf **Einteilung** f podział (**nach etw** według gen); zur Arbeit przydzielenie; der Zeit rozłożenie, rozplanowanie

**eintönig** jednostajny, monotonny **Eintopf** m danie jednogarnkowe **Eintracht** f (bpl) zgoda **einträchtig** zgodny, harmonijny **eintragen** (irr)

## 340 ■ einträglich – einzig

*v/t:* **etw in** (*akk*) ~ wciągać ⟨-gnąć⟩, wpis(yw)ać (w *akk,* do *gen*); (*registrieren*) ⟨za⟩rejestrować; **sich ~ in** (*akk*) wpis(yw)ać się (do *gen,* na *akk*) **einträglich** *Geschäft* zyskowny **Eintragung** *f* wpis (-anie); rejestracja; (*Vermerk*) zapis; (*Eintrag*) pozycja **eintreffen** *v/i* (irr; sn) przyby(wa)ć; *Voraussage* sprawdzać ⟨-dzić⟩ się
**eintreten** (irr) **A** *v/t Tür* wywalać ⟨-lić⟩; **sich** (*dat*) **etw in den Fuß ~** wbić *pf* sobie w stopę (*akk*) **B** *v/i* (sn) wchodzić ⟨wejść⟩ (**in** *e-n Raum* do *gen, fig* **in** w *akk*); **treten Sie ein!** proszę wejść!; (*Mitglied werden*) wstępować ⟨wstąpić⟩ (do *gen*); (*geschehen*) sta(wa)ć się; *Umstand* zachodzić ⟨zajść⟩; *Schaden* powsta(wa)ć; *Stille* nasta(wa)ć; *Tod* następować ⟨-stąpić⟩; **es ist das eingetreten, was ich vermutet habe** stało się tak, jak przypuszczałem; **für etw, j-n** ~ popierać ⟨-przeć⟩ (*akk*) **Eintritt** *m* (*Hereinkommen*) wejście; (*Zutritt*) wstęp; (*Beitritt*) wstąpienie; TECH (*Öffnung*) wlot; **~ frei** wstęp wolny
**eintrocknen** *v/i* (sn) zasychać ⟨zaschnąć⟩ **eintrüben: sich ~** zaciągać ⟨-gnąć⟩ się
**Einvernehmen** *n* (-s; *bpl*) zgoda; porozumienie
**einverstanden** *adj:* **~ sein (mit)** zgadzać ⟨zgodzić⟩ się (z *inst,* na *akk*), ⟨za⟩aprobować *pf* (*akk*); **~!** zgoda! **Einverständnis** *n* zgoda, aprobata **Einwand** *m* (-[e]s; -wände) zarzut
**Einwanderer** *m,* **Einwanderin** *f* imigrant(ka) **einwandern** *v/i* (sn) imigrować (*im*)*pf* (**in** *akk,* **nach** do *gen*) **Einwanderung** *f* (*bpl*) imigracja **einwandfrei** nienaganny; (*unstreitig*) niezbity (-cie); *prád a.* bez zarzutu
**einwärts** *adv* do środka, do wewnątrz **Einwegspritze** *f* strzykawka jednorazowa, *umg* jednorazówka **Einwegverpackung** *f* opakowanie bezzwrotne
**einweihen** uroczyście otwierać ⟨-worzyć⟩, uroczyście odda(wa)ć do użytku; *Kirche* ⟨po⟩święcić; *umg* wkładać ⟨włożyć⟩ po raz pierwszy; *Wohnung umg* obl(ew)ać; *j-n* wtajemniczać ⟨-czyć⟩ (**in** *akk* w *akk*) **einweisen** (irr) dając znaki ułatwić ⟨-ć⟩ manewrowanie; *j-n* **~ in ein Krankenhaus** ⟨s⟩kierować do szpitala); **j-n in s-e Aufgaben ~** instruować k-o

co do jego obowiązków **Einweisung** *f* skierowanie; (*Instruieren*) instruktaż **einwenden** (irr) zgłaszać ⟨zgłosić⟩ zastrzeżenia (**gegen** co do, wobec *gen*) **einwerfen** (irr) wrzucać ⟨-cić⟩; *Fenster* wybi(ja)ć; *Bemerkung* wtrącać ⟨-cić⟩
**einwickeln** owijać, zawijać ⟨-winąć⟩ **einwilligen** zgadzać ⟨zgodzić⟩ się (**in** *akk* na *akk*) **Einwilligung** *f* zgoda (**zu etw** na *akk*) **einwirken** oddział(yw)ać (**auf** *akk* na *akk*) **einwöchig** (jedno)tygodniowy
**Einwohner(in)** *m(f)* mieszkaniec (-nka) **Einwohnermeldeamt** *n* urząd meldunkowy **Einwohnerzahl** *f* liczba mieszkańców
**Einwurf** *m* wrzucenie; SPORT rzut autowy; (*Schlitz*) otwór, wrzutnik
**Einzahl** *f* (*bpl*) GRAM liczba pojedyncza **einzahlen** wpłacać ⟨-cić⟩ (**bei der Bank** w banku) **Einzahlung** *f* wpłata **Einzahlungsbeleg** *m* dowód wpłaty **einzäunen** ogradzać ⟨ogrodzić⟩
**Einzel** *n* SPORT gra pojedyncza, singel **Einzelfall** *m* odosobniony wypadek **Einzelgänger(in** *f*) *m* samotnik (-iczka) **Einzelhandel** *m* handel detaliczny **Einzelheit** *f* detal, szczegół **Einzelkind** *n* jedynak (*f* jedynaczka)
**einzeln** pojedynczy, jednostkowy; (*für sich unter mehreren*) poszczególny; *prąd* (*nacheinander*) pojedynczo; (*gesondert*) jednostkowo; **jeder ~e** każdy (z osobna); **im Einzelnen** (*genauer*) w szczególności
**Einzelteil** *n* część (pojedyncza); element, część składowa **Einzelunterricht** *m* lekcje *fpl* indywidualne **Einzelverkauf** *m* sprzedaż detaliczna **Einzelzimmer** *n* pokój jednoosobowy, *umg* jedynka; *für Kranke* separatka
**einziehen** (irr) **A** *v/t* wciągać ⟨-gnąć⟩; *Schwanz* podwijać ⟨-winąć⟩; *Faden* nawlekać ⟨-lec⟩; *Fahrwerk* ⟨s⟩chować; *Vermögen* ⟨s⟩konfiskować; *Steuern* ściągać ⟨-gnąć⟩; *Rekruten* powoł(yw)ać; *Geld* wycof(yw)ać (**aus dem Verkehr z** obiegu); **Informationen ~** zasięgać ⟨-gnąć⟩ informacji (**über j-n, etw** o *lok*) **B** *v/i* (sn) (**in** *akk*) *Mieter* wprowadzać ⟨-dzić⟩ się (do *gen*); *Truppen* wkraczać ⟨wkroczyć⟩ (do *gen*); *Wasser* wsiąkać ⟨-knąć⟩ (w *akk*); *Creme* wnikać ⟨-knąć⟩ (w *akk*)
**einzig** *adj* jedyny; **kein Einziger** ani je-

den **einzigartig** jedyny w swoim rodzaju, unikatowy
**Einzug** m wkroczenie, wejście (**in** akk do gen); in e-e Wohnung wprowadzenie się; FIN inkaso, pobranie; (Beschlagnahme) konfiskata; TYPO akapit, wcięcie **Einzugsermächtigung** f upoważnienie do pobrania
**Eis** n (-es; bpl) lód; (Speise) lody mpl; (Eisfläche) lodowisko **Eisbahn** f lodowisko **Eisbär** m niedźwiedź polarny **Eisbecher** m pucharek (do) lodów **Eisbein** n KULIN golonka **Eisberg** m góra lodowa **Eisbombe** f tort lodowy **Eisbrecher** m MAR lodołamacz; gegen Treibeis lodołam, izbica **Eiscreme** f lody mpl kremowe **Eisdiele** f lodziarnia
**Eisen** n żelazo **Eisenbahn** f kolej (żelazna) **Eisenbahner(in)** m(f) kolejarz (-rka) **Eisenbahnfähre** f prom kolejowy **Eisenbahnverkehr** m auf e-r Strecke ruch kolejowy; in e-m Land komunikacja kolejowa **Eisenerz** n ruda żelazna **eisenhaltig** żelazisty **Eisenwaren** fpl towary mpl żelazne **eisern** adj żelazny; prąd fig rygorystycznie
**Eisfläche** f tafla lodowa **eisfrei** Straße nieobłodzony **eisgekühlt** adj mocno schłodzony; Sekt z lodu **Eisheiligen** mpl: **die ~** zimni święci mpl **Eishockey** n hokej na lodzie **eisig** lodowaty (-to) **Eiskaffee** m kawa mrożona **eiskalt** adj zimny jak lód, lodowaty; (gefühllos) bezwzględny, bezlitosny; prąd lodowato; fig a. bezlitośnie **Eiskunstlauf** m jazda figurowa na lodzie **Eislauf** m jazda na łyżwach; SPORT łyżwiarstwo **Eisläufer(in)** m(f) łyżwiarz (-rka) **Eispickel** m czekan **Eisscholle** f kra **Eisverkäufer(in)** m(f) lodziarz (-rka) **Eiswürfel** m kostka lodu **Eiszeit** f epoka lodowcowa
**eitel** (eitler, eitelste) abw próżny **Eitelkeit** f próżność f
**Eiter** m (-s; bpl) ropa **eitern** v/i (-re) ropieć, jątrzyć się
**Eiweiß** n (-es; -e, KULIN bpl) białko
**Ekel**[1] m (-s; bpl) wstręt, obrzydzenie (**vor** dat do gen) **Ekel**[2] umg n abw wstrętny typ **ekelhaft** wstrętny, ohydny, obrzydliwy (-wie) **ekeln: sich ~ (vor** dat) brzydzić się (inst), czuć wstręt (do gen) **eklig** obrzydliwy (-wie), wstrętny

**Ekzem** n (-s; -e) wyprysk, egzema
**Elan** m (-s; bpl) zapał, werwa
**elastisch** elastyczny **Elastizität** f (bpl) elastyczność f; (Spannkraft) sprężystość f
**Elch** m (-[e]s; -e) łoś m
**Elefant** m (-en) słoń m; **~en-** in zssgn oft słoniowy
**elegant** elegancki (-ko) **Eleganz** f (bpl) elegancja
**Elegie** [pl -'giːən] f elegia
**Elektriker** m elektryk **elektrisch** elektryczny **Elektrizität** f (bpl) elektryczność f **Elektrizitätswerk** n elektrownia
**Elektrofahrzeug** n pojazd elektryczny **Elektrogeräte** n/pl zbiór sprzęt elektryczny **Elektroherd** m kuchnia elektryczna **Elektroindustrie** f przemysł elektrotechniczny **Elektromagnet** m elektromagnes **Elektromechaniker** m elektromechanik **Elektromotor** m silnik elektryczny **Elektronik** f (bpl) elektronika **elektronisch** elektroniczny **Elektrorasierer** m elektryczna maszynka do golenia, golarka **elektrostatisch** elektrostatyczny **Elektrowerkzeug** n elektronarzędzie
**Element** n (-[e]s; -e) (Teil) element; (Naturgewalt) żywioł; ELEK ogniwo (galwaniczne); CHEM pierwiastek **elementar** elementarny; (ungebändigt) żywiołowy (-wo)
**elend** nędzny; Leben a. marny **Elend** n (-s; bpl) nędza; (Leid) nieszczęście, niedola **Elendsviertel** n dzielnica nędzy
**elf** num jedenaście, pers f jedenastu; Sammelzahlwort jedenaścioro **Elf**[1] f jedenastka **Elf**[2] m (-en) elf, sylf **Elfenbein** n (bpl) kość słoniowa **Elfer** umg m jedenastka **elfjährig** jedenastoletni **Elfmeter** m jedenastka, rzut karny **elfte** num jedenasty
**eliminieren** (-) ⟨wy⟩eliminować
**Elite** f elita
**Ellbogen** m (pl -) łokieć m **Elle** f ANAT kość łokciowa; (Maß) łokieć m
**elsässisch** alzacki (po -ku)
**Elster** f (-; -n) sroka; in zssgn sroczy
**elterlich** rodzicielski **Eltern** pl rodzice mpl **Elternabend** m wywiadówka **Elternhaus** n dom rodzinny **Elternteil** m jedno z rodziców **Elternzeit** f urlop rodzicielski; **in ~ gehen** wziąć urlop wy-

chowawczy; **in ~ sein** być na urlopie wychowawczym
**E-Mail** f (-; -s) poczta elektroniczna, e--mail; **per ~** mailem, e-mailem; **j-m e-e ~ schicken** wysłać komuś maila/e-maila
**E-Mail-Account** m (-s) TEL, IT konto n mailowe
**Emaille** [e'malja] f emalia; zssgn emaliowy
**emanzipiert** adj (wy)emancypowany
**Embryo** m, austr a. n (-s; -s od -onen) embrion, zarodek
**Emigrant(in)** m(f) (-en) emigrant(ka)
**Emigration** f emigracja **emigrieren** v/i (-; sn) ⟨wy⟩emigrować (**nach** od gen)
**Emission** f BANK, FIZ emisja
**Emmentaler** m KULIN ser ementalski
**Emotion** f emocja **emotional** emocjonalny
**empfahl** → empfehlen
**Empfang** m (-[e]s; -fänge) odbiór; der Gäste przyjęcie; im Hotel recepcja; rtv odbiór **empfangen** (empfängt, empfing, empfangen) odbierać ⟨odebrać⟩; Gast przyjmować ⟨-jąć⟩; ⟨begrüßen⟩ ⟨przy⟩witać **Empfänger(in** f) m od biorca m (-czyni); MED biorca m/f; t-ko m RADIO odbiornik **empfänglich** wrażliwy (**für** na akk); ⟨prädisponiert⟩ skłonny ⟨do gen⟩ **Empfängnis** f (-; -se) zajście w ciążę, poczęcie **Empfängnisverhütung** f zapobieganie ciąży **empfangsberechtigt** adj upoważniony do odbioru **Empfangschef** m kierownik recepcji **Empfangsstörungen** fpl rtv zakłócenia npl odbioru
**empfehlen** (empfiehlt, empfahl, empfohlen) v/t polecać, zalecać ⟨-cić⟩; ⟨raten⟩ a. doradzać ⟨-dzić⟩; etw **ist sehr zu ~** bardzo polecam(y) ...; **sich ~** polecać ⟨-cić⟩ się (**als** jako); (weggehen) pożegnać się pf; unpers **es empfiehlt sich zu** (+ inf) wskazane jest (+ inf) **empfehlenswert** godny polecenia **Empfehlung** f polecenie; (Gruß) ukłony mpl; **auf ~** (gen) z polecenia (gen); zgodnie z zaleceniem (**des Arztes** lekarza) **Empfehlungsschreiben** n pismo polecające
**empfinden** (empfand, empfunden) odczu(wa)ć, czuć, dozna(wa)ć; (Gefühl) żywić (**für j-n** do gen) **empfindlich** adj

wrażliwy, wyczulony (**für, gegen** na akk); Gerät czuły; Kälte dotkliwy; (leicht beleidigt) obrażliwy; abw (sehr) dotkliwie; **~ reagieren** (**auf** akk) (spüren) być wyczulonym (na akk) **Empfindlichkeit** f (bpl) wrażliwość f, wyczulenie; e-s Films czułość f; (Reizbarkeit) obrażliwość f **empfindsam** (einfühlsam) czuły (-le), tkliwy (-wie); (sentimental) czułostkowy (-wo) **Empfindung** f (sinnliche Wahrnehmung) czucie; (Gefühl) uczucie
**empfohlen** pperf → empfehlen; adj zalecony, doradzany **empfunden** → empfinden
**empor** adv do góry, w górę **empören** (-) v/t oburzać ⟨-rzyć⟩; **sich ~** oburzać ⟨-rzyć⟩ się (**über** akk na akk); (rebellieren) ⟨z⟩buntować się, powst(aw)ać (**gegen** przeciw dat) **emporkommen\*** ⟨z⟩robić karierę **Emporkömmling** m (-s; -e) dorobkiewicz, nuworysz, parweniusz **emporragen** v/i wznosić się **Empörung** f (bpl) oburzenie; (a. pl) powstanie, bunt
**Endabnehmer** m EKON odbiorca finalny **Endbetrag** m suma końcowa
**Ende** n (-s; -n) räumlich u. zeitlich koniec; engS a. kraniec (mst räumlich), kres (a. zeitlich); (Schluss) koniec, zakończenie; **am** (**äußersten**) **~** na (samym) końcu; **am ~** zeitlich w końcu, na zakończenie; des Lebens u kresu; fig w końcu; **letzten ~s** koniec końców; **ans ~** na koniec; **bis ans ~** do końca, po kraniec; **ohne ~** bez końca; **~ Mai** pod koniec maja; **er ist ~ fünfzig** on dobiega sześćdziesiątki; **zu ~ gehen** Vorrat kończyć się; zeitlich dobiegać końca, mieć się ku końcowi; **zu ~ sein** skończyć się pf
**enden** v/i (-e-) ⟨s-, za⟩kończyć się **Endergebnis** n wynik ostateczny **endgültig** ostateczny, definitywny **Endhaltestelle** f przystanek końcowy **Endlager** n für radioaktive Abfälle mogilnik, składowisko docelowe (odpadów promieniotwórczych) **Endlagerung** f składowanie (odpadów promieniotwórczych) w mogilniku **endlich** adj doczesny, przemijający; MAT skończony; adv nareszcie, wreszcie **endlos** nieskończony (-czenie) **Endlospapier** n papier ciągły **Endpunkt** m punkt końcowy **Endrunde** f runda finałowa **Endstation**

*f* stacja końcowa; *umg fig* koniec **Endsumme** *f* suma końcowa **Endung** *f* końcówka, zakończenie **Endverbraucher** *m* konsument (bezpośredni) **Endziel** *n* cel ostateczny

**Energie** [*pl* -'gi:ən] *f* energia **Energiekrise** *f* kryzys energetyczny **Energiequelle** *f* źródło energii **Energiewirtschaft** *f* (*bpl*) gospodarka energetyczna **energisch** energiczny

**eng** ciasny (-no); *Freund* bliski; *Sinn* ścisły **Engagement** [ãgaʒə'mã:] *n* (-s; -s) TEATR engagement *n*; *fig* zaangażowanie (się) **engagieren** [ãga'ʒi:rən] (-) ⟨za⟩angażować (**an** *akk* do *gen*); **sich ~** ⟨za⟩angażować się (**in** *akk*, **für w** *akk*)

**Enge** *f* (*bpl*) ciasnota; (*Engpass*) wąskie miejsce; *fig* **in die ~ treiben** zapędzić *pf* w ślepy zaułek

**Engel** *m* anioł

**enger** *komp* ciaśniej(szy); (*schmaler*) węższy (węziej); bliższy (bliżej); ściślej(szy); **~ machen** *Rock* zwężać ⟨zwęzić⟩

**Engländer**¹ *m* TECH klucz francuski **Engländer**² *m* Anglik **Engländerin** *f* Angielka **englisch** angielski (po -ku) **englischsprachig** angielskojęzyczny **Engpass** *m* (*enger Durchgang*) ciasne przejście; *auf e-r Straße* zwężenie; *fig* wąskie gardło

**Enkel** *m* wnuk, wnuczek **Enkelin** *f* wnuczka

**enorm** ogromny; *adv* (*sehr*) bardzo **Ensemble** [ã'sã:bl] *n* (-s; -s) zespół **entbehren** (-) *mst Sache* nie mieć (*gen*), *a. Person* odczu(wa)ć brak (*gen*) **entbehrlich** zbyteczny

**entbinden** (*irr*; -) **A** *v/t* zwalniać ⟨zwolnić⟩ (**j-n von** k-o od *gen*); **e-e Frau ~** asystować kobiecie przy porodzie **B** *v/i Frau* ⟨u⟩rodzić **Entbindung** *f* MED poród, rozwiązanie; *von e-m Amt* zwolnienie **Entbindungsstation** *f* oddział porodowy, *umg* porodówka

**entblößen** (-ßt; -) obnażać ⟨-żyć⟩; MIL, SPORT odsłaniać ⟨odsłonić⟩ **entdecken** (-) odkry(wa)ć; (*herausfinden*) wykry(wa)ć; (*bemerken*) zauważać ⟨-żyć⟩ **Entdeckung** *f* odkrycie; *e-r Straftat* wykrycie

**Ente** *f* kaczka; *abw* **lahme ~** *Person* fajtłapa, niedołęga; *Auto* pudło

**enteignen** (-e-; -) wywłaszczać ⟨-czyć⟩ **Enteignung** *f* wywłaszczenie **enterben** (-) wydziedziczać ⟨-czyć⟩

**Entertainment** *n* (-s; *bpl*) rozrywka estradowa

**entfallen** *v/i* (*irr*; -; *sn*) wypadać ⟨-paść⟩ z pamięci; (*nicht in Frage kommen*) odpadać ⟨-paść⟩; (*nicht stattfinden*) nie odbyć się *pf*; **~ auf** (*akk*) przypadać ⟨-paść⟩ na (*akk*) **entfalten** (-) *v/t* rozwijać ⟨-winąć⟩; (*auseinanderfalten*) rozkładać ⟨rozłożyć⟩; *fig* przejawi(a)ć

**entfernen** (-) usuwać ⟨usunąć⟩; **sich ~** oddalać ⟨-lić⟩ się **entfernt** *adj* odległy, daleki; **... km ~ (von)** odległy na ... km (od *gen*) **Entfernung** *f* odległość *f*; (*bpl*) (*das Entfernen*) usunięcie, usuwanie; (*Weggang*) odejście; **in e-r ~ von fünf Meter(n)** w odległości pięciu metrów; **aus der ~** na odległość, z odległości

**entfesseln** (-) rozpęt(yw)ać **entfliehen** *v/i* (*irr*; -; *sn*) uciekać ⟨uciec⟩, zbiec *pf* (**aus** *z gen*) **entfremden** (-e-; -) *v/t*: **j-n ... (***dat***) ~** wyobcow(yw)ać k-o z (*gen*); *Raum* przeznaczać ⟨-czyć⟩ na inny cel; **sich seiner Familie ~** wyobcow(yw)ać się ze swej rodziny

**entführen** (-) uprowadzać ⟨-dzić⟩, por(y)wać **Entführer(in** *f*) *m* porywacz(ka) **Entführung** *f* uprowadzenie, porwanie

**entgegen** *adv*, *präp* (*dat*) naprzeciw, ku (*dat*), w kierunku (*gen*); (*im Widerspruch*) wbrew (*dat*) **entgegenbringen** (*irr*) *fig* okaz(yw)ać **entgegengehen** *v/i* (*irr*; *sn*): **j-m ~** iść ⟨pójść⟩ od wychodzić ⟨wyjść⟩ naprzeciw (*gen*, *dat*) **entgegengesetzt** *adj* przeciwny; *Meinung* przeciwstawny **entgegenkommen** *v/i* (*irr*; *sn*): **j-m ~** zbliżać ⟨-żyć⟩ się z (na)przeciwka do (*gen*); *fig* iść ⟨pójść⟩ na rękę k-u; (*passen*) dogadzać k-u **Entgegenkommen** *n* (-s; *bpl*) uprzejmość, przychylność, zrozumienie; (*Zugeständnis*) ustępstwo **entgegennehmen** (*irr*) przyjmować ⟨-jąć⟩, odbierać ⟨odebrać⟩ **entgegensehen** *v/i* (*dat*) oczekiwać (*gen*) **entgegensetzen** (*gegenüberstellen*) przeciwstawi(a)ć; *Widerstand* stawiać **entgegenwirken** (*dat*) przeciwdziałać (*dat*)

**entgegnen** (-e-; -) odrzec *pf*; *treffend* odparować *pf*, ripostować *pf* **entgehen** *v/i* (*irr*; -; *sn*) unikać ⟨-knąć⟩ (*gen*); **j-m ~** (*un-*

*bemerkt bleiben* uchodzić ⟨ujść⟩ uwadze (gen); **sich** (dat) **etw nicht ~ lassen** nie przepuszczać ⟨-puścić⟩ (gen); **das ist mir entgangen** tego nie zauważyłem *od* nie zauważyłam **entgeistert** *adj* skonsternowany; *prąd* z konsternacją

**Entgelt** *n* (-[e]s; -e) wynagrodzenie; **gegen ~** za wynagrodzeniem **entgleisen** *v*/*i* (-; *sn*) wykolejać ⟨-leić⟩ się; *fig* zachow(yw)ać się nietaktownie **Entgleisung** *f* wykolejenie; *fig* nietakt

**enthalten** (*irr*; -) *v*/*t* zawierać; (*mit einschließen*) obejmować; **sich ~** (gen) powstrzym(yw)ać się *od* (gen) **enthaltsam** wstrzemięźliwy (-wie) **Enthaltung** *f* powstrzymanie się

**enthärten** (-) *Wasser* zmiękczać ⟨-czyć⟩ **enthüllen** (-) *Denkmal* odsłaniać ⟨odsłonić⟩; *fig a.* ujawni(a)ć, odkry(wa)ć **Enthüllung** *f e-s Denkmals* odsłonięcie; (*Aufdeckung*) ujawnienie, odkrycie; *pl* (*Enthülltes*) wynurzenia *npl*

**enthusiastisch** entuzjastyczny

**entkernen** (-) *Kirschen* ⟨wy⟩drylować; *Äpfel* usuwać ⟨usunąć⟩ gniazda nasienne (z G) **entkommen** *v*/*i* (*irr*; -; *sn*) uciekać ⟨uciec⟩ (**aus** *z gen*) **entkorken** (-) odkorkow(yw)ać **entkräften** (-e-; -) *Person* wycieńczać ⟨-czyć⟩, wyczerp(yw)ać; *fig* obalać ⟨-lić⟩, zbi(ja)ć **entladen** (*irr*; -) *v*/*t* wyładow(yw)ać; *Fahrzeug* rozładow(yw)ać ⟨-czyć⟩, **sich ~** wyładow(yw)ać się

**entlang** *präp* (*akk, dat*) wzdłuż (gen); *adv* **hier ~ bitte** proszę tędy **entlanggehen** *v*/*i* (*irr*; -; *sn*) (*akk*, **an** *dat*) iść wzdłuż (gen)

**entlarven** (-) ⟨z⟩demaskować **entlassen** (*irr*; -) zwalniać ⟨zwolnić⟩ (**aus** *z gen*); wypis(yw)ać (**aus dem Krankenhaus** ze szpitala) **Entlassung** *f* zwolnienie; wypisanie

**entlasten** (-) odciążać ⟨-żyć⟩ **Entlastungszeuge** *m* świadek obrony

**entlaufen** *v*/*i* (*irr*; -; *sn*) uciekać ⟨uciec⟩, zbiegać ⟨zbiec⟩ (**aus** *z gen*) **entledigen**: **sich ~** (gen) pozby(wa)ć się (gen); *s-r Pflicht* spełni(a)ć (*akk*) **entlegen** *adj* odległy, oddalony; (*abseitsliegend*) ustronny, leżący na uboczu **entlehnen** (-) zapożyczać ⟨-czyć⟩ (**aus, von** *u, od gen*) **entlocken** (-): **j-m ein Geheimnis ~** wydoby(wa)ć tajemnicę od (gen) **ent-**

**lohnen** (-): **j-n ~** wypłacać ⟨-cić⟩ k-u zarobek *od* wynagrodzenie

**entmachten** (-e-; -): **j-n ~** pozbawi(a)ć k-o władzy **Entmilitarisierung** *f* (0) demilitaryzacja **entmündigen** (-) JUR ubezwłasnowolni(a)ć **entmutigen** (-) zniechęcać ⟨-cić⟩; **sich nicht ~ lassen** nie zrażać się (**durch** *inst*)

**Entnahme** *f* pob(ie)ranie **entnehmen** (*irr*; -) (*dat*, **aus**) pob(ie)rać (*dat, z gen*); *e-m Behältnis* wyjmować ⟨-jąć⟩ (*z gen*); *fig* dowiadywać ⟨-wiedzieć⟩ się, wnioskować *pf* (**z** *gen*) **entpuppen** (-): **sich ~** (**als**) okaz(yw)ać się (*inst*) **entrahmt** *adj Milch* odtłuszczony

**entreißen** (*irr*; -): **j-m ~** wyr(y)wać, wydzierać ⟨wydrzeć⟩ k-u *od* (gen) **entrichten** (-) (*zahlen*) uiszczać ⟨uiścić⟩ **entrosten** (-) odrdzewi(a)ć **entrümpeln** (-le; -) *Wohnung* wyrzucać ⟨-cić⟩ stare graty (**z** *gen*)

**entrüsten** (-): **sich ~** (**über** *j-n, etw*) oburzać ⟨oburzyć⟩ się (**na** *akk*) **entrüstet** *adj* oburzony; *prąd* z oburzeniem **Entrüstung** *f* (*bpl*) oburzenie

**entsagen** *v*/*i* (-) (*dat*) wyrzekać ⟨-rzec⟩ się, zrzekać ⟨zrzec⟩ się (gen)

**entschädigen** (-): **j-n für etw ~** wypłacać ⟨-cić⟩ odszkodowanie k-u za (*akk*); *fig* wynagradzać ⟨-grodzić⟩ k-u (*akk*) **Entschädigung** *f* odszkodowanie, rekompensata

**entschärfen** (-) *Bombe* rozbrajać ⟨rozbroić⟩; *fig* ⟨z⟩łagodzić

**Entscheid** *m* (-[e]s; -e) decyzja, orzeczenie **entscheiden** (*irr*; -) *v*/*t* rozstrzygać ⟨-gnąć⟩; *v*/*i* ⟨za⟩decydować (**über** *akk* o *lok*); **sich ~** rozstrzygać ⟨-gnąć⟩ się; (*e-e Wahl treffen*) ⟨z⟩decydować się (**für etw, zu** na *akk*, + *inf*); (**gegen**) powziąć decyzję (nie + *inf*, przeciw *dat*) **Entscheidung** *f* rozstrzygnięcie; (*Beschluss*) decyzja; **e-e ~ fällen** powziąć *pf* decyzję **entschieden** *adj* stanowczy (-czo); *Ablehnung* kategoryczny

**entschließen** (*irr*; -): **sich ~** (**zu**) zdecydować się *pf* (**na** *akk*) **Entschließung** *f* uchwała, rezolucja

**entschlossen** *pperf* → entschließen; *adj* zdecydowany, zdeterminowany **Entschlossenheit** *f* (*bpl*) zdecydowanie, determinacja **Entschluss** *m* decyzja, postanowienie; **e-n ~ fassen** powziąć *pf*

decyzję, postanowić *pf* **entschlüsseln** (-le; -) rozszyfrow(yw)ać, odszyfrow(yw)ać **Entschlusskraft** *f* (*bpl*) stanowczość *f*
**entschuldigen** (-) *v/t* usprawiedliwi(a)ć (*v/r* **sich mit etw** się *inst*); **~ Sie** ... proszę (mi) wybaczyć ...; **~ Sie!** przepraszam!; *v/r* **sich ~ (bei j-m für** *akk*, **wegen** *gen*) przepraszać ⟨-prosić⟩ (k-o za *akk*, z powodu *gen*) **Entschuldigung** *f* usprawiedliwienie; (*bpl*) (*Nachsicht*) wybaczenie; **~!** przepraszam!
**entsetzen** (-) przerażać ⟨-razić⟩; **sich ~ (über** *akk*) przerazić się *pf* (*inst*, na widok *gen*) **Entsetzen** *n* (-s; *bpl*) przerażenie, zgroza **entsetzlich** przerażający (-co), okropny, przeraźliwy (-wie); *präd umg* okropnie, przeraźliwie **entsetzt** *adj* przerażony
**entsinnen** (*irr*; -): **sich ~** (*gen*) przypominać ⟨-mnieć⟩ sobie (*akk*)
**Entsorgung** *f* (*bpl*) unieszkodliwianie odpadów
**entspannen** odprężać ⟨-żyć⟩; **sich ~** odprężać ⟨-żyć⟩ się; (*sich erholen*) ⟨z⟩relaksować się; POL, *fig* ulegać ⟨ulec⟩ odprężeniu **Entspannung** *f* odprężenie; relaks
**entsprechen** *v/i* (*irr*; -) *e-r Sache* odpowiadać (*dat*), być zgodnym (z *inst*); *e-r Bitte* przychylać ⟨-lić⟩ się (do *gen*) **entsprechend** *adj* odpowiedni, *präd* odpowiednio; *präp* (*dat*) stosownie (do *gen*), zgodnie (z *inst*) **Entsprechung** *f* odpowiednik, ekwiwalent; (*Analogie*) analogia
**entspringen** *v/i* (*irr*; -; *sn*): **~ in** (*dat*) *Fluss* wypływać z (*gen*), mieć źródło **w** (*lok*) **entstehen** *v/i* (*irr*; -; *sn*) powsta(wa)ć; *Streit* wynikać ⟨-knąć⟩ (**aus** z *gen*); (*aufkommen*) ⟨z⟩rodzić się **Entstehung** *f* (*bpl*) (*Werden*) powsta(wa)nie; (*Beginn*) początek **entstellen** (-) zniekształcać ⟨-cić⟩; *engl a. (hässlich machen)* ⟨o⟩szpecić; (*verfälschen*) wypaczać ⟨-czyć⟩ **enttarnen** (-) ⟨z⟩demaskować **enttäuschen** (-) rozczarow(yw)ać, zawodzić ⟨-wieść⟩; **er wurde enttäuscht** spotkał go zawód **Enttäuschung** *f* rozczarowanie, zawód
**entwaffnen** (-e-; -) rozbrajać ⟨-broić⟩ **Entwarnung** *f* odwołanie alarmu **entwässern** (-) odwadniać ⟨-wodnić⟩ **entweder** *konj* albo; **~ ... oder** albo ... albo

**entweichen** *v/i* (*irr*; -; *sn*) uchodzić ⟨ujść⟩, wydoby(wa)ć się (**aus** z *gen*) **entweihen** (-) ⟨s⟩profanować **entwenden** (-e-; -) ⟨u⟩kraść **entwerfen** (*irr*; -) ⟨na⟩szkicować; *Plan* ⟨za⟩projektować **entwerten** (-) *Geld* ⟨z⟩dewaluować; *Fahrschein* ⟨s⟩kasować; *fig* ⟨z⟩deprecjonować **Entwertung** *f* dewaluacja; *e-s Fahrscheins* skasowanie
**entwickeln** (-) *v/t* rozwijać ⟨-winąć⟩; *Fantasie* wykaz(yw)ać; *fot* wywoł(yw)ać; (*ausarbeiten*) opracow(yw)ać, rozpracow(yw)ać; (*konstruieren*) ⟨s⟩konstruować; **sich ~** rozwijać ⟨-winąć⟩ się (**zu w**, na *akk*); (*entstehen*) powsta(wa)ć; *Gas* wytwarzać ⟨-tworzyć⟩ się **Entwickler** *m fot* wywoływacz **Entwicklung** *f* rozwijanie (się), rozwój; (*Entstehung*) powstawanie; *fot* wywoływanie; *e-s Projekts* opracowanie; *von Gasen* wytwarzanie się **Entwicklungshilfe** *f* pomoc dla krajów rozwijających się
**entwirren** (-) rozpląt(yw)ać **entwischen** *umg* (-; *sn*) wymykać ⟨wymknąć⟩ się (**der Polizei** policji) **entwöhnen** (-) odzwyczajać ⟨-czaić⟩ (**j-n von etw** k-o od *gen*); *Baby* odstawi(a)ć od piersi **Entwöhnung** *f* odzwyczajenie **entwürdigend** *adj* poniżający (-co)
**Entwurf** *m* szkic, zarys; *e-s Gesetzes* projekt **entwurzelt** wywrócony; *fig* wykolejony **entziehen** (*irr*; -) *v/t*: **j-m etw ~** pozbawi(a)ć k-o (*gen*); (*wegnehmen*) odbierać ⟨odebrać⟩ k-u (*akk*); **sich ~** (*dat*) uchylać ⟨-lić⟩ się od (*gen*), unikać ⟨-knąć⟩ (*gen*) **Entziehungskur** *f* kuracja odwykowa, *umg* odwyk **entziffern** (-re; -) odcyfrow(yw)ać
**entzückend** *adj* zachwycający (-co) **Entzug** *m* (*bpl*) pozbawienie; (*Wegnahme*) odebranie; *von Drogen* odwyk **Entzugserscheinungen** *fpl* objawy *mpl* odstawienia
**entzünden** (-) zapalać ⟨-lić⟩; **sich ~** zapalać ⟨-lić⟩ się, zając się *pf* (**an** *dat* od *gen*); MED *a.* zaogni(a)ć się; *Streit* wybuchnąć *pf* (**an** *dat* z powodu *gen*) **Entzündung** *f* zapalenie; MED *a.* stan zapalny **entzündungshemmend** *adj* przeciwzapalny
**entzwei** *adj* złamany
**Enzian** *m* (-s; -e) BOT goryczka; (*Schnaps*) nalewka na goryczkach

**Enzyklopädie** [pl -'di:ən] f encyklopedia

**Epidemie** [pl -'mi:ən] f epidemia **epidemisch** epidemiczny

**Episode** f epizod **Epoche** f epoka; ~machend epokowy **Epos** n (-; Epen) epos, epopeja

**er** pron on; ~ **ist nicht da** nie ma go **erachten** (-) uważać **(für** za akk) **Erachten** n: **meines ~s** moim zdaniem

**erarbeiten** (-) v/t (a. **sich** [dat]) zdoby(wa)ć pracą

**erbärmlich** A adj nędzny; abw nikczemny, podły; **in e-m ~en Zustand w** opłakanym stanie; **sich ~ benehmen** zachow(yw)ać się podle B adv (sehr) straszne, cholernie **erbarmungslos** bezlitosny; präd a. bez litości

**erbauen** (-) v/t wystawi(a)ć, wybudować pf; fig pokrzepi(a)ć na duchu; **nicht erbaut sein (von)** nie być zbudowanym (inst); **sich ~ (an** dat) napawać się, delektować się (inst) **Erbauer** m budowniczy; (Gründer) założyciel **erbaulich** budujący (-co)

**erbberechtigt** adj uprawniony do dziedziczenia

**Erbe**¹ n (-s; bpl) spadek, scheda, spuścizna; fig dziedzictwo; **väterliches ~** spadek po ojcu

**Erbe**² m (-n) spadkobierca m, dziedzic

**erben** ⟨o⟩dziedziczyć, otrzym(yw)ać w spadku **(von j-m** po lok)

**erbeuten** (-e-; -) zdoby(wa)ć; Raubtiere als Futter upolować pf

**Erbfolge** f dziedziczenie, sukcesja (tronu) **Erbgut** n (bpl) BIOL zespół cech dziedzicznych **Erbin** f spadkobierczyni, dziedziczka

**erbitten** (irr; -) ⟨po⟩prosić (**etw von j-m** k-o o akk)

**erbittern** (-re; -) (erbosen) rozdrażni(a)ć, rozłościć pf **erbittert** adj zaciekły, zacięty; präd zaciekle, zacięcie **Erbkrankheit** f choroba dziedziczna **erbleichen** v/i (-; sn) ⟨z⟩blednąć **erblich** adj dziedziczny; **~ belastet** obciążony genetycznie

**erblicken** (-) spostrzec pf, ujrzeć pf **erblinden** v/i (-e-; -) oślepnąć pf, zaniewidzieć **(auf e-m Auge** na jedno oko); Spiegel zmatowieć pf

**Erbmasse** f (bpl) JUR masa spadkowa

**erbost** adj zły, rozłoszczony

**erbrechen** (irr; -) v/t zwracać ⟨zwrócić⟩ (akk); v/i (a. **sich** [dat]) ⟨z⟩wymiotować **Erbrechen** n wymioty mpl, torsje fpl

**Erbschaft** f spadek, spuścizna

**Erbse** f BOT groch; einzelne ziarnko grochu; **~n** pl/KULIN groch; **grüne ~n** zielony groszek **Erbsensuppe** f zupa grochowa, grochówka

**Erbstück** n alt pamiątka rodzinna **Erbteil** n udział spadkowy od w spadku

**Erdapfel** m austr kartofel, ziemniak **Erdball** m kula ziemska, glob **Erdbeben** n trzęsienie ziemi **Erdbeere** f truskawka, (Walderdbeere) poziomka **Erdboden** m (bpl) ziemia **Erde** f ziemia; AGR a. gleba; ASTRON (bpl) Ziemia **erden** (-e-) ELEK uziemi(a)ć

**erdenklich** możliwy; **auf jede ~e Weise** wszelkimi możliwymi sposobami; **sich alle ~e Mühe geben** dokładać ⟨dołożyć⟩ wszelkich starań

**Erdgas** n gaz ziemny **Erdgeschoss** n parter **Erdkugel** f (bpl) kula ziemska, glob **Erdkunde** f (bpl) geografia **Erdnuss** f orzeszek ziemny **Erdöl** n (bpl) ropa naftowa

**erdolchen** (-) zasztyletować pf **Erdölvorkommen** n złoże roponośne **erdreisten** (-e-; -): **sich ~** ośmielać ⟨-lić⟩ się **(zu kommen** przyjść) **erdrosseln** (-) udusić pf, zadusić pf **erdrücken** (-) przygniatać ⟨-gnieść⟩, przytłaczać ⟨-tłoczyć⟩

**Erdrutsch** m obsunięcie się ziemi, osuwisko **Erdstoß** m wstrząs sejsmiczny od tektoniczny **Erdteil** m część f świata **Erdumlaufbahn** f orbita okołoziemska

**ereifern** (-re; -): **sich ~ (über** akk, **wegen** gen) podniecać ⟨-cić⟩ się, ekscytować się (inst; z powodu gen)

**ereignen** (-e-; -): **sich ~** wydarzać ⟨-rzyć⟩ się, zdarzać ⟨-rzyć⟩ się, zachodzić ⟨zajść⟩ pf **Ereignis** n (-ses; -se) wydarzenie, zdarzenie **ereignisreich** obfitujący w wydarzenia, burzliwy

**erfahren**¹ v/t (irr; -) (vernehmen) dowiadywać ⟨dowiedzieć⟩ się **(etw** o lok; **von j-n** od gen; **durch** przez akk); (erleben) doświadczać ⟨-czyć⟩ (gen)

**erfahren**² adj doświadczony, wytrawny **Erfahrung** f doświadczenie; **aus (eige-**

## Erfahrungsaustausch – erheben ■ 347

ner) ~ z doświadczenia; **schlechte ~en machen (mit etw)** wynieść *pf* smutne doświadczenia (z *gen*); **~en sammeln** zbierać *od* gromadzić doświadczenia **Erfahrungsaustausch** *m* wymiana doświadczeń **erfahrungsgemäß** *adv* jak wiadomo z doświadczenia
**erfassen** (-) *Gefühl* ogarniać ⟨-nąć⟩, przejmować ⟨-jąć⟩; (*begreifen*) pojmować ⟨-jąć⟩; (*registrieren*) ujmować ⟨ująć⟩ w ewidencji; *Daten* wprowadzać ⟨-dzić⟩; (*einbeziehen*) obejmować ⟨objąć⟩
**erfinden** (irr; -) wymyślać ⟨-lić⟩, wynajdywać ⟨-naleźć⟩; *Geschichte* zmyślać ⟨-lić⟩; **frei erfunden** zmyślony **Erfinder(in)** *m(f)* wynalazca *m* ⟨-czyni⟩ **erfinderisch** (*findig*) pomysłowy (-wo) **Erfindung** *f* wynalazek; (*Fiktion*) wymysł, zmyślenie
**Erfolg** *m* ⟨-[e]s; -e⟩ powodzenie, sukces; (*Ergebnis*) wynik; skutek; **viel ~!** powodzenia!; **mit ~** z powodzeniem; z dobrym wynikiem; **~ versprechend** obiecujący ⟨-co⟩ **erfolgen** (-; *sn*) (*eintreten*) następować ⟨-stąpić⟩ **erfolglos** *Sache* bezowocny, nieuwieńczony sukcesem; *präd* bezowocnie, bez powodzenia; *Person* niemający powodzenia **erfolgreich** *adj* cieszący się powodzeniem; *Vorhaben* uwieńczony sukcesem, udany; *präd* z powodzeniem, skutecznie
**erforderlich** wymagany; **falls ~** w razie potrzeby **erfordern** (-) wymagać (*gen*) **Erfordernis** *n* ⟨-ses; -se⟩ (*Voraussetzung*) przesłanka
**erforschen** (-) ⟨z⟩badać; *Land* eksplorować, penetrować **Erforschung** *f* badanie; *e-s Landes* eksploracja
**erfreuen** (-): **j-n mit etw ~** ⟨u⟩cieszyć, ⟨u⟩radować k-o (*inst*); **sich ~** (*gen*, **an** *dat*) cieszyć się (*inst*, widokiem *gen*) **erfreulich** (*günstig*) pomyślny; (*freudig stimmend*) pocieszający **erfreulicherweise** *adv* na szczęście
**erfrieren** *v/i* (irr; -; *sn*) zmarznąć *pf* **erfrischen** (-) *v/t* orzeźwi(a)ć, pokrzepi(a)ć (**mit etw** *inst*) **Erfrischung** *f* orzeźwienie; (*Getränk*) napój orzeźwiający
**erfüllen** (-) *v/t* spełni(a)ć; *Plan* wykon(yw)ać; **j-n mit** *Sorge* ~ napełni(a)ć k-o (*inst*); **sich ~** spełni(a)ć się **ergänzen** ⟨-zt; -⟩ *v/t* dopełni(a)ć, uzupełni(a)ć; **einander** *od v/r* **sich ~** uzupełniać się wzajem-

nie **Ergänzung** *f* dopełnienie, uzupełnienie
**ergeben**[1] (irr; -) *v/t* wynosić ⟨wynieść⟩; *Resultat* wykaz(yw)ać; **sich ~** podda(wa)ć się; **sich s-m** *Schicksal* **~** pogodzić się *pf* z losem; **sich ~ aus etw** wynikać ⟨-knąć⟩ z (*gen*); **es ergab sich** okazało się; **es hat sich so ~** tak się złożyło
**ergeben**[2] *adj* oddany; (*devot*) uniżony ⟨-żenie⟩
**Ergebnis** *n* ⟨-ses; -se⟩ wynik; (*Folge*) skutek **ergebnislos** bezskuteczny; *präd a.* bez skutku
**ergehen** (irr; -) *v/i* (*sn*) być ogłoszonym; *Befehl* być wydanym; *Einladung* być rozesłanym; **etw über sich** (*akk*) **~ lassen** znosić ⟨znieść⟩ cierpliwie (*akk*); (*j-m gehen*) *unpers* ⟨po⟩wieść się; **wie ist es dir ergangen?** jak ci się ⟨po⟩wiodło?; **wie wird es ihm ~?** jak mu się powiedzie?
**ergiebig** wydajny; *Thema* wdzięczny
**ergießen** (irr; -): **sich ~** ⟨po⟩lać się, lunąć *pf*, płynąć; **sich ~ über** *e-e Fläche* zal(ew)ać (*akk*); **sich ~ in** (*akk*) spływać do, wpadać do (*gen*)
**ergreifen** (irr; -) chwytać ⟨schwycić, uchwycić⟩, ujmować ⟨ująć⟩ (**an** *dat*, **bei** *za akk*); *Dieb* schwytać, ująć *pf*; *Beruf* wybi(e)rać; *Macht* obejmować ⟨objąć⟩; *Maßnahmen* przedsiębrać ⟨-sięwziąć⟩; *Chance* ⟨s⟩korzystać (z *gen*); *Wort* zabi(e)rać; *Angst* ogarniać ⟨-nąć⟩; (*rühren*) wzruszać ⟨-szyć⟩ (**tief** głęboko); **die Flucht ~** rzucać ⟨-cić⟩ się do ucieczki **ergriffen** *pperf* → ergreifen; *adj* wzruszony; (**von etw**) przejęty (*inst*)
**Erguss** *m* wylew
**erhaben** wypukły ⟨-ło⟩; *fig* wzniosły ⟨-śle⟩; **~ sein über** (*akk*) stać ponad (*inst*)
**erhalten**[1] (irr; -) *v/t* otrzym(yw)ać; (*bewahren*) utrzym(yw)ać, zachow(yw)ać (**am Leben** przy życiu) **erhalten**[2] *adj*: **gut ~** *Sache* w dobrym stanie; *Person* dobrze wyglądający (na swój wiek); **~ bleiben** zachować się *pf* **erhältlich** *adj*: **~ sein** być do nabycia **Erhaltung** *f* (*bpl*) (*Bewahrung*) zachowanie; (*Unterhaltung*) utrzymanie
**erhängen** (-) *v/t* powiesić *pf*; **Tod durch Erhängen** śmierć *f* przez powieszenie **erhärten** (-) *fig* popierać ⟨poprzeć⟩ (**durch Beweise** dowodami)
**erheben** (irr; -) *v/t* podnosić ⟨-nieść⟩;

## erheblich – Erledigung

**Zoll** pob(ie)rać, ściągać ⟨-gnąć⟩; *Anspruch* zgłaszać ⟨zgłosić⟩; *Klage* wnosić ⟨wnieść⟩; *Protest* zakładać ⟨założyć⟩; *Daten* zbierać ⟨zebrać⟩; **sich ~** podnosić ⟨podnieść⟩ się; *Berg* wznosić się; *Volk* powsta(wa)ć (*a.* **von den Plätzen ~** z miejsc); unosić ⟨unieść⟩ się (**in die Luft** w powietrze) **erheblich** *adj* znaczny, niemały; *Rolle* poważny; *adv* znacznie, w znacznym stopniu **Erhebung** *f* (*Anhöhe*) wzniesienie; (*Enquete*) ankieta, ankietowanie; *von Steuern* pobieranie, ściąganie; (*Aufstand*) powstanie

**erheitern** (-re; -) ⟨u⟩bawić, rozweselać ⟨-lić⟩ **erhellen** (-) *v/t* rozjaśni(a)ć **erhitzen** (-zt; -) *v/t* rozgrz(ew)ać; *fig* roznamiętni(a)ć **erhoffen** (-): **sich** (*dat*) **etw ~** spodziewać się (*gen*; *von* po *lok*, od *gen*)

**erhöhen** (-) *v/t* podwyższać ⟨-szyć⟩ (**um fünf** o pięć); *Risiko* zwiększać ⟨-szyć⟩ się; **~** podwyższać ⟨-szyć⟩ się, wzrastać ⟨wzrosnąć, wzróść⟩ **Erhöhung** *f* podwyższenie; (*Zunahme*) zwiększenie; (*konkreter Betrag*) podwyżka (**um ... o ...**)

**erholen** (-): **sich ~** odpoczywać, wypoczywać ⟨od-, wypocząć⟩ (**nach der Arbeit** po pracy); ochłonąć *pf* (**von e-m Schrecken** z przerażenia); powracać ⟨-wrócić⟩ do zdrowia (**von e-r Krankheit** po chorobie); FIN poprawi(a)ć się **erholsam** relaksowy (-wo), relaksujący (-co) **erholt** *adj* wypoczęty **Erholung** *f* (*bpl*) odpoczynek, wypoczynek, *umg* relaks; (*Besserung*) powrót do zdrowia, rekonwalescencja **Erholungsgebiet** *n* teren rekreacyjny **Erholungsurlaub** *m* urlop wypoczynkowy

**erinnern** (-re; -) *v/t*: **j-n ~ an j-n, etw** przypominać ⟨-mnieć⟩ k-u (*akk*); **sich ~ an** (*akk*) przypominać ⟨-mnieć⟩ sobie (*akk*); **sich nicht mehr ~ an j-n, etw** (już) nie pamiętać (*gen*) **Erinnerung** *f* (*bpl*) pamięć *f*; (*a. pl*) (*Rückerinnerung*) wspomnienie; *nur* **~an** *pl* wspomnienia *npl*, wspominki *mpl*; (*Mahnung*) przypomnienie; **j-n, etw gut in ~ haben** zachować *pf* w pamięci (*akk*); **zur ~ an etw** na pamiątkę (*gen*)

**erkälten** (-e-; -): **sich ~** przezięb(a)ć się; *v/t* **sich** (*dat*) **etw ~** przezięb(a)ć sobie (*akk*) **erkältet** *adj* przeziębiony **Erkältung** *f* przeziębienie

**erkennen** (*irr*; -) *v/t* (*wahrnehmen*) rozpozna(wa)ć; pozna(wa)ć; uzna(wa)ć; **sich zu ~ geben** przedstawić się *pf* (**als** jako); *v/i* JUR, SPORT (**auf** *akk*) orzekać ⟨orzec⟩ (*akk*) **erkenntlich** *adj*: **sich ~ zeigen** odwdzięczać ⟨-czyć⟩ się (**gegenüber j-m für etw** k-u za *akk*) **Erkenntnis** *f* (-; -se) (*Einsicht*) przekonanie, przeświadczenie; FILOZ (*bpl*) poznanie **Erkennung** *f* (*bpl*) rozpoznanie **Erker** *m* wykusz

**erklärbar** wytłumaczalny **erklären** (-) *v/t* wyjaśni(a)ć, (*a. begründen*) ⟨wy⟩tłumaczyć (**mit** *inst*); (*äußern*) oświadczać ⟨-czyć⟩, deklarować (*im*)*pf*; *Krieg* wypowiadać ⟨-wiedzieć⟩; **j-n für schuldig, tot ~** uznać *pf* winnym, za zmarłego (*akk*); **sich ~ (aus)** tłumaczyć się (*inst*) **Erklärung** *f* wyjaśnienie, wytłumaczenie; (*Mitteilung*) oświadczenie, deklaracja

**erkranken** *v/i* (-; sn) zachorować *pf*, rozchorować się (**an** *dat* na *akk*) **Erkrankung** *f* zachorowanie; (*Krankheit*) choroba

**erkunden** (-e-; -) MIL rozpoznawać **erkundigen** (-): **sich ~** (**nach**) dowiadywać się, ⟨za⟩pytać (o *akk*) **Erkundigung** *f* zbieranie informacji, wypytywanie

**erlangen** (-) uzysk(iw)ać, zdoby(wa)ć **Erlass** *m* (-es; -e) dekret, zarządzenie; *e-r Strafe* darowanie, uchylenie; *e-r Schuld* zwolnienie (z długu); *e-s Urteils* wydanie **erlassen** (*irr*; -) wyda(wa)ć

**erlauben** (-) *v/t* pozwalać, zezwalać ⟨-zwolić⟩ (**j-m etw** od **zu +** *inf* k-u na *akk od inf*); **sich** (*dat*) **etw ~** pozwalać ⟨-zwolić⟩ sobie na (*akk*) **Erlaubnis** *f* pozwolenie, zezwolenie

**erläutern** (-re; -) objaśni(a)ć; (*kommentieren*) ⟨s⟩komentować **Erläuterung** *f* objaśnienie; komentarz

**Erle** *f* olcha, olsza; (*Holz*) olszyna

**erleben** (-) (*an sich erfahren*) przeży(wa)ć, dozna(wa)ć, zazna(wa)ć; *als Zeuge* być świadkiem (*gen*), widzieć, słyszeć (*akk*); *als Zeitgenosse* dożyć *pf*, doczekać się *pf* (*gen*); **so etwas habe ich noch nicht erlebt** czegoś takiego jeszcze nie widziałem (-łam) **Erlebnis** *n* (-ses; -se) przeżycie

**erledigen** (-) załatwi(a)ć; *umg fig* wykańczać ⟨-kończyć⟩; (*töten*) *pop* wykończyć *pf*, załatwić *pf*; **das erledigt sich von selbst** to się samo ułoży **Erledigung**

f załatwienie
**erleichtern** (-re; -): **j-m** *die Arbeit, das Dasein* ~ ulżyć pf k-u w (*lok*); (*einfacher machen*) ułatwiać k-u (*akk*); (*bequemer machen*) udogodnić pf k-u (*akk*); (*j-n innerlich befreien*) sprawi(a)ć *od* przynosić ⟨-nieść⟩ ulgę (*dat*) **Erleichterung** f *e-r Handlung* ułatwienie, udogodnienie; (*seelische*) ulga; **mit** ~ z ulgą; **zur** ~ dla ulżenia; *e-s Vorhabens* celem ułatwienia *od* udogodnienia
**erleiden** (*irr*; -) dozna(wa)ć (*gen*); *Verlust* ponosić ⟨-nieść⟩ (*akk*) **erlernen** v/t (-) ⟨na-, wy-⟩uczyć się (*gen*) **erleuchten** (-) oświetlać ⟨-lić⟩, rozświetlać ⟨-lić⟩; *fig* oświecać ⟨-cić⟩ **erliegen** v/i (*irr*; -; *sn*) *j-m, e-r Sache* ulegać ⟨ulec⟩ (*dat*); **... erlag s-n Verletzungen** ... zmarł wskutek odniesionych obrażeń; **zum Erliegen kommen** *Handel* upaść pf; *Verkehr* stanąć pf; **zum Erliegen bringen** sparaliżować pf
**Erlös** m (-es; -e) uzysk, uzyskana kwota (**aus** z *gen*); (*Tageseinnahme*) utarg
**erloschen** *adj* wygasły **erlöschen** v/i (erlischt, erlosch, erloschen; *sn*) *Feuer* ⟨wy-, z⟩gasnąć; *Vulkan* wygasnąć pf; *Leidenschaft* wygasać ⟨-snąć⟩; *Frist* upływać ⟨upłynąć⟩
**erlösen** (-) wybawi(a)ć (**aus** z *gen*), uwalniać ⟨uwolnić⟩ (**von** *od gen*); *rel* zbawi(a)ć; **ein ~des Wort** wyzwalające słowo **Erlöser** m wybawca m; (*bpl*) *rel* Zbawiciel **ermächtigen** (-) uprawni(a)ć, upoważni(a)ć (**j-n zu** k-o *do gen*) **Ermächtigung** f upoważnienie
**ermahnen** (-) napominać ⟨-mnieć⟩ (**j-n zu etw** k-o żeby był + *adj*)
**ermäßigen** (-) obniżać ⟨-żyć⟩, ⟨z⟩redukować **ermäßigt** *adj* ulgowy **Ermäßigung** f obniżenie, zredukowanie; (*Preisnachlass*) zniżka, ulga
**ermessen** (*irr*; -) oceni(a)ć **Ermessen** n (-s; *bpl*) uznanie; **nach eigenem** ~ według własnego uznania
**ermitteln** (-le; -) v/t (*errechnen*) wyliczać ⟨-czyć⟩; (*feststellen*) ustalać ⟨ustalić⟩; *Täter* wykry(wa)ć; v/i prowadzić dochodzenie (**gegen** przeciw *dat*) **Ermittlung** f wyliczenie; *e-r Person* ustalenie; **~en** pf *JUR* dochodzenie, śledztwo **ermöglichen** (-) umożliwi(a)ć, udostępni(a)ć
**ermorden** (-) zamordować pf **Ermor-**

### erleichtern – erpressen ■ 349

dung f zamordowanie, mord
**ermüden** (-e-; -) v/t ⟨z⟩nużyć, ⟨z⟩męczyć; v/i (*sn*) ⟨z⟩nużyć się, ⟨z⟩męczyć się **Ermüdung** f (*bpl*) znużenie, zmęczenie **ermuntern** (-re; -) zachęcać ⟨-cić⟩ (**zu** *do gen*); **~de Worte** słowa zachęty
**ernähren** (-) v/t żywić, odżywiać, karmić; *Familie* ⟨wy⟩żywić; **sich von etw** ~ odżywiać się (*inst*), (*mst von Tieren*) karmić się (*inst*); (*Lebensunterhalt bestreiten*) utrzymywać się (z *gen*) **Ernährung** f (*bpl*) odżywianie (się), żywienie (się); (*Nahrung*) żywność f; *der Familie* (wy)żywienie
**ernennen** (*irr*; -) mianować ⟨im⟩pf (**j-n zu etw** k-o *inst*) **Ernennung** f mianowanie, nominacja
**erneuerbar** odnawialny **erneuern** (-re; -) v/t wymieni(a)ć (na nowy); (*renovieren*) odnawiać ⟨odnowić⟩; (*wiederholen*) ponawiać ⟨-nowić⟩ **Erneuerung** f wymiana; *fig* odnowienie, odnowa **erneut** *adj* ponowny; *adv* na nowo, znów, znowu
**Erniedrigung** f poniżenie, upokorzenie
**ernst** *adj* poważny; *adv* (*umg* na) poważnie, (na) serio; ~ **nehmen** traktować poważnie *od* (na) serio **Ernst** m (-es; *bpl*) powaga; **im** ~, **allen ~es** na serio **Ernstfall** m: **im** ~ w krytycznej sytuacji, w razie niebezpieczeństwa; *engS* w wypadku wojny **ernsthaft**, **ernstlich** poważny
**Ernte** f żniwo, zbiór; (*Ertrag*) zbiory *mpl*, plon **ernten** (-e-) zbierać ⟨zebrać⟩ (plon, owoce); *Getreide a.* sprzątać ⟨-tnąć⟩, ⟨z⟩żąć
**ernüchtern** (-re; -) otrzeźwi(a)ć
**Eroberer** m zdobywca m **erobern** (-re; -) zdoby(wa)ć; *Land* podbi(ja)ć **Eroberung** f zdobycie; *e-s Landes* podbój, podbicie
**eröffnen** (-) otwierać ⟨otworzyć⟩; *Sitzung a.* zagajać ⟨-gaić⟩; *Saison* ⟨za⟩inaugurować; *JUR* wszczynać ⟨wszcząć⟩; *Spiel* rozpoczynać ⟨-cząć⟩ **Eröffnung** f otwarcie; (*feierlicher Beginn*) inauguracja; *JUR* wszczęcie
**E-Roller** m hulajnoga elektryczna
**erörtern** (-re; -) omawiać ⟨omówić⟩
**Erotik** f (*bpl*) erotyka **erotisch** erotyczny
**erpressen** (-) szantażować (**j-n mit etw** k-o *inst*); wymuszać ⟨-musić⟩ (**Geld von**

**j-m** pieniądze na (lok) **Erpresser(in** f) m szantażysta m (-tka) **Erpressung** f szantaż, wymuszenie
**erproben** (-) wypróbow(yw)ać (**an j-m** na lok); TECH a. podda(wa)ć próbie **erraten** (irr; -) odgadywać, zgadywać ⟨-dnąć⟩
**erregbar** pobudliwy **erregen** (-) v/t podniecać ⟨-cić⟩, ekscytować; *Gemüter* ⟨z⟩bulwersować; *Gefühl* wzbudzać ⟨-dzić⟩; wywoł(yw)ać; **sich ~ (über** akk) podniecać ⟨-cić⟩ się (inst), irytować się (z powodu gen) **Erreger** m MED zarazek **Erregung** f (*Erregtheit*) podniecenie, iron ekscytacja; (*Verärgerung*) rozdrażnienie; (*das Hervorrufen*) wywołanie
**erreichbar** osiągalny **erreichen** (-) etw. a. fig dosięgać ⟨-gnąć⟩ (gen); *Ziel* a. docierać ⟨dotrzeć⟩ (do gen); *Ufer* a. dopływać ⟨-płynąć⟩ (do gen); *Zug* zdążyć pf (na akk); *Stand* osiągać ⟨-gnąć⟩ (akk); j-n zasta(wa)ć; **wie kann ich dich ~?** jak można się z tobą skontaktować?
**errichten** (-) wznosić ⟨-nieść⟩, postawić pf; (*gründen*) zakładać ⟨założyć⟩ **erringen** (irr; -) *Preis* zdoby(wa)ć; *Sieg* odnosić ⟨-nieść⟩ **erröten** v/i (-; sn) ⟨za⟩rumienić się (**vor Scham** ze wstydu) **Errungenschaft** f osiągnięcie, zdobycz f; umg nabytek
**Ersatz** m (-es; bpl) zamiennik; namiastka, surogat; (*Person*) zastępca m (-czyni); SPORT rezerwa; (*Entschädigung*) rekompensata (**für** za akk); odszkodowanie; (*das Ersetzen*) wymiana, zamiana; *der Auslagen* zwrot (gen); **als ~ für j-n, etw** w zamian za (akk) **Ersatzdienst** m służba zastępcza **Ersatzmann** m zastępca m; SPORT rezerwa **Ersatzrad** n koło zapasowe **Ersatzspieler(in)** m(f) gracz rezerwowy **Ersatzteil** n część zapasowa
**erscheinen** v/i (irr; -; sn) pojawi(a)ć się, zjawi(a)ć się, ukaz(yw)ać się; (*sich einfinden*) stawi(a)ć się (**in, vor** dat w L, przed inst); **es erscheint mir merkwürdig, dass ... wydaje mi się dziwne, że ... Erscheinen** n (bpl) ukazanie się; *vor Gericht* stawienie się **Erscheinung** f (*Phänomen*) zjawisko; (*Äußeres*) aparycja, prezencja; (*Gestalt*) sylwetka; (*Vision*) przywidzenie, zwid
**erschießen** (irr; -) v/t zastrzelić pf; JUR rozstrzel(iw)ać **erschlagen**[1] (irr; -) zabić pf, zatłuc pf (na śmierć); **vom Blitz**

**~ werden** umrzeć wskutek porażenia piorunem **erschlagen**[2] umg adj: **sich ~ fühlen** być skonanym; (**wie**) **~ sein** zaniemówić pf z wrażenia **erschließen** (irr; -) v/t zagospodarow(yw)ać; *Baugelände* uzbrajać ⟨uzbroić⟩; *Markt* otwierać ⟨otworzyć⟩ (**für** dla gen), (a. *nutzbar machen*) udostępni(a)ć; v/r **sich ~** stać się pf zrozumiałym
**erschöpfen** (-) v/t wyczerp(yw)ać **Erschöpfung** f (bpl) wyczerpanie
**erschrecken**[1]: v/i u. v/r **sich ~** (- od irr) erschrickt, erschrak, erschrocken; sn (**über** akk, **vor** dat) przeląknąć się pf, zląknąć się pf (gen, na widok gen)
**erschrecken**[2] v/t (-) przestraszyć pf ⟨-snąć⟩, zachybotać pf, zachwiać pf (inst); *fig* zachwiać pf (akk) **Erschütterung** f wstrząs
**erschweren** (-) utrudni(a)ć **erschwinglich** dostępny (**für jeden** dla każdego); *Preis* a. przystępny
**ersehen** (irr; -) widzieć, ⟨wy⟩wnioskować (**aus** z gen)
**ersetzbar** zamienny; *präd Person* do zastąpienia; *Schaden* do naprawienia, do powetowania **ersetzen** (-) zamieni(a)ć, zastępować ⟨zastąpić⟩ (**durch j-n, etw** inst); *Schaden* ⟨z⟩rekompensować, wyrów(ny)wać; *Kosten* ⟨z⟩refundować; CHEM, MAT podstawi(a)ć
**ersichtlich** widoczny; **ohne ~en Grund** bez widocznego powodu; **mir ist nicht ~, weshalb ...** nie pojmuję, dlaczego ...
**ersparen** (-) ⟨za⟩oszczędzić pf (**j-m etw** k-u gen) **Ersparnis** f (-; bpl) oszczędność f (**an etw** na, w lok); *nur pl* **~se** oszczędności fpl
**erst** adv najpierw, wpierw; (*nicht eher, mehr als*) dopiero; **eben ~** dopiero co; **~ gestern** dopiero wczoraj; *partikel* **~ recht** tym bardziej
**erstatten** (-e-; -) składać ⟨złożyć⟩; *Kosten* ⟨z⟩refundować
**Erstaufführung** f premiera
**erstaunen** (-) v/t zdumiewać, zadziwi(a)ć (akk); v/i (sn) (**über** akk) ⟨z⟩dziwić się (dat) **Erstaunen** n zdumienie **erstaunlich** zadziwiający; *präd* zadziwiająco; (*sehr*) nadzwyczaj
**erstbeste** adj: **der ~** pierwszy lepszy, jakikolwiek

**erste** *num* pierwszy; **zum ~n Mal** po raz pierwszy; **als Erstes, zum Ersten** po pierwsze; **am Ersten** *des Monats* pierwszego; **fürs Erste** na razie

**erstechen** (irr; -) zasztyletować *pf*, zakłuć *pf*, *umg* zadźgać *pf* **erstellen** sporządzać ⟨-dzić⟩; (*bauen*) ⟨wy⟩budować

**erstens** *adv* po pierwsze

**ersticken** (-) *v/t* udusić *pf*; *Flammen* ⟨s⟩tłumić; *v/i* (*sn*) udusić się *pf*; udławić się *pf*

**erstklassig** pierwszorzędny; *präd a.* pierwszej klasy, *umg* pierwsza klasa

**erstrebenswert** pożądany **erstrecken** (-): **sich ~** *räumlich* rozciągać ⟨-gnąć⟩ się **über** *akk* na *akk*; **von ... bis ...** od ... do ...); *zeitlich* ciągnąć się (**über 5 Jahre** przez pięć lat); *fig* **sich ~ auf** (*akk*) (*umfassen*) obejmować (*akk*)

**ersuchen** (-): **j-n um etw ~** ⟨po⟩prosić k-o o (*akk*)

**ertappen** (-) *v/t* przyłap(yw)ać (**bei etw** na *lok*) **erteilen** (-) udzielać ⟨-lić⟩ (*gen*); *Befehl* wyda(wa)ć (*akk*)

**Ertrag** *m* (-[e]s; -träge) urodzaj, plon; (*Gewinn*) dochód **ertragen** (irr; -) znosić ⟨znieść⟩ **erträglich** znośny, nie najgorszy

**ertränken** (-) ⟨u⟩topić **ertrinken** *v/i* (irr; -; *sn*) utopić się *pf*, utonąć *pf*; **zu ~ drohen** tonąć **Ertrunkene(r)** *m* (-n) topielec

**erübrigen** (-) *v/t* wykroić *pf*; (*ersparen*) zaoszczędzić *pf*; **sich ~** być zbytecznym

**Eruption** *f* wybuch, erupcja

**erwachen** *v/i* (-; *sn*) ⟨o-, z⟩budzić się, przebudzać ⟨-dzić⟩ się

**erwachsen**[1] *v/i* (irr; -; *sn*) wynikać ⟨-knąć⟩ **daraus** z tego

**erwachsen**[2] *adj* dorosły; **~ werden** wydorośleć *pf*

**erwägen** (erwog, erwogen) rozważać ⟨-żyć⟩ **Erwägung** *f* rozważenie

**erwähnen** (-) wymieni(a)ć; *kurz* wspominać ⟨-mnieć⟩, wzmiankować (*im*)*pf* (**j-n, etw** o *lok*)

**erwärmen** (-) *v/t* ogrz(ew)ać, nagrz(ew)ać; *fig* **j-n für etw ~** pozyskać *pf* k-o do (*gen*), zainteresować *pf* k-o (*inst*); **sich ~** nagrz(ew)ać się, ogrz(ew)ać się; METEO ocieplać ⟨-lić⟩ się; *fig* (**für**) ⟨za⟩interesować się (*inst*) **Erwärmung** *f* (*bpl*) nagrz(ew)anie; METEO, *fig* ocieplenie (się)

**erwarten** (-) *j-n, etw* oczekiwać (*gen*); (*rechnen mit*) spodziewać się (*gen*; **von j-m** po *lok*); **das war zu ~** tego należało się spodziewać; **wider Erwarten** wbrew oczekiwaniom **Erwartung** *f* oczekiwanie; (*Hoffnung*) nadzieja; **alle ~en übertreffen** przechodzić ⟨przejść⟩ wszelkie oczekiwania; **ihre ~en wurden enttäuscht** zawiodła w swoich oczekiwaniach

**erwecken** (-) budzić, wzbudzać ⟨-dzić⟩; *alte Bräuche* wskrzeszać ⟨wskrzesić⟩ **erweichen** (-) *v/t* zmiękczać ⟨-czyć⟩; *v/i* (*sn*) ⟨z⟩miękąć **erweisen** (irr; -) *v/t* (*nachweisen*) wykaz(yw)ać (*akk*), dowodzić ⟨dowieść⟩ (*gen*); *Dienst* wyświadczać ⟨-czyć⟩; *Achtung* okaz(yw)ać; **sich ~** (**als**) okaz(yw)ać się (*inst*); **sich dankbar ~** (**gegenüber** *dat*) być wdzięcznym (*dat*)

**erweitern** (-re; -) *v/t* poszerzać ⟨-rzyć⟩, *a.* MAT, MED, *Kenntnisse* rozszerzać ⟨-rzyć⟩; (*ausbauen*) rozbud(ow)ywać **Erweiterung** *f* poszerzenie, rozszerzenie (się); IT *e-r Datei* rozszerzenie; (*Ausbau*) rozbudowa

**Erwerb** *m* (-[e]s; *bpl*) nabycie; (*Verdienst*) zarobek; (*das Erworbene*) nabytek **erwerben** (irr; -) naby(wa)ć; *Diplom* uzysk(iw)ać; *sich* (*dat*) **~** zysk(iw)ać; *Vertrauen* zaskarbi(a)ć **erwerbslos** bezrobotny **Erwerbsquelle** *f* źródło zarobkowania **erwerbstätig** czynny zawodowo **Erwerbszweig** *m* branża

**erwidern** (-re; -) odpowiadać ⟨-wiedzieć⟩; **auf** *e-n Vorwurf* ~ replikować na (*akk*); *Gefühl* odwzajemni(a)ć; **j-s Gruß ~** odkłaniać ⟨-kłonić⟩ się k-u **Erwiderung** *f* (*Antwort*) odpowiedź *f*; (*Gegenrede*) replika

**erwiesenermaßen** *adv* jak udowodniono

**erwischen** *umg* ⟨z⟩łapać *pf* (*akk*), dopaść *pf* (*gen*)

**erwünscht** pożądany **erwürgen** (-) udusić *pf*, zadusić *pf*

**Erz** *n* (-es; -e) ruda, kruszec

**erzählen** (-) opowiadać ⟨-wiedzieć⟩ (**von** o *lok*) **Erzähl|er(in)** *m(f)* narrator(ka) **Erzählung** *f* opowiadanie, opowieść *f*, powiastka

**Erzbischof** *m* arcybiskup **Erzengel** *m* archanioł

**erzeugen** (-) wytwarzać ⟨-tworzyć⟩; FIZ

*a.* ⟨wy⟩generować; *fig* wywoł⟨yw⟩ać **Erzeuger** *m* wytwórca *m*; *iron (Vater)* rodzic

**Erzeugnis** *n* ⟨-ses; -se⟩ wyrób, produkt; *verarbeitet* przetwór; *des Geistes* owoc, wytwór **Erzeugung** *f* ⟨bpl⟩ wytwarzanie

**Erzfeind(in)** *m(f)* zacięty wróg

**erziehen** (irr; -) wychow(yw)ać (**streng** surowo; **zur Toleranz** w duchu tolerancji); **schlecht erzogen** źle wychowany (**von j-m** przez *akk*) **Erzieher(in)** *f m(f)* wychowawca *m* (-czyni) **erzieherisch** wychowawczy (-czo) **Erziehung** *f* ⟨bpl⟩ wychowanie **Erziehungsberechtigte(r)** *f(m)* ⟨-n⟩ osoba uprawniona do wychowania (dziecka) **Erziehungswesen** *n* ⟨bpl⟩ dziedzina oświatowo-wychowawcza

**erzielen** (-) osiągać ⟨-gnąć⟩; *Erfolg a.* odnosić ⟨-nieść⟩; *Treffer* zdoby(wa)ć **erzwingen** (-) wymuszać ⟨wymusić⟩ (**von j-m** na *lok*, od *gen*); *von Amts wegen* wyegzekwować *pf*

**es** *pron, vertritt ein Neutrum* ono (*nom*), je, nie (*akk*); *als Ersatz für den Satzinhalt des Nebensatzes* to, tego, te, ją; *in unpers Ausdrücken, einleitend, mit "sein" und mit Verben der Witterung, wird meist nicht übersetzt* **~ freut mich** cieszy mnie; **~ ist passiert** stało się; **~ ist kalt** jest zimno; **~ regnet** pada deszcz

**Esel** *m* osioł **Eselin** *f* oślica

**Espe** *f* osika; *(Holz)* osina

**essbar** jadalny **essen** *v/t u. v/i* (du isst, er isst, aß, gegessen) ⟨z⟩jeść, ⟨z⟩jadać; **stren gern ~** lubić (*akk*); *regelmäßig* stołować się, jadać; **wir gehen heute ~** dziś idziemy (na obiad *usw*) do restauracji **Essen** *n* ⟨-s; bpl⟩ jedzenie; *(a. pl)* (*zubereitete Nahrung*) posiłek, jedzenie, potrawa; **vor dem ~** przed jedzeniem *od* posiłkiem; **~ kochen** gotować obiad *od* kolację; **j-n zum ~ einladen** zaprosić k-o na obiad *od* na kolację **Essenszeit** *f* pora posiłków

**Essig** *m* ⟨-s; -e⟩ ocet **Essiggurke** *f* korniszon

**Esslöffel** *m* łyżka stołowa **Esstisch** *m* stół jadalny **Esszimmer** *n* jadalnia, pokój stołowy

**Este** *m* ⟨-n⟩ Estończyk **Estin** *f* Estonka **estnisch** estoński (po -ku)

**etabliert** *adj* ugruntowany; *Ordnung* panujący, ustalony

**Etage** [e'taːʒə] *f* piętro

**Etappe** *f* etap **etappenweise** *adv* etapami

**Etat** [e'taː] *m* ⟨-s; -s⟩ budżet

**ethnisch** etniczny, narodowościowy

**E-Ticket** *n* ⟨-s⟩ IT bilet elektroniczny

**Etikett** *n* ⟨-[e]s; -en *od* -s⟩ etykiet(k)a

**Etui** [ɛt'viː] *n* ⟨-s; -s⟩ futerał, etui *n*

**etwa** *adv* około, (*a.* **in ~**) mniej więcej; *(beispielsweise)* choćby, na przykład; *partikel (vielleicht)* przypadkiem, może; **~ nicht?** może nie? **etwaig** ewentualny, możliwy

**etwas** *pron* coś; **so ~ wie ...** coś w rodzaju (*gen*); **so ~!** coś podobnego!, coś takiego!; **~ zum Lesen** coś do czytania; **ohne ~ zu sagen** nic nie mówiąc; **wenigstens ~** przynajmniej coś; *adv (ein wenig)* trochę, nieco, cokolwiek

**euch** *pron (dat von ihr)* wam, sobie; **mit ~** z wami; *(akk von ihr)* was, siebie, się **euer** *poss pron m, n*, **eure** *f, pl* wasz, wasza, wasze *n, pl*; *persf* wasi, swoje; **das sind eure Sachen** to wasze rzeczy; **nehmt eure Sachen** weźcie swoje rzeczy; **Eure Exzellenz** Wasza Ekscelencjo; **das Eure** wasze; **die Euren** wasi

**Eule** *f* sowa; *(Nachtfalter)* sówka

**eure ~** euer **eurerseits** *adv* z waszej strony **euretwegen** *adv (euch zuliebe)* ze względu na was, dla was; *(wegen euch)* z waszego powodu, przez was

**Europäer(in)** *m(f)* Europejczyk (-jka) **europäisch** europejski (po -ku) **Europa|meister(in)** *m(f)* mistrz(yni) Europy **europaweit** *adj* w skali europejskiej, na skalę europejską, w całej Europie

**Euter** *n* wymię

**evakuieren** (-) ewakuować *(im)pf*

**evangelisch** ewangelicki; *Konfession* ewangelicki **Evangelium** *n* ewangelia *f*

**Eventualität** *f* ewentualność *f*

**ewig** wieczny; *Ruhm* wieczny, wieczysty; *rel* wiekuisty; **auf ~** na wieki; **seit ~en Zeiten** od niepamiętnych czasów **Ewigkeit** *f* wieczność *f*; *fig umg a.* wieki *mpl*

**exakt** ścisły ⟨-le⟩, dokładny

**Examen** *n* ⟨-s; -mina⟩ egzamin

**Exempel** *n* przykład; **ein ~ statuieren** (**an** *dat*) ukarać *pf* k-o dla przykładu **Exemplar** *n* ⟨-s; -e⟩ egzemplarz; *fig* okaz

**Exil** *n* ⟨-s; -e⟩ wygnanie; *(freiwillig)* uchodźstwo; **ins ~ gehen** opuszczać ⟨opuścić⟩

## Exilregierung – Fahrgast

**kraj jako uchodźca; im ~ leben** przebywać na uchodźstwie **Exilregierung** f rząd emigracyjny
**Existenz** f egzystencja, istnienie, *(a. Lebensgrundlage)* byt **Existenzberechtigung** f (-) racja bytu **Existenzminimum** n minimum n bytowe **existieren** v/i (-) istnieć, być, *(a. leben)* egzystować
**exklusiv** ekskluzywny; *Lokal* luksusowy; *Recht* wyłączny
**exotisch** egzotyczny
**Expedition** f ekspedycja, wyprawa **Experiment** n (-es; -e) eksperyment **experimentieren** (-) eksperymentować **Experte** m (-n) ekspert; JUR a. biegły, rzeczoznawca
**explodieren** v/i (-; sn) wybuchać ⟨-chnąć⟩, eksplodować (im)pf **Explosion** f eksplozja, wybuch **explosiv** wybuchowy
**Export** m (-[e]s; -e) eksport **exportieren** (-) ⟨wy⟩eksportować
**Expressgut** n przesyłka ekspresowa
**extra** adv ekstra **Extrakt** m (-[e]s; -e) wyciąg, ekstrakt
**extrem** skrajny, ekstremalny **extremistisch** ekstremistyczny
**exzentrisch** fig ekscentryczny
**Exzess** m (-es; -e) ekses, wybryk
**E-Zigarette** f e-papieros, papieros elektroniczny

# F

**Fabel** f (-; -n) bajka, baśń f **fabelhaft** bajeczny **Fabelwesen** n istota z bajki **Fabrik** f fabryka **fabrizieren** (-) *umg abw* ⟨u⟩pitrasić
**Fach** n (-[e]s; Fächer) przegródka, półka; specjalność f; *(Beruf)* zawód; *Schule* przedmiot **Fach|arbeiter(in)** m(f) robotnik (-ica) wykwalifikowany (-na)
**Facharzt** m, **Fachärztin** f lekarz specjalista m/f **Fachausdruck** m *(pl* -drücke) termin fachowy **Fachbereich** m wydział
**Fachfrau** f fachowiec, specjalistka
**Fachgebiet** n dziedzina, specjalność f **fachgerecht** adj fachowy (-wo) **Fachgeschäft** n sklep branżowy **Fachhochschule** f wyższa uczelnia zawodowa; *in Polen etwa* politechnika **Fachkenntnisse** f/pl wiedza zawodowa **Fachkraft** f siła fachowa **Fachmann** m *(pl* mst -leute) fachowiec, specjalista m **fachmännisch** fachowy (-wo) **Fachmesse** f targi mpl specjalistyczne **Fachoberschule** f technikum n **Fachrichtung** f kierunek studiów **Fachwerkhaus** n dom z muru pruskiego **Fachzeitschrift** f czasopismo n fachowe
**Fackel** f (-; -n) pochodnia
**fad(e)** bez smaku; *fig* mdły (-ło), nijaki (-ko)
**Faden** m (-s; Fäden) nić f, nitka
**fähig** zdolny *(jem,* **zu** do *gen);* **-~** *in zssgn* zdatny do *(gen);* **er ist zu allem ~** on jest zdolny do wszystkiego **Fähigkeit** f; *mst pl (Begabung)* zdolności
**fahnden** v/i (-e-): **nach j-m ~** poszukiwać k-o (listem gończym), ścigać k-o **Fahn|dung** f poszukiwanie, ściganie (listami gończymi) **Fahndungsliste** f lista ściganych przestępców
**Fahne** f chorągiew f, sztandar **Fahneneid** m przysięga wojskowa **Fahnenträger(in)** m(f) chorąży (-na)
**Fahrausweis** m bilet na przejazd; *szwajc (Führerschein)* prawo jazdy **Fahrbahn** f jezdnia **fahrbar** ruchomy, przesuwny **Fahrdienstleiter** m dyżurny ruchu
**Fähre** f prom
**fahren** (fährt, fuhr, gefahren) v/t (od-, za)wozić ⟨(od-, za)wieźć⟩; jeździć, jechać (**Auto** autem; **Ski** na nartach); *(lenken)* prowadzić; v/i (sn) jeździć, ⟨po⟩jechać (**langsam** powoli; **mit dem Bus** autobusem; **spazieren** na spacer; **nach, zu** do *gen); Schiff* ⟨po⟩płynąć (**verkehren**) jeździć, kursować (**von ... nach** z ... do ...); *(abfahren)* odjeżdżać ⟨-jechać⟩; *Schiff* odpływać ⟨-płynąć⟩; **gegen etw ~** najeżdżać ⟨-jechać⟩ (na *akk)*
**Fahrer(in)** f) m kierowca m **Fahrerflucht** f ucieczka (kierowcy) z miejsca wypadku **Fahrerlaubnis** f uprawnienie do prowadzenia pojazdów mechanicznych, *umg* prawo jazdy **Fahrgast** m pa-

## Fahrgeld – farbig

sażer(ka), podróżny (-na) **Fahrgeld** n opłata za przejazd **Fahrgestell** n podwozie **Fahrkarte** f bilet (kolejowy) **fahrlässig** JUR nieumyślny **Fahrlehrer(in)** m(f) instruktor(ka) jazdy **Fahrplan** m rozkład jazdy **fahrplanmäßig** według rozkładu jazdy, planowy (-wo) **Fahrpreis** m cena przejazdu **Fahrprüfung** f egzamin na prawo jazdy
**Fahrrad** n rower; zssgn **Radverleih**
**Fahrradtour** f wycieczka rowerowa
**Fahrschein** m bilet **Fahrschule** f szkoła jazdy; kurs na prawo jazdy **Fahrsicherheit** f (bpl) bezpieczeństwo jazdy **Fahrspur** f kolejna **Fahrstuhl** m winda **Fahrt** f jazda; (Reise) podróż f; **gute ~!** przyjemnej jazdy od podróży!
**Fährte** f ślad, trop
**Fahrtkosten** pl koszty mpl przejazdu
**Fahrtrichtung** f kierunek jazdy **Fahrverbot** n zakaz prowadzenia pojazdów mechanicznych **Fahrwerk** n podwozie **Fahrzeit** f czas jazdy **Fahrzeug** n pojazd **Fahrzeughalter(in)** m(f) właściciel(ka) pojazdu
**fair** [fɛːr] sprawiedliwy (-wie), fair (**gegenüber** j-m w stosunku do gen)
**Fake News** ['feɪk'njuːs] pl fałszywe wiadomości, fake newsy fałszywe wiadomości, fake newsy
**Fakt** m od n (-[e]s; -en od -s) fakt **faktisch** faktyczny **Faktor** m (-s; -toren) czynnik
**Fakultät** f wydział, fakultet
**Falke** m (-n) sokół; POL jastrząb
**Fall** m (-[e]s; Fälle) spad, spadanie; (Sturz) upadek, (AGR, MED) wypadek; **auf alle Fälle** na wszelki wypadek, w razie czegoś; **auf jeden ~** w każdym razie; **auf keinen ~** w żadnym wypadku; **im ~e** (gen) w razie, w wypadku (gen)
**Falle** f pułapka, potrzask; **in die ~ gehen** wpadać ⟨wpaść⟩ w pułapkę **fallen** v/i (fällt, fiel, gefallen; sn) padać ⟨paść⟩;; Kurse zniżkować; Haare opadać ⟨opaść⟩;
**~ lassen** upuszczać ⟨upuścić⟩, fig zaniechać (**e-n Plan** zamiaru); odstępować ⟨odstąpić⟩ (**e-n Freund** przyjaciela)
**fällen** ścinać ⟨ściąć⟩; Urteil wyda(wa)ć
**fällig** przypadający do zapłaty
**falls** konj w razie gdyby, jeśliby
**Fallschirm** m spadochron **Fallschirmspringer(in)** f) m skoczek spa-

dochronowy
**falsch** fałszywy (-wie); (irrig) błędny, mylny **fälschen** ⟨s⟩fałszować **Falschgeld** n fałszywe pieniądze mpl **Falschheit** f (bpl) fałszywość f; (Hinterhältigkeit) fałsz **fälschlich** mylny, błędny; Beschuldigung fałszywy (-wie) **Falschparken** n parkowanie w miejscu niedozwolonym **Falschspieler** m szuler **Fälschung** f (Objekt) falsyfikat
**Faltblatt** n folder **Faltboot** n kajak składany, składak **Falte** f fałd, fałda, zmarszczka **falten** (-e-) v/t ⟨po-, s⟩fałdować; Hände składać ⟨złożyć⟩; **sich ~** ⟨po⟩fałdować się, ⟨z⟩marszczyć się **Faltenrock** m plisowana spódniczka **Falter** m motyl; (Nachtfalter) ćma
**familiär** [-liˈɛːr] familiarny, poufały (-le); Sorgen rodzinny **Familie** [-liə] f rodzina; **im Kreis der ~** w gronie rodziny; **das liegt in der ~** to rodzinne **familienfreundlich** prorodzinny **Familienmitglied** n członek rodziny **Familienname** m nazwisko **Familienstand** m (bpl) stan cywilny **Familienunternehmen** n przedsiębiorstwo rodzinne
**Fan** [fɛn] m (-s; -s) fan; **die ~s** fani **Fanartikel** m gadżet m kibicowy **fanatisch** fanatyczny
**fand**, **fände** → **finden**
**Fang** m (-[e]s; Fänge) łowienie, połów; (Beute) połów, zdobycz f **fangen** (fängt, fing, gefangen) v/t ⟨z⟩łapać, ⟨s⟩chwytać; Fische a. ⟨z⟩łowić; Feuer ~ zapalać ⟨-lić⟩ się; **er wurde gefangen** złapano go, on został schwytany; **sich ~** ⟨z⟩łapać się; fig opanować się f
**Fantasie** f [pl -ˈziːən] (bpl) wyobraźnia, fantazja; wyobrażenie (fantazyjne), fantazja **fantasieren** v/i (-) fantazjować; im Fieber majaczyć **fantasievoll** pełen fantazji, fantazyjny, wyszukany **fantastisch** fantastyczny
**Farbe** f (a. Spielkarte) kolor; (Malfarbe) farba; (Teint) cera; e-s Tieres maść f **farbecht** trwały (w kolorze) **färben** v/t ⟨u⟩farbować, ⟨za⟩barwić (**rot** na czerwono); **sich blau ~** ⟨za⟩barwić się na niebiesko; Lippen posiniec pf; **sich rot ~** poczerwienieć pf, zaczerwienić się pf **farbenblind** ślepy na barwy **farbenfroh** barwny, kolorowy **farbig** kolorowy

(-wo), barwny **farblos** bezbarwny
**Farbstift** m ołówek kolorowy, kredka
**Farbstoff** m barwnik **Farbton** m odcień m **Färbung** f farbowanie, barwienie; (Tönung) zabarwienie
**Farm** f farma **Farmer** m farmer
**Farn** m (-[e]s; -e) paproć f
**Fasan** m (-[e]s; -e) bażant
**Fasching** m (-s; bpl) karnawał **Faschingsdienstag** m wtorek zapustny **Faschingszeit** f zapusty pl
**faschistisch** faszystowski
**Faser** f (-; -n) włókno **faserig** włóknisty; KULIN a. łykowaty
**Fass** n (-es; Fässer) beczka, baryłka
**Fassade** f elewacja, fasada
**Fassbier** n piwo beczkowe
**fassen** v/t chwytać ⟨chwycić, po-, uchwycić⟩ (**bei, an** dat za akk); (langen) sięgać ⟨-gnąć⟩; (Raum bieten) ⟨po⟩mieścić; Plan powziąć pf; **das ist nicht zu ~!** nie do pojęcia!; **sich** (wieder) ~ opanować się pf; (sich beruhigen) uspokoić się pf **Fassung** f oprawa; Text wersja, redakcja; **j-n aus der ~ bringen** wyprowadzać ⟨-dzić⟩ k-o z równowagi **fassungslos** skonsternowany, zdumiony; Weinen nieutulony **Fassungsvermögen** n pojemność f
**fast** adv prawie, niemal, nieomal (że)
**fasten** v/i (-; -e-) pościć **Fasten** n (-s; bpl) rel post **Fastenzeit** f wielki post **Fastnacht** f (bpl) zapusty pl, ostatki mpl **Fasttag** m dzień postny; MED dzień głodówki
**faszinieren** (-) ⟨za⟩fascynować
**fatal** fatalny; (misslich) feralny
**faul** zgniły; (träge) leniwy (-wie) **faulen** v/i (sn od h) gnić; Holz a. butwieć **faulenzen** v/i (-zt) próżnować, leniuchować, umg wałkonić się **Faulenzer(in)** m(f) umg abw leń m/f, wałkoń m/f **Faulheit** f (bpl) lenistwo **faulig** zgniły **Fäulnis** f (bpl) gnicie, zgnilizna **Faulpelz** umg m leniuch, nygus, wałkoń m
**Faust** f (-; Fäuste) pięść f, kułak **Faustregel** f ogólna zasada **Faustschlag** m cios pięścią, umg kułak
**Favorit(in)** f) m (-en) faworyt(ka)
**Fax** n od szwajc m (-; -e) TEL faks; **j-m ein ~ schicken** wysłać komuś faks **faxen** umg TEL (tele)faksować **Faxnummer** f numer (tele)faksu

**Fazit** n (-s; -s od -e) wynik
**Februar** m (-[e]s; selten -e) luty; in zssgn lutowy
**fechten** v/i (ficht, focht, gefochten) uprawiać szermierkę; **mit dem Degen ~** walczyć na szpady **Fechter(in)** m(f) szermierz
**Feder** f (-; -n) pióro; engS stalówka; dim; TECH resor; **~n** pl koll pierze; umg łóżko, pościel; **sich mit fremden ~n schmücken** stroić się w cudze piórka **Federball** m lotka; (Spiel) kometka, badminton **Federbett** n pierzyna, pierzat **federführend** adj odpowiedzialny **federleicht** lekki jak piórko **federn** v/i (-re) sprężynować; Wagen resorować; **gut gefedert** miękko resorowany **Federstrich** m pociągnięcie pióra **Federung** f (u)resorowanie **Federvieh** umg n drób
**Fee** f (gute, böse dobra, zła) wróżka
**Fegefeuer** n (-s; bpl) czyściec **fegen** v/t zamiatać ⟨zamieść⟩
**fehl** adv: mst in **~ am Platz(e)** nie na (właściwym) miejscu **Fehlalarm** m fałszywy alarm **Fehlbetrag** m niedobór, manko **Fehldiagnose** f mylna diagnoza **fehlen** v/i brakować, zabraknąć pf (gen); (fernbleiben) być nieobecnym; **mir ~ od es ~ mir fünf Euro** brakuje mi pięć euro; **ihm fehlt es an ...** brak mu (gen); **es fehlt an Geld** brak pieniędzy; **du fehlst mir** tęsknię za tobą; **was fehlt Ihnen?** co panu (pani) dolega?; **es fehlte nicht viel, und ...** niewiele brakowało, aby ...; iron **das fehlte gerade noch!** tego jeszcze brakowało! **Fehlentscheidung** f błędna decyzja
**Fehler** m pomyłka, błąd; (Mangel) skaza, wada, brak **fehlerfrei** bezbłędny; (ohne Mängel) bez wad **fehlerhaft** wadliwy (-wie); (irrig) błędny **Fehlersuche** f wyszukiwanie błędów **Fehlgeburt** f poronienie **Fehlkonstruktion** f wadliwa konstrukcja **fehlleiten** skierować pf w niewłaściwym kierunku **fehlschlagen** v/i (irr; sn) nie uda(wa)ć się, chybi(a)ć celu **Fehlstart** m falstart **Fehlzündung** f AUTO niezapłon w zapłonie
**Feier** f (-; -n) uroczystość f; (Festakt) (uroczysta) akademia, impreza; mst żart **zur ~ des Tages** dla uczczenia tej uroczystości **Feierabend** umg fajrant; (Freizeit) umg

## 356 • feierlich – Fessel

wolne; ~ **machen** kończyć pracę; **nach ~** *umg* po pracy **feierlich** uroczysty (-ście); *(schwülstig)* celebracyjny **Feierlichkeit** *f* uroczystość *f*; *pl a.* (uroczyste) obchody *mpl* **feiern** (-re) *v/t* obchodzić, święcić; *v/i* świętować; bawić się, hulać **Feiertag** *m* dzień świąteczny, święto **feige** tchórzliwy (-wie); *(gemein)* niecny **Feige** *f* figa **Feigenblatt** *n* listek figowy **Feigheit** *f* *(bpl)* tchórzostwo **Feigling** *m* (-s; -e) tchórz

**Feile** *f* pilnik **feilen** ⟨o⟩piłować pilnikiem **feilschen** *v/i abw* targować się (**um den Preis** o cenę); *fig* **das Feilschen um ...** przetargi *mpl* o ...

**fein** drobny (-no), miałki (-ko, na -ko); *(dünn)* cienki (-ko); *fig* subtelny; *(erlesen)* wytworny; *umg* fajny (-nie, -no)

**Feind** *m* (-[e]s; -e) wróg, nieprzyjaciel **Feindin** *f* wróg, nieprzyjaciółka **feindlich** wrogi (-go); MIL nieprzyjacielski **Feindschaft** *f* *(bpl)* wrogość *f*; *(a. pl)* wrogi stosunek **feindselig** wrogi (-go) **feinfühlig** delikatny, taktowny **Feingefühl** *n* delikatność *f*, takt **Feinheit** *f* *(bpl)* miałkość *f*; *fig* subtelność *f* **Feinmechanik** *f* mechanika precyzyjna **Feinschmecker(in)** *m(f)* smakosz

**Feld** *n* (-[e]s; -er) pole; *(Acker)* pole, łan; *(Spielfeld) engS* płyta (boiska) **Feldfrüchte** *fpl* ziemiopłody *pl* **Feldherr** *m* wódz, dowódca *m* **Feldspieler** *m* gracz na boisku **Feldweg** *m* droga polna **Feldzug** *m* kampania

**Felge** *f umg* felga

**Fell** *n* (-[e]s; -e) sierść *f*; *abgezogen* skóra **Fels** *m* (-en[s]; -en) skała **felsenfest** niezłomny **felsig** skalisty (-to) **Felsspalt** *m* rozpadlina skalna

**feminin** żeński **Feministin** *f* feministka

**Fenster** *n* okno; przy oknie; **zum ~** z okna, przez okno **Fensterbrett** *n* podokiennik **Fensterglas** *n* szkło okienne **Fensterladen** *m* okiennica **Fensterscheibe** *f* szyba (okienna)

**Ferien** [-rian] *pl* wakacje *pl*, ferie *pl*; **in die ~ fahren** jechać na wakacje *od* wczasy; **~ machen** *umg* spędzać wakacje w **Feriengast** *m* wczasowicz(ka) **Ferienkurs** *m* kursy *mpl* wakacyjne **Ferienwohnung** *f* kwatera w miejscowości wypoczynkowej

**Ferkel** *n* prosię; *umg fig* brudas, świntuch **fern** *adj* daleki (-ko), odległy; **nicht ~** niedaleki (-ko); **~ von ... daleko od** *(gen)*; **von ~** z daleka; **~e Zukunft** daleka *od* odległa przyszłość **Fernbedienung** *f* zdalna obsługa; *(Gerät)* pilot **fernbleiben** *v/i* (irr; sn) być nieobecnym (**dem Unterricht, der Arbeit** na lekcji, w pracy) **Ferne** *f* dal *f*; **aus der ~** z odległości, z oddalenia; **in der ~** w dali; **das liegt noch in weiter ~** to muzyka przyszłości **ferner** *adv* dalej; *konj (außerdem)* poza tym, prócz tego **Fernfahrer** *m umg* kierowca *m* tira **Ferngespräch** *n* rozmowa międzymiastowa **Fernglas** *n* lornetka **Fernheizung** *f* ogrzewanie z ciepłowni **Fernlicht** *n* *(bpl)* AUTO światła *npl* drogowe **fernöstlich** dalekowschodni **Fernrohr** *n* luneta; teleskop **fernsehen** *v/i* (irr; sah fern, habe ferngesehen) oglądać telewizję **Fernsehen** *n* (-s; bpl) telewizja **Fernsehkamera** *f* kamera telewizyjna **Fernsehmoderator(in)** *m(f)* prezenter(ka) telewizyjny (-na) **Fernsehsender** *m* stacja telewizyjna; *(Gerät)* nadajnik telewizyjny **Fernsehzuschauer(in)** *m(f)* telewidz **Fernsteuerung** *f* zdalne sterowanie **Fernstudium** *n* studia *npl* zaoczne **Fernverkehrsstraße** *f* droga dalekobieżna **Fernweh** *n* *(bpl)* tęsknota za dalekim światem

**Ferse** *f* pięta; *fig* **j-m auf den ~n bleiben** deptać k-u po piętach

**fertig** gotowy; **~ sein (mit** *etw*) skończyć *pf (akk)*, ukończyć *pf (akk)*, uporać się *pf* (z *inst*); **~!** gotowe!; *fig umg* **~ sein (mit j-m)** skończyć *pf*, zerwać *pf* stosunki (z *inst*);; *etw* **~ machen**, **~ stellen** zrobić *pf*, skończyć *pf*, zakończyć *pf*; **~ machen** szykować, przygotow(yw)ać (**zu, für** do *gen*); **~ werden** da(wa)ć sobie radę, uporać się (**mit** *dat* z *inst*) **fertigen** wytwarzać, wyrabiać **Fertiggericht** *n* danie gotowe **Fertighaus** *n* dom z elementów prefabrykowanych **Fertigkeit** *f* umiejętność *f*; *(Geübtheit)* wprawa **Fertigprodukt** *n* wyrób gotowy **Fertigung** *f* wytwarzanie, produkcja

**fesch** *umg austr* szykowny; *(nett)* uprzejmy

**Fessel**[1] *f* (-; -n) *beim Menschen* kostka;

beim Pferd pęcina
**Fessel²** f ⟨-; -n⟩: *mst pl* **~n** kajdany *pl*, więzy *pl*; (*Handfesseln*) kajdanki *pl* **fesseln** ⟨-le⟩ *mit Handfesseln* zakładać ⟨założyć⟩ k-u kajdanki; *fig* ⟨za⟩fascynować (*akk*); *j-n* **an etw ~** *mit Strick* przywiąz(yw)ać do (*gen*); *mit Ketten* przyku(wa)ć do (*gen*); **ans Bett gefesselt sein** być przykutym do łóżka
**fest** mocny ⟨-no⟩; (*nicht flüssig*) stały, niepłynny; (*unerschütterlich*) niewzruszony ⟨-szenie⟩, mocny ⟨-no⟩; (*starr*) sztywny
**Fest** *n* ⟨-es; -e⟩ uroczystość f; *rel* święto; (*Tanzfest*) zabawa; **ein ~ geben** wyda(wa)ć przyjęcie, urządzać ⟨-dzić⟩ imprezę; **(ein) frohes ~!** wesołych świąt! **Festakt** *m* uroczysta akademia **festbinden** (*irr*) uwiąz(yw)ać (**an** *akk* u *gen*) **Festessen** *n* sute przyjęcie, uczta **festfahren** (*irr*) *v/i* ⟨*sn*⟩ *od* **sich ~** ugrzęznąć *pf*, ugrząźć *pf*, utknąć *pf* **Festgeld** *n* (*bpl*) FIN wkład (bankowy) długoterminowy **festhalten** (*irr*) *v/t* mocno trzymać; *Dieb* zatrzym(yw)ać; *im Bild* utrwalać ⟨-lić⟩ (**na** *inst*); (*konstatieren*) stwierdzać (jako fakt); *v/i u. v/r* **sich ~** (**an** *dat*) trzymać się (*gen*); **festigen** *v/t* umacniać ⟨umocnić⟩, utrwalać ⟨-lić⟩; **sich ~** umacniać ⟨umocnić⟩ się, utrwalać ⟨-lić⟩ się **Festigkeit** f (*bpl*) wytrzymałość f; niezłomność f **Festigung** f (*bpl*) umocnienie, utrwalenie
**Festland** *n* (*bpl*) ląd (stały) **festlegen** (*irr*) *v/t* ustalać ⟨-lić⟩, wyznaczać ⟨-czyć⟩; *Kapital* zamrozić *pf*; **j-n auf etw ~** ⟨z⟩wiązać k-o (*inst*); **sich ~** (**auf** *akk*) zobowiąz(yw)ać się (do *gen*), ⟨z⟩wiązać się (*inst*) **festlich** świąteczny, odświętny; (*feierlich*) uroczysty ⟨-ście⟩ **Festlichkeit** f uroczystość f **festmachen** *v/t* przymocow(yw)ać, przytwierdzać ⟨-dzić⟩ (**an** *dat* do *gen*); *Geschäft* ⟨s⟩finalizować; *v/i* ⟨za⟩cumować (**an** *dat* przy *lok*) **Festnahme** f aresztowanie **festnehmen** (*irr*) zatrzym(yw)ać, ⟨za⟩aresztować (*im*)*pf* **Festnetzanschluss** *m* TEL sieć stacjonarna **Festnetznummer** f TEL numer stacjonarny **Festnetztelefon** *n* TEL telefon *m* stacjonarny **Festplatte** f IT dysk twardy **Festrede** f przemówienie okolicznościowe
**festsetzen** *v/t* ustalać ⟨-lić⟩; *Person* ⟨za⟩aresztować (*im*)*pf*; **sich ~** osiadać

⟨osiąść⟩ się, ⟨na⟩gromadzić się; *fig* opanować *pf* **festsitzen** (*klemmen*) zakleszczyć się *pf*; *Fahrzeug*, *fig* tkwić (**in** *dat* w *lok*) **wir sitzen ~** utknęliśmy **Festspiele** *npl* festiwal **feststehen** *v/i* (*irr*) być pewnym, być ustalonym **feststellen** TECH, *fig* ustalać ⟨-lić⟩; *Tod a.* stwierdzać ⟨-dzić⟩ **Feststellung** f ustalenie, stwierdzenie **Festtag** *m* dzień świąteczny, święto **Festung** f twierdza, forteca **Festwochen** *fpl* tydzień *m* imprez **festziehen** (*irr*) zaciągać ⟨-gnąć⟩; *Schraube* dokręcać ⟨-cić⟩
**Festzug** *m* uroczysty pochód
**Feta**(**käse**) *m* KULIN ser *m* owczy feta **fett** tłusty ⟨-to⟩ **Fett** *n* ⟨-[e]s; -e⟩ tłuszcz; (*Speck*) sadło **fettarm** niskotłuszczowy **fetten** ⟨-e-⟩ *v/t* natłuszczać ⟨-tłuścić⟩, ⟨wy⟩smarować tłuszczem; *v/i* tłuścić **Fettfleck** *m* tłusta plama **fettig** tłusty ⟨-to⟩; (*mit Fett beschmiert*) zatłuszczony **Fettsucht** f (*bpl*) otyłość f
**Fetzen** *m* strzęp, strzępek; (*Lappen*) gałgan, gałganek **fetzig** *umg* obłędny, porywający
**feucht** wilgotny ⟨-no⟩; (*ziemlich nass*) mokrawy ⟨-wo⟩, mokry ⟨-ro⟩ **Feuchtigkeit** f (*bpl*) wilgotność f; (*leichte Nässe*) wilgoć f
**feudal** feudalny; *umg fig* wystawny **Feuer** *n* ogień *m*; (*Brand*) pożar; **~!** pali się!; MIL ognia!; **am ~** przy ogniu; przy ognisku; *umg* **~ (an)machen** rozpalać ⟨-lić⟩ ogień; **die Hand ins ~ legen** (**für**) ręczyć głową (za *akk*) **Feueralarm** *m* alarm pożarowy **feuerfest** żaroodporny, ogniotrwały **feuergefährlich** łatwopalny **Feuerleiter** f drabina awaryjna **Feuerlöscher** *m* gaśnica **Feuermelder** *m* sygnalizator pożarowy **feuern** ⟨-re⟩ *v/i* palić w piecu (**mit Kohle** węglem); (*schießen*) strzelać ⟨wystrzelić⟩; (*entlassen*) wyrzucać ⟨-cić⟩ (z pracy)
**Feuerschutz** *m* MIL osłona ogniowa **Feuerstein** MINER krzemień *m* **Feuerwache** f strażnica pożarna **Feuerwehr** f straż pożarna **Feuerwehrmann** *m* (*pl* -männer *od* -leute) strażak **Feuerwerk** *n* ognie *mpl* sztuczne, fajerwerki *mpl* **Feuerzeug** *n* zapalniczka; *in zssgn* ... do zapalniczki **feurig** ognisty ⟨-ście⟩; *Liebe a.* płomienny
**ficht** → **fechten**

## Fichte – fixieren

**Fichte** f świerk
**ficken** vulg pieprzyć (się), vulg pierdolić (się)
**Fieber** n (-s; bpl) gorączka **fieberfrei** bezgorączkowy; **~ sein** nie mieć gorączki **fieberhaft** gorączkowy (-wo) **fiebern** v/i (-re) gorączkować **fiebersenkend** adj przeciwgorączkowy (-wo) **Fieberthermometer** n termometr (lekarski)
**fiel** → fallen
**fies** umg wstrętny
**Figur** (Gestalt) figura, sylwetka
**Filet** [fi'le:] n (-s; -s) KULIN (Lende) polędwica; vom Fisch filet **Filetsteak** n stek z polędwicy
**Filiale** f filia, oddział
**Film** m (-[e]s; -e) film **Filmaufnahmen** fpl zdjęcia npl filmowe **Filmemacher(in)** m(f) filmowiec **filmen** v/t ⟨s⟩filmować; v/i występować ⟨-stąpić⟩ w filmie
**Filter** m, TECH mst n filtr **Filterkaffee** m kawa filtrowana **filtern** (-re) ⟨prze⟩filtrować; Flüssigkeit a. ⟨prze⟩sączyć **Filterpapier** n bibuła filtracyjna **Filterzigarette** f papieros z filtrem
**Filz** m (-es; -e) filc, pilśń f; umg fig kumoterstwo **Filzhut** m kapelusz pilśniowy **Filzstiefel** mpl walonki fpl
**Fimmel** umg m bzik; **e-n ~ haben** mieć bzika (na punkcie gen)
**Finale** n (-s; - od -s) finał; SPORT **das ~ erreichen** wejść pf do finału
**Finanzamt** n urząd skarbowy **Finanzen** fpl finanse pl **finanziell** finansowy (-wo) **finanzieren** (-) ⟨s⟩finansować **Finanzlage** f kondycja finansowa **Finanzpolitik** f polityka finansowa
**finden** (findet, fand, gefunden) v/t znajdować ⟨znaleźć⟩; (meinen) uważać, sądzić; **Verwendung ~** mieć zastosowanie (**für etw** dla gen); **Anerkennung ~** spotkać się pf z uznaniem; **den Weg zum Hotel ~** trafić pf do hotelu; **keine Worte dafür ~** nie mieć na to słów; **wie ~ Sie das?** co pan(i) na to?; (wie gefällt es) jak się to panu od pani podoba?; **ich finde den Wein gut** uważam, że wino jest dobre; v/i **nach Hause ~** trafić pf do domu; **zu sich selbst ~** opanować się pf, przyjść pf do siebie; **~ Sie nicht?** nieprawda(ż)?; **sich ~** znaleźć się pf; **sich in etw ~** pogodzić się pf z (instr); **das wird sich schon alles ~** to się jakoś ułoży **Finder(in)** f) m znalazca m (-czyni) **Finderlohn** m znaleźne **findig** przemyślny, umg łebski
**fing** → fangen
**Finger** m palec; **~ weg!** precz z rękami!; **am ~** na palcu; umg **keinen ~ krumm machen** palcem nie kiwnąć pf; umg **man kann ihn um den (kleinen) ~ wickeln** można go owinąć koło (małego) palca; fig **sich** (dat) **die ~ nicht schmutzig machen** nie brudzić sobie rąk **Fingerabdruck** m odcisk palca **Fingerhut** m naparstek; BOT naparstnica **Fingernagel** m paznokieć m **Fingerspitzengefühl** n (bpl) dobre wyczucie (**für etw** gen)
**fingiert** adj sfingowany
**Fink** m (-en) zięba
**Finne** m (-n) Fin **Finnin** f Finka **finnisch** fiński (po -ku)
**finster** ciemny (-no); (düster) mroczny (-no) **Finsternis** f (-; -se) ciemności fpl; ASTRON zaćmienie; **in der ~** w ciemnościach
**Firma** f (-; -men) firma **Firmen|inhaber(in)** m(f) właściciel(ka) firmy **Firmenname** m nazwa firmy **Firmenregister** n rejestr firm **Firmenstempel** m pieczątka firmowa
**Firmung** f rel bierzmowanie
**Firnis** m (-ses; -se) pokost
**First** m (-[e]s; -e) BUD kalenica
**Fisch** m (-es; -e) ryba; **~e** ASTRON Ryby fpl **fischen** v/t/i łowić ryby **Fischer** m rybak **Fischerboot** n łódź rybacka **Fischerei** f (bpl) rybołówstwo **Fischereihafen** m port rybacki **Fischgericht** n potrawa rybna, danie rybne **Fischgräte** f ość f **Fischkonserve** f konserwa rybna **Fischkutter** m kuter rybacki **Fischstäbchen** npl paluszki mpl rybne
**Fiskus** m (unv) skarb państwa, fiskus
**Fistel** f (-; -n) MED przetoka
**fit** sprawny (fizycznie), krzepki; wysportowany
**Fitness** f (-; bpl) dobra kondycja, sprawność fizyczna **Fitnessraum** m, **Fitnessstudio** n siłownia
**fix** stały; umg zwinny, szybki (-ko); **~ und fertig** skończony, gotowy (erschöpft) a. wypompowany **fixen** v/i (-xt) umg (sich Drogen spritzen) ćpać, grzać **Fixer(in)** m(f) sl ćpun(ka) **fixieren** (-) przymocow-

(yw)ać
**flach** płaski (-ko); *Wasser* płytki (-ko)
**Flachbau** *m* (*pl* -ten) niska budowla
**Fläche** *f* powierzchnia; MAT płaszczyzna
**Flächenmaß** *n* miara powierzchni
**Flachland** *n* równina **Flachmann** *umg m* (*pl* -männer) piersiówka
**Flachs** *m* (-es; *bpl*) len; *umg fig* żart(y *pl*)
**flackern** *v/i* (-re) migotać, mrugać
**Fladenbrot** *n* chleb w kształcie placka, pita
**Flagge** *f* flaga; MAR bandera **Flaggschiff** *n* okręt flagowy
**Flair** *n od m* (-s; *bpl*) klimat *m*
**Flamingo** *m* (-s; -s) czerwonak, flaming
**flämisch** flamandzki (po -ku)
**Flamme** *f* płomień *m*
**Flanell** *m* (-s; -e) flanela
**flanieren** *v/i* (-; *a. sn*) przechadzać się
**Flanke** *f* bok **flankierend**: **~e Maßnahmen** działania *n/pl* osłonowe
**Fläschchen** *n* buteleczka, flaszeczka, flakonik **Flasche** *f* butelka, flaszka; **e-e ~ Bier** butelka piwa **Flaschenbier** *n* piwo butelkowe **Flaschenöffner** *m* otwieracz do butelek
**Flatrate** *f* (-; -s) TEL, IT flatrate
**flatterhaft** roztrzepany **flattern** *v/i* (-re; *a* sn) fruwać; (*mit den Flügeln schlagen*) ⟨za⟩trzepotać skrzydłami
**flau** *Brise* słaby (-bo); (*mies*) *umg* kiepski (-ko); **mir wird (ganz) ~** robi mi się słabo
**flauschig** włochaty (-to)
**Flaute** *f* cisza (morska), flauta; HANDEL zastój
**Flechte** *f* BOT porost; MED liszaj **flechten** (flicht, flocht, geflochten) splatać ⟨-pleść⟩, zaplatać ⟨-pleść⟩
**Fleck** *m* (-[e]s; -e) plama; *umg* (*Stelle*) miejsce; **~e** *pl* KULIN flaki *mpl* **Fleckenentferner** *m* wywabiacz plam, odplamiacz **fleckenlos** bez plam(y), bez skaz(y) **fleckig** poplamiony; (*scheckig*) plamisty, pełen plam
**Fledermaus** *f* nietoperz, *reg* gacek
**flehen** *v/i* błagać (**um etw** *o akk*)
**Fleisch** *n* KULIN mięso; **~ fressend** mięsożerny **Fleischbällchen** *n* (-s; -) KULIN klopsik *m* **Fleischbrühe** *f* rosół (z mięsa) **Fleischer** *m* rzeźnik **Fleischerei** *f* rzeźnictwo, sklep mięsny **fleischfarben** cielisty **fleischig** mięsisty **fleischlos** bezmięsny
**Fleischsalat** *m* sałatka mięsna **Fleischvergiftung** *f* zatrucie mięsem **Fleischwaren** *fpl* przetwory *mpl* mięsne **Fleischwolf** *m* maszynka do mięsa
**Fleiß** *m* (-es; *bpl*) pilność *f*, gorliwość *f* **fleißig** pilny
**fletschen**: **die Zähne ~** szczerzyć, wyszczerzać ⟨-rzyć⟩ zęby
**flexibel** (-bl-; -belste) elastyczny; *Arbeitszeit* płynny
**Flexitarier(in)** *m(f)* fleksitarianin (-anka)
**flicken** ⟨za⟩łatać; *Schlauch a.* naprawi(a)ć, reperować **Flicken** *m* łatka, łata
**Flieder** *m* bez, lilak
**Fliege** *f* mucha; (*Art Krawatte*) muszka
**fliegen** (flog, geflogen) *v/t* (*a. sn*) latać (*... Route* na ... trasie); *v/i* (*sn*) ⟨po⟩lecieć, latać (**mit ...** *inst*; **nach ...** do *gen*); **zum Mond** na Księżyc) **Fliegenpilz** *m* muchomor **Fliegeralarm** *m* alarm lotniczy
**fliehen** (floh, geflohen) *v/i* (*sn*) uciekać ⟨uciec⟩ (**vor** *dat* przed *inst*) **Fliehkraft** *f* (*bpl*) siła odśrodkowa; *in zssgn* odśrodkowy
**Fliese** *f* płytka; *für Wände* kafelek, glazura **Fließband** *n* (*pl* -bänder) taśma produkcyjna **fließen** *v/i* (floss, geflossen; sn) płynąć; (*rinnen*) ciec, lać się; **~ durch** (*akk*), **in** (*dat*) płynąć, przepływać przez (*akk*), w (*lok*); **~ in** (*akk*) płynąć, wpadać do (*gen*)
**flimmern** *v/i* (-re) migotać
**Flinte** *f* strzelba (gładkolufa); **die ~ ins Korn werfen** da(wa)ć za wygraną
**Flipflop** *m* (-s) klapek *m*
**Flirt** [flœrt] *m* (-s; -s) flirt **flirten** ['flœrtən] *v/i* (-e-): **mit j-m ~** flirtować z (*inst*), zalecać się do (*gen*)
**Flitterwochen** *fpl* miesiąc miodowy
**flitzen** *umg v/i* (-zt; sn) ⟨po⟩pędzić, śmigać ⟨-gnąć⟩, brykać ⟨-knąć⟩
**flocht** → **flechten**
**Flocke** *f* kłaczek; (*Schneeflocke*) płatek **flockig** kłaczkowaty
**flog** → **fliegen floh** → **fliehen**
**Floh** *m* (-[e]s; Flöhe) pchła, *dim* pchełka **Flohmarkt** *m* targowisko staroci, pchli targ
**Flop** *umg m* (-s; -s) klapa, klops
**florieren** *v/i* (-) kwitnąć, prosperować
**Florist(in)** *m(f)* (-en) kwiaciarz (-rka)
**Floskel** *f* (-; -n) (banalny) zwrot, frazes

**floss** → fließen
**Floß** n (-es; Flöße) tratwa **Floßfahrt** f spływ tratwą
**Flosse** f płetwa **flossen** → fließen
**Flöte** f flet **Flötist(in)** m(f) (-en) flecista m (-tka)
**flott** umg szybki (-ko); Musik skoczny; (schick) szykowny **Flotte** f flota; engS marynarka wojenna
**Fluch** m (-[e]s; Flüche) przekleństwo **fluchen** vli kląć, zakląć pf; **über, auf etw ~** przeklinać ⟨-kląć⟩ (akk)
**Flucht**¹ f ucieczka; **die ~ ergreifen** rzucać ⟨-cić⟩ się do ucieczki; **in die ~ schlagen** zmuszać ⟨zmusić⟩ do ucieczki; **auf der ~ sein** (vor dat) uciekać (przed inst); **er ist auf der ~** on zbiegł, on jest zbiegiem; **sich durch e-e ~ retten** ratować się ucieczką; fig **die ~ nach vorn antreten** uprzedzać rozwój wypadków
**Flucht**² f (Reihung in e-r Linie) linia (zabudowy usw) **flüchten** (-e-; sn) vli uciekać ⟨uciec⟩, zbiegać ⟨zbiec⟩ (aus z gen); **sich in etw ~** uciekać ⟨uciec⟩ się do (gen)
**flüchtig** zbiegły; Blick przelotny **Flüchtling** m (-s; -e) uciekinier(ka), uchodźca m **Flüchtlingslager** n obóz (dla) uchodźców **Fluchtlinie** f BUD linia zabudowy **Fluchtversuch** m próba ucieczki
**Flug** m lot, przelot (**von Berlin nach ...** z Berlina do gen) **Flugblatt** n ulotka **Flugdauer** f czas przelotu
**Flügel** m skrzydło; MUS fortepian
**Fluggast** m pasażer(ka) (samolotu)
**flügge** opierzony; fig samodzielny
**Fluggesellschaft** f towarzystwo lotnicze **Flughafen** m port lotniczy **Flughafengebühr** f opłata lotniskowa **Fluglinie** f linia lotnicza **Flugnummer** f numer lotu **Flugreise** f podróż lotnicza, podróż f samolotem **Flugsicherung** f zabezpieczenie lotów **Flugsteig** m kryte przejście do samolotu **Flugstrecke** f trasa lotu **Flugticket** n bilet lotniczy **Flugverbindung** f połączenie lotnicze **Flugverkehr** m komunikacja lotnicza **Flugzeug** n samolot **Flugzeugabsturz** m upadek samolotu **Flugzeugentführung** f uprowadzenie samolotu **Flugzeugträger** m lotniskowiec
**Flunder** f (-; -n) flądera, stornia

**Fluor** n (-s; bpl) fluor
**Flur** m (-[e]s; -e) korytarz, przedpokój, sień f **Flurschaden** m szkody fpl polne
**Fluss** m (-es; Flüsse) rzeka **flussab(-wärts)**, **flussauf(wärts)** w dół/górę rzeki **flüssig** płynny, ciekły; umg **ich bin nicht ~** nie mam gotówki (przy sobie) **Flüssigkeit** f płyn, ciecz f; (bpl) (das Flüssigsein) płynność f **Flusskrebs** m rak rzeczny **Flusspferd** n hipopotam **Flussufer** n brzeg rzeki
**flüstern** (-re) v/t ⟨wy⟩szeptać, szepnąć
**Flut** f zalew (gen); **die ~ kommt** przypływ się zbliża **fluten** płynąć **Flutlicht** n (bpl) światło reflektorów
**Flyer** m (-s; -) ulotka f
**focht** → fechten
**Fohlen** n źrebię n, źrebak
**Föhn** m (-[e]s; -e) (Haartrockner) suszarka do włosów; (bpl) (Wind) fen, (in der Tatra) (wiatr) halny **föhnen** suszyć suszarką (i układać na szczotkę) **Föhnfrisur** f fryzura modelowana
**Föhre** f sosna; **~n-** in zssgn sosnowy
**Folge** (Abfolge) kolejność f; (Auswirkung) następstwo, skutek; **in rascher ~** szybko jeden za drugim **folgen** v/i iść ⟨pójść⟩, podążać ⟨-żyć⟩ (za inst); e-m Redner słuchać (gen); **auf etw ~** następować ⟨-stąpić⟩ po (lok), umg nast(aw)ać po (lok); **auf j-n im Amt ~** obejmować ⟨objąć⟩ stanowisko po (lok); (resultieren) wynikać ⟨-knąć⟩ (aus z gen); **daraus folgt ~** z tego wynika; **wie folgt** jak następuje; **kannst du mir ~?** rozumiesz (co mam na myśli)?; (h) (j-m gehorchen) ⟨u⟩słuchać (gen)
**folgendermaßen** adv następująco
**folgenschwer** brzemienny w skutki
**folgerichtig** logiczny, konsekwentny
**folgern** (-re) ⟨wy⟩wnioskować (**aus etw** z gen) **Folgerung** f wniosek, konkluzja **folglich** adv wskutek tego, z tej racji
**Folie** ['fo:liə] f folia
**Folklore** f (bpl) folklor
**Folter** f (-; -n) tortury fpl; fig **j-n auf die ~ spannen** skazać pf k-o na torturę oczekiwania **foltern** (-re) torturować
**Fön®** → Föhn
**Fonds** [fɔŋ] m (-; -) FIN fundusz
**Fontäne** f fontanna
**foppen** v/t ⟨za⟩żartować (z gen)
**Förderband** n (pl -bänder) przenośnik

taśmowy **Förderer** m (~**in** f) protektor(ka), mecenas; nur m (Anlage) przenośnik, transporter **förderlich** (dat) sprzyjający (dat), korzystny (dla gen)
**fordern** (-re) ⟨za⟩żądać (gen) **fördern** (-re) wydobywać; (j-n, etw unterstützen) popierać, protegować, promować **Forderung** f żądanie, wymaganie **Förderung** f protekcja; sponsorowanie
**Forelle** f pstrąg; KULIN ~ **blau** pstrąg z wody
**Form** f kształt, forma **formal** formalny; prąd formalnie **Formalität** f formalność f **Format** n (-[e]s; -e) format; fig **von** ~ ... dużego formatu **formatieren** (-) formatować
**Formel** f (-; -n) formuła
**formell** formalny; oficjalny
**formen** v/t ⟨u⟩formować, ⟨u⟩kształtować (v/i **sich** się) **Formfehler** m błąd formalny **Formgebung** f projektowanie wzorów, wzornictwo **formieren** (-) v/t ⟨u⟩formować
**förmlich** formalny, oficjalny; adv (regelrecht) formalnie, wprost
**formlos** niewymagający przepisowej formy **Formsache** f (bpl) formalność f **Formular** n (-s; -e) formularz, wzór **formulieren** (-) ⟨s⟩formułować **Formulierung** f sformułowanie
**forsch** rezolutny, energiczny **forschen** v/i: **nach etw, j-m** ~ poszukiwać, szukać (gen); wissenschaftlich badać, przeprowadzać badania **Forsch|er(in)** m(f) badacz(ka) **Forschung** f badania pl (naukowe) **Forschungsauftrag** m zlecenie badań (w dziedzinie gen) **Forschungsgebiet** n dziedzina badań **Forschungszentrum** n ośrodek naukowo-badawczy
**Forst** m (-[e]s; -e) las **Förster** m (młodszy) leśniczy, umg leśnik **Försterei** f leśniczówka **Forstwirtschaft** f (bpl) leśnictwo (a. Lehre), gospodarka leśna
**fort** adv dalej; (weg) precz; ~ **mit dir!** wynoś się (precz)!; umg **sie ist schon** ~ ona już wyszła od (fahrend) wyjechała; **in e-m** ~ nieustannie; **und so** ~ i tak dalej **fortbestehen** v/i (irr; sn) istnieć nadal; (weiter gelten) być nadal ważnym **fortbewegen** (-) v/t poruszać ⟨-szyć⟩, posuwać ⟨-sunąć⟩ naprzód
**fortbilden** v/t kształcić dalej, dokształ-

cać; **sich** ~ dokształcać się, doskonalić się (w zawodzie)
**fortbleiben** v/i (irr; sn) być nieobecnym, nie być (**von** na, przy, w lok); **er blieb lange fort** jego długo nie było **fortdauern** v/i utrzym(yw)ać się, trwać nadal **fortfahren** (irr) v/i (sn) odjeżdżać ⟨-jechać⟩, wyjeżdżać ⟨-jechać⟩; (weitermachen) kontynuować (**in** akk, **mit etw** akk); v/t odwozić, wywozić ⟨-wieźć⟩ **fortführen** prowadzić dalej, kontynuować; (wegführen) wyprowadzać ⟨-dzić⟩, odprowadzać ⟨-dzić⟩ **fortgehen** v/i (irr; sn) odchodzić ⟨odejść⟩; (andauern) trwać dalej **fortgeschritten** adj zaawansowany (a. MED); Alter podeszły **fortgesetzt** adj ciągły, stały; prąd ciągle, stale, w dalszym ciągu **fortlaufend** bieżący
**fortpflanzen**: **sich** ~ BIOL rozmnażać się; FIZ, fig rozchodzić ⟨rozejść⟩ się, rozprzestrzeni(a)ć się **Fortpflanzung** f (bpl) BIOL rozmnażanie się; FIZ rozchodzenie się, rozprzestrzenianie się
**fortschreiten** v/i (irr; sn) postępować **Fortschritt** m postęp; ~**e machen** robić postępy (**in** dat w lok) **fortsetzen** v/t kontynuować, prowadzić dalej; **sich** ~ ciągnąć się, przeciągać się (**bis do** gen) **Fortsetzung** f kontynuacja; e-s Textes ciąg dalszy **forttreiben** (irr) v/t wypędzać ⟨-dzić⟩ (**aus** z gen); von der Strömung znosić; v/i (sn) być znoszonym, dryfować **fortwährend** adj ustawiczny
**fossil** skamieniały; GÓRN kopalny
**Foto** n (-s; -s) zdjęcie **Fotoapparat** m aparat fotograficzny **Fotobuch** n cyfrowy album m **Fotograf(in)** m(f) fotograf **fotografieren** (-) v/t ⟨s⟩fotografować; v/i fotografować **Fotokopie** f fotokopia, kserokopia **fotokopieren** (-) ⟨s⟩kserować **Fotomodell** n fotomodelka **Fotomontage** f fotomontaż
**Foul** [faʊl] m (-s; -s) faul **foulen** ['faʊlən] v/i ⟨v/t s⟩faulować
**Fracht** f ładunek, fracht **Frachter** m frachtowiec **Frachtgut** n (bpl) towary mpl przewozowe (przez przewoźnika) **Frachtkosten** pl koszty mpl przewozu
**Frack** m (-[e]s; Fräcke u umg -s) frak
**Frage** f pytanie, zapytanie; **j-m e-e** ~ **stellen** zada(wa)ć k-u pytanie; **e-e** ~ **beantworten** odpowiadać ⟨-wiedzieć⟩ na pytanie **Fragebogen** m kwestiona-

**fragen** v/t u. v/i pytać ⟨się⟩, zapyt(yw)ać ⟨się⟩ **(nach dem Weg** o drogę; **nach dir** o ciebie); *(ausfragen)* wypyt(yw)ać ⟨się⟩; **j-n um Rat ~** ⟨po⟩radzić się *(gen)*; **ohne zu ~** nie pytając, bez pytania; **sich ~** zapyt(yw)ać siebie; *unpers* **es fragt sich, ob ...** to jeszcze pytanie, czy ... **Fragerei** *umg abw* f pytanina **Fragestellung** f postawienie pytania **Fragezeichen** n znak zapytania, pytajnik
**fraglich** *(betreffend)* dany, określony; *(unsicher)* wątpliwy; **es ist ~, ob ...** nie jest pewne, czy ... **fraglos** *adv* niewątpliwie
**Fragment** n (-[e]s; -e) fragment
**fragwürdig** problematyczny; *(zweifelhaft)* podejrzany, ciemny
**Fraktion** f frakcja *(a.* POL); *im polnischen Sejm* klub poselski
**Franken**[1] m *(Währung)* frank **Franken**[2] n (-s; *bpl)* GEOG Frankonia
**frankieren** (-) nalepi(a)ć znaczek (na A)
**fränkisch** frankoński (po -ku)
**Franse** f frędzla; *(Haar)* kosmyk
**Franzose**[1] m Francuz **Franzose**[2] m *(Schraubenschlüssel)* klucz francuski
**Französin** f Francuzka **französisch** francuski (po -ku)
**frappierend** *adj* frapujący (-co)
**fraß** → **fressen**
**Fratze** f grymas
**Frau** f kobieta; *(Ehefrau)* żona; *(Anrede)* pani **Frauenarzt** m, **Frauenärztin** f lekarz chorób kobiecych, ginekolog **frauenfeindlich** antykobiecy **Frauenklinik** f klinika ginekologiczna **Frauenkloster** n klasztor żeński
**Fräulein** n (-s; - *od umg* -s) panna; *(junges Mädchen)* panienka
**frech** zuchwały (-le), bezczelny (**zu j-m** w stosunku do *gen)*; *(zudringlich)* nachalny; *Kleidung* frywolny **Frechheit** f bezczelność f, impertynencja
**frei** wolny, swobodny; **~es Land** wolny kraj; **~es Gelände** swobodna przestrzeń; **~e Fahrt** *(Signal)* droga wolna; **~er Eintritt** wstęp wolny; **~ von etw** *(dat)* wolny od *(gen)*, bez *(gen)*; **sich ~ fühlen** czuć się swobodnie; **~ sprechen** mówić *od* przemawiać z pamięci; **~ werden** uwalniać ⟨uwolnić⟩ się **(von** *dat* od *gen)*; **~ halten** *Platz* ⟨za⟩rezerwować **(für** j-n dla *gen)*; *Einfahrt* nie tarasować; **sich (von etw) ~ machen** uwalniać ⟨uwolnić⟩ się *(od gen)*; **~ stehend** wolnostojący; *(leer)* niezamieszkany; **~ erfunden** zmyślony; **~ nach Goethe** jak mówi Goethe, według Goethego
**Freibad** n pływalnia otwarta **freibekommen** *(irr; -)* v/t *j-n* oswobadzać ⟨-bodzić⟩; **e-e Stunde ~** zwolnić się na godzinę; *umg* v/i zwolnić się *pf* **Freiberufler(in)** *m(f)* osoba wykonująca wolny zawód **freiberuflich** wolny; **~ tätig sein** pracować w wolnym zawodzie **freibleibend** *adv* HANDEL bez zobowiązania **Freie** n (-n): **im ~n** na dworze, pod gołym niebem, na wolnym powietrzu; **ins ~** na dwór **Freifahrschein** m bezpłatny bilet **Freigabe** f zezwolenie **Freigänger(in)** *m(f)* osoba odbywająca karę pozbawienia wolności połączoną z pracą poza zakładem karnym
**freigeben** zezwalać ⟨zezwolić⟩; v/i j-m **(für zwei Tage** na dwa dni) zwalniać ⟨zwolnić⟩ k-o od pracy *od* od zajęć, *umg* da(wa)ć k-u wolne **freigebig (gegen)** hojny **Freigepäck** n bagaż lotniczy niewymagający dodatkowej opłaty **freihaben** *umg* v/t u. v/i mieć wolne **Freihafen** m port wolnocłowy **Freihandelszone** f strefa wolnego handlu
**Freiheit** f wolność f; *(Ungebundenheit)* swoboda **Freiheitsentzug** m pozbawienie wolności **Freiheitskampf** m walka wyzwoleńcza **Freiheitsstrafe** f kara pozbawienia wolności
**Freikarte** f bilet wolnego wstępu, *umg* darmowy bilet **freikommen** v/i *(irr)* wychodzić ⟨wyjść⟩ na wolność **(aus dem Gefängnis** z więzienia) **Freikörperkultur** f *(bpl)* nudyzm **freilassen** *(irr)* uwalniać ⟨uwolnić⟩, wypuszczać ⟨-puścić⟩ na wolność **freilegen** odkop(yw)ać, odsłaniać ⟨odsłonić⟩ **freilich** *adv* wprawdzie, co prawda; *umg* **(ja) ~!** naturalnie **Freilichtmuseum** n skansen **Freilichttheater** n teatr letni **freimachen** v/t nalepi(a)ć znaczek (na A) **freimütig** szczery (-rze), otwarty (-cie) **Freiraum** m wolna przestrzeń f **freisprechen** *(irr)* JUR uniewinni(a)ć **Freispruch** m wyrok uniewinniający, uniewinnienie **freistehen** *(irr, a sn) unpers* **es steht Ihnen frei zu** (+ *inf)* może

pan(i) (+ inf) **freistellen**: j-m etw ~ pozostawi(a)ć do wyboru k-u (akk) **Freistoß** m rzut wolny
**Freitag** m piątek; **am** ~ w piątek
**Freitod** m samobójstwo **freiwillig** dobrowolny; Dienst a. ochotniczy **Freiwillige(r)** m (-n) ochotnik, wolontariusz **Freiwurf** m rzut wolny **Freizeichen** n sygnał "wolne" **Freizeit** f (bpl) czas wolny (od pracy od zajęć) **Freizeitbeschäftigung** f zajęcie w wolnych chwilach **Freizeitgestaltung** f sposób spędzania wolnego czasu, zajęcia npl rekreacyjne **freizügig** swobodny; (großzügig) (przesadnie) hojny **Freizügigkeit** f (bpl) hojność f; (Freiheit in der Wahl des Wohnsitzes usw) swoboda (zmiany miejsca zamieszkania od pracy) **fremd** obcy (-co); (nicht eigen) cudzy; (unbekannt) nieznany **fremdartig** obcy (-co), odmienny
**Fremde**[1] f (bpl) obczyzna; **in der** ~ na obczyźnie; **in die** ~ na obczyznę
**Fremde**[2] f obca
**Fremde(r)** m (-n) obcy **Fremdenfeindlichkeit** f ksenofobia **Fremden|führer(in)** m(f) przewodnik (-iczka) **Fremdenverkehr** m (bpl) ruch turystyczny; turystyka **Fremdenzimmer** n pokój gościnny **Fremdfinanzierung** f finansowanie obce **Fremdheit** f (bpl) obcość f **Fremdkapital** n kapitał obcy **Fremdkörper** m ciało obce **Fremdsprache** f język obcy **fremdsprachig** obcojęzyczny **fremdsprachlich** obcy; Unterricht ... języka obcego **Fremdwährung** f waluta obca **Fremdwörterbuch** n słownik wyrazów obcych
**Frequenz** [-'kvɛnts] f frekwencja; FIZ, MED częstotliwość f
**fressen** (frisst, fraß, gefressen) v/t żreć, pożerać (pożreć), zżerać (zeżreć); **etwas zu** ~ **haben** mieć coś do żarcia; v/i żreć; Wild a. żerować; **sich** ~ **(in** akk) wżerać (weżreć) się (w akk); **(durch** akk) przeżerać (przeżreć) (akk)
**Freude** f radość f (über akk z gen); j-m e-e ~ **bereiten, machen** sprawi(a)ć radość k-u; **es ist mir e-e** ~ ...; cieszę się bardzo ...; **vor** ~ z radości **Freudenhaus** n dom publiczny **freudestrahlend** adj rozpromieniony radością **freudig** radosny (-śnie) **freuen** v/t ⟨u⟩cieszyć; **das freut mich** to mnie cieszy; **es freut mich, dass ...** cieszy mnie (to), że ...; **sich** ~ **(an** dat, **über** akk, **auf** akk) ⟨u⟩cieszyć się (z gen, inst, na akk)
**Freund** m (-[e]s, -e) przyjaciel (a. Liebhaber); e-s Mädchens chłopiec, chłopak **Freundin** f przyjaciółka (a. Geliebte); e-s Jungen dziewczyna **freundlich** przyjazny (-źnie); (freundlich gesinnt) życzliwy **Freundschaft** f przyjaźń f; **mit j-m** ~ **schließen** zawrzeć pf przyjaźń z (inst), być w przyjaźni z (inst) **freundschaftlich** przyjacielski, prād po przyjacielsku **Freundschaftsdienst** m przyjacielska przysługa **Freundschaftsspiel** n mecz towarzyski
**Frieden** m pokój; (Ruhe) spokój; ~ **schließen** zawierać ⟨zawrzeć⟩ pokój; **um des lieben ~s willen** dla świętego spokoju; umg **lass mich in** ~! daj mi spokój! **Friedensmission** f misja pokojowa **Friedensvertrag** m traktat pokojowy **Friedhof** m cmentarz **friedlich** pokojowy (-wo); (ruhig) spokojny
**frieren** (fror, gefroren) v/i ⟨z⟩marznąć, ⟨z⟩ziębnąć; **ich friere** zimno mi; **ich friere an den Füßen** marznę mi nogi; (sn) (gefrieren) zamarzać ⟨-znąć⟩; unpers **es friert** jest mroźno, bierze mróz
**friesisch** fryzyjski (po -ku)
**frigid(e)** oziębły (płciowo)
**Frikadelle** f kotlet mielony
**frisch** świeży; **nicht mehr** ~ nieświeży; ~ **gestrichen** świeżo malowany; **sich ~ machen** odświeżać ⟨-żyć⟩ się; **es ist** ~ jest chłodnawo **Frische** f (bpl) świeżość f; (Rüstigkeit) rześkość f **Frischhaltepackung** f opakowanie próżniowe
**Friseur** m (-s; -e) fryzjer **Friseuse** f fryzjerka **frisieren** (-) v/t i v/i układać ⟨ułożyć⟩ k-u fryzurę; umg fig upiększać ⟨upiększyć⟩
**Frist** f termin **fristgemäß, fristgerecht** terminowy (-wo) **fristlos** bez wypowiedzenia
**Frisur** f fryzura, uczesanie
**Fritteuse** f frytownica **frittieren** (-) ⟨u⟩smażyć w (gorącym) tłuszczu **frittiert** smażony w tłuszczu
**froh** wesoły (-ło), radosny; **ich wäre ~, wenn ich ...** byłbym rad (f byłabym rada), gdybym ... **fröhlich** wesoły (-ło) **Fröh-**

## 364 ▪ Fröhlichkeit – füllen

**lichkeit** f (bpl) wesołość f, wesele
**Frohsinn** m (bpl) wesołość f, wesoły nastrój
**fromm** (a frömmer; frömmste) pobożny, religijny **Frömmigkeit** f (bpl) pobożność f
**Fronleichnam** ohne art (bpl) Boże Ciało
**Front** f front; e-s Fahrzeugs przód; an der ~ na froncie; **gegen j-n, etw ~ machen** występować ⟨-stąpić⟩ przeciw (dat) **frontal** czołowy (-wo) **Frontantrieb** m napęd przedni
**fror** → **frieren**
**Frosch** m (-[e]s; Frösche) żaba, dim żabka **Froschschenkel** m żabie udko
**Frost** m (-[e]s; Fröste) mróz; **leichter ~** przymrozek **Frostbeule** f odmrożenie **frostfrei** bezmrożny **frostig** mroźny (-no); fig lodowaty; j-n ~ **begrüßen** lodowato ⟨przy⟩witać **Frostperiode** f okres mrozów
**Frucht** f (-; Früchte) owoc, płód **fruchtbar** płodny; Diskussion owocny **Fruchtbarkeit** f (bpl) płodność f; des Bodens żyzność f **fruchten** v/i (-e-) odnosić ⟨-nieść⟩ skutek, da(wa)ć owoce **fruchtlos** bezowocny, daremny **Fruchtsaft** m sok owocowy
**früh** präd wcześnie; **am ~en Morgen** wczesnym rankiem; **in den ~en dreißiger Jahren** na początku lat trzydziestych; **es ist noch zu ~** jeszcze za wcześnie; **~er als erwartet** wcześniej niż oczekiwano; **~er oder später** prędzej czy później; **von ~ bis spät (in die Nacht)** od rana do późna w noc **Früh|aufsteher(in)** m(f) ranny ptaszek **Frühbucher** m (-s; -) wczesna rezerwacja f **Frühbucherrabatt** m rabat m za wczesną rezerwację
**Frühe** f: **in der Früh** wczesnym rankiem; **in aller ~** o świcie, skoro świt **früher** (ehemalig) były; **in ~en Zeiten** w dawnych czasach; komp → früh; adv (einst) dawniej, kiedyś; **wie ~** jak dawniej, po staremu **frühestens** adv najwcześniej (in za) **Frühgeburt** f poród przedwczesny; (Kind) wcześniak
**Frühjahr** n wiosna; **im ~** na wiosnę **Frühlingsrolle** f KULIN sajgonka **frühreif** (przed)wcześnie dojrzały **Frühstück** n śniadanie; **... zum ~ ...** na śniadanie **frühstücken** v/i ⟨z⟩jeść

śniadanie **Frühstücksbuffet** n stół-bufet śniadaniowy **Frühstückspause** f przerwa śniadaniowa **frühzeitig** präd wcześnie
**frustrieren** (-) ⟨s⟩frustrować **frustriert** adj sfrustrowany
**Fuchs** m (-es; Füchse) lis; (Pferd) kasztan **Fuchsschwanz** m lisi ogon; (Säge) płatnica
**fuchteln** umg v/i (-le) wywijać (**mit dem Stock** laską od pałką)
**Fuge** f BUD spoina, fuga; MUS fuga; fig **aus den ~n geraten** wypaść pf z kolein
**fügen** v/t spajać ⟨spoić⟩, ⟨z⟩łączyć (**etw an** akk co z inst); **sich ~** usłuchać pf (**e-m Befehl** rozkazu); **sich in sein Schicksal ~** ⟨po⟩godzić się z losem **Fügung** f zrządzenie (**des Schicksals, Gottes** losu, boskie); **e-e glückliche ~** szczęśliwy traf
**fühlbar** odczuwalny **fühlen** v/t czuć, odczu(wa)ć; v/i **nach etw ~** namacać pf (akk); **mit j-m ~** współczuć k-u; **sich ~** czuć się (**krank, schuldig** chorym, winnym) **Fühler** m ZOOL czułek, macka; (Sensor) czujnik
**fuhr** → **fahren Fuhre** f fura, wóz; (Fahrt) rejs
**führen** v/t ⟨po⟩prowadzić; Touristen oprowadzać ⟨-dzić⟩; (steuern) kierować (**Auto** autem; **Firma** firmą); Titel mieć, posiadać; sprowadzać ⟨-dzić⟩; **was führt Sie hierher?** co pana tu sprowadza?; v/i Weg prowadzić (**nach, zu** do gen; **durch** przez A); (in Führung liegen) prodować, prowadzić (a. SPORT **mit 1:0** jeden do zera); fig **zu etw ~** ⟨do⟩prowadzić do (gen); **das führt zu nichts** to do niczego nie doprowadzi; **sich ~** sprawować się (**gut** dobrze) **Führer(in)** f(f) m POL wódz, przywódca **Führerschein** m prawo jazdy **Fuhrpark** m park (samochodowy)
**Führung** f prowadzenie; (verantwortliche Leitung) kierowanie, sterowanie (inst); (Verhalten) sprawowanie (się); **in ~ gehen** uzyskać pf prowadzenie **Führungszeugnis** n świadectwo sprawowania się; (Strafregisterauszug) wypis z rejestru karnego
**Fuhrwerk** n furmanka
**Fülle** f (bpl) obfitość f; (Körperfülle) tusza **füllen** v/t napełni(a)ć; Zahn ⟨za⟩plombować; **etw in e-n Sack ~** wsyp(yw)ać do worka (akk); **etw in e-e Flasche ~**

**wl(ew)ać** do butelki (akk); **sich ~ napełni(a)ć się, wypełni(a)ć się Füll(federhalt)er** m wieczne pióro **Füllung** f KULIN nadzienie, farsz; e-s Zahns plomba
**fummeln** umg v/i (-le): **an, in etw** (dat) ~ dłubać przy, w (lok); sexuell głaskać (się), umg macać (się)
**Fund** m (-[e]s; -e) rzecz znaleziona; (Entdeckung) odkrycie **Fundament** n (-[e]s; -e) fundament; fig a. podwalina **Fundbüro** n biuro rzeczy znalezionych **Fundgrube** f fig kopalnia **Fundort** m miejsce znalezienia
**fünf** num (-[e]s; -s; bpl) pięć, persf pięciu; Sammelzahlwort pięcioro; **~ Uhr** piąta (godzina) **Fünf** f piątka; (Schulnote in Polen) dwójka, dwója **fünfeckig** pięciokątny; Stern pięcioramienny **Fünfer** umg m piątka; im Lotto pięć trafień **Fünftagewoche** f pięciodniowy tydzień pracy **fünfte** num piąty **Fünftel** n piąta część
**fungieren** v/i (-) pełnić funkcję (als gen)
**Funk** m (-s; bpl) radio; **über ~** przez radio **Funkamateur** m radioamator **Funke** m (-ns; -n) iskra **funkeln** v/i (-le) iskrzyć się **funken** v/t nada(wa)ć przez radio **Funken** m → Funke **Funkgerät** n radiostacja nadawczo-odbiorcza **Funkstille** f cisza f radiowa **Funktaxi** n radiotaxi n (unv)
**Funktion** f funkcja **funktionieren** v/i (-) funkcjonować, działać
**für** präp (akk) dla (akk), do (gen); **das ist ~ dich** to dla ciebie; **~ sich (allein)** dla siebie (samego); Zweck, Vergleich, Dauer, Zeitpunkt na (akk); **Tisch ~ zwei Personen** stół na dwie osoby oddla dwóch osób; **~ zwei Tage** na dwa dni; (zugunsten) o (akk), za (akk, inst); **alles spricht ~ ihn** wszystko przemawia za nim; **das Für und Wider** za i przeciw; **~ fünf Euro** za pięć euro; (anstelle) za (akk); **sie arbeitet ~ mich** ona pracuje za mnie
**Furcht** f (bpl) strach, lęk, obawa (**vor** dat przed inst) **furchtbar** straszny, okropny **fürchten** (-e-) v/t j-n, etw u. **sich ~** (**vor** **j-m, etw**) bać się (gen); **das Kind fürchtet sich** dziecko się boi; (befürchten) obawiać się (gen); **ich fürchte, sie kommt nicht** od **dass sie nicht kommt** obawiam się, że ona nie przyjdzie; v/i ~ **für** od **um j-n, etw** bać się, obawiać się o (akk) **fürch-**

**terlich** straszliwy (-wie), straszny **furchtlos** nieustraszony, bez lęku **füreinander** adv (dla, do) siebie wzajemnie
**Furnier** n (-s; -e) fornir
**fürs** = **für das**; → **für**
**Fürsorge** f (bpl) opieka; (Fürsorglichkeit) troskliwość f **fürsorglich** opiekuńczy, troskliwy **Fürsprache** f (bpl) wstawiennictwo
**Fürst** m (-en) książę m **Fürstin** f księżna **Furunkel** m od n czyrak
**furzen** pop v/i (-zt) pop bździć, vulg pierdzieć
**Fusion** f EKON, POL, FIZ fuzja **fusionieren** v/i (-) dokon(yw)ać fuzji
**Fuß** m (-es; Füße) ANAT stopa; **bei ~!** do nogi!; **am ~** e-s Berges usw u podnóża, u stóp (gen); **zu ~ gehen** iść pieszo; **weder Hand noch ~ haben** nie trzymać się kupy; **auf eigenen Füßen stehen** stać na własnych nogach; umg **kalte Füße bekommen** stchórzyć pf, pop spietrać się pf; **mit Händen und Füßen** rękami i nogami **Fußball** m piłka (do gry w piłkę nożną) **Fußballer** umg m piłkarz **Fußballplatz** m boisko do piłki nożnej **Fußballspiel** n mecz piłkarski od piłki nożnej **Fußboden** m podłoga
**Fußgänger** m pieszy **Fußgängerzone** f strefa dla pieszych **Fußgelenk** n staw skokowy **Fußknöchel** m kostka **Fußnote** f przypis **Fußpflege** f pedicure m, pedikiur **Fußspitze** f czubek stopy **Fußtritt** m kopnięcie, umg kopniak **Fußweg** m ścieżka, chodnik
**Futter**[1] n (-s; bpl) für Tiere pokarm, żarcie, karma, pasza
**Futter**[2] n (-s; -) (Stoff) podszewka
**futtern** umg v/t u. v/i (-re) zajadać, wcinać
**füttern**[1] (-re) ⟨na⟩karmić **füttern**[2] (-re) Jacke podszy(wa)ć (**mit** inst)
**Futternapf** m karmnik, miska do żarcie
**Futterpflanze** f roślina pastewna

# G

**gab, gäbe** → geben
**Gabe** f dar; ⟨Dosis⟩ dawka
**Gabel** f (-; -n) widelec; AGR widły pl **Gabelflug** m LOTN lot m łączony **gabelförmig** widlasty ⟨-to⟩ **gabeln** (-le): **sich ~** rozwidlać się **Gabelstapler** m podnośnik widłowy **Gabelung** f rozwidlenie
**gackern** v/i (-re) gdakać; umg ⟨kichern⟩ chichotać
**gaffen** v/i abw gapić się
**Gage** ['gaːʒə] f gaża
**gähnen** v/i ziewać ⟨ziewnąć⟩ **Gähnen** n (-s; bpl) ziewanie
**Gala** f (-; -s) gala
**Galerie** [pl -'riːən] f galeria **Galerist(in)** m(f) (-en) właściciel(ka) galerii
**Galgen** m szubienica **Galgenfrist** f ostatnie krótkie odroczenie **Galgenhumor** m wisielczy humor
**Galle** f żółć f **Gallenblase** f pęcherzyk żółciowy **Gallensteine** m/pl kamienie m/pl żółciowe
**Galopp** m (-s; -s u -e) galop, cwał **galoppieren** v/i (-; sn) ⟨po⟩cwałować, ⟨po⟩galopować
**galt, gälte** → gelten
**Gämse** f kozica
**gammeln** umg v/i (-le) psuć się, pleśnieć; ⟨trödeln⟩ bumelować
**gang: das ist (hier) ~ und gäbe** to jest (tu) ogólnie przyjęte **Gang** m (-[e]s; Gänge) chód; KULIN danie; **den zweiten ~ einlegen** włączyć pf od umg wrzucić pf drugi bieg; **auf dem ~** w korytarzu; w przejściu; **in ~ bringen** od **setzen** puszczać ⟨puścić⟩ w ruch; fig zapoczątkować; fig **in ~ kommen** zaczynać się, wywiąz(yw)ać się; **im ~(e) sein** toczyć się, przebiegać; heimlich szykować się **Gangart** f chód
**gängeln** (-le) abw prowadzić za rękę
**gängig** utarty, obiegowy; Ware chodliwy
**Gangplatz** m miejsce m przy przejściu
**Gangschaltung** f AUTO zmiana biegów; beim Fahrrad przerzutka
**Ganove** umg m (-n) opryszek
**Gans** f (-; Gänse) gęś f, gąska **Gänseblümchen** n stokrotka **Gänsebraten** m gęś pieczona **Gänsehaut** f gęsia skórka **Gänsemarsch** m: **im ~** gęsiego **Gänserich** m (-s; -e) gąsior
**ganz** adj cały; **die ~e Familie** cała rodzina; **das ~e Geld** wszystkie pieniądze; umg **~ der Vater** cały ojciec; **in ~ Polen** w całej Polsce; adv (sehr) bardzo; ⟨völlig⟩ zupełnie; ⟨ziemlich⟩ dość, wcale; **~ recht** całkiem słusznie; umg **~ schön viel** sporo, co niemiara; **nicht ~ ...** niespełna ...; **~ wie du willst** jak sobie chcesz; **~ und gar** kompletnie, zupełnie; **~ und gar nicht** wcale nie, bynajmniej nie; **voll und ~** w całej rozciągłości **Ganz|e(s)** n całość f; wszystko; **im Großen und ~en** ogólnie (rzecz) biorąc, w zasadzie **ganzjährig** całoroczny **gänzlich** adv całkiem, zupełnie **ganztägig** całodzienny, präd przez cały dzień
**gar**[1] adj KULIN gotowy, ugotowany, upieczony; **~ kochen** ⟨u⟩gotować do miękkości
**gar**[2] adv wcale; **~ kein** żaden (-dna, -dne); **~ nicht** wcale nie, w ogóle nie; **~ nichts** absolutnie nic, nic a nic; partikel chyba; **~ zu gern** bardzo chętnie; **und ~ ...** a cóż dopiero ...; **oder ~ ...?** czyżby ...?
**Garage** [-ʒə] f garaż
**Garantie** [pl -'tiːən] f gwarancja **garantieren** (-) v/t ⟨za⟩gwarantować **Garantieschein** m karta gwarancyjna, gwarancja
**Garbe** f AGR snop
**Garde** f gwardia; in zssgn gwardyjski
**Garderobe** f garderoba; **für Besucher** szatnia **Garderobenständer** m wieszak stojący
**Gardine** f firanka, zasłona **Gardinenstange** f karnisz
**gären** ⟨gärte od gor, gegärt od gegoren⟩ v/i fermentować
**Garn** n (-[e]s; -e) nitka, nić f
**Garnele** f krewetka
**garnieren** (-) ⟨u⟩garnirować
**Garnison** f garnizon(owy in zssgn)
**Garnitur** f garnitur, komplet, zestaw; KULIN garnirunek
**Garnknäuel** m kłębek przędzy
**Garten** m (-s; Gärten) ogród **Garten-**

**bau** m (bpl) ogrodnictwo **Gartenfest** n zabawa w ogródku, festyn w parku **Gartengeräte** npl sprzęt ogrodniczy **Gartenkolonie** f zespół ogródków działkowych **Gartenschau** f wystawa ogrodnicza **Gartenschlauch** m wąż (gumowy) do podlewania **Gartenzwerg** m krasnal ogrodowy **Gärtner** m ogrodnik **Gärtnerei** f zakład ogrodniczy **Gärtnerin** f ogrodniczka
**Gärung** f fermentacja; fig ferment
**Gas** n (-es; -e) gaz; umg ~ **geben** dodawać gazu **Gasbrenner** m palnik gazowy **Gasflasche** f butla (stalowa) do gazu **Gasheizung** f ogrzewanie gazowe **Gasherd** m kuchnia gazowa **Gaskammer** f komora gazowa **Gaskocher** m kuchenka gazowa **Gasleitung** f przewód gazowy **Gasmaske** f maska przeciwgazowa **Gaspedal** n pedał gazu
**Gasse** f uliczka, zaułek
**Gast** m (-[e]s; Gäste) gość m **Gastarbeiter** m umg gastarbajter **Gästebuch** n księga pamiątkowa **Gästezimmer** n pokój gościnny **Gastfamilie** f rodzina oferująca zakwaterowanie i wyżywienie **gastfreundlich** gościnny **Gastgeber(in** f) m pan(i) domu, gospodarz (-dyni)
**Gasthof** m oberża; (Esslokal) gospoda **gastieren** v/i (-) TEATR występować (-stąpić) gościnnie
**Gastland** n obcy kraj
**Gastritis** f (-; -tiden) nieżyt żołądka **gastronomisch** gastronomiczny **Gastspiel** n występ gościnny **Gaststätte** f gospoda, restauracja **Gaststube** f izba dla gości (w gospodzie) **Gastvorlesung** f wykład gościnny **Gast|wirt(in)** m(f) właściciel(ka) gospody, restaurator(ka) **Gastwirtschaft** f restauracja, jadłodajnia
**Gaswerk** n gazownia **Gaszähler** m gazomierz
**Gate** n (-s) LOTN gate m
**Gatte** m (-n) małżonek
**Gattin** f małżonka **Gattung** f rodzaj **Gaumen** m podniebienie
**Gauner** m abw kanciarz, kombinator; umg (gerissene Person) szelma f u. m
**Gaze** ['ga:zə] f gaza; in zssgn gazowy
**Gebäck** n (-[e]s; -e) pieczywo **gebacken** adj pieczony

**Gebälk** n (-[e]s; bpl) belkowanie
**gebar** → gebären
**Gebärde** f ruch, gest; pl a. gestykulacja **gebärden** (-e-; -): **sich ~** zachow(yw)ać się (**wie toll** jak szalony)
**gebären** (gebärt od lit gebiert, gebar, geboren) ⟨na-, u⟩rodzić; fig ⟨z⟩rodzić **Gebärmutter** f macica
**Gebäude** n budynek, gmach; fig system, konstrukcja, gmach
**Gebell** n (-s; bpl) szczekanie, ujadanie **geben** (gibt, gab, gegeben) v/t da(wa)ć; **sich** (dat) **etw ~ lassen** ⟨po⟩prosić o (akk); zu e-m bestimmten Zweck odda(wa)ć; unpers **es gibt** jest, są, bywa(ją), będzie, będą; **es gab** był(a, -o), były pl; **es gab** od **gibt kein(e)** ... nie było, nie ma, nie będzie (gen) **Geber(in** f) m dawca m (dawczyni)
**Gebet** n (-[e]s; -e) modlitwa, pacierz **gebeten** → bitten
**Gebiet** n (-[e]s; -e) obszar, terytorium n **gebieten** (irr; pperf gebieten) v/t nakaz(yw)ać; panować; **Eile ist geboten** trzeba pośpieszyć się **gebieterisch** władczy (-czo)
**Gebilde** n twór (a. POL), wytwór **gebildet** adj wykształcony
**Gebirge** n góry fpl **gebirgig** górzysty **Gebirgsbach** m górski potok **Gebirgskette** f łańcuch górski
**Gebiss** n (-es; -e) zęby; (Zahnersatz) proteza zębowa **gebissen** → beißen
**Gebläse** n dmuchawa
**geblieben** pperf → bleiben **geblümt** adj kwiecisty, w kwiatki **geboren** pperf → gebären; adj urodzony, ... z urodzenia **geborgen** pperf → bergen; adv **sich ~ fühlen** czuć się bezpiecznym
**Gebot** n (-[e]s; -e) nakaz; HANDEL oferta; rel **die Zehn ~e** dziesięcioro przykazań **geboten** pperf → bieten, gebieten; adj wymagany, wskazany
**gebracht** pperf → bringen **gebrannt** pperf → brennen; adj Kalk palony; Ziegelstein wypalony **gebraten** adj smażony
**Gebrauch** m użycie, używanie, użytek; (Brauch) zwyczaj; **~ machen (von)** ⟨z⟩robić użytek (z gen); **vor ~ schütteln** przed użyciem wstrząsnąć **gebrauchen** (pperf gebraucht) v/t uży(wa)ć (gen), posługiwać ⟨-służyć⟩ się (inst) **gebräuchlich** będący w użyciu, używany; Wort

*a.* utarty **Gebrauchsanleitung** *f,* **Gebrauchsanweisung** *f* (**für etw**) instrukcja użytkowania *od* obsługi, sposób użycia (*gen*) **gebrauchsfertig** gotowy do użycia **Gebrauchsgegenstand** *m* przedmiot użytkowy **gebraucht** → gebrauchen; *adj* używany; *Kleidung* noszony **Gebrauchtwagen** *m* pojazd używany
**gebrechlich** niedołężny **gebrochen** *pperf* → brechen; *adj* złamany; *Sprache* łamany, kulawy
**Gebrüder** *pl* bracia *mpl*
**Gebrüll** *n* (-[e]s; *bpl*) ryk, ryczenie
**gebückt** *adj* pochylony, przygarbiony
**Gebühr** *f* opłata; *fig* **über ~** ponad miarę, zanadto **Gebühreneinheit** *f* TEL jednostka taryfowa **gebührenfrei** wolny od opłat(y) **Gebührenordnung** *f* przepisy *mpl* o pobieraniu opłat **gebührenpflichtig** podlegający opłacie, płatny
**gebunden** *pperf* → binden; *fig* przywiązany; skrępowany (**an die Vorschriften** przepisami)
**Geburt** rodzenie, poród; *fig* narodziny *pl;* **er ist von ~ Pole** on jest Polakiem z urodzenia; **von ~ an blind** niewidomy od urodzenia **Geburtenregelung** *f* kontrola urodzeń **Geburtenrückgang** *m* spadek liczby urodzeń **gebürtig** *adj:* **~ aus ...** rodem z (*gen*) **Geburtsdatum** *f* data urodzenia **Geburtsfehler** *m* wada wrodzona **Geburtshilfe** *f* położnictwo **Geburtsjahr** *n* rok urodzenia **Geburtsname** *m* nazwisko rodowe **Geburtsort** *m* miejsce urodzenia **Geburtstag** *m* urodziny *pl* **Geburtsurkunde** *f* akt *od* metryka urodzenia, świadectwo urodzenia
**Gebüsch** *n* (-[e]s; -e) krzaki *mpl,* zarośla *pl*
**gedacht** *pperf* → denken, gedenken; *adj* pomyślany **Gedächtnis** *n* (-ses; -se) pamięć *f;* **aus dem ~** z pamięci; **im ~ behalten** zapamiętać *pf,* zachować *pf* w pamięci; **sich, j-m ins ~ (zurück)rufen** przywołać sobie, k-u na pamięć **Gedächtnisfeier** *f* akademia rocznicowa **Gedächtnislücke** *f* luka pamięciowa **Gedächtnisstütze** *f* środek mnemotechniczny, skojarzenie ułatwiające zapamiętanie

**gedämpft** *adj* przytłumiony; *Farben* spokojny
**Gedanke** *m* (-ns; -n) myśl *f;* (*Einfall*) pomysł; **dieser ~ liegt mir fern** ani myślę o tym; **bei dem ~n an** (*akk*) na myśl o (*lok*); **auf den ~n kommen** wpaść *pf* na myśl *od* na pomysł; **mir kam der ~** przyszło mi na myśl; **j-n auf andere ~n bringen** zająć *pf* k-o czymś innym, rozerwać *pf* k-o; **sich ~n machen** (**über** *akk*) rozmyślać (nad *inst*); (**um** *akk*) sich sorgen) martwić się (*inst*, o *akk*) **Gedankenaustausch** *m* wymiana poglądów **Gedankengang** *m* tok myślenia **Gedankengut** *n* (*bpl*) ideologia **Gedankenlosigkeit** *f* (*bpl*) brak zastanowienia; nieuwaga **Gedankenstrich** *m* myślnik **Gedankenübertragung** *f* telepatia **gedankenvoll** zamyślony **gedanklich** myślowy (-wo)
**Gedeck** *n* (-[e]s; -e) nakrycie; (*Menü*) menu *n* (*unv*)
**gedeihen** *v/i* (gedieh, gediehen; sn) rozwijać się (pomyślnie); *Pflanze* (dobrze) rosnąć, róść; *Tier a.* chować się (zdrowo)
**gedenken** *v/i* (irr; *pperf* gedacht) *j-s, e-r Sache* pamiętać **Gedenkminute** *f* minuta żałobnego skupienia **Gedenkmünze** *f* medal pamiątkowy **Gedenkstätte** *f* miejsce pamięci narodowej **Gedenktafel** *f* tablica pamiątkowa **Gedenktag** *m* rocznica
**Gedicht** *n* (-[e]s; -e) wiersz, *dim* wierszyk **Gedichtband** *m* zbiór poezji
**gediegen** *adj* solidny, gruntowny; *Metall* szczery **gedieh, gediehen** → gedeihen
**Gedränge** *n* (-s; *bpl*) tłok, ścisk **gedrängt** *adj* stłoczony; *fig* zwięzły (-źle)
**gedrückt** *adj* (*seelisch*) przygnębiony; *Stimmung a.* minorowy **gedrungen** *pperf* → dringen; *adj fig* krępy (-po), przysadzisty
**Geduld** *f* (*bpl*) cierpliwość *f;* **die ~ verlieren** ⟨s⟩tracić cierpliwość; **~ haben mit j-m** mieć cierpliwość do (*gen*) **gedulden** (-e-; *pperf* geduldet): **sich ~** ⟨po-, za-⟩czekać cierpliwie **geduldig** cierpliwy (-wie)
**gedurft** *pperf* → dürfen **geehrt** *adj* szanowny **geeignet** *adj* odpowiedni, stosowny; **~ sein (für)** nadawać się (do *gen*)

**Gefahr** f niebezpieczeństwo; pl mst zagrożenia npl; **auf eigene ~** na własne ryzyko; **bei ~** w razie niebezpieczeństwa od zagrożenia; **~ laufen (zu)** ryzykować (inst, infl); **j-n, etw in ~ bringen** narażać ⟨-razić⟩ od wystawi(a)ć na niebezpieczeństwo (akk); **... ist außer ~** niebezpieczeństwo da ... (gen) minęło **gefährden** ⟨-e-; pperf gefährdet⟩ narażać ⟨-razić⟩
**Gefährdung** f narażenie (na niebezpieczeństwo); (Bedrohung) zagrożenie
**Gefahrenstelle** f miejsce niebezpieczne (dla ruchu) **gefährlich** niebezpieczny, ryzykowny
**Gefährte** m ⟨-n⟩,**Gefährtin** f towarzysz(ka)
**Gefälle** n spadek; im Wert różnica poziomów
**gefallen**[1] (irr; pperf gefallen): **j-m ~** ⟨s⟩podobać się k-u; **wie gefällt dir ...?** jak ci się podoba ...?; umg **die Sache gefällt mir nicht** to mi się nie podoba; **das lasse ich mir nicht ~** nie pozwolę na to
**gefallen**[2] pperf → fallen, gefallen[1]
**Gefallen**[1] m ⟨-s; -⟩ przysługa; **tu mir den ~ und ...** bądź tak uprzejmy i ...
**Gefallen**[2] n ⟨-s; bpl⟩: **~ finden an j-m, etw** gustować, znajdować upodobanie w (lok), upodobać ⟨-bić⟩ sobie (akk); **kein ~ haben an** (dat) nie mieć upodobania do (gen), nie gustować w (lok)
**Gefallene(r)** m ⟨-n⟩ poległy
**Gefälligkeit** f przysługa; (bpl) grzeczność f; **aus ~** przez grzeczność
**gefälscht** adj fałszywy, sfałszowany
**gefangen** adj (in Haft) aresztowany; **~ halten** Häftling ⟨u⟩więzić; Tier trzymać w niewoli; Geisel przetrzymywać; **~ nehmen** brać ⟨wziąć⟩ do niewoli; fig zafascynować pf **Gefangene(r)** m ⟨-n⟩ więzień m; MIL jeniec **Gefangenenlager** n obóz jeniecki **Gefangennahme** f wzięcie do niewoli **Gefangenschaft** f niewola
**Gefängnis** n ⟨-ses; -se⟩ więzienie **Gefängnisstrafe** f kara więzienia
**Gefäß** n ⟨-es; -e⟩ naczynie
**gefasst** adj opanowany; **~ sein, sich ~ machen (auf** akk) spodziewać się (gen)
**Gefecht** n ⟨-[e]s; -e⟩ bój, starcie, potyczka
**Gefieder** n ⟨-s; bpl⟩ upierzenie
**gefleckt** adj cętkowany, plamisty

**geflochten** pperf → flechten; adj pleciony **geflogen** pperf → fliegen **geflohen** pperf → fliehen; adj zbiegły **geflossen** pperf → fließen
**Geflügel** n ⟨-s; bpl⟩ drób **geflügelt** adj skrzydlaty, uskrzydlony
**gefochten** pperf → fechten **gefragt** adj poszukiwany; Person wzięty **gefräßig** żarłoczny
**gefrieren** v/i (irr; pperf gefroren) zamarzać ⟨-znąć⟩ **Gefrierfach** n zamrażalnik **Gefrierpunkt** m (bpl) punkt zamarzania; **um den ~** około zera **Gefrierschrank** m, **Gefriertruhe** f zamrażarka
**gefroren** pperf → frieren, gefrieren; adj Erde zamarznięty; Produkt mrożony, zamrożony **Gefrorene(s)** n austr lody mpl
**Gefüge** n układ, struktura **gefügig** ulegly
**Gefühl** n ⟨-s; -e⟩ czucie; uczucie; **kein ~ in ...** (dat) **haben** nie mieć czucia w (lok); **ich habe das ~, dass ...** mam uczucie, że ...; **s-m ~ folgen** iść za uczuciem; umg **nach ~** na wyczucie **gefühllos** bez czucia; fig nieczuły (-le)
**gefüllt** adj KULIN nadzi(ew)any, faszerowany **gefunden** pperf → finden; adj znaleziony **gegangen** pperf → gehen **gegeben** adj dany; (passend) odpowiedni **gegebenenfalls** adv ewentualnie
**gegen**[1] präp (akk) (in Richtung auf) ku (dat), na, pod (akk); schlagen w, o (akk), do (gen); kämpfen przeciw(ko) (dat); (wider etw) wbrew (dat); (Beziehung zu j-m, etw) wobec, względem (gen); (Mittel für) na (akk), od (gen); (im Vergleich zu) w porównaniu z (inst); (im Austausch für) (w zamian) za (akk); **~ + Zeitangabe** pod (akk), nad (inst), około (gen); **~ Süden** ku południowi; **~ die Sonne** pod słońce; **~ bar** za gotówkę; **~ die Vorschriften** wbrew przepisom; **~ Abend** pod wieczór; **~ Morgen** nad ranem; **~ 9 Uhr** około dziewiątej; **~ etw sein** być przeciw(ny) (dat)
**gegen**[2] adv (etwa) około (gen); **~ hundert Leute** około stu ludzi
**Gegenangebot** n kontrpropozycja, kontroferta **Gegenangriff** m przeciwnatarcie, kontratak **Gegenbesuch** m rewizyta
**Gegend** f okolica; **in der ~** w pobliżu; **in**

## gegeneinander – gehen

der ~ von Berlin w okolicy Berlina; **in unserer ~** w naszych stronach
**gegeneinander** *adv*: **etwas ~ haben** mieć coś przeciwko sobie **Gegenfahrbahn** f przeciwny pas ruchu **Gegengewicht** n przeciwwaga **Gegengift** n odtrutka **Gegenkandidat(in)** m(f) kontrkandydat(ka) **Gegenleistung** f świadczenie *od* przysługa w zamian, odwzajemnienie (się) **Gegenmaßnahme** f: **~n ergreifen** ⟨za⟩stosować środki zapobiegawcze *od* odwetowe **Gegenprobe** f próba kontrolna **Gegenrichtung** f przeciwny kierunek; **aus der ~** z naprzeciwka
**Gegensatz** m przeciwieństwo; **im ~ zu** w przeciwieństwie do (*gen*); **Gegensätze** *pl* przeciwstawne stanowiska *npl* **gegensätzlich** przeciwstawny; *Meinung a.* krańcowo odmienny **Gegenseite** f strona przeciwna **gegenseitig** *adj* wzajemny, obopólny; *prąd* wzajemnie, nawzajem **Gegenseitigkeit** f (*bpl*) wzajemność f **Gegenspieler(in** f) m przeciwnik (-iczka); *fig a.* oponent(ka)
**Gegenstand** m przedmiot **gegenstandslos** bezprzedmiotowy (-wo) **Gegenstimme** f głos sprzeciwu; *beim Abstimmen* głos przeciw **gegenteilig** przeciwny, odwrotny
**gegenüber** *präp* (*dat*) *örtlich* naprzeciw(ko) (*gen*); (*zu, in Bezug auf*) wobec (*gen*); (*im Vergleich zu*) w porównaniu z (*inst*); w odróżnieniu od (*gen*); *adv* (**von**) naprzeciwko (*gen*) **gegenüberliegen** *v/i* (*irr*): **einander**, *v/r* **sich ~** leżeć *od* znajdować się naprzeciw (siebie) **gegenüberstehen** (*irr*) *v/i*: **j-m ~** stać przed (*inst*); *e-r Sache* **ablehnend ~** być negatywnie usposobionym do (*gen*); **sich ~** stać naprzeciw siebie **gegenüberstellen**: *v/t* **j-n** *e-r Person* **~** ⟨s⟩konfrontować k-o z (*inst*); **einander ~** porów(ny)wać **gegenübertreten** *v/i* (*irr*; *sn*): **j-m ~** stanąć *vf* przed (*inst*)
**Gegenverkehr** m ruch z przeciwka; **Straße mit ~** droga o ruchu dwukierunkowym **Gegenvorschlag** m kontrpropozycja **Gegenwart** f (*bpl*) teraźniejszość f, współczesność f; **in ~ von** ... w obecności (*gen*) **gegenwärtig** *adj* teraźniejszy, obecny; *prąd* teraz, obecnie **Gegenwert** m (*bpl*) równowartość f

**Gegenwind** m wiatr przeciwny **gegenzeichnen** kontrasygnować **Gegenzug** m kontrposunięcie; KOLEJ pociąg w przeciwnym kierunku
**gegessen** *pperf* → essen **geglichen** *pperf* → gleichen **geglitten** *pperf* → gleiten **geglommen** *pperf* → glimmen
**Gegner(in)** m(f) przeciwnik (-niczka); *im Wortstreit a.* oponent(ka) **gegnerisch** wrogi; *im Wettkampf* ... przeciwnika
**gegolten** *pperf* → gelten **gegoren** *pperf* → gären **gegossen** *pperf* → gießen; *adj* TECH lany **gegriffen** *pperf* → greifen **gegrillt** *adj* upieczony na grillu, z rusztu
**Gehackte(s)** n (-n; *bpl*) mięso siekane
**Gehalt¹** m (-[e]s; -e) zawartość f
**Gehalt²** n (-[e]s; Gehälter) pensja, uposażenie, pobory *mpl* **Gehaltsgruppe** f grupa uposażeniowa **Gehaltskonto** n konto uposażeniowe (w banku) **Gehaltsliste** f lista płac
**gehaltvoll** treściwy (-wie) **gehangen** *pperf* → hängen¹ **gehässig** złośliwy (-wie), zjadliwy (-wie)
**Gehäuse** n skrzynka, korpus, obudowa
**Gehege** n ogrodzony teren, ogrodzenie, wybieg (dla zwierząt)
**geheim** tajny, sekretny; *Gang a.* tajemny; **streng ~** ściśle tajny; **~ halten** utrzym(yw)ać w tajemnicy (**vor j-m** przed *inst*); **im Geheimen** potajemnie, w tajemnicy **Geheimdienst** m tajna służba, wywiad **Geheimnis** n (-ses; -se) tajemnica (*a. etwas Unergründliches*), sekret **geheimnisvoll** tajemniczy (-czo) **Geheimnummer** f TEL numer zastrzeżony **Geheimpolizei** f tajna policja
**gehemmt** *adj* skrępowany
**gehen** (ging, gegangen; *sn*) **A** *v/i* **1** iść ⟨pójść⟩ (**durch, zu** przez *akk*, **do** *gen*); **einkaufen ~** iść ⟨pójść⟩ na zakupy; **über die Brücke ~**; iść przez most **tanzen ~** iść ⟨pójść⟩ na tańce; **zu Fuß ~** iść ⟨pójść⟩ na pieszo **2** przechodzić ⟨przejść⟩ (**durch etwas** przez *akk*) **3** (*regelmäßig besuchen*) chodzić; **zur Schule ~** chodzić do szkoły **4** (*verlassen*) wychodzić ⟨wyjść⟩; **aus dem Haus ~** wychodzić ⟨wyjść⟩ z domu ; **ins Ausland ~** wyjechać *vf* za granicę **5** (*weggehen*) odchodzić ⟨odejść⟩ **6** *Flugzeug* odlatywać ⟨-lecieć⟩

**7** *Schiff* odpływać ⟨-płynąć⟩ **8** *fig (funktionieren)* działać; *(läuten)* dzwonić; *Uhr* chodzić; **gut ~** prosperować, rozwijać się; *Ware* dobrze się sprzedawać **9** *Fenster* wychodzić; *Weg* prowadzić **10** *Teig* rosnąć **11** *(reichen bis)* dochodzić ⟨dojść⟩, sięgać (**an** *akk,* **bis zu do** *gen*) **12** *Wendungen:*; **in Rente ~** przechodzić ⟨przejść⟩ na emeryturę; **in sich ~** opamięt(yw)ać się; rozmyślać; **vor sich ~** dziać się; **wie geht es dir?** jak się masz?, jak ci się powodzi?; *(gesundheitlich)* jak się czujesz?, jak zdrowie?; **geht das so?** może (to) tak być?; *etw* **geht (ja) noch** *od* **gerade so ...** tak sobie; *unpers* **es geht** *(es ist möglich)* to da się zrobić; **es geht nicht** to niemożliwe; **so geht das nicht weiter** tak dalej być nie może; **es wird schon ~** jakoś to będzie; **es geht um ...** chodzi o ...; **j-n ~ lassen** pozwalać ⟨-wolić⟩ odejść *(dat)*; *(in Ruhe lassen)* zostawi(a)ć w spokoju *(akk)*; *fig* **sich ~ lassen** nie panować nad sobą **B** *v/t* **den langen dornigen Weg ~** przeby(wa)ć długą, ciernistą drogę
**Gehen** *n* (-s; bpl) chodzenie; SPORT chód; **im ~** idąc, chodząc
**Gehilfe** *m* (-n) pomocnik, asystent
**Gehirn** *n* mózg; ANAT *a*. mózgowie **Gehirnerschütterung** *f* wstrząs mózgu
**Gehirnwäsche** *f* pranie mózgów
**gehoben** *pperf* → **heben**; *adj* podniosły; *Stellung* wyższy **geholfen** *pperf* → **helfen**
**Gehölz** *n* (-es; -e) zagajnik **Gehör** *n* (-[e]s; bpl) słuch *(a. muz)*; **~ finden** znajdować ⟨znaleźć⟩ zrozumienie (**bei j-m** u *gen*)
**gehorchen** *v/i (pperf gehorcht)* słuchać się, *umg* słuchać; **j-m blind ~** być ślepo posłusznym k-u; **nicht ~** odmawiać ⟨-mówić⟩ k-u. posłuszeństwa
**gehören** *(pperf gehört) v/i* należeć do *(gen)*; **der Koffer gehört mir** to moja walizka; **das gehört mir nicht** to do mnie nie należy, to nie moje; **wem gehört das Buch?** czyja to książka?; **dazu gehört ... to** wymaga *(gen)*; na to potrzeba *(gen)*; **er gehört ins Bett** on powinien być w łóżku; *unpers u. v/r* **das gehört sich (nicht)** to (nie) wypada; **wie es sich gehört** jak należy; **wie es sich für ... gehört** jak przystało na *(akk)*

**Gehörgang** *m* przewód słuchowy
**gehörig** *adj* należyty; *umg* porządny
**gehorsam** posłuszny **Gehorsam** *m* (-s; bpl) posłuszeństwo; MIL subordynacja
**Gehsteig** *m* chodnik **Gehweg** *m* chodnik; *(Fußweg)* ścieżka dla pieszych
**Geier** *m* sęp, ścierwnik
**Geige** *f* skrzypce *pl* **Geiger**(**in** *f*) *m* skrzypek (skrzypaczka) **Geigerzähler**, **Geiger-Zähler** *m* licznik Geigera
**geil** *abw* lubieżny, jurny
**Geisel** *f* (-; -n) zakładnik *f* -iczka) **Geiselnahme** *f* wzięcie zakładnika *od* zakładników **Geiselnehmer** *m* porywacz biorący zakładników
**geißeln** (-le) biczować, chłostać
**Geist** *m* (-es; -e *u.* -er) duch; *(Verstand)* umysł; **der Heilige ~** Duch Święty; **der ~ der Zeit** duch czasu; **den ~ aufgeben** wyzionąć *pf* ducha **Geisterbahn** *f* kolejka strachów **Geisterfahrer** *m* samochód jadący autostradą pod prąd **geisterhaft** widmowy, upiorny **geistesabwesend** *adj* nieobecny duchem, roztargniony; *präd* z roztargnieniem, nieuważnie **Geistesblitz** *umg m* genialny pomysł **Geistesgegenwart** *f* przytomność *f* umysłu **geisteskrank** *neg!* umysłowo chory **Geisteszustand** *m* (*bpl*) stan umysłowy **geistig** duchowy (-wo); umysłowy (-wo); **~e Behinderung** upośledzenie umysłowe; **~es Eigentum** własność intelektualna **geistlich** duchowny, religijny; *(kirchlich)* kościelny **geistreich** dowcipny, błyskotliwy (-wie)
**Geiz** *m* (-es; bpl) skąpstwo **geizen** *v/i* (-zt) ⟨po⟩skąpić, żałować (**mit** *etw gen*); **nicht mit etw ~** *a.* nie szczędzić *(gen)* **Geizhals** *abw* *m* skąpiec, sknera *f u.* *m* **geizig** skąpy, chciwy
**Gejammer** *umg n* (-s; bpl) biadolenie
**gekannt** *pperf* → **kennen geklungen** *pperf* → **klingen gekniffen** *pperf* → **kneifen gekocht** *adj* gotowany **gekonnt** *pperf* → **können**; *adj* mistrzowski (-ko, po -ku); *(geschickt)* zręczny **gekrochen** *pperf* → **kriechen gekünstelt** *adj* sztuczny, naciągnięty
**Gel** [ge:l] *n* (-s; -e) żel
**Gelächter** *n* (-s; bpl) śmiech
**geladen** *adj* naładowany; *Gäste* zaproszony, proszony
**gelähmt** *adj* sparaliżowany

**Gelände** n teren **Geländer** n balustrada, poręcz(e pl) f **Geländewagen** m samochód terenowy, umg łazik
**gelang** pperf → gelingen **gelangen** (pperf gelangt; sn) docierać ⟨dotrzeć⟩, dochodzić ⟨dojść⟩ (an akk, bis [zu], nach do gen); dosta(wa)ć się (in die Hände von j-m do rąk gen); fig zu Wohlstand ~ dochodzić ⟨dojść⟩ do dobrobytu; zu Ansehen ~ zdoby(wa)ć poważanie
**gelangweilt** adj znudzony; präd ze znudzeniem **gelassen** pperf → lassen; adj (ruhig) spokojny; (beherrscht) opanowany **geläufig** adj znany; **dieses Wort ist mir nicht** ~ nie znam tego wyrazu **gelaunt** adj: **gut, schlecht** ~ w dobrym, złym humorze
**Geläut** n (-[e]s; bpl) (bicie w) dzwony mpl, dzwonienie
**gelb** żółty (-to); ~ **färben** ⟨u⟩farbować na żółto; ~ **werden** ⟨z⟩żółknąć; umg Ampel przełączać ⟨-czyć⟩ się na żółte światło **Gelb** n (-s; bpl) żółtość f; (Pigment) żółcień f; fahren **bei** ~ na żółtym świetle **gelblich** żółtawy (-wo) **Gelbsucht** f (bpl) żółtaczka
**Geld** n (-[e]s; -er) pieniądze mpl; (bpl, Zahlungsmittel) pieniądz; **~er** pl fundusze mpl, środki mpl pieniężne **Geldanlage** f lokata kapitału **Geldautomat** m bankomat **Geldbörse** f portmonetka **Geldgeber** m osoba od instytucja finansująca; engS sponsor **geldgierig** chciwy pieniędzy **Geldgürtel** m pasek m ze schowkiem **Geldkarte** f karta bankomatowa **Geldschein** m banknot **Geldschrank** m sejf **Geldstrafe** f kara grzywny, grzywna **Geldstück** n moneta **Geldwäsche** umg f pranie (brudnych) pieniędzy **Geldwechsler** m automat rozmieniający pieniądze
**Gelee** [ʒeˈleː] m u. n (-s; -s) galaret(k)a
**gelegen** pperf → liegen; adj znajdujący się, położony; (passend) odpowiedni; **am Ufer** ~ nadbrzeżny; **das kommt mir** ~ to mi na rękę, to mi odpowiada **Gelegenheit** f sposobność f, okazja **Gelegenheitsarbeit** f praca dorywcza **gelegentlich** adv od czasu do czasu, okazjonalnie
**gelehrig** pojętny, zdolny **Gelehrsamkeit** f (bpl) uczoność f **Gelehrte(r)** m (-n) uczony

**Geleit** n (-[e]s; bpl) eskorta **geleiten** (-e-; pperf geleitet): **j-n** ~ odprowadzać ⟨-dzić⟩ k-o, towarzyszyć k-u; offiziellen Gast, MIL eskortować
**Gelenk** n (-[e]s; -e) ANAT staw, przegub; TECH przegub **gelenkig** gibki (-ko)
**gelernt** adj wykwalifikowany
**Geliebte(r)** m (-n) kochanek; Anrede kochanie
**geliehen** pperf → leihen; adj pożyczony, wypożyczony
**gelinde** adj łagodny; adv ~ **gesagt** delikatnie mówiąc
**gelingen** v/i (gelang, gelungen; sn) uda(wa)ć się, powieść się pf; **es gelang ihm, mir** (zu + inf) udało mu, mi się (+ inf) **gelitten** pperf → leiden
**geloben** (pperf gelobt) uroczyście przyrzekać ⟨-rzec⟩, ślubować (im)pf
**gelogen** pperf → lügen
**gelten** (gilt, galt, gegolten) v/t obowiązywać, mieć zastosowanie; **etw** ~ **lassen** uzna(wa)ć, ⟨za⟩akceptować (akk); unpers **es gilt zu ...** trzeba ... **geltend** adj obowiązujący, ważny; Meinung utarty; ~ **machen** Forderungen dochodzić (gen); Einfluss zu(ży)wać; Argumente przytaczać ⟨-toczyć⟩ **Geltung** f (bpl) ważność f; **sich** (dat) ~ **verschaffen** zjedn(yw)ać sobie respekt; **etw zur** ~ **bringen** uwydatni(a)ć (akk); **zur** ~ **kommen** przedstawi(a)ć się korzystnie **Geltungsbedürfnis** n (bpl) pragnienie uznania, ambicja **Geltungsbereich** m zakres obowiązywania
**gelungen** pperf → gelingen; adj udany
**gemächlich** niespieszny
**Gemälde** n obraz, malowidło
**gemäß** präp (dat) zgodnie z (inst), stosownie do (gen); adj e-r Sache, **j-m** ~ **sein** być odpowiednim (dla gen, na akk) **gemäßigt** adj umiarkowany
**gemein** adj ordynarny, prostacki; (gewöhnlich) pospolity; (niederträchtig) podły **Gemeinde** f gmina (a. rel); engS (Pfarrei) parafia **Gemeindeamt** n urząd gminny **Gemeinderat** m rada gminy; (Person) radny **Gemeindeverwaltung** f władze fpl gminne, zarząd gminy
**gemeingefährlich** mogący sprowadzić niebezpieczeństwo powszechne; Person niebezpieczny dla otoczenia **Gemeingut** n (bpl) dobro powszechne

**Gemeinheit** f podłość f **gemeinnützig** ... użyteczności publicznej; **für ~e Zwecke** na cele społeczne **Gemeinplatz** m komunał
**gemeinsam** adj wspólny; **mit j-m**, ein Sache **~ haben, dass ...** mieć z (inst) tyle wspólnego, że ...; adv wspólnie, razem; **~ mit j-m** a. wespół z (inst) **Gemeinsamkeit** f wspólna cecha
**Gemeinschaft** f wspólnota; (Gruppe) społeczność f **gemeinschaftlich** wspólny; Verantwortung a. zbiorowy **Gemeinschaftsarbeit** f (bpl) praca zespołowa; (a. pl) (Ergebnis) praca zbiorowa **Gemeinschaftskunde** f (bpl) wychowanie obywatelskie **Gemeinschaftsraum** m salka świetlicowa
**Gemeinwohl** n dobro ogółu
**gemessen** pperf → **messen**; adj ceremonialny, powściągliwy (-wie); Schritt miarowy (-wo)
**gemieden** pperf → **meiden**
**Gemisch** n (-[e]s; -e) mieszanka (a. AUTO), mieszanina **gemischt** adj mieszany
**gemocht** pperf → **mögen gemolken** pperf → **melken**
**Gemurmel** n (-s; bpl) mamrotanie
**Gemüse** n jarzyna, warzywo **Gemüse(an)bau** m uprawa warzyw, warzywnictwo **Gemüseeintopf** m (zawiesista) zupa jarzynowa **Gemüsegarten** m ogród warzywny, warzywnik **Gemüseladen** m sklep warzywn(icz)y
**gemusst** pperf → **müssen gemustert** adj wzorzysty
**Gemüt** n (-[e]s; -er) usposobienie (duszy, serca) **gemütlich** przytulny **Gemütlichkeit** f (bpl) przytulność f
**Gemütsbewegung** f wzruszenie **Gemütsmensch** m flegmatyk (-tyczka) **Gemütsverfassung** f (bpl) nastrój, samopoczucie
**Gen** [geːn] n (-s; -e) BIOL gen
**genannt** pperf → **nennen**; adj wzmiankowany
**genau** adj dokładny, ścisły; **~ genommen** ściśle biorąc; **ganz ~** co do joty; umg **~!** właśnie (tak)! **Genauigkeit** f (bpl) dokładność f, ścisłość f **genauso** adv tak samo, równie
**Gendarm** [ʒan-] m (-en) żandarm
**Gender** [ʒɛn-] n gender

**genehmigen** (pperf genehmigt) zatwierdzać ⟨-dzić⟩ (akk); (erlauben) zezwalać ⟨-zwolić⟩ (na akk); umg **sich** (dat) etw **~** pozwalać ⟨-zwolić⟩ sobie (na akk) **Genehmigung** f zatwierdzenie; (Erlaubnis) zezwolenie (**zu, für** etw na akk)
**geneigt** adj pochyły (-ło); fig skłonny
**General** m (-s; -e u Generäle) generał **Generaldirektor** m dyrektor naczelny **Generalkonsulat** n konsulat generalny **Generalprobe** f próba generalna **Generalstreik** m strajk powszechny **Generalüberholung** f remont kapitalny, naprawa główna **Generalversammlung** f walne zgromadzenie
**Generation** f pokolenie, generacja **Generationskonflikt** m konflikt pokoleń
**generell** adj ogólny; adv ogólnie, generalnie (biorąc)
**Genesung** f wyzdrowienie, powrót do zdrowia
**genetisch** genetyczny
**Genforschung** f (bpl) badania npl genetyczne
**genial** genialny **Genialität** f (0) genialność f
**Genick** n (-[e]s; -e) kark
**Genie** [ʒeˈniː] n (-s; -s) geniusz
**genieren** [ʒe-] (-): **sich ~** krępować się, żenować się (**das zu sagen** powiedzieć o tym)
**genießbar** jadalny, zdatny do spożycia; (trinkbar) pitny, nadający się do picia **genießen** v/t (ich, er, sie genoss, du genossest, genossen) rozkoszować się (inst); Ansehen cieszyć się (inst); Freiheit uży(wa)ć (gen)
**Genmanipulation** f manipulacja genetyczna
**genommen** pperf → **nehmen genormt** adj znormalizowany
**genoss** pperf → **genießen Genosse** m (-n) towarzysz **genossen** pperf → **genießen Genossenschaft** f spółdzielnia **Genossin** f towarzyszka
**Genre** [ˈʒãːrə] n (-s; -s) rodzaj
**Gentechnik** f (bpl) inżynieria genetyczna **Gentherapie** f terapia genowa
**genug** adv dosyć, dość; (ausreichend) wystarczająco; **von etw ~ haben** mieć dosyć od dość (gen); **er ist schon alt ~** on jest

## 374 ■ Genüge – Gerichtsbeschluss

już na tyle dorosły **Genüge** f: **zur ~ aż nadto**; e-r Sache **wurde ~ getan** stało się zadość (dat) **genügen** v/i (pperf genügt) (wy)starczać ‹-czyć›; **das genügt mir** to mi (wy)starczy; **es genügt zu** (+ inf) (wy)starczy (+ inf); **den Anforderungen ~** sprostać pf wymaganiom **Genugtuung** f satysfakcja
**Genus** n (-; Genera) GRAM rodzaj
**Genuss** m (-es; Genüsse) spożywanie, spożycie; (Behagen) rozkosz f; **in den ~** e-r Sache, **von etw kommen** korzystać z (gen) **Genussmittel** n używka
**geöffnet** adj otwarty; Amt a. czynny
**Geografie**, **Geographie** f (bpl) geografia **geografisch**, **geographisch** geograficzny
**Geologie** f (bpl) geologia **geologisch** geologiczny
**Geometrie** f (bpl) geometria **geometrisch** geometryczny
**geordnet** adj uporządkowany
**Gepäck** n (-[e]s; bpl) bagaż **Gepäckanhänger** m zawieszka f bagażowa **Gepäckannahme** f nadawanie bagażu **Gepäckaufbewahrung** f przechowalnia bagażu **Gepäckausgabe** f wydawanie bagażu **Gepäckgurt** m pas m bagażowy **Gepäckkontrolle** f kontrola bagażu **Gepäckschein** m kwit bagażowy **Gepäckschließfach** n skrytka bagażowa **Gepäckträger** m bagażnik
**gepanzert** adj opancerzony, pancerny
**gepfeffert** adj umg a/ słony; (derb) pieprzny **gepfiffen** pperf → pfeifen
**gepflegt** adj zadbany, wypielęgnowany; (kultiviert) kulturalny
**Gepflogenheit** f zwyczaj
**geplant** adj (za)planowany **geprüft** adj egzaminowany **gepunktet** adj kropkowany, w kropki **gequollen** pperf → quellen; adj spuchnięty
**gerade**¹ adj Zahl parzysty
**gerade**² adj prosty (-to); (aufrichtig) prostolinijny, prawy; **sich ~ halten** trzymać się prosto; **~ biegen**, **~ machen** wyprostow(yw)ać; adv właśnie, akurat; (unmittelbar) wprost; **~ erst** dopiero co; **~ mal** ledwo, z ledwością; **~ noch rechtzeitig** w samą porę; partikel akurat; **warum ~ ich?** dlaczego akurat ja?; umg **nicht ~** niezbyt, nie bardzo; **nun ~!** teraz tym bardziej!
**Gerade** f prosta **geradeaus** adv prosto (przed siebie) **geradeheraus** adv umg otwarcie, bez osłonek, umg prosto z mostu **geradestehen** v/i (irr) fig (**für**) odpowiadać, pokutować (za akk) **geradewegs** adv prosto **geradezu** adv po prostu, aż, wręcz
**Geranie** [-nɪə] f geranium n, bodziszek
**gerann** pperf → gerinnen **gerannt** pperf → rennen
**Gerät** n (-[e]s; -e) koll sprzęt; (Werkzeug) narzędzie
**geraten**¹ v/i (gerät, geriet, geraten; sn) trafi(a)ć (**ins Gefängnis** do więzienia); wpadać ‹wpaść› **unter ein Auto** pod samochód; **an j-n ~** natrafi(a)ć na (akk); **gut ~** uda(wa)ć się; **schlecht ~** nie uda(wa)ć się; **nach dem Vater ~** wdać się pf w ojca
**geraten**² pperf → raten, geraten¹; adj (ratsam) wskazany; **es für ~ halten** uważać za wskazane
**Geräteturnen** n gimnastyka na przyrządach **Geratewohl** n: **aufs ~** na chybił trafił, na los szczęścia **geräuchert** adj wędzony
**geräumig** przestronny, obszerny
**Geräusch** n (-[e]s; -e) szum; MED szmer **geräuschlos** bezszelestny, bezszmerowy (-wo), cichutki (-ko) **geräuschvoll** hałaśliwy (-wie)
**gerben** ‹wy›garbować
**gerecht** sprawiedliwy (-wie); (berechtigt) słuszny; e-r Sache, **j-m ~ werden** sprawiedliwie oceni(a)ć (akk); e-r Aufgabe sprostać pf (dat) **gerechtfertigt** adj uzasadniony **Gerechtigkeit** f (bpl) sprawiedliwość f
**Gerede** n (-s; bpl) gadanie, gadanina
**gereizt** adj rozdrażniony
**Gericht**¹ n (-[e]s; -e) JUR sąd; **vor ~ erscheinen** stawać ‹stanąć› przed sądem; **vor ~ gehen** zwracać ‹zwrócić› się od odwoł(yw)ać się do sądu; **j-n vor ~ stellen** odda(wa)ć pod sąd (akk); **die Sache vor ~ bringen** przekaz(yw)ać sprawę do sądu; **mit j-m scharf ins ~ gehen** surowo osądzać ‹-dzić› postępowanie (gen)
**Gericht**² n (-[e]s; -e) KULIN potrawa, danie; **leckeres ~** smakołyk
**gerichtlich** sądowy; adv sądownie **Gerichtsbarkeit** f (bpl) sądownictwo **Gerichtsbeschluss** m postanowie-

nie sądu **Gerichtshof** m trybunał **Gerichtskosten** pl koszty mpl sądowe **Gerichtssaal** m sala sądowa **Gerichtsstand** m (bpl) właściwość miejscowa sądu **Gerichtsverhandlung** f rozprawa sądowa **Gerichtsvollzieher** m komornik

**gerieben** pperf → reiben; adj tarty

**gering** mały, niewielki, znikomy;; **von ~em Wert** niemający wielkiej wartości; **~ schätzen** ⟨z⟩lekceważyć **geringfügig** nieznaczny, znikomy; (unwichtig) błahy, bagatelny **geringschätzig** lekceważący (-co) **geringste** sup minimalny

**gerinnen** v/i (gerann, geronnen; sn) ⟨s⟩krzepnąć, ścinać ⟨ściąć⟩ się; Milch zsiadać ⟨zsiąść⟩ się

**Gerippe** n szkielet

**gerissen** pperf → reißen; adj umg sprytny, cwany, chytry, wycwaniony **geritten** pperf → reiten

**Germanistik** f (bpl) germanistyka

**gern, gerne** adv (lieber, am liebsten) chętnie; **etw ~ essen, tun, j-n ~ haben** lubić (akk od + inf); **ich hätte ~, ich würde ~, ich möchte ~ ...** chciał(a)bym ...; **~ geschehen!** proszę bardzo!

**gerochen** pperf → riechen

**Geröll** n (-[e]s; bpl) gruby żwir, otoczaki mpl

**geronnen** pperf → rinnen, gerinnen

**Gerste** f jęczmień m **Gerstenkorn** n MED jęczmień m

**Geruch** n (-[e]s; Gerüche) zapach, woń f **geruch(s)frei, geruch(s)los** bez zapachu, bezwonny

**Gerücht** n (-[e]s; Gerüchte) pogłoska, plotka

**gerufen** pperf → rufen

**geruhsam** spokojny, niczym niezakłócony

**Gerümpel** n (-s; bpl) abw rupiecie, graty mpl

**Gerüst** n (-[e]s; -e) BUD rusztowanie; fig szkielet

**gesalzen** pperf → salzen

**gesamt** adj całkowity, cały, wszystek **Gesamtbetrag** m suma ogólna **Gesamtbevölkerung** f cała ludność, ogół ludności **Gesamtheit** f (bpl) całokształt **Gesamtschule** f zespół szkół ogólnokształcących **Gesamtwerk** n (bpl) ogół twórczości

**gesandt** pperf → senden¹ **Gesandte(r)** m (-n) poseł

**Gesang** m (-[e]s; bpl) śpiew **Gesang(s)verein** m towarzystwo śpiewacze

**Gesäß** n (-es; -e) pośladki mpl, pop tyłek **Gesäßtasche** f tylna kieszeń (spodni)

**Geschädigte(r)** m (-n) poszkodowany

**Geschäft** n (-[e]s; -e) biznes, interes; (Laden) sklep **geschäftig** ożywiony **geschäftlich** biznesowy, handlowy; (dienstlich) służbowy (-wo); prad w interesach **Geschäftsbedingungen** fpl warunki mpl handlowe **Geschäftsbereich** m zakres działalności **Geschäftsfrau** f biznesmen(ka), kobieta interesu **Geschäfts|führer(in)** m(f) kierownik (-iczka) przedsiębiorstwa **Geschäftsinhaber(in)** m(f) właściciel(ka) sklepu od przedsiębiorstwa **Geschäftsjahr** n rok gospodarczy **Geschäftskosten** pl: **auf ~** na koszt firmy **Geschäftslage** f stan interesów; (Gegend) punkt **Geschäftsmann** m (-leute) biznesmen, człowiek biznesu **Geschäftsordnung** f regulamin **Geschäftspartner(in)** m(f) partner(ka) w biznesie; (Teilhaber[in]) wspólnik (-iczka) **Geschäftsreise** f podróż służbowa od w interesach **Geschäftsschluss** m godzina zamknięcia sklepów od biur **Geschäftsstelle** f biuro, kancelaria, sekretariat **geschäftstüchtig** obrotny, zaradny **Geschäftsverbindungen** fpl stosunki mpl handlowe **Geschäftsviertel** n dzielnica handlowa

**geschah** → geschehen **geschehen** (-) dziać się, sta(wa)ć się; **was ist ~?** co się stało? **Geschehen** n (-s; bpl) tok akcji, rozwój wypadków

**gescheit** adj mądry (-rze), roztropny

**Geschenk** n (-[e]s; -e) podarunek, prezent, upominek; **als ~ bekommen** otrzym(yw)ać w prezencie **Geschenkpackung** f ozdobne opakowanie podarunkowe

**Geschichte** f historia **geschichtlich** historyczny, dziejowy

**Geschick** n (-[e]s; bpl) zręczność f; **~ haben zu etw** być zręcznym do (gen, w lok) **geschickt** adj zręczny

**geschieden** pperf → scheiden; adj Ehe-

*leute* rozwiedziony
**geschieht** → geschehen
**geschienen** *pperf* → scheinen
**Geschirr** *n* (-[e]s; -e) zastawa stołowa; *für Pferde* uprząż *f* **Geschirrspüler** *m* zmywarka (do naczyń)
**geschlagen** *pperf* → schlagen; *adj Feind* zwyciężony
**Geschlecht** *n* (-[e]s; bpl) płeć *f*; (*Generation*) pokolenie **geschlechtlich** płciowy (-wo) **Geschlechtsakt** *m* stosunek płciowy **Geschlechtskrankheit** *f* choroba weneryczna **Geschlechtsorgan** *n*, **Geschlechtsteil** *n* narząd płciowy **Geschlechtsverkehr** *m* spółkowanie, stosunek płciowy; **~ haben** mieć stosunek płciowy, spółkować
**geschlichen** *pperf* → schleichen **geschliffen** *pperf* → schleifen; *adj* szlifowany; *Manieren* nienaganny **geschlossen** *pperf* → schließen; *adj* zamknięty
**geschlungen** *pperf* → schlingen
**Geschmack** *m* (-[e]s; Geschmäcke od umg Geschmäcker) smak; *fig a.* gust; **e-n bitteren ~ haben** być gorzkim w smaku; *fig* **e-n guten ~ haben** mieć dobry smak *od* gust; **... ist (nicht) nach meinem, ihrem ~** ... (nie) jest w moim, jej guście **geschmacklos** *fig* niegustowny, bez gustu; *Person* nietaktowny **Geschmack(s)sache** *f*: **das ist ~ to** rzecz gustu **geschmackvoll** gustowny; *prād* gustownie, w dobrym guście, ze smakiem
**geschmeidig** elastyczny; (*gewandt*) gibki, zwinny **geschmissen** *pperf* → schmeißen **geschmolzen** *pperf* → schmelzen; *adj* KULIN topiony **geschmort** *od* KULIN duszony **geschnitten** *pperf* → schneiden; *adj* cięty, krajany **geschoben** *pperf* → schieben **gescholten** *pperf* → schelten
**Geschöpf** *n* (-[e]s; -e) stworzenie, istota; *fig* (wy)twór **Geschoss** *n* (-es; -e) pocisk; (*Etage*) piętro, kondygnacja **geschossen** *pperf* → schießen **Geschrei** *n* (-s; bpl) krzyki *mpl* **geschrieben** *pperf* → schreiben **geschult** *adj* wyszkolony **Geschütz** *n* (-es; -e) działo, armata **geschützt** *adj* chroniony
**Geschwätz** *umg abw n* (-es; bpl) gadanina, głupie gadanie **geschwätzig** *abw* gadatliwy **Geschwätzigkeit** *f* (*bpl*) gadulstwo
**geschweige** *konj*: **~ (denn)** a cóż dopiero **geschwiegen** *pperf* → schweigen
**Geschwindigkeit** *f* prędkość *f*, szybkość *f* **Geschwindigkeitsbeschränkung** *f* ograniczenie prędkości (jazdy) **Geschwindigkeitsüberschreitung** *f* przekroczenie dozwolonej prędkości
**Geschwister** *pl* rodzeństwo
**geschwollen** *adj* nabrzmiały, spuchnięty, obrzękły; *abw Stil* napuszony, górnolotny **geschwommen** *pperf* → schwimmen
**geschworen** *pperf* → schwören **Geschworene(r)** *m* (-n) (sędzia) przysięgły
**Geschwulst** *f* (-; Geschwülste) guz, nowotwór, tumor **Geschwür** *n* (-s; -e) wrzód, ropień *m*
**Geselle** *m* (-n) czeladnik; (*Kerl*) osobnik, typ **gesellig** towarzyski (-ko)
**Gesellschaft** *f* społeczeństwo EKON, HANDEL spółka, towarzystwo **Gesellschafter(in** *f*) *m* EKON wspólnik (-iczka), udziałowiec **gesellschaftlich** społeczny, socjalny; *Leben* towarzyski **Gesellschaftsordnung** *f* ustrój społeczny **Gesellschaftsschicht** *f* warstwa społeczna **Gesellschaftsspiel** *n* gra towarzyska
**gesessen** *pperf* → sitzen
**Gesetz** *n* (-es; -e) prawo **Gesetzbuch** *n* kodeks **Gesetzesvorlage** *f* projekt ustawy **Gesetzgeber** *m* ustawodawca **gesetzlich** ustawowy (-wo); legalny **gesetzmäßig** zgodny z prawem (natury) **gesetzt** *adj* stateczny, poważny **gesetzwidrig** sprzeczny z prawem, nielegalny
**Gesicht** *n* (-[e]s; -er) twarz *f* **Gesichtsausdruck** *m* wyraz twarzy **Gesichtsfarbe** *f* cera **Gesichtsfeld** *n* (*bpl*) pole widzenia **Gesichtspunkt** *m* punkt widzenia **Gesichtszüge** *mpl* rysy *mpl* twarzy
**gesinnt**: **~t sein** (*dat*) być nastawionym (do *gen*) **Gesinnung** *f* przekonania *npl*; postawa (moralna) **Gesinnungswandel** *m* zmiana przekonań
**gesittet** *adj* dobrze wychowany, kulturalny **gesoffen** *pperf* → saufen **gesogen** *pperf* → saugen **gesondert** *adj*

osobny (-no)
**Gespann** n (-[e]s; -e) zaprzęg; fig para
**gespannt** adj napięty, naprężony; präd (neugierig) w napięciu, z napięciem; **ich bin ~, ob ...** ciekaw(a) jestem, czy ...
**Gespenst** n (-[e]s; -er) widmo, zjawa, mara **gespenstisch** niesamowity (-cie), upiorny
**Gespött** n (-[e]s; bpl): **j-n, sich zum ~ machen** ⟨z⟩robić z k-o, z siebie pośmiewisko; **zum ~ werden** sta(wa)ć się pośmiewiskiem
**Gespräch** n (-[e]s; -e) rozmowa **gesprächig** rozmowny **Gesprächspartner(in)** m(f) rozmówca (-czyni), interlokutor(ka); in e-r Runde uczestnik (-iczka) rozmowy **Gesprächsrunde** f tura rozmów **Gesprächsstoff** m (bpl), **Gesprächsthema** n temat rozmowy
**gesprochen** pperf → sprechen; adj mówiony **gesprungen** pperf → springen; adj Glas pęknięty; Lippen spękany, popękany
**Gespür** n (-s; bpl) wyczucie (**für** gen)
**gestaffelt** adj (**nach**) zróżnicowany (według gen)
**Gestalt** f postać f, kształt; **~ annehmen** przyb(ie)rać postać **gestalten** (-e-; pperf gestaltet) v/t ⟨u⟩kształtować; schöpferisch ⟨s⟩tworzyć, opracow(yw)ać **Gestaltung** f (pl selten) (Ausformung) (u)kształtowanie; (Ausarbeitung) opracowanie, tworzenie; (Organisieren) organizacja
**Geständnis** n (-ses; -se) przyznanie się (do winy)
**Gestank** m (-[e]s; bpl) smród, fetor
**gestatten** (-e-; pperf gestattet) pozwalać ⟨-zwolić⟩ (... **zu benutzen** korzystać z ...); **~ Sie, dass ...** pan(i) pozwoli, że ...; **ich gestatte mir ...** pozwalam sobie ...
**Geste** f gest
**Gesteck** n (-[e]s; -e) kompozycja
**gestehen** (irr; pperf gestanden) przyzna(wa)ć się do
**Gestein** n skała **Gestell** n (-[e]s; -e) stojak
**gestern** adv wczoraj; **seit ~** od wczoraj; **von ~** wczorajszy; **~ Abend** wczoraj wieczorem; **~ vor einer Woche** osiem dni temu
**gestiegen** pperf → steigen
**gestochen** pperf → stechen; adj Handschrift wyrobiony, kaligraficzny; **~ scharf** bardzo ostry **gestohlen** pperf → stehlen; adj Sache (s)kradziony **gestorben** pperf → sterben **gestört** adj Empfang zakłócony; Verhältnis napięty **gestreift** adj pasiasty, prążkowany; präd w paski **gestrichen** pperf → streichen; adj **~er Löffel** płaska łyżka
**gestrig** wczorajszy
**gestritten** pperf → streiten
**Gestrüpp** n (-[e]s; bpl) gąszcz
**gestunken** pperf → stinken
**Gestüt** n (-[e]s; -e) stadnina
**gesucht** adj poszukiwany
**gesund** (gesünder od gesunder; gesündeste od gesundeste) zdrowy (-wo), präd (nur m) zdrów; **~ werden** wyzdrowieć pf **Gesundheit** f (bpl) zdrowie; **~!** na zdrowie!; **auf deine ~!** twoje zdrowie! **gesundheitlich** zdrowotny; präd pod względem zdrowia **gesundheitsschädlich** szkodliwy dla zdrowia **Gesundheitswesen** n (bpl) służba zdrowia **Gesundheitszustand** m (bpl) stan zdrowia **gesundschreiben** (irr): **j-n ~** uzna(wa)ć k-o za wyleczonego od zdolnego do pracy
**gesungen** pperf → singen **gesunken** pperf → sinken; adj zatopiony, zatonięty
**getan** pperf → tun
**Getöse** n (-s; bpl) hałas, huk
**Getränk** n (-[e]s; -e) napój **Getränkeautomat** m automat z napojami **Getränkekarte** f karta napojów
**getrauen** (pperf getraut): **sich ~** odważyć się pf, ośmielić się pf
**Getreide** n (-s; bpl) zboże **Getreideanbau** m (bpl) uprawa zbóż **Getreidemarkt** m rynek zbożowy
**getrennt** adj rozdzielny, odrębny; **~ leben** żyć w separacji; **wir zahlen ~** każdy płaci za siebie
**Getriebe** n przekładnia; fig ruch **getrieben** pperf → treiben **Getriebeschaden** m awaria przekładni
**getroffen** pperf → treffen **getrunken** pperf → trinken
**Getümmel** n (-s; bpl) tłok, rejwach; **im Kampf** wir
**geübt** adj wyćwiczony, wprawny
**Gewächs** n (-es; -e) roślina **gewachsen** pperf → wachsen[1]; adj **j-m ~ sein** dorówn(yw)ać k-u; e-r Aufgabe **~ sein**

sprostać pf (dat) **Gewächshaus** n cieplarnia

**gewachst** adj nawoskowany **gewagt** adj ryzykowny, śmiały (-ło) **gewählt** adj wyszukany

**Gewähr** f (bpl) rękojmia, gwarancja; **ohne ~** bez gwarancji **gewähren** (pperf gewährt) zapewni(a)ć (akk), udzielać ⟨-lić⟩ (gen) **gewährleisten** (pperf gewährleistet) gwarantować, zapewni(a)ć

**Gewahrsam** m (-s; bpl) (Obhut) przechowanie; (Haft) areszt, zatrzymanie; **in ~ nehmen** j-n osadzać ⟨-dzić⟩ w areszcie, umg wsadzać ⟨wsadzić⟩ do aresztu; Sache brać ⟨wziąć⟩ na przechowanie

**Gewährung** f (bpl) (Bewilligung) przyznanie; (Erfüllung e-r Bitte um Asyl) zapewnienie, udzielenie

**Gewalt** f siła; POL siła; **höhere ~** siła wyższa; **mit ~** siłą, przemocą; **mit aller ~** gwałtem, na gwałt; **in s-e ~ bringen** Sache zagarnąć pf, a. j-n uprowadzać ⟨-dzić⟩ przemocą; **sich** (dat) **~ antun** przemóc się pf; **sich in der ~ haben** panować nad sobą; **die ~ über etw verlieren** ⟨s⟩tracić panowanie nad (inst) **Gewaltanwendung** f (bpl) użycie siły **gewaltig** potężny **gewaltlos** bez użycia siły **Gewaltmarsch** m marsz forsowny **gewaltsam** (dokonany) przy użyciu siły, przemocą, gwałtem; Tod gwałtowny **gewalttätig** gwałtowny, brutalny

**Gewand** n (-[e]s; Gewänder) szata

**gewandt** pperf → wenden; adj zręczny

**gewann** pperf → gewinnen

**Gewässer** n woda, oft pl wody **Gewässerschutz** m ochrona wód

**Gewebe** n tkanina, materiał; BIOL tkanka

**Gewehr** n (-[e]s; -e) broń f

**Geweih** n (-[e]s; -e) poroże

**Gewerbe** n zajęcie, fach; (Geschäftstätigkeit) działalność gospodarcza; (Handwerk) rzemiosło **Gewerbeordnung** f ustawa przemysłowa **Gewerbeschein** m pozwolenie na prowadzenie działalności gospodarczej **gewerblich** przemysłowy (-wo), gospodarczy (-czo) **gewerbsmäßig** (auf Erwerb bedacht) zarobkowy (-wo); (berufsmäßig) profesjonalny, zawodowy (-wo)

**Gewerkschaft** f związek zawodowy **Gewerkschaft(l)er(in)** m(f) związko-

wiec (a. f) **gewerkschaftlich** związkowy

**gewesen** pperf → sein¹; adj: **~e(r)** były, była, pl były, byli **gewichen** pperf → weichen²

**Gewicht** n (-[e]s; -e) masa, ciężar; HANDEL; zum Wiegen odważnik; **ein ~ von fünf Kilo haben** ważyć pięć kilo; fig **großes ~ haben** być wielkiej wagi

**gewiesen** pperf → weisen **gewillt** adj: **~ sein zu** (+ inf) być skłonnym (+ inf, do gen)

**Gewinde** n (-s; -) gwint

**Gewinn** m (-[e]s; -e) zysk; (Preis) wygrana; **mit ~ z** zyskiem **Gewinnchance** f szansa wygrania **gewinnen** (gewann, gewonnen) v/t wygr(yw)ać **Gewinner(in)** m(f) wygrywający (-ca); (Sieger[in]) zwycięzca m (zwyciężczyni) **Gewinnspanne** f marża **Gewinnsteuer** f podatek od zysków **Gewinnung** f (bpl) otrzymywanie, uzyskiwanie; GÓRN wydobywanie **Gewinnzahl** f trafienie, liczba wygrywająca

**Gewirr** n (-[e]s; bpl) plątanina, gmatwanina; von Stimmen gwar (głosów)

**gewiss** adj pewny; adv (zweifellos) pewnie, zapewne; **ein ~er ...** pewien ...; **e-e ~e ...** pewna ...; **ganz ~** z całą pewnością **Gewissen** n sumienie **gewissenhaft** sumienny **gewissenlos** bez sumienia, pozbawiony skrupułów **Gewissensbisse** mpl: **sich ~ machen** mieć wyrzuty mpl sumienia (**wegen z** powodu gen) **gewissermaßen** adv poniekąd, niejako **Gewissheit** f (pl selten) pewność f

**Gewitter** n burza (z piorunami) **Gewittersturm** m nawałnica **gewittrig** burzliwy, burzowy **gewogen** pperf → wiegen; adj: **j-m ~ sein** być życzliwym dla (gen)

**gewöhnen** (pperf gewöhnt): **j-n an j-n, etw ~** przyzwyczajać ⟨-czaić⟩ k-o do (gen); **sich an j-n, etw ~** przyzwyczajać ⟨-czaić⟩ się, przywykać ⟨-knąć⟩ do (gen) **Gewohnheit** f przyzwyczajenie, zwyczaj; **aus ~** z przyzwyczajenia; **die Macht der ~** siła przyzwyczajenia **gewohnheitsmäßig** adj nawykowy; (notorisch) notoryczny **Gewohnheitsrecht** n (pl selten) JUR prawo zwyczajowe **gewöhnlich** adj zwyczajny, (a. üblich)

zwykły **gewohnt** adj zwykły; **zur ~en Zeit** o zwykłym czasie; **wie ~** jak zwykle **gewöhnt**: **~ sein** być przyzwyczajonym **Gewölbe** n (Decke) sklepienie; (Raum) podziemie, piwnice fpl **gewölbt** adj Stirn wypukły; Decke sklepiony
**gewollt** adj zamierzony, rozmyślny **gewonnen** pperf → gewinnen **geworben** pperf → werben **geworden** pperf → werden **geworfen** pperf → werfen
**Gewühl** n (-[e]s; bpl) tłok, ścisk
**gewunden** pperf → winden; adj kręty, wijący się; fig zawiły **gewunken** pperf → winken **gewürfelt** adj pokrojony w kostki; Stoff w kratę
**Gewürz** n (-es; -e) przyprawa (korzenna)
**Gewürzgurke** f ogórek konserwowy
**Gewürznelke** f goździk
**gewusst** → wissen
**Gezeiten** pl pływy mpl
**gezielt** adj celowany **gezinkt** adj znaczony **gezogen** pperf → ziehen
**Gezwitscher** n (-s; bpl) świergot
**gezwungen** pperf → zwingen; adj wymuszony **gezwungenermaßen** adv z konieczności
**Gicht** f (bpl) MED dna, podagra
**Giebel** m BUD szczyt
**Gier** f (-; **nach etw**) żądza (gen), łapczywość f, umg pazerność f (na akk) **gierig** (**nach etw**) żądny (gen); Blick chciwy (-wie)
**gießen** (du, er gießt, goss, du gossest, gieße!) v/t lać, nal(ew)ać, wl(ew)ać; Blume podl(ew)ać **Gießerei** f odlewnia **Gießkanne** f konewka
**Gift** n (-[e]s; -e) trucizna; (Toxin) jad **giftig** trujący (-co), bes Tier jadowity (-cie)
**Giftmord** m otrucie **Giftmüll** m odpady toksyczne **Giftpflanze** f roślina trująca **Giftstoff** m substancja trująca
**gigantisch** gigantyczny, olbrzymi
**ging** → gehen
**Gipfel** m szczyt **gipfeln** v/i (-le) osiągnąć pf szczyt **Gipfeltreffen** n spotkanie na szczycie
**Gips** m (-es; -e) gips **Gipsbein** umg n noga w gipsie
**Giraffe** f żyrafa
**Giro** ['ʒi:ro] n (-s; -s) żyro **Girokonto** n rachunek bieżący
**Gitarre** f gitara
**Gitter** n krata, fein kratka; umg **hinter ~n** za kratkami **Gitterfenster** n okratowane okno
**Glanz** m (-es; bpl) połysk, lśnienie **glänzen** v/i (-zt) połyskiwać, błyszczeć, lśnić (**vor Sauberkeit** czystością); fig **durch etw ~** brylować (inst) **Glanzleistung** f wybitne osiągnięcie, arcydzieło **glanzlos** matowy (-wo), bez połysku **glanzvoll** świetny; (festlich) wystawny, wspaniały (-le) **Glanzzeit** f okres świetności
**Glas** n (-es; Gläser) szkło; (Trinkglas) szklanka; (Weinglas) kieliszek **Glaser** m szklarz; in zssgn szklarski **gläsern** adj szklany **Glasfaser** f włókno szklane **Glashütte** f huta szkła **glasieren** (-) ⟨po⟩glazurować; KULIN ⟨po⟩lukrować **glasig** szklisty (-ście); KULIN **~ anbraten** zeszklić pf na tłuszczu **glasklar** kryształowo przezroczysty; fig adv [-'klar] jasno (jak na dłoni), jasno i zwięźle **Glasmalerei** f (bpl) malowanie na szkle **Glasnudel** fKULIN szklany makaron m **Glasperle** f paciorek **Glastür** f drzwi pl przeszklone **Glasur** f glazura, szkliwo; KULIN lukier
**glatt** gładki (-ko); (rutschig) śliski (-ko); Betrag równy **Glätte** f (bpl) gładkość f; der Straße śliskość f **Glatteis** n (-es; bpl) gołoledź f, ślizgawica **glätten** (-e-) v/t wygładzać, ⟨wy⟩gładzić; szwajc (bügeln) ⟨wy⟩prasować; **sich ~** fig uspokajać ⟨-koić⟩ się
**Glatze** f łysina **glatzköpfig** łysy
**Glaube** m (-ns; bpl) wiara (a. rel); **im guten ~n** w dobrzej wierze; **den ~n an j-n, etw verlieren** ⟨s⟩tracić wiarę w (akk) **glauben** v/t u. v/i wierzyć; (annehmen) sądzić, myśleć; **an Gott, an Wunder ~** wierzyć w Boga, w cuda; **ich glaube es dir** wierzę ci; **ich kann es kaum ~** nie mogę w to uwierzyć; **das glaubst du doch selbst nicht!** sam chyba w to nie wierzysz **Glaubenssatz** m dogmat **glaubhaft** wiarygodny; (überzeugend) przekonujący (-co) **gläubig** wierzący; (fromm) pobożny **Gläubiger(in)** m(f) wierzyciel(ka) **glaubwürdig** wiarygodny
**Glaukom** n (-s; bpl) MED jaskra
**gleich** adj (übereinstimmend) równy, jednakowy, taki od ten sam; (ähnlich) podobny; **wir sind im ~en Alter** jesteśmy w jednym wieku; **am ~en Tag** tego samego dnia, w tym samym dniu; **auf die ~e Weise** w ten sam sposób; **alle wollen das**

**Gleiche** wszyscy chcą tego samego; **Gleiches mit Gleichem vergelten** odpłacać ⟨-cić⟩ tą samą monetą; **das läuft auf das Gleiche hinaus** to na jedno wychodzi; *prąd (genauso)* **~ groß** jednakowej wielkości; *Person* równego wzrostu; **~ gut, schnell** równie dobrze, szybko **(wie ... jak ...)**; **~ bleiben** nie zmieni(a)ć się; **~ bleibend** niezmienny; **~ (gegen) sein** nie różnić się (poglądami); MAT **zwei und zwei (ist) ~ vier** dwa i dwa równa się cztery; **es ist mir ~** (egal) wszystko mi jedno; *adv zeitlich (sofort)* zaraz; **bis ~!** na razie!; **(ich komme) ~!** zaraz!; *örtlich* tuż, zaraz (+ *präp od adv*); **~ darauf** zaraz potem; **~ um die Ecke** tuż za rogiem; *partikel in Fragesätzen* tam, też; **wie hieß er doch ~?** jak się on tam nazywał?; **wann war das doch ~?** kiedy też to było?
**gleichaltrig** równe/równi wiekem, w tym samym wieku **gleichartig** podobny, taki sam; analogiczny **gleichbedeutend** równoznaczny **(mit etw** z *inst*)
**gleichberechtigt** równouprawniony, równoprawny **Gleichberechtigung** f (*bpl*) równouprawnienie **gleichen** (glich, geglichen) *v/i*: **j-m**, *e-r Sache* **~** być podobnym do (*gen*); **einander** *od* **sich ~** być podobnym do siebie **gleichermaßen** *adv* równie **gleichfalls** *adv* również(ż); **danke ~!** dziękuję, nawzajem! **gleichförmig** jednostajny **Gleichgewicht** n (*bpl*) równowaga; **aus dem ~ bringen** *fig* wytrącić *pf* z równowagi **gleichgültig** obojętny **(gegenüber j-m** dla, wobec *gen*) **Gleichgültigkeit** f (*bpl*) obojętność f
**Gleichheit** f (*bpl*) równość f **Gleichheitszeichen** n znak równości **gleichmäßig** równomierny **Gleichmut** m spokój ducha, opanowanie, flegma **Gleichnis** n (-ses; -se) przypowieść f **gleichrangig** równorzędny **Gleichrichter** MELEK prostownik **gleichsetzen** utożsamiać **(mit** z *inst*) **Gleichstand** m (*bpl*) równa liczba punktów *od* bramek; *beim Tennis* równowaga **Gleichstrom** m (*bpl*) prąd stały **gleichtun** *v/i (irr)*: **es j-m ~** dorównywa(ć k-u **Gleichung** f równanie **gleichwertig** równowartościowy **gleichzeitig** jednoczesny, równoczesny; *prąd a.* w tym samym czasie

**Gleis** m (-es; -e) tor (kolejowy)
**gleiten** *v/i* (gleitet, glitt, geglitten; sn) ⟨po⟩szybować **Gleitflug** m lot ślizgowy **Gleitzeit** f (*bpl*) *umg* ruchomy czas pracy; (*Zeitspanne*) czas rejestrowany (w systemie ruchomego czasu pracy)
**Gletscher** m lodowiec
**glich** → gleichen
**Glied** n (-[e]s; -er) ANAT kończyna, członek; (*Penis*) członek **gliedern** (-re) *v/t* (*einteilen*) ⟨po⟩dzielić; (*ordnen*) ⟨po⟩segregować **Gliederung** f podział; (*Aufbau*) układ **Gliedmaßen** *pl* członki *mpl*
**glimmen** *v/i* (glomm *od* glimmte, geglommen *od* geglimmt) żarzyć się, tleć **Glimmstängel** *umg* m papieros, *umg* fajka
**glimpflich** *adj* niegroźny; *Urteil* łagodny; *prąd* **~ davonkommen** wyjść *pf* bez szwanku (z *gen*); **~ ausgehen** zakończyć się *pf* dość pomyślnie
**glitschig** *umg* śliski (-ko) **glitt** → gleiten
**glitzern** *v/i* (-re) lśnić (się), skrzyć się, iskrzyć się; *bes Stern* migotać
**global** globalny **Globuli** *mpl* MED granulki *fpl* **Globus** m (-[ses]; -se *od* -ben) globus; (*Erdkugel*) glob
**Glocke** f dzwon **Glockenblume** f dzwonek **Glockenspiel** n kuranty *mpl* **Glockenturm** m dzwonnica
**glorreich** sławny; *iron* sławetny
**Glotze** *umg* f *abw* telepudło **glotzen** *umg* *v/i* (-zt) *abw* wybałuszać ⟨-szyć⟩ oczy
**Glück** n (-[e]s; *bpl*) szczęście; (*günstige Umstände*) *umg* fart; **~ haben** mieć szczęście **(im Spiel** do gry), *umg* mieć fart(a); **zum ~** na szczęście; **auf gut ~** na los szczęścia; **(es ist) ein ~, dass ...** całe szczęście, że ...; **viel ~!** dużo szczęścia!
**glücken** *v/i* (sn) uda(wa)ć się
**gluckern** *v/i* (-re) bulgotać, gulgotać
**glücklich** szczęśliwy (-wie) **glücklicherweise** *adv* na szczęście, szczęściem **Glücksfall** m szczęśliwy traf **Glückspilz** *umg* m szczęśliwiec, szczęściarz; (*Frau*) szczęściara **Glückssache** f (*bpl*) rzecz f szczęścia **Glücksspiel** n gra hazardowa; (*Losspiel*) gra losowa **Glückstag** m szczęśliwy dzień **Glückszahl** f szczęśliwa liczba **Glückwunsch** m powinszowanie, gratulacja;

herzlichen ~ zur Beförderung, zum Geburtstag serdecznie gratuluję awansu, z okazji urodzin **Glückwunschkarte** f kartka z życzeniami, pocztówka z powinszowaniami

**Glühbirne** f żarówka **glühen** v/i żarzyć się; fig płonąć; **vor Begeisterung ~** płonąć entuzjazmem **glühend** adj rozżarzony **Glühwein** m wino grzane

**Glut** [glu:t] f (bpl) żar

**Gluten** n (-s; bpl) gluten **glutenfrei** bezglutenowy **Glutenunverträglichkeit** f celiakia

**Gnade** f (bpl) (Gunst) łaska; (Milde) litość f; **~ finden** znajdować ⟨znaleźć⟩ łaskę **ohne ~** bez litości **Gnadengesuch** n prośba o ułaskawienie **gnadenlos** bezlitosny (-śnie)

**Gold** n (-[e]s; bpl) złoto **golden** złoty **Goldfisch** m złota rybka **Goldgräber** m poszukiwacz złota **Goldgrube** f fig kopalnia złota **goldig** umg śliczny, milutki **Goldmedaille** f złoty medal **Goldschmied** m złotnik

**Golf**¹ m (-[e]s; -e) GEOG zatoka; **~ von Mexiko** Zatoka Meksykańska

**Golf**² n (-s; bpl) golf **Golfplatz** m pole golfowe **Golfschläger** m kij golfowy

**Gondel** f (-; -n) gondola

**gönnen** v/t: **j-m etw ~** nie zazdrościć k-u (gen); **etw nicht ~** zazdrościć k-u (gen); **ich gönne es dir (von ganzem Herzen)** życzę ci tego (z całego serca); **sich** (dat) **etw ~** pozwalać ⟨-wolić⟩ sobie (+ inf od na akk) **Gönner(in)** m(f) protektor(ka)

**googeln** v/t u. v/i(-[e]le) IT guglać od guglować

**Gorilla** m (-s; -s) goryl

**goss** → **gießen gossen**, **gossest** → **gießen**

**Gotik** f (bpl) gotyk **gotisch** ARCH gotycki

**Gott** m (-[e]s; Götter) bóg; rel (bpl) Bóg; **der liebe ~** Pan Bóg; **~ sei Dank** dzięki od chwała Bogu; **so ~ will** jak Bóg da; **bei ~ schwören** przysiąc na Boga; **um ~es willen!** bój się Boga!; inständige Bitte na litość boską!; **vergelt's ~!** Bóg zapłać!; **~ hab ihn selig** Panie, świeć nad jego duszą **Gottesdienst** m nabożeństwo **Gotteslästerung** f bluźnierstwo przeciwko Bogu **Gottheit** f bóg, bóstwo **Göttin** f bogini, bóstwo **göttlich** bożny, a. fig boski (-ko) **gottlob** adv chwała Bogu **gottlos** bezbożny

**GPS** Global Positioning System n (-; bpl) GPS unv

**Grab** n (-[e]s; Gräber) grób, mogiła **graben** (gräbt, grub, gegraben) v/t u. v/i ⟨wy⟩kopać **Graben** m rów (a. GEOG); MIL okop, rów **Grabmal** n (pl -mäler od -e) nagrobek, pomnik nagrobny; (Bauwerk) grobowiec **Grabrede** f mowa nad grobem **Grabstein** m nagrobek

**Grad** m (-[e]s; -e, aber 3 ~) stopień m (a. MIL); **akademischer ~** stopień naukowy; **bis minus zehn ~** do dziesięciu stopni poniżej zera; **bis zu e-m gewissen ~e** do pewnego stopnia; **im höchsten ~e** w najwyższym stopniu; **zweiten ~es** drugiego stopnia **Gradeinteilung** f podziałka **Gradmesser** m miernik

**Graf** m (-en) hrabia m

**Grafik** f (-; -en) grafika; (Schaubild) wykres, grafik **Grafiker(in)** m(f) grafik (a. f) **Grafikkarte** f IT karta graficzna **grafisch** graficzny; MAT a. wykreślny

**Gräfin** f hrabina

**Grafit** m (-s; -e) grafit; in zssgn grafitowy **Gramm** n (-s; -e, aber 2 ~) gram

**Grammatik** f gramatyka **grammatikalisch**, **grammatisch** gramatyczny

**Granat** m (-[e]s; -e) MINER granat **Granate** f granat

**grandios** wspaniały (-le)

**Granit** m (-[e]s; -e) granit

**grantig** umg pl-niem, austr szorstki; w złym humorze

**Gras** n (-es; Gräser) trawa **grasen** v/i paść się **grasgrün** trawiastozielony **Grashüpfer** m konik polny, pasikonik **grässlich** okropny, potworny

**Grat** m (-[e]s; -e) grań f; TECH grat, zadzior **Gräte** f ość f

**gratis** adv gratisowo, za darmo **Gratisprobe** f darmowa próbka

**gratulieren** v/i (-) składać ⟨złożyć⟩ gratulacje; **j-m ~ zu** (dat) ⟨po⟩gratulować k-u (gen, z okazji gen); **(ich) gratuliere!** gratuluję!

**grau** szary (-ro); Haar siwy (-wo); **~ werden** ⟨po⟩siwieć **graublau** szaroniebieski (-ko)

**Gräuel** m okropność f, okrucieństwo **grauen**¹ v/i: **der Morgen graut** świta

**grauen**² *unpers* **es graut mir, mir graut** (**vor** *dat*) groza mnie ogarnia (na myśl o *lok*); **davor graut mir** tego się strasznie boję **Grauen** *n* (-s; *bpl*) zgroza **grauenhaft**, **grauenvoll** okropny, koszmarny

**grauhaarig** siwowłosy

**Graupeln** *f/pl*, **Graupen** *f/pl* krupy *f/pl*

**grausam** *adj* okrutny **Grausamkeit** *f* okrucieństwo **grausen** → **grauen**²

**Grauzone** *f* szara strefa

**gravieren** (-) ⟨wy⟩grawerować **gravierend** *adj* poważny, ważki

**Grazie** ['graːtsia] *f* gracja, wdzięk **grazil** gibki, wiotki **graziös** pełen gracji, *präd z* gracją

**greifbar** uchwytny; *fig a.* konkretny, realny; **~ nahe**, **in ~er Nähe** tuż obok, tuż tuż; **nicht ~** nieuchwytny **greifen** (griff, gegriffen) *v/t* chwytać ⟨(po)chwycić, uchwycić⟩ (*akk*, **za** *akk*); **zum Greifen nahe** zupełnie blisko, tuż obok; *fig etw* **ist zu hoch gegriffen** ... jest zawyżony; *v/i* sięgać ⟨-gnąć⟩ (**an**, **in** *akk* do *gen*; **nach**, **zu** *etw* po *akk*); **nach etw ~** chwytać ⟨(u)chwycić⟩ się (*gen*); *fig zu e-m Mittel ~* użyć *pf* (*gen*), uciekać się (do *gen*) **Greifvogel** *m* ptak drapieżny

**Greis** *m* (-es; -e) (zgrzybiały) starzec

**grell** jaskrawy (-wo)

**Grenze** *f* granica **grenzen** *v/i* (-zt) graniczyć (**an** *akk* z *inst*) **grenzenlos** bezgraniczny, bez granic **Grenzfall** *m* skrajny wypadek **Grenzgebiet** *n* strefa nadgraniczna **Grenzposten** *m* posterunek graniczny **Grenzschutz** *m* ochrona granic; *umg* (*Polizei*) straż graniczna **Grenzübergang** *m* przekroczenie granicy; (*Stelle*) przejście graniczne **grenzüberschreitend** *adj* transgraniczny **Grenzwert** *m* wartość dopuszczalna

**Grieche** *m* (-n) Grek **Griechin** *f* Greczynka **griechisch** grecki (po -ku)

**Grieß** *m* (-es; -s) *bpl*] grysik

**griff**(**st**) → **greifen Griff** *m* (-[e]s; -e) chwyt; *e-r Tür* klamka **griffbereit** pod ręką, na podorędziu **griffig** poręczny

**Grill** *m* (-s; -s) grill; (*Grillrost*) rożen, ruszt; **vom ~** z grilla, z rusztu **grillen** ⟨u⟩piec na grillu *od* na rożnie

**Grimasse** *f* grymas; **~n schneiden** stroić miny

**grimmig** gniewny; *Kälte* dojmujący (-co), przenikliwy (-wie)

**grinsen** *v/i* uśmiechać ⟨-chnąć⟩ się (**breit** szeroko, **dümmlich** głupkowato, **spöttisch** kpiąco)

**Grippe** *f* (*bpl*) grypa

**grob** (gröber; gröbste) gburowaty (-to), grubiański (-ko); *präd* zgrubnie, z grubsza **Grobheit** *f* (*bpl*) gburowatość *f*; *mst pl* **~en** impertynencje *f/pl* **grobkörnig** gruboziarnisty

**grölen** *umg abw v/i* drzeć się, wydzierać się; *v/t* głośno śpiewać, wykrzykiwać

**Groll** *m* (-s; *bpl*) uraza **grollen** *v/i*: **j-m ~** mieć urazę do (*gen*), dąsać się na k-o

**Groschen** *m* grosz; *umg* dziesięć fenigów

**groß** (größer; größte) wielki, duży; (*zahlreich*) liczny; (*hoch*) wysoki; *Person a.* rosły; (*erwachsen*) dorosły, duży; **wie ~ ist ...?** jak duży jest ...?, jaki rozmiar ma ...?; **er ist 2 Meter ~** on ma dwa metry wzrostu; **mein ~er Bruder** mój dorosły brat; **die Großen** dorośli; *präd* **~ angelegt** szeroko zakrojony, na wielką skalę; **~ gewachsen** rosły; **~ werden** *Person* urosnąć *pf*, wyrosnąć *pf*; *adv umg* (*besonders*) szczególnie, wielce; *umg* **ganz ~!** świetnie!, klasa! **großartig** wspaniały (-le), świetny **Großaufnahme** *f* zbliżenie **Großauftrag** *m* duże zamówienie **Großbetrieb** *m* wielki zakład; AGR duże gospodarstwo **Großbrand** *m* wielki pożar

**Größe** *f* wielkość *f* (*a.* MAT, FIZ), rozmiar; (*Wuchs*) wzrost; (*Höhe*) wysokość *f* **Großeinsatz** *m* operacja na wielką skalę **Großeltern** *pl* dziadkowie *pl* **Größenordnung** *f* rząd wielkości **Größenwahn** *m* mania wielkości **größer** *komp* większy; (*höher*) wyższy **Großhandel** *m* (*bpl*) handel hurtowy, hurt **Großhändler** *m* hurtownik **Großhandlung** *f* hurtownia **großherzig** wielkoduszny

**Grossist** *m* (-en) HANDEL hurtownik **Großkundgebung** *f* manifestacja masowa **Großmacht** *f* wielkie mocarstwo; *in zssgn* wielkomocarstwowy **Großmut** *m* wspaniałomyślność *f* **Großmutter** *f* (*pl* -mütter) babka, babcia **Großraum** *m* (większy) obszar; makroregion **Großreinemachen** *umg n* (-s; *bpl*) generalne porządki *mpl* **großspurig** zarozumiały (-le) **Großstadt** *f* wielkie miasto **größte** *sup* największy, maksymalny; → groß **Großteil** *m* (*bpl*) większość f, większa część **größtenteils** *adv* przeważnie **Großunternehmen** *n* wielkie przedsiębiorstwo **Großvater** *m* dziadek **großziehen** (*irr*) wychow(yw)ać; *Tier* wyhodować *pf* **großzügig** hojny

**grotesk** groteskowy (-wo)

**Grotte** *f* grota, jaskinia

**grub** → graben **Grube** *f* dół, jama; GÓRN kopalnia

**grübeln** *v/i* (-le) (**über** *akk*) rozmyślać, zadumać się *pf* (nad *inst*)

**Grubenunglück** *n* katastrofa górnicza

**Gruft** *f* (-; Grüfte) grobowiec; krypta

**grün** zielony (-no); **~ werden** pozielenieć *pf*; *Baum* zazielenić się **Grün** *n* (-s; *bpl*) zieleń *f* **Grünanlage** *f* zieleniec

**Grund** *m* (-es; Gründe) grunt; *e-s Gefäßes a.* dno; (*Landbesitz*) ziemia; (*Motiv*) powód; **ohne ~** bez przyczyny, bez powodu; **nicht ohne ~** nie bezzasadnie, nie bez powodu; **im ~e (genommen)** w gruncie rzeczy **Grundausbildung** *f* szkolenie podstawowe **Grundbesitz** *m* nieruchomość rolna, majątek ziemski **Grundbuch** *n* księga wieczysta

**gründen** (-e-) *v/t* zakładać ⟨założyć⟩; **etw ~ auf** (*dat*) zasadzać, opierać na (*lok*); **sich ~ auf** (*akk*) zasadzać się, opierać się na (*lok*) **Gründer(in)** *m*(*f*) założyciel(ka)

**Grundfarbe** *f* barwa podstawowa; (*Unterfarbe*) farba podkładowa, grunt **Grundfläche** *f* MAT podstawa **Grundgebühr** *f* TEL (miesięczna) opłata abonamentowa **Grundgedanke** *m* myśl przewodnia **Grundgesetz** *n* podstawowe prawo; *engS* (*bpl*) konstytucja, ustawa zasadnicza **grundieren** (-) ⟨za⟩gruntować **Grundkapital** *n* kapitał zakładowy **Grundlage** *f* podstawa; *pl a.* założenia *npl* **grundlegend** *adj* podstawowy, zasadniczy

**gründlich** gruntowny **Gründlichkeit** *f* (*bpl*) sumienność f, dokładność f **Grundlohn** *m* płaca podstawowa **grundlos** bezpodstawny, nieuzasadniony, *präd* bez uzasadnienia

**Gründonnerstag** *m* Wielki Czwartek **Grundordnung** *f* ustrój polityczny **Grundprinzip** *n* podstawowa zasada **Grundriss** *m* rzut poziomy; (*Leitfaden*) zarys **Grundsatz** *m* zasada **grundsätzlich** *präd* zasadniczo, w zasadzie **Grundschule** *f* szkoła podstawowa, *umg* podstawówka **Grundstein** *m* kamień węgielny; *fig a.* podwalina **Grundsteuer** *f* podatek gruntowy **Grundstück** *n* parcela, działka; JUR nieruchomość gruntowa

**Gründung** *f* założenie

**grundverschieden** skrajnie odmienny **Grundwasser** *n* (*bpl*) woda gruntowa **Grundzüge** *m/pl* główne zarysy *m/pl*

**Grüne** f, **Grüne(r)** *m* (-n) zielona, zielony; **die ~n** Zieloni *pl* **grünen** *v/i* zielenić się, zielenieć **Grünfläche** *f* teren zielony **Grünfutter** *n* pasza zielona

**grunzen** *v/i* (-zt) chrząkać ⟨-knąć⟩

**Gruppe** *f* grupa; (*Team*) zespół **gruppieren** (-) ⟨po-, z⟩grupować

**gruselig** przejmujący (z)grozą

**Gruß** *m* (-es; Grüße) pozdrowienie, ukłon; MIL oddanie honoru; **herzliche Grüße an Sie und ...** serdeczne pozdrowienia dla Pana (Pani) i dla ...; **richten Sie bitte Grüße von mir an ... aus** proszę uprzejmie przekazać (ode mnie) pozdrowienia dla ...; *Briefschluss* **mit freundlichen Grüßen** łączę uprzejme pozdrowienia **grüßen** (-ßt) *v/t*: **j-n ~** ⟨po⟩witać, pozdrawiać ⟨-zdrowić⟩ k-o, kłaniać się ⟨ukłonić się⟩ k-u; MIL ⟨za⟩salutować k-u; *umg* **grüß dich!** witam!; **grüße sie von mir** kłaniaj się jej ode mnie; *v/i* ⟨przy⟩witać się

**gucken** *umg v/t* oglądać ⟨obejrzeć⟩ (sobie)

**Gulasch** *m od n* (-[e]s; -e *od* -s) gulasz **Gully** *m* (-s; -s) studzienka ściekowa **gültig** ważny **Gültigkeit** *f* (*bpl*) ważność *f*

**Gummi**[1] *n od m* (-s; -[s]) guma **Gummi**[2] *m* (-s; -s) guma (do wycierania) **Gummi**[3] *umg n* (-s; -s) (*Band*) gumka **Gummiband** *n* (*pl* -bänder) tasiemka gumowa, *umg* gumka **Gummibärchen** *n* gumiś *m* **Gummiknüppel** *m* pałka gumowa **Gummisohle** *f* podeszwa gumowa, *umg* guma **Gummistiefel**

**384** ■ Gunst – haben

*m* but gumowy, *umg* gumiak
**Gunst** *f (bpl)* łaska, względy *mpl*; **zu j-s ~en** na korzyść *(gen)* **günstig** pomyślny, sprzyjający, *(a. vorteilhaft)* korzystny
**Gurgel** *f (-; -n)* gardło **gurgeln** *v/i (-le)* płukać gardło; *Wasser* bulgotać
**Gurke** *f* ogórek; **saure ~** ogórek kiszony; **~n-** *in zssgn* ogórkowy **Gurkensalat** *m* mizeria
**Gurt** *m (-[e]s; -e)* pas; TECH *a.* taśma **Gürtel** *m* pas, pasek **Gürtellinie** *f* talia; **ein Schlag unter die ~** cios poniżej pasa **Gürtelreifen** *m* opona radialna **Gürtelrose** *f* MED półpasiec
**Guss** *m (-es; Güsse)* TECH odlew; KULIN polewa **Gusseisen** *n* żeliwo **Gussform** *f* forma odlewnicza
**gut** (besser, beste) dobry, *präd* dobrze; **e-e ~e Tat** dobry uczynek; **ganz ~** dość dobry, niezły, *präd* dość dobrze, nieźle; **~e zwei Stunden** dobre dwie godziny; **nicht ~** niedobry, *präd* niedobrze; **~ gehen** *Geschäft* prosperować; *j-m finanziell* powodzić się k-u; **es geht mir gut** czuję się dobrze; **mir ist nicht ~** robi mi się niedobrze; *umg* **mach's ~!** cześć!; **~ bezahlt, ~ dotiert** *Posten* dobrze płatny; **~ gelaunt** wesoły (-ło), w dobrym nastroju; **~ situiert** dobrze sytuowany; **vor ~ zehn Jahren** dobre dziesięć lat temu
**Gut** [guːt] *n (-[e]s; Güter)* dobro, mienie; HANDEL towar **Gutachten** *n* ekspertyza **Gutachter(in)** *m(f)* biegły (-ła), rzeczoznawca *m (a. f)* **gutartig** łagodny *(a.* MED*)* **Gute(s)** dobro; **alles Gute!** wszystkiego najlepszego!
**Güte** *f (bpl)* dobroć *f*; *(Qualität)* jakość *f*
**Güteklasse** *f* klasa jakości
**Gutenachtgeschichte** *f umg* dobranocka **Gutenachtkuss** *m* pocałunek na dobranoc
**Güter** *pl →* Gut **Güterbahnhof** *m* stacja towarowa **Gütertrennung** *f* rozdzielność majątkowa **Güterwagen** *m* wagon towarowy **Güterzug** *m* pociąg towarowy
**Gütesiegel** *n* znak *m* jakości **Gütezeichen** *n* znak *m* jakości
**gutgläubig** *adj* naiwny, prostoduszny; *adv* w dobrej wierze **Guthaben** *n* saldo kredytowe (rachunku bankowego) **gutheißen** *(irr)* ⟨za⟩aprobować
**gütig** dobrotliwy (-wie), łagodny **güt-**

**lich** polubowny, ugodowy (-wo)
**gutmütig** dobroduszny **Gutschein** *m* kupon, bon **(für** na *akk)* **Gutschrift** *f* uznanie konta; *(Beleg)* awizo kredytowe
**gutwillig** *adj* chętny; *adv (freiwillig)* dobrowolnie, po dobremu
**Gymnasium** *n (-; -ien)* gimnazjum *n*
**Gymnastik** *f (bpl)* gimnastyka

# H

**Haar** *n (-[e]s; -e)* włos; *(Fell)* sierść *f*; włosie **Haarausfall** *m (bpl)* wypadanie włosów, łysienie **Haarbürste** *f* szczotka do włosów **haaren** *v/i* linieć **Haarfarbe** *f* kolor włosów **haargenau** *umg* co do joty, jota w jotę **haarig** włochaty (-to); *umg fig* delikatny **Haarklemme** *f* wsuwka do włosów, klips **haarscharf** *präd* (an *dat)* o włos (od *gen)*; *(genau)* precyzyjnie, bardzo ściśle **Haareschneiden** *n* strzyżenie (włosów) **Haarschnitt** *m* fryzura **Haarspalterei** *f abw* dzielenie włosa na czworo **haarsträubend** *adj* skandaliczny **Haartrockner** *m* suszarka do włosów **Haarwuchs** *m* porost włosów; owłosienie, włosy *mpl*
**haben** (hast, hat, hatte; gehabt) **A** *als Hilfsverb + pperf wird mst mit Präteritumformen der Verben übersetzt* **ich habe geschlafen** spałem, spałam; **du hast gegessen** ⟨z⟩jadłeś, ⟨z⟩jadłaś; **ihr habt gesehen** widzieliście, *sachf* widziałyście; **es hat geschneit** spadł śnieg; **er hätte es machen müssen** powinien był to zrobić **B** *v/t* **1** mieć; *(bes sein Eigen nennen)* posiadać; **Geld, Kinder ~** mieć pieniądze, dzieci; **Zeit, Geduld, Wert ~** mieć czas, cierpliwość, wartość; **ein Haus ~** mieć *od* posiadać dom; **er hatte kein(e) ... (gehabt)** nie miał, nie posiadał *(gen)*; **wir ~ heute Freitag** dziś jest piątek **2** *(empfinden)* mieć, odczuwać; **Schmerzen ~** odczuwać ból; **was hat er (denn)?** co z nim jest?; **habe Vertrauen!** zaufaj mi!; **hab Dank!** dzięki!; **es hat den Anschein**

wygląda na to **3** *unpers* **es eilig ~** spieszyć się; **es nötig ~** potrzebować; **sie ~ es gut hier** dobrze im tu (jest); *umg* **ich hab's! mam!**; *umg* **da ~ wir's!** masz ci los!; *umg* **das werden wir gleich ~** zaraz to załatwimy **4** *etw* **ist noch zu ~** można jeszcze otrzymać *od* dostać (*akk*); *umg* **dafür ist er nicht zu ~** on na to nie pójdzie; on tego nie lubi; *umg* **sie, er ist noch zu ~** ona, on (jest) jeszcze do wzięcia **5 ~ zu** (+ *inf*) (*müssen*) musieć, mieć; **viel zu tun ~** być bardzo zajętym, mieć dużo (spraw) do załatwienia; **er hat zu gehorchen** ma *od* musi być posłusznym rozkazom; **ich hätte gern ...** chciał(a)bym ... **C** *v/r* **1** *umg* **hab dich nicht so!** nie rób ceregieli!; **und damit hat sich's** na tym sprawa załatwiona; **hat sich was!** nie ma mowy! **2** *mit präp* **sie hat an ihm e-n Freund** (ona) ma w nim przyjaciela; **das hat er so an sich** on już taki jest; **das hat nichts auf sich** to nic nie znaczy; *etw* **bei sich ~** mieć przy sobie (*akk*); **was hat es damit auf sich?** co się z tym kryje?; **einiges für sich ~** mieć pewne zalety; *etw* **hinter sich ~** mieć za sobą (*akk*); *umg* **fig es in sich ~** być cholernie ciężkim *od* trudnym; *Wein* być dość mocnym; **nichts von etw gehabt ~** nie mieć *od* odnieść *pf* żadnej korzyści (*z gen*)
**Haben** *n* (-s; *bpl*) FIN strona „ma" **Habensaldo** *m* saldo kredytowe
**Habgier** *f* chciwość *f*, pazerność *f* **habgierig** chciwy (-wie), pazerny
**Habicht** *m* (-s; -e) jastrząb
**habilitieren** *v/i* (-), *v/r* **sich ~** habilitować się
**Habseligkeiten** *fpl* rzeczy *fpl*, *umg* majdan
**Hachse** *f* golonka; *vom Kalb* gicz
**Hackbraten** *m* klops, pieczeń rzymska
**Hacke**¹ *f* AGR graca, motyka **Hacke**² *f reg* pięta; (*Absatz*) obcas **hacken** *v/t* ⟨po⟩rąbać **Hackfleisch** *n* mięso siekane *od* mielone **Häcksel** *m od n* (-s; *bpl*) sieczka
**Hafen** *m* (-s; Häfen) port **Hafenarbeiter** *m* doker
**Hafer** *m* (-s; *bpl*) owies **Haferflocken** *fpl* płatki *mpl* owsiane
**Haff** *n* (-es; -e *od* -s) zalew
**Haft** *f* (-; *bpl*) (*Arrest*) areszt; (*Strafe*) kara więzienia, więzienie; **in ~ nehmen** aresztować (*im*)*pf* **haftbar** odpowiedzialny (**für** za *akk*); **j-n ~ machen** składać ⟨złożyć⟩ odpowiedzialność (na k-o) **Haftbefehl** *m* nakaz aresztowania
**haften**¹ *v/i* (-e-) (*an dat*) przylepia(ć) się, lepić się (*do gen*); **im Gedächtnis ~** ⟨u⟩tkwić w pamięci
**haften**² *v/i* (-e-) odpowiadać (**für** za *akk*) **Häftling** *m* więzień *m*; *Frau* więźniarka
**Haftpflichtversicherung** *f* ubezpieczenie od odpowiedzialności cywilnej **Haftstrafe** *f* kara więzienia **Haftung**¹ *f* (*bpl*) TECH przyczepność *f* **Haftung**² *f* (*bpl*) odpowiedzialność *f*
**Hagebutte** *f* owoc dzikiej róży, *umg* głóg
**Hagel** *m* (-s; *bpl*) grad **hageln** (-le): *unpers* **es hagelt** pada grad
**hager** szczupły (-le)
**Hahn** *m* (-[e]s; Hähne) kogut; TECH kran, kurek (*a. e-r Waffe*) **Hähnchen** *n* KULIN kurczę *n* **Hähnchenflügel** *m* KULIN skrzydełko *n* kurczaka
**Hai** *m* (-[e]s; -e) rekin, żarłacz
**Hain** *m* (-[e]s; -e) gaj
**Häkchen** *n* haczyk **häkeln** (-le) *v/t u. v/i* szydełkować **Häkelnadel** *f* szydełko **haken** *v/i* zahaczać ⟨-czyć⟩ się, zaczepi(a)ć się (*an dat o akk*) **Haken** *m* hak, haczyk; **der ~ dabei ist, dass ...** sęk w tym, że ... **Hakenkreuz** *n* swastyka
**halb** *adj* pół; (*unvollständig*) połowiczny; *adv* wpół, na pół, na wpół; **e-e ~e Portion** pół porcji; **~e Stunde** pół godziny; **vor e-r ~en Stunde** przed półgodziną; **zum ~en Preis** za pół ceny; **~ so groß** mniejszy o połowę; **~ so viel** pół tyle; (*um*) **~ zwei** wpół do drugiej; **~ und ~** pół na pół
**halbautomatisch** półautomatyczny **Halbbruder** *m* brat przyrodni **Halbdunkel** *n* półmrok **Halbedelstein** *m* kamień półszlachetny **Halbfabrikat** *n* półfabrykat **Halbfinale** *n* półfinał **halbherzig** *adj u. adv* bez przekonania; *Maßnahmen* połowiczny **halbieren** (-) ⟨po⟩dzielić na pół **Halbinsel** *f* półwysep **Halbjahr** *n* półrocze **halbjährig** półroczny **Halbkreis** *m* półkole **Halbkugel** *f* półkula **Halbleiter** *m* ELEK półprzewodnik **Halbmond** *m* półksiężyc **Halbpension** *f* niepełne wyżywienie, dwa posiłki dziennie **Halbschuh**

*m* półbut, półbucik **Halbschwester** *f* siostra przyrodnia **Halb|starke(r)** *m* wyrostek, *abw* chuligan **halbtags** *adv* na pół dnia, przez pół dnia **halbwegs** *adv* jako tako, dość dobrze **Halbwüchsige(r)** *f(m)* małolata (-lat), wyrostek **Halbzeit** *f* połowa (gry); *fig* półmetek **Halde** *f* hałda, zwał(owisko) **half, hälfte** → helfen **Hälfte** *f* połowa, połówka; **in zwei ~n** na połowę; **(bis) zur ~** do połowy **Halle** *f* hala; *im Hotel* hol, hall **halleluja** *int*: **~!** alleluja! **hallen** *v/i* rozbrzmie(wa)ć, rozlegać się **hallo** *int*: **~!** halo! **Halluzination** *f* halucynacja **Halm** *m* (-[e]s; -e) źdźbło; *(Trinkhalm)* słomka **Hals** *m* (-es; Hälse) szyja; *(Kehle)* gardło; *(Genick)* kark **Halsband** *n* naszyjnik, kolia; *e-s Hundes* obroża **halsbrecherisch** karkołomny **Halsentzündung** *f* zapalenie gardła **Hals-Nasen-Ohrenarzt** *m* otorynolaryngolog **Halsschmerzen** *mpl* ból gardła **halsstarrig** uparty ‹-cie›, *umg* uperdliwy **Halstuch** *n* apaszka **Halswirbel** *m* krąg szyjny **halt** *partikel umg* tak, też; *int* **~!** stój! **Halt** *m* (-[e]s; bpl) podpora; postój **haltbar** trwały, wytrzymały; *Lebensmittel* trwały, niepsujący się **Haltbarkeitsdatum** *n* data minimalnej trwałości, termin przydatności do spożycia **halten** (hält, hielt, gehalten) Ⓐ *v/t* 1 trzymać *(a. in e-r bestimmten Lage)* 2 *Wache* trzymać; *(stoppen)* zatrzym(yw)ać; *pf* 3 *Wort* dotrzym(yw)ać *(gen)*; *Rede* wygłaszać ‹-głosić› 4 *Diät* utrzym(yw)ać 5 **an** *od* **in der Hand ~** trzymać za rękę, w ręku; **unter Verschluss ~** trzymać pod kluczem; **warm ~** *Essen* trzymać w podgrzewaczu, na gazie *(akk)*; **etw, j-n nicht (mehr) ~ können** nie móc utrzymać *od* powstrzymać *(gen)*; **die Nachricht für wahr ~** przyjmować ‹-jąć› wiadomość za prawdziwą; **j-n, sich für ... ~** uważać k-o, siebie za *(akk)*; **j-m die Treue ~** trwać w wierności (dla *gen*) Ⓑ *v/i* 1 *(stoppen)* zatrzym(yw)ać się, stawać ‹stanąć› 2 *Naht* trzymać; *Ehe* ‹prze›trwać; KULIN nie psuć się, przechowywać się; **auf sich ~** dbać o swój wygląd *od* o siebie 3 *(ur-*

*teilen)* **von j-m, etw ~**, *unpers* **es mit etw ~** sądzić *o (lok)*; **was ~ Sie davon?** co pan(i) o tym sądzi?; **viel von j-m, etw ~** wysoko cenić *(akk)*; **davon halte ich nichts** nie uważam tego za dobre 4 **zu j-m ~** trzymać (z *inst*); **er war nicht zu ~** nie można go było utrzymać; **sie ist gehalten, zu ...** powinna (+ *inf*); **das Zimmer war in Blau gehalten** pokój był utrzymany w kolorze niebieskim Ⓒ *v/r* 1 **sich ~** trzymać się (**aufrecht** prosto; **an die Regeln** reguł) 2 *(sich behaupten)* utrzym(yw)ać się; **das Wetter hält sich** pogoda utrzymuje się; *Lebensmittel* nie psuć się, dobrze się przechowywać; **sich tapfer ~** trzymać się dzielnie; **sich links ~** trzymać się lewej strony; *(Richtung ändern)* kierować (się) w lewo; *fig* **an sich ~** wziąć się *pf* w garść, powstrzym(yw)ać się Ⓓ *subst* **etw zum Halten bringen** zatrzymać *pf (akk)*

**Halter** *m* uchwyt; *(Person)* właściciel(ka) *(gen)* **Halterung** *f* zamocowanie; obsada **Haltestelle** *f* przystanek **Halteverbot** *m (Verkehrszeichen)* zakaz zatrzymywania się (i postoju); *(Zone)* strefa objęta zakazem zatrzymywania się (i postoju) **haltlos** *Person* chwiejny, labilny; *Verdacht* bezpodstawny, gołosłowny **Haltung** *f (pl selten)* postawa (**gegenüber** *dat* wobec *gen*); *(Pose)* poza; *(Fassung)* opanowanie; *e-s Tieres* trzymanie, hodowla

**Halunke** *m* (-n) łajdak, łotr **hämisch** złośliwy ‹-wie›, zjadliwy ‹-wie› **Hammel** *m* baran **Hammelbraten** *m* pieczeń barania **Hammelfleisch** *n* baranina

**Hammer** *m* młotek **hämmern** (-re) *umg* walić, łomotać, tłuc **Hammerwerfen** *n* (-s; bpl) rzut młotem **Hämorrhoiden, Hämorriden** *fpl* hemoroidy *pl*

**Hampelmann** *m (pl* -männer*)* pajac, pajacyk; *umg fig abw* kukła, marionetka **Hamster** *m* chomik **hamstern** (-re) *v/t u. v/i* chomikować

**Hand** *f* (-; Hände) ręka, dłoń *f*; **j-m die ~ geben** *od* **reichen** poda(wa)ć k-u rękę *od* dłoń; **Hände hoch!** ręce do góry!; **Hände weg!** precz z rękami!; **an die ~ nehmen** brać ‹wziąć› za rękę; **aus erster ~** z pierwszej ręki; **mit leeren Händen** z pustymi rękami; **mit vollen Händen** hojną ręką; **zu Händen** do rąk własnych **Handarbeit** f rękodzieło; (*Näharbeit*) robótka **Handball** m (*bpl*) piłka ręczna **Handbremse** f hamulec ręczny **Handbuch** n podręcznik **Händedruck** m uścisk dłoni

**Handel** m (-s; *bpl*) handel; **~ treiben** prowadzić handel, zajmować się handlem **handeln** (-le) **A** *v/t* **1** (*verkaufen*) sprzedawać (*akk*) **2** *fig* (*im Gespräch sein*) **er wird als ... gehandelt** wymienia się go jako (*gen*) **B** *v/i* **1** handlować (**mit etw** *inst*; **mit j-m** *z inst*); (*feilschen*) targować się (**um den Preis von ...** o cenę *gen*); **nicht mit sich ~ lassen** nie ustępować (z ceny); *fig a.* obstawać przy swoim **2** (*tun*) działać, 〈u〉czynić; (*sich verhalten*) postępować 〈-stąpić〉 (**an j-m** wobec *gen*); *Buch* traktować (**von** o *lok*); **richtig ~** postępować 〈-stąpić〉 słusznie; **falsch ~** źle postępować 〈-stąpić〉 **3** (*um etw gehen*) chodzić; **es handelt sich um j-n, etw** chodzi o (*akk*); **worum handelt es sich?** o co chodzi?

**Handelsbank** f bank handlowy **handelseinig** *adj*: **~ werden** (**mit**) dogadać się *pf*, dobić *pf* targu (z *inst*) **Handelsgeschäft** n transakcja handlowa, *umg* interes **Handelsgesellschaft** f spółka handlowa (**offene** jawna) **Handelskammer** f izba handlowa **Handelskorrespondenz** f korespondencja handlowa **Handelspartner** m partner handlowy **Handelsregister** n rejestr handlowy; rejestr firm **Handelsschule** f szkoła handlowa, *umg* handlówka **handelsüblich** przyjęty w handlu **Handelsvertretung** f przedstawicielstwo handlowe

**Handfeger** m zmiotka **handfest** *adj* konkretny, niezbity **Handfläche** f dłoń f **handgearbeitet** *adj* rękodzielniczy, ręcznej roboty **Handgelenk** n przegub ręki **Handgemenge** n szarpanina, bójka **Handgepäck** n bagaż ręczny **handgeschrieben** *adj* odręczny, pisany od ręki **Handgranate** f granat ręczny **handgreiflich** namacalny; **~ werden** przechodzić 〈przejść〉 do rękoczynów **Handgriff** m chwyt; (*Henkel*) uchwyt, rączka; **mit wenigen ~en** bez trudu, prosto **handhaben** *v/t* (*pperf gehandhabt*) posługiwać się, władać (*inst*); *Gesetz* 〈za〉stosować (*akk*) **Handkuss** m (po)całowanie ręki **Handlanger** m pomocnik; *abw* poplecznik **Händler** m handlarz, dealer; (*Kaufmann*) kupiec

**handlich** poręczny, wygodny w użyciu **Handlung** f czyn, postępek, czynność f **Handlungsfreiheit** f swoboda działania **Handlungsweise** f sposób postępowania

**Handpflege** f pielęgnacja rąk **Handschellen** *fpl* kajdanki *mpl*; **~ anlegen** (*dat*) sku(wa)ć kajdankami (*akk*) **Handschlag** m (*bpl*): **j-n mit ~ begrüßen** poda(wa)ć k-u rękę na powitanie **Handschrift** f charakter pisma; (*Werk*) rękopis, manuskrypt **handschriftlich** odręczny; *Quelle* rękopiśmienny **Handschuh** m rękawiczka **Handtasche** f torebka (damska) **Handtuch** n ręcznik **Handwerk** n rzemiosło **Handwerker** m rzemieślnik **handwerklich** rzemieślniczy **Handwerksbetrieb** m zakład rzemieślniczy **Handwerkszeug** n (*bpl*) narzędzia *npl*

**Handy** n (-s; -s) *umg* komórka **Handyhülle** f etui n na komórkę **Handynummer** f numer komórki **Handytasche** f pokrowiec m na komórkę

**Hanf** m (-[e]s; *bpl*) konopie *pl*

**Hang** m (-[e]s; **Hänge**) zbocze, stok

**Hängematte** f hamak

**hängen**[1] (hing, gehangen) *v/i* (*pł-niem, austr, szwajc sn*) **1** wisieć **2** (*schweben*) zwisać 〈-snąć〉 **3** (*herabhängen*) zwisać 〈zwiesić〉 się, zwisać **4** (*haften*) lepić się **5** *umg* (*sich aufhalten*) sterczeć, wysiadywać **6** **~ bleiben** zaczepi(a)ć się **7** **~ lassen** *Mantel* zostawić *pf* na wieszaku

**hängen**[2] **A** *v/t* wieszać 〈powiesić〉 (*a. Person*), zawieszać 〈-wiesić〉 **B** *v/r* **1** **sich an etw ~** uczepi(a)ć się (*gen*); **2** **mit Hängen und Würgen** z wielkim trudem

**hanseatisch** hanzeatycki

**hänseln** (-le) *j-n* podśmiewać się z (*gen*), droczyć się z (*inst*)

**hantieren** *v/i* (-) krzątać się, uwijać się (**am Herd** przy kuchni)

**hapern**: *unpers* **es hapert an etw** (*dat*) brak (jest) (*gen*); **es hapert mit der Versorgung** zaopatrzenie szwankuje *od* nie dopisuje

## 388 • Happen — Hauptversammlung

**Happen** *umg m* kąsek, kęs; **e-n ~ essen** przekąsić *pf* coś, przegryźć *pf* coś
**Happy Hour** *f* (-; -s) happy hour *unv*
**Hardware** ['ha:dvɛ:r] *f* (*bpl*) sprzęt komputerowy, hardware *m*
**Harfe** *f* harfa
**Harke** *f* grabie *pl, dim* grabki *pl* **harken** *v/t* grabić
**harmlos** niegroźny; *Vergnügen* niewinny
**Harmonie** [*pl* -'ni:ən] *f* harmonia **harmonisch** harmoniczny; *fig* harmonijny **harmonisieren** (-)MUS, *fig* ⟨z⟩harmonizować
**Harn** *m* (-[e]s; *bpl*) mocz **Harnblase** *f* pęcherz moczowy **Harnröhre** *f* cewka moczowa
**Harpune** *f* harpun
**hart** (härter; härteste) △ *adj* twardy (-do); *Arbeit* ciężki (-ko); *Winter* surowy (-wo); *Kampf* zacięty (-cie); *Drink* mocny; **~ sein zu j-m** twardo obchodzić się; **~ werden** ⟨s⟩twardnieć; **~ gekochtes Ei** jajko na twardo; **~ gefroren** zamarznięty; **~ arbeiten** ciężko pracować; **~ bleiben** twardo upierać się przy swoim; **j-n ~ treffen** ciężko doświadczać ⟨-czyć⟩ k-o; **wenn es ~ auf ~ kommt** jeśli dojdzie do ostateczności ₿ *adv* **~ an der Straße** tuż przy drodze, **~ am Wind** pod wiatr; *fig* **~ an der Grenze des Erlaubten sein** niemal przekraczać granice dozwolonego
**Härte** *f* twardość *f*; srogość *f*; *e-r* Auseinandersetzung zaciętość *f*; *fig* **die ~n des Lebens** przeciwności *fpl* życiowe **Härtefall** *m* szczególnie ciężka sytuacja **härten** (-e-) ⟨za⟩hartować **hartnäckig** uparty (-cie)
**Harz**[1] *n* (-es; -e) żywica **Harz**[2] *m* (-es; *bpl*) Harc, Góry *pl* Harcu **Harzer** *m* ser od serek harceński
**haschen**[1] *v/t u. v/i* (**nach j-m, etw**) łapać, chwytać (*akk*); *fig* **nach Ruhm ~** gonić za sławą **haschen**[2] *umg v/i* palić trawkę
**Haschisch** *n od m* (-; *bpl*) haszysz
**Hase** *m* (-n) zając, (*Feldhase*) szarak
**Haselnuss** *f* orzech laskowy
**Hasenbraten** *m* pieczeń zająca **Hasenscharte** *f* zajęcza warga
**Hass** *m* (-es; *bpl*) nienawiść *f* (**gegen, auf j-n, etw do** *gen*) **hassen** (-sst) *v/t* nienawidzić (**einander**, *v/r* **sich** się) **hässlich** brzydki (-ko), *verstärkt* szpetny **Hässlichkeit** *f* brzydota, szpetota

**Hast** *f* (-; *bpl*) pośpiech **hasten** *v/i* (-e-; sn) gonić, ⟨po⟩pędzić, sadzić (**die Treppe hinauf** w górę po schodach) **hastig** pośpieszny, pospieszny; *Bewegung* szybki (-ko)
**Haube** *f* czepek; (*Motorhaube*) maska; **~n-** *in zssgn* czubaty
**Hauch** *m* (-[e]s; *bpl*) tchnienie (*a. Luftzug*); (*Spur*) ślad; (*Duft*) (słaba) woń (**von etw** *gen*) **hauchdünn** cieniutki (-ko), cieniuteńki (-ko); *fig* minimalny **hauchen** *v/i* chuchać ⟨-chnąć⟩; *v/t Worte* ⟨wy⟩szeptać
**hauen** *v/t* (haute, gehauen) wbi(ja)ć; *umg* tłuc, kropić ⟨kropnąć⟩, grzmocić ⟨grzmotnąć⟩, zdzielić *pf*
**Haufen** *m* kupa (*a. umg fig*), sterta, stos **häufen** *v/t* układać ⟨ułożyć⟩ (na kupę); ⟨na⟩gromadzić; **sich ~** ⟨na⟩gromadzić się; *Ereignisse* mnożyć się, występować coraz częściej **haufenweise** *umg adv* bez liku, co niemiara **häufig** częsty (-to); *adv a.* częstokroć **Häufigkeit** *f* (*bpl*) często(tliwo)ść *f*
**Haupt** *n* (-[e]s; Häupter) głowa **hauptamtlich** pełnoetatowy (-wo) **Hauptbahnhof** *m* dworzec główny **hauptberuflich** zawodowy; etatowy **Haupt|darsteller(in)** *m*(*f*) wykonawca *m* (-czyni) roli głównej **Haupteingang** *m* wejście główne **Hauptgang** *m*, **Hauptgericht** *n* KULIN drugie danie **Hauptgeschäftszeit** *f* godziny *fpl* szczytu w sklepach **Hauptgewinn** *m* główna wygrana **Häuptling** *m* (-s; -e) wódz, kacyk **Hauptmann** *m* (*pl* -leute) MIL kapitan **Hauptperson** *f* główna osoba; TEATR tytułowa postać **Hauptproblem** *n* główny problem **Hauptquartier** *n* kwatera główna **Hauptrolle** *f* rola główna **Hauptsache** *f* rzecz najważniejsza **hauptsächlich** *adj* główny, zasadniczy; *adv* głównie, zwłaszcza **Hauptschule** *f* szkoła zasadnicza, szkoła średnia pierwszego stopnia **Hauptstadt** *f* stolica **Hauptstraße** *f* główna ulica; główna trasa przelotowa **Hauptverfahren** *n* JUR postępowanie sądowe **Hauptverkehrsstraße** *f* główna arteria komunikacyjna, magistrala **Hauptverkehrszeit** *f* (*bpl*) godziny *fpl* szczytu (na drogach) **Hauptversammlung** *f* walne

zgromadzenie **Hauptwohnsitz** m główne miejsce zamieszkania
**Haus** n (-es; Häuser) dom; (Geschlecht) ród; **außer ~** poza domem; Verkauf na wynos; **ins ~, nach ~e** do domu; **im ~, zu ~e** w domu; **er ist nicht im ~(e)** on (jest) nieobecny w domu; **wo bist du zu ~?** skąd jesteś od pochodzisz?; gdzie mieszkasz?; **sich wie zu ~e fühlen** czuć się jak u siebie w domu; **aus gutem ~e sein** pochodzić z dobrej rodziny **Hausapotheke** f apteczka (domowa) **Hausarbeit** f praca domowa; e-s Schülers wypracowanie domowe **Hausarzt** m, **Hausärztin** f lekarz domowy **Hausbesitzer(in)** m(f) właściciel(ka) domu **Häuschen** n domek; umg (Klo) wygódka **hauseigen** własny; należący do firmy **hausen** umg v/i abw gnieździć się, mieszkać na kupie; (wüten) buszować **Häuserblock** m bloki mpl mieszkalne **Hausfrau** f gospodyni domowa; pani domu **Hausfriedensbruch** m najście (cudzego) mieszkania od domu **hausgemacht** adj własnego od domowego wyrobu; Problem powstały z własnej winy **Haushalt** m (-[e]s; -e) gospodarstwo domowe; (Etat) budżet **Haushaltsartikel** m artykuł gospodarstwa domowego **Haushaltsgeld** n (bpl) pieniądze pl na utrzymanie (domu) **Haushaltsplan** m projekt budżetu, plan budżetowy **Hausherr** m pan domu, gospodarz
**haushoch** bardzo wysoki (-ko); Sieg zdecydowany; **j-m ~ überlegen sein (in** dat) przewyższać k-o o całe niebo (w lok); **~ verlieren** przegrać (bardzo) wysoko **hausieren** v/i (-) zajmować się handlem obnośnym; fig abw **~ gehen (mit)** obnosić się (z inst), kolportować (akk) **häuslich** domowy; (gern zu Hause) domatorski; **~e Pflege** pielęgnowanie chorego w domu; **sich ~ niederlassen** zadomowić się pf **Hausmann** m niepracujący mąż (prowadzący gospodarstwo domowe) **Hausmeister** m dozorca m (domu) **Hausmüll** m odpadki mpl domowe **Hausnummer** f numer domu **Hausordnung** f regulamin (wewnętrzny) **Hausrat** m sprzęty mpl domowe **Hausschlüssel** m klucz od drzwi wejściowych **Hausschuh** m pantofel, kapeć m

**Hausse** ['ho:sə od o:s] f FIN hossa **Haussprechanlage** f domofon, bramofon **Haustier** n zwierzę domowe **Haustür** f drzwi pl wejściowe, brama **Hausverwaltung** f administracja domu **Hauswirt(in)** m(f) właściciel(ka) domu **Hauswirtschaft** f gospodarstwo domowe
**Haut** f (-; Häute) skóra **Hautarzt** m, **Hautärztin** f dermatolog **Hautausschlag** m wysypka **Hautcreme** f krem kosmetyczny **häuten** (-e-) v/t ściągać ⟨-gnąć⟩ skórę (z gen); **sich ~** zrzucać ⟨-cić⟩ skórę, linieć **hauteng** opięty, obcisły **Hautkrankheit** f choroba skóry **hautnah** adj podskórny
**Havarie** [-ˈriːən] f awaria
**Haxe** f → Hachse
**Hebamme** f położna, akuszerka **Hebel** m dźwignia **heben** (hob, gehoben) v/t podnosić ⟨podnieść⟩; **sich ~** podnosić ⟨-nieść⟩ się; Flugzeug wznosić ⟨wznieść⟩ się **Hebung** f podniesienie **Hecht** m (-[e]s; -e) szczupak
**Heck** n (-s AUTO tył **Heckantrieb** m napęd na tylne koła, napęd tylny **Hecke** f żywopłot **Heckenrose** f dzika róża **Heckenschütze** m zaczajony snajper
**Heckklappe** f pokrywa bagażnika **Heckscheibe** f szyba tylna
**Heer** n (-es; -e) armia (a. fig), wojsko **Hefe** f drożdże pl
**Heft** n (-[e]s; -e) zeszyt **heften** (-e-) v/t ⟨s⟩fastrygować; TYPO zszy(wa)ć **Hefter** m skoroszyt; (Gerät) zszywacz **heftig** gwałtowny; Kampf zacięty (-cie) **Heftigkeit** f (bpl) gwałtowność f **Heftklammer** f spinacz **Heftpflaster** n przylepiec
**hegen** ochraniać; j-n **~ und pflegen** otaczać (specjalną) troską
**Hehl** n od m: **kein(en) ~ machen aus etw** od **daraus, dass ...** nie skrywać (gen), nie robić sekretu z (gen) od z tego, że ... **Hehlerei** f (bpl) paserstwo
**Heide**[1] m (-n) poganin
**Heide**[2] f wrzosowisko **Heidekraut** n wrzos; (Erika) wrzosiec
**Heidelbeere** f borówka (czernica) **Heidin** f poganka **heidnisch** pogański **heikel** (-kler, -lste) drażliwy, delikatny
**heil** cały (-ło); (geheilt) zdrowy **Heil** n (-s;

## Heiland – Heldenmut

*bpl*) szczęście, dobro; (*Erlösung*) zbawienie **Heiland** *m* (-[e]s; *bpl*) *rel* Zbawiciel **Heilanstalt** *f* lecznica **Heilbad** *n* uzdrowisko **heilbar** uleczalny **Heilbutt** *m* (-[e]s; -e) halibut **heilen** *v/t* ⟨wy⟩leczyć, ⟨wy⟩kurować; *Person a.* uzdrawiać ⟨uzdrowić⟩ **heilig** święty (*a. fig*); **der Heilige Geist** Duch Święty **Heiligabend** *m* Wigilia Bożego Narodzenia **Heilige(r)** *f(m)* święta (-ty) **Heiligtum** *n* (-s; -tümer) świętość *f*
**Heilkraft** *f* moc uzdrawiająca **heillos** *adj* okropny, nieopisany **Heilpraktiker(in)** *m(f)* specjalista *m* (-tka) medycyny niekonwencjonalnej **Heilquelle** *f* źródło lecznicze **heilsam** zbawienny **Heilsarmee** *f* (*bpl*) Armia Zbawienia **Heilung** *f* wyleczenie, uzdrowienie; *e-r Verletzung* zagojenie (się)
**heim** *adv* do domu **Heim** *n* (-[e]s; *bpl*) dom, ognisko domowe; (*a pl*, *Einrichtung*) dom **Heimarbeit** *f* (*bpl*) praca wykonywana w domu, praca chałupnicza **Heimat** *f* (*bpl*) ojczyzna **heimatlich** ojczysty, rodzimy, rodzinny, swojski **heimatlos** bezdomny **Heimatmuseum** *n* muzeum krajoznawcze **Heimatort** *m* miejscowość rodzinna **heimbringen** (*irr*) odprowadzać ⟨-dzić⟩ do domu; *im Fahrzeug* odwozić ⟨-wieźć⟩ do domu **Heimfahrt** *f* jazda powrotna *od* do domu **Heimflug** *m* lot powrotny **heimisch** rodzimy
**Heimkehr** *f* (*bpl*) powrót do domu *od* do kraju **heimkehren** *v/i* (*sn*) wracać ⟨wrócić⟩ do domu *od* do kraju **Heimkind** *n* wychowanek (-nka) domu dziecka **Heimleiter(in)** *m(f)* kierownik (-iczka) domu (dziecka, starców) **heimlich** skryty ⟨-cie⟩, potajemny; *umg* ~, **still und leise** milczkiem, cichcem **Heimreise** *f* podróż *f* powrotna *od* do domu **Heimspiel** *n* gra na własnym boisku **heimsuchen** *v/t* dotykać ⟨-tknąć⟩, nawiedzać ⟨-dzić⟩, trapić **heimtückisch** podstępny **Heimweg** *m* droga powrotna; **auf dem** ~ po drodze do domu **Heimweh** *n* (-s; *bpl*) tęsknota za domem *od* za krajem **Heimwerker** *m* majsterkowicz
**Heirat** *f* e-s *Mannes* ożenek; *e-r Frau* zamążpójście **heiraten** (-e-) *v/t Mann* ⟨o⟩żenić się (*z inst*); *Frau* wychodzić ⟨wyjść⟩ za mąż (*za gen*); *v/i* (*a.* **einander** ~) pob(ie)rać się **Heiratsantrag** *m*: **j-m e-n** ~ **machen** oświadczać ⟨-czyć⟩ się o rękę (*gen*) **Heiratsanzeige** *f* zawiadomienie o ślubie; (*Heiratsannonce*) ogłoszenie matrymonialne **Heiratsschwindler** *m* oszust matrymonialny **Heiratsurkunde** *f* akt ślubu
**heiser** zachrypnięty, ochrypły (-le) **Heiserkeit** *f* (*bpl*) chrypka
**heiß** ① gorący ⟨-co⟩; *Sommer a.* upalny, skwarny; ~ **machen** *Essen* rozgrz(ew)ać; **mir ist** ~ gorąco mi; **es wird** ~ robi się gorąco ② *fig* gorący; (*feurig*) ognisty ⟨-ście⟩; *Kampf* zażarty ⟨-cie⟩; *Tipp* pewny; *Thema* drażliwy; *Musik* porywający ⟨-co⟩, skoczny; *umg* (*großartig*) fajowy, bombowy; **e-e ~e Spur** świeży trop; **auf e-r ~en Spur sein** wpaść *pf* na właściwy trop; **ein ~er Favorit** *umg* pewniak; **~e Ware** kradziony towar; **~e Tränen vergießen** płakać rzewnymi łzami; ~ **und innig lieben** gorąco kochać; ~ **ersehnt** upragniony; ~ **geliebt** umiłowany; ~ **umstritten** *Frage* gorąco dyskutowany, bardzo sporny; *umg* **bei der Diskussion ging es** ~ **her** to była namiętna dyskusja
**heißen** (heißt, hieß, geheißen) *v/i* nazywać się; brzmieć; (*bedeuten*) znaczyć się; **wie** ~ **Sie?** jak godność pana (pani)?; **wie heißt du (mit Vornamen)?** jak masz na imię?; **das heißt to znaczy**; **wie heißt das auf Polnisch** jak się to nazywa po polsku; *v/t* **j-n willkommen** ~ powitać *pf* k-o
**Heißluftballon** *m* balon na rozgrzane powietrze
**heiter** *Wetter* słoneczny, ładny; (*amüsant*) zabawny, śmieszny **Heiterkeit** *f* (*bpl*) wesołość *f*; (*Gelächter*) śmiech
**heizen** (-zt) *v/t* ogrz(ew)ać, opalać; *Ofen* palić (w piecu); **mit Öl** olejem); *v/i* grzać **Heizer** *m* palacz **Heizkissen** *n* poduszka elektryczna **Heizkörper** *m* kaloryfer **Heizlüfter** *m* grzejnik z wentylatorem **Heizöl** *n* olej opałowy, mazut **Heizplatte** *f* płyt(k)a grzejna **Heizung** *f* ogrzewanie, opalanie
**hektisch** gorączkowy ⟨-wo⟩
**Held** *m* (-en) bohater; *iron a.* zuch **heldenhaft** bohaterski ⟨-ko, po -u⟩, heroiczny **Heldenmut** *m* bohaterstwo,

męstwo **Heldin** f bohaterka
**helfen** v/i (hilf, half, geholfen) (do)pomagać ⟨(do)pomóc⟩ (j-m **bei** k-u etw lok; **in den Mantel** włożyć płaszcz; **sich gegenseitig** sobie wzajemnie); wspomagać ⟨-móc⟩ (finanziell finansowo); (nützen) pomagać ⟨pomóc⟩ (**gegen ...** na akk; **bei** przy lok); **kann ich Ihnen ~?** mogę panu/pani pomóc? **Helfer(in** f) m pomocnik (-ica), fam pomagier (-gaczka)
**hell** jasny (-no); **es wird ~** świta; **~ leuchten, ~ scheinen** jasno świecić (się), jaśnieć **hellblau** jasnobłękitny **Helle(s)** umg n jasne (piwo) **hellhörig** bez izolacji akustycznej, umg akustyczny; **j-n ~ machen** obudzić pf czujność (gen) **Helligkeit** f (bpl) jasność f **helllicht** adj: **am ~en Tag** w biały dzień **Hellseher(in)** m(f) jasnowidzący

**Helm** m (-[e]s; -e) kask; MIL hełm
**Hemd** n (-[e]s; -en) koszula, dim koszulka
**hemmen** hamować **Hemmnis** n (-ses; -se) przeszkoda **Hemmung** f hamowanie; **~en** pl (moralne) hamulce mpl; **ohne ~en** bez skrępowania; (ohne Bedenken) bez skrupułów **hemmungslos** niepohamowany; (zügellos) wyuzdany
**Hengst** m (-es; -e) ogier
**Henkel** m ucho, uszko
**Henker** m kat, mst fig oprawca m
**Henne** f kura, kwoka, kokoszka
**her** adv räumlich tu, do (gen); **~ damit!** dawaj(cie) to tu!; **von ... ~** od, z (gen); **von weit ~** z daleka; **wo ist er ~?** skąd on jest?; zeitlich **wie lange ist es her?** jak dawno to było?; **es ist ein Jahr ~, dass ...** przed rokiem ..., już minął rok, jak ...; **(es ist) lange ~** to (to było) dawno (temu)
**herab** adv: **j-n von oben ~ behandeln** traktować k-o z góry; → **herunter herabhängen** (irr) zwisać **herablassen** (irr) v/t opuszczać ⟨opuścić⟩, spuszczać ⟨spuścić⟩ (na dół); fig **sich ~ zu ...** raczyć (inf) **herabsetzen** fig ⟨z⟩dyskredytować; Verdienste pomniejszać ⟨-szyć⟩
**heran** adv (tu) bliżej **heranbilden** v/t kształcić **herangehen** v/i (irr; sn) (**an j-n, etw**) podchodzić ⟨podejść⟩, przystępować ⟨-stąpić⟩ (do gen); fig **an etw ~** ⟨po⟩traktować (akk); (beginnen) przystępować ⟨-stąpić⟩ (do gen) **herankommen** v/i (irr; sn) (**an** akk) przybliżać ⟨-żyć⟩ się, zbliżać ⟨-żyć⟩ się **heranmachen** umg: **sich ~ an** e-e Sache zab(ie)rać się do (gen); **sich ~ an j-n** przystawiać się do (gen) **herantreten** v/i (irr; sn) (**an** akk) przystępować ⟨-stąpić⟩ (do gen); **mit e-r Bitte** zwracać ⟨zwrócić⟩ się (do gen) **heranwachsen** v/i (irr; sn) dorastać ⟨-róść, -rosnąć⟩ **Heranwachsende(r)** m (-n) podrostek, nieletni **heranziehen** (irr) v/t przyciągać ⟨-gnąć⟩ (**zu** dat do gen; **zu sich** do siebie); fig ⟨wy⟩hodować; Nachwuchs przysposabiać ⟨-sobić⟩; v/i (sn) nadciągać ⟨-gnąć⟩

**herauf** adv do góry, na od pod górę **heraufbeschwören** (irr) Unheil sprowadzać ⟨-dzić⟩; Vergangenes wywoł(yw)ać **heraufsetzen** v/t podwyższać ⟨-szyć⟩ **heraufziehen** (irr) v/t wciągać ⟨-gnąć⟩ na górę; v/i (sn) Gewitter nadciągać ⟨-gnąć⟩

**heraus** adv z, od; **von innen ~** od wewnątrz; **aus e-r Notlage ~** z konieczności **herausbekommen** (irr; -) wydoby(wa)ć **herausbringen** v/t wynosić ⟨-nieść⟩; Buch wyda(wa)ć **herausfinden** (irr) odkry(wa)ć (akk); v/i znajdować ⟨znaleźć⟩ wyjście (**aus** z gen)
**herausfordern** wyz(y)wać prowokować **Herausforderung** f zum Kampf u. fig wyzwanie; (Provokation) prowokacja **herausgeben** (irr) wyd(aw)ać; (zurückgeben) zwracać ⟨zwrócić⟩ **Herausgeber(in)** m(f) wydawca m (-czyni); engS edytor, redaktor odpowiedzialny (a. f)
**herausgehen** v/i (irr; sn) wychodzić ⟨wyjść⟩ **herausgreifen** (irr) wychwytywać ⟨-chwytać, -chwycić⟩ **heraushaben** umg (irr) wyciągnąć pf; Schmutz usunąć pf; (ermitteln) ustalić pf; Rätsel odgadnąć pf; (etw können) nauczyć się pf (gen), umieć (akk) **heraushalten** (irr) v/t fig nie wciągać ⟨j-n **aus** e-r Sache k-o do gen⟩; **sich ~ (aus)** nie wplątywać się (w akk) **herausholen** wydoby(wa)ć, wydosta(wa)ć; a. fig wyciągać ⟨-gnąć⟩ **herauskommen** v/i (irr; sn) wychodzić ⟨wyjść⟩ **herausnehmen** (irr) wyjmować ⟨wyjąć⟩; MED Organ usuwać ⟨usunąć⟩

**herausragen** v/i fig wysuwać się na czoło, dominować **herausreden**: **sich ~ (mit)** uży(wa)ć (gen) jako wymówki **herausrücken** umg v/t wyda(wa)ć **herausrutschen** v/i umg fig wymykać

## herausschlagen – herumkommen

⟨-mknąć⟩ się (j-m k-u) **herausschlagen** (irr) wybi(ja)ć **herausstellen** v/t fig podkreślać ⟨-lić⟩; manifestować; **sich ~** okaz(yw)ać się (**als wahr, falsch** prawdziwe, fałszywe) **herausziehen** (irr) v/t wyciągać ⟨-gnąć⟩

**herb** cierpki (-ko); Wein wytrawny
**herbeiführen** spowodować pf **herbeiholen** sprowadzać ⟨-dzić⟩ **herbeirufen** (irr) przywoł(yw)ać **herbeischaffen** przynosić ⟨przynieść⟩; mit Fahrzeug dostarczać ⟨-czyć⟩
**Herberge** f oberża, zajazd; für Touristen schronisko **Herbergsausweis** m legitymacja Towarzystwa Schronisk Młodzieżowych
**herbitten** (irr) ⟨po⟩prosić o przyjście (tu) **herbringen** (irr) przynosić ⟨-nieść⟩; im Fahrzeug przywozić ⟨-wieźć⟩
**Herbst** m (-es; -e) jesień f; **im ~** jesienią, na jesieni; **es wird ~** nastaje jesień
**Herd** m (-[e]s; -e) piec kuchenny, kuchnia (elektryczna); MED, fig ognisko **Herde** f stado, trzoda (t. fig) **Herdplatte** f płyta kuchenna
**herein** adv do wnętrza, do środka; **~!** proszę (wejść)! **hereinbitten** (irr) ⟨po⟩prosić o wejście (do środka) **hereinbrechen** v/i (irr; sn) Nacht zapa(da)ć; Unglück spadać ⟨spaść⟩ (**über j-n** na k-o) **hereindürfen** (irr) umg: **er darf herein** wolno mu wejść (**in** akk, **zu do** gen) **hereinfallen** v/i (irr; sn) Licht wpadać ⟨wpaść⟩ **hereinkommen** v/i (irr; sn) wchodzić ⟨wejść⟩ (**in** akk do gen); Sendung nadchodzić ⟨nadejść⟩; Geld wpływać ⟨wpłynąć⟩ **hereinlegen** wkładać ⟨włożyć⟩ do środka **hereinregnen**: unpers **es regnet ~** deszcz pada do środka
**herfahren** (irr) v/t przywozić ⟨-wieźć⟩ (tu); v/i (sn) ⟨przy⟩jechać (tu) **herfallen** v/i (irr; sn) (**über** akk) napadać ⟨-paść⟩, (a. gierig essen) rzucać ⟨-cić⟩ się (na akk) **Hergang** m (-s; bpl) przebieg **hergeben** (irr) v/t da(wa)ć; (weggeben) oddawać (a. fig); **... gibt nichts her** ... nic nie daje; **sich ~ zu etw** da(wa)ć się użyć do ⟨gen⟩ **hergehen** v/i (irr; sn) iść, kroczyć (**hinter, vor j-m** za, przed inst) **herhalten** v/i (irr): **~ müssen** służyć (**als** jako); Person pokutować (**für** za akk) **herholen** sprowadzać ⟨-dzić⟩ **herhören** v/i słuchać

**Hering** m (-s; -e) śledź m
**herkommen** v/i (irr; sn) przychodzić ⟨przyjść⟩ (tu) **herkömmlich** zwyczajowy, tradycyjny **Herkunft** f (bpl) pochodzenie **herleiten** → ableiten **hermachen** umg: **sich ~ (über etw)** zab(ie)rać się (do gen); v/i **das Zimmer macht schon etwas her** pokój ładnie się prezentuje
**hermetisch** hermetyczny
**hernach** adv potem; (nachher) później **hernehmen** (irr) brać ⟨wziąć⟩; **wo soll ich ... ~?** skąd mam wziąć ...?
**Heroin** n (-s; bpl) heroina, umg hera
**heroisch** heroiczny, bohaterski (-ko)
**Herpes** m (-; bpl) MED opryszczka
**Herr** m (-n; -en) pan; **der ~** rel Pan (Bóg); **... der ~en** SPORT ... mężczyzn; **~ Doktor** Anrede panie doktorze; **meine ~en** panowie **Herrenartikel** mpl galanteria męska **Herrenhaus** n dwór, dworek **herrenlos** bezpański, niczyj **Herrgott** (bpl) Pan Bóg; pl-inen, austr krucyfiks
**herrichten** ⟨przy⟩szykować
**Herrin** f pani **herrisch** władczy (-czo), butny **herrlich** wspaniały (-le), świetny **Herrschaft** f (bpl) panowanie; mst pl **~en** państwo; **bitte, meine ~en, ...** proszę państwa ... **herrschaftlich** pański; prąd po pańsku, z pańska **herrschen** v/i panować **Herrscher(in** f) m władca m (-czyni) **herrschsüchtig** fig despotyczny
**herrühren** v/i wynikać ⟨-knąć⟩, wywodzić się (**von etw** z gen) **herstammen** v/i pochodzić (**von, aus** z gen)
**herstellen** wytwarzać ⟨-tworzyć⟩, produkować **Hersteller(in** f) m wytwórca m; (Betrieb, t-ko m) wytwórnia **Herstellung** f wytwarzanie, produkcja **Herstellungskosten** pl koszty mpl wytwarzania
**herüber** adv tu, w tę stronę **herüberreichen** v/t poda(wa)ć
**herum** adv naokoło, dookoła; **um etw, j-n ~** wokół, dokoła ⟨gen⟩; umg (etwa) około; **verkehrt ~** do góry nogami; **im Kreis ~** w koło, w kółko **herumführen** v/t oprowadzać ⟨-dzić⟩ (**in der Stadt** po mieście); v/i prowadzić (**um etw** wokół gen) **herumgehen** (irr; sn) v/i chodzić (**im Zimmer** po pokoju) **herumirren** v/i (irr; sn) błąkać się **herumkommen**

**umg** v/i (irr; sn) wyjeżdżać ⟨-jechać⟩ od wychodzić ⟨wyjść⟩ (**um die Ecke** zza rogu ulicy); **weit (in der Welt) ~** zwiedzić pf kawał świata; fig **um etw ~** uniknąć pf (gen) **herumliegen** umg v/i (irr) walać się, poniewierać się **herumlungern** umg v/i obijać się, pałętać się **herumsprechen** (irr): **sich ~** roznosić ⟨roznieść⟩ się **herumstehen** umg v/i (irr): **um j-n, etw ~** otaczać ⟨otoczyć⟩ (akk), (untätig dastehen) wystawać, sterczeć; Sachen stać wszędzie (bezładnie) **herumtreiben** umg (irr): **sich ~** szwendać się, ciągać się (in dat po lok) **herunter** adv w dół, na dół; → herab **herunterbringen** (irr) znosić ⟨znieść⟩ na dół **herunterkommen** v/i (irr; sn) schodzić ⟨zejść⟩ na dół; Person opuszczać ⟨opuścić⟩ się, zaniedb(yw)ać się **herunterleiern** pop (-re) odklep(yw)ać **herunterreißen** v/t (irr) zdzierać ⟨zedrzeć⟩ **herunterschalten** v/i ⟨z⟩redukować biegi **herunterspielen** umg fig umniejszać ⟨-szyć⟩

**hervor** adv z, zza, spoza, spod (gen), (nach vorn) do przodu **hervorbringen** (irr) wyda(wa)ć; Töne wydoby(wa)ć **hervorgehen** v/i (irr; sn) wynikać ⟨-knąć⟩ (aus z gen); **als Sieger ~** wychodzić ⟨wyjść⟩ zwycięsko, zosta(wa)ć zwycięzcą; **daraus geht hervor** z tego wynika **hervorheben** (irr) ⟨za⟩akcentować, wypuklać ⟨-lić⟩ **hervorragend** adj znakomity ⟨-cie⟩; Person a. wybitny **hervorrufen** (irr) wywoł(yw)ać; Interesse a. wzbudzać ⟨-dzić⟩ **hervorstechen** v/i (irr) rzucać ⟨-cić⟩ się w oczy **hervortreten** v/i (irr) wychodzić ⟨wyjść⟩ (aus etw z gen), ukaz(yw)ać się (**hinter** dat spoza gen); Adern występować ⟨-stąpić⟩; (deutlich sichtbar werden) uwydatni(a)ć się **hervortun**: (irr) **sich ~** zysk(iw)ać rozgłos (**als** jako); **sich mit etw ~** wyróżni(a)ć się (inst)

**Herz** n (-ens; -en) serce; in festen Wendungen ◊ **mit** adj **leichten ~ens** z lekkim sercem; **schweren ~ens** z ciężkim sercem, z bólem serca; **von ganzem ~en** całym sercem, z całego serca ◊ **mit** subst **das ~ auf dem rechten Fleck haben** być porządnym człowiekiem; **ein ~ und eine Seele sein** zgadzać się (ze sobą) we wszystkim ◊ **mit** Verben **j-m sein ~ ausschütten** otwierać ⟨otworzyć⟩ serce (przed inst); **j-m das ~ abdrücken** ciążyć k-u na sercu; **j-m blutet das ~** serce k-u się kraje; **j-m das ~ brechen** ⟨z⟩łamać k-u serce; **j-m dreht sich das ~ im Leibe (herum)** serce k-u się ściska; **sich** (dat) **ein ~ fassen** zdoby(wa)ć się na odwagę; **ein ~ haben für** ... mieć serce dla, do (gen); umg **j-m ist das ~ in die Hose gerutscht** serce uciekło mu w pięty (dat); **j-m lacht das ~** serce k-u się raduje; **j-m sein ~ schenken** ofiarow(yw)ać k-u serce; j-m **schlägt das ~ bis zum Hals (hinauf)** serce podchodzi k-u do gardła ◊ mit präp **j-m am ~en liegen** leżeć k-u na sercu; **ans ~ drücken** ⟨przy⟩tulić do serca; **j-m ans ~ gewachsen sein** przypaść k-u do serca; **j-m ans ~ legen** kłaść na sercu (dat); **etw auf dem ~en haben** mieć na sercu (akk); **Hand aufs ~** z ręką na sercu; **j-n ins ~ schließen** bardzo polubić pf (akk); **etw nicht übers ~ bringen** nie mieć serca (do gen, inf); **sich** (dat) **etw zu ~en nehmen** brać ⟨wziąć⟩ sobie do serca (akk)

**Herzanfall** m atak serca **Herzensgüte** f dobroć f serca **Herzenslust** f: **nach ~** ile dusza zapragnie **herzerfrischend** adj rozbrajający (-co) **Herzfehler** m wada serca **herzhaft** mocny **herziehen** (irr): v/t **hinter sich ~** ciągnąć (za sobą) (akk); v/i (sn) (umziehen) sprowadzać ⟨-dzić⟩ się (tu); umg fig (h, sn) (**über** j-n) obnosić na językach, obgadywać (akk)

**Herzinfarkt** m zawał mięśnia sercowego, umg zawał serca **Herzklopfen** n bicie od kołatanie serca; **mit ~** z bijącym sercem **herzkrank** chory na serce **Herzleiden** n choroba od schorzenie serca **herzlich** serdeczny; **~ gern** bardzo chętnie **Herzlichkeit** f (bpl) serdeczność f **herzlos** bez serca, nieczuły, bezduszny

**Herzog** m (-s; Herzöge) książę m **Herzogin** f księżna **Herzogtum** n (-s; -tümer) księstwo

**Herzoperation** f operacja na (otwartym) sercu **Herzschlag** m uderzenie serca; MED (bpl) atak serca **Herzschrittmacher** m kardiostymulator, umg rozrusznik (serca) **Herzversagen** n zatrzymanie akcji serca **herzzerreißend** adj rozdzierający serce

**hessisch** heski
**heterosexuell** heteroseksualny
**Hetze** f podżeganie; *umg* (*Hast*) (gorączkowy) pośpiech, gonienie **hetzen** (-zt): *v/t* **den Hund auf j-n ~** ⟨po⟩szczuć psa na (*akk*); *Wild a.* gonić; *v/i abw* judzić, szczuć (**gegen** przeciw *dat*); *umg* (*eilen*) gnać, pędzić; **sich ~** spieszyć się, gonić **Hetzkampagne** f nagonka (**gegen** na *akk*)
**Heu** n (-s; *bpl*) siano; *umg* (*Marihuana*) trawka
**Heuchelei** f obłuda, hipokryzja **heucheln** (-le) *v/t u. v/i* udawać **Heuchler**(**in**) *m*(*f*) obłudnik (-ica) **heuchlerisch** obłudny, fałszywy
**heuer** *adv pł-niem, austr, szwajc* tego roku, w tym roku
**Heuernte** f sianokosy *mpl*
**heulen** *v/i* umg wyć, beczeć
**Heurige**(**r**) m (-n) *austr* młode wino
**Heuschnupfen** m katar sienny **Heuschrecke** f szarańcza
**heute** *adv* dzisiaj, dziś; **~ Morgen** dziś rano; **~ Nacht** dziś w nocy; **bis ~** do dzisiaj; **von ~ an od** dzisiaj; **~ vor acht Tagen** tydzień temu **heutig** dzisiejszy; **bis zum ~en Tag** do dziś dnia, po dziś dzień **heutzutage** *adv* dziś, obecnie
**Hexe** f wiedźma; *abw* **alte ~** stara jędza **Hexenschuss** m (*bpl*) postrzał, lumbago **Hexerei** f czary *mpl*, gusła *pl*
**Hibiskus** m (-; -ken) ketmia
**Hickhack** *umg* n *od* m (-s; -s) polemika; *umg* przepychanka
**Hieb** m (-[e]s; -e) cios, raz
**hielt** → halten
**hier** *adv* tu, tutaj; **~ und da** tu i tam; **von ~** stąd; **von ~ an** odtąd; **dieser ~** ten oto; **~ sind ...** tu są ..., oto ...; **~ Kowalski** tu Kowalski; **~ sein** być tu(taj) **hierauf** *adv* sitzen na tym; *setzen* na to, tu **hieraus** *adv* z tego **hierbei** *adv* przy tym **hierdurch** *adv* przez to **hierfür** *adv* na to, do tego; *geben* za to **hierher** *adv* tu; **bis ~** dotąd, potąd; **das gehört ~** to powinno być tu; **fig das gehört nicht ~** to nie ma nic do rzeczy **hierhin** *adv* tu, tędy **hierin** *adv* w tym
**hiermit** *adv* tym; *bestätigen* niniejszym **hiernach** *adv* według tego **hierüber** *adv* o tym **hierunter** *adv* (*unter diesem*) pod tym; *fig* z tego powodu; (*unter dieser Menge*) wśród tego **hiervon** *adv* od tego; *hören* o tym; *etw machen* z tego **hierzu** *adv* do tego; (*diesbezüglich*) w tej sprawie **hierzulande** *adv* tu, w tym kraju
**hiesig** tutejszy, miejscowy
**hieß** → heißen
**high** [haɪ] *umg sl* naćpany; **~ sein** być na haju, odlecieć *pf* **Highlight** n (-[s]; -s) highlight *m*
**Hilfe** f pomoc f (*a. Person*); **~ bringen, zu ~ kommen** przychodzić ⟨przyjść⟩ z pomocą; **Erste ~ leisten** udzielać ⟨-lić⟩ pierwszej pomocy; **um ~ rufen** wołać na *od* o pomoc; (**zu**) **~!** ratunku!, pomocy!, na pomoc! **Hilferuf** m wołanie o pomoc **hilflos** bezradny **hilfreich** pomocny **Hilfsaktion** f akcja pomocy **Hilfsarbeiter** m niewykwalifikowany robotnik **hilfsbedürftig** potrzebujący pomocy **Hilfsbereitschaft** f gotowość f udzielenia pomocy **Hilfsmittel** n środek pomocniczy; *pl a.* pomoc materialna **Hilfsverb** n czasownik posiłkowy **Hilfswerk** n instytucja pomocowa
**Himbeere** f malina
**Himmel** m niebo; *rel* niebo, niebiosa *pl*; **am ~** na niebie; **unter freiem ~** pod gołym niebem; **um ~s willen!** wielkie nieba! **Himmelbett** n łóżko z baldachimem **Himmelfahrt** f (*bpl*): **Christi ~** Wniebowstąpienie; **Mariä ~** Wniebowzięcie Najświętszej Marii Panny **Himmelreich** n (*bpl*) królestwo niebieskie **himmelschreiend** *adj* wołający o pomstę do nieba **Himmelskörper** m ciało niebieskie **Himmelsrichtung** f strona świata **himmlisch** *fig* niebiański
**hin** *adv räumlich* tam, w tamtą stronę; **nach ... ~, zu ... ~** w kierunku (*gen*), na (*akk*), ku (*dat*); **bis ... ~** (hen,) aż do (*gen*), aż po (*akk*); **~ und her** gehen tu i tam, tędy i owędy; **~ und zurück** tam i z powrotem; *Fahrkarte a.* powrotny; **~ und wieder** od czasu do czasu, niekiedy; **lange Zeit ~** przez długi czas; **auf s-n Rat ~** za jego radą; **auf die Gefahr ~, dass ...** ryzykując, że ... **hinauf** *adv* na górę, w górę, ku górze; **bis ... ~** aż do (*gen*) **hinaufgehen** *v/i* (*irr; sn*) wchodzić ⟨wejść⟩ na górę; *fig* wzrastać ⟨wzrosnąć⟩
**hinaus** *adv* przez ... (na zewnątrz); na (*akk*); **durch die** *od* **zur Tür ~** przez drzwi; **aufs Meer ~** na (pełne) morze; (*weiter als*)

**über ...** ~ poza (*akk, inst*); **darüber** ~ poza tym; *zeitlich* **auf Jahre** ~ na lata naprzód **hinausbegleiten** (-) *j-n* odprowadzać <-dzić> do wyjścia **hinausgehen** *v/i* (*irr; sn*) wychodzić <wyjść> (**aus dem Haus** z domu; **auf die Straße** na ulicę); *Fenster* wychodzić (**nach Westen** na zachód) **hinausjagen** *v/t* wypędzać <-dzić> **hinauslaufen** (*irr*) (*sn*) wybiegać <-biec> (**auf den Hof** na dwór; **aus dem Haus** z domu); *fig* sprowadzać <-dzić> się (**auf etw** do *gen*) **hinauslehnen**: **sich** ~ wychylać <-lić> się (**zum Fenster** z okna) **hinausschieben** (*irr*) *fig* przesuwać <-sunąć>, odkładać <odłożyć> (**na później**); (*aufschieben*) zwlekać (z *inst*) **hinauswerfen** (*irr*) wyrzucać <-cić> (**aus dem Fenster** przez okno; **zur Tür** za drzwi) **hinauswollen** *v/i* (*irr*) chcieć wyjść; *fig* **auf etw** ~ zmierzać (do *gen*)

**Hinblick** *m*: **im** ~ **auf** (*akk*) ze względu na (*akk*); (*in Bezug auf*) odnośnie do (*gen*) **hinderlich** *adj*: ~ **sein** (*dat, für*) przeszkadzać (*dat*), być przeszkodą (w *lok*) **hindern** (-re) przeszkadzać <-szkodzić> (**j-n bei der Arbeit, am Sprechen** k-u w pracy, w mówieniu); **das hinderte ihn nicht daran, zu ...** to mu nie przeszkodziło (+ *inf*) **Hindernis** *n* (-ses; -se) przeszkoda **Hinderungsgrund** *m* przeszkoda

**hindeuten** *v/i* wskazywać (**auf** *akk* na *akk*) **hindurch** *adv*: **durch ...** ~ przez (*akk*); **das ganze Jahr** ~ przez cały rok **hinein** *adv* (tędy) do środka (*gen*), (*gen*) **hineinfinden** (*irr*) (**in** *akk*) *v/i* trafi(a)ć do środka *od* wnętrza (*gen*); sich ~ *fig* wciągać <-gnąć> się (do *gen*, w *akk*) **hineingehen** *v/i* (*irr; sn*) wchodzić <wejść> (**in** *akk* do *gen*) **hineinversetzen**: **sich** ~ wejść *pf* (**in m-e Lage** w moje położenie) **hineinziehen** (*irr*) wciągać <-gnąć>

**hinfahren** (*irr*) *v/t* zawozić <-wieźć> (tam, **nach, zu** do *gen*); *v/i* (*sn*) jeździć, <po>jechać (tam, do *gen*); **wo fährst du hin?** dokąd jedziesz? **Hinfahrt** *f*: **auf der** ~ jadąc tam, po drodze tam **hinfällig** *adj* niedołężny; (*ungültig*) nieważny, bezprzedmiotowy **Hinflug** *m* lot tam *od* do (*gen*); **auf dem** ~ (**nach**) podczas lotu (do *gen*)

**hing** → **hängen**
**Hingabe** *f* (*bpl*) oddanie **hingeben** (*irr*) *v/t* odda(wa)ć ( **sich** *e-r Sache*, **j-m** się *dat*)
**hingegen** *konj* natomiast **hingehen** *v/i* (*irr; sn*) iść <pójść>; **wo gehst du hin?** dokąd idziesz?; **gehe nicht hin** nie idź tam **hingerissen** *umg pperf, adj* → **hinreißen**
**hinhalten** (*irr*) pod(aw)ać (**j-m das Glas** kieliszek k-u); (*vertrösten*) zwodzić, łudzić **hinken** *v/i* utykać (**na nogę**), kuleć
**hinlegen** *v/t* kłaść <położyć>; **sich** ~ kłaść <położyć> się (**do łóżka**) **hinnehmen** (*irr*) (*dulden*) znosić <znieść>; *Tatsache* <po>godzić się (z *inst*) **hinreichend** *adj* wystarczający <-co>
**Hinreise** *f* podróż *f*; **auf der** ~ **nach ...** w *od* podczas podróży do (*gen*)
**hinreißen** (*irr*) porywać <-rwać> (**zu** do *gen*); **sich zu etw** ~ **lassen** nie móc opanować (*gen*); **hingerissen sein** (**von**) być zachwyconym, zachwycać się (*inst*) **hinreißend** *adj* porywający <-co>, zachwycający <-co>
**hinrichten** *j-n* stracić *pf* **Hinrichtung** *f* wykonanie kary śmierci, stracenie
**hinsetzen**: **sich** ~ siadać <usiąść>
**Hinsicht** *f* (*bpl*): **in dieser, jeder** ~ pod tym, każdym względem; **in vieler** ~ pod wieloma względami **hinsichtlich** *präp* (*gen*) pod względem (*gen*)
**Hinspiel** *n* SPORT pierwszy mecz
**hinstellen** postawić *pf*, ustawi(a)ć; **sich** ~ ustawi(a)ć się (**vor** *dat* przed *inst*)
**hinten** *adv* z tyłu, w tyle; **nach** ~ w tył, do tyłu; **von** ~ z tyłu, od tyłu; *od* końca; **weiter** ~ dalej w tyle; *im Text* poniżej; ~ **stehen** stać z tyłu *od* w tyle **hintenüber** *adv* do tyłu, tyłem
**hinter** *präp* (*wohin?* *akk, wo?* *dat*) za (*akk, inst*), poza (*inst*); ~ **etw** (*dat*) **hervor** zza, spoza (*gen*); *fig* ~ **j-m, etw stehen** popierać (*akk*); ~ **etw kommen** wykry(wa)ć (*akk*); **etw** ~ **sich bringen** doprowadzać <-dzić> do końca (*akk*); **das habe ich** *od* **das liegt schon** ~ **mir** mam to już za sobą; **etw** ~ **sich lassen** zostawi(a)ć za sobą **Hinterbliebenen** *pl* rodzina zmarłego **hintere** *adj* tylny, ... od tyłu
**hintereinander** *adv* jeden <-dno> za *od* po drugim, jedna za drugą *od* po dru-

giej; *zeitlich* z rzędu **Hintergedanke** *m* myśl uboczna **hintergehen** (irr; -) oszuk(iw)ać **Hintergrund** *m* tło; *fig* (*oft a. pl* **Hintergründe**) podłoże, tło; **im ~** w tle, w głębi, na dalszym planie **Hinterhalt** *m* (-[e]s; -e) zasadzka **hinterhältig** podstępny, perfidny **hinterher** *adv* za (*inst*), po (*lok*); (*danach*) potem; *umg* **~ sein, dass ...** bardzo uważać na to, żeby ...; **~ bedauern** żałować poniewczasie **Hinterhof** *m* (tylne) podwórze **Hinterkopf** *m* tył głowy, potylica **Hinterland** *n* EKON zaplecze **hinterlassen** (irr; -) pozostawi(a)ć po sobie; *als Erbe* pozostawić w spadku **hinterlegen** (-) ⟨z⟩deponować, da(wa)ć na przechowanie; *als Pfand* da(wa)ć w zastaw **Hinterlist** *f* (*bpl*) perfidia; (*Handlung*) podstęp **Hintermann** *m* (*pl* -männer): **dein ~** osoba stojąca *od* siedząca za tobą; *fig* pokątny doradca, potajemny inspirator **Hintern** *umg m* tyłek, zadek, pośladki *mpl* **Hinterradantrieb** *m* napęd na tylne koła **hinterrücks** *adv* (podstępnie) od tyłu **hinters** *umg* = **hinter das hinterste** *sup* (*letzte*) ostatni **Hinterteil** *n umg* zadek, tyłek **Hintertür** *f* tylne drzwi *pl*; **durch die ~** tylnymi drzwiami **hinterziehen** (irr; -) nie ujawni(a)ć (*gen*) **Hinterzimmer** *n* tylny pokój; *an e-m Geschäft* zaplecze
**hinüber** *adv* na tamtą *od* drugą stronę **hinübergehen** *v/i* (irr; sn) przechodzić ⟨przejść⟩ na tamtą *od* drugą stronę **Hin- und Rückfahrt** *f* podróż *f od* jazda tam i z powrotem **Hin- und Rückflug** *m* przelot tam i z powrotem, przelot w obie strony
**hinunter** *adv* na dół, w dół **hinunterschlucken** przełykać ⟨-łknąć⟩ **hinuntersteigen** *v/t u. v/i* (irr; sn) schodzić ⟨zejść⟩ (**die Treppe** po schodach),
**Hinweg** *m* (*bpl*) droga tam **hinweg** *adv* precz (**damit** z tym); *mit präp über, räumlich* ponad (*inst*); *zeitlich* przez (*akk*); **über Jahre ~** przez całe lata, całymi latami **hinweggehen** *v/i* (irr; sn) (**über** *akk*) pomijać ⟨-minąć⟩ (*akk*) **hinwegkommen** *v/i* (irr; sn) (**über** *akk*) *fig* przeboleć *pf* (*akk*) **hinwegsehen** *v/i* (irr) (**über** *akk*) *fig* przymykać ⟨-mknąć⟩ oczy (na *akk*) **hinwegsetzen**: **sich ~** (**über** *akk*) nie dbać (o *akk*), lekceważyć (*akk*)

**Hinweis** *m* (-es; -e) wskazówka **hinweisen** (irr) *v/i* wskaz(yw)ać, zwracać ⟨zwrócić⟩ uwagę (**auf** *akk* na *akk*) **Hinweisschild** *n* AUTO znak informacyjny
**hinziehen** *v/t* pociągać; (*in die Länge ziehen*) przewlekać ⟨-wlec⟩; **sich hingezogen fühlen zu j-m**, *etw* czuć sympatię dla *od* do (*gen*); **etw zieht mich zu diesem Ort hin** miejscowość ta pociąga mnie (*inst*); *v/i* (sn) **~ umziehen**; **sich ~** ciągnąć się, przeciągać ⟨-gnąć⟩ się **hinzufügen** doda(wa)ć **hinzukommen** *v/i* podchodzić ⟨podejść⟩; *Sachen* dochodzić ⟨dojść⟩; **es kommt noch hinzu, dass** dodać jeszcze trzeba, że **hinzuziehen** *v/t* (irr) zasięgać ⟨-gnąć⟩ opinii (u *gen*)
**Hirn** *n* (-[e]s; -e) mózg **hirnverbrannt** *umg adj* bzdurny, zwariowany
**Hirsch** *m* (-[e]s; -e) jeleń *m* **Hirschbraten** *m* pieczeń *f* z jelenia
**Hirse** *f* (*bpl*) proso; KULIN jagły *fpl* **Hirsebrei** *m* kasza jaglana
**Hirt** *m* (-en), **Hirte** *m* (-n) pastuch, pasterz **Hirtin** *f* pastuszka, pasterka
**hissen** (*hisst*) podnosić ⟨-nieść⟩
**Historiker(in)** *m(f)* historyk (-ryczka) **historisch** historyczny, dziejowy
**Hit** *umg m* (-[s]; -s) przebój, hit
**Hitze** *f* upał, skwar **hitzebeständig** żaroodporny **Hitzewelle** *f* fala upałów **hitzig** gorący; *Debatte* burzliwy (-wie), zacięty (-cie) **Hitzkopf** *umg m* zapaleniec, narwaniec **Hitzschlag** *m* udar cieplny
**HIV-negativ** [ha:ʔiː'faʊ-] niewykazujący zakażenia wirusem HIV
**H-Milch** *f* mleko UHT
**HNO-Arzt** *m* laryngolog
**hob** → **heben**
**Hobby** ['hɔbi] *n* (-s; -s) hobby
**Hobel** *m* strug, *umg* hebel **hobeln** (-le) ⟨o⟩strugać, ⟨o⟩heblować
**hoch** **A** *adj* (hohe, höher, höchste) wysoki; *fig* wielki; *Alter* sędziwy; *Ziel* wysoko postawiony; **auf hoher See** na pełnym morzu; **der hohe Norden** daleka północ; **von hohem Wuchs** wysokiego wzrostu; **von hohem Wert** bardzo wartościowy; **... Meter hoher Berg** góra o wysokości ... metrów; **e-e hohe Anzahl von ...** wielka ilość (*gen*) **B** *präd* wysoko, wysoce; **~ oben** tam wysoko (na niebie); **Hände ~!**

ręce do góry!; **drei Treppen ~** na trzecim piętrze; **wie ~ ist die Summe?** ile wynosi suma?; **2 ~ 3** dwa do potęgi trzeciej **j-n ~ achten** wysoko cenić k-o; **~ gewinnen** wygrać *pf* wysoko; **etw ~ und heilig versprechen** przyrzekać ⟨-rzec⟩ na wszystkie świętości; *umg* **das ist mir zu ~** to nie na mój (głupi) rozum; *umg* **wenn es ~ kommt** co najwyżej **C** *nur adv* **~ bezahlt** wysoko płatny; **~ empfindlich** wysoko czuły; **~ entwickelt** wysoko rozwinięty; **~ qualifiziert** wysoko kwalifikowany **Hoch** *n* (-s; -s) wiwat; METEO wyż **Hochachtung** *f* głęboki szacunek **hochachtungsvoll** *adv* z wyrazami głębokiego szacunku **Hochamt** *n rel* suma **Hochbau** *m* (*bpl*) budownictwo lądowe nadziemne; (*pl* -bauten) budowla nadziemna **Hochbetrieb** *m* (*bpl*) gorączkowa praca **Hochburg** *f* fig ostoja **hochdeutsch** JĘZ wysokoniemiecki; **~ sprechen** mówić ogólnoniemieckim językiem literackim **Hochdruck** *m* (*bpl*) wysokie ciśnienie; *fig* **mit ~** pełną parą **Hochdruckgebiet** *n* obszar wyżowy **Hochebene** *f* płaskowyż **Hochform** *f* (*bpl*) wspaniała forma **hochgestellt** *adj fig* wysoko postawiony, wysoki rangą **hochgewachsen** wybujały **Hochglanz** *m* połysk lustrzany **Hochhaus** *n* wysokościowiec **hochherzig** wielkoduszny **hochinteressant** arcyciekawy **hochkant** *adv* na sztorc **hochklappen** *v*/*t* podnosić ⟨-nieść⟩ **Hochkonjunktur** *f* wysoka koniunktura **Hochland** *n* (*pl* -länder *u* -e) wyżyna **hochleben** *v*/*i*: **j-n ~ lassen** wznosić ⟨wznieść⟩ *pf* toast na cześć (*gen*); **... lebe hoch!** niech żyje ...! **Hochmoor** *n* torfowisko wyżynne **hochmütig** butny, wyniosły (-le) **hochnäsig** *umg* zarozumiały (-le) **hochnehmen** (*irr*) podnosić, unosić ⟨-nieść⟩; *Kind* brać ⟨wziąć⟩ na ręce **hochprozentig** wysokoprocentowy **Hochrechnung** *f* ekstrapolacja; *bei Wahlen* komputerowa prognoza **Hochsaison** *f* pełnia sezonu **Hochschule** *f* szkoła wyższa, uczelnia **Hochschulreife** *f* świadectwo dojrzałości, matura **Hochsee** *f* (*bpl*) pełne morze **Hochsommer** *m* pełnia lata, lato w pełni **Hochspannung** *f* ELEK

wysokie napięcie; *fig* najwyższe napięcie **hochspielen** rozdmuch(iw)ać **Hochsprache** *f* język literacki **Hochsprung** *m* skok wzwyż **höchst** *adv* nadzwyczaj **Hochstapler(in)** *m*(*f*) aferzysta *m* (-tka), hochsztapler(ka) **höchste** *sup* najwyższy; maksymalny; *adv* **am ~n** najwyżej **höchstens** *adv* (co) najwyżej; (*außer*) chyba że **Höchstgeschwindigkeit** *f* (zulässige dozwolona) prędkość maksymalna **Höchstleistung** *f* SPORT szczytowe osiągnięcie, wyczyn; *e-s Motors* moc maksymalna **Höchstmaß** *n* maksimum *n* **Höchstpreis** *m* najwyższa cena **Höchststand** *m* najwyższy poziom **höchstwahrscheinlich** *adv* najprawdopodobniej **hochtreiben** (*irr*) *umg* podbi(ja)ć **hochverdient** *adj* wielce zasłużony **Hochverrat** *m* zdrada stanu **Hochwasser** *n* (*bpl*) przybór wód; (*Überflutung*) powódź *f* **hochwertig** wysokogatunkowy **Hochzahl** *f* MAT wykładnik **Hochzeit** *f* wesele **Hochzeitsgeschenk** *n* prezent ślubny **Hochzeitsreise** *f* podróż poślubna **Hochzeitstag** *m* dzień *m* ślubu **Hochzeitszug** *m* orszak weselny **Hocke** *f* kucki *pl* **hocken** *v*/*i* (*reg a. sn*) siedzieć w kucki; *umg fig* siedzieć, ślęczeć; **sich ~** kucać ⟨(przy)kucnąć⟩ **Hocker** *m* taboret **Höcker** *m* garb **Hockey** ['hɔki, 'hɔke] *n* (-s; *bpl*) hokej **Hoden** *m* jądro **Hof** *m* (-[e]s; Höfe) podwórze; (*Bauernhof*) zagroda, gospodarstwo **hoffen** *v*/*t*. *v*/*i* mieć nadzieję, spodziewać się (**auf** *etw*, **dass** ... że ...); **ich will nicht ~, dass** ... spodziewam się, że nie ...; **wir ~ auf Ihr Verständnis** liczymy na Pana wyrozumiałość **hoffentlich**: *adv* **~** ... mam(y) nadzieję, że ...; spodziewam(y) się, że ...; *als Antwort* **~!** miejmy nadzieję, że tak! **Hoffnung** *f* nadzieja; **die ~ haben zu** (+ *inf*) mieć nadzieję (+ *inf*); **es besteht die ~, dass** ... jest nadzieja, że ...; **sich ~ en machen (auf etw)** żywić nadzieję (*gen*, na *akk*) **hoffnungslos** beznadziejny **hoffnungsvoll** pełen nadziei, ufny; (*vielverspre-*

## Hofgang – Hornisse

*chend)* obiecujący
**Hofgang** *m* spacer (w więzieniu)
**höflich** uprzejmy, grzeczny **Höflichkeit** *f* uprzejmość *f*, grzeczność *f*
**hohe, hoher, hohes** → hoch
**Höhe** *f* wysokość *f*; (*Niveau*) poziom; **auf gleicher ~** na tej samej wysokości; **auf halber ~** w połowie wysokości; **in ~ von ... Złoty** w wysokości ... złotych
**Hoheit** *f* (*bpl*) POL suwerenność *f*; (*pl* -en) (**Eure**) ~ Wasza Wysokość **Hoheitsgebiet** *n* suwerenne terytorium **Hoheitsgewässer** *n* wody *fpl* terytorialne
**Höhenangst** *f* (*bpl*) lęk wysokości **Höhenkrankheit** *f* (*bpl*) choroba górska **Höhenmesser** *m* wysokościomierz **Höhenunterschied** *m* różnica wysokości **höhenverstellbar** *z* regulowaną wysokością **Höhepunkt** *m* punkt kulminacyjny; (*Orgasmus*) szczytowanie
**höher** *komp adv* wyżej
**hohl** pusty
**Höhle** *f* jaskinia
**Hohlmaß** *n* miara objętości **Hohlraum** *m* próżnia, wydrążenie
**Hohn** *m* (-[e]s; *bpl*) szyderstwo **höhnisch** szyderczy (-czo)
**Hokkaidokürbis** *m* BOT dynia hokkaido *f*
**holen** *v/t* przynosić ⟨przynieść⟩; (*hingehen od fahren und mitbringen*) iść ⟨pójść⟩ od ⟨po⟩jechać po (*akk*); **Luft, Atem ~** zaczerpnąć *pf* powietrza, odetchnąć *pf*; **sich ~ złapać** *pf*; **sich Rat ~** zasięgać ⟨-gnąć⟩ rady (**bei** u *gen*)
**Holländer(in)** *m(f)* Holender(ka) **holländisch** holenderski (po -ku)
**Hölle** *f* (*bpl*) piekło **höllisch** piekielny; *adv ung* piekielnie, diabelnie
**holp(e)rig** wyboisty
**Holunder** *m* czarny bez
**Holz** *n* (-es; *bpl*) drewno; **aus ~** z drzewa, drewniany **hölzern** drewniany; *fig* sztywny **Holzfäller** *m* drwal **Holzfaserplatte** *f* płyta pilśniowa **holzfrei** bezdrzewny **holzig** zdrewniały **Holzindustrie** *f* przemysł drzewny **Holzkohle** *f* węgiel drzewny **Holzleim** *m* klej stolarski **Holzschnitt** *m* drzeworyt **Holzschraube** *f* wkręt do drewna **Holzschuh** *m* drewniak **Holzweg** *m* (*bpl*): *fig* **auf dem ~ sein** być w błędzie, mylić się **Holzwolle** *f* wełna drzewna

**Homeoffice** *n* (*Heimarbeit*) praca z domu; (*Arbeitsplatz*) biuro w domu
**Homo** *umg m* (-s; -s) gej
**homöopathisch** homeopatyczny
**homosexuell** homoseksualny **Homosexuelle(r)** *m* (-n) homoseksualista *m*
**Honig** *m* (-s; *bpl*) miód **Honigkuchen** *m* piernik, miodownik
**Honorar** *n* (-s; -e) honorarium *n* **honorieren** (-) honorować
**Hopfen** *m* (-s; *bpl*) chmiel
**hörbar** słyszalny, dający się ⟨u⟩słyszeć
**hörbehindert** *adj* przygłuchy
**Horde** *f* horda
**hören** A *v/t* ⟨u⟩słyszeć (*akk*); *Darbietung* słuchać, wysłuch(iw)ać (*gen*); *aufmerksam* przysłuchiwać się (*dat*); **Vorlesungen ~** słuchać wykładów; **j-n singen ~** słyszeć, jak śpiewa (*nom*); (*zuhören*) słuchać śpiewu (*gen*); **an etw** (*dat*) **~, dass ...** (*erkennen*) pozna(wa)ć po (*inst*), że ...; **... über j-n, etw ~** ⟨u⟩słyszeć ... o (*lok*); **... von j-m ~** ⟨u⟩słyszeć ... od (*gen*); *e-e* **Menge zu ~ bekommen** nasłuchać się *pf* (*gen*); **er lässt nichts von sich ~** o nim nic nie słychać; **lass mal von dir ~** daj o sobie znać; *umg* **das lässt sich ~** miło to słyszeć B *v/i* (*akustisch wahrnehmen können*) słyszeć; **schwer ~** niedosłyszeć; **ich höre mal** (po)słuchaj (no); **auf etw ~** (*horchen*) słuchać, nasłuchiwać (*gen*); **auf j-n, etw ~** (*befolgen*) ⟨u⟩słuchać (się) (*gen*); **auf den Namen ... ~** mieć na imię ...; **ich habe von ihm gehört** słyszałem o nim; **davon will ich nichts ~** nie chcę o tym słyszeć; **wie man hört** jak słychać, jak wieść niesie; **ich habe gehört, dass ...** słyszałem, że ...; *umg* **(na) hör mal, ~ Sie mal!** kto to słyszał!; **..., dass dir Hören und Sehen vergeht!** ..., że w ogóle nie będziesz wiedział, co się z tobą dzieje; **Hörensagen** *n*: **vom ~** ze słyszenia **Hörer** *m* TEL słuchawka; (*Person*) słuchacz **Hörgerät** *n* aparat słuchowy
**Horizont** *n* (-[e]s; -e) horyzont, widnokrąg **horizontal** poziomy (-mo) **Horizontale** *f* linia pozioma
**Hormon** *n* (-s; -e) hormon
**Horn** *n* (-[e]s; Hörner) róg **Hörnchen** *n* KULIN rogalik **Hornhaut** *f* zrogowacenie (skóry); *des Auges* rogówka
**Hornisse** *f* szerszeń *m*

**horrend** horrendalny **Horror** m (-s; bpl) zgroza, horror; (Abscheu) wstręt **Horrorfilm** m horror **Horrorvision** f koszmar, umg makabra
**Hörsaal** m sala wykładowa **Hörspiel** n słuchowisko
**horten** (-e-) ⟨na⟩gromadzić
**Hörverstehen** n rozumienie ze słuchu **Hörweite** f zasięg słyszalności
**Höschen** n majt(eczki) pl **Hose** f spodnie pl **Hosenanzug** m spodnium m **Hosenbein** n nogawica **Hosentasche** f kieszeń f spodni **Hosenträger** mpl szelki fpl
**Hospital** n (-s; -e od -täler) szpital **Hostie** ['hostja] f hostia
**Hotel** n (-s; -s) hotel **hoteleigen** (przy)hotelowy **Hotelgast** m gość hotelowy **Hotelzimmer** n pokój w hotelu
**Hotline** f(-; -s) infolinia; für Computernutzer pomoc telefoniczna **Hotspot** m (-s) IT hotspot m
**Hubraum** m AUTO pojemność skokowa, litraż (silnika)
**hübsch** ładny; **sich ~ machen** ⟨przy-, wy⟩stroić się
**Hubschrauber** m śmigłowiec, helikopter
**huckepack** umg adv na baranie
**Huf** m (-[e]s; -e) kopyto **Hufeisen** n podkowa **Hufschlag** m (bpl) tętent (kopyt)
**Hüfte** f biodro **Hüftgelenk** n staw biodrowy
**Hügel** m wzgórze, pagórek; (aufgeschüttet) kopiec **hügelig** pagórkowaty (-to)
**Huhn** n (-[e]s; Hühner) kura, dim kurka **Hühnchen** n kurczę, kurczak **Hühnerauge** n odcisk, nagniotek **Hühnerbrühe** f rosół z kury **Hühnerstall** m kurnik
**Hülle** f pokrywa, (zewnętrzna) osłona; (Buchhülle) obwoluta; **in ~ und Fülle** w bród **hüllen: j-n, etw in** (akk) **~** okry(wa)ć, osłaniać ⟨osłonić⟩ k-o, co (inst); fig **sich in Schweigen ~** zachow(yw)ać milczenie **hüllenlos** (zupełnie) nagi (-go)
**Hülse** f BOT łupina, łuska; e-r Patrone łuska **Hülsenfrüchte** fpl (rośliny fpl) strączkowe pl
**human** ludzki (po -ku) **humanistisch** humanistyczny

**Hummel** f (-; -n) trzmiel
**Hummer** m homar
**Humor** m (-s; bpl) humor; (Sinn für) **~ haben** mieć poczucie humoru **humoristisch** humorystyczny
**humpeln** v/i (-le; a sn) ⟨po⟩kuśtykać; → hinken
**Hund** m (-[e]s; -e) pies; **bissiger ~** zły pies **hundeelend** adj: **sich ~ fühlen** czuć się pod psem **Hundefutter** n karma dla psów **hundekalt** umg: **es ist ~** (jest) zimno jak w psiarni **hundemüde** umg skonany
**hundert** num sto, pers stu; **etwa, rund ~** około stu; **~e** pl setki **Hundert**[1] n (-s; od -e) setka; **~e, zu ~en** setki; **einige ~** kilkaset; **viele ~e** wieleset; **fünf vom ~** pięć od sta **Hundert**[2] f (Zahl 100) sto **Hunderter** m setka; umg (Geldschein) a. stówa **hundertfach** stokrotny (-nie, -kroć) **Hundertjahrfeier** f obchody mpl setnej rocznicy **hundertjährig** stuletni **hundertprozentig** stuprocentowy **hundertste** nm setny **Hundertstel** n setna część; **auf ein ~ genau** z dokładnością do jednej setnej **hundertstel** adj jedna setna
**Hündin** f suka, suczka
**Hunger** m (-s; bpl) głód; **(keinen) ~ haben** (nie) być głodnym; **großen ~ haben** być bardzo głodnym **hungern** v/i (-re) głodować **Hungersnot** f klęska głodu **Hungerstreik** m głodówka (protestacyjna) **hungrig** głodny, zgłodniały; präd umg na głodniaka; **~ sein** mieć chętkę (**auf etw** na akk)
**Hupe** f klakson **hupen** v/i ⟨za⟩trąbić; Fahrer a. naciskać ⟨-cisnąć⟩ klakson
**hüpfen** v/i (sn) podskakiwać ⟨-skoczyć⟩, biec w podskokach
**Hupverbot** n zakaz używania sygnałów dźwiękowych, umg zakaz trąbienia
**Hürde** f SPORT płotek; fig bariera **Hürdenlauf** m bieg przez płotki
**Hure** f abw pop kurwa, kurwiszon
**husten** (-e-) v/i kasłać, kaszlać, kaszleć, kaszlnąć pf; v/t **Blut ~** pluć krwią **Husten** m (-s; bpl) kaszel **Hustenbonbon** m od n cukierek od kaszlu
**Hut**[1] m (-[e]s; Hüte) kapelusz; fig **vor j-m, etw den ~ ziehen** wyrazić uznanie (dla gen); umg fig **s-n ~ nehmen** złożyć pf rezygnację, odejść pf; umg **nichts am ~ ha-**

**ben (mit)** nie chcieć mieć nic do czynienia (z *inst*); *umg* **unter e-n ~ bringen** pogodzić *pf* (ze sobą); *umg* **eins auf den ~ kriegen** *pop* dostać *pf* ochrzan; *umg* **das ist doch ein alter ~!** to już stare dzieje!
**Hut²** f: **auf der ~ sein** (vor *dat*) mieć się na baczności (przed *inst*)
**hüten** (-e-) pilnować, strzec (*gen*); **sich ~** (vor *dat*) wystrzegać się, strzec się (*gen*)
**Hütte** f chałupa, (kurna) chata; (*Berghütte*) szałas; TECH huta
**Hyäne** f hiena
**Hybridauto** n samochód hybrydowy
**Hydrat** n (-[e]s; -e) CHEM wodzian
**hydraulisch** hydrauliczny
**Hydrokultur** f hydroponika
**hygienisch** [-gi'e:-] higieniczny
**Hymne** f hymn
**hypnotisieren** (-) ⟨za⟩hipnotyzować
**Hypothek** f hipoteka; **e-e ~ aufnehmen** zaciągać ⟨-gnąć⟩ dług na hipotekę
**Hysterie** [*pl* -'ri:ən] f histeria **hysterisch** histeryczny

---

**ich** *pron* ja; **~ war dort nicht** mnie tam nie było; *wird im Polnischen oft weggelassen* **~ habe es** ja to mam, mam to; **~ bin hier!** jestem tu!
**ichbezogen** *adj* egocentryczny
**ideal** idealny **Ideal** n (-s; -e) ideał; *in zssgn* idealny **idealisieren** (-) idealizować
**Idee** f pomysł
**identifizieren** (-) ⟨z⟩identyfikować, utożsami(a)ć (**mit** z *inst*) **identisch** identyczny (**mit** z *inst*) **Identität** f (*bpl*) identyczność f, tożsamość f
**Ideologie** [*pl* -'gi:ən] f ideologia **ideologisch** ideologiczny
**Idiot**(**in** f) m (-en) idiot(ka) **idiotisch** *umg abw* idiotyczny
**Idol** n (-s; -e) bożyszcze
**idyllisch** idylliczny
**Igel** m jeż
**ignorieren** (-) ⟨z⟩ignorować
**ihm** *pron* (*dat von* **er, es**) (je)mu; **gib es ~** daj

mu to; **von ~** od niego; (*über ihn*) o nim
**ihn** *pron* (*akk von* **er**) (je)go; **rufe ~** zawołaj go; **über ~** (*von ihm*) o nim
**ihnen** *pron* (*dat pl von* **er, sie, es**) im; **von ~** od nich; (*über sie*) o nich **Ihnen** *pron* (*dat von* **Sie**) *e-m Mann* panu; *e-r Frau* pani; *mehreren Personen beiderlei Geschlechts* państwu
**ihr¹** *pron* (*dat von* **sie** *3. Pers sg*) jej; **von ~** od niej; (*über sie*) o niej **ihr²** *pron* (*2. Pers pl*) wy; **wo seid ~?** gdzie (wy) jesteście?
**ihr³** *pron poss* (*3. Pers sg*) *es sich auf e-e Sache bezieht, die dem Subjekt gehört* swój, swoje, swoją; **~e** (*3. Pers pl*) ich; swoje, swoich; *in der Anrede* **Ihre** pański, pana, pani, państwa; **~e Sachen** (*Sachen von ihr*) jej rzeczy; (*Sachen von denen da*) ich rzeczy; **Ihre Sachen** *des Mannes* pańskie *od* pana rzeczy; *der Frau* pani rzeczy; (*von mehreren Personen*) państwa rzeczy; **sie** (*sg*) **soll ~en Koffer nehmen** niech ona weźmie swoją walizkę; **sie** (*pl*) **sollen ~e Koffer nehmen** niech oni wezmą swoje walizki; **Ihre Majestät** *der König* jego królewska mość; *die Königin* jej królewska mość; *Briefschluss* **Ihr ...** z poważaniem ..., z wyrazami szacunku ...; *subst* **Grüße an die Ihren** pozdrowienia dla rodziny; **kümmern Sie sich um das Ihre** niech się pan(i) martwi o swoje sprawy
**ihrerseits** *adv* z jej *od* ich strony **Ihrerseits** ze strony pana/pani
**ihresgleichen** *pron* taką *od* takiej jak ona *od* ta; *pl* takich jak one *od* oni, te, ci *usw*; *in der Anrede* **Ihresgleichen** takich jak pan *od* pani
**ihretwegen** *adv* dla niej, dla nich, przez wzgląd na nią, na nich **Ihretwegen** dla pana/pani, dla państwa; przez pana/panią
**illegal** nielegalny **illegitim** nieprawny
**Illusion** f iluzja **illusorisch** iluzoryczny
**Illustration** f ilustracja **Illustrierte** f (kolorowy) magazyn
**Iltis** m (-ses; -se) ZOOL tchórz
**im = in dem**
**Image** ['ɪmɪtʃ] n (-[s]; -s) image m
**imaginär** imaginacyjny, urojony
**Imbiss** m (-es; -e) przekąska **Imbissbude** f kiosk, budka (z przekąskami) **Imbissstube** f bufet, bar przekąskowy, snack-bar
**imitieren** (-) imitować
**Imker** m pszczelarz **Imkerei** f pasieka;

(bpl) pszczelarstwo
**immatrikulieren** (-) immatrykulować pf
**immens** ogromny
**immer** adv zawsze; (stets) wciąż, stale, nadal; ~ + komp coraz (to); **auf**, **für** ~ na zawsze; ~ **wenn** ... za każdym razem od zawsze, gdy ...; ~ **noch**, **noch** ~ wciąż jeszcze; ~ **noch nicht** wciąż jeszcze nie; **wer**, **was auch** ~ ktokolwiek, cokolwiek; **wo auch** ~ gdziekolwiek; **wie auch** ~ tak czy owak, w każdym razie **immergrün** wiecznie zielony **immerhin** adv bądź co bądź, jednak **immerzu** umg adv stale, ciągle
**Immobilie** [-liə] f nieruchomość f **Immobilienmakler** [-liən-] m pośrednik w handlu nieruchomościami
**immun** MED, fig odporny; POL nietykalny
**Immunität** f MED odporność f; POL immunitet **Immunschwäche** f (bpl) MED załamanie się od osłabienie odporności (organizmu)
**Imperativ** m (-s; -e) GRAM tryb rozkazujący **imperialistisch** imperialistyczny
**impfen** ⟨za⟩szczepić; **sich** ~ **lassen** szczepić się **Impfpass** m dowód szczepień **Impfstoff** m szczepionka **Impfschutz** m (bpl) ochrona poszczepienna **Impfstelle** f punkt szczepień **Impfung** f szczepienie **Impfzentrum** n centrum szczepień
**imponieren** v/i (-) ⟨za⟩imponować **(j-m mit etw** k-u inst) **imponierend** adj imponujący (-co)
**Import** m (-[e]s; bpl) import **Importartikel** m artykuł z importu **Importbeschränkungen** fpl ograniczenia npl importowe **importieren** (-) importować (im)pf
**imposant** imponujący (-co)
**impotent** MED cierpiący na impotencję od niemoc płciową
**imprägnieren** (-) impregnować
**improvisieren** (-) v/t ⟨za⟩improwizować; v/i improwizować
**Impuls** m (-es; -e) FIZ, fig impuls **impulsiv** impulsywny
**imstande**: ~ **sein**, **etw zu** (+ inf) być w stanie (+ inf)
**in**[1] präp [1] (wo? dat) w, we (lok); na (lok); bei Straßennamen a. przy (lok); ~ **der Stadt** w mieście; ~ **Polen** w Polsce; ~ **Frankreich** we Francji; ~ **Ungarn** na Węgrzech; ~ **der Matejko-Straße** na od przy ulicy Matejki [2] (wohin? akk) w (akk), do (gen); ~ **die Berge**, ~ **die Stadt fahren** jechać w góry, do miasta [3] (wann? dat, bis wann? akk) w (lok), na (lok); za (akk, gen); ~ **der Nacht** w nocy; **im Frühling** na wiosnę; ~ **drei Tagen** za trzy dni; ~ **jungen Jahren** za młodych lat [4] weder örtlich noch zeitlich (dat) w (lok), z (gen) od nur (inst); **im Original** w oryginale; ~ **dieser Farbe** w tym kolorze; **er ist gut** ~ **Mathematik** on jest dobry z matematyki; ~ **strengem Ton** stanowczym tonem **in**[2] adj: umg ~ **sein** być aktualnym od na czasie, być modnym od w modzie
**inaktiv** nieczynny, nieaktywny
**Inbegriff** m uosobienie; (Musterbeispiel) wzór **inbegriffen** adj: **Bedienung** ~ włączając obsługę, z obsługą włącznie
**Inbetriebnahme** f uruchomienie; e-s Werks oddanie do użytku, otwarcie
**indem** konj (während) podczas gdy; (dadurch, dass) wród mst mit ppr wiedergegeben: ..., ~ **du sie besuchst** ... odwiedzając ją
**Inder(in)** m(f) Hindus(ka)
**indes(sen)** adv → jedoch, unterdessen; konj podczas gdy, kiedy
**Index** m (-[es]; -e od -dizes) EKON indeks; MAT a. wskaźnik
**Indianer(in** f) m neg! Indianin (-anka) **indianisch** neg! indiański (po -ku)
**Indikation** f MED wskazanie **Indikativ** m (-s; -e) GRAM tryb oznajmujący
**indirekt** pośredni (-nio)
**indisch** indyjski
**indiskret** niedyskretny **indiskutabel** (-bl-) niewchodzący w rachubę
**Individualität** f indywidualność f **individuell** indywidualny **Individuum** n (-s; -duen) osobnik, indywiduum n
**Indiz** n (-es; -ien) poszlaka
**indonesisch** indonezyjski (po -ku)
**Induktion** f indukcja; **~s-** in zssgn indukcyjny
**industrialisieren** (-) uprzemysławiać ⟨-słowić⟩, industrializować **Industrialisierung** f (bpl) uprzemysłowienie, industrializacja **Industrie** [pl -'tri:ən] f przemysł **Industrieanlage** f obiekt przemysłowy **Industriegebiet** n okręg przemysłowy **Industriegelän-**

**Industriegelände – Insektenstich**

**de** n teren przemysłowy **Industriekauffrau** f, **Industriekaufmann** m ⟨pl -leute⟩ technik ekonomista m zatrudniony w przemyśle **industriell** przemysłowy (-wo) **Industrielle(r)** m ⟨-n⟩ przemysłowiec **Industriestaat** m państwo uprzemysłowione **Industriezweig** m gałąź f przemysłu
**ineffektiv**, **ineffizient** nieefektywny
**ineinander** adv jedno w drugie, jeden w drugi, jedna w drugą; ~ **verliebt sein** być zakochanym wzajemnie
**Infanterie** f ⟨-; bpl⟩ piechota
**Infarkt** m ⟨-[e]s; -e⟩ MED zawał
**Infektion** f infekcja, zakażenie **Infektionskrankheit** f choroba zakaźna
**infizieren** ⟨-⟩ v/t zakażać ⟨-kazić⟩, ⟨za⟩infekować; **sich mit etw ~** zarażać ⟨zarazić⟩ się (inst)
**Inflation** f inflacja **inflationsbedingt** adj uwarunkowany inflacją, inflacyjny
**infolge** präp (gen), adv ~ **von** wskutek (gen) **infolgedessen** wskutek tego, przez to
**Informatik** f⟨-; bpl⟩ informatyka **Information** f informacja; **~en einholen** zasięgać ⟨-gnąć⟩ informacji ⟨**über** akk o lok⟩ **Informationsbroschüre** f wademekum **Informationstechnologie** f technologia informacyjna **Informationszentrum** n centrum informacji **informieren** ⟨-⟩ v/t ⟨po⟩informować ⟨**über** akk o lok⟩ **Infostand** umg m stoisko informacyjne
**infrage** adv: (**nicht**) ~ **kommen** (nie) wchodzić w rachubę; etw ~ **stellen** ⟨za⟩kwestionować (akk); (ungewiss machen) stawiać pod znakiem zapytania
**infrarot** podczerwony **Infrastruktur** f infrastruktura
**Ingenieur** [inʒe'niø:r] m ⟨-s; -e⟩ inżynier **Ingenieurstudium** n studia npl inżynierskie
**Ingwer** m ⟨-s; bpl⟩ imbir
**Inhaber(in)** m(f) właściciel(ka)
**inhaftieren** ⟨-⟩ ⟨za⟩aresztować (im)pf **Inhaftierung** f ⟨za⟩aresztowanie
**inhalieren** ⟨-⟩ inhalować, wziewać; **den Rauch ~** zaciągać ⟨-gnąć⟩ się dymem
**Inhalt** m ⟨-[e]s; -e⟩ zawartość f; (Thema) treść f **inhaltlich** treściowy (-wo) **Inhaltsangabe** f streszczenie **inhaltslos** bez treści, jałowy **Inhaltsverzeichnis** n spis treści
**Initiative** f inicjatywa; **die ~ ergreifen** przejmować ⟨-jąć⟩ inicjatywę
**Injektion** f zastrzyk **injizieren** ⟨-⟩ wstrzykiwać ⟨-knąć⟩
**inklusive** präp (gen) łącznie z (inst)
**inkompatibel** (-bl-) niekompatybilny **inkonsequent** niekonsekwentny **Inkrafttreten** n ⟨-s; bpl⟩ wejście w życie (gen)
**Inkubationszeit** f MED okres wylęgania, inkubacja
**Inland** n (bpl) kraj; **im ~** w kraju; (im Binnenland) w głębi kraju **inländisch** krajowy, wewnętrzny
**inliegend** adj załączony **inmitten** präp (gen), adv ~ **von** pośród, wśród (gen)
**innehaben** (irr) zajmować
**innen** adv wewnątrz, w środku; **nach ~** do wnętrza, do wewnątrz; **von ~** od wewnątrz **Innenausstattung** f wystrój od urządzenie wnętrza **Innenhof** m dziedziniec wewnętrzny **Innenminister(in)** m(f) minister spraw wewnętrznych **Innenraum** m wnętrze **Innenseite** f strona wewnętrzna **Innenstadt** f śródmieście
**innerbetrieblich** wewnątrzzakładowy **innere** wewnętrzny; GEOG środkowy **Innerje(s)** n ⟨-n; bpl⟩ wnętrze; **im ~(e)n** w środku, wewnątrz; fig wewnętrznie, w głębi ducha **Innereien** pl wnętrzności fpl; KULIN podroby pl **innerhalb** präp (gen), adv ~ **von** räumlich w obrębie, wewnątrz (gen), w (lok); zeitlich w czasie, podczas (gen); **~ kurzer Zeit** w krótkim czasie **innerlich** wewnętrzny **innerste** komp fig najskrytszy, najintymniejszy; Überzeugung najgłębszy **Innerste(s)** n ⟨-n; bpl⟩ tajniki mpl duszy od serca
**innig** bliski, serdeczny
**Innovation** f innowacja
**Innung** f cech; **~s-** in zssgn cechowy
**inoffiziell** nieoficjalny; prywatny
**ins = in das**
**Insasse** m ⟨-n⟩, **Insassin** f e-s Heims wychowanek (-nka); (Patient[in]) pacjent(ka); (Häftling) więzień m
**insbesondere** w szczególności
**Inschrift** f napis
**Insekt** n ⟨-s; -en⟩ owad, insekt **Insek-**

**tenstich** m ukłucie od ukąszenie owada **Insel** f(-; -n) wyspa; *kleine wysepka (a. Verkehrsinsel)* **Inselbewohner(in)** m(f) wyspiarz (-rka)

**Inserat** n (-[e]s; -e) ogłoszenie, anons **inserieren** v/i (-): ~ **in** (dat) da(wa)ć ogłoszenie do (gen)

**insgeheim** adv potajemnie, po kryjomu **insgesamt** adv ogółem, ogólnie (biorąc), w sumie

**insofern** adv pod tym względem; konj [-'fɛrn] (falls) o ile; ~ **gut, als ...** o tyle dobry, że ...

**Insolvenz** f niewypłacalność f
**insoweit** adv → insofern
**Inspektion** f inspekcja; TECH, AUTO przegląd techniczny **inspirieren** (-) inspirować, natchnąć pf **(j-n zu etw** k-o do gen) **inspizieren** (-) przeprowadzać ⟨-dzić⟩ inspekcję (gen), dokon(yw)ać przeglądu (gen)

**Instabilität** f (bpl) niestabilność f
**Installation** f instalacja; ~**s-** in zssgn instalacyjny **installieren** (-) ⟨za⟩instalować

**instand** adv: ~ **halten** utrzymywać w należytym stanie; ~ **setzen** ⟨wy⟩remontować, naprawi(a)ć **inständig** usilny **Instandsetzung** f remont, naprawa

**Instanz** f instancja
**Instinkt** n (-[e]s; -e) instynkt **instinktiv** instynktowny
**Institut** n (-[e]s; -e) instytut **Institution** f instytucja
**instruieren** (-) ⟨po⟩instruować **Instruktion** f instrukcja
**Instrument** n (-[e]s; -e) instrument; *(Gerät) a.* przyrząd

**Insuffizienz** [a. -'ɛnts] f MED niedoczynność f, niewydolność f
**Insulin** n (-s; bpl) insulina
**inszenieren** (-) FILM ⟨z⟩realizować
**intakt** sprawny
**Integration** f integracja **integrieren** (-) ⟨z⟩integrować; MAT całkować **integriert** adj scalony **Integrität** f (bpl) prawość f

**intellektuell** intelektualny **Intellektuelle(r)** intelektualista m (-tka) **intelligent** inteligentny **Intelligenz** f (bpl) inteligencja

**Intendant(in)** m(f) (-en) TEATR dyrektor; rtv dyrektor, prezes

**Intensität** f intensywność f **intensiv** intensywny **intensivieren** (-) ⟨z⟩intensyfikować **Intensivstation** f oddział intensywnej opieki medycznej

**interessant** interesujący ⟨-co⟩, ciekawy (-wie) **Interesse** f (bpl) zainteresowanie, zaciekawienie; ~**n** pl zainteresowania npl; ~ **haben an** (dat), **für** (akk) okaz(yw)ać zainteresowanie (inst) **Interessengemeinschaft** f grupa broniąca wspólnych interesów; EKON wspólnota interesów **Interessenkonflikt** m konflikt interesów **interessieren** (-) v/t ⟨za⟩interesować (a. **j-n für** akk, **an** dat k-o inst); **das interessiert mich nicht** to mnie nie interesuje; **sich für j-n, etw** ~ ⟨za⟩interesować się (inst)

**interkontinental** transkontynentalny **intern** wewnętrzny **international** międzynarodowy

**Internet** n (-s; bpl) IT internet; **Zugang zum** ~ **haben** mieć dostęp do internetu **Internetadresse** f IT adres internetowy **Internetanschluss** m IT podłączenie do Internetu **Internetbanking** n (-[s]; -[s]) IT bank internetowy **Internetcafé** n IT kawiarenka internetowa **internetfähig** IT kompatybilny z internetem **Internetprovider** m (-s; -) IT usługodawca internetowy **Internetzugang** m IT dostęp do Internetu **Interpret(in)** m(f) (-en) interpretator (-ka); TEATR wykonawca m (-czyni) **interpretieren** (-) ⟨z⟩interpretować; TEATR a. odtwarzać ⟨-tworzyć⟩; bpl) IT bank internetowy **intervenieren** v/i (-) interweniować **Intervention** f interwencja **Interview** [-'vjuː] n (-s; -s) wywiad, interview n **interviewen** [-'vjuːən] (-) **j-n** ~ przeprowadzać ⟨-dzić⟩ wywiad z (inst)

**intim** intymny **Intimität** f (bpl) intymność f; (a. pl) (vertrauliche Sache) sekret **Intimsphäre** f sfera prywatna

**intolerant** nietolerancyjny (**gegenüber** dla, wobec gen)

**Intranet** (-s) IT intranet
**intrigieren** v/i (-) intrygować (**gegen** przeciw dat)

**Invalide** m u. f. (-n) inwalida m, inwalidka f; ~**n-** in zssgn inwalidzki **Invalidität** f (bpl) inwalidztwo

**Invasion** f inwazja **Inventar** n (-s; -e) inwentarz **Inventur** f inwentaryzacja;

HANDEL remanent
**investieren** (-) ⟨za⟩inwestować **Investition** f inwestycja; **~s-** in zssgn inwestycyjny, ... inwestycji **Investmentfonds** m fundusz spółki lokacyjnej
**inwiefern, inwieweit** adv jak dalece; konj jak dalece, o ile
**inzwischen** adv (währenddessen) tymczasem, w tym czasie; (in der Zwischenzeit) w międzyczasie
**iPad** n (-[s]; -s) iPad m **IP-Adresse** f IT adres IP **iPhone** n (-[s]; -s) TEL iPhone m **iPod** m (-[s]; -s) iPod m
**irakisch** iracki **iranisch** irański
**irdisch** ziemski; (diesseitig) doczesny, ziemski
**Ire** m (-n) Irlandczyk
**irgend** adv tylko; -ś; **~ so ein** ... jakiś ...; **wenn ~ möglich** jeśli tylko można będzie **irgendein** pron indef jakiś, jakikolwiek; (gleichgültig wer) a. byle kto **irgendetwas** pron indef coś, cokolwiek; (gleichgültig was) a. byle co **irgendjemand** pron indef ktoś, ktokolwiek; (gleichgültig wer) a. byle kto **irgendwann** adv kiedykolwiek **irgendwie** adv jakoś, jakimś sposobem **irgendwo** adv gdzieś, gdziekolwiek; (gleichgültig wo) a. byle gdzie **irgendwohin** adv dokądkolwiek, dokądś; (gleichgültig wohin) a. byle gdzie
**Irin** f Irlandka **irisch** irlandzki (po -ku)
**Ironie** f (pl selten) ironia **ironisch** ironiczny
**irre** błędny, obłąkany; umg (toll) szałowy (-wo) **Irre**¹ f(bpl): **j-n in die ~ führen** wprowadzać ⟨-dzić⟩ k-o w błąd **Irre**² f neg! obłąkana, wariatka neg! **irreführend** zmylić pf, wprowadzać ⟨-dzić⟩ w błąd
**irrelevant** nieistotny **(für** dla gen)
**irren** v/i (sn) (umherziehen) błądzić, błąkać się; (sich täuschen) mylić się; **du wirst dich ~** pomylisz się **Irrenhaus** umg n dom wariatów neg! **Irre(r)** m neg! (-n) obłąkany, wariat neg! **Irrgarten** m labirynt neg! **irrig** błędny, mylny **irritieren** (-) (verwirren) ⟨s⟩peszyć; (ärgern) ⟨z⟩irytować, ⟨roz⟩drażnić **Irrsinn** m (bpl) obłęd; umg fig wariactwo **irrsinnig** (+ adj, adv) szalenie, strasznie **Irrtum** m (-s; -tümer) błąd; (Versehen) pomyłka, przeoczenie **irrtümlich** błędny, mylny **irrtümlicherweise** adv przez pomyłkę
**Ischias** m od n (-; bpl) rwa kulszowa, ischias

**Islam** ['islam] m (-s; bpl) islam **islamisch** islamski, mahometański
**Isländer(in)** m(f) Islandczyk (-dka) **isländisch** islandzki (po -ku)
**Isolierband** n (pl -bänder) taśma izolacyjna **isolieren** (-) ELEK, TECH ⟨za⟩izolować; Kranke ⟨od⟩izolować **Isolierung** f izolacja
**Israeli** m od f (-[s]; -[s]) Izraelczyk m, Izraelka f
**iss, isst** → essen
**IT** Informationstechnik f IT
**Italiener** m Włoch **Italienerin** f Włoszka **italienisch** włoski (po -ku)

# J

**ja** partikel ① tak; **~ gewiss!**, **~ doch!**, aber **~!** ależ tak!; **o ~!** o, tak!; **~?** (nicht wahr?) czy nie tak?, no nie? ② einleitend no; **~, wenn das so ist ...** no, jeżeli to tak jest ... ③ einschränkend **~, aber** co prawda, wprawdzie; **ich habe ~ wenig Zeit, aber ...** mam co prawda mało czasu, ale ... ④ verstärkend ba; **~ sogar** co więcej; **man weiß ~, dass du nie Zeit hast** ba, wiadomo, że nigdy nie masz czasu ⑤ mit Imperativ ...że; **bleib ~ hier sitzen!** siedźże tu! ⑥ feststellend w istocie, naprawdę; **das ist ~ furchtbar** to naprawdę okropne
**Jacke** f kurtka, wdzianko; für Damen a. żakiet **Jackett** [ʒa-] n (-s; -s) marynarka **Jagd** f polowanie, łowy mpl; **auf die ~ gehen** iść na polowanie **Jagdbeute** f zdobycz f **Jagdhütte** f szałas myśliwski **Jagdrevier** n łowisko **Jagdschein** m karta łowiecka **Jagdtrophäe** f trofeum n myśliwskie **Jagdzeit** f sezon łowiecki
**jagen** v/t polować (na akk); (verfolgen) ścigać, gonić (akk); **~ aus** wypędzać ⟨-dzić⟩ z (gen); **~ in** (akk) zapędzać ⟨-dzić⟩ do (gen); v/i fig **nach etw ~** gonić, umg uganiać się za (inst); (sn) (eilen) gonić, ⟨po⟩pędzić, ⟨po⟩gnać; **sich ~** uganiać się; Ereignisse następować szybko po sobie **Jäger** m myśliwy m

**Jahr** n (-[e]s; -e) rok; **~e** pl lata npl (a. Alter); **das neue ~** Nowy Rok; **ein halbes ~** pół roku; **für ~, pro ~** rocznie; **einmal im ~** raz na rok; **in e-m ~** za rok; **in zwei ~en** za dwa lata; **für drei ~e** na trzy lata; **in den 90er ~en** w latach dziewięćdziesiątych; **von ~ zu ~** z roku na rok; **vor zwei ~en** dwa lata temu; **jedes ~, ~ für ~** co roku, corocznie; **mit zwanzig ~en** w wieku dwudziestu lat, mając dwadzieścia lat **jahraus** adv: **~, jahrein** rok w rok **jahrelang** długoletni; präd całymi latami **Jahresabschluss** m FIN zamknięcie roczne (ksiąg handlowych) **Jahresanfang** m początek roku **Jahresdurchschnitt** m: **im ~** średnio za rok, średnio w skali roku **Jahreseinkommen** n roczny dochód **Jahresfrist** f: **binnen ~** w terminie do roku; **nach ~** po (upływie) roku **Jahreshauptversammlung** f doroczne walne zgromadzenie **Jahreskarte** f bilet roczny **Jahrestag** m rocznica **Jahresumsatz** m obrót roczny **Jahreszeit** f pora roku **Jahrgang** m rocznik **Jahrhundert** n wiek, stulecie; **im 20. ~** w XX wieku; **... aus dem vorigen ~** ubiegłowieczny **jahrhundertealt** stuletni, wiekowy **Jahrhundertwende** f przełom wieków **jährlich** roczny, coroczny; präd corocznie; **einmal ~** raz do roku **Jahrmarkt** m jarmark **Jahrtausend** n tysiąclecie, millennium n **Jahrzehnt** n (-[e]s; -e) dziesięciolecie **jähzornig** wybuchowy (-wo)
**Jalousie** [ʒalu'zi:] f żaluzja
**Jammer** m (-s; bpl) (Wehklage) lament; (Elend) nędza **jämmerlich** nędzny, lichy (-cho), marny; abw nędzny; präd **~ frieren** okropnie marznąć **jammern** v/i (-re) biadać, lamentować, umg biadolić (a. **über** akk nad inst, na akk, z powodu gen)
**Jänner** m austr → Januar **Januar** m (-s; -e) styczeń; w zł. styczniowy
**Japaner(in)** m(f) Japończyk (-nka) **japanisch** japoński (po -ku)
**Jastimme** f głos za
**jäten** v/t u. v/i (-e-) pleć, plewić
**Jauche** f AGR gnojówka
**jauchzen** v/i (-zt) wydawać radosne okrzyki, wykrzykiwać z radości **jaulen** v/i skowyczeć, wyć; → heulen

**jawohl** partikel tak jest **Jawort** n (selten -e) zgoda, (dane) słowo
**Jazz** [dʒɛs, jats] m (-; bpl) jazz, dżez
**je**[1] adv ① (irgendwann) kiedykolwiek; **besser als ~ zuvor** lepiej niż kiedykolwiek przedtem ② (jeweils) po; **~ vier Euro** po cztery euro; **zu ~ fünf Stück** po pięć sztuk; **~ nach ...** zależnie od (gen); **~ nach Laune** zależnie od humoru; (pro) na, za (akk); **~ Einwohner** na jednego mieszkańca; **~ Stunde** na od za godzinę ③ konj (+ komp) **~ ... desto** od **umso ...** im ..., tym ...; **~ eher, desto besser** im wcześniej, tym lepiej; **~ nachdem, ob, wann ...** w zależności od tego, czy, kiedy ...; umg **~ nachdem** (vielleicht) to zależy **je**[2] int: **ach ~!, o ~!** ojej!
**Jeans** [dʒi:ns] f (-; -) dżinsy pl
**jede, jeder, jedes** pron indef als adj ① (ohne Ausnahme) każda, wszelka, każdy, wszelki, każde, wszelkie; **~s der Kinder** każde z dzieci; **~n Tag** każdego dnia; (täglich) codziennie; **mit ~m Tag** z każdym dniem; **... ~r Art ...** wszelkiego rodzaju; **in ~r Beziehung** pod każdym względem; **um ~n Preis** za wszelką cenę; **ohne ~n Zweifel** ponad wszelką wątpliwość ② (immer wieder u. mit Zahlen) co; **Stunde** co godzinę; **~s Jahr** co rok; **~r dritte** co trzeci ③ (bald) lada; **~n Augenblick** lada chwila ④ (allein stehend als subst) **~r weiß** każdy wie; **~r von uns** każdy z nas; **hier kennt ~r ~n** tu każdy zna każdego **jedenfalls** adv w każdym (bądź) razie **jedermann** pron indef każdy; (alle) wszyscy **jederzeit** adv o każdej porze; (im nächsten Moment) w każdej chwili
**jedoch** konj od adv jednak(że), aczkolwiek
**jedwede(r -s), jegliche(r, -s)** → jede
**jeher** adv: **von ~** od dawna **jemals** adv kiedyś, kiedykolwiek
**jemand** pron indef ktoś; **~em** komuś; **mit ~(em)** z kimś; **ich kenne ~(en)** znam kogoś; **an ~(en) denken** myśleć o kimś; **~(e)s** czyjś m, czyjaś f, czyjeś n, pl; **~ anders** ktoś inny, kogoś innego
**jene** pron sg tamta, owa; pl sachf tamte, owe; persf tamci, owi **jener** tamten, ów **jenes** tamto, owo
**jenseits** präp (gen) po tamtej stronie, z tamtej strony (gen); adv **~ von** za, poza (I); **~ des Gebirges** po tamtej stronie

gór **Jenseits** n (-; bpl) tamten świat, świat pozagrobowy, zaświaty pl
**Jet** [dʒɛt] m (-[s]; -s) odrzutowiec
**jetzig** teraźniejszy, obecny **jetzt** adv teraz, obecnie; **erst ~, ~ endlich** dopiero teraz; **bis ~** dotąd, do tej pory, dotychczas; **von ~ an** odtąd
**jeweilig** (speziell) poszczególny; (aktuell) aktualny **jeweils** adv każdorazowo
**Job** [dʒɔp] m (-s; -s) umg robota, chałtura
**jobben** ['dʒɔbən] umg v/i chałturzyć ⟨**in den Ferien** podczas wakacji⟩
**Jod** n (-s; bpl) jod; in zssgn jodowy
**jodeln** v/i (-le) jodłować, jodłowazowo
**Jog(h)urt** [-gʊrt] m od n (-[s]; -[s]) jogurt
**Johannisbeere** f porzeczka
**Joint** [dʒɔɪnt] umg m (-s; -s) skręt, dżoint
**jonglieren** [ʒɔŋ'(g)li:-] v/i (-): **mit etw ~** żonglować ⟨instr⟩
**Journal** [ʒʊr-] n (-s; -e) (Schiffstagebuch) dziennik; (Modezeitschrift) żurnal **Journalist(in** f) m dziennikarz (-rka) **journalistisch** [ʒʊr-] dziennikarski
**Jubel** m (-s; bpl) okrzyki mpl radości **jubeln** v/i (-le) głośno się cieszyć ⟨**über** akk z gen⟩ **Jubilar(in)** m(f) (-en) jubilat(ka) **Jubiläum** n (-s; -läen) jubileusz
**jucken** A v/i (kribbeln) swędzi(e)ć, świerzbi(e)ć; Stoff drapać; **mir juckt der Rücken** swędzą mnie plecy B v/t (kratzen) ⟨po⟩drapać; umg fig unpers **es juckte mich, zu fragen, was ...** miałem ochotę zapytać, co ...; **wen juckt das noch?** kogo to jeszcze interesuje? C v/r umg **sich ~** ⟨po⟩drapać się, ⟨po⟩skrobać się ⟨**am Kopf** w głowę; **blutig** do krwi⟩ **Juckreiz** m (bpl) świąd, swędzenie
**Jude** m (-n) Żyd; **~n-** in zssgn żydowski, ... Żydów **Judentum** n (-s; bpl) żydostwo **Jüdin** f Żydówka **jüdisch** żydowski (po -ku)
**Jugend** f (bpl) młodość f; (junge Menschen) młodzież f **Jugendamt** n urząd do spraw nieletnich **jugendfrei** dozwolony dla młodzieży **jugendgefährdend** adj: **~e Schriften** pisma npl demoralizujące młodzież **Jugendgericht** n sąd dla nieletnich **Jugendherberge** f schronisko młodzieżowe **Jugendkriminalität** f przestępczość f nieletnich **jugendlich** młodziany; JUR nieletni **Jugendliche(r)** m (-n) nastolatek; koll **die ~n** młodzież f **Jugend-**

**schutz** m ochrona prawna nieletnich
**Jugendstil** m (bpl) ARCH, MAL secesja, styl secesyjny
**jugoslawisch** HIST jugosłowiański
**Juli** m (-[s]; -s) lipiec
**jung** (jünger; jüngste) młody, präd młodo; **ganz ~** młodziutki (-ko); **~es Ehepaar** młoda para, młodzi małżonkowie mpl; **~ aussehen, sterben** wyglądać, umrzeć pf młodo; **sich (wieder) ~** od **jünger fühlen** odmłodnieć pf; **(wieder) ~ machen** odmładzać ⟨odmłodzić⟩
**Junge**[1] m (-n od umg Jungs) chłopiec, chłopak; **j-n wie e-n dummen ~n behandeln** robić durnia z ⟨gen⟩; umg **schwerer ~** kryminalista m
**Junge**[2] n (-n), mst **~s** ZOOL młode n; e-r Katze kocię; e-r Hündin szczenię; **~ bekommen** urodzić pf młode; Katze okocić się pf; Hündin oszczenić się pf
**jünger** komp młodszy, präd młodziej
**Jungfrau** f dziewica, panna; ASTRON Panna **jungfräulich** dziewiczy (-czo)
**Junggeselle** m kawaler, samotny; **~n-** in zssgn kawalerski **Junggesellin** f panna, samotna **jüngst** sup najmłodszy; (letzt) najświeższy, ostatni; **in ~er Zeit** ostatnio
**Juni** m (-[s]; -s) czerwiec
**Junkfood** n (-s; bpl) KULIN junk food
**Junkie** ['dʒʌŋki] m (-s; -s) sl ćpun
**Jupiter** m (-s; bpl) Jowisz
**Jura** (ohne art) prawo; **~ studieren** studiować prawo **Jurastudium** n studia npl prawnicze **Jurist(in)** m(f) (-en) prawnik (-iczka) **juristisch** prawniczy; (rechtlich) prawny; **~e Person** osoba prawna; **~e Fakultät** wydział prawa
**just** adv właśnie, dopiero co **justieren** (-) justować
**Justiz** f (bpl) wymiar sprawiedliwości **Justizministerium** n ministerstwo sprawiedliwości
**Juwel** n (-s; -en, fig -e) klejnot; (Person) skarb; **~en** pl a. biżuteria, kosztowności fpl **Juwelier** m (-s; -e) jubiler
**Jux** umg m (-es; -e) kawał, żart; **aus ~** dla kawału, dla żartu

# K

**Kabarett** n (-s; -s od -e) kabaret **Kabarettist** m (-en) kabareciarz **Kabarettistin** f aktorka kabaretowa
**Kabel** n kabel; (Tau) a. lina (kablowa) **Kabelfernsehen** n telewizja kablowa **kabellos** bezkablowy **Kabelnetz** n sieć kablowa
**Kabine** f kabina **Kabinentrolley** m LOTN walizka na kółkach, bagaż kabinowy
**Kabinett** n (-s; -e) gabinet; (Wein) wino gatunkowe
**Kachel** f (-; -n) kafel
**Kadaver** n padlina, padłe zwierzę
**Kader** m kadra; in zssgn kadrowy
**Käfer** m chrząszcz
**Kaff** umg n (-s; -e od -s) dziura, pipidówka
**Kaffee** m (-s; -s) kawa **Kaffeebohne** f ziarnko kawy **kaffeebraun** kawowy, koloru czarnej kawy **Kaffeekanne** f dzbanek do kawy **Kaffeemaschine** f ekspres do kawy **Kaffeemühle** f młynek do kawy **Kaffeesatz** m (bpl) fusy pl po kawie **Kaffeetasse** f filiżanka do kawy
**Käfig** m (-s; -e) klatka
**kahl** łysy, wyłysiały; ~ **werden** Person ⟨wy⟩łysieć
**Kahn** m (-[e]s; Kähne) łódka, czółno; (Lastkahn) barka
**Kai** m (-s; -s) nabrzeże, keja
**Kaiser** m **(Kaiserin** f) cesarz(owa) **kaiserlich** cesarski (po -ku) **Kaiserschnitt** m MED cesarskie cięcie
**Kajak** n od m (-s) kajak; ~ **fahren** pływać kajakiem
**Kajüte** f kajuta
**Kakao** n (-s; -s) kakao n
**Kakerlak** m (-s od -en; -en) karaluch
**Kaktee** f, **Kaktus** m (- od umg -es; -teen od umg -se) kaktus; in zssgn kaktusowy
**Kalauer** m kalambur
**Kalb** n (-[e]s; Kälber) cielę **Kalbfleisch** n cielęcina, mięso cielęce
**Kalender** m kalendarz **(für das Jahr ... na rok ...)**

**Kaliber** n kaliber **Kalium** n (-s; bpl) potas(owy in zssgn)
**Kalk** m (-[e]s; -e) wapno **Kalkstein** m wapień m
**Kalkulation** f kalkulacja **kalkulieren** (-) ⟨s⟩kalkulować
**kalorienreich** (wysoko)kaloryczny
**kalt** (kälter, kältest-) zimny (-no); fig a. oziębły (-le); ~ **werden** oziębi(a)ć się; **es ist** ~ jest zimno; **mir ist** ~ zimno mi **kaltblütig** prąd z zimną krwią **Kälte** f (bpl) zimno, ziąb; fig oziębłość f **Kälteeinbruch** m raptowne ochłodzenie **Kälteperiode** f okres chłodów **Kältewelle** f fala zimna **Kaltfront** f METEO front chłodny **Kaltschale** f KULIN chłodnik; aus Obst zimna zupa owocowa
**Kalzium** n (-s; bpl) wapń m; in zssgn wapniowy
**kam, käme** → kommen
**Kamel** n (-[e]s; -e) wielbłąd
**Kamerad** m (-en) towarzysz, umg kamrat **kameradschaftlich** koleżeński (-ko)
**Kamera** f (-; -s) kamera **Kameramann** m (pl -männer od -leute) kamerzysta m
**Kamillentee** m herbatka rumiankowa, rumianek
**Kamin** m (-s; -e) kominek; **am** ~ przy kominku
**Kamm** m (-[e]s; Kämme) grzebień m
**Kammer** f komora; (Vorratskammer) spiżarnia **Kammermusik** f muzyka kameralna
**Kampagne** [-'panja] f kampania
**Kampf** m (-[e]s; Kämpfe) walka **kampfbereit** gotowy do walki **kämpfen** walczyć **(gegen, mit** z inst; **um** o akk; **für** za akk); (im Krieg) a. wojować, bić się; fig a. (ringen) borykać się **(mit** z inst; **mit dem Schlaf** ~ walczyć z sennością; **mit den Tränen** ~ tłumić łzy
**Kämpfer** m (Soldat) żołnierz; SPORT zawodnik **kämpferisch** bojowy (-wo) **Kampfflugzeug** n samolot bojowy; engS samolot szturmowy **Kampfgeist** m (bpl) duch bojowy **kampflustig** wojowniczy (-czo) **kampflos** prąd bez walki **Kampfplatz** m plac boju **Kampfrichter** m sędzia (sportowy), arbiter **kampfunfähig** niezdolny do walki
**kampieren** v/i (-) obozować; nocować pod gołym niebem

**Kanadier(in** f) m [-die/-diərın] Kanadyjczyk (-jka) **kanadisch** kanadyjski
**Kanal** m (-s; Kanäle) kanał (a. rtv, fig); ANAT przewód **Kanalisation** f kanalizacja
**Kanarienvogel** [-riən-] m kanarek
**Kandidat(in** f) m (-en) kandydat(ka)
**kandidieren** v/i (-) kandydować
**kandiert** adj kandyzowany
**Känguru(h)** m (-s; -s) kangur
**Kaninchen** n królik; in zssgn króliczy
**Kanister** m kanister
**kann** → können
**Kännchen** n dzbanuszek **Kanne** f dzban(ek); (Gießkanne) konewka
**Kannibale** m (-n) ludożerca m
**kannte** → können
**Kanone** f armata; umg (Revolver) spluwa
**Kante** f krawędź f **kantig** kanciasty (-to), graniasty
**Kantine** f stołówka; MIL kantyna **Kantinenessen** n jedzenie stołówkowe
**Kanton** m (-s; -e) szwajc kanton
**Kanu** n (-s; -s) kanu n; SPORT kajak
**Kanzel** f (-; -n) ambona (a. LEŚN), kazalnica **Kanzlei** f kancelaria **Kanzler** m kanclerz
**Kap** n (-s; -s) przylądek
**Kapazität** f pojemność f; autorytet (**auf ... Gebiet** w dziedzinie gen)
**Kapelle**[1] f rel kaplica, kapliczka **Kapelle**[2] f MUS kapela, zespół **Kapellmeister** m kapelmistrz
**kapern** (-re) ⟨s⟩kaperować **Kapern** fpl (sg **Kaper**) kapary mpl
**kapieren** umg (-) ⟨s-, po⟩kapować, kapnąć się pf, kumać
**Kapital** n (-s; -ien od -e) kapitał **Kapitalbedarf** m zapotrzebowanie na kapitał **Kapitalertrag** m zysk z kapitału **Kapitalflucht** f ucieczka kapitałów **Kapitalgeber** m dawca m kapitału **Kapitalgesellschaft** f spółka kapitałowa **kapitalistisch** kapitalistyczny **Kapitalmarkt** m rynek kapitałowy **Kapitalverbrechen** n zbrodnia, ciężkie przestępstwo **Kapitalvermögen** n aktywa pl kapitałowe
**Kapitän** m kapitan
**Kapitel** n rozdział; rel kapituła
**Kapitulation** f kapitulacja **kapitulieren** v/i (-) ⟨s⟩kapitulować (**vor** dat przed inst)

**Kappe** f czapka; umg fig etw **auf s-e ~ nehmen** brać ⟨wziąć⟩ na siebie **kappen** przecinać ⟨-ciąć⟩
**Kapsel** f (-; -n) kapsel
**kaputt** umg [1] zepsuty [2] (zerbrochen) złamany; (zerrissen) podarty, rozdarty [3] (zerschlagen) rozbity, stłuczony [4] Glühbirne przepalony [5] Bein kaleki; Organ chory; fig (müde) skonany, zmordowany [6] **~ sein** umg nawalać ⟨-lić⟩; **ihre Ehe ist ~** ich małżeństwo rozpadło się; żart **was ist denn jetzt ~?** w czym tkwi problem?; **~ machen** umg Gerät ⟨po-, ze⟩psuć; (zerbrechen) ⟨po⟩łamać, ⟨z⟩łamać; Kleid ⟨po⟩drzeć; Vase rozbi(ja)ć, ⟨po-, s⟩tłuc; Motor rozwalać ⟨-lić⟩ **kaputtgehen** umg v/i (irr; sn) (defekt werden) ⟨po-, ze⟩psuć się; (entzweigehen) ⟨po-, z⟩łamać się; Kleidung ⟨po⟩drzeć się; Glas rozbi(ja)ć się, ⟨po-, s⟩tłuc się; Kleidung a. rozlatywać ⟨-lecieć⟩ się; fig rozpadać ⟨-paść⟩ się
**Kapuze** f kaptur
**Karabiner** m (-s; -) pistolet m **Karabinerhaken** m karabinek
**Karambolage** [-'la:ʒə] f karambol; umg fig a. kraksa, stłuczka
**Karawane** f karawana
**Kardinal** m (-s; -näle) kardynał
**Karfreitag** m Wielki Piątek
**karg** (a kärger, kärgst-) szczupły (-ło), skąpy ⟨-po⟩; Boden jałowy (-wo)
**karibisch** karaibski
**kariert** w kratkę; Kleid kraciasty
**Karies** [-riɛs] f (bpl) próchnica zębów
**Karikatur** f karykatura **karikaturistisch** karykaturalny **karikieren** (-) ⟨s⟩karykaturować
**kariös** spróchniały
**karitativ** charytatywny, dobroczynny
**Karneval** m (-s; -e od -s) karnawał
**Karo** n (-s; -s) romb; (Karte) karo **Karomuster** n deseń m w kratkę
**Karosserie** [pl -'ri:ən] f nadwozie, karoseria
**Karotte** f karotka, marchew(ka) f
**Karpfen** m karp
**Karre** f taczka
**Karree** [-'re:] n (-s; -s) czworobok; vom Schwein kotlet schabowy
**Karriere** f kariera **Karrierefrau** f kobieta na stanowisku; abw karierowiczka
**Karrieremacher** m abw karierowicz

**Karte** f karta; *für Zug, Theater* bilet; GEOG mapa; *(Postkarte)* pocztówka, kartka; **~n spielen** ⟨za⟩grać w karty; **mit offenen ~n spielen** grać w otwarte karty; **nach der ~ essen** jeść a la carte
**Kartei** f kartoteka
**Kartell** n (-s; -e) kartel **Kartellamt** n urząd do spraw karteli
**Kartenhaus** n domek z kart **Kartenspieler(in)** m(f) gracz w karty **Kartenvorverkauf** m przedsprzedaż f biletów
**Kartoffel** f (-; -n) ziemniak, kartofel m **Kartoffelacker** m kartoflisko **Kartoffelernte** f wykopki *mpl* (ziemniaków) **Kartoffelpuffer** m placek ziemniaczany **Kartoffelsalat** m sałatka z ziemniaków **Kartoffelsuppe** f kartoflanka
**Karton** m (-s; -s) karton(owy *in zssgn*)
**Karussell** n (-s; -e/-s) karuzela; **~ fahren** jeździć na karuzeli
**Karwoche** f Wielki Tydzień
**Käse** m (-s; *bpl* ser, *dim* serek **Käseglebäck** n ciastko z serem **Käsekuchen** m sernik
**Kaserne** f koszary *fpl*
**Kasino** n (-s; -s) kasyno
**Kaskoversicherung** f autocasco
**Kasse** f kasa; *(Bargeld)* gotówka; **an der ~** przy kasie; *zahlen* w kasie; **wir machen getrennte ~** każdy płaci za siebie **Kassenarzt** m lekarz kasy chorych **Kassenwart** m skarbnik (skarbniczka) **Kassenzettel** m dowód kasowy
**Kassette** f kaseta, *dim* kasetka **Kassettenrecorder, Kassettenrekorder** m magnetofon kasetowy, *umg* kaseciak
**kassieren** (-) ⟨za⟩inkasować; *(annullieren)* ⟨s⟩kasować; *Urteil* uchylać ⟨-lić⟩
**Kassierer(in)** m(f) kasjer(ka)
**Kassler** n KULIN schab peklowany
**Kastanie** f kasztan
**Kästchen** n pudeł(eczk)o; szkatułka; *gedruckt* prostokąt, kwadracik **Kasten** m (-s; Kästen) skrzynia; pudło *(a. umg fig)*; *kleiner* skrzynka; pudełko; *austr, szwajc (Schrank)* szafa; *umg (Auto)* stary grat, rzęch; *(Arrest)* paka **Kastenbrot** n chleb z formy
**kastrieren** (-) ⟨wy⟩kastrować; *Tiere a.* ⟨wy⟩trzebić
**Katalog** m (-[e]s; -e) katalog **katalogisieren** (-) ⟨s⟩katalogować

**Katalysator** m (-s; -toren) katalizator
**Katarr(h)** m (-s; -e) nieżyt, katar
**katastrophal** katastrofalny **Katastrophe** f katastrofa, klęska
**Katechismus** m (-; -men) katechizm
**Kategorie** [*pl* -'ri:ən] f kategoria **kategorisch** kategoryczny
**Kater** m kot, kocur
**Kathedrale** f katedra
**Katheter** m MED cewnik
**Katholik(in** f) m (-en) katolik (-iczka) **katholisch** katolicki (po -ku) **Katholizismus** m (-; *bpl*) katolicyzm
**Kätzchen** n kotek, kociak; *(Blüte)* bazia, kotka **Katze** f kot; *engS (Weibchen)* kotka, kocica **Katzensprung** m: *umg* **bis ... ist es nur ein ~** ... jest tuż obok
**Kauderwelsch** n (- od -[e]s; *bpl*) chińszczyzna, niezrozumiały szwargot
**kauen** v|i *u.* v|t żuć, przeżuwać; **an den Nägeln ~** gryźć paznokcie
**kauern** (-re) siedzieć w kucki; **sich ~** kucać, ⟨(przy)kucnąć⟩
**Kauf** m (-[e]s; Käufe) kupno, *(a. Gekauftes)* zakup **kaufen** kupować ⟨-pić⟩; **sich, j-m etw ~** *a.* sprawi(a)ć sobie, komuś *(akk)*; **j-n ~** przekupywać ⟨-pić⟩ *(akk)*
**Käufer(in** f) m kupujący (-ca), nabywca m (-czyni) **Kauffrau** f absolwentka szkoły handlowej, wykwalifikowany kupiec **Kaufhaus** n dom towarowy **Kaufkraft** f (*bpl*) siła nabywcza **käuflich** do nabycia; *(bestechlich)* sprzedajny, przekupny **Kaufmann** m (-s; -leute) kupiec, handlowiec; *engS a.* technik ekonomista m **kaufmännisch** kupiecki (po -ku); **~e(r) Angestellte(r)** pracownik (biurowy) w przedsiębiorstwie handlowym **Kaufpreis** m cena kupna od zakupu **Kaufvertrag** m umowa kupna-sprzedaży **Kaufwert** m (*bpl*) wartość nabywcza
**Kaugummi** m guma do żucia
**Kaulquappe** f kijanka
**kaum** *adv* prawie (zupełnie) nie; *(wohl nicht)* chyba nie, zapewne nie; *(mit Mühe)* ledwo ledwo, zaledwie; **~ dass** ledwo co; **~ eine(r)**, **~ jemand** prawie nikt; **er konnte es ~ erwarten** nie mógł się doczekać; **(es ist) ~ zu glauben** trudno uwierzyć
**Kaution** f kaucja; **gegen ~** za kaucją
**Kauz** m (-es; Käuze) ZOOL puszczyk

**Kavaliersdelikt** n wybryk traktowany pobłażliwie **Kavallerie** f kawaleria; *in zssgn* kawaleryjski, ...kawalerii

**Kaviar** m (-s; *bpl*) kawior

**keck** rezolutny; *(flott)* figlarny, szelmowski (-ko); *(forsch)* zuchowaty (-to), dziarski (-ko)

**Kegel** m MAT stożek; *zum Kegeln* kręgli **Kegelbahn** f kręgielnia **kegelförmig** stożkowaty (-to) **kegeln** (-le) <za>grać w kręgle

**Kehle** f gardło **Kehlkopf** m krtań f; MED *in zssgn* krtaniowy, ... krtani

**Kehre** f (ostry) zakręt, *a.* LOTN wiraż; serpentyna; *(Wendekehre)* pętla zwrotna; SPORT zwrot, obrót **kehren**[1] *pf-niem (fegen)* <po>zamiatać <zamieść> **kehren**[2] *(wenden)* odwracać <-wrócić> się ⟨**j-m den Rücken** plecami do *gen*); *etw nach außen* ~ wywracać <-wrócić>; **sich nicht** ~ **(an** *akk*) nie dbać, nie troszczyć się (o *akk*); MIL **kehrt!** w tył zwrot! **Kehrreim** m refren **Kehrseite** f odwrotna strona **(der Medaille** medalu); *umg (Rücken)* tył; *(Gesäß) pop* tyłek **kehrtmachen** *v/i umg* zawracać <-wrócić>; MIL <z>robić w tył zwrot **Kehrtwendung** f zwrot w tył; *fig* zwrot

**keifen** *v/i* pyskować, wykłócać się

**Keil** m (-[e]s; -e) klin, *dim* klinek **keilförmig** klinow(at)y (-to, -wo) **Keilriemen** m pas(ek) klinowy

**Keim** m (-[e]s; -e) BIOL zarodek; zalążek; *fig a.* początek; *(Krankheitserreger)* zarazek; **etw im** ~ **ersticken** zdusić *pf* w zarodku (*akk*) **keimen** *v/i* <za>kiełkować **keimfrei** MED jałowy, aseptyczny **Keim|träger(in)** m(f) MED nosiciel(ka) (zarazków) **Keimzelle** f komórka zarodkowa

**kein** żaden (-dna f, -dne n, *pl*); *(nicht ein)* ani jeden (-dna f, -dno n); ~ **Wort** ani słowa; ~ **Mensch** od **~er weiß es** nikt nie wie; **ich habe ~(e)** ... nie mam (*gen*); **das ist ~** ... to nie (jest) ...; **es ist ~ Brot da** chleba nie ma; **er ist ~ Pole** on nie jest Polakiem **keinesfalls** *adv* w żadnym wypadku; pod żadnym warunkiem **keineswegs** *adv* bynajmniej nie, wcale nie **keinmal** *adv* ani razu

**Keks** m od n (-[es], -e) herbatnik

**Kelch** m (-[e]s; -e) kielich

**Kelle** f (Suppenkelle) łyżka wazowa, warząchew f; *(Maurerwerkzeug)* kielnia; *umg (Signalkelle)* lizak

**Keller** m piwnica, *dim* piwniczka **Kellerassel** f stonoga

**Kellner(in)** m(f) kelner(ka)

**keltern** (-re) tłoczyć, wytłaczać (wino, moszcz)

**keltisch** celtycki (po -ku)

**kennen** (kannte, gekannt) *v/t* znać (**sich** się, siebie); **wir ~ uns** (**nicht** nie) znamy się **Kenner(in)** m(f) znawca m (-wczyni), koneser(ka) **kenntlich** *adj*: **etw ~ machen** ⟨o⟩znakować (*akk*) **Kenntnis** f (-; *bpl*) znajomość f; **j-n in ~ setzen** <po>informować k-o (**von, über** *akk* o *lok*); **etw zur ~ nehmen** przyjmować ⟨przyjąć⟩ do wiadomości (*akk*) **Kenntnisse** *nur pl* (-) wiedza, wiadomości *fpl* (**in** *dat* z *gen*) **Kennwort** n (*pl* -wörter) hasło **Kennzeichen** n (Merkmal) cecha; *(Markierung)* znamię, oznaka, znak; AUTO tablica rejestracyjna; **besondere ~** znaki *mpl* szczególne **kennzeichnen** cechować

**kentern** *v/i* (-re; sn) wywracać ⟨wywrócić⟩ się (do góry dnem)

**Keramik** f ceramika

**Kerbe** f karb, nacięcie **Kerbholz** n: *fig umg* **etwas auf dem ~ haben** przeskrobać *pf* coś

**Kerl** m (-s; -e od reg -s) chłop(ak); *abw* facet, typ(ek)

**Kern** m (-[e]s; -e) rdzeń m; FIZ jądro; *von Steinobst* pestka; *von Kernobst* ziarnko; *des Holzes* twardziel f; *fig* sedno, istota (**der Sache** sprawy) **Kernenergie** f (*bpl*) energia jądrowa **Kernforschung** f badania *npl* jądrowe **Kernfrage** f kwestia zasadnicza **Kernfusion** f reakcja termojądrowa **kerngesund** zdrowy jak rydz **kernig** jędrny **Kernkraftwerk** n elektrownia jądrowa **kernlos** beznasienny, bezpestkowy **Kernreaktor** m reaktor jądrowy **Kernseife** f mydło rdzeniowe **Kernspaltung** f rozszczepienie jądra **Kernwaffe** f broń jądrowa

**Kerze** f świeca (*a.* TECH, SPORT), świeczka **kerzengerade** *adj*: ~ **sitzen** siedzieć wyprostowany jak świeca **Kerzenständer** m lichtarz, świecznik

**Kessel** m kocioł (*pl* kotły) (*a.* GEOL, MIL), *dim* kociołek; *(Teekessel)* czajnik **Kessel-

**treiben** n fig ⟨**gegen**⟩ nagonka (na akk)
**Kette** f łańcuch **Kettenglied** n ogniwo łańcucha **Kettenraucher(in)** m(f) namiętny palacz (namiętna palaczka) **Kettenreaktion** f reakcja łańcuchowa
**ketzerisch** heretycki, kacerski ⟨po -ku⟩
**keuchen** v/i ⟨ciężko⟩ dyszeć, sapać **Keuchhusten** m krztusiec, koklusz
**Keule** f maczuga; KULIN udziec, udko, udo
**keusch** cnotliwy (-wie), niewinny
**kichern** v/i ⟨-re⟩ chichotać
**kicken** umg v/i kopać piłkę; v/t **den Ball ins Tor ~** posłać pf piłkę do bramki
**kidnappen** [-nɛpən] por(yw)ać
**Kiefer**[1] f ⟨-; -n⟩ BOT sosna
**Kiefer**[2] m ANAT szczęka
**Kiel**[1] m ⟨-[e]s; -e⟩ MAR stępka, kil m **Kiel**[2] n ⟨-s; bpl⟩ Kilonia f
**Kies** m ⟨-es; -e⟩ żwir; MINER piryt; umg fig (Geld) forsa **Kiesel(stein)** m krzemyk
**Kiesgrube** f żwirownia
**Kilo** n ⟨-s; -[s]⟩ kilo **Kilometerstein** m znak kilometrowy **Kilometerzähler** m licznik kilometrów **Kilowattstunde** f kilowatogodzina
**Kind** n ⟨-[e]s; -er⟩ dziecko, (mst fig) dziecię n, umg dzieciak; **ein ~ bekommen** ⟨u-⟩rodzić dziecko; **von ~ auf** od dziecka **Kinderarzt** m, **Kinderärztin** f pediatra m, lekarz (lekarka) chorób dziecięcych **Kinderbett** n łóżeczko dziecięce **Kinderbuch** m książka dla dzieci **Kindererziehung** f wychowanie dzieci **Kinderfahrkarte** f bilet dla dziecka **Kindergarten** m przedszkole **Kindergärtnerin** f wychowawczyni przedszkolna, umg przedszkolanka **Kindergeld** n ⟨-es; bpl⟩ zasiłek na dzieci **Kinderheim** n dom dziecka **Kinderkrankenhaus** n szpital dziecięcy **Kinderlähmung** f ⟨bpl⟩: **spinale ~** choroba Heinego-Medina **kinderleicht** umg łatwiutki ⟨-ko⟩ **kinderlieb** kochający dzieci **kinderlos** bezdzietny **Kindermädchen** n niańka **kinderreich** wielodzietny **Kindersicherung** f AUTO zabezpieczenie drzwi przed otwarciem przez dzieci **Kinderspiel** n dziecięca zabawa; (Brettspiel) gra dla dzieci; fig **das ist (im Vergleich zu) ein ~** to (w porównaniu z inst) dziecinna igraszka **Kinderspielplatz** m plac zabaw (dla dzieci) **Kindertagesstätte** f placówka dziennej opieki nad dziećmi **Kinderteller** m KULIN porcja dla dziecka **Kinderwagen** m wózek dziecięcy **Kindesalter** n wiek dziecięcy **Kindheit** f ⟨bpl⟩ dzieciństwo, lata pl dziecięce; **von ~ an** od dzieciństwa **kindisch** dziecinny **kindlich** dziecięcy (-co), dziecinny
**Kinn** n ⟨-[e]s; -e⟩ podbródek, broda **Kinnhaken** m cios podbródkowy
**Kino** n ⟨-s; -s⟩ kino; **ins ~ gehen** iść ⟨pójść⟩ do kina **Kinofilm** m film kinowy
**Kiosk** m ⟨-[e]s; -e⟩ kiosk, umg budka
**Kippe**[1] f niedopałek, pet **Kippe**[2] f → Müllkippe; umg fig **auf der ~ stehen** być niepewnym, stać pod znakiem zapytania **kippen** v/t przechylać ⟨-lić⟩, przewracać ⟨-wrócić⟩; (schütten) wsyp(yw)ać (**in** akk do gen) **Kippfenster** n okno uchylne
**Kirche** f kościół; protestantisch a. zbór; orthodox cerkiew f; (Institution) Kościół; Cerkiew f **Kirchenlied** n pieśń kościelna **Kirchenmusik** f muzyka kościelna **Kirchensteuer** f podatek kościelny **Kirchentag** m synod **Kirchhof** m cmentarz przykościelny **kirchlich** kościelny; (orthodox) cerkiewny **Kirchturm** m wieża kościelna
**Kirsche** f czereśnia, (Weichselkirsche) wiśnia **Kirschkuchen** m placek z wiśniami **Kirschtomate** f BOT pomidor wiśniowy
**Kissen** n poduszka, dim poduszeczka **Kissenbezug** m poszewka od powłoczka na poduszkę
**Kiste** f skrzynia, skrzynka; umg fig pudło, grat; (Angelegenheit) materia
**Kiteboard** n ⟨-s⟩ deska kitesurfingowa **Kitesurfen** n ⟨-s; bpl⟩ kitesurfing m
**Kitsch** m ⟨-[e]s; bpl⟩ kicz **kitschig** kiczowaty ⟨-to⟩
**Kitt** m ⟨-[e]s; -e⟩ kit
**Kittel** m kitel, fartuch
**kitten** ⟨-e-⟩ ⟨za⟩kitować; Vase ⟨s⟩kleić, ⟨po⟩sklejać; Henkel doklejać ⟨-kleić⟩; umg fig naprawi(a)ć
**kitzeln** v/t u. v/i ⟨-le⟩ ⟨po⟩łaskotać, ⟨po⟩łechtać **kitzlig** łaskotliwy ⟨-wie⟩; fig Sache drażliwy ⟨-wie⟩, delikatny
**Kladde** f brulion
**klaffen** v/i ziać (otworem); **~de Wunde**

**412** ▪ **kläffen — Klavierspieler(in)**

otwarta rana
**kläffen** v/i ujadać, szczekać, naszczekiwać
**Klage** f skarga (a. JUR; powództwo; **~n** pl a. żale pl, lamenty pl **klagen** skarżyć się, narzekać, użalać się (**j-m etw** k-u, przed kimś na akk; v/i **über** akk na akk); JUR (**gegen j-n auf** akk) ⟨za⟩skarżyć ⟨k-o o akk⟩, wytaczać ⟨-toczyć⟩ powództwo (przeciw k-u o akk) **Kläger(in)** m(f) powód(ka)
**kläglich** żałosny (-śnie); ⟨dürftig⟩ opłakany, marny
**Klamauk** umg m (-s; bpl) heca, szop(k)a
**klamm** wilgotny; vor Kälte zdrętwiały **Klammer** f (-; -n) klamra, dim klamerka (a. MED); ⟨Klemme⟩ zacisk; MAT, GRAM nawias; TYPO zszywka; **in ~n setzen** ująć w nawias **klammern** (-re) v/t Wunde nakładać ⟨nałożyć⟩ klamerki (na akk); ⟨befestigen⟩ przypinać ⟨-piąć⟩ spinaczem od klamrą (**an** akk do gen); v/i przytrzymywać; **sich ~** (**an** akk) czepiać ⟨uczepić⟩ się kurczowo (gen); trzymać się kurczowo (gen); przywierać ⟨przywrzeć⟩ (do gen)
**klammheimlich** umg ukryty, präd milczkiem, cichaczem
**Klamotten** fam f/pl ciuchy m/pl, łachy m/pl
**klang, klänge** ≈ klingen **Klang** m (-[e]s; Klänge) dźwięk; (Klangbild) brzmienie **klangvoll** dźwięczny
**Klappbett** n łóżko składane **Klappe** f klapa, dim klapka; ANAT zastawka; beim Filmen klaps **klappen** v/t: **nach oben od in die Höhe ~** podnosić ⟨-nieść⟩; v/i ⟨Geräusch erzeugen⟩ klapać ⟨-pnąć⟩; umg fig iść dobrze, układać się; **nicht ~** nie kleić się **Klapperkasten** umg m, **Klapperkiste** umg f gruchot, rzęch **klappern** v/i (-re) stuk(ot)ać, klapać; grzechotać; Storch klekotać; **mit den Zähnen ~** szczękać od dzwonić zębami (**vor Kälte** z zimna) **Klapperschlange** f grzechotnik **klapprig** umg rozklekotany; fig cherlawy; niedołężny **Klappstuhl** m krzesło składane
**Klaps** m (-es; -e) klaps **Klapsmühle** umg f dom wariatów
**klar** przejrzysty (-ście), klarowny; Stil jasny (-no); ⟨deutlich⟩ wyraźny; Stoff dobry; MAR klar, gotowy; **es ist ~, dass** jasne, że; **sich ~ werden über** ⟨akk⟩ uświadomić sobie ⟨akk⟩; wyrobić sobie zdanie (o lok); **sich**
**im Klaren sein** ⟨**über** akk⟩ zdawać ⟨zdać⟩ sobie (jasno) sprawę ⟨z gen⟩; **alles ~!** jasne!; **na ~!** mowa! **Kläranlage** f oczyszczalnia ścieków **klären** v/t TECH oczyszczać ⟨oczyścić⟩, ⟨s-, wy⟩klarować (a. Wein); fig wyjaśni(a)ć; v/i **sich ~** wyjaśni(a)ć się **Klarheit** f (bpl) czystość f, przejrzystość f; fig jasność f; **sich über etw ~ verschaffen** zasięgnąć pf informacji o ⟨lok⟩, wyjaśnić pf ⟨akk⟩ **klarkommen** (irr; sn) umg da(wa)ć sobie radę (**mit** z inst); **nicht ~** nie da(wa)ć sobie rady; **kommst du ~?** dasz sobie radę? **klarmachen** umg ⟨wy⟩klarować ⟨**j-m etw** k-u akk⟩ **Klarsichtfolie** f folia przezroczysta **klarstellen** wyjaśni(a)ć, sprostować pf **Klartext** m tekst niezaszyfrowany; umg **im ~** mówiąc jasno; umg **mit j-m ~ reden** mówić do k-o ⟨powiedzieć k-u⟩ nie owijając w bawełnę **Klärung** f CHEM klarowanie; fig wyjaśnienie

**Klasse** f klasa; engS a. kategoria; **in der zweiten ~ sein** chodzić do drugiej klasy **Klassenarbeit** f klasówka **Klassenbuch** n dziennik klasowy **Klassenkamerad(in)** m(f) kolega m ⟨koleżanka⟩ z klasy **Klassenkampf** m walka klasowa **Klassenlehrer(in)** m(f) wychowawca m ⟨-wawczyni⟩ klasy **Klassensprecher(in)** m(f) gospodarz ⟨gospodyni⟩ klasy **Klassentreffen** n spotkanie byłych kolegów i koleżanek z klasy
**klassifizieren** (-) ⟨s⟩klasyfikować **klassisch** klasyczny
**Klatsch** m (-[e]s; bpl) plotka; koll plotki fpl **klatschen**[1] v/i chlapać, chlustać, pluskać; Wellen chlupotać (**an** akk o akk); chlupnąć pf, plusnąć (**ins Wasser** do wody); ⟨klatschend schlagen⟩ plaskać, klaskać (a. **in die Hände** w dłonie), plasnąć pf; klasnąć (**auf** akk po lok, **gegen** o akk); ⟨po⟩klepać, klepnąć pf (**auf die Schulter** po ramieniu); v/t **Beifall ~** bić brawo **klatschen**[2] umg v/i (reden) plotkować ⟨**über** j-n, etw o lok⟩ **Klatschspalte** umg f kronika towarzyska
**Klaue** f (Kralle) szpon, pazur; (Huf) racica
**klauen** umg v/t ⟨u⟩kraść, buchnąć pf, zwędzić, zwinąć; pf i ukraść
**Klausel** f (-; -n) klauzula
**Klavier** n (-[e]s; -e) fortepian **Klavierkonzert** n koncert fortepianowy **Kla-**

**vierspieler(in)** m(f) pianista m (-tka)
**Klebeband** n taśma samoprzylepna
**kleben** v/t ‹s›kleić; naklejać ‹-kleić› (**auf** akk na akk); przyklejać ‹-kleić› (**an** akk do gen); v/i kleić się, lepić się, przyklejać ‹-kleić› się (**an** dat do gen) **klebrig** lepki (-ko), kleisty (-ście) **Klebstoff** m klej, środek klejący
**kleckern** umg (-re) v/i chlapać, bryzgać; (sn) (tropfen) kapać; v/t (**etw über, auf** akk) pochlapać, zachlapać pf (coś inst) **klecksen** v/i (**auf etw**) zrobić pf kleksa (na inst), poplamić pf (akk); Füller robić kleksy, plamić; abw umg (malen) paćkać, pacykować, bazgrać
**Klee** m (-s; bpl) koniczyna **Kleeblatt** n liść m koniczyny; fig nierozłączna trójka; Straßenbau skrzyżowanie w kształcie liścia koniczyny
**Kleid** n (-[e]s; -er) suknia, sukienka; pl szata **kleiden** (-e-) ub(ie)rać (**in** akk w akk) **Kleiderbügel** m wieszak, ramiączko **Kleiderbürste** f szczotka do ubrania **Kleiderordnung** f etykieta f ubioru **Kleidersack** m pokrowiec m na ubranie **Kleiderschrank** m szafa na ubranie **Kleidung** f (bpl) ubiór, odzież f, ubranie **Kleidungsstück** n część f garderoby, część f ubioru
**Kleie** f (bpl) otręby pl
**klein** mały (a. zeitlich), niewielki; (gering) drobny (a. Geld); **~er Junge** mały chłopak; **~ schneiden, ~ hacken** drobno ‹po›kroić od ‹po›siekać; **von ~ auf** od małego; **Groß und Klein** wszyscy, dorośli i dzieci **Kleinarbeit** f dłubanina **Kleinbauer** m chłop małorolny **Kleinbetrieb** m małe przedsiębiorstwo, mały zakład (produkcyjny); AGR małe gospodarstwo rolne **Kleinbus** m mikroautobus **Kleine** f mała, maleńka, maleństwo **Kleingarten** m ogródek działkowy **Kleingeld** n drobne (pieniądze) pl **Kleinigkeit** f (Lappalie) drobnostka, drobiazg; (ein wenig) odrobina; **e-e ~ ...** odrobinę (inf, gen); **e-e ~ essen** coś przekąsić pf **Kleinkind** n dziecko w wieku przedszkolnym, małe dziecko **Kleinkram** umg m drobiazgi mpl **Kleinkrieg** m wojna podjazdowa **kleinlaut** speszony, onieśmielony **kleinlich** małostkowy (-wo), drobiazgowy (-wo); (engstirnig) ograniczony

**Kleinschreibung** f pisanie z małej litery **Kleinstadt** m (małe) miasteczko **kleinstädtisch** małomiasteczkowy **kleinste** sup adj najmniejszy, najdrobniejszy **Kleinwagen** m samochód małolitrażowy **kleinwüchsig** niskiego wzrostu
**Kleister** m klajster **kleistern** (-re) klajstrować
**Klemme** f zacisk; MED kleszcze pl, kleszczyki pl; umg fig **in der ~ sitzen** znaleźć się pf od być w tarapatach; **j-m aus der ~ helfen** wybawi(a)ć k-o z opresji **klemmen** v/t zaciskać ‹-snąć›; wciskać ‹-snąć› (**zwischen** akk między akk
**Klempner** m blacharz; (Installateur) hydraulik, instalator
**Klerus** m (-; bpl) duchowieństwo, kler
**Klette** f BOT łopian; (Blütenkopf) rzep; umg **wie e-e ~ an j-m hängen** przyczepić się pf do k-o jak rzep do psiego ogona
**klettern** v/i (-re; sn) wspinać ‹wspiąć› się, wdrap(yw)ać się (**auf den Gipfel** na szczyt), włazić ‹wleźć› (**aufs Dach** na dach **Kletterpflanze** f pnącze, roślina pnąca
**Klettverschluss** m rzep
**klicken** pstrykać ‹-knąć›; IT (**auf** akk) klikać, kliknąć pf (akk)
**Klient** m (-en) klient
**Klima** n (-s; -s) klimat **Klimaanlage** f urządzenie klimatyzacyjne, klimatyzator **klimafreundlich** przyjazny dla klimatu **Klimaschutz** m ochrona klimatu **klimatisch** klimatyczny **Klimawandel** m zmiana klimatu **Klimawechsel** m zmiana klimatu
**klimpern** v/i (-re) brzękać, pobrzękiwać, brzęknąć pf (**mit** inst); brzdąkać (**auf dem Klavier** na fortepianie)
**Klinge** f ostrze, brzeszczot; e-s Säbels klinga, głownia
**Klingel** f (-; -n) dzwonek **Klingelknopf** m przycisk dzwonka **Klingelton** m TEL dzwonek **klingeln** (-le) v/i ‹za›dzwonić; unpers **es klingelt** ktoś dzwoni **klingen** v/i (klang, geklungen) brzmieć; Glas dźwięczeć
**Klinik** f klinika **klinisch** kliniczny
**Klinke** f klamka; TECH (Sperrklinke) zapadka
**klipp** adv; umg **~ und klar** jasno i wyraźnie

## klirren – knicken

**klirren** v/i brzęczeć, dźwięczeć, brzęknąć pf; *Ketten* brzękać, brzęknąć pf; *Sporen* dzwonić; **~de Kälte** trzaskający mróz

**Klischee** n (-s; -s) klisza; szablon; (*Redensart*) frazes

**Klo** umg n (-s; -s) klop, wucet

**klobig** nieforemny, niekształtny

**klopfen** v/i ⟨za⟩pukać, ⟨za⟩stukać, puknąć pf, stuknąć (**an** akk do gen); *Herz* kołatać; ⟨po⟩klepać (**j-m auf die Schulter** k-o po ramieniu); *unpers* **es klopft** ktoś puka; coś puka; v/t *Teppich* ⟨wy⟩trzepać

**Klöppel** m *e-r Glocke* serce (dzwonu); *zum Klöppeln* klocek

**Klosett** n (-[e]s; -s *od* -e) klozet

**Kloß** m (-es; Klöße) knedel; (*Hefekloß*) pyza; (*Fleischkloß*) pulpet **Klößchen** n kluska, uszko; *aus Fisch* pulpet, pulpecik, klopsik

**Kloster** n (-s; Klöster) klasztor

**Klotz** m (-es; Klötze) kloc (*a. fig*), kłoda; *dim* klocek

**Klub** m (-s; -s) klub **Klubmitglied** n członek *od* f członkini klubu

**Kluft**[1] f (-; Klüfte) rozpadlina; *fig* przepaść f

**Kluft**[2] f (*Kleider*) odzienie, odziewek

**klug** (klüger, klügste) mądry (-rze); (*vernünftig*) rozsądny, rozumny; **~ werden** zmądrzeć pf; **nicht ~ werden** (aus j-m) umg nie móc rozgryźć, nie móc zrozumieć (gen) **Klugheit** f (bpl) mądrość f; (*Vernunft*) rozsądek; *iron nur pl* **-en** mędrkowanie, mądrzenie się

**Klumpen** m bryła, *bes Erde* gruda

**knabbern** (-re) v/t chrupać (akk); v/i (an dat) nadgryzać ⟨-gryźć⟩ (akk)

**Knabe** m (-n) chłopiec; umg **alter ~** stary

**Knäckebrot** n chrupkie pieczywo **knacken** v/t *Nuss* rozgryzać ⟨-gryźć⟩ (*pf a. fig*); umg *Safe* rozpru⟨wa⟩ć; *Auto* włam⟨yw⟩ać się (do gen); *Geheimcode* złamać pf; v/i trzaskać, trzasnąć pf; *Fußboden* trzeszczeć; *Gelenke* chrupać, chrupnąć pf; *unpers* **es knackt** trzeszczy to (**in** dat **w** lok) **knackig** chrupiący; (*frisch*) jędrny (*a. fig*) **Knacks** m (-es; -e) trzask, trzaśnięcie, chrupnięcie; umg pęknięcie **Knackwurst** f kiełbaska (na gorąco)

**Knall** m (-[e]s; -e) huk, trzask; *e-r Peitsche* trzask; **mit e-m ~** z łoskotem, z hukiem **Knalleffekt** umg m zaskakujący efekt **knallen** v/i hukać, huknąć pf; *Schuss a.* gruchać, gruchnąć pf; *Peitsche* trzaskać, trzasnąć pf; *Korken* strzelać, umg pukać, puknąć pf; *Sonne* palić; umg (sn) **gegen etw ~** grzmotnąć się pf o (akk), wpadać ⟨wpaść⟩ na (akk); **auf etw ~** grzmotnąć pf, rymnąć pf na (akk); v/t umg ciskać ⟨cisnąć⟩; *Ball* wpakować pf **Knallfrosch** m mała petarda **knallhart** umg bezlitosny, okrutny; adv a. twardo **Knallkörper** m petarda

**knapp** ciasny (-no); *Kleid a.* obcisły (-ło, -śle), opięty; (*kurz*) kusy (-so), przykrótki (-ko); *Text* krótki (-ko); *Stunde* niecały; *Menge* skąpy (-po); *Mehrheit* nieznaczny; *Stil* zwięzły (-źle); *präd* (*gerade so*) ledwo; prawie; (*nahe*) tuż (**unter** dat pod inst; **an** dat koło, obok gen); **das Geld ist ~** z pieniędzmi (jest) krucho; **die Zeit wird ~** czas ucieka; **ein ~es Jahr nach** ... w ciągu niespełna roku po ... **Knappheit** f (bpl) brak; (*Spärlichkeit*) szczupłość f; (*Kürze*) krótkość f, zwięzłość f

**Knarre** f (-; -n) ⟨za⟩skrzypieć, skrzypnąć pf, trzeszczeć

**Knast** umg m (-[e]s; -e *od* Knäste) kryminał, pudło, mamer, *vulg* pierdel

**knattern** (-re) terkotać, warkotać; *Flagge* furkotać; *Motorrad* jechać *od* lecieć z turkotem

**Knäuel** m *od* n kłębek; *fig a.* kłębowisko

**Knauf** m (-[e]s; Knäufe) gałka

**knaus(e)rig** umg abw skąpy, oszczędny do przesady

**knautschen** umg v/t ⟨z⟩miąć (v/i się) **Knautschzone** f AUTO strefa kontrolowanego zgniotu

**knebeln** (-le) ⟨za⟩kneblować; *fig* krępować, hamować

**Knecht** m (-[e]s; -e) parobek, pachołek **Knechtschaft** f (bpl) niewola

**kneifen** (kniff, gekniffen) v/t szczypać, uszczypnąć pf (j-n, *a.* v/i j-n in akk k-o w akk); v/i *Kragen* uwierać, uciskać, cisnąć; umg *fig* (**vor** dat) mieć stracha (przed inst; ⟨sich drücken⟩ wymigiwać się (od gen) **Kneifzange** f obcęgi pl do gwoździ

**Kneipe** umg f knajpa, *dim* knajpka

**Knete** umg f (bpl) plastelina; *fig* (*Geld*) kasa, szmal **kneten** ⟨-u⟩gnieść, ugniatać; ⟨u⟩formować; *Teig* zagniatać ⟨zagnieść⟩

**Knick** m (-[e]s; -e) z(a)gięcie, załamanie, *a. e-r Straße* załom; **die Straße macht e-n ~** ulica *od* droga ostro skręca **knicken** v/t (*falzen*) załam⟨yw⟩ać (v/i; sn się); *Blume*

złamać *pf*; *ohne ganz abzubrechen* nadłam(yw)ać
**Knie** *n* kolano (*a. fig*, TECH); *dim* kolanko (*a.* TECH); (*Flußbiegung*) zakole; **bis an die ~ po** kolana, do kolan; **auf (den) ~n** na kolanach; **in die ~ gehen** osuwać ⟨osunąć⟩ się na kolana **Kniebeuge** *f* SPORT przysiad **Kniegelenk** *n* staw kolanowy **Kniehose** *f* spodenki *pl*, krótkie spodnie *pl* (do kolan) **Kniekehle** *f* dołek podkolanowy **knielang** za kolana **knien** ['kniːən] (kniet, kniete, gekniet) *v/i* klęczeć; **sich ~** klękać ⟨(u)klęknąć⟩ **Kniescheibe** *f* rzepka **Kniestrümpfe** *m/pl* podkolanówki *f/pl*
**kniff** → kneifen **Kniff** *m* (-[e]s; -e) załamanie; (*Falte*) fałd; *fig* chwyt, trik **knifflig** *fam* trudny (-no), zawiły (-le)
**knipsen** *umg v/t*, *v/i* pstrykać ⟨-knąć⟩; *Fahrkarte* ⟨prze⟩dziurkować
**Knirps** *umg m* (-es; -e) malec, pędrak
**knirschen** *v/i* ⟨za⟩chrzęścić, chrupać, chrupnąć *pf*; **mit den Zähnen ~** ⟨za⟩zgrzytać zębami
**knistern** *v/i* (-re) szeleścić; *Feuer* potrzaskiwać, trzeszczeć; *fig* iskrzyć (**zwischen ... und ...** między ... a ...)
**knitterfrei**, **knitterfest** niemnący, niegniotący się **knittern** (-re) *v/t* ⟨z⟩miąć, ⟨z⟩gnieść (*v/i* się)
**knobeln** *v/i* (-le) rzucać ⟨-cić⟩ losy (**um** *o akk*); *umg fig* głowić się (**an** *dat* nad *inst*) **Knoblauch** *m* (-s; *bpl*) czosnek
**Knöchel** *m* kostka **Knochen** *m* kość *f*, *pop* gnat **Knochenbruch** *m* złamanie kości **knochenhart** twardy jak kość **Knochenmark** *m* szpik kostny **knochig** *adj* kościsty
**Knödel** *m* knedel, *mst pl* knedle
**Knolle** *f* BOT bulwa
**Knopf** *m* (-[e]s; Knöpfe) guzik; TECH, ELEK *a.* przycisk **knöpfen** zapinać ⟨zapiąć⟩ na guzik *od* guziki **Knopfloch** *n* dziurka (na guzik, *od* guziki); (*am Revers*) butonierka
**Knorpel** *m* chrząstka
**Knospe** *f* pąk, pączek
**knoten** (-e-) związ(yw)ać węzłem, supłać **Knoten** *m* węzeł (*a.* MAR, *fig*), supeł, supełek; (*Frisur*) kok; BOT kolanko; MED guz **Knotenpunkt** *m* punkt węzłowy; (*Verkehrsknoten*) węzeł komunikacyjny; KOLEJ *a.* stacja węzłowa

**knüllen** *v/t* ⟨z⟩miąć **Knüller** *umg m* przebój, hit
**knüpfen** *v/t Knoten* wiązać, zawiąz(yw)ać; *Netz* wiązać (*a. fig verbinden mit etw z inst*); *Teppich* ⟨z⟩robić; *Kontakt* nawiąz(yw)ać (**zu** *j*-m *z inst*); **etw ~ an** (*akk*) przywiąz(yw)ać coś do (*gen*)
**Knüppel** *m* kij, pał(k)a, laga; LOTN, AUTO drążek; LEŚN okrąglak **Knüppelschaltung** *f* AUTO zmiana biegów dźwignią
**knurren** warczeć, warknąć *pf*; *umg* **der Magen knurrt** burczy w żołądku
**knusprig** chrupki; *umg fig* apetyczny; **~ braten** ⟨u⟩smażyć na chrupko
**knutschen** *umg v/t* namiętnie całować; *v/i* **mit j-m ~** pieścić się
**Koalition** *f* koalicja
**Kobold** *m* (-[e]s; -e) skrzat, kobold
**Koch** *m* (-[e]s; Köche) kucharz **Kochbuch** *n* książka kucharska **kochen** *v/t* ⟨u⟩gotować, *umg* ⟨u⟩pitrasić, ⟨u-, wy⟩pichcić; *Tee, Kaffee* zaparzać ⟨-rzyć⟩; *v/i* gotować; (*sich als Koch betätigen*) gotować, *umg* kucharzyć; *Speisen* gotować się; (*sieden*) ⟨za⟩kipieć (*impf a. umg fig* **vor Wut** ze złości) **Kocher** *m* maszynka do gotowania, kuchenka; TECH warnik
**Köcher** *m* kołczan; (*Futteral*) futerał
**Kochgeschirr** *n* menażka **Köchin** *f* kucharka **Kochlöffel** *m* warząchew *f* **Kochnische** *f* wnęka kuchenna **Kochplatte** *f* płytka grzejna **Kochrezept** *n* przepis kucharski **Kochsalz** *n* (-es; *bpl*) sól kuchenna **Kochtopf** *m* garnek (do gotowania)
**Köder** *m* przynęta, wabik **ködern** (-re) brać ⟨wziąć⟩ na przynętę; (**mit**) zwabi(a)ć (*inst*); *fig a.* ⟨s⟩kusić (*inst*)
**Koeffizient** *m* (-en) współczynnik
**koffeinfrei** niezawierający kofeiny, bez kofeiny
**Koffer** *m* walizka, *großer* waliza **Kofferanhänger** *m* zawieszka na bagaż **Kofferband** *n* pas na bagaż **Koffergurt** *m* pas na bagaż **Kofferraum** *m* AUTO bagażnik, *umg* kufer **Kofferwaage** *f* waga bagażowa
**Kognak** ['kɔnjak] *m* (-s; -s) koniak
**Kohl** *m* (-[e]s; *bpl*, Arten -e) kapusta; *umg fig* duby *mpl* smalone, bzdurstwa *npl*
**Kohle** *f* węgiel; *umg fig* (*Geld*, *mst pl*) forsa, flota; **wie auf (glühenden) ~n sitzen**

siedzieć jak na rozżarzonych węglach **Kohlenbergwerk** n kopalnia węgla **Kohlenheizung** f opalanie węglem **Kohle(n)hydrat** n węglowodan **Kohlensäure** f (bpl) kwas węglowy **Kohlenstoff** m (bpl) CHEM węgiel **Kohlenwasserstoff** m (bpl) węglowodór **Kohlepapier** n kalka **Kohlezeichnung** f rysunek węglem

**Kohlmeise** f sikorka bogatka **Kohlrabi** m (-[s]; -[s]) kalarepa **Kohlrübe** f brukiew f

**Kokain** n (-s; bpl) kokaina, umg koka **kokett** kokieteryjny, zalotny **kokettieren** v|i (-): **mit j-m ~** zalecać się do (gen); fig **mit s-m Alter ~** kokietować swym wiekiem

**Kokosnuss** f orzech kokosowy
**Koks** m (-es; Sorten -e) koks; pop (Unsinn) bzdura; sl (Kokain) koka
**Kolben** m (-s; -) kolba (a. BOT, CHEM); TECH (Maschinenteil) tłok; umg (Nase) nochal
**Kolbenring** m pierścień tłokowy
**Kolibakterie** f pałeczka okrężnicy
**Kolik** f MED kolka
**Kollaps** m (-es; -e) zapaść f
**Kolleg** n (-s; -s) wykład; kursy mpl przygotowawcze **Kollege** m (-n) kolega m (z pracy) **Kollegin** f koleżanka (z pracy) **kollegial** koleżeński, präd po koleżeńsku; Beschluss kolegialny

**Kollekte** f zbiórka datków, kwesta **Kollektion** f kolekcja, zbiór **kollektiv** kolektywny, zespołowy; präd kolektywnie, zespołowo

**kollidieren** (-; sn) zderzyć się (**mit** z inst); (h) (unvereinbar sein) kolidować **Kollision** f kolizja (a. fig, JUR), zderzenie
**kolonial** kolonialny **Kolonie** f [pl -'ni:ən] f kolonia **Kolonne** f kolumna; von Fahrzeugen a. konwój, sznur; von Arbeitern brygada
**Koloss** m (-es; -e) kolos **kolossal** kolosalny
**Kolumne** f TYPO kolumna
**Kombi** m (-[s]; -s) kombi m (unv) **Kombination** f kombinacja; (Schutzanzug) kombinezon; SPORT **nordische ~on** kombinacja klasyczna od norweska **kombinieren** (-) (zusammenstellen) ⟨s⟩kombinować; fig (folgern) wykombinować pf
**Kombizange** f kombinerki pl
**Komet** m (-en) kometa

**Komfort** [kɔm'foːr] m (-s; bpl) komfort **komfortabel** komfortowy (-wo)
**Komik** f (bpl) komizm, komiczność f **Komiker(in)** m(f) komik **komisch** komiczny; (belustigend) a. pocieszny, zabawny; (wunderlich) dziwaczny
**Komitee** n (-s; -s) komitet
**Komma** n (-s; -s od -ta) przecinek
**Kommandant** m (-en) komendant **Kommandeur** m (-s; -e) dowódca m **kommandieren** (-) v|t komenderować (inst); (befehligen) a. dowodzić (inst) **Kommanditgesellschaft** f spółka komandytowa **Kommando** n (-s; -s) komenda; (Einheit) grupa (dywersyjna), oddział (komandosów) **Kommandobrücke** f mostek kapitański
**kommen** (kam, käme, gekommen; sn) v|i **1** przychodzić ⟨przyjść⟩ (a. Post, Zug), nadchodzić ⟨nadejść⟩ (a. Winter, Nacht); fahrend przyjeżdżać ⟨-jechać⟩, nadjeżdżać ⟨-jechać⟩; Gewitter nadciągać ⟨-gnąć⟩; (auftauchen) pojawi(a)ć się, zjawi(a)ć się; **angelaufen ~** nadbiegać ⟨-biec⟩; umg **komm, wir gehen!** chodź, (my) idziemy!; **j-m ~ die Tränen** łzy napływają k-u do oczu **2 ~ lassen** sprowadzać ⟨-dzić⟩; Person a. wzywać ⟨wezwać⟩ **3** (eintreten) **ich habe das ~ sehen** wiedziałem (-łam) z góry, że to się stanie; **das wird noch ~** tego trzeba jeszcze oczekiwać; **erst kommt ...** najpierw będzie ... **4** mit adv umg **j-m frech ~** zachow(yw)ać się zuchwale wobec (gen) **5** mit präp **~ an** (akk) podchodzić ⟨podejść⟩ do (gen); fahrend podjeżdżać ⟨-jechać⟩ do (gen); **jetzt kommst du an die Reihe** teraz kolej na ciebie; **~ auf** (akk) przypadać ⟨-paść⟩ na (akk); **auf j-n nichts ~ lassen** nie pozwalać źle mówić o (lok); **wie kommst du darauf?** skąd ci to przyszło do głowy?; **ich komme nicht auf den Namen** nie mogę sobie przypomnieć nazwiska; **~ aus** wychodzić ⟨wyjść⟩ z (gen); (stammen) pochodzić z (gen); (anreisen) przyjeżdżać ⟨-jechać⟩ z (gen); **~ bis (zu)** docierać ⟨dotrzeć⟩ do (gen); zu Fuß a. fig a. dochodzić ⟨dojść⟩ do (gen); fahrend a. dojeżdżać ⟨-jechać⟩ do (gen); fliegend ~ dolatywać ⟨-lecieć⟩ do (gen); Schiff a. dopływać ⟨-płynąć⟩ do (gen); **~ durch** e-e Stadt zu Fuß przechodzić ⟨przejść⟩ (przez akk); fahrend przejeżdżać ⟨-jechać⟩ (przez

*akk*); ~ **hinter** etw (*akk*) *fig* odkry(wa)ć (*akk*); domyślać ⟨-lić⟩ się (*gen*); ~ **in** e-n Raum wchodzić ⟨wejść⟩ (do *gen*); (*in e-e Lage geraten*) popadać ⟨-paść⟩ w (*akk*), znaleźć się *pf* w (*lok*); *mit Ortsangabe* **der Tisch kommt dorthin** stół trzeba postawić tam; **ins Gefängnis** ~ iść ⟨pójść⟩ do więzienia; **er kommt in die Schule** on będzie chodził do szkoły; *umg* **j-m mit etw** ~ zawracać k-u głowę (*inst*); ~ **nach** (*anreisen*) przyjeżdżać ⟨-jechać⟩, przyby(wa)ć do (*gen*); *fig* (*vor sich gehen*) następować ⟨-stąpić⟩ po (*lok*); *umg* **er kommt nach seiner Mutter** on bardzo przypomina (swoją) matkę; **über j-n** ~ *Angst* opanow(yw)ać, ogarnąć *pf* (*akk*); ~ **um** Leben stracić *pf* (*akk*); ~ **unter** etw (*akk*) dostawać ⟨-stać⟩ się, wpadać ⟨wpaść⟩ **pod** od między (*akk*); **unter den Hammer** ~ iść ⟨pójść⟩ pod młotek; (*herrühren*) **das kommt von** (*dat*) to jest skutkiem (*gen*); *umg* **das kommt davon!** skutki nie dają długo na siebie czekać!; ~ **zu** *fig* (*erlangen*) dochodzić ⟨dojść⟩ do (*gen*); (*gelangen*) **wie komme ich zu ...?** którędy mogę dojść *od* dojechać do (*gen*); **nicht dazu** ~, **zu** (+ *inf*) nie zdążyć *pf* (+ *inf*); **zu nichts** ~ (*nicht reich werden*) niczego się nie dorobić *pf*; *umg* **ich komme zu nichts** nie mam na nic czasu, stale brak mi (jest) czasu; **zu sich** ~ przyjść *pf* do siebie 6 *unpers* **daher kommt es, dass ...** to pochodzi stąd, że ...; **ich habe es** ~ **sehen** a. to przewidywałem (-łam); **wie kommt es, dass ...?** dlaczego ...?, jak to się stało, że ...?; **es kommt wie es kommt** co ma być, to będzie; *umg* **so weit kommt es noch!** tego jeszcze brakowało!; **es kam zu ...** doszło do (*gen*) **kommend** *adj* przyszły

**Kommentar** *m* (-s; -e) komentarz

**kommerziell** handlowy (-wo), komercyjny

**Kommilitone** *m* (-n) kolega uniwersytecki

**Kommissar** *m* (-s; -e), **Kommissarin** *f* komisarz **kommissarisch** komisaryczny **Kommission** *f* komisja; HANDEL komis; **in** ~ **geben** odda(wa)ć w komis

**Kommode** *f* komoda

**Kommunalwahlen** *fpl* wybory *mpl* samorządowe **Kommune** *f* komuna

**Kommunikationsmittel** *n* TEL środek przekazu **Kommunion** *f* komunia **Kommunist(in)** *m(f)* komunista *m* (-tka) **kommunistisch** komunistyczny

**Komödie** *f* komedia

**kompakt** zwarty, zbity; (*klein*) małowymiarowy; *umg* (*gedrungen*) krępy

**Kompanie** [*pl* -'niən] *f* MIL kompania

**Kompass** *m* (-es; -e) kompas, busola

**kompatibel** (-bl-) kompatybilny (**mit** *z inst*)

**Kompensation** *f* kompensacja; (*Entschädigung*) (re)kompensata **kompensieren** (-) ⟨s⟩kompensować; *Schaden* ⟨z⟩rekompensować

**kompetent** kompetentny, właściwy **Kompetenz** *f* kompetencja, właściwość *f* **Kompetenzbereich** *m* zakres kompetencji

**komplett** kompletny, całkowity (-cie); **wir sind** ~ jesteśmy w komplecie

**komplex** kompleksowy (-wo) **Komplex** *m* (-es; -e) kompleks; PSYCH **an** ~**en leiden** mieć różne kompleksy

**Komplikation** *f* komplikacja; *pl* MED *mst* powikłania *npl*

**Kompliment** *n* (-[e]s; -e) komplement

**Komplize** *m* (-en) pomocnik, wspólnik, współsprawca *m* **komplizieren** (-) *v/t* ⟨s⟩komplikować; *Pläne a.* ⟨za⟩wikłać **kompliziert** *adj* skomplikowany; (*schwierig*) zawikłany **Komplizin** *f* pomocnica, wspólniczka

**Komplott** *n* (-[e]s; -e) spisek, zmowa

**Komponente** *f* składnik, komponent **komponieren** (-) *v/t* ⟨s⟩komponować; *v/i* komponować **Komponist(in)** *m* (*f*) (-en) kompozytor(ka)

**Kompott** *n* (-[e]s; -e) kompot

**Kompresse** *f* kompres, okład **Kompression** *f* kompresja; TECH *a.* sprężanie; MED *a.* ściskanie, ucisk **Kompressor** *m* (-s; -soren) sprężarka, kompresor **komprimieren** (-) *Gas* sprężać ⟨-żyć⟩; IT dokon(yw)ać kompresji (*gen*) **komprimiert** *adj* sprężony

**Kompromiss** *m* (-es; -e) kompromis **Kompromisslösung** *f* rozwiązanie kompromisowe **kompromisslos** bezkompromisowy (-wo)

**kompromittieren** (-) ⟨s⟩kompromitować (**durch** *inst*)

**kondensieren** (-) *v/t* ⟨s⟩kondensować,

**Kondensmilch – Konservendose**

zagęszczać ⟨zagęścić⟩; (verflüssigen) skraplać ⟨skroplić⟩ (v/i się) **Kondensmilch** f mleko skondensowane **Kondensstreifen** m smuga kondensacyjna **Kondenswasser** n (-s; bpl) woda kondensacyjna, skropliny fpl

**Kondition** f warunek; (bpl) (körperliche Verfassung) kondycja **Konditional** n (-s; -e) GRAM tryb warunkowy **Konditionstraining** m trening kondycyjny **Konditor** m (-s; -toren) cukiernik **Konditorei** f cukiernia

**Kondom** n (-s; -e) kondom

**Konfekt** n (-[e]s; bpl) wyroby mpl cukiernicze, słodycze fpl, czekoladki fpl **Konfektion** f (bpl) konfekcja

**Konferenz** f konferencja (**über** akk w sprawie gen) **Konferenzschaltung** f układ konferencyjny **Konferenzteilnehmer(in)** m(f) uczestnik (-niczka) konferencji

**Konfession** f wyznanie **konfessionell** wyznaniowy **konfessionslos** bezwyznaniowy

**Konfirmand(in)** m(f) (-en) konfirmant(ka) **Konfirmation** f konfirmacja **konfirmieren** (-) konfirmować **konfiszieren** (-) ⟨s⟩konfiskować **Konfitüre** f konfitury fpl

**Konflikt** m (-[e]s; -e) konflikt

**konform** zgodny; **~ gehen (mit)** zgadzać się ⟨z inst⟩

**konfrontieren** (-) **(mit)** ⟨s⟩konfrontować ⟨z inst⟩

**konfus** (verworren) mętny, bałamutny; Person speszony

**Kongress** m (-es; -e) kongres, zjazd

**Konifere** f drzewo iglaste

**König(in** f) m (-s; -e) król(owa) **königlich** królewski (po -ku, -ko) **Königreich** n królestwo

**konjugieren** (-) GRAM koniugować, odmieni(a)ć **Konjunktiv** n (-s; -e) GRAM tryb przypuszczający od warunkowy

**Konjunktur** f koniunktura **Konjunkturabschwung** m spadek koniunktury **Konjunkturbelebung** f ożywienie koniunktury

**konkav** wklęsły (-ło)

**konkret** konkretny **konkretisieren** (-) ⟨s⟩konkretyzować

**Konkurrent** m (-en) konkurent; (Rivale)

rywal **Konkurrentin** f konkurentka; (Rivalin) rywalka **Konkurrenz** f konkurencja; engS a. rywalizacja; SPORT a. konkurs; (Konkurrent[en]) konkurent, konkurenci pl; **außer ~** poza konkursem **Konkurrenzkampf** m walka konkurencyjna **konkurrenzlos** bezkonkurencyjny **konkurrieren** v/i (-) konkurować (**mit** z inst); engS rywalizować (**um etw** o akk)

**Konkurs** m (-es; -e) JUR upadłość f; ... **ist in ~ gegangen** ... znajduje się w stanie upadłości **Konkursverfahren** n postępowanie upadłościowe **Konkursverwalter** m syndyk (masy upadłościowej)

**können** v/t u. v/i (kann, konnte, pperf können [Modalverb] u. gekonnt [Vollverb]) ① móc ② (beherrschen) umieć, znać, potrafić; **ich kann nicht** nie mogę (anders, mehr inaczej, więcej); **ich kann kein Deutsch** nie znam niemieckiego; **du kannst deutsch sprechen** możesz mówić po niemiecku; **ich kann schwimmen** umiem pływać; **ich kann das nicht machen** nie mogę od nie potrafię tego zrobić; **er könnte das machen** on mógłby to zrobić; **man kann (könnte) sagen** można (można by było) powiedzieć; **es kann, könnte sein** może być; **ich habe das nicht glauben ~** nie mogłem w to uwierzyć; **er könnte recht haben** on może mieć rację; **könntest du ...?** czy mógłbyś ...?, czy mogłabyś ...?; **was kann ich dafür?** co ja mam do tego?; cóż na to poradzę?; **so schnell du kannst** jak najprędzej; umg **das kann doch nicht wahr sein!** (to) nie może być!; umg **ich kann dir sagen!** mówię ci!; pop **du kannst mich mal!** pocałuj mnie gdzieś! **Können** n (-s; bpl) znajomość f (gen), umiejętności fpl **Könner(in)** m(f) mistrz (-rzyni) **konnte**, **könnte** → können

**Konsens** m (-es; mst bpl) konsensus

**konsequent** nie sekwentny **Konsequenz** f konsekwencja; **die ~en tragen** ponosić ⟨ponieść⟩ konsekwencje;**die ~en ziehen (aus etw)** wyciągać ⟨-gnąć⟩ (odpowiednie) wnioski ⟨z gen⟩

**konservativ** konserwatywny; MED zachowawczy **Konservative(r)** konserwatysta m (-tka)

**Konserve** f konserwa (mst pl) **Konservendose** f puszka do konserw, puszka

od konserw **konservieren** (-) ⟨za⟩konserwować **Konservierungsmittel** n środek konserwujący, konserwant
**Konsole** f konsola; TECH a. wspornik
**konsolidieren** (-) ⟨s⟩konsolidować
**Konsonant** m (-en) spółgłoska
**Konsortium** n (-s; -tien) konsorcjum n
**konspirativ** konspiracyjny
**konstant** stały; *prąd* stale
**Konstellation** f konstelacja
**konstituieren** (-) ⟨u⟩konstytuować **Konstitution** f konstytucja **konstitutionell** konstytucyjny; *bes* MED konstytucjonalny, ustrojowy
**konstruieren** (-) ⟨s⟩konstruować **Konstruk|teur(in)** m(f) (-s; -e) konstruktor(ka) **Konstruktion** f konstrukcja **konstruktiv** konstruktywny
**Konsul** m (-s; -n) konsul **Konsulat** n (-[e]s; -e) konsulat **konsultieren** (-) *v/t* konsultować (*u gen*); *Buch* sprawdzać ⟨-dzić⟩ (*w inst*)
**Konsum** m (-s; *bpl*) spożycie, konsumpcja **Konsumdenken** n konsumpcjonizm **Konsument(in)** f) m (-en) konsument, spożywca m **Konsumgüter** *npl* dobra *npl* konsumpcyjne
**Kontakt** m (-[e]s, -e) kontakt; ELEK (ze)styk **Kontaktaufnahme** f nawiązanie kontaktu **kontaktfreudig** kontaktowy **Kontaktlinsen** *fpl* soczewki *fpl* kontaktowe, szkła *npl* kontaktowe **kontaktlos** bezdotykowy **Kontaktperson** f MED osoba, która stykała się z chorym, *umg* kontakt **kontaktscheu** unikający kontaktów (z innymi ludźmi)
**Kontinent** m (-[e]s; -e) kontynent **kontinental** kontynentalny
**Kontingent** n (-[e]s; -e) kontyngent
**Kontinuität** f (*bpl*) ciągłość f
**Konto** n (-s; -ten *od* -s) konto, rachunek (**bei der Bank** w banku) **Kontoauszug** m wyciąg z konta **Kontoinhaber(in)** m(f) właściciel(ka) konta bankowego
**Kontostand** m stan konta **Kontoüberziehung** f przekroczenie stanu konta (bankowego)
**kontra** *präp* (*akk*), *adv* kontra **Kontrahent** m (-en) kontrahent
**Kontrast** m (-[e]s; -e) kontrast **Kontrastmittel** n MED środek cieniujący
**Kontrolle** f kontrola **kontrollieren** (-) ⟨s⟩kontrolować

**Kontroverse** f kontrowersja, spór
**Konus** m (-; -se *od* Konen) stożek
**Konvention** f konwencja; POL *a.* układ **Konventionalstrafe** f kara umowna **konventionell** konwencjonalny
**Konvergenz** f konwergencja
**Konversion** f konwersja (*a. rel*) **konvertierbar** wymienialny
**konvex** wypukły (-ło)
**Konvoi** m (-s; -s) konwój
**Konzentrat** n (-*[e]s*; -e) koncentrat **Konzentration** f koncentracja; CHEM *a.* stężenie; MIL *a.* ześrodkowanie **Konzentrationslager** n obóz koncentracyjny **konzentrieren** (-) *v/t* ⟨s⟩koncentrować, skupi(a)ć (**auf** *akk na lok*) **konzentriert** *adj* skoncentrowany, skupiony; CHEM stężony; *prąd* w skupieniu
**Konzept** n (-[e]s; -e) szkic, zarys; *fig* **j-n aus dem ~ bringen** wprawi(a)ć w zakłopotanie (*akk*) **Konzeption** f koncepcja
**Konzern** m (-s; -e) koncern
**Konzert** n (-[e]s; -e) koncert
**Konzession** f koncesja; *fig* **~en machen** iść na *od* robić ustępstwa
**Kooperation** f kooperacja **Kooperationsvertrag** m umowa kooperacyjna **kooperieren** (-) kooperować
**Koordinate** f współrzędna **koordinieren** (-) ⟨s⟩koordynować, uzgadniać ⟨uzgodnić⟩
**Kopf** m (-[e]s; Köpfe) głowa (*a. fig*); *dim, a.* BOT, TECH główka; MIL, TECH *a.* głowica; *umg iron* łepetyna, mózgownica; **ein kluger ~** człowiek z głową, tęga głowa; **den ~ schütteln** kręcić (*verneinend* przecząco) głową; **den ~ hängen lassen** posmutnieć *pf, umg* spuścić *pf* nos na kwintę; **~ hoch!** głowa do góry!; *mit präp*: **nicht auf den ~ gefallen sein** mieć swój rozum; **bis über den ~** po uszy; **sich** (*dat*) **etw durch den ~ gehen lassen** rozważać (*akk*); **im ~ behalten** zapamiętać *pf*; **sich** (*dat*) **etw in den ~ setzen** wbić *pf* sobie do głowy (*akk*); **j-n vor den ~ stoßen** dotknąć, urazić k-o; **j-m zu ~ steigen** uderzyć *pf* k-u do głowy **Kopfball** m SPORT główka
**Kopfbedeckung** f nakrycie głowy
**köpfen** *Person* ścinać ⟨ściąć⟩; SPORT główkować; AGR ogławiać ⟨ogłowić⟩
**Kopfende** n wezgłowie, zagłówek
**Kopfhörer** m słuchawki *fpl* **Kopfkissen** n poduszka (pod głowę) **kopflos**

**bezgłowy;** *fig* zdezorientowany, *umg* otumaniony; *präd (in Panik)* w popłochu
**Kopfrechnen** *n* liczenie w pamięci
**Kopfsalat** *m* sałata głowiasta **Kopfschmerzen** *m*|*pl* (*fig* **bereiten** przyprawiać o) ból głowy **Kopfschmerztablette** *f* tabletka od bólu głowy **Kopfsprung** *m* skok (do wody) na główkę **Kopfstütze** *f* zagłówek **Kopftuch** *n* chust(k)a na głowę **kopfüber** *adv* głową naprzód **Kopfzerbrechen** *n*: **dieses Problem bereitet ~** ten problem to łamigłówka; **sich kein ~ machen** nie łamać sobie głowy (**über** *akk* nad *inst*)
**Kopie** [*pl* -'pi:ən] *f* kopia; FOTO odbitka
**kopieren** (-) ⟨s⟩kopiować; *fig a.* naśladować **Kopierer** *m*, **Kopiergerät** *n* kopiarka; *engS* kserokopiarka, *umg* ksero
**Kopilot(in)** *m(f)* drugi pilot
**Koppel**[1] *n (Gürtel)* pas(ek)
**Koppel**[2] *f* (-; -n) *(Gehege)* ogrodzony wygon (dla koni)
**koppeln** (-) (**an** *akk*) ⟨z⟩łączyć (**z** *inst*; *a. fig*); podłączać ⟨-czyć⟩ (**do** *gen*); KOLEJ, ELEK sprzęgać ⟨-gnąć, sprząc⟩
**Koralle** *f* koral
**Koran** *m* (-s; *bpl*) Koran
**Korb** *m* (-[e]s; Körbe) kosz(yk) **Korbsessel** *m* fotel wiklinowy **Korbwaren** *fpl* wyroby *mpl* koszykarskie
**Kordel** *f* (-; -n) sznur pleciony
**Koreaner(in)** *m(f)* Koreańczyk ⟨-anka⟩ **koreanisch** koreański (po -ku)
**Korken** *m* korek **Korkenzieher** *m* korkociąg
**Korn**[1] *n* (-[e]s; Körner) ziarn(k)o; TECH ziarno; (*bpl*) (*Getreide*) zboże; *e-r Waffe* muszka; *umg* **j-n aufs ~ nehmen** brać ⟨wziąć⟩ na muszkę (*akk*) **Korn**[2] *umg m* (-s; *bpl*) żytniówka, czysta **Kornblume** *f* bławatek **körnig** ziarnisty ⟨-ście⟩; granulowany
**Körper** *m* ciało (*a.* CHEM, FIZ, *fig*); MAT *a.* bryła; TECH korpus **Körperbau** *m* (-[e]s; *bpl*) budowa ciała **Körpergröße** *f* wzrost, wysokość **Körperhaltung** *f* postawa **Körperkraft** *f* siła fizyczna **Körperpflege** *f* higiena osobista **Körperschaft** *f* korporacja, stowarzyszenie, zrzeszenie **Körperteil** *m* część *f* ciała **Körperverletzung** *f* uszkodzenie (i okaleczenie) ciała
**korpulent** otyły, tęgi, korpulentny

**korrekt** poprawny, prawidłowy (-wo) **Korrektur** *f* korekcja, korektura, poprawka; TYPO korekta **Korrekturzeichen** *n* znak korektorski
**Korrespondent(in** *f*) *m* korespondent(ka) **Korrespondenz** *f* korespondencja
**Korridor** *m* (-s; -e) korytarz
**korrigieren** (-) ⟨s⟩korygować
**Korrosion** *f* (0) korozja
**korrupt** przekupny, skorumpowany **Korruption** *f* korupcja, łapownictwo
**korsisch** korsykański
**Kosename** *m* imię pieszczotliwe
**Kosmetik** *f* (*bpl*) kosmetyka **Kosmetikerin** *f* kosmetyczka **Kosmetiktasche** *f* kosmetyczka *f* **kosmetisch** kosmetyczny
**kosmisch** kosmiczny
**Kost** *f* (*bpl*) pożywienie, pokarm (*a. fig*); *(Verpflegung)* wyżywienie **kostbar** kosztowny, (drogo)cenny **Kostbarkeit** *f* klejnot; *pl a.* kosztowności *fpl* **kosten**[1] *v*|*t* (-e-) ⟨s⟩kosztować **kosten**[2] *v*|*i* (-e-) kosztować; **wie viel, was kostet …?** ile kosztuje …?; **das kostet mich …** to będzie mnie kosztować *od* kosztowało …; **koste es, was es wolle** za wszelką cenę
**Kosten** *pl* koszt; EKON *(Aufwendungen)* *nur pl* koszty; **auf ~ von …** na koszt (*gen*); *fig* kosztem (*gen*) **kostendeckend** pokrywający koszty **Kostenerstattung** *f* zwrot kosztów **Kostenexplosion** *f* gwałtowny wzrost kosztów **kostengünstig** mniej kosztowny **kostenintensiv** kosztochłonny **kostenlos** bezpłatny, *umg* darmo(wy) **Kostensenkung** *f* obniżenie kosztów **Kostenvoranschlag** *m* kosztorys
**köstlich** wyborny, pyszny (*a. fig*), smakowity (-cie) **Kostprobe** *f* próbka; **e-e ~ nehmen (von)** ⟨s⟩próbować (*gen*) **kostspielig** kosztowny, drogi (-go)
**Kostüm** *n* (-s; -e) kostium **Kostümball** *m* bal kostiumowy
**Kot** *m* (-[e]s; *bpl*) kał; *(Schmutz)* błoto
**Kotelett** [kɔtˈlɛt] *n* (-s; -s *od* -e) kotlet, zraz **Koteletten** [-tən] *pl* bokobrody *pl*
**Köter** *m abw* kundel, psisko
**Kotflügel** *m* błotnik
**kotzen** *pop v*|*i* (-zt) rzygać, porzygać się *pf*
**Krabbe** *f* krab

**krabbeln** v/i (-le; sn) pełzać; *Baby a.* raczkować

**Krach** m (-[e]s; Kräche) hałas, rumor; *umg* kłótnia; EKON krach; **~ machen** hałasować **krachen** v/i ⟨za⟩trzeszczeć, trzasnąć pf; *Donner* trzaskać, trzasnąć pf, huknąć; *umg (fallen)* runąć pf z łoskotem; **(gegen etw)** walnąć się pf (o *akk*), wpaść pf z trzaskiem (na *akk*)

**krächzen** (-zt) v/i krakać; *Radio* skrzeczeć, chrypieć; v/t ⟨wy⟩chrypieć

**kraft** präp (gen) mocą, z mocy, z tytułu (gen) **Kraft** f (-; Kräfte) siła; *(Stärke)* moc f (a. JUR); **aus eigener ~** o własnych siłach; samodzielnie; **außer ~ setzen** pozbawi(a)ć mocy obowiązującej, unieważni(a)ć; **in ~ treten** wchodzić ⟨wejść⟩ w życie, nab(ie)rać mocy wiążącej **Kraftfahrer(in)** m(f) kierowca m, f, szofer m, f **Kraftfahrzeug** n pojazd mechaniczny; *in zssgn mst ...* samochodowy **Kraftfahrzeugschein** m karta pojazdu mechanicznego **Kraftfahrzeugsteuer** f podatek od pojazdów mechanicznych, podatek drogowy **kräftig** silny, *(stark, a. fig)* mocny (-no); *Person a.* krzepki (-ko); *Farbton* intensywny, mocny; *(nahrhaft)* posilny, treściwy (-wie) **kräftigen** krzepić, wzmacniać ⟨wzmocnić⟩ **kraftlos** bezsilny, niemocny **Kraftprobe** f próba sił **Kraftstoff** m paliwo silnikowe, *~- in zssgn* paliwowy, ... paliwa **kraftstrotzend** adj krzepki, silny jak dąb **kraftvoll** silny, mocny (-no); energiczny **Kraftwagen** m samochód **Kraftwerk** n elektrownia, siłownia

**Kragen** m kołnierz, dim kołnierzyk **Krähe** f wrona **krähen** v/i ⟨za⟩piać **krakeelen** *umg* v/i (-) awanturować się **Kralle** f pazur, szpon **krallen: sich ~ (an, in** akk) wczepi(a)ć się pazurami (w *akk*); *(sich festhalten)* trzymać się kurczowo (gen)

**Kram** *umg* m (-s; bpl) bambetle *pl*, kram **kramen** v/i grzebać, gmerać **(in** dat w lok) **Kramladen** m kram, kramik **Krampf** m (-es; Krämpfe) MED kurcz, spazm; *pl a.* konwulsje fpl **Krampfadern** fpl żylaki mpl **krampfhaft** kurczowy (-wo)

**Kran** m (-[e]s; Kräne) TECH żuraw, suwnica, *umg* kran

**Kranich** m (-s; -e) ZOOL żuraw

**krank** (kränker, kränkst-) chory *(a. fig* **vor etw** z *gen*); **sie ist ~** ona (jest) chora, ona choruje; **er wurde ~** on zachorował, on rozchorował się **Kranke(r)** m (-n) chory m **kränkeln** v/i (-le) niedomagać **kranken** v/i fig nie dopisywać, szwankować, cierpieć **(an** dat z powodu gen) **kränken** obrażać ⟨-razić⟩, dotknąć pf **Krankengeld** n zasiłek chorobowy **Krankenhaus** n szpital **Krankenkasse** f kasa chorych **Krankenpfleger** m pielęgniarz **Krankenschein** m skierowanie do lekarza **Krankenschwester** f pielęgniarka; MIL sanitariuszka **Krankenversicherung** f ubezpieczenie zdrowotne, ubezpieczenie na wypadek choroby; **private ~** prywatne ubezpieczenie zdrowotne **Krankenwagen** m karetka (pogotowia), sanitarka **krankhaft** chorobliwy (-wie) **Krankheit** f choroba; *emotional verstärkend* choróbsko **kränklich** chorowity **Kränkung** f obraza, zniewaga **krankschreiben** (irr): **j-n ~** ⟨wy⟩dać k-u zwolnienie lekarskie **Kranz** m (-es; Kränze) wianek, wieniec; *fig a.* krąg; TECH wieniec **Krapfen** m KULIN przysmażek (smażony); *reg (Berliner Pfannkuchen)* pączek **krass** rażący; *(extrem)* skrajny, jaskrawy; **voll ~** zajebisty **kratzen** (-zt) v/t ⟨po⟩drapać, drapnąć pf ( **sich an** dat się w akk, **sobie** akk), ⟨po⟩skrobać (v/r **sich** się); *(ritzen)* ⟨za⟩drasnąć pf, ⟨za⟩drapnąć; *(schaben)* skrobać; v/i drapać **Kratzer** m zadrapanie, szrama; *(kleine Wunde)* zadraśnięcie; *(Schaber)* skrobak

**kraulen**[1] v/t pieszczotliwie ⟨po⟩drapać **kraulen**[2] v/i *(a. sn) (schwimmen)* płynąć od pływać kraulem

**kraus** kędzierzawy; *umg fig (verworren)* zagmatwany **kräuseln** (-le) v/t kędzierzawić; *Wasser* ⟨z⟩marszczyć (v/r ⟨za⟩drżeć); v/r **sich ~** wić się

**Kraut** n (-[e]s; bpl) nać f, łęty *pl*; *(Kohl)* kapusta; *(pl Kräuter)* ziele **Kräuter** pl zioła npl; MED a. ziółka npl; **zum Würzen** a. przyprawy fpl ziołowe **Kräutertee** m MED napar ziołowy, ziółka npl; herbatka ziołowa

**Krawall** m (-s; -e) *umg* burda, zadyma; *pl*

**bes** POL rozruchy mpl **Krawallmacher** m abw awanturnik
**Krawatte** f krawat, dim krawacik
**Kreativität** f (bpl) kreatywność f **Kreatur** f stworzenie; abw kreatura
**Krebs** m (-es; -e) rak (a. MED); ASTRON Rak; ~e pl ZOOL skorupiaki mpl; ~ **erregend** rakotwórczy (-czo); ~ **haben** mieć raka **krebskrank** chory na raka **krebsrot** czerwony jak rak
**Kredit**[1] n (-s; -s) kredyt, strona „ma" **Kredit**[2] f (-[e]s; -e) kredyt; **auf** ~ na kredyt; **e-n** ~ **aufnehmen** brać ⟨wziąć⟩ kredyt **kreditieren** (-) kredytować **Kreditkarte** f karta kredytowa **Kreditnehmer** m kredytobiorca m **kreditwürdig** wiarygodny kredytowo, wypłacalny
**Kreide** f kreda; als Stift kredka
**kreieren** (-) ⟨wy⟩kreować
**Kreis** m (-es; -e) koło, dim kółko (beides a. fig); krąg; ELEK obwód; (Verwaltungskreis) powiat
**kreischen** v/i (schrill schreien) (piskliwie od skrzekliwie) krzyczeć, ⟨za⟩wrzeszczeć; Kind piszczeć; Bremse a. ⟨za⟩zgrzytać, zgrzytnąć pf
**Kreisel** m bąk; umg (Verkehr) rondo **kreisen** v/i (a. sn) krążyć (**um** dokoła, wokół gen); Planet obiegać (akk) **kreisförmig** kolisty (-to, -ście), a. Bewegung okrężny, kołowy (-wo) **Kreislauf** m cyrkulacja (a. EKON), bes MED krążenie, **Kreislauferkrankung** f choroba układu krążenia **Kreislaufmittel** n środek pobudzający krążenie **Kreissäge** f piła tarczowa
**Kreißsaal** m sala porodowa, umg porodówka
**Kreisstadt** f miasto powiatowe **Kreisverkehr** m (skrzyżowanie typu) rondo **Krempe** f rondo (kapelusza) **Krempel** umg abw m (-s; bpl) majdan; graty mpl
**Kren** m (-[e]s; bpl) austr chrzan
**krepieren** v/i (-; sn) Tier zdychać ⟨zdechnąć⟩; pop Mensch a. odwalić pf kitę
**Kreppapier** n krepina
**Kresse** f (-; selten -n) rzeżucha
**Kreuz** n (-es; -e) krzyż (a. ANAT); dim krzyżyk (a. MUS); (Spielkarte) trefl m; in zssgn treflowy (-o); TECH krzyż; (Autobahnkreuz) skrzyżowanie **kreuzen** (-zt) v/t ⟨s⟩krzyżować; **sich** ~ mijać ⟨minąć⟩ się; v/i MAR płynąć zmiennym kursem, halsować **Kreuzer** m MAR krążownik **Kreuzfahrt** f turystyczna podróż morska **kreuzigen** v/t ⟨u⟩krzyżować **Kreuzotter** f żmija zygzakowata **Kreuzritter** m Krzyżak **Kreuzschmerzen** m/pl bóle m/pl krzyża **Kreuzung** f von Straßen skrzyżowanie; BIOL krzyżowanie; (Ergebnis des Kreuzens) krzyżówka **Kreuzverhör** n przesłuchanie krzyżowe **Kreuzworträtsel** n krzyżówka **Kreuzzug** m wyprawa krzyżowa, a. fig krucjata
**kribb(e)lig** umg podniecony, nerwowy **kriechen** v/i (kroch, gekrochen; sn) pełzać, ⟨po⟩pełznąć, ⟨po⟩czołgać się; umg Autos wlec się; fig abw pełzać, płaszczyć się (**vor** dat przed inst) **Kriechtier** n gad
**Krieg** m (-[e]s; -e) wojna; ~ **führen** prowadzić od toczyć wojnę (**gegen** przeciwko dat); **im** ~ na wojnie; **vor dem** ~ przed wojną
**kriegen** umg v/t dosta(wa)ć; (beschaffen) a. zdoby(wa)ć (akk), wystarać się pf (o akk); Zug złapać pf
**Kriegerdenkmal** n pomnik ku czci poległych **kriegerisch** wojowniczy (-czo) **Kriegsdienst** m → Wehrdienst **Kriegserklärung** f wypowiedzenie wojny **Kriegsgefangene(r)** m jeniec wojenny **Kriegsrecht** n (bpl) prawo wojenne **Kriegsteilnehmer(in)** m(f) uczestnik (-niczka) wojny **Kriegsverbrecher** m zbrodniarz wojenny
**Krimi** umg m (-[s]; -[s]) kryminał(ek) **Kriminal|beamte(r)** m funkcjonariusz policji kryminalnej **Kriminalität** f (bpl) przestępczość f **kriminell** kryminalny **Kriminelle(r)** m (-n) kryminalista m
**Krimskrams** umg m (-[es]; bpl) kram, drobiazgi mpl
**Kripo** f (bpl) policja kryminalna, umg dochodzeniówka
**Krippe** f żłób; für Kinder żłobek; rel szopka, jasełka pl **Krippenspiel** n widowisko jasełkowe, szopka
**Krise** f kryzys, bes MED przesilenie; **in der** ~ **stecken** przeżywać kryzys **kriseln** (-le): **es kriselt** zanosi się na kryzys
**Kristall**[1] n (-s; bpl) kryształ
**Kristall**[2] m (-s; -e) CHEM kryształ
**Kriterium** n (-s; -ien) kryterium n **Kritik** f krytyka; ~ **üben** (**an** dat) podda(wa)ć kry-

tyce (akk) **Kritiker(in)** m(f) krytyk (krytyczka) **kritisch** krytyczny **kritisieren** (-) ⟨s⟩krytykować

**kritzeln** (-le) ⟨na⟩bazgrać, ⟨na⟩gryzmolić; (etw schreiben) a. ⟨na⟩skrobać

**kroch, kröche** → kriechen

**Krokodil** n (-s; -e) krokodyl

**Krone** f korona; (Zahnkrone) a. koronka **krönen** ⟨u⟩koronować (**zum König** na króla); fig (den Abschluss bilden) wieńczyć **Kronleuchter** m żyrandol, pająk **Kronprinz** m następca m tronu **Krönung** f koronacja, koronowanie (się); fig ukoronowanie **Kronzeuge** m, **Kronzeugin** f świadek koronny

**Kropf** m (-[e]s; Kröpfe) wole

**Kröte** f ropucha

**Krücke** f (Gehhilfe) kula; (Griff) zagięta rączka; umg fig (Hilfe) wspomagacz; **an ~n gehen** chodzić o kulach

**Krug** m (-[e]s; Krüge) dzban, dim dzbanek

**Krümel** m okruszyna, kruszynka **krümeln** (-le) v/t kruszyć, rozkruszać ⟨-szyć⟩ ⟨v/i się⟩

**krumm** (verbogen) krzywy (-wo), wykrzywiony, zakrzywiony; (gebogen) zgięty; Rücken przygarbiony; umg fig nieczysty **krümmen** ⟨s⟩krzywić, wykrzywi(a)ć; Finger zginać ⟨zgiąć⟩; **sich vor Schmerzen ~** wić się z bólu **Krümmung** f skrzywienie, zakrzywienie; MAT krzywizna; (Biegung) zakole, zakręt, łuk

**Krüppel** neg! m kaleka m u. f neg!

**Kruste** f skorupa, dim skorupka; (Brotrinde) skórka; (Schorf) strup

**Kruzifix** n (-es; -e) krucyfiks

**kubanisch** kubański

**Kübel** m kubeł (a. TECH); für Blumen a. donica; im Gefängnis kibel

**Kubikmeter** m od n metr sześcienny **Kubikzahl** f MAT sześcian (liczby)

**Küche** f kuchnia; **kalte ~** zimne przekąski fpl; **warme ~** gorące potrawy fpl; **polnische ~** kuchnia polska

**Kuchen** m placek, ciasto; ciastko

**Küchenchef** m kierownik kuchni **Küchengeschirr** n naczynia npl kuchenne **Küchenhilfe** f pomoc kuchenna **Küchenschrank** m kredens kuchenny

**Kuckuck** m (-s; -e) kukułka **Kuckucksuhr** f zegar z kukułką

**Kufe** f płoza

**Kugel** f (-; -n) kula, dim kulka **Kugellager** n łożysko kulkowe **kugelrund** kulisty, okrągły jak kula; umg Baby okrąglutki **Kugelschreiber** m długopis **kugelsicher** kuloodporny; Glas a. pancerny **Kugelstoßen** n pchnięcie kulą

**Kuh** f (-; Kühe) krowa

**kühl** chłodny (-no); fig a. oziębły (-le); **es wird ~** ochładza się, oziębia się; **es ist ~ geworden** ochłodziło się **Kühle** f (bpl) chłód; (Frische) chłodek; fig a. oziębłość f **Kühlelement** n element chłodzący **kühlen** ochładzać, ⟨o⟩chłodzić, bes TECH schładzać ⟨schłodzić⟩, oziębi(a)ć **Kühler** m schładzacz; AUTO chłodnica; für Sekt kubełek z lodem **Kühlhaus** n chłodnia **Kühlschrank** m chłodziarka, lodówka **Kühltasche** f termotorba **Kühlvitrine** f lada chłodnicza **Kühlwagen** m samochód chłodnia; KOLEJ wagon chłodnia **Kühlwasser** n woda chłodząca; AUTO a. woda w od do chłodnicy

**Kuhmilch** f mleko krowie

**kühn** śmiały (-ło) **Kühnheit** f (bpl) śmiałość f

**Kuhstall** m obora

**Küken** n pisklę (a. fig); bes des Huhns kurczę, kurczątko

**kulinarisch** kulinarny, kucharski

**Kulisse** f kulisa; **hinter den ~n** za kulisami, zakulisowy

**kultivieren** (-) kultywować **kultiviert** adj kulturalny; (erlesen) wytworny, wykwintny **Kultur** f kultura; AGR (Anbau) uprawa **kulturell** kulturalny; kulturowy (-wo) **Kulturhauptstadt** f Europejska Stolica Kultury **Kulturschock** m szok kulturowy **Kulturstufe** f poziom kultury **Kulturzentrum** n ośrodek kultury **Kultusministerium** n ministerstwo oświaty (i kultury)

**Kümmel** m kminek; (Schnaps) kminkówka

**Kummer** m (-s; bpl) zmartwienie; umg (Schwierigkeit) kłopot(y pl)

**kümmerlich** marny, nędzny **kümmern** (-re) v/i marnieć; **was kümmert dich das?** co cię to obchodzi?; **sich um j-n, etw ~** ⟨za⟩troszczyć się, dbać o (akk); doglądać (gen)

**Kumpel** m (Bergmann) górnik; umg (Kamerad) kumpel, koleś m; weiblich kumpela

## 424 • kündbar – kurzfristig

**kündbar** przewidujący możliwość wymówienia, z prawem do wypowiedzenia
**Kunde**¹ m (-n) klient **Kunde**² f wieść f, wiadomość f; (Wissen) wiedza **Kundendienst** m serwis, (posprzedażna) obsługa techniczna klientów; umg a. placówka serwisu **Kundenkarte** f karta stałego klienta **Kundgebung** f wiec, manifestacja
**kündigen** v/t wymawiać ‹-mówić› **(die Wohnung** mieszkanie), wypowiadać ‹-wiedzieć› **(e-n Vertrag** umowę **Kündigung** f wypowiedzenie, wymówienie; (Entlassung) zwolnienie **Kündigungsfrist** f termin wypowiedzenia **Kündigungsschutz** m ochrona przed wadliwym wypowiedzeniem (pracy)
**Kundin** f klientka **Kundschaft** f (bpl) klienci mpl, klientela
**künftig** adj przyszły; adv w przyszłości
**Kunst** f (-; Künste) sztuka; (Können) sztuka, kunszt, artyzm **Kunstausstellung** f wystawa dzieł sztuki **Kunstdünger** m nawóz sztuczny **Kunstfaser** f włókno syntetyczne, sztuczne włókno **Kunstflug** m (bpl) akrobatyka lotnicza; (a. pl) lot akrobatyczny **Kunstgegenstand** m przedmiot sztuki **Kunstgeschichte** f historia sztuki **Kunstgewerbe** n rzemiosło artystyczne **Kunstgriff** m chwyt, trik **Kunsthandel** m handel dziełami sztuki **Kunstleder** n imitacja skóry, sztuczna skóra **Künstler(in)** m(f) artysta m (-tka) **künstlerisch** artystyczny **Künstlername** m pseudonim **künstlich** sztuczny **Kunstsammlung** f zbiór dzieł sztuki **Kunststoff** m tworzywo sztuczne od syntetyczne; engS masa plastyczna, umg plastik; in zssgn z tworzywa sztucznego, syntetyczny, umg plastikowy **Kunststück** n sztuka, sztuczka **kunstvoll** kunsztowny, misterny **Kunstwerk** n dzieło sztuki; fig arcydzieło
**kunterbunt** umg w bezładzie, (pomieszany) jak groch z kapustą
**Kupfer** f (-s; bpl) miedź f **kupfern** adj miedziany **kupferrot** miedzianoczerwony
**Kuppe** f e-s Berges kopułowaty wierzchołek; (Fingerkuppe) brzusiec **Kuppel** f kopuła, dim kopułka **kuppeln** (-le) v/i AUTO włączać ‹-czyć› sprzęgło; (auskup-

peln) wyłączać ‹-czyć› sprzęgło **Kupplung** f sprzęgło; ELEK a. łącznik wtykowy; KOLEJ sprzęg; **die ~ treten** naciskać ‹-snąć› sprzęgło
**Kur** f kuracja, leczenie; im Heilbad leczenie uzdrowiskowe od sanatoryjne
**Kür** f SPORT program dowolny
**Kuraufenthalt** m pobyt w uzdrowisku
**Kurbel** f (-; -n) korba, dim korbka **Kurbelwelle** f wał korbowy
**Kürbis** m (-ses; -se) dynia; pop fig (Kopf) bania, bańka
**küren (zu)** wyb(ie)rać (na akk)
**Kurgast** m kuracjusz(ka) **Kurierdienst** m poczta kurierska **kurieren** (-) ‹wy›leczyć, ‹wy›kurować **(j-n von** kogo z gen)
**kurios** kuriozalny, dziwny
**Kurort** m uzdrowisko, kurort
**Kurs** m (-es; -e) kurs; vom **~ abweichen** schodzić ‹zejść› z kursu; **an e-m ... ~ teilnehmen** uczęszczać na kurs (gen) **Kursbericht** m ceduła giełdowa **Kursbuch** n (kolejowy) rozkład jazdy **Kursgewinn** m zysk na kursie **Kursrückgang** m spadek kursu **Kurswagen** m KOLEJ wagon kursowy **Kurswechsel** m zmiana kursu
**Kurtaxe** f taksa klimatyczna
**Kurve** f (Linie) krzywa; (Biegung) zakręt, a. LOTN wiraż **kurvenreich** kręty (-to), pełen zakrętów; umg Frau o bujnych kształtach
**kurz** (kürzer, kürzest-) krótki; (von kurzer Dauer) krótkotrwały; präd krótko; (lapidar) a. w skrócie; **es ~ machen** nie przeciągać; **~ vor** (dat) na krótko przed (inst); **bis vor Kurzem** do niedawna; **es ist ~ vor drei** dochodzi trzecia; **~ nach** wkrótce po (lok); **es ist ~ nach zwei** minęła druga; **seit Kurzem** od niedawna **Kurzarbeit** f (bpl) skrócony czas pracy **kurzärmlig** z krótkimi rękawami **Kürze** f (bpl) krótkość f; (Bündigkeit) zwięzłość f, skrótowość f; **in ~** wkrótce; **in aller ~** jak najkrócej, w paru słowach **kürzen** (-zt) skracać ‹skrócić›; (stutzen) obcinać ‹obciąć›; Personal ‹z›redukować **kurzerhand** adv bez (chwili) namysłu; od ręki, umg bez gadania **Kurzfassung** f wersja skrócona **Kurzfilm** m film krótkometrażowy
**kurzfristig** krótkoterminowy; (kurze Zeit

*dauernd)* krótkotrwały, krótko trwający; *adv* w krótkim terminie, na krótki termin **kurzlebig** krótkowieczny, krótkotrwały; *Ware a.* nietrwały **kürzlich** *adv* niedawno (temu) **Kurzparkzone** *f* strefa krótkiego parkowania **Kurzschluss** *m* ELEK zwarcie, (krótkie) spięcie **kurzsichtig** krótkowzroczny **Kurzsichtigkeit** *f (bpl)* krótkowzroczność *f*; MED *a.* krótki wzrok **kurzum** *adv* krótko mówiąc **Kürzung** *f* skracanie, skrócenie; *fig a.* redukcja, *(Einsparung)* ograniczenie; *(Beschneidung)* (ob)cięcie **Kurzwaren** *fpl* pasmanteria **Kurzwelle** *f* fale *f/pl* krótkie; **~wellen-** krótkofalowy
**kuscheln** (-le); **sich ~** (an *akk*) tulić się, przytulać ⟨-lić⟩ się (do *gen*) **Kuscheltier** *n* przytulanka
**Kusine** *f* kuzynka
**Kuss** *m* (-es; Küsse) pocałunek, *umg* całus **küssen** *v/t* ⟨po⟩całować (**auf den Mund** w usta; **ihr die Hand** ją w rękę); **sich ~** ⟨po⟩całować się
**Küste** *f* wybrzeże; **an der ~ wohnen** mieszkać na wybrzeżu **Küstenschutz** *m* ochrona wybrzeża **Küstenstraße** *f* droga panoramiczna
**Küster** *m* kościelny, zakrystian
**Kutsche** *f* powóz, kareta; *pop abw* trup **Kutscher** *m* woźnica, stangret
**Kutte** *f* habit; *(Parka)* kurtka z kapturem
**Kutter** *m* kuter; *in zssgn* kutrowy
**Kuvert** [ku've:r] *n* (-s; -s) koperta

# L

**labil** niestały, chwiejny, labilny
**Labor** *n* (-s; -s od -e) laboratorium **Laborant(in)** *m(f)* (-en) laborant(ka)
**Labyrinth** *n* (-[e]s; -e) labirynt; ANAT błędnik
**Lache** *f* kałuża
**lächeln** *v/i* (-le) uśmiechać ⟨-chnąć⟩ się **lachen** *v/i* śmiać się (**über** *akk* z *gen*) **Lachen** *n* (-s; bpl) śmiech **lächerlich** śmieszny
**Lachs** [laks] *m* (-es; -e) łosoś *m*

**Lack** *m* (-[e]s; -e) lakier **lackieren** (-) ⟨po⟩lakierować
**Ladefläche** *f* powierzchnia załadowcza **Ladegerät** *n* ładowarka, urządzenie do ładowania akumulatorów **laden** (lädt, lud, geladen) ⟨na-, za⟩ładować; *j-n* **vor Gericht ~** wzywać ⟨wezwać⟩ do sądu; → **geladen**
**Laden** *m* (-s; Läden) sklep; *(Fensterladen)* okiennica **Laden|dieb(in)** *m(f)* złodziej(ka) sklepowy (-wa) **Ladendiebstahl** *m* kradzież sklepowa **Ladenpreis** *m* cena detaliczna **Ladenschluss** *m* (bpl) zamknięcie sklepów **Ladentisch** *m* kontuar, lada
**Laderaum** *m* MAR ładownia **Ladestation** *f* MOT stacja ładowania pojazdów elektrycznych; TEL ładowarka stojąca **Ladung** *f* ładunek; MAR cargo; JUR wezwanie
**Lage** *f fig* położenie, sytuacja; *(Schicht)* warstwa; **(nicht) in der ~ sein** (nie) być w stanie **Lageplan** *m* plan sytuacyjny
**Lager** *n* (-s; - od HANDEL Läger) obóz; HANDEL skład(nica), magazyn; TECH łożysko; **auf ~ haben** mieć na składzie **Lagerbier** *n* piwo leżakowe **Lagerfeuer** *n* ognisko **Lagerhaus** *n* składnica **lagern** (-re) *v/i (kampieren)* obozować; *Ware* znajdować się na składzie; *v/t (betten)* kłaść ⟨położyć⟩, układać ⟨ułożyć⟩ **Lagerung** *f* składowanie, magazynowanie
**Lagune** *f* laguna
**lahm** sparaliżowany; *umg fig* ofermowaty, ślamazarny **lähmen** MED, *fig* ⟨s⟩paraliżować **Lähmung** *f* porażenie, paraliż
**Laib** *m* (-[e]s; -e) *Brot* bochen(ek); *Käse* bryła
**Laie** *m* (-n) laik *(a. rel)*, amator **laienhaft** dyletancki (-ko, po -ku)
**Laken** *n* prześcieradło
**Lakritze** *f* lukrecja
**Laktose** *f* (-; bpl) laktoza **laktosefrei** bezlaktozowy, bez laktozy **Laktoseintoleranz** *f* nietolerancja laktozy **Laktoseunverträglichkeit** (-; -en) nietolerancja laktozy
**Lametta** *n* (-s; bpl) lameta
**Lamm** *n* (-[e]s; Lämmer) jagnię, baranek **Lammbraten** *m* pieczeń jagnięca **Lammfleisch** *n* KULIN jagnięcina *f*
**Lampe** *f* lampa, *dim* lampka **Lampen-**

**fieber** n trema **Lampenschirm** m abażur, klosz

**Land** n (-[e]s; bpl) (Festland) ląd; (Feld) pole; nicht Stadt wieś f; (pl Länder) kraj; **das Heilige ~** Ziemia Święta; **das Gelobte ~** Ziemia Obiecana; **ein Stück ~** kawałek ziemi; **hier zu ~e** tu u nas **Landarbeiter** m robotnik rolny **Landarzt** m lekarz wiejski **Landärztin** f lekarka wiejska **Landbesitz** m posiadłość ziemska **Landbevölkerung** f ludność f wiejska **Landebahn** f pas startowy **Landeerlaubnis** f zezwolenie na lądowanie **landen** (-e-) v/i (sn) ⟨wy⟩lądować **Landeplatz** m lądowisko **Ländereien** fpl włości fpl, dobra npl **Länderspiel** n mecz międzypaństwowy **Landesfarben** fpl barwy fpl narodowe **Landesgrenze** f granica kraju **Landesinnere** n (-n; bpl) głąb kraju; **im ~n** w głębi kraju

**Landeskunde** f geografia regionalna **Landessprache** f język narodowy **landesüblich** przyjęty w kraju, tradycyjny **Landeswährung** f waluta krajowa **Landgericht** n sąd okręgowy **Landhaus** n dworek, willa **Landkarte** f mapa **Landkreis** m powiat wiejski **landläufig** (powszechnie) przyjęty, utarty **Landleben** n (bpl) wiejski tryb życia **ländlich** wiejski (po -ku, z -ka) **Landschaft** f krajobraz, pejzaż **landschaftlich** krajobrazowy (-wo) **Landsmann** m (pl -leute) ziomek, krajan **Landstraße** f szosa **Landstreicher(in)** m(f) włóczęga m u. f **Landtag** m landtag

**Landung** f (wy)lądowanie; MIL desant **Landungsbrücke** f pirs

**Landweg** m droga polna; **auf dem ~** drogą lądową **Landwirt** m rolnik **Landwirtin** f rolniczka **Landwirtschaft** f (bpl) rolnictwo; (Betrieb) gospodarstwo rolne **Landzunge** f cypel

**lang** (länger; längste) räumlich u. zeitlich długi (-go); **ein(en) Meter ~** długi na metr, o długości metra; **~e Zeit** (przez) długi czas; **e-n Monat ~** przez miesiąc; **seit ~er Zeit** od dawna **langatmig** rozwlekły (-le) **lange** (länger; am längsten) adv długo; **wie ~?** jak długo?; **noch ~** jeszcze długo; **schon ~** (her) już dawno (temu); **so ~, wie ...** tak długo jak ...; **noch ~**

**nicht** (bei Weitem) daleko nie, wcale nie; **seit Langem** od dawna **Länge** f długość f **langen** v/i (wy)starczać ⟨(wy)starczyć⟩; (greifen) sięgać ⟨-gnąć⟩ **Längenmaß** n miara długości **länger** adv dłużej; **~ machen** podłużać, wydłużać ⟨-żyć⟩; **~ werden** wydłużać ⟨-żyć⟩ się **Langeweile** f (bpl) nuda, nudy fpl **langfristig** długookresowy, długofalowy **langjährig** długoletni **Langlauf** m bieg długodystansowy **langlebig** długowieczny; Sache a. trwały, trwałego użytku **länglich** podłużny, wydłużony **längs** präp (gen) wzdłuż (gen); adv wzdłuż **langsam** präd powoli, wolno, powolutku **Langschläfer(in)** m(f) śpioch (a. f) **längst** adv dawno, od dawna **längstens** umg adv najdłużej, najpóźniej **langweilen** v/t nudzić; **ich langweile mich** nudzi mi się **langweilig** nudny (-no, -nie) **Langwelle** f fale fpl długie **langwierig** przewlekły; Arbeit żmudny

**Lappen** m szmata, gałgan

**Laptop** m (-s; -s) laptop **Laptoptasche** f torba na laptopa

**Lärm** m (-s; bpl) hałas; (Geschrei) zgiełk, wrzask **lärmend** adj hałaśliwy (-wie) **Lärmschutz** m ochrona przed hałasem; (Vorrichtung) osłona przeciwhałasowa

**Larve** f ZOOL poczwarka, larwa

**las** → lesen

**Laser** ['le:zɐ] m laser **Laserdrucker** m TECH drukarka laserowa **Lasershow** f (-; -s) pokazy laserowe

**lassen** (lässt, ließ, lasse! od lasst!) **A** Hilfsverb (pperf lassen) wird mst (a. verneint) mit inf + akk od präp + akk od gen übersetzt: **1** da(wa)ć, kazać; **etw reparieren ~** odda(wa)ć do naprawy (akk); **j-n die Rechnung bezahlen ~** kazać k-u zapłacić rachunek; **j-n kommen ~**, **j-n** od **etw holen ~** pos(y)łać po k-o; **etw unbeantwortet ~** pozostawi(a)ć bez odpowiedzi (akk), nie odpowiedzieć na (akk); ... **ließen sich scheiden** ... rozwiedli się **2** **lass uns gehen** chodźmy; ... **mal grüßen ~** pozdrowienia od (gen); **etwas von sich hören ~** da(wa)ć znać o sobie **3** (dulden) pozwalać ⟨-zwolić⟩, da(wa)ć; **sie hat ihn schlafen ~** pozwoliła od dała mu spać; **sich** (akk) **überreden ~** da(wa)ć się przekonać; **j-n etw fühlen ~** da(wa)ć k-u odczuć (akk)

**B** v/t (pperf gelassen) **1** (einstellen) przest(aw)ać (+ inf), (a. verlassen) rzucać, porzucać ⟨-cić⟩; **das Rauchen ~** rzucać ⟨-cić⟩ palenie; **lass das!** zostaw to!, przestań! **2** (hereinlassen) wpuszczać ⟨wpuścić⟩ (**in** akk do gen) **3** (herauslassen) wypuszczać ⟨-puścić⟩ (**aus** z gen) **4** (in e-m Zustand lassen) zostawi(a)ć; **j-n allein ~** zostawi(a)ć k-o samego od samą; **lass mir das Vergnügen!** nie psuj mi przyjemności!; **das muss man ihm ~!** to trzeba mu przyznać! **C** v/i (pperf gelassen) **von j-m ~** zostawi(a)ć (w spokoju) (akk); **von etw ~** zaprzesta(wa)ć (gen), rzucać ⟨-cić⟩ (akk) **D** v/r (pperf lassen) da(wa)ć się, można (unpers); **die Tür lässt sich nicht öffnen** drzwi nie dają się otworzyć, drzwi nie można otworzyć; **das lässt sich machen** to się da zrobić, to można zrobić
**lässig** niewymuszony; nonszalancki (-ko)
**lässt** → lassen
**Last** f ciężar, brzemię; (Ladung) ładunek; **~en** pl (Abgaben) obciążenia (npl); **j-m zur ~ fallen** być ciężarem (dat, dla gen); **j-m etw zur ~ legen** obwini(a)ć k-o (o akk); **das geht zu deinen ~en** to twoja wina **lasten** v/i (-e-) fig ciążyć (**auf** dat na lok) **Lastenaufzug** m dźwig towarowy **Lastenausgleich** m (-es; 0) odszkodowanie za szkody wojenne
**Laster**¹ n nałóg, przywara; **e-m ~ frönen** mieć nałóg
**Laster**² umg m (Auto) ciężarówka
**lästern** (-re) v/i (**über** akk) obgadywać (akk); v/t **Gott ~** bluźnić przeciwko Bogu
**lästig** natrętny, dokuczliwy (-wie)
**Lastkahn** m barka **Last(kraft)wagen** m samochód ciężarowy
**last minute** adv last minute **Last-Minute-Reise** f podróż last minute **Last-Minute-Urlaub** m urlop last minute
**Lastschriftverkehr** m rozliczenia npl w formie polecenia pobrania **Lastzug** m pociąg drogowy
**Latein** n (-s; bpl) łacina **lateinamerikanisch** latynoamerykański **lateinisch** łaciński
**Laterne** f latarnia, dim latarka
**latschen** umg v/i (sn) ⟨po⟩człapać; (schlendern) pop łazić
**Latte** f łata, listwa; SPORT poprzeczka

**Latte macchiato** m od f (-; -[s]) KULIN latte macchiato
**Lattenzaun** m płot z łat, sztachety fpl
**Latzhose** f ogrodniczki pl
**lau** letni (-nio), ciepławy (-wo); fig taki sobie, niewyraźny
**Laub** n (-[e]s; bpl) liście mpl, listowie **Laubbaum** m drzewo liściaste **Laube** f altana, altanka **Laubenkolonie** f osiedle działkowe **Laubsäge** f wyrzynarka, umg laubzega **Laubwald** m las liściasty
**Lauch** m (-[e]s; bpl) warzywo cebulowe
**lauern** v/i (-re) (**auf** akk) czatować, czaić się
**Lauf** m (-[e]s; Läufe) bieg; fig **im ~(e)** (gen) w toku (gen); w ciągu (gen); **im ~(e) der Zeit** z biegiem czasu **Laufbahn** f kariera; SPORT bieżnia **laufen** (läuft, lief, gelaufen, lauf[e]!) (mst sn) v/i biegać, ⟨po⟩biec, biegnąć **laufend** adj fig bieżący; adv umg stale, bez przerwy; **auf dem Laufenden sein** być (poinformowanym) na bieżąco; **j-n auf dem Laufenden halten** informować na bieżąco (akk)
**Läufer** m biegacz; Fußball pomocnik; (Teppich) chodnik **Lauferei** umg f bieganina **Laufkundschaft** f przygodna klientela **Laufmasche** f (spuszczone) oczko **Laufrad** n rowerek biegowy **Laufschritt** m: **im ~** biegiem **läuf(s)t** → laufen **Laufsteg** m molo **Laufwerk** n mechanizm; IT stacja dysków **Laufzeit** f e-s Vertrages czas trwania; e-s Kredits termin spłaty **Laufzettel** m karta obiegowa
**Lauge** f ług; (Seifenlauge) mydliny fpl
**Laune** f nastrój, humor; (Einfall) kaprys; **guter ~ sein launisch** kapryśny
**Laus** f (-; Läuse) wesz f
**lauschen** v/i podsłuchiwać
**laut**¹ (nicht leise) głośny (-no); (lärmerfüllt) hałaśliwy (-wie); **e-e laute Stimme** donośny od mocny głos; präd **~ sein** hałasować; **~ werden** podnosić ⟨-nieść⟩ głos; fig (bekannt werden) nab(ie)rać rozgłosu; **es wurden Stimmen der Kritik ~** odezwały się głosy krytyki; **~ (vor)lesen** czytać na głos; **~ weinen** płakać w głos
**laut**² präp (gen od dat) zgodnie z (inst), według (gen)
**Laut** m (-[e]s; -e) dźwięk; JĘZ głoska **lauten** v/i (-e-) brzmieć; JUR opiewać

**läuten** v/t u. v/i (-e-) ⟨za⟩dzwonić
**lauter**¹ adj szczery **lauter**² adv (nichts als) sam(a, -e), (nic) tylko; **er erzählt ~ Lügen** opowiada same kłamstwa; **vor ~ Freude** nie posiadając się z radości **Lauterkeit** f (bpl) szczerość f
**lautlos** bezgłośny, bezszelestny **Lautsprecher** m głośnik **Lautstärke** f natężenie dźwięku, a. der Stimme głośność f; **mit voller ~** na cały głos; Radio umg na cały regulator
**lauwarm** ciepławy (-wo)
**Lavastrom** m potok lawy
**Lawine** f lawina **lawinenartig** fig lawinowy (-wo) **Lawinengefahr** f zagrożenie lawinowe
**Lazarett** n (-[e]s; -e) szpital wojskowy
**leasen** brać ⟨wziąć⟩ w leasing **Leasing** ['liː-] n (-s; -s) leasing **Leasingvertrag** m umowa leasingowa
**leben** v/i żyć; (wohnen) żyć, mieszkać; **von etw ~** żyć z (gen); (sich ernähren) żyć (inst); **für etw ~** żyć dla (gen), (inst); **nicht mehr ~** już nie żyć; **leb(e) wohl!** bywaj zdrów!, żegnaj!; **es lebe ...!** niech żyje od żyją ...! **Leben** n; **am ~ bleiben** pozosta(wa)ć przy życiu; **fürs ~** na całe życie; **ein ~ lang** przez całe życie; **ums ~ kommen** stracić pf życie; **sich** (dat) **das ~ nehmen** odebrać pf sobie życie; **es geht um ~ und Tod** to kwestia życia i śmierci **lebend** adj żywy, żyjący; präd żywcem **lebendig** żywy (-wo) **Lebensabend** m schyłek życia **Lebensart** n wiek **Lebensart** f (bpl) styl życia; (Umgangsformen) maniery fpl **Lebensbedingungen** fpl warunki mpl bytowe **Lebensdauer** f długość f życia **Lebensende** n koniec życia **Lebenserfahrung** f doświadczenie życiowe **Lebenserwartung** f dożywalność f **lebensfähig** zdolny do życia **Lebensfrage** f kwestia życia **lebensfremd** nieżyciowy (-wo) **Lebensgefahr** f zagrożenie życia, niebezpieczeństwo utraty życia; **unter ~** z narażeniem życia **lebensgefährlich** zagrażający życiu; **das ist ~** to zagraża życiu **Lebensgefährte** m konkubent, konkubin **Lebenshaltungskosten** pl koszty mpl utrzymania **Lebenslage** f sytuacja życiowa **lebenslang** dozgonny **lebenslänglich** JUR dożywotni (-nio) **Lebenslauf** m życiorys **lebenslustig** niefrasobliwy (-wie) **Lebensmittel** npl artykuły mpl żywnościowe od spożywcze **Lebensmittelgeschäft** n sklep spożywczy **Lebensmittelpreise** mpl ceny fpl na żywność **Lebensmittelvergiftung** f zatrucie pokarmowe **lebensmüde** zniechęcony do życia **lebensnotwendig** potrzebny do życia, żywotny **Lebensqualität** f (bpl) jakość f życia **Lebensstandard** m stopa życiowa **Lebensstellung** f dożywotnia posada **lebenstüchtig** dzielny, zaradny **Lebensunterhalt** m utrzymanie **Lebensversicherung** f ubezpieczenie na życie **lebenswichtig** żywotny **Lebenszeichen** n oznaka życia, a. fig znak życia **Lebenszeit** f życie; **auf ~** dożywotnio, na całe życie
**Leber** f (-; -n) wątroba; KULIN mst wątróbka **Leberfleck** m (ciemne) znamię **Lebertran** m tran **Leberwurst** f kiszka wątrobiana, pasztetówka
**Lebewesen** n istota żywa; (Kleinstlebewesen) żyjątko **Lebewohl** n (-[e]s; -s od -e): **j-m ~ sagen** pożegnać się (z inst) **lebhaft** żywy (-wo); Gespräch ożywiony **Lebkuchen** m piernik **leblos** nieżywy, präd bez życia
**Leck** n (-[s]; -s) przeciek, wyciek **lecken** v/t u. v/i (**an** dat) lizać, obliz(yw)ać (akk); **sich ~** oblizywać się; pop **leck mich!** pocałuj mnie w nos!
**lecker** smaczny, smakowity (-cie) **Leckerbissen** m smakołyk, przysmak; fig prawdziwa przyjemność, rozkosz f
**Leder** n skóra, dim skórka **Lederhose** f spodnie pl skórzane **Lederjacke** f kurtka skórzana **Lederwaren** fpl wyroby mpl skórzane
**ledig** Mann wolny, nieżonaty; Frau wolna, niezamężna **lediglich** adv jedynie, tylko
**leer** opustoszały; fig czczy; **auf ~en Magen** na czczo; **~ machen** opróżni(a)ć; **~ stehend** niezamieszkany, pusty **Leere** f (bpl) pustka, pustki fpl; (Hohlraum) próżnia **leeren** v/t opróżni(a)ć, wypróżni(a)ć; **sich ~** opróżni(a)ć się **Leergut** n (bpl) opakowania npl, tara **Leerlauf** m bieg jałowy; fig jałowa praca **Leerstand** m (bpl) pustostan **Leertaste** f

klawisz pojedynczego odstępu, *umg* spacja **Leerung** *f* opróżnianie, opróżnienie
**legal** legalny **Legalität** *f(bpl)* legalność *f*
**legen** *v/t* kłaść ⟨położyć⟩
**legendär** legendarny **Legende** *f* legenda
**leger** [le'ʒɛ:r] swobodny
**Legierung** *f* stop
**Legislative** *f* władza ustawodawcza **Legislaturperiode** *f* kadencja **legitimieren** (-) *v/t* uprawni(a)ć (**zu** do *gen*); **sich ~** ⟨wy⟩legitymować się
**Lehm** *m* (-[e]s; -e) glina **lehmig** gliniasty (-to)
**Lehne** *f* oparcie **lehnen** *v/t* opierać ⟨oprzeć⟩ (**an** *akk*, **gegen** o *akk*); *v/i* **~ an** (*dat*) *u.* **sich ~ an** (*akk*) opierać ⟨oprzeć⟩ się (o *akk*) **Lehnsessel** *m*, **Lehnstuhl** *m* fotel
**Lehrbuch** *n* podręcznik **Lehre**¹ *f* nauka; **e-e ~ ziehen aus** (*dat*) wyciągać ⟨-gnąć⟩ naukę z (*gen*); **j-m e-e ~ erteilen** da(wa)ć nauczkę k-u; **in der ~ sein** uczyć się zawodu, terminować **Lehre**² *f* TECH sprawdzian; szablon **lehren** v/t uczyć, nauczać ⟨-czyć⟩ (*gen*) **Lehrer(in** *f*) *m* nauczyciel(ka); (*Dozent*) wykładowca *m* (*a. f*) **Lehrgang** *m* kurs **Lehrling** *m* (-s; -e) uczeń, uczennica **Lehrplan** *m* program nauczania **lehrreich** pouczający (-co) **Lehrsaal** *m* sala wykładowa **Lehrstelle** *f* miejsce dla uczącego ⟨-cej⟩ się zawodu **Lehrstoff** *m* (*bpl*) materiał (nauczania) **Lehrstuhl** *m* katedra (**für** *Geschichte* historii) **Lehrtätigkeit** *f* działalność pedagogiczna **Lehrvertrag** *m* umowa o naukę **Lehrzeit** *f* okres nauki
**Leib** *m* (-[e]s; -er) ciało; (*Bauch*) brzuch **Leibgericht** *n* ulubiona potrawa **leibhaftig** wcielony; (*selbst*) sam, we własnej osobie **leiblich** cielesny; *Kind* rodzony, własny **Leibwächter** *m* ochroniarz
**Leiche** *f* trup, zwłoki *pl* **leichenblass** blady (-do) jak trup **Leichenhalle** *f* kostnica (cmentarna), *umg* trupiarnia **Leichenwagen** *m* karawan **Leichnam** *m* (-[e]s; -e) zwłoki *pl*, ciało
**leicht** lekki (*a. fig*); (*einfach*) łatwy; **~ zu** (+ *inf*) łatwy w (+ *Verbalsubstantiv*); **es ist ganz ~** to bardzo łatwe *od* proste; **sich** (*dat*) **etw nicht ~ machen** zastanawiać się długo nad (*inst*); **es könnte ~ sein, dass ...** bardzo możliwe, że ... **Leichtathletik** *f* lekkoatletyka **leichter** *adv* lżej; łatwiej **leichtfertig** nieopatrzny, nieoględny **Leichtgewicht** *n* SPORT waga lekka; (*Person*) bokser wagi lekkiej; *umg żart* **er ist ein ~** on jest lekki jak piórko **leichtgläubig** łatwowierny **Leichtigkeit** *f* (*bpl*) łatwość *f*; **mit ~** z łatwością **Leichtindustrie** *f* przemysł lekki **Leichtsinn** *m* (*bpl*) lekkomyślność *f* **leichtsinnig** lekkomyślny, nierozważny
**Leid** *n* (-[e]s; bpl) zmartwienie; (*Schmerz*) ból, cierpienie; **j-m sein ~ klagen** użalać się przed (*inst*); **j-m ein ~ tun** *od* zufügen wyrządzać ⟨-dzić⟩ k-u krzywdę, ⟨s⟩krzywdzić k-o **leiden** v/t cierpieć; **j-n, etw nicht ~ können** nie cierpieć (*gen*); v/i cierpieć (**an** *dat* na *akk*; **unter** *dat* z powodu *gen*) **Leiden** *n* choroba, (*a. Qual*) cierpienie **Leidenschaft** *f* namiętność *f*; (*Passion*) pasja **leidenschaftlich** namiętny; *Spieler a.* zapalony **leider** *adv* niestety **leidig** niemiły, przykry **Leidtragende** *f*, **Leidtragende(r)** *m* (-n) ofiara; **die ~n** *a.* rodzina zmarłego *od* zmarłej **Leidwesen** *n*: **zu meinem (großen) ~** ku wielkiemu memu ubolewaniu
**Leihbücherei** *f* wypożyczalnia (książek) **leihen** (lieh, geliehen) (wy)pożyczać ⟨-(wy)pożyczyć⟩ (j-m k-u; sich [dat] von j-m sobie od *gen*) **Leihgebühr** *f* opłata za wypożyczenie *od* wynajęcie **Leihmutter** *f* matka zastępcza, surogatka **Leihwagen** *m* wynajęty samochód **leihweise** *adv* pod warunkiem zwrotu
**Leim** *m* (-[e]s; -e) klej **leimen** ⟨s⟩kleić
**Leine** *f* sznurek, linka; *für Hunde* smycz *f*
**Leinen** *n* płótno **Leinöl** *n* olej lniany **Leinsamen** *m* siemię lniane **Leinwand** *f* płótno; *im Kino* ekran
**leise** *adj präd* cicho, po cichu, z cicha
**Leiste** *f* listwa; ANAT pachwina **leisten** (-e-) v/t *Arbeit* wykon(yw)ać; TECH mieć moc *od* wydajność; **sich** (*dat*) **etw ~** pozwalać ⟨-zwolić⟩ sobie na (*akk*) **Leistenbruch** *m* MED przepuklina pachwinowa
**Leistung** *f* (*das Leisten*) dokonanie, wykonanie; (*gutes Ergebnis*) osiągnięcie, wyczyn; TECH wydajność *f* (*a. e-r Person*)

**Leistungsbilanz** f bilans dorobku
**Leistungsdruck** m napięcie wywołane wysokim poziomem intensywności pracy **leistungsfähig** Maschine wydajny; (gut funktionierend) sprawny **Leistungsfähigkeit** f(bpl) sprawność f; e-r Maschine wydajność f **Leistungssport** m sport wyczynowy

**Leitartikel** m artykuł wstępny, umg wstępniak **Leitbild** n ideał, wzór **leiten** (-e-) (lenken) ⟨s⟩kierować; Versammlung a. przewodniczyć (dat) **leitend** adj Stellung kierowniczy; Gedanke przewodni **Leiter**¹ f drabina, klein drabinka
**Leiter**² m kierownik, szef; FIZ przewodnik **Leitfaden** m podręcznik, przewodnik **Leitgedanke** m myśl przewodnia **Leitplanke** f balustrada jezdni, bariera drogowa **Leitung** f (bpl) (das Leiten) przewodzenie, przewodnictwo (a. FIZ); e-s Betriebes kierowanie, kierownictwo, zarząd **Leitungswasser** n woda z wodociągu **Leitwährung** f waluta kluczowa **Leitwerk** n LOTN usterzenie
**Lektion** f lekcja **Lektüre** f lektura
**Lende** f ANAT lędźwie fpl; KULIN polędwica

**lenken** ⟨s⟩kierować **Lenker** m kierownica; (Fahrer) kierowca m **Lenkrad** n kierownica, umg kółko **Lenkung** f (bpl) AUTO układ kierowniczy; (das Lenken) kierowanie (inst)
**Leopard** m (-en) lampart
**Lepra** f (bpl) trąd **leprakrank** trędowaty, chory na trąd
**Lerche** f skowronek
**lernen** v/t ⟨na⟩uczyć się (**lesen** czytać
**lesbar** czytelny
**Lesbierin** f lesbijka **lesbisch** lesbijski **Lesebrille** f okulary pl do czytania **Lesebuch** n czytanka **Leselampe** f lampa do czytania **lesen**¹ (liest, las, gelesen) v/t czytać, przeczytać pf; Daten odczyt(yw)ać; rel Messe odprawi(a)ć, celebrować; v/i (Vorlesung halten) wykładać (über akk o lok); **er kann nicht ~** on nie umie czytać **lesen**² (liest, las, gelesen) zbierać ⟨zebrać⟩; Erbsen przeb(ie)rać **Lesen** n (-s; bpl) czytanie **lesenswert** wart(y) przeczytania **Leser**(in f) m czytelnik (-iczka) **leserlich** czytelny **Lesesaal** m czytelnia **Lesezeichen** n zakładka (do książki) **Lesezirkel** m wypożyczalnia czasopism **Lesung** f czytanie

**Lette** m (-n) Łotysz **lettisch** łotewski (po -ku)

**letzte, r, s** ostatni; (vergangen) ubiegły, zeszły; **~e Woche** w ubiegłym/zeszłym tygodniu; **bis aufs ~e, bis zum ~e** do ostatka, do reszty **letztendlich** w końcu **letztens** adv ostatnio **letztere, letztgenannt** adj wymieniony ostatnio **letztlich** adv ostatecznie, w końcu **Leuchte** f lampa; (Taschenlampe) latarka **leuchten** v/i (-e-) świecić; (glänzen) błyszczeć, lśnić, świecić się; **j-m ~** przyświecać ⟨-cić⟩ k-u **Leuchter** m świecznik **Leuchtfarbe** f farba świecąca **Leuchtreklame** f reklama świetlna **Leuchtturm** m latarnia morska
**leugnen** (-e-) v/t zaprzeczać ⟨-czyć⟩ (dat), wypierać ⟨-przeć⟩ się (gen)
**Leukämie** f (bpl) leukemia
**Leumund** m (bpl) opinia, reputacja
**Leute** pl ludzie pl, umg ludziska pl
**Leutnant** m (-s; -s od -e) podporucznik
**leutselig** przystępny, ludzki (po -ku)
**Lexikon** n (-s; -ka od -ken) słownik encyklopedyczny, leksykon
**libanesisch** libański
**Libelle** f ważka; TECH poziomnica
**liberal** liberalny **Liberale(r)** liberał(ka) **liberalisieren** (-) ⟨z⟩liberalizować **Liberalität** f (bpl) liberalność f
**libysch** libijski
**licht** jasny (-no); Wald rzadki (-ko) **Licht** n (-[e]s; -er) światło; (Kerze, pl -e) świeca; **~ machen** zapalać ⟨-lić⟩ światło; **bei ~** przy świetle (dziennym); **gegen das ~** pod światło **Lichtbild** n fotografia, zdjęcie **Lichtblick** m jasna chwila; (Trost) pociecha **lichtempfindlich** światłoczuły **lichten**¹ (-e-) v/t LEŚN przerzedzać ⟨-dzić⟩; **sich ~** rzednąć ⟨zrzednieć⟩ **lichten**² (-e-) podnosić ⟨-nieść⟩ **lichterloh** adv: **~ brennen** stać w płomieniach, płonąć **Lichtfilter** m filtr optyczny **Lichtgeschwindigkeit** f prędkość f światła **Lichthupe** f AUTO sygnał świetlny **Lichtmaschine** f prądnica samochodowa **Lichtschein** m (bpl) blask od odblask światła **lichtscheu** unikający światła dziennego **Lichtschranke** f zabezpieczenie fotokomórką **Lichtstrahl** m promień m światła **Lichtung** f polana

**Lid** n (-[e]s; -er) powieka **Lidschatten** m cień f do powiek

**lieb** (geliebt) kochany, drogi; (freundlich) uprzejmy; **Lieber Herr ..., Liebe Frau ...** im Brief Drogi Panie ..., Droga Pani ...; **ich habe dich ~** kocham cię; **das ist ~ von dir** to ładnie z twej strony; **sei so ~ bądź tak uprzejmy Liebe** f (bpl) miłość f **lieben** v/t j-n, etw kochać, miłować **liebenswürdig** uprzejmy; **sehr ~!** bardzo uprzejmie (z pana od pani strony)! **Liebenswürdigkeit** f uprzejmość f

**lieber** adv (eher) raczej, chętniej; (besser) lepiej; **etw ~ mögen** bardziej lubić, woleć (akk); **ich trinke ~ Wein** wolę (pić) wino; **ich würde ~ ...** wolał(a)bym raczej ...; **~ nicht** raczej od lepiej nie; **tu das ~ nicht** lepiej nie rób tego

**Liebesbrief** m list miłosny **Liebeserklärung** f wyznanie miłosne **Liebeskummer** m kłopoty mpl sercowe **Liebesleben** n życie erotyczne **Liebespaar** n para zakochanych **liebevoll** czuły (-le), tkliwy (-wie) **Liebhaber** m kochanek; TEATR amant **Liebhaberei** f zamiłowanie, pasja **Liebhaberin** f e-r Sache amatorka, miłośniczka (gen); TEATR amantka **lieblich** Geschmack łagodny; Wein półsłodki **Liebling** m (-s; -e) ulubieniec (-ica f); vertraute Anrede kochanie, kochasiu **lieblos** obojętny, bez serca **Liebschaft** f miłostka, romans **liebste** adj (sup von **lieb**) najukochańszy, najmilszy; adv (sup von **gern**) **Liebste(r)** m (-n) ukochany, luby

**Lied** n (-[e]s; -er) piosenka **Liedermacher(in** f) m, **Liedersänger(in** f) m piosenkarz (-rka)

**lief** → laufen

**Lieferant** m (-en) dostawca m; von Informationen dostarczyciel **lieferbar** posiadany na składzie, będący w sprzedaży **Lieferbedingungen** fpl warunki mpl dostawy **Lieferfrist** f termin dostawy **liefern** (-re) v/t dostarczać ⟨-czyć⟩, dostawi(a)ć; Beweis da(wa)ć; **sich e-n Kampf ~** stoczyć pf bój od walkę (**um etw** o akk) **Lieferschein** m dowód dostawy, ceduła **Lieferung** f dostawa (a. gelieferte Menge), dostarczenie **Lieferwagen** m samochód dostawczy, furgonetka

**Liege** f tapczan, kozetka **liegen** (lag, gelegen) v/i leżeć; **gut ~** leżeć dobrze; (entsprechen) odpowiadać; **an etw, j-m ~** (abhängen) zależeć od (gen); (begründet sein) leżeć w (lok); **im Streit ~** prowadzić spór (**mit j-m z** inst); **im Liegen** na leżąco; **nach Süden, zur Straße ~** wychodzić na południe, na ulicę; **mir liegt (viel) daran, zu erfahren ...** zależy mi (bardzo) na tym, żeby się dowiedzieć ...; unpers **es liegt Schnee** spadł śnieg; **es liegt daran, dass** to polega na tym, że; **woran liegt es?** od czego to zależy?, co jest tego powodem?; **daran soll es nicht ~!** jeśli tylko o to chodzi!; **an wem liegt es?** od kogo to zależy?; kto jest winien?; **an mir soll es nicht ~** ja (w tej sprawie) nie chcę stać na przeszkodzie **Liegestuhl** m leżak **Liegestütz** m (-es; -e) podpór leżąc, pompka **Liegewagen** m KOLEJ kuszetka **Liegewiese** f łąka do leżakowania

**lieh** → leihen **lies** → lesen **ließ** → lassen

**Lift** m (-[e]s; -e od -s) winda; (Skilift) wyciąg

**Liga** f (-; -gen) liga; in zssgn ligowy

**liken** [-laɪkn] v/t IT (za)lajkować

**Likör** m (-s; -e) likier

**lila** adj (unv) lila, liliowy (-wo)

**Lilie** [-liə] f lilia

**limitieren** (-) limitować

**Limonade** f lemoniada

**Limousine** [-muˈziːnə] f limuzyna

**Linde** f lipa

**lindern** (-re) ⟨z⟩łagodzić; Schmerz a. uśmierzać ⟨-rzyć⟩ **Linderung** f uśmierzenie; (Erleichterung) ulga

**Lineal** n (-s; -e) liniał, linijka

**Linie** [ˈliːniə] f linia; **in erster ~** w pierwszym rzędzie **Linienbus** m autobus kursowy **Linienflug** m lot rejsowy **Linienflugzeug** n LOTN regularnie kursujący samolot pasażerski **Linienmaschine** f LOTN regularnie kursujący samolot **Linienrichter** m sędzia m liniowy **Linienverkehr** m regularny ruch (na trasie)

**link** lewy; POL lewicowy; **die ~e Hand** lewa ręka **Linke** f lewa ręka, (a. Partei) lewica; beim Boxen **s-e ~ einsetzen** zadać pf cios lewą ręką **linkisch** niezręczny, niezdarny **links** adv na lewo (**von ihm** od niego); **nach ~ w** od na lewo; **von ~** z lewej strony, od lewej strony **Linksab-**

**bieger** *m* (samochód) skręcający w lewo
**Linksaußen** *m* ⟨-; -⟩ lewoskrzydłowy
**Linkshänder(in)** *m(f)* mańkut (*a. fig*)
**Linkskurve** *f* zakręt w lewo **linksradikal** skrajnie lewicowy
**Linse** *f* BOT soczewica; ANAT, fot soczewka **Linsensuppe** *f* zupa z soczewicy
**Lipgloss** *m* od *n* ⟨-[es]; -[e] od -es⟩ błyszczyk do ust **Lippe** *f* warga; *umg* (*Mundwerk*) gęba; **die ~n** *pl a.* usta **Lippenbalsam** *m* ⟨-s; -e⟩ balsam do ust **Lippenbekenntnis** *n* oświadczenie deklaratywne **Lippenstift** *m* pomadka *od* szminka do ust
**liquidieren** ⟨-⟩ ⟨z⟩likwidować **Liquidität** *f* wypłacalność *f*, płatność finansowa
**Lira** *f* ⟨-; Lire⟩ lir
**lispeln** *v/i* ⟨-le⟩ seplenić, szeplenić
**List** *f* podstęp, sztuczka; (*listige Wesensart*; *bpl*) chytrość *f*
**Liste** *f* lista; (*Verzeichnis*) spis, wykaz
**listig** chytry, *präd* chytrze
**Liter** *m* od *n* ⟨-s; -⟩ litr
**literarisch** literacki ⟨-ko⟩ **Literatur** *f* literatura **Literaturpreis** *m* nagroda literacka **Literaturwissenschaft** *f* literaturoznawstwo
**Litfaßsäule** *f* słup ogłoszeniowy
**litt** → leiden
**Litze** *f* galon
**live** [laɪf] *rtv* na żywo
**Lizenz** *f* licencja
**Lob** *n* ⟨-[e]s; -⟩ pochwała
**Lobby** *f* ⟨-; -s⟩ kuluary *mpl*; (*Interessengruppe*) lobby *n*
**loben** chwalić, pochwalać ⟨-lić⟩ **lobenswert** godny pochwały, chwalebny
**Loblied** *n* panegiryk
**Loch** *n* ⟨-[e]s; Löcher⟩ dziura **lochen** dziurkować, perforować; (*entwerten*) ⟨s⟩kasować **Locher** *m* dziurkacz **löch(e)rig** dziurawy, podziurawiony **Lochzange** *f* szczypce *pl* do dziurkowania, kasownik
**Lockdown** *m* lockdown *m*
**Locke** *f* lok, kędzior **locken**¹ ⟨przy-, z⟩wabić, (*a. verlocken*) ⟨przy-, z⟩nęcić; **aus etw** ~ wywabi(a)ć z ⟨*gen*⟩ **locken**² *v/t* kręcić, zakręcać ⟨-cić⟩ (na wałki); **sich** ~ kręcić się
**locker** luźny ⟨-no⟩, obluzowany; *fig* swobodny **lockerlassen** *umg v/i* (*irr*): **nicht** ~ nie ustępować ⟨ustąpić⟩ (**bis ... aż ...**)
**lockern** ⟨-re⟩ *v/t* ⟨po-⟩luzować, obluzow(yw)ać; **sich** ~ obluzow(yw)ać się, *a. fig* rozluźni(a)ć się **lockig** kręcony, wijący się **Lockmittel** *n* wabik, przynęta
**lodern** *v/i* ⟨-re⟩ płonąć, pałać
**Lodge** *f* ⟨-; -s⟩ ośrodek *m* wypoczynkowy
**Löffel** *m* łyżka
**Loft** *m* od *n* ⟨-[s]; -s⟩ loft *m*
**log** → lügen
**Loge** ['loːʒə] *f* loża
**Logik** *f* (*bpl*) logika **logisch** logiczny **logischerweise** *adv* zgodnie z logiką
**Logo** *m* od *n* ⟨-s; -s⟩ logo *n*
**Lohn** *m* ⟨-[e]s; Löhne⟩ płaca, *a. fig* wynagrodzenie; **als** *od* **zum ~ für etw** w nagrodę za (*akk*) **Lohnabzug** *m* potrącenie z płacy **Lohnausgleich** *m*: **bei vollem ~** z zachowaniem wynagrodzenia **lohnen** *v/t* odpłacać ⟨-cić⟩ (**mit Undank** niewdzięcznością); **es lohnt die Mühe nicht** sprawa niewarta jest zachodu; **sich ~** opłacać ⟨-cić⟩ się **Lohnerhöhung** *f* podwyżka płac **Lohngruppe** *f* kategoria zaszeregowania **Lohnsteuer** *f* podatek od wynagrodzeń **Lohnstopp** *m* zamrożenie płac
**Lok** *f* ⟨-; -s⟩ lokomotywa
**lokal** lokalny, miejscowy ⟨-wo⟩ **Lokal** *n* ⟨-[e]s; -e⟩ lokal **Lokalbehörden** *fpl* władze *fpl* miejscowe *od* terenowe **lokalisieren** ⟨-⟩ ⟨z⟩lokalizować **Lokalpresse** *f* (*bpl*) prasa lokalna
**Lokführer** *m* maszynista *m* **Lokomotive** *f* lokomotywa
**Londoner** *adj* londyński
**Lorbeer** *m* ⟨-s; -en⟩ wawrzyn, laur **Lorbeerblatt** *n* KULIN listek bobkowy
**los** A *adj präd* ~ **sein** urwać się; **der Hund ist von der Kette ~** pies urwał się z łańcucha; *umg* **wir sind j-n, etw ~** pozbyliśmy się (*gen*); **ich bin mein Geld ~** moje pieniądze przepadły; *umg* **was ist ~?** co się stało?; *umg* **da ist etwas ~** tam się coś dzieje; *umg* **wo ist denn hier was ~?** gdzie tu jest jakaś balanga?; **hier ist schwer was ~** tu się naprawdę coś dzieje; *umg* **was ist mit dir ~?** co się z tobą dzieje; *umg* **mit ihm ist nicht viel ~** z niego nie ma wielkiej pociechy; *umg* **mit mir ist heute nichts ~** dziś czuję się nieswojo B *adv* (**nun aber**) **~!** jazda!, dalej(że)!, hajda!; **~, verschwinde! ** ruszaj (stąd)!; **~,**

prędzej, prędzej!
**Los** n (-es; -e) los
**lösbar** rozwiązalny
**losbinden** (irr) odwiąz(yw)ać
**löschen**[1] ⟨z⟩gasić
**löschen**[2] MAR wyładow(yw)ać
**Löschkalk** m wapno gaszone **Löschzug** m oddział straży pożarnej
**lose** luźny, prąd luźnie, luzem
**Lösegeld** n okup, haracz
**losen** v/i losować
**lösen** v/t rozwiąz(yw)ać; Zucker rozpuszczać ⟨-puścić⟩ (**in** dat w lok)
**losfahren** v/i (irr) sn ⟨wy⟩startować, wyruszać ⟨-szyć⟩ (w drogę); **auf etw ~** ruszyć pf z zamiarem najechania na (akk)
**losgehen** v/i (irr; sn) umg (weggehen) wyruszać ⟨-szyć⟩, wymaszerować pf; Gewehr wypalić pf; **~ auf** (akk) rzucać ⟨-cić⟩ się na (akk); umg fig zaczynać ⟨zacząć⟩ się; **es geht los** zaczyna się **loskommen** v/i (irr; sn) umg uwalniać ⟨uwolnić⟩ się **(von j-m, etw od** gen); **gut ~** dobrze wystartować **loslassen** (irr) wypuszczać ⟨-puścić⟩ **loslegen** umg v/i zaczynać ⟨-cząć⟩
**löslich** rozpuszczalny
**losreißen** v/t (irr) wyr(yw)ać; **sich ~ (von)** wyr(y)wać się (z gen); fig odrywać ⟨oderwać⟩ się (od gen) **lossagen**: **sich ~ (von)** wyrzekać ⟨-rzec⟩ się (gen) **losschrauben** odkręcać ⟨-cić⟩ **losstürmen** v/i (sn) puścić się pf pędem
**Losung**[1] f hasło **Losung**[2] f myśliwi pomiot
**Lösung** f CHEM roztwór, rozczyn; (Resultat) rozwiązanie **Lösungsmittel** n rozpuszczalnik
**loswerden** v/t (irr) sn pozby(wa)ć się (gen); umg (einbüßen) stracić pf **losziehen** umg v/i (irr; sn) wyruszać ⟨-szyć⟩, wymaszerować pf
**löten** (-e-) ⟨za-, z⟩lutować
**Lotion** f (-; -en) płyn, woda, mleczko
**Lötkolben** m lutownica
**Lotse** m (-n) MAR pilot
**Lötstelle** f lutownia
**Lotterie** [pl -'riːən] f loteria; **in der ~ gewinnen** wygr(yw)ać na loterii **Lotto** n (-s; -s) totolotek, toto-lotek; (Gesellschaftsspiel) lotto **Lottoschein** m kupon totolotka
**Lounge** f (-; -s) salon lounge m

**Löwe** m (-n) lew; ASTRON Lew **Löwin** f lwica
**loyal** lojalny **(gegenüber** j-m w stosunku do gen) **Loyalität** f (bpl) lojalność f
**Luchs** m (-es; -e) ryś m
**Lücke** f luka **lückenhaft** z brakami, szczerbaty **lückenlos** pełny, kompletny
**lud, lüde** → laden
**Luft** f (-; bpl, poet Lüfte) powietrze; **dünne ~** rozrzedzone powietrze; **an der frischen ~** na wolnym powietrzu; **~ holen** od **schöpfen** zaczerpnąć pf powietrza **Luftangriff** m atak lotniczy, nalot **Luftballon** m balonik **Luftblase** f bąbel, bańka, pęcherzyk powietrza **luftdicht** hermetyczny, (gazo)szczelny **Luftdruck** m (bpl) ciśnienie powietrza (a. im Reifen), ciśnienie atmosferyczne **lüften** (-e-) ⟨wy⟩wietrzyć, przewietrzać ⟨-rzyć⟩; fig Hut uchylać ⟨-lić⟩ (gen) **Lüfter** m wentylator **Luftfahrt** f (bpl) żegluga powietrzna; (Fliegerei) lotnictwo **Luftfeuchtigkeit** f wilgotność f powietrza **Luftfilter** m filtr powietrza **Luftfracht** f fracht lotniczy **Luftgewehr** n wiatrówka **Luftkampf** m walka powietrzna **Luftkühlung** f chłodzenie powietrzem **Luftkurort** m stacja klimatyczna
**Luftlinie** f (bpl): **100 km ~** sto kilometrów w linii prostej **Luftloch** n LOTN dziura powietrzna **Luftmatratze** f materac dmuchany **Luftpirat** m pirat powietrzny **Luftpost** f poczta lotnicza **Luftpumpe** f fürs Fahrrad pompka rowerowa; TECH sprężarka powietrza **Luftröhre** f ANAT tchawica **Luftschloss** n zamek na lodzie **Lufttemperatur** f temperatura powietrza **Lüftung** f wietrzenie, wentylacja **Luftklappe** f wywietrznik, lufcik **Luftveränderung** f fig zmiana otoczenia **Luftverkehr** m komunikacja lotnicza **Luftverschmutzung** f zanieczyszczenie powietrza **Luftweg** m: **auf dem ~** drogą powietrzną, samolotem **Luftwiderstand** m opór powietrza **Luftzug** m (bpl) przewiew
**Lüge** f kłamstwo **lügen** v/i (log, gelogen) ⟨s⟩kłamać **Lügner(in)** m(f) kłamca m, umg kłamczuch, łgarz (alle a. f) **lügnerisch** abw kłamliwy (-wie)

**Luke** f MAR luk; (*Einstieg*) właz
**lukrativ** lukratywny, popłatny
**Lunge** f płuco; *mst pl* **~n** płuca **Lungenentzündung** f zapalenie płuc **lungenkrank** chory na płuca **Lungenkrebs** m rak płuc(a)
**Lunte** f lont; *myśliwy* kita
**Lupe** f lupa
**Lupine** f łubin
**Lust** f (-; Lüste) chęć f, ochota; (*sinnliche Begierde*) żądza, pożądanie; ~ **haben** (*auf akk,* **zu** + *inf*) mieć ochotę (na *akk,* + *inf*) **lüstern** pożądliwy (-wie), lubieżny **lustig** wesoły (-ło); (*komisch*) zabawny, pocieszny; **sich ~ machen** naśmiewać się (**über** *akk* z *gen*) **lustlos** ospały (-le), niechętny; *Markt* o słabych obrotach **Lustspiel** n komedia
**lutherisch** luterański
**lutschen** v/t u. v/i (**an** *dat*) ssać (*akk*) **Lutscher** m lizak
**luxemburgisch** luksemburski
**luxuriös** luksusowy (-wo) **Luxus** m (-; bpl) luksus; (*Pracht*) przepych **Luxushotel** n luksusowy hotel
**Lyrik** f (-; bpl) liryka **lyrisch** liryczny
**Lyzeum** n (-s; Lyzeen) liceum n

# M

**Machart** f fason, krój; forma **machbar** możliwy (do zrealizowania, do wykonania)
**machen** A v/t 1 ⟨z⟩robić (*a.* **j-n zu etw** k-o: *inst*); *Reise* odby(wa)ć; *Bett* ⟨po⟩słać; *Zimmer* ⟨po⟩sprzątać (A, w *lok*) 2 (*herstellen*) wyrabiać ⟨-robić⟩ 3 (*ausrichten*) ⟨z⟩organizować, ⟨za⟩aranżować 4 (*verursachen*) *mit subst* sprawi(a)ć, ⟨s⟩powodować; *Angst* napędzać ⟨-dzić⟩ (*gen*); *Lärm* robić (*akk*), narobić *pf* (*gen*); *wird oft nur mit Verb übersetzt:* **j-m Sorgen ~** ⟨z⟩martwić k-o; → *betreffende Substantive* 5 (*etw zu Ende bringen*) załatwić *pf* 6 **etw ~ lassen** (*anweisen zu tun*) kazać zrobić (*akk*); (*in Auftrag geben*) zlecić *pf* (*akk*); **sich** (*dat*) **e-n Anzug ~ lassen** da(wa)ć sobie uszyć ubranie 7 (*bewirken*) *mit adj wird mst mit Verb wiedergegeben:* **etw größer ~** powiększać ⟨-szyć⟩, zwiększać ⟨-szyć⟩ (*akk*); **j-n unglücklich ~** unieszczęśliwi(a)ć k-o; **j-n nuegierig ~** zaciekawi(a)ć *pf* k-o; → *betreffende Adjektive; umg* **er macht es nicht mehr lange** on długo nie pociągnie; **was macht er?** co on robi?; (*wie geht es ihm*) co on porabia?; **was macht deine Arbeit?** co tam (słychać) w twojej pracy?; **lass mich** (**das**) **nur ~** pozwól, że ja to zrobię *od* załatwię 8 (*ausmachen*) **wie viel macht das?** ile to kosztuje?; **das macht 100 Euro** to kosztuje sto euro; **zwei mal zwei macht vier** dwa razy dwa równa się cztery; **das macht nichts** (to) nic nie szkodzi; **macht nichts!** nie szkodzi!; **da kann man nichts ~**, **da ist nichts zu ~** na to nie ma rady; **machs gut!** trzymaj się!, bądź zdrów! B v/i **wir müssen ~, dass wir fertig werden** musimy się pośpieszyć, aby jak najszybciej skończyć; *umg* **mach schnell!**, (**nun**) **mach schon!** pośpiesz się!; *umg* **~ wir!** zrobi się!; *umg* **gemacht!** dobra jest! C v/r **wenn es sich ~ lässt** jeśli to da się zrobić; *umg* **das wird sich ~ lassen** to się da zrobić; **das macht sich gut** to ładnie *od* dobrze wygląda; **das Bild macht sich hier ganz gut** obraz prezentuje się tu nieźle; *umg* **er macht sich** z niego jeszcze coś będzie; *umg* **das Wetter macht sich** pogoda polepsza się 1 *mit präp* **sich ans Werk ~** zab(ie)rać się do dzieła; **sich auf den Weg ~** wyruszać ⟨-szyć⟩; uda(wa)ć się (**nach, zu** do *gen*); **sich** (*dat*) **nicht viel aus etw ~** nie przywiązywać wielkiej wagi do (*gen*); **mach dir nichts daraus!** nie przejmuj się tym! **Machenschaften** fpl machinacje fpl, matactwa npl
**Macht** f (bpl) siła, moc f **Machtbefugnisse** fpl uprawnienia npl władcze **Machtergreifung** f zagarnięcie władzy **mächtig** potężny (-ie); *adv umg* ogromnie, strasznie **Machtkampf** m walka o władzę **machtlos** bezsilny **Machtmissbrauch** m nadużywanie *od* nadużycie władzy **Machtprobe** f próba sił **Machtstreben** n dążenie do władzy **Machtwort** n ostatnie słowo; **ein ~ sprechen** autorytatywnie rozstrzygać ⟨-gnąć⟩

**Macke** umg f (Tick) bzik; (Fehler) feler, usterka; **das ist e-e ~ von ihm** on ma na tym punkcie bzika
**Mädchen** n dziewczyna **mädchenhaft** dziewczęcy (-co) **Mädchenname** m nazwisko panieńskie; (Vorname) imię żeńskie
**Made** f czerw, robak
**Mädel** umg n dziewczę, dziewuszka
**madig** robaczywy, z robakami
**Mafia** f (-; -s) mafia
**mag** → mögen
**Magazin** n (-s; -e) magazyn; *e-r Waffe* magazynek
**Magen** m (-s; Mägen) żołądek **Magengeschwür** n wrzód żołądka **magenkrank** chory na żołądek **Magenverstimmung** f rozstrój żołądka
**mager** chudy; *Boden a.* jałowy **Magerkeit** f (bpl) chudość f **magersüchtig** cierpiący na anoreksję
**Magie** f (bpl) magia **magisch** magiczny
**Magistrat** n (-[e]s; -e) magistrat
**Magnesium** n (-s; bpl) magnez
**Magnet** m (-[e]s od -en; -e[n]) magnes **magnetisieren** (-) ⟨na⟩magnesować **Magnetismus** m (-; bpl) magnetyzm
**magst** → mögen
**Mahagoni** n (-s; bpl) mahoń m; *in zssgn* mahoniowy
**Mähdrescher** m kombajn zbożowy
**mähen** ⟨s⟩kosić; *Getreide a.* ⟨z⟩żąć
**Mahl** n (-[e]s; -e) posiłek; *üppig* uczta
**mahlen** (pperf gemahlen) v/t ⟨ze⟩mleć
**Mahlzeit** f posiłek; **~!** smacznego!; (Gruß) halo!, witam!
**Mähne** f grzywa
**mahnen**: **j-n an etw** (akk), **wegen etw ~** przypominać ⟨-mnieć⟩ k-u o (lok), monitować k-o o (akk) **Mahngebühr** f koszty mpl upomnienia **Mahnmal** n pomnik **Mahnschreiben** n upomnienie, ponaglenie, monit
**mährisch** morawski
**Mai** m (- od -[e]s; -e) maj **Maiglöckchen** n konwalia **Maikäfer** m chrabąszcz
**Mail** f (-; -s) *od* m (-s) TEL, IT mail **Mailbox** f (-; -en) TEL, IT skrzynka pocztowa; **j-m auf die ~ sprechen** zostawić komuś wiadomość na poczcie głosowej
**Mais** m (-es; bpl) kukurydza **Maiskolben** m kolba *od* kaczan kukurydzy

**majestätisch** majestatyczny
**Majonäse** f majonez **Majoran** m (-s; -e) majeranek
**makaber** makabryczny
**Makel** m wada, skaza; **ohne ~** bez skazy **mäkeln** v/i (-le): **an** (dat) **~** wybrzydzać przy (lok), narzekać na (akk)
**Make-up** [me:k'ap] n (-s; -s) makijaż
**Makkaroni** pl (-) makaron
**Makler** m makler **Maklergebühr(en** pl) f prowizja maklerska
**Makrele** f makrela; HANDEL *a.* skumbria
**Makrone** f makaronik
**Makulatur** f makulatura
**mal** MAT razy; **zwei ~ drei** dwa razy trzy; *umg adv (einmal)* raz; **nicht ~** nawet nie; *umg partikel no:* **komm ~ her** chodź no tu; **zeig ~** pokaż no
**Mal**[1] n (-[e]s; -e) raz; **das erste ~** po raz pierwszy; **ein für alle ~** raz na zawsze; **dieses ~** tym razem; **jedes ~, von ~ zu ~** za każdym razem; **nächstes ~** następnym razem; **mit e-m ~** raptem, nagle; **zum letzten ~** po raz ostatni; **zum wiederholten ~** po raz kolejny
**Mal**[2] n (-[e]s; -e *od* Mäler) znak, znamię; *(Denkmal)* pomnik
**Malbuch** n malowanki fpl **malen** v/t ⟨na⟩malować; v/i malować **Maler** m malarz **Malerei** f (bpl) malarstwo, malowanie; *(Gemälde, pl* -en) malowidło **Malerin** f malarka **malerisch** malowniczy (-czo)
**maliziös** złośliwy (-wie)
**Malkasten** m pudełko z farbami
**malnehmen** (irr) ⟨po⟩mnożyć (**mit** przez akk)
**Malteser**[1] m *(Einwohner)* Maltańczyk **Malteser**[2] adj, **maltesisch** maltański
**Malz** n (-es; bpl) słód
**Mama** umg f (-; -s) mama, mamusia, mamunia
**man** indef pron ktoś, człowiek; **~ weiß nie** człowiek nigdy nie wie; *oft keine Entsprechung, wird mit 3. Pers pl od inf + „się" übersetzt:* **~ sagt** mówią, mówi się; **das tut ~ nicht** tego się nie robi, tak się nie postępuje; **wie macht ~ das?** jak to się robi?; **~ kann można;** **~ muss** trzeba
**managen** ['mɛnidʒən] *Person* być menażerem *(gen); umg Sache* załatwi(a)ć, ⟨z⟩organizować **Manager(in** f) m manager, menedżer(ka); *(Agent)* menażer(ka)

## manch – Markierung

**manch** *indef pron:* ~**er**, ~ **einer** niejeden; ~**e**, ~ **eine** niejedna; ~**es**, ~ **eines** niejedno; ~**es Mal** nieraz; ~**e** *pl* (a. *als subst*) niektóre, *persf* niektórzy **mancherlei** (*unv*) różne, rozmaite **manchmal** *adv* czasem, niekiedy

**Mandant(in)** *m(f)* (-en) klient(ka)
**Mandarine** *f* mandarynka
**Mandel** *f* (-; -n) migdał; ANAT migdałek
**Mandelbaum** *m* migdałowiec **Mandelentzündung** *f* zapalenie migdałków
**Manege** [-ʒə] *f* arena (cyrkowa)
**Mangel**[1] *m* (-; -n) *für Wäsche* magiel; *umg fig* **j-n in die** ~ **nehmen** brać ⟨wziąć⟩ k-o w obroty
**Mangel**[2] *m* (-s; *bpl*): ~ **an etw** (*dat*) brak, niedobór, deficyt (*gen*); **aus** ~, **wegen** ~**s an etw** z braku (*gen*); (a. *pl* Mängel) (*Fehler*) wada, usterka, brak; *pl a.* niedociągnięcia *npl*, uchybienia *npl* **Mangelerscheinung** *f* MED objaw niedoboru **mangelhaft** wadliwy, mający brak
**mangeln**[1] (-le) *Wäsche* ⟨wy⟩maglować
**mangeln**[2] (-le): *unpers* ~ **an etw** (*dat*) brakować, braknąć; brak (*gen*); **es mangelt ihm an** ... brak *od* brakuje mu ...(*gen*); **es mangelt uns an nichts** nie brakuje nam niczego
**mangels** *präp* (*gen*) z braku (*gen*) **Mangelware** *f* towar deficytowy
**Manie** *f* (-; -n [-'niːən]) mania **Manier** *f* maniera; ~**en** *pl* maniery *fpl*, ogłada; **keine** ~**en haben** nie mieć ogłady
**Manifest** *n* (-[e]s; -e) manifest **Maniküre** *f* (*bpl*) manicure *m*
**Manipulation** *f* manipulacja **manipulieren** (-): **j-n, etw** ~ manipulować (*inst*); **an etw** (*dat*) **ist manipuliert worden** ktoś manipulował przy (*lok*)
**manisch** maniakalny
**Mann** *m* (-[e]s; Männer) (*männliche Person*) mężczyzna *m*; (*Ehemann*) mąż; (*Mensch*) człowiek, ludzie *pl*; (*mst pl* -) *im Polnischen kein Ersatz für Bezeichnungen von Personen:* (*Spieler*) gracz; **wie ein** ~ jak przystało na mężczyznę, po męsku; (*einmütig*) jak jeden (mąż); **s-n** ~ **stehen** okaz(yw)ać się mężczyzną, dzielnie się spis(yw)ać **Männchen** *n* ZOOL samiec, samczyk; ~ **machen** *Hase* stawać ⟨stanąć⟩ słupka; *Hund* służyć
**Mannequin** [-kɛ̃] *n* (-s; -s) modelka

**Männer** *pl* → Mann
**mannhaft** mężny **mannigfach**, **mannigfaltig** rozmaity, różny
**männlich** męski **Männlichkeit** *f* (*bpl*) męskość *f*
**Mannschaft** *f* (*Crew*) załoga; (*Team*) SPORT drużyna **Mannschaftskapitän** *m* kapitan drużyny
**Manometer** *n* manometr
**Manöver** *n* manewr; MIL manewry *pl* **manövrieren** (-) *v/i* manewrować; *v/t* **ein Auto in die Garage** ~ manewrować autem tak, aby wjechać do garażu
**Manschette** *f* mankiet; TECH pierścień samouszczelniający
**Mantel** *m* (-s; Mäntel) płaszcz, palto **Mantelstoff** *m* materiał płaszczowy **Manteltarif** *m* przepisy *mpl* zbiorowego układu pracy
**manuell** ręczny **Manuskript** *n* (-[e]s; -e) rękopis; *maschinengeschrieben* maszynopis
**Mappe** *f* teczka
**Märchen** *n* bajka **Märchenbuch** *n* książka z bajkami **märchenhaft** bajeczny; fantastyczny, baśniowy
**Marder** *m* kuna
**Margarine** *f* margaryna **Margerite** *f* margerytka, złocień *m*
**Marienkäfer** *m* biedronka **Marienverehrung** *f* kult Marii
**Marille** *f austr* morela
**Marinade** *f* marynata, zalewa
**Marine** *f* marynarka (wojenna) **marineblau** granatowy (-wo) **Marineoffizier** *m* oficer marynarki
**marinieren** (-) ⟨za⟩marynować **mariniert** *adj* marynowany
**Marionette** *f* marionetka
**maritim** morski
**Mark**[1] *f* (-; -) HIST marka
**Mark**[2] *n* (-s; *bpl*) ANAT szpik; KULIN koncentrat; **bis ins** ~ *fig* do głębi, do szpiku kości; *umg* **durch** ~ **und Bein gehen** przenikać do szpiku kości
**markant** wyrazisty (-ście)
**Marke** *f* HANDEL marka; *für Briefe* znaczek **Markenartikel** *m* artykuł markowy
**Marketing** *n* (-s; *bpl*) marketing; *in zssgn* marketingowy, ... marketingu
**markieren** (-) *durch ein Zeichen* ⟨o⟩znakować; (*betonen*) podkreślać ⟨-lić⟩ **Markierung** *f* (o)znakowanie; (*Zeichen*)

**markig – Mast** • **437**

znak; IT znacznik
**markig** fig jędrny, dosadny **Markise** f markiza
**Markt** m (-[e]s; Märkte) targ, bazar; EKON rynek; → Marktplatz **Marktforschung** f badanie rynku od rynkowe **Markthalle** f hala targowa **Marktlage** f sytuacja rynkowa **Marktlücke** f luka rynkowa **Marktplatz** m rynek, plac targowy, targowisko **Marktpreis** m cena rynkowa **Marktstand** m stragan **Marktwirtschaft** f gospodarka rynkowa
**Marmelade** f marmolada, dżem
**Marmor** m (-s; -e) marmur
**marode** zepsuty
**marokkanisch** marokański
**Marotte** f dziwactwo, kaprys
**Marsch**[1] m (-[e]s; Märsche) marsz (a. MUS, MIL); pop **j-m den ~ blasen** powiedzieć pf k-u kilka słów do słuchu
**Marsch**[2] f (-; -en) mst pl marsze mpl
**marschieren** v/i (-; sn) maszerować **Marschmusik** f muzyka marszowa **Marschverpflegung** f prowiant na drogę
**Martinshorn** n syrena policyjna
**Märtyrer(in)** m(f) męczennik (-nica)
**marxistisch** marksistowski (po -ku)
**März** m (-[es], -e) marzec; **im ~** w marcu; in zssgn marcowy
**Marzipan** m (-s; -e) marcepan
**Masche** f oczko; umg fig sposób, sztuczka **Maschendraht** m siatka druciana
**Maschine** f maszyna (a. Flugzeug); umg (Motorrad) motor **maschinell** maszynowy (-wo) **Maschinengewehr** n karabin maszynowy **Maschinenpistole** f pistolet maszynowy, umg automat **Maschinenraum** m maszynownia **Maschinenschlosser** m ślusarz maszynowy
**Maser** f (-; -n) słoje mpl **Masern** pl MED odra
**Maske** f maska (a. TECH, IT); TEATR charakteryzacja **Maskenball** m bal maskowy **Maskenbildner(in)** m(f) charakteryzator(ka) **Maskenpflicht** f obowiązek noszenia masek **Maskerade** f maskarada **maskieren** (-); v/t u. v/r **das Gesicht, sich ~** wkładać ⟨włożyć⟩ maskę; fig ⟨za⟩maskować (**mit** inst) **maskiert** adj w masce, zamaskowany

**masochistisch** masochistyczny
**maß** → messen
**Maß**[1] n (-es; -e) miara; (Ausmaß) wymiar, rozmiar; **bei j-m ~ nehmen für etw** brać ⟨wziąć⟩ od k-o miarę na (akk); **Anzug nach ~** garnitur od ubranie na miarę; fig **mit zweierlei ~ messen** mierzyć dwojaką miarą; **das ~ ist voll!** miarka się przebrała!; **in, mit ~en** z umiarem; **in dem ~e, wie** w miarę, jak; **in hohem ~e** w dużej mierze; **in vollem ~e** w pełnej mierze; **über alle ~en** ze wszech miar, nad miarę
**Maß**[2] reg f (-; -[e]) kufel; **zwei ~ Bier** dwa kufle piwa
**Massaker** n masakra
**Maßanzug** m ubranie na miarę **Maßarbeit** f precyzyjne wykonanie, dokładna robota
**Masse** f masa; **in ~n** masami, masowo
**Maßeinheit** f jednostka miary
**Massenabfertigung** f oft abw obsługa masowa **Massenarbeitslosigkeit** f bezrobocie masowe **Massenartikel** m artykuł masowej produkcji **Massengrab** n wspólna mogiła **massenhaft** adj masowy; umg adv masowo, masami, w wielkiej ilości **Massenmedien** npl środki mpl masowego przekazu, mass media pl **Massenmord** m morderstwo masowe **Massenproduktion** f produkcja masowa **Massentourismus** m masowy ruch turystyczny **Massenveranstaltung** f impreza masowa **massenweise** adv masami, masowo
**Masseur** [-'søːr] m (-s; -e) masażysta m
**maßgebend** adj miarodajny, kompetentny **maßhalten** (irr) zachow(yw)ać miarę
**massieren** (-) masować
**massig** masywny
**mäßig** umiarkowany **mäßigen** v/t ⟨po⟩hamować, powściągać ⟨-gnąć⟩; Tempo zwalniać ⟨zwolnić⟩
**massiv** masywny; fig ostry (-ro), bezwzględny **Massiv** n (-s; -e) masyw
**maßlos** nieumiarkowany, prąd bez umiaru **Maßnahme** f środek, krok; **~n ergreifen** przedsięwziąć pf środki
**Maßstab** m (Norm) norma; **auf Karten** skala, podziałka **maßvoll** umiarkowany
**Mast**[1] m AGR tucz, tuczenie

**Mast²** m (-[e]s; -e[n]) maszt; ELEK słup
**mästen** (-e-) ⟨u⟩tuczyć
**Material** n (-s; -ien) [-jən]) materiał; TECH a. tworzywo **materialistisch** materialistyczny **Materie** [-riə] f (bpl) materia **materiell** materialny; abw Person materialistyczny
**Mathe** umg f (bpl) matma **Mathematik** f (bpl) matematyka **mathematisch** matematyczny
**Matinee** f (-; -n) TEATR poranek
**Matjeshering** m f maties
**Matratze** f materac
**Matrose** m (-n) marynarz
**Matsch** umg m (-[e]s; bpl) błoto, błocko **Matschwetter** umg n (bpl) chlapa, plucha
**matt** osłabły, słaby (-bo); Glas matowy (-wo)
**Matte¹** f mata; (Geflecht) plecionka; umg fig **auf der ~ stehen** być gotowym **Matte²** f (Wiese) hala, łąka górska
**Mattigkeit** f (bpl) słabość, zmęczenie
**Matura** f (bpl) austr, szwajc matura
**Mauer** f (-; -n) mur **mauern** (-re) v/t u. v/i murować; v/i SPORT grać defensywnie
**Maul** n (-[e]s; Mäuler) paszcza, morda, pysk; pop fig a. gęba; **halts ~!** stul pysk!
**maulen** umg abw v/i (murren) sarkać; (schmollen) stroić fochy, dąsać się **Maulesel** m osłomuł **Maulkorb** m kaganiec **Maultier** n muł; (Stute) mulica **Maulwurf** m kret
**Maurer** m murarz
**Maus** f (-; Mäuse) mysz f **Mausefalle** f łapka na myszy **Mauseloch** n mysia dziurka **mausen** umg buchnąć pf
**Maut** f myto, rogatkowe n **Mautstelle** f miejsce poboru opłat **Mautstraße** f autostrada płatna
**maximal** maksymalny; nur adv maksimum
**Mayonnaise** [-'nɛ:zə] f majonez
**mazedonisch** macedoński (po -ku)
**Mechanik** f mechanika **Mechaniker** m mechanik **mechanisch** mechaniczny **Mechanismus** m (-; -men) mechanizm
**meckern** v/i (-re) beczeć
**Medaille** [me'daljə] f medal **Medaillon** [medal'jõ:] n medalion, medalik
**Medien** [-diən] pl → Medium
**Medikament** n (-[e]s; -e) lek, lekarstwo

**Meditation** f medytacja
**mediterran** śródziemnomorski
**Medium** n (-; -ien) narzędzie komunikacji; (Person) medium n; (Presse) mst pl **Medien** (mass) media pl, środki mpl przekazu
**Medizin** f (bpl) medycyna; (a. pl -en) (Arznei) lekarstwo **Mediziner(in)** m(f) lekarz (-rka); (Student[in]) medyk (-yczka) **medizinisch** medyczny; (ärztlich) lekarski
**Meer** n (-[e]s; -e) morze; in Namen Morze **Meerblick** m widok na morze; **mit ~ z** widokiem na morze **Meerbusen** m zatoka (morska) **Meerenge** f cieśnina (morska) **Meeresfrüchte** fpl owoce mpl morza **Meeresspiegel** m (bpl) poziom morza **Meerrettich** m chrzan; in zssgn chrzanowy **Meerschweinchen** n świnka morska **Meerwasser** n woda morska
**Mehl** n (-[e]s; -e) mąka **mehlig** mączysty **Mehlspeise** f potrawa mączna; austr süße legumina
**mehr** pron indef u. num (als komp zu **viel**) więcej; adv (als komp zu **sehr**) bardziej; **~ als** więcej od bardziej niż; **um so ~, als** tym bardziej, że; **~ oder weniger** mniej lub bardziej; (ungefähr) mniej więcej; **5 Euro ~** jeszcze pięć euro; **nicht ~** już nie; **nicht ~ als** nie więcej niż; **nichts ~** nic więcej od bardziej **Mehr** n (unv) (an dat) nadwyżka, nadmiar (gen) **Mehrarbeit** f praca dodatkowa, praca ponad normę **Mehrausgaben** fpl dodatkowe wydatki od nakłady mpl **mehrdeutig** wieloznaczny **mehrere** pron indef u. num kilka, wiele, persf kilku, wielu **mehrfach** kilkakrotny, wielokrotny **Mehrfahrtenkarte** f karnet **Mehrfamilienhaus** n dom wielorodzinny **Mehrgewicht** n nadwaga
**Mehrheit** f większość f **Mehrheitswahlrecht** n (bpl) prawo wyborcze większościowe **mehrjährig** wieloletni **mehrmals** adv wielokrotnie, nieraz **mehrspurig** wielopasmowy **mehrstellig** wielocyfrowy **mehrstöckig** wielopiętrowy **mehrtägig** wielodniowy **mehrteilig** wieloczęściowy; rtv Serie wieloodcinkowy **Mehrverbrauch** m nadmierne od dodatkowe zużycie
**Mehrwert** m (bpl) wartość dodatkowa **Mehrwertsteuer** f podatek od war-

tości dodanej, VAT **Mehrzahl** f większość f; GRAM liczba mnoga
**meiden** v/t (meidet, mied, gemieden) unikać (gen), stronić (od gen)
**Meile** f mila **Meilenstein** m kamień milowy
**mein** pron poss mój; swój
**Meineid** m krzywoprzysięstwo
**meinen** (denken) v/t uważać, sądzić; (ausdrücken wollen) mieć na myśli, rozumieć; **wie ~ Sie das?** co pan(i) ma na myśli, jak pan(i) to rozumie?; **damit ist nicht gemeint, dass** to nie znaczy, że; v/i **wie du meinst** jak chcesz; **~ Sie?** tak pan(i) sądzi?
**meinerseits** adv z mojej strony, co do mnie **meinetwegen** adv (wegen mir) ze względu na mnie; (für mich) dla mnie; **~!** niech (i tak) będzie! **meinige** pron poss → mein
**Meinung** f (Ansicht) zdanie; (Urteil) sąd, opinia; **keine ~** nie mam zdania; **meiner ~ nach** moim zdaniem; **ich bin der ~, dass** jestem zdania, że **Meinungsäußerung** f (bpl): **Freiheit der ~** swoboda wyrażania opinii **Meinungsaustausch** m wymiana zdań **Meinungsforschung** f badanie opinii publicznej **Meinungsfreiheit** f (bpl) wolność poglądów **Meinungsumfrage** f sondaż (opinii publicznej), ankieta **Meinungsverschiedenheit** f rozbieżność f zdań
**Meise** f sikorka
**Meißel** m dłuto
**meist** adv przeważnie, najczęściej; (gewöhnlich) na ogół; → meiste **meistbietend** adj: **~ verkaufen** sprzedać oferującemu najwyższą cenę **meiste** adj (sup von **viel**) najwięcej; **die ~n ...** większość (gen); **am ~n** najwięcej, najbardziej **meistens** adv → meist
**Meister** m majster, mistrz; (Könner) mistrz **meisterhaft** mistrzowski, präd mistrzowsko, po mistrzowsku **Meisterin** f mistrzyni **meistern** v/t (-re) podołać pf (dat), sprostać pf (dat) **Meisterschaft** f (bpl) mistrzostwo **Meisterwerk** n arcydzieło
**melancholisch** [-'koː-] melancholiczny **Meldeamt** n urząd meldunkowy **melden** (-e-) v/t ⟨za⟩meldować (a. polizeilich), zgłaszać ⟨zgłosić⟩ (**in, bei, zu** w

lok, u, do gen); **melde dich mal wieder** daj o sobie znać; v/i Radio ⟨za⟩meldować, pod(aw)ać **Meldepflicht** f (bpl) obowiązek zgłoszenia; **für Einwohner** obowiązek meldunkowy **Melderegister** n rejestr meldunkowy **Meldung** f meldunek; (Anzeige) doniesienie
**meliert**: **grau ~** szpakowaty **Melisse** f melisa
**melken** v/t (melkt, melkte, gemelkt od milkt, molk, gemolken) ⟨wy⟩doić
**Melodie** [pl -ien] f melodia; (Volksweise) melodyjka **melodisch** melodyjny
**Melone** f melon; (Hut) melonik
**Membran(e)** f przepona, membrana
**Memoiren** [memo'aːrən] pl pamiętniki mpl
**Menge** f ilość f; (Menschenmenge) tłum **mengen** v/t mieszać **Mengenangabe** f podanie ilości **Mengenlehre** f (bpl) teoria mnogości **Mengenrabatt** m rabat ilościowy
**Mensa** f (-; -s u -sen) stołówka studencka; (Altartisch) mensa
**Mensch** m (-en) człowiek, umg człek; **~en** pl ludzie; **kein ~** nikt; umg **~!** człowieku! **Menschenalter** n (ludzki) wiek, życie **menschenfeindlich** (ungesellig) niechętny ludziom; (inhuman) nieludzki **Menschenführung** f (bpl) kierowanie ludźmi **Menschenkenntnis** f (bpl) wiedza o ludziach, znajomość f psychiki ludzkiej **Menschenleben** n życie ludzkie; (bpl) życie człowieka **menschenleer** bezludny; wyludniony **menschenmöglich**: **alles was ~ war, alles Menschenmögliche** wszystko, co (było) w ludzkiej mocy **Menschenopfer** n krwawa ofiara (składana bogom) **Menschenraub** m uprowadzenie, porwanie **Menschenrechte** npl prawa npl człowieka **menschenunwürdig** niegodny człowieka **Menschenverstand** m (bpl): **der gesunde ~** zdrowy rozsądek **Menschenwürde** f (bpl) godność ludzka **Menschheit** f (bpl) ludzkość f **menschlich** człowieczy, ludzki **Menschlichkeit** f (bpl) człowieczeństwo, ludzkość f
**Menstruation** f menstruacja, miesiączka
**Mentalität** f mentalność f
**Menü** n (-s; -s) menu n

**Meridian** *m* (-s; -e) południk
**Merkblatt** *n* pouczenie, instrukcja
**merken** *v/t* dostrzegać ⟨dostrzec⟩, zauważać ⟨-żyć⟩, pozna(wa)ć; (*spüren*) odczu(wa)ć; **ich habe nichts gemerkt** nic nie zauważyłem (-łam); **sich** (*dat*) **etw ~ zapamiętać** *pf* (sobie) (*akk*); **~ Sie sich das!** proszę o tym pamiętać! **merklich** (*erheblich*) znaczny; (*spürbar*) zauważalny **Merkmal** *n* (*pl* -e) cecha, znamię **merkwürdig** osobliwy (-wie), dziwny
**messbar** wymierny
**Messe**[1] *f* REL, MUS msza
**Messe**[2] *f* MAR mesa
**Messe**[3] *f* HANDEL targi *mpl* **Messegelände** *n* teren targów
**messen** (du misst, er misst, maß, gemessen) *v/t* ⟨z⟩mierzyć (**mit j-m** *z inst*); *v/i* mieć wymiary, mierzyć
**Messer**[1] *n* nóż; *fig umg* **mir sitzt das ~ an der Kehle** mam nóż na gardle; **j-n ans ~ liefern** wydać *pf* (*akk*) na pastwę; **die Sache steht auf des ~s Schneide** sprawa będzie tak czy tak rozstrzygnięta; *umg* **sie bekriegen sich bis aufs ~** oni są ze sobą na noże; *umg* **sich unters ~ legen** iść ⟨pójść⟩ pod nóż **Messer**[2] *m* miernik
**messerscharf** ostry; *umg fig präd* precyzyjnie, przekonywająco **Messerspitze** *f* czubek *od* koniec noża; *bes* KULIN szczypta **Messerstich** *m* pchnięcie nożem
**Messestand** *m* stoisko na targach
**Messfehler** *m* błąd pomiaru **Messgerät** *n* przyrząd pomiarowy **Messgewand** *n rel* ornat
**Messing** *n* (-s; *bpl*) mosiądz; *in zssgn* mosiężny
**Messung** *f* mierzenie, pomiar
**Metall** *n* (-[e]s; -e) metal **Metallarbeiter** *m* metalowiec **Metallindustrie** *f* przemysł metalowy **metallisch** metaliczny **Metallwaren** *fpl* drobne wyroby *mpl* metalowe
**Metapher** *f* (-; -n) przenośnia, metafora
**Meter** *m od n* metr; **ein ~ lang** mający metr długości, metrowy; **zwei ~ hoch** wysoki na dwa metry; *dort befindlich* na wysokości dwóch metrów **Metermaß** *n* metrówka; (*Band*) *a.* centymetr **meterweise** *adv* na metry, metrami
**Methode** *f* metoda **methodisch** metodyczny

**Methylalkohol** *m* alkohol metylowy
**metrisch** metryczny
**Metzger** *m* rzeźnik **Metzgerei** *f* sklep rzeźniczy
**Meuterei** *f* bunt **meutern** *v/i* (-re) zbuntować się *pf* (**gegen** przeciw *dat*)
**mexikanisch** meksykański
**mich** *pron* (*akk von* **ich**) mnie; *refl* siebie, się
**mied** → **meiden Mieder** *n* stanik; (*Korsett*) gorset
**Mief** *umg m* (-[e]s; *bpl*) zaduch; *fig* parafiańszczyzna
**Miene** *f* mina; **gute ~ zum bösen Spiel machen** robić dobrą minę (do złej gry)
**mies** *umg abw* kiepski (-ko), podły (-le)
**Miesmuschel** *f* omułek jadalny
**Mietauto** *n* → **Mietwagen**
**Miete**[1] *f* (*Wohnungsmiete*) czynsz, komorne; **zur ~ wohnen** mieszkać jako lokator(ka) (**bei** u *gen*); (*das Mieten, bpl*) najem, wynajęcie **Miete**[2] *f* AGR kopiec **mieten** (-e-) najmować ⟨-jąć⟩, odnajmować ⟨-jąć⟩, wynajmować ⟨-jąć⟩ **Miet|er(in)** *m(f)* najemca *m* (-czyni); *e-r Wohnung* lokator(ka) **Mieterschutz** *m* ochrona (prawna) lokatorów **Mietkauf** *m* kupno na zasadach najmu **Mietkaution** *f* kaucja na zabezpieczenie czynszu **Mietpreis** *m* opłata za wynajęcie; → **Miete**[1]
**Mietrecht** *n* (*bpl*) prawo lokatorskie
**Miethaus** *n* dom czynszowy **Mietvertrag** *m* umowa najmu **Mietwagen** *m* samochód wynajęty **Mietwohnung** *f* mieszkanie wynajmowane *od* lokatorskie
**Migräne** *f* migrena
**Mikrofon** *n* (-s; -e) mikrofon **Mikroskop** *n* (-s; -e) mikroskop **Mikrowellenherd** *m* kuchenka mikrofalowa, *umg* mikrofalówka
**Milbe** *f* roztocz
**Milch** *f* (*bpl*) mleko **Milchbar** *f* bar mleczny **Milchflasche** *f* butelka na mleko; *fürs Baby* butelka ze smoczkiem **Milchgeschäft** *n* sklep z nabiałem **Milchglas** *n* szkło mleczne **Milchkaffee** *m* kawa z mlekiem, biała kawa **Milchkanne** *f* bańka na mleko **Milchkuh** *f* dojna krowa **Milchprodukte** *npl* przetwory *mpl* mleczne **Milchpulver** *n* mleko w proszku **Milchreis** *m* ryż na mleku **Milchstra-**

**ße** f (bpl) ASTRON Droga Mleczna
**Milchzahn** m ząb mleczny
**mild, milde** łagodny; *Zigarette* słaby; **~e Gabe** dar na ubogich **Milde** f (bpl) łagodność f; (*Güte*) dobroć f; **mildern** (-re) ⟨z⟩łagodzić; **~de Umstände** okoliczności fpl łagodzące **Milderung** f (bpl) złagodzenie; ulga
**Milieu** [mili'ø:] n (-s; bpl) środowisko
**Militär**[1] n (-s; bpl) wojsko; **beim ~ sein** być u wojska **Militär**[2] m (-s; -s) wojskowy m **militärisch** wojskowy, militarny **Militärstützpunkt** m baza wojskowa
**Miliz** f (-; -en) milicja
**Milliarde** f miliard **Millimeter** m od n milimetr; *in zssgn* milimetrowy **Million** f milion; **in die ~en gehen** liczyć się na miliony **Millionär(in)** m(f) (-s; -e) milioner(ka)
**Milz** f śledziona
**mimen** umg abw uda(wa)ć, markować
**minder** adv mniej **minderbemittelt** mniej niż średniozamożny **Minderheit** f mniejszość f **minderjährig** nie(pełno)letni, młodociany, małoletni **mindern** (-re) v/t pomniejszać, pomniejszać ⟨-szyć⟩; *Wert* umniejszać ⟨-szyć⟩ **minderwertig** małowartościowy, poślednej jakości **Minderwertigkeitskomplex** m kompleks niższości
**Mindestalter** n dolna granica wieku **mindeste** najmniejszy, minimalny; **das Mindeste** minimum; **nicht das Mindeste** w ogóle nic; **nicht im Mindesten** bynajmniej nie **mindestens** adv co najmniej, minimum **Mindesthaltbarkeitsdatum** n zapewniony termin przechowywania; (*Aufdruck*) ważny do ... **Mindestlohn** m płaca minimalna **Mindestmaß** n (**an etw**) minimum n (gen) **Mindeststrafe** f najniższa kara
**Mine** fMIL mina;GÓRN kopalnia **Minenfeld** n pole minowe
**Mineral** n (-s; -e od -ien) minerał **Mineralöl** n (*Erdöl*) ropa naftowa; (*Erdölprodukt*) olej mineralny **Mineralwasser** n (pl -wässer) woda mineralna
**minimal** minimalny **Minirock** m (spódniczka) mini
**Minister(in)** f(m) (-s; -) minister **Ministerium** n (-s; -ien) ministerstwo **Minister|präsident(in)** m(f) prezes rady ministrów, premier **Ministerrat** m rada ministrów; *in Polen* Rada Ministrów
**minus** *konj*, *adv* minus, mniej **Minus** n (*unv*) minus **Minuspol** m biegun ujemny **Minuszeichen** n znak odejmowania, (znak) minus
**Minute** f minuta; **auf die ~** co do minuty; **in einer ~** za minutę, za chwilę; **ein paar** *od* **wenige ~n** kilka minut
**Minze** f mięta
**mir** *pron* (*dat von ich*) mnie, *unbetont* mi; *refl* sobie; **das gefällt ~** to mi się podoba; **mit ~** ze mną; *refl* ze sobą; **von ~** (*mein*) mój (moja, moje)
**Mischehe** f małżeństwo mieszane **mischen** v/t ⟨prze-, po-, z⟩mieszać; **sich ~** (**in** akk) ⟨w⟩mieszać się (**do** gen) **Mischling** m mieszaniec **Mischmasch** umg m (-[e]s; -e) miszmasz **Mischung** f mieszanka, mieszanina **Mischwald** m las mieszany
**miserabel** (-bl-; -elst-) nędzny, lichy, marny **Misere** f bieda, ciężka sytuacja
**miss** *Imperativ* → messen
**missachten** (-e-; -) nie przestrzegać **Missachtung** f (*Geringschätzung*) pogarda, lekceważenie; (*Respektlosigkeit*) brak poszanowania (dla gen) **Missbildung** f zniekształcenie, deformacja **missbilligen** v/t (-) nie pochwalać (gen), potępia(ć) (akk) **Missbilligung** f dezaprobata **Missbrauch** m (bpl) nadużycie **missbrauchen** v/t (-) nadużyć(wa)ć (gen) **missdeuten** (-e-; -) błędnie interpretować
**missen**: **etw nicht ~ wollen** nie móc obyć się bez (gen); → **vermissen**
**Misserfolg** m niepowodzenie **Missernte** f nieurodzaj **missfallen** v/i (*irr*) (-) nie podobać się **Missgeburt** f potworek, pokraka; umg fig poroniony pomysł **Missgeschick** n nieprzyjemność f, przykry wypadek **missglücken** v/i (-) nie uda(wa)ć się, nie powieść się pf **missgönnen** (-) ⟨po⟩zazdrościć (j-m akk k-u gen) **Missgunst** f zawiść f **misshandeln** (-) dręczyć (akk), znęcać się nad (*inst*) **Misshandlung** f znęcanie się, dręczenie, maltretowanie
**Mission** f misja **Missionar(in)** f(m) m (-és; -e) misjonarz
**Misskredit** m: **j-n in ~ bringen** zdyskredytować pf k-o; **in ~ kommen** stracić pf zaufanie **misslich** przykry, umg pas-

kudny **misslingen** (misslang, misslungen; sn) nie uda(wa)ć się **misslungen** adj nieudany, chybiony **missmutig** umg markotny **Missstand** m zło, niedomaganie **misstrauen** v/i (-); **j-m**, e-r Sache ~ nie ufać, nie dowierzać (dat) **Misstrauen** n (-s; bpl) nieufność f **Misstrauensvotum** n wotum n nieufności **misstrauisch** nieufny (**gegen** w stosunku do gen) **Missverhältnis** n dysproporcja **Missverständnis** n (pl -se) nieporozumienie **missverstehen** (irr; -) źle zrozumieć pf **Misswirtschaft** f (pl selten) zła gospodarka, niegospodarność f

**Mist** m (-[e]s; bpl) nawóz, gnój
**Mistel** f (-; -n) jemioła
**Misthaufen** m kupa gnoju, gnojowisko
**Mistkerl** pop m abw gnojek, parszywiec, wredny typ
**mit** präp (dat) z, ze (inst); ~ **ihr** z nią; ~ **mir** ze mną; bei Bezeichnung des Mittels mst nur inst des Substantivs ~ **der Bahn** koleją; ~ **dem Hammer** młotkiem;; ~ **10 Jahren** mając dziesięć lat; adv (neben anderem) też, także; **das gehört ~ zu ...** to też należy do ...; umg **war er auch ~?** on też był (tam, z tobą usw)?
**Mitarbeit** f (bpl) współpraca **mitarbeiten** v/i współpracować **Mitarbeiter(in)** m(f) m współpracownik (-iczka)
**mitbekommen** (irr) dosta(wa)ć; zorientować się pf **Mitbestimmung** f (bpl) współdecydowanie; im Betrieb a. udział w zarządzaniu **Mitbewohner(in)** m(f) współlokator(ka) **mitbringen** (irr) przynosić (-nieść)
**Mitbürger(in)** m(f) współobywatel(ka) **Miteigentümer(in)** m(f) współwłaściciel(ka) **miteinander** adv: ~ **kämpfen, verbinden, sprechen** walczyć, połączyć, rozmawiać ze sobą; etw ~ **teilen** dzielić pomiędzy siebie (akk), dzielić się (inst); umg ~ **gehen** być ze sobą; **alle** ~ wszyscy razem, wspólnie **miterleben** v/t (-) być świadkiem (gen); przeżyć (akk) **Mitesser** m MED zaskórnik **mitfahren** v/i (irr; sn) (**mit**) ⟨po⟩jechać razem (z inst), umg zabrać się pf (z inst)
**mitfühlen** v/i **mit j-m** ~ współczuć k-u; v/t **j-s Schmerz** ~ współczuć k-u w cierpieniu **mitgeben** (irr) da(wa)ć (**j-m** akk k-u akk) **Mitgefühl** n (bpl) współczucie **mitgehen** v/i (irr; sn) (**mit**) iść ⟨pójść⟩ (razem), umg zabrać się pf (z inst); fig **die Zuhörer gingen begeistert mit** audytorium było urzeczone **mitgenommen** umg adj zniszczony, (a. Person) sfatygowany
**Mitglied** n członek, członkini **Mitgliedsbeitrag** m składka członkowska **Mitgliedschaft** f członkostwo
**mithaben** umg (irr) mieć przy sobie **Mithilfe** f (bpl) pomoc f **mithören** (również) ⟨u⟩słyszeć (**zufällig** przypadkiem); heimlich podsłuch(iw)ać **mitkommen** v/i (irr) → mitgehen; (fahrend ⟨po⟩jechać razem (z inst); ⟨j-n begleiten⟩ towarzyszyć (dat); **komm mit** chodź (ze mną, z nami); umg fig **nicht** ~ nie nadążać **Mitläufer** m nieaktywny członek
**Mitleid** n litość f **Mitleidenschaft** f (bpl): **in** ~ **ziehen** Sache uszkadzać ⟨uszkodzić⟩; Person narażać ⟨-razić⟩ na szkodę; **in** ~ **gezogen werden** ucierpieć pf (**bei** od gen) **mitleidig** litościwy (-wie) **mitmachen** v/t (teilnehmen) uczestniczyć, brać ⟨wziąć⟩ udział (a. v/i **bei etw** w lok); Lehrgang a. odby(wa)ć **Mitmensch** m bliźni m **mitnehmen** (irr) zab(ie)rać ze sobą **mitreden** v/i bei e-r Debatte brać udział (**w** lok); v/t fig **ein Wort mitzureden haben** mieć coś do powiedzenia (**bei** w tej sprawie) **Mitreisende(r)** m towarzysz podróży, współpasażer **mitreißen** (irr) por(y)wać
**mitsamt** präp (dat) (wraz, łącznie) z (inst) **mitschneiden** (irr) nagr(yw)ać na taśmę **mitschreiben** (irr) v/t ⟨za⟩notować (**sobie**) (akk); v/i notować (sobie) **Mitschuld** f (bpl) współwina **mitspielen** v/i brać ⟨wziąć⟩ udział w grze od zabawie
**Mittag** m południe; **am, über** ~ w południe; **morgen** ~ jutro w południe; **zu** ~ **essen** ⟨z⟩jeść obiad **Mittagessen** n obiad **mittags** adv w południe **Mittagsmenü** f danie n obiadowe **Mittagspause** f przerwa obiadowa **Mittagsruhe** f cisza poobiednia; (Schläfchen) drzemka poobiednia, sjesta **Mittagszeit** f (bpl) pora obiadowa
**Mitte** f środek; POL centrum n; **in der** ~ pośrodku; ~ **Mai** w połowie maja; **sie ist** ~ **30** (ona) ma około trzydzieści pięciu lat

**mitteilen** v/t poda(wa)ć do wiadomości; **j-m etw ~** ⟨za⟩komunikować k-u (akk), zawiadamiać ⟨-domić⟩ k-o (o lok); **sich ~** udzielać ⟨-lić⟩ się **Mitteilung** f zawiadomienie, wiadomość f

**Mittel** n ▪ środek (**gegen** przeciwko dat, na akk); MAT średnia; **mit allen ~n** używając wszelkich środków, wszelkimi sposobami; **im ~** średnio; **~ und Wege suchen zu** (+ inf) chwytać się wszelkich sposobów, by (+ inf); (**nur**) **~ zum Zweck sein** być (tylko) środkiem prowadzącym do celu ▫ nur pl FIN środki mpl, fundusze mpl; **öffentliche ~** fundusze społeczne **Mittelalter** n (bpl) średniowiecze **mittelalterlich** średniowieczny **mittelbar** pośredni, präd pośrednio **mitteleuropäisch** środkowoeuropejski **mittelfristig** średnioterminowy (-wo) **mittelgroß** średniej wielkości

**Mittelklasse** f klasa średnia **mittellos** bez środków (do życia) **mittelmäßig** przeciętny, mierny **Mittelpunkt** m punkt środkowy, środek, centrum n **mittels** präp (gen) za pomocą (gen) **Mittelschule** f szkoła średnia **Mittelstand** m (bpl) klasa średnia **mittelständisch** średniej wielkości **Mittelstreifen** m środkowy pas rozdzielający **Mittelweg** m fig droga polubowna od pośrednia **Mittelwellen** fpl fale rednie fpl

**mitten** adv: räumlich **~ in, auf** (dat) w od na środku, pośrodku (gen); **~ durch** (akk) przez środek, środkiem (gen); **~ auf, unter** (akk) w (sam) środek, na środek (gen); zeitlich **~ im Winter** w środku zimy; **~ in der Nacht** późno w nocy **mittendrin** adv w (samym) środku, pośrodku; (gerade dabei) właśnie

**Mitternacht** f (bpl) północ; **um ~ o** północy; **nach ~** po północy **Mitternachtssonne** f (bpl) słońce polarne **mittlere** środkowy; (e-n Mittelwert darstellend) średni **mittlerweile** adv tymczasem

**Mittwoch** m (-s; -e) środa; **am ~** w środę **mitunter** adv niekiedy, czasem **mitwirken** v/i: **bei, an** (dat) **~** współdziałać (przy, w lok), uczestniczyć (w lok); TEATR grać (w lok) **Mitwirkung** f (bpl) współdziałanie, pomoc f; (współ)udział (**bei** w lok) **Mitwisser(in)** m(f)

wtajemniczony m (-na); JUR osoba zatajająca przestępstwo **mitzählen** v/t wliczać ⟨-czyć⟩; **Kinder nicht mitgezählt** nie licząc dzieci; v/i **die Feiertage zählen nicht mit** święta nie liczą się

**mixen** ⟨z⟩miksować

**Möbel** n mebel, pl meble, umeblowanie **Möbelspediteur** m spedytor meblowy

**mobil** ruchomy, mobilny **Mobilfunk** m TEL telefonia komórkowa **Mobilfunknetz** n TEL sieć telefonii komórkowej **Mobil(funk)telefon** n TEL telefon komórkowy **mobilisieren** (-) ⟨z⟩mobilizować

**möbliert** adj umeblowany

**mochte, möchte** → **mögen**

**Modalitäten** f/pl warunki m/pl

**Mode** f moda; etw **ist in ~** ... jest w modzie, ... jest modne; **aus der ~ kommen** wychodzić ⟨wyjść⟩ z mody; **nach der neuesten ~** według najnowszej mody **modebewusst** adj: **~ sein** ubierać się według najnowszej mody **Modejournal** n żurnal mód

**Model** n (-s; -s) model(ka) m(f)

**Modell** n (-s; -e) model **Modellbau** m (-s; bpl) modelarstwo **modellieren** (-) ⟨wy⟩modelować

**Modenschau** f pokaz od rewia mody **Moderator(in** f) m moderator(ka) **moderieren** (-) prowadzić program

**modern**¹ (-re; a sn) butwieć, próchnieć **modern**² modny; Technik nowoczesny **modernisieren** (-) ⟨z⟩modernizować **Modernisierung** f modernizacja **Modeschöpfer** m kreator mody **modifizieren** (-) ⟨z⟩modyfikować **modisch** modny

**Modul** n (-s; -e) moduł

**Mofa** n (-s; -s) motorower

**mogeln** umg v/i (-le) szachrować, oszukiwać (**beim Kartenspiel** w kartach)

**mögen** (mag od möchte; mochte) ▪ als Modalverb (pperf mögen) + inf (können) móc (+ inf); (wollen) chcieć (+ inf); (gernhaben) lubić (+ inf); **das mag sein** być może; **wer mag das sein** kto to może być; **ich mag schwimmen** lubię pływać; **sie mag nicht warten** ona nie lubi czekać; **sie möchte lieber hierbleiben** ona wolałaby tu pozostać; **ich möchte (so gern) fahren** (bardzo) chciał(a)bym ⟨po⟩je-

## 444 • möglich – Morgenzeitung

chać; **mag** er noch so reich sein nawet gdyby był nie wiem jak bogaty; **was er auch tun mag** cokolwiek by on nie zrobił **B** v/t (*pperf gemocht*) (*lieben*) lubić (*akk*); (*wollen*) chcieć (*gen*); **ich mag ihn lubię** go; **ich habe sie gemocht** lubiłem ją; **was möchtest du?** czego chcesz?; **was möchten Sie?** czego pan(i) sobie życzy?; **lieber** ~ woleć; **ich mag lieber Wein** wolę wino **C** v/i (*pperf gemocht*) chcieć; **ich mag nicht** nie chcę, nie chce mi się; **ich möchte nach Hause** chcę do domu; **wie du möchtest** jak sobie chcesz

**möglich** możliwy (-wie); ... **wenn es ~ ist** ... jeżeli to jest możliwe, jak się tylko da; **so bald wie ~** możliwie (jak) najwcześniej *od* najszybciej; **alles Mögliche** wszystko możliwe; *umg* (*vielerlei*) (różne) różności *pl* **möglicherweise** możliwie, ze ... **Möglichkeit** *f* możliwość *f*, możność *f*; **nach** ~ w miarę możności; **es besteht die ~, dass** możliwe, że **möglichst** *adv* możliwie naj- (+ *komp*)

**Mohn** *m* (-[e]s; -e) mak **Mohnkuchen** *m* makowiec, placek z makiem
**Möhre** *f*, **Mohrrübe** *f* marchew *f*, marchewka
**Mole** *f* molo
**Molekül** *n* (-s; -e) cząsteczka, molekuła **molekular** cząsteczkowy, molekularny
**Molke** *f* (*bpl*) serwatka, *reg* żętyca **Molkerei** *f* mleczarnia
**mollig** (*rundlich*) puszysty, pulchny, pełny; (*warm*) cieplutki
**Moment**[1] *m* (-[e]s; -e) moment, chwila; **im ~** w tej chwili, w tym momencie; *umg* **keinen ~** ani przez chwilę; **~ (mal)!** chwileczke!
**Moment**[2] *n* (-[e]s; -e) moment
**Monarchie** [*pl* -'çi:ən] *f* monarchia
**Monat** *m* (-es; -e) miesiąc; **in e-m** ~ za miesiąc; **seit e-m** ~ od miesiąca; **vor e-m** ~ przed miesiącem, miesiąc temu; **im fünften** ~ w piątym miesiącu (ciąży) **monatlich** miesięczny; *adv* co miesiąc **Monatsgehalt** *n* pensja miesięczna **Monatskarte** *f* bilet miesięczny **Monatsrate** *f* rata miesięczna
**Mönch** *m* (-[e]s; -e) mnich, zakonnik
**Mond** *m* (-[e]s; -e) księżyc; ASTRON (*bpl*) Księżyc **Mondfinsternis** *f* zaćmienie Księżyca **Mondlandschaft** *f* krajobraz księżycowy **Mondschein** *m* światło księżyca **Mondwechsel** *m* zmiana księżyca
**mongolisch** mongolski (po -ku)
**Monopol** *n* (-s; -e) monopol(owy *zssgn*)
**monoton** monotonny **Monotonie** *f* (-; -n) monotonia
**Monster** *n* monstrum *n*, potwór **Monstrum** *n* (-s; -ren) monstrum *n*
**Montag** *m* (-s; -e) poniedziałek; **am ~** w poniedziałek; **jeden ~** w każdy poniedziałek, co poniedziałek
**Montage** [-'ta:ʒə] *f* montaż
**montags** *adv* w poniedziałek; co poniedziałek
**montieren** (-) ⟨za⟩montować; (*zusammenbauen*) ⟨z⟩montować **Montierhebel** *m* łyżka do opon
**Monument** *n* (-[e]s; -e) monument **monumental** monumentalny
**Moor** *n* (-[e]s; -e) bagno, moczary *mpl*; MED borowina **Moorbad** *n* kąpiel borowinowa; (*Ort*) uzdrowisko oferujące kuracje borowinowe
**Moos** *n* (-es; -e) mech; *umg* (*Geld*) forsa
**Moral** *f* (*bpl*) moralność *f*; *e-r Geschichte* morał **moralisch** moralny
**Morchel** *f* (-; -n) smardz
**Mord** *m* (-[e]s; -e) mord, morderstwo, zabójstwo (umyślne) **Mordanklage** *f* oskarżenie o zabójstwo **Mordanschlag** *m* zamach na życie **morden** (-e-) v/i mordować; v/t zamordować, wymordować *pf* **Mörder(in)** *m*(*f*) morderca *m* (-czyni), *bes* JUR zabójca *m* (-czyni) **Mordkommission** *f* wydział zabójstw **Mordversuch** *m* usiłowanie zabójstwa
**morgen** *adv* jutro, nazajutrz; **~ früh** jutro rano; **bis ~** do jutra; *fig etw* **von ~** jutrzejszy ...
**Morgen**[1] *m* (po)ranek, rano; (*Zukunft*) jutro; **ein ~ im Frühling** wiosenny poranek; **jeden ~** co rano; **am ~** z rana, rankiem; **am frühen ~** wczesnym rankiem; **bis in den hellen ~** do białego rana; **seit dem ~** z samego rana; **gegen ~** nad ranem; **guten ~!** dzień dobry!
**Morgen**[2] *m* (*Feldmaß*) mórg, morga
**Morgengrauen** *n* świt **Morgenmuffel** *umg m*: **er ist ein ~** rano on jest (zawsze) nie w humorze **Morgenrock** *m* podomka **morgens** *adv* rano, z rana, rankiem **Morgenzeitung** *f* gazeta po-

**morgig – munter** • **445**

ranna **morgig** jutrzejszy
**Morphium** n (-s; bpl) morfina
**morsch** zmurszały, spróchniały
**Mörtel** m zaprawa
**Mosaik** n (-s; -e[n]) mozaika
**mosaisch** mojżeszowy
**Moschee** f meczet
**Moselwein** m wino mozelskie
**Moskitonetz** n moskitiera
**Most** m (-[e]s; bpl) moszcz; reg (Federweißer) moszcz winny
**Motel** n (-s; -s) motel
**Motiv** n (-s; -e) motyw **Motivation** f motywacja **motivieren** (-) pobudzać ⟨-dzić⟩; (begründen) ⟨u⟩motywować
**Motor** m (-s; -toren) silnik, motor; fig motor **Motorboot** n motorówka **Motorhaube** f maska silnika **motorisieren** (-) ⟨z⟩motoryzować **motorisiert** adj zmotoryzowany **Motorisierung** f (bpl) motoryzacja **Motoröl** n olej silnikowy **Motorrad** n motocykl, umg motor **Motorradfahrer(in)** m(f) motocyklista m (-tka) **Motorroller** m skuter **Motorschaden** m awaria silnika **Motorsport** m sport motorowy
**Motte** f mól
**motzen** umg v/i psioczyć (**über** akk na akk)
**Möwe** f mewa
**Mücke** f komar **Mückenstich** m ukąszenie komara
**müde** zmęczony, znużony; **~ sein** być zmęczonym; **~ machen** zmęczyć pf, znużyć pf; **~ werden** ⟨z⟩męczyć się (**von der Arbeit** pracą) **Müdigkeit** f (bpl) zmęczenie, znużenie
**Muffel** umg m mruk; → Morgenmuffel
**muffig** stęchły (-le); **~ riechen** trącić stęchlizną
**Mühe** f trud; (Umstände) fatyga; **sich** (dat) **~ geben** zada⟨wa⟩ć sobie trud, dokładać ⟨dołożyć⟩ starań; **sich** (dat) **die ~ machen zu** (+ inf) zadać pf sobie trud i (+ inf); **mach dir bitte keine ~** nie fatyguj się **mühelos** łatwy (-wo); präd bez trudu **mühevoll** mozolny, żmudny; präd a. z wielkim mozołem
**Mühle** f młyn; für Kaffee młynek; umg (Auto) (stary) gruchot **Mühlrad** n koło młyńskie
**mühsam, mühselig** męczący (-co), uciążliwy (-wie); präd a. z trudem

**Mulde** f wgłębienie, wklęsłość f
**Mull** m (-s; bpl) muślin, gaza
**Müll** m (-s; bpl) śmieci(e) mpl, odpady mpl **Müllabfuhr** f wywóz śmieci **Müllbeutel** m (plastikowa) torba na śmieci **Mullbinde** f bandaż z opaska z gazy **Mülldeponie** f składowisko śmieci od odpadów **Mülleimer** m kubeł na śmieci
**Müller(in)** m(f) młynarz(owa)
**Müllhaufen** m śmietnik **Müllkippe** f wysypisko śmieci, śmietnisko **Müllschlucker** m zsyp na śmieci **Mülltonne** f pojemnik na śmieci **Müllverbrennungsanlage** f zakład spalania śmieci **Müllwagen** m śmieciarka
**mulmig** umg groźny; **ihm wurde ~ zumute** zrobiło mu się nieswojo
**Multi** umg m (-s; -s) koncern wielonarodowy **multikulturell** wielokulturowy **multilateral** wielostronny **multinational** wielonarodowy **Multiplikation** f MAT mnożenie **multiplizieren** (-) ⟨po⟩mnożyć (**mit** przez A)
**Mumie** ['muːmiə] f mumia
**Mumm** umg m (-s; bpl) (Wagemut) rezon, odwaga; (Kraft) siła
**Mumps** m (-; bpl) nagminne zapalenie przyusznic, umg świnka
**Mund** m (-es; Münder) usta pl, umg buzia
**Mundart** f narzecze, gwara
**münden** v/i (-e-) wpadać, uchodzić
**Mundgeruch** m zapach z ust **Mundharmonika** f organki mpl, harmonijka ustna **Mundhöhle** f jama ustna
**mündig** pełnoletni
**mündig** pełnoletni
**mündlich** ustny **Mundschutz** m (bpl) maska ochronna **Mundspülung** f płukanka do ust **Mundstück** n ustnik
**Mündung** f GEOG ujście; e-s (Geschütz)-Rohres wylot
**Mundwasser** n płyn do płukania ust **Mundwerk** umg n (bpl): **ein flinkes, loses ~ haben** być wygadanym, być pyskatym **Mund-zu-Mund-Beatmung** f sztuczne oddychanie metodą usta-usta
**Munition** f (bpl) amunicja
**munkeln** umg v/i (-le) przebąkiwać (**über** akk o lok)
**Münster** n katedra, tum
**munter** (komp -er od -trer) (lebhaft) żywy (-wo), żwawy (-wo); (fröhlich) wesoły (-ło);

## Munterkeit – Mythos

**~ sein** nie spać, czuwać; **werden** ożywić się; *(wach werden)* obudzić się (rześki)
**Munterkeit** f *(bpl)* żywość f, żwawość f
**Münze** f moneta **Münzwechsler** m automat do rozmieniania pieniędzy
**mürbe** kruchy; *Apfel* miękki
**murmeln** v/t u. v/i (-le) mruczeć; *Bach* szemrać **Murmeltier** n świstak
**murren** v/i sarkać (**über** *akk* na *akk*); **ohne zu ~** bez jęków i biadoleń **mürrisch** mrukliwy; *Gesicht* posępny, ponury
**Mus** n (-es; -e) przecier; piure
**Muschel** f (-; -n) muszla
**Museum** n (-s; -een) muzeum n
**Musik** f muzyka **musikalisch** muzyczny; *Person* muzykalny **Musiker(in)** m(f) muzyk m,f **Musikinstrument** n instrument muzyczny **Musiklehrer(in)** m(f) nauczyciel(ka) muzyki **Musikstück** n utwór muzyczny **musizieren** v/i (-) muzykować
**Muskatnuss** f gałka muszkatołowa
**Muskel** m (-s; -n) mięsień m, muskuł **Muskelkater** *umg* m *(bpl)* (zmęczeniowy) ból mięśni **Muskelkraft** f *(bpl)* siła mięśniowa **Muskelzerrung** f naciągnięcie mięśnia **muskulös** muskularny, umięśniony
**Muslim** m **Muslimin** f muzułmanin m, muzułmanka f
**Muss** n (-; bpl) konieczność f, mus
**Muße** f *(bpl)* (wolny) czas; **mit ~** wolno, bez pośpiechu
**müssen** (muss, du musst, musste) **A** *als Modalverb* (pperf gemusst) + *inf* (gezwungen sein) musieć, być zmuszonym; **ich muss** muszę; **ich müsste** musiałbym, f musiałabym; *(sollen)* ich müsste powinienem, f powinnam; **ich müsste** powinienem był, f powinnam była; **du musst** powinieneś, f powinnaś; **er muss** powinien; **sie muss** powinna; **wir ~** powinniśmy; **ihr müsst** powinniście; **sie** pl ~ persf powinni, *sachf* powinne; **wir ~ Ihnen leider mitteilen, dass ...** niestety, zmuszeni jesteśmy poinformować Pana *od* Panią, że ...; *(es ist notwendig)* **man muss** (+ *inf*) trzeba (+ *inf*); **man müsste** trzeba by, trzeba byłoby; **man hätte ... ~** trzeba było ...; **er muss das tun** on musi *od* powinien to zrobić; **sie muss gehen** ona musi *od* powinna iść; **du musst mir helfen** musisz mi pomóc; **sie hätte fragen ~** ona powinna była zapytać; **er muss gleich kommen** on powinien zaraz nadejść; **es muss geregnet haben** chyba padał deszcz; **es muss sein** tak musi być; **wenn es sein muss** jeśli tak być musi **B** v/i *(pperf gemusst)* musieć; **ich muss nach Hause** gehen *usw* muszę do domu; **muss ich?** czy muszę?; *umg* **ich muss mal** muszę pójść za swoją potrzebą
**müßig** próżniaczy (-czo), bezczynny; *(überflüssig)* zbędny, zbyteczny
**Muster** n wzór, wzorzec **mustergültig, musterhaft** wzorowy (-wo) **Musterkollektion** f kolekcja próbek **mustern** (-re): **j-n ~** mierzyć wzrokiem, lustrować *(akk)* **Muster|schüler(in)** m(f) prymus(ka) f **Mustervertrag** m umowa wzorcowa
**Mut** m (-es; bpl) odwaga, męstwo; **j-m ~ machen** doda(wa)ć k-u odwagi; **den ~ verlieren, sinken lassen** upadać ⟨upaść⟩ na duchu **mutig** odważny, mężny **mutlos** upadły na duchu, przygnębiony **mutmaßlich** domniemany
**Mutter**[1] f (-; Mütter) matka; **~ Natur** matka natura; **sie wird ~** ona zostanie matką; **werdende ~** przyszła matka; **im Zimmer der ~** w matczynym pokoju; **wie e-e ~** jak matka, po matczynemu; **wie e-e ~ für j-n sorgen** matkować k-u
**Mutter**[2] f (-; -n) TECH nakrętka **mütterlich** macierzyński **Muttermal** n znamię **Mutterschaft** f macierzyństwo **Mutterschaftsurlaub** m urlop macierzyński **Mutterschutz** m ochrona matki pracującej **Muttersprache** f język ojczysty, mowa ojczysta **Muttertag** m dzień m matki **Mutti** *umg* f (-; -s) mamusia
**mutwillig** umyślny; *präd* (na)umyślnie
**Mütze** f czapka
**mysteriös** tajemniczy (-czo)
**Mythos** m (-; -then) mit

# N

**na** int no; **~ gut** dobra; **~ und?** no i co?; **~ so was!** no, no!, coś takiego!; **~ also, ~ bitte** no proszę; **~ endlich** nareszcie; **~ warte!** poczekaj no!

**Nabe** f piasta

**Nabel** m pępek **Nabelschnur** f pępowina

**nach** präp (dat) do (gen), ku (dat), w (akk); Reihenfolge za (inst), (a. zeitlich) po (lok); (gemäß) według (gen); **~ Polen** do Polski; **das schmeckt ~ ...** to smakuje jak ...; adv **~ und ~** stopniowo; **~ wie vor** w dalszym ciągu, nadal

**nachahmen** naśladować, imitować **Nachahmer(in** f) m naśladowca m (-czyni) **Nachahmung** f (bpl) naśladowanie; (Sache) imitacja

**Nachbar** m (-n od -s; -n) sąsiad **Nachbarland** n kraj ościenny od sąsiadujący **Nachbarschaft** f sąsiedztwo; (Nachbarn) a. sąsiedzi mpl

**nachbessern** naprawi(a)ć, usuwać ⟨usunąć⟩ braki; dopracow(yw)ać **nachbestellen** (-) zamawiać ⟨-mówić⟩ dodatkowo od ponownie **nachbilden** ⟨s⟩kopiować **Nachbildung** f kopia; (Imitat) imitacja **nachblicken** v/i (dat) spoglądać ⟨spojrzeć⟩ (za inst)

**nachdem** konj: **~ er gegangen war** po jego odejściu, gdy on odszedł; **sie ..., ~ sie dieses Buch gelesen hatte** po przeczytaniu tej książki ona ..., przeczytawszy tę książkę, ona ...; **je ~** zależnie od okoliczności

**nachdenken** v/i (irr) **(über** akk) rozmyślać, zastanawiać ⟨-nowić⟩ się (nad inst) **nachdenklich** zamyślony, zadumany **Nachdruck¹** m (-[e]s; -e) TYPO przedruk; dodruk; **unveränderter ~** wydanie stereotypowe **Nachdruck²** m (-[e]s; 0) nacisk; **mit ~** z naciskiem; **mit allem ~** z całą stanowczością; **~ legen auf** (akk) kłaść ⟨położyć⟩ nacisk na (akk) **nachdrücklich** (deutlich) wyraźny, dobitny; (entschieden) stanowczy (-czo)

**nacheifern** v/i (-e-) (dat) starać się do-

równać (dat) **nacheinander** adv jeden (jedno) po drugim, jedna po drugiej; (wechselseitig einer nach dem anderen) po sobie; (der Reihe nach) kolejno **nachempfinden** (irr; -) → nachfühlen; e-r Sache, **j-m nachempfunden** sein powstać pf od być stworzonym pod wpływem (gen) **nacherzählen** (-) powtarzać ⟨-wtórzyć⟩ swoimi słowami **Nachfahre** m (-n) przodek

**Nachfolge** f następstwo **nachfolgen** (dat) następować ⟨-tąpić⟩ (po inst); → folgen; **~nd** dalszy **Nachfolger(in** f) m następca m (-czyni); (Erbe) sukcesor(ka)

**nachforschen** v/i starać się dowiedzieć, poszukiwać; (forschen) badać **Nachforschung** f (mst pl) (Suche) poszukiwanie; (Untersuchung) badanie

**Nachfrage** f (bpl) HANDEL popyt **nachfragen** v/i ⟨za⟩pytać jeszcze raz **nachfühlen** v/t: **ich kann dir das ~** rozumiem twoje uczucia **nachfüllen** dopełni(a)ć **nachgeben** v/i (irr) ustępować ⟨ustąpić⟩ **(dem Druck** pod naciskiem **nachgehen** v/i (irr; sn) → folgen; fig e-r Sache sprawdzać ⟨-dzić⟩, ⟨z⟩badać (akk) **Nachgebühr** f (bpl) dopłata **nachgeordnet** adj niższego szczebla **Nachgeschmack** m (-[e]s; bpl) posmak **nachgiebig** ustępliwy (-wie) **nachgießen** (irr) dol(ew)ać **nachhaltig** trwały (-le), długotrwały **nachhelfen** v/i (irr) pomagać ⟨-móc⟩

**nachher** adv potem; umg **bis ~!** na razie! **Nachhilfe** f korepetycje fpl; **~ haben** brać korepetycje **nachhinein: im ~ później**, po czasie

**Nachholbedarf** m niezaspokojona potrzeba; **in der 3. Welt** wzmożony popyt (na akk) **nachholen** Familie sprowadzać ⟨-wadzić⟩; Versäumtes nadrabiać ⟨-robić⟩; **Schlaf ~** odsypiać ⟨odespać⟩ się **Nachkomme** m (-n) potomek (-mkini f) **nachkommen** v/i (irr) przychodzić ⟨przyjść⟩ później

**Nachkriegszeit** f okres powojenny **Nachlass** m (-es; -lässe) spadek, spuścizna; HANDEL rabat **nachlassen** (irr) v/i Tempo spadać ⟨spaść⟩; Geschäft pogarszać ⟨pogorszyć⟩ się; v/t opuszczać ⟨opuścić⟩ **(vom Preis** z ceny) **nachlässig** niedbały (-le), niestaranny; präd a. byle jak **Nachlässigkeit** f (bpl) nie-

dbalstwo, brak staranności
**nachlaufen** v/i (irr; sn) (dat) biegać, umg latać (za inst) **nachlegen** v/t dokładać 〈dołożyć〉, dorzucać 〈-cić〉 (gen) **nachlesen** v/i (irr) przeczytać pf **nachliefern** v/t (irr) dostarczać 〈-czyć〉 dodatkowo od później, uzupełnia(ć dostawę **nachlösen** dopłacać 〈-cić〉 (do biletu) **nachmachen** v/t (gleichtun) naśladować; (imitieren) imitować
**Nachmittag** m popołudnie; **am ~** po południu; **heute ~** dziś po południu
**Nachnahme** f: **per ~** za pobraniem
**Nachname** m nazwisko **nachplappern** bezmyślnie powtarzać **nachprüfen** sprawdzać 〈-dzić〉 **nachrechnen** przeliczać 〈-liczyć〉 (jeszcze raz) **Nachrede** f: **üble ~** pomówienie **nachreichen** przedkładać 〈przedłożyć〉 później od dodatkowo
**Nachricht** f wiadomość f; informacja; **j-m e-e ~ hinterlassen** zostawić komuś wiadomość **Nachrichten** f/pl RADIO dziennik, wiadomości f/pl **Nachrichtenagentur** f agencja prasowa **Nachrichtendienst** m służba wywiadowcza, wywiad **Nachrichtensatellit** m satelita telekomunikacyjny **Nachrichtensprecher(in)** m(f) lektor(ka) dziennika, spiker(ka)
**Nachruf** m nekrolog **Nachrüstung** f (bpl) MIL dozbrojenie; TECH doposażenie **nachsagen** (nachsprechen) powtarzać 〈-wtórzyć〉 (za inst); **j-m** (akk) **~** przypis(yw)ać k-u (akk) **nachschenken** dol(ew)ać **nachschicken** przes(y)łać na nowy (czasowy) adres
**nachschlagen** v/t u. v/i (irr) sprawdzać 〈-dzić〉 **Nachschlagewerk** n encyklopedia, słownik encyklopedyczny
**Nachschub** m dostawa, dowóz **Nachschuss** m SPORT dobitka **nachsehen** (irr) v/t (prüfen) sprawdzać 〈-dzić〉; **j-m etw ~** pobłażać k-u w (lok) **nachsenden** (irr u. -e-) Post przes(y)łać na nowy (czasowy) adres **Nachsicht** f (bpl) pobłażliwość f, wyrozumiałość f **nachsichtig** wyrozumiały (-le), pobłażliwy (-wie) (**mit** dla gen)
**Nachspeise** f deser **Nachspiel** n epilog **nachspielen** v/t MUS 〈za〉grać ze słuchu; v/i SPORT **~ lassen** zarządzać 〈-dzić〉 dogrywkę **nachsprechen** v/t u. v/i (irr) (dat) powtarzać 〈-wtórzyć〉 (za inst)
**nächst** präp (dat) tuż przy (lok), obok (gen) **nächstbeste** pierwszy lepszy **Nächste(r)** m (-n) bliźni m
**nachstehen** v/i (irr): **j-m in nichts ~** dorównywać k-u pod każdym względem **nachstellen** v/t (regulieren) nastawia(ć; v/i e-r Frau nadskakiwać (dat) **Nächstenliebe** f miłość f bliźniego **nächstens** adv wkrótce; następnym razem
**Nacht** f (-; Nächte) noc f; **bei ~, in der ~** w nocy, po nocy; **es wird ~** robi się noc; **gute ~!** dobranoc! **Nachtarbeit** f praca nocna **Nachtdienst** m dyżur nocny **Nachtblindheit** f kurza ślepota
**Nachteil** m niekorzyść f, uszczerbek; **zum ~ (von)** na szkodę (gen) **nachteilig** niekorzystny, ujemny
**Nachtfalter** m ćma **Nachtfrost** m przymrozek nocny **Nachthemd** n koszula nocna
**Nachtigall** f (-; -en) słowik
**Nachtisch** m deser; **zum ~** na deser **Nachtklub** m nocny klub **Nachtquartier** n kwatera, nocleg
**Nachtrag** m (-[e]s; -träge) uzupełnienie; suplement **nachtragen** (irr) (ergänzen) uzupełni(a)ć; fig **j-m** (akk) **~** mieć urazę (do k-o o akk) **nachträglich** dodatkowy (-wo); adv później, po fakcie; **~e Glückwünsche** spóźnione życzenia **nachtrauern** v/i: **j-m, e-r Sache** płakać po (lok), żałować (gen)
**nachts** adv w noc(y), nocą, po nocach **Nachtschicht** f nocna zmiana **Nachttisch** m szafka nocna **Nachttopf** m nocnik **Nachttresor** m nocny sejf **Nachtwächter** m stróż nocny
**Nachuntersuchung** f badanie kontrolne, ponowne zbadanie **nachwachsen** v/i (irr; sn) odrastać 〈-rosnąć, -róść〉 **Nachweis** m (-es; -e) (Beleg) dowód; (in Form e-r Liste) zestawienie, rejestr **nachweisbar** sprawdzalny, dający się udowodnić; Fremdstoff wykrywalny **nachweisen** (irr) stwierdzać 〈-dzić〉; (belegen) udowadniać 〈-wodnić〉, 〈u〉dokumentować **nachweislich** poparty dowodami **Nachwelt** f (bpl) potomność f **Nachwirkung** f działanie następcze; skutki mpl **Nachwort** n (pl -e) posłowie

**Nachwuchs** m potomstwo, dzieci npl
**nachzahlen** dopłacać ⟨-cić⟩ **nachzählen** (jeszcze raz) przeliczać ⟨-czyć⟩
**Nachzahlung** f dopłata; *zur Arbeitsvergütung* wyrównanie **nachziehen** (irr) v/t powłóczyć (inst); dołączać ⟨-czyć⟩ (**mit** etw do gen)
**Nacken** m kark **Nackenkissen** n podgłówek m
**nackt** nagi (-go), goły (-ło) **Nacktbadestrand** m plaża dla nudystów
**Nadel** f(-; -n) igła; (*Haarnadel*) szpilka; **~n** pl koll igliwie **Nadelbaum** m drzewo iglaste **Nadeldrucker** m drukarka igłowa **Nadelstich** m ukłucie igłą od szpilką; (*Nähstich*) ścieg
**Nagel** m (-s; Nägel) gwóźdź m; ANAT paznokieć m **Nagelfeile** f pilniczek do paznokci **Nagelkopf** m główka gwoździa **Nagellack** m lakier do paznokci **Nagellackentferner** m zmywacz do paznokci
**nageln** v/t (-le) przybi(ja)ć gwoździami
**nagelneu** umg nowiutki, jak z igły **Nagelschere** f nożyczki pl do paznokci
**nagen** v/t wygryzać ⟨-gryźć⟩
**nah** → **nahe Nahaufnahme** f zbliżenie **nahe** (näher, nächste) bliski (-ko); **~ an** (dat), **~ bei** blisko (gen); **ganz ~** zupełnie blisko, umg blizjutko; **von Nahem** z bliska; **~ sein** (dat), **~ daran sein zu ...** być bliskim (gen); **j-m zu ~ treten** urazić pf (akk)
**Nähe** f (bpl) bliskość f; **aus der ~** z bliska; z bliżka; **aus nächster ~** z najbliższej odległości; **in der ~** w pobliżu, (nie) opodal; **ganz in der ~** zupełnie blisko; **in greifbarer ~** pod ręką; **in die ~** w pobliże
**nahen** v/i (sn) przybliżać ⟨-żyć⟩ się, zbliżać ⟨-żyć⟩ się
**nähen** v/t ⟨u⟩szyć
**näher** komp bliższy, präd bliżej; → **nahe**; **etw ~ betrachten** przyjrzeć się pf z bliska (dat); **nichts Näheres** żadnych bliższych szczegółów
**Naherholungsgebiet** n (pobliski) teren rekreacyjny
**nähern** (-re): **sich ~** (dat) przybliżać ⟨-żyć⟩ się, zbliżać ⟨-żyć⟩ się (do gen)
**nahezu** adv prawie, niemal
**Nähgarn** n nici fpl do szycia
**nahm, nähme** → **nehmen**
**Nähmaschine** f maszyna do szycia

**Nährboden** m pożywka **nähren** v/t żywić (*a. fig*), karmić; **sich ~ (von)** żywić się (*inst*) **nahrhaft** pożywny **Nährstoff** m składnik odżywczy, substancja odżywcza **Nahrung** f (bpl) pożywienie, żywność f **Nahrungsergänzungsmittel** n suplement diety f **Nahrungsmittel** n środek żywnościowy **Nahrungszufuhr** f (bpl) odżywianie **Nährwert** m (bpl) wartość odżywcza
**Naht** f (-; Nähte) szew **nahtlos** bezszwowy, bez szwu; fig bezproblemowy (-wo)
**Nahverkehr** m komunikacja miejscowa; ruch lokalny od podmiejski
**Nähzeug** n przybory mpl do szycia
**naiv** naiwny **Naivität** f (bpl) naiwność f
**Name** m (-ns; -n) (*Familienname*) nazwisko; (*Vorname*) imię; **in j-s ~n, im ~n (von)** w imieniu (gen) **namenlos** bezimienny; anonimowy (-wo) **namens** adv o nazwie; präp (gen) w imieniu (gen) **Namensschild** n (pl -er) tabliczka od plakietka z nazwiskiem **Namenstag** m imieniny pl **namentlich** adj imienny **namhaft** znany, wybitny; (*beträchtlich*) znaczny, pokaźny
**nämlich** adv (a.) mianowicie; (*denn*) bowiem
**nannte** → **nennen**
**Napf** m (-[e]s; Näpfe) miska
**Narbe** f blizna; BOT znamię **narbig** pokryty bliznami, umg dziobaty
**Narkose** f narkoza **Narkotikum** n (-s; -ka) narkotyk **narkotisieren** (-) narkotyzować
**Narr** m (-en) błazen **Narrenfreiheit** f (bpl) pełna swoboda **närrisch** wariacki, zwariowany; **~ sein** wariować (**vor** z gen; **auf** akk, **nach** na punkcie gen); **die ~e Zeit** karnawał; (*Fastnacht*) ostatki mpl
**naschen** v/i łasować; **an, von** (dat) ~ spróbować pf (gen)
**Nase** f nos; (*Vorderteil*) dziób, przód; **ihr läuft die ~** cieknie jej z nosa **Nasenbein** n kość nosowa **Nasenbluten** n krwawienie z nosa **Nasenloch** n nozdrze **Nasenspitze** f czubek od koniuszek nosa **naseweis** przemądrzały (-le) **Nashorn** n (pl -hörner) nosorożec
**nass** (-er od nässer, nasseste od nässeste) mokry (-ro); (*durchnässt*) przemoknięty; **~ werden** przemakać ⟨-moknąć⟩,

zmoknąć pf **Nässe** f (bpl) wilgoć f **nässen** v/i (-sst) MED sączyć **nasskalt** wilgotny i zimny
**Nation** f nacja, naród **national** narodowy (-wo) **Nationalfeiertag** m święto narodowe **Nationalhymne** f hymn narodowy **Nationalismus** m (-; bpl) nacjonalizm **Nationalität** f narodowość f **Nationalmannschaft** f kadra narodowa **Nationalpark** m park narodowy
**Natrium** n (-s; bpl) sód **Natron** n (-s; bpl) soda oczyszczona
**Natter** f (-; -n) wąż; fig żmija
**Natur** f (bpl) przyroda, natura; fig (pl selten) (Charakter) natura; **in der freien ~** w przyrodzie; (im Freien) na łonie natury od przyrody; **von ~ (aus)** z natury **naturbelassen** naturalny **Naturdenkmal** n pomnik przyrody **Naturerscheinung** f zjawisko przyrody **Naturforscher(in)** m(f) przyrodnik (-iczka) **naturgemäß** naturalny, zgodny z naturą **Naturheilkunde** f medycyna naturalna, przyrodolecznictwo **Naturkatastrophe** f klęska żywiołowa **Naturkost** f zdrowa żywność (czysta ekologicznie) **Naturkundemuseum** n muzeum przyrodnicze n
**natürlich** adj naturalny; adv naturalnie, oczywiście; **~e Person** JUR osoba fizyczna **Natürlichkeit** f (bpl) naturalność f
**Naturpark** m park krajobrazowy **Naturschätze** mpl bogactwa npl naturalne **Naturschutz** m ochrona przyrody **Naturschützer** m ochroniarz (przyrody) **Naturwissenschaften** fpl nauki fpl przyrodnicze
**Navi** Navigationssystem n (-s; -) system nawigacyjny, umg GPS **Navigationssystem** n system nawigacyjny
**Nazi** m (-s; -s) abw nazista m, hitlerowiec
**Nebel** m mgła; ASTRON mgławica **nebelhaft** mglisty (-to, -ście), mgławy **nebelig** → neblig **Nebelscheinwerfer** m reflektor przeciwmgielny
**neben** präp (akk, dat) obok (gen), przy (lok); (außer) (dat) oprócz (gen), poza (inst); (verglichen mit) (dat) obok (gen) **nebenan** adv obok
**nebenbei** adv mimochodem; (zusätzlich) dodatkowo, ubocznie; **~ gesagt** nawiasem mówiąc **Nebenbeschäftigung** f zajęcie uboczne **nebeneinander** adv obok siebie, jeden (jednego, jedno) obok drugiego od przy drugim, jedna (jedną) obok od przy drugiej **Nebeneinkünfte** fpl dochody mpl uboczne **Nebenfluss** m dopływ **Nebengebäude** n budynek przyległy **nebenher** adv dodatkowo, prócz tego **nebenhergehen** v/i (irr; sn) iść obok siebie **Nebenkosten** pl koszty mpl uboczne **Nebenprodukt** n produkt uboczny **Nebenrolle** f rola epizodyczna od drugorzędna **Nebensache** f sprawa marginalna, kwestia poboczna **nebensächlich** poboczny, uboczny **Nebensatz** m GRAM zdanie poboczne **Nebenstraße** f droga podporządkowana; (Seitenstraße) boczna ulica **Nebenwirkung** f działanie uboczne; MED mst pl działanie niepożądane **Nebenzimmer** n sąsiedni pokój
**neblig** mglisty (-to, -ście)
**necken** v/t u. v/r: **sich ~** przekomarzać się, droczyć się (z inst)
**Neffe** m (-n) (Sohn des Bruders) bratanek; (Sohn der Schwester) siostrzeniec
**negativ** ujemny; fig a. negatywny **Negativ** n (-s; -e) negatyw
**nehmen** v/t (nimmt, nahm, genommen) brać (wziąć) (aus etw z gen; etw auf sich na siebie akk; sich [dat] sobie); Tee wypić pf, napić się pf (gen); Arznei zażyć; (wegnehmen) odbierać ⟨odebrać⟩, zab(ie)rać; Festung zdoby(wa)ć; **an sich ~** brać ⟨wziąć⟩, zatrzym(yw)ać dla siebie, przywłaszczać ⟨-czyć⟩ sobie (akk); **den Zug ~** ⟨po-⟩jechać pociągiem; **zu sich ~** spoży(wa)ć; ściśle genommen ściśle biorąc; **er ließ es sich nicht ~, zu** (+ inf) nie omieszkał (+ inf), nalegał, żeby (+ inf)
**Neid** m (-[e]s; bpl) zazdrość f, zawiść f **neidisch** zazdrosny (-śnie), zawistny
**Neige** f (pl selten) reszkti fpl; **zur ~ gehen** kończyć się; Zeitabschnitt mieć się ku końcowi **neigen** v/t pochylać ⟨-lić⟩, ⟨s⟩chylić (**nach vorn** do przodu); v/i być skłonnym (**zu** do gen) **Neigung** f pochyłość f; fig skłonność f
**nein** partikel nie **Neinstimme** f głos przeciw
**Nektarine** f nektaryn(k)a
**Nelke** f goździk

**nennen** (nannte, genannt) v/t naz(y)wać (**beim Namen** po imieniu; **e-n Lügner** kłamcą); *Namen* wymieni(a)ć; **sich** ~ naz(y)wać się **nennenswert** godny wzmianki **Nenner** m MAT mianownik **Nennwert** m wartość znamionowa *od* nominalna, nominał
**Neon** n (-s; bpl) neon **Neonlampe** f, **Neonröhre** f neonówka
**Nerv** m (-s; -en) nerw; **die ~en verlieren** ⟨s⟩tracić nerwy; **j-m auf die ~en fallen** grać k-u na nerwach **Nervenheilanstalt** f szpital dla nerwowo i psychicznie chorych **Nervenkitzel** *umg* m dreszczyk **nervenkrank** nerwowo chory **Nervenkrieg** m wojna nerwów **Nervensystem** n układ nerwowy **Nervenzusammenbruch** m załamanie nerwowe **nervlich** nerwowy (-o) **nervös** nerwowy (-wo) **Nervosität** f (0) nerwowość f; zdenerwowanie
**Nerz** m (-es; -e) norka
**Nest** n (-[e]s; -er) gniazdo; *abw* (*Ort*) dziura
**nett** miły (-ło, -le); *iron* ładny (*a. beträchtlich*); **sehr ~ von dir** bardzo miło z twej strony; **sei so ~ und ...** bądź tak uprzejmy (-ma) i ...
**netto**, **Netto-** netto
**Netz** n (-es; -e) sieć f; (*Einkaufsnetz*) siatka; **das ~ Internet**; **kein ~ haben** nie mieć internetu **Netzanschluss** m ELEK przyłączenie do sieci **Netzhaut** f siatkówka **Netzteil** m ELEK zasilacz **Netzwerk** n sieć f
**neu** *adj* nowy; **aufs Neue, von Neuem** od nowa, na nowo; **was gibt es Neues?** co nowego? **neuartig** nowy, nowego rodzaju **Neubau** m (*pl* -ten) nowy dom *od* budynek, nowy blok; (*bpl*) nowe budownictwo **Neubauwohnung** f mieszkanie w nowym domu *od* bloku **neuerdings** *adv* ostatnio, niedawno **Neuerscheinung** f nowość (literacka) **Neuerung** f innowacja **neueste** *sup* najnowszy; **~ Nachrichten** najświeższe wiadomości *fpl* **Neugeborene(s)** n (-n) noworodek **Neugestaltung** f reorganizacja
**Neugier** f, **Neugierde** f (*bpl*) ciekawość f **neugierig** (**auf** *akk*) ciekawy (*gen*); *präd* ciekawie **Neuheit** f (*bpl*) nowość f; (*a. pl*) (*Sache*) nowość f **Neujahr**

n (-[e]s; bpl) Nowy Rok; **zu ~** na Nowy Rok; **prosit ~!** do siego roku! **Neuland** n (*bpl*) nieznany teren, nieznana dziedzina **neulich** niedawno, onegdaj **Neuling** m (-s; -e) nowicjusz; (*Frau*) nowicjuszka **neumodisch** nowomodny **Neumond** m (*bpl*) nów
**neun** *num* dziewięć **Neun** f, **Neuner** *umg* m dziewiątka **neunjährig** dziewięcioletni **neunte** *num* dziewiąty
**neuralgisch** newralgiczny
**Neurologe** m (-n), **Neurologin** f neurolog **Neurose** f nerwica, neuroza **neurotisch** nerwicowy, neurotyczny; *Person a.* znerwicowany
**neutral** neutralny; CHEM *a.* obojętny **neutralisieren** (-) ⟨z⟩neutralizować **Neutralität** f (*bpl*) neutralność f
**Neuwahlen** *fpl* nowe wybory *mpl* **Neuwert** m (*bpl*) pełna wartość (w momencie kupna) **neuwertig** prawie nowy, jak nowy
**nicht** *adv* nie; **tu das ~!** nie rób tego!; **~ ganz** niezupełnie; **~ viel** niewiele; **~ zu glauben** nie do wiary; *partikel* **~?** no nie? **Nichtbeachtung** f nieprzestrzeganie, lekceważenie (**der Vorschriften** przepisów) **Nichtbezahlung** f niezapłacenie
**Nichte** f (*Tochter des Bruders*) bratanica; (*Tochter der Schwester*) siostrzenica
**Nichterscheinen** n niestawiennictwo **nichtig** błahy; JUR nieważny; **null und ~** niebyły i nieważny; **für ~ erklären** unieważni(a)ć **Nichtigkeit** f (*Kleinigkeit*) błahostka; (*bpl*) JUR nieważność f
**Nichtrauchergesetz** n ustawa antynikotynowa **Nichtraucher(in** f) m niepalący (-ca) **Nichtraucherzone** f strefa dla niepalących
**nichts** *pron* nic; **~ and(e)res** nic innego; **~ mehr, sonst ~** nic więcej; **für ~** za nic; **zu ~** do niczego; *poln. Verben immer verneint* **ich weiß überhaupt ~** nie wiem o niczym; **~ zu sehen** nic nie widać; **das führt zu ~** to do niczego nie doprowadzi **Nichts** n (*unv*) nic *n*; **aus dem ~** z niczego; **vor dem ~ stehen** stać przed ruiną **Nichtschwimmer(in** f) m(f) niepływający (-ca) **Nichtstun** n bezczynność f
**Nickel** n (-s; bpl) nikiel; *in zssgn* niklowy **nicken** v/i przytakiwać ⟨przytaknąć⟩ **Nickerchen** *umg* n drzemka

**nie** *adv* nigdy; **~ mehr**, **~ wieder** nigdy więcej; **noch ~** jeszcze nigdy
**nieder** *adv* na dół, w dół; **~ mit ...!** precz z *(instr)!* **niederbrennen** *(irr)* v/i *(sn)* spalić (się) *pf* **Niedergang** *m (bpl)* fig upadek **niedergehen** v/i *(irr; sn)* zniżać ⟨-żyć⟩ (lot) **niedergeschlagen** *adj* przygnębiony **Niederlage** f porażka, przegrana
**Niederländer(in)** *m(f)* Holender(ka)
**niederländisch** niderlandzki
**niederlassen**: *(irr)* **sich ~** siadać ⟨usiąść⟩ (**auf** *akk, dat* na *lok*); *Person* osiadać ⟨osiąść⟩ (**auf dem Land** na wsi; **als ...** jako ...) **Niederlassung** f osiedlenie się; *(Filiale)* oddział, ekspozytura **niederlegen** v/t *(irr)* kłaść ⟨położyć⟩; *Waffen* składać ⟨złożyć⟩; *Amt* ⟨z⟩rezygnować ⟨z *gen*⟩ **niederreißen** *(irr)* ⟨z⟩burzyć
**Niederschlag** *m* METEO *mst pl* opady *mpl* **niederschlagen** *(irr)* ⟨s⟩tłumić; **sich ~** osiadać ⟨osiąść⟩; fig znajdować ⟨znaleźć⟩ wyraz (**in** *dat* w *lok*) **niederschreiben** *(irr)* spis(yw)ać **Niederschrift** f zapis(anie); *amtliche* protokół (notariany) **niederstimmen** przegłos(ow)ywać *pf* **niederträchtig** nikczemny, podły (-le) **Niederung** f nizina *(pl)*
**niedlich** śliczny, miluchny
**niedrig** niski (-ko) **niedriger** *komp* niższy
**niemals** *adv* nigdy (**zuvor** przedtem)
**niemand** *pron* nikt; **es ist ~ hier** tu nie ma nikogo; **~ mehr** nikt więcej; **~em** nikomu; **~en**, **~es** nikogo **Niemandsland** *n (bpl)* MIL strefa niczyja; fig ziemia niczyja
**Niere** f nerka; ZOOL, KULIN *a.* cynadra
**Nierenkolik** f kolka nerkowa
**nieseln** (-le); *unpers* **es nieselt** siąpi, mży **Nieselregen** *m* mżawka, *umg* kapuśniaczek
**niesen** v/i kichać ⟨kichnąć⟩
**Niete¹** f TECH nit **Niete²** f pusty los
**nikotinarm** niskonikotynowy **Nikotinpflaster** *n* plaster antynikotynowy
**Nilpferd** *n* hipopotam
**nimm** → **nehmen**
**Nippes** *pl* bibeloty *mpl*
**nirgends**, **nirgendwo** *adv* nigdzie
**nirgendwoher** *adv* znikąd
**Nische** f wnęka, nisza

**nisten** v/i (-e-) gnieździć się
**Niveau** [-'vo:] *n* (-s; -s) poziom
**Nixe** f nimfa wodna, rusałka
**Nobelpreis** *m* nagroda Nobla
**noch** *adv, partikel* jeszcze; **~ nie** jeszcze nigdy; **~ heute** dziś jeszcze; *konj* → **weder nochmals** *adv* jeszcze raz
**Nockenwelle** f AUTO wał(ek) rozrządu
**Nockerl** (-s; -n) *bes austr* kluska
**Nomade** *m* (-n) koczownik
**nominieren** (-) wystawi(a)ć, wysuwać ⟨-sunąć⟩ (**als Kandidaten für** jako kandydata na *akk*)
**Nonne** f zakonnica, mniszka
**Non-Stop-Flug** *m* lot nonstop
**norddeutsch** północnoniemiecki
**Norden** *m* (-s; *bpl*) północ; **im ~** na północy **Nordic Walking** *n* (-[s]; *bpl*) SPORT nordic walking **nordisch** nordycki; *Menschenrace* nordyczny **nördlich** północny; **~** *(gen)* od **von** na północ od *(gen)* **Nordosten** *m* północny wschód **Nordpol** *m (bpl)* biegun północny **Nordseite** f strona północna **Nordwesten** *m* północny zachód **Nordwind** *m* wiatr północny
**nörgeln** (-le) zrzędzić (**über** *akk* na *akk*) **Nörgler(in)** *m(f)* malkontent(ka); zrzęda
**Norm** f norma; normatyw
**normal** normalny **Normalbenzin** *n* benzyna niskooktanowa **normalerweise** *adv* normalnie **normalisieren** (-) v/t ⟨z⟩normalizować; **sich ~** ⟨z⟩normalizować się, ⟨u⟩normować się **Normalisierung** f *(bpl)* normalizacja **Normalverbraucher** *m* zwykły zjadacz chleba
**normen** ⟨z⟩normalizować, normować
**Normung** f normalizacja, normowanie
**Norweger** *m* Norweg **norwegisch** norweski (po -ku)
**Nostalgie** f *(bpl)* nostalgia
**Not** f *(bpl)* *(Bedrängnis)* potrzeba; *(Elend)* bieda, nędza; **~ leiden** cierpieć nędzę; **in ~ geraten** popadać ⟨-paść⟩ w biedę; **zur ~** od biedy
**Notar(in)** *m(f)* notariusz **notariell** notarialny
**Notarzt** *m*, **Notärztin** f lekarz, lekarka pogotowia **Notaufnahme** f oddział pierwszej pomocy **Notausgang** *m* wyjście zapasowe **Notbehelf** *m*

(-[e]s; -e) półśrodek; **als ~** z braku czegoś lepszego **Notbremse** F KOLEJ hamulec bezpieczeństwa **notdürftig** prowizoryczny; *präd a.* byle jak
**Note** F MUS, *fig* MUS; *fig a.* nutka; (*Zensur*) ocena, stopień *m* **ganze ~** cała nuta; **halbe ~** półnuta; **nach ~n** z nut **Notenbank** *f* bank emisyjny **Notenschlüssel** *m* MUS klucz
**Notfall** *m* nagły przypadek **notfalls** *adv* w razie (pilnej) potrzeby; (*schlimmstenfalls*) w ostateczności **notgedrungen** *adv* z konieczności
**notieren** (-) *v/t* ⟨od-, za-⟩notować ⟨**sich** [*dat*] *etw* sobie *akk*⟩; *v/i* FIN notować **Notierung** *f* FIN notowanie
**nötig** niezbędny, potrzebny, konieczny (**für** do *gen*); **~ haben** (*akk*) potrzebować (*gen*); **es ist ~ (zu)** trzeba (*gen od* + *inf*); **er hat es nicht ~ zu ...** (on) nie musi (+ *inf*) **nötigen** przymuszać, zmuszać ⟨-musić⟩ (**zu** do *gen*); **sich ~ lassen** dawać się prosić **Nötigung** *f* zmuszanie, zmuszenie
**Notiz** *f* notatka; wzmianka (*bes in der Zeitung*) **Notizblock** *m* notatnik **Notizbuch** *n* notes
**Notlage** *f* ciężka *od* trudna sytuacja **Notlandung** *f* lądowanie awaryjne **Notlösung** *f* rozwiązanie tymczasowe **Notruf** *m* nagłe wezwanie, wywołanie alarmowe; (*Nummer*) numer alarmowy **Notstand** *m* stan wyższej konieczności *od* klęski żywiołowej **Notstandsgebiet** *n* obszar dotknięty klęską żywiołową **Notverband** *m* opatrunek prowizoryczny **Notwehr** *f* obrona konieczna **notwendig** konieczny, niezbędny **Notwendigkeit** *f* (*bpl*) konieczność *f*
**November** *m* listopad(owy *in zssgn*)
**Nu** [nu:]: *umg* **im ~** w mig
**Nuance** [nỹˈaːsə] *f* niuans, odcień *m*
**nüchtern** (*nicht betrunken*) trzeźwy (*-wo*); *präd fig a.* na chłodno, bez emocji; **auf ~en Magen** na czczo; **~ werden** wytrzeźwieć *pf*
**Nudeln** *f/pl* makaron, kluski *f/pl* **Nudelsuppe** *f* rosół z makaronem *od* kluskami
**nuklear** jądrowy, nuklearny
**null** *num* zero; **über** (*unter*) **~** powyżej (poniżej) zera **Null** *f* zero **Nullpunkt** *m* punkt zerowy; *fig* zero **Nulltarif** *m* taryfa zerowa; **zum ~** bezpłatnie

**Numerus clausus** [... ˈklaʊzʊs] *m* (-; *bpl*) ograniczenie dostępu (do wyższej uczelni)
**Nummer** *f* (-; -n) numer **nummerieren** (-) ⟨po-⟩numerować **Nummernschild** *n* AUTO tablica rejestracyjna
**nun** *adv* teraz; (*also*) więc; **von ~ an** odtąd, od chwili obecnej; **was ~?** (i) co teraz?; **~ gut** a więc (dobrze)
**nur** *adv, partikel* tylko; **alle, ~ er nicht** wszyscy prócz niego; **~ zu!, ~ Mut!** odwagi!
**Nuss** *f* (-; Nüsse) orzech **Nussbaum** *m* orzech, drzewo orzechowe **Nussknacker** *m* dziadek do orzechów
**Nüstern** *f/pl* chrapy *f/pl*
**nutzbar** użyteczny **nutzbringend** *adj* pożyteczny; korzystnie **nutzen**, *pl-niem* **nützen** (-zt) *v/t* wykorzyst(yw)ać, użytkować; **es nutzt mir nichts** to mi nic nie daje; **es nutzt alles nichts** to wszystko na nic **Nutzen** *m* (-s; *bpl*) korzyść *f*, pożytek **nützlich** pożyteczny, użyteczny; **sich ~ machen** pomagać ⟨-móc⟩ **nutzlos** bezużyteczny, daremny **Nutznießer(in)** *m*(*f*) beneficjent **Nutzung** *f* (*pl selten*) użytkowanie; wykorzyst(yw)anie
**Nylon®** [ˈnaɪlɔn] *n* (-s; *bpl*) nylon

# O

**Oase** *f* oaza
**ob** *konj* czy; **als ~** jak gdyby, niby; *umg* **und ~!** jeszcze jak!, naturalnie!
**Obacht** *f* (*bpl*): **~!** uwaga!; **~ geben** uważać, baczyć **Obdach** *n* (*bpl*) dach nad głową **obdachlos** bez dachu nad głową, bezdomny **Obduktion** *f* sekcja zwłok, obdukcja
**oben** *adv* na górze, w górze, u góry; (*weiter vorn*) wyżej; **nach ~** do góry, na górę, w górę; **von ~** z góry; **von ~ bis unten** od góry do (samego) dołu; **~ erwähnt** wyżej wymieniony; *umg* **~ ohne** toples **obenauf** *adv* na (samym) wierzchu **obendrein** *adv* w dodatku

**Ober** m starszy kelner; (Karte) dama; umg **Herr ~!** panie starszy! **Oberarm** m ramię **Oberarzt** m ordynator **Oberbekleidung** f odzież wierzchnia **Oberbürgermeister(in)** m(f) nadburmistrz **Oberdeck** n pokład górny, pokład główny **obere** adj (sich oben befindend) górny (a. GEOG); (darüber liegend) wierzchni; **die Oberen** koll starszyzna **Oberfläche** f powierzchnia; in zssgn powierzchniowy **oberflächlich** powierzchowny **Obergeschoss** n piętro **Obergrenze** f górna granica **oberhalb** präp (gen) nad (inst), powyżej (gen) **Oberhaupt** n głowa, przywódca m **Oberhemd** n koszula **Oberin** f przeorysza, matka przełożona **Oberkiefer** m (górna) szczęka **Oberkommando** n dowództwo naczelne **Oberkommissar(in)** m(f) nadkomisarz **Oberkörper** m górna część ciała **Oberlippe** f warga górna **Oberschenkel** m udo **Oberschicht** f (bpl) fig warstwa uprzywilejowana **Oberschule** f gimnazjum n **Oberschwester** f siostra przełożona **Oberseite** f wierzch, górna powierzchnia **Oberst** m (-en od -s; -e[n]) pułkownik **oberste** sup górny, na samej górze; fig najwyższy, naczelny **Oberstufe** f koll trzy ostatnie klasy gimnazjum **Oberteil** m od n górna część; von e-m Möbel nadstawka **Oberweite** f obwód gorsu **Obhut** f (bpl) piecza; **in s-e ~ nehmen** otoczyć pf pieczą, mieć w swojej pieczy **obig** powyższy, wyżej wymieniony **Objekt** n (-[e]s; -e) obiekt; GRAM a. dopełnienie **objektiv** obiektywny **Objektiv** n (-s; -e) obiektyw **Objektivität** f (bpl) obiektywność f **Obligation** f obligacja **obligatorisch** obligatoryjny, obowiązkowy (-wo) **Oboe** f obój **Obrigkeit** f (bpl) władze fpl; iron zwierzchność f **Observatorium** n (-s; -ien) obserwatorium n **observieren** (-) śledzić, inwigilować **Obst** n (-[e]s; bpl) owoce mpl **Obstbaum** m drzewo owocowe **Obstgarten** m sad, ogród owocowy **Obstsaft** m sok owocowy **Obstwein** m wino owocowe

**obszön** obsceniczny, sprośny **obwohl** konj chociaż, choć, mimo że **Ochse** m (-n) wół **öde** (leer) pusty (-to), bezludny; (langweilig) nudny **Öde** f (bpl) (Land) pustkowie; (Eintönigkeit) nudy **oder** konj albo, lub, bądź; **~?** czy nie? **Ödland** n (bpl) AGR nieużytki mpl **Ofen** m (-s; Öfen) piec **ofenfrisch** świeży; präd prosto z pieca **offen** otwarty; Hemd rozpięty; **halb ~** na wpół otwarty, przymknięty; **~ bleiben** pozosta(wa)ć otwartym; **~ gesagt, ~ gestanden** szczerze mówiąc; **~ halten** trzymać otwartym, nie zamykać; **~ lassen** nie zamykać, zostawi(a)ć otwartym; **~ sein (gegenüber** dat) być szczerym (z inst, wobec gen) **offenbar** oczywisty **offenbaren** (-) v/t wyjawi(a)ć; **sich ~ (als)** okaz(yw)ać się (inst); **sich j-m ~** zwierzyć się pf k-u **Offenbarung** f objawienie **Offenheit** f (bpl) otwartość f, szczerość f **offenkundig** oczywisty, jasny **offensichtlich** adj widoczny, ewidentny; adv widocznie **offensiv** ofensywny **Offensive** f ofensywa **öffentlich** publiczny; Sitzung otwarty, jawny; **~e Hand** organy mpl administracji publicznej, sfera budżetowa; **~er Dienst** sektor publiczny **Öffentlichkeit** f (bpl) ogół, społeczeństwo, publiczność f; (Öffentlichsein) jawność f; **in der ~** na widoku **öffentlich-rechtlich** publiczno-prawny **offiziell** oficjalny **Offizier** m (-s; -e) oficer **öffnen** (-e-) v/t otwierać ⟨otworzyć⟩, odmykać ⟨odemknąć⟩; (entkorken) odkorkow(yw)ać; v/r fig sich j-m, e-r Sache **~ otwierać ⟨otworzyć⟩ się przed** (inst); v/i **... öffnet um acht** ... otwiera się o ósmej **Öffner** m otwieracz **Öffnung** f otwieranie, otwarcie; (offene Stelle) otwór **oft** adv często; **~ genug** stale **öfter** adv komp częściej; **immer ~** coraz częściej; **des Öfteren** często **OG** Obergeschoss n (-s) piętro **ohne** präp (akk) bez (gen); konj **~ dass ...**, **~ zu** (+ inf) nie (+ Adverbialpartizip); **~ dass er gefragt hat**, **~ zu fragen** nie pytając, nie zapytawszy; **~ Weiteres** prosto; bez

trudu **ohnegleichen** *adj* (unv, nachgestellt) bezprzykładny, niespotykany
**ohnehin** *adv* i tak, i bez tego
**Ohnmacht** *f* (pl -en) omdlenie; *fig* bezsilność *f*; **in ~ fallen** zemdleć *pf* **ohnmächtig** omdlały; *fig* bezsilny; **~ werden** ⟨ze⟩mdleć, omdle(wa)ć
**Ohr** *n* ⟨-[e]s; -en⟩ ucho, *pl* uszy
**Öhr** *n* ⟨-[e]s; -e⟩ uszko
**ohrenbetäubend** *adj* ogłuszający ⟨-co⟩ **Ohrenschmalz** *n* woskowina **Ohrenschmerzen** *mpl* ból ucha *od* uszu **Ohr(en)stöpsel** *m* ⟨-s; -⟩ zatyczka do uszu **Ohrfeige** *f* policzek **ohrfeigen** ⟨*pperf geohrfeigt*⟩ spoliczkować *pf* **Ohrläppchen** *n* płatek małżowiny (usznej) **Ohrring** *m*, **Ohrstecker** *m* kolczyk **Ohrwurm** *m* skorek; *umg fig* melodia wpadająca w ucho
**Ökobewegung** *f* ruch ekologiczny **Ökologie** *f* (bpl) ekologia **ökologisch** ekologiczny **Ökonomie** (pl -'miːən) *f* ekonomia **ökonomisch** ekonomiczny **Ökoprodukt** *n* produkt czysty ekologicznie **Ökosystem** *n* ekosystem
**Oktanzahl** *f* liczba oktanowa
**Oktober** *m* ⟨-[s]; -⟩ październik; *in zssgn* październikowy
**Oktopus** *m* ⟨-; -se *od* Oktopoden⟩ ZOOL ośmiornica *f*
**ökumenisch** ekumeniczny
**Öl** *n* ⟨-[e]s; -e⟩ olej; AUTO **das ~ wechseln** wymieni(a)ć olej **ölen** ⟨na⟩oliwić **Ölfarbe** *f* farba olejna **Ölheizung** *f* ogrzewanie olejowe
**ölig** zatłuszczony
**Olive** *f* oliwka
**Ölmalerei** *f* malarstwo olejne **Ölpest** *f* zanieczyszczenie wód ropą **Ölpflanze** *f* roślina oleista **Ölsardinen** *fpl* sardynki *fpl* w oliwie **Ölteppich** *m* rozlew ropy **Ölwechsel** *m* wymiana oleju
**olympisch** olimpijski
**Oma** *umg f* ⟨-; -s⟩ babcia, babusia, babunia
**Omelett** *n* ⟨-[e]s; -s *od* -e⟩, **Omelette** *f* omlet
**Omnibus** *m* autobus; (*Reisebus*) autokar
**Onkel** *m* ⟨-s; - *od umg* -s⟩ wuj, wujek
**online** *adv* IT online **Onlinebank** *f* IT bank online **Onlinebanking** *n* ⟨-s; bpl⟩ IT home banking *m* **Online--Check-in** *m* ⟨-s⟩ IT online check-in *m* **Onlinedienst** *m* IT usługa online **Onlinekauf** *m* IT zakupy online **Onlinekatalog** *m* IT katalog *m* online **Onlineshop** *m* ⟨-s⟩ IT sklep online **Onlineshopping** *n* ⟨-s; bpl⟩ IT zakupy przez internet **Onlinespiel** *n* IT gra online *f*
**Opa** *umg m* ⟨-s; -s⟩ dziadek, dziadzio
**Open-Air-...** open-air, plenerowy
**Oper** *f* ⟨-; -n⟩ opera
**Operation** *f* operacja
**Operette** *f* operetka
**operieren** ⟨-⟩ *v*/*t* MED ⟨z⟩operować; *v*/*i* MIL, MED, *fig* operować
**Opernglas** *n* lornetka teatralna **Opernsänger(in** *f*) *m* śpiewak (śpiewaczka) operowy (-wa)
**Opfer** *n* ofiara **opferbereit** ofiarny **opfern** ⟨-re⟩ *v*/*t* ofiarow(yw)ać; *Zeit* poświęcać ⟨-cić⟩
**opponieren** *v*/*i* ⟨-⟩ ⟨za⟩oponować **Opposition** *f* opozycja
**Optik** *f* (bpl) optyka; (pl -en) układ optyczny **Optiker(in)** *m*(*f*) optyk *m*, *f*
**optimal** optymalny **Optimismus** *m* ⟨-; bpl⟩ optymizm **optimistisch** optymistyczny
**Option** *f* opcja (**für** na rzecz *gen*)
**optisch** optyczny
**orange** [oˈrãːʒə] (unv) pomarańczowy (-wo)
**Orange**¹ [-ʒə] *n* (unv) (*Farbe*) oranż
**Orange**² [-ʒə] *f* pomarańcza
**Orchester** [ɔrˈkɛstɐ] *n* orkiestra
**Orchidee** [-çiˈdeː] *f* orchidea, storczyk
**Orden** *m* order; *rel* zakon **Ordensschwester** *f* siostra zakonna
**ordentlich** porządny; JUR *Gericht* powszechny; *Professor* zwyczajny
**ordinär** *oft abw* ordynarny; (*gewöhnlich*) zwykły **Ordinationszimmer** *n* *austr* gabinet lekarski
**ordnen** ⟨-e-⟩ ⟨u⟩porządkować **Ordner** *m* (*Person*) porządkowy; **für** *Akten* segregator **Ordnung** *f* (bpl) porządek, ład; **etw in ~ bringen** doprowadzać ⟨-dzić⟩ do porządku *od* ładu (*akk*); **in ~ halten** utrzymywać w porządku;; **... ist in ~** ... jest w porządku **ordnungsgemäß** należyty ⟨-cie⟩ **ordnungshalber** *adv* dla porządku **Ordnungsstrafe** *f* kara porządkowa **Ordnungswidrigkeit** *f*

wykroczenie **Ordnungszahl** f liczebnik porządkowy
**Organ** n (-[e]s; -e) ANAT narząd, organ; fig organ **Organisation** f organizacja **organisatorisch** organizacyjny; *Fähigkeiten* organizatorski **organisch** organiczny **organisieren** (-) v/t ⟨z⟩organizować; *umg* skombinować pf **Organismus** m (-; -men) BIOL, fig organizm, ustrój **Organverpflanzung** f przeszczep(ienie) narządu
**Orgasmus** m (-; -men) orgazm
**Orgel** f (-; -n) organy pl **Orgelspieler(in)** m(f) organista m (-tka)
**Orgie** [pl -ian] f orgia; *im kleinen Kreis* orgietka
**Orient** ['o:riant] m (-s; bpl) Wschód **orientalisch** wschodni, orientalny **orientieren** (-) ⟨z⟩orientować ⟨**nach, an** *dat* według G⟩ **Orientierung** f (bpl) orientacja; **die ~ verlieren** ⟨s⟩tracić orientację
**original** oryginalny; *rtv* **~ übertragen** transmitować na żywo **Original** n (-s; -e) oryginał
**Orkan** m (-s; -e) huragan
**Ort** m (-[e]s; -e) miejsce; (*Ortschaft*) miejscowość f; **am ~** tu, w tej miejscowości; **an ~ und Stelle, vor ~** na miejscu **orten** (-e-) v/t ustalać ⟨-lić⟩ pozycję (*gen*), wykry(wa)ć (*akk*)
**orthodox** ortodoksyjny **orthographisch, orthographisch** ortograficzny
**Orthopädie** f (bpl) ortopedia **orthopädisch** ortopedyczny
**örtlich** miejscowy (-wo), lokalny **ortsansässig** miejscowy, tubylczy **Ortschaft** f miejscowość f **ortsfremd** nietutejszy, obcy; (*zugewandert*) napływowy **Ortsgespräch** n rozmowa miejscowa **ortskundig** obeznany z miejscowością **Ortsname** m nazwa miejscowości **Ortsteil** m dzielnica **Ortszeit** f (bpl) czas miejscowy
**Öse** f uszko, kluczka; TECH oczko **ostdeutsch** wschodnioniemiecki **Osten** m (-s; bpl) wschód; **im ~** na wschodzie; **nach ~** na wschód; **von ~** ze wschodu; **der Ferne, Mittlere, Nahe ~** Daleki, Środkowy, Bliski Wschód
**Osterei** n jajko wielkanocne, pisanka **Osterhase** m zajączek wielkanocny

**Ostern** n (-; *mst pl* -) Wielkanoc f; **zu ~** na Wielkanoc; **frohe ~!** wesołego alleluja!, wesołych świąt!
**Österreicher(in)** m(f) Austriak (Austriaczka) **österreichisch** austriacki (po -ku)
**Osterwoche** f Wielki Tydzień **osteuropäisch** wschodnioeuropejski **östlich** wschodni; **~** (*gen*) *od* **von** na wschód od (*gen*) **Ostsee** f (bpl) Morze Bałtyckie, Bałtyk **Ostwind** m wiatr wschodni, wiatr ze wschodu
**Otter**[1] m (*Fischotter*) wydra **Otter**[2] f (-; -n) (*Viper*) żmija
**Ouvertüre** [uvɛr-] f uwertura
**oval** owalny **Oval** n (-s; -e) owal
**Oxid** n, **Oxyd** n (-[e]s; -e) tlenek **oxidieren, oxydieren** v/i (-; a sn) utleni(a)ć się
**Ozean** m (-s; -e) ocean
**Ozon** n *od* m (-s; bpl) ozon **Ozonloch** n (bpl) dziura ozonowa **Ozonschicht** f (bpl) ozonosfera **Ozonwert** m stężenie ozonu

# P

**paar** *pron indef* (*unv*) **ein ~** (*einige*) parę, kilka, *persf* paru, kilku **Paar** n (-[e]s; -e) para **paaren: sich ~** ZOOL parzyć się; *fig* iść w parze (**mit** z *inst*) **Paarlauf** m SPORT jazda parami **Paarung** f łączenie (się) w pary; ZOOL parzenie się, kopulacja **paarweise** *adv* parami
**Pacht** f dzierżawa **pachten** (-e-) ⟨wy⟩dzierżawić **Pächter(in)** m(f) dzierżawca m (-czyni) **Pachtvertrag** m umowa dzierżawna
**Pack**[1] m (-[e]s; -e *od* Päcke) paka, plik; (*Bündel*) tobół, tłumok
**Pack**[2] *umg abw* n (-s; bpl) hołota, tałatajstwo
**Päckchen** n (mała) paczka, paczuszka, pakiecik **packen** ⟨za⟩pakować **Packpapier** n papier pakowy **Packung** f paczka
**pädagogisch** pedagogiczny

**Paddel** n (-; -) pagaj, wiosło kajakowe **Paddelboot** n kajak **paddeln** v/i (-le; a sn) wiosłować; (nur sn) ⟨po⟩płynąć kajakiem

**Page** [-ʒə] m (-en) paź m; im Hotel boy

**Paket** n (-[e]s; -e) paczka; Aktien pakiet **Paketkarte** f adres pomocniczy **Paketzustellung** f doręczanie paczek

**Palais** [paˈlɛː] n (-; -) pałac(yk) **Palast** m (-[e]s; Paläste) pałac

**palästinensisch** palestyński

**Palette** f paleta (a. TECH, HANDEL); fig wachlarz

**Palme** f palma; umg fig j-n auf die ~ **bringen** wkurzać ⟨-rzyć⟩ k-o **Palmsonntag** m Niedziela Palmowa

**pampig** umg abw (dummdreist) chamowaty, ordynarny; (frech) bezczelny

**Pandemie** f (-s; -n) pandemia

**panieren** (-) panierować **Paniermehl** n bułka tarta, panier(ka)

**Panik** f (bpl) panika; in ~ geraten wpadać ⟨wpaść⟩ w panikę, umg panikować **Panikmache** umg f (bpl) panikarstwo **panisch** paniczny

**Panne** f uszkodzenie, awaria; fig gafa **Pannendienst** m pogotowie techniczne; pomoc drogowa **Pannenhilfe** f stacja obsługi technicznej; ~ **leisten** udzielać ⟨-lić⟩ pomocy technicznej

**Panorama** n (-s; Panoramen), **Panoramablick** m panorama f

**panschen** v/t fałszować; v/i umg pluskać się

**Pant(h)er** m pantera

**Pantoffel** m (-s; -n) pantofel, bambosz **Pantoffelheld** umg abw m pantoflarz

**Panzer** m pancerz (a. ZOOL); (Kampfwagen) czołg **Panzerglas** n (bpl) szkło pancerne **panzern** (-re) opancerzać ⟨-rzyć⟩ **Panzersperre** f zapora przeciwczołgowa **Panzerung** f opancerzenie

**Papa** umg m (-s; -s) tato m, tata m **Papagei** m (-s od -en; -e[n]) papuga

**Papier** n (-[e]s; -e) papier; dünn bibułka **Papiergeld** n (bpl) pieniądz papierowy **Papierindustrie** f przemysł papierniczy **Papierkorb** m kosz na papiery **Papierserviette** f papierowa od bibułkowa serwetka

**Pappe** f tektura; für Dächer papa

**Pappel** f (-; -n) topola

**pappig** (breiig) papkowaty (-to); (klebrig) lepki (-ko)

**Paprika** m (-s; -s) papryka

**Papst** m (-[e]s; Päpste) papież **Papsttum** n (-s; bpl) papiestwo

**Parade** f parada (a. beim Fechten); MIL a. defilada

**Paradies** n (-es; -e) raj **paradiesisch** rajski

**paradox** paradoksalny

**Paragraph** m (-en) paragraf

**parallel** [-ˈleː-] również(e); fig a. paralelny; ~ **laufen (mit, zu)** biec od przebiegać równolegle (do gen, z inst) **Parallele** [-ˈleː-] f MAT równoległa; fig paralela

**Paralyse** f MED porażenie, paraliż **Parapsychologie** f (bpl) parapsychologia

**Parasit** m (-en) pasożyt

**Pärchen** n para, parka

**Parfüm** n (-s; -s) perfumy pl **Parfümerie** [pl -ˈriːən] f perfumeria **parfümieren** (-) ⟨na-, wy⟩perfumować

**parieren** (-) v/t ⟨od⟩parować; umg v/i słuchać, być posłusznym

**Pariser** adj paryski **Pariser(in)** m(f) paryżanin (-nka)

**Parität** f EKON parytet; (Gleichsetzung) równorzędność f **paritätisch** EKON parytetowy; (gleichberechtigt) równorzędny

**Park** m (-[e]s; -s) park **parken** v/t ⟨za⟩parkować **Parken** n (-s; bpl) parkowanie, postój

**Parkett** n (-[e]s; -e) parkiet (a. Börse); TEATR parter

**Parkgebühr** f opłata parkingowa **Parkhaus** n parking zadaszony, garaż wielopiętrowy **Parklicht** n światło postojowe **Parklücke** f luka w szeregu parkujących pojazdów **Parkplatz** m parking, plac parkingowy; (Parkmöglichkeit) miejsce parkingowe od postoju **Parkstreifen** m pas parkowania **Parkuhr** f parkometr **Parkverbot** n zakaz postoju **Parkwächter** m parkingowy

**Parlament** n (-[e]s; -e) parlament **parlamentarisch** parlamentarny

**Parodie** [pl -ˈdiːən] f parodia

**Parole** f hasło

**Partei** f POL partia, stronnictwo; JUR strona **Parteibuch** n legitymacja partyjna **Parteiführung** f kierownictwo partii **parteiintern** wewnątrzpartyjny **parteiisch** stronniczy (-czo) **parteilos** bezpartyjny **Parteimitglied** n członek

## Parteitag – Peinlichkeit

*od f* członkini partii **Parteitag** *m* zjazd partii **Parteizugehörigkeit** *f* przynależność partyjna
**Parterre** *n* (-s; -s) parter
**Partie** [pl -'ti:ən] *f* partia; ANAT okolica
**Partikel**[1] *n* (-s; -) *od f* (-; -n) cząstka **Partikel**[2] *f* (-; -n) GRAM partykuła
**Partisan** *m* (-en) partyzant
**Partitur** *f* partytura
**Partizip** *n* (-s; -pien) [-piən] GRAM imiesłów (**Präsens** współczesny czynny
**Partner** *m* (**Partnerin** *f*) partner(ka) **Partnerschaft** *f* partnerstwo; **eingetragene** ~ zarejestrowany związek partnerski **Partnerstadt** *f* miasto partnerskie (**von Berlin** Berlina)
**Party** ['pa:rtɪ] *f* (-; -s) prywatka, party *n, umg* impreza
**Parzelle** *f* parcela, działka
**Pass** *m* (-es; Pässe) paszport **passabel** *umg* (-bl-) możliwy, niezły; *präd* możliwie, nieźle **Passage** [-ʒə] *f mst überdacht* pasaż **Passagier** [-'ʒiːr] *m* (-s; -e) pasażer **Passagierliste** *f* spis pasażerów
**Passamt** *n* biuro paszportowe **Passant(in** *f*) *m* (-en) przechodzień *m* **Passbild** *n* zdjęcie formatu legitymacyjnego
**passen** (du, er, sie, es passt) *v/i* pasować; **der Mantel passt mir** płaszcz pasuje na mnie; **dieser Termin passt mir nicht** ten termin mi nie pasuje
**passieren** (-) *v/t Stelle* mijać ⟨minąć⟩; *Grenze* przekraczać ⟨-kroczyć⟩; **e-n Tunnel** ~ ⟨prze-⟩jechać przez tunel; KULIN przecierać ⟨przetrzeć⟩; *v/i* (sn) stać się *pf*, zdarzać ⟨-rzyć⟩ się; **was ist passiert?** co się stało?; **es ist nichts passiert** nic się nie stało **Passierschein** *m* przepustka
**Passion** *f* pasja; *rel* Pasja **passioniert** *adj* zagorzały, zapalony
**passiv** bierny, pasywny **Passiv** *n* (-s; *bpl*) GRAM strona bierna **Passivität** *f* (*bpl*) pasywność *f*
**Passkontrolle** *f* kontrola paszportowa **Passstraße** *f* droga przez przełęcz
**Paste** *f* pasta **Pastell** *n* (-[e]s; -e) pastel **Pastete** *f* pasztet, *dim* pasztecik
**pasteurisiert** *adj* pasteryzowany
**Pastor** *m* (-s; -toren) pastor; *in zssgn* pastorski
**Pate** *m* (-n) (ojciec) chrzestny; **bei j-m ~ sein** *od* **stehen** być ojcem chrzestnym ⟨*gen*⟩, trzymać do chrztu ⟨*akk*⟩ **Patenkind** *n* chrześniak, chrześniaczka **Patenschaft** *f fig* patronat
**Patent** *n* (-[e]s; -e) patent **Patentamt** *n* urząd patentowy **patentieren** (-) ⟨o-⟩patentować **Patentschutz** *m* ochrona patentowa **Patenturkunde** *f* dokument patentowy
**pathetisch** patetyczny **pathologisch** patologiczny **Pathos** *n* (-; *bpl*) patos
**Patient** [patsi'ɛnt] *m* (-en) pacjent **Patientin** *f* pacjentka
**Patin** *f* (matka) chrzestna
**patriotisch** patriotyczny
**Patrone** *f* nabój; *für Tinte* wkład (do wiecznego pióra)
**Patrouille** [pa'trʊljə] *f* patrol **patrouillieren** [patrʊl'jiːrən] *v/i* (-; a sn) patrolować
**patzen** *v/i* (-zt) MUS ⟨s-⟩fałszować; *bei der Kür* popełnić błąd **Patzer** *umg m* pomyłka, błąd
**Pauke** *f* MUS kocioł **pauken** *umg v/t u. v/i* kuć, wkuwać
**pausbäckig** pyzaty, pucołowaty (-to)
**pauschal** *adj* ryczałtowy **Pauschale** *f* ryczałt **Pauschalreise** *f* opłacona z góry podróż zbiorowa z ustalonym programem
**Pause**[1] *f* pauza (*a.* MUS), przerwa; **e-e ~ machen** ⟨z-⟩robić przerwę; *beim Reden mst* ⟨z-⟩robić pauzę; **es klingelt zur ~** słychać dzwonek na pauzę *od* przerwę
**Pause**[2] *f* kopia na kalce
**pausenlos** nieprzerwany; *präd* nieprzerwanie, bez przerwy
**pazifistisch** pacyfistyczny
**PCR-Test** *m* test PCR
**Pech** *n* (-[e]s; -e) CHEM pak; *fig* (*bpl*) pech, niefart; **~ haben** mieć pecha **pechschwarz** *umg* czarny jak smoła **Pechsträhne** *f* zła passa **Pechvogel** *umg m* pechowiec
**Pedal** *n* (-s; -e) pedał
**pedantisch** pedantyczny
**Pegel** *m* wodowskaz; *von Störungen* poziom **Pegelstand** *m* stan wody
**peilen** namierzać, pelengować; *Tiefe* mierzyć (głębokość), sondować (*a. umg fig*) **Peilgerät** *n* (radio)namiernik
**Peiniger(in** *f*) *m* dręczyciel(ka)
**peinlich** *Lage* przykry, nieręczny; **es ist mir ~** przykro mi **Peinlichkeit** *f* (*bpl*)

**kłopotliwość** f; (a. pl) (Äußerung) niezręczność f
**Peitsche** f bat, bicz; (Reitpeitsche) pejcz, szpicruta **peitschen** v/t ⟨wy⟩chłostać, ⟨wy⟩smagać
**Pelikan** m (-s; -e) pelikan
**Pelle** f skórka, łupina; von der Wurst osłonka, skórka **pellen** v/t reg ob(ie)rać; Wurst ściągać ⟨-gnąć⟩ skórkę z (gen); **sich ~** łuszczyć się **Pellkartoffeln** fpl pl kartofle mpl w mundurkach
**Pendel** n wahadło **pendeln** v/i ⟨-le⟩ wahać się, kołysać się (wahadłowo); fig (sn) regularnie dojeżdżać ⟨do pracy⟩; **nach** do gen); Zug kursować wahadłowo **Pendelverkehr** m ruch wahadłowy **Pendler(in)** m(f) (stale, regularnie) dojeżdżający ⟨-ca⟩ do pracy
**penetrant** przenikliwy (-wie)
**penibel** pedantyczny, drobiazgowy do przesady, skrupulatny
**Penis** m (-es; -e od Penes) prącie
**pennen** umg v/i kimać, chrapać; pop **mit j-m ~** spać z (inst) **Penner(in)** f) m abw bezdomny ⟨-na⟩, łazik, łazęga m/f
**Pension** f (Unterkunft) pensjonat **Pensionär(in)** m(f) (-s; -e) emeryt(ka) **pensionieren** (-) przenosić ⟨-nieść⟩ na emeryturę; **sich ~ lassen** przechodzić ⟨przejść⟩ na emeryturę
**Pensum** n (-s; -sa od -sen) pensum n
**per** prp (+ akk) keine Entsprechung: **~ Bahn** koleją; **~ Post** pocztą; **~ Einschreiben** polecony
**perfekt** doskonały (-le), perfekcyjny; präd umg perfekt; **~ sein** (in dat) doskonale umieć od robić (akk); umg **etw ~ machen** zaklepać pf (akk); Vertrag podpisać pf **Perfektion** f perfekcja
**Pergament** n (-[e]s; -e) pergamin
**Periode** f okres; MED okres, miesiączka **periodisch** okresowy (-wo), periodyczny
**Peripherie** f (pl -'ri:ən) f peryferie pl
**Perle** f perła, dim perełka (a. fig) **perlen** v/i Sekt perlić się; (sn) (in Perlen tropfen) ociekać perłami **Perlenkette** f naszyjnik perłowy **Perlhuhn** n perliczka
**Perlmutt** n (-s; 0) masa perłowa
**perplex** umg zdetonowany, osłupiały
**Perser** m Pers; (Teppich) pers **Persianer** m (Fell) karakuły mpl; (Mantel) futro karakułowe **persisch** perski (po -ku)

**Person** f osoba; j-d **in ~** we własnej osobie; **in einer ~** w jednej osobie
**Personal** n (-s; bpl) personel; kadry fpl **Personalausweis** m dowód osobisty **Personalchef** m kierownik (działu) kadr **Personalcomputer** m komputer osobisty **Personaltrainer(in)** m(f) trener(ka) osobisty ⟨-ta⟩
**Personalien** fpl dane pl osobowe, personalia pl **personell** personalny, kadrowy
**Personenaufzug** m dźwig osobowy, winda **Personenschaden** m szkoda na zdrowiu od życiu osoby (osób) **Personenverkehr** m ruch pasażerski **Personenzug** m pociąg pasażerski **Personenwagen** m AUTO samochód osobowy
**persönlich** osobisty ⟨-ście⟩ **Persönlichkeit** f (bpl) osobowość f; (a. pl) (Mensch) osoba, osobistość f
**Perspektive** f perspektywa
**peruanisch** peruwiański
**Perücke** f peruka
**pervers** perwersyjny; **er ist ~ veranlagt** on jest zboczeńcem, to dewiant
**Pessimismus** m (-; bpl) pesymizm **pessimistisch** pesymistyczny
**Pest** f (bpl) dżuma; der Tiere pomór
**Petersilie** [-'zi:liə] f pietruszka; (Blätter) natka pietruszki
**Petroleum** n (-s; bpl) nafta **Petroleumkocher** m kuchenka naftowa **Petroleumlampe** f lampa naftowa
**petzen** umg abw v/i ⟨-zt⟩ skarżyć, latać ze skargą
**Pfad** m ścieżka (a. IT); fig droga **Pfadfinder(in)** m(f) harcerz ⟨-rka⟩
**Pfahl** m (-[e]s; Pfähle) pal
**Pfand** n (-[e]s; Pfänder) zastaw; beim Spiel fant **Pfandbrief** m hipoteczny list zastawny **pfänden** (-) zajmować ⟨zająć⟩ **Pfandflasche** f butelka pod zastaw **Pfandhaus** n lombard **Pfandschein** m kwit lombardowy **Pfändung** f zajęcie, areszt
**Pfanne** f patelnia **Pfannkuchen** m naleśnik; (Berliner) pączek
**Pfarrer(in)** m(f) proboszcz; evangelisch pastor **Pfarrhaus** n probostwo, plebania **Pfarrkirche** f kościół parafialny
**Pfau** m (-[e]s; -en) paw
**Pfeffer** m pieprz **Pfefferkuchen** m

piernik **Pfefferminze** f mięta (pieprzowa) **pfeffern** (-re) ⟨po⟩pieprzyć **Pfefferstreuer** m pieprzniczka
**Pfeife** f gwizdek, gwizdawka **pfeifen** (pfiff, gepfiffen) v/t ⟨za⟩gwizdać, ⟨za⟩świstać **Pfeifen** n (-s; Ø) gwizd, świst
**Pfeil** m (-[e]s; -e) strzała; (grafisches Zeichen) strzałka **Pfeiler** m słup, a. fig filar **Pfeilspitze** f grot
**Pferd** n (-[e]s; -e) koń m **Pferdefleisch** n konina **Pferderennen** n wyścigi mpl konne **Pferdeschwanz** m koński ogon **Pferdestall** m stajnia **Pferdestärke** f koń mechaniczny
**pfiff** → pfeifen **Pfiff** m (-[e]s; -e) gwizd (-nięcie), świst; umg e-r Sache **den richtigen ~ geben** nadać właściwy urok (dat) **Pfifferling** m (-s; -e) kurka, pieprznik **pfiffig** sprytny, cwany; Miene figlarny
**Pfingsten** n (-; -) od pl Zielone Świątki pl **Pfingstrose** f peonia, piwonia
**Pfirsich** m (-s; -e) brzoskwinia (a. Baum); in zssgn brzoskwiniowy
**Pflanze** f roślina **pflanzen** (-zt) ⟨po-, za⟩sadzić **Pflanzenheilkunde** f (bpl) ziołolecznictwo **Pflanzenöl** n olej roślinny **Pflanzenschutzmittel** n środek ochrony roślin **pflanzlich** roślinny **Pflanzung** f plantacja
**Pflaster** n bruk; MED plaster **pflastern** (-re) ⟨wy⟩brukować **Pflasterstein** m brukowiec
**Pflaume** f śliwka; fig abw oferma m **Pflaumenbaum** m śliwa **Pflaumenmus** n powidła npl śliwkowe
**Pflege** f (bpl) opieka, dogląd(anie); e-s Kranken pielęgnowanie, pielęgnacja; **in ~ haben** (akk) opiekować się (instr); **in ~ nehmen** (akk) brać ⟨wziąć⟩ pod swoją opiekę (akk), zaopiekować się pf (instr) **pflegebedürftig** wymagający (stałej) opieki **Pflegeeltern** pl przybrani rodzice pl **Pflegeheim** n dom opieki (dla starców) **Pflegekind** n dziecko przybrane **pflegeleicht** łatwy do prania; umg Person łatwy w pożyciu **Pflegemittel** n środek do pielęgnacji **pflegen** v/t pielęgnować (akk), dbać; v/i ~ **zu** (+ inf) mieć zwyczaj (+ inf); **sich ~** ⟨za⟩dbać o siebie **Pflegepersonal** n personel pielęgniarski, pomocniczy personel lekarski **Pfleger** m pielęgniarz; sanitariusz **Pflegerin** f pielęgniarka; sanitariuszka **Pflegesohn** m wychowanek **Pflegetochter** f wychowanica, wychowanka
**Pflicht** f obowiązek, powinność f; SPORT program obowiązkowy **pflichtbewusst** obowiązkowy **Pflichtfach** n przedmiot obowiązkowy **Pflichtgefühl** n (bpl) poczucie obowiązku **pflichtgemäß** zgodny (-nie) z (nałożonym) obowiązkiem **Pflichtverteidiger(in)** m(f) obrońca m, f z urzędu
**Pflock** m (-[e]s; Pflöcke) kołek, palik
**pflücken** Früchte obrywać ⟨oberwać⟩, a. Blumen zrywać ⟨zerwać⟩
**Pflug** m (-[e]s; Pflüge) pług **pflügen** v/t ⟨za⟩orać
**Pforte** f furta, brama; schmal furtka **Pförtner** m portier
**Pfosten** m słup(ek); BUD a. stojak
**Pfote** f łapa; umg **~n weg!** ręce przy sobie!
**Pfropfen** m zatyczka, korek
**pfui** int pfe, pfu
**Pfund** n (-[e]s; -e, aber 2 Pfund) funt
**pfuschen** umg v/i partaczyć, knocić **Pfuscherei** f partanina
**Pfütze** f kałuża, größere bajoro
**Phänomen** n (-s; -e) zjawisko, fenomen **phänomenal** fenomenalny
**Phantombild** n portret pamięciowy
**Pharao** m (-[s]; -onen) faraon
**Phase** f faza
**Phenol** n (-s; -e) CHEM fenol; in zssgn fenolowy
**Philatelie** f (bpl) filatelistyka **Philharmonie** f filharmonia **Philologie** [pl -'giːən] f filologia **Philosophie** [pl -'fiːən] f filozofia **philosophisch** filozoficzny
**phonetisch** fonetyczny
**Phosphat** n (-[e]s; -e) fosforan **Phosphor** m (-s; bpl) fosfor; in zssgn fosforowy
**Phrase** f fraza; abw frazes
**Physik** f (bpl) fizyka **physikalisch** fizykalny, fizyczny **Physiker(in)** m(f) fizyk m, f **Physiologie** f (bpl) fizjologia **physiologisch** fizjologiczny **physisch** fizyczny
**Pianist(in)** m(f) (-en) pianista m (-tka)
**Pickel** m pryszcz(yk) **pick(e)lig** pryszczaty (-to)
**picken** v/t u. v/i dziobać ⟨dziobnąć⟩
**Pickerl** n (-s; -) austr AUTO naklejka

**Picknick** n (-s; -s) wycieczka za miasto, majówka, piknik
**piepen** v/i piszczeć ⟨pisnąć⟩; *Vögel a.* ćwierkać ⟨ćwierknąć⟩ **piepsen** piszczeć, pisnąć; *Vögel a.*: ćwierkać, ćwierknąć
**Pier** m (-s; -e od -s) pirs
**Pietät** [pie'tɛːt] f (bpl) pietyzm
**Pigment** n (-[e]s; -e) pigment
**Pik** n (-[s]; -[s]) (*Spielkartenfarbe*) pik, piki pl; in zssgn pikowy, pik
**pikant** pikantny
**Pilger** m pielgrzym, pątnik **Pilgerfahrt** f pielgrzymka **pilgern** v/i (-re; sn) pielgrzymować
**Pille** f pigułka
**Pilot** m (-en) pilot **Pilotanlage** f zakład doświadczalny **Pilotprojekt** n projekt pilotażowy
**Pils** n (unv) pilzner
**Pilz** m (-es; -e) grzyb **Pilzvergiftung** f zatrucie grzybami
**pingelig** umg skrupulatny, pedantyczny
**Pinguin** m (-s; -e) pingwin
**pinkeln** umg v/i (-le) siusiać, sikać
**Pinsel** m pędzel **pinseln** (-le) ⟨wy⟩malować
**Pinzette** f pęseta, pinceta
**Pionier** m (-s; -e) pionier
**Pirat** m (-en) pirat
**Piste** f SPORT trasa (zjazdu); LOTN droga startowa
**Pistole** f pistolet
**Pizza** f (-; -s od Pizzen) pizza **Pizzaservice** m pizza z dostawą
**plädieren** v/i (-): JUR **auf (un)schuldig ~** domagać się uznania (oskarżonego) za (nie)winnego; *fig* **für etw ~** wstawi(a)ć się za (*inst*), popierać (*akk*)
**Plage** f plaga; (*Mühe*) mordęga **plagen** v/t nękać, męczyć, zamęczać (**mit etw** *inst*); **sich ~ (mit j-m, etw)** męczyć się (z *inst*)
**Plakat** n (-[e]s; -e) plakat **Plakette** f plakietka
**Plan¹** m: *fig* **j-n auf den ~ rufen** zaalarmować (*akk*), wywołać poruszenie wśród (*gen*)
**Plan²** m (-[e]s; Pläne) plan; **Pläne schmieden** snuć plany; **was steht heute auf dem ~?** co jest na dziś zaplanowane; **nach ~** planowo, według planu
**Plane** f plandeka, płachta

**planen** ⟨za⟩planować
**Planet** m (-en) planeta
**plangemäß** präd zgodnie z planem
**planieren** (-) wyrów(yw)ać, plantować **Planierraupe** f równiarka gąsienicowa
**Planke** f bal, dyl; MAR deska poszycia
**planlos** bezplanowy (-wo); bezładny **planmäßig** planowy (-wo) **Planstelle** f stanowisko etatowe, umg etat
**Plantage** [-ʒa] f plantacja
**Plan(t)schbecken** n brodzik **plan(t)schen** pluskać się, chlupać
**Planung** f planowanie **Planwirtschaft** f gospodarka planowa
**plappern** v/t u. v/i (-re) paplać
**Plastik¹** f (bpl) plastyka (a. MED); (a. pl) (*Werk*) rzeźba
**Plastik²** n (-s; bpl) masa plastyczna, plastik, plastyk **Plastikbeutel** m torba foliowa **Plastiksack** m worek foliowy
**plastisch** plastyczny
**Platin** n (-s; bpl) platyna
**plätschern** v/i (-re) chlup(ot)ać; (sn) *Regen* szemrać
**platt** płaski; präd płasko **plattdeutsch** dolnoniemiecki **Platte** f płyta; *glasiert a.* glazura; KULIN półmisek **Platten: e-n ~ haben** fam złapać gumę **Plattenspieler** m gramofon, umg adapter **Plattform** f platforma **Plattfuß** m stopa płaska; umg (*Reifen*) kapeć **plattfüßig** płaskostopy **Plattheit** f, **Plattitüde** f banał, komunał
**Platz** m (-es; Plätze) miejsce; (*Stadtplatz*) plac; **nehmen Sie ~** proszę siadać ⟨usiąść⟩; **~ machen** od **schaffen (für)** ⟨z⟩robić miejsce (dla *gen*, na *akk*); **auf die Plätze!** na miejsca! **Platzangst** f (bpl) umg lęk pomieszczeń zamkniętych, klaustrofobia; PSYCH agorafobia, lęk otwartej przestrzeni **Platzanweiser(in)** m(f) bileter(ka) **Plätzchen** n KULIN placuszek **platzen** v/i (-zt; sn) pękać ⟨-knąć⟩; umg nie dojść do skutku
**platzieren** (-) v/t umieszczać ⟨umieścić⟩, ⟨u⟩plasować **Platzierung** f klasyfikacja; (*Rang*) lokata
**Platzkarte** f miejscówka **Platzmangel** m brak miejsca **Platzpatrone** f ślepy nabój **Platzregen** m ulewa **Platzverweis** m usunięcie z boiska **Platzwunde** f rana tłuczona

**plaudern** v/i (-re) ⟨po⟩gawędzić (**über** *akk* o *lok*)

**plausibel** (-bl-) przekonujący (-co), uzasadniony

**Pleite** *umg* f plajta; **~ machen** ⟨s⟩plajtować, ⟨z⟩robić plajtę

**Plombe** f plomba **plombieren** (-) ⟨za⟩plombować

**plötzlich** *präd* nagle

**plump** (*unförmig*) niezgrabny, nieforemny; (*grobschlächtig*) nieokrzesany **plumpsen** klapnąć *pf* (**ins Bett** na łóżko)

**Plunder** *umg* m (-s; *bpl*) rupiecie, graty *mpl* **plündern** (-re) ⟨s⟩plądrować, ⟨z⟩łupić, ⟨roz⟩grabić

**pluralistisch** pluralistyczny

**plus** *adv* plus; **drei Grad ~** trzy stopnie powyżej zera; **~ Zinsen** plus odsetki **Plus** n (*unv*) plus

**Plüsch** m (-[e]s; -e) plusz

**Pluspunkt** m punkt dodatni **Pluszeichen** n znak plus

**Plutonium** n (-s; *bpl*) pluton

**pneumatisch** pneumatyczny

**Po**[1] m (-[s]; *bpl*) (*Fluss*) Pad **Po**[2] *umg* m (-s; -s) pupa, pupka

**Pocken** *pl* ospa

**Podium** n (-s; -ien) podium *n*; (*Bühne*) estrada

**Poesie** f poezja **poetisch** poetyczny

**Pokal** m (-[e]s; -e) puchar **Pokalspiel** f mecz o puchar

**pokern** (-re) ⟨za⟩grać w pokera

**Pol** m (-s; -e) biegun *polar* (*die Pole betreffend*) biegunowy; GEOG, METEO polarny **polarisiert** spolaryzowany

**Pole** m (-n) Polak; **er ist ~** on jest Polakiem

**polemisch** polemiczny

**Police** [-sə] f polisa

**polieren** (-) ⟨wy⟩polerować

**Polin** f Polka

**Politesse** f funkcjonariuszka straży miejskiej

**Politik** f polityka **Politiker(in** f) m polityk, działacz(ka) polityczny (-na) **politisch** polityczny

**Politur** f *für Holz* politura; (*Glanz*) połysk

**Polizei** f policja **Polizeiaufgebot** n oddział policji **Polizeidienststelle** f posterunek *od* komisariat policji **polizeilich** policyjny **Polizeipräsidium** *n in Polen etwa* komenda policji **Polizeirevier** n komisariat policji **Polizeistreife** f patrol policyjny **Polizeistunde** f godzina zamknięcia lokali gastronomicznych **Polizist(in)** m(f) (-en) policjant(ka)

**Pollen** m BOT pyłek

**polnisch** polski; *präd* po polsku **polnischsprachig** polskojęzyczny

**Polohemd** n koszulka polo

**Polster** n miękkie obicie **Polstermöbel** *npl* meble *mpl* wyściełane **polstern** (-re) wyściełać ⟨wysłać⟩ **Polsterung** f tapicerka

**poltern** v/i (-re) *Sache* padać ⟨upaść⟩ z łoskotem, gruchnąć *pf*; *Person* hałasować, łomotać

**Polyp** m (-en) polip

**Pommes frites** [pɔmˈfrɪt] *pl* frytki *fpl*

**pompös** pompatyczny

**Pony**[1] n (-s; -s) (*Pferd*) pony m (*unv*) **Pony**[2] m (-s; -s) (*Frisur*) grzywka

**Pool** m (-s) basen pływacki

**pop(e)lig** *abw* lichy, nędzny

**Popo** *umg* m (-s; -s) pupa, pupka

**populär** popularny **Popularität** f (*bpl*) popularność f

**Pore** f por

**Porno** *umg* m (-s; -s) porno (*unv*) **pornografisch**, **pornographisch** pornograficzny

**porös** porowaty

**Porree** m (-s; -s) BOT por

**Portier** [pɔrˈtie:] m (-s; -s) portier

**Portion** f porcja

**Porto** n (-s; -s) porto, opłata pocztowa **portofrei** wolny od opłaty pocztowej

**Porträt** [pɔrˈtrɛː] n (-s; -s) portret

**Portugiese** m (-n) Portugalczyk **portugiesisch** portugalski (po -ku)

**Porzellan** n (-s; -e) porcelana; *in zssgn* porcelanowy

**Posaune** f puzon

**Pose** f poza **posieren** v/i (-) pozować

**Position** f pozycja

**positiv** pozytywny

**Posse** f farsa, burleska; *pl* **~n reißen** błaznować, pajacować

**possierlich** zabawny, pocieszny

**Post**®[1] f (*bpl*) (*Institution*) poczta; **mit der ~** pocztą, przez pocztę; **bei der ~ arbeiten** pracować na poczcie **Post**[2] f (*bpl*) (*Postsendung*) poczta; **elektronische ~**

poczta elektroniczna **Postamt** n urząd pocztowy **Postanweisung** f przekaz pocztowy **Postbote** m, **Postbotin** f listonosz(ka)
**Posten** m (Amt) posada, stanowisko; (Wachposten) posterunek
**Postfach** n skrytka pocztowa **postfrisch** niestemplowany
**postieren** (-) v/t rozstawi(a)ć, ustawi(a)ć
**Postkarte** f pocztówka, kartka pocztowa **postlagernd** adj poste restante (unv)
**Postleitzahl** f kod pocztowy **Postschalter** m okienko pocztowe **Poststempel** m stempel pocztowy; **Datum des ~s** data stempla pocztowego
**postum** pośmiertny
**postwendend** adv odwrotną pocztą; umg fig niezwłocznie **Postwertzeichen** n znaczek pocztowy **Postzustellung** f doręczanie poczty
**Potenz** f MAT potęga; (Manneskraft) potencja (płciowa) **potenziell** potencjalny
**Potsdamer** adj poczdamski
**Pott** umg m (-[e]s; Pötte) garnek; (Schiff) łajba
**Power** f (-; bpl) umg siła; **sie hat ~** ona ma siłę przebicia
**Pracht** f (bpl) przepych, splendor, okazałość f; von Farben bogactwo **Prachtexemplar** n wspaniały okaz **prächtig** wspaniały (-le)
**Prädikat** n (-[e]s; -e) GRAM orzeczenie; e-r Leistung a. wyróżnienie; **mit ~** z wyróżnieniem
**Präfix** n (-es; -e) JĘZ przedrostek
**prägen** TECH, TYPO wytłaczać ⟨wytłoczyć⟩; fig Charakter ⟨u⟩kształtować
**Prager** adj praski
**pragmatisch** pragmatyczny
**prägnant** dobitny; (knapp) zwięzły (-źle) **Prägung** f wytłoczony wzór, znak; ... **westlicher ~** ... zachodniego pokroju
**prahlen** v/i przechwalać się, chełpić się **Prahlerei** f przechwałki fpl
**Praktikant(in)** m(f) (-en) stażysta m (-tka), praktykant(ka) **Praktikum** n (-s; -ka) staż, praktyka **praktisch** praktyczny; adv praktycznie; **~er Arzt** lekarz ogólny **praktizieren** v/t u. v/i (-) praktykować
**Praline** f pralin(k)a
**prall** okrągły, jędrny; **in der ~en Sonne**

(liegen) prażyć się) na słońcu **prallen** v/i (sn) wpadać ⟨wpaść⟩, wlatywać ⟨wlecieć⟩ **(gegen, auf** akk na akk)
**Prämie** ['prɛːmiə] f premia; (Versicherungsbeitrag) składka ubezpieczeniowa
**Pranke** f łapa
**Präparat** n (-[e]s; -e) preparat **präparieren** (-) v/t ⟨s⟩preparować **(für** do gen)
**Präsentation** f prezentacja **präsentieren** (-) v/t prezentować, przedstawi(a)ć **Präsenz** f obecność f
**Präservativ** n (-s; -e) prezerwatywa
**Präsident** m (-en) prezydent; e-s Gerichts prezes **Präsidentschaft** f prezydentura; in e-m Klub prezesura
**Präsidium** n (-s; -ien) prezydium n
**Präventivmaßnahme** f środek zapobiegawczy od prewencyjny **Präventivschlag** m MIL atak prewencyjny
**Praxis** f (-; bpl) praktyka; (pl -xen) e-s Arztes gabinet; **in der ~** w praktyce; **etw in die ~ umsetzen** zastosować pf w praktyce (akk)
**Präzedenzfall** m precedens, sprawa precedensowa
**präzisieren** (-) ⟨s⟩precyzować **Präzision** f (bpl) precyzja
**predigen** v/i wygłaszać ⟨-głosić⟩ kazanie **Predigt** f kazanie (a. fig), homilia
**Preis** m (-es; -e) cena; (Auszeichnung) nagroda; **um jeden, keinen ~** za wszelką, żadną cenę; **zum ~ von ...** po cenie ... **Preisausschreiben** n konkurs z nagrodami
**Preiselbeere** f (borówka) brusznica
**Preisempfehlung** f zalecenie cenowe **Preiserhöhung** f podwyżka od wzrost cen **preisgeben** (irr) (ausliefern) wystawi(a)ć **(dem Gelächter** na pośmiewisko); Geheimnis zdradzać ⟨-dzić⟩, wyda(wa)ć **preisgebunden** adj (sprzedawany) po cenie reglamentowanej **preisgekrönt** adj premiowany, nagrodzony **preisgünstig** niedrogi (-go), wart swej ceny **Preis-Leistungs-Verhältnis** n relacja cena - jakość od cena - walory użytkowe **preislich** cenowy (-wo) **Preisliste** f cennik **Preisrichter(in)** m(f) juror(ka), sędzia konkursowy **Preisrückgang** m spadek cen **Preisschild** n (pl -er) etykieta z ceną, metka **Preisschlager** m oferta atrakcyjna cenowo **Preisträger(in)** m(f) laureat(ka)

## 464 • preiswert – progressiv

**preiswert** niedrogi (-go)
**Prellbock** m KOLEJ kozioł odbojowy
**prellen** kozłować; **die Zeche ~** nie ⟨za⟩płacić rachunku w lokalu **Prellung** f MED stłuczenie
**Premiere** [prəmi'e:rə] f premiera **Premierminister(in)** m(f) premier
**Prepaidhandy** n komórka prepaid
**Prepaidkarte** f prepaid, sprzedaż przedpłacona
**Presse** f prasa; **in der ~** w prasie **Presseagentur** f agencja prasowa **Presseerklärung** f informacja dla prasy **Pressekonferenz** f konferencja prasowa **Pressemitteilung** f komunikat prasowy **pressen** (drücken) przyciskać ⟨-snąć⟩ (**gegen, an** akk do gen; **an sich** do siebie); (ausdrücken) wyciskać ⟨-snąć⟩, wytłaczać ⟨-łoczyć⟩ (**aus** z gen); (zusammendrücken) prasować **Presseorgan** n organ prasowy **Pressesprecher(in)** m(f) rzecznik prasowy m, f
**Prestige** [-'ti:ʒə] n (-s; bpl) prestiż; in zssgn oft ze względów prestiżowych
**preußisch** pruski (po -ku)
**prickeln** v/i (-le) (kribbeln) szczypać, swędzić; Getränk mile drażnić, łechtać
**Priester(in)** f) m kapłan(ka) **priesterlich** kapłański **Priesterseminar** n seminarium duchowne **Priestertum** n (-s; bpl) kapłaństwo **Priesterweihe** f święcenia npl kapłańskie
**primär** pierwotny
**Primel** f (-; -n) pierwiosnek
**primitiv** prymitywny
**Prinz** m (-en) książę m; im Märchen mst królewicz **Prinzessin** f (Königskind) królewna; (Tochter) księżniczka
**Prinzip** n (-s; -ien [-piən]) zasada; **im ~** w zasadzie; **aus ~** z zasady **prinzipiell** pryncypialny, zasadniczy; präd pryncypialnie, z zasady
**Priorität** f priorytet; **~en setzen** ustalać ⟨-lić⟩ priorytety
**Prise** f szczypta; Tabak niuch
**Prisma** n (-s; -men) MAT graniastosłup; in der Optik pryzmat **Prismenglas** n lornetka pryzmatyczna
**Pritsche** f (Liege) prycza; AUTO skrzynia (otwarta)
**privat** prywatny **Privatdetektiv** m detektyw prywatnego biura śledczego **Privateigentum** n własność prywatna **Privatisierung** f prywatyzacja **Privatsache** f sprawa od rzecz prywatna **Privatsphäre** f sfera prywatności **Privatunterricht** m lekcje prywatne **Privatwirtschaft** f (bpl) gospodarka prywatna
**Privileg** n (-s; -ien [-piən]) przywilej; prerogatywa **privilegiert** adj uprzywilejowany
**pro** präp (akk): **~ Person** od osoby, na osobę; **~ Stunde** na godzinę; **~ Stück** za sztukę; **einmal ~ Tag** raz na dzień
**Probe** f próba (a. TEATR); (kleine Menge) próbka; **auf ~, zur ~** na próbę; **j-n, etw auf die ~ stellen** wystawi(a)ć na próbę (akk) **Probefahrt** f AUTO jazda próbna **proben** v/t u. v/i TEATR próbować **Probesendung** f HANDEL przesyłka z próbkami **probeweise** adv na próbę, próbnie **Probezeit** f okres próbny **probieren** v/t u. v/i (-) ⟨po-, s⟩próbować (gen)
**Problem** n (-s; -e) problem; **kein ~!** nie ma sprawy! **problematisch** problematyczny
**Produkt** n (-[e]s; -e) produkt (a. fig); MAT iloczyn **Produktion** f produkcja **Produktionskosten** pl koszty mpl produkcji **Produktionsrückgang** m spadek produkcji **Produktionszweig** m gałąź f produkcji **Produktivität** f (bpl) produktywność f
**Produzent(in)** f) m (-en) producent(ka)
**professionell** profesjonalny, zawodowy (-wo) **Professor** m (-s; -soren) profesor **Profi** umg m (-s; -s) zawodowiec
**Profil** n (-s; -e) profil; AUTO rzeźba bieżnika (opony); **im ~** z profilu **Profilfoto** n zdjęcie n z profilu
**Profit** m (-[e]s; -e) zysk, profit **profitieren** (-): **von etw ~** ⟨s⟩korzystać (z gen), zysk(iw)ać na lok; abw żerować (na lok)
**Prognose** f prognoza; MED rokowanie **prognostizieren** (-) prognozować
**Programm** n (-s; -e) program **Programmgestaltung** f opracowanie programu **programmgesteuert** adj sterowany programowo **programmieren** (-) ⟨za⟩programować **Programmierer(in)** f) m programista m (-tka) **Programmvorschau** f przegląd programu
**progressiv** progresywny; postępowy

**Projekt** n (-[e]s; -e) projekt **Projektion** f projekcja, rzutowanie **Projektor** m (-s; -toren) projektor **projizieren** (-) rzutować ⟨**auf** akk na akk⟩
**Prokurist(in)** m(f) (-en) prokurent(ka)
**Prolet** m (-en) prostak **proletarisch** proletariacki (po -ku) **prollig** prostacki
**Promille** n (-[s]; -) promil **Promillegrenze** f dopuszczalna granica zawartości alkoholu we krwi (w promilach)
**prominent** prominentny **Prominenz** f koll prominenci mpl
**Promotion** f promocja; (Erlangung der Doktorwürde) a. doktoryzacja **promovieren** (-) v/t promować, doktoryzować
**prompt** adv szybko
**propagandistisch** propagandowy
**Propeller** m LOTN śmigło; MAR śruba napędowa **Propellerflugzeug** n, **Propellermaschine** umg f samolot śmigłowy
**Prophet(in)** m(f) (-en) prorok(ini) **prophetisch** proroczy (-czo) **prophezeien** (-) prorokować, przepowiadać ⟨-wiedzieć⟩ **Prophezeiung** f przepowiednia
**prophylaktisch** profilaktyczny
**Proportion** f proporcja, stosunek **proportional** proporcjonalny ⟨**zu** do gen⟩
**Prosa** f (bpl) proza **prosaisch** prozaiczny
**prosit!** na zdrowie!; → **Neujahr**
**Prospekt** m (-[e]s; -e) prospekt
**Prostata** f (-; -tae [-tɛ]) gruczoł krokowy, prostata
**Prostituierte** f prostytutka **Prostitution** f (bpl) prostytucja
**Protektion** f protekcja
**Protest** m (-[e]s; -e) protest; kontestacja **Protestant(in** f) m (-en) protestant(ka) **protestantisch** protestancki **protestieren** v/i (-) ⟨za⟩protestować ⟨**gegen** przeciwko dat⟩
**Prothese** f proteza
**Protokoll** n (-s; -e) protokół; **zu ~ nehmen** wciągać ⟨-gnąć⟩ do protokołu; **zu ~ geben** zezna⟨wa⟩ć do protokołu **protokollieren** (-) ⟨za⟩protokołować
**Prototyp** m prototyp, pierwowzór
**protzen** umg v/i (-zt) (**mit**) pysznić się, chełpić się (inst) **protzig** umg abw chełpliwy (-wie); wystawny, luksusowy (-wo)
**Proviant** m (-s; -epl selten) prowiant
**Provinz** f prowincja **provinziell** prowincjonalny **Provinzstadt** f miasteczko n prowincjonalne
**Provision** f prowizja **provisorisch** prowizoryczny
**Provokation** f prowokacja **provozieren** (-) v/t ⟨s⟩prowokować; v/i prowokować
**Prozent** n (-[e]s; -e aber 5 ~) procent; **~e** pl umg a. odsetki fpl **Prozentsatz** m stopa procentowa **prozentual** procentowy (-wo)
**Prozess** m (-es; -e) JUR, TECH, BIOL proces **Prozession** f procesja **Prozessor** m (-s; -ssoren) IT procesor
**prüde** pruderyjny **Prüderie** f (bpl) pruderia
**prüfen** v/t (kontrollieren) sprawdzać ⟨-dzić⟩; Schüler ⟨prze⟩egzaminować **Prüf|er(in)** m(f) egzaminator(ka); inspektor(ka) **Prüfling** m egzaminowany (-na), kandydat(ka) **Prüfstand** m stanowisko kontrolne od badawcze **Prüfstein** m fig (bpl) probierz, sprawdzian (**für etw** gen) **Prüfung** f egzamin (**mündliche** ustny **Prüfungsaufgabe** f zadanie egzaminacyjne, **Prüfungsfach** n przedmiot egzaminacyjny **Prüfungszeugnis** n świadectwo złożenia egzaminu od egzaminów
**Prügel** m kij; pl ciegi pl **Prügelei** f bijatyka, bójka **prügeln** (-le) v/t ⟨po⟩bić
**prunkvoll** zbytkowny, pełen przepychu
**Psyche** f psychika **psychiatrisch** psychiatryczny; **~e Klinik** klinika psychiatryczna **Psychoanalyse** f psychoanaliza **psychologisch** psychologiczny **Psychopharmaka** pl leki mpl psychotropowe **Psychotherapeut(in)** m(f) psychoterapeuta m, f
**publik** adj: **~ machen** upubliczni⟨a⟩ć, nagłaśniać ⟨-głośnić⟩ **Publikation** f (bpl) publikacja, opublikowanie; (a. pl) (Werk) publikacja **Publikum** n (-s; bpl) publiczność f **publizieren** (-) ⟨o⟩publikować
**Pudding** m (-s; -e od -s) budyń m
**Puder** m puder; MED a. zasypka **Puderdose** f puderniczka **pudern** (-re) ⟨przy-, u⟩pudrować
**Puff** umg m od n (-s; -s) burdel
**Puffer** m KOLEJ zderzak, bufor; → **Kartoffelpuffer**
**Pulli** umg m (-s; -s) swaterek, pulowerek
**Pullover** m sweter, pulower

**Puls** m (-es; -e) puls, tętno **Pulsader** f tętnica
**Pult** n (-[e]s; -e) pulpit
**Pulver** n proszek; *zum Schießen* proch **Pulverschnee** m puszysty śnieg, puch
**Pumpe** f pompa, *dim* pompka **pumpen** v/t pompować, tłoczyć
**Pumps** [pœmps] mpl czółenka npl
**Punkt** m (-[e]s; -e) punkt; (*Satzzeichen*) kropka; **die Sache auf den ~ bringen** trafić *pf* w sedno; **~ zehn** punkt dziesiąta; **~ für ~** punkt po punkcie; **nach ~en** SPORT na punkty **pünktlich** punktualny
**Punsch** m (-[e]s; -e od Pünsche) poncz
**Pupille** f źrenica
**Puppe** f lalka; ZOOL poczwarka **Puppenspiel** n przedstawienie kukiełkowe **Puppentheater** n teatr lalek *od* kukiełkowy
**pur** (*rein*) czysty; *Gold* szczery
**Püree** n (-s; -s) piure, purée
**Purzelbaum** m koziołek, fikołek **purzeln** *umg* v/i (-le) (-e) przewracać ⟨-wrócić⟩ się, wywracać ⟨-wrócić⟩ się; spadać ⟨spaść⟩
**Pustel** f (-; -n) krostka, pryszcz(yk) **pusten** (-e-) dmuchać ⟨-chnąć⟩; *bei der Polizei* dmuchać ⟨-chnąć⟩ w balonik
**Pute** f indyczka **Puter** m indyk, indor
**Putsch** m (-[e]s; -e) pucz
**Putz** m (-es; bpl) BUD tynk, wyprawa; **mit bröckelndem ~** odrapany; *umg* **auf den ~ hauen** hulać (*do upadłego*); (*angeben*) szpanować, puszyć się **putzen** (-zt) v/t czyścić, oczyszczać ⟨oczyścić⟩, wyczyścić *pf*; v/i *umg* **~ gehen** pracować jako sprzątaczka; **sich ~** *Katze* lizać się; *Vogel* muskać się **Putzfrau** f sprzątaczka **putzig** *umg* zabawny **Putzlappen** m ścierka (*do kurzu od podłogi*) **Putzmittel** n środek do czyszczenia
**Puzzle** [pazl] n (-s; -s) puzzle n, składanka
**Pyjama** [py'dʒa:ma] m *od* n (-s; -s) piżama, pidżama
**Pyramide** f piramida

**Quad** n (-s) quad **Quaderstein** m cios, kamień ciosowy **Quadrat** n (-[e]s; -e) kwadrat **quadratisch** kwadratowy **Quadratzahl** f kwadrat liczby
**quaken** v/i rechotać
**Qual** f męka; *seelisch a.* udręka **quälen** v/t męczyć, dręczyć (**mit etw** *inst*); **sich ~** męczyć się, dręczyć się **Quälerei** f męczenie, znęcanie się; *fig* męczarnia
**Qualifikation** f kwalifikacja **qualifizieren** (-) v/t ⟨za⟩kwalifikować (**für** na *akk*, **do** *gen*)
**Qualität** f jakość **qualitativ** jakościowy (-wo) **Qualitätskontrolle** f kontrola jakości
**Qualle** f meduza
**Qualm** m (-[e]s; bpl) (czarny) dym **qualmen** *Kerze* kopcić
**qualvoll** męczący, dręczący; **~ sterben** umrzeć po długich cierpieniach
**Quantität** f ilość f; JĘZ iloczas **quantitativ** ilościowy (-wo) **Quantum** n (-s; -ten) kwantum n
**Quarantäne** [ka-] f kwarantanna
**Quark** m (-[e]s; bpl) twaróg, *dim* twarożek **Quarkkuchen** m *reg* sernik
**Quartal** n (-s; -e) kwartał **Quartett** n (-[e]s; -e) MUS kwartet
**Quartier** n (-s; -e) kwatera
**Quarz** m (-es; -e) kwarc
**Quaste** f gruby pędzel
**Quatsch** *umg* m bzdury fpl **quatschen** plotkować
**Quecksilber** n (*bpl*) rtęć f; *in zssgn* rtęciowy **Quecksilbervergiftung** f zatrucie rtęcią
**Quelle** f źródło **quellen**¹ v/i (quillt, quoll, gequollen; sn): **aus** (*dat*) **~** *Blut* płynąć (z *gen*); *Rauch* wydobywać się (z *gen*); (*schwellen*) ⟨na⟩pęcznieć **quellen**² v/t (quellt, quellte, gequellt) *Erbsen* ⟨na⟩moczyć

**quer** adv (rechtwinklig zu e-r Richtung) w poprzek (*gen*), poprzecznie; (*nicht entlang*) wszerz; **~ durch**, **~ über** (*akk*) na przełaj przez (*akk*); **~ gestreift** w poziome

paski **Querbalken** m belka poprzeczna **querbeet** umg adv na przełaj; (wahllos) na chybił trafił **Quere** f (bpl): **j-m in die ~ kommen** umg włazić ⟨wleźć⟩ k-u w paradę **Querfeldeinlauf** m bieg przełajowy **Querformat** n format poprzeczny **Querschnitt** m przekrój poprzeczny **Querschnittslähmung** f porażenie poprzeczne **Querstraße** f ulica poprzeczna
**quetschen** v/t ⟨z⟩miażdżyć (a. **sich** [dat] **etw** sobie akk); **sich ~ in** (akk) wciskać ⟨-snąć⟩ się do (gen) **Quetschung** f MED zmiażdżenie; (gequetschte Stelle) rana miażdżona
**quiek(s)en** kwiczeć ⟨kwiknąć⟩
**quietschen** v/i ⟨za⟩skrzypieć ⟨skrzypnąć⟩
**Quirl** m (-[e]s; -e) mątewka **quirlen** mieszać, kłócić **quirlig** umg żywy, ruchliwy
**quitt** umg adj: **wir sind ~** jesteśmy kwita **Quitte** f pigwa
**quittieren** (-) ⟨po⟩kwitować, fig skwitować pf; **den Dienst ~** poda(wa)ć się do dymisji **Quittung** f pokwitowanie, kwit; **gegen ~** za pokwitowaniem
**Quiz** [kvɪs] n (unv) teleturniej, kwiz
**quoll, quölle** → quellen¹
**Quote** f udział procentowy **Quotenregelung** f obsadzanie stanowisk według klucza (partyjnego, politycznego usw)
**Quotient** m (-en) MAT iloraz

# R

**Rabatt** m (-[e]s; -e) rabat
**Rabbiner** m rabin
**Rabe** m (-n) kruk
**rabiat** (wütend) rozjuszony
**Rache** f (bpl) zemsta, odwet; **aus ~** przez zemstę
**Rachen** m ANAT gardło; (Maul) paszcza
**rächen** (-; ⟨po-, ze-⟩mścić; **sich ~** (po-, ze)mścić się (**an j-m** na lok; **für etw** za akk); fig **das wird sich noch ~** to się jeszcze (kiedyś) zemści

**Rachitis** f (bpl) krzywica
**rachsüchtig** mściwy (-wie)
**Rad** n (-[e]s; Räder) koło; umg (Fahrrad) rower; **~ fahren** jeździć na rowerze; **mit dem ~ nach, zu ... fahren** ⟨po⟩jechać na rowerze do (gen)
**Radarfalle** f pułapka radarowa **Radarkontrolle** f kontrola radarowa
**Radau** umg m (-s; bpl) hałas, rejwach
**Rädchen** n kółko, kółeczko
**Rädelsführer** abw m (Anstifter) podżegacz; (Anführer) herszt, prowodyr
**Räderwerk** n tryby mpl (a. fig) **Radfahrer(in)** m(f) rowerzysta m (-tka)
**Radweg** m ścieżka rowerowa
**Radiation** f (bpl) ASTRON promieniowanie
**radieren** (-) wycierać ⟨wytrzeć⟩ gumką; Zeichnung rytować **Radiergummi** m guma do wycierania **Radierung** f akwaforta
**Radieschen** n rzodkiewka
**radikal** radykalny; POL a. skrajny
**Radio** n (-s; -s) radio; **im ~** w radiu, przez radio; **~ hören** słuchać radia **radioaktiv** radioaktywny, promieniotwórczy **Radiowecker** m radiobudzik
**Radium** n (-s; bpl) rad
**Radius** m (-; -ien [-diən]) MAT promień m; fig zasięg
**Radkappe** f kołpak koła **Radrennen** n wyścig kolarski **Radsport** m kolarstwo **Radsportler(in)** m(f) kolarz (a. f) **Radtour** f, **Radwanderung** f wycieczka rowerowa

**raffen** Stoff układać ⟨ułożyć⟩ w fałdy, ⟨z⟩marszczyć; Text skracać ⟨skrócić⟩; **etw an sich ~** zagarniać ⟨-nąć⟩ **Raffinerie** f [pl -'ri:ən] rafineria **Raffinesse** f (bpl) wyrafinowanie; (a. pl) finezja **raffiniert** adj rafinowany; fig wyrafinowany, subtelny, wymyślny
**raften** v/i (-e-; a. sn) uczestniczyć w spływie pontonowe
**ragen** v/i sterczeć, wystawać (**aus ~** z gen)
**Ragout** [ra'guː] n (-s; -s) potrawka
**Rahm** m (-[e]s; bpl) śmietana; **süß Rahm** śmietanka **rahmen** Bild usw oprawi(a)ć w ramy **Rahmen** m rama, dim ramka **Rahmkäse** m ser śmietankowy **Rahmsoße** f sos ze śmietany
**Rakete** f rakieta
**rammen** wbi(ja)ć; Schiff staranować pf

## Rampe – Raub

**Rampe** f rampa; *(Auffahrt)* pochylnia, podjazd **ramponiert** *adj* sfatygowany
**Ramsch** m (-[e]s; bpl) tandeta
**ran** *umg adv* → heran
**Rand** m (-[e]s; Ränder) brzeg, krawędź f; TYPO, fig margines; **am ~** na skraju, na krawędzi; *erwähnen* na marginesie
**Randale** *umg mit Schlägerei* rozróba, burda
**Randgebiet** n kresy mpl, pogranicze **Randgruppe** f ugrupowanie marginalne **Randstreifen** m pobocze drogi
**randvoll** napełniony po brzegi
**rang** → ringen **Rang** m (-[e]s; Ränge) stopień m, ranga; **ersten ~es** najwyższej rangi; **... von ~ ...** wysokiej rangi, wybitny ...; *pl* **Ränge** *im Stadion* trybuny fpl
**rangehen** *umg v/i (irr; sn)* → herangehen; *ans Werk* zab(ie)rać się do dzieła
**rangieren** [-'ʒiːrən] *v/t* KOLEJ rozrządzać ⟨-dzić⟩, przetaczać ⟨-toczyć⟩; *Auto* manewrować *(inst)*; *v/i fig* **an erster, letzter Stelle ~** zajmować ⟨zająć⟩ pierwsze, ostatnie miejsce
**Rangliste** f lista rankingowa **Rangordnung** f hierarchia; POL, SPORT ranking
**ranhalten** *umg (irr)*: **sich ~** nie marudzić, pośpieszyć się
**Ranke** f BOT wąs, pęd pnący
**ranlassen** *umg (irr)* dopuszczać ⟨-puścić⟩ **(an** *akk* do *gen)* **ranmachen** *umg*: **sich an j-n ~** dobierać się do, dowalać się do *(gen)*
**rann** → rinnen **rannte** → rennen
**Ranzen** m tornister
**ranzig** zjełczały; **~ werden** ⟨z⟩jełczeć
**rapide** w szybkim tempie, gwałtownie
**Raps** m (-es; bpl) rzepak
**rar** rzadki (-ko) **Rarität** f rarytas, osobliwość f
**rasch** szybki (-ko), prędki (-ko) **rascheln** *v/i* (-le) ⟨za⟩szeleścić
**rasen** *v/i (toben)* szaleć **(vor Wut** ze złości; **vor Begeisterung ~** z zachwytu); *Puls* być przyspieszonym; **die Zeit rast** czas ucieka; *(hasten; sn)* ⟨po⟩gnać, ⟨po⟩pędzić
**Rasen** m *(Grasfläche)* trawnik
**rasend** szalony; *Beifall* burzliwy, huczny
**Rasenmäher** m kosiarka ogrodowa **Rasensprenger** m deszczownia
**Raserei** f szał; *umg (schnelles Fahren)* kawalerska jazda

**Rasierapparat** m maszynka do golenia **Rasiercreme** f krem do golenia **rasieren** (-) ⟨o⟩golić **Rasierer** *umg m* golarka **Rasierklinge** f żyletka **Rasiermesser** m brzytwa **Rasierwasser** n płyn do golenia
**Raspel** f (-; -n) tarnik, raszpla; *(Reibe)* tarka
**Rasse** f rasa
**Rassel** f (-; -n) grzechotka
**Rassendiskriminierung** f (bpl) dyskryminacja rasowa **rassig** rasowy **rassistisch** rasistowski
**Rast** f odpoczynek; *(Halt)* postój; **~ machen** zatrzym(yw)ać się na odpoczynek, ⟨z⟩robić postój **rastlos** *Arbeit* niestrudzony (-dzenie); *(unstet)* niespokojny
**Rastplatz** m parking (przy autostradzie) **Raststätte** f przydrożny zajazd, restauracja przy autostradzie
**Rasur** f golenie
**Rat** m (-[e]s; bpl) rada, porada; *(Person)* radca m; **auf j-s ~ hin** za poradą k-o; **j-n um ~ fragen** zasięgać ⟨-gnąć⟩ rady u k-o **rät** → raten
**Rate** f *(Teilbetrag)* rata; **in ~n** w ratach, na raty; **auf ~n kaufen** kupować ⟨-pić⟩ na raty
**raten** (rät, riet, geraten) ⟨po⟩radzić, doradzać ⟨-dzić⟩; *(erraten)* zgadywać; **was** *od wozu* **rätst du mir?** co mi radzisz?; **rate mal, ...** zgadnij, ...
**Ratenkauf** m kupno na raty **Ratenzahlung** f płatność ratalna
**Ratgeber(in** f) m doradca m (-czyni); m *(Buch)* poradnik **Rathaus** n ratusz
**ratifizieren** (-) ratyfikować *(im)pf*
**Ration** f porcja, racja (żywnościowa) **rational** racjonalny; MAT wymierny **rationalisieren** (-) ⟨z⟩racjonalizować **Rationalisierung** f racjonalizacja
**ratlos** bezradny **ratsam** wskazany, pożądany **Ratschlag** m porada, rada
**Rätsel** n zagadka *(a. fig)*, łamigłówka **rätselhaft** zagadkowy (-wo) **rätseln** *v/i* (-le) snuć domysły, gubić się w domysłach **(über** *akk* na temat *gen)*
**Ratskeller** m piwnica ratuszowa
**Ratte** f szczur; *fig abw* drań m **Rattengift** n trucizna na szczury
**rattern** *v/i* (-re) terkotać; *Motor* warkotać
**rau** szorstki (-ko), chropowaty (-to)
**Raub** m (-[e]s; bpl) rabunek, grabież f;

(*Beute*) łup **Raubbau** m (*bpl*) gospodarka rabunkowa **Raubdruck** m (*pl* -e) piracie wydanie **rauben** *Sache* ⟨z⟩rabować, grabić **Räuber** m bandyta m, **Räuberbande** f szajka bandycka **räuberisch** rozbójniczy **Raubkopie** f piracka kopia **Raubmord** m zabójstwo na tle rabunkowym **Raubüberfall** m napad rabunkowy

**Rauch** m (-[e]s; *bpl*) dym **rauchen** *v/i* dymić (się); *v/t* palić **Rauchen** n (-s; *bpl*) palenie **Raucherabteil** n przedział dla palących **Raucher(in** f) m palacz(ka), palący (-ca) **Raucherkneipe** f umg knajpa dla palących **räuchern** (-re) *Fleisch usw* ⟨u⟩wędzić **Rauchfahne** f smuga dymu **rauchig** *Raum* zadymiony; *Stimme* gardłowy **Rauchverbot** n zakaz palenia

**rauf** *umg* → herauf, hinauf

**raufen** *v/t* wyry(wa)ć, wyszarp(yw)ać; *v/i* (*u.* v/t *sich*) mocować się, bić się **Rauferei** f bójka, bitka **rauflustig** skory do bitki, skłonny do zaczepki

**Raum** m obszar; *zum Wohnen* pomieszczenie, lokal; (*bpl*) przestrzeń kosmiczna, kosmos **räumen** sprzątać ⟨-tnąć⟩; *Lager a.* likwidować **Raumfähre** f prom kosmiczny, wahadłowiec **Raumfahrt** f (*bpl*) astronautyka, kosmonautyka; *in zssgn* kosmiczny **Rauminhalt** m objętość f (wnętrza), pojemność f **räumlich** przestrzenny **Räumlichkeit** f pomieszczenie, lokal **Raummaß** n miara objętościowa **Raumschiff** n statek kosmiczny **Raumtemperatur** f temperatura pokojowa **Räumung** f *bei Gefahr usw* ewakuacja; (*Zwangsräumung*) eksmisja **Räumungsklage** f powództwo o eksmisję **Räumungsverkauf** m wyprzedaż f w celu likwidacji

**Raupe** f gąsienica (*a.* TECH)
**Raureif** m (*bpl*) szron, szadź f
**raus** *umg* → heraus, hinaus
**Rausch** m *umg* rausz; *fig* upojenie **rauschen** *v/i* szumieć; (*sn*) **aus dem Zimmer** → wyjść *pf* żywo z pokoju **Rauschen** n (-s; *bpl*) szum **Rauschgift** n narkotyk; **~ nehmen** narkotyzować się, zażywać narkotyki **Rauschgifthandel** m handel narkotykami
**räuspern** (-re): **sich** ~ chrząkać, pochrząkiwać; odchrząknąć *pf*

**rausrücken** *umg* (*geben*) dać *pf*, kopsnąć *pf* **rausschmeißen** *umg* (*irr*) wyrzucać ⟨-cić⟩ (za drzwi), wywalać ⟨-lić⟩ (na zbity łeb); (*entlassen*) wyl(ew)ać (z posady)

**Raute** f MAT romb; BOT ruta
**Razzia** f (-; -ien) obława, *umg* łapanka
**Reagenzglas** n probówka **reagieren** v/i (-) ⟨za⟩reagować **Reaktion** f reakcja; MED *a.* odczyn **reaktionär** reakcyjny, wsteczny **Reaktor** m (-s; -toren) reaktor **real** realny **realisierbar** wykonalny, możliwy do zrealizowania **realisieren** (-) ⟨z⟩realizować **Realisierung** f (*bpl*) realizacja, zrealizowanie **Realismus** m (-; *bpl*) realizm **realistisch** realistyczny **Realität** f realność f, rzeczywistość f

**Reanimation** f MED reanimacja
**Rebe** f latorośl (winna), winorośl f
**rebellieren** v/i (-) ⟨z⟩buntować się **rebellisch** buntowniczy (-czo)
**Rebhuhn** n kuropatwa
**rechen** grabić (grabiami) **Rechen** m grabie *pl*

**Rechenaufgabe** f zadanie rachunkowe **Rechenfehler** m błąd rachunkowy **Rechenschaft** f (*bpl*): **j-m ~ ablegen** od **geben** (*über akk*) składać ⟨złożyć⟩ k-u sprawozdanie, zda(wa)ć k-u rachunek (*z gen*); **j-n zur ~ ziehen (für etw**) pociągać ⟨-gnąć⟩ k-o do odpowiedzialności (*za akk*) **Rechenschaftsbericht** m sprawozdanie; *engS a.* referat sprawozdawczy **Rechenzentrum** n centrum obliczeniowe

**recherchieren** [reʃɛrˈʃiːrən] (-) v/t szukać informacji (o *lok*); v/i prowadzić dochodzenie

**rechnen** (-e-) v/t obliczać ⟨-czyć⟩, wyliczać ⟨-czyć⟩; v/i MAT liczyć, rachować (**im Kopf** w pamięci); (*bauen auf*) liczyć (**auf** j-n, etw na *akk*); **mit etw** ~ liczyć się z (*inst*); (*erwarten*) spodziewać się (*gen*); **damit habe ich nicht gerechnet** tego się nie spodziewałem (-łam); **mit ihm hat sie nicht gerechnet** nie liczyła na niego; **sich ~** opłacać ⟨-cić⟩ się **Rechner** m (*Computer*) komputer **rechnerisch** rachunkowy; *präd* rachunkowo **Rechnung** f rachunek; **das geht auf meine ~** to idzie na mój rachunek; **etw in ~ stellen** przedstawi(a)ć rachunek na (*akk*); wli-

czać ‹-czyć› do rachunku (akk); e-r Sache **~ tragen** brać w rachubę (akk), liczyć się z (inst) **Rechnungsbetrag** m suma rachunku **Rechnungsdatum** n data rachunku **Rechnungsjahr** n rok obrachunkowy **Rechnungsprüfer(in)** m(f) rewident(ka) księgowy (-wa)
**recht** adj (richtig) słuszny, właściwy (-wie); (wirklich) prawdziwy (-wie); **am ~en Ort zur ~en Zeit** na właściwym miejscu we właściwym czasie; **auf der ~en Spur sein** być na właściwym tropie; **j-m ~ sein** odpowiadać, pasować (dat); **ganz ~!** zupełnie słusznie!; **~ so!** i słusznie!; **es j-m ~ machen** dogodzić pf k-u; **wenn ich ~ verstehe** jeśli dobrze rozumiem; **~ behalten, ~ haben** mieć słuszność od rację; **j-m ~ geben** przyznać(wa)ć rację k-u; **ich weiß (es) nicht ~** nie jestem pewien (f pewna); **nach dem Rechten sehen** mieć oko (na akk), doglądać (gen) **Recht** n (-[e]s; bpl) prawo; (a pl -e) (Anspruch) prawo (**an** dat, **auf** akk [do] gen); **im ~ sein, sich im ~ fühlen** czuć się w prawie; **mit ~, zu ~** słusznie; **alle ~e vorbehalten** wszelkie prawa zastrzeżone
**Rechte**¹ f (Hand) prawa ręka; **zur ~n** po prawicy **Rechte**² f, **Rechte(r)** m (-n) POL prawicowiec **Rechte**³ n: **nach dem ~n sehen** → recht
**Rechteck** n prostokąt **rechteckig** prostokątny **rechtfertigen** v/t usprawiedliwi(a)ć (**wegen** z powodu gen) **Rechtfertigung** f usprawiedliwienie **rechtlich** prawny **rechtmäßig** legalny, zgodny z prawem
**rechts** adv na prawo (**von** od gen); **~ gehen, fahren** iść, jechać prawą stroną; **nach ~** na prawo; **von ~** z prawa, z prawej **Rechtsabbieger** m (pojazd) skręcający w prawo **Rechtsanwalt** m, **Rechtsanwältin** f adwokat **Rechtsbehelf** m (-[e]s; -e) JUR środek zaskarżenia **Rechtsberater(in)** m(f) m doradca prawny **Rechtsbruch** m naruszenie prawa **rechtschaffen** uczciwy **Rechtschreibung** f pisownia **rechtsextremistisch** skrajnie prawicowy, ultraprawicowy **Rechtsgrundlage** f JUR podstawa prawna **rechtskräftig** prawomocny; **~ werden** uprawomocni(a)ć się **Rechtskurve** f zakręt w prawo **Rechtslage** f (bpl) sytuacja prawna **Rechtspflege** f wymiar sprawiedliwości **Rechtsprechung** f (bpl) orzecznictwo (sądowe); jurysdykcja **Rechtsschutz** m ochrona prawna **Rechtsschutzversicherung** f ubezpieczenie od kosztów ochrony prawnej **rechtsseitig** prawostronny **Rechtsstreit** m spór prawny **rechtsverbindlich** prawnie obowiązujący **Rechtsverkehr** m auf der Straße ruch prawostronny **Rechtsvorschrift** f przepis prawny **Rechtsweg** m (bpl) droga prawna **rechtswidrig** bezprawny **rechtwink(e)lig** prostopadły (-le); MAT prostokątny **rechtzeitig** terminowy, ... we właściwym czasie, ... na czas, ... w porę; (frühzeitig) prąd zawczasu
**Reck** n (-[e]s; -e od -s) SPORT drążek **recken** v/t ‹wy›prostować; Hals wyciągać ‹-gnąć›; **sich ~** przeciągać ‹-gnąć› się
**Recycling** [ri'saiklin] n recycling m, utylizacja
**Redaktion** f redakcja **redaktionell** redakcyjny
**Rede** f mowa; **e-e ~ halten** wygłaszać ‹-głosić› mowę; (**das ist**) **nicht der ~ wert** nie ma o czym mówić; **der langen ~ kurzer Sinn** krótko mówiąc, umg nie ma co dużo gadać **redegewandt** adj elokwentny, wymowny, umg wygadany **reden** (-e-) v/t u. v/i mówić (**über** akk, **von** dat o lok); (e-e Rede halten) a. przemawiać ‹-mówić› (**vor, zu j-m** do gen); **nicht mehr miteinander ~** nie rozmawiać ze sobą **Redensart** f powiedzenie, powiedzonko **Redewendung** f zwrot frazeologiczny
**Redner(in)** f) m mówca m (-czyni) **Rednerpult** n, **Rednertribüne** f mównica
**reduzieren** (-) ‹z›redukować
**Reeder** m armator
**reell** Firma solidny
**Referat** n (-[e]s; -e) referat **Referendar(in)** f) m aplikant(ka) **Referent(in)** m(f) (**-en**) referent(ka) **referieren** (-) v/t ‹z›referować (akk)
**reflektieren** (-) v/t Licht odbi(ja)ć; v/i umg **auf etw ~** reflektować na (akk) **Reflex** m (-es; -e) FIZ refleks, odblask; MED, PSYCH, fig odruch, refleks **reflexiv** GRAM zwrotny

**Reform** f reforma **Reformhaus** n sklep z ziołami i artykułami dietetycznymi **reformieren** (-) ⟨z⟩reformować
**Regal** n (-s; -e) etażerka, regał
**Regatta** f (-; -tten) regaty fpl
**rege** (rüstig) żwawy
**Regel** f (-; -n) reguła, prawidło; MED miesiączka; **in der ~** z reguły; **sich an die ~n halten** trzymać się reguł; **keine ~ ohne Ausnahme** nie ma reguły bez wyjątku **regelmäßig** regularny, prawidłowy (-wo) **regeln** (-le) ⟨u⟩regulować **regelrecht** umg istny, prawdziwy; präd wprost **Regelung** f regulowanie, regulacja; (Vorschrift) przepis regulujący **regelwidrig** nieprawidłowy
**Regen** m deszcz (a. fig) **Regenbogen** m tęcza **Regenfälle** mpl opady mpl deszczu **Regenmantel** m płaszcz nieprzemakalny **Regenschauer** m przelotny deszcz **Regenschirm** m parasol **Regentag** m deszczowy dzień **Regentropfen** m kropla deszczu **Regenwasser** n woda deszczowa, deszczówka **Regenwetter** n słota, plucha **Regenwurm** m dżdżownica
**Regie** [re'ʒi:] f (bpl) TEATR, rtv reżyseria **regieren** (-) v/t rządzić **Regierung** f rządy mpl; (Kabinett) rząd **Regierungsbezirk** m obwód administracyjny **Regierungschef** m szef rządu **Regierungskoalition** f koalicja rządowa **Regierungspartei** f stronnictwo rządowe **Regierungssprecher(in)** m(f) rzecznik (-iczka) rządu **Regierungswechsel** m zmiana rządu
**Regime** [re'ʒi:m] n (-s; -[-ma] od -s) reżim, reżym, ustrój **Regiment** n (-[e]s; -er) MIL pułk; (pl -e) (Herrschaft) rządy mpl
**Region** f region; GEOG a. strefa **regional**, **Regional-** regionalny
**Regisseur(in** f) [-ʒɪ-] m reżyser(ka)
**Register** n rejestr (a. muz); (Index im Buch) skorowidz **registrieren** (-) ⟨za⟩rejestrować; fig a. ⟨od⟩notować (w pamięci)
**Regler** m regulator
**regnen**: unpers **es regnet** pada deszcz; fig **es regnete** ... posypały się ... **regnerisch** deszczowy (-wo), dżdżysty (-to)
**regulär** regularny **regulierbar** regulowany, nastawiany **regulieren** (-) ⟨na-, wy⟩regulować

**Regung** f (Empfindung) uczucie **regungslos** nieruchomy (-mo)
**Reh** n (-[e]s; -e) sarna
**Reha** f (-; -s) rehabilitacja **Rehaklinik** f sanatorium **rehabilitieren** (-) ⟨z⟩rehabilitować **Rehabilitierung** f rehabilitacja
**Rehbraten** m pieczeń f z sarny
**Reibekuchen** m placek ziemniaczany **reiben** (rieb, gerieben) v/t trzeć, pocierać, nacierać ⟨-trzeć⟩; **sich** (dat) **die Augen ~** przecierać ⟨-trzeć⟩ (sobie) oczy; **sich die Hände ~** zacierać ⟨-trzeć⟩ ręce (a. fig) **Reibung** f tarcie **reibungslos** gładki (-ko); präd a. bez przeszkód od trudności
**reich** bogaty (an dat w akk); **~es Wissen** rozległa wiedza; **ein ~es Betätigungsfeld** szerokie pole działania; **j-n ~ machen** ⟨u⟩czynić bogatym, wzbogacać ⟨-cić⟩ (akk); **~ sein** (an dat) Land usw obfitować (w akk); **~ illustriert** bogato ilustrowany **Reich** n (-[e]s; -e) imperium n; fig królestwo **reichen** v/t (geben) poda(wa)ć; v/i (sich erstrecken) sięgać (**bis do** gen); umg **jetzt reichts aber!** dość tego! **reichhaltig** bogaty (-to) **reichlich** adj obfity (-cie) **Reichtum** n (-s; -tümer) bogactwo **Reichweite** f zasięg
**reif** dojrzały (-le)
**Reif** m (-[e]s; bpl) (Niederschlag) sadź f, szron
**Reife** f (bpl) dojrzałość f (a. fig); **mittlere ~** mała matura **reifen** (sn) dojrze(wa)ć
**Reifen** m obręcz f; an Fahrzeugen opona **Reifendruck** m (pl -drücke) ciśnienie w oponach **Reifenpanne** f przebicie opony
**Reifeprüfung** f egzamin dojrzałości **Reifezeugnis** n świadectwo dojrzałości
**reiflich** gruntowny
**Reigen** m korowód (taneczny)
**Reihe** f rząd, szereg; kolejka; **in ~n** rzędami; **in Reih und Glied** w zwartym szyku, ramię w ramię; **sich in e-r ~ aufstellen** stawać ⟨stanąć⟩ rzędem obok siebie; ustawić się pf w szereg; fig umg **aus der ~ tanzen** robić według własnego widzimisię; **der ~ nach** po kolei, kolejno; **wer ist an der ~?** kto następny?; **jetzt bist du an der ~** teraz kolej na ciebie; **außer der ~** poza kolejką **Reihenfolge** f ko-

lejność f, porządek **Reihenhaus** n dom w szeregowej zabudowie, umg szeregowiec, segment
**Reiher** m czapla
**Reim** m (-[e]s; -e) rym; (Gedicht) rymowanka **reimen** v/t rymować
**rein**¹ umg → herein, hinein
**rein**² adj czysty (-to); Wahrheit a. szczery; **~e Wolle** czysta wełna; **~e Luft** czyste powietrze; **~er Klang** czysty dźwięk; **chemisch ~** chemicznie czysty; **mein Gewissen ist ~** mam czyste sumienie; **ins Reine schreiben** przepis(yw)ać na czysto; e-e Sache **ins Reine bringen** ⟨u⟩porządkować; ⟨u⟩regulować (akk); **mit j-m ins Reine kommen** rozmówić się, dojść do ładu z (inst); umg **das ist der ~ste Wahnsinn!** to czyste szaleństwo!; adv (ausschließlich) jedynie, tylko; umg (völlig) absolutnie; **~ gar nichts** absolutnie nic
**Reinfall** umg m klapa **reinfallen** umg fig v/i (irr; sn) wpaść pf, urządzić się pf; **auf etw ~** oszukać się pf na (lok), da(wa)ć się nabrać a. (akk)
**Reingewinn** m czysty zysk, zysk netto **Reinhaltung** f (bpl) utrzym(yw)anie czystości (gen) **Reinheit** f (bpl) czystość f **reinigen** oczyszczać, ⟨o⟩czyścić **Reiniger** m oczyszczacz **Reinigung** f czyszczenie, oczyszczanie, oczyszczenie
**reinlegen** umg → hereinlegen
**reinlich** dbający o czystość, schludny (-nie); czyściutki (-ko) **reinrassig** rasowy, czystej krwi **reinste** sup najczystszy; → rein
**Reis** m (-es; bpl) ryż
**Reise** f podróż f; **gute ~!** szczęśliwej podróży!; **e-e ~ machen** odby(wa)ć podróż **Reiseandenken** n pamiątka od upominek z podróży **Reisebericht** m sprawozdanie n z podróży **Reisebüro** n biuro podróży **Reisefieber** n gorączka f podróży **Reiseführer** m przewodnik turystyczny **Reisegruppe** f grupa wycieczkowa, wycieczka **Reisekosten** pl koszty mpl podróży **Reiseleiter(in)** m(f) pilot(ka) wycieczki **reisen** v/i (sn) podróżować **Reisende(r)** m (-n) podróżny, pasażer; HANDEL komiwojażer **Reisepass** m paszport **Reiseroute** f trasa podróży **Reisescheck** m czek podróżny **Reiseschutz** m ubezpieczenie n podróży **Reisetasche** f torba

podróżna **Reiseveranstalter** m operator turystyczny; engS biuro podróży **Reiseverkehr** m ruch pasażerski w sezonie turystycznym **Reisewarnung** f ostrzeżenie dla podróżujących; **eine ~ herausgeben** wydać ostrzeżenie dla podróżujących **Reiseziel** n cel podróży
**Reisig** n (-s; bpl) chrust
**Reißbrett** n rysownica **reißen** (reißt, reiße!, riss, gerissen) **A** v/t Sache ⟨po⟩rwać, ⟨po⟩drzeć; **etw ~ aus** (dat) wydzierać ⟨-drzeć⟩, wyr(y)wać z (gen); fig **j-n aus dem Schlaf ~** wyr(y)wać k-o ze snu; **etw ~ von** (dat) zrywać ⟨zerwać⟩ z (gen); **etw mit sich ~** por(y)wać; **etw an sich ~** pochwycić pf (akk); fig zagarniać ⟨-nąć⟩ (akk); **j-n zu Boden ~** obalać ⟨-lić⟩ na ziemię (akk) **B** v/i **1** (h) **~ an** (dat) szarpać, targać (inst, za akk) **2** (sn) Schnur usw ur(y)wać się, a. Stoff rozrywać ⟨rozerwać⟩ się, a. Verbindung przer(y)wać się; Saite urwać się pf, pęknąć pf; (Löcher bekommen) ⟨po⟩rwać się **C** v/r **sich am Draht ~** skaleczyć się pf o drut; fig **sich um etw ~** wydzierać sobie, rozchwytywać (akk); **die Fans haben sich um ihn gerissen** on miał ogromne wzięcie u fanów; **ich reiße mich nicht um** (akk) nie zależy mi bardzo na (lok) **Reißverschluss** m zamek (błyskawiczny), suwak **Reißwolf** m niszczarka dokumentów; für Textilien szarparka **Reißzwecke** f pinezka, pluskiewka
**reiten** (reitet, ritt, geritten) v/t jeździć, jechać wierzchem (**ein Pferd** na koniu) **Reiten** n (-s; bpl) jazda konna; SPORT jeździectwo, hipika **Reiter(in)** m(f) jeździec **Reithose** f bryczesy pl **Reitpferd** n wierzchowiec **Reitschule** f szkoła konnej jazdy **Reitsport** m jeździectwo, hipika **Reitstiefel** m but do jazdy konnej
**Reiz** m (-es; -e) bodziec; fig urok, powab **reizbar** porywczy (-czo), drażliwy (-wie) **reizen** (-zt) v/t (erregen) pobudzać, drażnić **reizend** adj uroczy (-czo); (goldig) milutki (-ko) **Reizhusten** m kaszel odruchowy **Reizung** f MED podrażnienie **reizvoll** pełen wdzięku, uroczy; Angebot pociągający, atrakcyjny **Reizwäsche** f bielizna erotyczna
**rekeln** (-le): **sich ~** przeciągać ⟨-gnąć⟩ się; im Sessel rozwalać ⟨-lić⟩ się (wygodnie)

**Reklamation** f reklamacja **Reklame** f reklama **reklamieren** (-) ⟨za⟩reklamować

**rekonstruieren** (-) ⟨z⟩rekonstruować
**Rekord** m (-[e]s; -e) rekord **Rekordhalter(in)** m(f) rekordzista m (-tka) **Rekorder** m magnetofon; *für Video* wideomagnetofon, magnetowid
**rekrutieren** (-) rekrutować
**Rektor** m (-s; -toren), **Rektorin** [-'to:-] f *Schule* dyrektor; *Hochschule* rektor
**Relais** [rə'lɛ:] n (-s; -s) przekaźnik
**relativ** a. [-'ti:f] względny, relatywny **relativieren** (-) ⟨z⟩relatywizować **Relativitätstheorie** f (bpl) teoria względności **relevant** istotny
**Relief** [reli'ɛf] n (-s; -s od -e) relief
**Religion** f religia; (*Konfession*) wyznanie **Religionsfreiheit** f (bpl) swoboda wyznań **Religionsunterricht** m nauka religii **Religionszugehörigkeit** f przynależność wyznaniowa **religiös** religijny; (*fromm*) religijny, pobożny
**Reliquie** [re'li:kviə] f relikwia
**Remoulade** [remu'la:də] f, **Remouladensoße** f remulada, sos remoulade m
**rempeln** (-le) popychać ⟨-pchnąć⟩, szturchać ⟨-chnąć⟩
**Renaissance** [rənɛ'sãːs] f (bpl) renesans (a. fig), odrodzenie
**Rendezvous** [rãde'vuː] n (-; - [-'vuːs]) randka, schadzka
**Rendite** f (roczny) zysk z kapitału
**Rennbahn** f tor wyścigowy **rennen** v/i (rannte, gerannt; *irgendwohin* ⟨po⟩biec, ⟨po⟩pędzić, ⟨po⟩gnać; **gegen etw ~** wpadać ⟨wpaść⟩ na (akk) **Rennen** n wyścig **Rennerei** umg f bieganina **Rennfahrer(in)** m(f) AUTO kierowca m wyścigowy **Rennpferd** n koń wyścigowy **Rennrad** n rower wyścigowy, umg wyścigówka **Rennstrecke** f trasa wyścigu **Rennwagen** m samochód wyścigowy
**renommiert** adj renomowany
**renovieren** (-) v/t przeprowadzać ⟨-dzić⟩ renowację (gen), odnawiać ⟨odnowić⟩ (akk) **Renovierung** f renowacja
**rentabel** rentowny, zyskowny **Rentabilität** f (bpl) rentowność f
**Rente** f renta (a. *Kapitalrente*); umg **auf, in ~ gehen** przechodzić ⟨przejść⟩ na rentę; umg **auf, in ~ sein** być na rencie; **~ bekommen** pobierać rentę **Rentenalter** n wiek emerytalny **Rentenversicherung** f ubezpieczenie rentowe
**Rentier** n renifer, ren
**rentieren** (-): **sich ~** opłacać ⟨-cić⟩ się
**Rentner(in** f) m rencista m (-tka)
**Reparatur** f (gen, **an** dat) naprawa, reperacja (gen); BUD, TECH a. remont (gen) **Reparaturwerkstatt** f warsztat naprawczy **reparieren** (-) naprawi(a)ć, ⟨z⟩reperować; BUD, TECH a. ⟨wy⟩remontować
**Repertoire** [-to'aːr] n (-s; -s) repertuar
**Reportage** [-'taːʒə] f reportaż **Reporter(in)** m(f) reporter(ka)
**Repräsentant(in)** m(f) (-en) reprezentant(ka), przedstawiciel(ka) **repräsentieren** (-) reprezentować
**Repressalien** fpl represje fpl.
**Reproduktion** f reprodukcja
**Reptil** n (-s; -ien [-iən]) gad
**Republik** f republika; **~ Polen** Rzeczpospolita Polska **Republikaner(in** f) m republikanin (-nka) **republikanisch** republikański
**Reservat** n (-[e]s; -e) rezerwat **Reserve** f rezerwa (a. fig, MIL, SPORT) **Reserverad** n koło zapasowe **reservieren** (-) ⟨za⟩rezerwować **Reservierung** f rezerwacja
**Residenz** f rezydencja
**resignieren** v/i (-) ⟨z⟩rezygnować
**Resolution** f rezolucja, uchwała
**Resonanz** f rezonans; fig oddźwięk, reperkusje fpl
**Resort** n (-s) resort m
**Respekt** m (-[e]s; bpl) szacunek, respekt **respektieren** (-) respektować **respektvoll** nacechowany szacunkiem; *präd* z respektem
**Ressourcen** [rɛ'sʊrsən] fpl zasoby mpl; (*Mittel*) środki mpl
**Rest** m (-[e]s; -e) reszta
**Restaurant** [rɛsto'rãː] n (-s; -s) restauracja, lokal **Restauration** f restauracja **restaurieren** (-) ⟨od⟩restaurować
**Restbestand** m reszta, pozostałość f **restlich** pozostały **restlos** präd do szczętu; MAT bez reszty
**Resultat** n (-[e]s; -e) wynik, rezultat **resultieren** (-) wynikać ⟨-knąć⟩ (**aus** z gen); **daraus resultiert, dass** z tego wyni-

**Retortenbaby** *umg n* dziecko z probówki
**retten** ⟨-e-⟩ *v/t* ⟨u-, wy⟩ratować, ocalać ⟨-lić⟩; **sich** ⟨u⟩ratować się, ocalić się **(durch [die] Flucht** ucieczką); **sich vor etw** (*dat*) ~ *a*. schronić się *pf* (przed *inst*) **Retter(in)** *m(f)* wybawiciel(ka); (*Berufsretter*) ratownik (-iczka)
**Rettich** *m* ⟨-s; -e⟩ rzodkiew *f*
**Rettung** *f* ratunek, ocalenie **Rettungsaktion** *f* akcja ratownicza **Rettungsboot** *n* łódź ratunkowa **Rettungsdienst** *m* służba ratownicza; MED pogotowie ratunkowe **rettungslos** beznadziejny; **~ verloren** nie do ocalenia **Rettungsring** *m* koło ratunkowe **Rettungswagen** *m* karetka pogotowia ratunkowego **Rettungsweste** *f* kamizelka ratunkowa
**Reue** *f* (*bpl*) skrucha **reumütig** skruszony, *prąd* ze skruchą
**Revanche** [-vā:ʃ(ə)] *f* (*bpl*) rewanż, odwet **revanchieren** [-'ʃiː-] ⟨-⟩: **sich bei j-m** ~ ⟨z⟩rewanżować się, odpłacać ⟨-cić⟩ (się) k-u (**für etw** za *akk*); **sich mit etw** ~ zrewanżować się (*inst*)
**Revers** [ra'veːr] *n od m* ⟨-; - [-'veːrs]⟩ (*Aufschlag*) wyłóg, klapa
**revidieren** ⟨-⟩ ⟨z⟩rewidować
**Revier** [re'viːr] *n* ⟨-s; -e⟩ *im Forst* rewir *m*; (*Polizeirevier*) komisariat
**Revision** *f* rewizja; **~ einlegen** wnieść *pf od* założyć *pf* rewizję
**Revolte** *f* bunt, rewolta **revoltieren** *v/i* ⟨-⟩ ⟨z⟩buntować się **Revolution** *f* rewolucja **revolutionieren** ⟨-⟩ ⟨z⟩rewolucjonizować
**Revolver** *m* rewolwer
**Revue** [re'vyː, *pl* -'vyːən] *f* rewia; (*Zeitschrift*) przegląd
**Rezension** *f* recenzja
**Rezept** *n* ⟨-[e]s; -e⟩ recepta (*a. fig*); KULIN przepis **Rezeption** *f* recepcja **rezeptpflichtig** wydawany (tylko) z przepisu lekarza
**Rezession** *f* recesja
**rezitieren** ⟨-⟩ ⟨wy⟩recytować
**Rhabarber** *m* (*bpl*) rabarbar
**rheinisch** reński **rheinländisch** nadreński
**rhetorisch** retoryczny
**Rheuma** *n* ⟨-s; bpl⟩ reumatyzm **rheumatisch** reumatyczny
**rhythmisch** rytmiczny
**Ribisel** *f* ⟨-; -[n]⟩ *austr* porzeczka
**richten** ⟨-e-⟩ **A** *v/t* **1** ⟨s⟩kierować **(auf** *akk*, **nach** na *akk*; **an** *akk do gen*; **gegen** przeciwko *dat*; *Waffe a*. ⟨wy⟩celować **(auf, gegen** *akk* w *akk*) **2** (*richtig einstellen*) nastawi(a)ć (*a.* MED); **etw gerade** ~ ⟨wy⟩prostować (*akk*) **3** (*in Ordnung bringen*) poprawi(a)ć **4** (*bereiten*) przygotow(yw)ać, ⟨na-, przy⟩szykować **B** *v/r* **sich nach etw, j-m** ~ ⟨za⟩stosować się (do *gen*); **sich gegen etw, j-n** ~ być skierowanym, być wymierzonym (przeciwko *dat*); **sich auf etw** ~ być skierowanym na (*akk*), skupi(a)ć się na (*lok*) **Richter** *m* sędzia *m* **richterlich** sędziowski
**Richtfest** *n* uroczystość *f* zawieszenia wiechy **Richtgeschwindigkeit** *f* prędkość zalecana
**richtig** **A** *adj* **1** właściwy (-wie), dobry (-brze) **2** (*zutreffend*) słuszny, trafny **3** (*fehlerlos*) prawidłowy (-wo), poprawny **4** (*echt*) prawdziwy (-wie); **der ~e Weg** właściwa *od* dobra droga; **die ~e Wahl** słuszny *od* trafny wybór; **die ~e Mutter** prawdziwa matka **5** *prąd* **die Uhr geht ~** zegarek idzie dobrze; **~ gehend** *Uhr* dokładny; **ich halte es für ~, zu** (+ *inf*) uważam, że należałoby (+ *inf*); *umg* **ich suche ..., bin ich hier ~?** szukam ..., czy dobrze trafiłem?; *umg* **nicht ganz ~ im Kopf sein** mieć nie po kolei w głowie **B** *adv* (*in der Tat*) rzeczywiście, naprawdę; **~!** faktycznie! **C** *subst* **das Richtige tun** postąpić właściwie *od* dobrze; **er hat nichts Richtiges gelernt** niczego porządnego się nie nauczył **Richtigkeit** *f* (*bpl*) słuszność *f*; *e-s Textes* prawidłowość *f* **Richtigstellung** *f* sprostowanie
**Richtlinie** *f* wytyczna **Richtpreis** *m* cena zalecana **Richtung** *f* kierunek (*a. fig*); strona; **in diese(r)** ~ w tym kierunku, w tę stronę; **in entgegengesetzter** ~ w odwrotnym kierunku; **aus** ~ ... od strony (*gen*) **Richtwert** *m*, **Richtzahl** *f* wartość *od* ilość orientacyjna
**rieb** → **reiben**
**riechen** (roch, gerochen) *v/t* ⟨po⟩czuć zapach (*gen*); *fig umg* (*witterm*) ⟨z⟩wietrzyć (*akk*); *v/i* **an etw** (*dat*) ~ ⟨po⟩wąchać (*akk*); **nach etw** (*dat*) ~ (*duften*) pachnieć (*inst*); (*miefen*) czuć (*akk*, *inst*), trącić (*inst*);

**gut, schlecht ~** przyjemnie, brzydko pachnieć
**rief** → **rufen**
**Riegel** m rygiel, zasuwa; KULIN baton
**Riemen** m pas
**Riese** m (-n) wielkolud
**rieseln** v/i (-le; a sn) Sand sypać się
**Riesenrad** n diabelski młyn **riesig** adj olbrzymi, ogromny
**riet** → **raten**
**Rille** f bruzda, rowek
**Rind** n (-[e]s, -er) (Hausrind) bydlę; (bpl (Fleisch) wołowina; **~er** pl koll bydło rogate, rogacizna
**Rinde** f kora; vom Brot skórka
**Rinderbraten** m pieczeń wołowa **Rinderwahnsinn** umg m choroba wściekłych krów **Rindfleisch** n mięso wołowe, wołowina
**Ring** m (-[e]s; -e) (Schmuck) a. pierścionek; (Trauring) obrączka; für Schlüssel kółko; (Straße) obwodnica; **~e** pl (Turngerät) kółka npl
**ringeln** (-le): **sich ~** wić się **Ringelnatter** f zaskroniec
**ringen** (rang, gerungen) v/i (kämpfen) zmagać się, mocować się (**mit** z inst); SPORT uprawiać zapasy; **nach Atem ~** z trudem łapać oddech; **nach, um Fassung ~** usiłować zapanować nad sobą; **mit sich** (dat) **~** zmagać się ze sobą **Ringer** m zapaśnik **Ringfinger** m palec serdeczny **Ringkampf** m walka zapaśnicza, zapasy mpl **Ringrichter** m sędzia ringowy **rings** adv: **~ um** (akk) dokoła, wokół (gen) **Ringstraße** f obwodnica, okrężna ulica **rings(her)um, ringsumher** naokoło, wokoło, do(o)koła
**Rinne** f am Dach rynna **rinnen** (rann, geronnen; sn) (fließen) ciec, cieknąć, lać się; (h) (undicht sein) reg przeciekać **Rinnsal** n (-[e]s; -e) (cienka) struga **Rinnstein** m rynsztok
**Rippchen** n bes KULIN żeberko **Rippe** f żebro (a. TECH); BOT żyłka **Rippenfellentzündung** f MED zapalenie opłucnej **Rippenstoß** m szturchaniec
**Risiko** n (-s; -ken) ryzyko **Risikofaktor** m czynnik m ryzyka
**riskant** ryzykowny **riskieren** (-) ⟨za⟩ryzykować
**riss** → **reißen Riss** m (-es; -e) im Felsen usw pęknięcie, szczelina; (leichte Verletzung) zadraśnięcie **rissig** popękany, spękany
**ritt** → **reiten Ritt** m (-[e]s; -e) jazda konno; (Ausflug) konna przejażdżka **Ritter** m rycerz; e-s Ordens kawaler **ritterlich** rycerski; präd bes fig rycersko, po rycersku
**rituell** rytualny; obrzędowy **Ritus** m (-; -ten) obrządek; rytuał
**Ritze** f szpara **ritzen** (-zt) v/t ⟨po⟩rysować, zadrap(yw)ać; Haut zadrasnąć pf; (einritzen) wydrap(yw)ać (**in** akk na lok); ⟨wy⟩grawerować; **sich ~** zadrasnąć się pf
**Rivale** m (-n) rywal **rivalisieren** v/i (-) rywalizować (**mit j-m um** akk z kimś o akk) **Rivalität** f rywalizacja
**Roaming** n (-s; bpl) TEL roaming **Roaminggebühren** fpl TEL opłaty fpl za roaming
**Roastbeef** ['ro:s(t)biːf] n (-s; -s) rostbef **robben** v/i (sn) czołgać się **Robbe** f foka **Robe** f talar, toga; (festliches Kleid) powłóczysta suknia
**Roboter** m robot
**robust** krzepki, wytrzymały; (widerstandsfähig) odporny
**roch** → **riechen**
**röcheln** v/i (-le) rzęzić, charczeć
**Rochen** m ZOOL płaszczka
**Rock** m (-[e]s; Röcke) spódnica, spódniczka; **langer ~** früher surdut
**Rodelbahn** f tor saneczkowy **rodeln** v/i (-le) zjeżdżać na sankach
**roden** (-e-) Wald ⟨wy⟩karczować
**Rodler(in)** m(f) saneczkarz (-rka)
**Roggen** m (-s; bpl) żyto
**roh** (nicht gekocht od bearbeitet) surowy **Rohbau** m (pl -ten) budynek w stanie surowym **Rohheit** f (bpl) brutalność f **Rohöl** n surowa ropa naftowa
**Rohr** n (-[e]s; -e) rura; e-r Kanone lufa **Rohrbruch** m pęknięcie rury **Röhrchen** n rurka; umg **ins ~ blasen** dmuchać w alkomat **Röhre** f rura; (Backröhre) piekarnik **röhrenförmig** rurkowaty (-to) **Rohrleitung** f rurociąg **Rohrzange** f obcęgi pl do rur **Rohrzucker** m cukier trzcinowy
**Rohstoff** m surowiec
**Rollbraten** m pieczeń zwijana
**Rolle** f rolka; (zusammengerolltes Papier usw) rulon, zwój, rol(k)a; TEATR, fig rola; fig **keine ~ spielen** nie odgrywać (żadnej) roli **rollen** v/t Fass ⟨po⟩toczyć; Teig roz-

wałkować pf; **sich ~** zwijać ⟨zwinąć⟩ się (w rolce) **Roller** m für Kinder hulajnoga; (Motorroller) skuter **Rollkoffer** m walizka f na kółkach **Rollkragenpullover** m golf **Rollladen** m żaluzja opuszczana **Rollschinken** m baleron **Rollschuh** m wrotka; **~ laufen** jeździć na wrotkach **Rollstuhl** m wózek inwalidzki **Rolltreppe** f schody pl ruchome
**Rom** m (-;; -a) Person Rom
**Roman** m (-s; -e) powieść f, romans **Romanschriftsteller(in)** m(f) powieściopisarz (-rka) **Romantik** f (bpl) romantyzm; (das Romantische) romantyka **romantisch** romantyczny **Romanze** f romanca; umg fig romans(ik)
**Römer** m HIST Rzymianin **römisch** rzymski **römisch-katholisch** rzymskokatolicki
**Romni** f (-;; -nija od -nja) Romka
**röntgen** prześwietlać ⟨-lić⟩ **Röntgenbefund** m wynik badania rentgenowskiego **Röntgenbild** n obraz rentgenowski; (Aufnahme) zdjęcie rentgenowskie
**rosa** (unv) różowy (-wo) **Rose** f róża (a. MED) **Rosenkohl** m brukselka **Rosenkranz** m rel różaniec **Rosenmontag** m poniedziałek zapustny **Rosenstock** m krzew od krzak róży **rosig** różowy (-wo) (a. fig)
**Rosine** f rodzynek, rodzynka
**Rost**[1] m (-[e]s; -e) ruszt
**Rost**[2] m (-[e]s; bpl) rdza; **~ ansetzen** pokry(wa)ć się rdzą
**Rostbraten** m pieczeń f z rusztu **rosten** v/i (-e-) ⟨za⟩rdzewieć **rösten** (-e-) opiekać ⟨opiec⟩, obrumieni(a)ć **rostfrei** nierdzewny **rostig** zardzewiały **Rostschutzmittel** n środek przeciwrdzewny
**rot** (röter od -er; röteste od -este) czerwony (-no) (a. POL); Haar rudy; **~ färben** Haare ufarbować na rudo; **~ werden** ⟨za⟩rumienić się; **Rotes Kreuz**; **die Roten** POL czerwoni **Rot** n (-s; bpl) czerwień f; (Licht) czerwone światło **Rotbarsch** m karmazyn **Röte** f im Gesicht rumieniec **Röteln** pl MED różyczka **röten** (-e-) v/t ⟨za⟩czerwienić; **sich ~** ⟨za⟩czerwienić się, ⟨po⟩czerwienieć (**von** od gen); Wangen a. zarumienić się pf **rothaarig** rudowłosy

**rotieren** v/i (-) obracać się, wirować
**Rotkohl** m, **Rotkraut** reg n kapusta czerwona **rötlich** czerwonawy (-wo); Haar rudawy **Rotlicht** n czerwone światło **Rotlichtviertel** n dzielnica czerwonych latarni **Rotstift** m czerwony ołówek, czerwona kredka **Rotwein** m wino czerwone
**Rotz** m (-es; bpl) pop smark, gil; (Tierkrankheit) nosacizna **Rotznase** f pop zasmarkany nos; umg fig abw smarkacz, smarkula; pl **~n** koll smarkateria
**Roulade** [ru-] f KULIN rolada, zraz zawijany
**Route** ['ruːtə] f trasa, marszruta **Routenplaner** m (-s; -) routeplanner
**Routine** [ru-] f (bpl) rutyna; (a. pl) IT program (zamknięty) **routiniert** [ru-] adj rutynowany
**Rowdy** ['raudi] m (-s; -s) chuligan, oprych; pl **~s** koll chuliganeria
**rubbeln** v/t u. v/i (-le) reg → reiben; Rubbelfeld zdrap(yw)ać
**Rübe** f burak; umg fig (Kopf) bańka, dynia; **Rote ~** burak ćwikłowy; reg **Gelbe ~** marchew f
**rüber** umg adv → herüber, hinüber **rüberbringen** umg (irr) Sache przynosić ⟨-nieść⟩ tu; fig Inhalt przedstawi(a)ć, naświetlać ⟨-lić⟩
**Rubin** m (-s; -e) rubin
**Rubrik** f rubryka
**Ruck** m (-[e]s; -e) szarpnięcie; umg bei den Wahlen przesunięcie
**ruckartig** gwałtowny; **~ bremsen** gwałtownie ⟨za⟩hamować; **sich ~ bewegen** poruszać się zrywami
**rückbezüglich** GRAM zwrotny **Rückbildung** f rozwój wsteczny; BIOL inwolucja **Rückblende** f retrospekcja **rückblickend** adj retrospekcyjny; prąd sięgając pamięcią wstecz **rückdatieren** (-) antydatować
**rücken** v/t (verschieben) przesuwać ⟨-sunąć⟩; fig **an j-s Stelle ~** zająć pf miejsce (gen); fig **in weite Ferne ~** schodzić ⟨zejść⟩ na dalszy plan
**Rücken** m plecy pl, umg grzbiet **Rückendeckung** f MIL osłona tyłów; fig **j-m ~ geben** osłaniać k-o; fig **~ bekommen** znaleźć pf poparcie (**von** u gen) **Rückenmark** n rdzeń kręgowy **Rückenschwimmen** n styl grzbietowy **Rü-**

**ckenwind** m wiatr z tyłu **Rückfahrkarte** f, **Rückfahrschein** m bilet powrotny **Rückfahrt** f jazda powrotna, powrót **Rückfall** m recydywa; MED a. nawrót **rückfällig** adj: ~ **werden** Suchtkranke popadać <-paść> z powrotem w nałóg; Täter ponownie popełni(a)ć przestępstwo; ~**er Verbrecher** recydywista m **Rückflug** m lot powrotny **Rückgaberecht** n prawo zwrotu **Rückgang** m spadek; EKON a. regresja **rückgängig**: etw ~ **machen** cofać <cofnąć>, anulować (im)pf (akk) **Rückgrat** n kręgosłup
**rückhaltlos** całkowity, absolutny **Rückhand** f (bpl) SPORT backhand m **Rückkehr** f (bpl) powrót **Rücklagen** f/pl rezerwy f/pl **rückläufig** (sinkend) zniżkowy **Rücklicht** n (pl -er) światło tylne **Rücknahme** f e-r Sache odebranie od wzięcie z powrotem **Rückporto** n opłata (pocztowa) za odpowiedź **Rückreise** f podróż powrotna
**Rucksack** m plecak **Rucksacktourist(in)** m(f) turysta m (-tka) z plecakiem, umg plecakowy (-wa)
**Rückschlag** m fig niepowodzenie **Rückschluss** m wniosek **Rückschritt** m regres, regresja **Rückseite** f rewers; **auf der ~** na odwrocie **Rücksicht** f wzgląd; **mit ~ auf** (akk) ze względu na (akk), przez wzgląd na (akk); **mit ~ darauf, dass** ze względu na to, że; ~ **nehmen** mieć wzgląd (**auf** akk na akk); **keine ~ nehmen auf** (akk) nie liczyć się z (inst); **ohne ~ auf** (akk) nie zważając na (akk), bez względu na (akk) **rücksichtslos** bezwzględny, nieopanowany (-wo) **rücksichtsvoll** taktowny, delikatny **Rücksitz** m tylne siedzenie **Rückspiegel** m lusterko wsteczne **Rückspiel** n mecz rewanżowy **Rücksprache** f porozumienie się; **nach ~ mit** j-m po porozumieniu się z (inst); **mit j-m ~ nehmen** uzgadniać <-godnić> (sprawę) z (inst)
**Rückstand** m (Rest) pozostałość f; (Zurückbleiben) zaległość f **rückständig** (nicht modern) zacofany (a. EKON; Zahlungen zaległy **Rückstrahler** m odbłyśnik **Rücktritt** m ustąpienie (ze stanowiska), dymisja; **s-n ~ erklären** poda(wa)ć się do dymisji, zgłaszać <zgłosić> dymisję **Rücktrittbremse** f hamulec typu torpedo **Rückvergütung** f rekompensata **Rückversicherung** f reasekuracja **Rückwand** f tylna ściana od ścianka **rückwärts** adv do tyłu, w tył, wstecz; (von hinten nach vorn) od tyłu **Rückwärtsgang** m AUTO bieg wsteczny **Rückweg** m droga powrotna; **auf dem ~** w drodze powrotnej **rückwirkend** Gesetz o mocy wstecznej; ~ **vom ...** z ważnością wstecz od (gen) **Rückwirkung** f skutek **Rückzahlung** f zwrot, spłata **Rückzug** m odwrót
**Rüde** m (-n) (pies) samiec; (Wolf) basior **Rudel** n stado, gromada
**Ruder** n wiosło; (Steuer) ster **Ruderboot** n łódź wiosłowa **Ruderer** m wioślarz **Ruderklub** m klub wioślarski **rudern** (-re; a sn) v/i wiosłować **Rudern** n (-s; bpl) wiosłowanie; SPORT wioślarstwo
**Ruf** m (-[e]s; -e) krzyk, wołanie; (Aufforderung) wezwanie **rufen** (rief, gerufen) v/t <za>wołać; **j-n** ~, v/i **nach j-m** ~ <za>wołać, przywoł(yw)ać k-o; **um Hilfe** ~ wołać o pomoc
**Rüffel** umg m bura, reprymenda
**Rufname** m imię **Rufnummer** f numer telefonu
**Rüge** f nagana **rügen**: j-n für, wegen etw ~ <z>ganić k-o za (akk)
**Ruhe** f (bpl) spokój; (Erholung) odpoczynek, spoczynek; (die) ~ **bewahren** zachow(yw)ać spokój; **in (aller)** ~ w spokoju, spokojnie; **in ~ lassen** zostawi(a)ć w spokoju; **sich nicht aus der ~ bringen lassen** nie da(wa)ć się wyprowadzić z równowagi; ~! cicho!, spokój! **ruhelos** niespokojny **ruhen** v/i wypoczywać <-cząć>, odpoczywać <-cząć> **Ruhepause** f przerwa (na odpoczynek) **Ruhestand** m (bpl) stan spoczynku; **im ~** w stanie spoczynku, emerytowany; **in den ~ versetzen** przenosić <-nieść> w stan spoczynku **Ruhestörung** f zakłócenie spokoju (publicznego) **Ruhetag** m dzień m wypoczynku, wolny dzień **ruhig** adj spokojny; (still) cichy (-cho)
**Ruhm** m (-[e]s; bpl) sława, chwała **rühmen** v/t sławić, wychwalać (akk); chwalić (j-n wegen etw k-o za akk); **sich ~** (gen) chwalić się (inst) **ruhmreich**, **ruhmvoll** sławny, chlubny
**Ruhr**¹ f (bpl) MED czerwonka **Ruhr**² f

(bpl): **die ~** (Fluss) Ruhra
**Rührei** n, reg **~er** pl jajecznica **rühren** A v/t 1 Teig usw ⟨za⟩mieszać; (bewegen) ruszać ⟨-szyć⟩, poruszać ⟨-szyć⟩ (inst); **etw kaum ~ können** ledwie móc poruszyć pf (inst) 2 fig poruszać ⟨-szyć⟩, wzruszać ⟨-szyć⟩ (**zu Tränen** do łez) B v/i mieszać; **das rührt daher, dass ...** (Ursache in etw haben) to wynika z tego, że ... C v/r **sich ~** ruszać ⟨-szyć⟩ się; **rührt euch!** spocznij! **rührend** adj wzruszający (-co) **rührig** aktywny, dynamiczny; obrotny **Rührlöffel** m warząchew f **rührselig** Lied rzewny; Person czułostkowy, sentymentalny **Rührung** f (bpl) rozrzewnienie, rozczulenie
**Ruin** m (-s; bpl) ruina, upadek **Ruine** f ruina; ARCH mst ruiny pl **ruinieren** (-) v/t ⟨z⟩rujnować
**rülpsen** umg v/i pop bekać ⟨-knąć⟩; **er rülpst** odbija mu się, pop on beka
**rum** umg → herum
**Rumäne** m (-n) Rumun **rumänisch** rumuński (po -ku)
**Rummel** m (-s; Lärm) harmider; reg jarmark
**rumoren** v/i (-) (lärmen) hałasować; im Bauch burczeć
**rumpeln** v/i (-le) (poltern) łoskotać; (sn) Fahrzeug dudnić, gruchotać
**Rumpf** m (-[e]s; Rümpfe) tułów
**rümpfen**: v/t fig **über etw die Nase ~** kręcić nosem na (akk)
**Rumpsteak** n rumsztyk
**rund** adj okrągły; **~ um die Uhr** (przez) całą dobę **Rundblick** m panorama **Runde** f (Gruppe) kółko; SPORT runda (a. Boksen) **Rundfahrt** f wycieczka (autokarem) po mieście
**Rundfunk** m radio(fonia) **Rundfunkgebühr** f abonament radiowo-telewizyjny **Rundfunkprogramm** n program radiowy **Rundfunksender** m rozgłośnia od stacja radiowa
**Rundgang** m spacer, wycieczka **rundheraus** adv bez ogródek **rundherum** adv dokoła, naokoło (gen) **rundlich** zaokrąglony **Rundreise** f podróż okrężna **Rundschreiben** n okólnik **Rundung** f zaokrąglenie, okrągłość f
**runter** umg → herunter, hinunter
**runz(e)lig** pomarszczony **runzeln** (-le) v/t ⟨z⟩marszczyć; **sich ~** pomarszczyć się

pf
**Rüpel** m cham, gbur, ordynus **rüpelhaft** chamski
**rupfen** skubać, oskub(yw)ać
**ruppig** szorstki (-ko)
**Ruß** m (-es; bpl) sadza; kopeć m
**Russe** m (-n) Rosjanin
**Rüssel** m e-s Elefanten trąba
**Russin** f Rosjanka **russisch** rosyjski (po -ku)
**rüsten** (-e-) v/i zbroić się; **zum Krieg ~** przygotow(yw)ać armię do wojny; **sich ~** (**zu**) szykować się (do gen) **rüstig** krzepki (-ko, czerstwy (-wo)
**rustikal** Möbel rustykalny
**Rüstung** f e-s Ritters zbroja; (bpl) zbrojenia npl **Rüstungsindustrie** f przemysł zbrojeniowy, umg zbrojeniówka
**Rute** f rózga; (Angelrute) wędka
**Rutsch** m (-[e]s; -e) GEOL osuwisko; **guten ~ (ins neue Jahr)!** do siego roku! **Rutschbahn** f für Kinder zjeżdżalnia **rutschen** (-; sn) ślizgać się; Erde obsuwać ⟨-sunąć⟩ się **Rutschgefahr** f (Schild) śliska jezdnia
**rütteln** (-le) v/t trząść, potrząsać ⟨-snąć⟩ (inst); v/i Wagen trząść

# S

**Saal** m (-[e]s; Säle) sala
**Saat** f (bpl) (das Säen) siew, zasiew; fig posiew; (a. pl) **junge ~** wschodzące zboże; → **Saatgut** n (bpl) materiał siewny **Saatgut** n (-[e]s; 0) materiał siewny
**Sabbatical** n (-s) (urlop) sabbatical
**Säbel** m szabla
**Sabotage** [-ʒə] f sabotaż **Saboteur** m (-s; -e) sabotażysta m (-tka) **sabotieren** (-) sabotować
**Sachbearbeiter(in)** m(f) referent(ka) **Sachbezüge** mpl pobory mpl w naturze **Sachbuch** n książka popularnonaukowa **Sache** f (Ding) rzecz f; sprawa; **~n** pl rzeczy fpl; **zur ~** w sprawie merytorycznej; do rzeczy; **das ist nicht deine ~** to nie twój interes; JUR **in ~n** w sprawie

**Sachgebiet** n dziedzina **sachgemäß** właściwy (-wie) **Sachkenner** m znawca m przedmiotu **sachkundig** znający się na rzeczy, kompetentny; *Rat* fachowy (-wo) **Sachlage** f (bpl) stan rzeczy **Sachleistung** f świadczenie rzeczowe, świadczenie w naturze **sachlich** rzeczowy (-wo); (sachbezogen) merytoryczny **sächlich** GRAM nijaki, rodzaju nijakiego **Sachschaden** m szkoda materialna
**Sachse** m (-n) Saksończyk, Sas **sächsisch** saksoński, saski (po -ku)
**sacht(e)** adv lekko, łagodnie; (langsam) powolnie, powoli
**Sachverhalt** m (-[e]s; -e) okoliczności fpl sprawy, stan rzeczy **Sachverständige(r)** f (m) rzeczoznawca m
**Sack** m (-[e]s; Säcke) worek, wór; pop (Hodensack) moszna **Sackgasse** f ślepa ulica, ślepa uliczka; fig ślepy zaułek
**Sadist** m (-en) sadysta m
**säen** (säst, sät, sätest, säe!; gesät) ⟨za⟩siać, a. fig ⟨po⟩siać
**Safari** f (-; -s) safari
**Saft** m (-[e]s; Säfte) sok; (Strom) prąd **saftig** soczysty (-ście); fig *Preis* słony
**Sage** f podanie, baśń f, saga
**Säge** f piła, piłka **Sägeblatt** n brzeszczot piły **Sägemehl** n (bpl) trociny fpl
**sagen** v/t mówić ⟨powiedzieć⟩, rzec pf; **so etwas sagt man nicht** tego się nie mówi; **das hat nichts zu ~** to nic nie znaczy; **wie gesagt** jak się rzekło; **man sagt** mówi się, mówią; **unter uns gesagt** między nami (mówiąc); **sag mal, ...** powiedz mi, ...
**sägen** v/t piłować, ciąć; v/i umg (schnarchen) chrapać
**sagenhaft** legendarny; fig fantastyczny **Sägewerk** n tartak
**sah, sähe** → **sehen**
**Sahne** f (bpl) śmietanka, mst saure śmietana **Sahnetorte** f tort śmietankowy
**Saison** [zɛ'zõː] f (-; -s) sezon; in zssgn sezonowy **Saisonschlussverkauf** [zɛ-'zõː-] m wyprzedaż posezonowa
**Saite** f struna; fig **andere ~n aufziehen** uciekać się do innych środków
**Sakko** m od n (-s; -s) marynarka
**Sakrament** n (-[e]s; -e) sakrament
**Sakristei** f zakrystia
**Salat** m (-[e]s; -e) sałata, KULIN a. sałatka **Salatkopf** m główka sałaty **Salatschüssel** f salaterka
**Salbe** f maść f **Salbei** m (-s; bpl) szałwia
**Saldo** m (-s; -den, -di od -s) saldo; **per ~** per saldo; umg (im Endeffekt) w efekcie
**Salon** [za'lõː, za'lɔŋ] m (-s; -s) salon
**salopp** *Ausdruck* pospolity
**Salpeter** m (-s; bpl) saletra
**salutieren** v/i (-) ⟨za⟩salutować
**Salve** f salwa (a. fig)
**Salz** n (-es; -e) sól f (a. CHEM) **salzarm** *Nahrung* niskosolny **salzen** (-zt; pperf gesalzen) ⟨po⟩solić **salzig** słony (-no) **Salzkartoffeln** fpl ziemniaki mpl z wody **Salzsäure** f (bpl) kwas solny **Salzstreuer** m solniczka **Salzwasser** n (bpl) słona woda
**Samen** m nasienie (a. *Sperma*), siemię **Samenerguss** m wytrysk nasienia **Samenkorn** n nasionko, ziarn(k)o
**sämig** *Suppe* zagęszczony, zawiesisty **Sammelaktion** f zbiórka **Sammelband** m zbiór, antologia **sammeln** (-le) v/t zbierać ⟨zebrać, uzbierać⟩; *Briefmarken* a. kolekcjonować; *Gedanken* skupi(a)ć; v/i przeprowadzać ⟨-dzić⟩ zbiórkę; v/r **sich ~** zbierać ⟨zebrać⟩ się; (sich konzentrieren) skupi(a)ć się **Sammelplatz** m miejsce zbiórki **Sammelstelle** f **(für etw)** składnica, zbiornica (gen) **Sammeltaxi** n taksówka f zbiorowa **Sammler(in)** m(f) zbieracz(ka); engS a. kolekcjoner(ka) **Sammlung** f (Menge) zbiór; kolekcja
**Samstag** m sobota
**samt** präp (dat) wraz z, razem z (inst); adv **~ und sonders** wszystkie od persf wszyscy bez wyjątku
**Samt** m (-[e]s; -e) aksamit
**sämtlich** pron indef wszystek (-ka, -ko)
**Sand** m (-[e]s; -e) piasek, piach
**Sandale** f sandał, sandałek
**Sandbank** f (pl -bänke) ławica piaskowa, mielizna **Sanddorn** m BOT rokitnik **Sandelholz** n drewno sandałowe **Sandgrube** f piaskownia **sandig** piaszczysty **Sandkasten** m piaskownica **Sandkorn** n ziarnko piasku **Sandkuchen** m babka piaskowa **Sandpapier** n papier ścierny **Sandsack** m worek z piaskiem **Sandstein** m piaskowiec **Sandstrand** m piaszczysta plaża **Sandsturm** m burza piaskowa
**sandte** → **senden**

**Sanduhr** f klepsydra **Sandwüste** f pustynia piaszczysta
**sanft** łagodny; ⟨zart⟩ delikatny **sanftmütig** potulny
**sang, sänge** → singen **Sänger(in)** m(f) śpiewak (-aczka)
**sanieren** (-) ⟨z⟩modernizować; EKON uzdrawiać ⟨uzdrowić⟩ **Sanierung** f e-s Hauses modernizacja; der Wirtschaft uzdrowienie
**sanitär** sanitarny; **~e Einrichtungen** urządzenia npl sanitarne
**sank, sänke** → sinken
**Sankt** zssgn Święty, Świętego
**Sanktion** f sankcja; JUR a. rygor **sanktionieren** (-) ⟨u⟩sankcjonować
**Saphir** m (-es; -e) szafir; in Zssgn szafirowy
**Sardelle** f sardela **Sardine** f sardynka
**Sarg** m (-es; Särge) trumna
**sarkastisch** sarkastyczny
**saß, säße** → sitzen
**Satan** m (-s; -e) szatan (a. fig)
**Satellit** m (-en) satelita **Satellitenfernsehen** n telewizja satelitarna
**Satin** [za'tɛ̃ː] m (-s; -s) satyna
**Satire** f satyra **satirisch** satyryczny
**satt** syt(y, -a, -e); **sich ~ essen** najadać ⟨-jeść⟩ się do syta; **ich bin es ~ zu** (+ inf) mam dosyć + (gen des Verbalsubstantivs)
**Sattel** m (-s; Sättel) siodło (a. Bergrücken) **sattelfest** fig (in dat) mocny (w lok) **Sattelgurt** m popręg **satteln** (-le) ⟨o⟩siodłać **Sattelschlepper** m ciągnik siodłowy
**sättigen** nasycać ⟨-cić⟩ (a. CHEM, HANDEL)
**Satz** m (-es; Sätze) GRAM zdanie; ⟨Lehrsatz⟩ twierdzenie; ⟨Set⟩ komplet, zestaw; ⟨Bodensatz⟩ osad **Satzbau** m (bpl) GRAM układ wyrazów w zdaniu
**Satzung** f statut
**Satzzeichen** n znak przestankowy
**Sau** f (-; Säue od -en) locha, maciora; pop ⟨Person⟩ abw świnia, świntuch
**sauber** czysty (-to); **~ machen** Raum ⟨po⟩sprzątać (w lok); Sache ⟨o-, wy⟩czyścić; etw **~ halten** utrzym(yw)ać w czystości **Sauberkeit** f (bpl) czystość f **säuberlich** staranny, porządny **säubern** (-re) ⟨wy⟩czyścić **Säuberung** f czyszczenie; POL czystka

**saublöd(e)** pop głupi jak but
**Sauce** ['zoːsə] f sos
**sauer** (saurer, sauerste) kwaśny (-no); **~ werden** Milch ⟨s⟩kwaśnieć, skisić się pf; **~ verdient** ciężko zapracowany **Sauerampfer** m szczaw; in Zssg(n) szczawiowy **Sauerbraten** m pieczeń wołowa na dziko
**Sauerei** umg f abw świństwo, sukinsyństwo
**Sauerkirsche** f wiśnia **säuerlich** kwaskowaty (-to) **Sauermilch** f kwaśne od zsiadłe mleko **Sauerstoff** m (bpl) tlen; in Zssg(n) tlenowy **Sauerstoffmangel** m (bpl) niedobór tlenu, niedotlenienie **Sauerteig** m zaczyn, rozczyn
**saufen** (säuft, soff, gesoffen) v/t u. v/i pić, żłopać; pop Person pić, chlać **Säufer** m abw pijak, opój
**saugen** (sog od saugte, gesogen od gesaugt) v/t ssać (a. v/i an dat) **Sauger** m ⟨Schnuller⟩ smoczek **Säuger** m, **Säugetier** n ssak **Saugflasche** f butelka ze smoczkiem **Säugling** m (-s; -e) niemowlę **Säuglingsalter** n wiek niemowlęcy **Säuglingspflege** f pielęgnowanie niemowlęcia
**Säule** f kolumna, słup; fig filar **Säulengang** m krużganek, kolumnada
**Saum** m (-[e]s; Säume) obrąbek, rąbek
**saumäßig** abw wstrętny, paskudny
**säumen** v/t obrębi(a)ć; fig oblegać ⟨-lec⟩, otaczać ⟨otoczyć⟩
**Sauna** f (-; -s od -nen) sauna
**Säure** f (bpl) kwaśność f; (pl -n) kwas **säurebeständig, säurefest** kwasoodporny
**sausen** v/i szumieć, huczeć; ⟨sn⟩ Person ⟨po⟩pędzić, ⟨po⟩mknąć; **etw ~ lassen** umg Gelegenheit nie skorzystać pf z ⟨gen⟩; ⟨aufgeben⟩ zrezygnować pf z ⟨gen⟩
**Saustall** umg m (bpl) abw chlew, bałagan
**Saxofon, Saxophon** m (-s; -e) saksofon
**S-Bahn** f (-; -en) szybka kolej miejska **S-Bahn-Station** f KOLEJ stacja szybkiej kolei miejskiej
**Schabe** f karaluch **schaben** v/i skrobać; v/t oskrob(yw)ać
**schäbig** zniszczony; ⟨gemein⟩ podły (-le)
**Schablone** f szablon (a. fig), wzornik
**Schach** m (-s; bpl) (gra w) szachy mpl; **~ bieten** da(wa)ć szacha; umg **in ~ halten**

trzymać w szachu **Schachbrett** n szachownica **Schachfigur** f figura szachowa **schachmatt** umg fig (zupełnie) wykończony **Schachspiel** n gra w szachy; komplet szachów, szachy mpl
**Schacht** m (-[e]s; Schächte) GÓRN szyb; *in zssgn* szybowy
**Schachtel** f (-; -n) pudełko; *groß* pudło
**Schachzug** m posunięcie (*a. fig*)
**schade** szkoda; **wie ~!** jaka szkoda!; **~, dass** szkoda, że; **~ um** szkoda (*gen*)
**Schädel** m czaszka; *umg (Kopf)* łepetyna
**Schaden** m (-s; Schäden) szkoda; **zu ~ kommen** körperlich dozna(wa)ć obrażeń; **j-m (e-n) ~ zufügen** wyrządzać ⟨-dzić⟩ k-u szkodę *od* krzywdę **Schadenersatz** m odszkodowanie **Schadenfreude** f (bpl) złośliwa satysfakcja, schadenfreude (*unv*) **schadhaft** uszkodzony, zepsuty
**schädigen** v/t ⟨za⟩szkodzić (*dat*)
**schädlich** szkodliwy (-wie) **Schädlichkeit** f (bpl) szkodliwość f **Schädling** m (-s; -e) szkodnik
**Schadstoff** m substancja szkodliwa **schadstoffarm** *Fahrzeug* o niskim poziomie emisji toksycznych składników spalin
**Schaf** n (-[e]s; -e) owca; *umg fig* owieczka **Schafbock** m tryk **Schäfer** m owczarz **Schäferhund** m owczarek **Schaffell** n skóra owcza *od* barania
**schaffen**¹ v/i (*arbeiten*) pracować, krzątać się; v/t (*meistern*) potrafić (*akk, inf*), sprostać *pf* (*dat*); **etw nicht ~** nie (móc sobie) poradzić (*z inst*), nie podołać (*dat*); **aus der Welt ~** zlikwidować *pf*; **nichts zu ~ haben (mit)** nie mieć nic wspólnego (*z inst*); **sich zu ~ machen (an** *dat*) manipulować (przy *lok*), krzątać się (koło *gen*)
**schaffen**² (schuf, geschaffen) (*entstehen lassen*) stwarzać ⟨stworzyć⟩, ⟨u⟩tworzyć; (*a. schaffte, geschafft*) **Platz für etw ~** zwalniać ⟨zwolnić⟩ miejsce dla (*gen*); **Ordnung ~, Klarheit ~** → ordnen, klären **Schaffen** n (-s; bpl) praca; *schöpferisch* twórczość f
**Schaffner(in)** m(f) konduktor(ka)
**Schafpelz** m kożuch barani **Schaf(s)käse** m owczy ser, bryndza **Schafskopf** *umg m abw* baran, dureń m **Schafstall** m owczarnia

**Schaft** m (-[e]s; e-s *Stiefels* cholewa **Schafwolle** f wełna owcza **Schafzucht** f hodowla owiec, owczarstwo
**schäkern** *umg* (-re) (*flirten*) umizgać się (**mit do** *gen*)
**Schal** m (-s; -s *od* -e) szal, szalik
**Schale**¹ f patera; (*Schüssel*) miska, salaterka
**Schale**² f skorupka; *e-r Banane* łupina; *e-s Kerns* łuska; *umg fig* **sich in ~ werfen** wyelegantować się *pf*, wystroić się *pf*
**schälen** v/t obierać ⟨obrać⟩; (*entrinden*) ⟨o⟩korować; **sich ~** łuszczyć się **Schalentiere** npl skorupiaki mpl
**Schall** m (-[e]s; -e *od* Schälle) dźwięk **Schalldämpfer** m tłumik **schalldicht** dźwiękoszczelny **schallen** v/i (schallte, selten scholl, geschallt) rozbrzmie(wa)ć, rozlegać się **Schallmauer** f bariera dźwięku **Schallschutz** m izolacja dźwiękowa
**schalt** → schelten
**schalten** (-*et*) v/t → einschalten, umschalten; *rtv* ~ **nach** łączyć się z (*inst*) **Schalter** m *umg* kontakt; *Post* okienko **Schalthebel** m ELEK dźwignia wyłącznika; AUTO dźwignia zmiany biegów **Schaltjahr** n rok przestępny **Schaltung** f AUTO zmiana biegów; *elektro koll* układ połączeń
**Scham** f (bpl) wstyd **Schambein** n kość łonowa **schämen: sich ~** ⟨za⟩wstydzić się; **ich schäme mich (wegen, für)** wstyd mi (*gen*, za *akk*) **Schamgefühl** n (bpl) uczucie wstydu **Schamhaare** npl włosy mpl łonowe **schamhaft** wstydliwy (-wie) **Schamlippen** fpl wargi fpl sromowe **schamlos** bezwstydny; (*unverschämt*) bezczelny **Schamröte** f (bpl) rumieniec wstydu
**Schande** f (bpl) hańba, wstyd **schänden** (-e-) ⟨s⟩profanować **Schandfleck** m skaza **schändlich** haniebny, sromotny **Schändung** f zbezczeszczenie, profanacja; *sexuell* zgwałcenie
**Schanze** f szaniec; SPORT skocznia
**Schar** f oddział, zastęp; *von Kindern* gromada; *von Vögeln* stado; **in (hellen) ~en** tłumnie **scharen**: v/t **um sich ~** ⟨z⟩gromadzić wokół siebie; **sich ~** ⟨z⟩gromadzić się **scharenweise** *adv* masowo, tłumnie
**scharf** (schärfer; schärfste) ostry (-ro);

*Essig* mocny; FOTO **~ stellen** nastawi(a)ć na ostrość; *umg* **~ sein** (**auf** *akk*) być ciętym, mieć chrapkę (na *akk*) **Scharfblick** *m* (*bpl*) przenikliwość f umysłu **Schärfe** f ostrość f (*a. fig*) **schärfen** ⟨na⟩ostrzyć; *fig* ⟨wy⟩ostrzyć **Schärfentiefe** f FOTO głębia ostrości **scharfkantig** ostrokanciasty **Scharfschütze** *m* strzelec wyborowy, snajper **Scharfsinn** *m* (*bpl*) bystrość f umysłu **scharfsinnig** wnikliwy (-wie), bystry; *Bemerkung* cięty (-to), dowcipny

**Scharlach** *m* (-s; *bpl*) MED płonica, *umg* szkarlatyna

**Scharlatan** *m* (-s; -e) szarlatan

**Scharnier** *n* (-s; -e) zawias

**scharren** *v/i Huhn* grzebać

**Scharte** f szczerba

**Schaschlik** *m* od *n* (-s; -s) szaszłyk

**Schatten** *m* cień *m* (*a. fig*) **Schattendasein** *n*: *mst in* **ein ~ fristen** pozostawać w cieniu **schattenhaft** niewyraźny **Schattenseite** f *fig* ciemna strona **Schattierung** f (*das Schattieren*) cieniowanie; (*Nuance*) odcień *m* **schattig** cienisty (-ście)

**Schatz** *m* (-es; Schätze) skarb (*a. fig*); *umg* (*Anrede*) skarbie (mój)

**schätzen** (-zt) *Sache* ⟨o⟩szacować, oceni(a)ć

**Schatzkammer** f skarbiec **Schatzmeister**(**in** f) *m* skarbnik (-iczka)

**Schätzung** f ⟨o⟩szacowanie, szacunek; wycena (**der Kosten** kosztów) **schätzungsweise** *adv* szacunkowo, orientacyjnie

**Schau** f pokaz, wystawa; rewia; *fig* **zur ~ stellen** (*akk*) popisywać się (*inst*)

**Schauder** *m* dreszcz **schauderhaft** okropny, koszmarny **schaudern** *v/i* (-re): **es schaudert mich, mich** *od* **mir schaudert (bei)** dreszcz mnie przechodzi (na widok *gen*)

**schauen** (*h*) (*blicken*) patrzeć, spoglądać ⟨spojrzeć⟩; *fig* **~ nach** (*dat*) (*sich kümmern*) doglądać (*gen*), opiekować się (*inst*)

**Schauer** *m* dreszcz(yk); METEO przelotne opady *mpl* (deszczu, śniegu) **Schauergeschichte** f opowieść f z dreszczykiem **schauerlich** (*furchtbar*) okropny, potworny **schauern** *v/i* (-re) → **schaudern**

**Schaufel** f (-; -n) łopata, szufla **schaufeln** (-le) szuflować; *Grab* ⟨wy⟩kopać

**Schaufenster** *n* okno wystawowe **Schaufensterauslage** f wystawa sklepowa **Schaufensterpuppe** f manekin **Schaukasten** *m* gablota, witryna

**Schaukel** f (-; -n) huśtawka **schaukeln** (-le) *v/t* huśtać, bujać **Schaukelpferd** *n* koń *m* na biegunach **Schaukelstuhl** *m* bujak

**Schaulustige**(**r**) *m* (-n) ciekawski, gap; *pl a.* tłum gapiów, gromada gapiów

**Schaum** *m* (-[e]s; Schäume) piana; *in der Kosmetik* pianka **schäumen** *v/i* pienić się (*a. fig* **vor Wut** ze złości); *Wein* musować **Schaumgummi** *m* guma piankowa **schaumig** spieniony; **~ schlagen** ubijać ⟨ubić⟩ na pianę **Schaumkrone** f grzywa (fali) **Schaumlöscher** *m* gaśnica pianowa **Schaumstoff** *m* tworzywo piankowe, pianka, styropian **Schaumwein** *m* wino musujące

**Schauplatz** *m* widownia, miejsce (zdarzenia) **Schauprozess** *m* proces pokazowy, *umg* pokazówka

**schaurig** (*unheimlich*) niesamowity (-cie); *umg* (*grässlich*) okropny

**Schauspiel** *n* TEATR sztuka, dramat; *fig* widowisko **Schauspieler**(**in**) *m*(f) aktor(ka) **schauspielerisch** aktorski **schauspielern** *v/i* (-re) *abw* grać komedię **Schauspielkunst** f (*bpl*) sztuka aktorska, kunszt aktorski

**Scheck** *m* (-s; -s) czek **Scheckkarte** f karta płatnicza, karta bankomatowa **scheffeln** (-le) *Geld* zgarniać, zbijać

**Scheibe** f *im Fenster* szyba; *von Wurst* plasterek, talarek; *von Brot* kromka **Scheibenbremse** f hamulec tarczowy **Scheibenwaschanlage** f AUTO spryskiwacz (szyby) **Scheibenwischer** *m* AUTO wycieraczka

**Scheichtum** *n* (-s; -tümer) szejka(na)t

**Scheide** f pochwa (*a. ANAT*); → **Grenze scheiden** (scheidet, schied, geschieden) *v/t* (*abgrenzen*) ⟨po⟩dzielić; *Ehe* rozwodzić ⟨-wieść⟩; **sich ~ lassen** rozwodzić ⟨-wieść⟩ się (**von** *z inst*); rozsta(wa)ć się (**von j-m** *z inst*); **aus dem Leben ~** odebrać sobie życie **Scheidung** f rozwód **Scheidungsgrund** *m* powód do rozwodu **Scheidungsklage** f powództwo rozwodowe **Scheidungsurteil**

*n* wyrok orzekający rozwód **Schein**¹ *m* (-[e]s; -e) (*Bescheinigung*) zaświadczenie; (*Banknote*) banknot **Schein**² *m* (-[e]s; *bpl*) blask, światło; *fig* pozór; **zum ~** dla pozoru, *umg* dla oka; **der ~ trügt** pozory mylą

**scheinbar** pozorny **Scheinehe** *f* małżeństwo upozorowane, *umg* małżeństwo na niby **scheinen** *v/i* (schien, geschienen) świecić; (*den Anschein haben*) wydawać się; **mir scheint, ...** wydaje mi się ...; **es scheint, dass ..., wie es scheint** zdaje się, że ..., wygląda na to, że ...; niby ... **Scheinfirma** *f* fikcyjna firma **scheinheilig** obłudny **Scheintod** *m* śmierć pozorna, letarg **Scheinwerfer** *m* reflektor

**Scheiß** *pop m* (*unv*) *abw* bzdety **scheißen** *pop v/i* (schiss, geschissen) *vulg* ⟨na⟩srać, wysrać się *pf*; *fig* **~ auf** (*akk*) *vulg* mieć w dupie (*akk*)

**Scheitel** *m im Haar* przedziałek; *fig*; **vom ~ bis zur Sohle** od stóp do głów **scheitern** *v/i* (-re; *sn*) *Plan* rozbi(ja)ć się, nie wypalić *pf*; *Person* ponosić ⟨-nieść⟩ klęskę

**Schellfisch** *m* łupacz, plamiak **Schelte** *f* nagana, *umg* bura **schelten** *v/t* (schilt, scholt, gescholten) ⟨s⟩karcić (**wegen** za *akk*)

**Schema** *n* (-s; -s *od* -ta) schemat **schematisch** schematyczny

**Schemel** *m* stołek, taboret

**schemenhaft** niewyraźny, jak zjawa **Schenkel** *m* ANAT udo; MAT ramię **schenken** *v/t*: **j-m etw ~** ofiarow(yw)ać, ⟨po⟩darować k-u (*akk*), *fig* darzyć k-o (*inst*); **geschenkt bekommen** otrzym(yw)ać w prezencie **Schenkung** *f* darowizna

**Scherbe** *f* skorupa, odłamek; **in ~n gehen** rozbi(ja)ć się na (drobne) kawałki; *fig Ehe usw* rozpaść się *pf*

**Schere** *f* nożyce *pl* **scheren**¹ *v/t* (schor, geschoren) ⟨o⟩strzyc, postrzygać

**scheren**² *v/t*: **sich nicht ~ (um)** nie troszczyć się (o *akk*); **scher dich zum Teufel!** idź do diabła!

**Scherenschnitt** *m* wycinanka **Scherge** *m* (-n) siepacz, zbir

**Scherz** *m* (-es; -e) żart; **im, zum ~** dla żartu, żartem; (**ganz**) **ohne ~** bez żartów, (**na**) **serio scherzen** *v/i* (-zt) ⟨za⟩żartować (**über** *akk* z *gen*); **damit ist nicht zu ~** z tym nie ma żartów **scherzhaft** żartobliwy (-wie); *präd a.* dla żartu, żartem

**scheu** płochliwy; (*ängstlich*) bojaźliwy (-wie), nieśmiały (-ło) **Scheu** *f* (*bpl*) bojaźliwość *f*; nieśmiałość *f*

**scheuchen** przepędzać ⟨-dzić⟩ **scheuen** *v/i* ⟨s⟩płoszyć się; **sich ~ etw zu tun** unikać (*gen*); *v/t* **keine Mühe ~** nie szczędzić trudu od trudów; **er scheute keine Kosten, um ihnen zu helfen** chciał im pomóc, nie zważając na koszty

**Scheuerbürste** *f* szczotka do szorowania **scheuern** (-re) *v/t* ⟨wy⟩szorować **Scheuklappen** *fpl*: **die ~ (vor den Augen) haben** mieć bielmo na oczach **Scheune** *f* stodoła

**Scheusal** *n* (-s; -e) potwór **scheußlich** szkaradny, potworny **Scheußlichkeit** *f* potworność *f*; (*Sache*) szkaradzieństwo

**Schicht** *f* warstwa; (*Arbeitsschicht*) zmiana **Schichtarbeit** *f* (*bpl*) praca zmianowa **schichten** (-e-) układać ⟨ułożyć⟩ (warstwami) **Schichtwechsel** *m* zmiana; przerwa między zmianami

**schick** szykowny, elegancki (-ko) **schicken** wysy(ł)ać, posy(ł)ać (**zu, nach** do *gen*, **nach** j-m, **etw** po *akk*); **sich ~** wypadać; **es schickt sich nicht** to nie wypada

**Schicksal** *n* (-s; -e) los, fatum *n*; **j-n seinem ~ überlassen** zostawi(a)ć własnemu losowi (*akk*)

**Schiebedach** *n* AUTO dach odsuwany **schieben**¹ (schob, geschoben) *v/t* suwać, posuwać, przesuwać ⟨-sunąć⟩; *Auto* popychać ⟨-pchnąć⟩, pchać; *Fahrrad* prowadzić; *fig* spychać ⟨zepchnąć⟩ (**auf** *akk* na *akk*); *v/i* (*sn*) *umg* (*lässig gehen*) iść posuwiście **schieben**² *umg v/i* (schob, geschoben) (*handeln*) spekulować (**mit** na *lok*) **Schieber** *m* zasuwa **Schiebetür** *f* drzwi *pl* zasuwane

**schied** → scheiden

**Schiedsgericht** *n* sąd arbitrażowy *od* polubowny **Schiedsrichter** *m* arbiter **Schiedsspruch** *m* orzeczenie sądu arbitrażowego *od* polubownego

**schief** (*krumm*) skrzywiony, krzywy (-wo); **~ aufgesetzt** *Hut* na bakier; **ein ~es Bild haben** (**von**) mieć błędne wyobrażenie (o

*lok)*
**Schiefer** *m* MINER łupek **Schieferdach** *n* dach kryty łupkiem
**schielen** *v/i* zezować; *umg fig* zerkać (z ukosa, ukradkiem)
**schien** → scheinen
**Schienbein** *n* kość piszczelowa **Schiene** *f* szyna *(a. MED)* **Schienenverkehr** *m* transport szynowy
**schier**[1] *adv* prawie, niemal(że)
**schier**[2] *adj reg* czysty; *Fleisch* chudy
**Schießbefehl** *m* rozkaz użycia broni palnej **Schießbude** *f* strzelnica
**schießen**[1] (du schießt, schoss, geschossen) *v/i* strzelać 〈wystrzelić〉; *umg Foto* pstrykać 〈-knąć〉
**schießen**[2] (du schießt, schoss, geschossen) *v/i* (*sn*) (*schnellen*) wylatywać 〈wylecieć〉; **in die Höhe ~** (*wachsen*) wybujać *pf*; *Preise* podskoczyć *pf*
**Schießerei** *f* strzelanina **Schießscheibe** *f* tarcza strzelnicza **Schießstand** *m* (kryta) strzelnica
**Schiff** *n* (-[e]s; -e) statek, okręt; ARCH nawa **schiffbar** żeglowny **Schiffbau** *m* (*bpl*) budowa statków, przemysł stoczniowy; (*Fach*) budownictwo okrętowe **Schiffbruch** *m* rozbicie się statku **Schiffbrüchige(r)** rozbitek **Schifffahrt** *f* (*bpl*) żegluga (wodna) **Schiffsbesatzung** *f* załoga statku **Schiffseigner(in)** *m(f)* właściciel(ka) statku **Schiffsladung** *f* ładunek okrętowy **Schiffspapiere** *npl* dokumenty *mpl* statku
**Schikane** *f* szykana; *umg* **mit allen ~n** ze wszelkimi (możliwymi) szykanami **schikanieren** (-) szykanować, sekować
**Schild**[1] *m* (-[e]s; -e) tarcza *(a. fig)*; **etwas im ~e führen** (**gegen**) knuć coś (złego) (przeciw *dat*)
**Schild**[2] *n* (-[e]s; -er) szyld, wywieszka **Schilddrüse** *f* tarczyca
**schildern** (-re) przedstawi(a)ć, opis(yw)ać **Schilderung** *f* opis, przedstawienie
**Schildkröte** *f* żółw; (*Weibchen*) żółwica
**Schilf** *n* (-[e]s; -e) trzcina
**schillern** *v/i* (-le) mienić się (różnymi barwami)
**schilt** → schelten
**Schimmel**[1] *m* (*Pferd*) siwek **Schimmel**[2] *m* BOT pleśń *f* **schimmelig** spleśniały **Schimmelkäse** *m* KULIN

ser *m* pleśniowy **schimmeln** *v/i* (-le) 〈s〉pleśnieć
**Schimmer** *m* (słaby) blask; *fig* (*Spur*) ślad, iskierka **schimmern** przeświecać; *Gold* połyskiwać
**Schimpanse** *m* (-n) szympans
**schimpfen** *v/i* kląć; **auf, über** (*akk*) ~ wymyślać, narzekać na (*akk*) **Schimpfname** *m* przezwisko **Schimpfwort** *n* (*pl* -wörter) wyzwisko
**schinden** *m* (-[e]s; -e) parasol; *e-r Lampe* abażur **Schirmherrschaft** *f* protektorat; **unter der ~** pod protektoratem **Schirmmütze** *f* czapka z daszkiem, kaszkiet
**Schiss** *pop m: mst in* **~ haben** trząść portkami, mieć stracha
**schizophren** schizofreniczny
**Schlacht** *f* bitwa **schlachten** (-e-) zarzynać, 〈za〉rżnąć **Schlachter** *m reg* rzeźnik **Schlächter** *m reg* rzeźnik; *fig* morderca *m* **Schlachtfeld** *n* pole bitwy **Schlachthof** *m* rzeźnia **Schlachtplan** *m fig* plan działania **Schlachtvieh** *n* bydło rzeźne
**Schlacke** *f* żużel, *umg* szlaka
**Schlaf** *m* (-[e]s; *bpl*) sen; **(wie) im ~** (jak) przez sen **Schlafanzug** *m* pi(d)żama **Schlafcouch** *f* wersalka
**Schläfe** *f* skroń *f*
**schlafen** *v/i* (schläft, schlief, geschlafen) spać *(a. umg* **mit j-m** *z inst*); **~ gehen, sich ~ legen** iść 〈pójść〉 spać, układać 〈ułożyć〉 się do snu **Schlafenszeit** *f* (*bpl*): **es ist ~** pora spać **Schläfer(in)** *m(f)* śpiący *f* -ca)
**schlaff** obwisły, luźny (-no); *Haut* wiotki (-ko)
**Schlafgelegenheit** *f* miejsce do spania **Schlaflied** *n* kołysanka **schlaflos** bezsenny **Schlaflosigkeit** *f* (*bpl*) bezsenność *f* **Schlafmaske** *f* maska *f* na oczy **Schlafmittel** *n* środek nasenny **schläfrig** senny, śpiący; *fig* ospały (-le) **Schlafsack** *m* śpiwór **schlaftrunken** zaspany, półsenny **Schlafwagen** *m* wagon sypialny **Schlaf-**

**wandler(in)** m(f) lunatyk (-yczka) **Schlafzimmer** n pokój sypialny, sypialnia
**Schlag** m (-[e]s; Schläge) (Hieb) raz, cios, uderzenie **Schlagabtausch** m wymiana ciosów **Schlagader** f tętnica **Schlaganfall** m udar mózgu **schlagartig** nagły (-le); momentalny **Schlagbaum** m rogatka, szlaban **schlagen** (schlägt, schlug, geschlagen) v/t uderzać ⟨-rzyć⟩; Takt wybi(ja)ć; Sahne ubi(ja)ć; **e-n Nagel in die Wand ~** wbi(ja)ć gwóźdź w ścianę; **die Hände vors Gesicht ~** ukryć pf twarz w dłoniach; **j-n zu Boden ~** powalić pf k-o na ziemię (jednym) uderzeniem; v/i uderzać ⟨-rzyć⟩, bić; Herz bić, kołatać; Glocke dzwonić; Uhr bić; (sn) **~ gegen, an, in** (akk) (aufprallen) uderzać ⟨-rzyć⟩ w od o (akk); **sich mit j-m (um etw) ~** ⟨po⟩bić się z kimś (o akk)
**Schlager** m przebój, szlagier
**Schläger** m (Tennisschläger usw) rakieta, rakietka; (Raufbold) awanturnik **Schlägerei** f bójka, bijatyka
**Schlagersänger(in)** m(f) piosenkarz (-rka)
**Schlägertrupp** m bojówka **schlagfertig** cięty (-to), dowcipny; Antwort a. błyskotliwy (-wie) **schlagfest** odporny na uderzenia **Schlagkraft** f (bpl) siła ciosu od uderzenia; fig siła perswazji **Schlagloch** n wybój **Schlagobers** n (-; bpl) austr KULIN bita śmietana **Schlagsahne** f (śmietana) kremówka; geschlagen bita śmietana **Schlagseite** f (bpl) MAR przechył na burtę **Schlagstock** m pałka (gumowa) **Schlagwort** n (pl -wörter od ae) hasło; slogan **Schlagzeile** f nagłówek, tytuł **Schlagzeug** n MUS perkusja **Schlagzeuger(in)** m(f) perkusista m (-tka)
**Schlamassel** umg m od n (-s; bpl) kabała **Schlamm** m (-[e]s; -e od Schlämme) szlam, muł; (Straßenkot) błoto **schlammig** mulisty (-to)
**Schlampe** umg f abw flądra, flejtuch, fleja **Schlamperei** f (Nachlässigkeit) niedbalstwo; umg (Pfuscherei) fuszerka **schlampig** niedbały (-le); umg Arbeit fuszerski (po -ku) **Schlampigkeit** f (bpl) niechlujstwo
**schlang, schlänge** → schlingen

**Schlange** f wąż; umg (Reihe) kolejka; **~ stehen** stać w kolejce od ogonku **schlängeln** (-le): **sich ~** ⟨po⟩pełznąć; Weg wić się; Person przewijać ⟨-winąć⟩ się (durch akk między inst) **Schlangengift** n jad węża, ja żmii **Schlangenlinie** f linia falista, umg wężyk
**schlank** (wy)smukły; (nicht fett) szczupły (-ło) **Schlankheit** f (bpl) szczupłość f **Schlankheitskur** f kuracja wyszczuplająca
**schlapp** (matt) słaby (-bo); umg fig mięczakowaty **Schlappe** umg f fiasko, umg klapa, wpadka
**schlau** chytry (-trze); (gewitzt) szczwany, cwany; **aus ihm werde ich nicht ~** nie mogę go rozgryźć
**Schlauch** m (-[e]s; Schläuche) umg szlauch **Schlauchboot** n ponton, łódka nadmuchiwana **schlauchlos** Reifen bezdętkowy
**Schlaufe** f für Gürtel szlufka; für Knöpfe petelka
**Schlauheit** f (bpl) chytrość f, przebiegłość f **Schlaumeier** umg m cwaniak, spryciarz
**schlecht** A adj zły, umg kiepski, lichy; (böse) zły; Wetter zły, brzydki; **~ werden** ⟨ze-, po⟩psuć się B adv źle, kiepsko; **es steht ~ um ihn** z nim jest kiepsko; **mit ... sieht es ~ aus ...** stoi jeszcze pod znakiem zapytania; **mir wird ~** robi mi się słabo; **nicht ~!** nie najgorzej!; **ich kann ~ ...** nie mogę ...; fig **ihm geht es ~** jemu źle się powodzi; **~ gelaunt** w złym humorze; **mehr ~ als recht** z biedą, od biedy **schlechter** komp adj gorszy; adv gorzej **schlechthin** adv zgoła; (ganz und gar) w ogóle, całkiem **Schlechtwetter** n niepogoda, słota
**schleichen** (schlich, geschlichen) v/i (sn) wlec się; (sich heimlich nähern) podkradać ⟨-kraść⟩ się; **aus etw ~** wymykać ⟨wymknąć⟩ się z (gen); **um etw ~** łazić wokół (gen); **sich ~** podkradać ⟨-kraść⟩ się (an akk do gen), zakradać ⟨-kraść⟩ się (in, auf akk do gen, na akk) **Schleichweg** m mało znana droga **Schleichwerbung** f kryptoreklama
**Schleier** m welon (a. Dunst); woalka
**Schleife** f dim pętelka; (Bandschleife) kokarda; am Kranz szarfa
**schleifen¹** v/t (schliff, geschliffen) Mes-

ser ⟨na⟩ostrzyć; *Edelstein* ⟨o⟩szlifować
**schleifen**² *v/t* (*ziehen*) ⟨po-, za⟩ciągnąć, ⟨po-, za⟩wlec (*a. fig* **in** *akk* do *gen*); *Festung* zburzyć *pf*; *v/i* wlec się; (*reiben*) ocierać się (**an** *dat* o *akk*); *fig* **alles ~ lassen** nie dbać o nic
**Schleifmaschine** *f* szlifierka **Schleifstein** *m* kamień szlifierski; (*Wetzstein*) osełka
**Schleim** *m* (-[e]s; MED *a.* flegma **Schleimhaut** *f* błona śluzowa, śluzówka **schleimig** śluzowaty
**schlemmen** *v/i* ucztować, raczyć się
**schlendern** (-re; *sn*) spacerować, przechadzać się (**durch die Straßen** po ulicach, **auf und ab** tam i z powrotem)
**schlenkern** (-re) *v/i* dyndać (się)
**Schleppe** *f* tren **schleppen** (*tragen*) dźwigać, *umg* taszczyć; **sich ~** wlec się, ciągnąć się (*a. fig*) **Schlepper** *m* (*Traktor*) ciągnik **Schlepplift** *m* wyciąg narciarski, *umg* wyrwirączka **Schleppnetz** *n* włok **Schlepptau** *n* hol
**schlesisch** śląski (po -ku)
**Schleuder** *f* (-; -n) proca; *für Honig* wirówka **Schleudergefahr** *f* (*bpl*) niebezpieczeństwo śliskiej jezdni; *Zeichen* uwaga, ślisko! **schleudern** (-re) *v/t* (*werfen*) ciskać ⟨-snąć⟩ (*akk, inst*); **~ aus** wyrzucać ⟨-cić⟩ z ⟨*gen*⟩; *Wäsche* odwirow(yw)ać; *v/i* (*sn*) *Wagen* zarzucać ⟨-cić⟩; **ins Schleudern geraten** wpadać ⟨wpaść⟩ w poślizg **Schleuderpreis** *m* cena poniżej kosztów własnych; **zu ~e** *a.* za bezcen **Schleudersitz** *m* fotel wyrzucany
**schleunigst** *adv* czym prędzej
**Schleuse** *f* śluza **schleusen** *Schiff* śluzować; *fig illegal* przemycać ⟨-cić⟩, przerzucać ⟨-cić⟩
**schlich** → schleichen
**schlicht** skromny, niewyszukany **schlichten** (-e-) *Streit* załagodzić *pf*, pogodzić *pf* **Schlichter** *m* mediator, rozjemca *m* **Schlichtheit** *f* (-; *bpl*) prostota, skromność *f*
**Schlick** *m* (-[e]s; -e) namuł ilasty
**schlief** → schlafen
**schließen** (schließt, schloss, geschlossen) *v/t* zamykać ⟨zamknąć⟩; *Freundschaft* zawierać ⟨zawrzeć⟩; (*beenden*) ⟨za⟩kończyć (**mit etw** *inst*); **j-n in die Arme ~** chwytać ⟨chwycić⟩ k-o w objęcia, tulić k-o w objęciach; *v/i* pasować; **leicht**

**~** łatwo się zamykać; (*enden*) ⟨s-, za⟩kończyć się; *fig* **von sich** (*dat*) **auf andere ~** po sobie sądzić o innych; **aus etw ~** ⟨wy⟩wnioskować z ⟨*gen*⟩; *v/r* **sich ~** zasklepi(a)ć się **Schließfach** *n* skrytka **schließlich** *adv* w końcu, wreszcie **Schließung** *f* zamknięcie
**Schliff** *m* (-[e]s; -e) szlif; *fig* (*bpl*) ogłada, szlif; *e-r Sache* (*dat*) **den letzten ~ geben** wykańczać ⟨-kończyć⟩ (*akk*)
**schlimm** *präd* źle, niedobrze; **~e Folgen** złe skutki; **nichts Schlimmes** nic złego; **halb so ~, nicht so ~** pół biedy; **~er** *komp* gorszy, *präd* gorzej; **~er werden** pogarszać ⟨-gorszyć⟩ się **schlimmstenfalls** *adv* w najgorszym razie
**Schlinge** *f* pętla; wnyki *mpl* **schlingen** (schlang, geschlungen): *v/t* **etw ~ um** (*akk*) owijać ⟨owinąć⟩ dookoła ⟨*gen*⟩, zarzucać ⟨-cić⟩ na (*akk*); *Essen* łapczywie ⟨po⟩łykać; **sich ~ (um)** owijać ⟨owinąć⟩ się (wokół *gen*) **Schlingpflanze** *f* pnącz
**schlingern** *v/i* (-re) kołysać się **Schlips** *m* (-es; -e) krawat
**Schlitten** *m* sanie *pl* **Schlittenpartie** *f* sanna, kulig **schlittern** *v/i* (-re; *a. sn*) ślizgać się **Schlittschuh** *m* łyżwa; **~ laufen** jeździć na łyżwach **Schlittschuhläufer(in)** *m(f)* łyżwiarz (-arka)
**Schlitz** *m* (-es; -e) szczelina; (*Hosenschlitz*) rozporek
**schloss** → schließen **Schloss** *n* (-es; Schlösser) ARCH zamek, pałac **schlossen** → schließen **Schlosser** *m* ślusarz; *in zssgn mst* ślusarski **Schlosserei** *f* ślusarnia
**Schlot** *m* (-[e]s; -e) komin (fabryczny) **schlottern** *v/i* (-re) trząść się, dygotać
**Schlucht** *f* wąwóz (*a. fig*)
**schluchzen** *v/i* (-zt) szlochać, łkać **Schluck** *m* (-[e]s; -e) łyk, haust **Schluckauf** *m* (-s; *bpl*) czkawka **schlucken** *v/t* ⟨po⟩łykać ⟨połknąć⟩; *v/i* **~ müssen** przełykać *pf* ślinę **Schluckimpfung** *f* szczepienie doustne
**schlug, schlüge** → schlagen
**schlummern** *v/i* (-re) drzemać (*a. fig*)
**Schlund** *m* (-[e]s; Schlünde) gardziel *f*; *fig* (*gähnende Öffnung*) *a.* czeluść *f*
**schlüpfen** *v/i* (*sn*): **aus dem Ei ~** wylęgać ⟨-gnąć⟩ się, ⟨wy⟩ląc się ⟨z jajka⟩; *fig* wślizgiwać ⟨-z(g)nąć⟩ się (**in** *akk* do *gen*); wymykać ⟨-mknąć⟩ się (**aus, durch**

z *gen*, przez *akk*); **in den Mantel ~** włożyć pf płaszcz **Schlüpfer** m majt(ecz)ki pl, figi fpl **schlüpfrig** śliski (-ko), ośliz(g)ły; fig *Witz* sprośny **Schlupfwinkel** m kryjówka, abw melina, meta

**schlurfen** v/i (sn) <po>człapać
**schlürfen** popijać, hörbar siorbać
**Schluss** m (-es; Schlüsse) koniec, zakończenie; **am ~** na końcu; **bis zum ~** do końca; **zum ~** kończąc, na zakończenie; **~ jetzt!** dość tego!, basta! **Schlussbemerkung** f uwaga końcowa
**Schlüssel** m klucz (a. fig, MUS, TECH) **Schlüsselbein** n obojczyk **Schlüsselbund** m pęk kluczy **schlüsselfertig** *Gebäude* (wykończony) pod klucz **Schlüsselindustrie** f przemysł kluczowy **Schlüsselloch** n dziurka od klucza **Schlüsselposition** f pozycja kluczowa
**Schlussfolgerung** f konkluzja, wniosek **schlüssig** logiczny, konsekwentny; **sich** (dat) **~ werden über** (akk) zadecydować pf o (akk) **Schlusslicht** n światło (pozycyjne) tylne **Schlusspfiff** m gwizdek końcowy **Schlussstrich** m fig gruba kreska; **e-n ~ unter** (akk) **ziehen** kłaść <położyć> koniec (dat) **Schlussverkauf** m wyprzedaż posezonowa **Schlusswort** n (krótkie) przemówienie końcowe
**schmächtig** *Person* szczupły (-le)
**schmackhaft** smaczny, smakowity (-cie)
**Schmähschrift** f paszkwil
**schmal** (-er od schmäler; -ste od schmälste) wąski (-ko) (a. *Lippen*); (*dünn*) szczupły (-ło) **schmälern** (-re) *Anteil* uszczuplać <-lić>; *Verdienste* pomniejszać <-szyć>
**Schmalz**[1] n (-es; -e) smalec **Schmalz**[2] umg m (-es; bpl) fig ckliwość f **Schmalzbrot** n chleb ze smalcem **schmalzig** umg abw ckliwy (-wie)
**Schmankerl** pł-niem, austr n smakołyk **schmarotzen** v/i (-zt; -) pasożytować **Schmarotzer** m pasożyt; *in zssgn* pasożytniczy
**Schmarren** m pł-niem, austr KULIN omlet z rodzynkami w kawałkach; fig umg (*Unsinn*) nonsens, bzdura
**schmatzen** v/i (-zt) mlaskać, cmokać
**Schmaus** m (-es; Schmäuse) uczta, biesiada
**schmecken** v/i smakować (a. umg fig); **nach etw ~** mieć smak (gen); **süß ~** mieć słodki smak; **lass es dir ~!** smacznego!; v/t <s>kosztować (gen); umg fig **das schmeckt ihm nicht** to mu nie w smak
**Schmeichelei** f pochlebstwo; komplement **schmeichelhaft** pochlebny **schmeicheln** v/i (-le): **j-m ~** pochlebiać, schlebiać k-u; *abw* przypochlebiać się k-u **Schmeichler(in** f)m pochlebca m (-czyni)
**schmeißen** umg (schmeißt, schmiss, geschmissen) v/t <werfen> rzucać <-cić>, ciskać <-snąć> (akk, inst)
**Schmelz** m (-es; -e) szkliwo (a. am *Zahn*); (*Wohlklang*) słodycz f **schmelzen** (-zt, schmolz, geschmolzen) v/t topić, roztapiać <-topić>, stapiać <stopić> **Schmelzkäse** m ser topiony **Schmelzpunkt** m temperatura topnienia **Schmelzwasser** n im *Frühling* woda z roztopów
**Schmerz** m (-es; -en) ból; fig a. boleść f; **vor ~(en)** z bólu; **~en haben in** (dat) odczuwać ból w (lok) **schmerzempfindlich** wrażliwy na ból **schmerzen** (-zt) v/t u. v/i boleć (a. fig); **mir schmerzt der Kopf** boli mnie głowa; fig **es schmerzt mich, dass** serce mnie boli, że **Schmerzensgeld** n (bpl) zadośćuczynienie pieniężne za doznaną krzywdę **schmerzfrei** wolny od bólu **schmerzhaft** bolesny (-śnie) **schmerzlos** bezbolesny (-wo), bezbolesny (-śnie) **schmerzstillend** adj przeciwbólowy (-wo)
**Schmetterling** m (-s; -e) motyl
**schmettern** (-re) v/t *Sache* ciskać <cisnąć>, grzmotnąć pf (akk, inst; **an die Wand** o ścianę); *Ball* ścinać <ściąć>; *Blaskapelle* grać z werwą, ciąć (**e-n Marsch** marsza); v/i (sn) *Fanfaren usw* zabrzmieć pf
**Schmied** m (-[e]s; -e) kowal **Schmiede** f kuźnia; *in zssgn* mst kuźniczy, kowalski **Schmiedehammer** m młot kowalski **schmieden** (-e) kuć, odku(wa)ć, wyku(wa)ć; fig *Pläne* snuć
**schmiegen**: **sich ~ an** (akk) przytulać <-lić> się do (gen); *Kleid* przylegać do (gen) **schmiegsam** miękki; elastyczny, gibki
**Schmiere** f smar, maź f **schmieren** v/t

⟨po-, wy⟩smarować **Schmierfett** n smar (plastyczny), towot **Schmiergeld** umg n łapówka **schmierig** maziowaty **Schmierseife** f mydło szare
**schmilzt** → schmelzen
**Schminke** f szminka **schminken** v/t ⟨u⟩szminkować; TEATR ⟨u⟩charakteryzować **Schminkkoffer** m neseser
**schmiss, schmissen** → schmeißen
**schmollen** v/i dąsać się (**mit** na akk)
**schmolz, schmolzen** → schmelzen
**Schmorbraten** m pieczeń duszona **schmoren** v/t KULIN ⟨u⟩dusić
**Schmuck** m (-[e]s; bpl) ozdoba; koll biżuteria, kosztowności fpl **schmücken** ozdabiać ⟨ozdobić⟩, przyozdabiać ⟨-zdobić⟩ (**mit etw** inst; (verzieren) przystrajać; **sich** ~ stroić się (a. fig **mit fremden Federn** w cudze piórka) **Schmuckstück** n klejnot (a. fig)
**schmuddelig** przybrudzony; os., Lokal niechlujny **Schmuddelwetter** umg n słota
**Schmuggel** m (-s; bpl) przemyt, umg szmugiel, kontrabanda **schmuggeln** (-le) umg ⟨prze⟩szmuglować (akk) **Schmuggelware** f towar z przemytu **Schmuggler(in)** m(f) przemytnik
**schmunzeln** v/i (-le) uśmiechać ⟨-chnąć⟩ się (**über** akk na widok gen) **Schmunzeln** n uśmiech, uśmieszek
**schmusen** umg v/i pieścić się, całować się
**Schmutz** m (-es; bpl) brud(y pl fig); (Straßenkot) błoto; fig **in den ~ ziehen** zmieszać pf z błotem **Schmutzfink** umg m brudas(ka), morus, morusek **Schmutzfleck** m (brudna) plama **schmutzig** brudny (-no)
**Schnabel** m (-s; Schnäbel) dziób
**Schnake** f komarnica; (Mücke) komar
**Schnalle** f sprzączka **schnallen** v/t przypinać ⟨-piąć⟩ paskiem od rzemykiem (**an** akk do gen)
**schnalzen** v/i (-zt) cmokać ⟨-knąć⟩; **mit den Fingern** pstrykać ⟨-knąć⟩
**Schnäppchen** umg n okazyjny zakup
**schnappen** v/t chwytać ⟨chwycić⟩, umg chapnąć (a. **sich** [dat] **etw**), capnąć pf; Dieb a. schwytać pf; **Luft** ~ zaczerpnąć powietrza; v/i **nach j-m, etw** ~ Tier chcieć chapnąć, chcieć dziobnąć (akk); **nach Luft** ~ chwytać powietrze **Schnappschuss** m pl migawki fpl
**Schnaps** m (-es; Schnäpse) wódka **Schnapsglas** n kieliszek do wódki **Schnapsidee** umg f wariacki pomysł
**schnarchen** v/i chrapać **Schnarchen** n (-s; bpl) chrapanie
**schnarren** v/i terkotać **schnattern** v/i (-re)Ente kwakać **schnauben** v/i parskać ⟨-knąć⟩, prychać ⟨-chnąć⟩; → **schnäuzen**
**schnaufen** v/i sapać, dyszeć
**Schnauze** f umg: **die ~ voll haben** mieć po dziurki w nosie (gen) **schnäuzen** (-zt): **sich ~, sich** (dat) **die Nase ~** wysmarkać pf nos
**Schnecke** f ślimak (a. TECH); umg **zur ~ machen** opieprzać ⟨-rzyć⟩ **Schneckenhaus** n skorupa ślimaka **Schneckentempo** n żółwie od ślimacze tempo; **im ~** w żółwim tempie
**Schnee** m (-s; bpl) śnieg **Schneeball** m śnieżka **schneebedeckt** adj ośnieżony **Schneebesen** m KULIN trzepaczka **Schneedecke** f pokrywa śnieżna **Schneefall** m opad śniegu, śnieg **Schneeflocke** f śnieżynka, płatek śniegu **schneefrei** bezśnieżny **Schneeglätte** f ślizgawica po opadach śniegu, śliskość pośniegowa **Schneeglöckchen** n przebiśnieg, śnieżyczka **Schneeketten** fpl łańcuchy mpl śnieżne **Schneemann** m (śniegowy) bałwan **Schneepflug** m pług (od)śnieżny **Schneeregen** m deszcz ze śniegiem **Schneeschmelze** f topnienie śniegu; (Zeit) roztopy mpl **Schneesturm** m burza śnieżna, śnieżyca **Schneeverwehung** f zaspa śnieżna **schneeweiß** śnieżnobiały, śnieżny
**Schneidbrenner** m TECH palnik do cięcia **Schneide** f ostrze **schneiden** v/t (schneidet, schnitt, geschnitten) v/t ⟨po⟩ciąć, ⟨po⟩krajać, ⟨po⟩kroić, ⟨po⟩rżnąć umg **j-n** ~ ignorować (akk); v/i zacinać; Gurt wpijać się, wrzynać się; **sich ~** zacinać ⟨-ciąć⟩ się; (sich kreuzen) przecinać się **Schneider(in** f) m krawiec (-wcowa) **Schneiderei** f krawiectwo; (Betrieb) zakład krawiecki **schneidern** (-re) v/t ⟨u⟩szyć **Schneidezahn** m siekacz **schneidig** umg śmiały (-ło), dziarski (-ko)
**schneien**: unpers **es schneit** pada od

prószy śnieg
**Schneise** f przesieka
**schnell** szybki (-ko), prędki (-ko); **~er** komp szybszy, prędszy; präd szybciej, prędzej; **so ~ wie möglich** czym prędzej; umg (**mach**) **~!** pośpiesz się! **Schnellbahn** f szybka kolej miejska **Schnellboot** n ścigacz **Schnelle** f: umg **auf die ~** na chybcika **Schnellhefter** m skoroszyt **Schnelligkeit** f (bpl) szybkość f **Schnellkochtopf** m szybkowar **schnellstens** adv jak najszybciej **Schnellstraße** f droga ekspresowa **Schnelltest** m MED szybki test; **Schnellverfahren** n JUR postępowanie przyspieszone **Schnellzug** m pociąg pośpieszny
**Schnickschnack** umg m (-s; bpl) fidrygałki fpl (a. Geschwätz)
**schnippisch** opryskliwy (-wie)
**Schnipsel** m od n skrawek, ścinek
**schnitt** → schneiden **Schnitt** m (-[e]s; -e) (das Schneiden) cięcie; umg **im ~** średnio **Schnittblumen** fpl kwiaty npl cięte **Schnitte** f kromka, dial skibka **Schnittfläche** f płaszczyzna przekroju **Schnittholz** n (bpl) tarcica **schnittig** foremny, o ładnej sylwetce **Schnittlauch** m szczypiorek **Schnittmuster** n wykrój **Schnittpunkt** m punkt przecięcia **Schnittstelle** f IT interfejs, złącze **Schnittwunde** f rana cięta
**Schnitzel** n KULIN sznycel **schnitzen** (-zt) v/t ⟨wy⟩rzeźbić; v/i rzeźbić (w drewnie) **Schnitzer** m snycerz; umg (Fehler) gafa **Schnitzerei** f (bpl) snycerstwo; (a. pl) drewniana rzeźba, wyrób snycerski
**schnodd(e)rig** umg niegrzeczny, chamski (-ko)
**Schnorchel** m rurka oddechowa, umg fajka
**Schnörkel** m zakrętas; pl a. esy-floresy pl; fig **ohne ~** niewymyślny
**schnorren** umg v/t wypraszać, sępić; **Zigaretten ~** palić papierosy na sępa
**schnüffeln** (-le) v/i fig umg (**in** dat) węszyć, wścibiać się **Schnüffler(in** f) m abw konfident(ka); wąchacz(ka)
**Schnuller** umg m smoczek
**Schnulze** f sentymentalny kicz
**Schnupfen** m katar (nosa) **Schnupftabak** m tabaka **Schnupftabaksdose** f tabakierka
**schnuppern** (-re) v/i (**an** dat) obwąch(iw)ać (akk); v/t fig umg powąchać pf (gen)
**Schnur** f (-; Schnüre) sznur, sznurek **schnüren** ściągać ⟨-gnąć⟩ sznurkiem; Schuhe ⟨za⟩sznurować **schnurgerade** prosty (-to) jak strzała, umg prościutki (-ko)
**Schnurrbart** m wąsy pl; **mit ~** wąsaty, z wąsami **schnurren** v/i (surren) furczeć; Katze mruczeć
**Schnürschuh** m trzewik (sznurowany) **Schnürsenkel** m sznurowadło
**schob, schöbe** → schieben
**Schock** m (-s; -s) szok, wstrząs; **unter ~ stehen** być w szoku; **e-n ~ erleiden** dozna(wa)ć szoku **schocken** umg ⟨z-, za⟩szokować
**Schöffe** m (-n), **Schöffin** f ławnik
**Schokolade** f czekolada
**scholl** → schallen
**Scholle**[1] f bryła, skiba; (Acker) rola
**Scholle**[2] f ZOOL gładzica
**schon** **A** adv już; **~ wieder** znowu; **~ damals** już wtedy od wówczas **B** partikel już; umg **mach ~!** pośpiesz się!; **er wird ~ kommen** on z pewnością (jeszcze) przyjdzie; **es wird ~ gehen** już jakoś dam (dasz, da) sobie radę; **~ gut!** dobrze!, niech już tak będzie!; **was ist ~ Geld?** co (mi) tam pieniądze?; (**na,**) **wenn ~!** wielkie (mi) zmartwienie!; **wenn ~, denn ~!** (etw tun) jak robić, to robić!; (sich amüsieren) jak się bawić, to się bawić! usw
**schön** adj piękny, ładny (beides a. iron = schlimm); umg (ziemlich) ładny; umg: **sich ~ machen** upiększać ⟨-szyć⟩ się, przystrajać ⟨-stroić⟩ się; **~e Grüße** serdeczne pozdrowienia, ukłony; **~es Wochenende!** przyjemnego weekendu!; **es wird ~** Wetter będzie ładnie; **danke ~!** dziękuję pięknie!; pięknie dziękuję!
**schonen** v/t oszczędzać, szanować; **sich (nicht) ~** (nie) oszczędzać się
**Schönfärberei** umg f podkoloryzowanie **schöngeistig** beletrystyczny **Schönheit** f (bpl) piękno, piękność f; (a. pl) (Person) piękność f **Schönheitsfehler** m (drobna) skaza (a. fig) **Schönheitspflege** f (bpl) kosmetyka **Schönheitsreparatur** f makijaż **Schönheitswettbewerb** m konkurs piękności
**Schonkost** f dietaoszczędzająca **Schonung** f (bpl) (rücksichtsvolle Behandlung

**490** ■ **schonungslos – Schriftstück**

*von Personen)* oszczędzanie (się); LEGEN *(a. pl)* zagajnik **schonungslos** bezlitosny (-śnie) **Schonzeit** *f* czas *od* okres ochronny
**Schopf** *m* (-[e]s; Schöpfe) *(Haar)* czupryna, czub; *der Vögel* czub(ek)
**schöpfen** *v/t* czerpać *(akk),; Vertrauen* nab(ie)rać *(gen)*
**Schöpfer**[1] *m* (-s; bpl) Stwórca
**Schöpfer**[2] *m* *(Gefäß)* czerpak
**schöpferisch** twórczy (-czo)
**Schöpfkelle** *f*, **Schöpflöffel** *m* łyżka wazowa
**Schöpfung** *f* (bpl) *(Erschaffung)* stworzenie
**Schoppen** *m*: **ein ~ Wein** lampka wina
**schor** → scheren
**Schorf** *m* (-[e]s; -e) strup; BOT parch
**Schorle** *f* (-; -n) szprycer
**Schornstein** *m* komin **Schornsteinfeger** *m*, **Schornsteinkehrer** *m* kominiarz
**schoss** → schießen
**Schoß** *m* (-es; Schöße) łono *(a. fig)*: **auf dem ~ sitzen** siedzieć na kolanach; *fig* **im ~ der Familie** na łonie rodziny; *fig* **j-m in den ~ fallen** spadać ⟨spaść⟩ k-u z nieba
**Schoßhund** *m* piesek pokojowy
**Schote** *f* łuszczyna; *mst pl (Erbsen)* groszek
**Schott** *n* (-[e]s; -e) MAR grodź *f*
**Schotte** *m* (-n) Szkot
**Schotter** *m* tłuczeń *m*; *(Geröll)* żwir
**Schottin** *f* Szkotka **schottisch** szkocki
**schräg** skośny, ukośny **Schräge** *f* skos; *(schräge Fläche)* pochyłość *f* **Schrägstrich** *m* kreska ukośna
**schrak, schräcke** → schrecken[2]
**Schramme** *f* rysa, szrama
**Schrank** *m* (-[e]s; Schränke) szafa; *klein* szafka
**Schranke** *f* KOLEJ szlaban
**Schrankwand** *f* meblościanka
**Schraube** *f* śruba **schrauben** przyśrubow(yw)ać *(akk)*; **in die Höhe ~** *Preise usw* ⟨wy⟩śrubować **Schraubenmutter** *f* nakrętka, *umg* mutra **Schraubenschlüssel** *m* klucz (maszynowy) **Schraubenzieher** *m* śrubokręt **Schraubstock** *m* imadło **Schraubverschluss** *m* zakrętka, nakrętka
**Schrebergarten** *m* ogródek działkowy

**Schreck** *m* (-[e]s; bpl) strach; **e-n ~ bekommen** przestraszyć się *pf*; **j-m e-n ~ einjagen** napędzać ⟨-dzić⟩ k-u strachu; **vor ~** ze strachu **schrecken**[1] *v/t* ⟨prze⟩straszyć
**schrecken**[2] *v/i* (schreckt *od* schrickt, schreckte *od* schrack, geschreckt *od* geschrocken; sn) zrywać ⟨zerwać⟩ się **(aus dem Schlaf** ze snu)
**Schrecken** *m* przestrach; *(Sache)* postrach; **er kam mit dem ~ davon** dla niego skończyło się na strachu **schreckhaft** lękliwy (-wie) **schrecklich** straszny, okropny *(a. umg fig)*
**Schrei** *m* (-[e]s; -e) krzyk; *laut* wrzask; *fig umg* **der letzte ~** ostatni krzyk mody
**Schreibblock** *m* blok biurowy **schreiben** (schrieb, geschrieben) *v/t* ⟨na⟩pisać **(j-m, an j-n** do k-o); **über** *akk* o *lok*; *(regelmäßig)* pisywać; **sich** *od* **einander ~** pisywać do siebie, korespondować (ze sobą); *v/i* pisać *się*; **wie schreibt sich das?** jak się to pisze?
**Schreiben** *n* pismo **Schreiber(in** *f)* *m* autor(ka); *m*TECH pisak **Schreibfehler** *m* omyłka **Schreibkraft** *f* maszynistka **Schreibkram** *umg m* papierkowa robota **Schreibmaschine** *f* maszyna do pisania **Schreibpapier** *n* papier do pisania **Schreibtisch** *m* biurko **Schreibung** *f* pisownia **Schreibwaren** *fpl* materiały *mpl* piśmienne **Schreibzeug** *n* przybory *mpl* do pisania
**schreien** *v/t u. v/i* (schrie, geschrien) krzyczeć, ⟨krzyknąć⟩, wrzeszczeć, ⟨wrzasnąć⟩ *(a.* **vor Schmerz** *usw* z bólu *usw)*; *Kind* krzyczeć, *pop* drzeć się; *(rufen)* wołać **(nach** *o akk)*; **es ist zum Schreien** (że) można ryczeć ze śmiechu **Schreihals** *umg m* krzykacz
**Schrein** *m* (-[e]s; -e) relikwiarz
**Schreiner** *m* stolarz
**schrie** → schreien
**schrieb** → schreiben
**Schrift** *f* pismo; **die Heilige ~** Pismo Święte; **~en** *pl a.* publikacje *fpl* **Schriftform** *f* forma pisemna **Schriftführer(in** *f)* *m(f)* protokolant(ka); *e-s Vereins* sekretarz **schriftlich** pisemny, *präd* pisemnie, na piśmie **Schriftsprache** *f* język literacki **Schriftsteller(in** *f)* *m* pisarz (-rka), literat(ka) **Schriftstück**

**Schriftzeichen – Schuppe** ■ **491**

n pismo **Schriftzeichen** n znak pisma, znak drukarski **Schriftzug** m charakter pisma

**schrill** przeraźliwy (-wie); *Ton a.* ostry (-ro)

**Schritt** m (-[e]s; -e) krok (*a. fig*); **~ halten (mit)** dotrzym(yw)ać kroku (*dat*) (*a. fig*); **~ für ~** krok za krokiem; **auf ~ und Tritt** na każdym kroku **Schrittmacher** m SPORT pilot; *fig* inicjator, pionier **schrittweise** stopniowy (-wo), krok za krokiem

**schroff**; (*barsch*) szorstki (-ko), ostry (-ro)

**Schrot** n (-[e]s; -e) śrut (*Munition*) śrut; AGR śruta **Schrotflinte** f śrutówka **Schrotmühle** f śrutownik

**Schrott** m (-[e]s; bpl) złom **Schrottplatz** m składowisko złomu, złomowisko

**schrubben** ⟨wy⟩szorować **Schrubber** m szczotka do szorowania

**Schrulle** f dziwactwo; *pl a.* chimery *fpl* **schrullig** *Person* zdziwaczały

**schrumpfen** *v/i* (sn) ⟨s⟩kurczyć się (*a. fig*), *Apfel usw* ⟨z⟩marszczyć się **Schrumpfung** f kurczenie się; MED marskość f

**Schub** m (-[e]s; Schübe) pchnięcie; *fig* bodziec, impuls **Schubkarre(n** m) f taczka, taczki *fpl* **Schublade** f szuflada **schubsen** *umg* popychać ⟨-pchnąć⟩

**schüchtern** nieśmiały (-ło), wstydliwy (-wie) **Schüchternheit** f (bpl) nieśmiałość f

**schuf, schüfe** → **schaffen**

**Schuft** m (-[e]s; -e) łajdak, drań m **schuften** *umg v/i* (-e-) harować, *pop* tyrać

**Schuh** m (-[e]s; -e) but, bucik, pantofel **Schuhanzieher** m łyżka do butów **Schuhbeutel** m worek m na buty **Schuhbürste** f szczotka do butów **Schuhcreme** f pasta do butów **Schuhgeschäft** n sklep z obuwiem **Schuhmacher** m szewc **Schuhsohle** f podeszwa, zelówka

**Schulabschluss** m ukończenie szkoły **Schulalter** n wiek szkolny **Schularbeiten** praca *fpl* domowa **Schulbank** f ławka szkolna **Schulbildung** f (bpl) wykształcenie **Schulbuch** n podręcznik szkolny

**schuld** → **Schuld Schuld** f (bpl) wina; **~ haben, schuld sein (an** *dat*) być winnym (*gen*), ponosić winę (za *akk*); **wer hat ~?** kto jest temu winien?; **er ist schuld daran, dass ...** to jego wina, że ...; **j-m die ~ geben an** (*dat*) składać winę za (*akk*) na k-o; ; **~en** *pl a.* zadłużenie **schulden** (*-e-*): **j-m** *Geld* **~** być dłużnym od winnym k-u (*akk*) **schuldenfrei** wolny od długów, bez długów **Schuldforderung** f wierzytelność f **Schuldgefühl** n poczucie winy **schuldig** winny; *präd, nur m* winien; **~ sein** (*gen*) być winnym (*gen*); **j-n für ~ erklären** uzna(wa)ć k-o za winnego; **sich ~ bekennen** przyzna(wa)ć się do winy; **wie viel bin ich dir ~?** ile jestem ci dłużny? **Schuldige(r)** m (-n) winowajca m **schuldlos** *adj* (*unschuldig*) niewinny **Schuldner(in)** m(f) dłużnik -niczka) **Schuldspruch** m wyrok skazujący

**Schule** f szkoła; **höhere ~** szkoła średnia, liceum n; **zur ~** *od* **in die ~ gehen** chodzić do szkoły; *umg* **~ machen** znaleźć pf naśladowców **schulen** *Person* ⟨wy⟩szkolić; *Auge usw* ⟨wy⟩ćwiczyć **Schüler** m uczeń m **Schüleraustausch** m wymiana uczniów **Schülerausweis** m legitymacja szkolna **Schülerin** f uczennica **Schulferien** *pl* wakacje *pf* (szkolne) **schulfrei** wolny od zajęć **Schulfreund** m kolega szkolny **Schulfreundin** f koleżanka szkolna **Schulgeld** n opłata szkolna, czesne **Schulhof** m dziedziniec szkolny **schulisch** szkolny **Schuljahr** n rok szkolny **Schulkamerad(in)** m(f) kolega szkolny, koleżanka szkolna **Schulkind** n dziecko w wieku szkolnym **Schulleiter(in)** m(f) kierownik -niczka) szkoły **schulpflichtig** podlegający obowiązkowi szkolnemu **Schulschluss** m (-es; bpl) koniec lekcji *od* zajęć **Schulstunde** f godzina lekcyjna **Schultag** m dzień m nauki **Schultasche** f teczka szkolna

**Schulter** f (-; -n) ramię, bark **Schulterblatt** n łopatka **Schultergelenk** n staw barkowy

**Schulung** f szkolenie (*a. Lehrgang*) **Schulwesen** n (bpl) szkolnictwo **Schulzeit** f lata *npl* szkolne **Schulzeugnis** n świadectwo szkolne

**schummeln** *umg v/i* (-le) oszukiwać

**Schuppe** f łuska; *mst pl* **~n** *im Haar* łu-

pież f; ... gegen ~n ... przeciwłupieżowy
**Schuppen** m szopa
**schuppig** łuskowaty
**schüren** *Glut* rozgarniać ⟨-nąć⟩ (pogrzebaczem); *fig* podsycać ⟨-cić⟩
**Schürfwunde** f otarcie
**Schurke** m (-n) łotr, drań m
**Schurwolle** f żywa wełna
**Schürze** f fartuch, *dim* fartuszek
**Schuss** m (-es; Schüsse) (wy)strzał
**Schüssel** f (-; -n) miska, misa
**Schussfeld** n pole ostrzału *od* rażenia; SPORT (wolne) pole przed bramką
**Schusslinie** f linia ogni; **fig in die ~ geraten** znaleźć się *pf* w ogniu krytyki
**Schussverletzung** f postrzał
**Schusswaffe** f broń palna
**Schuster** m szewc; *in zssgn* szewski
**Schutt** m (-[e]s; *bpl*) gruzy *pl*; GEOL rumowisko, piarg
**Schüttelfrost** m (*bpl*) dreszcze *mpl*
**schütteln** (-le) *v/t* (a. *v/i* **mit**) potrząsać ⟨-snąć⟩, trząść (*inst*); **etw ~ aus** wytrząsać ⟨-snąć⟩ z (*gen*); **j-m die Hand ~** poda(wa)ć k-u rękę; **sich ~** trząść się (**vor Lachen** ze śmiechu); *Hund* otrząsać ⟨-snąć⟩ się
**schütten** (-e-) *Sand* sypać; *Wasser* lać; **~ in** (*akk*) ⟨na-, w⟩sypać do (*gen*); nal(ew)ać, wl(ew)ać do (*gen*); **~ aus** wysyp(yw)ać z (*gen*); wyl(ew)ać z (*gen*); *unpers umg* **es schüttet** (*es regnet*) leje jak z cebra
**Schutthaufen** m kupa gruzu, rumowisko
**Schutz** m (-es; *bpl*) ochrona; (*Abschirmung*) osłona (*a.* MIL, TECH); **~ suchen** szukać schronienia (**vor** *dat*, **gegen** przed *inst*, od *gen*); **j-n in ~ nehmen** brać ⟨wziąć⟩ k-o w obronę
**Schutzblech** n osłona
**Schutzbrille** f okulary *pl* ochronne
**Schütze** m (-n) strzelec
**schützen** (-zt) *v/t* chronić, ochraniać ⟨ochronić⟩ (**gegen** od *gen*; **vor** *dat* przed *inst*); (*bewahren*) zabezpieczać ⟨-czyć⟩ (**vor** *dat* przed *inst*); (*abschirmen*) *a.* osłaniać
**Schützenfest** n święto bractwa kurkowego
**Schutzengel** m anioł stróż
**Schutzgeld** n haracz
**Schutzheilige(r)** m patron
**Schutzhelm** m kask ochronny
**Schutzimpfung** f szczepienie ochronne
**Schützling** m (-s; -e) podopieczny, *weiblich* podopieczna

**schutzlos** bezbronny, *präd* bez opieki, bez ochrony
**Schutzmaßnahme** f środek ochronny, środek zapobiegawczy
**Schutzpatron** m (-s; -e) patron
**Schutzumschlag** m obwoluta
**schwäbisch** szwabski (po -ku)
**schwach** (schwächer; schwächste) *körperlich u. fig* słaby (-bo)
**Schwäche** f słabość
**Schwächeanfall** m: **e-n ~ erleiden** nagle zasłabnąć *pf*
**schwächen** osłabi(a)ć (*a. fig*)
**Schwachkopf** *umg* m *abw* bęcwał, tępak
**schwächlich** *Kind* wątły (-ło, -le); (*kränklich*) słabowity (-cie)
**Schwächling** m (-s; -e) słabeusz
**Schwachpunkt** m słaby punkt
**Schwachsinn** m (-s; *bpl*) *fig abw* idiotyzm
**schwachsinnig** niedorozwinięty umysłowo
**Schwachstrom** m słaby prąd
**Schwächung** f (*bpl*) osłabienie
**Schwager** m (-s; - *od* Schwäger) szwagier
**Schwägerin** f (*Schwester des Ehemanns*) szwagierka; (*Frau des Bruders*) bratowa
**Schwalbe** f jaskółka
**Schwall** m (-[e]s; *bpl*) fala, potok
**schwamm** → schwimmen
**Schwamm** m (-[e]s; Schwämme) gąbka; *reg* (*Pilz*) grzyb
**schwammig** gąbczasty (-to)
**Schwan** m (-[e]s; Schwäne) łabędź m
**schwang, schwänge** → schwingen
**schwanger** *Frau* ciężarna; **~ sein** być w ciąży; **sie ist im sechsten Monat ~** ona jest w szóstym miesiącu ciąży
**Schwangere** f (kobieta) ciężarna
**Schwangerschaft** f ciąża
**Schwangerschaftsabbruch** m przerwanie ciąży, aborcja
**Schwangerschaftstest** m test ciążowy
**Schwangerschaftsverhütung** f antykoncepcja, zapobieganie ciąży
**Schwank** m (-[e]s; Schwänke) TEATR krotochwila
**schwanken** (*schwankend gehen*; *sn*) iść, zataczać się
**Schwankungen** *fpl* oscylacja, wahania *npl*
**Schwanz** m (-es; Schwänze) ogon; *pop* (*Penis*) kutas
**schwänzen** *umg v/t* (-zt) nie stawi(a)ć się, być nieobecnym (na *akk*); **die Schule ~** wagarować
**Schwarm** m (-[e]s; Schwärme) gromada, stado; *von Fischen* ławica; *von Insekten* rój
**schwärmen** *v/i* (*a. sn*) *Insekten* roić

**się; für** *etw* **~** przepadać za (*inst*); entuzjazmować się (*inst*) **schwärmerisch** romantyczny; *präd a.* z zachwytem, wylewnie

**Schwarte** f KULIN skórka

**schwarz** (schwärzer; schwärzeste) czarny (-no); *präd umg fig a.* pokątnie, na lewo;; **~ werden** ⟨po-, s⟩czernieć; **~ auf weiß** czarno na białym; **~ gestreift w** czarne paski **Schwarzarbeit** f praca na czarno **Schwarzbrot** n chleb razowy, razowiec **Schwärze** f (bpl) czerń f **schwärzen** (-zt) ⟨po⟩czernić **Schwarze(r)** f(m) czarnoskóra (-y) **schwarzfahren** v/i (irr; sn) jeździć na gapę, ⟨po⟩jechać na gapę **Schwarzfahrer(in)** m(f) *umg* gapowicz **schwarzhaarig** czarnowłosy **Schwarzhandel** m handel pokątny **Schwarzmarkt** m czarny rynek **Schwarztee** m herbata czarna **schwarzweiß** czarno-biały

**schwatzen, schwätzen** (-zt) *v/t abw* paplać, pleść; *v/i* (*plaudern*) ⟨po⟩gawędzić **Schwätzer(in)** m(f) papla m u. f **schwatzhaft** gadatliwy

**schweben** v/i (*a. sn*) unosić się; **in Gefahr ~** znajdować się *od* być w niebezpieczeństwie

**Schwede** m (-n) Szwed **schwedisch** szwedzki (po -ku)

**Schwefel** m (-s; bpl) siarka **schwefeln** (-le) siarkować **Schwefelsäure** f kwas siarkowy

**Schweif** m (-[e]s; -e) ogon (*a.* ASTRON) **schweigen** v/i (schwieg, geschwiegen) milczeć; **ganz zu ~ von ...** nie mówiąc (już) o (*lok*) **Schweigen** n (-s; bpl) milczenie; **zum ~ bringen** zmuszać ⟨zmusić⟩ do milczenia **Schweigepflicht** f obowiązek dochowania tajemnicy (**ärztliche** lekarskiej) **schweigsam** nierozmowny

**Schwein** n (-[e]s; -e) świnia **Schweinebraten** m pieczeń wieprzowa **Schweinefleisch** n wieprzowina **Schweinegrippe** f MED świńska grypa **Schweinehund** m *abw* drań m, łajdak **Schweinerei** f *abw* świństwo **Schweinestall** m (lkw(nia) świński (po -ku) **Schweinisch** *umg* świński (po -ku) **Schweinshaxe** f *pl -niem* KULIN golonka (pieczona) **Schweinsleder** n skóra świńska (wyprawiona)

**Schweiß** m (-es; bpl) pot **Schweißbrenner** m TECH palnik spawalniczy **schweißen** v/t TECH spawać **Schweißen** n (-s; bpl) TECH spawanie **Schweißgerät** n TECH spawarka **Schweißtropfen** m kropla potu

**Schweizer** m Szwajcar; *adj* szwajcarski **schwelen** v/i tlić się, tleć

**schwelgen** v/i (in *dat*) rozkoszować się (*inst*); **in Erinnerungen ~** oddawać się wspomnieniom

**Schwelle** f próg (*a. fig*); KOLEJ podkład; **an der ~** u progu **schwellen** v/i (schwillt, schwoll, geschwollen; sn) obrzmie(wa)ć **Schwellung** f MED obrzmienie

**Schwemme** f *fig* zatrzęsienie (*gen*)

**schwenken** v/t machać, wymachiwać **schwer** *adj* ciężki (-ko); (*schwierig*) trudny (-no); *umg adv* bardzo, mocno; **... ist zwei Kilo ~ ...** waży dwa kilo; *fig* **~ machen** utrudni(a)ć (j-m, sich [*dat*] etw k-u, sobie *akk*) **Schwerarbeit** f ciężka praca **schwerbehindert** głęboko upośledzonym **Schwerbehinderte(r)** ciężko upośledzony (-a) **Schwere** f (bpl) ciężar; *e-r Aufgabe* ciężkość f **schwerelos** nieważki, w stanie nieważkości **schwerfällig** ociężały (-le) **Schwergewicht** n SPORT waga ciężka; *fig* główny nacisk **schwerhörig** przygłuchy, niedosłyszący **Schwerindustrie** f przemysł ciężki **Schwerkraft** f (bpl) siła ciążenia **schwerlich** *adv* (*kaum*) wątpliwe jest, czy; (*wahrscheinlich nicht*) raczej nie **schwermütig** melancholijny; *Person* cierpiący na melancholię **Schwerpunkt** m środek ciężkości; *fig* punkt ciężkości

**Schwert** n (-[e]s; -er) miecz (*a.* MAR) **Schwerverbrecher(in)** m(f) zbrodniarz (-rka) **schwerwiegend** *adj* ważki, poważny

**Schwester** f (-; -n) siostra

**schwieg** → **schweigen**

**Schwiegereltern** pl teściowie mpl **Schwiegermutter** f teściowa **Schwiegersohn** m zięć m **Schwiegertochter** f synowa **Schwiegervater** m teść m

**Schwiele** f modzel **schwielig** zgrubiały, modzelowaty

**schwierig** (*verwickelt*) skomplikowany

**Schwierigkeit** f pl a. kłopoty
**schwillt** → schwellen
**Schwimmbad** n pływalnia
**Schwimmbecken** n basen pływacki
**schwimmen** (schwamm, geschwommen; h u sn) v/i Lebewesen pływać (**in** dat **w** lok; **auf dem Rücken** na wznak); auf der Oberfläche płynąć, pływać (**auf** dat na, po lok); przepływać ⟨-płynąć⟩ (**über** akk [przez] akk) **Schwimmen** n (-s; bpl) pływanie **Schwimmer** m pływak (a. TECH); e-r Angel spławik
**Schwimmhalle** f kryta pływalnia
**Schwimmlehrer(in)** m(f) instruktor(ka) pływania **Schwimmsport** m (bpl) pływactwo **Schwimmweste** f kamizelka ratunkowa, kapok
**Schwindel** m (-s; bpl) zawrót głowy; umg (Betrug) oszukaństwo, szwindel; **~ erregend** fig zawrotny **Schwindelgefühl** n (bpl) uczucie zawrotu głowy **schwindeln** (-le) v/i im Spiel oszukiwać **Schwindler(in)** m(f) oszust(ka) **schwindlig** adj: **mir ist od wird ~** kręci mi się w głowie
**schwingen** (schwang, geschwungen) v/t machać, wymachiwać; **sich ~ (auf** akk) wskakiwać ⟨wskoczyć⟩ (**na** akk) **Schwingung** f FIZ drganie, oscylacja
**Schwips** umg m (-es; -e) rausz; **e-n ~ haben** mieć w czubie, podpić pf sobie
**schwirren** v/i Gerücht krążyć, obiegać
**schwitzen** v/i (-zt) ⟨s⟩pocić się (a. **bei** przy lok), ⟨s⟩potnieć (a. Glas usw)
**schwoll** → schwellen
**schwor** → schwören **schwören** v/t u. v/i (schwor, geschworen) przysięgać ⟨-gnąć, -siąc⟩ (**bei** na akk
**schwul** umg homoseksualny, gejowski
**schwül** parny (-no), duszny (-no) **Schwüle** f (bpl) duchota, parność f
**Schwule(r)** umg m gej, pedzio NEG!
**schwülstig** pompatyczny
**Schwung** m (-[e]s; Schwünge) (bpl) (kraftvolle Bewegung) rozmach; umg szwung; polot; **mit ~** z rozpędu; zamaszyście **schwungvoll** zamaszysty (-ście)
**Schwur** m (-[e]s; Schwüre) przysięga **schwüre** → schwören **Schwurgericht** n sąd przysięgłych
**sechs** num sześć **Sechs** f (liczba, cyfra) sześć, szóstka; (Schulnote in Polen) jedynka **sechseckig** sześciokątny, heksagonalny **sechsfach** adj sześciokrotny
**sechsjährig** sześcioletni **sechsmonatig** sześciomiesięczny **Sechstagerennen** n sześciodniówka (kolarska) **sechste** szósty **Sechstel** n szósta część **sechstens** adv po szóste
**See¹** m (-s; -n) jezioro
**See²** f morze; **an die ~** nad morze; **an der ~** nad morzem; **auf hoher ~** na pełnym morzu; **in ~ stechen** Schiff wychodzić ⟨wyjść⟩ w morze; **zur ~ fahren** pływać po morzu od morzach
**Seebad** n (Ort) kąpielisko morskie **Seeblick** m: **Zimmer mit ~** pokój z widokiem na morze **Seefunk** m radiokomunikacja morska **Seegang** m (bpl) falowanie morza; **hoher** od **schwerer ~** wysoka fala **Seehafen** m port morski **Seehund** m foka **seekrank** cierpiący na chorobę morską **Seelachs** m (Köhler) czarniak
**Seele** f dusza (a. fig); **mit Leib und ~** duszą i ciałem **seelenruhig** najspokojniej w świecie
**Seeleute** pl → Seemann
**seelisch** duchowy (-wo); psychiczny **Seelsorge** f (bpl) duszpasterstwo, duchowe posługi fpl **seelsorgerisch** duszpasterski
**Seemann** m (pl -leute) marynarz **Seemeile** f mila morska **Seenot** f (bpl) niebezpieczeństwo zatonięcia na morzu; **in ~ geraten** znaleźć się pf w niebezpieczeństwie (zatonięcia) **Seenplatte** f pojezierze **Seeräuber** m pirat; in zssgn piracki **Seerecht** n (bpl) prawo morskie **Seereise** f podróż morska **Seerose** f grzybień m, lilia wodna **Seestern** m rozgwiazda **Seetang** m (-[e]s; -e) morszczyn **seetüchtig** zdatny do żeglugi **Seeweg** m: **auf dem ~** drogą morską **Seezunge** f ZOOL, KULIN sola
**Segel** n żagiel **Segelboot** n łódź żaglowa, żaglówka **Segelfliegen** n szybownictwo **Segelflieger(in)** m(f) szybownik (-iczka) **Segelflugzeug** n szybowiec **segeln** (-le; a sn) v/i MAR ⟨po⟩żeglować; durch die Luft ⟨po⟩szybować **Segelschiff** n żaglowiec **Segelsport** m żeglarstwo, sport żeglarski, jachting
**Segen** m błogosławieństwo
**Segler(in** f) żeglarz (-rka)

**segnen** (-e-) ⟨po⟩błogosławić
**sehen** (sieht, sah, gesehen) v/t widzieć, zobaczyć pf; (bemerken) zauważać ⟨-żyć⟩; **es ist nichts zu ~** nic nie widać; **was/wen sehe ich da?** co/kogo widzę?; **es gern ~, wenn ...** lubić, gdy ...; **sich ~ lassen können** dobrze prezentować się od wyglądać; v/i widzieć; **schlecht ~** niedowidzieć; **siehe ... patrz ...; wie man sieht** jak widać; **sieh doch!** (no) popatrz!; mit präp **auf etw, j-n ~** ⟨po⟩patrzeć, spoglądać ⟨spojrzeć⟩ na (akk); **sich ~** widzieć ⟨zobaczyć⟩ się **sehenswert** godny zobaczenia, godny obejrzenia **Sehenswürdigkeit** f zabytek, atrakcja (turystyczna)
**Sehkraft** f (bpl) wzrok
**Sehne** f ANAT ścięgno; MAT, e-s Bogens cięciwa
**sehnen: sich nach etw, j-m ~** tęsknić za (inst), do (gen); (sehnlichst wünschen) pragnąć (gen)
**Sehnenzerrung** f naciągnięcie ścięgna
**Sehnerv** m nerw wzrokowy
**sehnig** żylasty; Fleisch a. łykowaty
**Sehnsucht** f tęsknota (nach za inst) **sehnsüchtig** tęskny, stęskniony; präd tęsknie, z utęsknieniem, z tęsknotą
**sehr** adv bardzo, mocno; **wie ~ auch ...** jak bardzo nie ...; **zu ~** zanadto, (na)zbyt; **~ gern** bardzo chętnie; **so ~, dass** tak bardzo, że ...
**Sehschwäche** f (bpl) osłabienie wzroku **Sehtest** m badanie wzroku **Sehvermögen** n (bpl) wzrok
**seicht** płytki (-ko) (a. fig)
**Seide** f jedwab; **aus ~** z jedwabiu
**seiden** jedwabny **Seidenpapier** n bibułka **seidenweich** miękki jak jedwab
**seidig** jedwabisty (-ście)
**Seife** f mydło, dim mydełko **Seifenblase** f bańka mydlana
**Seil** n (-[e]s; -e) lina; dünn linka **Seilbahn** f kolej linowa **Seilschaft** f zespół wspinaczkowy; abw klika, koteria **Seilspringen** n zabawa od ćwiczenia npl ze skakanką **Seiltänzer(in)** m(f) linoskoczek
**sein¹** (bin, bist, ist, sind, seid, sind; sei, seiest, sei; war; wäre; sei/seien; sei!; seid!; sn) v/i być; **er ist Pole** on jest Polakiem; **das sind ... to są ...; was soll das ~?** co to ma być?; **muss das ~?** czy tak musi być?; **was ist mit dir?** co ci jest?, co z tobą?; umg **ist was?**(was willst du) czego od co chcesz?; **ich bin müde** jestem zmęczony; **das war am Freitag** to było w piątek; **mir ist kalt** jest mi zimno; **wie alt bist du?** ile masz lat?; **er ist fünf Jahre alt** on ma pięć lat; **zwei und zwei ist vier** dwa i dwa jest cztery; **sie ist aus Berlin** ona jest z Berlina; **da ~ → da; hier, dort ~** być tu, tam; verneint nie ma (gen); nie było (gen); **er ist nicht hier** tu go nie ma; **sie war nicht dort** tam jej nie było; **hier sind keine Fische** tu nie ma ryb; **das war einmal** (vergangen) to już (dawno) minęło; **was ist mit ...?** co z (inst)?; unpers **es ist warm** jest ciepło; **hier ist es schön** tu jest pięknie; **heute ist es schön** dziś jest ładnie; **lass es ~!** zostaw to!; **wie wäre es mit ...?** (a) jak z (inst)?; **das wärs** to wszystko; umg **mir ist nicht nach Arbeiten** nie mam chęci do pracy; **es sei** niech będzie; **wie dem auch sei** jak by nie było; **es sei denn, ...** chyba że ...; mit pperf als Hilfsverb **er ist eingeschlafen** on zasnął; **sie sind hier gewesen** oni tu byli; **wenn er nicht gewesen wäre ...**, gdyby jego nie było ..., gdyby nie on ...; mit **zu + inf** ... **ist, sind zu** (+ inf) (kann, können) można (+ inf); (muss, müssen) trzeba (+ inf); **das Haus ist zu verkaufen** dom jest do sprzedania; **er ist nicht zu sprechen** (ist nicht da) nie ma go; (empfängt nicht) on nie przyjmuje

**sein²** pron poss jego; **das ist ~ Haus** to jego dom; **er nahm ~e Sachen** wziął sw(oj)e rzeczy; **einer ~er Freunde** jeden z jego przyjaciół; **alles zu ~er Zeit** wszystko w swoim czasie; subst **das Seine** swoje; **die Seinen** swoi
**seinerseits** adv z jego strony **seinerzeit** adv (zu jener Zeit) wtedy, wówczas; (damals) swego czasu **seinesgleichen** taki jak on; persf tacy jak on(i); **~ suchen** nie mieć równego (pl równych) sobie **seinetwegen** (wegen ihm) przez niego; (ihm zuliebe) ze względu na niego
**seit** Ⓐ präp (dat) od (gen); **~ wann?** od kiedy?, odkąd?; **~ Kurzem** od niedawna; **~ langer Zeit** od dawna Ⓑ konj odkąd **seitdem** adv od tego czasu, odtąd; konj odkąd
**Seite** f strona; **linke ~** lewa strona; **auf der ~** na boku; im Buch na stronie; **von**

**der ~** z boku; od strony, ze strony; **auf j-s ~ sein** od **stehen** być po stronie (gen), trzymać stronę (gen) **Seitenansicht** f widok z boku; TECH rzut boczny **Seitenhieb** m fig przycinek (**auf** akk do gen) **seitens** präp (gen) ze strony (gen) **Seitenschiff** n e-r Kirche nawa boczna **Seitensprung** m fig przelotna miłostka, umg skok w bok **Seitenstechen** n (-s; bpl) kłucie w boku **Seitenstraße** f boczna ulica, boczniza **Seitenstreifen** m e-r Straße pobocze **Seitenzahl** f numer strony; (Gesamtzahl) liczba stron
**seither** adv odtąd, od tego czasu
**seitlich** adv boczny
**Sekretär** m (-s; -e) sekretarz; (Möbel) sekretera **Sekretariat** n (-es; -e) sekretariat **Sekretärin** f sekretarka
**Sekretion** f (bpl) BIOL wydzielanie, sekrecja
**Sekt** m (-[e]s; -e) wino musujące, szampan
**Sekte** f sekta **Sektion** f sekcja (a. MED) **Sektor** m (-s; -toren) sektor; MAT wycinek
**sekundär** wtórny; drugorzędny
**Sekunde** f sekunda **Sekundenzeiger** m sekundnik
**selbst** pron dem (unv) sam, sama f; **ich ~** ja sam, ja sama; **von ~** sam usw (z siebie); (selbsttätig) sam(o) przez się; samoczynnie; **sich** (akk) **~** samego usw siebie; **sich** (dat) **~** samemu usw sobie; adv nawet; **~ gemacht** ... własnej roboty, ... domowego od własnego wyrobu; adv **~ dann** nawet wówczas; **~ wenn** gdyby nawet **Selbstachtung** f poczucie godności osobistej **Selbstauslöser** m samowyzwalacz **Selbstbedienung** f samoobsługa **Selbstbeherrschung** f samoopanowanie, panowanie nad sobą **Selbstbestimmung** f (bpl) samostanowienie, samookreślenie (się) **Selbstbeteiligung** f udział własny **Selbstbewusst** pewny siebie **Selbstbewusstsein** n pewność f siebie **Selbsteinschätzung** f samoocena **Selbsterhaltungstrieb** m (bpl) instynkt samozachowawczy **selbstgefällig** zadufany (w sobie); präd z samozadowoleniem **Selbstgespräch** n monolog **Selbsthilfegruppe** f grupa samopomocy, kółko samopomocowe **selbstklebend** adj samoprzylepny **Selbstkritik** f samokrytyka **selbstlos** ofiarny; bezinteresowny
**Selbstmord** m samobójstwo **Selbstmörder(in** f) m samobójca m (-czyni) **selbstmörderisch** samobójczy (-czo) **selbstsicher** pewny siebie, dufny (w sobie) **selbstständig** samodzielny; **sich ~ machen** usamodzielni(a)ć się; als Unternehmer zakładać ⟨założyć⟩ własną firmę; **er, sie ist ~** (hat e-e eigene Firma) on, ona pracuje na własny rachunek **Selbstständige(r)** pracujący (-ca) na własny rachunek **Selbstständigkeit** f (bpl) samodzielność f, niezależność f **selbstsüchtig** samolubny **selbsttätig** samoczynny **selbstverständlich** (zupełnie) naturalny; **das ist ~** to się rozumie samo przez się; **~!** ma się rozumieć! **Selbstverständlichkeit** f rzecz zrozumiała sama przez się, rzecz naturalna **Selbstverteidigung** f samoobrona **Selbstvertrauen** n ufność f we własne siły, wiara we własne siły **Selbstverwirklichung** f samorealizacja **Selbstverwaltung** f samorząd **selbstzufrieden** zadowolony z siebie; präd z samozadowoleniem **Selbstzweck** m (bpl) cel sam w sobie
**Selfie** n (-s; -s) TEL selfie n
**selig** rel błogosławiony; fig (glücklich) błogi (-go) **Seligsprechung** f rel beatyfikacja
**Sellerie** m (-s; bpl) od f (-; bpl) seler
**selten** A adj rzadki (-ko); **nicht ~** nierzadko; **es kommt ~ vor, dass** rzadko się zdarza, że B adv (besonders) **~ schön** nadzwyczaj piękny; **höchst ~** nadzwyczaj rzadki (-ko) **Seltenheit** f (bpl) rzadkość f; (Rarität) rarytas
**Selterswasser** n (bpl) woda selcerska
**seltsam** niezwykły; (wunderlich) dziwny **seltsamerweise** adv dziwnym sposobem
**Semester** n semestr **Semesterferien** pl ferie pl uniwersyteckie
**Semikolon** n (-s; -s od -la) średnik **Seminar** n (-s; -e) seminarium n; in zssgn seminaryjny
**Semmel** f (-; -n) bułka, klein bułeczka **Semmelknödel** mpl knedle mpl śląskie
**Senat** m (-[e]s; -e) senat; JUR wydział są-

dowy **Senator** m (-s; -toren) senator **Sendebereich** m zasięg transmisji **senden** (-e-) v/t u. v/i rtv nada(wa)ć, emitować **Sender** m nadajnik; (Station) stacja telewizyjna od radiowa, rozgłośnia **Sendereihe** f cykl audycji (telewizyjnych, radiowych) **Sendeschluss** m zakończenie programu **Sendezeit** f czas emisji **Sendung** rtv audycja

**Senf** m (-[e]s; -e) BOT gorczyca; KULIN musztarda

**sengend** adj palący; **~e Hitze** żar
**senil** MED starczy; Greis stetryczały
**Senior** m (-s; -oren) senior (a. SPORT) **Seniorenheim** n dom seniora
**Senke** f GEOG nizina, depresja **senken** v/t opuszczać ⟨opuścić⟩, spuszczać ⟨spuścić⟩; Preis obniżać ⟨-żyć⟩; **sich ~** osiadać ⟨osiąść⟩; Gelände obniżać się, opadać; Nacht zapadać ⟨-paść⟩ **senkrecht** pionowy (-wo), **~ zu ...** prostopadły (-le) do (gen) **Senkrechte** f prostopadła **Senkung** von Kosten obniżka, redukcja

**Sensation** f sensacja; rewelacja **sensationell** sensacyjny; Ereignis a. rewelacyjny
**Sense** f kosa
**sensibel** (-bl-) wrażliwy (-wie) **sensibilisieren** (-) uwrażliwi(a)ć **für** na (akk)
**Sensortaste** f przycisk dotykowy
**sentimental** sentymentalny
**separat** oddzielny, odrębny
**September** m wrzesień m; in zssgn wrześniowy; **im ~** we wrześniu
**Serbe** m (-n) Serb **serbisch** serbski (po-ku)
**Serie** [pl 'ze:riən] f seria; rtv serial
**seriös** poważny, solidny; (zuverlässig) godny zaufania
**Serpentine** f serpentyna
**Serum** n (-s; -ren od -ra) surowica
**Server** m (-s; -) IT serwer
**Service¹** [zɛr'viːs] n (-[s]; -) serwis
**Service²** ['zœːrvɪs] m od n (-; selten -s [-vɪsɪs]) serwis, obsługa **Servicewerkstatt** f AUTO serwis samochodowy i naprawa
**servieren** (-) v/t poda(wa)ć, serwować; v/i serwować **Serviererin** f kelnerka
**Serviette** f serwetka
**Servolenkung** f wspomagany układ kierowniczy

**Sessel** m fotel **Sessellift** m wyciąg krzesełkowy
**sesshaft** osiadły; **~ werden** osiadać ⟨osiąść⟩
**Set** n od m (-[s]; -s) komplet, zestaw; (Deckchen) obrusik
**setzen** (-zt) v/t sadzać ⟨posadzić⟩; **sich ~** siadać ⟨usiąść⟩ (**auf e-n Stuhl** na krześle); Staub osiadać ⟨osiąść⟩; **sich ~ an** (akk) zasiadać ⟨zasiąść⟩ do (gen); **sich ~ in** (akk) wsiadać ⟨wsiąść⟩ do (gen); v/i im Spiel (a. v/t) stawiać ⟨postawić⟩ (**auf** akk na akk); (a. sn) **~ über** (akk) (springen) sadzić przez (akk), przesadzić pf (akk) **Setzer(in)** m(f) TYPO zecer(ka)

**Seuche** f epidemia, zaraza; (Tierseuche) pomór, zaraza **Seuchenschutz** m ochrona przeciwepidemiczna
**seufzen** v/i (-zt) wzdychać ⟨westchnąć⟩ (**tief** głęboko) **Seufzer** m westchnienie
**Sex** umg m (-[es]; bpl) seks; **~ haben** uprawiać seks **Sexualität** f (bpl) seksualność f **Sexualverbrechen** n przestępstwo na tle seksualnym **sexuell** seksualny **sexy** umg adj (unv) seksowny, seksy
**sezieren** (-) dokon(yw)ać sekcji (gen)
**shoppen** v/t u. v/i chodzić po sklepach **Shoppingtour** f chodzenie n po sklepach
**Shorts** [ʃɔrts] pl szorty pl
**sibirisch** syberyjski
**sich** pron 3. Pers sg u. pl (akk) siebie, się; (dat) sobie; nach präp **an ~** (akk) **denken** myśleć o sobie; **an** (und **für**) **~** sam w sobie; (eigentlich) właściwie; **für ~** (akk) dla siebie; **zu ~** (dat) do siebie; **unter ~** (akk) pod siebie; (dat) pod sobą; abmachen między sobą; **von ~** (dat) **aus** etw tun sam(a) od siebie
**Sichel** f (-; -n) sierp (a. des Mondes)
**sicher** adj (gewiss) pewny; (gefahrlos) bezpieczny; **ich bin mir (nicht) ~** (nie) jestem pewien od pewna; umg (aber) **~!** to pewne!, naturalnie! **Sicherheit** f (bpl) (Gewissheit) pewność f; (Gefahrlosigkeit) bezpieczeństwo **Sicherheitsabstand** m im Verkehr bezpieczny odstęp, odstęp bezpieczeństwa **Sicherheitsgurt** m pas bezpieczeństwa **sicherheitshalber** adv dla pewności **Sicherheitsnadel** f agrafka **Sicherheitsorgane** npl organy mpl bezpieczeństwa **Sicherheitsventil** n zawór

bezpieczeństwa **sicherlich** *adv* pewno, zapewne **sichern** (-re) *v/t* zabezpieczać ⟨-czyć⟩ (**vor** *dat*, **gegen** od *gen*, przed *inst*); IT archiwizować; sporządzać ⟨-dzić⟩ kopię (*gen*); (*Bergsport*) asekurować **sicherstellen** zapewni(a)ć; *Beweise* zabezpieczać ⟨-czyć⟩ **Sicherung** *f* zabezpieczenie; *an Waffen*, ELEK bezpiecznik **Sicherungskopie** *f* IT kopia zapasowa

**Sicht** *f* (*bpl*) widoczność *f*; **klare ~** dobra widoczność; **aus meiner ~** z mojego punktu widzenia; **auf lange ~** na dłuższą metę; **in ~ kommen** ukaz(yw)ać się **sichtbar** widzialny, *a. fig* widoczny **Sichtbehinderung** *f* ograniczenie widoczności **sichten** (-e-) (*erblicken*) dostrzegać ⟨-strzec⟩ **sichtlich** wyraźny **Sichtweite** *f* zasięg widoczności **sickern** *v/i* (-re; sn) sączyć się **sie** *pron 3. Pers.* (*nom sg*) ona; (*nom pl*) one, *persf* oni

**Sieb** *n* (-[e]s; -e) sito; (*Teesieb*) sitko **sieben**[1] *v/t* przesie(ew)ać (*a. fig*) **sieben**[2] *num* siedem

**Sieben** *f* (cyfra) siedem, siódemka **siebenfach** *adj* siedmiokrotny **Siebenschläfer** *m* ZOOL popielica; (*27. Juni*) siedmiu braci śpiących **siebentägig** siedmiodniowy

**sieden** *v/i* (-e-) wrzeć, kipieć **Siedepunkt** *m* temperatura wrzenia **Siedler(in)** *m(f)* osadnik, osiedleniec (*a. f*) **Siedlung** *f* osada; (*Stadtteil*) osiedle **Sieg** *m* (-[e]s; -e) zwycięstwo (**in** *dat*, **bei** *v lok*)

**Siegel** *n* pieczęć *f*

**siegen** *v/i* zwyciężać ⟨-żyć⟩ (*a.* SPORT, *fig*); **über den Gegner ~** zwyciężać ⟨-żyć⟩ przeciwnika **Sieger(in)** *f) m* zwycięzca *m* (-ciężczyni) **Siegesfeier** *f* uczczenie zwycięstwa, *umg* oblanie zwycięstwa **siegessicher** pewny zwycięstwa **siegreich** zwycięski (-ko)

**sieh**, **siehst**, **sieht** → **sehen**

**siezen** *v/t* (-zt) być na pan z (*inst*)

**Signal** *n* (-[e]s; -e) sygnał **signalisieren** (-) ⟨za⟩sygnalizować

**Silbe** *f* zgłoska, sylaba

**Silber** *n* (-s; *nur sg*) srebro **Silberhochzeit** *f* srebrne wesele **silbern** srebrny **silbrig** srebrzysty (-ście)

**Silhouette** [zilu'ɛta] *f* sylwetka

**Silikon** *n* (-s; -e) silikon; *in zssgn* silikonowy

**Silo** *m* od *n* (-s; -s) zasobnik, silos

**Silvester** *n* od *m* sylwester **Silvesterabend** *m* wieczór sylwestrowy

**simpel** (*-pl-*) (*einfach*) prosty (-to); *abw* (*einfältig*) prymitywny, przygłupi

**Sims** *m* od *n* (-es; -e) gzyms

**simulieren** *v/t u. v/i* (-) symulować

**simultan** równoczesny (-śnie); **~ dolmetschen** tłumaczyć symultanicznie **Sinfonie** [*pl* ˈniən] *f* symfonia **Sinfonieorchester** *n* orkiestra symfoniczna **singen** (sang, gesungen) *v/t* ⟨za⟩śpiewać

**Singlehaushalt** *m* kawalerka

**Singular** *m* (-s; *bpl*) liczba pojedyncza

**Singvogel** *m* ptak śpiewający

**sinken** *v/i* (sank, gesunken; sn) chylić się ku zachodowi; *Schiff* ⟨za⟩tonąć; *Niveau* obniżać ⟨-żyć⟩ się

**Sinn** *m* (-[e]s; -e) (*Wahrnehmungfähigkeit*) zmysł; (*bpl*) (*Gefühl für etw*) poczucie, zmysł (*gen*); **der sechste ~** szósty zmysł; **ohne ~ und Verstand** pozbawiony sensu; **es hat** *od umg* **macht keinen ~, ...** nie ma sensu ...; **in gewissem ~(e)** w pewnym sensie; **im wahrsten ~e des Wortes** w całym tego słowa znaczeniu **Sinnbild** *n* symbol **sinnentstellend** *adj* wypaczając(y) sens **Sinnesorgan** *n* narząd zmysłu **Sinnestäuschung** *f* złudzenie zmysłowe, omam **Sinneswandel** *m* zmiana przekonań **sinngemäß** zgodny co do treści **sinnlich** zmysłowy (-wo) **sinnlos** bezsensowny; *präd a.* bez sensu; *etw* **ist ~** ... nie ma sensu **sinnvoll** sensowny

**Sintflut** *f* (*bpl*) potop

**Sirene** *f* syrena, buczek

**Sirup** *m* (-s; selten -e) syrop

**Sitte** *f* obyczaj; *umg* (*Polizei*) obyczajówka; **~n** *pl a.* obyczajowość *f*; (*Benehmen*) zachowanie, maniery *fpl*

**Situation** *f* sytuacja

**situiert** *adj*: **gut ~** dobrze sytuowany

**Sitz** *m* (-es; -e) siedzenie; (*Platz*) miejsce **sitzen** *v/i* (*sitzt*, *saß*, *gesessen*; *pł-niem*, *austr*, *szwajc sn*) *über der Arbeit* siedzieć, ślęczeć; *fig* ~ **bleiben** *umg Schüler* repetować klasę, zimować; *Mädchen* nie wyjść za mąż; **im Sitzen** siedząc, w pozycji siedzącej **Sitzordnung** *f* porządek miejsc przy stole **Sitzplatz** m miejsce siedzące **Sitzpolster** n poduszka f na krzesło **Sitzung** f posiedzenie **Sitzungsperiode** f sesja **Sitzungsprotokoll** n protokół posiedzenia **Sitzungssaal** m sala posiedzeń

**sizilianisch** sycylijski (po -ku)
**Skala** f (-; -len) skala
**Skandal** m (-s; -e) skandal **skandalös** skandaliczny
**skandinavisch** skandynawski
**Skateboard** ['skeɪtbɔːd] n (-s; -s) deskorolka
**Skelett** n (-[e]s; -e) szkielet, kościec
**Skepsis** f (bpl) sceptycyzm **skeptisch** sceptyczny
**Ski** [ʃiː] m (-s; - od -er) narta; **~ laufen** jeździć na nartach **Skiausrüstung** f ekwipunek narciarski **Skigelände** n teren narciarski **Skihütte** f restauracja f górska **Skiläufer(in)** m(f) narciarz (-rka) **Skilehrer** m instruktor narciarski **Skilift** m wyciąg narciarski; (Schlepplift) wyciąg orczykowy
**Skinhead** [-hɛd] m (-s; -s) skin, skinhead
**Skisport** m narciarstwo **Skispringen** n (-s; bpl) skoki mpl narciarskie **Skistock** m kijek narciarski **Skitour** f rajd narciarski
**Skizze** f szkic **skizzieren** (-) ⟨na⟩szkicować
**Sklave** [-və] m (-n) niewolnik **Sklaverei** [-v-] f (bpl) niewolnictwo **Sklavin** [-v-] f niewolnica **sklavisch** [-v-] niewolniczy (-czo)
**Sklerose** f MED stwardnienie
**Skonto** m od n (-s; -s) skonto
**Skrupel** m skrupuł **skrupellos** pozbawiony skrupułów, prąd bez skrupułów
**Skulptur** f rzeźba (figuralna)
**skypen** v/i TEL rozmawiać na skypie
**Slalom** m (-s; -s), **Slalomlauf** m slalom
**Slawe** m (-n) Słowianin **Slawin** f Słowianka **slawisch** słowiański
**Slip** m (-s; -s) (Höschen) slipy pl, slipki pl
**Slipper** m (Schuh) trumniak
**Slowake** m (-n) Słowak **Slowakin** [-'vaː-] f Słowaczka **slowakisch** słowacki (po -ku)
**Slowene** m (-n) Słoweniec **Slowenin** f Słowenka **slowenisch** słoweński (po -ku)
**Smalltalk** m (-s) pogawędka

**Smaragd** m (-[e]s; -e) szmaragd
**Smartphone** n (-s) TEL smartfon
**Smog** m (-[s]; -s) smog
**SMS** f (-) TEL SMS; **j-m e-e ~ schicken** wysłać komuś esemsa od. esemes
**Snack** m (-s) przekąska
**snobistisch** snobistyczny
**so** A adv tak; (derartig) (+ adj) taki; **~ einfache Dinge** takie proste rzeczy; (+ adv) tak; **nicht ~ laut** nie tak głośno; **~ oder ~** tak czy owak; **bald ~, bald ~** raz tak, raz siak; **~ ein** taki; co za; **~ ein heißer Tag** taki upalny dzień; **~ ein Zufall!** co za traf!; **~ wie ...** tak od taki jak ...; **~ nur ~** tylko tak; ot tak; **~ genannt** tak zwany; **das kam ~:** ... to było tak: ...; **~?** tak?; **~!** aha!; in vielen Fällen andere Entsprechungen: **~, und nun?** dobrze, i co dalej?; **~ betrachtet** z tego punktu widzenia; ... **oder ~ ähnlich** ... albo coś w tym rodzaju; **~ etwa in ... Minuten** za jakieś ... minut; umg (na), **~ was!** coś podobnego!; unpers **es ist ~ weit** pora po temu; **es ist noch nicht ~ weit** jeszcze nie pora od czas B konj **~ dass** → sodass; **~ leid es mir tut, ich muss ...** bardzo żałuję, ale muszę ... C partikel **das war ~ ganz nach seinem Geschmack** to naprawdę trafiło mu do smaku; **~ ziemlich alles** prawie wszystko; **~ gut wie fertig** prawie gotowy; **wie geht es dir ~?** jak tam ci się powodzi?; **~ hör doch auf!** (no) przestańże!
**sobald** konj skoro tylko
**Socke** f skarpetka
**Sockel** m cokół, piedestał
**sodass** konj i dlatego, dlatego też
**Sodbrennen** n (-s; bpl) zgaga
**soeben** adv dopiero co, tylko co
**Sofa** n (-s; -s) kanapa, sofa
**sofern** konj (falls) jeśli (tylko); (insoweit) o ile
**soff** → saufen
**sofort** adv natychmiast; (in kürzester Zeit) zaraz **sofortig** natychmiastowy **Soforthilfe** f pomoc doraźna
**Software** [-vɛːr] f (bpl) oprogramowanie, software m
**sog, söge** → saugen
**sogar** adv nawet **sogenannt** tak zwany
**Sohle** f (Schuhsohle) podeszwa, zelówka
**Sohn** m (-[e]s; Söhne) syn, dim synek
**Sojabohne** f ziarno n sojowe **Soja-**

**milch** f mleko n sojowe **Sojasoße** f sos sojowy
**solange** konj dopóki, tak długo (jak); ~ ..., **bis** ... dopóty ..., (do)póki ...
**Solarenergie** f (bpl) energia słoneczna **Solarium** n (-s; -ien [-rian]) solarium n
**Solarzelle** f ogniwo słoneczne
**solch** pron: ~e taka, pl takie, persf tacy **solcherart** pron (unv) tego rodzaju
**Sold** m (-[e]s; bpl) żołd, uposażenie **Soldat** m (-en) żołnierz; **wie ein ~** po żołniersku, jak żołnierz
**solidarisch** solidarny **solidarisieren**: (-) **sich** ~ solidaryzować się (**mit j-n** z inst) **Solidarität** f (bpl) solidarność f
**solide** solidny **Solidität** f (bpl) solidność f
**Solist**(**in** f) m (-en) solista m (-tka)
**Soll** n (-s; -s od -li) solo; in zssgn oft solowy **somit** adv (a) zatem, (a) więc
**Sommer** m lato; in zssgn mst letni; **im ~** latem, w lecie **Sommeranfang** m początek lata **Sommerferien** pl wakacje pl letnie **sommerlich** letni **Sommerschlussverkauf** m letnia wyprzedaż posezonowa **Sommersprossen** fpl piegi fpl **Sommerzeit** f letnia pora, okres letni; (Uhrzeit) czas letni
**Sonde** f sonda; MED a. zgłębnik
**Sonderangebot** n oferta specjalna **sonderbar** dziwny; (wunderlich) osobliwy (-wie) **Sonderfahrt** f rejs pozaplanowy **Sonderfall** m przypadek szczególny **Sondergenehmigung** f specjalne zezwolenie **sonderlich** → sonderbar; nur verneint präd **nicht ~** nieszczególnie **Sonderling** m (-s; -e) dziwak (-aczka), oryginał **Sondermüll** m odpady mpl niebezpieczne
**sondern** konj lecz; **nicht nur ..., ~ auch** nie tylko ..., lecz także
**Sonderpreis** m cena specjalna, cena okazyjna **Sonderschule** f szkoła specjalna **Sonderstellung** f uprzywilejowane stanowisko **Sonderzubehör** n AUTO wyposażenie dodatkowe od ponadstandardowe **Sonderzug** m pociąg specjalny
**Sondierung** f sondaż
**Sonnabend** m sobota; in zssgn sobotni; **am ~** w sobotę **sonnabends** adv w soboty
**Sonne** f słońce; ASTRON (bpl) Słońce; **gegen die ~** pod słońce **sonnen**: **sich ~** wygrzewać od opalać się na słońcu; fig pławić się (**in** dat w lok) **Sonnenaufgang** m wschód słońca; **bei ~** o wschodzie (słońca) **Sonnenbad** n kąpiel słoneczna **Sonnenblende** f FOTO osłona przeciwsłoneczna **Sonnenblume** f słonecznik **Sonnenbrand** m (bpl) oparzenie słoneczne **Sonnenbrille** f okulary pl przeciwsłoneczne **Sonnenfinsternis** f zaćmienie n słońca **Sonnenhut** m jeżówka, rudbekia **sonnenklar** umg jasny od jasne jak słońce **Sonnenöl** n olejek do opalania
**Sonnenschein** m światło słoneczne, blask słońca **Sonnenschirm** m parasol od słońca **Sonnenschutz** m ochrona f przed słońcem **Sonnenspray** n spray m przeciwsłoneczny **Sonnenstich** m udar słoneczny **Sonnenstrahl** m promień słoneczny, promień m słońca **Sonnensystem** n układ słoneczny **Sonnenuntergang** m zachód słońca; **bei ~** o zachodzie (słońca) **sonnig** słoneczny; fig radosny
**Sonntag** m niedziela; **am ~** w niedzielę **sonntags** adv w niedziele **Sonntagsfahrer** m abw niedzielny kierowca
**sonst** **A** adv (gewöhnlich) zazwyczaj; (außerdem) poza tym; jeszcze **B** konj bo; **was ~?** co jeszcze?; **wer ~?, ~ jemand?** kto jeszcze?; **wie ~** jak zwykle, jak zawsze; **~ nichts** nic więcej, nic poza tym; **~ niemand** nikt więcej; **mehr als ~** więcej niż zwykle; **gibt es ~ noch Fragen?** czy są jeszcze jakieś pytania?; umg **~ was** jeszcze coś; umg **~ wer** byle kto, kto bądź; umg **~**

**wie** jakoś (inaczej); *umg* **~ wo** gdzieś, byle gdzie; *umg* ..., **~ gibt es Schläge!** ..., bo dostaniesz lanie! **sonstig** inny, pozostały

**sooft** *konj* ilekroć; *(jedesmal, wenn)* zawsze gdy

**Sopran** *m* (-s; -e) sopran; *in zssgn* sopranowy

**Sorbe** *m* (-n) Łużyczanin **sorbisch** łużycki (po -ku)

**Sorge** *f* troska; *(Kummer)* zmartwienie, zgryzota; *mst pl* **~n** *(Belastung)* kłopoty *mpl*; **j-m ~n machen** przyczyniać wiele trosk, przysparzać zgryzot k-u; **um j-n, etw in ~ sein, sich** *(dat)* **wegen** *od* **um j-n, etw ~n machen** niepokoić się *(inst, o akk)* **sorgen** *v/i* ⟨za⟩troszczyć się, dbać **(für j-n, etw** *o akk*); **sich ~ (um)** niepokoić się *(inst, o akk)* **sorgenfrei** beztroski (-ko) **Sorgenkind** *n* wieczne zmartwienie **sorgenvoll** stroskany (-a troskany; *Stunden* pełen trosk **Sorgepflicht** *f* (*bpl*) obowiązek opieki *(nad inst)* **Sorgerecht** *n* (*bpl*) prawo wychowywania **(für Kinder** dzieci)

**Sorgfalt** *f* (-; *bpl*) staranność *f* **sorgfältig** staranny **sorglos** *(leichtfertig)* lekkomyślny

**Sorte** *f* gatunek **sortieren** (-) ⟨po⟩sortować, ⟨po⟩segregować **(nach** według *gen)* **Sortierung** *f* sortowanie **Sortiment** *n* (-[e]s; -e) asortyment

**sosehr** *konj* aczkolwiek **soso** *int* aha; *adv* tak sobie

**Soße** *f* sos; *dim, żart* sosik

**Souvenir** [zuvə-] *n* (-s; -s) pamiątka **Souvenirladen** *m* sklep z pamiątkami

**souverän** [zuvə-] POL suwerenny **Souveränität** [zuvə-] *f* (-; *bpl*) suwerenność *f*

**soviel** *konj* o ile **soweit** *konj* o ile **sowie** *konj* (*als auch)* jak i, jak również; **sobald)** jak tylko, skoro tylko **sowieso** *adv* i tak, tak czy owak

**sowjetisch** HIST radziecki, sowiecki

**sowohl** *konj*: **~ ... als auch ...** i ... i ..., nie tylko ..., lecz także *od* również ...

**sozial** społeczny, socjalny; *Einstellung* społecznikowski **Sozialabgaben** *fpl* (ustawowe) opłaty *Ipl* na zabezpieczenie społeczne **Sozialamt** *n* wydział opieki społecznej **Sozialarbeit** *f* (*bpl*) praca społeczna **Sozialdemokratie** *f* (*bpl*) socjaldemokracja **sozialdemokratisch** socjaldemokratyczny **Sozialfall** *m* osoba utrzymująca się z pomocy społecznej **Sozialhilfe** *f* (*bpl*) pomoc społeczna; *(Geld als Beihilfe)* zasiłek z pomocy społecznej, zasiłek socjalny **sozialistisch** socjalistyczny **Sozialleistungen** *fpl* świadczenia *npl* socjalne **Sozialpolitik** *f* polityka społeczna **Sozialstaat** *m* państwo opiekuńcze **Sozialversicherung** *f* ubezpieczenie społeczne **Sozialwohnung** *f* mieszkanie socjalne

**soziologisch** socjologiczny

**sozusagen** *adv* jak się mówi, że tak powiem

**Spa** *n od m* (-[s]; -s) SPA

**Spachtel** *m* (-s; -) *od f* (-; -n) szpachla **Spachtelmasse** *f* szpachlówka **spachteln** (-le) *v/t* szpachlować

**spähen** *v/i*: **nach j-m, etw ~** wypatrywać *(gen)*; **aus dem Fenster, um die Ecke ~** wyglądać ⟨wyjrzeć⟩ przez okno, zza węgła

**Spalier** *n* (-s; -e) szpaler

**Spalt** *m* (-[e]s; -e) szczelina, szpara **spaltbar** FIZ rozszczepialny **Spalte** *f* szczelina, szpara; *(Kolumne)* kolumna **spalten** (-e-; *pperf* gespalten *od* gespalten) *Holz a.* rozłup(yw)ać od (gespalten) *Holz a.* rozłup(yw)ać; **sich ~** rozszczepi(a)ć się; *fig Partei usw* rozłam(yw)ać się **Spaltung** *fig* rozłam

**Span** *m* (-[e]s; Späne) wiór; *vom Holz a.* drzazga **Spanferkel** *n* KULIN prosię pieczone

**Spange** *f im Haar* spinka; *am Schuh usw* klamra, sprzączka

**Spanier** [ˈʃpaːniɐ] *m* Hiszpan **Spanierin** *f* Hiszpanka **spanisch** hiszpański (po -ku)

**spann, spänne** → spinnen

**Spanne** *f (Unterschied)* różnica **spannen** *v/t* naciągać ⟨-gnąć⟩, napinać ⟨-piąć⟩; *Muskeln* naprężać ⟨-żyć⟩ *v/r* sich); **etw ~ in** *(akk)* zamocow(yw)ać w *(lok)*; *(einlegen)* zakładać ⟨założyć⟩ do *(gen)*; *v/i Kleid* uciskać **spannend** *adj* zajmujący (-co), frapujący (-co), pasjonujący (-co) **Spanner** *m* napinacz; *umg abw (Voyeur)* podglądacz **Spannkraft** *f* (*bpl*) fig prężność f, energia **Spannung** *f* naprężenie, napięcie; *fig* napięte stosunki *mpl*; **mit ~** pełen napięcia **Spann-**

**weite** f rozpiętość f
**Spanplatte** f płyta wiórowa
**Sparbuch** n książeczka oszczędnościowa **Spardose** f skarbonka **Spareinlage** f wkład oszczędnościowy **sparen** v/i oszczędzać ⟨-dzić⟩ (akk, gen); Geld a. ciułać; fig **sich** (dat) etw ~ oszczędzać ⟨-dzić⟩ sobie (gen); v/i oszczędzać (**an** dat na lok)
**Spargel** m szparag; KULIN szparagi pl
**Sparkasse** f kasa oszczędnościowa **Sparkonto** n rachunek oszczędnościowy
**spärlich** skąpy (-po); Haar rzadki
**Sparmaßnahme** f posunięcie oszczędnościowe, decyzja oszczędnościowa **sparsam** Person oszczędny **Sparsamkeit** f (bpl) oszczędność f **Sparschwein** n świnka skarbonka
**Sparte** (Gebiet) dziedzina
**Spaß** m (-es; Späße) (Scherz) żart; (Vergnügen) przyjemność f; **es macht ihm ~ zu** (+ inf) on ma od znajduje przyjemność w (+ lok des Verbalsubstantivs); **aus ~, zum ~** żartem; **viel ~!** przyjemnej zabawy! **spaßen** v/i żartować **spaßig** zabawny **Spaßvogel** m żartowniś m (-nisia)
**spät** późny (-no); **bis ~ in die Nacht** do późnej nocy; **am ~en Nachmittag** późno po południu; **im ~en Sommer** pod koniec lata, późnym latem; **von früh bis ~** od świtu do zmierzchu; **zu ~** zbyt późno; **wie ~ ist es?** która godzina?
**Spaten** m łopata, rydel
**später** adj późniejszy; adv później; **ein Jahr ~** w rok później; umg **bis ~!** do zobaczenia wkrótce! **spätestens** adv najpóźniej (**bis** do) **Spätlese** f (Wein) wino z winogron późnego zbioru **Spätsommer** m późne lato
**Spatz** m (-en) wróbel; umg **das pfeifen schon die ~en von den Dächern** o tym już wróble na dachu ćwierkają **Spätzle** pl KULIN zacierki pl
**spazieren** v/i (-; sn) ⟨po⟩spacerować; ~ **fahren** ⟨po⟩jechać na spacer; ~ **gehen** iść ⟨pójść⟩ na spacer **Spaziergang** m spacer, przechadzka **Spazierweg** m droga spacerowa
**Specht** m (-[e]s; -e) dzięcioł
**Speck** m (-[e]s; bpl) słonina, sadło
**Spediteur** m (-s; -e) spedytor, przewoźnik **Spedition** f spedycja

**Speer** m (-[e]s; -e) oszczep **Speerwerfen** n (-s; bpl) rzut oszczepem
**Speiche** f szprycha; ANAT kość promieniowa
**Speichel** m (-s; bpl) ślina **Speicheldrüse** f gruczoł ślinowy, ślinianka
**Speicher** m spich(le)rz **Speicherkapazität** f IT pojemność f pamięci **speichern** (-re) ⟨z⟩magazynować **Speicherplatz** m pojemność f
**Speise** f jedzenie, jadło; (Gericht) potrawa **Speiseeis** n lody mpl **Speisefett** n tłuszcz jadalny **Speisekammer** f spiżarnia **Speisekarte** f jadłospis **Speiseröhre** f przełyk **Speisesaal** m sala jadalna, jadalnia **Speisewagen** m wagon restauracyjny
**Spektakel**[1] (Streit) awantura, granda **Spektakel**[2] n (Schauspiel) widowisko **spektakulär** spektakularny
**Spektrum** n (-s; -ren od -ra) widmo, spektrum n; fig a. wachlarz
**Spekulant(in)** m(f) (-en) spekulant(ka) **Spekulation** f spekulacja **spekulieren** v/i (-) spekulować (**an der Börse** na giełdzie)
**Spende** f datek, dar, darowizna **spenden** (-e-) ofiarow(yw)ać; Beifall ~ obdarzać ⟨-rzyć⟩ oklaskami **Spender(in)** f) m dawca (-czyni); JUR a. donator **spendieren** umg (-) ⟨za⟩fundować, stawiać ⟨postawić⟩
**Sperling** m (-s; -e) wróbel
**Sperma** n (-s; -men od -ta) sperma
**Sperre** f zapora HANDEL embargo **sperren** v/t zamykać ⟨-mknąć⟩, ⟨za⟩blokować (a. Konto) **Sperrfrist** f okres zakazu **Sperrgebiet** n teren zastrzeżony **Sperrholz** n (bpl) sklejka, dykta **sperrig** Paket nieporęcznie duży; Ladung przestrzenny, wielkogabarytowy **Sperrkonto** n rachunek zablokowany **Sperrmüll** m niewymiarowe odpadki mpl **Sperrstunde** f (bpl) godzina policyjna **Sperrung** f zablokowanie
**Spesen** pl koszty mpl, wydatki mpl
**Spezi** n (-s; -[s]) (Getränk) kola z lemoniadą
**Spezialgebiet** n specjalność f **spezialisieren** (-): **sich ~ auf** (akk) ⟨wy⟩specjalizować się w (lok) **Spezialist(in** f) m (-en) specjalista m (-tka) **Spezialität** f specjalność f **speziell** specjalny, szcze-

górny
**spezifisch** specyficzny; FIZ właściwy **spezifizieren** (-) wyszczególni(a)ć
**Sphäre** f MAT kula; fig sfera
**spicken** v/t: **mit etw** ~ ⟨na⟩szpikować (inst; a. fig) **Spickzettel** umg m ściąga (-wka)
**Spiegel** m lustro **Spiegelbild** n odbicie lustrzane **Spiegelei** ['ʃpi:-] n jajko sadzone **spiegelglatt** gładki jak lustro **spiegeln** (-le) v/t odbi(ja)ć, a. fig odzwierciedlać ⟨-lić⟩ ( **sich in** dat się w lok); v/i lśnić (jak lustro) **Spiegelreflexkamera** f lustrzanka **Spiegelung** f odbicie, odzwierciedlenie (a. Spiegelbild); MED wziernikowanie
**Spiel** n (-[e]s; -e) gra; SPORT a. mecz **Spielbank** f (pl -en) kasyno gry **spielen** v/t ⟨za⟩grać (**Fußball** w piłkę nożną, **Klavier** na fortepianie, **Karten** w karty); ⟨po-, za⟩bawić się (**Versteck** w chowanego); fig odgrywać ⟨odegrać⟩; (vortäuschen) udawać; v/i grać (**um Geld** na pieniądze; **auf der Gitarre** na gitarze); bawić się (**mit Puppen** lalkami); fig (etw nicht ernst nehmen) igrać (**mit** [z] inst); **gespielt** fig udany **spielend** adv bez trudu, śpiewająco **Spieler(in** f) m gracz, grający (-ca); SPORT zawodnik (-iczka) **Spielerei** f (Zeitvertreib) zabawa, igraszka **spielerisch** adj SPORT (spieltechnisch) pod względem techniki gry **Spielfeld** n pole (do) gry, płyta boiska **Spielfilm** m film fabularny **Spielhalle** f lokal z automatami do gry
**Spielkarte** f karta do gry **Spielplan** m TEATR repertuar **Spielplatz** m plac zabaw **Spielraum** m fig luz, swoboda ruchów **Spielregel** f reguła gry **Spielsachen** fpl zabawki fpl **Spielverderber(in** f) m(f): **sei kein(e)** ~**(in)** nie psuj (nam) zabawy **Spielverlängerung** f dogrywka **Spielwaren** fpl zabawki fpl **Spielzeit** f TEATR sezon **Spielzeug** n (bpl) zabawka; fig igraszka
**Spieß** m (-es; -e) dzida; (Bratspieß) rożen **Spinat** m (-[e]s; bpl) szpinak
**Spinne** f pająk **spinnen** (spann, gesponnen) v/t prząść; v/i umg (verrückt sein) mieć fioła **Spinnrad** n kołowrotek **Spinnwebe** f pajęczyna
**Spion** m (-s; -e) szpieg **Spionage** [-ʒə] f szpiegostwo **spionieren** v/i (-) szpiegować (a. fig) **Spionin** f (kobieta) szpieg
**Spirale** f spirala (a. fig u. MED) **spiralförmig** spiralny
**Spirituosen** pl spirytualia pl **Spiritus** m (-; bpl) spirytus
**Spital** n (-s; Spitäler) austr szpital
**spitz** spiczasty (-to); (bissig) uszczypliwy (-wie) **Spitze** f ostry koniec, szpic, ostrze; a. e-s Dreiecks wierzchołek;; **an der** ~ na czele
**Spitzel** m abw szpicel
**spitzen** (-zt) Bleistift ⟨za⟩temperować **Spitzengeschwindigkeit** f prędkość maksymalna **Spitzengruppe** f czołówka **Spitzenkandidat(in** f) m(f) czołowy (-wa) kandydat(ka) **Spitzenleistung** f szczytowe osiągnięcie **Spitzenposition** f czołowe miejsce, umg miejsce na topie **Spitzenqualität** f najwyższa jakość **Spitzenreiter** m lider na liście rankingowej; MUS hit **spitzfindig** pokrętny; (kleinlich) drobiazgowy (-wo) do przesady **Spitzhacke** f kilof **Spitzname** m przezwisko, ksywa
**Splitter** m odłamek, odprysk; (Holzsplitter) drzazga **splittern** v/i ⟨-re; sn⟩ rozłup(yw)ać się; Glas rozpryskiwać ⟨-snąć⟩ się
**sponsern** (-re) sponsorować **Sponsoring** n (-s; bpl) sponsorowanie, sponsoring
**spontan** spontaniczny, samoistny **sporadisch** sporadyczny **Spore** f zarodnik, spora
**Sporn** m (-[e]s; -ren) ostroga (a. BOT, ZOOL)
**Sport** m (-[e]s; bpl) sport **Sportabzeichen** n odznaka sportowa **Sportanlage** f kompleks sportowy **Sportart** f dyscyplina sportowa **Sportfest** n impreza sportowa, igrzyska **Sportklub** m klub sportowy **Sportler(in** f) m(f) sportowiec (a. f), zawodnik (-iczka) **sportlich** sportowy (-wo); Person wysportowany **Sportplatz** m boisko **Sporttasche** f torba sportowa **Sportveranstaltung** f impreza sportowa **Sportverein** m związek sportowy **Sportwagen** m samochód sportowy; für Kinder wózek spacerowy **Sportzeug** n rzeczy fpl na sport
**Spott** m (-[e]s; bpl) kpina, drwina (mst pl) **spotten** v/i (-e-) kpić, drwić (sobie) (**über** akk z gen) **spöttisch** drwiący (-co), kpią-

cy (-co); *Miene a.* kpiarski
**sprach, spräche** → **sprechen**
**Sprachbegabung** f zdolności fpl językowe; **Sprache** f mowa; język; **in deutscher ~** w języku niemieckim **Sprachenschule** f szkoła językowa **Sprachfehler** m wada wymowy **Sprachführer** m rozmówki fpl **Sprachkenntnisse** fpl znajomość f języka od języków **Sprachkurs** m kurs języka **sprachlich** językowy (-wo) **sprachlos** oniemiały **Sprachraum** m obszar językowy **Sprachrohr** n rzecznik **Sprachstörung** f zaburzenie mowy **Sprachunterricht** m nauka języka **Sprachwissenschaft** f językoznawstwo

**sprang, spränge** → **springen**
**Sprechanlage** f domofon **sprechen** (spricht, sprach, gesprochen) v/i mówić (**über** akk, **von** o lok; **zu** do gen), odzywać ⟨**odezwać**⟩ się; **deutsch ~** mówić od odezwać się pf po niemiecku; **mit j-m ~** ⟨**po**⟩rozmawiać, ⟨**po**⟩mówić z (inst); (e-e Rede halten) przemawiać ⟨-mówić⟩ (**an** akk, **zu** do gen); **... ist nicht zu ~** ... nie przyjmuje; v/t mówić, powiedzieć pf, rzec pf; *Gebet* odmawiać ⟨-mówić⟩; *Urteil* wyd(aw)ać; **kann ich Frau ... ~?** czy mogę mówić z panią ...?; fig **das spricht für, gegen ...** to przemawia za (inst), przeciw (dat) **Sprechen** n (-s; bpl) mówienie, mowa **Sprech|er(in)** m(f) mówca m (-wczyni); e-r Gruppe rzecznik (-iczka) **Sprechstunde** f godziny fpl przyjęć **Sprechstundenhilfe** f pomoc f w gabinecie lekarskim **Sprechzimmer** n gabinet lekarski
**spreizen** (-zt) rozstawi(a)ć
**sprengen** v/t wysadzać ⟨-dzić⟩ **Sprengladung** f, **Sprengsatz** m ładunek wybuchowy **Sprengstoff** m materiał wybuchowy
**Spreu** f (bpl) plewy fpl (a. fig)
**sprich, sprich(s)t** → **sprechen**
**Sprichwort** n (pl -wörter) przysłowie **sprichwörtlich** przysłowiowy (-wo)
**Springbrunnen** m fontanna **springen** (sprang, gesprungen); v/i (sn) skakać ⟨skoczyć⟩; **über etw ~** skakać ⟨skoczyć⟩ przez (akk), a. fig przeskakiwać ⟨-skoczyć⟩ (akk); **aus etw ~** wyskakiwać ⟨-skoczyć⟩ z (gen); **in etw ~** wskakiwać ⟨wskoczyć⟩ do (gen); **von etw ~** zeskakiwać ⟨-skoczyć⟩ z (gen); (bersten) pękać ⟨-knąć⟩ **Springer** m skoczek

**Sprinter(in)** m(f) sprinter(ka)
**Spritze** f umg (Injektion) zastrzyk **spritzen** (-zt) v/t *Medikament* wstrzykiwać ⟨-knąć⟩ **Spritzer** m bryzg; (Fleck) plamka **spritzig** (flott dargeboten) tryskający dowcipem **Spritztour** umg f wypad
**spröde** *Haut* spierzchnięty
**Spross** m (-es; -e) latorośl f; fig (Nachkomme) potomek **Sprosse** f e-r Leiter szczebel (a. fig); des Geweihs odnoga
**Spruch** m (-[e]s; Sprüche) hasło, dewiza **Spruchband** n transparent **spruchreif** aktualny
**Sprudel** m woda gazowana **sprudeln** *Sekt* musować; (kochen) kipieć, bulgotać
**sprühen** v/t *Flüssigkeit* rozpylać ⟨-lić⟩ **Sprühregen** m mżawka
**Sprung** m (-[e]s; Sprünge) skok; im Glas usw pęknięcie **Sprungbrett** n odskocznia (a. fig) **sprunghaft** nierównowagony, niesystematyczny; *Wandel* nagły (-le), raptowny; **~ steigen** podskoczyć pf **Sprungschanze** f skocznia (narciarska)
**Spucke** umg f (bpl) ślina **spucken** v/i pluć (a. v/t **Blut** krwią), spluwać ⟨(s)plunąć⟩
**Spuk** m (-[e]s; -e) zjawa, widmo; fig koszmar **spuken** v/i *Geist* straszyć
**Spule** f szpula, szpulka; ELEK cewka
**Spüle** f zlewozmywak (szafkowy) **spülen** v/t ⟨o-, wy⟩płukać, spłuk(iw)ać, przepłuk(iw)ać; *Geschirr* zmy(wa)ć **Spülmittel** n płyn do mycia naczyń **Spülung** f płukanie, przepłukiwanie **Spülwasser** n pomyje pl
**Spund**¹ m (-[e]s; -e od Spünde) czop, zatyczka; *Tischlerei* wypust, pióro **Spund**² umg m (-[e]s; -e): **junger ~** smyk, berbeć m
**Spur** f ślad
**spürbar** odczuwalny, zauważalny; *Strafe a.* dolegliwy **spüren** v/t czuć, odczu(wa)ć; *intuitiv* wyczu(wa)ć; → **merken**
**Spürhund** m tropiciel (a. fig)
**spurlos** adv bez śladu
**Spürsinn** m (bpl) węch; fig wyczucie
**Spurwechsel** m zmiana pasu ruchu
**Spurweite** f KOLEJ szerokość f toru
**Squash** n (-[s]; bpl) SPORT squash

**Staat** m (-[e]s; -en) państwo **Staatenbund** m konfederacja **staatenlos** bezpaństwowy **staatlich** państwowy; *präd* ... przez państwo **Staatsangehörigkeit** f obywatelstwo **Staatsanwalt** m prokurator **Staatsanwältin** f prokurator(ka *umg*) **Staatsanwaltschaft** f prokuratura **Staatsbesuch** m wizyta państwowa **Staatsbürger(in)** m(f) obywatel(ka) **Staatsdienst** m służba państwowa **Staatsgebiet** n terytorium n państwa **Staatsgeheimnis** n tajemnica państwowa **Staatsgewalt** f (*bpl*) władza państwowa **Staatsgrenze** f granica państwa **Staatskosten** *pl*: **auf ~** na koszt państwa **Staatsmann** m (*pl* -männer) mąż stanu **Staatsoberhaupt** n głowa państwa **Staatsprüfung** f egzamin państwowy **Staatssekretär** m sekretarz stanu **Staatsstreich** m zamach stanu **Staatsverbrechen** n przestępstwo przeciw interesom państwa
**Stab** m (-[e]s; (*Barren*) sztaba, pałeczka (sztafetowa) **Stäbchen** n pręcik, laseczka, pałeczka **Stabhochsprung** m skok o tyczce
**stabil** stabilny; (*haltbar*) trwały **stabilisieren** (-) *v/t* ⟨u⟩stabilizować **Stabilität** f (*bpl*) stabilność f
**stach, stäche** → stechen **Stachel** m (-s; -n) kolec; *von Insekten* żądło **Stachelbeere(n** *pl*) f agrest; *in zssgn* agrestowy, ... z agrestu **Stacheldraht** m drut kolczasty **stachelig** kolący, kłujący **Stachelschwein** n jeżozwierz
**Stadion** n (-s; -ien [-dian]) stadion
**Stadium** n (-s; -ien [-dian]) stadium n
**Stadt** f (-; Städte) miasto **Stadtautobahn** f autostrada miejska **Stadtbezirk** m dzielnica miasta **Städtebau** m (*bpl*) budowa miast **Städtepartnerschaft** f związki *mpl* bliźniacze między miastami, partnerstwo miast **Städtereise** f (krótki) urlop m w mieście **Städtetour** f wypad m do miasta **Stadtführer** m przewodnik po mieście **städtisch** miejski (po -ku); komunalny **Stadtmauer** f mury *mpl* miejskie **Stadtplan** m plan miasta **Stadtrand** m peryferie *fpl* miasta; **am ~** na obrzeżu miasta **Stadtreinigung** f (*Betrieb*) przedsiębiorstwo oczyszczania miasta **Stadtrundfahrt** f wycieczka autokarowa po mieście **Stadtteil** m dzielnica miasta **Stadtverkehr** m komunikacja miejska **Stadtverwaltung** f zarząd miejski, administracja miejska **Stadtwerke** *npl* miejskie zakłady *mpl* użyteczności publicznej **Stadtzentrum** n śródmieście, centrum n miasta
**Staffel** f (-; -n) (*Wettbewerb*) sztafeta **Staffellauf** m bieg sztafetowy **staffeln** (-le) *v/t* stopniować, ⟨z⟩różnicować; **sich ~** różnicować się **Staffelung** f stopniowanie, zróżnicowanie, uszeregowanie (**der Löhne** płac)
**stagnieren** *v/i* (-) przeżywać stagnację
**stahl** → stehlen
**Stahl** m (-[e]s; Stähle) stal f **Stahlbeton** m żelbet, żelazobeton; *in zssgn* żelbetowy
**stähle** → stehlen
**stählern** stalowy, ze stali; *fig* jak stal **Stahlindustrie** f przemysł stalowy **Stahlwerk** n huta stali, stalownia
**stak** → stecken
**Stall** m (-[e]s; Ställe) *für Vieh* obora
**Stamm** m (-[e]s; Stämme) *e-s Baums* pień m **Stammbaum** m drzewo genealogiczne
**stammeln** (-le) *v/t* ⟨wy⟩jąkać, ⟨wy⟩bełkotać; *v/i* jąkać się
**stammen** *v/i*: **~ aus, von** pochodzić z, od (*gen*), wywodzić się z (*gen*) **Stammgast** m bywalec; *weiblich* bywalczyni **stämmig** krępy (-po), przysadzisty (-ście) **Stammkapital** n kapitał zakładowy **Stammkunde** m stały klient **Stammkundin** f stała klientka **Stammlokal** n ulubiony lokal **Stammtisch** m stół dla stałych gości; (*Runde*) grono (stałych) bywalców
**stampfen** *v/t Erde* ubi(ja)ć; *v/i* tupać ⟨tupnąć⟩ **Stampfer** m KULIN tłuczek, ubijak
**stand** → stehen **Stand** m (-[e]s; *bpl*) **1** pozycja stojąca; (*Platz, auf dem man steht*) miejsce; **aus dem ~** z miejsca; **e-n sicheren ~ haben** pewnie stać; *fig* **e-n schweren ~ haben** być w trudnej sytuacji **2** (*Stufe*) stan; **der ~ der Dinge** stan rzeczy; **etw auf den neuesten ~ bringen** uaktualni(a)ć, ⟨z⟩aktualizować (*akk*) **3** (*Niveau*) poziom; *des Wassers* stan **4** (*An-*

*zeige e-s Geräts*) wskazanie **5** (*Lage*) położenie; stan; **j-n in den ~ setzen, etw zu tun** umożliwi(a)ć k-u (*akk od inf*) **6** (*Ergebnis*) wynik; **nach dem neuesten ~** według ostatnich wyników **7** (*pl* Stände) (*Verkaufsstand*) stoisko, boks; (*Messestand usw*) stoisko; *für Taxis* postój **8** (*Gesellschaftsschicht*) stan; **der geistliche ~** stan duchowny

**Standard** *m* (-s; -s) standard, wzorzec
**Stände** *pl* → Stand **Ständer** *m* stojak
**Standesamt** *n* urząd stanu cywilnego
**standesamtlich** *adj*: **~e Trauung** ślub cywilny; **sich ~ trauen lassen** brać ⟨wziąć⟩ ślub cywilny **Standesbeam|te(r)** *m* urzędnik stanu cywilnego **standesgemäß** *adj* zgodny z zajmowanym stanowiskiem (społecznym) **standeswidrig** nielicujący *od* niezgodny z etyką zawodową
**standfest** stateczny, stabilny **standhaft** nieugięty; (*mutig*) mężny; *präd* **sich ~ weigern** sprzeciwiać się nieugięcie **standhalten** *v/i* (*irr*) (*aushalten*) wytrzym(yw)ać
**ständig** *adv* stale, ciągle
**Standlicht** *n* światło postojowe
**Standort** *m* pozycja **Standpunkt** *m* *fig* stanowisko, punkt widzenia **Standstreifen** *m* pas postojowy
**Stange** *f* tyczka, tyka, żerdź *f* **Stängel** *m* e-r *Pflanze* łodyga
**stank, stänke** → stinken
**stanzen** (-zt) (*prägen*) tłoczyć, wytłaczać; (*ausstanzen*) wykrawać
**Stapel** *m* stos; **vom ~ lassen** *Schiff* wodować **Stapellauf** *m* wodowanie **stapeln** (-le) *v/t* układać ⟨ułożyć⟩ w stos *od* stosy, sztaplować; *umg* **sich ~** ⟨na⟩gromadzić się, leżeć kupami
**Star¹** *m* (-[e]s; -e) ZOOL szpak
**Star²** *m* (-[e]s; -e): MED **grauer ~** zaćma, katarakta; **grüner ~** jaskra
**Star³** *m* (-s; -s) (*Person*) gwiazda, gwiazdor
**starb** → sterben
**stark** *adj* (stärker; stärkste) mocny, silny **Stärke¹** *f* KULIN, CHEM skrobia, krochmal **Stärke²** *f* (*Kraft*) moc *f*, siła; **Wind der ~ 8** wiatr o sile ośmiu stopni; **Gläser der ~ ...** szkła o mocy ...; *fig* (*starke Seite*) mocna strona, mocny punkt; **das ist nicht ihre ~** ona nie jest w tym mocna
**stärken** *v/t* wzmacniać ⟨wzmocnić⟩ (*akk*), **sich ~** (**mit**) pokrzepi(a)ć się (*inst*)
**stärker** *komp* → **stark Starkstrom** *m* (*bpl*) prąd energetyczny; *in zssgn* elektroenergetyczny **Stärkung** *f* wzmacnianie, wzmocnienie
**starr** (*steif*) sztywny **starren** *v/i* (**auf** *akk*) wpatrywać się (w *akk*), wlepi(a)ć wzrok (w *akk*); **vor Dreck ~** lepić się od brudu
**starrköpfig** uparty (-cie) **Starrkrampf** *m* (*bpl*) MED tężec **Starrsinn** *m* (*bpl*) upór
**Start** *m* (-s; -s) start (*a. fig*); *e-s Motors* rozruch **Startautomatik** *f* AUTO automatyczny rozruch **Startbahn** *f* pas startowy **startbereit** *adj* gotowy do startu **starten** (-e-) *fig* (*beginnen*) rozpoczynać ⟨-cząć⟩ **Starter** *m* AUTO rozrusznik, starter **Starterlaubnis** *f* zezwolenie na start **Starthilfe** *f* uruchomienie silnika pożyczonym akumulatorem; *umg fig* początkowa pomoc (w *lok*) **startklar** gotowy do startu **Startseite** *f* IT strona główna *od* startowa, witryna **Startverbot** *n* zakaz startu **Startzeichen** *n* znak (do) startu
**Station** *f* stacja; *im Krankenhaus* oddział
**stationär** stacjonarny; **~e Behandlung** leczenie szpitalne **stationieren** (-) *v/t* *Truppen usw* rozmieszczać ⟨-mieścić⟩, rozlokow(yw)ać; **stationiert sein** stacjonować **Stationsarzt** *m*, **Stationsärztin** *f* ordynator **Stationsschwester** *f* (pielęgniarka) oddziałowa
**statisch** statyczny **Statist** *m* (-en) statysta *m* **Statistik** *f* statystyka **Statistin** *f* statystka **statistisch** statystyczny
**Stativ** *n* (-s; -e) statyw
**statt** *konj*, *präp* (*gen*) zamiast (*gen*)
**Stätte** *f* miejsce
**stattfinden** *v/i* (*irr*) odby(wa)ć się
**stattlich** *Bau usw* okazały
**Status** *m* (-; *bpl*) status; MED stan **Statussymbol** *n* symbol statusu społecznego
**Statut** *n* (-[e]s; -en) statut
**Stau** *m* (-s; -s) *im Verkehr* zator, *umg* korek; **e-n ~ verursachen** ⟨s⟩powodować korek
**Staub** *m* (-[e]s; *bpl*) kurz, *a.* TECH pył; **~ wischen** ścierać ⟨zetrzeć⟩ kurz(e *pl*)
**stauben** *v/i* kurzyć się **Staubfilter** *m od n* filtr przeciwpyłowy **staubfrei** bezpyłowy **staubig** zakurzony, zapylony **Staubkorn** *n* pyłek, cząsteczka pyłu

**staubsaugen** v/i odkurzać ⟨-rzyć⟩ odkurzaczem **Staubsauger** m odkurzacz **Staubwolke** f obłok od tuman kurzu; pl a. kurzawa

**Staudamm** m zapora (wodna), spiętrzenie

**Staude** f bylina

**stauen** v/t spiętrzać ⟨-rzyć⟩

**staunen** v/i (**über** akk) ⟨z⟩dziwić się (dat), zdumie(wa)ć się (inst) **Staunen** n ⟨-s; bpl⟩ zdziwienie, zdumienie

**Stausee** m jezioro zaporowe

**Steak** [steːk] n ⟨-s; -s⟩ stek, zraz

**stechen** (sticht, stach, gestochen) **A** v/t ⟨u⟩kłuć; j-n mit e-m Messer usw dźgać ⟨dźgnąć⟩; Löcher przekłu(wa)ć; Spargel kopać; Karte przebi(ja)ć **B** v/i (eindringen) wkłu(wa)ć się (**in** akk do gen); Mücke ⟨u⟩gryźć; Biene ⟨u⟩żądlić; (schmerzen) kłuć; Rose kłuć (się); Sonne palić; Karte przebijać; (die Stechuhr betätigen) odbi(ja)ć kartę zegarową **C** v/r **sich** (akk od dat) **in den Finger ~** ⟨u⟩kłuć się w palec **Stechen** n MED kłucie; SPORT końcowa rozgrywka (w konkursie) **Stechfliege** f bolimuszka **Stechmücke** f komar

**Steckbrief** m list gończy **steckbrieflich** adv: **j-n ~ suchen** ścigać k-o listem gończym **Steckdose** f ELEK gniazdko

**stecken A** v/t **1** wtykać ⟨wetknąć⟩ (**in** akk do gen); **durch** etw **~** przewlekać ⟨-wlec⟩ przez (akk) **2** (hineintun) wkładać ⟨włożyć⟩; (hineinstopfen) wpakować pf (fig. umg **in den Knast** do ciupy) **3** Haar upinać ⟨upiąć⟩ **4** (befestigen) przypinać ⟨-piąć⟩ (**an** akk do gen) **B** v/i **1** (a stak, gesteckt) tkwić (**an, in**, dat w lok); umg Person siedzieć; **~ bleiben** utknąć pf; **etw ~ lassen in** (dat) zostawi(a)ć w (lok) **2** **wo steckt er bloß?** gdzież on jest?; **dem Chef ~, dass ...** donieść szefowi, że od o (lok) **Steckenpferd** n konik **Stecker** m ELEK wtyczka **Stecknadel** f szpilka **Steckschlüssel** m klucz nasadowy

**Steg** m ⟨-[e]s; -e⟩ (schmale Brücke) kładka, mostek

**Stegreif** m: **aus dem ~** bez przygotowania, improwizując

**stehen** (stand, gestanden; reg a sn) **A** v/i **1** stać; **die Uhr steht** zegarek stoi **2** (sein) być, znajdować się; **~ bleiben** zatrzym(yw)ać się, stanąć pf; **leer ~** stać pustką **3** **~ lassen** pozostawi(a)ć; Essen a. nie dotykać ⟨dotknąć⟩; **sich** (dat) **e-n Bart ~ lassen** zapuszczać ⟨-puścić⟩ brodę; **alles ~ und liegen lassen** zostawi(a)ć wszystko **4** fig j-m zur Seite **~** pomagać k-u; popierać k-o; **so wie die Dinge ~** tak, jak sprawy stoją; umg **der Vertrag steht** umowa stoi; **darauf steht ...** Strafe za to grozi ...; **das Kleid steht dir gut** w tej sukience jest ci do twarzy; **die Aktien ~ gut** akcje stoją wysoko; **wie stehst du dazu?** co ty na to?; **er steht vor der Prüfung** oczekuje go egzamin; **wie steht das Spiel?** jaki jest dotychczasowy wynik meczu **5** unpers **es steht schlecht um ihn** z nim jest źle; **wie steht es mit ...?** jak wygląda(ją) (nom); **es steht außer Frage** nie ulega wątpliwości; **es steht zu befürchten, dass ...** należy się obawiać, że ... **6 ~ für** (garantieren) ręczyć za (akk); (verkörpern) reprezentować (akk); (bedeuten) znaczyć; umg **~ auf** (akk) lecieć na (akk) **7 zum Stehen bringen** zatrzym(yw)ać; **im Stehen** na stojąco, stojąc **B** v/r **sich gut mit j-m ~** być w najlepszej komitywie z (inst); **sich schlecht mit j-m ~** być w niezgodzie z (inst) **stehend** adj stojący

**stehlen** (stiehlt, stahl, gestohlen) ⟨s-, u⟩kraść

**Stehplatz** m miejsce stojące

**steif** sztywny (-no); **~ werden** zesztywnieć pf; Glieder a. skostnieć pf; **~ schlagen** KULIN ubijać ⟨ubić⟩

**Steig** m ⟨-[e]s; -e⟩ ścieżka (górska) **Steigbügel** m strzemię **steigen** v/i ⟨stieg, gestiegen; sn⟩ **1** wdrap(yw)ać się, włazić ⟨wleźć⟩ (**auf e-n Baum** na drzewo), wspinać ⟨wspiąć⟩ się (**auf e-n Berg** na szczyt góry) **2** Flugzeug nab(ie)rać wysokości; wznosić ⟨wznieść⟩ się (**auf ...** Meter na wysokość ... metrów); Fluss wzbierać ⟨wezbrać⟩ **3** fig podnosić ⟨-nieść⟩ się, iść ⟨pójść⟩ w górę (**um ...** na ...); Wert wzrastać ⟨wzrosnąć⟩ **4** mit präp **aufs Fahrrad, Pferd ~** wsiadać ⟨wsiąść⟩ na rower, konia; **~ aus** e-m Fahrzeug wysiadać ⟨wysiąść⟩ z (gen); **~ in** ein Fahrzeug wsiadać ⟨wsiąść⟩ do (gen); **über** etw **~** przestępować ⟨-stąpić⟩ przez (akk); przełazić ⟨-leźć⟩ przez (akk); **vom Fahrrad, Pferd ~** zsiadać ⟨zsiąść⟩ z rowera, konia **5 e-n Drachen ~ lassen** puszczać ⟨puścić⟩ latawca; umg **die Party steigt morgen** party będzie jutro **steigend** adj wzrastają-

**508** ■ steigern – Steuerberater(in)

cy
**steigern** (-re) v/t zwiększać, powiększać ‹-szyć›; *Leistung* podnosić ‹-nieść›; *Bemühungen* wzmagać ‹wzmóc›, ‹s›potęgować, spotęźnieć pf (v/r **sich sie**); GRAM stopniować **Steigerung** f powiększenie, zwiększenie
**Steigung** f stromizna, wzniesienie
**steil** stromy (-mo); *Karriere* zawrotny
**Stein** m (-[e]s; -e) kamień m **Steinbock** m kozioroźec; (*bpl*) ASTRON Kozioroźec **Steinbruch** m kamieniołom **Steinbutt** m (-[e]s; -e) turbot **Steingut** n (*bpl*) fajans **steinhart** (twardy) jak kamień **steinig** *Weg usw* kamienisty (*a. fig*) **Steinkohle** f węgiel kamienny **Steinobst** n owoce *mpl* pestkowe **Steinpilz** m borowik (szlachetny), prawdziwek **Steinplatte** f płyta kamienna **Steinschlag** m (spadające) odłamki skalne; (*Schotter*) tłuczeń m **Steinzeit** f (*bpl*) epoka kamienia
**Steißbein** n kość ogonowa
**Stelle** f miejsce; (*Posten*) posada, stanowisko; **an erster, deiner, dieser ~ sein** być na pierwszym, na twoim, w tym miejscu; **an ... ~ stehen** *od* **liegen** zajmować ... miejsce, znajdować się na ... miejscu **stellen** A v/t 1 (*an e-n bestimmten Platz tun*) stawiać ‹postawić›; 2 *Frage* zada(wa)ć; *Dieb* schwytać pf; *Frist* wyznaczać ‹-czyć›; *Falle* zastawi(a)ć; *Forderungen* wysuwać ‹-sunąć› 3 (*regulieren*) *Radio* nastawi(a)ć (*a. Uhr*); **leiser ~** przyciszać ‹-szyć› (*akk*); **kalt ~** ‹o›chłodzić 4 **ganz auf sich gestellt sein** być zdanym na własne siły B v/r 1 **sich ~** (*nicht setzen*) stawać ‹stanąć› (**auf die Zehenspitzen** na palcach) 2 **fig sich den Behörden ~** odda(wa)ć się w ręce władz; **sich vor j-n ~** stawać ‹stanąć› w obronie (*gen*); **sich hinter j-n ~** popierać ‹-przeć› k-o; **sich gegen j-n ~** występować ‹-stąpić› przeciw k-u; **sich der Diskussion ~** wda(wa)ć się w dyskusję
**Stellenangebot** n propozycja zatrudnienia **Stellenanzeige** f ogłoszenie zawierające ofertę pracy **Stellengesuch** n podanie o pracę **Stellenmarkt** m rynek pracy **Stellenvermittlung** f pośrednictwo pracy
**stellenweise** *adv* miejscami **Stellenwert** m *fig* znaczenie; ranking m **Stell-**

**platz** m miejsce postojowe
**Stellung** f (*Körperhaltung*) pozycja **Stellungnahme** f zajęcie stanowiska, ustosunkowanie się; (*Äußerung*) wypowiedź f
**stellvertretend** *adj* (**für** j-n) w zastępstwie (*gen*); **~er Direktor** zastępca m dyrektora **Stellvertreter** m zastępca m **Stellwerk** n KOLEJ nastawnia
**Stelze** f szczudło
**stemmen** v/t (z trudem) podnosić ‹-nieść›; SPORT wyciskać ‹-snąć›; *Loch* wyku(wa)ć; **sich gegen etw ~** *fig* opierać ‹oprzeć› się (*dat*)
**Stempel** m pieczątka, stempel; *fig e-r Sache* **s-n ~ aufdrücken** wyciskać ‹-snąć› swoje piętno na (*lok*) **Stempelkissen** n poduszka do stempli **stempeln** (-le) v/t ‹o›stemplować; v/i *umg fig* (*a*. **~ gehen**) pobierać zasiłek dla bezrobotnych
**Steppdecke** f kołdra pikowana
**Steppe** f step
**Sterbehilfe** f (*bpl*) eutanazja **sterben** v/i (**stirbt, starb, gestorben; sn**) umierać ‹umrzeć› (**an** *dat* na *akk*; **durch** z, od *gen*), ‹s›konać (*a. fig* **vor** *dat* z *gen*) **Sterberegister** n rejestr zgonów **Sterbesakramente** *npl* ostatnie namaszczenie **Sterbeurkunde** f akt zgonu **sterblich** śmiertelny **Sterblichkeit** f (*bpl*) śmiertelność f; (*Mortalität*) umieralność f
**Stereoanlage** f zestaw stereo **stereotyp** stereotypowy (-wo)
**steril** sterylny, jałowy (*a. fig*) **sterilisieren** (-) sterylizować; (*entkeimen*) MED *a*. wyjaławiać ‹-łowić›
**Stern** m (-[e]s; -e) gwiazda; *in Texten* gwiazdka **Sternbild** n gwiazdozbiór; *des Tierkreises* znak zodiaku **stern(en)klar** gwiaździsty **Sternschnuppe** f gwiazda spadająca **Sternwarte** f obserwatorium astronomiczne
**Stethoskop** n (-s; -e) słuchawka (lekarska)
**stet(ig)** *adj* stały, ciągły
**Steuer¹** n MAR ster; AUTO kierownica; **am, hinter dem ~** za kierownicą
**Steuer²** f (-; -n) podatek **Steuerabzug** m potrącenie podatku **Steuerbefreiung** f zwolnienie od podatku **steuerbegünstigt** *adj Sparen usw* podatkowo uprzywilejowany **Steuerbehörde** f urząd podatkowy **Steuerberater(in)**

**Steuerbescheid – Stimmung** ■ **509**

*m(f)* doradca *m* podatkowy **Steuerbescheid** *m* orzeczenie podatkowe
**Steuerbord** *n* prawa burta
**Steuererklärung** *f* deklaracja podatkowa **Steuerfahndung** *f* dochodzenie w celu wykrycia oszustw podatkowych; *(Dienststelle)* policja skarbowa **Steuerfreibetrag** *m* kwota wolna od podatku **Steuerhinterziehung** *f* oszustwo podatkowe
**steuerlich** podatkowy (-wo)
**Steuermann** *m (pl* -männer od -leute) sternik **steuern** (-re) *v/t* sterować; *v/i (sn) (fahren)* **auf** *akk*, **nach, zu ~** ⟨s⟩kierować się, zdążać do *(gen),* ku *(dat)*
**Steuernachlass** *m* obniżka podatku **Steuernummer** *f* numer identyfikacyjny podatkowy **steuerpflichtig** *Ware* podlegający opodatkowaniu; *Person* podlegający obowiązkowi podatkowemu
**Steuerrad** *n* MAR koło sterowe
**Steuersatz** *m* stawka podatkowa **Steuerschuld** *f* zobowiązanie podatkowe
**Steuerung** *f (bpl)* sterowanie
**Steuerveranlagung** *f* wymiar podatku **Steuerzahler** *m* podatnik
**Stevia** *f* BOT stewia
**Steward** ['stju:ət] *m* (-s; -s) steward **Stewardess** *f* (-; -en) stewardessa
**stibitzen** *umg* (-zt) zwędzić *pf*
**Stich** *m* (-[e]s; -e) ukłucie; **j-n, etw im ~ lassen** zostawi(a)ć (na łasce losu), porzucać ⟨-cić⟩ *(akk)* **stichhaltig** przekonujący, uzasadniony **Stichprobe** *f* próba losowa **Stichtag** *m* określony dzień, termin **Stichwaffe** *f* broń kłująca **Stichwahl** *f* wybory *mpl* rozstrzygające **Stichwort** *n (pl* -e) replika; *(pl* -wörter) *im Lexikon* hasło, wyraz hasłowy
**sticken** *v/t u. v/i* ⟨wy⟩haftować, wyszy(wa)ć **Stickerei** *f* haftowanie; *(das Gestickte)* haft
**stickig** duszny; *(schwül)* parny **Stickstoff** *m (bpl)* azot
**Stiefbruder** *m* brat przyrodni
**Stiefel** *m* but; *dim* bucik **stiefeln** *umg v/i* (-le; *sn)* kroczyć
**Stiefmutter** *f* macocha **Stiefmütterchen** *n* BOT bratek **Stiefschwester** *f* siostra przyrodnia **Stiefsohn** *m* syn przyrodni, pasierb **Stieftochter** *f* córka przyrodnia, pasierbica **Stiefvater** *m* ojciec przyrodni

**stieg** → **steigen Stiege** *f (Treppe)* schody *pl*
**stiehl, stiehlst, stiehlt** → **stehlen**
**Stiel** *m* (-[e]s; -e) *an e-m Werkzeug* trzonek, rączka
**Stier** *m* (-[e]s; -e) byk, buhaj **Stierkampf** *m* walka byków
**stieß(est)** → **stoßen**
**Stift**¹ *m* (-[e]s; -e) sztyft; *(Schreibstift)* ołówek, pisak
**Stift**² *n* (-[e]s; -e) *(Heim)* przytułek **stiften** (-e-) *(gründen)* ⟨u⟩fundować; *Geld* ofiarow(yw)ać (**j-m für** *etw* k-u na *akk);* **Unfrieden** siać; *Ehe* ⟨s⟩kojarzyć **Stifter(in)** *m(f)* fundator(ka); ofiarowca *m* (-czyni), darczyńca *m* **Stiftung** *f (Institution)* fundacja
**Stil** *m* (-[e]s; -e) styl **stilisiert** stylizowany **stilistisch** stylistyczny
**still** cichy; *(sei)* **~!** (bądź) cicho!; **es wurde ~** zapanowała cisza; **der Stille Ozean** Ocean Spokojny **Stille** *f (bpl)* cisza, cichość *f* **stillen** *Baby* ⟨na⟩karmić piersią; *Hunger* zaspokajać ⟨-koić⟩ **Stillen** *n* (-s; *bpl)* karmienie piersią **stillhalten** *v/i (irr)* nie ruszać ⟨poruszyć⟩ się; *fig* nie reagować, nie bronić się **Stillleben** *n* martwa natura **stilllegen** *Betrieb (schließen)* zamykać ⟨zamknąć⟩ **Stilllegung** *f (Schließung)* zamknięcie; AGR *von Flächen* odrolnienie **stillliegen** *v/i (irr) (außer Betrieb sein)* być nieczynnym, stać **Stillschweigen** *n* milczenie **stillschweigend** *adj* milczący (-co) **Stillstand** *m (bpl) (Stagnation)* zastój; **zum ~ kommen** zatrzym(yw)ać się, stawać ⟨stanąć⟩; *(ersterben)* zamierać ⟨zamrzeć⟩ **stillstehen** *v/i (irr)* zatrzymać się *pf*
**stilvoll** stylowy (-wo), gustowny
**Stimmabgabe** *f* głosowanie **Stimmbänder** *npl* wiązadła *npl* głosowe **stimmberechtigt** *adj* uprawniony do głosowania **Stimme** *f* głos *(a. fig);* **j-m s-e ~ geben** głosować na k-o **stimmen** *v/t* ⟨na⟩stroić *(pf a. fig); v/i* głosować (**für, gegen** za *inst,* przeciw *dat); (richtig sein)* zgadzać się; **es stimmt,** *umg* **stimmt so** zgadza się; **da stimmt etwas nicht** coś się tam nie zgadza **Stimmenthaltung** *f* wstrzymanie się od głosu **Stimmgabel** *f* kamerton **stimmhaft** JĘZ dźwięczny **Stimmrecht** *n (bpl)* prawo głosu **Stimmung** *f* nastrój;

## stimmungsvoll – strafen

(*Laune*) humor **stimmungsvoll** nastrojowy (-wo) **Stimmzettel** *m* kartka wyborcza

**stinken** *v/i* (stank, gestunken) *abw* cuchnąć, śmierdzieć **stinkend** *adj* śmierdzący, cuchnący

**Stipendiat** *m* (-en) stypendysta *m* (-tka)

**stirb, stirbst, stirbt** → sterben

**Stirn** *f* czoło (*a.* TECH) **Stirnseite** *f* przednia strona, front

**stöbern** *umg v/i* (-re) (**in** *dat*) szperać (*w lok*), przeszukiwać (*akk*)

**stochern** *v/i* (-re) dłubać (**in** *dat w lok*)

**Stock**¹ *m* (-[e]s; Stöcke) kij; **am ~ gehen** chodzić o lasce; *fig* **über ~ und Stein** na przełaj, nie bacząc na nic

**Stock**² *m* (-[e]s; *bpl*) piętro; **im dritten ~** na trzecim piętrze

**Stöckelschuhe** *mpl* szpilki *fpl*

**stocken** *v/i* utknąć *pf* (w martwym punkcie) **Stockung** *f* zakłócenia *npl*; (*Unterbrechung*) przerwa **Stockwerk** *n* piętro

**Stoff** *m* (-[e]s; -e) materiał; FIZ, CHEM a. ciało, substancja; (*Textil*) *a.* tkanina **Stoffwechsel** *m* przemiana materii; *in zssgn* ... przemiany materii

**stöhnen** *v/i* ⟨za⟩stękać ⟨stęknąć⟩, ⟨za⟩jęczeć ⟨jęknąć⟩ (**vor Schmerz** z bólu)

**Stollen**¹ *m* słodka bułka z bakaliami

**Stollen**² *m* GÓRN sztolnia

**stolpern** *v/i* (-re; sn) potykać ⟨potknąć⟩ się (**über** *akk* o *akk*, *fig* na *lok*)

**stolz** dumny **Stolz** *m* (-es; *bpl*) duma; (*Objekt des Stolzes*) chluba

**stopfen** A *v/t* ⟨za⟩cerować; (*hineinstecken*) wpychać ⟨wepchnąć⟩, wtykać ⟨wetknąć⟩ B *v/i* MED działać zapierająco; *umg* ⟨*sättigen*⟩ sycić

**Stopp** *m* (-s; -s) (*Anhalten*) zatrzymanie się; (*Pause*) przerwa; **ohne ~** nie zatrzymując się **stoppen** *v/t* zatrzym(yw)ać **Stoppschild** *n* znak (drogowy) „stop" **Stoppuhr** *f* stoper

**Stöpsel** *m* zatyczka, czop(ek), korek; ELEK (*Stecker*) wtyczka

**Stör** *m* (-[e]s; -e) jesiotr

**Storch** *m* bocian, *umg* bociek

**Store** [[to:r]] *m* (-s; -s) stora

**stören** A *v/t* przeszkadzać ⟨-szkodzić⟩ (**j-n bei** k-u **w** *lok od inf*); *Ruhe* zakłócać ⟨-cić⟩, naruszać ⟨-szyć⟩; *rtv* zakłócać; **j-n ~** (*j-m missfallen*) nie dogadzać, nie odpowiadać k-u B *v/i* zawadzać, przeszkadzać; **lassen Sie sich nicht ~** proszę sobie nie przeszkadzać; **störe ich?** czy nie przeszkadzam? C *v/r* **sich an etw ~** zrażać ⟨zrazić⟩ się (*inst*) **Störfall** *m* awaria

**stornieren** (-) FIN stornować; *Auftrag usw* cofać ⟨cofnąć⟩, ⟨s⟩kasować

**störrisch** narowisty, krnąbrny

**Störung** *f* (*das Stören*) przeszkadzanie **störungsfrei** *präd* bez zakłóceń

**Stoß** *m* (-es; Stöße) (*Schlag*) uderzenie **stoßen** (stößt, stieß, gestoßen) A *v/t* 1 (*anrempeln*) potrącać ⟨-cić⟩, szturchać ⟨-chnąć⟩; 2 (*schieben*) popychać ⟨-pchnąć⟩; 3 *mit der Faust* uderzać ⟨-rzyć⟩; 4 *mit dem Fuß* kopać ⟨-pnąć⟩; 5 SPORT *Gewichte* podrzucać ⟨-cić⟩; **die Kugel ~** pchnąć *pf* kulą 6 *mit präp* **j-n ~ aus ...** wypychać ⟨-pchnąć⟩ k-o z (*gen*); **j-n ~ in** (*akk*) pchać ⟨pchnąć⟩ k-o do (*gen*), **w** (*akk*); *Pfahl* wbi(ja)ć (**in** *akk w akk*); **j-m den Dolch in die Brust ~** pchnąć *pf* k-o sztyletem w pierś; *etw*, *j-n* **von etw ~** spychać ⟨zepchnąć⟩, strącać ⟨-cić⟩ z (*gen*); **von sich ~, zur Seite ~** odpychać ⟨odepchnąć⟩ od siebie, w bok 7 *umg fig* **j-n vor den Kopf ~** urazić *pf* k-o B *v/i* 1 (*rütteln*) trząść 2 (*angrenzen*) stykać się, graniczyć (**an** *akk* z *inst*); 3 **mit dem Fuß gegen etw ~** uderzać ⟨-rzyć⟩ nogą o (*akk*); 4 (sn) (*finden*) natykać ⟨-tknąć⟩ się (**auf** *akk* na *akk*); **auf Schwierigkeiten ~** napot(y)kać trudności; (*sich anschließen*) dołączać ⟨-czyć⟩ (się) (**zu uns** do nas) C *v/r* **sich am Kopf ~** stłuc *pf* sobie głowę; **sich an der Tischkante ~** uderzyć się *pf* o kant stołu; *fig* **sich an etw** (*dat*) **~** gorszyć się (*inst*)

**Stoßfänger** *m* zderzak **stoßfest** *Uhr* wstrząsoodporny **Stoßkraft** *f* (*bpl*) siła uderzenia; *fig* siła uderzeniowa **Stoßverkehr** *m* szczytowe nasilenie ruchu, szczyt **Stoßzahn** *m* kieł (*pf* kły) **Stoßzeit** *f* godziny *fpl* szczytu

**stottern** (-re) *v/i* jąkać się

**Strafanstalt** *f* zakład karny **Strafantrag** *m* wniosek (pokrzywdzonego) o ściganie sprawcy przestępstwa; *des Staatsanwalts* wniosek o wydanie wyroku skazującego **strafbar** karalny; **sich ~ machen** popełni(a)ć czyn karalny **Strafbefehl** *m* (sądowy) nakaz karny **Strafe** *f* kara; (*Geldbuße*) grzywna; **zur ~** za karę **strafen** ⟨u⟩karać (**für** za *akk*)

**straff** napięty; *Haut* gładki, jędrny
**straffällig** *adj*: **~ werden** popełni(a)ć czyn karalny, dopuszczać ⟨-puścić⟩ się czynu zagrożonego karą
**straffen** *v/t* napinać ⟨-piąć⟩, naciągać ⟨-gnąć⟩; *Betrieb* usprawni(a)ć, upraszczać ⟨uprościć⟩; *Termine* przyspieszać ⟨-szyć⟩; *Text* skracać ⟨skrócić⟩
**straffrei** niepodlegający karze, niekaralny; **~ ausgehen** uniknąć *pf* kary **Strafgefangene(r)** *m* więzień **Strafgesetzbuch** *n* kodeks karny **Straflager** *n* obóz karny **sträflich** karygodny **Sträfling** *m* więzień *m*; *weiblich* więźniarka **Strafmaß** *n* wymiar kary **Strafpunkt** *m* punkt karny **Strafraum** *m* pole karne **Strafrecht** *n* (*bpl*) prawo karne **Strafregister** *n* rejestr skazanych **Strafstoß** *m* rzut karny **Straftat** *f* przestępstwo, czyn karalny **Strafverfahren** *n* postępowanie karne **Strafzettel** *umg m* mandat (karny)
**Strahl** *m* (-[e]s; -en) promień *m* **strahlen** *v/i*; FIZ promieniować **strahlend** *adj* promieniujący **Strahlenschutz** *m* ochrona radiologiczna *od* przed promieniowaniem **Strahlentherapie** *f* radioterapia **Strahlung** *f* promieniowanie, radiacja
**Strähne** *f* pasmo; (*Haare*) *a*. kosmyk, pasemko
**stramm** (*kräftig*) jędrny, krzepki (-ko); *Haltung* wyprężony
**Strampelhöschen** *n* śpioszki *mpl* **strampeln** *v/i* (-le) *Baby* fikać nóżkami
**Strand** *m* (-[e]s; Strände) płaski brzeg; (*Badestrand*) plaża; **am ~** *im Wasser* u brzegu; *am Wasser* na brzegu; na plaży **Strandbad** *n* kąpielisko **stranden** *v/i* (-e-; *sn*) *Schiff* utkwić *pf* na mieliźnie, osiadać ⟨osiąść⟩ na mieliźnie **Strandhotel** *n* hotel z własną plażą **Strandkorb** *m* kosz plażowy **Strandliege** *f* leżak *m* plażowy **Strandmuschel** *f* namiot *m* plażowy **Strandurlaub** *m* urlop *m* na plaży
**Strang** *m* (-[e]s; Stränge) (*Strick*) powróz; *fig* **am gleichen ~ ziehen** mieć wspólny cel **strangulieren** (-) ⟨u⟩dusić, ⟨u⟩dławić
**Strapaze** *f* trud, *umg* mordęga **strapazierfähig** mocny, wytrzymały
**Straps** *m* (-es; -e) podwiązka

**Straße** *f* droga; **auf der ~** na drodze; na ulicy; **über die ~ gehen** przechodzić ⟨przejść⟩ na drugą stronę ulicy **Straßenarbeiten** *fpl* prace *fpl* drogowe **Straßenbahn** *f* tramwaj; *in zssgn* tramwajowy **Straßenbau** *m* (*bpl*) budowa dróg **Straßenbeleuchtung** *f* oświetlenie ulic **Straßenecke** *f* róg ulicy; **an der ~** na rogu ulic(y) **Straßengraben** *m* rów drogowy **Straßenkarte** *f* mapa drogowa **Straßenlaterne** *f* latarnia uliczna **Straßenreinigung** *f* czyszczenie ulic **Straßenschild** *n* tabliczka z nazwą ulicy **Straßenschlacht** *f* bójka uliczna **Straßenverkauf** *m* sprzedaż uliczna **Straßenverkehr** *m* ruch drogowy **Straßenverkehrsordnung** *f* kodeks drogowy
**strategisch** strategiczny
**sträuben** *v/t* ⟨na-, z⟩jeżyć; *Federn* ⟨na⟩stroszyć; *fig* **sich ~ (gegen)** opierać się, sprzeciwiać się (*dat*)
**Strauch** *m* (-[e]s; Sträucher) krzak, krzew; *pl a*. krzewina, zarośla *pl*
**straucheln**; *engS* wejść *pf* w kolizję z prawem
**Strauß¹** *m* (-es; Sträuße) bukiet
**Strauß²** *m* (-es; -e) ZOOL struś *m*
**Streamingportal** ['stri:mɪŋ] *n* TV, TEL portal streamingowy
**streben** *v/i* (*sn*) *fig* (*h*) **(nach)** dążyć, starać się osiągnąć (*akk*) **strebsam** gorliwy (-wie), pilny
**Strecke** *f* odcinek (*a.* MAT); (*Route*) trasa, szlak **strecken** *v/t* *Glieder* przeciągać ⟨-gnąć⟩, wyciągać ⟨-gnąć⟩; *Vorräte* oszczędzać; *Waffen* składać ⟨złożyć⟩; *Soße* rozrzedzać ⟨-dzić⟩ **streckenweise** *adv* miejscami, na niektórych odcinkach (trasy, drogi)
**Streich** *m* (-[e]s; *fig* psota; **j-m e-n ~ spielen** ⟨s⟩płatać k-u figla
**streicheln** (-le) ⟨po⟩głaskać, ⟨po⟩gładzić (**über** *akk po lok*) **Streichelzoo** *m* mini zoo
**streichen** (strich, gestrichen) **◼** *v/t* **1** ⟨po-, wy⟩malować (**blau** na niebiesko); **frisch gestrichen** świeżo malowany **2** (*tilgen*) skreślać ⟨-lić⟩, wykreślać ⟨-lić⟩ **(aus, von** *z gen; a. fig*) **3** (*schmieren*) ⟨po⟩smarować (**Butter aufs Brot** chleb masłem) **4** *Segel* zwijać ⟨zwinąć⟩; *Geige* grać (**na** *lok*); **die Haare aus der Stirn ~**

odgarniać ‹-nąć› sobie włosy z czoła **B** v/i **1** (**mit der Hand**) **über etw ~** pociągać ‹-gnąć› (ręką) po (*lok*) **2** (*sn*) (*umherziehen*) włóczyć się (**durch** po *lok*, **um** wokół *gen*) **Streichholz** *n* (-es; -hölzer) zapałka **Streichholzschachtel** *f* pudełko od zapałek **Streichinstrument** *n* instrument smyczkowy **Streichung** *f* wykreślenie, skreślenie
**Streife** *f* patrol; (**auf**) **~ gehen** patrolować **streifen** v/t (*berühren*) dotykać ‹dotknąć› **Streifen** *m* (*schmaler Abschnitt*) pas, pasek **Streifenmuster** *n* deseń *m* w paski **Streifschuss** *m* draśnięcie kulą **Streifzug** *m* wyprawa
**Streik** *m* (-[e]s; -s) strajk; **in** (**den**) **~ treten** zastrajkować *pf*, rozpoczynać ‹-cząć› strajk **Streikbrecher** *m* łamistrajk **streiken** v/i strajkować; *umg* zawodzić ‹-wieść›, nawalać ‹-lić› **Streikkomitee** *n* komitet strajkowy **Streikposten** *m* pikieta (strajkowa) **Streikrecht** *n* (*bpl*) prawo do strajku
**Streit** *m* (-[e]s; *mst bpl*) spór **streiten** (**streitet**, **stritt**, **gestritten**) v/i (*u.* v/r **sich**) **mit** j-m **~** (**über** *akk*, **um**) spierać się, sprzeczać się z kimś o (*akk*); ‹*zanken*› kłócić się, wykłócać się z (*inst*); *poet* ‹*kämpfen*› walczyć (**um** o *akk*) **Streitfrage** *f* kwestia sporna **streitig** sporny; **j-m etw ~ machen** odmawiać ‹-mówić› k-u (*gen*); rywalizować, konkurować z kimś o (*akk*) **Streitigkeiten** *fpl* zatarg, spory *mpl* **Streitkräfte** *fpl* siły *fpl* zbrojne **Streitpunkt** *m* punkt sporny **streitsüchtig** kłótliwy ‹-wie›
**streng** surowy (-wo), srogi (-go); *Geruch* ostry (-ro); **~ genommen** ściśle (rzecz) biorąc **Strenge** *f* (*bpl*) surowość *f*, srogość *f*
**Stress** *m* (-es; *bpl*) stres **stressig** *umg* stresujący (-co)
**Streu** *f* (*bpl*) podściółka **streuen** v/t posyp(yw)ać (**Salz, Sand** *usw* auf *akk* solą, piaskiem *usw akk*); *Dünger* rozsi(ew)ać; *Futter* nasypywać ‹-sypać› (*gen*); AGR *Streu usw* podścielać ‹podesłać›; v/i wysypywać się, sypać się; FIZ, *fig* rozpraszać (się); *Waffe* siać, (roz)rzucać **Streusalz** *n* (*bpl*) sól *f* do posypywania (ulic) **Streuselkuchen** *m* placek z kruszonką
**strich** → **streichen Strich** *m* (-[e]s; -e) kreska; *fig* **unter dem ~** w rezultacie

**Strichcode** *m* kod kreskowy
**Strick** *m* (-[e]s; -e) sznur(ek), powróz; *des Henkers* stryczek **stricken** v/t ‹z›robić na drutach; v/i robić na drutach, dziać **Strickjacke** *f* zapinany sweter, kardigan **Strickleiter** *f* drabinka sznurowa **Strickwaren** *fpl* dzianiny *fpl*
**strikt** ścisły (-śle); stricte (*unv*)
**String, Stringtanga** *m* (-s) stringi *npl*
**Stripperin** *umg f* striptizerka **Striptease** [-ti:s] *m od n* (-; fem) striptiz
**Stroh** *n* słoma **Strohhalm** *m* słomka, źdźbło słomy **Strohhut** *m* kapelusz słomkowy **Strohmann** *m fig* figurant; *beim Kartenspiel* dziadek **Strohsack** *m* siennik **Strohwitwe** *umg f* słomiana wdowa **Strohwitwer** *umg m* słomiany wdowiec
**Strom** *m* (*Fluss*) rzeka; (*Strömung*) prąd (*a.* ELEK) **stromabwärts** z prądem **stromaufwärts** pod prąd **strömen** v/i (*sn*) *Fluss* płynąć; *Wasser* lać się (strumieniem); **~der Regen** ulewny deszcz, ulewa **Stromnetz** *n* sieć elektryczna **Stromschlag** *m* porażenie prądem **Stromschnelle** *f* bystrze **Stromsperre** *f* (*czasowe*) wyłączenie prądu **Stromstärke** *f* natężenie prądu **Strömung** *f* prąd, nurt (*a. fig*) **Stromzähler** *m* licznik elektryczny
**Strophe** *f* zwrotka, strofa
**Strudel** *m* wir (*a. fig*); KULIN strudel
**Struktur** *f* struktura **Strukturwandel** *m* przeobrażenia *npl* strukturalne
**Strumpf** *m* (-[e]s; Strümpfe) pończocha; (*Socke*) skarpetka **Strumpfhose** *f* rajstopy *pl*; *dickere* rajtuzy *pl*
**Strunk** *m* (-[e]s; Strünke) głąb, kaczan
**struppig** zmierzwiony, kołtuniasty
**Stube** *f* izba, pokój **Stubenhocker** *umg m etwa* piecuch **stubenrein** *Hund* przyzwyczajony do porządku, czysty; *Witz* przyzwoity
**Stuck** *m* (-[e]s; *bpl*) BUD stiuk
**Stück** *n* (-[e]s; -e, aber 5 ~) kawałek; **in ~e schneiden, hacken** ‹po›kroić, ‹po›siekać na kawałki; **pro ~** od sztuki; **im ~** w jednym kawałku, w całości **Stückgut** *n* (*bpl*) drobnica, wyroby *mpl* jednostkowe **Stückpreis** *m* cena od sztuki, cena jednostkowa **stückweise** *adv* kawałkami, po kawałku; (*einzeln*) na sztuki **Stückzahl** *f* ilość *f*, liczba (sztuk)

**Student** m (-en) student **Studentenheim** n dom studencki, umg akademik **Studentin** f studentka
**Studie** [-diə] f (wissenschaftliche Untersuchung) studium n **Studien** pl → Studie, Studium **Studienaufenthalt** m pobyt w celu odbycia studiów **Studienfach** n przedmiot studiów **Studienjahr** n rok akademicki **Studienplatz** m miejsce (na wyższej uczelni) **Studienzeit** f okres studiów **studieren** (-) v/t u. v/i studiować; **er studiert (Jura) an der Universität** on studiuje (prawo) na uniwersytecie **Studio** n (-s; -s) studio **Studium** n (-s; -dien) studium n; an e-r Hochschule studia npl
**Stufe** f e-r Treppe stopień m **stufenweise** adv stopniowo; attr stopniowy
**Stuhl** m (-[e]s; Stühle) krzesło
**stülpen** v/t: **e-e Glocke über den Käse ~** nakry(wa)ć ser kloszem
**stumm** niemy
**Stummel** m e-r Zigarette niedopałek; e-r Kerze ogarek
**Stummfilm** m film niemy
**Stümper** m abw umg partacz, fuszer **stümperhaft** abw niefachowy (-wo), nieudolny, umg partacki (po -ku), fuszerski
**stumpf** Messer usw tępy (-po); (matt) zmatowiały, bez połysku; **~ werden** stępić się, stępieć pf **Stumpf** m (-[e]s; Stümpfe) e-s Baums pień m **Stumpfsinn** m (bpl) otępiałość f; MED otępienie, demencja **stumpfsinnig** tępy (-po); Blick a. bezmyślny
**Stunde** f godzina; in der Schule lekcja; **e-e halbe ~** pół godziny; **in e-r ~** w ciągu godziny; (später) za godzinę; **vor e-r ~** przed godziną; **24 ~n** doba; **... km in der ~** ... km na godzinę; **5 Euro pro ~** pięć euro na od za godzinę
**stunden** (-e-) Zahlung odraczać ⟨odroczyć⟩ termin płatności (gen)
**stundenlang** wielogodzinny; prąd całymi godzinami **Stundenlohn** m płaca godzinowa **Stundenplan** m harmonogram godzinowy; in der Schule rozkład zajęć **stundenweise** adv godzinami; attr godzinowy **Stundenzeiger** m wskazówka godzinowa **stündlich** cogodzinny; prąd co godzinę, na godzinę
**Stundung** f odroczenie terminu płatności, prolongata płatności (gen)
**stur** umg (starrköpfig) uparty (-cie)
**Sturm** m (-[e]s; Stürme) METEO burza
**stürmen** v/t szturmować SPORT atakować **Stürmer** m SPORT napastnik **Sturmflut** f przypływ sztormowy **stürmisch** gwałtowny **Sturmwarnung** f ostrzeżenie sztormowe
**Sturz** m (-es; Stürze) (Fall) upadek **stürzen** (-zt) A v/t 1 Gefäß przewracać ⟨-wrócić⟩ do góry dnem; Kuchen usw wykładać ⟨wyłożyć⟩ (z formy) 2 fig Regierung usw obalać ⟨-lić⟩; fig j-n ~ in (akk) doprowadzać ⟨-dzić⟩ do (gen) B v/i (sn) 1 runąć pf, upadać ⟨upaść⟩ (**zu Boden** na ziemię; **vom Dach** z dachu) 2 Regierung upadać ⟨upaść⟩; Kurse (gwałtownie) spadać ⟨spaść⟩; **auf die Straße, aus dem Zimmer ~** (rennen) wylatywać ⟨-lecieć⟩ na ulicę, z pokoju; **~ in** (akk) runąć pf, wpadać ⟨wpaść⟩ w (akk), do (gen) C v/r **sich ~** rzucać ⟨-cić⟩ się (a. **auf j-n, etw** na akk; **in die Tiefe** w przepaść); fig **sich ~ in** (akk) pogrążyć się pf w (lok), odda(wa)ć się (dat); **sich aus dem Fenster ~** wyskoczyć pf z okna od przez okno **Sturzflug** m lot nurkowy **Sturzhelm** m hełm ochronny, kask
**Stute** f kobyła, klacz f
**Stütze** f podpora
**stutzen**[1] (-zt) v/t przycinać ⟨-ciąć⟩; Hecke przystrzygać ⟨-strzyc⟩
**stutzen**[2] (-zt) v/i (zögern) zawahać się
**stützen** (-zt) v/t podpierać ⟨podeprzeć⟩
**stutzig**: **~ werden** zacząć pf coś podejrzewać
**Stützpunkt** m (Basis) baza (a. fig)
**Styropor®** n (-s; bpl) styropian
**Subjekt** n (-[e]s; -e) podmiot **subjektiv** subiektywny
**Substantiv** n (-s; -e) JĘZ rzeczownik
**Substanz** f substancja; fig (Kern) istota
**subtil** subtelny
**subtrahieren** (-) odejmować ⟨odjąć⟩
**Subvention** f subwencja, subsydium n **subventionieren** (-) subwencjonować
**subversiv** wywrotowy, dywersyjny
**Suchaktion** f akcja poszukiwawcza
**Suche** f (-; bpl) poszukiwanie, poszukiwania pl; in Archiven usw kwerenda; **auf der ~ (nach)** w poszukiwaniu, szukając (gen)
**suchen** v/t ⟨po⟩szukać, poszukiwać

(gen); *Pilze* zbierać; *v/i* **nach** j-m, etw ~ poszukiwać (gen) **Sucher** m fot wizjer, celownik
**Sucht** f (-; Süchte) (*Abhängigkeit*) nałóg **süchtig** cierpiący na narkomanię; *in zssgn* -**süchtig** zależny (od *gen*); żądny (gen); -**süchtig sein** MED zażywać nałogowo (*akk*); ... **macht~, von ... kann man ~ werden** ... prowadzi do nałogu
**Süd** → Süden **Süden** m (-s; bpl) południe; **im ~** na południu; **im ~ von ...** na południe od (gen); **nach ~** na południe; **von ~** z południa **Südfrüchte** fpl owoce mpl południowe **südlich** południowy; ~ (gen) od **von** na południe od (gen) **Südosten** m południowy wschód **Südseite** f strona południowa **Südwesten** m południowy zachód
**Suff** *pop* m pijaństwo; **im ~** po pijanemu **süffig** smaczny, dobry w smaku; **~er Wein** pyszne *od* dobre winko
**Suffix** n (-es -e) przyrostek
**Suite** ['sviːt(ə)] f apartament (w hotelu); MUS suita
**Sülze** f galareta (z mięsa, z ryby)
**Summe** f suma; (*Betrag*) suma. kwota
**summen** *v/i* bzyczeć, bzykać, brzęczeć; *v/t Lied* nucić
**summieren** (-) ⟨pod-, z⟩sumować; **sich ~** sumować się
**Sumpf** m (-[e]s; Sümpfe) bagno **sumpfig** błotnisty, bagnisty
**Sünde** f grzech (*a. fig*) **Sündenbock** *umg* m kozioł ofiarny **Sünder(in)** *m(f)* grzesznik (-nica) **sündhaft** grzeszny **sündigen** *v/i* ⟨z⟩grzeszyć (**mit Worten** mową)
**Super** n (-s; bpl), **Superbenzin** n benzyna wysokooktanowa **Supermarkt** m supermarket
**Suppe** f zupa, polewka **Suppenfleisch** n mięso na rosół **Suppengemüse** n włoszczyzna **Suppenhuhn** n KULIN kura na rosół **Suppenteller** m talerz głęboki (do zupy)
**Surfbrett** ['sœːrf-] n deska surfingowa **surfen** ['sœːrfən] *v/i* uprawiać surfing
**surren** *v/i Motor* furczeć, terkotać; *Insekt* brzęczeć
**suspekt** podejrzany
**suspendieren** (-) zawieszać ⟨-wiesić⟩ (**vom Dienst** w pełnieniu obowiązków, w czynnościach służbowych)

**süß** słodki (-ko) **Süße** f (*bpl*) słodkość f, słodycz f (*a. fig*) **süßen** ⟨o⟩słodzić, osładzać **Süßigkeiten** f/pl słodycze f/pl **süßlich** słodkawy (-wo); *fig* przesłodzony, ckliwy (-wie) **Süßspeise** f legumina **Süßstoff** m sacharyna, słodzik **Süßwaren** fpl wyroby mpl cukiernicze
**Swimmingpool** [-puːl] m (-s; -s) basen kąpielowy, pływalnia
**Symbol** n (-s; -e) symbol **symbolisch** symboliczny **symbolisieren** (-) symbolizować
**symmetrisch** symetryczny
**Sympathie** [-pa-'tiːn] f sympatia **sympathisch** sympatyczny (*a.* ANAT)
**Symptom** n (-s; -e) objaw, symptom
**Synagoge** f synagoga, bóżnica
**synchronisieren** (-) ⟨z⟩synchronizować; *Film* ⟨z⟩dubbingować
**Synonym** n (-s; -e) synonim
**Syntax** f (*bpl*) GRAM składnia
**Synthese** f synteza **synthetisch** syntetyczny
**Syphilis** f (*bpl*) kiła, syfilis
**syrisch** syryjski
**System** n (-s; -e) system, układ; POL ustrój **systematisch** systematyczny
**Szene** f scena (*a. fig*); *fig* środowisko **szenisch** sceniczny

# T

**Tabak** m (-s; -e) tytoń m **Tabakgeschäft** n sklep tytoniowy **Tabakwaren** fpl wyroby mpl tytoniowe
**Tabelle** f tabela **Tabellenplatz** m lokata w tabeli
**Tabletcomputer** m IT tablet (komputer) m **Tablet-PC** m IT tablet
**Tablett** n (-s; -s) taca **Tablette** f tabletka, pastylka
**Tacho** *umg* m (-s; -s), **Tachometer** m *od* n AUTO prędkościomierz
**Tadel** m nagana **tadellos** ① nienaganny; **der Anzug sitzt ~** garnitur leży jak ulał ② *umg* (*großartig*) wspaniały; **~!** wspaniale! **tadeln** (-le) ⟨z⟩ganić (**für, wegen**

etw za *akk*)
**Tafel** f(-; -n) tablica; *etw* **an die ~ schreiben** ⟨na⟩pisać na tablicy **Tafelgeschirr** n naczynia *npl* stołowe **Täfelung** f boazeria **Tafelwein** m wino stołowe

**Tag** m (-[e]s; -e) dzień m; (*24 Stunden*) doba; **am, bei ~(e)** w dzień, za dnia; **am folgenden ~, am ~ darauf** następnego dnia; **am ~ davor** w dniu poprzednim; **an diesem ~** w tym dniu, tego dnia; **~ und Nacht** dniem i nocą, dniami i nocami; przez całą dobę; **jeden ~** co dzień, codziennie; (*in Kürze*) lada dzień; **in zwei ~en** za dwa dni; **guten ~!** dzień dobry! **Tagebuch** n pamiętnik **Tagegeld** n (*Diäten*) diety *fpl* **tagelang** (*Tage hindurch*) całymi dniami **Tagelohn** m dniówka **tagen** v/*i* obradować; *Gericht* odbywać sesję **Tagesablauf** m przebieg dnia **Tagesausflug** m jednodniowa wycieczka **Tagesbedarf** m zapotrzebowanie dzienne **Tagesgespräch** n temat dnia **Tageskarte** f jadłospis (na dany dzień); (*Fahrkarte*) bilet (cało)dobowy **Tageslicht** n (*bpl*) światło dzienne

**Tagesordnung** f porządek obrad **Tagespresse** f prasa codzienna **Tagesschau** f dziennik telewizyjny **Tageszeit** f pora dnia **Tageszeitung** f dziennik **taghell** jasny (-no) jak w dzień **täglich** *adv* codziennie; ... **mal ~** ... razy dziennie **tags** *adv*: **~ darauf** następnego dnia, nazajutrz; **~ zuvor** w przeddzień **tagsüber** w ciągu dnia, przez (cały) dzień **tagtäglich** *präd* dzień w dzień, codziennie **Tagung** f (*Konferenz*) konferencja

**Taille** ['talja] f talia

**Takt** m (-[e]s; -e) *MUS* takt **Taktgefühl** n (*bpl*) taktowność f **Taktik** f taktyka **taktisch** taktyczny **taktlos** nietaktowny **Taktstock** m batuta **taktvoll** taktowny

**Tal** n (-[e]s; Täler) dolina

**Talar** m (-[e]s; -e) toga; *rel* sutanna **talentiert** utalentowany, uzdolniony **Talfahrt** f jazda w dół; *fig* regres **Talg** m (-[e]s; -e) łój **Talsohle** f dno doliny; *fig EKON* najniższy punkt **Talsperre** f zapora (wodna) **Talstation** f stacja dolna (kolejki linowej)

**Tampon** a. [-'pɔ:n] m (-s; -s) tampon **Tang** m (-s; -e) wodorosty *mpl*
**Tanga** m (-s) figi *pl*
**Tangente** f MAT styczna **tangential** MAT styczny
**Tank** m (-s; -s) zbiornik, bak **tanken** v/*t* ⟨za⟩tankować; v/*i* tankować (paliwo) **Tanker** m zbiornikowiec, tankowiec **Tankstelle** f stacja paliw **Tankwagen** m samochód cysterna m **Tankwart** m (-[e]s; -e) pracownik stacji benzynowej

**Tanne** f jodła **Tannenbaum** m jodła; (*Weihnachtsbaum*) choinka **Tannenzapfen** m szyszka jodłowa
**Tante** f ciotka, ciocia
**Tanz** m (-es; Tänze) taniec; (*Veranstaltung*) tańce *mpl*; **zum ~** do tańca **Tanzabend** m wieczorek taneczny **tanzen** v/*t* u. v/*i* ⟨-zt⟩ ⟨po-, za⟩tańczyć **Tänzer(in** f) m tancerz (-rka) **Tanzfest** n zabawa taneczna **Tanzfläche** f parkiet do tańca **Tanzlokal** n dansing **Tanzmusik** f muzyka taneczna **Tanzpartner(in)** m(f) partner(ka) do tańca *od* w tańcu **Tanzschule** f szkoła tańca
**Tapas** *mpl od fpl* KULIN tapas
**Tapete** f tapeta **tapezieren** (-) tapetować **Tapezierer** m tapeciarz; *austr* tapicer
**tapfer** (*beherrscht*) dzielny **Tapferkeit** f (*bpl*) dzielność f
**Tarif** m (-s; -e) taryfa **Tarifeinheit** f TEL impuls **Tariflohn** m płaca według taryfy **Tarifpartner** m strona w umowie zbiorowej **Tarifsatz** m stawka taryfowa **Tarifvertrag** m umowa zbiorowa; (*Manteltarifvertrag*) zbiorowy układ pracy **tarnen** v/*t* ⟨za⟩maskować, ⟨za⟩kamuflować **Tarnung** f maskowanie (się); MIL *a*. kamuflaż

**Täschchen** n (*kleine Handtasche*) torebka **Tasche** f kieszeń f; *zum Tragen* torba **Taschendieb(in** f) m złodziej(ka) kieszonkowy (-wa), *fam* kieszonkowiec **Taschengeld** n (*bpl*) kieszonkowe n **Taschenlampe** f latarka **Taschenmesser** n scyzoryk **Taschenrechner** m minikalkulator **Taschentuch** n chust(ecz)ka do nosa
**Tasse** f filiżanka
**Tastatur** f klawiatura **Taste** f klawisz; **in die ~n greifen** uderzyć *pf* w klawisze

## 516 ▪ tasten – Teegebäck

**tasten** (-e-) v/t MED wyczuwać dotykiem; v/i **nach etw ~** macać, obmacywać (akk); (etw suchen) szukać po omacku (gen); **sich ~ iść** po omacku (**zur Tür** do drzwi) **Tastsinn** m (bpl) zmysł dotyku

**tat** → **tun Tat** f czyn, postępek, uczynek; (Verbrechen) czyn przestępczy, przestępstwo; **in der ~** w istocie, rzeczywiście

**Tatar** n (-s; -[s]) KULIN befsztyk tatarski, umg tatar

**Tatbestand** m stan faktyczny **tatenlos** bezczynny, pasywny **Täter(in** f) sprawca m (-czyni) **tätig** (aktiv) czynny; (arbeitend) pracujący **tätigen** Einkäufe ⟨po-, z⟩robić; Geschäft przeprowadzać ⟨-dzić⟩ **Tätigkeit** f działalność f **Tätigkeitsbericht** m sprawozdanie z działalności **Tatkraft** f (bpl) energia, aktywność f **tatkräftig** energiczny, rzutki; Hilfe usw a. skuteczny **tätlich** czynny; **~ werden** posunąć się do rękoczynów (**gegen** wobec gen) **Tatort** m miejsce (popełnienia) przestępstwa

**Tätowierung** f tatuaż

**Tatsache** f fakt **tatsächlich** adj faktyczny; adv faktycznie, rzeczywiście **tätscheln** (-le) ⟨po⟩głaskać

**Tatwaffe** f broń użyta do popełnienia przestępstwa

**Tatze** f łapa (a. pop Hand)

**Tau**¹ m (-[e]s; bpl) rosa

**Tau**² n (-[e]s; -e) (Seil) lina

**taub** głuchy; **~ werden** ogłuchnąć pf **Taube** f gołąb m; (Weibchen) gołębica **Taubheit** f (bpl) głuchota; der Glieder zdrętwienie, drętwota **taubstumm** głuchoniemy (a. subst) **Taubstummheit** f (bpl) głuchoniemota

**tauchen** (sn) Person a. nurkować, da(wa)ć nurka **Taucher(in** f) m nurek **Taucheranzug** m skafander nurka **Tauchermaske** f maska do nurkowania **Tauchgerät** n akwalung **Tauchsieder** m grzałka (nurkowa)

**tauen** v/t roztapiać ⟨-topić⟩; v/i (sn) tajać, topić się; unpers (h) **es taut** taje, jest odwilż

**Taufe** f chrzest; (Feier) chrzciny pl **taufen** ⟨o⟩chrzcić **Taufname** m imię chrzestne **Taufpate** m (ojciec) chrzestny

**Taufschein** m metryka chrztu

**taugen** v/i nada(wa)ć się, przyda(wa)ć się

**tauglich** przydatny, zdatny (**zu** do gen)

**taumeln** v/i (-le; sn) zataczać ⟨-toczyć⟩ się (**gegen die Wand** na ścianę)

**Tausch** m (-[e]s; -e) wymiana, zamiana; **im ~ gegen ...** w zamian za (akk) **tauschen** v/t zamieni(a)ć; v/i **mit j-m ~** zamieni(a)ć się z (inst)

**täuschen** A v/t łudzić, zwodzić ⟨zwieść⟩; (irreführen) wprowadzać ⟨-dzić⟩ w błąd; **wenn mich meine Augen nicht ~** jeśli mnie oczy nie mylą; **wenn mich nicht alles täuscht** jeżeli się nie mylę B v/i SPORT wykonać zwód C v/r **sich ~** (**in** dat) zawodzić ⟨-wieść⟩ się (na, w lok); **sich nicht ~ lassen** nie dać się zwieść, nie zwieść się **täuschend** adj łudzący; präd **j-m, etw** (dat) **~ ähnlich sehen** od **sein** być łudząco podobnym do (gen) **Tauschgeschäft** n HANDEL transakcja wymienna **Tauschobjekt** n obiekt wymiany **Täuschung** f (Irreführung) zmylenie, wprowadzenie w błąd; (Sinnestäuschung) złudzenie

**tausend** num tysiąc **Tausend**¹ f (liczba) tysiąc **Tausend**² n (-s; -) tysiąc; **fünf vom ~** pięć promili od tysiąca **Tausend**³ num **einige ~** kilka tysięcy; **~ und Abertausend** tysiące; pl **~e, zu ~en** (Unmengen) tysiące; **die Kosten gehen in die ~e** koszty sięgają tysięcy **Tausender** m MAT tysiąc(e); umg (Geldschein) tysiączek, tauzen **tausendfach** tysiąckrotny **tausendjährig** tysiącletni **tausendmal** adv tysiąc razy, tysiąckrotnie **tausendste** num tysięczny, tysiączny **Tausendstel** n, szwajc m tysięczna część

**Tauwetter** n (bpl) odwilż f

**Tauziehen** n przeciąganie liny (a. fig)

**Taxe** f taksa, opłata **Taxi** n (-s; -s) taksówka **Taxi|fahrer(in)** m(f) taksówkarz, umg taksiarz **Taxistand** m postój taksówek

**Team** [ti:m] n (-s; -s) zespół; drużyna **Technik** f technika; (Ausrüstung) sprzęt techniczny **Techniker(in)** m(f) technik (a. f) **technisch** techniczny **Technologie** f technologia

**Teddybär** m (pluszowy) miś, misio

**Tee** m (-s; -s) herbata; **schwarzer ~** czarna herbata; **grüner ~** zielona herbata **Teebeutel** m torebka od saszetka herbaty **Teegebäck** n ciastka npl, herbatniki

*mpl* **Teekanne** *f* dzbanek do herbaty **Teekessel** *m* czajnik, imbryk **Teelöffel** *m* łyżeczka do herbaty
**Teenager** ['ti:ne:dʒər] *m* (*Junge*) nastolatek; (*Mädchen*) nastolatka
**Teer** *m* (-[e]s; -e) smoła
**Teesieb** *n* sitko do herbaty
**Teich** *m* (-[e]s; -e) staw **Teichrose** *f* nenufar, grążel
**Teig** *m* (-[e]s; -e) ciasto **teigig** ciastowaty (-to) **Teigwaren** *fpl* makarony *mpl*
**Teil** *m* (-[e]s; -e) 🟦 część *f* 🟦 *m od n* (*Anteil*) udział, wkład 🟦 *n* część *f*; sztuka; **der größte ~** główna część; **zum ~** częściowo, w części; **zum größten ~** przeważnie; **zu gleichen ~en** po równej części; na równe części; **sein(en) ~ beisteuern** (**zu**) wnosić (wnieść) swój wkład (do *gen*); **ich für mein(en) ~** jeśli o mnie chodzi; **ein defektes ~ ersetzen** zamieni(a)ć uszkodzoną część **teilbar** podzielny; **~ sein** dzielić się **Teilchen** *n* cząstka, cząsteczka **teilen** *v*/*t* ⟨po⟩dzielić; **etw unter sich, untereinander ~** ⟨po⟩dzielić od rozdzielać ⟨-lić⟩ pomiędzy siebie (*akk*); *fig* podzielać, dzielić ... z (*inst*); **sich ~** ⟨po⟩dzielić się, rozdzielać ⟨-lić⟩ się; *Vorhang* rozsuwać ⟨-sunąć⟩ się
**teilhaben** brać udział, uczestniczyć **w** (*lok*) **Teilhaber(in** *f*) *m* udziałowiec **Teilkaskoversicherung** *f* częściowe ubezpieczenie auto-casco **Teillieferung** *f* dostawa częściowa **Teilnahme** *f* udział, uczestnictwo **teilnahmslos** obojętny, apatyczny **teilnahmsvoll** współczujący (-co) **teilnehmen** *v*/*i* (*irr*) (**an** *dat*) uczestniczyć, brać ⟨wziąć⟩ udział (**w** *lok*); *fig* **an j-s Leid ~** dzielić ból z (*inst*) **Teilnehmer(in** *f*) *m* uczestnik (-iczka); *t-ko m* TEL abonent **teils** *adv* częściowo, w części **Teilstrecke** *f* odcinek (trasy) **Teilung** *f* podział; HIST (*die Teilung Polens*) rozbiór **teilweise** częściowy (-wo) **Teilzahlung** *f* zapłata ratalna **Teilzeitarbeit** *f* (*bpl*) praca w niepełnym wymiarze godzin
**Teint** [tẽ:] *m* (-s; -s) cera, karnacja
**Telefon** *a.* [-'fo:n] *n* (-s; -e) telefon **Telefonat** *n* (-[e]s; -e) rozmowa telefoniczna, *umg* telefon **Telefonbuch** *n* książka telefoniczna **telefonieren** *v*/*i* (-) ⟨za⟩telefonować (**mit j-m, nach** do *gen*) **telefonisch** telefoniczny **Telefonkarte** *f* karta telefoniczna **Telefonnummer** *f* numer telefonu **Telefonzelle** *f* budka telefoniczna
**Teleobjektiv** *n* teleobiektyw **Teleskop** *n* (-s; -e) teleskop
**Teller** *m* talerz **Tellerrand** *m* brzeg talerza
**Tempel** *m* świątynia
**Temperament** *n* (-[e]s; -e) temperament **temperamentvoll** pełen temperamentu, temperamentny
**Temperatur** *f* temperatura; MED *a.* ciepłota **Temperaturanstieg** *m* wzrost temperatury **Temperatursturz** *m* nagły spadek temperatury
**Tempo** *n* (-s; -s, MUS -pi) tempo **Tempolimit** *n* (-s; -s) ograniczenie prędkości jazdy
**Tendenz** *f* tendencja (**zu etw** do *gen*) **tendenziell** tendencyjny **tendieren** *v*/*i* (-) (**zu**) objawi(a)ć tendencję (do *gen*), skłaniać się (ku *dat*)
**Tennis** *n* (-; *bpl*) tenis; **~ spielen** grać w tenisa **Tennisball** *m* piłka tenisowa **Tennisplatz** *m* kort (tenisowy) **Tennisschläger** *m* rakieta (tenisowa) **Tennisschuhe** *mpl* tenisówki *fpl* **Tennisspieler(in** *f*) *m*(*f*) tenisista *m* (-tka)
**Tenor**[1] *m* (-s; Tenöre) tenor **Tenor**[2] *m* (-s; *bpl*) treść *f*
**Teppich** *m* (-s; -e) dywan, (*Prachtteppich*) kobierzec **Teppichboden** *m* (*Belag*) wykładzina dywanowa; (*Fußboden*) podłoga dywanowa
**Termin** *m* (-s; -e) termin **terminegerecht** terminowy (-wo, w terminie) **Terminkalender** *n* terminarz, agenda **Terminplan** *m* terminarz **Terminus** *m* (-; -ni) termin
**Terrasse** *f* taras
**Terrine** *f* waza (do zupy); *in zssgn* **...terrine** zupa ...
**territorial** terytorialny
**Terror** *m* (-s; *bpl*) terror; *umg* awantura, scena **Terrorakt** *m* akt terroru **terrorisieren** (-) ⟨s⟩terroryzować **Terrorist(in** *f*) *m* terrorysta *m* (-tka)
**Test** *m* (-s; -s *od* -e) test, próba
**Testament** *n* (-[e]s; -e) testament **testamentarisch** testamentowy; **~ verfügen, vermachen** rozporządzać ⟨-dzić⟩, zapis(yw)ać w testamencie
**testen** (-e-) testować, podda(wa)ć bada-

niom **Testperson** f osoba testowana **Testzentrum** n centrum testowe
**Tetanus** m ⟨-; bpl⟩ tężec
**teuer** (teurer, teuerste) drogi ⟨-go⟩
**Teuerung** f drożyzna
**Teufel** m diabeł, bies **Teufelskreis** m błędne koło **teuflisch** diabelski
**Text** m ⟨-[e]s; -e⟩ tekst ⟨zu do *gen*⟩ **Texter(in)** m(f) autor(ka) tekstów, *umg* tekściarz
**Textilindustrie** f przemysł włókienniczy, włókiennictwo **Textilwaren** fpl wyroby mpl włókiennicze
**Textverarbeitung** f przetwarzanie tekstów **Textverarbeitungsprogramm** n edytor tekstów
**Theater** n teatr; *dim* teatrzyk **Theaterkarte** f bilet do teatru **Theaterstück** n sztuka teatralna, utwór dramatyczny **theatralisch** teatralny (*a. fig*)
**Theke** f *im Lokal* bufet, bar; *im Laden* kontuar; **an der ~** przy bufecie
**Thema** n ⟨-s; -men⟩ temat (*a. muz*) **thematisch** tematyczny
**Theologie** [pl -'gi:ən] f teologia **theologisch** teologiczny **theoretisch** teoretyczny **Theorie** [pl -'ri:ən] f teoria
**Therapeut(in** f) m ⟨-en⟩ terapeuta m ⟨-tka⟩ **therapeutisch** terapeutyczny, leczniczy **Therapie** [pl -'pi:ən] f leczenie
**Thermalquelle** f źródło termalne, cieplica, terma **Therme** f ⟨-; -n⟩ terma **Thermometer** n termometr **Thermosflasche®** [θɛrmos] f termos
**Thriller** ['θri-] m dreszczowiec, thriller
**Thrombose** f MED zakrzepica
**Thron** m ⟨-[e]s; -e⟩ tron **Thron|folger(in)** m(f) następca m ⟨-czyni⟩ tronu
**Thunfisch** m tuńczyk
**Thymian** m ⟨-s; bpl⟩ tymianek, macierzanka
**Tick** *umg* m ⟨-[e]s; -s⟩ dziwactwo, fioł; (*Nuance*) troszeczkę; **e-n ~ haben** mieć fioła; **e-n ~ höher** troszeczkę wyżej **ticken** v/i *Uhr* tykać; *umg fig* **du tickst wohl nicht richtig** na mózg ci padło
**Ticket** n ⟨-s; -s⟩ bilet (lotniczy); **elektronisches ~** IT bilet elektroniczny
**tief** głęboki; **~er** *komp* głębszy; niższy; *präd u. adv* głębiej; niżej; **e-e Etage ~er** piętro niżej; **e-e 3 Meter ~e Grube** dół głęboki na trzy metry **Tief** n ⟨-s; -s⟩ METEO niż (baryczny) **Tiefbau** m ⟨bpl⟩ budownictwo drogowe i podziemne **Tiefdruckgebiet** n METEO obszar niskiego ciśnienia **Tiefe** f *nach unten* głębokość f; **in die ~** w głąb; **in der ~, in den ~n** w głębi; **aus der ~** z głębi
**Tiefebene** f nizina, niż **Tiefgang** m ⟨bpl⟩ MAR zanurzenie; *fig* głębia **Tiefgarage** f garaż *od* parking podziemny **tiefgefroren** *adj* KULIN mrożony **Tiefkühlfach** n zamrażalnik **Tiefkühlkost** f (bpl) mrożonki fpl **Tiefkühltruhe** f zamrażarka **Tiefpunkt** f fig niż **Tiefschlag** m cios poniżej pasa (*a. fig*) **Tiefsee** f ⟨bpl⟩ strefa głębinowa **tiefsinnig** *Betrachtungen usw* wnikliwy ⟨-wie⟩, głęboki ⟨-ko⟩ **Tiefstand** m ⟨bpl⟩ najniższy poziom
**Tier** n ⟨-[e]s; -e⟩ zwierzę; **~e** pl zwierzęta npl, zwierzyna f **Tierarzt** m, **Tierärztin** f weterynarz **Tierhandlung** f sklep zoologiczny **Tierheim** n schronisko dla zwierząt **tierisch** zwierzęcy **Tierkreiszeichen** n znak zodiaku **Tiermedizin** f weterynaria **Tierquälerei** f znęcanie się nad zwierzętami **Tierreich** n ⟨bpl⟩ świat zwierzęcy **Tierschutz** m ochrona zwierząt **Tierschutzverein** m towarzystwo opieki nad zwierzętami **Tierversuch** m doświadczenie na zwierzętach **Tierwelt** f ⟨bpl⟩ fauna
**Tiger** m tygrys
**tilgen** spłacać ⟨-cić⟩, umarzać ⟨umorzyć⟩ **Tilgung** f FIN spłata, umorzenie; (*Löschung*) wymazanie
**Tinte** f atrament; *umg fig* **in der ~ sitzen** być w tarapatach *od* opałach **Tintenfisch** m sepia, mątwa **Tintenfleck** m plama od atramentu **Tintenstrahldrucker** m drukarka atramentowa
**Tipp** m ⟨-s; -s⟩ (*Wink*) poufna wskazówka
**tippen**¹ v/i *umg* (*setzen*) (**auf j-n als ...**) typować ⟨k-o jako, na *akk*⟩; **im Lotto ~** grać w lotto; v/t **sechs Richtige ~** mieć sześć trafień
**tippen**² v/t *umg Text* ⟨na-, prze⟩pisać na maszynie; v/i (**an, auf, gegen** *akk*) (*berühren*) (lekko) dotykać ⟨-tknąć⟩ (*gen*) **Tippfehler** m błąd w maszynopisie
**Tiroler** *adj* tyrolski
**Tisch** m ⟨-[e]s; -e⟩ stół; (*Mahlzeit*) posiłek, jedzenie, obiad; **den ~ decken** nakry(wa)ć do stołu (**für vier Personen** na

cztery osoby); **den ~ abdecken** sprzątać ⟨-tnąć⟩ ze stołu; **am, bei ~** przy stole; **zu ~ bitten** prosić do stołu **Tischbein** n noga stołowa **Tischdecke** f serweta, obrus **Tischler** m stolarz; *in zssgn* stolarski **Tischlerei** f *(Betrieb)* stolarnia **Tischplatte** f blat (stołu) **Tischtennis** n tenis stołowy **Tischtuch** n obrus **Tischzeit** f przerwa obiadowa

**Titel** m tytuł *(a.* TYPO, SPORT*)* **Titelblatt** n karta tytułowa **Titelrolle** f rola tytułowa **Titelverteidiger(in)** m(f) obrońca m (-czyni) tytułu

**Toast** [to:st] m (-[e]s; -e od -s) toast; KULIN tost, grzanka **Toaster** m toster, opiekacz

**toben** v/i *(a. sn)* szaleć

**Tochter** f(-; Töchter) córka; *dim* córeczka **Tochtergesellschaft** f spółka córka

**Tod** m (-[e]s; -e) śmierć f, MED **Todesangst** f strach przed śmiercią; *(große Angst)* śmiertelny strach **Todesanzeige** f nekrolog **Todeserklärung** f uznanie za zmarłego **Todesfall** m przypadek zgonu **Todesfolge** f *(bpl)*: **... mit ~ ...** z wynikiem śmiertelnym **Todesgefahr** f śmiertelne niebezpieczeństwo **Todesopfer** n ofiara; *pl* ofiary w ludziach **Todesstrafe** f *(bpl)* kara śmierci **Todestag** m *(Gedenktag)* rocznica śmierci **Todesursache** f przyczyna śmierci **Todesurteil** n wyrok śmierci **todkrank** śmiertelnie chory **tödlich** śmiertelny **todsicher** *umg* absolutnie pewny; *adv* na mur

**Tohuwabohu** *umg* n (-[s]; -s) bałagan

**Toilette** [toa'lɛta] f toaleta; *(WC) a.* ubikacja; **wo ist die ~?** gdzie jest toaleta? **Toilettenartikel** [toa-] *mpl* przybory *mpl* toaletowe **Toilettenpapier** n papier toaletowy

**tolerant** tolerancyjny, wyrozumiały; *prąd* tolerancyjnie, wyrozumiale **Toleranz** f tolerancja *(a.* TECH*)* **tolerieren** (-) tolerować

**toll** *umg (großartig)* odlotowy, obłędny, kapitalny **Tollpatsch** m (-[e]s; -e) niezgraba *m u. f*, niezdara *m u.* f **Tollwut** f wścieklizna

**Tomate** f pomidor

**Ton**[1] m (-[e]s; -e) MINER glina, ił; **feuerfester ~** glinka ogniotrwała; **aus ~** gliniany, z gliny

**Ton**[2] m (-[e]s; Töne) *(Klang)* dźwięk; *(Farbton)* ton, odcień m; **~ in ~** w jednym tonie; *fig* **den ~ angeben** nada(wa)ć ton; **es gehört zum guten ~** to należy do dobrego tonu

**tonangebend** *adj* nadający ton **Tonart** f tonacja; *fig* ton **Tonaufzeichnung** f zapis(ywanie) dźwięku **tönen** v/i *(klingen)* brzmieć; *umg (prahlen)* przechwalać się, perorować (**von etw** o *lok*); v/t *Haar* przyciemni(a)ć, zintensyfikować *pf* barwę

**Tonfall** m *(bpl)* intonacja; ton **Toningenieur** m inżynier akustyk; RTV realizator dźwięku **Tonleiter** f gama, skala **tonlos** bezdźwięczny, atoniczny

**Tonne** f *für Müll usw* pojemnik; *(Maßeinheit)* tona; **2 ~n** dwie tony; **5 ~n** pięć ton; *umg* **dick wie eine ~** gruby jak beka **Tonstudio** n studio nagrań

**Tönung** f *von Haaren* koloryzacja

**Tonwaren** fpl wyroby mpl gliniane

**Topf** m (-[e]s; Töpfe) garnek; *für Blumen* doniczka **Topfblume** f kwiat doniczkowy

**Töpfer** m garncarz **Töpferei** f *(Handwerk)* *(bpl)* garncarstwo; *(Betrieb)* garncarnia

**Tor** n (-[e]s; -e) brama, wrota *pl*; SPORT bramka; **ein ~ schießen** strzelić *pf* bramkę **Toreinfahrt** f brama

**Torf** m (-[e]s; bpl) torf

**Torhüter** m SPORT bramkarz **Torjäger** m bramkostrzelny napastnik

**Torlinie** f linia bramkowa **Tormann** m *(pl* -männer*)* bramkarz

**torpedieren** (-) ⟨s⟩torpedować *(a. fig)* **Torschuss** m strzał na bramkę *od* do bramki **Torschütze** m strzelec bramki, zdobywca m bramki

**Torte** f tort

**Torwart** m (-[e]s; -e) bramkarz

**tosen** v/i huczeć, szaleć; **~der Beifall** huczne oklaski *pl*

**tot** martwy

**total** totalny, zupełny, całkowity (-cie) **totalitär** totalitarny **Totalschaden** m szkoda całkowita

**Tote(r)** m (-en) zmarły, martwy; *(Getöteter)* zabity **töten** (-e-) v/t uśmiercać ⟨-cić⟩, zabi(ja)ć; **sich ~** zabi(ja)ć się **Totenfeier** f uroczystość pogrzebowa **Totengräber** m grabarz **Totenkopf**

## 520 ■ Totenmesse – Transvestit

*m* trupia czaszka **Totenmesse** *f* msza żałobna **Totenschein** *m* akt zgonu **Totenstarre** *f* stężenie pośmiertne **Totenstille** *f* grobowa cisza **Totgeburt** *f* (*Kind*) martwy płód **totlachen** *umg*: **sich ~ (können)** konać ze śmiechu **totschießen** *umg* (*irr*) zastrzelić *pf* **Totschlag** *m* (*bpl*) zabójstwo umyślne **totschlagen** zabi(ja)ć, zatłuc *pf* (na śmierć) **Tötung** *f* zabicie, uśmiercenie; JUR zabójstwo
**Touchpad** *n* (-s) IT touchpad
**Toupet** [tu'peː] *n* (-s; -s) tupet **toupieren** [tu-] (-) ⟨u⟩tapirować
**Tour** [tuːr] *f* wycieczka, wypad, przejażdżka **Tourenrad** *n* rower miejski
**Tourismus** *m* (-; *bpl*) turystyka; **sanfter ~** ekoturystyka **Tourist(in)** *m*(*f*) (-en) turysta *m* (-tka) **touristisch** turystyczny
**Trab** *m* (-[e]s; *bpl*) kłus; **im ~ reiten** kłusować
**traben** *v/i* (*sn*) ⟨po⟩biec truchtem, truchtać **Trabrennen** *n* wyścigi *mpl* kłusaków
**Tracht** *f* (*Kleid*) strój (ludowy); *umg* **e-e ~ Prügel bekommen** dosta(wa)ć lanie **Trachtengruppe** *f* zespół ludowy
**trächtig** *Tier* ciężarna
**Tradition** *f* tradycja **traditionell** tradycyjny
**traf, träfe** → **treffen**
**Trafo** *m* (-s; -s) transformator
**tragbar** (*mobil*) przenośny **Trage** *f* **nosze** *pl*
**träge** ociężały (-le)
**tragen** (trägt, trug, getragen) ▲ *v/t* **1** nosić, nieść; *fig* dźwigać **2** *mit präp* **~ aus** (*dat*) wynosić ⟨-nieść⟩ z (*gen*); **~ in** (*akk*) wnosić ⟨wnieść⟩ do (*gen*); **~ durch, über** (*akk*) przenosić ⟨-nieść⟩ przez (*akk*); **über der Schulter ~** nosić na ramieniu; **~ zu, nach** (*dat*) zanosić ⟨-nieść⟩ do (*gen*); **bei sich ~** nosić przy sobie; **in sich ~** nosić w sobie **3** *Bart* nosić; **das trägt man nicht mehr** tego się już nie nosi **4** *Kosten* ponosić ⟨-nieść⟩; **die Schuld ~ an** (*dat*) ponosić winę za (*akk*) **5** *Früchte* rodzić, dawać **6 zum Tragen kommen** znaleźć zastosowanie **7 getragen werden (von** *etw*) dach usw spoczywać (na *lok*); *fig* opierać się (na *lok*) **B** *v/i* **1** *Eis* trzymać; **weit ~** *Waffe* nieść daleko; *Obstbaum* owocować, rodzić **2** *fig* **schwer an etw**

(*dat*) **~ od zu ~ haben** dźwigać brzemię (*gen*) **C** *v/r* **sich ~** *Kleid* nosić się; **sich leicht ~** *Koffer* nieść się lekko; **sie trug sich mit der Absicht abzureisen** nosiła się z zamiarem wyjazdu; **sich selbst ~** *Firma* nie potrzebować dotacji
**Träger** *m* BUD dźwigar; (*Arbeiter*) tragarz **Trägerrakete** *f* rakieta nośna
**Tragetasche** *f* torba (na zakupy) **tragfähig** wytrzymały; *fig* solidny **Tragfähigkeit** *f* (*bpl*) udźwig, nośność *f* **Tragfläche** *f* płat (nośny), skrzydło **Tragflächenboot** *n* wodolot
**Trägheit** *f* (*bpl*) ociężałość
**Tragik** *f* (*bpl*) tragizm **tragisch** tragiczny **Tragödie** [-diə] *f* tragedia
**Tragweite** *f* zasięg; *von Waffen a.* nośność *f*
**Trainer(in)** *m*(*f*) ['trɛː-] trener(ka) **trainieren** [trɛː-] (-) *v/t* ⟨wy⟩trenować; *v/i* trenować, ćwiczyć **Training** ['trɛː-] *n* (-s; -s) trening **Trainingsanzug** ['trɛː-] *m* dres
**Traktor** *m* (-s; -toren) ciągnik, traktor **trampeln** (-le) *v/t Pfad* wydept(yw)ać **trampen** ['trɛm-] *v/i* (*sn*) podróżować autostopem, wędrować (**durch** po *lok*)
**Trampolin** *n* (-s; -e) trampolina **tranchieren** [trãˈʃiːrən] (-) porcjować, ⟨po⟩dzielić na części *od* porcje
**Träne** *f* łza; **in ~n ausbrechen** wybuchnąć płaczem **tränen** *v/i* łzawić **Tränengas** *n* gaz łzawiący
**trank, tränke** → **trinken Tränke** *f* wodopój; (*Gefäß*) poidło **tränken** *Tier* ⟨na⟩poić; *Watte usw* nasycać ⟨-cić⟩, przepajać ⟨-poić⟩ (**mit** *inst*)
**Transaktion** *f* transakcja **Transfer** *m* (-s; -s) transfer **Transfusion** *f* transfuzja **Transgender** [-ʒən-] *m* *od f* osoba transplciowa **transgender** transplciowy **Transistor** *m* (-s; -toren) tranzystor; *in zssgn* tranzystorowy
**Transit** *a.* ['tran-] *m* (-s; -e) tranzyt **Transitvisum** *n* wiza tranzytowa
**transparent** przeświecający, przejrzysty (-ście)
**transpirieren** *v/i* (-) pocić się
**Transport** *m* (-[e]s; -e) transport **transportieren** (-) ⟨prze⟩transportować, przewozić ⟨-wieźć⟩ **Transportkosten** *pl* koszty *mpl* transportu
**Transvestit** *m* (-en) transwestyta *m*

**Trapez** n (-es; -e) trapez
**Trasse** f trasa
**trat, träte** → treten
**Tratsch** umg m (-es; bpl) plotki fpl **tratschen** umg v/i (tratscht) plotkować
**Traube** f grono; fig (Menschen) kupa (ludą), gromada **Traubensaft** m sok winogronowy **Traubenzucker** m cukier gronowy
**trauen**[1] v/t Paar da(wa)ć ślub (dat); **sich ~ lassen** brać (wziąć) ślub **trauen**[2] v/i: **j-m ~** ⟨za⟩ufać k-u; **j-m, e-r Sache nicht ~** nie dowierzać (dat); **s-n Augen, Ohren nicht ~** nie wierzyć własnym oczom, uszom; **sich ~ zu** (+ inf) odważać ⟨-żyć⟩ się (+ inf)
**Trauer** f (bpl) smutek, żałość f; um Tote żałoba (a. Kleidung); **in tiefer ~** z wielkim żalem, z wyrazami głębokiego żalu; **~ tragen** nosić żałobę, chodzić w żałobie **Trauerfeier** f uroczystość żałobna **trauern** v/i (-re): um, über j-n, etw ~ smucić się z powodu (gen), opłakiwać (akk) **Trauerrand** m obwódka żałobna **Trauerspiel** n tragedia **Trauerzug** m kondukt od orszak żałobny
**Traum** m (-[e]s; Träume) sen; **ein ~ von e-m Haus** to marzenie, nie dom
**Trauma** n (-s; -men od -ta) uraz
**träumen** v/i: im Schlaf, fig **von j-m, etw ~** śnić o (lok); **er träumt oft von ...** śni mu się często (nom) **Träumer(in)** m(f) marzyciel(ka) **träumerisch** marzycielski (-ko) **traumhaft** (wie im Traum) jak marzenie; umg (sehr schön) wymarzony, piękny jak marzenie, zjawiskowy; ~ **(schön) aussehen** wyglądać zjawiskowo
**traurig** smutny **Traurigkeit** f (bpl) smutek
**Trauring** m obrączka (ślubna) **Trauschein** m akt ślubu; **Ehe ohne ~** umg życie na kocią łapę **Trauung** f ślub **Trauzeuge** m, **Trauzeugin** f świadek ślubu
**Treck** m (-s; -s) kolumna, procesja **Trecker** m ciągnik
**Treff**[1] n (-s; -s) beim Kartenspiel trefl
**Treff**[2] umg m (-s; -s) spotkanie
**treffen** (trifft, traf, getroffen) A v/t 1 trafi(a)ć (das Ziel w cel; das Tor do bramki); fig **ins Schwarze ~** trafi(a)ć w sedno; **das Richtige ~** dobrze trafić pf; **er ist (auf dem Foto) gut getroffen** dobrze wyszedł (na zdjęciu) 2 (beschädigen) trafi(a)ć, ugodzić pf (j-n am Kopf k-o w głowę); **er wurde (von e-r Kugel) ins Herz getroffen** został ugodzony (kulą) w serce 3 (begegnen) spot(y)kać (akk), natykać ⟨-tknąć⟩ się (na akk) 4 (ereilen) spot(y)kać 5 (kränken) dotykać ⟨-tknąć⟩ (akk); (erschüttern) przejmować ⟨przejąć⟩ 6 (betreffen) spadać ⟨spaść⟩ (na akk); Vorwurf dotyczyć (gen) 7 (beschließen und durchführen) ⟨po⟩czynić; Wahl dokon(yw)ać (gen); Entschluss podejmować ⟨podjąć⟩; Abmachung zawierać ⟨-wrzeć⟩ B v/i trafi(a)ć C v/r sich ~ spot(y)kać się (**mit j-m** z inst); unpers **es trifft sich gut, dass ... dobrze się składa, że ...**; ~ **wir uns morgen?** spotkamy się jutro? **Treffen** n spotkanie (a. SPORT) **treffend** adj trafny **Treffer** m trafienie; (Tor) bramka **Treffpunkt** m miejsce spotkania **treffsicher** celny (a. fig)
**treiben** (trieb, getrieben) A v/t 1 irgendwohin ⟨po⟩pędzić 2 Nagel wbi(ja)ć w (akk); Tunnel przebi(ja)ć przez (akk) 3 mit präp **aus etw ~** wypędzać ⟨-dzić⟩ z (gen); **etw ans Ufer ~** wyrzucać ⟨-cić⟩ na brzeg (akk), **in etw ~** wpędzać ⟨-dzić⟩, zapędzać ⟨-dzić⟩ w (akk), do (gen) 4 fig **j-n zu etw** (dat) ~ doprowadzać ⟨-dzić⟩ k-o do (gen); **j-n zum Äußersten ~** doprowadzać ⟨-dzić⟩ k-o do ostateczności 5 Knospen puszczać ⟨puścić⟩; Handel trudnić się (inst), a. Sport uprawiać (akk); **was treibst du?** co porabiasz?; **was hast du den ganzen Tag getrieben?** co robiłeś cały dzień?; **etw zu weit ~** przeb(ie)rać miarę (w lok) 6 unpers **es zu weit ~** za dużo sobie pozwalać; umg **es mit j-m ~** puszczać się z (inst) B v/i 1 (sn) unosić się; MAR dryfować 2 (h) BOT kiełkować 3 fig **die Dinge ~ lassen** nic nie przedsiębrać ⟨przedsięwziąć⟩ **Treiben** n (-s; bpl) ruch **Treiber** m IT sterownik **Treibhaus** n cieplarnia **Treibhauseffekt** m (bpl) efekt cieplarniany **Treibjagd** f polowanie z nagonką; fig nagonka **Treibriemen** m pas napędowy **Treibstoff** m paliwo (silnikowe)
**Trekking** n (-s) SPORT trekking **Trekkingrad** n SPORT rower trekingowy **Trekkingschuhe** mpl SPORT buty trekingowe **Trekkingtour** f SPORT

wycieczka f trekkingowa
**Trend** m (-s; -s) trend
**trennen** A v/t 1. TEL rozłączać ‹-czyć›, przer(y)wać 2. *(räumlich absondern)* oddzielać ‹-lić›, odseparow(yw)ać **(von** od *gen)* 3. *(voneinander lösen)* rozłączać ‹-czyć›, rozdzielać ‹-lić› 4. *(unterscheiden)* *Wörter* ‹po›dzielić B v/r **sich ~** rozłączać ‹-czyć› się, rozsta(wa)ć się **(von j-m, etw** *[dat]* z *inst*); *(auseinandergehen)* rozchodzić ‹rozejść› się *(a. Wege);* SPORT **sich unentschieden ~** zakończyć pf mecz od walkę wynikiem remisowym, zremisować pf **Trennung** f der Eheleute separacja **Trennungsstrich** m rozdzielnik **Trennwand** f ścianka działowa, przegroda
**Treppe** f schody pl; **die ~ hinauf, hinunter steigen** iść po schodach na górę, w dół; **e-e ~ höher** piętro wyżej **Treppenabsatz** m podest **Treppenhaus** n klatka schodowa
**Tresen** m bufet, bar; *im Laden* kontuar
**Tresor** m (-s; -e) sejf
**treten** (tritt, trat, getreten) v/t kopać ‹kopnąć› *(a. Ball)*
**treu** wierny; **sich** *(dat)* od *e-r Sache* **~ bleiben** być od pozostawać wiernym sobie od *(dat)* **Treue** f *(bpl)* wierność **treuherzig** prostoduszny **treulos** niewierny, wiarołomny
**Tribunal** n (-s; -e) trybunał **Tribüne** f trybuna
**Trichter** m lejek
**Trick** m (-s; -s) trik, trick
**trieb** → treiben **Trieb** m (-[e]s; -e) popęd; BOT pęd **Triebfeder** f fig sprężyna, bodziec **Triebkraft** f siła napędowa **Triebwagen** m wagon silnikowy **Triebwerk** n LOTN zespół napędowy, silnik
**triftig** uzasadniony, ważny
**Trikot**[1] [-'ko:] m od n (-s; -s) *(Gewebe)* trykot, dzianina **Trikot**[2] ['ko:] n (-s; -s) *(Kleidung)* trykot
**Trillerpfeife** f gwizdek trelowy
**trimmen** v/t strzyc; *umg* **etw auf alt ~** nadać pf stary wygląd *(dat);* **sich ~** uprawiać gimnastykę
**trinkbar** pitny, zdatny do picia **trinken** (trank, getrunken) A v/t ‹wy›pić *(akk),* napić się pf *(gen);* **was trinkst du?** czego się napijesz?; **j-m zu ~ geben** da(wa)ć k-u napić się, napoić pf k-o; *umg* **e-n ~ gehen** skoczyć pf na jednego B v/i pić C v/r **sich zu Tode ~** zapić się pf na śmierć **Trinker(in)** m(f) pijak (-czka) **Trinkflasche** f bidon m, butelka outdoor f **Trinkgeld** n napiwek **Trinkhalm** m słomka do napojów **Trinkspruch** m toast **Trinkwasser** n *(bpl)* woda pitna
**Trip** *umg* m (-s; -s) *(Fahrt)* wypad, wycieczka; sl *(Drogendosis)* działka; *(Rausch)* (niezła) jazda, odlot
**trist** ponury (-ro), szary (-ro)
**Tritt** m (-[e]s; -e) *(Schritt)* krok; *(Fußtritt)* kopniak **Trittbrett** n stopień m
**Triumph** m (-[e]s; -e) triumf, tryumf **triumphieren** v/i (-) triumfować, tryumfować **(über** *akk* nad *inst*); **~d lachen** ‹za›śmiać się triumfująco
**trocken** suchy; *Wein usw* wytrawny **Trockenhaube** f suszarka do włosów z kołpakiem **Trockenhefe** f drożdże pl suszone **Trockenheit** f *(bpl)* suchość f *(a. fig);* *(Dürre)* susza **trockenlegen** *Sumpf* osuszać ‹-szyć›; *Baby* przewijać ‹-winąć› **Trockenrasierer** *umg* m golarka **trocknen** (-e-) v/t ‹wy›suszyć, osuszać ‹-szyć›
**Trödel** *umg* m (-s; bpl) rupiecie, starzyzna **Trödelmarkt** m targ staroci, tandeta, ciuchy mpl **trödeln** *umg* v/i (-le) marudzić, guzdrać się; *bei der Arbeit* bumelować **Trödler(in** f) m *abw* grzebała m/f
**Trog** m (-[e]s; Tröge) koryto, żłób *(a.* GEOL); TECH *a.* rynna
**Trolley** m (-s) walizka f na kółkach
**Trommel** f(-; -n) bęben *(a.* TECH); *dim* bębenek **Trommelfell** n ANAT błona bębenkowa **trommeln** (-le): v/t **den Takt ~** wybijać takt **Trommler** m dobosz
**Trompete** f trąbka; **(auf der) ~ blasen** grać na trąbce **Trompeter(in)** m(f) trębacz(ka)
**Tropen** pl tropiki mpl
**Tropf** m (-[e]s; -e) MED kroplówka **Tröpfchen** n kropelka **tropfen** v/t ‹na›kapać *(inst);* v/i ‹ska› kapać; *unpers* **es tropft** kapie **Tropfen** m kropla **tropfenweise** adv kropla po kropli, kroplami
**Trophäe** f zdobycz f, trofeum n
**tropisch** tropikalny, podzwrotnikowy
**Trost** m (-[e]s; bpl) pocieszenie, pociecha **trösten** (-e-) v/t pocieszać ‹-szyć› **(mit**

**etw** *inst)* **tröstlich** pociesząjący (-co)
**trostlos** rozpaczliwy ‹-wie›, beznadziejny **Trostpreis** *m* nagroda pocieszenia
**Trott** *m* (-s; *bpl)* trucht **Trottel** *umg m* abw przygłup, gamoń *m*
**trotz** *präp* (*gen*, *umg dat*) (po)mimo (*gen*); **~ allem**, **~ alledem** mimo wszystko **Trotz** *m* (-es; *bpl)* przekora, upór; aus **~** z przekory; *e-r Sache* **zum ~** wbrew, na przekór (*dat)* **trotzdem** *adv* jednak, mimo to; *umg konj* chociaż, mimo że **trotzen** *v/i* (-zt): *j-m, e-r Sache* stawia‹ć› czoło, opierać ‹oprzeć› się (*dat*); *e-r Sache a.* być odpornym (na *akk*) **trotzig** uparty, krnąbrny, przekorny
**trübe** mętny
**Trubel** *m* (-s; *bpl*) ruch, wrzawa, rwetes
**trüben** *v/t* ‹za›mącić; *Blick* zamglić *pf*; *Stimmung* ‹po›psuć; *Himmel* ‹za›chmurzyć (*v/r* **sich** się); *v/r* **sich ~** *Wasser* ‹z›mętnieć, ‹z›mącić się **trübsinnig** przygnębiony, markotny; **~ werden** wpadać ‹wpaść› w chandrę
**trug** → **tragen**
**Trugbild** *n* złuda, mrzonka, urojenie
**trüge** → **tragen**
**trügen** (trog, getrogen) Ⓐ *v/t* mylić, łudzić; **wenn mich nicht alles trügt** o ile się nie mylę Ⓑ *v/i* mylić, zawodzić **trügerisch** zwodniczy ‹-czo›, złudny **Trugschluss** *m* fałszywy wniosek
**Truhe** *f* skrzynia, kufer
**Trümmer** *pl (Schutt)* gruzy *mpl* **Trümmerhaufen** *m* kupa gruzów, rumowisko
**Trumpf** *m* (-[e]s; Trümpfe) atut (*a. fig)*; ~ **spielen** wyjść w atu, atutować; *fig* ~ **sein** cenić się; być w modzie
**Trunk** *m* (-[e]s; *bpl)* napój **Trunkenheit** *f* (*bpl)* nietrzeźwość *f*; **im Zustand der ~** w stanie nietrzeźwości; ~ **am Steuer** prowadzenie samochodu w stanie nietrzeźwym **Trunksucht** *f* (*bpl)* opilstwo, pijaństwo
**Trupp** *m* (-s; -s) grupa, brygada; *(bewaffnete Gruppe)* bojówka **Truppe** *f* TEATR trupa; MIL (*Streitkräfte*; *bpl)* wojsko **Truppengattung** *f* rodzaj wojsk **Truppenübungsplatz** *m* poligon (wojskowy)
**Truthahn** *m* indyk **Truthenne** *f* indyczka
**Tscheche** *m* (-n) Czech **Tschechin** *f*
Czeszka **tschechisch** czeski (po -ku)
**tschüss!** *fam* cześć!, pa!
**Tube** *f* tubka
**Tuberkulose** *f* (-; -n) gruźlica
**Tuch** *n* (*pl Tücher*) *zum Tragen* chusta, chustka; *zum Wischen* ścierka
**tüchtig** *(patent) (fleißig)* sprawny, skrzętny **Tüchtigkeit** *f* (*bpl) (Tatkraft)* dzielność *f*, zaradność *f*; *(Fähigkeit)* skrzętność *f*; fachowość *f*
**Tücke** *f* perfidia; *e-r Sache* przeciwności *fpl (gen);* **~n** *pl (verborgene Gefahr)* zdradliwość *f*; *etw* **hat seine ~n** ... nie jest bez ale **tückisch** podstępny; *Sache* zdradliwy
**Tüftler(in)** *m(f) umg (Bastler)* majsterklepka *m (a. f)*; *(Pedant)* skrupula(n)t(ka)
**Tugend** *f* cnota; *(bpl)* cnotliwość *f* **tugendhaft** cnotliwy ‹-wie›
**Tüll** *m* (-s; *bpl)* tiul; *in zssgn* tiulowy
**Tulpe** *f* tulipan
**tummeln** (-le): **sich ~** baraszkować, swawolić
**Tumor** *m* (-s; -moren) guz, nowotwór
**Tümpel** *m* bajoro, sadzawka
**Tumult** *m* (-[e]s; -e) tumult
**tun** *(ich tu[e], tust, tut; du tat[e]st, tat, ihr tatet; tu[e]!, tut!; getan)* Ⓐ *v/t* ❶ ‹z›robić, ‹u›czynić; **das tut man nicht** tego się nie robi, tak się nie postępuje; **was ist zu ~?** co trzeba zrobić?; **was ~?** co robić?; **was kann ich für Sie ~?** czym mogę służyć?; *umg* **was tust du so?** co porabiasz?; *umg* **was tust du hier?** co ty tu robisz?; **tu(e) was du willst** rób, co chcesz; **das hat er gern getan** (on) chętnie to zrobił; **etw für j-n ~** zrobić dla k-o *(akk)*; **sie täte gut daran, hierzubleiben** dobrze by zrobiła, pozostając tu *od* gdyby tu pozostała ❷ *(arbeiten)* robić; **nichts zu ~ haben** nie mieć nic do roboty, nic nie robić; **viel zu ~ haben** mieć dużo pracy *od* roboty; **hier gibt es viel zu ~** tu jest dużo roboty *od* do zrobienia ❸ *(zufügen)* ‹z›robić, wyrządzać ‹-dzić›; **der Hund tut dir nichts** pies nic ci nie zrobi ❹ *(erfüllen)* spełni(a)ć; **damit ist es nicht getan** na tym sprawa się nie kończy ❺ *(vollbringen)* dokon(yw)ać *(gen)* ❻ *umg* umieszczać ‹umieścić›, stawiać ‹postawić›, kłaść ‹położyć› *usw* ❼ *(zu schaffen haben)* **mit etw nichts zu ~ haben** nie mieć nic wspólnego z *(inst)*; **ich weiß, was ich zu ~ habe** wiem, co mam

zrobić, wiem, jak mam postąpić; **es mit j-m, etw zu ~ haben** mieć do czynienia z (*inst*); *umg* **sonst kriegst du es mit mir zu ~!** bo będziesz miał ze mną do czynienia! 8 *umg* **etw tut es nicht mehr** (*funktioniert nicht*) ... wysiadł; *umg* **etw tut es auch** *od* **noch** ... jakoś *od* jeszcze ujdzie 9 *umg* **es ~** (*mit j-m schlafen*) spać ze sobą B *v/i* **so ~, als ob** ... udawać, że ...; *umg* **tu doch nicht so!** nie udawaj Greka! C *v/r* **hier tut sich etwas** *od umg* **was, es tut sich hier etwas** tu coś się dzieje **Tun** *n* (-s; *bpl*) postępowanie, działanie
**tünchen** ⟨wy⟩bielić wapnem
**Tunfisch** *m* tuńczyk
**tunken** maczać ⟨umoczyć⟩ (**in** *akk* w *lok*)
**Tunnel** *m* (-s; -[s]) tunel
**Tupfen** *m* plamka, kropka; **... mit roten ~ ...** w czerwone groszki
**Tür** *f* drzwi *pl*; **klein** drzwiczki *pl*; **an der ~** u drzwi, pod drzwiami; **an die ~ klopfen** pukać do drzwi
**Turbine** *f* turbina **Turbolader** *m* turbozespół ładujący
**turbulent** burzliwy (-wie)
**Türfüllung** *f* płycina drzwiowa **Türgriff** *m* klamka (u drzwi)
**Türke** *m* (-n) Turek **Türkin** *f* Turczynka
**Türkis** *m* (-es; -e) turkus
**türkisch** turecki (po -ku)
**Turm** *m* (-[e]s; Türme) wieża (*a.* SPORT *u.* Schachfigur)
**türmen**¹ *v/t* ⟨s⟩piętrzyć
**türmen**² *umg v/i* (*sn*) zwiewać, ⟨z⟩wiać, da(wa)ć nogę *od* drapaka
**Turmspringen** *n* skoki *mpl* z wieży
**Turmuhr** *f* zegar wieżowy
**Turnanzug** *m* trykot gimnastyczny **turnen** A *v/i* gimnastykować się, uprawiać gimnastykę; **am Barren ~** ćwiczyć na poręczach B *v/t* wykon(yw)ać ćwiczenie **Turnen** *n* ćwiczenia *npl* gimnastyczne **Turnhalle** *f* sala gimnastyczna
**Turnier** *n* (-s; -e) turniej; (*Tanzturnier*) konkurs
**Turnschuh** *m* tenisówka
**Turnus** *m* (-; -se) (*Durchgang*) turnus, tura; **im ~ von 4 Jahren** co cztery lata **turnusmäßig** cykliczny, powtarzający się kolejno
**Türöffner** *m* (*Knopf*) przycisk otwierania drzwi **Türpfosten** *m* BUD słup drzwi

**Türrahmen** *m* odrzwia *pl*, futryna
**Türschild** *n* tabliczka na drzwiach
**Türschlüssel** *m* klucz do drzwi **Türsteher** *m vor e-m Lokal* bramkarz
**Tusche** *f* tusz; *reg* akwarela
**tuscheln** *v/i u. v/i* (-le) szeptać
**tu(s)t** → tun
**Tüte** *f* torebka (papierowa, plastikowa)
**tuten** *v/i* (-e-) ⟨za⟩trąbić
**twittern** *v/i u. v/t* TEL ćwierkać
**Typ** *m* (-s; -en) typ; *umg fig* (*gen a. -en*) facet
**Type** *f* TYPO czcionka; *umg fig* typ, typek
**Typhus** *m* (-; *bpl*) dur, tyfus
**typisch** typowy
**tyrannisieren** (-) tyranizować

# U

**U-Bahn** *f* metro **U-Bahnhof** *m* stacja metra
**übel** (übler; übelste) zły (źle); (*schlimm*) brzydki (-ko), niedobry (niedobrze), przykry (-ro); (*verwerflich*) naganny; **~ riechend** cuchnący; **~ gelaunt** źle usposobiony; **j-m etw ~ nehmen** mieć k-u za złe (*akk*), mieć do k-o urazę o (*akk*); **wohl oder ~** rad nierad; **mir wird ~** robi mi się niedobrze **Übel** *n* zło **Übelkeit** *f* nudności *fpl*, mdłości *fpl*
**üben** *v/t* ćwiczyć (*akk*), *fig* **Nachsicht ~** być wyrozumiałym (**mit j-m** dla *gen*); **Kritik ~** (**an** *dat*) krytykować (*akk*); *v/i* ćwiczyć; **sich ~ in** (*dat*) ćwiczyć się w (*lok*); **sich in Geduld ~** uzbroić się *pf* w cierpliwość
**über**¹ *präp* A *räumlich* 1 (*oberhalb von, wo? dat, wohin? akk*) nad (*inst, akk*); **die Lampe hängt ~ dem Tisch** lampa wisi nad stołem; **die Lampe ~ den Tisch hängen** zawiesić lampę nad stołem; *fig* **er steht ~ mir** (*er ist mein Chef*) on stoi nade mną 2 (*dat, akk*) (*direkt auf etw*) na (*lok, akk*), po (*lok*); **... lag ~ dem Tisch** ... leżał(a) na stole; **~ das Haar streichen** głaskać po głowie 3 (*akk*) (*durch, via*) przez (*akk*); **~ Berlin fahren** jechać przez Berlin;

## über – überfließen

**~ den Fluss** przez rzekę ◳ (akk) (über etw hinweg od hinaus) przez (akk), nad, ponad (inst, akk); za, poza (akk); powyżej (gen); **~ den Zaun springen** skakać ⟨skoczyć⟩ przez płot; **das Flugzeug flog ~ die Wolken** samolot wzbił się ponad chmury; **~ Bord werfen** wyrzucać ⟨-cić⟩ za burtę; **das geht ~ meine Kräfte** to ponad moje siły; **sich ~ die Stadt hinaus erstrecken** przeciągać się poza miasto; **bis ~ die Knöchel** powyżej kostek; **~ null** powyżej zera; fig **~ alles** nade wszystko; **es geht nichts ~ …** nie ma nic lepszego od (gen) ◳ zeitlich ◳ (dat) (während, bei) przy (lok); **~ der Arbeit einschlafen** zasnąć przy pracy ◳ (akk) (durch) przez (akk); **~ den ganzen Tag** przez cały dzień ◳ ◳ weder räumlich noch zeitlich (akk) (in Höhe od Wert von) na, za (akk); **ein Scheck ~ …** czek na …; (dat) (wegen, infolge) z powodu, z (gen); **sich ~ etw freuen** cieszyć się z powodu (gen); **~ etw lachen** śmiać się z (gen); (akk) (von, betreffend) o (lok), co do (gen); **ein Buch ~ Krakau** książka o Krakowie ◳ (akk) (mit zwei gleichen subst, verstärkend) **~ und ~** pełno, moc, masa (gen); **Menschen ~ Menschen** pełno ludzi

**über**² adv (mehr als) przeszło, ponad; zeitlich w ciągu (gen); **~ zwei Wochen** ponad od przeszło dwa tygodnie; **er ist ~ fünf Jahre alt** on ma ponad pięć lat; **das ganze Jahr ~** przez cały rok; **~ und ~** (völlig) cały, zupełnie

**überall** adv wszędzie; **von ~** ze wszystkich stron, z każdego miejsca

**Überangebot** n (an dat) nadmiar, nadmierna podaż (gen) **überanstrengen** (-) v/t nadwerężać ⟨-żyć⟩, przemęczać ⟨-czyć⟩ **überarbeiten** (-) v/t przerabiać ⟨-robić⟩; Text a. przeredagow(yw)ać; **sich ~** przepracow(yw)ać się **Überarbeitung** f przeróbka (a. überarbeitete Sache); nowa redakcja

**überbacken** (irr; -) zapiekać ⟨-piec⟩ **überbelasten** (-) przeciążać ⟨-żyć⟩ **überbetonen** (-) nadmiernie podkreślać ⟨-lić⟩ **Überbevölkerung** f (0) przeludnienie **überbieten** (irr; -) v/t prześcigać ⟨-cnąć⟩; **sich** od **einander ~** (an dat) prześcigać się, licytować się (w lok) **Überbleibsel** relikt

**Überblick** m widok (über akk na akk); (Kurzfassung) (krótki) zarys (gen); **im ~** w skrócie, w zarysie; fig **den ~ über etw verlieren** ⟨s⟩tracić orientację w (lok); fig **sich** (dat) **e-n ~ über etw verschaffen** zapozna(wa)ć się (bliżej) z (inst) **überblicken** (-) ogarniać ⟨-nąć⟩ wzrokiem (akk); fig orientować się (w lok) **überbringen** (irr; -) doręczać ⟨-czyć⟩; Gruß przekaz(yw)ać **Überbringer(in)** m(f) doręczyciel(ka) **überbrücken** (-) fig Gegensätze pokon(yw)ać; Zeit wypełni(a)ć (mit etw inst); Mangel doraźnie zapobiec pf (dat) od zaspokoić pf (akk) **überdauern** (-) przetrwać pf **überdenken** (irr; -) v/t rozważać ⟨-żyć⟩ (akk), zastanawiać ⟨-nowić⟩ się (nad inst) **überdosieren** (-) przedawkować pf **Überdosis** f dawka powyżej dopuszczalnej **Überdruck** m (pl Drücke) nadciśnienie **Überdruss** m (-es; bpl) przesyt **überdrüssig: j-s, e-r Sache ~ sein** od **werden** obrzydnąć, zbrzydnąć pf (dat) **überdurchschnittlich** ponadprzeciętny, nieprzeciętny, nietuzinkowy **übereifrig** nadgorliwy **übereignen** (-): **j-m eine Parzelle ~** przenieść pf działkę na k-o **übereilt** adv (zbyt) pochopny **übereinander** adv ◳ (eines über dem, der anderen, a. + inf) jeden od jedno nad drugim, jedna nad drugą; **zwei Betten ~** dwa łóżka jedno nad drugim ◳ (eines über den, das, die andere, + inf) jeden na drugim, jedna na drugiej, jedno na drugie, jedni na drugich

**übereinkommen** v/i (irr; sn) dojść pf do porozumienia, uzgodnić pf; **wir sind übereingekommen, dass …** doszliśmy do porozumienia, że … **Übereinkunft** f porozumienie

**übereinstimmen** v/i: **mit etw ~** być zgodnym z (inst), odpowiadać (dat); (e-r Meinung sein) zgadzać ⟨zgodzić⟩ się (**in etw** z inst; **darin, dass** co do tego, że) **übereinstimmend** adj zgodny **Übereinstimmung** f zgoda

**überempfindlich** nadwrażliwy, przeczulony **überfahren** (irr; -) rozjechać pf **Überfahrt** f über e-n Kanal przeprawa **Überfall** m napad **überfallen** (irr; -) napadać ⟨napaść⟩ na (akk) **überfällig** spóźniony; Rate przeterminowany **überfliegen** (irr; -) Stadt przelatywać ⟨-lecieć⟩ **überfließen** v/i (irr; sn) prze(ew)ać się **überflügeln** (-le; -) prześcigać ⟨-gnąć⟩ **Überfluss** m (bpl) (an dat) obfitość f; **etw im ~ haben** mieć pod dostatkiem (gen) **überflüssig** zbyteczny, zbędny **überfluten** (-) zal(ew)ać (a. fig) **überfordern** (-): **j-n, etw ~** wymagać zbyt wiele od (gen)

**überführen** (-) przewozić ⟨-wieźć⟩, ⟨prze⟩transportować; **j-n des Mordes ~** udowodnić pf k-u zabójstwo **Überführung** f przewiezienie

**überfüllt** przepełniony **Überfunktion** f MED nadczynność f **Übergabe** f przekazanie **j-n** k-u); MIL e-r Stadt usw poddanie **Übergang** m przejście **übergeben** (irr; -) v/t Amt przekaz(yw)-ać; **sich ~** ⟨z⟩wymiotować

**übergehen¹** v/i (irr; sn) przechodzić ⟨przejść⟩ (**in** akk, **zu w** akk, do gen; **auf** akk na akk); **zu e-m anderen Thema ~** przechodzić ⟨przejść⟩ do innego tematu; **auf den Sohn ~** przechodzić ⟨przejść⟩ na (własność) syna; **in Verwesung ~** przechodzić ⟨przejść⟩ w stan rozkładu; **die Augen gingen ihm über** zrobił wielkie oczy

**übergehen²** v/t (irr; -) pomijać ⟨-minąć⟩; **mit Stillschweigen ~** pomijać ⟨-minąć⟩ milczeniem

**übergeordnet** adj nadrzędny **Übergepäck** n nadbagaż **Übergewicht** n (bpl) nadwaga **übergewichtig** mający nadwagę

**überglücklich** przeszczęśliwy **übergreifen** v/i przerzucać ⟨-cić⟩ się (**auf** akk na akk) **Übergriff** m bezprawna ingerencja **brutaler ~** (Gewaltakt) napaść f

**Übergröße** f duży rozmiar **überhaben** umg (irr) Mantel mieć na sobie **überhängen¹** v/i (irr) zwisać, przewieszać się (**über etw hinaus** przez akk) **überhängen²** v/t: **j-m etw ~** przewieszać ⟨-wiesić⟩ k-u (akk)

**überhäufen** (-) (**mit etw**) zasyp(yw)ać (inst)

**überhaupt** A adv w ogóle; (besonders) szczególnie; **~ nichts** nic a nic, absolutnie nic; **~ nicht** wcale nie; **davon kann ~ keine Rede sein** o tym w ogóle nie może być mowy; (überdies) ..., **und ~,** ... i tak B partikel **was willst du ~?** o co ci właściwie chodzi? **überheblich** arogancki

(-ko); (dünkelhaft) zadufany w sobie **überhöht** adj nadmierny; Preis wygórowany

**überholen** (-) wyprzedzać ⟨-dzić⟩; Motor ⟨wy⟩remontować **Überholmanöver** n manewr wyprzedzania **überholt** adj przestarzały **Überholverbot** n zakaz wyprzedzania

**überhören** (-) v/t nie dosłyszeć pf (gen); absichtlich ⟨z⟩ignorować (akk) **überirdisch** Wesen usw nadziemski **überklettern** (-) przełazić ⟨przeleźć⟩ (**e-n Zaun** przez płot) **überkochen** v/i (sn) Milch wykipieć pf **überkommen** (irr; -) Gefühl przejmować ⟨-jąć⟩ (**j-n** k-o) **überladen** (irr; -) przeładow(yw)ać (a. fig) **überlassen** (irr; -) (geben) użyczać ⟨-czyć⟩; (verkaufen) odstępować ⟨-stąpić⟩, odsprzed(aw)ać; **j-m ~, es j-m ~, zu** (+ inf) pozostawi(a)ć k-u (akk) **überlasten** (-) przeciążać ⟨-żyć⟩

**überlaufen¹** v/i (irr; sn) prze(ew)ać się; **zu j-m ~** przechodzić ⟨przejść⟩ na stronę (gen)

**überlaufen²** (irr; -): unpers **es überlief mich (heiß und) kalt** ciarki fpl mnie przeszły

**überlaufen³** adj przepełniony, (licznie) uczęszczany; Arztpraxis modny, wzięty **überleben** (-) v/t j-n, etw przeżyć pf; fig etw a. przetrwać pf **Überlebende(r)** m (-n) ocalały, pozostały przy życiu **überlebensgroß** nadnaturalnej wielkości **überlegen¹** (-) zastanawiać ⟨-nowić⟩ się; **es sich** (dat) **anders ~** rozmyślić się pf; **ich muss es mir ~** muszę się nad tym zastanowić; v/i namyślać się, rozmyślać; **ohne zu ~** bez zastanowienia, bez namysłu

**überlegen²** adj zrównoważony, rozważny; Miene wyniosły ⟨-śle⟩; **dem Gegner** (**zahlenmäßig**) **~ sein** mieć (liczebną) przewagę nad przeciwnikiem; **j-m an Geschicklichkeit ~ sein** górować nad kimś zręcznością; **~ gewinnen** wygr(yw)ać zdecydowanie **Überlegenheit** f (bpl) przewaga

**überlegt** adj rozważny **Überlegung** f (bpl) rozważenie, rozważanie; **nach reiflicher ~** po długim namyśle; **ohne ~** bez zastanowienia

**überliefern** (-) przekaz(yw)ać **Überlieferung** f tradycja, zwyczaj; (Sage

*usw*) podanie, przekaz
**überm** *umg* = **über dem**
**Übermacht** *f* (*bpl*) przewaga; **in der ~ sein** mieć przewagę liczebną **übermalen** (-) zamalow(yw)ać **Übermaß** *n* (*bpl*) (**an** *dat*) nadmiar (*gen*); **etw im ~ haben** mieć (*gen*) w nadmiarze **übermäßig** *adj* nadmierny; *adv* zbyt **übermenschlich** nadludzki (-ko)
**übermitteln** (-le; -) przes(y)łać, przekaz(yw)ać **Übermittlung** *f* (*bpl*) przekazywanie, przekazanie
**übermorgen** *adv* pojutrze **übermüdet** *adj* przemęczony **Übermüdung** *f* (*bpl*) przemęczenie **Übermut** *m* swawola, figlarność *f*; **aus, vor ~** ze swawoli **übermütig** swawolny, psotny **übernachten** (-e-; -) ⟨prze⟩nocować **übernächtigt** *adj* niewyspany **Übernachtung** *f* nocleg
**Übernahme** *f* przejęcie; *e-s Amtes a.* objęcie **übernatürlich** nadprzyrodzony **übernehmen** (-) *v/t Aufgabe* podejmować ⟨podjąć⟩ się (*gen*) **überparteilich** ponadpartyjny **Überproduktion** *f* (*bpl*) nadprodukcja
**überprüfbar** dający się sprawdzić **überprüfen** (-) sprawdzać ⟨-dzić⟩ **Überprüfung** *f* sprawdzenie; kontrola, lustracja (*a*. POL)
**überqueren** (-) *Grenze* przekraczać ⟨-kroczyć⟩ (*akk*) **überragen** (-) przewyższać (*akk*), górować nad (*inst*); *fig* **j-n an Intelligenz ~** górować inteligencją nad (*inst*)
**überraschen** (-) (*unvorbereitet treffen*) zaskakiwać ⟨-skoczyć⟩ **überraschend** *adj* (*unerwartet*) niespodziewany; (*frappierend*) zaskakujący ⟨-co⟩ **Überraschung** *f* (*bpl*) zaskoczenie, zdziwienie
**überreden** (-) namówić *pf*; **~ wollen, zu ~ versuchen** namawiać, skłaniać **überregional** ponadregionalny **überreichen** (-) wręczać ⟨-czyć⟩ **Überreste** *mpl* szczątki *mpl* **überrollen** (-) *Person* przejechać *pf*; *Sache* staranować *pf* **überrumpeln** (-) zaskakiwać ⟨-skoczyć⟩ (*a. fig* **mit e-r Frage** pytaniem) **überrunden** (-e-; -) SPORT zdublować *pf*; *fig* prześcignąć *pf*
**übers** *umg* = **über das**
**überschätzen** (-) *v/t* przeceni(a)ć; **sich ~** przeceni(a)ć swoje siły *od* możliwości

**überschaubar** (*übersichtlich*) jasny, przejrzysty; *Risiko* przewidywalny **überschlafen** (*irr*, -) *e-e Sache* odkładać ⟨-łożyć⟩ na jutro (*akk*) **Überschlag** *m* SPORT przerzut bokiem; *fig* orientacyjne obliczenie **überschlagen** (*irr*; -) *v/t* obliczać ⟨-czyć⟩ z grubsza; *Seite* opuszczać ⟨opuścić⟩; **sich ~** koziołkować ⟨przekoziołkować⟩ się; *Auto a.* dachować; *Ereignisse* następować szybko po sobie; *Stimme* przechodzić ⟨przejść⟩ w przeraźliwy dyszkant
**überschneiden** (*irr*, -): **sich ~** *Linien* krzyżować się, przecinać się; *zeitlich* odbywa(ć) się *od* rozgrywać ⟨rozegrać⟩ się jednocześnie; *inhaltlich* być częściowo zbieżnym, (częściowo) pokrywać się **überschreiben** (*irr*; -) *Text* zatytułować *pf*; *Besitz* przepis(yw)ać **überschreiten** (*irr*; -) *fig* przekraczać ⟨-kroczyć⟩ **Überschrift** *f* nagłówek, tytuł **Überschuss** *m* EKON nadwyżka **überschüssig** nadmierny; (*mehr als benötigt*) zbędny, zbyteczny **überschütten** (-): *fig* **mit etw ~** obrzucać ⟨-cić⟩, obsyp(yw)ać (*inst*)
**überschwemmen** (-) *Land* zatapiać ⟨-topić⟩, *a. fig* zal(ew)ać **Überschwemmung** *f* wylew, powódź *f*; *fig* zalanie
**Übersee** (*ohne art*): **in ~** za oceanem; **nach ~** za ocean, *engS* do Ameryki; **aus ~** zza oceanu **überseeisch** zamorski **übersehbar** *Gelände* dający się objąć wzrokiem; (*abschätzbar*) dający się ocenić *od* obliczyć; → **überschaubar übersehen** (*irr*, -) → überblicken; (*nicht bemerken*) przeoczać ⟨-czyć⟩ **übersetzen** *v/t* przeprawi(a)ć; *v/i* (*h od sn*) przeprawi(a)ć się (**über den Fluss** przez rzekę)
**übersetzen** (-) ⟨prze⟩tłumaczyć (**aus dem Polnischen ins Deutsche** z polskiego na niemiecki) **Über|setzer(in)** *m*(*f*) tłumacz(ka) **Übersetzung** *f* tłumaczenie
**Übersicht** *f* (*bpl*) orientacja, rozeznanie (**über etw** w *lok*); (*a. pl*) (*knappe Darstellung*) przegląd; zarys; (*Zusammenstellung*) zestawienie, wykaz **übersichtlich** *Gelände* otwarty; *fig* (*gut lesbar*) przejrzysty ⟨-ście⟩
**übersiedeln** (*sn*), **übersiedeln** (-; *sn*) *v/i* (*umziehen*) przenosić ⟨-nieść⟩ się

**528** ■ Übersiedler(in) − übrigens

(**nach** do *gen*) **Übersiedler(in)** *m(f)* przesiedleniec **Übersiedlung** f *mst aus dem Ausland* przesiedlenie się; (*Umzug*) przeniesienie się
**überspannt** *adj Idee* dziwaczny, ekscentryczny **überspitzt** przejaskrawiony
**überspringen** (*irr; sn*) *Funke* przeskakiwać ⟨-skoczyć⟩
**überspringen** (*irr; -*) przeskakiwać ⟨-skoczyć⟩ (**e-n Graben** [przez] rów; *fig* **ein Kapitel** rozdział)
**überstehen** *v/i* (*irr*) wystawać
**überstehen** (*irr; -*) przetrzym(yw)ać, przetrwać *pf*
**übersteigen** (*irr; -*) *Kräfte* przechodzić ⟨przejść⟩, przerastać ⟨-rosnąć⟩ **überstimmen** (*-*) przegłosow(yw)ać
**Überstunden** *fpl* godziny *fpl* nadliczbowe, nadgodziny *fpl*; **~ machen** pracować w godzinach nadliczbowych
**überstürzen** (*-*) *v/t*: **etw ~** postąpić *pf* od postanowić *pf* pochopnie; **wir wollen nichts ~** tylko bez pośpiechu; **sich ~** *Ereignisse* następować szybko po sobie **überstürzt** *adj* (zbyt) pochopny
**Übertrag** *m* (*-[e]s; -träge*) FIN (suma) do przeniesienia **übertragbar** MED (*infektiös*) zakaźny
**übertragen**¹ (*irr; -*) *v/t Aufgabe* powierzać ⟨-rzyć⟩; *in e-e andere Sprache* ⟨prze⟩tłumaczyć; **Blut ~** dokon(yw)ać transfuzji krwi; **sich ~** (**auf** *akk*) przenosić ⟨-nieść⟩ się (na *akk*); *Erregung* udzielać ⟨-lić⟩ się (*dat*)
**übertragen**² *adj* przenośny; **in ~er Bedeutung** w znaczeniu przenośnym
**Übertragung** f *e-r Aufgabe* powierzenie; (*Übersetzung*) tłumaczenie
**übertreffen** (*irr; -*): **j-n an, in etw** (*dat*) **~** przewyższać ⟨-szyć⟩ w (*lok*), górować (*inst*); *Erwartungen usw* przechodzić ⟨przejść⟩; **sich selbst ~** przechodzić ⟨przejść⟩ samego siebie **übertreiben** (*irr; -*) *v/t* przesadzać ⟨-dzić⟩ w **übertreten** *v/i* (*irr; sn*) (*wechseln*) przechodzić ⟨przejść⟩ (**zu j-m** do *gen*; **zum Katholizismus** na katolicyzm); *Fluss* wyl(ew)ać
**übertreten** (*irr; -*) naruszać ⟨-szyć⟩ (*akk*), wykraczać ⟨-kroczyć⟩ przeciwko (*dat*) **übertrieben** *adj* przesadny
**übervölkert** *adj* przeludniony
**überwachen** (*-*) *v/t* nadzorować (*akk*),

**Überwachung** f nadzór **überwältigen** (*-*) *Gegner* obezwładni(a)ć
**überweisen** (*irr; -*) *Geld* przel(ew)ać, przekaz(yw)ać, *Patienten* ⟨s⟩kierować (**an** *akk* **Überweisung** f *vom Arzt* skierowanie)
**überwiegen** *v/i* (*irr; -*) dominować, przeważać ⟨-żyć⟩ **überwinden** (*irr; -*) *v/t* pokon(yw)ać, przezwyciężać ⟨-żyć⟩; **sich ~ (und …)** przezwyciężać ⟨-żyć⟩ się (i …) **überwintern** *v/i* (*-re; -*) ⟨prze⟩zimować **überwuchern** (*-*) zagłuszać ⟨-szyć⟩
**Überzahl** f większość f; **in der ~ sein** stanowić większość; *Gegner* mieć przewagę liczebną **überzählig** nadliczbowy; *Personal* nadetatowy
**überzeugen** (*-*): *v/t* **j-n von etw ~** przekon(yw)ać k-o o (*lok*); **überzeugt sein von etw** być przekonanym *od* przeświadczonym o (*lok*) **überzeugt**: *adj* **ein ~er Antikommunist** zdeklarowany antykomunista **Überzeugung** f przekonanie, przeświadczenie **Überzeugungskraft** f (0) zdolność f przekonywania
**überziehen** (*irr*) *Mantel* (a. **sich** *dat*) wkładać ⟨włożyć⟩ (na siebie); *umg* **j-m eins ~** trzasnąć *pf*, zdzielić *pf* k-o
**überziehen** (*irr; -*) *v/t* pokry(wa)ć, powlekać ⟨-wlec⟩ (**mit etw** *inst*); **das Bett frisch ~** powlec łóżko; *Konto* przekraczać ⟨-kroczyć⟩ (**um …** o …); **sich ~** *Himmel* zawlekać ⟨-wlec⟩ się
**Überziehungskredit** *m* kredyt techniczny, dopuszczalne (tymczasowe) przekroczenie stanu konta **überzogen** *pperf* → überziehen; *adj* (*übertrieben*) nadmierny, wygórowany **Überzug** *m* powłoka; KULIN polewa
**üblich** zwykły (*-le*); **es ist ~, dass** utarł się zwyczaj, że
**U-Boot** *n* okręt podwodny
**übrig** (*restlich*) pozostały; (*mehr als benötigt*) zbędny, zbywający; **das, alles Übrige** reszta, resztę; **die, alle Übrigen …** pozostałe, *persf* pozostali …; **ich habe noch zehn Euro ~** mam jeszcze dziesięć euro; **~ sein, ~ bleiben** zostać *pf*, pozosta(wa)ć; *fig* **es blieb mir nichts anderes ~, als zu** (+ *inf*) nie pozostało mi nic innego, jak (+ *inf*); **~ lassen** zostawi(a)ć, pozostawi(a)ć; **im Übrigen** poza tym; notabene **übrigens** *adv* (a) zresztą

**Übung** f (bpl) wprawa; (a. pl) ćwiczenie (a. MIL, SPORT usw); **aus der ~ kommen** wyjść pf z wprawy
**Ufer** n brzeg, nabrzeże; **am ~** nad brzegiem, na od u brzegu
**Uhr** f zegar; (Taschenuhr) zegarek; **die ~ geht vor** zegar(ek) się śpieszy; **die ~ geht nach** zegar(ek) się spóźnia; **die ~ geht richtig** zegar(ek) idzie dobrze; **die ~ schlug zwei** zegar wybił drugą; **die ~ stellen** nastawi(a)ć zegar(ek); (bpl) bei Zeitangaben **wie viel ~ ist es?** która godzina?; **um wie viel ~?** o której godzinie?; **um acht ~** dziesiąta o godzinie ósmej trzydziesti **Uhrmacher(in)** m(f) zegarmistrz **Uhrwerk** n mechanizm zegarowy **Uhrzeiger** m wskazówka zegar(k)a
**Uhu** m (-s; -s) puchacz
**Ukrainer(in** f) m Ukrainiec (-nka) **ukrainisch** a. [uk'rai-] ukraiński (po -ku)
**ulkig** umg śmieszny, pocieszny
**Ulme** f wiąz
**Ultimatum** n (-s; -ten) ultimatum n
**Ultraschall** m ultradźwięk **ultraviolett** ultrafioletowy
**um**¹ präp (akk) 1 örtlich **~ etw (herum)** do(o)koła, naokoło, wokoło, wokół (gen); **~ sich wokół** od dookoła siebie; **~ sich blicken** rozglądać się dokoła; **~ die Ecke** za rogiem 2 zeitlich o (lok); **~ fünf Uhr** o piątej (godzinie) 3 (ungefähr) (o)koło (gen); **~ Ostern (herum)** około Wielkanocy 4 zur Angabe von Wert o (akk); po (lok); za (inst); **sich ~ drei Euro verrechnen** przeliczyć się pf o trzy euro; **Jahr ~ Jahr** rok po roku, rok za rokiem; **~ e-n Kopf größer** wyższy o głowę; **~ nichts in der Welt** za nic w świecie; **~ jeden Preis** za wszelką cenę; **bitte ~ Ruhe** proszę o spokój 5 in bestimmten Wendungen na (akk) od nur gen **~ die Wette** na wyścigi; **schade ~ ihn** szkoda go; **~ ... willen** dla (gen), z powodu (gen), ze względu na (akk)
**um**² konj Zweck **~ zu** (+ inf) aby, ażeby (+ inf); verstärkend **~ so** (+ komp) → umso
**um**³ adv (etwa) około; **~ die zwei Euro** około dwóch euro; **~ sein** (vorüber sein) skończyć się pf, minąć pf
**umarmen** v/t obejmować ⟨objąć⟩, uściskać ⟨-snąć⟩ **Umarmung** f objęcie, uścisk **Umbau** m (pl -e) przebudowa
**umbauen**¹ v/t przebudow(yw)ać; v/i
wir bauen um dokonujemy przebudowy
**umbauen**² (-) obudow(yw)ać
**umbenennen** (irr -) przemianow(yw)ać
**umbilden** ⟨z⟩reorganizować **umbinden** (irr) zawiąz(yw)ać; Schürze przypas(yw)ać **umblättern** v/i przewracać ⟨-wrócić⟩ kartkę **umbringen** (irr) v/t zabi(ja)ć **Umbruch** m (bpl) fig przełom
**umbuchen** Reise zmieni(a)ć rezerwację (gen); FIN przeksięgow(yw)ać **umdenken** (irr) przestawi(a)ć się (myślowo) **umdisponieren** v/i (-) zmieni(a)ć plan od plany **umdrehen** v/t obracać ⟨-rócić⟩; Seite odwracać ⟨-wrócić⟩; Schlüssel przekręcać ⟨-cić⟩; v/i (h od sn) zawracać ⟨-wrócić⟩ (z drogi) **Umdrehung** f obrót
**umeinander** adv jeden o drugiego, o siebie wzajemnie **umfahren**¹ (irr) (umstoßen) najechać pf na (akk), **umfahren**² (irr; -) Hindernis (a. umkreisen) objeżdżać ⟨-jechać⟩ **umfallen** v/i (sn) przewracać ⟨-wrócić⟩ się, upaść pf; fig umg abw złamać się pf; **tot ~** padać ⟨paść⟩ martwym
**Umfang** m 1 obwód; **... hat e-n ~ von drei Metern** ... ma trzy metry obwodu 2 fig rozmiar(y pl); (Volumen) objętość f; e-r Stimme rozpiętość f; (Reichweite) zakres; **im vollen ~** w pełni, w całej rozciągłości; **in großem ~** na wielką skalę **umfangreich** rozległy (-le), obszerny, szeroki (-ko) (a. Wissen usw)
**umfassen** (-) fig obejmować ⟨objąć⟩, ogarniać ⟨-nąć⟩ **Umfeld** n (bpl) otoczenie **Umfrage** f ankieta, sondaż **umfüllen** przel(ew)ać **umfunktionieren** (-) przekształcać ⟨-cić⟩ (in akk w akk)
**Umgang** m (bpl) (das Umgehen) obchodzenie się (mit z inst); **~ haben, pflegen mit j-m** przestawać, obcować z (inst) **umgänglich** miły w obejściu, towarzyski; Chef przystępny **Umgangsformen** fpl formy fpl towarzyskie **Umgangssprache** f język potoczny
**umgeben** (irr; -) v/t otaczać ⟨otoczyć⟩ **Umgebung** f otoczenie
**umgehen**¹ v/i (irr; sn) krążyć; **mit etw, j-m ~** obchodzić ⟨obejść⟩ się z (inst); **er kann nicht mit Geld ~** on nie umie gospodarować pieniędzmi **umgehen**² v/t (irr; -) Hindernis obchodzić ⟨obejść⟩;

*(meiden)* unikać ⟨uniknąć⟩; *(gen)* **umgehend** *adj* bezzwłoczny, niezwłoczny; *prąd a.* bez zwłoki **Umgehungsstraße** *f* obwodnica
**umgekehrt** *adj* odwrotny; *prąd* odwrotnie, na odwrót **umgestalten** *(pperf umgestaltet)* przekształcać ⟨-cić⟩ *(a. fig)* **umgießen** *(irr)* przel(ew)ać **umgraben** *(irr)* przekop(yw)ać **umgruppieren** (-) przegrupow(yw)ać **umhaben** *umg (irr) Uhr* mieć na ręku
**Umhang** *m* zarzutka; peleryna **umhängen** *Bild* przewieszać ⟨-wiesić⟩; *Tasche* przerzucać ⟨-cić⟩ przez ramię **Umhängetasche** *f* torebka na pasku
**umhauen** *(irr) umg j-n* zbi(ja)ć z nóg **umher** *adv* do(o)koła, wokoło; *in zssgn* → herum... **umherblicken** *v/i* rozglądać ⟨rozejrzeć⟩ się *(dookoła)* **umherirren** *v/i (sn)* błąkać się
**umhinkönnen** *v/i (irr)*: **ich kann nicht umhin zu** *(+ inf)* nie mogę nie *(+ inf)* **umhören**: **sich ~** poinformować się *pf* (**nach etw** co do, w sprawie *akk*) **umhüllen** (-) okry(wa)ć, owijać ⟨owinąć⟩ (**mit etw** *inst*)
**Umkehr** *f (bpl) fig* zmiana trybu życia **umkehrbar** odwracalny **umkehren** *v/t* odwracać ⟨-wrócić⟩; *(umstülpen)* wywracać ⟨-wrócić⟩; *v/i (sn)* nawracać ⟨-wrócić⟩, zawracać ⟨-wrócić⟩ **auf halbem Wege** w połowie *od* w pół drogi
**umkippen** *v/t v/i (sn)* przewracać ⟨-wrócić⟩ się **umklammern** (-) ściskać ⟨-snąć⟩ kurczowo; *mit den Armen* mocno obejmować ⟨objąć⟩ **Umkleideraum** *m* przebieralnia **umkommen** *v/i (irr; sn)* zginąć *pf*
**Umkreis** *m* MAT koło opisane; *(bpl)* okolica, otoczenie; **im ~ von** ... w promieniu *(gen)*; **im ~** *e-r Person* w otoczeniu *(gen)* **umkreisen** (-): **etw, j-n ~** okrążać ⟨-żyć⟩ *(akk)*, *a. fig* krążyć dokoła *(gen)* **umkrempeln** (-le) *Ärmel* zakas(yw)ać, zawijać ⟨-winąć⟩; *umg fig* radykalnie zmieni(a)ć, zrewoltować *pf* **umladen** *(irr)* przeładow(yw)ać **umlagern** (-) oblegać *(oblec)* *(a. fig)* **Umland** *n (bpl)* okolica *(podmiejska)*
**Umlauf** *m* obieg *(a.* ASTRON*); (Schreiben)* okólnik; **im ~ sein** być w obiegu **Umlaufbahn** *f* orbita **Umlaufzeit** *f* okres obiegu

**Umlaut** *m* JĘZ przegłos **umlegen** *Kosten* rozkładać ⟨rozłożyć⟩; *pop (ermorden)* zabić *pf* **umleiten** *Verkehr* ⟨s⟩kierować na inną drogę **Umleitung** *f (Strecke)* objazd; *(das Umleiten)* skierowanie na trasę objazdową
**umlernen** *v/i* przekwalifikow(yw)ać się; *(umdenken)* zmieni(a)ć sposób myślenia **umliegend** *adj* okoliczny **ummelden** *v/t* przemeldow(yw)ać **umpflanzen** przesadzać ⟨-dzić⟩ **umrahmen** (-) obramow(yw)ać **umranden** (-e-; -) obwodzić ⟨-wieść⟩, obramow(yw)ać **umräumen** przestawi(a)ć, poprzekładać *pf*; *Zimmer* przemeblow(yw)ać **umrechnen** przeliczać ⟨-czyć⟩ **Umrechnungskurs** *m* kurs przeliczeniowy **umreißen¹** *(irr)* powalić *pf*, przewracać ⟨-wrócić⟩ **umreißen²** *(irr; -) (kurz darstellen)* ⟨na⟩szkicować; **fest umrissen** ściśle określony **umringen** (-) otaczać ⟨otoczyć⟩, obstępować ⟨-stąpić⟩ **Umriss** *m* zarys *(a. fig)*, kontur; **in groben ~en** w ogólnych zarysach
**ums** = **um das**
**umsatteln** *umg fig v/i* zmieni(a)ć zawód; **~ auf** *(akk)* przerzucać ⟨-cić⟩ się na *(akk)* **Umsatz** *m* obrót **Umsatzsteuer** *f* podatek obrotowy
**umschalten** *v/t* przełączać ⟨-czyć⟩; *v/i* **auf (das) ... Programm ~** włączać ⟨-czyć⟩ ... program; **wir schalten um nach Krakau** łączymy się z Krakowem **Umschaltung** *f* przełączanie, przełączenie
**Umschlag** *m (Briefumschlag)* koperta; *(bpl) von Gütern* przeładunek **umschlagen** *(irr) v/t Ärmel* podwijać ⟨-winąć⟩; *Güter* przeładow(yw)ać
**umschreiben¹** *(irr) Besitz* przepis(yw)ać **umschreiben²** *(irr; -)* peryfrazować, wyrażać ⟨-razić⟩ omownie **Umschrift** *f* JĘZ transkrypcja
**umschulen** *v/t Schulkind* przenosić ⟨-nieść⟩ do innej szkoły **Umschulung** *f* przeniesienie do innej szkoły; *beruflich* przeszkolenie
**umschütten** *Mehl* przesyp(yw)ać **Umschweife** *pl*: **ohne ~** bez ogródek **umschwenken** *v/i (sn) fig* (nagle) zmieni(a)ć zdanie *od* front **Umschwung** *m* SPORT *am Reck* kołowrót; *fig* (nagła) zmiana, zwrot; EKON *a.* pogor-

**umsehen — unantastbar** • **531**

szenie się koniunktury **umsehen** (irr): **sich ~** rozglądać ⟨rozejrzeć⟩ się; (zurückblicken) oglądać ⟨obejrzeć⟩ się **umsetzen** v/t przesadzać ⟨-dzić⟩
**Umsicht** f (bpl) rozwaga, oględność f **umsichtig** rozważny, oględny
**umsiedeln** v/t przesiedlać ⟨-lić⟩ **Umsiedler(in)** m(f) przesiedleniec **Umsiedlung** f przesiedlenie
**umso** konj tym; **~ besser** tym lepszy od lepiej; **~ mehr** tym więcej
**umsonst** adv umg (gratis) za darmo; (vergebens) daremnie, na próżno **umspielen** (-) SPORT ogr(yw)ać **umspringen** v/i (irr; sn) Wind skręcać ⟨-cić⟩; Ampel przeskakiwać ⟨-skoczyć⟩
**Umstand** m okoliczność f, fakt; → Umstände **Umstände** mpl (Ausgangslage) okoliczności fpl; **unter ~n** w razie czego, ewentualnie; **unter diesen ~n** w tych okolicznościach od warunkach; **unter keinen ~n** pod żadnym pozorem; **mach dir meinetwegen keine ~** nie rób sobie ze mną kłopotu **umständehalber** adv z uwagi na okoliczności **umständlich** kłopotliwy (-wie), utrudniony; Person drobiazgowy (-wo) **Umstandskleid** n sukienka ciążowa
**umsteigen** v/i (irr; sn) Fahrgast przesiadać ⟨-siąść⟩ się
**umstellen**¹ v/t przestawi(a)ć (a. etw auf akk na akk); **sein Leben ~** zmieni(a)ć tryb życia; **sich auf** (akk) **~** przestawi(a)ć się na (akk)
**umstellen**² (-) Haus obstawi(a)ć; Verbrecher osaczać ⟨-czyć⟩
**Umstellung** f (das Umstellen) (das Sichumstellen) przestawienie się (**auf** akk na akk) **umstimmen** Person nakłaniać ⟨-kłonić⟩ do zmiany decyzji **umstoßen** (irr) przewracać ⟨-wrócić⟩, obalać ⟨-lić⟩ (a. fig, Plan usw) **umstritten** adj sporny, problematyczny **umstrukturieren** (-) ⟨z⟩restrukturyzować **Umstrukturierung** f restrukturyzacja
**Umsturz** m POL przewrót **umstürzen** v/t → umstoßen; v/i (sn) przewracać ⟨-wrócić⟩ się, wywracać ⟨-wrócić⟩ się
**Umtausch** m bes von Geld wymiana **umtauschen** zamieni(a)ć, wymieni(a)ć (**gegen** na akk); **Dollar(s) in Zloty ~** wymieni(a)ć dolary na złotówki **Umtrunk** umg m (pl -trünke) bibka

**Umwälzung** f TECH cyrkulacja, obieg; fig przełom, przewrót **umwandeln** przekształcać ⟨-cić⟩ **Umwandlung** f przekształcenie, przeobrażenie
**Umweg** m droga okrężna (a. fig); **e-n ~ machen** nadkładać ⟨-łożyć⟩ drogi
**Umwelt** f (bpl) środowisko (naturalne); (Umgebung) otoczenie **Umweltbelastung** f uciążliwość f dla środowiska naturalnego **umweltfreundlich** przyjazny dla środowiska, (pro)ekologiczny **Umweltkatastrophe** f klęska ekologiczna **umweltschädlich** nieekologiczny **Umweltschutz** m ochrona środowiska (naturalnego) **Umweltsünder** umg m sprawca m zanieczyszczenia środowiska **Umweltzerstörung** f degradacja środowiska (naturalnego)
**umwerben** (irr; -) starać się od zabiegać o względy (gen) **umwerfen** Person a. zwalać ⟨-lić⟩ z nóg (a. umg fig) **umziehen** (irr) v/t przeb(ie)rać; v/i (sn) przeprowadzać ⟨-dzić⟩ się (**in** akk, **nach** do gen) **umzingeln** (-le; -) okrążać ⟨-żyć⟩, osaczać ⟨-czyć⟩ **Umzug** m przeprowadzka
**unabänderlich** Entschluss nieodwołalny **unabdingbar** nieodzowny **unabhängig** niezależny, niezawisły; Staat a. niepodległy; präd **~ von etw** niezależnie od (gen) **Unabhängigkeit** f (bpl) niezależność f POL niepodległość f **unabkömmlich** zajęty; **er ist hier ~** jego obecność tu jest niezbędna **unablässig** nieustanny; präd bez przerwy, bez ustanku **unabsehbar** fig nieobliczalny **unabsichtlich** nieumyślny; präd nieumyślnie, niechcący **unabwendbar** nieuchronny, niechybny
**unachtsam** nieuważny, roztargniony **unanfechtbar** niepodważalny; Beweis niezbity **unangebracht** niestosowny; präd a. nie na miejscu **unangemeldet** Gast niespodziany **unangemessen** niewspółmierny; Benehmen niestosowny **unangenehm** niemiły (-le, -ło), nieprzyjemny; (peinlich) przykry (-ro) **unangepasst** nieprzystosowany **unannehmbar** niemożliwy od nie do przyjęcia **Unannehmlichkeit** f nieprzyjemność f, przykrość f **unansehnlich** (unschön) (hässlich) brzydki (-ko) **unanständig** nieprzyzwoity; Witz a. sprośny

**unantastbar** nietykalny, nienaruszalny **unappetitlich** nieapetyczny
**Unart** f przywara; (ungehöriges Benehmen) niegrzeczność f **unartig** Kind niegrzeczny
**unaufdringlich, unauffällig** dyskretny; (bescheiden) skromny **unauffindbar** zaginiony (bez śladu) **unaufgefordert** adv dobrowolnie, z własnej woli **unaufhaltsam** Verfall nieunikniony, niechybny; Entwicklung niedającą się powstrzymać **unaufhörlich** nieustanny; präd nieustannie, bez ustanku **unaufmerksam** (zerstreut) nieuważny, roztargniony; (nicht zuvorkommend) nieuprzejmy; ~ **sein** nie uważać **unaufschiebbar** pilny, niecierpiący zwłoki **unausführbar** niewykonalny **unausgeglichen** niezrównoważony **unaussprechlich** niewymowny **unausstehlich** nieznośny
**unbändig** nieopanowany; Freude żywiołowy **unbarmherzig** bezlitosny (-śnie), niemiłosierny, nieubłagany
**unbeabsichtigt** adj niezamierzony **unbeachtet** adj niezauważony, niepostrzeżony; präd niepostrzeżenie; **etw ~ lassen** nie zwracać ⟨zwrócić⟩ uwagi na (akk) **unbebaut** adj Gelände niezabudowany; Feld nieuprawny **unbedacht** adj Wort niebaczny **unbedenklich** (harmlos) nieszkodliwy; präd bez obawy, bez zastrzeżeń **unbedeutend** mało ważny, nieistotny, błahy; zahlenmäßig nieliczny
**unbedingt** adj bezwzględny, bezwarunkowy; adv koniecznie **unbefangen** (vorurteilslos) bezstronny, nieuprzedzony **unbefriedigend** adj niezadawalający (-co) **unbefriedigt** adj Bedarf niezaspokojony; sexuell niewyżyty **unbefristet** adj bezterminowy (-wo), ... na czas nieoznaczony **unbefugt** adj bezprawny **unbegreiflich** niepojęty; präd nie do pojęcia; **es ist mir ~, dass** (od **wie, woher** usw) nie mogę pojąć, że (od jak, skąd usw) **unbegrenzt** adj nieograniczony; präd nieograniczenie **unbegründet** adj bezzasadny, nieuzasadniony
**Unbehagen** n niemiłe uczucie, dyskomfort **unbehaglich** nieprzytulny
**unbehandelt** adj MED nieleczony; Obst niepoddany działaniu środków konserwujących **unbeherrscht** adj niepohamowany; präd nie mogąc się pohamować **unbeholfen** nieporadny, niezdarny **unbekannt** adj nieznany, niewiadomy **Unbekannte** f nieznajoma; MAT niewiadoma
**unbekümmert** adj beztroski (-ko) **unbelehrbar** Mensch niepoprawny **unbeliebt** nielubiany (**bei j-m** przez akk); niepopularny **unbemannt** adj Raumschiff bezzałogowy, bez załogi **unbenutzt** nieużywany, świeży; (neu) nowy **unbequem** niewygodny **unberechenbar** nieobliczalny **unberechtigt** Person nieuprawniony, nieupoważniony **unberührt** adj nienaruszony, nietknięty **unbeschrankt** adj KOLEJ niestrzeżony **unbeschränkt** adj nieograniczony
**unbeschreiblich** nieopisany; präd nieopisanie, ... nie do opisania **unbesetzt** nieobsadzony, a. Platz niezajęty, wolny **unbesiegbar** niepokonany, nie do pokonania **unbesonnen** nierozważny **unbeständig** niestały, zmienny (a. Wetter); (labil) chwiejny **unbestätigt** adj Meldung niepotwierdzony **unbestechlich** nieprzekupny; fig bezkompromisowy **unbestimmt** nieokreślony **unbestreitbar** niezaprzeczalny **unbestritten** adj bezsporny, niesporny **unbeteiligt** adj Zuschauer postronny; **an** e-r Sache **~** niezaangażowany, niezamieszany w (akk)
**unbetont** adj nieakcentowany **unbeugsam** nieugięty, niezłomny **unbewacht** adj niestrzeżony, niepilnowany **unbewaffnet** adj nieuzbrojony **unbeweglich** nieruchomy (-mo) **unbewohnbar** nienadający się do zamieszkania **unbewohnt** adj niezamieszkały **unbewusst** adj podświadomy, bezwiedny; präd a. mimo woli **unbezahlbar** strasznie drogi, nie do zapłacenia; fig (kostbar) nieoceniony, bezcenny
**unbrauchbar** niezdatny (do niczego, do użytku); (kaputt) zepsuty **uncool** niefajny
**und** konj (aufzählend) i; (anknüpfend) a; **~ so weiter** i tak dalej; **~ doch** a jednak; **~ zwar** (a) mianowicie
**undankbar** niewdzięczny **undefi-**

**nierbar** nieokreślony **undenkbar** nie do pomyślenia
**Understatement** n (-s) umniejszanie
**undeutlich** niewyraźny **undicht** nieszczelny **undiszipliniert** niezdyscyplinowany **undurchdringlich** nieprzenikniony (a. fig) **undurchführbar** niewykonalny **undurchlässig** nieprzepuszczalny **undurchsichtig** nieprzezroczysty
**uneben** nierówny (-no) **Unebenheit** f nierówność f **unecht** Schmuck nieprawdziwy, sztuczny **unehelich** nieślubny **uneigennützig** bezinteresowny **uneingeschränkt** adj nieograniczony **uneinig** niezgodny; **mit j-m ~ sein** (**in** dat, **über** akk) nie zgadzać się z kimś (w lok, co do gen) **Uneinigkeit** f niezgoda **unempfindlich** (**gegen**) niewrażliwy (na akk); Stoff a. odporny (na akk) **unendlich** nieskończony
**unentbehrlich** niezbędny (**für j-n** dla gen; **für etw** do gen), nieodzowny **unentgeltlich** bezpłatny, nieodpłatny **unentschieden** Frage nierozstrzygnięty; SPORT remisowy; **~ enden, spielen** ⟨z⟩remisować **unentschlossen** niezdecydowany **unentschuldbar** niewybaczalny **unentwegt** (beharrlich) wytrwały (-łe); (ständig) ustawiczny
**unerbittlich** nieubłagany **unerfahren** niedoświadczony (**in** dat w lok) **unerfreulich** Nachricht niepocieszający; Situation przykry (-ro), niemiły (-ło) **unergiebig** jałowy (a. fig) **unergründlich** niezgłębiony, niepojęty **unerheblich** nieistotny; **nicht ~** niebagatelny **unerhört** adj niesłychany **unerklärlich** niewytłumaczalny **unerlässlich** nieodzowny **unerlaubt** adj nielegalny **unerledigt** adj niezałatwiony **unermüdlich** niestrudzony (-dzenie) **unerreichbar** nieosiągalny; (abwesend) nieobecny **unerreicht** adj niedościgniony, niedościgły (-le) **unerschöpflich** niewyczerpany **unerschrocken** nieustraszony; przd nieustraszenie un**erschütterlich** niezachwiany **unerschwinglich** niedostępny **unersetzlich** niezastąpiony; Verlust niepowetowany **unerträglich** nieznośny, nie do wytrzymania **unerwartet** adj nieoczekiwany **unerwünscht** adj niepożądany, niechciany
**unfähig** niezdolny **Unfähigkeit** f (bpl) niezdolność f; abw nieudolność f
**unfair** ['unfɛːr] nie fair (unv) (**gegenüber** w stosunku do gen)
**Unfall** m (nieszczęśliwy) wypadek **unfallfrei** bezwypadkowy, bezszkodowy; präd bez wypadku od wypadku **Unfallopfer** n ofiara wypadku **Unfallprotokoll** n protokół powypadkowy **Unfallstelle** f miejsce wypadku **Unfallversicherung** f ubezpieczenie od (następstw) nieszczęśliwych wypadków **Unfallwagen** m pojazd unieruchomiony z powodu wypadku
**unfassbar** niepojęty **unfehlbar** nieomylny; präd (ganz gewiss) z całą pewnością **unförmig** nieforemny, niekształtny **unfrankiert** nieopłacony **unfrei** pozbawiony wolności
**unfreundlich** nieuprzejmy **unfruchtbar** niepłodny, bezpłodny (a. fig); Boden a. nieurodzajny **Unfug** m (-[e]s; bpl) (Treiben) wybryki mpl; (Unsinn) bzdura; JUR grober ~ chuligaństwo
**Ungar**(**in** f) m Węgier(ka) **ungarisch** węgierski (po -ku)
**ungastlich** niegościnny (a. fig) **ungeahnt** adj niespodziewany, niespodziany **ungebeten** nieproszony **ungebildet** adj niewykształcony **ungeboren** adj nienarodzony; **Schutz des ~en Lebens** ochrona życia poczętego **ungebräuchlich** nieużywany, niebędący w użyciu **ungebunden** adj (frei) wolny **ungedeckt** (ohne Deckung) odsłonięty; Scheck bez pokrycia
**Ungeduld** f niecierpliwość f, zniecierpliwienie **ungeduldig** niecierpliwy, zniecierpliwiony **ungeeignet** adj Mittel nieodpowiedni
**ungefähr** adj przybliżony; adv w przybliżeniu, mniej więcej; **nicht von ~** nieprzypadkowo **ungefährlich** nieszkodliwy; **nicht ~** dość niebezpieczny **ungeheizt** adj nieopalony **ungehemmt** adj niepowstrzymany, niepohamowany
**ungeheuer** ogromny **Ungeheuer** n potwór (a. fig) **ungeheuerlich** skandaliczny **ungehindert** adj swobodny; präd bez przeszkód
**ungehobelt** adj fig nieokrzesany **ungehörig** niestosowny **Ungehorsam**

**534** ■ ungeklärt – Unkenntnis

*m* nieposłuszeństwo **ungeklärt** *adj* niewyjaśniony; *Abwässer* nieoczyszczony **ungekürzt** *adj* pełny, kompletny, całkowity, (w wersji) bez skrótów **ungelegen** *adj Zeitpunkt* niestosowny, niedogodny; *Gäste* sprawiający kłopot; ~ **kommen** *Person* przychodzić ⟨przyjść⟩ nie w porę; *Sache* być nie na rękę **ungelernt** *adj* niewykwalifikowany **ungelogen** *umg adv* bez przesady **ungemein** *adj* nadzwyczajny; *präd intensivierend* nadzwyczaj

**ungemütlich** nieprzytulny; *umg* ~ **werden** *Person* zachować się *pf* nieprzyjemnie **ungenannt** *adj* anonimowy **ungenau** niedokładny, nieścisły (-śle) **Ungenauigkeit** *f* niedokładność *f*, nieścisłość *f*

**ungenießbar** nienadający się do spożycia *od* picia; *umg fig* żart niemożliwy, nieznośny **ungenügend** *adj* niedostateczny *(a. Schulnote)* **ungenutzt, ungenützt** *adj* niewykorzystany; **e-e Gelegenheit ~ lassen** nie skorzystać *pf* z okazji **ungepflegt** *adj* zaniedbany **ungerade** *Zahl* nieparzysty **ungerecht** niesprawiedliwy (-wie) **ungerechtfertigt** *adj* nieuzasadniony, bezpodstawny, niesłuszny **Ungerechtigkeit** *f* niesprawiedliwość *f* **Ungereimtheit** *f* niedorzeczność *f*

**ungern** *adv* niechętnie; **nicht ~** chętnie **Ungeschicklichkeit** *f* niezręczność *f* **ungeschickt** *adj* niezręczny **ungeschminkt** *adj* nieuszminkowany; *fig Wahrheit* nagi **ungeschrieben** *adj Gesetz* niepisany **ungeschützt** *adj* nieosłonięty, niezabezpieczony; *Sex* bez prezerwatywy **ungesetzlich** nieprawny, nielegalny **ungestört** *adj* niezakłócony; *präd* w spokoju; **j-n bei etw ~ lassen** nie przeszkadzać k-u w *(lok)* **ungestraft** *adj* bezkarny **ungesund** niezdrowy (-wo) **ungetrübt** *adj Glück usw* niezmącony

**ungewachst** niewoskowany **ungewiss** niepewny; **j-n über etw im Ungewissen lassen** pozostawi(a)ć k-o w niepewności co do *(gen)* **Ungewissheit** *f* niepewność *f* **ungewöhnlich** niezwykły; *präd* niezwykle **ungewohnt** *adj (fremd)* obcy, nieznany **ungewollt** *adj* niezamierzony, niechciany; *präd*

niechcący **ungezählt** *adj* niezliczony **Ungeziefer** *n* (-s; *bpl*) robactwo **ungezogen** *adj* niegrzeczny **ungezwungen** niewymuszony (-szenie) **unglaubhaft** nieprawdopodobny **ungläubig** niedowierzający (-co); REL niewierzący **unglaublich** niewiarogodny, nie do wiary; *(unerhört)* niesłychany **unglaubwürdig** niewiarogodny **ungleich** nierówny (-no), niejednakowy (-wo) **Ungleichheit** *f* nierówność *f* **ungleichmäßig** nierównomierny **Unglück** *n* (-[e]s; -e) nieszczęście **unglücklich** nieszczęśliwy (-wie); *(ungünstig)* niepomyślny, niefortunny **unglücklicherweise** *adv* na nieszczęście, niestety **Unglücksfall** *m* nieszczęśliwy wypadek **Unglückstag** *m* feralny dzień

**ungültig** nieważny; **etw für ~ erklären** unieważni(a)ć, anulować *(im)pf (akk);* **~ werden** ⟨s⟩tracić ważność **Ungültigkeit** *f (bpl)* nieważność *f*

**ungünstig** *Beurteilung* niepochlebny, nieprzychylny **ungut** *Gefühl usw* niedobry; **nichts für ~!** proszę się nie gniewać! **unhaltbar** *Zustand* fatalny, okropny; *Behauptung* gołosłowny **unhandlich** nieporęczny

**Unheil** *n* nieszczęście, bieda **unheilbar** nieuleczalny **unheilvoll** *Entwicklung* zgubny, fatalny; *Botschaft* złowróżbny **unheimlich** *(gespenstisch, umg sehr groß od viel)* niesamowity (-cie)

**unhöflich** nieuprzejmy, niegrzeczny **Unhöflichkeit** *f* nieuprzejmość *f* **unhörbar** nie⟨do⟩słyszalny **unhygienisch** niehigieniczny

**Uni** *umg f* (-; -s) uniwerek **Uniform** *f* mundur; *(Schuluniform)* mundurek **uniformiert** *Person* umundurowany **uninteressant** nieciekawy (-wie) **uninteressiert** *adj Miene* znudzony; **völlig ~ tun** nie wykazywać najmniejszego zainteresowania

**Union** *f* unia; **die Europäische ~** Unia Europejska **universal, universell** uniwersalny **Universität** *f* uniwersytet; **an der ~** na uniwersytecie **Universum** *n* (-s; *bpl*) wszechświat

**unkenntlich** nierozpoznawalny **Unkenntlichkeit** *f (bpl):* **bis zur ~** nie do poznania **Unkenntnis** *f (bpl)* nie-

znajomość f; (Nichtwissen) niewiedza, brak wiedzy
**unklar** niejasny (-no); **sich im Unklaren sein** nie mieć pewności (**über** akk co do gen); **j-n im Unklaren lassen** pozostawi(a)ć k-o w niepewności; **sich ~ ausdrücken** wyrażać ⟨-razić⟩ się niejasno **Unklarheit** f niejasność f **unklug** niemądry (-rze) **unkollegial** niekoleżeński, *prād* nie po koleżeńsku **unkontrollierbar** niemożliwy do skontrolowania, niedający się kontrolować **unkonventionell** niekonwencjonalny; *Benehmen* swobodny
**Unkosten** pl koszty pl, wydatki mpl **Unkraut** n (bpl) chwasty mpl
**unkritisch** bezkrytyczny **unkündbar** niepodlegający wymówieniu od wypowiedzeniu **unlängst** adv niedawno **unleserlich** nieczytelny **unlösbar** *Problem* nierozwiązalny **unlöslich** *Stoff* nierozpuszczalny **Unlust** f (bpl) niechęć f, brak chęci **unmäßig** nieumiarkowany; *prād* bez miary **Unmenge** f (große Anzahl) mnóstwo, masa (**an** dat, **von etw** gen) **Unmensch** m abw okrutnik, bestia **unmenschlich** nieludzki (-ko); (menschliche Kräfte übersteigend) nadludzki (-ko) **unmerklich** (prawie) nieodczuwalny, nieuchwytny **unmissverständlich** niedwuznaczny **unmittelbar** bezpośredni (-nio) **unmodern** niemodny; (überholt) nienowoczesny
**unmöglich** 🅐 adj niemożliwy; *prād* niemożliwie; **es ist ~, zu** (+ inf) niepodobna, nie sposób (+ inf); **sich ~ benehmen** zachowywać się niemożliwie; **es ist ganz ~, dass ...** to zupełnie niemożliwe, aby ...; **sich ~ machen** skompromitować się; **j-m etw ~ machen** uniemożliwi(a)ć k-u (akk); **das Unmögliche** niepodobieństwo; **Unmögliches leisten** dokonać pf rzeczy niemożliwej 🅑 adv umg w żadnym razie; **das kann ich ~ tun** nie mogę w żaden sposób tego zrobić **Unmöglichkeit** f niemożliwość f, niepodobieństwo
**unmoralisch** niemoralny **unmündig** nieletni, niepełnoletni **Unmut** m niezadowolenie **unnachgiebig** nieustępliwy (-wie), nieprzejednany **unnahbar** nieprzystępny **unnatürlich** nienaturalny **unnötig** niepotrzebny

**unnötigerweise** adv niepotrzebnie **unnütz** bezużyteczny; *Mühe* daremny **unordentlich** nieporządny, niechlujny; (chaotisch) bezładny, nieuporządkowany **Unordnung** f (bpl) nieporządek, nieład, bezład **unparteiisch** bezstronny **unpassend** nieodpowiedni (-nio) **unpässlich** niedysponowany, niezdrów (-owa) **unpersönlich** bezosobowy z rezerwą **unpolitisch** apolityczny **unpopulär** niepopularny **unpraktisch** niepraktyczny **unproblematisch** bezproblemowy (-wo) **unproduktiv** nieproduktywny **unpünktlich** niepunktualny **unrasiert** nieogolony, zarośnięty **unrealistisch** nierealny
**Unrecht** n (bpl) niesprawiedliwość f; krzywda; **zu ~** niesłusznie; **nicht zu ~** nie bez racji; **im ~ sein** nie mieć racji; **j-m ein ~ antun** ⟨s⟩krzywdzić k-o; być niesprawiedliwym w stosunku do k-o **unrechtmäßig** bezprawny, nielegalny
**unregelmäßig** nieregularny; MAT nierównoboczny **Unregelmäßigkeit** f nieregularność f
**unreif** niedojrzały (-le) (a. fig) **unrein** nieczysty (-to) **unrentabel** nierentowny **unrichtig** błędny, niewłaściwy (-wie) **Unruhe** f (Besorgnis) niepokój **unruhig** niespokojny; **~ werden** ⟨za⟩niepokoić się
**uns** pron (dat von wir) nam; **ohne ~** bez nas; **unter ~** między nami; **zu ~** do nas **unsachgemäß** nieumiejętny, nieprawidłowy (-wo), nieprofesjonalny **unsachlich** nierzeczowy (-wo) **unsagbar** niewymowny **unsauber** (schmutzig) brudny (-no) **unschädlich** nieszkodliwy; **etw, j-n ~ machen** unieszkodliwi(a)ć (akk) **unscharf** nieostry (-ro) **unschätzbar** nieoceniony **unscheinbar** niepozorny **unschlagbar** niepokonany **unschlüssig** niezdecydowany **Unschuld** f (bpl) niewinność f **unschuldig** niewinny **unselbstständig** niesamodzielny **unser** pron poss (**~er, ~e, ~es**, pl **~e**) nasz m, nasza f, nasze n, nasze pl, nasi persf **unsereiner, unsereins** umg nasz brat, takie od tacy jak ja (my) **unsererseits** z naszej od ze swej strony

**unseriös** niepoważny
**unsertwegen** adv dla nas; (wegen uns) ze względu na nas
**unsicher** niepewny; (verunsichert) spłoszony **Unsicherheit** f niepewność f; im Auftreten usw brak pewności siebie
**unsichtbar** niewidoczny, niewidzialny
**Unsinn** m (bpl) (dummes Zeug) bzdury fpl
**unsinnig** bezsensowny, niedorzeczny
**Unsitte** f przywara, złe przyzwyczajenie
**unsittlich** nieobyczajny, niemoralny
**unsozial** niespołeczny, antyspołeczny
**unsportlich** nieinteresujący się sportem
**unsre**, **unsrig** → unser
**unsterblich** nieśmiertelny **Unstimmigkeit** f niezgodność f; mst pl **~en** (Meinungsverschiedenheit) rozdźwięk, zgrzyty mpl **Unsumme** f bajońska suma **unsympathisch** niesympatyczny **untätig** bezczynny **untauglich** nieodpowiedni; **~ zu, für etw** niezdatny do (gen) od na (akk); Person a. niezdolny do (gen) **unteilbar** niepodzielny
**unten** adv na dole, w dole, u dołu; in e-m Behälter na spodzie; **ganz ~** na samym dole od spodzie; **da ~** tam na od w dole; **nach ~** na dół, w dół, ku dołowi; (zuunterst) na spód; **von ~** od dołu; od spodu; **~ breiter** Kleid usw szerszy u dołu; **weiter ~** niżej (a. im Text); **~ erwähnt** wymieniony niżej
**unter**[1] präp **A** räumlich (unterhalb von, wo? dat, wohin? akk) pod; **~ etw** (dat) **hervor** spod (gen); **~ dem Baum** pod drzewem; **~ mir** pode mną; **~ die Decke kriechen** wślizgiwać ⟨-znąć⟩ się pod kołdrę; umg fig **Schlag ~ die Gürtellinie** cios poniżej pasa; (inmitten von, zwischen, wo? dat, wohin? akk) między, wśród (gen), w (akk); **~ den Briefen** między listami, wśród listów; **~ uns gesagt** mówiąc między nami; **er mischte sich ~s Volk** on wmieszał się w tłum **B** (niedriger im Wert, mit dat od akk) poniżej (gen), pod (inst), za (gen); **~ der Norm** poniżej normy; **Kinder ~ acht Jahren** dzieci poniżej ośmiu lat; **~ null sinken** spaść poniżej zera; **~ seiner Leitung** pod jego kierownictwem; **~ der Regierung des, der ...** za rządów (gen) **C** (j-m, e-r Sache zugehörig, mit dat) pod (inst); **~ falschem Namen** pod fałszywym nazwiskiem; **~ dem Einfluss von ...** pod wpływem (gen); **~ dem Titel** pod tytułem; **~ Zwang** pod przymusem; **~ Druck** od ciśnieniem **D** (begleitet von, mit dat) z (inst), oft auch ohne Präposition **~ Tränen** ze łzami w oczach; **~ Verwendung von etw** za pomocą (gen), używając (gen); **~ Beifall etw erklären** oświadczyć pf ..., zbierając oklaski; (verursacht durch das Genannte, mit dat) na (akk) **~ Schlaflosigkeit leiden** cierpieć na bezsenność; **~ der Hitze stöhnen** narzekać na upał **unter**[2] adv (weniger als) mniej niż; **er ist noch ~ zehn (Jahren)** on nie ma jeszcze dziesięciu (lat)
**Unterarm** m przedramię
**unterbelichtet** adj fot niedoświetlony
**unterbeschäftigt** adj Person nie w pełni obciążony (pracą) **Unterbewusstsein** n podświadomość f **unterbezahlt** adj niedostatecznie wynagradzany
**unterbieten** Preis sprzeda(wa)ć taniej (**um ... Euro** o ... euro); Rekord poprawi(a)ć **unterbinden** (irr; -) fig (beenden) kłaść ⟨położyć⟩ kres (-), ukrócić pf (akk)
**unterbrechen** (irr; -) przer(y)wać **Unterbrechung** f przerwanie; (Pause) przerwa
**unterbringen** (irr) umieszczać ⟨umieścić⟩, ⟨u⟩lokować, rozlokować pf **unterdessen** adv tymczasem
**unterdrücken** (-) uciskać, gnębić **Unterdrückung** f e-s Volkes gnębienie, ucisk
**untere** dolny **untereinander** adv (miteinander) między sobą **unterentwickelt** adj niedorozwinięty; EKON zacofany (gospodarczo) **unterernährt** adj niedożywiony **Unterfangen** n przedsięwzięcie **Unterführung** f przejście od przejazd dołem **Untergang** m fig upadek, ruina **Untergebene(r)** m (-n) podwładny; MIL podkomendny
**untergehen** v/i (versinken) Schiff ⟨za⟩tonąć; Worte ⟨za⟩ginąć (**im Lärm** w hałasie) **untergeordnet** adj (zweitrangig) podrzędny; Behörde niższego stopnia **Untergewicht** n niedowaga, niedobór wagi **untergraben** (irr; -) podkop(yw)ać
**Untergrund** m BUD podłoże; konspiracja **Untergrundbahn** f kolejka po-

dziemna, metro **Untergrundbewegung** f organizacja podziemna
**unterhalb** präp (gen) u. adv poniżej (gen), pod (inst)
**Unterhalt** m (bpl) utrzymanie; JUR alimentacja **unterhalten** (irr; -) v/t utrzym(yw)ać; Gäste zabawiać, bawić; **sich mit j-m ~** rozmawiać z kimś (über etw, j-n o inst); **sich ~** (amüsieren) zabawi(a)ć się, bawić się **unterhaltsam** zajmujący (-co) **Unterhaltsanspruch** m roszczenie alimentacyjne **Unterhaltskosten** pl koszty mpl utrzymania **Unterhaltspflicht** f obowiązek alimentacyjny **Unterhaltung** f (bpl) (Vergnügen) rozrywka, zabawa; **gute ~!** przyjemnej zabawy!
**Unterhändler(in)** m(f) negocjator(ka)
**Unterhaus** n in GB Izba Gmin **Unterhemd** n podkoszulek **Unterhose** f kalesony pl **unterirdisch** podziemny; prąd pod ziemią **Unterkiefer** m szczęka dolna, żuchwa **unterkommen** v/i (irr; sn) znajdować 〈znaleźć〉 schronienie **Unterkörper** m dolna część ciała **unterkriegen** umg: **sich nicht ~ lassen** nie da(wa)ć się (biedzie), nie rezygnować; **lass dich nicht ~!** trzymaj się!
**Unterkunft** f (-; -künfte) kwatera, lokum n **Unterlage** f podkładka
**unterlassen** v/t (irr; -) zaniechać (gen), zaprzesta(wa)ć (gen od + inf); **es ~** (versäumen) zaniedb(yw)ać (akk), nie + Verb, z.B. **nie zrobić** pf (gen) **Unterlauf** m dolny bieg (rzeki) **unterlaufen** (irr; -) v/t Bestimmungen obchodzić 〈obejść〉; **mit Blut ~** nabiegły krwią; v/i (sn) **mir ist ein Fehler ~** zrobiłem błąd
**unterlegen**[1] v/t podkładać 〈-łożyć〉
**unterlegen**[2] v/t (-) **mit Musik ~** podkładać 〈-łożyć〉 muzykę pod (akk)
**unterlegen**[3] pperf → unterliegen; adj pokonany; **j-m ~ sein** być słabszym od k-o **Unterleib** m podbrzusze **unterliegen** v/i (-) 1 **j-m ~** (besiegt werden; sn) być od zostać pf pokonanym przez (akk) 2 fig podlegać (dat); Schwankungen ulegać (dat) **Unterlippe** f warga dolna
**unterm** umg = unter dem
**untermauern** (-) fig popierać 〈-przeć〉 (argumentami, dowodami) **Untermiete** f podnajem; **zur ~ wohnen (bei)** podnajmować pokój (u gen) **Untermie-**

**ter(in)** m(f) sublokator(ka)
**unternehmen** (irr; -) przedsiębrać 〈-sięwziąć〉, podejmować 〈podjąć〉 **Unternehmen** n (Vorhaben) przedsięwzięcie; (Firma) przedsiębiorstwo **Unternehmensberatung** f usługi fpl consultingowe **Unterneh|mer(in)** m(f) przedsiębiorca m u. f **Unternehmungsgeist** m (bpl) przedsiębiorczość f, obrotność f **unternehmungslustig** przedsiębiorczy, do tańca i do różańca
**Unteroffizier** m podoficer, kapral **unterordnen** podporządkow(yw)ać **Unterredung** f rozmowa
**Unterricht** m (-[e]s; bpl) (Unterweisung) nauka (szkolna) **unterrichten** (-) v/t: **j-n in Deutsch ~** udzielać 〈-lić〉 k-u lekcji niemieckiego; ein Fach wykładać (akk); (informieren) 〈po〉informować (über akk, **von** o lok); v/i **an** e-r **Schule ~** wykładać na (lok), w (lok); **sich ~** 〈po〉informować się (über akk o lok, w sprawie gen) **Unterrichtsfach** n przedmiot nauczania **Unterrichtsstunde** f godzina lekcyjna **Unterrock** m halka
**unters** umg = **unter das**
**untersagen** (-) zakaz(yw)ać (gen) **Untersatz** m podstawka; umg żart **fahrbarer ~** cztery kółka **unterschätzen** (-): **j-n, etw ~** nie doceni(a)ć (gen)
**unterscheiden** (-) v/t odróżni(a)ć, rozróżni(a)ć, wyróżni(a)ć; v/i robić różnicę, odróżniać (**zwischen** dat **und** dat między inst i inst); **sich ~** różnić się (**von** od gen; **durch etw** inst) **Unterscheidung** f odróżnianie, odróżnienie, rozróżnianie **Unterschenkel** m goleń f
**Unterschied** m (-[e]s; -e) różnica (**in etw** [dat] na, w lok); **im ~ zu** w odróżnieniu od (gen); **ohne ~** bez różnicy **unterschiedlich** różny, odmienny
**unterschlagen** (irr; -) Geld sprzeniewierzać 〈-rzyć〉, przywłaszczać 〈-czyć〉 **Unterschlagung** f e-r Summe sprzeniewierzenie **Unterschlupf** m (-[e]s; -e) schronienie, (Versteck) kryjówka **unterschreiben** (irr; -) podpis(yw)ać **Unterschrift** f podpis **Unterseeboot** n okręt podwodny **Unterseite** f dolna strona, spód **Untersetzer** m podstawka **untersetzt** adj Gestalt krępy (-po) **unterspülen** (-) Ufer podmy(wa)ć **un-**

terste sup (niedrigste) najniższy **unterstehen** (irr; -): v/i **j-m ~** podlegać k-u; **untersteh dich (ja nicht)**, ... ani (mi) się waż (+ inf)
**unterstellen**¹ v/t podstawi(a)ć (pod akk); (abstellen) stawiać ⟨postawić⟩, umieszczać ⟨umieścić⟩; **sich ~** szukać schronienia pod (inst)
**unterstellen**² (-) Absicht przypisywać, imputować
**unterstreichen** (irr; -) podkreślać ⟨-lić⟩ (a. fig) **Unterstufe** f (trzy) niższe klasy gimnazjum **unterstützen** (-) Person wspierać ⟨wesprzeć⟩, wspomagać ⟨wspomóc⟩ **Unterstützung** f e-s Plans popieranie, poparcie
**untersuchen** (-) ⟨z⟩badać **Untersuchung** f (Ermittlung) śledztwo, dochodzenie **Untersuchungsbefund** m wynik badania **Untersuchungshaft** f areszt śledczy
**Untertan** m (-s od -en; -en) poddany **Untertasse** f spodek **untertauchen** v/t v/i (sn) zanurzać ⟨-rzyć⟩ się; (sich verbergen) ukryć się pf **Unterteil** n dolna część **Unterteilung** f podział **Untertitel** m podtytuł; im Film napis **Unterton** m (pl -töne) fig odcień m, niuans **untertreiben** (irr; -) zbyt skromnie przedstawi(a)ć, umniejszać ⟨-szyć⟩
**Untervermietung** f podnajem **unterwandern** (-) infiltrować **Unterwäsche** f bielizna (osobista) **unterwegs** adv po drodze **Unterwelt** f (bpl) (Totenreich) świat zmarłych; (Verbrecher) świat przestępczy **unterwerfen** (irr; -) v/t Volk podbi(ja)ć; v/i **sich ~** (sich fügen) ulegać ⟨ulec⟩; e-r Sache **unterworfen sein** podlegać (dat) **unterwürfig** abw uniżony ⟨-żenie⟩
**unterzeichnen** (-) podpis(yw)ać **Unterzeichnung** f podpisanie
**unterziehen**¹ (irr) Pullover wkładać ⟨włożyć⟩ pod spód; KULIN delikatnie wymieszać pf (z inst)
**unterziehen**² (irr; -): v/t **j-n** (v/r **sich**) e-r Sache **~** podda(wa)ć k-o (się) (dat)
**Unterzucker** m (-s; bpl) umg niedocukrzenie; **~ haben** być niedocukrzonym
**Untiefe** f mielizna **untragbar** nieznośny, nie do zniesienia **untreu** niewierny; nielojalny **Untreue** f niewierność f; JUR nadużycie zaufania **untröstlich** niepocieszony **untypisch** nietypowy
**unüberbrückbar** Gegensätze nie do pogodzenia; Kluft nieprzezwyciężony **unüberlegt** adj nierozważny, nierozsądny **unübersehbar** (offenkundig) widoczny; Menge nieprzejrzany **unübersetzbar** nieprzetłumaczalny **unübertrefflich**, **unübertroffen** niedościgniony, nierównany **unüberwindlich** niepokonany, nie do pokonania
**unumgänglich** nieodzowny **unumstritten** adj niesporny **unumwunden** adv bez osłonek **ununterbrochen** adj nieprzerwany, ciągły; präd ciągle, bez przerwy
**unveränderlich** niezmienny **unverändert** adj niezmieniony; präd niezmiennie **unverantwortlich** nieodpowiedzialny **unverbesserlich** niepoprawny **unverbindlich** niezobowiązujący **unverdaulich** niestrawny (a. fig) **unverdorben** fig niezepsuty, niezdeprawowany **unvereinbar** (**mit etw**) przeciwstawny (dat), niedający się pogodzić (z inst)
**unverfälscht** adj (authentisch) autentyczny **unverfänglich** niewinny, niegroźny **unverfroren** adj bezczelny **unvergänglich** nieprzemijający **unvergesslich** niezapomniany, pamiętny **unvergleichlich** nieporównany **unverhältnismäßig** niewspółmierny **unverhofft** adj niespodziewany, niespodziany **unverkäuflich** nie na sprzedaż **unverkennbar** oczywisty, ewidentny **unvermeidlich** nieuchronny, nieunikniony **unvermindert** adj niesłabnący, niezmienny **unvermittelt** adv nagle, raptem **unvermutet** adj nieoczekiwany **unvernünftig** nierozważny, nierozsądny **unverpackt** adj luźny, luzem **unverschämt** adj bezczelny; umg słony, wygórowany **unverschlossen** adj niezamknięty; Brief niezaklejony **unverschuldet** adj niezawiniony; präd bez winy **unversehens** adv niespodziewanie **unversehrt** adj Sache cały, nieuszkodzony **unversöhnlich** nieprzejednany **unverstanden** adj niezrozumia-

**unverständlich** niezrozumiały (-le) **Unverständnis** n brak zrozumienia (**für etw** dla gen)
**unversucht** adj: **nichts ~ lassen** próbować wszelkich środków **unverträglich** Speise ciężko strawny **unverwüstlich** Stoff niezniszczalny, nie do zdarcia **unverzeihlich** niewybaczalny **unverzichtbar** Anspruch niezbywalny; Güter usw niezbędny, nieodzowny **unverzollt** adj nieoclony **unverzüglich** niezwłoczny
**unvollkommen** niedoskonały **unvollständig** niecałkowity (-cie); niekompletny
**unvorbereitet** nieprzygotowany **unvoreingenommen** adj nieuprzedzony, bez uprzedzeń **unvorhergesehen** nieprzewidziany **unvorsichtig** nieostrożny **unvorstellbar** niewyobrażalny, niedający się wyobrazić; prąd (sehr) niesamowicie, koszmarnie **unvorteilhaft** (ungünstig) niekorzystny; Kleid niewtwarzowy
**unwahr** nieprawdziwy, zmyślony **Unwahrheit** f nieprawda **unwahrscheinlich** nieprawdopodobny
**unweigerlich** niechybny **unweit** präp (gen) niedaleko (od gen); adv **~ von** niedaleko (gen) **unwesentlich** nieistotny; prąd (wenig, mst + komp) nieznacznie **Unwetter** n (sehr starker Regen) ulewa; (Gewitter) burza, nawałnica **unwichtig** nieważny, niemający znaczenia; prąd bez znaczenia
**unwiderlegbar** niezbity (-cie) **unwiderruflich** nieodwołalny **unwiderstehlich** nieprzeparty (-cie); (bezaubernd) czarujący (-co)
**unwillig** (verärgert) rozgniewany, podrażniony; prąd (widerwillig) niechętnie, z niechęcią **unwillkürlich** mimowolny; prąd mimowolnie, mimo woli **unwirklich** nierzeczywisty, nierealny **unwirksam** bezskuteczny, bez skutku **unwirtlich** niegościnny, nieprzytulny **unwirtschaftlich** nieekonomiczny; Hausfrau niegospodarny
**unwissend** nieuświadomiony, umg ciemny **Unwissenheit** f (bpl) niewiedza
**unwohl** niezdrowy; **mir ist ~** czuję się źle od słabo; **er fühlt sich hier ~** (unbehaglich) on czuje się tu nieswojo
**unwürdig** niegodny **unzählig** niezliczony **unzeitgemäß** (unmodern) staromodny
**unzerbrechlich** niełamliwy **unzerreißbar** nierwący się **unzerstörbar** niezniszczalny **unzertrennlich** nierozłączny
**Unzucht** f nierząd **unzüchtig** obsceniczny, pornograficzny; Blick lubieżny; **~e Handlung** czyn nierządny
**unzufrieden** niezadowolony (**mit** z gen) **Unzufriedenheit** f niezadowolenie **unzugänglich** niedostępny; fig nieprzystępny
**unzulänglich** niedostateczny **unzulässig** niedopuszczalny; (verboten) niedozwolony **unzumutbar** Forderung wygórowany **unzuständig** niekompetentny, niewłaściwy **unzutreffend** adj nietrafny, niewłaściwy (-wie) **unzuverlässig** niepewny; Gedächtnis zawodny **unzweckmäßig** nieodpowiedni (-nio); (unpraktisch) niepraktyczny **unzweifelhaft** niewątpliwy (-wie)
**Upgrade** n (-s) upgrade
**üppig** bujny
**uralt** prastary; Brauch pradawny
**Uran** n (-s; bpl) uran
**Uraufführung** f premiera
**Urbevölkerung** f ludność tubylcza
**Urenkel(in)** m(f) prawnuk (-wnuczka)
**Urgroßmutter** f prababka **Urgroßvater** m pradziad, pradziadek
**Urheber(in** f) m sprawca m (-czyni), inicjator(ka); autor(ka) **Urheberrecht** n (bpl) prawo autorskie
**urig** typowy
**Urin** m (-s; selten -e) mocz
**Urkunde** f dokument; akt **Urkundenfälschung** f podrobienie dokumentu; JUR fałszerstwo dokumentów
**Urlaub** m (-[e]s; -e) urlop, wczasy pl; **~ haben** mieć urlop; **im ~ sein** być na urlopie; **~ machen** przebywać na urlopie od wczasach **Urlauber(in)** m(f) wczasowicz(ka), umg urlopowicz **Urlaubsgeld** n dodatek urlopowy **Urlaubsreise** f podróż (turystyczna) w czasie urlopu **Urlaubstag** m dzień m urlopu **Urlaubsvertretung** f zastępstwo urlopowe **Urlaubszeit** f sezon urlopowy,

okres urlopów
**Urne** f urna **Urnengang** m głosowanie
**Ursache** f przyczyna; **keine ~!** nie ma za co! **ursächlich** przyczynowy (-wo)
**Ursprung** m (Quelle) źródło; (Herkunft) pochodzenie **ursprünglich** pierwotny
**Urteil** n (-[e]s; -e) JUR wyrok **urteilen** v/i (**über j-n, etw**) ⟨za⟩wyrokować (o lok, w sprawie gen), sądzić (o lok), osądzić pf, oceni(a)ć (akk) **Urteilsfähigkeit** f (bpl) zdolność f rzeczowego oceniania, rozsądek **Urteilsvollstreckung** f wykonanie wyroku
**Urwald** m las (Quelle), puszcza **Urzeit** f pierwotne czasy mpl; **seit ~en** od niepamiętnych czasów **Urzustand** m stan pierwotny
**USB** m (-[s]; -s) IT USB **USB-Anschluss** m IT port USB **USB-Kabel** n IT kabel USB **USB-Stick** m (-s) IT pendrive m
**Utensilien** [-liən] pl utensylia pl
**utopisch** utopijny
**UV-Filter** m filtr UV **UV-Schutz** m ochrona f przeciwsłoneczna

# V

**Vagabund** m (-en) włóczęga m, wagabunda m
**vage** niejasny (-no), mglisty (-ście)
**Vakuum** n (-s; -kua od -kuen) próżnia **Vakuumverpackung** f opakowanie próżniowe
**Vampir** m (-s; -e) upiór, wampir
**Vandalismus** m (-; bpl) wandalizm
**Vanille** f (bpl) wanilia **Vanilleeis** n lody mpl waniliowe **Vanillesoße** f sos waniliowy
**Variante** f wariant **variieren** (-) v/t zmieniać (v/i się)
**Vase** f wazon **Vaseline** [v-] f (0) wazelina
**Vater** m (-s; Väter) ojciec; żart **~ Staat** fiskus **Vaterland** n ojczyzna, ziemia ojczysta **väterlich** ojcowski; prąd po ojcowsku, jak ojciec **väterlicherseits** adv ze strony ojca **Vaterschaft** f ojcostwo **Vaterstadt** f miasto rodzinne **Vaterunser** n Ojcze Nasz **Vati** umg m (-s; -s) tatuś m, tata m
**vatikanisch** watykański
**vegan** wegański **Veganer(in)** m(f) weganin (-anka)
**Vegetarier(in** f) [v-] m jarosz(ka) **vegetarisch** wegetariański, jarski **Vegetation** f (Pflanzen) roślinność f; (Wachstum) wegetacja **vegetieren** v/i (-) oft abw wegetować
**Veilchen** n fiołek; umg fig podbite oko
**Velours**[1] [vəˈluːr] m (-; -) welur **Velours**[2] [vəˈluːr] n (-; -), **Veloursleder** n welur, skóra welurowa
**Vene** f żyła
**venezianisch** wenecki
**Ventil** n (-s; -e) TECH zawór, wentyl **Ventilator** m (-s; -toren) wentylator
**verabreden** (-) v/t umawiać ⟨umówić⟩ (**ein Treffen** spotkanie); **~, dass ...** umawiać ⟨umówić⟩ się, że ...; **sich ~** umawiać ⟨umówić⟩ się (**für den Abend** na wieczór); **verabredet sein** umg mieć randkę (**mit j-m** z inst) **Verabredung** f umowa; (Treffen) (umówione) spotkanie; (Rendezvous) umg randka **verabscheuen** (-): **j-n, etw ~** nienawidzić, nie znosić, nie cierpieć (gen)
**verabschieden** (-e-; -) v/t ⟨po⟩żegnać; Gesetz uchwalać ⟨-lić⟩; **sich ~ von** od **bei** (dat) pożegnać się pf z (inst) **Verabschiedung** f pożegnanie
**verachten** (-): j-n, etw ~ gardzić, pogardzać (inst); umg etw **ist nicht zu ~ ...** (jest) nie do pogardzenia **verächtlich** pogardliwy (-wie) **Verachtung** f (bpl) pogarda
**verallgemeinern** (-re; -) uogólni(a)ć
**veraltet** adj przeżyty, przestarzały
**Veranda** f (-; -den) weranda
**veränderlich** zmienny **verändern** (-) v/t zmieni(a)ć; **sich ~** zmieni(a)ć się; **sich beruflich ~** zmieni(a)ć posadę od miejsce pracy **Veränderung** f zmiana
**Veranlagung** f predyspozycja, skłonność f
**veranlassen** (-) j-n skłaniać ⟨skłonić⟩; **~ Sie das Nötige** proszę zarządzić co trzeba **Veranlassung** f powód (**zu etw** do gen); **auf wessen ~?** na czyje zlecenie?; **dazu gibt es k-e ~** nie ma powodu do tego

**veranschaulichen** ⟨-⟩ unaoczni(a)ć
**veranschlagen** ⟨-⟩ kalkulować
**veranstalten** ⟨-e-; -⟩ urządzać ⟨-dzić⟩, ⟨z⟩organizować **Veranstalter(in)** *m(f)* organizator(ka) **Veranstaltung** *f* urządzenie, organizacja; *konkret* impreza
**verantworten** ⟨-⟩ być odpowiedzialnym (**za** *akk*); **sich ~ (für)** odpowiadać (**za** *akk*) **verantwortlich** odpowiedzialny; **j-n ~ machen** obarczać ⟨-czyć⟩ k-o odpowiedzialnością; **sich ~ fühlen** poczuwać się do odpowiedzialności (**für za** *akk*) **Verantwortung** *f (bpl)* odpowiedzialność *f*; **j-n zur ~ ziehen** pociągać ⟨-gnąć⟩ k-o do odpowiedzialności; **die ~ tragen** ponosić odpowiedzialność; **die ~ übernehmen (für)** brać ⟨wziąć⟩ na swoją odpowiedzialność (*akk*) **verantwortungsbewusst** świadomy odpowiedzialności, odpowiedzialny **verantwortungslos** nieodpowiedzialny **verantwortungsvoll** odpowiedzialny

**verarbeiten** ⟨-⟩ przerabiać ⟨-robić⟩, przetwarzać ⟨-tworzyć⟩ (**zu etw** na *akk*); (*bearbeiten*) obrabiać ⟨-robić⟩; (*verbrauchen*) zuży(wa)ć; *Speisen, fig Eindrücke* przetrawi(a)ć; **gut verarbeitet** *Sache* dobrze wykonany **Verarbeitung** *f von Daten* przetwarzanie

**verärgern** ⟨-⟩ rozgniewać *pf* **verarmt** zubożały **verarzten** *umg* ⟨-e-; -⟩ opatrywać ⟨-trzyć⟩ (ranę, rannego) **veräußern** ⟨-⟩ zby(wa)ć
**verbal** werbalny, słowny; JĘZ czasownikowy
**Verband** *m* ⟨-[e]s; -bände⟩ MED opatrunek; (*Bund*) związek **Verband(s)kasten** *m* apteczka podręczna **Verband(s)zeug** *n* materiały *mpl* opatrunkowe
**verbannen** ⟨-⟩ (*deportieren*) ins Exil skaz(yw)ać na wygnanie **Verbannung** *f* (*Deportation*) zesłanie; (*Exil*) wygnanie
**verbarrikadieren** ⟨-⟩ zabarykadować *pf* **verbergen** (*irr*; -⟩ kryć, ukry(wa)ć (**in, hinter, vor** *dat* w, za, przed *inst*); *Gefühl* ukry(wa)ć (**j-m** *od* **vor j-m** przed *inst*); (*verschweigen*) zatajać ⟨-taić⟩
**verbessern** ⟨-⟩ v/t *Methode* polepszać ⟨-szyć⟩, ulepszać ⟨-szyć⟩; **sich ~** polepszać ⟨-szyć⟩ się, ulepszać ⟨-szyć⟩ się; (*sich korrigieren*) poprawi(a)ć się; *beruflich* zmieni(a)ć pracę na lepiej płatną **Verbesserung** *f* (*Vervollkommnung*) udoskonalenie, usprawnienie
**verbeugen** ⟨-⟩: **sich ~ (vor j-m)** kłaniać ⟨ukłonić⟩ się (k-u) **Verbeugung** *f* ukłon

**verbiegen** (*irr*; -⟩ v/t wyginać ⟨-giąć⟩, zginać ⟨-giąć⟩ **verbieten** (*irr*; -⟩: **j-m etw** *od* **zu + inf** wzbraniać ⟨-bronić⟩, zabraniać ⟨-bronić⟩, *bes amtlich* zakaz(yw)ać k-u (*gen od + inf*)
**verbilligt** *adj Fahrkarte* zniżkowy; **zu ~en Preisen** po obniżonych cenach **Verbilligung** *f* potanienie
**verbinden** (*irr*; -⟩ **A** v/t **1** opatrywać ⟨-trzyć⟩ **2** *Orte* ⟨po⟩łączyć, złączyć *pf* (**mit** z *inst*; **miteinander** ze sobą; **durch etw** *inst*); TECH, *fig a.* spajać ⟨spoić⟩ **3** (*verknüpfen*) ⟨po⟩łączyć, wiązać, związ(yw)ać; TEL **verbinde łączę**; **das ist mit Kosten verbunden** to jest związane z kosztami; **ich bin dir dafür sehr verbunden** jestem ci za to bardzo zobowiązany **4** (*assoziieren*) ⟨s⟩kojarzyć **B** v/r **sich ~** ⟨po⟩łączyć się, *a.* CHEM ⟨z⟩wiązać się; *fig* spajać ⟨spoić⟩ się; kojarzyć się; **damit ~ sich die Erinnerungen an ... z** tym kojarzą się wspomnienia z (*gen*) **verbindlich** uprzejmy; *Vorschrift* wiążący ⟨-co⟩ **Verbindlichkeit** *f* FIN zobowiązanie **Verbindung** *f* komunikacja; (*Bündnis*) związek; **in ~ mit ...** w połączeniu z (*inst*); (*zusammen*) razem z (*inst*)
**verbissen** *adj* zaciekły ⟨-le⟩, zacięty ⟨-cie⟩
**verbitten** (*irr*; -⟩: v/r **sich** (*dat*) **etw ~** wypraszać sobie (*akk*)
**verbittert** *adj* rozgoryczony **Verbitterung** *f* (*bpl*) rozgoryczenie
**verbleiben** v/i (*irr*; -; sn) (*bleiben*) pozosta(wa)ć
**verblöden** *umg* v/i ⟨-e-; -; sn⟩ ⟨z⟩idiocieć
**verblüffen** ⟨-⟩ zaskakiwać ⟨-skoczyć⟩ (**j-n mit etw** k-o *inst*); **ich war über etw sehr verblüfft** byłem bardzo zaskoczony (*inst*) **verblüfft** *adj Gesicht* zdumiony **Verblüffung** *f (bpl)* zdumienie
**verblühen** v/i ⟨-; sn⟩ przekwitać ⟨-tnąć⟩
**verbluten** v/i ⟨-; sn⟩ wykrwawi(a)ć się, umierać ⟨umrzeć⟩ z wykrwawienia
**verbogen** *pperf* → **verbiegen**; *adj* zgięty, skrzywiony **verborgen** *pperf* → **verbergen**; *adj* ukryty
**Verbot** *n* ⟨-[e]s; -e⟩ zakaz; *e-r Partei usw*

## 542 ■ verboten – verdursten

zakaz działania (gen) **verboten** pperf → verbieten; adj zakazany, zabroniony, wzbroniony **Verbotsschild** n tablica z zakazem
**Verbrauch** m (-[e]s; bpl) zużycie (**an, von** etw gen); (Konsum) spożycie, konsumpcja **verbrauchen** (-) zuży(wa)ć; Lebensmittel a. ⟨s⟩konsumować **Verbraucher(in)** m(f) konsument(ka) **Verbraucherschutz** m ochrona konsumentów
**Verbrechen** n przestępstwo (**an** dat, **gegen** przeciwko dat) **Verbrecher(in** f) m przestępca (-czyni), zbrodniarz (-rka) **verbrecherisch** przestępczy (-czo), zbrodniczy (-czo)
**verbreiten** (-e-; -) v/t Mode rozpowszechni(a)ć; v/i **sich** ~ rozprzestrzeni(a)ć się, szerzyć się; rozpowszechni(a)ć się; etw **ist weit verbreitet** ... jest szeroko rozpowszechniony **verbreitern** (-re; -) v/t poszerzać, rozszerzać ⟨-rzyć⟩
**verbrennen** (irr) v/t v/i ⟨s⟩palić się **Verbrennung** f palenie, spalanie, spalenie; MED oparzenie
**verbringen** (irr; -) spędzać ⟨-dzić⟩ (**an, in** dat nad inst, w lok; **mit** etw nad inst, przy lok; **mit j-m** z inst) **verbuchen** (-) ⟨za⟩księgować (**als Einnahme** po stronie przychodów)
**verbunden** pperf → verbinden **verbünden** (-e-; -): **sich** ~ sprzymierzać ⟨-rzyć⟩ się (**mit j-m** z inst) **Verbundenheit** f (bpl) więź f; solidarność f **Verbündete(r)** m (-n) sojusznik
**verbürgen** (-): **sich** ~ (**für j-n, etw**) ręczyć ⟨za akk⟩
**verbüßen** (-) odby(wa)ć
**verchromt** adj chromowany
**Verdacht** m (-[e]s; bpl) podejrzenie **verdächtig** podejrzany **verdächtigen** (-) podejrzewać (**j-n des Diebstahls** k-o o kradzież) **Verdächtigung** f podejrzenie, posądzenie **Verdachtsfall** m MED podejrzany przypadek
**verdammen** (-) potępi(a)ć
**verdampfen** (-) v/t (u v/i; sn) odparow(yw)ać, wyparow(yw)ać **verdanken** (-) zawdzięczać (**j-m etw** k-u akk)
**verdauen** (-) trawić, przetrawi(a)ć (a. fig)
**verdaulich** (**schwer** ciężko) strawny **Verdauung** f (bpl) trawienie **Verdauungsbeschwerden** fpl niestrawność f **Verdauungsstörung** f zaburzenie trawienia
**verdecken** (-) (zudecken) przykry(wa)ć; Sicht zasłaniać ⟨-słonić⟩
**verdenken** (-): **das kann ihm niemand** ~ tego mu nikt nie weźmie za złe
**verderben** (verdirbt, verdarb, verdorben) ⚠ v/t ⟨po-, ze⟩psuć (a. Freude usw); moralisch ⟨z⟩deprawować; **es mit j-m** ~ narazić się pf k-u; **er will es mit niemandem** ~ on nikomu nie chce się narazić ⚠ v/i (sn) Lebensmittel ⟨ze⟩psuć się ⚠ v/r **sich** (dat) **die Augen, den Magen** ~ ⟨po⟩psuć sobie oczy, żołądek **Verderben** n (-s; bpl) zepsucie; fig zguba **verderblich** Ware (łatwo) psujący się
**verdeutlichen** (-) wyjaśni(a)ć **verdichten** (-) v/t sprężać ⟨-żyć⟩; **sich** ~ gęstnieć; Verdacht umacniać się
**verdienen** (-) zarabiać ⟨-robić⟩ **Verdienst**[1] m (-[e]s; -e) (Einkommen) zarobek; (Gewinn) zysk **Verdienst**[2] n (-[e]s; -e) zasługa; **das ist sein** ~ jest jego zasługą; **große ~e erwerben** położyć niemałe zasługi (**um etw** w lok) **Verdienstspanne** f marża **verdienstvoll** Tat godny uznania; Person → **verdient** adj zasłużony **verdient** adj zasłużony
**verdoppeln** (-le; -) podwajać ⟨-dwoić⟩ **verdorben** pperf → verderben; adj zepsuty **verdorren** v/i (-; sn) usychać ⟨uschnąć⟩
**verdrängen** (-) wypierać ⟨-przeć⟩; aus e-r Stellung wyrugow(yw)ać **Verdrängung** f wypieranie, wyparcie; MAR wyporność f
**verdrehen** (-) umg przekręcać ⟨-cić⟩; umg **j-m den Kopf** ~ zawracać ⟨-wrócić⟩ k-u głowę **verdreifachen** (-) v/t potrajać ⟨-troić⟩
**verdrießlich** nadąsany **Verdruss** m (-es; -e) kłopot, zmartwienie
**verduften** umg v/i (-; sn) ulatniać ⟨ulotnić⟩ się **verdunkeln** (-le; -) v/t zaciemni(a)ć; **sich** ~ ⟨po⟩ciemnieć **verdünnen** (-) rozcieńczać ⟨-czyć⟩; mit Wasser rozwadniać ⟨-wodnić⟩ **Verdünner** m rozcieńczalnik **verdunsten** v/i (-e-; -; sn) ulatniać ⟨ulotnić⟩ się, wyparow(yw)ać **verdursten** vi (-e-; -; sn) umierać ⟨umrzeć⟩ z pragnienia

**verdutzt** adj zdetonowany, zmieszany **veredeln** (-) uszlachetni(a)ć
**verehren** (-) als Gott czcić **Verehrer(in** f) m wielbiciel(ka) **verehrt** adj szanowny
**Verehrung** f (bpl) (Liebe) uwielbienie
**vereidigen** (-) zaprzysięgać ⟨-siąc⟩
**vereidigt** adj zaprzysiężony
**Verein** m (-[e]s; -e) związek, stowarzyszenie, towarzystwo **vereinbar** dający się pogodzić (**mit** z inst) **vereinbaren** (-) uzgadniać ⟨uzgodnić⟩, umawiać ⟨umówić⟩; **wie vereinbart** jak uzgodniono
**Vereinbarung** f (das Vereinbaren) uzgodnienie; (das Vereinbarte) porozumienie, umowa **vereinen** (-) v/t u. v/r → vereinigen
**vereinfachen** (-) upraszczać ⟨uprościć⟩ **vereinfacht** adj uproszczony **Vereinfachung** f uproszczenie **vereinheitlichen** (-) ujednolicać ⟨-cić⟩, ⟨z⟩unifikować
**vereinigen** (-) v/t ⟨po⟩łączyć (się); mst Völker ⟨z⟩jednoczyć (się), zrzeszać ⟨-szyć⟩ (się); Ansichten pogodzić pf (**miteinander** ze sobą) **vereinigt** adj połączony; mst POL zjednoczony **Vereinigung** f połączenie (się), zjednoczenie; (Organisation) związek; **kriminelle ~** związek przestępczy **Vereinsregister** n rejestr związków **vereint** adj zjednoczony
**vereinzelt** adj sporadyczny; präd sporadycznie, miejscami **vereiteln** (-le; -) Plan usw udaremni(a)ć **vereitert** adj MED zropiały **verekeln** (-) zohydzać ⟨-dzić⟩, obrzydzać ⟨-dzić⟩ (**j-m etw k-u** akk) **verengen** (-) v/t zwężać ⟨zwęzić⟩
**vererben** (-) v/t pozostawi(a)ć w spadku; BIOL przekaz(yw)ać (potomstwu); **... hat sich vom Vater auf den Sohn vererbt** syn odziedziczył ... po ojcu **Vererbung** f BIOL dziedziczność f
**verewigen** (-) uwieczni(a)ć; umg **sich ~** zostawi(a)ć (po sobie) trwały ślad
**verfahren**¹ (irr; -) v/t v/i (sn) postępować ⟨-stąpić⟩, działać (**nach** według gen); **mit j-m streng ~** ⟨po⟩traktować surowo k-o; **sich ~** zmylić pf drogę **verfahren**² adj: **e-e ~e Situation** sytuacja bez wyjścia; **die Sache ist völlig ~** sprawa została pokpiona **Verfahren** n postępowanie
**Verfall** m (bpl) baulich fig upadek, degrengolada (a. sittlich) **verfallen**¹ v/i

(irr; -; sn) Pfand przepadać ⟨-paść⟩; **j-m ~** popadać ⟨-paść⟩, wpadać ⟨wpaść⟩ (w akk), ulegać ⟨ulec⟩ (dat); **dem Alkohol ~** wpaść pf w nałóg picia; **auf die Idee ~** wpadać ⟨wpaść⟩ na pomysł; **etw ~ lassen** nie wykorzystać pf (gen), przeterminować pf (akk) **verfallen**² adj zdewastowany, zniszczony, w ruinie; Gutschein przeterminowany **Verfallsdatum** n data upływu ważności; FIN data płatności weksla
**verfänglich** kłopotliwy; Frage podchwytliwy **verfärben** (-): **sich ~** zmieni(a)ć barwę od koloru
**verfassen** (-) ⟨na⟩pisać; Gedicht układać ⟨ułożyć⟩ **Verfasser(in)** m(f) autor(ka) **Verfassung** f (bpl) stan, kondycja; (Stimmung) nastrój; (a. pl) POL konstytucja; statut; **in guter ~ sein** Person być w dobrej kondycji
**verfaulen** (-; sn) ⟨prze-, z⟩gnić **verfault** adj zgniły, przegniły **verfechten** (irr; -) Meinung bronić (gen) **verfehlen** (-) Ziel chybi(a)ć (gen); fig mijać ⟨minąć⟩ się (z inst); Zug spóźnić się pf (na akk); Weg zmylić pf; (j-n nicht antreffen) nie zasta(wa)ć (w domu usw) **verfehlt** adj (falsch) chybiony
**verfeinern** (-re; -) ulepszać ⟨-szyć⟩; KULIN przyprawi(a)ć (do smaku) **verfilmen** (-) Werk ⟨z⟩ekranizować **verfinstern** (-re; -) v/t zaćmi(ew)ać; **sich ~** zaciągać ⟨-gnąć⟩ się (chmurami) **verfliegen** v/i (irr; -; sn) ulatniać ⟨ulotnić⟩ się; Zeit ⟨prze⟩lecieć **verfluchen** (-) przeklinać ⟨-kląć⟩ **verflucht** adj przeklęty; **~!** psiakrew! **verflüssigen** (-) v/t skraplać ⟨skroplić⟩
**verfolgen** (-) ścigać **Verfolger(in** f) m prześladowca m; pościg **Verfolgte(r)** m prześladowany **Verfolgung** f (Jagd) pościg, pogoń f **Verfolgungswahn** m mania prześladowcza
**verfressen** adj abw nienasycony **verfrüht** adj przedwczesny
**verfügbar** będący do dyspozycji **verfügen** (-) v/t (anordnen) zarządzać ⟨-dzić⟩; v/i **über j-n, etw ~** rozporządzać, dysponować (inst) **Verfügung** f zarządzenie, rozporządzenie; **zur ~ haben, stellen, sein** mieć, odda(wa)ć, być do dyspozycji
**verführen** (-) uwodzić ⟨uwieść⟩; **j-n zu**

etw ~ ⟨s⟩kusić k-o do ⟨gen⟩ **verführerisch** uwodzicielski (-ko); *Angebot* kuszący (-co) **Verführung** f uwiedzenie; *(Versuchung)* pokusa
**Vergabe** f udzielanie, udzielenie; *(Zuteilung)* przydział
**vergangen** *pperf* → vergehen; *adj* przeszły, miniony, ubiegły; **~e Woche** w ubiegłym tygodniu; **~e Zeiten** minione czasy **Vergangenheit** f przeszłość f; GRAM czas przeszły **vergänglich** przemijający, znikomy
**vergasen** (-) *(töten)* zagazować *pf* **Vergaser** m AUTO gaźnik
**vergaß** → vergessen
**vergeben** (-) *v/t* przebaczać ⟨-czyć⟩, wybaczać ⟨-czyć⟩; **an j-n** ~ zlecać ⟨-cić⟩ k-u wykonanie (zamówienia) *od* załatwienie (sprawy); *Stelle* obsadzać ⟨-dzić⟩ *(inst)*; *Preis* przyzn(aw)ać *(dat)* **vergebens** *adv* (na)daremnie, (na) próżno **vergeblich** daremny; bezskuteczny **Vergebung** f przebaczenie; *der Sünden* odpuszczenie; **j-n um ~ bitten** prosić k-o o przebaczenie
**vergegenwärtigen** (-): **sich** *(dat)* **etw** ~ uprzytamniać ⟨-tomnić⟩ sobie *(akk)*
**vergehen** (irr; -; sn) *v/i* przechodzić ⟨przejść⟩, (prze)mijać ⟨(prze)minąć⟩; **mir ist die Lust, der Appetit vergangen** straciłem ochotę, apetyt; **vor Scham, Sehnsucht** *usw* ~ umierać ze wstydu, z tęsknoty *usw*; **sich ~ an e-r Frau** zgwałcić *pf* k-o **Vergehen** *n* JUR wykroczenie
**Vergeltung** f odwet
**vergessen**[1] (vergisst, vergaß, vergessen) *v/t* zapominać ⟨-mnieć⟩ *(akk, o lok)*; **j-m etw nie** ~ nigdy nie zapomnieć *pf* k-u *(gen)*; *umg* **vergiss es!** szkoda marzyć!; **sich** ~ zapominać ⟨-mnieć⟩ się **vergessen**[2] *adj* zapomniany **Vergessenheit** f *(bpl)* zapomnienie **vergesslich** roztargniony **vergeuden** (-e-; -) *Zeit usw* ⟨z⟩marnować, ⟨z⟩marnotrawić **vergewaltigen** (-) ⟨z⟩gwałcić *(a. fig)* **Vergewaltiger** m gwałciciel **Vergewaltigung** f zgwałcenie
**vergewissern** (-re; -): **sich** ~ ⟨gen⟩ upewni(a)ć się (co do *gen*) **vergießen** (irr; -) rozl(ew)ać; *Blut* przel(ew)ać
**vergiften** (-e-; -) *v/t (töten)* ⟨o⟩truć; MED, EKOL, *fig* zatru(wa)ć; **er wurde vergiftet** (on) został otruty **Vergiftung** f tödlich otrucie

**vergiss, vergisst** → vergessen **Vergissmeinnicht** *n* (-[e]s; -[e]) niezapominajka
**verglasen** (-) ⟨o⟩szklić
**Vergleich** *m* (-[e]s; -e) porównanie; JUR ugoda; **im ~ mit, zu j-m, etw** w porównaniu z *(inst)* **vergleichbar** porównywalny **vergleichen** (irr; -) *v/t* porówn(yw)ać **(mit** z *inst)*; **sich mit j-m ~** równać się z *(inst)*; JUR załawi(a)ć ugodowo spór z *(inst)*, ułożyć się *pf* z *(inst)* **vergleichsweise** *adv* stosunkowo
**vergnügen** (-): **sich ~** bawić się, zabawi(a)ć się **(mit etw** *inst)* **Vergnügen** *n (bpl)* przyjemność f; **zum ~** dla zabawy *od* przyjemności; **es ist mir ein ~** bardzo mi miło; **viel ~!** przyjemnej zabawy! **vergnügt** *adj* rozweselony, ubawiony, wesoły (-ło) **Vergnügung** f rozrywka **Vergnügungspark** *m* park rozrywki, lunapark
**vergoldet** *adj* pozłacany **vergöttern** (-re; -) ubóstwiać **vergraben** (irr; -) *v/t* zakop(yw)ać, zagrzeb(yw)ać **vergreifen** (irr; -): **sich im Ton** ~ pomylić się *pf* w tonie; **sich an fremdem Eigentum ~** naruszyć *pf* cudzą własność **vergriffen** *adj* wyczerpany
**vergrößern** (-re; -) *v/t* zwiększać, *a. fot* powiększać ⟨-szyć⟩; **sich ~** zwiększać ⟨-szyć⟩ się, powiększać ⟨-szyć⟩ się **Vergrößerung** f zwiększenie (się), powiększenie (się); *fot* powiększenie **Vergrößerungsglas** *n* szkło powiększające

**Vergünstigung** f przywilej; *soziale* ulga **vergüten** (-e-; -) *Arbeit* wynagradzać ⟨-grodzić⟩ **Vergütung** f *(Bezahlung)* wynagrodzenie; *(Erstattung)* rekompensata, wyrównanie *(a. Summe)*
**verhaften** (-) ⟨za⟩aresztować *(im)pf* **Verhaftung** f aresztowanie, areszt **verhalten**[1] (irr; -): **sich ~** zachow(yw)ać się **(gegenüber j-m** wobec k-o); *Sache* mieć się, przedstawiać się; **sich ruhig ~** być cicho
**verhalten**[2] *adj* stłumiony; *Kritik* powściągliwy; **mit ~em Atem** z zapartym tchem
**Verhalten** *n* (-s; *bpl*) zachowanie
**Verhältnis** *n* (-ses; -se) stosunek, relacja; *umg (Liebschaft)* romans, miłostka; **im ~ (von ...) zu** w stosunku do ⟨*gen*⟩;

**ein gutes ~ zu j-m haben** być w dobrych stosunkach z ⟨inst⟩; **~se** pl (Umstände) warunki mpl **verhältnismäßig** stosunkowy (-wo) **Verhältnismäßigkeit** f (bpl) współmierność f **Verhältniswahl** f wybory mpl proporcjonalne **Verhältniswort** n GRAM przyimek **verhandeln** (-) v/i rokować, negocjować (**über etw** w sprawie gen; **mit j-m** z ⟨inst⟩; v/t JUR rozpozn⟨aw⟩ać (**e-n Fall** sprawę) **Verhandlung** f JUR rozprawa **Verhandlungsgeschick** n umiejętność f negocjonowania
**verhängen** (-) Strafe wymierzać ⟨-rzyć⟩ (**über j-n** k-u); Elfmeter ⟨po⟩dyktować **verhängnisvoll** fatalny
**verharmlosen** (-) bagatelizować, pomniejszać ⟨-szyć⟩ **verharren** v/i (-; a sn) zastygać ⟨-gnąć⟩ (**regungslos** w bezruchu) **verhärten** (-): **sich ~** (hart werden) ⟨s⟩twardnieć **verhasst** adj znienawidzony **verhätscheln** oft abw (-le; -) rozpieszczać ⟨-pieścić⟩ (a. Kind) **verhauen** umg (pperf verhauen) v/t j-n ⟨z⟩bić; Aufsatz obl(ew)ać; **sich ~** przerachować się pf, strzelić pf byka
**verheerend** adj katastrofalny, fatalny; umg okropny **verheilen** v/i (-; sn) ⟨za⟩goić się **verheimlichen** (-) zatajać ⟨-taić⟩, ukry⟨wa⟩ć (**j-m, vor j-m** przed inst)
**verheiraten** (-) (**mit**) Mann ⟨o⟩żenić (z inst); Frau wyda⟨wa⟩ć za mąż (za akk) **verheiratet** adj Mann żonaty; Frau zamężna
**verhelfen** (irr; -) v/i: **j-m zu etw ~** być pomocnym k-u (w lok) **verherrlichen** (-) gloryfikować **verhexen** (-) urzekać ⟨urzec⟩, zaczarow(yw)ać **verhindern** (-) v/t udaremni(a)ć (akk), zapobiegać ⟨-biec⟩ (dat); **der Krieg ließ sich nicht ~** wojnie nie dało się zapobiec; **sie ist verhindert** ona jest zajęta, ona nie może przyjść usw
**Verhör** n (-[e]s; -e) przesłuchanie, badanie **verhören** (-) v/t przesłuch(iw)ać; **sich ~** przesłyszeć się pf
**verhüllen** (-) zasłaniać ⟨-słonić⟩, okry(wa)ć (**mit etw** inst); Wolken zasnu(wa)ć **verhungern** (-) v/i umierać ⟨umrzeć⟩ z głodu **verhüten** (-) v/t zapobiegać ⟨-biec⟩ (dat) **Verhütung** f (bpl) zapobieganie (dat); der Empfängnis antykoncepcja
**verirren** (-): **sich ~** zabłąkać się pf, zabłądzić pf, zbłądzić pf **verjagen** (-) przepędzać ⟨-dzić⟩ **verjähren** (-; sn) v/i ulegać ⟨ulec⟩ przedawnieniu **Verjährungsfrist** f termin przedawnienia
**verkabeln** (-le; -) okablow(yw)ać, podłączać ⟨-czyć⟩ do sieci telewizji kablowej **verkalken** v/i (-; sn) zwapnieć pf; umg fig (senil werden) ⟨z⟩dziadzieć **verkalkulieren** (-): **sich ~** przeliczyć się pf **verkannt** pperf → verkennen; adj zapoznany, niedoceniony
**Verkauf** m sprzedaż f; (bpl) (Abteilung) dział zbytu; **... steht zum ~** ... jest na sprzedaż **verkaufen** (-) v/t sprzeda(wa)ć (**für fünf Euro** za pięć euro); **sich ~** sprzeda(wa)ć się (a. fig **an jeden, der ...** każdemu, kto ...) **Verkäufer(in** f) m sprzedawca m ⟨-czyni⟩; (im Laden) ekspedient(ka) **verkäuflich** do sprzedania, na sprzedaż, zbywalny **Verkaufsbedingungen** fpl warunki mpl sprzedaży **verkaufsoffen** adj: **~er Samstag** sobota z przedłużonymi godzinami otwarcia sklepów **Verkaufsstand** m stoisko
**Verkehr** m (-[e]s; bpl) auf der Straße usw ruch; (Sex) stosunek, pożycie **verkehren** (-) v/i (a. sn) kursować; fig **mit j-m ~** utrzymywać stosunki z, obcować z ⟨inst⟩; brieflich korespondować z ⟨inst⟩; sexuell mieć stosunki płciowe, współżyć z ⟨inst⟩; **in e-m Kreis ~** obracać się w ⟨lok⟩; **sich ~** (**in** akk) zamienić się (w akk) **Verkehrsamt** n biuro usług turystycznych **Verkehrsanbindung** f połączenie **verkehrsberuhigt** adj: **~e Zone** strefa ograniczonego ruchu **Verkehrsbetrieb(e** pl) m przedsiębiorstwo komunikacyjne **Verkehrsdelikt** n wykroczenie drogowe **Verkehrsfunk** m radiofonia dla pojazdów (samochodowych) **Verkehrsgefährdung** f zagrożenie ruchu drogowego **Verkehrslärm** m hałas uliczny **Verkehrsmittel** n środek komunikacji, środek lokomocji **Verkehrsnetz** n sieć komunikacyjna **Verkehrsopfer** n ofiara wypadku drogowego **Verkehrspolizei** f policja drogowa, umg drogówka **Verkehrsregel** f przepis ruchu drogowego **Verkehrsschild** n znak dro-

## verkehrssicher – Verleih

gowy **verkehrssicher** technicznie sprawny **Verkehrssicherheit** f (bpl) bezpieczeństwo ruchu **Verkehrsstörung** f zakłócenie w komunikacji **Verkehrssünder(in)** m(f) sprawca m (-czyni) wykroczenia drogowego **Verkehrsteilnehmer** m uczestnik ruchu **Verkehrsunfall** m wypadek drogowy **Verkehrszeichen** n znak drogowy
**verkehrt** adj opaczny, präd a. na opak; **~ herum** odwrócony; (andersherum) odwrotny, präd a. na odwrót
**verkennen** v/t (irr; -) nie doceni(a)ć (gen)
**verklagen** (-) zaskarżać ⟨-żyć⟩ (**j-n wegen** k-o za akk) **verkleben** (-) v/i (sn) zlepi(a)ć się, sklejać ⟨skleić⟩ się
**verkleiden** (-) v/t przeb(ie)rać (**als** za akk); BUD oblicow(yw)ać (**mit etw** inst); Heizkörper usw obudow(yw)ać (**mit etw** inst) **Verkleidung** f przebranie; aus Holz boazeria; e-r Maschine osłona, obudowa
**verkleinern** (-re; -) v/t zmniejszać ⟨-szyć⟩
**verklemmt** umg fig zakompleksiony
**verklingen** v/i (irr; -; sn) przebrzmie(wa)ć, zamierać ⟨-mrzeć⟩ **verkneifen** umg (irr; -): **sich** (dat) **~** Lachen stłumić pf; Bemerkung powstrzymać się pf (od gen); Wunsch odmówić pf sobie (gen)
**verknüpfen** (-)Fäden, fig (verbinden) ⟨po-, z⟩wiązać; fig (in Zusammenhang bringen) a. ⟨s⟩kojarzyć (**mit etw** z inst)
**verkommen**¹ v/i (irr; -; sn) ⟨z⟩marnować się
**verkommen**² adj zaniedbany, zapuszczony; moralisch zdeprawowany
**verkörpern** (-re; -) uosabiać ⟨-sobić⟩; Rolle odtwarzać ⟨-tworzyć⟩ **verkraften** (-e-; -) v/t podołać pf (dat), da(wa)ć sobie radę (z inst) **verkrampfen** (-): **sich ~** ⟨s⟩kurczyć się konwulsyjnie **verkrampft** adj fig wymuszony **verkriechen** (irr; -): **sich ~** zaszy(wa)ć się, ⟨s⟩chować się **verkrüppelt** adj ułomny, kaleki (a. Baum) **verkümmern** v/i (-; sn) Talent ⟨z⟩marnować się; Handel upadać ⟨upaść⟩
**verkünden** (-e-; -) oznajmi(a)ć; Gesetz ogłaszać ⟨ogłosić⟩; Unheil zwiastować **Verkündigung** f: REL **Mariä ~** Zwiastowanie Najświętszej Marii Panny
**verkürzen** (-) v/t skracać ⟨skrócić⟩ (v/i sich się) **verkürzt** adj skrócony **Verkürzung** f skrócenie
**verladen** (irr; -) załadow(yw)ać (**auf Schiffe** na statki **Verladung** f załadunek
**Verlag** m (-[e]s; -e) wydawnictwo **verlagern** (-) v/t przenosić ⟨-nieść⟩, przemieszczać ⟨-mieścić⟩; **sich ~** METEO przemieszczać ⟨-mieścić⟩ się (**nach na** akk)
**verlangen** (-) v/t (za)żądać (gen), **Verlangen** n (Forderung) żądanie; (Begierde) pożądanie
**verlängern** (-re; -) przedłużać ⟨-żyć⟩; Wechsel ⟨s⟩prolongować **Verlängerung** f przedłużenie **Verlängerungsschnur** f ELEK przedłużacz
**verlangsamen** (-) v/t zwalniać ⟨zwolnić⟩; **sich ~** spadać ⟨spaść⟩, zmniejszać ⟨-szyć⟩ się
**Verlass** m (-es; bpl): nur in **es ist (kein) ~ auf ...** (akk) na ... (lok) (nie) można polegać **verlassen**¹ (irr; -) v/t opuszczać ⟨opuścić⟩; **sich ~ (auf j-n, etw)** polegać (na lok), zda(wa)ć się (na akk)
**verlassen**² adj opuszczony, porzucony; (leer) opustoszały
**verlässlich** pewny, niezawodny
**Verlauf** m przebieg (**der Krankheit, Reise** choroby, podróży; **der Grenze** granicy), tok (**der Aktion** akcji) **verlaufen** (-) v/i (sn) Diskussion ⟨po⟩toczyć się; **sich ~** rozchodzić ⟨rozejść⟩ się; (sich verirren) z(a)błądzić pf
**Verlautbarung** f podanie do wiadomości, ogłoszenie
**verleben** (-) Zeit spędzać ⟨-dzić⟩
**verlegen**¹ (-) v/t przenosić ⟨-nieść⟩; Kabel układać ⟨ułożyć⟩; (installieren) zakładać ⟨założyć⟩; Termin przesuwać ⟨-sunąć⟩; Buch wyda(wa)ć; (verkramen) zapodzi(ew)ać; **sich ~ (auf** akk) przerzucać ⟨-cić⟩ się (na akk)
**verlegen**² adj Person zakłopotany, zmieszany; Schweigen kłopotliwy (-wie); **um etw nie ~ sein** nigdy nie mieć kłopotu z (inst) **Verlegenheit** f zakłopotanie; kłopot (a. finanziell); **j-n in ~ bringen** wprawi(a)ć k-o w zakłopotanie
**Verleger(in)** m(f) wydawca m (-czyni)
**verleiden** (-e-; -): **j-m etw ~** obrzydzać ⟨-dzić⟩, zohydzać ⟨-dzić⟩ k-u (akk)
**Verleih** m (-[e]s; bpl) (das Verleihen) wypożyczanie, wynajem; (pl -e) (Firma) wy-

**pożyczalnia verleihen** (irr; -): **j-m, an j-n etw ~** wypożyczać ⟨-czyć⟩, wynajmować ⟨-jąć⟩ k-u (akk); Orden odznaczać ⟨-czyć⟩ k-o (inst); Titel przyzna(wa)ć k-u (akk); Würde przyda(wa)ć k-u (gen) **Verleihung** f odznaczenie (inst)
**verleiten** (-): **j-n zu etw ~** namawiać ⟨-mówić⟩ k-o do (gen) **verlernen** (-): **etw ~** zapominać ⟨-mnieć⟩ (gen) **verlesen**¹ (irr; -) Erbsen przeb(ie)rać **verlesen**² (irr; -) v/t Text odczyt(yw)ać (na głos); **sich ~** czytając, omylić się pf
**verletzen** (-) 🅰 v/t ⟨s⟩kaleczyć, zranić pf (akk); **sich** (dat) **etw ~** skaleczyć sobie (akk); (kränken) urażać ⟨urazić⟩, dotknąć pf k-o; Pflicht naruszać ⟨-szyć⟩; Recht a. pogwałcić pf 🅱 v/r **sich ~** skaleczyć się (**am Finger** w palec) **Verletzte(r)** m (-n) ranny, poszkodowany **Verletzung** f skaleczenie, uraz, kontuzja
**verleumden** (-e-; -) zniesławi(a)ć, oczerni(a)ć **Verleumdung** f oszczerstwo, kalumnia
**verlieben** (-): **sich ~** zakoch(iw)ać się pf (**in** akk w lok) **verliebt** adj zakochany (**in** akk w lok)
**verlieren** (verlor, verloren) 🅰 v/t 1 ⟨z⟩gubić, zagubić pf 2 fig ⟨s⟩tracić, utracić pf 3 Kampf przegr(yw)ać; **nichts mehr zu ~ haben** nie mieć nic do stracenia 🅱 v/i ⟨s⟩tracić (**an Wert** na wartości) 🅲 v/r **sich ~** ⟨z⟩gubić się; **sich aus den Augen ~** ⟨s⟩tracić siebie wzajemnie z oczu; **sich in Einzelheiten ~** gubić się w szczegółach
**verlinken** v/t (-) linkować
**verloben** (-): **sich ~** zaręczać ⟨-czyć⟩ się (**mit j-m** z inst) **Verlobte(r)** m (-n) narzeczony **Verlobung** f zaręczyny pl
**verlocken** (-) ⟨z⟩nęcić (**zu etw** do gen) **Verlockung** f pokusa
**verlogen** zakłamany, załgany **verloren** pperf → verlieren; adj Kampf przegrany; Mühe daremny; **~ gehen** zagubić się pf, przepadać ⟨-paść⟩
**verlosen** (-) rozlosow(yw)ać **Verlosung** f losowanie
**Verlust** m (-[e]s; -e) zguba; FIN, fig strata (**durch etw** wskutek, w wyniku gen); der Rechte utrata; e-s Spiels przegrana **Verlustanzeige** f ogłoszenie o zgubie
**vermachen** (-) zapis(yw)ać w testamencie (**j-m etw** k-u akk) **vermarkten** (-e-;

verleihen – vernichten • 547

-)HANDEL promować od lansować na rynku **vermasseln** umg ⟨-le; -) Plan zawalać ⟨-lić⟩; Prüfung obl(ew)ać
**vermehren** (-) v/t pomnażać ⟨-mnożyć⟩; BIOL rozmnażać ⟨-mnożyć⟩ **Vermehrung** f (bpl) zwiększenie; BIOL rozmnażanie (się), rozmnożenie
**vermeidbar** (możliwy) do uniknięcia **vermeiden** (irr; -) v/t unikać ⟨-knąć⟩ (gen)
**vermeintlich** domniemany, rzekomy, präd rzekomo
**Vermerk** n (-[e]s; -e) adnotacja
**vermessen**¹ (-) v/t wymierzać ⟨-rzyć⟩ **vermessen**² adj zuchwały (-le); Person a. zadufany
**Vermessung** f pomiar
**vermieten** (-): **j-m, an j-n ~** wynajmować ⟨-nająć⟩ k-u; **... zu ~** ... do wynajęcia **Vermieter(in)** m(f) wynajmujący (-ca) (**der Wohnung** mieszkanie) **Vermietung** f wynajem
**vermindern** (-) v/t zmniejszać ⟨-szyć⟩; (reduzieren) ⟨z⟩redukować, uszczuplać ⟨-lić⟩ **vermischen** (-) ⟨z⟩mieszać (**mit etw** z inst) **vermissen** (-) v/t stwierdzać ⟨-dzić⟩ brak (gen); (sich sehnen nach etw, j-m) odczu(wa)ć brak od nieobecność (gen) **vermisst** adj Person zaginiony
**vermitteln** (-le; -) v/i pośredniczyć, występować ⟨-stąpić⟩ w roli mediatora; v/t; Wissen przekaz(yw)ać **Vermittlung** f pośrednictwo; (Schlichtung) mediacja; von Wissen przekaz(yw)anie; TEL centrala
**Vermögen** n (bpl) możność f; (Besitz) majątek **vermögend** adj majętny **Vermögenslage** f stan majątkowy
**vermuten** (-e-; -) zakładać ⟨ -łożyć⟩, przypuszczać ⟨-puścić⟩ **vermutlich** przypuszczalny; präd zapewne, przypuszczalnie **Vermutung** f przypuszczenie
**vernachlässigen** (-) zaniedb(yw)ać
**vernehmen** (irr; -) ⟨u⟩słyszeć; Zeugen przesłuch(iw)ać **Vernehmen** n: **dem ~ nach** jak mówią, jak słychać **Vernehmung** f przesłuchanie
**verneinen** (-) v/t zaprzeczać ⟨-czyć⟩ (dat); Frage odpowiadać ⟨-wiedzieć⟩ przecząco (na pytanie) **Verneinung** f przeczenie, zaprzeczenie, negacja; GRAM negacja
**vernichten** (-e-; -) ⟨z⟩niszczyć (**gänzlich, total** doszczętnie); (vertilgen) wyni-

## 548 ■ Vernichtung – verschätzen

szczać ⟨-czyć⟩ **Vernichtung** f wyniszczenie; (*Ausrottung*) eksterminacja, zagłada

**Vernissage** f (-; -n) wernisaż

**Vernunft** f (*bpl*) rozum, rozsądek; **j-n (wieder) zur ~ bringen** przywołać *pf* k-o do rozsądku **vernünftig** rozsądny, roztropny; *umg* porządny

**veröffentlichen** (-) ⟨o⟩publikować

**verordnen** (-) *Bettruhe usw* zalecać ⟨-cić⟩ **Verordnung** f rozporządzenie, dekret; *des Arztes* zalecenie (lekarskie)

**verpachten** (-) odda(wa)ć w dzierżawę, wydzierżawi(a)ć **Verpachtung** f wydzierżawienie

**verpacken** (-) ⟨za⟩pakować **Verpackung** f opakowanie (*a. Hülle*)

**verpassen** (-) *v/t* nie zdążyć *pf* **verpfeifen** *umg abw* (*irr*; -): **j-n ~** ⟨w⟩sypać k-o; *Plan* wyśpiewać *pf* **verpflanzen** (-) *Pflanze* przesadzać ⟨-dzić⟩; MED, *fig* przeszczepi(a)ć

**verpflegen** (-) *v/t* żywić; *Gäste* stołować **Verpflegung** f prowiant

**verpflichten** (-e-; -) *v/t* zobowiąz(yw)ać; **sich ~** zobowiąz(yw)ać się (**zu do** *gen od* + *inf*) **verpflichtet** zobowiązany **Verpflichtung** f zobowiązanie (**finanzielle** finansowe; **gegenüber j-m** wobec *gen*); engagement, zaangażowanie (do pracy); (*Pflicht*) obowiązek

**verpfuschen** *umg* (-) *fig* zmarnować *pf*, zrujnować *pf* **verplappern** *umg* (-): **sich ~** wygadać się *pf*, wypaplać *pf* **verprügeln** (-) ⟨po-, z⟩bić **verpulvern** *umg* (-re; -) *Geld* przepuszczać ⟨-puścić⟩, przepuścić *pf* **verputzen** (-) sprzątnąć *pf* (z talerza) **verrammeln** *umg* (-le; -) zatarasować *pf* **verramschen** *umg abw* (-) sprzeda(wa)ć za bezcen, upłynni(a)ć

**Verrat** m (-[e]s; *bpl*) zdrada **verraten** (*irr*; -) *v/t* zdradzać ⟨-dzić⟩ (**an j-n k-u**); **sich ~** zdradzać ⟨-dzić⟩ się **Verräter(in)** m(f) zdrajca m (-czyni) **verräterisch** zdradziecki (-ko); *Geste* znaczący

**verrechnen** (-) *v/t* rozliczać ⟨-czyć⟩; *Betrag* zaliczać ⟨-czyć⟩ na poczet rachunku; **sich ~** przeliczać ⟨-czyć⟩ się **Verrechnungsscheck** m czek rozrachunkowy **verrecken** (-; sn) zdychać ⟨zdechnąć⟩ **verregnet** *od* deszczowy **verreisen** *v/i* (-; sn) wyjeżdżać ⟨-jechać⟩ **verrenken** (-) *v/t* MED zwichnąć *pf*; **sich ~** wyprawiać łamańce **verrichten** (-) wykon(yw)ać

**verriegeln** (-le; -) zaryglow(yw)ać **verringern** (-re; -) *v/t* zmniejszać ⟨-szyć⟩, obniżać ⟨-żyć⟩ **Verringerung** f zmniejszenie (się) **verrostet** zardzewiały **verrotten** *v/i* (-e-; -; sn) (*vermodern*) ⟨z⟩butwieć, ⟨prze-, z⟩gnić; *Bauwerk* zamieni(a)ć się w ruinę, walić się (ze starości)

**verrückt** *umg adj* zwariowany; *Einfall a.* wariacki; **wie ~** po wariacku, jak opętany; **~ sein nach j-m, auf etw** wariować na punkcie (*gen*); **du bist wohl ~!** zwariowałeś (-łaś)!; **ich werd(e) ~!** kurczę blade! **Verrückte(r)** m (-n) wariat **Verrücktheit** f wariactwo (*a. fig*)

**Verruf** m: **in ~ bringen** ⟨z⟩dyskredytować (*akk*); **in ~ geraten** zepsuć *pf* sobie opinię **verrufen** *adj* osławiony; *Lokal a.* zakazany

**Vers** m (-es; -e) *Bibel* werset

**versagen** (-) *v/t* odmawiać ⟨-mówić⟩; *Person* zawieść *pf* **Versagen** n: **menschliches ~** zawodność f człowieka; **technisches ~** wada techniczna **Versager** m niedołęga m, nieudacznik

**versalzen** *v/t* (-) przesalać ⟨-solić⟩; *umg fig* popsuć *pf*

**versammeln** (-) zbierać ⟨zebrać⟩, ⟨z⟩gromadzić **Versammlung** f zebranie, zgromadzenie (się)

**Versand** m (-[e]s; *bpl*) wysyłka, (*a. Abteilung*) ekspedycja **versanden** *v/i* (-e-; -; sn) zapiaszczać ⟨-czyć⟩ się; *fig* stopniowo usta(wa)ć **versandfertig** gotowy do wysyłki **Versandhaus** n dom sprzedaży wysyłkowej **Versandkosten** *pl* koszty *mpl* wysyłki

**versäumen** (-) *Termin* nie stawi(a)ć się (u, do *gen*, na *akk*); *Unterricht* opuszczać ⟨opuścić⟩ (*akk*); **er versäumte nicht, zu ...** nie omieszkał ... **Versäumnis** n (-ses; -se) zaniedbanie; (*Nichterscheinen*) niestawiennictwo

**verschaffen** (-): **j-m etw ~** postarać się *pf*, wystarać się *pf* dla k-o o (*akk*); **sich** (*dat*) **etw ~** zyskać *pf*, zdoby(wa)ć **verschämt** *adj* zażenowany; *präd* z zażenowaniem **verschärfen** (-) zaostrzać ⟨-rzyć⟩; *Tempo* przyspieszać ⟨-szyć⟩ **verscharren** (-) zagrzeb(yw)ać

**verschätzen** (-): **sich ~** przerachow-

(yw)ać się (**in** *dat* w *lok*) **verschenken** (-) podarować *pf* (**an j-n** k-u) **verscheuchen** (-) *Wild a.* ⟨s⟩płoszyć **verschicken** (-) → *versenden*; *j-n zur Kur usw* skierować *pf* (**na** *akk*) **verschieben** (*irr zeitlich a.* odkładać ⟨-łożyć⟩, odraczać ⟨-roczyć⟩ (**auf später** na później, **auf morgen** do jutra); *Waren* spekulować, (pokątnie) handlować (*inst*); **sich ~** przesuwać ⟨-sunąć⟩ się; *Termin* zostać odroczonym (**um zwei Tage** o dwa dni) **verschieden** *adj* różny, niejednakowy; **~ groß** różniący się wielkością; **~ sein (von)** różnić się (od *gen*); *nur pl* **~e** rozmaite, różne, wszelkiego rodzaju **verschiedenartig** rozmaity, różnorodny **Verschiedenheit** *f* (*Vielfältigkeit*) rozmaitość *f*
**verschiffen** (-) ⟨za⟩ładować na statek; wys(y)łać statkiem **verschimmeln** (-) (-; *sn*) ⟨s-, za⟩pleśnieć **verschlafen**¹ (-) *v/t* przesypiać ⟨przespać⟩; *v/i* zaspać *pf* **verschlafen**² *adj* zaspany, senny **verschlagen**¹ (*irr*; -) *Ball* przestrzelić *pf*; **das verschlug ihm die Sprache, den Appetit** to odebrało mu głos, apetyt; **es hat ihm den Atem ~** aż dech mu zaparło; **der Krieg hat ihn nach Berlin ~** wojna zagnała go do Berlina **verschlagen**² *adj* (*hinterhältig*) podstępny, przebiegły; **~ grinsen** uśmiechać się przebiegle **verschlampen** *umg* (-) zapodzi(ew)ać, zawieruszyć *pf*; (*vergessen*) zapomnieć *pf* **verschlechtern** (-re; -) *v/t* pogarszać ⟨-gorszyć⟩ **Verschlechterung** *f* pogorszenie (się), zmiana na gorsze **verschleiern** (-re; -) osłaniać ⟨osłonić⟩ welonem, *a. fig* zawoalować *pf* **Verschleiß** *m* (-es; *selten* -e) zużywanie się, zużycie (się); (*Abrieb*) ścieranie się **verschleppen** (-) (*entführen*) uprowadzać ⟨-dzić⟩; (*verzögern*) przewlekać ⟨-lec⟩ **verschleudern** (-) sprzed(aw)ać za bezcen; *abw* ⟨roz⟩trwonić **verschließbar** zamykany (na klucz) **verschließen** (*irr*; -) *v/t* zamykać ⟨-mknąć⟩; (*abschließen*) zamykać ⟨-mknąć⟩ na klucz; **sich ~** zamykać ⟨-mknąć⟩ się w sobie **verschlimmern** (-re; -) *v/t* pogarszać ⟨-gorszyć⟩ **verschlingen**¹ (*irr*; -): *v/r* **sich (ineinander) ~** spleść się *pf* **verschlingen**² (*irr*; -) połykać ⟨-łknąć⟩; *fig* pochłaniać ⟨-chłonąć⟩

**verschlossen** *pperf* → *verschließen*; *adj* zamknięty; *Person* zamknięty w sobie, skryty **Verschlossenheit** *f* (*bpl*) skrytość *f*
**verschlucken** (-) *v/t* połykać ⟨-łknąć⟩; **sich ~** zakrztusić się *pf* **verschlungen** *pperf* → *verschlingen*¹,²; *adj* splątany; *Pfad* kręty **Verschluss** *m* zamknięcie, zamek; *fot* migawka; **unter ~** pod kluczem **verschlüsselt** *adj* zakodowany **verschmelzen** *v/i* (*sn*) stapiać ⟨stopić⟩ się; *fig* ⟨po⟩łączyć się (**zu einem Ganzen** w całość) **verschmitzt** szelmowski **verschmutzen** (-) *v/i* (*sn*) ⟨po-, za⟩brudzić się **Verschnaufpause** *f* chwila wytchnienia
**verschneit** *adj* zaśnieżony, zawiany śniegiem **verschnupft** *adj* zakatarzony; *umg fig* nadąsany **verschollen** *adj* zaginiony; **~ sein** zaginąć bez wieści **verschonen** (-) *v/t*: **j-n mit etw ~** zaoszczędzać ⟨-dzić⟩, oszczędzać ⟨-dzić⟩ k-u (*gen*) **verschönern** (-re; -) ozdabiać ⟨-dobić⟩, upiększać ⟨-szyć⟩
**verschreiben** (*irr*; -) *v/t* MED przepis(yw)ać; **sich ~** ⟨o⟩mylić się (przy pisaniu); *fig* **sich** *e-r Sache ~* odda(wa)ć się całkowicie (*dat*) **Verschreibung** *f* przepis, recepta
**verschrotten** (-e-; -) złomować **verschüchtert** onieśmielony, zażenowany; *präd* jak trusia
**verschulden** (-) *v/t Unfall* zawinić *pf* (*akk*), być winnym (*gen*); **sich ~** zadłużać ⟨-żyć⟩ się **Verschulden** *n* (-s; *bpl*) wina; **durch eigenes ~** z własnej winy **verschuldet** *adj* zadłużony
**verschütten** (-) rozsyp(yw)ać; *Milch* rozl(ew)ać **verschwägert** *adj* spowinowacony **verschweigen** (*irr*; -): **etw ~** przemilczać ⟨-czeć⟩ (*akk*)
**verschwenden** (-e-; -) trwonić (*akk*), szafować (*inst*) **verschwenderisch** rozrzutny; (*üppig*) bogaty (-to) **Verschwendung** *f* (*pl selten*) (*Prasserei*) trwonienie; (*Misswirtschaft*) marnotrawstwo, rozrzutność *f*
**verschwiegen** *pperf* → *verschweigen*; *adj* dyskretny; *Platz* ustronny **Verschwiegenheit** *f* (*bpl*) dyskrecja **verschwimmen** (*irr*; -; *sn*) *Umrisse* rozpływać ⟨-płynąć⟩ się **verschwinden** *v/i* (*irr*; -; *sn*) znikać ⟨-knąć⟩ (*a. umg sich*

## Verschwinden – Verständnis

*davonmachen)* **Verschwinden** *n* (-s; *bpl*) zniknięcie **verschwommen** *pperf* → verschwimmen; *adj* niewyraźny, nieostry (-ro); *fig* mglisty (-ście, -to) **verschwören** (-): **sich ~** spiskować, zmawiać ⟨zmówić⟩ się (**gegen** przeciw *dat*) **Verschwörer(in)** *m(f)* spiskowiec **Verschwörung** *f* zmowa, spisek **versehen** (*irr*; -) *v/t* zaopatrywać ⟨-trzyć⟩ (**mit etw** w *akk*); **sich ~** omylić się *pf* (**bei** przy, w *lok*) **Versehen** *n* ⟨po⟩myłka; **aus ~** przez nieuwagę, przez niedopatrzenie **versenden** (*irr*; -) wys(y)łać; *an viele Adressaten* rozsyłać ⟨rozesłać⟩ **versengen** (-) osmalać ⟨-lić⟩, przypalać ⟨-lić⟩; *Sonnenhitze* spalać ⟨-lić⟩, wypalać ⟨-lić⟩ **versenken** (-) *v/t Schiff* zatapiać ⟨-topić⟩ **versessen** *adj*: **~ sein** (**auf** *akk*) lecieć (na *akk*), palić się (do *gen*); *etw zu tun* zawziąć się (, że)
**versetzen** (-) 🅰 *v/t* 🔢 *Mauer* przestawi(a)ć 🔢 *Beamte* przenosić ⟨-nieść⟩; *Schüler* promować; **versetzt werden** (**in** *akk*) dosta(wa)ć promocję (do *gen*) 🔢 *Schlag* wymierzać ⟨-rzyć⟩, zada(wa)ć 🔢 *pfänden* zastawi(a)ć 🔢 (*vermischen*) domieszać *pf* (**Wein mit Wasser** wody do wina); **... versetzt mit** (*dat*) ... z domieszką (*gen*) 🔢 *umg* j-n ~ (*warten lassen*) nie zjawi(a)ć się na spotkanie z (I) *usw* 🔢 **j-n in** e-n *Zustand* ~ wprawi(a)ć k-o (w *akk*); **j-n in Angst (und Schrecken) ~** napędzać ⟨-dzić⟩ k-u strachu 🅱 *v/r* **sich in j-s Lage ~** wejść *pf* w położenie (*gen*); **versetz dich an meine Stelle** wyobraź sobie, że jesteś na moim miejscu **Versetzung** *f* e-s *Beamten* przeniesienie
**verseuchen** (-) skazać ⟨skazić⟩ (**radioaktiv** substancją radioaktywną)
**versichern** (-): *v/t* **j-m ~, dass ...** (*als sicher hinstellen*) upewni(a)ć, zapewni(a)ć k-o, że ..., zaręczać ⟨-czyć⟩ k-u, że ...; **eidesstattlich ~** zapewni(a)ć w miejsce przysięgi; **j-n, etw ~** ubezpieczać ⟨-czyć⟩ (**gegen** od *gen*); **sich ~** e-r *Sache* przekon(yw)ać się (o *lok*); *vertraglich* ubezpieczać ⟨-czyć⟩ się (**gegen** od *gen*; **bei** w *lok*, u *gen*) **Versicherte(r)** *m* (-n) ubezpieczony **Versichertenkarte** *f* karta ubezpieczenia zdrowotnego **Versicherung** *f* ubezpieczenie (**gegen** od *gen*; **über ... Euro** na sumę ... euro) **Versicherungsbeitrag** *m* składka ubezpieczeniowa **Versicherungssumme** *f* suma ubezpieczenia
**versickern** *v/i* ⟨-; *sn*⟩ wsiąkać ⟨-knąć⟩; *fig* rozpływać ⟨-płynąć⟩ się **versiegeln** ⟨-le; -⟩ *Raum* opieczętować *pf*; *Parkett* ⟨po⟩lakierować **versiegen** *v/i* ⟨-; *sn*⟩ wysychać ⟨-schnąć⟩ (*a. fig*) **versiert** *adj* doświadczony, zaprawiony (**in** *dat* w *lok*) **versinken** *v/i* (*irr*; -; *sn*) zatonąć *pf*, (*a. fig* **in Trauer** *usw* w smutku *usw*) pogrążyć się; *im Schnee* tonąć, ⟨u⟩grzęznąć, zapadać ⟨-paść⟩
**Version** *f* wersja
**versöhnen** (-) ⟨po⟩godzić (**mit z** *inst*) **versöhnlich** pojednawczy (-czo) **Versöhnung** *f* pojednanie, pogodzenie się
**versorgen** (-) zaopatrywać ⟨-trzyć⟩ (**mit** w *akk*), dostarczać ⟨-czyć⟩ (*gen*); *Familie* utrzymywać; *Haushalt a.* prowadzić; *Kranke* opiekować się (*inst*); *Verletzte* opatrywać ⟨-trzyć⟩ **Versorgung** *f* (*bpl*) (*Bereitstellen von etw*) zaopatrywanie, zaopatrzenie (**mit** w *akk*)
**verspäten** (-e-; -): **sich ~** opóźni(a)ć się; (*zu spät kommen*) spóźni(a)ć się (**mit etw z** *inst*) **Verspätung** *f* opóźnienie, spóźnienie
**versperren** (-) *Einfahrt usw* zagradzać ⟨-grodzić⟩, zatarasow(yw)ać; *Aussicht* zasłaniać ⟨-słonić⟩ **verspielen** (-) *v/t Geld* przegr(yw)ać; *Chance* zaprzepaszczać ⟨-paścić⟩; *v/i umg* **bei j-m verspielt haben** mieć przechlapane u k-o **verspotten** (-) *v/t* szydzić ⟨z *gen*⟩
**versprechen** (*irr*; -) *v/t* obiec(yw)ać (**j-m etw** k-u *akk*); **sich ~** przejęzyczyć się *pf*; **sich** (*dat*) **viel ~** (**von**) wiele sobie obiecywać (po *lok*) **Versprechen** *n* obietnica
**versprühen** (-) *Flüssigkeit* rozpylać ⟨-lić⟩; *fig Witz* skrzyć się (*inst*)
**Verstand** *m* (-[e]s; *bpl*) rozum, rozsądek; **den ~ verlieren** postradać rozum, odchodzić od zmysłów **verständigen** (-) *v/t* powiadamiać, ⟨-domić⟩ (**j-n von** *dat* k-o o *lok*); **sich ~** porozumie(wa)ć się (**mit j-m z** *inst*; **auf Englisch** po angielsku) **Verständigung** *f* *sprachlich* porozumie(wa)nie się **verständlich** zrozumiały, *präd* zrozumiale **verständlicherweise** *adv* ze zrozumiałych względów **Verständnis** *n* (-ses; *bpl*)

zrozumienie **verständnislos** präd bez zrozumienia (rzeczy), (nic) nie rozumiejąc **verständnisvoll** ze zrozumieniem; *Lächeln usw* porozumiewawczy ‹-czo› **verstärken** (-) v/t wzmacniać ‹wzmocnić›; (*intensivieren*) ‹s›potęgować, wzmagać ‹wzmóc›; v/r **sich ~** nasilać ‹-lić› się **Verstärker** m rtv wzmacniacz **Verstärkung** f (*Intensivierung*) wzmożenie, nasilenie (się)

**verstaubt** zakurzony; *fig abw* staroświecki **verstauchen** (-) skręcać ‹-cić› (**sich** [*dat*] **den Fuß** sobie nogę) **verstauen** (-) ‹za›pakować, włożyć pf (**in** *akk od dat* do *gen*)

**Versteck** n (-[e]s; -e) kryjówka; (*Geheimfach*) schowek; **~ spielen** bawić się w chowanego **verstecken** (-) v/t ‹s›chować, ukry(wa)ć **versteckt** adj ukryty **verstehen** (*irr*, -) v/t ‹z›rozumieć; (*können*) umieć, znać; **das verstehe ich nicht** tego nie rozumiem; **ich verstehe!** rozumiem!; **wie soll ich das ~?** jak mam to rozumieć?; **ich verstehe mich gut mit ihr** my się z nią doskonale rozumiemy

**versteigern** (-) *Sache* sprzeda(wa)ć na licytacji **Versteigerung** f licytacja, aukcja

**verstellen** (-) *Stimme* zmieni(a)ć; **sich ~** udawać, symulować **Verstellung** f (*bpl*) symulowanie, udawanie **versteuern** (-): **etw ~** ‹za›płacić podatek (za *akk*) **verstimmen** (-) rozstrajać ‹-stroić› **verstopfen** (-) v/t zat(y)kać, *a. Abfluss* zap(y)chać **Verstopfung** f MED zaparcie (stolca), zatwardzenie **verstorben** *adj* zmarły **verstört** *adj* roztrzęsiony, zbulwersowany; *Blick* błędny

**Verstoß** m JUR wykroczenie (przeciw *dat*) **verstoßen** (*irr*; -) v/t wypędzać ‹-dzić›; v/i **~ gegen** *Gesetz* naruszać ‹-szyć› (*akk*); *Anstand* uchybi(a)ć (*dat*) **verstrahlt** skażony radioaktywnie **verstreichen** (-) *Farbe* rozprowadzać ‹-dzić›; **die Frist ~ lassen** nie dopilnować terminu **verstreuen** (-) rozpr(o)sz(yw)ać; *Dünger* rozrzucać ‹-cić› **verstümmeln** (-le; -) ‹o›kaleczyć; *fig* zniekształcać ‹-cić› **verstummen** (-; sn) ‹u-, za›milknąć; *Musik* ucichnąć *pf*

**Versuch** m eksperyment **versuchen** (-) v/t ‹s›próbować (*gen*; *a.* v/i **von etw**; *wagen*) pokusić się (o *akk*); **~ zu** (+ *inf*) ⟨*sich bemühen*⟩ usiłować (+ *inf*) **Versuchskaninchen** n *fig umg abw* królik doświadczalny **versuchsweise** *adv* na próbę, tytułem próby **Versuchung** f pokuszenie; pokusa

**versunken** *pperf* → versinken; *adj* zatonięty, zatopiony (*a. fig* **in Gedanken** w myślach) **versüßen** (-) v/t osładzać ⟨osłodzić⟩ (*a.* **sich** [*dat*] **etw** sobie [*akk*]) **vertagen** (-) v/t odraczać ⟨-roczyć⟩; v/r **das Gericht vertagt sich auf ...** sąd odracza rozprawę do ... **vertauschen** (-) brać ⟨wziąć⟩ pomyłkowo (*akk*)

**verteidigen** (-) v/t ⟨o⟩bronić (**gegen** przed *inst*; **sich** się); v/i SPORT grać w obronie **Verteidiger**(**in** f) m obrońca m ⟨-czyni⟩ **Verteidigung** f obrona (*a.* JUR, SPORT) **Verteidigungsminister** m minister obrony

**verteilen** (-) **A** v/t *Waren* rozprowadzać ⟨-dzić⟩; (*hinlegen*) rozkładać ⟨-łożyć⟩; (*hinstellen*) rozstawi(a)ć **B sich ~** rozchodzić ⟨rozejść się⟩; (*an verschiedene Stellen e-s Raumes usw*) rozmieszczać ⟨-mieścić⟩ się **Verteiler** m AUTO, ELEK rozdzielacz; *a.* = **Verteilerschlüssel** m rozdzielnik **Verteilung** f (*Ausgabe*) HANDEL *a.* dystrybucja

**verteuern** (-) podrażać ⟨-drożyć⟩; **sich ~** ⟨po-, z⟩drożeć (**um ... Euro** o ... euro) **verteufelt** *umg adj* diabelski; *adv* diabelsko, diabelnie **vertiefen** (-) v/t pogłębi(a)ć; **sich ~** pogłębi(a)ć się; *fig* (**in** *akk*) zagłębi(a)ć się (**w** *lok*) **Vertiefung** f pogłębianie, pogłębienie (się); (*tiefere Stelle*) wgłębienie, zagłębienie

**vertikal** pionowy ⟨-wo⟩

**vertilgen** (-) (*ausrotten*) ⟨wy⟩tępić; *umg* (*verzehren*) zjeść *pf* **vertippen** *umg* (-): **sich ~** ⟨o⟩mylić się (przy pisaniu na maszynie) **vertonen** (-) napisać *pf* muzykę do (*gen*)

**Vertrag** m (-[e]s; -träge) umowa, kontrakt; POL *a.* traktat **vertragen** (*irr*; -) v/t znosić ⟨znieść⟩; *Essen* móc jeść; **sich ~** żyć w zgodzie; *umg* pasować (**to** *gen od* do siebie); **sich wieder ~** (**mit** *j-m*) pogodzić się *pf* (*z inst*) **vertraglich** umowny, określony w umowie, wynikający z umowy; **etw ~ festlegen** zastrzegać ⟨-strzec⟩ w umowie (*akk*) **verträglich** *Person* zgodny, niekłótliwy **Verträg-**

**lichkeit** f BIOL tolerancja **Vertragsbruch** m zerwanie od niedotrzymanie umowy **Vertragspartner(in** f) m kontrahent(ka) **Vertragsstrafe** f kara umowna **vertragswidrig** niezgodny z umową; *präd* wbrew umowie
**vertrauen** (-): **j-m ~** ⟨za⟩ufać, dowierzać k-u **Vertrauen** n (-s; bpl) zaufanie (**zu do** *gen*); (*Zuversicht*) ufność f (**auf** *akk* w *akk*); **~ haben** mieć zaufanie (zu do *gen*); **~ erweckend** budzący zaufanie **Vertrauensarzt** m lekarz-orzecznik **Vertrauensfrage** f kwestia zaufania; POL wniosek o wotum zaufania **Vertrauenssache** f rzecz f zaufania **Vertrauensstellung** f odpowiedzialne stanowisko **Vertrauensverhältnis** n (-ses; bpl) stosunek zaufania
**vertrauensvoll** *adj* pełen (-łna) zaufania **vertrauenswürdig** godny zaufania **vertraulich** poufny; (*familiär*) poufały (-łe) **Vertraulichkeit** f (bpl) poufność f; (*a. pl*) (*Verhalten*) poufałość f
**vertraut** *adj* zaufany, bliski; *Ort* (dobrze) znany; **mit etw ~ sein** być obeznanym z (*inst*); **sich ~ machen (mit)** zapozna(wa)ć się (z *inst*) **Vertraute(r)** m (-n) powiernik
**vertreiben** (irr; -) (*verjagen*) przepędzać ⟨-dzić⟩; **sich** (*dat*) **die Zeit ~** spędzać ⟨-dzić⟩ czas (**mit etw** na *lok*) **Vertreibung** f wypędzenie
**vertreten** (irr; -) *v/t* zastępować ⟨-stąpić⟩; *umg* **sich** (*dat*) **die Beine ~** przejść się *pf* **Vertreter(in)** m (f) (*Repräsentant*) przedstawiciel(ka), reprezentant(ka) **Vertretung** f zastępstwo
**Vertrieb** m (-[e]s; bpl) zbyt, dystrybucja; *von Presse* kolportaż **Vertriebene(r)** m (-n) wypędzony, wysiedleniec **Vertriebsabteilung** f dział sprzedaży **Vertriebsnetz** n sieć dystrybucyjna
**vertrocknen** *v/i* (-; sn) usychać ⟨uschnąć⟩ **vertrösten** (-): **j-n ~** zbywać obietnicami (*akk*) **vertun** (irr; -) *v/t* ⟨z⟩marnować; **sich ~** omylić się *pf*, pomylić się *pf* **vertuschen** (-) ⟨za⟩tuszować **verübeln** (-e; -): **j-m etw ~** brać ⟨wziąć⟩ za złe k-u (*akk*) **verüben** (-) popełni(a)ć (*akk*)
**verunglücken** (-; *tödlich* zginąć *pf* w wypadku; *umg Sache* nie uda(wa)ć się **verunreinigen** (-) zanieczyszczać ⟨-czyścić⟩ **verunsichern** (-) ⟨z⟩dezorientować; *j-n a.* ⟨s⟩peszyć **verunstalten** (-e-; -) ⟨ze⟩szpecić **veruntreuen** (-) *Gelder* sprzeniewierzać ⟨-rzyć⟩, ⟨z⟩defraudować **Veruntreuung** f sprzeniewierzenie, malwersacja, defraudacja
**verursachen** (-) ⟨s⟩powodować **Verursacher** m sprawca m
**verurteilen** (-) skaz(yw)ać (**zu** na *akk*) **Verurteilung** f JUR skazanie; *fig* potępienie, dezaprobata
**vervielfältigen** (-) powielać ⟨-lić⟩ **vervollkommnen** (vervollkommnete; *pperf* vervollkommnet) *v/t* udoskonalać ⟨-lić⟩; *Wissen* doskonalić **vervollständigen** (-) uzupełni(a)ć; (*abrunden*) ⟨s⟩kompletować
**verwachsen**[1] *v/i* (irr; -; sn) zrastać ⟨zrosnąć⟩ się **verwachsen**[2] *adj* zrośnięty (**mit j-m, etw z** *inst*; *a. fig*); (*missgestaltet*) ułomny, kaleki; (*buckelig*) garbaty
**verwahren** (-) przechowyw(a)ć; **sich (energisch) gegen etw ~** (energicznie) protestować przeciw (*dat*) **verwahrlosen** *v/i* (-; sn) *Sache* ulegać ⟨ulec⟩ zaniedbaniu od dewastacji **verwahrlost** *adj* zaniedbany; *Garten usw a.* zapuszczony **Verwahrung** f (bpl) *von Sachen* przechowanie; **in ~ geben** odda(wa)ć na przechowanie *od* do depozytu
**verwaist** *adj* osierocony; *fig Haus usw* opuszczony, pusty, bezludny
**verwalten** (-) *v/t* zarządzać (*inst*) **Verwalt|er(in)** m (f) zarządca m (-czyni), administrator(ka) **Verwaltung** f (bpl) administracja **Verwaltungsbehörde** f organ administracji (państwowej) **Verwaltungsgericht** n okręgowy sąd administracyjny
**verwandeln** (-) przemieni(a)ć, przeobrażać ⟨-razić⟩ **Verwandlung** f przemiana, przeobrażenie (się); TEATR zmiana dekoracji
**verwandt**[1] → verwenden **verwandt**[2] *adj* spokrewniony (**mit j-m z** *inst*) **Verwandte(r)** m (-n) krewny; *pl* → **Verwandtschaft** f pokrewieństwo; (*die Verwandten*) krewni *mpl*, *umg* krewniacy *mpl* **Verwandtschaft** f pokrewieństwo; *zbior* krewni *m/pl*, *fam* krewniacy *m/pl* **Verwandtschaftsgrad** m stopień m pokrewieństwa

## Verwarnung – Verzögerung

**Verwarnung** f upomnienie **verwässern** (-) rozwadniać ⟨-wodnić⟩ (a. fig)
**verwechseln** (-) ⟨po⟩mylić, mieszać, umg ⟨po⟩plątać (**mit j-m, etw z** inst) **Verwechslung** f pomyłka
**verwegen** zuchwały (-le), śmiały (-ło); fig zawadiacki (-ko) **verwehen** (-) zawiew(ać; (wegwehen) rozwiew(ać **verweigern** (-) odmawiać ⟨-mówić⟩ (**j-m etw** k-u gen) **Verweigerung** f odmowa
**Verweis** m (-es; -e) (Rüge) nagana; (Hinweis) odsyłacz **verweisen** (-): v/i ~ **auf etw** (hinweisen) wskaz(yw)ać (akk) od na (akk); v/t **j-n ~ an** (akk) skierow(yw)ać k-o do (gen), odsyłać ⟨odesłać⟩ k-o do (gen); **j-n des Landes, (von) der Schule ~** wydalać ⟨-lić⟩ k-o z kraju, ze szkoły
**verwelkt** pperf → **welken**; adj zwiędły, zwiędnięty **verwendbar** przydatny **verwenden** (irr; -) v/t uży(wa)ć (**für** akk, **in, zu** dat na akk, **w** lok, **do** gen; **als** jako); Methode ⟨za⟩stosować (**bei** przy lok); Mühe wkładać ⟨włożyć⟩ (**auf, für** akk **w** akk) **Verwendung** f używanie, użycie, użytek; (za)stosowanie
**verwerfen** (irr; -) v/t odrzucać ⟨-cić⟩; Klage a. oddalać ⟨-lić⟩; **sich ~** ⟨s⟩paczyć się **verwerten** (-) wykorzyst(yw)ać **Verwertung** f wykorzystanie; TECH a. utylizacja **verwesen** v/i (-; sn) ⟨z⟩gnić, rozkładać ⟨-łożyć⟩ się **Verwesung** f gnicie, rozkład
**verwickeln** (-) ⟨po⟩plątać, ⟨po⟩wikłać; Person wpląt(yw)ać (**in etw w** akk); **sich ~** zaplęt(yw)ać się; fig a. uwikłać się pf **Verwicklung** f powikłanie; pl a. perturbacje fpl
**verwirklichen** (-) ⟨z⟩realizować, urzeczywistni(a)ć
**verwirren** (-) v/t ⟨po⟩gmatwać; Haare ⟨z⟩wichrzyć; fig j-n zmieszać pf **verwirrt** adj zwichrzony; Person zmieszany **Verwirrung** f zamieszanie, zamęt; (Verstörtheit) zmieszanie
**verwischen** (-) zacierać ⟨-trzeć⟩ **verwitwet** owdowiały; **~ sein** owdowieć pf **verwöhnen** (-) rozpieszczać ⟨-pieścić⟩ **verwöhnt** adj Kind rozpieszczony
**verworfen** pperf → **verwerfen**; adj zepsuty moralnie, zdeprawowany **verworren** adj zawiły (-le), zagmatwany, powikłany
**verwundbar** fig wrażliwy, czuły; **~e**

**Stelle** fig słabe miejsce
**verwunderlich** dziwny **verwundern** (-) ⟨z⟩dziwić **Verwunderung** f (bpl) zdziwienie **Verwundung** f (z)ranienie; (verwundete Stelle) rana
**verwünschen** (-) przeklinać ⟨-kląć⟩
**verwüsten** (-e-; -) ⟨z⟩niszczyć, ⟨s⟩pustoszyć; Lokal a. ⟨z⟩demolować **verzagen** (-) upadać ⟨upaść⟩ na duchu **verzählen** (-): **sich ~** przeliczać ⟨-czyć⟩ się
**Verzahnung** f (bpl) zazębienie (a. fig)
**verzaubern** (-) zauroczyć pf
**Verzehr** m (-s; bpl) spożywanie, spożycie **verzehren** (-) v/t spoży(wa)ć, ⟨s⟩konsumować; fig strawić pf
**verzeichnen** (-) (festhalten) odnotow(yw)ać (**in e-r Liste w** spisie) **Verzeichnis** n (-ses; -se) (listenmäßige Zusammenstellung) wykaz, zestawienie, spis; (Register) rejestr; katalog (a. IT)
**verzeihen** (verzieh, verziehen) przebaczać ⟨-czyć⟩, wybaczać ⟨-czyć⟩ (**j-m etw** k-u akk) **verzeihlich** wybaczalny **Verzeihung** f (bpl) przebaczenie, wybaczenie; **bitte um ~!** proszę wybaczyć!; **~!** przepraszam!
**verzerren** (-) wykrzywi(a)ć; fig zniekształcać ⟨-cić⟩, wypaczać ⟨-czyć⟩
**Verzicht** m (-[e]s; -e) rezygnacja (z gen) **verzichten** (-e-; -) zrzekać ⟨zrzec⟩ się
**verziehen**[1] pperf → **verziehen verziehen**[2] (irr; -) 🅐 v/t 🔢 Gesicht wykrzywi(a)ć; **er verzog keine Miene** on ani nie drgnął 🔢 Pflanzen przer(y)wać 🔢 Kind rozpuszczać ⟨-puścić⟩ 🅑 v/i (sn) przeprowadzać ⟨-dzić⟩ się, przenosić ⟨-nieść⟩ się (**nach** do gen) 🅒 v/r **sich ~** 🔢 Brett ⟨s⟩paczyć się 🔢 Rauch rozwiew(ać się 🔢 Gewitter przechodzić ⟨przejść⟩ się; umg wynosić ⟨-nieść⟩ się, znikać ⟨-knąć⟩
**verzieren** (-) ozdabiać ⟨-dobić⟩, przystrajać ⟨-stroić⟩, ⟨u⟩dekorować
**verzinsen** (-) v/t oprocentow(yw)ać **Verzinsung** f oprocentowanie
**verzogen** pperf → **verziehen**[1]; adj wykrzywiony; Kind rozpuszczony, rozkapryszony **verzögern** (-) v/t opóźni(a)ć, odwlekać ⟨-wlec⟩; (verlangsamen) spowalniać ⟨-wolnić⟩; **sich ~** opóźni(a)ć się (**um o**), ulegać ⟨ulec⟩ zwłoce **Verzögerung** f odwlekanie, opóźnianie (się), zwłoka; **mit ~** z opóźnieniem; **ohne ~**

bez zwłoki
**verzollen** (-) ⟨o⟩clić; **nichts zu ~ haben** nie mieć nic do oclenia **verzückt** adj zachwycony, prąd z zachwytem, w zachwycie **Verzückung** f (bpl) zachwyt **Verzug** m (bpl) zwłoka; **im ~ sein (mit)** zalegać (z inst); **ohne ~** bez zwłoki **verzweifeln** v/i (-) rozpaczać; **~ an** (dat) stracić nadzieję na (akk) **verzweifelt** adj zrozpaczony **Verzweiflung** f (bpl) rozpacz f; **aus, vor ~** z rozpaczy **verzweigen** (-): **sich ~** rozgałęzi(a)ć się **verzwickt** umg adj zawiły, zawikłany **Vesper** f(-; -n) rel nieszpory pl; a. n (-s; -) pl-niem podwieczorek
**Veterinärmedizin** f weterynaria
**Veto** n (-s; -s) weto; **(s)ein ~ einlegen (gegen)** zgłaszać ⟨zgłosić⟩ weto (w stosunku do, wobec gen), umg ⟨za⟩wetować (akk)
**Vetter** m (-s; -n) kuzyn
**vibrieren** v/i (-) wibrować, drgać
**Video** n (-s; -s) wideo **Videoaufzeichnung** f zapis na taśmie magnetowidowej **Videokamera** f kamera wideo **Videokassette** f wideokaseta, kaseta wideo **Videorecorder, Videorekorder** m magnetowid, umg wideo (unv) **Videothek** f wypożyczalnia (kaset) wideo
**Vieh** n (-s; bpl) koll bydło **Viehbestand** m pogłowie bydła **Viehzeug** umg n (-s; bpl) (Kleinvieh) drobny inwentarz
**viel** A indef pron u. num (mehr, meiste) **1** dużo, wiele; **~es** (vielerlei) dużo od wiele różnych (rzeczy usw); (beträchtliche Menge) dużo, masa; **das ~ e Geld** taki masa pieniędzy; **in ~em, mit ~em hat er recht** on ma rację pod wieloma względami od z wielu względów; **um ~es größer** o wiele większy; **zu ~** za dużo, za wiele **2** pl (sehr) **~e** (bardzo) dużo, wiele, persf wielu; **~e von uns wielu z nas; ~e hundert** wiele setek; **mit ~en ...** z wieloma ... **3** fragend **wie ~e** ile, persf ilu **4** (zahlreich, mst mit so) tyle, tylu; **so ~(e)** tyle, persf tylu, tak dużo; **so ~ Geld** tyle od tak dużo pieniędzy; **gleich ~(e) wie** tyle samo co; **so ~ wie möglich** ile tylko możliwe; **so ~ du willst** ile (tylko) chcesz **B** adv (mehr, am meisten) **1** (bei Weitem) daleko, stanowczo, znacznie, o wiele; **~ besser** daleko lepszy od lepiej; **~ lieber** o wiele chętniej; **~ weniger** znacznie mniej; **~ zu ~** o wiele za dużo; **~ zu lange**, **zu spät** stanowczo za długo, za późno; **das ist zu ~!** tego już za wiele! **2** (häufig) często, dużo; **~ verreisen** często podróżować; **~ an der frischen Luft sein** przebywać dużo na powietrzu; **~ beschäftigt** bardzo zajęty; **~ gebraucht** często używany; **~ gereist** bywały
**vielerlei** (unv) wieloraki, rozmaity, różnego rodzaju; berichten dużo różnych rzeczy **vielfach** adj wielokrotny; **das Vielfache** wielokrotność f **Vielfalt** f (bpl) mnogość f; (Mannigfaltigkeit) wielorakość f **vielfältig** wieloraki, rozmaity **Vielflieger** m LOTN często podróżujący samolotem
**vielleicht** adv może, możliwe; partikel ale(ż)
**vielmals** adv: **ich bitte ~ um Entschuldigung** stokrotnie przepraszam; **danke ~!** stokrotnie dziękuję! **vielmehr** adv u. konj (eher) raczej; (will sagen) co więcej **vielseitig** wielostronny, wszechstronny **Vielzahl** f (bpl) mnogość f, mnóstwo
**vier** num cztery; (Zeugnisnote) dostateczny **Vierbeiner** m czworonóg (a. Hund) **Viereck** n czworobok, czworokąt **viereckig** czworokątny; kwadratowy **Vierer** m (Boot) czwórka; umg (vier Richtige) cztery trafienia **vierfach** poczwórny **vierjährig** czteroletni **Vierlinge** mpl czworaczki mpl **Vierradantrieb** m napęd na cztery koła **vierspurig** Autobahn czteropasmowy **viert** adv: **zu ~** we czworo, we czwórkę **vierte** num czwarty **viertel** (-): **ein ~** jedna czwarta; **ein ~ Kilo** ćwierć f kilo; **um ~ nach sieben** kwadrans po siódmej **Viertel** n czwarta część; (Maß) ćwierć f; (Uhrzeit) kwadrans; (Stadtviertel) dzielnica; **(ein) ~ vor zwei** za kwadrans druga; **(ein) ~ nach eins** kwadrans po pierwszej **Viertelfinale** n ćwierćfinał **Vierteljahr** n kwartał **Vierteliter** m od n umg ćwiartka **vierteln** (-le) ⟨po⟩ciąć na czworo; KULIN a. ⟨po⟩dzielić na ćwiartki **Viertelstunde** f kwadrans **viertens** adv po czwarte **viertürig** czterodrzwiowy
**vietnamesisch** [vietna'me:ziʃ] wietnamski (po -ku)
**Vikar** m (-s; -e) wikariusz, wikary
**Villa** f (-; Villen) willa
**violett** fioletowy (-wo) **Violine** f

skrzypce pl **Violinist(in** f) m (-en) skrzypek (-paczka) **Violinkonzert** n koncert na skrzypce
**Virus** n od m (-; -ren) wirus
**Visier** n (-s; -e) (Zielvorrichtung) wizjer, celownik **Vision** f wizja **Visite** f wizyta; im Krankenhaus obchód **Visitenkarte** f wizytówka **visuell** wizualny
**Visum** n (-s; Visa od Visen) wiza
**vital** (lebenswichtig) żywotny, witalny; (voller Lebenskraft) rześki, pełen werwy **Vitalität** f (bpl) energia życiowa
**Vitamin** n (-s; -e) witamina **Vitaminpräparat** n preparat witaminowy
**Vitrine** f kredens, serwantka; (Schaukasten) gablot(k)a
**Vlies** n (-es; -e) runo; (Stoff) włóknina
**Vogel** m (-s; Vögel) 🟦 ptak; pl koll a. ptactwo 🟦 umg fig lustiger ~ kawalarz, jajcarz; schräger ~ ciemny typ; ulkiger ~ cudak; iron **den ~ abschießen** zakasować pf wszystkich; pop **e-n ~ haben** być trochę pukniętym; j-m **e-n ~ zeigen** pukać ⟨-knąć⟩ się w czoło **vogelfrei** wyjęty spod prawa **Vogelfutter** n pokarm dla ptaków **vögeln** vulg ⟨-le⟩ v/t ⟨v/i **mit** j-m⟩ vulg pierdolić, jebać, dupczyć (akk; v/i się z inst) **Vogelperspektive** f: **aus der ~** z lotu ptaka **Vogelscheuche** f strach na wróble
**Vokabel** f (-; -n) słowo; słówko; **lateinische ~n lernen** uczyć się słówek łacińskich **Vokal** m (-s; -e) samogłoska **Vokativ** m (-s; -e) GRAM wołacz
**Volk** n (-[e]s; Völker) (Nation) naród, narodowość f; (bpl) (Leute) lud, ludzie pl **Völkermord** m (bpl) ludobójstwo **Völkerrecht** n (bpl) prawo międzynarodowe **Völkerverständigung** f porozumienie między narodami **Völkerwanderung** f migracja, ruch ludności; HIST wędrówka ludów **Volksabstimmung** f referendum n; plebiscyt **Volksbegehren** n inicjatywa społeczna w sprawie przeprowadzenia referendum **Volksfest** n zabawa ludowa, festyn **Volksgruppe** f grupa etniczna **Volkshochschule** f uniwersytet ludowy **Volkskunde** f (0) ludoznawstwo **Volkslied** n pieśń ludowa **Volksmund** m (bpl): **im ~** w języku ludowym **Volkspartei** f stronnictwo ludowe **Volkstanz** m taniec ludowy **Volks-**

**trauertag** m dzień m poświęcony pamięci zmarłych **volkstümlich** ludowy (-wo); popularny **Volksverhetzung** f nawoływanie do waśni na tle narodowościowym **Volkswirt(in)** m(f) ekonomista m (-tka) **Volkswirtschaft** f gospodarka narodowa; (Lehre) ekonomia polityczna **Volkszählung** f spis ludności
**voll** 🅰 adj 🟦 pełny (a. gen od **von** dat gen) (gen) 🟦 fig pełny; **Haar** gęsty 🟦 (völlig) pełny, kompletny, cały, całkowity 🟦 umg najedzony, syty; pop (besoffen) zalany; **halb ~** napełniony do połowy; **~er Preis** pełna cena; **~er Stolz** pełen (f pełna) dumy; **~e zwei Stunden** pełne dwie godziny; **ein Brief ~(er) Fehler** list pełen błędów; **Augen ~(er) Tränen** oczy pełne łez; **in ~er Fahrt** w pełnym biegu, na pełnym gazie; fig **aus dem Vollen schöpfen** czerpać pełnymi garściami; umg **in die Vollen gehen** iść na całego 🅱 adv pełno; do pełna; w pełni, całkowicie; **wir sind ~ besetzt** jesteśmy w komplecie; **~ verantwortlich** w pełni odpowiedzialny; umg **j-n nicht für ~ nehmen** (nicht ernst nehmen) nie traktować k-o poważnie
**vollauf** adv w pełni, w zupełności **vollautomatisch** w pełni zautomatyzowany, pełnoautomatyczny **Vollbart** m (rozłożysta) broda i wąsy **Vollbeschäftigung** f pełne zatrudnienie **vollbringen** (irr, -): **etw ~** dokon⟨yw⟩ać (gen) **vollenden** (-) ⟨za-, u⟩kończyć; dokonać pf **vollendet** adj Tatsache dokonany; (vollkommen) doskonały **Vollendung** f (Perfektion) doskonałość f
**Volleyball** n (-s; bpl) siatkówka
**Vollgas** n: **~ geben** ruszyć pełnym gazem; **mit ~** na pełnym gazie
**völlig** adj całkowity, zupełny; kompletny **volljährig** pełnoletni **Volljährigkeit** f (bpl) pełnoletność f **Vollkasko** f (-; 0) ubezpieczenie komunikacyjne w pełnym zakresie **vollkommen** doskonały **Vollkommenheit** f (bpl) doskonałość f **Vollkornbrot** n chleb razowy **Vollmacht** f (-; -en) pełnomocnictwo **Vollmilch** f mleko pełnotłuste **Vollmond** m księżyc w pełni, pełnia **Vollpension** f całodzienne wyżywienie **vollschlank** korpulentny, puszysty **vollständig** kompletny, cały; (völlig) zupełny
**vollstrecken** (-) JUR wykon⟨yw⟩ać; Titel

**Vollstreckung** f JUR wykonanie; *e-s Titels* egzekucja **Volltreffer** m trafienie; *fig* trafienie w sedno **Vollversammlung** f zgromadzenie ogólne **Vollwaise** f sierota całkowita (*m* całkowity) **vollwertig** pełnowartościowy **vollzählig** kompletny **Vollzeit** f (-;bpl) pełny etat **vollziehen** (-) v/t (*ausführen*) wykon(yw)ać; *Trauung* dokon(yw)ać

**Volontariat** n (-[e]s, -e) wolontariat **Volontär(in** f) [v-] m (-s; -e) wolontariusz(ka)

**Volumen** n (-s; - od -mina) MAT objętość f

**vom** = von dem; → von

**von** *präp* (*dat*) örtlich, zeitlich (*von wem, wovon, aufgrund*) od (*gen*), z, ze (*gen*); *beim Passiv* przez (*akk*); (*über*) o (*lok*); (*Adelsprädikat*) von; **~ da, ~ hier an** odtąd; **~ ihm** od niego; **vom Rauchen** od palenia; **~ vornherein** z góry; **einer ~ uns** jeden z nas; *oft keine Entsprechung, wenn anstelle des Genitivattributs, bei Maß-, Eigenschafts- u. Personenangaben verwendet* **Mutter ~ drei Söhnen** matka trzech synów; **die Zeitung ~ heute** dzisiejsza gazeta; **... ~ zwei Meter Länge** ... długości dwóch metrów; **zum Preis ~ fünf Euro** w cenie pięciu euro; **müde ~ der Arbeit** zmęczony pracą **voneinander** *lösen, trennen* jeden *od* jednego od drugiego, jedna *od* jednej od drugiej; *hören* jeden *od* jedno o drugim, jedna o drugiej **vonseiten** (*gen*) ze strony (*gen*)

**vor**¹ *präp* (*wohin? akk; wo?, wann? dat*) przed (*akk, inst*); **~ das Haus** przed dom; **~ dem Haus** przed domem; **~ einer Woche** przed tygodniem; *Grund* (*dat*) z (*gen*); **~ Freude** z radości; **~ Angst** ze strachu; (*fig, gegenüber dat*) wobec, dla (*gen*); **Achtung ~** ... poszanowanie dla (*gen*); **Gleichheit ~ dem Gesetz** równość f wobec prawa; **~ Zeugen** w obecności świadków; **Uhrzeit** (*dat*) za (*akk*); **fünf ~ zwei** za pięć druga; *fig* **~ sich hin schimpfen, reden** mruczeć coś (pod nosem); *fig* **~ sich hin weinen** płakać po cichu **vor**² *adv* naprzód; **~ und zurück** tam i z powrotem

**vorab** *adv* z góry, na wstępie **Vorabend** m wigilia; **am ~** w przeddzień, w wigilię **Vorahnung** f przeczucie

**voran** *adv* na przedzie, na czele; (*vorwärts*) naprzód **vorangehen** v/i (irr; sn): **1 j-m ~** iść przed (*inst*), iść przodem, *a. e-r Sache* poprzedzać ⟨-dzić⟩ (*akk*) **2** *Arbeit* postępować naprzód **vorankommen** v/i (irr; sn) czynić postępy (**mit der Arbeit** w pracy)

**voranmelden** v/t (-e-) zgłaszać się **Voranmeldung** f: TEL **mit ~** z przywołaniem **Voranschlag** m kosztorys (wstępny)

**vorantreiben** (irr) (*beschleunigen*) przyspieszać ⟨-szyć⟩

**Vorarbeit** f (przed)wstępna praca **Vorarbeiter(in** f) m brygadzista m (-tka)

**voraus** *präp* (*dat*): **j-m**, *e-r Sache* **~ sein** wyprzedzać ⟨-dzić⟩ (*akk*); **im Voraus** z góry, naprzód, z wyprzedzeniem **besten Dank im Voraus** z góry bardzo dziękuję **vorausberechnen** v/t obliczać ⟨-czyć⟩ naprzód *od* z góry **vorausgehen** v/i (irr; sn): **j-m**, *e-r Sache* **~** poprzedzać ⟨-dzić⟩ (*akk*) **Voraus: im ~** z góry, naprzód **vorausgesetzt: ~, dass** zakładając że **Voraussage** f przepowiednia **voraussagen** przepowiadać ⟨-wiedzieć⟩ **voraussehen** (irr) przewidywać ⟨-dzieć⟩

**voraussetzen** (*annehmen*) zakładać ⟨-łożyć⟩ **Voraussetzung** f przesłanka, warunek, (*a. Annahme*) założenie; **unter der ~, dass** pod warunkiem, że **Voraussicht** f (bpl) przewidywanie; **aller- nach** według wszelkich przewidywań **voraussichtlich** przypuszczalny **Vorauszahlung** f opłata z góry; (*Anzahlung*) przedpłata, zaliczka

**Vorbedingung** f warunek wstępny **Vorbehalt** m zastrzeżenie **vorbehalten** (irr; -): **sich** (*dat*) **etw ~** zastrzegać ⟨-strzec⟩ sobie (*akk*); *pperf* **j-m ~ sein**, **~ bleiben** pozosta(wa)ć, być danym k-u; **Änderungen, Irrtum ~** z zastrzeżeniem zmian, błędów **vorbehaltlos** ... bez zastrzeżeń

**vorbei** *adv* räumlich (**an** *dat*) obok, koło (*gen*); **~!** (*daneben*) pudło!; *zeitlich* **~ sein** skończyć się *pf*; (prze)minąć *pf* **vorbeifahren** v/i (irr; sn) (**an** *dat*) przejeżdżać ⟨-jechać⟩ obok (*gen*), mijać ⟨minąć⟩, wymijać ⟨-minąć⟩ (*akk*) **vorbeilassen** (irr): **j-n ~** przepuszczać ⟨-puścić⟩ (*akk*), puszczać ⟨puścić⟩ przodem (*akk*) **vor-**

**beischießen** v/i (irr) chybi(a)ć celu, ⟨s⟩pudłować
**vorbereiten** (-) przygotow(yw)ać (**auf** akk do gen) **Vorbereitung** f przygotowanie; **~en treffen** (**zu, für**) ⟨po⟩czynić przygotowania (do gen)
**vorbestellen** (-) zamawiać ⟨-mówić⟩ z wyprzedzeniem, ⟨za⟩rezerwować **vorbestraft** adj (uprzednio) karany
**vorbeugen** v/i (dat) zapobiegać ⟨-biec⟩ (dat); **sich ~** wychylać ⟨-lić⟩ się do przodu **Vorbeugung** f (bpl) zapobieganie (dat)
**Vorbild** n wzór; **sich j-n, etw zum ~ nehmen** wzorować się na (lok) **vorbildlich** wzorowy (-wo) **vorbringen** (irr) Bitte wyrażać ⟨-razić⟩
**Vorderansicht** f widok z przodu **vordere** przedni; bes BUD, TECH frontowy **Vordergrund** m pierwszy plan; fig **im ~ stehen** być na pierwszym planie **vordergründig** (oberflächlich) powierzchowny, naskórkowy (-wo) **Vordermann** m (pl -männer) poprzednik (w szeregu) **Vorderradantrieb** m napęd na przednie koła **Vorderschinken** m łopatka (wieprzowa) **Vorderseite** f przednia strona **Vordersitz** m przednie siedzenie **Vorderteil** n od m przednia część, przód **Vordertür** f drzwi pl frontowe
**vordrängen: sich ~** ⟨prze⟩pchać się do przodu (poza kolejką) **vordringlich** priorytetowy (-wo) **Vordruck** m (pl -e) blankiet, druk **voreilig** pochopny; (zu schnell) zbyt pospieszny **voreingenommen** adj uprzedzony (**gegen, gegenüber** do gen) **vorenthalten** (irr; -) (**j-m etw**) nie wyda(aw)ać, zatrzym(yw)ać (k-u akk)
**vorerst** adv na razie
**vorfahren** v/i (irr; sn) podjeżdżać ⟨-jechać⟩ (**vor dem** od **das Haus** pod dom) **Vorfahrt** f pierwszeństwo przejazdu; **~ gewähren, haben** ustąpić, mieć pierwszeństwo przejazdu **vorfahrtsberechtigt** uprzywilejowany **Vorfahrtsstraße** f droga z pierwszeństwem przejazdu
**Vorfall** m zajście, incydent; MED wypadnięcie **vorfallen** v/i (irr; sn) (sich ereignen) wydarzać ⟨-rzyć⟩ się, zachodzić ⟨zajść⟩

**Vorfertigung** f prefabrykacja **vorfinden** (irr) znajdować ⟨znaleźć⟩, zasta(wa)ć **Vorfreude** f (**auf etw**) przedsmak radości w oczekiwaniu (gen od na akk) **vorfristig** przedterminowy (-wo) **vorführen** (zeigen) ⟨za⟩prezentować, ⟨za⟩demonstrować; umg (öffentlich publicznie) ⟨z⟩dyskredytować **Vorführung** f pokaz, prezentacja, demonstracja
**Vorgabe** f (Soll) (Richtlinie) dyrektywa **Vorgang** m zdarzenie; (Akten) sprawa, akta mpl **Vorgänger(in)** m(f) poprzednik (-iczka) **Vorgarten** m ogródek przed domem
**vorgeben** (irr) (behaupten) twierdzić; Zeit usw zada(wa)ć; SPORT **e-e Runde ~** dać jedno okrążenie for **vorgefasst** adj z góry powzięty **vorgefertigt** adj prefabrykowany **vorgehen** v/i (irr; sn) (Vorrang haben) mieć pierwszeństwo (przed inst); (verfahren) postępować ⟨-stąpić⟩ (**nach** zgodnie z inst) **Vorgeschichte** f (bpl) e-s Ereignisses okoliczności pl poprzedzające (akk) **Vorgeschmack** m (bpl) przedsmak **vorgeschrieben** pperf → vorschreiben; adj wytyczony, przepisowy; (obligatorisch) obowiązkowy **Vorgesetzte(r)** m (-n) przełożony, szef
**vorgestern** adv przedwczoraj **vorgreifen** v/i (irr): **j-m**, e-r Sache ~ uprzedzać ⟨-dzić⟩ (akk); e-r Sache a. antycypować (akk) **vorhaben** (irr) mieć zamiar, zamierzać, planować **Vorhaben** n (Absicht) zamiar; projekt, przedsięwzięcie
**vorhalten** A v/t 1 **j-m den Spiegel ~** trzymać lustro przed (inst); **halte die Hand vor, wenn du gähnst** osłaniaj (sobie) usta, gdy ziewasz 2 fig Fehler wytykać ⟨-tknąć⟩ (**j-m etw** k-u akk) 3 **hinter vorgehaltener Hand** pod sekretem; **mit vorgehaltener Pistole** grożąc pistoletem B v/i **Vorräte** starczyć pf (**lange** na długo); **nicht lange ~** Freude usw nie potrwać pf długo
**vorhanden** (existierend) istniejący; (vorrätig) posiadany; **~ sein** być **Vorhang** m zasłona; TEATR kurtyna **Vorhängeschloss** n kłódka
**vorher** adv przedtem **vorherig** poprzedni
**vorherrschen** przeważać, dominować

**Vorhersage** f prognoza (a. METEO) **vorhersagen** przepowiadać ⟨-wiedzieć⟩ **vorhersehbar** przewidywalny
**vorhin** przed chwilą, dopiero co **vorig** poprzedni; *Jahr a.* zeszły, ubiegły **vorjährig** ubiegłoroczny, zeszłoroczny
**Vorkehrung** f: **~en treffen** ⟨po⟩czynić przygotowania, przedsięwziąć ⟨-sięwziąć⟩ środki **Vorkenntnisse** fpl elementarne wiadomości fpl, przygotowanie (zawodowe)
**vorkommen** v/i (irr; sn) (passieren) zdarzać ⟨-rzyć⟩ się; **... kommt nicht wieder vor** ... nie powtórzy się; **es kommt mir vor, als ob** ... wydaje mi się, jak gdyby ...; **er kommt mir bekannt vor** wydaje mi się, że go znam **Vorkommen** n występowanie; GEOL, GÓRN złoże **Vorkommnis** n (-ses; -se) zdarzenie, wydarzenie, zajście
**vorladen** (irr) wzywać ⟨wezwać⟩ **(j-n als Zeugen** k-o jako świadka) **Vorladung** f wezwanie **Vorlage** f (Muster) wzór
**Vorlauf** m SPORT bieg eliminacyjny; *beim Recorder* przewijanie taśmy w przód **Vorläufer(in)** m(f) prekursor(ka) **vorläufig** tymczasowy (-wo)
**vorlegen** v/t przedkładać ⟨-łożyć⟩ (akk) **Vorleger** m dywanik **Vorleistung** f wstępne ustępstwo
**vorlesen** (irr) v/t v/i czytać na głos **Vorlesung** f wykład; **~en hören** słuchać wykładów, chodzić na wykłady; **~en halten** mieć wykłady **vorletzte** przedostatni **Vorliebe** f predylekcja, szczególne upodobanie **(für** do gen) **vorliegen** v/i (irr) (vorhanden sein) znajdować się, być; **im ~den Fall** w danym wypadku
**vorm** umg **= vor dem**
**vormachen** umg: **j-m ~, wie es gemacht wird** pokaz(yw)ać k-u, jak ma to robić **Vormarsch** m ofensywa **vormerken** Termin usw zapis(yw)ać, odnotow(yw)ać; **~ lassen** ⟨za⟩rezerwować; **sich ~ lassen (für)** zapisać się (na akk, do gen) **Vormittag** m przedpołudnie; **am ~** przed południem
**Vormund** m (-[e]s; -e od -münder) opiekun (sądowy) **Vormundschaft** f opieka
**vorn** adv z przodu; (an der Spitze) na przedzie, przodem; **nach ~** do przodu, w przód, ku przodowi; **~ liegen** Läufer usw być na przedzie, prowadzić; **da ~** tam przed (inst); **von ~** z przodu; (noch einmal) od początku; (von Neuem) od nowa
**Vorname** m imię **vornehm** wytworny, wykwintny **vornehmen** (irr) v/t Untersuchung usw przeprowadzać ⟨-dzić⟩ (akk), dokon(yw)ać (gen); **sich** (dat) **~** Arbeit zająć się (inst); (planen) planować, zamierzać; **ich habe mir vorgenommen, mit dem Rauchen aufzuhören** postanowiłem rzucić palenie **vornehmlich** adv zwłaszcza, szczególnie
**vornherein** adv: **von ~** z góry, od razu **Vorort** m przedmieście **Vorposten** m fig wysunięta placówka **vorprogrammiert** zaprogramowany z góry **Vorrang** m (bpl) pierwszeństwo (a. austr Vorfahrt), priorytet **vorrangig** priorytetowy (-wo); adv a. w pierwszym rzędzie
**Vorrat** m (-[e]s; -räte) zapas **(an Kohle, Mehl** węgla, mąki) **vorrätig** adj: **~ haben** mieć w zapasie; (auf Lager haben) mieć na składzie **Vorratskammer** f spiżarnia **Vorrecht** n przywilej; prerogatywa
**Vorrichtung** f urządzenie (techniczne), przyrząd, mechanizm **vorrücken** v/t Sache posuwać ⟨-sunąć⟩, przesuwać ⟨-sunąć⟩ do przodu **Vorrunde** f runda eliminacyjna **Vorruhestand** m (bpl) wcześniejsza emerytura
**vors** umg **= vor das**
**vorsagen**: **j-m etw ~** podpowiadać ⟨-wiedzieć⟩ k-u (akk) **Vorsaison** f okres przedsezonowy **Vorsatz** m zamiar; (Entschluss) postanowienie **vorsätzlich** umyślny, rozmyślny
**Vorschau** f rtv przegląd (programu); (Trailer) zwiastun **Vorschein** m: **zum ~ bringen** wydoby(wa)ć na jaw; **zum ~ kommen** ukaz(yw)ać się; fig Gefühl przejawi(a)ć się
**Vorschlag** m propozycja, wniosek; **auf ~ (von)** na wniosek (gen); e-n **~ machen** wysuwać ⟨-sunąć⟩ wniosek **vorschlagen** (irr) ⟨za⟩proponować **j-m etw** k-u akk od + inf) **vorschnell** → voreilig
**vorschreiben** (irr): **j-m etw ~** zobowiąz(yw)ać k-o do (gen), polecać ⟨-cić⟩ k-u (akk) **Vorschrift** f instrukcja **vorschriftsmäßig** przepisowy (-wo) **vorschriftswidrig** nieprzepisowy

(-wo)
**Vorschub** m TECH posuw; *e-r Sache ~ leisten* ułatwi(a)ć (akk), sprzyjać (dat)
**Vorschule** f przedszkole **Vorschuss** m zaliczka (**auf das Gehalt** na pensję)
**vorsehen** (irr) v/t przeznaczać <-czyć> (**für** na akk, **do** gen); v/i **sich ~** uważać; mieć się na baczności (**vor** dat przed inst)
**Vorsehung** f (bpl) opatrzność f **vorsetzen** Fuß wysuwać <-sunąć> do przodu; Sache przestawi(a)ć do przodu
**Vorsicht** f (bpl) ostrożność f; (Umsicht) przezorność f **vorsichtig** ostrożny; präd a. z ostrożna **vorsichtshalber** adv dla ostrożności, na wszelki wypadek, przezornie
**Vorsilbe** f przedrostek **Vorsitz** m przewodnictwo **Vorsitzende(r)** m (-n), **Vorsitzer** m przewodniczący, prezes
**Vorsorge** f (bpl) MED opieka prewencyjna **Vorsorgeuntersuchung** f MED badanie profilaktyczne **vorsorglich** zapobiegawczy <-czo>; präd a. zapobiegliwie, przezornie
**Vorspann** m (-[e]s; -e) e-s Films czołówka **Vorspeise** f przekąska **Vorspiel** n preludium (a. fig); (Zärtlichkeiten) gra wstępna **vorspielen** Melodie <za>grać (j-m etw coś [na próbę] przed kimś) **vorsprechen** (irr) v/t <wy>recytować; **bei j-m ~** zgłaszać <zgłosić> się do k-o **Vorsprung** m BUD występ, wystok; SPORT przewaga (**vor** j-m nad inst); **e-n ~ haben** mieć przewagę, wyprzedzać **Vorstadt** f przedmieście; pl a. peryferie fpl
**Vorstand** m zarząd; (Person) prezes **Vorstandsmitglied** n członek zarządu **vorstehen** v/i (irr) wystawać (do przodu), sterczeć; stać na czele (gen) **Vorsteher(in** f) m naczelnik, kierownik (-iczka); REL przełożony (-na)
**vorstellbar** wyobrażalny **vorstellen** v/t Sache <za>prezentować; **sich** (dat) **etw ~** wyobrażać <-razić> sobie (akk) **Vorstellung** f e-r Person przedstawienie (się); TEATR przedstawienie; (Gedanke) wyobrażenie **Vorstellungskraft** f (bpl), **Vorstellungsvermögen** n (bpl) wyobraźnia
**Vorstoß** m wypad (a. MIL); fig (Versuch) próba **vorstoßen** v/i (irr) (vorwärtsrücken) posuwać <-sunąć> się naprzód
**Vorstrafe** f uprzednia kara **vorstrecken** wysuwać <-sunąć>; Arme wyciągać <-gnąć> (do przodu) **Vorstufe** f wstępny etap (**zu etw** do gen) **Vortag** m dzień poprzedni; **am ~** poprzedniego dnia; w przeddzień; **vom ~** wczorajszy, z dnia poprzedniego **vortäuschen** symulować; Einbruch usw <u>pozorować, <s>fingować
**Vorteil** m korzyść f **vorteilhaft** korzystny
**Vortrag** m (-[e]s; -träge) (Referat) odczyt, prelekcja
**vortreten** v/i (irr; sn) występować <stąpić> (z szeregu) **Vortritt** m: **j-m den ~ lassen** ustępować <ustąpić> k-u pierwszeństwa
**vorüber** adv → vorbei **vorübergehend** adj (zeitweilig) przejściowy (-wo), chwilowy (-wo) **vorüberziehen** v/i (irr; sn) przeciągać <-gnąć> (**an, vor** dat przed inst)
**Vorurteil** n uprzedzenie (**gegen** do gen) **Vorväter** mpl przodkowie mpl **Vorverkauf** m przedsprzedaż f **Vorverkaufskasse** f kasa przedsprzedaży **vorverlegen** (-) przesuwać <-sunąć> na termin wcześniejszy
**Vorwahl** f wybór wstępny; TEL = **Vorwahlnummer** f numer kierunkowy **Vorwand** m (-[e]s; -wände) pretekst
**vorwärts** adv naprzód, do przodu; **~!** naprzód (marsz)! **Vorwärtsgang** m AUTO bieg przedni **Vorwäsche** f pranie wstępne **vorwegnehmen** (irr) uprzedzać <-dzić>, antycypować **vorweihnachtlich** przedgwiazdkowy **vorweisen** (irr) Pass okaz(yw)ać (akk); Kenntnisse wykaz(yw)ać się (inst)
**vorwerfen** (irr) v/t fig wyrzucać <-cić>, zarzucać <-cić> (**j-m etw** k-u akk); **sich** (dat) **etw ~** wyrzucać sobie (akk) **vorwiegend** adv przeważnie, głównie **Vorwoche** f ubiegły tydzień **Vorwort** n (pl -e) słowo wstępne, przedmowa **Vorwurf** m zarzut **vorwurfsvoll** adj: **~er Blick** spojrzenie pełne wyrzutu **Vorzeichen** m omen **vorzeigen** (zeigen) pokaz(yw)ać; Pass usw okaz(yw)ać **vorzeitig** zbyt wczesny, przedwczesny **vorziehen** (irr) zeitlich przesuwać <-sunąć> (**auf Dienstag** na wtorek); (lieber mögen) woleć
**Vorzimmer** n (Diele) przedpokój; sekre-

tariat **Vorzug** m zaleta, walor; (Vorrang) pierwszeństwo **vorzüglich** wyśmienity (-cie) **Vorzugspreis** m cena preferencyjna **vorzugsweise** adv przede wszystkim, zwłaszcza; (bevorzugt) najlepiej
**vulgär** wulgarny, ordynarny
**Vulkan** m (-s; -e) wulkan

# W

**Waage** f waga; ASTRON Waga **waagerecht** poziomy (-mo)
**Wabe** f (Bienenwabe) woszczyna, plaster; (sechseckige Zelle) komórka (a. TECH)
**wach** obudzony, rozbudzony; fig żywy; ~ **sein** nie spać, czuwać; ~ **machen** ⟨o⟩budzić, zbudzić pf; ~ **werden** ⟨o⟩budzić się **Wachdienst** m służba wartownicza; służba ochroniarska **Wache** f straż f; (Wachlokal) wartownia **wachen** v/i czuwać (a. fig **über** akk nad inst) **Wachmann** m (pl -männer od -leute) strażnik, wartownik; austr policjant, posterunkowy
**Wacholder** m jałowiec; (Schnaps) jałowcówka **Wacholderbeere** f owoc jałowca
**Wachs** n (-es; -e) wosk
**wachsam** czujny, baczny **Wachsamkeit** f (bpl) czujność f
**wachsen**¹ v/i (wächst, wuchs, gewachsen; sn) rosnąć, wyrastać ⟨-rosnąć⟩, urastać ⟨urosnąć⟩; (an Größe zunehmen) ⟨u⟩rosnąć, wzrastać ⟨wzrosnąć⟩; **er ist sehr gewachsen** on bardzo urósł; **sich e-n Bart ~ lassen** zapuszczać ⟨-puścić⟩ (sobie) brodę; umg **j-m über den Kopf ~** Sache przerastać ⟨-rosnąć⟩ czyjeś siły od możliwości
**wachsen**² v/t ⟨na⟩woskować **Wachskerze** f świeca woskowa
**Wachstum** n (-s; bpl) wzrost, rośnięcie; fig, EKON wzrost
**Wachtel** f (-; -n) przepiórka
**Wächter(in** f) m stróż(ka) **Wachtturm** m wieża strażnicza

**wack(e)lig** chwiejny; Zahn: chwiejący się **Wackelkontakt** m styk luźny **wackeln** v/i (-le) **1** ⟨za⟩chybotać się, ⟨za⟩chwiać się, kiwać się; umg **an etw ~** telepać (inst); **mit dem Kopf ~** kiwać od potrząsać głową; **mit den Hüften ~** kołysać biodrami **2** umg (wanken; sn) iść chwiejnym krokiem
**wacker** oft iron (tapfer) dzielny; (bieder) zacny
**Wade** f łydka
**Waffe** f broń f
**Waffel** f (-; -n) wafel, gofr
**Waffengattung** f rodzaj broni **Waffengewalt** f: **mit ~** przy użyciu broni **Waffenschein** m pozwolenie na broń **Waffenstillstand** m zawieszenie broni, rozejm
**Wagemut** m odwaga **wagemutig** odważny **wagen** v/t (sich trauen) ⟨za⟩ryzykować (akk); **(es) ~ zu** (+ inf) odważać ⟨-żyć⟩ się (+ inf); **sich ~ an** (akk) mieć odwagę (+ inf od do gen)
**Wagen** m wóz (umg a. Auto); KOLEJ wagon; ASTRON **der Große ~** Wielki Wóz **Wagenheber** m podnośnik, lewar(ek) **Wagenladung** f ładunek (na wozie); **e-e ~ ...** wóz, wagon (gen) **Wagenpapiere** umg npl dokumenty mpl samochodowe
**Waggon** m (-s; -s, austr a -one) wagon
**waghalsig** niebezpieczny, ryzykowny
**Wagnis** n (-ses; -se) ryzyko; (Vorhaben) ryzykowne przedsięwzięcie
**Wahl** f wybór; POL mst wybory pl (**zu do** gen); **die ~ haben, vor der ~ stehen** mieć do wyboru; **mir bleibt keine ~** nie mam wyboru; **sich zur ~ stellen** stawać do wyborów; **erster, zweiter ~** Ware pierwszego, drugiego gatunku **wählbar** wybieralny **wahlberechtigt** adj: **~e Person** osoba posiadająca czynne prawo wyborcze **Wahlbetrug** m oszustwo wyborcze **wählen** **A** v/t wyb(ie)rać (**aus** spośród gen); **j-n zum Bürgermeister ~** wybrać k-o na burmistrza; **j-n ins Parlament ~** wybrać k-o do parlamentu; **das kleinere Übel ~** wyb(ie)rać z dwojga złego ...; **den Notruf ~** wybrać pf numer pogotowia od policji **B** v/i wyb(ie)rać; **du kannst zwischen ... und ... ~** możesz wybierać między (inst) a (inst); **~ gehen** iść głosować

**Wähler(in** f) wyborca m (-czyni) **Wahlergebnis** n wynik wyborów **wählerisch** wybredny; fig **nicht ~ sein (in** dat) nie przebierać (w lok) **Wählerschaft** f (bpl) wyborcy mpl, elektorat **Wahlfach** n przedmiot fakultatywny **Wahlgang** m tura wyborów; głosowanie **Wahlkampf** m walka wyborcza **Wahlkreis** m okręg wyborczy **Wahlniederlage** f porażka w wyborach **Wahlperiode** f kadencja **Wahlrecht** n (bpl) prawo wyborcze **Wahlsieg** m zwycięstwo w wyborach; **e-n ~ erringen** zwyciężać ⟨-żyć⟩ w wyborach **Wahltag** m dzień m wyborów **wahlweise** adv do wyboru **Wahlzettel** m karta wyborcza
**Wahnsinn** m (bpl) MED obłęd, obłąkanie; umg **das ist (heller) ~!** to (czyste) szaleństwo! **wahnsinnig** adj obłąkany
**wahr** prawdziwy; (regelrecht) istny; **das ist ~ to prawda; es ist nicht ~** to nieprawda; **nicht ~?** nieprawda(ż)?, prawda?; **~ werden** sprawdzać ⟨-dzić⟩ się; umg fig **das kann doch nicht ~ sein!** nie może być!
**wahren** zachow(yw)ać (akk); Interessen bronić (gen)
**während** präp (gen, dat) podczas, w czasie, w ciągu (gen) **währenddessen** adv tymczasem
**wahrhaben: etw nicht ~ wollen** nie chcieć przyznać się do (gen), nie chcieć pogodzić się (z inst) **Wahrheit** f prawda; **das ist die ~** to prawda; **j-m die ~ sagen** fig powiedzieć pf od umg wygarnąć pf k-u kilka słów prawdy; **in ~** w rzeczywistości, właściwie **wahrheitsgemäß, wahrheitsgetreu** zgodny z prawdą
**wahrnehmbar** wyczuwalny **wahrnehmen** (irr) (spüren) odczu(wa)ć; Termin stawi(a)ć się (na akk); Geschäfte prowadzić **Wahrnehmung** f percepcja, postrzeganie
**wahrsagen** (wahrsagte od sagte wahr, hat gewahrsagt od wahrgesagt) v/t ⟨wy⟩wróżyć **(j-m** akk k-u akk) **Wahrsager(in** f) m wróż(ka) **Wahrsagung** f wróżba
**wahrscheinlich** prawdopodobny **Wahrscheinlichkeit** f prawdopodobieństwo; **aller ~ nach** według wszelkiego prawdopodobieństwa

**Währung** f waluta
**Wahrzeichen** n symbol
**Waise** f sierota m u. f **Waisenrente** f renta sieroca
**wakeboarden** v/i (-e-; sn) uprawiać wakeboarding
**Wal** m (-[e]s; -e) waleń m, wieloryb
**Wald** m (-[e]s; Wälder) las (a. fig) **Waldarbeiter** m robotnik leśny **Waldbrand** m pożar leśny od lasu **Walderdbeere** f poziomka **Waldhorn** n waltornia **Waldhüter** m gajowy m **waldig** lesisty, zalesiony **Waldmeister** m BOT marzanka wonna **Waldsterben** n ginięcie lasów **Waldweg** m droga leśna **Waldwiese** f polana
**Walking** n (-[s]; bpl) SPORT walking
**Wall** m (-[e]s; Wälle) wał **Wallfahrt** f pielgrzymka
**Walnuss** f orzech włoski (a. Baum)
**Walze** f MAT, TECH walec **walzen** (-zt) walcować; Straße wałować **wälzen** (-zt) KULIN obtaczać ⟨-toczyć⟩ **(in Mehl** w mące); Schuld **auf j-n ~** zwalać ⟨-lić⟩ na k-o; **sich ~** przewalać się; Lawine zsuwać ⟨zsunąć⟩ się; Tier tarzać się **(in** dat w lok) **Walzer** m walc
**Wand** f (-; Wände) ściana (a. fig); e-s Gefäßes, ANAT ścianka
**Wandbord** n, **Wandbrett** n półka ścienna
**Wandel** m (-s; bpl) zmiana **wandelbar** zmienny **wandeln** (-le): **sich ~** zmieni(a)ć się
**Wanderausstellung** f wystawa objazdowa **Wanderer** m, **Wanderin** f wędrowiec **Wanderkarte** f mapa turystyczna **Wanderleben** n (bpl) życie wędrowne **wandern** v/i (-re; sn) wędrować (a. fig); Vögel migrować **Wanderpokal** m puchar przechodni **Wanderung** f wędrówka **Wanderurlaub** m urlop m wędrowny **Wanderweg** m szlak turystyczny **Wanderzirkus** m cyrk wędrowny
**Wandkalender** m kalendarz ścienny **Wandleuchte** f lampa ścienna
**Wandlung** f przemiana, przeobrażenie **Wandmalerei** f malowidło ścienne **Wandrer(in** f) m → Wanderer, Wanderin
**Wandschrank** m szafa wbudowana **Wandtafel** f tablica (ścienna) **Wand-**

**teppich** m kilim **Wanduhr** f zegar ścienny
**Wange** f policzek
**wanken** v/i ⟨za⟩chwiać się (a. fig); (torkeln; sn) iść, zataczając się
**wann** adv kiedy; **bis ~** do kiedy; **seit ~, von ~ an** od kiedy; **~ auch immer** obojętnie kiedy
**Wanne** f wanna
**Wanze** f pluskwa
**Wappen** n herb **wappnen** (-e-): **sich gegen etw ~** zabezpieczać ⟨-czyć⟩ się od (gen) od przed (inst)
**war** → sein **warb** → werben
**Ware** f towar; koll a. towary pl
**wäre, waren** → sein
**Warenaustausch** m wymiana towarowa **Warenautomat** m automat do sprzedaży **Warenbestand** m zasób towarów **Warenhaus** n dom towarowy **Warenkorb** m IT koszyk **Warenlager** n skład towarowy **Warenprobe** f próbka towaru **Warensortiment** n asortyment towarów **Warenzeichen** n znak towarowy
**warf** → werfen
**warm** (wärmer; wärmste) ciepły (-ło) (a. fig, herzlich); fig a. gorący (-co); **~e Küche** gorące potrawy fpl; **es ist ~** jest ciepło; **es wird ~** robi się ciepło, ociepla się; **es ist wärmer geworden** ocieplilo się; **~ machen** Speisen odgrz(ew)ać (akk) **Wärme** f (bpl) ciepło; FIZ a. ciepłota **Wärmeenergie** f energia cieplna **Wärmekraftwerk** n siłownia cieplna **wärmen** v/t v/i grzać, przygrz(ew)ać; **sich ~** grzać się, ogrz(ew)ać się (**am Feuer** przy ognisku) **Wärmeschutz** m izolacja cieplna **Wärmeverluste** mpl straty fpl ciepła **Wärmflasche** f termofor **warmherzig** serdeczny **Warmluft** f (bpl) ciepłe powietrze **Warmwasser** n ciepła woda **Warmwasserheizung** f (centralne) ogrzewanie wodne
**Warnblinkanlage** f światła npl awaryjne **Warndreieck** n trójkąt ostrzegawczy **warnen** ostrzegać ⟨ostrzec⟩, przestrzegać ⟨-strzec⟩ (**vor** dat przed inst); **vor ... wird gewarnt** ostrzega się przed (inst) **Warnleuchte** f lampa ostrzegawcza ze światłem migowym **Warnschild** n tablica z ostrzeżeniem; (Verkehrszeichen) znak ostrzegawczy **Warnstreik** m strajk ostrzegawczy **Warnstufe** f (-; -n) stopień ostrzeżenia **Warnung** f ostrzeżenie; przestroga
**Wartehalle** f poczekalnia **Warteliste** f lista czekających; für ein Flugticket usw lista rezerwacji (na miejsca) **warten** (-e-) v/t Maschine doglądać, konserwować; v/i ⟨po-, za⟩czekać; **auf j-n, etw ~** oczekiwać (gen); **auf sich ~ lassen** da(wa)ć na siebie czekać **Warten** n (-s; bpl) czekanie, oczekiwanie **Wärter(in)** m(f) dozorca m ⟨-czyni⟩ **Wartesaal** m poczekalnia **Warteschlange** umg f kolejka (oczekujących) **Wartezeit** f czas oczekiwania **Wartezimmer** n poczekalnia
**Wartung** f dogląd, konserwacja **wartungsfrei** niewymagający konserwacji
**warum** adv dlaczego, czemu
**Warze** f brodawka
**was**[1] pron interrog u. rel co; umg pron ind (etwas) coś; **~ ist das?** co to jest?; **~ kostet ...** ile kosztuje ...; **~ willst du?** czego od umg co chcesz?; **ich weiß, ~ du willst** wiem, czego chcesz; **mach, ~ du willst** rób, co chcesz; **~ noch schlimmer ist** co gorsza; **~ auch immer** byle co, cokolwiek (by); umg **~ noch!** jeszcze czego!; **ach ~!** co tam!; **~ für eine Hitze!** co za upał!; **~ für ein Mensch ist er?** co to za człowiek?; umg **das ist ganz ~ anderes** to zupełnie coś innego; umg **ist ~?** jest coś?; umg **so ~ wie ...** coś w rodzaju (gen) **was**[2] umg adv (warum) po co; **~ regst du dich so auf?** po co się tak denerwujesz?; (wie sehr) **~ haben wir gelacht!** a tośmy się uśmiali!
**Waschanlage** f myjnia **waschbar** (nadający się) do prania **Waschbecken** n umywalka **Wäsche** f (bpl) bielizna; (das Waschen, a. pl) pranie; des Körpers mycie (się) **waschecht** odporny na pranie; umg fig prawdziwy, autentyczny **Wäscheklammer** f klamerka do bielizny **Wäscheleine** f sznur do suszenia bielizny **waschen** (wäscht, wusch, gewaschen) v/t obmy(wa)ć, ⟨u-, wy-⟩myć; Wäsche ⟨u-, wy⟩prać; **sich ~** ⟨u⟩myć się, obmy(wa)ć się **Wäscherei** f pralnia **Wäscheschleuder** f wirówka do bielizny **Wäscheschrank** m szafa na bieliznę **Wäschetrockner** m suszarka do bielizny **Waschküche** f pralnia

**Waschlappen** m myjka; *umg fig* safanduła m **Waschmaschine** f pralka **Waschmittel** n środek piorący **Waschpulver** n proszek do prania **Waschraum** m umywalnia **Waschschüssel** f miednica

**Wasser** n (-s; - u Wässer) woda; *in der Kosmetik a.* płyn (a. ANAT); **stilles ~** woda mineralna niegazowana; *fig* (*Person*) cicha woda; **~ abstoßend** niezwilżalny wodą; **zu ~ und zu Lande** na morzu i na lądzie; **mir läuft das ~ im Munde zusammen** ślinka mi do ust idzie; **er hat ~ in den Beinen** on ma puchlinę w nogach **Wasserabfluss** m odpływ wody **wasserarm** ubogi w wodę, cierpiący na niedobór wody **Wasserbedarf** m zapotrzebowanie wody **Wasserbehälter** m zbiornik na wodę **Wasserdampf** m para wodna **wasserdicht** *Behälter* wodoszczelny; *Stoff* nieprzemakalny **Wasserdruck** m ciśnienie wody **Wasserfall** m wodospad **Wasserfarbe** f farba wodna **wasserfest** wodoodporny **wassergekühlt** *adj* chłodzony wodą **Wasserglas** n szklanka; CHEM (*bpl*) szkło wodne

**Wasserhahn** m kran *od* kurek wodociągowy **wässerig** wodnisty; CHEM (*bpl*) woda **Wasserkraft** f (*bpl*) energia wodna **Wasserkraftwerk** n hydroelektrownia **Wasserkühlung** f chłodzenie wodą **Wasserleitung** f wodociąg **wasserlöslich** rozpuszczalny w wodzie **Wassermangel** m brak *od* niedobór wody **Wassermann** m (*pl* -männer) ASTRON Wodnik **Wassermelone** f arbuz **wässern** (-re) ⟨wy-, na⟩moczyć w wodzie; *Pflanze* podl(ew)ać **Wasserpflanze** f wodorost **Wasserpistole** f pistolet m na wodę **Wasserprobe** f próbka wody **Wasserpumpe** f pompa wodna **Wasserratte** f ZOOL karczownik ziemnowodny; *umg fig* amator(ka) kąpieli **Wasserrohr** n rura wodociągowa **Wasserrutschbahn** f, **Wasserrutsche** f zjeżdżalnia wodna

**Wasserschaden** m szkoda wyrządzona przez wodę **wasserscheu** *adj*: **~ sein** bać się wody **Wasserski¹**n (*bpl*) narciarstwo wodne **Wasserski²** m (*Gerät*) narty *fpl* wodne **Wasserspiegel** m lustro wody **Wasserspülung** f spłukiwanie wodą **Wasserstoff** m (*bpl*) wodór **Wasserstoffbombe** f bomba wodorowa **Wasserstrahl** m strumień m *od* struga wody **Wasserstraße** f droga wodna **Wasserturm** m wieża ciśnień **Wasseruhr** f wodomierz **Wasserverbrauch** m zużycie wody **Wasserverschmutzung** f zanieczyszczenie wód **Wasserversorgung** f zaopatrzenie w wodę **Wasserwaage** f poziomnica **Wasserwerfer** m armatka wodna; wóz policyjny z armatką wodną **Wasserwerk** n wodociągi *mpl* **Wasserzeichen** m znak wodny **wässrig** wodnisty; CHEM wodny

**waten** *v/i* (-e-; sn) brodzić, brnąć **Watt** n (-s; -) ELEK wat **Watte** f (*bpl*) wata **Wattebausch** m watka, wacik, tamponik z waty **wattiert** *adj* watowany

**Web** n (-[s]; bpl) TEL Web **weben** (webte od lit wob, gewebt od lit gewoben) ⟨u⟩tkać; *Spinne* snuć **Weber(in)** *m(f)* tkacz(ka) **Webkante** f krajka

**Webshop** m (-s) IT sklep online **Webstuhl** m krosno, warsztat tkacki **Wechsel** m zmiana; FIN weksel **Wechselgeld** n (*bpl*) (*Kleingeld*) bilon; (*Restgeld*) reszta **wechselhaft** zmienny, niestały **Wechseljahre** *npl* okres przekwitania **Wechselkurs** m FIN kurs wymiany **wechseln** (-le) **A** *v/t* ➊ zmieni(a)ć ➋ *Geldschein* rozmieni(a)ć ➌ *Fremdwährung* wymieni(a)ć; **die Plätze ~** zamienić się miejscami; **Euro in Zloty ~** wymieni(a)ć euro na złote **B** *v/i* ➊ zmieni(a)ć się ➋ (*sn*) **auf die andere Seite ~** przechodzić ⟨przejść⟩ na drugą stronę; **auf e-e andere Schule ~** przenosić ⟨-nieść⟩ się na inną uczelnię *od* do innej szkoły; **zu e-m anderen Verein ~** przenosić ⟨-nieść⟩ się do innego klubu **wechselnd** *adj* zmienny **Wechselschuld** f dług wekslowy **wechselseitig** wzajemny; *präd* wzajemnie, nawzajem **Wechselstrom** m prąd zmienny **Wechselstube** f kantor wymiany walut **Wechselwirkung** f wzajemne oddziaływanie, interakcja

**wecken** *j-n* ⟨z-, prze-, o⟩budzić **Wecker** m budzik
**wedeln** *v/i* (-le) ➊ ⟨po⟩machać (**mit etw**

*inst)*; **mit dem Schwanz ~** merdać ogonem ☑ *Skisport (sn)* wykonywać skręty **weder** *konj*: **~ ... noch ...** ani ..., ani ... **weg** *umg adv (nicht da)*... **ist ~**, **... sind ~** nie ma *(gen)*; ... znik(ną)ł ‹-nęły›, *persf* -[nę]li; **der Zug ist ~** pociąg odszedł; **ich bin gleich ~** zaraz idę **Weg** *m* (-[e]s; -e) droga *(a. fig)*; **nach dem ~ fragen** ‹za›pytać o drogę; **der ~ nach ...** droga do *(gen)*; **auf dem ~ nach ...** *(unterwegs)* po drodze do ...; *fig* **auf halbem ~(e)** w pół drogi; **das ist nicht der richtige ~** to zła droga; *fig a.* nie tędy droga; *fig* j-m, e-r Sache **aus dem ~ gehen** unikać *(gen)*

**wegblasen** *(irr)* zdmuchiwać ‹-chnąć› **wegbleiben** *v/i (irr; sn)* nie zjawi(a)ć się; nie powrócić pf **wegbringen** *(irr)* odnosić ‹odnieść›; *fahrend* odwozić ‹odwieźć›

**wegen** *präp (gen, dat)* ze względu na *(akk)*

**wegfahren** *(irr) v/t* wywozić ‹-wieźć›, odwozić ‹-wieźć›; *v/i (sn)* odjeżdżać ‹-jechać›, wyjeżdżać ‹-jechać› **wegfallen** *v/i (irr; sn)* odpadać ‹-paść› **wegfliegen** *v/i (irr; sn)* odlatywać ‹-lecieć› **weggeben** *(irr)* odda(wa)ć **weggehen** *v/i (irr; sn) (sich entfernen)* odchodzić ‹odejść› **wegjagen** przepędzać ‹-dzić› **wegkommen** *umg v/i (sn)* ◨ *(fortkommen)* wyr(y)wać się, wydosta(wa)ć się *(hier stąd)* ▨ **~ von** *(dat) (loskommen)* wyzwalać ‹-wolić› się (od, z *gen)*, pozby(wa)ć się *(gen)* ◨ **gut ~ bei etw** dobrze wychodzić ‹wyjść› na *(lok)* ▨ *(abhandenkommen)* znikać ‹-knąć› ▨ **über etw ~** przeboleć pf *(akk)*; **mach, dass du wegkommst!** zabieraj się stąd! **weglassen** *(irr)*: **j-n ~** pozwalać ‹-zwolić› odejść k-u **weglaufen** *v/i (irr; sn)* uciekać ‹uciec› **weglegen** odkładać ‹-łożyć›

**wegmachen** *umg* usuwać ‹usunąć› **wegmüssen** *umg v/i (irr)* musieć iść *od* wyjść; **die Post muss heute weg** pocztę trzeba dziś nadać; **das muss weg** to trzeba usunąć *od* zużyć **Wegnahme** *f* odebranie **wegnehmen** *(irr)* zab(ie)rać; *Gas* zmniejszać ‹-szyć› **wegschaffen** *(beseitigen)* usuwać ‹usunąć› **wegschicken** *Sache* wys(y)łać, *a. Person* odsyłać ‹odesłać› **wegschleppen** *umg (ausplündern)* rozszabrow(yw)ać, rozkraść pf, porozkradać pf **wegsehen** *v/i (irr)* odwracać ‹-wrócić› oczy **wegstecken** *umg fig Beleidigung* schować pf do kieszeni **wegstellen** odstawi(a)ć (na stronę) **wegtragen** *(irr)* odnosić ‹-nieść›, wynosić ‹-nieść› **wegtun** *umg (irr) (wegnehmen)* zab(ie)rać; *(wegwerfen)* wyrzucać ‹-cić›

**Wegweiser** *m* drogowskaz

**wegwerfen** *(irr)* wyrzucać ‹-cić› **wegwischen** ścierać ‹zetrzeć›, wymaz(yw)ać **wegziehen** *(irr)* odsuwać ‹-sunąć› (j-m etw od k-o *akk*); *v/i (sn)* wyprowadzać ‹-dzić› się

**weh**[1] *int*: **o ~!** Boże!, mój Boże! **weh**[2] *adj umg (schmerzend)* bolący; → **wehtun**

**Wehe**[1] *f* → **Wehen Wehe**[2] *f* zaspa (śnieżna)

**wehen** *v/i Wind* ‹po›wiać; *Fahne* powiewać, rozwiewać się

**Wehen** *fpl* MED bóle *mpl* porodowe

**wehleidig** *abw* wydelikacony, biadający nad sobą **wehmütig** rzewny, smętny

**Wehr**[1] *n* (-[e]s; -e) jaz

**Wehr**[2] *f*: *nur in* **sich zur ~ setzen** stawi(a)ć opór

**Wehrdienst** *m (bpl)* (zasadnicza) służba wojskowa **wehren**: **sich ~** bronić się **(gegen** przeciw *dat*, od *gen)*; *(Widerstand leisten)* stawiać opór; *(sich weigern)* wzbraniać się (+ *inf*) **wehrlos** bezbronny **Wehrpflicht** *f (bpl)* obowiązek służby wojskowej **Wehrpflichtige(r)** *m* poborowy

**wehtun** *v/i (irr)*: **mir, ihr tut der Kopf weh** boli mnie, ją głowa; **j-m, sich** *(dat)* **~** sprawi(a)ć k-u, sobie ból *(a. fig)*

**Weib** *n* (-[e]s; -er) *umg* baba **Weibchen** *n* ZOOL samica, samiczka **weiblich** kobiecy

**weich** miękki (-ko) *(a. fig); Stoff usw a.* miły w dotyku; **ein ~es Herz** miękkie serce; **~ machen** zmiękczać ‹-czyć›; **~ werden** ‹z›mięknąć *(a. fig)*

**Weiche**[1] *f* KOLEJ rozjazd, zwrotnica; *fig* **die ~n für etw stellen** wytyczać ‹-czyć› kierunki *(gen)* **Weiche**[2] *f (Flanke)* pachwina, miękkie

**weichen**[1] *v/i (sn) im Wasser usw* moczyć się; **~ lassen** moczyć

**weichen**[2] *(wich, gewichen; sn)* ustępować ‹ustąpić› **(vor** *dat* przed *inst*); **nicht**

**von der Stelle ~** nie ruszać ⟨-szyć⟩ się z miejsca; **j-m nicht von der Seite ~** nie opuszczać k-o ani na chwilę
**Weichheit** f (bpl) miękkość f **Weichling** m abw mięczak, niewieściuch
**Weichmacher** m zmiękczacz
**Weichtiere** npl mięczaki mpl
**Weide**¹ f BOT wierzba; wiklina
**Weide**² f für Tiere pastwisko
**weiden** v/i ⟨-e-⟩ ⟨po⟩paść się; Wild żerować **Weidenkorb** m kosz wiklinowy
**weigern** (-re): **sich ~ (zu +** inf) wzbraniać się (+ inf, przed inst), odmawiać ⟨-mówić⟩ (gen des Verbalsubstantivs) **Weigerung** f odmowa
**Weihbischof** m sufragan **Weihe** f święcenie, konsekracja **weihen** (-) ⟨po⟩święcić; **zum Bischof** konsekrować
**Weihkerze** f gromnica
**Weihnachten** n (-; -) Boże Narodzenie; **zu, an ~** na Boże Narodzenie, na gwiazdkę; **fröhliche** od **frohe ~!** wesołych świąt!
**weihnachtlich** bożonarodzeniowy, gwiazdkowy **Weihnachtsabend** m Wigilia (Bożego Narodzenia) **Weihnachtsangebot** n HANDEL oferta gwiazdkowa **Weihnachtsbaum** m choinka **Weihnachtslied** n kolęda **Weihnachtsmann** m (pl -männer) Święty Mikołaj **Weihnachtsmarkt** m kiermasz bożonarodzeniowy **Weihnachtszeit** f okres świąt Bożego Narodzenia
**Weihrauch** m (bpl) kadzidło **Weihwasser** n (bpl) woda święcona
**weil** konj ponieważ, gdyż; (denn) bo; **deshalb, ~** dlatego, że
**Weile** f chwila; **nach e-r ~** po chwili
**Wein** m (-[e]s; -e) wino; (Rebe) winorośl f
**Weinbau** m (bpl) uprawa winorośli
**Weinbauer** m właściciel winnicy
**Weinberg** m winnica **Weinbergschnecke** f winniczek **Weinbrand** m winiak, koniak
**weinen** płakać (**vor** dat z gen; **über ~** nad inst); **um j-n ~** płakać po (lok) **Weinen** n (-s; bpl) płacz
**Weinflasche** f butelka do wina od po winie; **mit Wein** butelka z winem **Weinglas** n kieliszek do wina **Weinhandel** m handel winem od winny **Weinhefe** f drożdże pl winiarskie **Weinlese** f winobranie **Weinlokal** n winiarnia **Weinrebe** f winorośl f **weinrot** (koloru) bordo (unv) **Weinstube** f winiarnia **Weintraube** f winogrono **Weintrinker(in)** m(f) amator(ka) wina
**weise** mądry (-rze) **Weise(r)** mędrzec
**Weise** f sposób; MUS melodia, melodyjka; **auf diese ~** w ten sposób, takim sposobem
**weisen** (wiesest, wies, gewiesen) v/i wskaz(yw)ać (**auf** akk na akk); **j-n** wydalać ⟨-lić⟩ (**aus dem Land** z kraju
**Weisheit** f mądrość f **Weisheitszahn** m ząb mądrości
**weiß**¹ → wissen
**weiß**² adj biały (-ło); **~ streichen** malować na biało; **~ werden** ⟨z⟩bieleć; **~ glühend** rozżarzony do białości; **~ gedeckt** Tisch nakryty białym obrusem; **~ getupft** Stoff w białe groszki; **das Weiße im Auge, im Ei** białko **Weiß** n (-[e]s; -) (Farbe) biel f
**Weissagung** f przepowiednia
**Weißbier** n piwo jasne (typu grodziskiego) **Weißbrot** n chleb biały **Weiße(r)** m (-n) biały **weißen** (-ßt) ⟨po-, wy⟩bielić **weißhaarig** białowłosy **Weißkäse** m twaróg **Weißkohl** m, **Weißkraut** n bes pl-niem, austr kapusta biała **Weißwein** m wino białe
**weit** adj szeroki, rozległy; (a. zeitlich u. verstärkend daleko; **wie ~ ist es bis, nach ...** jak daleko do (gen); **wie ~ bist du mit ...** jak daleko jesteś z (inst); **... Meter ~** w odległości od na odległość ... metrów; **~ weg (von)** bardzo daleko, z dala (od gen); **von Weitem** z oddali, z oddalenia; **von ~ her** z daleka; **ich bin so ~** (fertig) jestem gotów; **noch nicht so ~ sein** in der Entwicklung jeszcze nie osiągnąć pf poziomu (gen); **sie ist noch nicht so ~** ona do tego jeszcze nie dorosła **weitaus** adv o wiele, daleko **Weitblick** m (bpl) dalekowzroczność f **Weite** f (Erstreckung) szerokość f; (weiter Raum) bezkres **weiten** ⟨-e-⟩ v/t poszerzać, rozszerzać ⟨-rzyć⟩
**weiter** A adj dalszy; präd dalej; **die ~e Entwicklung** dalszy rozwój; **zur ~en Behandlung** na dalsze leczenie; **bis auf Weiteres** na razie; (aż) do odwołania; **ohne Weiteres** bez trudności; bez dalszych wyjaśnień; **~ gelegen** położony dalej; **das Weitere** resztę, pozostałe dane od szczegóły usw; **des Weiteren** poza tym B adv nadal, dalej, w dalszym ciągu; (sonst) wię-

cej; poza tym; **und so ~** i tak dalej; **ich weiß nichts ~** nic więcej nie wiem; **~ bestehen** istnieć nadal; *Gesetz* pozostawać nadal w mocy; **~ nichts als** nic poza (*inst*), nic tylko (+ *inf*); **nichts ~?** więcej nic?; *umg* **wenn es ~ nichts ist!** jeśli tylko o to chodzi!; **~ oben** wyżej; **~ unten** niżej **weiterarbeiten** nadal pracować **weiterbilden** *v*/*t u. v*/*r* → fortbilden **Weiterbildung** *f* dokształcanie (się) **weiterempfehlen** (*irr*) polecać ⟨-cić⟩ dalej **weiterfahren** *v*/*i* (*irr*; *sn*) ⟨po⟩jechać dalej **Weiterfahrt** *f* dalsza jazda *od* podróż **weiterführen** *v*/*t u. v*/*i* ⟨po⟩prowadzić dalej; *Gespräche a.* kontynuować **weitergeben** (*irr*): **etw ~ an** (*akk*) przekaz(yw)ać coś dalej (*dat*); (*mitteilen*) (o)powiedzieć *of* coś dalej (*dat*) **weitergehen** *v*/*i* (*irr*; *sn*) iść ⟨pójść⟩ dalej **weiterhin** *adv* nadal, w dalszym ciągu; (*außerdem*) poza tym **weiterkommen** *v*/*i* (*irr*; *sn*) (*vorankommen*) iść *od* posuwać się naprzód **weiterleiten** ⟨s⟩kierować dalej (**an** *akk* do *gen*) **weitermachen** *umg v*/*t* kontynuować, prowadzić nadal; *v*/*i iron* **mach nur (so) weiter!** tylko rób tak dalej! **weiterreisen** *v*/*i* kontynuować podróż **weitersehen** *v*/*i* (*irr*): **dann sehen wir weiter** wtedy zobaczymy **weitgehend** *adj* daleko idący; *adv* w dużej mierze **weithin** *adv* daleko, na dużą odległość **weitläufig** rozległy, przestronny **weitschweifig** rozwlekły (-le) **weitsichtig** dalekowzroczny (*a. fig*); **ich bin ~** MED jestem dalekowidzem **Weitsprung** *m* skok w dal **Weitwinkelobjektiv** *n* obiektyw szerokokątny **Weizen** *m* (-s; *bpl*) pszenica **Weizenbier** *n* piwo jasne (typu grodziskiego) **Weizenmehl** *n* mąka pszenna **welche** *pron* (**~r, ~, ~s**, *pl* **~**) **1** *interrog unbestimmt* jaka, jaki, jakie, *pl* jakie, *persf* jacy; **in ~ Schule gehst du?** do jakiej szkoły chodzisz? **2** *bestimmt u. rel* która, który, które, *pl* które, *persf* którzy; **um ~ Zeit?** o której godzinie?; **alle Schüler, ~ ...** wszyscy uczniowie, którzy ... **3** *indef* jakaś, jaki(e)ś, coś
**welk** zwiędnięty, zwiędły (*a. fig*); *Haut* wiotki **welken** *v*/*i* (*sn*) więdnąć **Wellblech** *n* blacha falista **Welle** *f* fala **Wellenbad** *n* basen z falami **Wellenbereich** *m* rtv zakres fal **Wellenbre-**

**cher** *m* falochron **Wellengang** *m* (*bpl*) falowanie, fala **Wellenlänge** *f* długość *f* fal(i) **Wellenlinie** *f* linia falista, wężyk **Wellenreiten** *n* surfing **Wellensittich** *m* papużka falista **wellig** falisty (-ście)
**Wellness** *f* (-; *bpl*) pełny relaks **Wellnessbereich** *m* strefa wellness **Wellnesshotel** *n* hotel wellness
**Wellpappe** *f* tektura falista
**Welt** *f* świat (*a. fig*); **die Dritte ~** kraje trzeciego świata, trzeci świat; **in der ganzen ~, in aller ~** na całym świecie; **zur ~ kommen** przychodzić ⟨przyjść⟩ na świat, ⟨u⟩rodzić się **Weltanschauung** *f* światopogląd **Weltausstellung** *f* wystawa światowa **weltberühmt** światowej sławy **Weltbevölkerung** *f* (*bpl*) ludność *f* świata **Weltcup** *m* (-s) SPORT puchar *m* świata **Welterfolg** *m* sukces w skali światowej **weltfremd** nieżyciowy; oderwany od życia **Weltgeschichte** *f* historia powszechna; *umg* żart **in der ~ herumreisen** zwiedzać ⟨-dzić⟩ świat **Welthandel** *m* handel światowy **Weltkarte** *f* mapa świata **Weltkrieg** *m* wojna światowa **Weltmacht** *f* mocarstwo światowe **Weltmarkt** *m* rynek światowy **Weltmarktpreis** *m* cena na rynku światowym **Weltmeister(in)** *m*(*f*) mistrz(yni) świata **weltoffen** bez uprzedzeń, o szerokich horyzontach **Weltrangliste** *f bes* SPORT światowa lista rankingowa **Weltraum** *m* (*bpl*) kosmos, przestrzeń kosmiczna **Weltreise** *f* podróż *f* dookoła świata **Weltrekord** *m* rekord świata, światowy rekord **Weltruf** *m* (*bpl*) światowa sława; **... von ~** o światowej sławy **Weltstadt** *f* metropolia **Weltuntergang** *m* koniec świata **weltweit** ogólnoświatowy, w skali światowej **Weltwirtschaft** *f* (*bpl*) gospodarka światowa **Weltzeit** *f* czas uniwersalny
**wem** *pron* (*dat* → *wer*) komu; **mit ~** z kim; **von ~** od kogo; *sprechen* o kim; **zu ~** do kogo; **~ gehört es?** czyje to?
**wen** *pron* (*akk* → *wer*) kogo
**Wende** *f fig* zwrot, przemiana; (*Umbruch*) przełom; HIST **die ~** (*1989*) zjednoczenie **Wendekreis** *m* GEOG zwrotnik; AUTO koło skrętu
**Wendeltreppe** *f* schody *pl* kręcone

**wenden** (wendet, wendete od wandte, gewendet od gewandt) v/t Wagen nawracać ⟨-wrócić⟩ (inst); **sich ~** odwracać ⟨-wrócić⟩ się; **sich ~ (an j-n, gegen j-n, etw)** zwracać ⟨-wrócić⟩ się (do gen, przeciw dat); **sich zum Guten ~** zmieniać się na lepsze; v/i (-e-) (umkehren) zawracać ⟨-wrócić⟩; **bitte ~!** Seite proszę odwrócić! **Wendepunkt** m fig punkt zwrotny **wendig** Auto zwrotny; (geistig beweglich) obrotny **Wendung** f zwrot, obrót; JĘZ zwrot

**wenig** pron indef als adj (mengenmäßig nicht viel) mało, niewiele; verwendet wie ein subst mało; pl **~e** (nicht viele) kilka, persf kilku, nieliczne, persf nieliczni, niewiele, persf niewielu; als adv (nicht sehr) mało; (selten) mało kiedy, rzadko; **~ Wasser** mało wody; **~e Personen** niewiele osób; **sie verdient ~** ona mało zarabia; **in ~en Minuten** za kilka minut; **~ später** nieco później; **ein ~** trochę, nieco; **so ~ wie möglich** możliwie jak najmniej **weniger** pron indef ① (komp → wenig) mniej; **~ als** mniej niż ② vor Zahlen o ... mniej; **drei ~ o trzy mniej** ③ umg (minus) mniej; **4 ~ 2** cztery mniej dwa; **viel ~** daleko mniej; **nicht ~** nie mniej;..., **nicht mehr und nicht ~** ni mniej, ni więcej, tylko ...; **~ werden** zmniejszać ⟨-szyć⟩ się **wenigste** pron indef (sup → wenig) **das ~, die ~n, am ~n haben, wissen** usw mieć, wiedzieć usw najmniej; als subst **die ~n** tylko nieliczne od persf nieliczni **wenigstens** adv co najmniej; (zumindest) przynajmniej

**wenn** konj (falls) jeżeli, jeśli; (sobald) skoro, gdy, jak; im möglichen Fall gdyby, jeśliby; in Wunschsätzen oby, żeby; **~ das wahr ist** jeśli to prawda; **sag es ihm, ~ er kommt** powiedz mu, gdy (on) przyjdzie; **was wäre, ~ ...?** co by było, gdyby ...?; **~ ich es wüsste** gdybym to wiedział(a); **~ auch** jeśli nawet; **außer ~** chyba że; **selbst ~** gdyby nawet

**wer** pron kto

**Werbeagentur** f agencja reklamowa od reklamy **Werbeaktion** f kampania reklamowa od promocyjna **Werbefilm** m film reklamowy **werben** (wirbt, warb, geworben) v/t ⟨z⟩werbować, pozysk(iw)ać; v/i **für etw ~** reklamować, promować (akk); agitować (za inst); **um etw, j-n ~** zabiegać, starać się (o akk) **Werbesendung** f rtv audycja reklamowa **Werbespot** m klip reklamowy **Werbetexter(in)** m(f) autor(ka) tekstów reklamowych, tekściarz **Werbung** f werbunek, werbowanie; (bpl) reklama, promocja **Werbungskosten** pl koszty mpl uzyskania przychodu

**Werdegang** m (bpl) e-r Person kariera (beruflicher zawodowa) **werden** (wirst, wird, wurde od poet ward, würde; sn) ⓐ (pperf geworden) v/i zosta(wa)ć (**Arzt** lekarzem), sta(wa)ć się (**zum Feind** wrogiem); zamieni(a)ć się (**zu Eis** w lód); ⟨s⟩kończyć (**40 Jahre** 40 lat); **was willst du ~?** kim chcesz zostać?; **was soll daraus ~?** co z tego będzie?, co się z tym stanie?; **daraus wird nichts** z tego nic nie będzie; **alles wird gut** wszystko dobrze się skończy; **was wurde aus ihm?** co się z nim stało?; umg **ist das Foto etwas geworden?** czy (to) zdjęcie się udało?; **er ist ein guter Fachmann geworden** umg wyszedł na dobrego fachowca; **sie wurde od ward nicht mehr gesehen** ona znikła, nikt jej później nie widział; oft als Entsprechung pf Verb **blind ~** oślepnąć pf; **alt ~** zestarzeć się pf; **Witwe ~** owdowieć pf; unpers **es wird kalt** robi się zimno; **es wird Nacht** zapada noc; **mir wird schlecht** robi mi się niedobrze; umg **es wird schon** spokojna głowa, jakoś to będzie ⓑ Modalverb (+ inf; pperf worden) zur Bildung des Futurs u. Passivs mst być; **ich werde schlafen** będę spać od spał(a); **geliebt ~** być kochanym; oft als Entsprechung pf Verb **ich werde es ihm sagen** powiem mu to; **das Haus wurde verkauft** dom sprzedano; zur Umschreibung des Konjunktivs Verb + -by; **ich würde kaufen** kupił(a)bym; **er würde kommen, wenn ... on** przyszedłby, gdyby ...; **würdest du bitte ...** czy byłbyś tak uprzejmy i ...; Vermutung **er wird wohl krank sein** on chyba jest chory

**werfen** (wirft, warf, geworfen) v/t rzucać ⟨-cić⟩, ciskać ⟨cisnąć⟩ (akk, inst); **etw, j-n ~ aus** (dat) wyrzucać ⟨-cić⟩ coś, k-o z (gen); **etw, j-n ~ in** (akk) wrzucać ⟨-cić⟩ coś, k-o do (gen); **Junge ~** ⟨u⟩rodzić; engS Sau ⟨o⟩prosić się; Schaf ⟨o⟩kocić się; Hündin ⟨o⟩szczenić się; v/i **mit e-m Stein (nach j-m, etw) ~** rzucać

## 568 ▪ Werft – wichtig

⟨-cić⟩ kamieniem (w *akk*) **Werft** *f* stocznia
**Werk** *n* (-[e]s; -e) dzieło; (*Fabrik*) zakład; **ausgewählte, sämtliche ~e** dzieła wybrane, wszystkie **Werkbank** *f* (*pl* -bänke) warsztat **werkeln** *v/i* (-le) majstrować (**an** *dat* przy *lok*) **Werkschutz** *m* straż zakładowa **Werkstatt** *f* (-; -stätten), **Werkstätte** *f* warsztat; in *zssgn* warsztatowy **Werkstoff** *m* materiał, tworzywo **Werktag** *m* dzień roboczy *od* powszedni **werktags** *adv* w dni powszednie **werktätig** pracujący **Werkzeug** *n* (-[e]s; -e) narzędzie (*a. fig*) **Werkzeugkasten** *m* skrzynka narzędziowa
**Wermut** *m* (-[e]s; *bpl*) BOT piołun; (*Getränk*) wermut
**wert** *adj*: ▮ **~ sein** nur präd być wart (*f* warta, *n*, *pl* warte, *persf* warci); **das ist nicht viel ~** to niewiele warte ▮ *fig* **dein Urteil ist mir viel ~** cenię bardzo twoją opinię; **etw ist nicht ~ zu ...** (*nicht gut genug*) niewart(a, -e) (*gen*); **es war die** *od* **der Mühe nicht ~** nie warto było się trudzić; **das Programm ist nichts ~** program jest nic niewart **Wert** *m* (-[e]s; -e) wartość *f* (*a.* MAT, *fig*); **~e** *pl* (*Wertpapiere usw*) walory *mpl*; **von geringem, großem ~** małej, wielkiej wartości; **~ legen auf** (*akk*) przywiązywać wagę do (*gen*) **Wertangabe** *f* podanie wartości **Wertarbeit** *f* (*bpl*) wyrób najwyższej jakości **Wertbrief** *m* list wartościowy **werten** (-e-) wartościować, oceni(a)ć **Wertgegenstand** *m* przedmiot wartościowy **wertlos** bezwartościowy **Wertminderung** *f* zmniejszenie wartości **Wertpaket** *m* paczka wartościowa **Wertpapiere** *n/pl* papiery *m/pl* wartościowe **Wertsachen** *fpl* rzeczy *fpl* wartościowe **Wertung** *f* wartościowanie; klasyfikacja **wertvoll** wartościowy, cenny **Wertvorstellung** *f* wyobrażenie o wartości (*gen*)
**Wesen** *n* istota (*a. Geschöpf*); (*Wesensart*) usposobienie, natura; **ein freundliches ~ haben** mieć łagodne usposobienie **wesensfremd** obcy (*dat od* naturze *gen*) **Wesenszug** *m* charakterystyczna cecha **wesentlich** istotny; **~er Unterschied** istotna różnica; **im Wesentlichen** w istocie **Wesentliche(s)** *n* istota,

sedno
**weshalb** *adv* → warum
**Wespe** *f* osa **Wespennest** *n* gniazdo os
**wessen** *pron interrog* (*gen* → *wer*) czyj
**westdeutsch** zachodnioniemiecki
**Weste** *f* kamizelka
**Westen** *m* (-s; *bpl*) zachód; POL **der ~** Zachód; **im ~** na zachodzie; **nach ~** na zachód; **von ~** z zachodu; **der Wilde ~** Dziki Zachód **westeuropäisch** zachodnioeuropejski **westlich** zachodni; **~** (*gen*) *od* **von** na zachód od (*gen*) **Westwind** *m* wiatr zachodni
**weswegen** *adv* dlaczego
**Wettbewerb** *m* (-[e]s; -e) konkurs, konkurencja; **im ~ stehen** współzawodniczyć, konkurować, rywalizować **Wette** *f* zakład (**um** o *akk*); **um die ~** *etw tun* na wyścigi (+ *inf*) **wetteifern** (-re) rywalizować, współzawodniczyć (**um** o *akk*); **miteinander ~** prześcigać się (**in** *dat* w *lok*) **wetten** (-e-) *v/t u. v/i* zakładać ⟨-łożyć⟩ się (**etw, um etw** o *akk*; **mit** z *inst*); **~** (**dass?**) o zakład?
**Wetter** *n* pogoda; **es ist schönes ~** jest piękna pogoda; **schlechtes ~** brzydka pogoda, niepogoda **Wetteraussichten** *fpl* przewidywana pogoda **Wetterbedingungen** *fpl* warunki *mpl* pogodowe **Wetterbericht** *m* komunikat pogodowy **Wetterdienst** *m* służba meteorologiczna; *per Telefon* pogodynka **wetterfest** odporny na wpływy atmosferyczne **Wetterkarte** *f* mapa synoptyczna **Wetterlage** *f* stan pogody **wettern** *umg* (-re): *v/i* **gegen j-n, etw ~** pomstować, psioczyć na (*akk*)
**Wettersatellit** *m* satelita meteorologiczny **Wettervorhersage** *f* prognoza pogody
**Wettkampf** *m* zawody *mpl*; mecz **Wettkämpfer(in)** *m(f)* zawodnik (-iczka) **Wettlauf** *m* wyścig (*a. fig* **mit der Zeit** z czasem) **wettmachen** (*ausgleichen*) *Versäumtes* nadrabiać ⟨-robić⟩ **Wettrüsten** *n* wyścig zbrojeń **Wettstreit** *m* konkurs; rywalizacja; **mit j-m in ~ treten** rywalizować (z *inst*)
**whatsappen** *umg* *v/t u. v/i* TEL pisać wiadomości na WhatsAppie®
**wich** → weichen[2]
**wichtig** ważny; **am ~sten ist, dass ...**

najważniejsze jest, że(by) ...; **das ist nicht so** ~ to nie (jest) tak ważne **Wichtigkeit** f (bpl) ważność f, znaczenie **Wichtigtuerei** f (bpl) ważniactwo, dufność f **wickeln** (-le) A v/t 1 owijać ⟨-winąć⟩ (**um etw** dookoła *od* wokół *gen*; **in Papier** w papier); **etw aus dem Papier** ~ rozwijać ⟨-winąć⟩ z papieru (*akk*) 2 *Haare* zakręcać ⟨-cić⟩ ⟨**sich** (*dat*) sobie⟩ 3 *Kind* przewijać ⟨-winąć⟩; *umg fig* **schief gewickelt sein** grubo się mylić B v/r **sich um etw** ~ owijać ⟨owinąć⟩ się wokół (*gen*); **sich in e-e Decke** ~ owinąć się kocem **Widder** m tryk, baran; ASTRON Baran **wider** *präp* (*akk*) przeciw, wbrew (*dat*) **Widerhaken** m wąs (grota, haczyka) **Widerhall** m echo, oddźwięk **widerlegen** (-) obalać ⟨-lić⟩ **widerlich** ohydny, obrzydliwy (-wie) **widerrechtlich** bezprawny **Widerrede** f przeciwstawienie się; **keine** ~ **dulden** nie cierpieć sprzeciwu **Widerruf** m odwołanie; **bis auf** ~ aż do odwołania **widerrufen** (irr; -) odwoł(yw)ać **widersetzen** (-): v/r **sich j-m**, *e-r Sache* ~ sprzeciwi(a)ć się (*dat*) **widersinnig** niedorzeczny **widerspenstig** przekorny, krnąbrny; *Haar* niesforny **widerspiegeln** v/t odbi(ja)ć, odzwierciedlać ⟨-lić⟩

**widersprechen** (irr; -): **j-m**, *e-r Behauptung* przeczyć, zaprzeczać ⟨-przeczyć⟩ (*dat*); *e-r Sache* ~ (*Widerspruch einlegen*) sprzeciwi(a)ć się (*dat*); **sich** (*dat*) **selbst** ~ być w sprzeczności z samym sobą **Widerspruch** m sprzeczność f; (*Einspruch*) sprzeciw **widersprüchlich** sprzeczny **Widerstand** m opór (*gegen* wobec *gen*, **Widerstandsbewegung** f ruch oporu **widerstandsfähig** odporny, wytrzymały (**gegen** na *akk*) **Widerstandkraft** f (bpl) odporność f **widerstandslos** adj präd bez oporu, nie opierając się
**widerstehen** (irr; -): **j-m**, *e-r Sache* ~ opierać ⟨oprzeć⟩ się (*dat*); (*e-e Belastung aushalten*) wytrzym(yw)ać (*dat*) (*e-r Versuchung* **nicht** ~ **können** ulegać ⟨ulec⟩ (*dat*) **widerstreben** (-): *unpers* **es widerstrebt mir zu** (+ *inf*) wzbraniam się (+ *inf*), mam coś przeciwko (+ *dat des Verbalsubstantivs*) **widerwärtig** wstrętny **Widerwille** m (bpl) wstręt, obrzydzenie **widerwillig** niechętny, *präd* niechętnie, z niechęcią

**widmen** (-e-) v/t poświęcać ⟨-cić⟩ (v/r **sich j-m**, *e-r Sache* się *dat*); *Buch* ⟨za⟩dedykować **Widmung** f dedykacja **widrig** niesprzyjający, niepomyślny **wie**[1] *adv* jak; *in Fragen nach Eigenschaft, Maß, Grad a.* jaki; ~ **war es?** jak było?; ~ **geht es dir?** jak się masz?; ~ **heißt du?** jak ci na imię?; ~ **lange?** jak długo?; ~ **lange wohnst du hier** (**schon**)? jak dawno tu mieszkasz?; ~ **hoch?** jak wysoki, jak wysoko?; ~ **oft?** jak często?; ~ **viel(e)** ile, *persf* ilu; **um** ~ **viel älter, länger** o ile starszy, dłuższy; ~ **bitte?** proszę? 2 *in Fragen nach der Eigenschaft, dem Maß, Grad a.* jaki; ~ **war das Wetter in ...?** jaka pogoda była w ...? 3 *fragend am Satzende* ..., ~? ..., co? 4 ~ **schön!** jak pięknie!; ~ **schade!** jaka szkoda!; *umg* **aber ~!, und ~!** jeszcze jak! 5 *relativisch* ~ **wäre es, wenn wir ins Kino gingen?** a może byśmy tak poszli do kina?; ~ **klug er auch sein mag, ...** chociażby był nie wiem jaki mądry, ... **wie**[2] *konj vergleichend* jak, *umg* co; **stark** ~ **ein Bulle** silny jak byk; **ein Mann** ~ **er** (taki) mężczyzna jak on; **ein Hut im gleichen Farbton** ~ **die Tasche** kapelusz tego koloru, co torebka; *erklärend* **er ist so gut** ~ **taub** on (jest) prawie głuchy; ~ **ich glaube** jak myślę; ~ **man sagt** jak mówią; **ich sah,** ~ **er ...** widziałem (-łam), jak on ...; **es kam so,** ~ **ich es gesagt habe** stało się tak, jak powiedziałem (-łam)

**wieder** *adv* znowu, znów; na nowo; **immer** ~ wciąż na nowo; ~ (**ein**)**mal** po raz kolejny; **er ist** ~ **gesund** on jest znowu zdrów; **ich bin gleich** ~ **da** zaraz wracam *od* wrócę; ~ **kommen** (*später noch einmal kommen*) przychodzić ⟨przyjść⟩ później *od* jeszcze raz; (*sich wiederholen*) powtarzać ⟨-wtórzyć⟩ się **Wiederaufbau** m (bpl) odbudowa **Wiederaufbereitung** f *von Brennstäben* przerób **Wiederaufnahme** f wznowienie (*a.* JUR) **wiederbekommen** (irr) otrzym(yw)ać z powrotem **wiederbeleben** przywracać ⟨-wrócić⟩ do życia, reanimować (im)pf **Wiedereröffnung** f (*Bericht*) relacja; *von Ton* odtwarzanie, odtworzenie **wiedergeben** (irr) *Sache a. Ton* odtwarzać ⟨-tworzyć⟩; (*berichten*) relacjonować; **in gekürzter Form ~** streszczać ⟨streścić⟩ **wiedergewinnen** (irr) odzysk(iw)ać **wiederherstellen** Gebäude ⟨od⟩restaurować, ⟨z⟩rekonstruować

**wiederholen**[1] v/t (u. v/r **sich** [dat]) ~ zurückholen; Titel zdoby(wa)ć ponownie **wiederholen**[2] (-) v/t powtarzać ⟨-wtórzyć⟩; **e-e Klasse ~** repetować klasę **wiederholt** adj kilkakrotny **Wiederholung** f powtarzanie, powtórzenie (się); e-r Lektion powtórka **Wiederhören** n: **auf ~!** do usłyszenia! **Wiederkehr** f (bpl) powrót; e-s Gedenktages rocznica **wiedersehen** (irr) ponownie zobaczyć pf **Wiedersehen** n ponowne zobaczenie od spotkanie (się); **auf ~!** do widzenia!, do zobaczenia! **wiederum** adv (erneut) znowu; (hingegen) natomiast, zaś **Wiedervereinigung** f zjednoczenie **Wiederverwertung** f powtórne przetwarzanie; recykling **wiederverkaufen** odprzed(aw)ać **Wiederwahl** f ponowny wybór, reelekcja **Wiege** f kołyska; poet, fig kolebka; mst żart **von der ~ bis zur Bahre** od kolebki do grobu

**wiegen**[1] (wog, gewogen) v/t ⟨z⟩ważyć (**auf die Waage** na wadze, **in, auf der Hand** w dłoni); v/i ważyć; **der Koffer wiegt ... Kilo** walizka waży ... kilo; fig **schwer ~** ważyć dużo; **sich ~** ⟨z⟩ważyć się

**wiegen**[2] v/t kołysać; Fleisch drobno ⟨po⟩siekać; **sich ~** kołysać się (**im Wind** na wietrze, **im Tanz** w tańcu); fig **er wiegte sich in Sicherheit** on mniemał, że nic mu nie grozi **Wiegenlied** n kołysanka

**Wiener** adj wiedeński
**wies** → weisen
**Wiese** f łąka; **auf der grünen ~ bauen** etw ⟨po⟩zbudować od zera **Wiesel** n F łasica, dim łasiczka
**wieso** adv dlaczego
**wieviel** → wie **wievielte** adj: **~(r), ~s** który, która, które; **der Wievielte ist heute?** którego dziś mamy?
**wild** dziki (-ko); **~e Tiere, Pflanzen** dzikie zwierzęta, rośliny; **~ werden** wpadać ⟨wpaść⟩ w pasję; **~e Ehe** konkubinat, życie na kocią łapę **Wild** n (-[e]s; bpl) zwierzyna (łowna), dzicz f; KULIN dziczyzna **Wilddieb** m kłusownik **Wilde(r)** m (-n) dzikus, dziki **wildfremd** zupełnie obcy **Wildgans** f dzika gęś, gęgawa **Wildheit** f (bpl) dzikość f; (Heftigkeit) gwałtowność f **Wildkatze** f żbik **Wildleder** n zamsz; in zssgn zamszowy **Wildnis** f (-; -se) (Wald) dzicz (leśna); (Öde) dzika okolica, (leśne) odludzie **Wildpark** m zwierzyniec otwarty **Wildschwein** n dzik

**will** → wollen[2]
**Wille** m (-ns; bpl) wola; **Letzter ~** ostatnia wola; **aus freiem ~n** z własnej woli, dobrowolnie; **beim besten ~n** mimo najlepszych chęci; **gegen j-s ~n** wbrew woli (gen); **wider ~n** (ungewollt) mimo woli **willen** präp: **um j-s ~n**, e-r Sache **~** dla (gen), ze względu na (akk) **willenlos** bezwolny **Willenskraft** f (bpl) siła woli **willensstark** energiczny, o silnej woli **willig** chętny, ochoczy (-czo)
**willkommen** adj Gast mile widziany; Anlass pożądany; **herzlich ~!** serdecznie witam od witamy!; **j-n ~ heißen** ⟨po⟩witać k-o
**Willkür** f (-; bpl) samowola **willkürlich** samowolny
**willst** → wollen
**wimmeln** v/i (-le) roić się; unpers **es wimmelt von etw** roi się od (gen)
**wimmern** v/i (-re) (cicho) jęczeć (**vor Schmerzen** z bólu); (weinen) kwilić
**Wimpel** m proporczyk; MAR wimpel
**Wimper** f (-; -n) rzęsa; **ohne mit der ~ zu zucken** bez drgnienia powiek **Wimperntusche** f tusz do rzęs
**Wind** m (-[e]s; -e) wiatr, stark wicher; **gegen den ~** pod wiatr
**Winde** f BOT powój
**Windel** f (-; -n) pieluszka
**winden** (windet, wand, gewunden) v/t ⟨u⟩wić; **sich ~** wić się (a. **vor Schmerzen** usw z bólu usw); **sich um etw ~** wić od owijać się dokoła (gen)
**Windenergie** f (bpl) energia wiatru **windgeschützt** adj zaciszny, zasłonięty od wiatru **Windhose** f trąba powietrzna **Windhund** m chart; fig abw pędziwiatr, szaławiła m **Windjacke** f wiatrówka **Windmühle** f wiatrak **Windpocken** fpl ospa wietrzna **Windrad** n turbina f wiatrowa **Windrichtung** f kierunek wia-

tru **Windschutzscheibe** f szyba przednia **Windstärke** f siła wiatru **windstill** bezwietrzny **Windstille** f cisza; MAR a. sztil **Windstoß** m poryw wiatru
**Windung** f skręt (a. TECH)
**Wink** m (-[e]s; -e) skinienie, znak; fig (poufna) wskazówka, umg cynk
**Winkel** m kąt (a. MAT); (Ecke) kąt(ek), kącik; (Gerät zum Zeichnen) trójkąt; **rechter ~** kąt prosty; **toter ~** pole martwe **winkelig** = **winklig Winkelmesser** m kątomierz
**winken** v/t: **j-n zu sich ~** przywoł(yw)ać k-o skinieniem; v/i **j-m ~** kiwać ⟨kiwnąć⟩ ręką (**zum Abschied** na pożegnanie); e-m Kellner usw skinąć pf na k-o
**winklig** Gasse kręty; Haus usw pełen (pełna, -ne) zakamarków
**winseln** v/i (-le) skomleć, skomlić (a. fig **um** o akk); Hund a. skowyczeć
**Winter** m zima; **für den ~** na zimę; **im ~** w zimie, zimą; **den ~ über** przez zimę **Winterfahrplan** m zimowy rozkład jazdy **winterfest** Kleidung zimowy; Pflanze zimotrwały **winterlich** zimowy **Wintermantel** m płaszcz zimowy **Winterreifen** m AUTO opona zimowa **Winterschlussverkauf** m zimowa wyprzedaż posezonowa **Wintersport** m sporty mpl zimowe **Winterzeit** f (bpl) (Jahreszeit) okres zimowy; (Normalzeit) czas zimowy
**Winzer** m (**Winzerin** f) właściciel(ka) winnicy; winiarz **Winzerfest** n święto winobrania
**winzig** malutki, maluchny, umg mikry **Wipfel** m wierzchołek
**wir** pron my; **~ Frauen** my kobiety; **~ werden sehen** zobaczymy; **~ haben es gesehen** widzieliśmy to; → uns, unser
**Wirbel** m wir; fig (Hektik) zamieszanie, zamęt **wirbeln** (-le) v/i (sn) ⟨za⟩wirować, kręcić się; v/t **der Wind wirbelt die Blätter durch die Luft** niesione wiatrem liście wirowały w powietrzu **Wirbelsäule** f kręgosłup **Wirbelsturm** m huragan, cyklon **Wirbeltiere** npl kręgowce mpl **Wirbelwind** m wir powietrza od powietrzny
**wird** → werden **wirf(s)t** → werfen
**wirken** v/i (tätig sein) działać, pracować (**als** jako)

**wirklich** präd rzeczywiście **Wirklichkeit** f rzeczywistość f
**wirksam** skuteczny; **~ sein** skutkować; Bestimmung obowiązywać **Wirksamkeit** f (bpl) skuteczność f **Wirkstoff** m substancja czynna **Wirkung** f (Effekt) działanie, skutek; (Eindruck) wrażenie; **s-e ~ verfehlen** nie odnosić ⟨-nieść⟩ skutku; **mit sofortiger ~** niezwłocznie **wirkungslos** bezskuteczny, nieskuteczny **wirkungsvoll** efektywny; (eindrucksvoll) wywierający wrażenie
**wirr** (verwirrt) zagmatwany **Wirren** pl zamieszki fpl, zamęt
**Wirsing** m (-s; bpl), **Wirsingkohl** m kapusta włoska
**wirst** → werden
**Wirt** m (-[e]s; -e) gospodarz (a. BIOL) **Wirtin** f gospodyni **Wirtschaft** f EKON gospodarka **wirtschaften** v/i (-e-) gospodarować, gospodarzyć **Wirtschaftler(in)** m(f) ekonomista m (-tka) **wirtschaftlich** gospodarczy (-czo), (a. sparsam) ekonomiczny **Wirtschaftlichkeit** f (bpl) opłacalność f; (Sparsamkeit) ekonomiczność f **Wirtschaftsbeziehungen** fpl stosunki mpl gospodarcze **Wirtschaftsgemeinschaft** f wspólnota gospodarcza **Wirtschaftskriminalität** f przestępczość gospodarcza **Wirtschaftskrise** f kryzys gospodarczy **Wirtschaftslage** f sytuacja gospodarcza **Wirtschaftspolitik** f (bpl) polityka ekonomiczna **Wirtschaftsprüfer(in** f) m rewident(ka) księgowy (-wa) **Wirtschaftswachstum** n wzrost gospodarczy **Wirtschaftswissenschaften** fpl nauki fpl ekonomiczne **Wirtschaftszweig** m gałąź f gospodarki **Wirtshaus** n gospoda, karczma, szynk
**Wisch** umg abw m (-[e]s; -e) świstek (papieru) **wischen** a. Fußboden wycierać ⟨-trzeć⟩
**Wisent** m (-s; -e) żubr
**wispern** (-re) v/i szeptać
**wissbegierig** dociekliwy (-wie) **wissen** (weiß, wusste, gewusst) v/t **1** wiedzieć (a. v/i **von, um etw**, **j-n** o lok; **von j-m, durch j-n** od gen) **2** (kennen) znać; **ich weiß (es) nicht** nie wiem; **ich weiß den Weg** znam drogę; **ich weiß s-n Namen nicht** nie znam jego nazwiska; umg

## Wissen – Wohlfahrtsstaat

**was weiß ich!** czy ja wiem!; *umg* **wer weiß wo** Bóg wie gdzie; *umg* **du weißt Bescheid?** wiesz, o co chodzi?; wiesz, jak to działa?; **soviel ich weiß** o ile mi wiadomo; **nicht, dass ich wüsste** nic nie wiem o tym 3 **sich zu benehmen ~ wiedzieć**, jak się zachować; **etw zu schätzen ~** cenić *(akk)*; **ich will von ihm nichts (mehr) ~** nie chcę mieć z nim nic wspólnego; *umg* **man kann nie ~** człowiek nigdy nie wie; **j-n ~ lassen, dass od was ...** da(wa)ć znać k-u, że *od* co ...; **weißt du noch ...?** (czy) pamiętasz ...?

**Wissen** *n* (-s; *bpl*) wiedza; **meines ~s** o ile wiem; **ohne mein ~** bez mojej wiedzy; **mit ~ (von)** za wiedzą *(gen)*; **wider besseres ~** *etw tun* wbrew przeświadczeniu; *etw behaupten* niezgodnie z prawdą; **nach bestem ~ und Gewissen** w najlepszej wierze **Wissenschaft** *f* nauka **Wissenschaftler(in)** *m(f)* naukowiec *(a. f)* **wissenschaftlich** naukowy (-wo) **Wissensgebiet** *n* dziedzina wiedzy **wissenswert** godny poznania; interesujący **wissentlich** świadomy (-mie) **wittern** (-re) *v/t* ⟨z⟩węszyć, ⟨z⟩wietrzyć **Witterung** *f* (*bpl*) pogoda; *(Geruchssinn von Tieren)* węch, wiatr
**Witwe** *f* wdowa (**von** *dat*, **des** *gen* po *lok*); **~ werden** zosta(wa)ć wdową, owdowieć *pf* **Witwenrente** *f* wdowia renta **Witwer** *m* wdowiec
**Witz** *m* (-es; -e) dowcip **Witzblatt** *n* pismo humorystyczne **Witzbold** *umg m* (-[e]s; -e) kawalarz **witzig** dowcipny **witzlos** bez krzty dowcipu; *umg fig* daremny
**WLAN** *n* (-s; *bpl*) TEL, IT wlan **WLAN-Hotspot** *m* (-s) TEL, IT wlan-hotspot
**wo** *adv interrog u. relativisch* gdzie; *zeitlich* kiedy, gdy; *umg (wohin)* gdzie, dokąd; **~ immer er sein mag** gdziekolwiek by był; **von ~** skąd; *umg* **ach ~!, i ~!** ależ skąd! **woanders** *adv* gdzie indziej
**wob**, **wöbe** → **weben**
**wobei** *adv interrog:* **~ bist du gerade?** co w tej chwili robisz?
**Woche** *f* tydzień *m;* **diese, nächste ~** w tym, w przyszłym tygodniu; **binnen e-r ~** w ciągu tygodnia; **nach e-r ~** tydzień potem, po tygodniu; **vor e-r ~** tydzień

przedtem, przed tygodniem; **in e-r ~** za tydzień; **in zwei ~n** za dwa tygodnie; **zweimal pro** *od* **in der ~** dwa razy w tygodniu **Wochenblatt** *n* tygodnik **Wochenende** *n* koniec tygodnia; weekend; **am ~, fürs ~** na weekend, w weekendy; **schönes ~!** (życzę) przyjemnego weekendu! **Wochenkarte** *f* bilet tygodniowy **wochenlang** wielotygodniowy **Wochenlohn** *m* płaca tygodniowa **Wochenmarkt** *m* targ cotygodniowy **Wochentag** *m* dzień *m* tygodnia **wöchentlich** *präd* tygodniowo, co tydzień, raz na tydzień **Wöchnerin** *f* położnica
**Wodka** *m* (-s; -s) wódka
**wodurch** *adv interrog* przez co, w jaki sposób, czym; *relativisch* przez co **wofür** *adv interrog u. relativisch* za co; *auf Personen bezogen* za kogo; *(wozu)* na co, do czego
**wog, wöge** → **wiegen**[1]
**wogegen** *adv interrog u. relativisch* przeciw czemu, na co; *konj* podczas gdy
**wogen** *pperf* → **wiegen**[1]
**woher** *adv interrog u. relativisch* skąd
**wohin** *adv interrog u. relativisch* dokąd
**wohl**[1] *adv (gesund)* zdrów; *(zwar)* wprawdzie; **sich ~ fühlen** czuć się dobrze; **sich am ~sten fühlen ...** czuć się najlepiej ...; **mir ist nicht ~** niedobrze mi, czuję się niezdrów (*f* niezdrowa); **mir ist nicht ganz ~ bei dem Gedanken an ...** na myśl o (*lok*) czuję się nieswojo; **~ dem, der ...** szczęśliwy ten, kto ...; **er weiß ~, dass** on wprawdzie *od* dobrze wie, że ...; **ich weiß sehr ~, dass ...** wiem bardzo dobrze, że ...; **~ (an die) tausend** około tysiąca, prawie tysiąc; **~ oder übel** tak czy owak, rad nierad; **lebe ~!** bądź zdrów!, żegnaj!; **~ bekomms!** na zdrowie!
**wohl**[2] *partikel (vermutlich)* zapewne, chyba; **er wird ~ kommen** on zapewne przyjdzie; *umg* **du hast ~ ...?!** chyba masz ...?!; **~ kaum** chyba nie; *umg* **siehst du ~!** a widzisz!; **das kann man ~ sagen!** absolutnie tak!
**Wohl** *n* (-[e]s; *bpl*) dobro, pomyślność *f;* **auf j-s ~ trinken** wypić za *od* na zdrowie *(gen)*; **zum ~!** na zdrowie! **Wohlbefinden** *n* zdrowie; dobre samopoczucie **wohlbehalten** *adj* (zdrów i) cały **Wohlfahrtsstaat** *m* państwo opie-

kuńcze, państwo dobrobytu **Wohlfahrtsverband** *m* organizacja charytatywna **Wohlgefallen** *n* zadowolenie **wohlgemerkt** *adv* nawiasem mówiąc, notabene **Wohlgeruch** *m* (przyjemna) woń, miły zapach **wohlhabend** *adj* zamożny, majętny **wohlig** przyjemny, błogi (-go) **Wohlstand** *m* (*bpl*) dobrobyt **Wohltat** *f* dobrodziejstwo **wohltätig** dobroczynny **Wohltätigkeit** *f* (*bpl*) dobroczynność *f* **wohltuend** *adj* przyjemny; (*lindernd*) przynoszący ulgę **wohlverdient** *adj* zasłużony **Wohlwollen** *n* (-s; *bpl*) życzliwość *f*, przychylność *f* **wohlwollend** *adj* życzliwy, przychylny; *präd* życzliwie, przychylnie
**Wohnbezirk** *m* dzielnica mieszkaniowa **wohnen** *v/i* mieszkać, zamieszkiwać (**bei j-m** u *gen*; **in** *dat* w *lok*) **Wohnfläche** *f* powierzchnia mieszkalna **Wohngeld** *n* (*bpl*) zasiłek mieszkaniowy, dopłata do czynszu **Wohngemeinschaft** *f* grupa zamieszkująca w jednym mieszkaniu, wspólnota mieszkaniowa **wohnhaft** zamieszkały **Wohnhaus** *n* dom mieszkalny, kamienica **Wohnheim** *n* akademik **Wohnküche** *f* kuchnia mieszkalna **wohnlich** przytulny **Wohnmobil** *n* (-s; -e) samochód kempingowy **Wohnort** *m* miejsce zamieszkania **Wohnraum** *m* pomieszczenie mieszkalne **Wohnsitz** *m* stałe miejsce zamieszkania; (*Domizil*) siedziba **Wohnung** *f* mieszkanie **Wohnungsamt** *n* urząd kwaterunkowy **Wohnungsbau** *m* (*bpl*) budownictwo mieszkaniowe **wohnungslos** niemający mieszkania, bezdomny **Wohnungsnot** *f* (*bpl*) głód mieszkań, kryzys mieszkaniowy **Wohnungswechsel** *m* zmiana mieszkania **Wohnverhältnisse** *npl* warunki *mpl* mieszkaniowe **Wohnviertel** *n* dzielnica mieszkaniowa **Wohnwagen** *m* przyczepa kempingowa; → Wohnmobil **Wohnzimmer** *n* pokój mieszkalny
**Wok** *m* (-; -s) wok
**wölben: sich ~** wyginać ⟨-giąć⟩ się półkoliście (**über** *akk* nad *inst*); *Brust* wypinać ⟨-piąć⟩ się; *Wand* wybrzuszać ⟨-szyć⟩ się **Wölbung** *f* wypukłość *f*
**Wolf** *m* (-[e]s; Wölfe) wilk, *groß* wilczysko

**Wölfin** *f* wilczyca
**Wolke** *f* obłok, chmura **Wolkenbruch** *m* oberwanie się chmury **Wolkenkratzer** *m* drapacz chmur **wolkenlos** bezchmurny **wolkig** *Himmel* zachmurzony; *Tag* pochmurny
**Wolldecke** *f* wełniany koc **Wolle** *f* wełna
**wollen**¹ *adj* wełniany
**wollen**² (will, wollte) A *Modalverb* (+ *inf*; *pperf wollen*) 1 (*wünschen*) chcieć; **ich will arbeiten** chcę pracować; **er wollte gerade gehen** właśnie chciał *od* miał zamiar odejść; **wir ~ gehen** (no to) idziemy; **das hat er nicht tun ~** nie chciał tego zrobić 2 (*auffordern*) **~ Sie bitte Platz nehmen** zechce pan(i) usiąść; **ich wollte Sie fragen, ob ...** chciał(a)bym Pana (-nią) zapytać, czy ...; **willst du still sein!** bądź cicho! 3 (*behaupten*) **der Frühling will nicht kommen** wiosna nie chce nadejść; **er will dich gesehen haben** on twierdzi, że ciebie widział; **das ~ wir hoffen** miejmy nadzieję; **wir ~ sehen** zobaczymy; *umschreibend* **das will nichts heißen** *od* **nicht viel sagen** to niewiele znaczy *od* mówi 4 (*müssen*) **das will überlegt sein** to trzeba przemyśleć B *v/t* (*pperf gewollt*) chcieć; **ich will das nicht** nie chcę tego; **er hat Geld gewollt** on chciał pieniędzy; **willst du Tee oder Kaffee?** chcesz herbaty czy kawy?, wolisz herbatę czy kawę?; **ich will lieber ...** (ja) wolę ...; **ohne es zu ~** niechcący; **der Zufall wollte es, dass ...** traf chciał, że ...; *umg* **da ist nichts zu ~** szkoda fatygi; *umg* **nichts zu ~!** ani myślę! C *v/i* (*pperf gewollt*) **man muss nur ~** trzeba tylko chcieć; **ob man will oder nicht** chcąc nie chcąc; **wohin willst du?** dokąd idziesz *od* jedziesz?; **wir ~ nach ...** chcemy *od* jedziemy do (*gen*); **zu wem ~ Sie?** pan(i) do kogo ?; **mein Herz will nicht mehr** serce odmawia mi posłuszeństwa
**womit** *adv interrog u. relativisch je nach der Rektion des Verbs* (*mit welcher Sache*) czym **womöglich** *adv* być może **wonach** *adv interrog u. relativisch je nach der Rektion des Verbs*: *duften* czym; *fragen* o co; *suchen* czego; *sich richten* do czego, czym
**Wonne** *f* rozkosz
**woran** *adv interrog u. relativisch*: *denken* o

czym; *arbeiten* nad czym; *erkennen* po czym; *glauben* w co; *sich lehnen* o co **worauf** *adv interrog u. relativisch:* warten na co; *sich befinden* na czym; *sich beziehen* do czego; *beharren* przy czym; *relativisch, zeitlich* po czym **woraus** *adv interrog u. relativisch:* sich zusammensetzen z czego; *relativisch a.* z którego, z których **worin** *adv interrog u. relativisch* w czym, na czym
**Wort** *n* (-[e]s; Wörter u -e) (*Vokabel*) słowo; ~ **für** ~ słowo w słowo; **im wahrsten Sinne des ~es** w całym tego słowa znaczeniu; **mit anderen ~en** innymi słowy; **in ~en** *Betrag* słownie; **in ~ und Schrift** w mowie i piśmie **Wortart** *f* GRAM część *f* mowy **Wortbruch** *m* niedotrzymanie słowa **wortbrüchig** niesłowny **Wörter** *pl* → Wort **Wörterbuch** *n* słownik **Wort|führer(in)** *m(f)* rzecznik (-iczka) **Wortgefecht** *n* utarczka słowna **wortgetreu** wierny **wortkarg** małomówny, mało rozmowny **Wortlaut** *m* (*bpl*) brzmienie (dosłowne) **wörtlich** dosłowny, literalny **wortlos** milczący; *präd* milcząc, bez słowa **Wortmeldung** *f* zgłoszenie się do głosu, prośba o głos **wortreich** wielosłowny **Wortschatz** *m* (*bpl*) słownictwo; (*Gesamtheit aller Wörter e-s Einzelnen od in e-m Wörterbuch*) zasób słów **Wortwechsel** *m* (ostra) wymiana zdań, sprzeczka
**worüber** *adv interrog u. relativisch:* denken o czym; *schimpfen* na co; *lachen* z czego **worum** *adv interrog u. relativisch:* handeln o co **wovon** *adv interrog u. relativisch:* reden o czym; *müde sein* od czego; *leben* z czego **wovor** *adv interrog u. relativisch* czego **wozu** *adv interrog u. relativisch* (*wofür*) na co, po co, do czego
**Wrack** *n* (-[e]s; -s) wrak; (*Auto*) umg trup
**wringen** (wrang, gewrungen) *Wäsche* wyżymać ⟨-żąć⟩
**Wucher** *m* (-s; *bpl*) lichwa **Wucherer** *m* lichwiarz **wuchern** *v*|*i* (-re; a sn) *Pflanzen* (szybko) rozrastać ⟨-rosnąć⟩ się (*a.* MED) **Wucherung** *f* (*das Wuchern*) (bujny) rozrost; (*Auswuchs*) MED guz, polip
**wuchs** → wachsen¹ **Wuchs** *m* (-es; *bpl*) wzrost; BOT *a.* rozrost
**Wucht** *f* (*bpl*) impet, siła **wuchtig** (*massig*) masywny

**wühlen** *v*|*i Tier* ryć (**in der Erde** w ziemi); **sich durch etw** ~ *durch Schnee usw* brnąć, przekop(yw)ać się przez (*akk*); *durch Akten usw* kopać w (*lok*), ⟨prze⟩wertować (*akk*)
**Wulst** *m* (-[e]s; Wülste) *u. f* (-; Wülste) wałek, zgrubienie; *e-s Reifens* stopka **wulstig** *Lippen* mięsisty, odęty
**wund** (*verletzt*) zraniony; *durch Reiben* otarty, odparzony **Wunde** *f* rana (*a. fig*)
**Wunder** *n* cud; **kein ~, dass** nic dziwnego, że **wunderbar** cudowny **Wunderkind** *n* cudowne dziecko **wunderlich** dziwaczny **Wundermittel** *n* cudowny środek **wundern** (-re): *v*|*t* **j-n** ~ zadziwi(a)ć, dziwić k-o; **sich über etw** ~ dziwić się (*dat*); *unpers* **es wundert mich, dass** dziwi mnie, że **wunderschön** prześliczny, cudowny **wundertätig** cudowny **wundervoll** (prze)cudny
**Wundsalbe** *f* maść *f* na rany **Wundstarrkrampf** *m* (*bpl*) tężec
**Wunsch** *m* (-[e]s; Wünsche) życzenie; **auf eigenen** ~ na własne życzenie; **es war sein** ~, ... jego życzeniem było ...; **herzliche Wünsche zu** *od* **für ...** serdeczne życzenia z okazji (*gen*); **mit den besten Wünschen ...** łącząc serdeczne życzenia ... **wünschen**: *v*|*t* j-m, sich etw ~ życzyć k-u, sobie (*gen*); (*begehren*) życzyć sobie, pragnąć (*gen*); **was ~ Sie?, Sie ~?** czego pan(i) sobie życzy?; **ich wünsche dir e-e gute Reise** życzę przyjemnej podróży **wünschenswert** pożądany **wunschgemäß** *adv* według życzenia, na życzenie **Wunschzettel** *m* spis *od* lista życzeń
**wurde, würde** → werden
**Würde** *f* (*bpl*) godność *f*; (*a. pl*) zaszczyt **Würdenträger** *m* dygnitarz, dostojnik **würdig** dostojny; *präd* (*angemessen*) godnie, należycie; *e-r Sache*, **j-s** ~ **sein** być godnym (*gen*), zasługiwać na (*akk*) **würdigen**: *Sache*, **j-n** ~ należycie oceni(a)ć (*akk*), wyrażać ⟨-razić⟩ się z uznaniem (o *lok*); **j-n, etw keines Blickes** ~ nie raczyć spojrzeć na (*akk*) **Würdigung** (*Anerkennung*) uznanie, wyrazy *mpl* uznania
**Wurf** *m* (-[e]s; Würfe) rzut; ZOOL pomiot, miot **würfe** → werfen
**Würfel** *m* kostka **würfeln** (-le) *v*|*t* KULIN ⟨po⟩kroić w kostkę; **e-e Sechs** ~ rzucić *pf* szóstkę **Würfelspiel** *n* gra w kości **Würfelzucker** *m* cukier w kostkach

**Wurfsendung** f druk masowy przesyłany pocztą
**würgen** v/t dusić; v/i **an etw** (dat) ~ dławić się (inst)
**Wurm** m (-[e]s; Würmer) robak; MED a. glista; umg fig **da ist der ~ drin** w tym tkwi cały szkopuł; umg fig **j-m die Würmer aus der Nase ziehen** ciągnąć k-o za język **Würmchen** n robaczek
**Wurst** f (-; Würste) kiełbasa; umg fig **das ist mir ~/wurscht** wszystko mi jedno **Würstchen** n parówka **Würstchenbude** f kiosk z parówkami
**Würze** f (Geschmack) (Zutat) przyprawa
**Wurzel** f (-; -n) korzeń m; MAT pierwiastek **wurzeln** v/i (-le) BOT, fig być zakorzenionym (**in** dat w lok); fig etw **wurzelt in** (dat) ... swymi korzeniami sięga w (akk)
**würzen** (-zt) Speisen doprawi(a)ć, przyprawi(a)ć; fig (**mit etw**) okraszać ⟨okrasić⟩ (inst) **würzig** pikantny, korzenny; aromatyczny
**wusch, wüsche** → waschen **wusste, wüsste** → wissen
**wüst** (öde) pustynny, bezludny **Wüste** f pustynia **Wüstling** m (-s; -e) rozpustnik
**Wut** f (bpl) (Zorn) wściekłość f; (großer Eifer) pasja **Wutanfall** m napad od wybuch wściekłości **wüten** v/i (-e-) szaleć **wütend** adj wściekły (-le); ~ **sein** pieklić się, ciskać się; **ich bin ~ auf ihn** jestem na niego wściekły

**X-Beine** npl nogi fpl iksowate **x-beinig** z nogami w iks **x-beliebig** byle jaki; Person byle kto **x-mal** umg adv x razy
**Xylophon** [ks-] n (-s; -e) ksylofon

**Ypsilon** ['γp-] n (-[s]; -[s]) ipsylon m, igrek m

**Zacke** f ząb **zackig** postrzępiony; umg chwacki (-ko)
**zaghaft** nieśmiały (-ło); (zögernd) niezdecydowany
**zäh** mocny, wytrzymały; Unterhaltung niemrawy **Zähigkeit** f (bpl) (Widerstandsfähigkeit) wytrzymałość f; (Beharrlichkeit) upór
**Zahl** f liczba **zahlbar** płatny (**in bar** gotówką) **zahlen** v/t u. v/i ⟨za⟩płacić (**für** za akk); **Herr Ober, bitte ~!** proszę o rachunek!
**zählen** A v/t ⟨po⟩liczyć, zliczać ⟨-czyć⟩; **j-n zu ... ~** zaliczać ⟨-czyć⟩ k-o do (gen) B v/i liczyć; **ich zähle auf dich** liczę na ciebie; ~ **zu** zaliczać się do (gen); **das zählt nicht** to się nie liczy
**Zahlenangaben** fpl dane pl liczbowe **zahlenmäßig** liczebny, ilościowy (-wo) **Zahlenschloss** n zamek z kodem liczbowym **Zahler(in)** m(f) płatnik (-iczka)
**Zähler** m (Gerät) licznik
**Zahlkarte** f blankiet na przekaz pieniężny **zahllos** nieliczony, bez liku **zahlreich** liczny **Zahltag** m vom Lohn dzień m wypłaty **Zahlung** f (Lohnzahlung) wypłata
**Zählung** f liczenie, obliczanie; der Bevölkerung spis
**Zahlungsanweisung** f polecenie zapłaty **Zahlungsaufforderung** f wezwanie do zapłaty **Zahlungsaufschub** m odroczenie terminu płatności **Zahlungsbedingungen** fpl warun-

ki *mpl* płatności **Zahlungsbefehl** *m* nakaz płatniczy **Zahlungsbeleg** *m* dowód zapłaty **Zahlungsbilanz** *f* bilans płatniczy **zahlungsfähig** wypłacalny **Zahlungsfrist** *f* termin zapłaty **Zahlungsmittel** *n* środek płatniczy **Zahlungsrückstände** *mpl* zaległości *fpl* płatnicze **Zahlungsunfähigkeit** *f* niewypłacalność f **Zahlungsverkehr** *m* obrót płatniczy **Zahlwort** *n* (*pl* -wörter) liczebnik

**zahm** *Tier* oswojony **zähmen** *Tier* oswajać ⟨oswoić⟩; *fig* (*bändigen*) poskramiać ⟨-skromić⟩, opanow(yw)ać

**Zahn** *m* (-[e]s; Zähne) ząb, *dim* ząbek **Zahnarzt** *m* (*lekarz*) dentysta *m*, stomatolog **Zahnärztin** *f* (*lekarka*) dentystka, stomatolog **zahnärztlich** dentystyczny, stomatologiczny **Zahnbürste** *f* szczoteczka do zębów **Zahncreme** *f* pasta do zębów

**zähneknirschend** *adj präd fig* ze zgrzytaniem zębów, zgrzytając zębami **Zähneputzen** *n* (-s; *bpl*) czyszczenie *od* mycie zębów

**Zahnersatz** *m* proteza zębowa **Zahnfleisch** *n* dziąsła *npl* **Zahnklinik** *f* klinika stomatologiczna **Zahnpflege** *f* higiena zębów **Zahnrad** *n* koło *od* kółko zębate **Zahnradbahn** *f* kolej zębata **Zahnschmerzen** *mpl* ból zęba *od* zębów **Zahnseide** *f* MED nici *fpl* dentystyczne **Zahnseidesticks** *mpl* MED wykałaczki *fpl* z nitką dentystyczną **Zahnstein** *m* kamień nazębny **Zahnstocher** *m* wykałaczka

**Zander** *m* sandacz

**Zange** *f* cęgi *pl*

**Zank** *m* (-[e]s; *bpl*) kłótnia, sprzeczka **zanken**: **sich ~** kłócić się, chandryczyć się (**mit** j-n z *inst*; **um etw** o *akk*) **zänkisch** swarliwy (-wie)

**Zäpfchen** *n* ANAT języczek; MED czopek **zapfen** *Bier usw* toczyć (*akk*), natoczyć *pf* (*gen*) **Zapfen** *m szwajc* korek; BOT szyszka; (*Eiszapfen*) sopel **Zapfenstreich** *m* capstrzyk **Zapfsäule** *f* dystrybutor paliwa

**zappeln** *v/i* (-le) *Fisch* trzepotać się; *Kind* wiercić się, kręcić się

**zart** delikatny, subtelny **Zartgefühl** *n* (*bpl*) delikatność *f*; takt **zärtlich** (*liebevoll*) czuły (-le), pieszczotliwy (-wie) **Zärtlichkeit** *f* (*bpl*) czułość *f*, pieszczotliwość *f*

**Zauber** *m fig* (*Reiz*) urok, czar **Zauberei** *f* (*bpl*) czarodziejstwo, sztuka czarodziejska; (*a. pl*) (*Zaubertrick*) sztuczka (iluzjonisty) **Zauberer** *m im Märchen* czarodziej **Zauberformel** *f* czarodziejskie zaklęcie **zauberhaft** czarowny, uroczy (-czo) **Zauberstab** *m* różdżka czarnoksięska **Zauberwort** *n* (*pl* -e) zaklęcie, magiczne słowo

**zaudern** (-re) ociągać się, zwlekać (**zu** + *inf*, **mit etw** z *inst*)

**Zaum** *m* (-[e]s; Zäume) uzda; *fig* **im ~ halten** trzymać na wodzy

**Zaun** *m* (-[e]s; Zäune) płot, ogrodzenie, parkan **Zaunkönig** *m* ZOOL strzyżyk

**Zebra** *n* (-s; -s) zebra **Zebrastreifen** *m umg* zebra, zebry *fpl*, pasy *mpl*

**Zeche**[1] GÓRN kopalnia

**Zeche**[2] *f* rachunek (w restauracji); *umg* **die ~ prellen** nie zapłacić *pf* rachunku (za spożyte potrawy i napoje); *umg fig* **die ~ bezahlen müssen (für)** ponieść *pf* konsekwencje (*gen*)

**Zecke** *f* kleszcz **Zeckenstich** *m* MED ukąszenie *n* kleszcza

**Zedernholz** *n* (*bpl*) drewno cedrowe

**Zehe** *f* palec (stopy); (*Knoblauchzehe*) ząbek; **große ~** paluch

**zehn** *num* dziesięć **Zehn** *f* dziesiątka; (*Spielkarte*) *a.* dyszka **Zehner** *m* dziesiątka **zehnfach** dziesięciokrotny **zehnjährig** dziesięcioletni **Zehnkampf** *m* SPORT dziesięciobój **zehnmal** *adv* dziesięć razy, dziesięciokrotnie **zehnte** dziesiąty **zehntel**: **ein ~** jedna dziesiąta **Zehntel** *n* (-s; -): **ein ~** dziesiąta część

**Zeichen** *n* znak (*a.* MAT, *fig*); **j-m ein ~ geben** da(wa)ć k-u znak; **zum ~** (*gen*) na znak (*gen*) **Zeichenblock** *m* blok rysunkowy **Zeichenpapier** *n* papier rysunkowy **Zeichensetzung** *f* (*bpl*) interpunkcja **Zeichensprache** *f* porozumiewanie się na migi, mowa migowa **Zeichentrickfilm** *m* film rysunkowy **zeichnen** (-e-) **A** *v/t* **1** *Bild* ⟨na⟩rysować; (*etw mit Zeichen versehen*) ⟨o⟩znakować, ⟨o⟩znaczyć **2** FIN *Anleihe* subskrybować **3 er ist vom Tod(e) gezeichnet** on ma śmierć w oczach **B** *v/i* (*malen*) rysować; (*unterschreiben*) stwierdzać ⟨-dzić⟩ podpisem; **für etw verantwort-**

**lich ~** być odpowiedzialnym za (akk) **Zeichnen** n (-s; bpl) rysowanie **Zeichner(in)** m(f) TECH kreślarz (-rka) **Zeichnung** f rysunek

**Zeigefinger** m palec wskazujący **zeigen** A v/t 1 pokaz(yw)ać 2 (erkennen lassen) okaz(yw)ać, wykaz(yw)ać, objawi(a)ć; **Haltung** ~ panować nad sobą; umg **es j-m** ~ pokazać k-u, gdzie raki zimują B v/i **auf etw, j-n** ~ wskaz(yw)ać na (akk); **auf 12 Uhr** ~ wskazywać dwunastą; **nach Norden** ~ wskazywać od być skierowanym na północ C v/r **sich** ~ pokaz(yw)ać się; (sichtbar werden) ukaz(yw)ać się; (sich erweisen) okaz(yw)ać się; **das wird sich** ~ to się okaże, **wie es sich gezeigt hat** jak się okazało **Zeiger** m wskazówka; TECH a. strzałka

**Zeile** f des Fernsehbildes linia, fig **zwischen den ~n lesen** czytać między wierszami

**Zeisig** m (-s; -e) czyżyk

**Zeit** f 1 czas (a. GRAM); (aller)höchste ~ **zu ...** czas najwyższy na (akk) od inf; **einige** ~ **lang** przez pewien czas; **kurze** ~ krótki czas; (Moment) (krótka) chwila; **die ganze** ~ **(hindurch)** przez cały czas; **die** ~ **vergeht, verrinnt** czas upływa, ucieka; **die** ~ **ist um** czas minął; **die** ~ **für etw ist gekommen** nadszedł czas, nadeszła pora (gen, na akk); **die** ~ **totschlagen** zabijać czas; ~ **für etw haben** mieć czas na (akk); **ich habe keine** ~ nie mam czasu; ~ **gewinnen,** ~ **sparen** zyskać na czasie; **(die)** ~ **nehmen (für j-n, etw)** mieć od znajdować (znaleźć) czas (dla k-o, na co); (Zeit stoppen) SPORT usw mierzyć czas; **keine** ~ **verlieren (mit etw, j-m)** nie tracić czasu (na akk); **j-m** ~ **lassen** nie przynaglać k-o do pośpiechu; **da(wa)ć k-u czas do namysłu; sich** (dat) ~ **lassen (mit etw), sich** (dat) ~ **nehmen (für etw)** nie spieszyć się (z inst); **sich** (dat) **viel** ~ **nehmen für j-n, etw** poświęcać <-cić> dużo czasu (dat); **sich** (dat) **die** ~ **vertreiben (mit etw)** spędzać czas (na lok); **schwere** ~**en** ciężkie czasy; **es ist** ~ **für uns zu gehen** chodźmy, na nas już pora; **es kostet viel** ~ to zabiera dużo czasu 2 **mit Präpositionen es ist an der** ~ **...** pora ...; **auf** ~ **spielen** SPORT grać na czas; **für alle ~en** po wsze czasy; **in alten ~en** dawnymi czasy, w dawnych czasach; **in dieser** ~ w tym czasie; **in der heutigen** ~ w dzisiejszych czasach; **in jüngster** ~ ostatnio; **mit der** ~ (im Lauf der Zeit) z czasem, z biegiem czasu; **mit der** ~ **gehen** iść z duchem czasu; **nach einiger** ~ po jakimś czasie; **seit dieser** ~ od tego czasu, od tej pory; **seit langer** ~ od dawna; **um diese** ~ o tej porze; **um welche** ~? o jakiej porze?; (um wieviel Uhr) o której godzinie?; **über die** ~ (verspätet) po czasie; po terminie; **von** ~ **zu** ~ od czasu do czasu, co jakiś czas; **vor der** ~ (zu früh) przed czasem; **vor einiger** ~ jakiś czas temu; **vor langer** ~ dawno temu; za dawnych czasów; **zu gegebener** ~ we właściwym czasie; **zu jeder** ~ o każdej porze; **zu keiner** ~ nigdy; **zu meiner** ~ za moich czasów; **alles zu seiner** ~ wszystko w swoim czasie; **zur rechten** ~ w sam czas, w porę; **zur gewohnten** ~ o zwykłej porze 3 ~ **ist Geld** czas to pieniądz; **andere ~en, andere Sitten** inne czasy, inne obyczaje; **kommt** ~, **kommt Rat** przyjdzie pora, znajdzie się rada; umg **du liebe ~!** Boże drogi!

**Zeitalter** n epoka, wiek **Zeitansage** f TEL zegarynka **zeitaufwendig** czasochłonny **Zeitbombe** f bomba zegarowa **Zeitdruck** m (bpl): **unter** ~ **stehen** być pod presją czasu **Zeitersparnis** f oszczędność f na czasie **Zeitgeist** m (bpl) duch czasu **zeitgemäß** zgodny z wymaganiami czasu, na czasie **zeitgenössisch** współczesny (-śnie) **Zeitgeschichte** f (bpl) historia najnowsza **Zeitgründe** pl: **aus** ~**n** z braku czasu **zeitig** wczesny (-śnie) **Zeitkarte** f bilet okresowy **Zeitlang** f: **e-e ~lang** przez pewien czas **zeitlich** czasowy (-wo); (vergänglich) doczesny (-śnie) **Zeitlohn** m płaca na czas

**zeitlos** Kunst ponadczasowy; Kleidung zawsze aktualny od modny **Zeitlupe** f umg (Szene) zdjęcia npl zwolnione **Zeitmangel** m brak czasu **zeitnah** aktualny, (będący) na czasie **Zeitplan** m terminarz, harmonogram **Zeitpunkt** m czas, chwila **Zeitraum** m przeciąg czasu, okres **Zeitrechnung** f (bpl): **unserer** ~ naszej ery; **vor unserer** ~ przed naszą erą **Zeitreise** f podróż f w czasie **Zeitschrift** f czasopismo **Zeitspanne** f okres; zwischen zwei Ereignissen od-

stęp (czasu)
**Zeitung** f gazeta, dziennik **Zeitungsannonce** f, **Zeitungsanzeige** f ogłoszenie prasowe od w gazecie **Zeitungsausschnitt** m wycinek z gazety **Zeitungsbericht** m sprawozdanie w gazecie, doniesienie prasowe **Zeitungskiosk** m kiosk z gazetami **Zeitungspapier** n papier gazetowy **Zeitungsverkäufer(in)** m(f) gazeciar(-rka)
**Zeitunterschied** m różnica czasu **Zeitverlust** m (bpl) strata czasu **Zeitvertrag** m umowa na czas określony, umowa terminowa **Zeitvertreib** m (-[e]s; pl) spędzanie czasu; rozrywka; **zum ~** dla rozrywki **zeitweilig** czasowy, przejściowy; präd → **zeitweise** adv czasem, czasami **Zeitwort** n (pl -wörter) czasownik **Zeitzünder** m zapalnik czasowy
**Zelle** f BIOL komórka; (Raum) cela **Zellkern** m jądro komórki **Zellstoff** m (bpl) celuloza, błonnik; MED lignina **Zellulose** f (bpl) błonnik, celuloza
**Zelt** n (-[e]s; -e) namiot **zelten** v/i (-e-) obozować pod namiotem **Zeltlager** n obóz namiotowy **Zeltplatz** m pole namiotowe od biwakowe
**Zement** m (-[e]s; -e) cement **zementieren** (-) ⟨za⟩cementować **Zementwerk** n cementownia
**zensieren** (-) cenzurować; (benoten) ⟨s⟩klasyfikować, da(wa)ć ocenę **Zensur** f (bpl) cenzura; (a. pl) (Note) ocena, stopień m
**Zentimeter** n od m, **Zentimetermaß** n centymetr
**Zentner** m (50 kg) ce(n)tnar; austr, szwajc (100 kg) kwintal
**zentral** centralny; engS a. środkowy **Zentrale** f centrala **Zentralheizung** f ogrzewanie centralne **zentralisieren** (-) ⟨s⟩centralizować **Zentralnervensystem** n ośrodkowy układ nerwowy **Zentralverriegelung** f im Auto zamek centralny
**zentrifugal** odśrodkowy **Zentrifuge** f wirówka **zentripetal** dośrodkowy **Zentrum** n (-s; -ren) centrum n
**Zeppelin** m (-s; -e) sterowiec
**zerbomben** (irr; -) zbombardować pf **zerbrechen** (irr; -) v/t ⟨z⟩łamać; Tasse usw ⟨s⟩tłuc, rozbi(ja)ć v/i (sn) ⟨z⟩łamać się; ⟨s⟩tłuc się; fig Ehe usw rozpadać ⟨-paść⟩ się **zerbrechlich** łamliwy, kruchy **zerbröckeln** (-) v/t rozkruszać ⟨-szyć⟩ (v/i, sn się) **zerdrücken** (-) rozgniatać ⟨-gnieść⟩, zgniatać ⟨zgnieść⟩
**Zeremonie** [pl -i:ən] f ceremonia
**Zerfall** m (bpl) rozpad (a. CHEM, FIZ); (Zersetzung) rozkład **zerfallen** v/i (irr; -; sn) rozpadać ⟨-paść⟩ się (a. fig)
**zerfetzen** (-) ⟨po⟩drzeć na strzępy; Geschoss rozszarpać pf = **zerfleischen** (-) rozszarp(yw)ać **zerfressen**[1] v/t / przeżerać ⟨-żreć⟩ **zerfressen**[2] adj (**von**) przeżarty (inst) **zergehen** v/i (irr; -; sn) (schmelzen) roztapiać ⟨-topić⟩ się, topnieć **zerkleinern** (-re; -) rozdrabniać ⟨-drobnić⟩ **zerkratzen** (-) Gesicht podrapać pf **zerlassen** (irr; -) Butter rozpuszczać ⟨-puścić⟩ **zerlaufen** v/i (irr; -; sn) rozpływać ⟨-płynąć⟩ się
**zerlegbar** rozbieralny **zerlegen** (-) (tranchieren) ⟨po⟩dzielić na części
**zermalmen** (-) ⟨z⟩druzgotać **zermürben** (-) ⟨z⟩nękać **zerquetschen** (-) zgniatać ⟨zgnieść⟩, ⟨z⟩miażdżyć
**zerreißen** (irr; -) v/t ⟨po⟩rwać, rozdzierać ⟨rozedrzeć⟩, rozrywać ⟨rozerwać⟩ (v/i, sn się); umg żart **ich kann mich doch nicht ~** przecież się nie rozerwę **Zerreißprobe** f fig ciężka próba
**zerren** A v/i szarpać ⟨-pnąć⟩, targać ⟨-gnąć⟩ (**an** dat za akk) B v/r **sich** (dat) **etw ~** MED naciągnąć pf sobie (akk)
**zerrinnen** v/i (irr; -; sn) ⟨s⟩topnieć; Hoffnungen rozwi(ew)ać się **zerrissen** pperf → zerreißen; adj podarty, rozdarty
**Zerrung** f MED naciągnięcie
**zerrütten** (-e-; -) Ehe rozbi(ja)ć **zersägen** (-) rozpiłow(yw)ać **zerschlagen**[1] (irr; -) A v/t rozbi(ja)ć B v/r **sich** (dat) **~** spełznąć pf na niczym **zerschlagen**[2] adj: **sich wie ~ fühlen** czuć się rozbitym **zerschmettern** (-) roztrzaskać pf; fig rozgromić pf **zerschneiden** (irr; -) rozcinać ⟨-ciąć⟩, rozkrajać ⟨-kroić⟩, pociąć pf **zersetzen** (-) CHEM, fig rozkładać ⟨rozłożyć⟩ **Zersetzung** f (bpl) CHEM, fig rozkład **zersplittern** A v/t fig rozdrabniać ⟨-drobnić⟩; Kräfte rozpraszać ⟨-proszyć⟩ B v/i (sn) Glas rozpryskiwać ⟨-snąć⟩ się; Holz rozłatywać ⟨-lecieć⟩ się w drzazgi **zerspringen** v/i (irr; -; sn) pękać

⟨-knąć⟩ **Zerstäuber** m rozpylacz
**zerstören** (-) ⟨z⟩niszczyć, ⟨z⟩rujnować; *Bauten* a. rozwalać ⟨-lić⟩, ⟨z⟩burzyć **Zerstörer** m niszczyciel **Zerstörung** f ⟨z⟩niszczenie, ⟨z⟩rujnowanie; *der Umwelt* degradacja
**zerstreuen** (-) rozpraszać ⟨-proszyć⟩ **zerstreut** *adj* fig roztargniony **Zerstreuung** f fig rozrywka
**zerstückeln** (-) ⟨po⟩ciąć na kawałki, ⟨po⟩kawałkować **zerteilen** (-) **A** v/t ⟨po⟩dzielić na części *od* na porcje **B** v/r **sich ~** ustępować
**Zertifikat** n (-[e]s; -e) świadectwo; MAR, EKON a. certyfikat
**zertrampeln** (-) stratować pf, podeptać pf **zertreten** (irr; -) rozdept(yw)ać **zertrümmern** (-re; -) rozbijać ⟨-bić⟩ (na kawałki), ⟨z⟩druzgotać; *Schädel* umg rozwalać ⟨-lić⟩ **zerzaust** *adj* zmierzwiony, rozczochrany
**zetern** umg v/i (-re) psioczyć, pieklić się
**Zettel** m karteluszek, świstek (papieru); (*Handzettel*) ulotka
**Zeug** n (-[e]s; bpl) umg (*Sachen allgemein*) rzeczy fpl; umg **altes ~** starocie; umg **dummes ~!** bzdury!
**Zeuge** m (-n) świadek
**zeugen**¹ v/i (**von**) świadczyć (o lok)
**zeugen**² v/t *Kind* ⟨s⟩płodzić
**Zeugenaussage** f zeznanie świadka *od* świadków **Zeugenstand** m (bpl) miejsce dla świadka (w sądzie); **j-n in den ~ rufen** wzywać ⟨wezwać⟩ (świadka) do złożenia zeznań **Zeugin** f świadek, świadkowa **Zeugnis** n (-ses; -se) świadectwo (a. fig); (*Aussage vor Gericht*) zeznanie
**Zeugung** f BIOL płodzenie, prokreacja **zeugungsunfähig** niezdolny do rozrodu *od* zapłodnienia
**Zickzack** m (-[e]s; -e) zygzak
**Ziege** f koza
**Ziegel** m cegła; (*Dachziegel*) dachówka **Ziegeldach** n dach kryty dachówką **Ziegelei** f cegielnia
**Ziegenbock** m kozioł, cap
**ziehen** (irr) **A** v/t **1** ⟨po⟩ciągnąć; *Linie, Schnur* przeciągać ⟨-gnąć⟩ (a. **durch etw** przez akk); *Zahn* usuwać ⟨usunąć⟩; *Grenze* wytyczać ⟨-czyć⟩; FIN *Bilanz* sporządzać ⟨-dzić⟩; *Graben* ⟨wy⟩kopać; *Scheitel* ⟨z⟩robić; *Kreise* zataczać ⟨-toczyć⟩; *Mauer* ⟨wy⟩budować; *Pflanzen* ⟨wy⟩hodować; **den Hut ~** ukłonić się pf, uchylając kapelusza; **im Gesicht ~** wykrzywi(a)ć twarz; fig **e-n Vergleich ~ zwischen ...** (dat) **und ...** (dat) porówn(yw)ać (akk) z (inst) **2** **mit Präpositionen** **an** (akk) ⟨po-, przy⟩ciągnąć (za akk, do gen); **das Boot ans Ufer ~** ⟨przy⟩ciągnąć łódź do brzegu; **j-n an den Haaren ~** pociągnąć k-o za włosy; **j-n an sich ~** przyciągać ⟨-gnąć⟩ k-o do siebie; fig **auf sich ~** *Zorn* ściągać ⟨-gnąć⟩ na siebie; *Blicke* przyciągać ⟨-gnąć⟩; **j-n auf s-e Seite ~** przeciągać ⟨-gnąć⟩ k-o na swoją stronę; **~ aus** (dat), fig *Schlüsse*, MAT *Wurzel* wyciągać ⟨-gnąć⟩ z (gen); fig **e-e Lehre aus etw ~** wyciągać ⟨-gnąć⟩ naukę z (gen); **aus dem** *od* **am Automaten ~** ⟨wy⟩kupić pf (akk), korzystając z automatu, otrzymać pf (akk) w automacie; **etw nach dem ~** ciągnąc, podciągać ⟨-gnąć⟩ do góry (akk); fig **etw nach sich ~** ⟨po⟩ciągnąć za sobą (akk) **3** *unpers* **es zieht (hier)** tu jest przeciąg, tu ciągnie; **es zog ihn zu ...** ciągnęło go do (gen) *od* ku (dat) **B** v/i **1** *Pferd* ciągnąć ⟨-gnąć⟩; **an etw** (dat) **~** pociągać ⟨-gnąć⟩ za (akk); **an e-r Zigarette ~** zaciągać ⟨-gnąć⟩ się papierosem; *Tee* naciągać ⟨-gnąć⟩; *beim Schach* ⟨z⟩robić ruch; umg **das zieht bei mir nicht zu** na mnie to nie działa **2** (sn) ciągnąć; *Demonstranten* ⟨po⟩ciągnąć (**zu** na akk, do gen); **aus der Stadt ~** wyprowadzać ⟨-dzić⟩ się z miasta; **in die Stadt, in e-e neue Wohnung, aufs Land ~** przenosić ⟨-nieść⟩ się do miasta, do nowego mieszkania, na wieś; **nach Süden ~** *Vögel* ⟨po⟩lecieć na południe **C** v/r **sich ~** ciągnąć się, przeciągać się (**bis do** gen)
**Ziehharmonika** f harmonia (ręczna)
**Ziehung** f ciągnienie (w loterii)
**Ziel** n (-[e]s; -e) cel; SPORT meta; **am ~ sein** być, stanąć u celu; **sich** (dat) **zum ~ setzen** stawiać ⟨postawić⟩ sobie za cel; *etw tun* **mit dem ~** celem, w celu **Zielbahnhof** m stacja docelowa **zielbewusst** *Handeln* celowy -wo
**zielen** v/i celować; (**mit der Pistole**) **auf** (akk) ⟨wy⟩celować, ⟨wy⟩mierzyć (z pistoletu) do (gen), w (akk) **2** fig **auf etw ~** zmierzać do (gen), mieć na celu (akk); **auf j-n, etw ~** być skierowanym przeciwko (dat) **Zielfernrohr** n celow-

**nik optyczny Zielflughafen** m lotnisko docelowe **Zielfoto** n zdjęcie finiszowe **Ziellinie** f linia mety **Zielort** m miejsce docelowe **Zielscheibe** f tarcza strzelnicza; *fig* cel **Zielsetzung** f (założony) cel **zielstrebig** zdecydowany (osiągnąć wytknięty cel)

**ziemlich** *adj adv* dosyć, dość

**Zierde** f ozdoba; **zur ~** dla ozdoby **zierlich** drobnej budowy ciała, zgrabny; *Gegenstand* delikatny, filigranowy **Zierpflanze** f roślina ozdobna

**Ziffer** f (-; -n) cyfra; *im Gesetzestext* punkt; **in ~n** cyframi; **mit drei ~n** trzycyfrowy **Zifferblatt** n tarcza zegarowa, *umg* cyferblat

**zig** *umg adj* (*unv*) bez liku, mnóstwo **Zigarette** f papieros **Zigarettenautomat** m automat z papierosami **Zigarettenetui** n papierośnica **Zigarettenpapier** n bibułka papierosowa **Zigarettenspitze** f cygarniczka **Zigarre** f cygaro; *umg fig* bura

**Zigeuner(in)** m(f) *neg!* Cygan(ka); *umg* (*Vagabund(in)*) cygan(ka) **Zigeunersprache** f *neg!* język cygański

**Zimmer** n pokój **Zimmerlautstärke** f: **das Radio auf ~ stellen** przyciszać ⟨-szyć⟩ radio **Zimmermädchen** n pokojówka **Zimmermann** m (*pl* -leute) cieśla m **Zimmerpflanze** f roślina pokojowa **Zimmerschlüssel** m klucz do pokoju **Zimmertür** f drzwi *pl* do pokoju **Zimmervermietung** f wynajmowanie pokoi

**zimperlich** (przesadnie) wrażliwy; **er ist nicht ~, wenn es ...** on nie przebiera w środkach, jeśli chodzi o ...

**Zimt** m (-[e]s; *bpl*) cynamon

**Zink** n (-[e]s; *bpl*) cynk

**Zinn** n (-[e]s; *bpl*) cyna

**Zinnsoldat** m ołowiany żołnierzyk

**Zins** m (-es; -en) **1** *mst pl* **~en** procent(y *pl*), odsetki *fpl*; **~en bringen** procentować **2** (*pl* -e) *pl-niem, austr, szwajc* (*Pacht*) czynsz **Zinseszins** m odsetki *fpl* składane **zinslos** bezprocentowy (-wo) **Zinssatz** m stopa procentowa

**Zipfel** m koniuszek, rożek

**Zippverschluss** m *austr* suwak

**zirka** *adv* około, w przybliżeniu

**Zirkel** m cyrkiel **zirkulieren** *v/i* (-; *a sn*) cyrkulować

**Zirkus** m (-; -se) cyrk (*a. umg fig*)

**zischen** **A** *v/i* ⟨za⟩syczeć **B** *v/t umg fig* **einen ~** golnąć *pf* szklaneczkę **Zischen** n (-s; *bpl*) syczenie, syk; *des Publikums* sykanie **Zischlaut** m głoska sycząca

**Zitadelle** f cytadela

**Zitat** n (-[e]s; -e) cytat (**aus** z *gen*)

**Zither** f (-; -n) cytra

**zitieren** (-) ⟨za⟩cytować

**Zitronat** n (-[e]s; *bpl*) cykata **Zitrone** f cytryna **Zitronengras** n BOT trawa f cytrynowa **Zitrusfrucht** f owoc cytrusowy

**zittern** *v/i* (-re) drżeć, trząść się (**vor Angst** ze strachu) **zittrig** drżący, rozdygotany

**Zitze** f sutek, cycek

**zivil** cywilny; *Preis* przystępny **Zivil** n (-s; *bpl*) cywilne ubranie; **in ~** po cywilnemu, w cywilu **Zivilbevölkerung** f ludność cywilna **Zivilcourage** f odwaga cywilna **Zivildienst** m zastępcza służba wojskowa **Zivilisation** f cywilizacja **zivilisiert** *adj* cywilizowany **Zivilist** [-v-] m (-en) cywil **Zivilprozess** m proces cywilny **Zivilrecht** n (*bpl*) prawo cywilne **zivilrechtlich** cywilnoprawny

**Zoff** *umg* m (-s; *bpl*) rozróba, burda

**zog, zöge** → ziehen

**zögerlich** niezdecydowany **zögern** *v/i* (-re) ⟨za⟩wahać się; **ohne zu ~** nie wahając się, bez wahania **Zögern** n (-s; *bpl*) wahanie

**Zölibat** n *od* m (-[e]s; *bpl*) celibat

**Zoll**[1] m (-[e]s; -) cal; **e-n ~ lang** calowy **Zoll**[2] m (-[e]s; Zölle) (*Abgabe*) cło; (*bpl*) (*Behörde*) urząd celny **Zollabfertigung** f odprawa celna **Zollamt** n urząd celny **Zollerklärung** f deklaracja celna **Zollfahndung** f ściganie wykroczeń celnych; (*Dienst*) celna służba śledcza **zollfrei** bezcłowy **Zollgrenzbezirk** m (przygraniczny) obszar celny **Zollgrenze** f granica celna **Zöllner(in)** m (f) m celnik (-iczka) **zollpflichtig** podlegający ocleniu

**Zollstock** m calówka, metrówka **Zollunion** f unia celna **Zollwert** m wartość celna (towaru)

**Zone** f strefa

**Zoo** m (-s; -s) *umg* zoo n (*unv*) **Zoologie** f (*bpl*) zoologia **zoologisch** zoologicz-

**Zopf** m (-[e]s; Zöpfe) warkocz; (*Brot*) chałka

**Zorn** m (-[e]s; bpl) gniew; **in ~ geraten** wpadać ⟨wpaść⟩ w gniew, wybuchać ⟨-chnąć⟩ gniewem **zornig** gniewny, rozgniewany

**zu¹** *präp* (*dat*) Ⓐ *örtlich* ❶ *wohin?* (*gen*), na (*akk*), ku (*dat*); przez (*akk*); **ich gehe ~m Arzt** idę do lekarza; **der Weg ~m Bahnhof** droga na dworzec; **der Weg führte ~m Fluss** droga wiodła ku rzece; **~m Fenster hinauswerfen** wyrzucać ⟨-cić⟩ przez okno ❷ *wo?* w, na, (*lok*), u (*gen*); **~ Hause** w domu; **~ Pferde** na koniu; **~r Rechten** po prawej stronie; **~ Füßen** u stóp; **~ beiden Seiten** po obu stronach Ⓑ *zeitlich: wann?* w, na (*akk*), o (*lok*); **~r rechten Zeit** w porę; **~ Ostern** na Wielkanoc; **~ Beginn** na początku; **~ gleichen Zeit** o tym samym czasie Ⓒ *weder örtlich noch zeitlich* ❶ *Zweck* dla, do (*gen*), na (*akk*); **~m Vergnügen** dla zabawy; **Wasser ~m Waschen** woda do mycia; **ihm ~ Ehren** na jego cześć ❷ *Anlass* na, w, za (*akk*); **~m Geburtstag** na urodziny ❸ *Ergebnis* w, na (*akk*); **~ Asche werden** obrócić się w popiół; **~ Mus verarbeiten** przerabiać ⟨-robić⟩ na mus ❹ *Verbindung* do (*gen*); **Milch ~m Kaffee** mleko do kawy ❺ *Verhältnis* do (*gen*), po, w (*akk*); **~ zweit** we dwójkę; **~ zwei Euro** po dwie euro; **zwei ~ null** dwa do zera ❻ *Art u. Weise* na (*akk*); **~m Glück** na szczęście; *oft ohne präp* **~ Fuß** piechotą ❼ *in Namen von Gaststätten usw* pod (*inst*); **Gasthof ~m Adler** gospoda Pod Orłem

**zu²** *adv* (+ *adj*) za, zbyt; **~ groß** za duży; **~ lang** zbyt długi; **~ viel** za dużo, zbyt wiele; **~ wenig** za *od* zbyt mało; *Richtung* **nach ... ~** w stronę (*gen*); *auf mich* **~** w moją stronę, ku mnie; *umg* (*geschlossen*) zamknięty; **der Laden ist ~** sklep zamknięty; *umg* **Tür ~!** zamknąć drzwi!; **nur ~!** dalej(że) (...)!

**zu³** *konj mit inf* do (+ *gen des Verbalsubstantivs*) *od nur inf* **noch ~ machen** jeszcze do zrobienia; **~ vermieten** do wynajęcia; **nichts ~ sehen** nic nie widać

**zuallererst** *adv* najpierw **zuallerletzt** *adv* na samym końcu, jako ostatni(a, -e)

**Zubehör** n (-s; bpl) akcesoria npl; TECH a. wyposażenie, osprzęt

**zubekommen** umg (irr; -) Tür zamykać ⟨-mknąć⟩; Jacke zapinać ⟨-piąć⟩

**zubereiten** (-) przyrządzać ⟨-dzić⟩ **Zubereitung** f przyrządzanie, przyrządzenie

**zubilligen** przyzna(wa)ć (j-m etw k-u akk) **zubinden** (irr) zawiąz(yw)ać **zubleiben** umg v/i (irr) pozosta(wa)ć zamkniętym

**zubringen** (irr) Zeit spędzać ⟨-dzić⟩ **Zubringer** m (Straße) droga dojazdowa, dojazd

**Zucht** f (bpl) hodowla **züchten** (-e-) ⟨wy⟩hodować **Züchter(in)** m(f) hodowca m (-czyni) **Zuchthaus** n früher, szwajc więzienie; (bpl) (Strafe) ciężkie więzienie **Züchtigung** f kara cielesna, chłosta **Zuchtperle** f sztucznie wyhodowana perła **Zuchtvieh** n bydło zarodowe

**zucken** v/i (zusammenzucken) wzdrygać ⟨-gnąć⟩ się

**zücken** Schwert usw doby(wa)ć (gen); Brieftasche wyjmować ⟨-jąć⟩ (akk)

**Zucker** m cukier; umg MED **~ haben** być cukrzykiem **Zuckerdose** f cukierniczka **Zuckerguss** m lukier **Zuckerhut** m głowa cukru **zuckerkrank** chory na cukrzycę **Zuckerrohr** n (bpl) trzcina cukrowa **Zuckerrübe** f burak cukrowy

**Zuckung** f drgnięcie; **~en** pl drgania, drżenie

**zudecken** okry(wa)ć, przykry(wa)ć

**zudem** *adv* prócz tego, w dodatku

**zudrehen** Hahn usw zakręcać ⟨-cić⟩

**zudringlich** natrętny; **~ werden** napastować (akk) **zudrücken** Ⓐ v/t Tür domykać ⟨-mknąć⟩ Ⓑ v/i ściskać ⟨-snąć⟩

**zueinander** *adv* jeden *od* jedno (do) drugiego, jedna (do) drugiej, jedni (do) drugich; względem siebie, do siebie

**zuerkennen** (irr; -) przyzna(wa)ć

**zuerst** *adv* najpierw, wpierw; (*erstmals*) po raz pierwszy; **er kam ~** on przyszedł pierwszy

**zufahren** v/i (irr; sn): **auf ... ~** jechać w kierunku (gen), zbliżać się do (gen) **Zufahrt** f dojazd; (Fahrweg) droga dojazdowa

**Zufall** m przypadek, traf; **reiner ~** czysty przypadek, ślepy traf; **durch ~** przypadkiem **zufallen** v/i (irr; sn) Tür usw za-

trzaskiwać ⟨-snąć⟩ się
**zufliegen** v/i (irr; sn) *Tür* zamykać ⟨-mknąć⟩ się z trzaskiem **zufließen** v/i (irr; sn; dat) *Fluss* płynąć (**dem Meer** ku morzu)
**Zuflucht** f schronienie; **~ gewähren** udzielać ⟨-lić⟩ schronienia **Zufluss** m GEOG dopływ
**zufolge** *präp* (dat, nachgestellt) według (gen)
**zufrieden** zadowolony (**mit** z gen); **~ lächeln** uśmiechać się z zadowoleniem **Zufriedenheit** f (bpl) zadowolenie
**zufrieren** v/i (irr; sn) zamarzać ⟨-znąć⟩
**zufügen**: j-m etw ~ zada(wa)ć k-u (akk); *Schaden* wyrządzać ⟨-dzić⟩ k-u (akk)
**Zufuhr** f dopływ; *von Waren* dowóz, dostawa **zuführen** A v/t doprowadzać ⟨-dzić⟩ (dat do gen); **j-n der gerechten Strafe ~** odda(wa)ć k-o w ręce sprawiedliwości B v/i **auf etw ~** prowadzić do (gen) od ku (dat)
**Zug** m (-[e]s; Züge) KOLEJ pociąg; **Sie sind am ~** kolej na pana od panią; **im ~e** (gen) w toku (gen); **in groben Zügen** w ogólnych zarysach
**Zugabe** f dodatek; TEATR bis; **als ~** na dodatek; na bis
**Zugang** m dostęp (**a.** *fig*); **sich** (dat) **~ verschaffen** (zu) otworzyć sobie dostęp (do gen); **keinen ~ haben** (zu) nie mieć dostępu (do gen) (**a.** *fig*) **zugänglich leicht ~** łatwo dostępny
**Zugbegleiter(in)** m(f) konduktor(ka) **Zugbrücke** f most zwodzony
**zugeben** *fig Tat usw* przyzna(wa)ć się
**zugehen** (irr; sn) v/i ◼ *umg Tür usw* zamykać ⟨-mknąć⟩ się, domykać ⟨-mknąć⟩ się; *Wunde* zasklepi(a)ć się; **nicht ~** *Jacke* nie dopinać się ◼ **auf etw, j-n ~** podchodzić ⟨podejść⟩ do (gen); *fig* szukać kontaktu od kontaktów (z *inst*) ◼ (*sich e-m Zeitpunkt nähern*) **das Konzert geht dem Ende zu** koncert zbliża się ku końcowi; **er geht auf die Sechzig zu** on dobiega sześćdziesiątki; *unpers* **es geht auf den Frühling zu** ma się ku wiośnie ◼ **j-m etw ~** zostać *pf* k-u przesłanym; **das Schreiben geht Ihnen morgen zu** pismo zostanie przesłane panu/pani jutro; **j-m etw ~ lassen** przes(y)łać k-u (akk) ◼ *unpers* (*geschehen*) być; **es geht hier fröhlich, ruhig zu** tu jest wesoło, spokojnie

**Zugehörigkeit** f (bpl) przynależność f (**zu** do gen)
**Zügel** m, *mst pl* cugle *mpl*, wodze *fpl* **zügellos** *Leben* wyuzdany **zügeln** (-le) *Pferd* ściągać ⟨-gnąć⟩; *fig* okiełzn(yw)ać, poskramiać ⟨-skromić⟩
**Zugeständnis** n ustępstwo (**an** *akk* na rzecz, dla *gen*); **~se machen** iść ⟨pójść⟩ na ustępstwa **zugestehen** (irr; pperf zugestanden) *Recht* przyzna(wa)ć
**Zugführer** m KOLEJ kierownik pociągu
**zugießen** (irr) dol(ew)ać, dopełni(a)ć
**zügig** *Arbeit* (szybki i) sprawny
**Zugkraft** f e-r Lok usw siła pociągowa
**zugleich** *adv* jednocześnie, razem
**Zugluft** f (bpl) przeciąg **Zugmaschine** f ciągnik **Zugpersonal** n KOLEJ drużyna pociągowa
**zugreifen** *fig* (*Angebot annehmen*) ⟨s⟩korzystać z okazji **Zugriff** *m der Polizei* akcja
**zugrunde** *adv*: **~ gehen** ⟨z⟩ginąć; **~ richten** ⟨z⟩rujnować; *e-r Sache* (dat) **~ legen (liegen)** brać ⟨wziąć⟩ (służyć) za podstawę (gen)
**zugucken** *umg* ~ zusehen
**Zugunglück** n katastrofa kolejowa
**zugunsten** *präp* (gen) *u. adv*: **~ von** na korzyść (gen)
**Zugverkehr** m ruch pociągów **Zugvogel** m ptak przelotny **Zugzwang** m: **unter ~ stehen** być w sytuacji wymagającej działania
**zuhaben** *umg* v/i (irr) być zamkniętym
**zuhalten** (irr) nie otwierać **Zuhälter** m sutener, *pop* alfons
**Zuhause** n (-s; bpl) dom, ognisko domowe
**zuhören**: j-m, *e-r Sache* ~ ⟨po⟩słuchać (gen), przysłuchiwać się (dat) **Zuhörer(in)** m(f) słuchacz(ka)
**zujubeln**: j-m ~ ⟨po⟩witać okrzykami k-o, zgotować *pf* owację k-u **zukleben** zaklejać ⟨-kleić⟩ **zuknöpfen** zapinać ⟨-piąć⟩
**zukommen** v/i (irr; sn) ◼ **auf j-n ~** podchodzić ⟨podejść⟩, zbliżać ⟨-żyć⟩ się do (gen); *fig* zwracać ⟨zwrócić⟩ się do (gen); (*j-m bevorstehen*) czekać na (akk); **sie lässt die Dinge auf sich ~** ona wyczekuje, jak sprawy się potoczą ◼ **j-m ~** (*gebühren*) należeć się, przysługiwać ◼ **j-m etw ~ lassen** przes(y)łać k-u (akk); (*zuwenden*)

przekaz(yw)ać, da(wa)ć k-u (akk)
**Zukunft** f (bpl) przyszłość f; **in ~** (von jetzt an) na przyszłość, w przyszłości; **mit ~** obiecujący, z przyszłością **zukünftig** adj przyszły; adv na przyszłość **Zukunftsaussichten** fpl widoki mpl na przyszłość **Zukunftsmusik** umg f (bpl) muzyka przyszłości **zukunftsorientiert** adj przyszłościowy, perspektywiczny

**zulächeln** v/i: **j-m ~** uśmiechać ⟨-chnąć⟩ się do (gen) **Zulage** f dodatek (do płacy) **zulassen** (irr) **1** dopuszczać ⟨-puścić⟩ (a. **zu etw** do gen); **als Anwalt ~** dopuszczać ⟨-puścić⟩ do praktykowania jako adwokat; **als Arzt ~** dopuszczać ⟨-puścić⟩ do wykonywania zawodu lekarza **2 amtlich ~** Fahrzeug homologować; zum Verkehr ⟨za⟩rejestrować; **zugelassen auf den Namen ...** zarejestrowany pod nazwiskiem ... **3** umg Tür usw pozostawi(a)ć zamkniętym **zulässig** dopuszczalny (a. JUR); (erlaubt) dozwolony **Zulassung** f (Erlaubnis zur Ausübung e-r Tätigkeit) zezwolenie **zulasten** präp (gen) u. adv: **~ von** FIN na ciężar (gen) **Zulauf** m (bpl): **großen ~ haben** cieszyć się dużą frekwencją; Arzt usw cieszyć się popularnością **zulaufen** v/i (irr; sn) **1 j-m ~** Tier przybłąkać się pf **2 auf j-n, etw ~** podbiegać ⟨-biec⟩ do (gen); Straße prowadzić do (gen) **3 spitz ~** kończyć się szpicem **4 ~ lassen** Wasser dodatkowo napuszczać ⟨-puścić⟩ (gen)

**zulegen A** v/t umg dokładać ⟨dołożyć⟩ (gen); umg e-n Zahn ~ doda(wa)ć gazu **B** v/r **sich** (dat) **etw ~** sprawi(a)ć sobie (akk); Namen przyb(ie)rać; **sich** (dat) **e-n Bart ~** zapuszczać ⟨-puścić⟩ brodę **C** umg v/i przyspieszyć pf (tempo); an Gewicht przyb(ie)rać na wadze

**zuleide** adv: **j-m etwas ~ tun** wyrządzać ⟨-dzić⟩ krzywdę k-u, sprawi(a)ć przykrość k-u

**Zuleitung** f (bpl) (das Zuleiten) (Kabel) przewód doprowadzający

**zuletzt** adv (zum Schluss) na koniec, w końcu; **bis ~** do końca; **er kommt immer ~** on zawsze przychodzi ostatni; **nicht ~** w znacznym stopniu

**zuliebe** adv: **mir, ihr ~** dla mnie, dla niej

**Zulieferer** m poddostawca m

**zum** = **zu dem**; → **zu**

**zumachen** umg v/t zamykać ⟨-mknąć⟩
**zumal** adv, konj zwłaszcza
**zumauern** zamurow(yw)ać
**zumeist** adv przeważnie; najczęściej
**zumindest** adv co najmniej, przynajmniej
**zumute** adv: **j-m ~ sein** czuć się (+ adv)
**zumuten** (-e-) **A** v/t **j-m etw ~** żądać, wymagać od k-o (gen) **B** v/r **sich** (dat) **zu viel ~** przeceni(a)ć swoje siły **Zumutung** f (unbillige Forderung) bezczelne wymaganie; (Frechheit) skandal, bezczelność f

**zunächst** adv (zuerst) najpierw
**zunähen** zaszy(wa)ć
**Zunahme** f wzrost, przyrost
**Zuname** m nazwisko
**Zündanlage** f AUTO układ zapłonowy **zünden** (-e-) **A** v/t zapalać ⟨-lić⟩ **B** v/i zapalać ⟨-lić⟩ się; Rede być przyjętym entuzjastycznie **Zünder** m zapalnik **Zündfunke** m iskra zapłonowa **Zündholz** n zapałka **Zündkabel** n przewód zapłonowy **Zündkerze** f świeca zapłonowa **Zündschloss** n włącznik zapłonu **Zündschlüssel** m kluczyk zapłonowy, kluczyk od stacyjki **Zündschnur** f lont **Zündstoff** m fig dynamit **Zündung** f e-r Sprengladung odpalenie; AUTO zapłon
**zunehmen** (irr) **A** v/i wzrastać ⟨wzrosnąć⟩; Schmerz nasilać ⟨wzmóc⟩ się, nasilać ⟨-lić⟩ się; **an Gewicht, an Stärke ~** przyb(ie)rać na wadze, na sile; **der Mond nimmt zu** księżyca przybywa **B** v/t **er hat zwei Kilo zugenommen** przybyło mu dwa kilo
**Zuneigung** f sympatia, przychylność f
**zünftig** Lokal porządny, typowy
**Zunge** f język **Zungenspitze** f koniuszek języka
**zunichte**: **~ machen** ⟨z⟩niweczyć **zunutze** adv: **sich** (dat) **etw ~ machen** wykorzyst(yw)ać (akk), korzystać z (gen)
**zuoberst** adv liegen na samym wierzchu; legen na sam wierzch
**zuordnen** przyporządkować pf (dat)
**zupacken** (ans Werk gehen) zab(ie)rać się do dzieła
**zupfen A** v/t Unkraut usw skubać; Saite szarpać; **j-n am Ärmel ~** szarpać ⟨-pnąć⟩ k-o za rękaw **B** v/i **an etw ~** skubać (akk)
**zur** = **zu der**

**zurechnen** (dat) zaliczać ⟨-czyć⟩ (do gen); **zugerechnet werden** zaliczać się **zurechnungsfähig** poczytalny
**zurechtfinden** (irr): **sich ~** ⟨z⟩orientować się, rozezna⟨wa⟩ć się (w lok) **zurechtkommen** v/i (irr; sn); ⟨po⟩radzić sobie (**mit j-m** z inst); (pünktlich kommen) przyjść pf w porę od na czas (**zu etw** na akk) **zurechtlegen** A v/t przyszykować pf B v/r **sich** (dat) ~ Plan usw układać ⟨ułożyć⟩ sobie (w myśli) **zurechtmachen** umg A v/t naszykować pf, przygotow⟨yw⟩ać B v/r **sich ~** ⟨wy⟩stroić się, wyelegantować się pf **zurechtrücken** Schlips poprawi⟨a⟩ć; umg fig uregulować pf **zurechtweisen** (irr) upominać ⟨-mnieć⟩, przywoł⟨yw⟩ać do porządku
**zureden** v/i: **j-m ~** perswadować k-u **zurichten** wykańczać; (beschädigen) zniszczyć pf; **j-n übel ~** poturbować pf, zbić pf k-o do krwi
**zurück** adv 1 Richtung Ausgangsort z powrotem; **hin und ~** tam i z powrotem; **e-n Schritt ~** krok wstecz; **von der Reise ~ sein** wrócić pf z podróży 2 umg ~ **sein** in der Entwicklung usw być opóźnionym; **mit etw ~ sein** im Rückstand zalegać z (inst) 3 (wieder da) **ich bin gleich ~** za chwilę będę z powrotem; **es gibt kein Zurück (mehr)** to już nieodwracalne, od tego nie ma odwrotu **zurückbehalten** (irr; -) zatrzym⟨yw⟩ać (**für sich** dla siebie) **zurückbekommen** (irr; -) otrzym⟨yw⟩ać z powrotem **zurückbleiben** Sache pozosta⟨wa⟩ć (**in** dat **w** lok; **von** po lok); **hinter j-m, etw ~** pozosta⟨wa⟩ć w tyle za (inst); **hinter j-s Erwartungen ~** nie spełni⟨a⟩ć oczekiwań (gen) **zurückblicken** fig spoglądać ⟨spojrzeć⟩ wstecz **zurückbringen** (irr) odnosić ⟨-nieść⟩ z powrotem **zurückdatieren** (-) antydatować **zurückdenken** v/i (irr): **an j-n, etw ~** przypominać ⟨-mnieć⟩ sobie (akk)
**zurückerstatten** (-) zwracać ⟨zwrócić⟩ **zurückfahren** (irr) A v/t odwozić ⟨odwieźć⟩ z powrotem B v/i (sn) ⟨po⟩jechać z powrotem; (sich nach hinten bewegen) cofać ⟨-fnąć⟩ się **zurückfallen** v/i (irr; sn) 1 pozosta⟨wa⟩ć w tyle; (abfallen) spadać ⟨spaść⟩; SPORT **auf den dritten Platz ~** spaść pf na trzecie miejsce 2

fig **auf j-n ~** obracać ⟨-rócić⟩ się przeciw k-u; fig **in etw** (akk) **~** popadać ⟨-paść⟩ znów w (akk); **an j-n ~** Besitz wracać ⟨wrócić⟩ (z powrotem) do (gen) **zurückfordern** v/t domagać się zwrotu, żądać zwrotu (gen) **zurückführen** A v/t j-n odprowadzać ⟨-dzić⟩ z powrotem; fig **etw auf** (akk) **~** tłumaczyć (inst); **der Unfall ist darauf zurückzuführen, dass ...** wypadek tłumaczy się tym, że ... B v/i **Weg** prowadzić z powrotem (**nach, zu** do gen)
**zurückgeben** (irr) odda⟨wa⟩ć z powrotem, zwracać ⟨zwrócić⟩ **zurückgeblieben** pperf → zurückbleiben; adj neg! geistig niedorozwinięty neg! **zurückgehen** v/i (sn) iść ⟨pójść⟩ z powrotem; **auf etw ~** mieć początek w (lok); **~ lassen** Sache zwracać ⟨zwrócić⟩ **zurückgewinnen** (irr; -) fig odzysk⟨iw⟩ać z powrotem **zurückgezogen** pperf → zurückziehen; adj **~ leben** żyć samotnie, żyć z dala od świata
**zurückhalten** (irr) A v/t powstrzym⟨yw⟩ać; **von etw ~** powstrzym⟨yw⟩ać od (gen) B v/i **mit etw ~** wstrzym⟨yw⟩ać się z (inst); **mit s-r Meinung nicht ~** otwarcie wypowiadać ⟨-wiedzieć⟩ swoje zdanie C v/r **sich ~** powściągać ⟨-gnąć⟩ się (**beim Essen** w jedzeniu) **Zurückhaltung** f (bpl) powściągliwość f
**zurückholen** Sache odbierać ⟨odebrać⟩, brać ⟨wziąć⟩ (z powrotem); j-n przyprowadzać ⟨-dzić⟩ z powrotem **zurückkehren** v/i (sn) powracać ⟨-wrócić⟩ (**nach, an** akk do gen; **von** z gen) **zurückkommen** v/i (irr; sn) wracać ⟨wrócić⟩; fig **auf ein Thema ~** wracać ⟨wrócić⟩ do tematu **zurücklassen** (irr) pozostawi⟨a⟩ć (po sobie) **zurücklegen** 1 kłaść ⟨położyć⟩ z powrotem; (beiseitelegen) odkładać ⟨odłożyć⟩ (a. **Geld für etw** pieniądze na akk; **etw für j-n** akk dla k-o) 2 Weg przeby⟨wa⟩ć; **... km ~ zu Fuß** przejść pf, fahrend przejechać pf ... kilometrów
**zurückliegen** v/i (irr) 1 **es liegt zwei Jahre zurück** to było dwa lata temu; **es liegt jetzt eine Woche zurück, dass ...** minął już tydzień, jak ... 2 SPORT **weit ~** pozostawać daleko w tyle; **... liegt 2 Punkte zurück (hinter)** ... ma 2 punkty straty (do gen) **zurücknehmen** Antrag

wycof(yw)ać; *Versprechen* cofać ⟨-fnąć⟩ *Geständnis* odwoł(yw)ać **zurückprallen** v/i (sn) odbi(ja)ć się (**von** od *gen*) **zurückrufen** (*irr*) **A** v/t j-n ⟨za⟩wołać z powrotem; **etw ins Gedächtnis ~** przywoł(yw)ać na pamięć (*akk*) **B** v/i *umg* oddzwaniać ⟨-dzwonić⟩, odtelefonować *pf* **zurückschicken** odsyłać ⟨odesłać⟩ z powrotem

**zurückschlagen** (*irr*) **A** v/t *Ball* odbi(ja)ć **B** v/i kontrować, odpowiadać ⟨-wiedzieć⟩ ciosem na cios **zurückschrecken** v/i (*irr; sn*) cofać ⟨-fnąć⟩ się (**vor** *dat* przed *inst*) **zurückschreiben** (*irr*) odpis(yw)ać **zurücksenden** (*irr*) → zurückschicken **zurücksetzen** **A** v/t przesuwać ⟨-sunąć⟩ do tyłu **B** v/r cofać ⟨-fnąć⟩ się

**zurückstellen** *Vorhaben* odkładać ⟨odłożyć⟩ na później **zurückstoßen** (*irr*) odpychać ⟨odepchnąć⟩ **zurücktreten** v/i *fig* zrezygnować **zurückweisen** (*irr*) odrzucać ⟨-cić⟩ **zurückzahlen** zwracać ⟨zwrócić⟩, spłacać ⟨-cić⟩, odda(wa)ć **zurückziehen** (*irr*) **A** v/t odciągać ⟨-gnąć⟩ **B** v/r **sich ~** MIL, *fig* wycof(yw)ać się (**von**, **aus** *z gen*)

**Zuruf** *m* okrzyk; zawołanie

**zurzeit** obecnie; (*in diesem Moment*) w tej chwili

**Zusage** *f* zgoda; (*Versprechen*) obietnica, przyrzeczenie **zusagen** **A** v/t przyrzekać ⟨-rzec⟩, obiec(yw)ać **B** v/i **1** zgadzać ⟨zgodzić⟩ się, ⟨za⟩akceptować **2** j-m **~** podobać się k-u; *Speise* smakować k-u

**zusammen** *adv* razem; **~ mit j-m, etw** wraz z (*inst*); **alles ~** wszystko razem (wzięte); **alle ~** wszyscy razem **Zusammenarbeit** *f* (*bpl*) współpraca, współdziałanie **zusammenarbeiten** v/i współpracować, współdziałać (**mit** *z inst*) **zusammenbauen** składać ⟨złożyć⟩, ⟨z⟩montować **zusammenbeißen** (*irr*) *Zähne* zaciskać ⟨-snąć⟩ **zusammenbinden** (*irr*) związ(yw)ać **zusammenbrechen** v/i (*irr; sn*) załam(yw)ać się)

**zusammenbringen** (*irr*) *Personen* skontaktować *pf* **Zusammenbruch** *m* załamanie się **zusammenfallen** v/i (*irr; sn*) (*einstürzen*) zawalać ⟨-lić⟩ się; **in sich ~** upaść *pf* **zusammenfalten** składać ⟨złożyć⟩ **zusammenfassen** *Programm* streszczać ⟨streścić⟩ **Zusammenfassung** *f* streszczenie **zusammenfügen** **A** v/t ⟨połączyć (w całość) **B** v/r **sich ~** składać ⟨złożyć⟩ się (**zu na** *akk*) **zusammenführen** **A** v/t ⟨po⟩łączyć **B** v/i *Wege* ⟨po⟩łączyć się **zusammengehören** v/i (*pperf zusammengehört*) *Personen* należeć do siebie **zusammengesetzt** *adj* złożony **Zusammenhalt** *m* (*bpl*) (*innere Bindung*) spoistość *f*, zespolenie **zusammenhalten** **A** v/t utrzymywać razem *od* na jednym miejscu; **sein Geld ~** siedzieć na pieniądzach **B** v/i *fig* popierać się wzajemnie, *umg* trzymać sztamę

**Zusammenhang** *m* (*gegenseitige Bedingtheit*) zależność *f*; kontekst; **im ~ mit etw stehen** być *od* pozostawać w związku z (*inst*) *od* w zależności od (*gen*); **in diesem ~** w związku z tym; **in welchem ~?**; **in keinem ~ stehen** nie mieć związku; **aus dem ~ gerissen** wyrwany z kontekstu w związku z czym? **zusammenhängen** v/i (*irr*) *fig* wiązać się, mieć związek (**mit** j-m, **etw** *z inst*); **das hängt damit zusammen, dass** ... to ma związek z tym, że ... **zusammenheften** spinać ⟨spiąć⟩ **zusammenklappen** **A** v/t składać ⟨złożyć⟩ **B** v/i (*sn*) *umg Person* zasłabnąć *pf* **zusammenkommen** v/i (*irr; sn*) **1** (*sich treffen*) spot(y)kać się; *Unangenehmes* zwalać ⟨-lić⟩ się k-u na głowę; **mit j-n ~** spot(y)kać (*akk*) **2** *Dinge* uzbierać się *pf* **Zusammenkunft** *f* (-; -*künfte*) zebranie, *a. von zwei Personen* spotkanie **zusammenlaufen** v/i (*irr; sn*) zbiegać ⟨zbiec⟩ się; *umg Farben* zlewać ⟨zlać⟩ się **Zusammenleben** *n* (*bpl*) współżycie; *bes in der Ehe* pożycie **zusammenlegen** **A** v/t (*falten*) składać ⟨złożyć⟩ **B** v/i składać ⟨złożyć⟩ się, *umg* ⟨z⟩robić zrzutkę (**für ein Geschenk** na prezent) **zusammennehmen** (*irr*) **A** v/t zbierać ⟨zebrać⟩; **alles zusammengenommen** wszystko razem wziąwszy **B** v/r **sich ~** brać ⟨wziąć⟩ się w garść; (*sich fassen*) opanować się *pf* **zusammenprallen** v/i (*sn*) zderzać ⟨-rzyć⟩ się; *Truppen* ścierać ⟨zetrzeć⟩ się **zusammenrechnen** zliczać ⟨-czyć⟩ **zusammenrollen** **A** v/t zwijać ⟨zwinąć⟩ **B** v/r **sich ~** zwijać ⟨zwinąć⟩ się w kłębek **zusam-**

**menrücken** A v/t zsuwać ⟨zsunąć⟩, przysuwać ⟨-sunąć⟩ do siebie B v/i (sn) przysuwać ⟨-sunąć⟩ się do siebie, ścieśni(a)ć się

**zusammenschlagen** (irr) A v/t składać ⟨złożyć⟩; **die Hacken ~** trzaskać ⟨-snąć⟩ obcasami; **die Hände ~** klaskać w ręce; umg Person pobić pf, zbić pf; Einrichtung zdemolować pf B v/i (sn) **über j-m ~** zal(ew)ać (akk) **zusammenschließen** (irr): **sich ~** zjednoczyć się pf, zespalać ⟨-spolić⟩ się, ⟨po⟩łączyć się **zusammenschweißen** ⟨ze⟩spawać; fig spoić pf **Zusammensein** n (bpl) przebywanie razem; wspólnie spędzony czas

**zusammensetzen** A v/t 1 składać ⟨złożyć⟩ 2 Personen sadzać ⟨posadzić⟩ razem od obok siebie B v/r **sich ~ aus etw, j-m ~** składać się z (gen) 1 **sich ~** Personen siadać ⟨usiąść⟩ obok siebie; zasiadać ⟨-siąść⟩ (**am Kamin** przy kominku, **in e-r Kommission** w komisji) 2 (beraten) naradzać się **Zusammensetzung** f (das Zusammensetzens) składanie, złożenie **zusammenstellen** Sachen zestawi(a)ć **Zusammenstellung** f e-s Programms usw zestawianie, zestawienie **Zusammenstoß** m (Kollision) zderzenie **zusammenstoßen** v/i (irr; sn) zderzać ⟨-rzyć⟩ się

**zusammensuchen** ⟨po⟩zbierać (do kupy) **zusammentreffen** v/i (irr; sn) Personen spot(y)kać się (**mit j-m z** inst); zeitlich zbiegać ⟨zbiec⟩ się (**mit etw z** inst); splot **Zusammentreffen** n spotkanie; fig zeitlich zbieg, splot **zusammentreten** v/i (irr; sn) Ausschuss zbierać ⟨zebrać⟩ się **zusammenwachsen** v/i (irr; sn) zrastać ⟨zrosnąć⟩ się **zusammenzählen** zliczać ⟨-czyć⟩ **zusammenziehen** (irr) A v/t Muskel ⟨s⟩kurczyć B v/i (sn) zamieszkać pf razem (**mit j-m z** inst) C v/r **sich ~** ⟨s⟩kurczyć się **zusammenzucken** v/i (sn) drgnąć pf

**Zusatz** m (bpl) (Beimischung) dodatek **zuschauen** reg → zusehen **Zuschauer(in)** m(f) widz; pl widzowie, widownia **Zuschauerraum** m widownia **zuschicken** przes(y)łać ⟨j-m akk k-u akk⟩ **Zuschlag** m dopłata; **den ~ erteilen** przybi(ja)ć **zuschlagen** (irr) A v/t 1 Tür zatrzaskiwać ⟨-snąć⟩; Buch zamykać ⟨-mknąć⟩ 2 (als Eigentum zuerkennen) przysądzać ⟨-dzić⟩ (j-m akk k-u akk) B v/i 1 (hauen) uderzać ⟨-rzyć⟩ 2 fig Polizei podjąć pf akcję; umg (Angebot annehmen) zaakceptować pf 3 (sn) Tür zatrzaskiwać ⟨-snąć⟩ się

**zuschließen** (irr) zamykać ⟨-mknąć⟩ na klucz **zuschnappen** v/i Tier ugryźć pf; (sn) Tür zatrzaskiwać ⟨-snąć⟩ się **zuschneien** v/i (sn) zanosić ⟨-nieść⟩ śniegiem **Zuschnitt** m krój, fason; fig pokrój **zuschreiben** (irr): **j-m etw ~** przypis(yw)ać k-u (akk) **Zuschrift** f list, pismo; **auf e-e Annonce** odpowiedź f

**Zuschuss** m subwencja, dotacja **zuschütten** zasyp(yw)ać **zusehen** v/i (irr): **bei etw ~** przyglądać się, przypatrywać się (dat); **sieh zu, dass du pünktlich bist** postaraj się być punktualnie **zusehends** adv z każdą chwilą, w oczach **zusein** (irr) → zu² **zusenden** (irr) prze(sy)łać **zusetzen** A v/t e-r Sache (dat) **etw ~** doda(wa)ć (gen) do czegoś; umg Geld dopłacać ⟨-cić⟩ do (gen) B v/i **j-m ~** dokuczać ⟨-czyć⟩, dopiekać ⟨-piec⟩ k-u

**zusichern** zapewni(a)ć (j-m akk k-u akk) **Zusicherung** f zapewnienie **zusperren** reg → zuschließen **zuspielen**: **j-m etw ~** Ball poda(wa)ć k-u; fig podsuwać ⟨-sunąć⟩ k-u (akk) **zuspitzen** A v/t zaostrzać ⟨-rzyć⟩ (a. fig) B v/r **sich ~** zaostrzać ⟨-rzyć⟩ się **zusprechen** (irr) v/t **j-m etw ~** przyzna(wa)ć k-u (akk); JUR przysądzać ⟨-dzić⟩ k-u (akk); **j-m Mut ~** doda(wa)ć k-u odwagi **Zuspruch** m (bpl) doda(wa)nie otuchy, słowa npl pocieszenia; **der Film fand regen ~** film cieszył się ogromnym powodzeniem **Zustand** m 1 stan; **in gutem ~** w dobrym stanie; **in betrunkenem ~** w stanie nietrzeźwym; umg **Zustände kriegen** dosta(wa)ć furii 2 nur pl **Zustände** (Lage) stan rzeczy, warunki mpl, stosunki mpl; **das sind unhaltbare Zustände** to są warunki nie do zniesienia

**zustande** adv: **etw ~ bringen** zdołać dokonać pf (gen), poradzić sobie (z inst); **~ kommen** dochodzić ⟨dojść⟩ do skutku **zuständig** kompetentny, właściwy **Zuständigkeit** f kompetencja; JUR właściwość f **Zuständigkeitsbe-**

**reich** m zakres kompetencji
**zustehen** v/i (irr): **j-m** ~ przysługiwać, należeć się k-u **Zustelladresse** f adres (pełnomocnika) do doręczeń **zustellen** Gang zastawi(a)ć (**mit etw** inst); Post doręczać ⟨-czyć⟩ **Zustellgebühr** f opłata za doręczenie **Zustellung** f doręczenie, doręczanie
**zustimmen** v/i: e-r Sache zgadzać ⟨zgodzić⟩ się na (akk), ⟨za⟩aprobować (akk); **j-m** ~ przytakiwać ⟨-knąć⟩ k-u **Zustimmung** f zgoda, aprobata **zustoßen** A v/t Tür zamykać ⟨-mknąć⟩ (uderzeniem nogi) B v/i **mit dem Messer** ~ pchnąć pf nożem 2 (sn) **j-m** ~ (widerfahren) zdarzać ⟨-rzyć⟩ się (dat), spot(y)kać (akk)
**Zustrom** m (bpl) von Menschen napływ; von Kapital usw dopływ
**zutage** adv: ~ **fördern, treten** wydoby(wa)ć, wychodzić ⟨wyjść⟩ na jaw
**Zutaten** f/pl składniki m/pl **zuteilen**: **j-m etw** ~ wydzielać ⟨-lić⟩ k-u (akk); Aufgabe przydzielać ⟨-lić⟩ k-u (akk) **Zuteilung** f przydział
**zutiefst** adv do głębi, głęboko
**zutreffen** v/i (irr) (stimmen) okaz(yw)ać się słusznym; **das trifft zu** to słuszne; **auf j-n, etw** ~ odnosić się do (gen), dotyczyć (gen) **zutreffend** adj słuszny, trafny; **Zutreffendes bitte ankreuzen** odpowiednie zakreślić
**Zutritt** m wstęp; ~ **haben** (**zu j-m, etw**) mieć dostęp (do gen); ~ **verboten!** wstęp wzbroniony! **Zutun** n pomoc f
**zuungunsten** präp (gen) u. adv: ~ **von** na niekorzyść (gen); ze szkodą dla (gen) **zuverlässig** niezawodny; Quelle pewny **Zuversicht** f (bpl) ufność f **zuversichtlich** ufny, pełen (pełna) ufności; präd ufnie, z ufnością; ~ **sein** ufać, być dobrej myśli
**zuvor** adv przedtem **zuvorkommen** v/i (irr): **j-m** ~ wyprzedzać ⟨-dzić⟩ (akk) **zuvorkommend** adj Person a. usłużny, uczynny **Zuwachs** m (-[e]s; -wächse) (an dat) przyrost (gen); umg **die Familie hat** ~ **bekommen** rodzina powiększyła się **zuwachsen** v/i (irr; sn) zarastać ⟨-rosnąć⟩ **Zuwachsrate** f stopa przyrostu
**Zuwanderung** f imigracja; in ein Gebiet dopływ, napływ (ludności) **zuweisen**

(irr): **j-m etw** ~ wyznaczać ⟨-czyć⟩ k-u (akk) **zuwenden(\*)** zwracać ⟨zwrócić⟩ **Zuwendung** f (Beihilfe) zapomoga, zasiłek; (Schenkung) dar, darowizna
**zuwider** adv: dieses Essen war ihm ~ on nie mógł tego jeść z obrzydzenia; **es war ihr** ~, **das zu tun** to zajęcie napełniało ją wstrętem **zuwiderhandeln** v/i: **e-r Sache** (dat) ~ postępować ⟨-stąpić⟩ niezgodnie (z inst) **zuwiderlaufen** v/i (irr; sn): e-r Sache (dat) ~ być sprzecznym z (inst)
**zuzahlen** dopłacać ⟨-cić⟩ (**zu** do gen) **zuziehen** (irr) A v/t zaciągać ⟨-gnąć⟩ B v/r **sich** (dat) ~ nabawić się pf (gen); j-s Zorn ściągać ⟨-gnąć⟩ na siebie (akk) C v/i (sn) sprowadzać ⟨-dzić⟩ się tu od do (gen) **zuzüglich** präp (gen) z doliczeniem (gen), plus (nom)
**zwang** → zwingen **Zwang** m (-[e]s; Zwänge) przymus; **ohne** ~ bez przymusu; **unter** ~ pod przymusem od presją, przymusowo **zwänge** → zwingen **zwängen** A v/t wciskać ⟨-snąć⟩ B v/r **sich** ~ przeciskać ⟨-snąć⟩ się (**durch etw** przez akk)
**zwanglos** niewymuszony, swobodny **Zwangsarbeit** f roboty f/pl przymusowe **Zwangsjacke** f kaftan bezpieczeństwa **Zwangslage** f kłopotliwa sytuacja; (Notlage) przymusowa sytuacja **zwangsläufig** (unausbleiblich) nieuchronny; präd siłą rzeczy **Zwangsmaßnahme** f sankcja **Zwangsräumung** f eksmisja **Zwangsversteigerung** f przymusowa licytacja **zwangsweise** przymusowy (-wo)
**zwanzig** num dwadzieścia **Zwanziger** umg m dwudziestka **zwanzigjährig** dwudziestoletni **zwanzigste** num dwudziesty
**zwar** adv einräumend wprawdzie; **und** ~ a mianowicie
**Zweck** m (-[e]s; -e) cel; **s-n** ~ **erfüllen** spełni(a)ć cel; **s-n** ~ **nicht erfüllen** mijać ⟨minąć⟩ się z celem; **zu diesem, zu welchem** ~ w tym, w jakim celu; **das hat keinen** ~ to nie ma sensu **zweckgebunden** adj przeznaczony na określony cel **zwecklos** bezcelowy (-wo), niecelowy (-wo) **zweckmäßig** Kleidung usw odpowiedni (-nio) **zwecks** präp (gen) celem, w celu (gen)

**zwei** num dwa **Zwei** f dwójka; Schulnote „gut" in Polen czwórka **zweideutig** dwuznaczny **Zweier** m (Boot) dwójka **zweierlei** (unv) dwojaki **zweifach** **A** adj dwukrotny; (doppelt) podwójny; ~**er Meister** dwukrotny mistrz; **in ~er Ausfertigung** w dwóch egzemplarzach **B** adv dwukrotnie, w dwójnasób **Zweifamilienhaus** n dom od domek dwurodzinny
**Zweifel** m wątpliwość f (**an** dat co do gen); **ohne (jeden) ~** bez wątpienia; ... **steht außer ~** ... jest ponad wszelką wątpliwość; **im ~ sein** mieć wątpliwości (**über** akk co do gen); **mir kommen ~, ob** ... nasuwają mi się wątpliwości, czy ... **zweifelhaft** wątpliwy (-wie); (suspekt) podejrzany **zweifellos** adv niewątpliwie **zweifeln** v/i (-le): **an etw** (dat) ~ wątpić, powątpiewać w (akk) od o (lok) **Zweifelsfall** m: **im ~(e) w razie** wątpliwości
**Zweig** m (-[e]s; -e) gałązka; fig gałąź f **Zweiggeschäft** n filia, oddział f **Zweigstelle** f oddział, ekspozytura **zweijährig** dwuletni, dwuroczny **zweimal** adv dwa razy, dwukrotnie **Zweirad** n (moto)rower **zweireihig** dwurzędowy **zweiseitig** dwustronny; Anzeige dwustronicowy **zweisprachig** dwujęzyczny **zweistellig** Zahl dwucyfrowy **zweistöckig** dwupiętrowy **zweit** adv: **zu ~** we dwoje, we dwójkę **zweitbeste** drugi (co do jakości); zajmujący drugie (w kolejności) miejsce **zweite** num drugi; **zum ~n Mal** po raz drugi; **sie wurde Zweite** ona zajęła drugie miejsce **zweiteilig** dwuczęściowy **zweitens** adv po drugie, po wtóre **zweitklassig** abw drugorzędny **Zweizimmerwohnung** f mieszkanie dwupokojowe
**Zwerchfell** n przepona
**Zwerg** m (-[e]s; -e) karzeł; dim (oft in Märchen) karzełek **zwergenhaft** karłowaty (-to) **Zwergin** f karlica
**Zwetsch(g)e** f śliwka; (Baum) śliwa **zwicken** **A** v/t szczypać, uszczypnąć pf **B** v/i von Kleidungsstücken uciskać **Zwickmühle** umg f: fig **in der ~ sein** być w opresji, wpaść pf w kłopoty

**Zwieback** m (-[e]s; -bäcke od -e) suchar, sucharek **Zwiebel** f (-; -n) cebula, dim cebulka (a. von Blumen)
**Zwielicht** n (bpl) poświata, półmrok **zwiespältig** zmienny, sprzeczny
**Zwilling** m (-s; -e) bliźniak, bliźniaczka; **~e** pl bliźnięta npl, bliźniaki mpl; ASTRON Bliźnięta; **siamesische ~e** bliźnięta syjamskie
**zwingen** (zwang, zwänge, gezwungen) v/t przymuszać ⟨-musić⟩, zmuszać ⟨zmusić⟩ (**zu** do gen); ... **zwingt uns zu der Annahme, dass** ... każe przypuszczać, że; **wir sind gezwungen** ... jesteśmy zmuszeni ...; **sich gezwungen sehen, etw zu tun** być zmuszonym (+ inf) **zwingend** adj ważny; Notwendigkeit nieodzowny, niezbędny
**zwinkern** v/i (-re) mrugać ⟨-gnąć⟩
**Zwirn** m (-[e]s; -e) nić f, nici pl
**zwischen** präp (wohin? akk, wo? dat) między; Uhrzeit **~ fünf und sechs** między piątą i szóstą **Zwischenbescheid** m odpowiedź tymczasowa **Zwischending** n umg n coś pośredniego **zwischendurch** umg w międzyczasie; räumlich (vereinzelt) tu i tam **Zwischenergebnis** n wynik tymczasowy **Zwischenfall** m incynedent, zajście **Zwischengröße** f rozmiar pośredni
**Zwischenhandel** m handel pośredni **Zwischenlandung** f międzylądowanie **Zwischenlösung** f rozwiązanie tymczasowe **zwischenmenschlich** międzyludzki **Zwischenraum** m räumlich u. zeitlich odstęp **Zwischenruf** m okrzyk przerywający **zwischenstaatlich** międzypaństwowy **Zwischenzeit** f (bpl) SPORT międzyczas; **in der ~** tymczasem, umg w międzyczasie
**zwitschern** v/t u. v/i (-re) szczebiotać
**Zwitter** m obojnak, hermafrodyta m
**zwölf** num dwanaście **Zwölf** f dwunastka **zwölfte** num dwunasty
**Zyankali** n (-s; bpl) cyjanek (potasu)
**Zyklus** m (-; -len) cykl
**Zylinder** m cylinder (a. Hut); MAT walec
**zynisch** cyniczny
**Zypresse** f cyprys
**Zyste** f cysta, torbiel f

# Anhang | Aneks

## Kommunikation | Komunikacja
Small Talk | Rozmowa towarzyska                                           590
Mini-Dolmetscher für Pflegeberufe | Minirozmówki dla
  opiekunów/opiekunek osób chorych i starszych                            594

## Extras | Dodatek
Uhrzeit | Czas                                                            604
Zahlen | Liczby                                                           606

## Grammatik | Gramatyka
Kurzgrammatik des Polnischen | Zarys gramatyki polskiej                   609
Kurzgrammatik des Deutschen |
  Wskazówki dotyczące gramatyki języka niemieckiego                       616
Wichtige deutsche starke und unregelmäßige Verben |
  Ważne nieregularne czasowniki w języku niemieckim                       620

# Small Talk | Rozmowa towarzyska

## Jemanden begrüßen

- Guten Morgen/Tag!
- Guten Abend!
- Hallo! / Grüß dich!
- Wie geht es dir?
- Wie geht es Ihnen?
- Danke, sehr gut!
- Schön, dich zu sehen!
- Schön, Sie zu sehen!

## Powitanie

- Dzień dobry! / Witam!
- Dobry wieczór! / Witam!
- Cześć!
- Co słychać?
- A co u Pana słychać, jak zdrowie?
- Dziękuję, dobrze.
- Miło Cię widzieć!
- Miło Pana (*m*) / Panią (*f*) / Panów (*mpl*) / Panie (*fpl*) / Państwa (*m/fpl*) widzieć!

## Sich oder jemanden vorstellen

- Mein Name ist ... / Ich heiße ...
- Darf ich vorstellen: ...
- Das ist (mein Mann) Mateusz.
- Ich bin Marias Bruder.
- Freut mich! / Angenehm!
- Es freut mich, Sie kennenzulernen.
- Kennt ihr euch schon?

## Przedstawienie się

- Jestem ... / Nazywam się ...
- Niech mi będzie wolno przedstawić się: ...
- To (mój mąż): Mateusz.
- Jestem bratem Marii.
- Cieszę się. / Miło mi.
- Miło mi Pana (*m*) / Panią (*f*) / Panów (*mpl*) / Panie (*fpl*) / Państwa (*m/fpl*) poznać.
- Znacie się?

## In Kontakt bleiben

- Kannst du mir deine Handynummer/E-Mail-Adresse geben?
- Hast du auch eine Festnetznummer?
- Bist du auf Facebook®?
- Wie ist dein Skype®-Name?
- Wie kann ich Sie [*Mann*] erreichen?
- Wie kann ich Sie [*Frau*] erreichen?

## Pogłębić znajomość

- Możesz mi dać numer swojej komórki? / swój adres mailowy?
- Możesz mi dać numer telefonu domowego?
- Jesteś na Facebooku?
- Jaki jest Twój log in na skypie?
- Jak najlepiej skontaktować się z Panem?
- Jak najlepiej skontaktować się z Panią?

## Etwas anbieten – und darauf antworten

- Nehmen Sie doch bitte Platz!
- Darf ich Ihnen etwas zu trinken anbieten?

- Ja, (sehr) gern!
- Nein, vielen Dank!

## Wyrazić, przyjąć lub odrzucić propozycję

- Proszę usiąść!
- Czy może się Pan (*m*) / Pani (*f*) / Panowie (*mpl*) / Panie (*fpl*) / Państwo (*m/fpl*) czegoś napije?
- Tak, dziękuję!
- Nie, dziękuję!

## Sich verabschieden

- Auf Wiedersehen!
- Tschüss!
- Bis bald!
- Bis gleich / Bis später!
- Gute Nacht!
- Komm gut nach Hause!

## Pożegnanie

- Do widzenia!
- Cześć!
- Do zobaczenia!
- Cześć!
- Dobranoc!
- Szczęśliwego powrotu!

## Sich bedanken

- Danke (schön)!
- Vielen Dank!
- Das ist/war sehr nett von Ihnen!

- Danke, gleichfalls!

## Podziękowania

- Dziękuje (bardzo)! / Dzięki!
- Serdecznie dziękuję!
- To bardzo miło z Pana (*m*) / Pani (*f*) strony!
- Dziękuję, wzajemnie!

## – und darauf antworten

- Bitte!
- Nichts zu danken!
- Gern geschehen! / Sehr gern!

## Odpowiedzi na podziękowania

- Proszę!
- Nie ma za co!
- Cała przyjemność po mojej stronie!

## Um etwas bitten

- Darf ich dich um etwas bitten?
- Darf ich Sie um etwas bitten?

- Könntest du mir einen Gefallen tun?
- Würde es dir etwas ausmachen, …?

## Prośby

- Czy mogę Cię o coś prosić?
- Czy mogę Pana (*m*) / Panią (*f*) o coś prosić?
- Czy mogę prosić Cię o przysługę?

- Czy masz coś przeciwko temu, że….

### – und darauf antworten

- Selbstverständlich! / Na klar!
- Kein Problem!
- Lieber nicht.

### Sich verständigen

- Wie bitte?
- Was bedeutet …?
- Entschuldigen Sie, das habe ich nicht ganz verstanden.
- Könnten Sie bitte etwas langsamer sprechen?
- Ich spreche leider nur ganz wenig Deutsch/Polnisch.

### Familie und Beruf

- Ich lebe mit meiner Familie in München.
- Ich bin verheiratet.
- Ich bin geschieden.

- Haben Sie Kinder?

- Ja, ich habe einen Sohn und eine Tochter.
- Was machst du beruflich?
- Was machen Sie beruflich?
- Ich arbeite als … bei …
- Ich bin noch in der Ausbildung.
- Ich bin Student/Studentin.

### Hobbys und Interessen

- Was machst du in deiner Freizeit?
- Ich koche gern und mache Yoga.
- Interessieren Sie sich für Fußball?
- Magst du lieber Jazz oder Rockmusik?
- Kommst du morgen Abend mit uns zum Konzert?

### Reakcje na prośby

- (Ależ) oczywiście! / Pewnie!
- Nie ma sprawy!
- Raczej nie.

### Porozumiewać się

- Słucham? / Proszę?
- Co znaczy…..?
- Przepraszam, ale nie wszystko zrozumiałem (m) / zrozumiałam (f).
- Czy mógłby Pan (m) / Pani (f) mówić trochę wolniej?
- Mówię słabo po niemiecku/polsku.

### Rodzina i zawód

- Mieszkamy w Monachium.

- Jestem żonaty (m) / mężatką (f).
- Jestem rozwodnikiem (m) / rozwódką (f).

- Czy ma Pan (m) / Pani (f) / Państwo (Paar) dzieci?

- Tak, mam syna i córkę.
- Jaki masz zawód?
- Jaki ma Pan (m) / Pani (f) zawód?
- Jestem … w firmie …
- Jeszcze się dokształcam.
- Jestem studentem/studentką.

### Hobby i zainteresowania

- Jak spędzasz czas wolny?
- Lubię gotować i uprawiać jogę.
- Lubisz piłkę nożną?
- Wolisz jazz czy rock?

- Czy pójdziesz z nami na koncert jutro wieczorem?

## Das Wetter

- Wie war das Wetter in Warschau?
- Die Sonne schien und es war sehr heiß.
- Es hat bis gestern geregnet.
- So ein schreckliches Wetter!
- Wie wird das Wetter morgen?
- Hier ist das Wetter besser als bei uns.

## Pogoda

- Jaką była pogoda w Warszawie?
- Słońce i upał.

- Do wczoraj padało.
- Straszna pogoda!
- Jaka będzie jutro pogoda?
- Tutaj pogoda jest lepsza niż u nas.

## Auf Reisen

- Sind Sie geschäftlich hier?

- Nein, ich mache hier Urlaub.
- Seit wann sind Sie in Deutschland/Polen?
- Ich bin gestern angekommen.

- Sind Sie zum ersten Mal in Deutschland/Polen?
- Nein, ich war vor zwei Jahren schon einmal hier.
- Hatten Sie eine angenehme Reise?

- Wie lange bleiben Sie in Krakau?

- Leider nur heute. Ich fliege schon am Abend zurück.
- Haben Sie gut zu uns hergefunden?
- Wie gefällt Ihnen Hamburg?

- Die Stadt gefällt mir sehr.

- Ich habe noch nicht viel von der Stadt gesehen.

## W drodze

- Jest Pan (m) / Pani (f) tutaj służbowo?
- Nie, na urlopie.
- Od kiedy jest Pan (m) / Pani (f) w Niemczech/Polsce?
- Przyjechałem (m) / Przyjechałam (f) wczoraj.
- Jest Pan (m) / Pani (f) po raz pierwszy w Niemczech/Polsce?
- Nie, już tu byłem (m) / byłam (f) przed dwoma laty.
- Jaką Pan (m) / Pani (f) miała podróż?
- Jak długo zostaje Pan (m) / Pani (f) w Krakowie?
- Niestety tylko dzisiaj. Wieczorem odlatuję.
- Czy były jakieś problemy z dojazdem?
- Jak podoba się Panu (m) / Pani (f) Hamburg?
- Bardzo mi się podoba. Piękne miasto!
- Jeszcze niczego nie zwiedzałem (m) / zwiedzałam (f).

# Minirozmówki dla opiekunów/opiekunek osób chorych i starszych | Mini-Dolmetscher für Pflegeberufe

## Zwroty ogólne

- Pomogę panu/pani.
- Zajmę się tym.
- Potrzebuje pan/pani czegoś jeszcze?
- Tak, proszę.
- Nie, dziękuję.
- Doskonale to rozumiem.

## Allgemeines

- Ich helfe Ihnen.
- Ich kümmere mich darum.
- Benötigen Sie sonst noch etwas?
- Ja, bitte.
- Nein, danke.
- Das kann ich gut verstehen.

## Higiena i pomoc w czynnościach codziennych

### Może pan(i) powiedzieć:

- Pomóc panu/pani (przy ubieraniu/myciu się/jedzeniu)?
- Jest pan(i) w stanie sam(a) zdjąć sobie sweter/koszulę nocną?
- Zapnę pani/panu koszulę nocną.
- Założę panu/pani teraz pończochy uciskowe.
- Jest pan(i) w stanie sam(a) podejść do umywalki?
- Podejdźmy do umywalki.
- Jest pan(i) w stanie sam(a) umyć sobie zęby?

## Hygiene und Alltagshilfe

### Sie sagen:

- Soll ich Ihnen (beim Anziehen/Waschen/Essen) helfen?
- Können Sie den Pulli/das Nachthemd allein ausziehen?
- Ich mache Ihnen das Nachthemd zu.
- Ich ziehe Ihnen jetzt die Kompressionsstrümpfe an.
- Können Sie allein zum Waschbecken gehen?
- Gehen wir zum Waschbecken rüber.
- Können Sie sich allein die Zähne putzen?

- Jest pan(i) w stanie sama wyjąć/włożyć sobie protezę zębową?
- Chciał(a)bym pana/panią dzisiaj wykąpać pod prysznicem.
- Proszę sobie usiąść podczas mycia.
- Teraz wysuszę panu/pani włosy.
- Obetnę panu/pani paznokcie.
- Posmaruję pana/panią kremem.

- Können Sie die Zahnprothese selbst herausnehmen/einsetzen?
- Ich möchte Sie heute duschen.
- Setzen Sie sich bitte beim Waschen.
- Ich werde jetzt Ihre Haare föhnen.
- Ich werde Ihnen die Fingernägel schneiden.
- Ich werde Ihre Haut eincremen.

## Może pan(i) usłyszeć te zwroty:

- Geben Sie mir bitte ein Taschentuch?
- Könnten Sie bitte ...
  - das Fenster aufmachen/zumachen?
  - die Heizung anmachen/ausmachen?
  - das Licht anmachen/ausmachen?
- Meine Brille ist heruntergefallen.
- Machen Sie mir bitte eine Warmflasche?
- Bitte waschen Sie noch die Wäsche.
- Könnten Sie die Wäsche noch zusammenlegen?
- Könnten Sie gleich noch den Müll mit nach draußen nehmen?
- Könnten Sie bitte noch etwas einkaufen?

## Und Sie könnten hören:

- Poda mi pan(i), proszę, chusteczkę higieniczną?
- Może pan(i), proszę, ...
  - otworzyć/zamknąć okno?
  - włączyć/wyłączyć ogrzewanie?
  - zapalić/zgasić światło?
- Spadły mi okulary.
- Może mi pan(i) przygotować termofor?
- Proszę zrobić jeszcze pranie.
- Mogę jeszcze prosić o złożenie prania?
- Mogę od razu prosić o wyniesienie śmieci?
- Mogę jeszcze prosić o zrobienie zakupów?

## Pomoc przy poruszaniu się — Hilfe beim Bewegen

### Może pan(i) powiedzieć: — Sie sagen:

| | |
|---|---|
| Może pan(i) spróbować sam(a) wstać z łóżka? | Können Sie versuchen, allein vom Bett aufzustehen? |
| Pomóc panu/pani przy wstawaniu? | Möchten Sie, dass ich Ihnen beim Aufstehen helfe? |
| Pomogę panu/pani tam pójść! | Ich helfe Ihnen dorthin. |
| Chwycę pana/panią teraz pod pachami, żeby pomóc panu/pani się podnieść. | Ich greife Ihnen jetzt unter die Arme, um Ihnen aufzuhelfen. |
| Proszę się mnie trzymać. | Halten Sie sich an mir fest. |
| Przysunę panu/pani balkonik do łóżka. | Ich werde Ihnen den Rollator ans Bett heranschieben. |
| Proszę się podpierać laską. | Stützen Sie sich auf den Gehstock. |
| Proszę powoli wstać z łóżka. | Stehen Sie langsam aus dem Bett auf. |
| Proszę się nie spieszyć. | Nehmen Sie sich Zeit. |
| Proszę nie wstawać. | Stehen Sie bitte nicht auf. |
| Proszę wstać. | Stehen Sie bitte auf. |
| Proszę się na chwilę wyprostować. | Richten Sie sich bitte kurz auf. |
| Proszę pozostać w pozycji siedzącej. | Bleiben Sie sitzen. |
| Posadzę pana/panią teraz na łóżku/na krześle/na fotelu. | Ich setze Sie jetzt auf das Bett/auf den Stuhl/in den Sessel. |
| Proszę usiąść na łóżku/na krześle/na fotelu. | Setzen Sie sich bitte auf das Bett/auf den Stuhl/in den Sessel. |
| Proszę się przekręcić na brzuch/na plecy/na bok. | Drehen Sie sich bitte auf den Bauch/Rücken/auf die Seite. |
| Proszę zbliżyć brodę do klatki piersiowej. | Legen Sie bitte den Kopf auf die Brust. |
| Proszę podciągnąć kolana. | Winkeln Sie bitte die Knie an. |

- Żeby zapobiegać zakrzepicy, ułożę panu/pani nogi wyżej.
- Czy wygodnie się panu/pani leży w tej pozycji?
- Na którym boku chce się pan(i) położyć – na lewym czy na prawym?
- Przekręcę pana/panią na drugi bok.
- Ułożę pana/panią teraz inaczej.
- Czy zagłówek ma odpowiednią wysokość?
- Mam podwyższyć zagłówek?
- Obniżę teraz zagłówek do pozycji poziomej, żeby mógł pan/mogła pani leżeć płasko.
- Podłożę panu/pani pod kolana poduszkę w kształcie wałka.
- Przykryję pana/panią, żeby pan(i) nie zmarzł(a).
- Muszę odchylić kołdrę.
- Muszę wymienić panu/pani wkładkę higieniczną.

- Zur Thromboseprophylaxe lagere ich Ihre Beine hoch.
- Können Sie so gut liegen?
- Auf welcher Seite möchten Sie liegen – links oder rechts?
- Ich werde Sie jetzt auf die andere Seite drehen.
- Ich lagere Sie jetzt anders.
- Ist das Kopfteil hoch genug?
- Soll ich das Kopfteil höherstellen?
- Ich werde jetzt das Kopfteil flach stellen, damit Sie gerade liegen.
- Ich lege Ihnen noch eine Rolle unter die Knie.
- Ich decke Sie wieder zu, damit Sie nicht frieren.
- Ich muss die Bettdecke zurückschlagen.
- Ich muss die Einlage wechseln.

## Może pan(i) usłyszeć te zwroty:
- Ich kann das allein.
- Ich möchte aufstehen. Können Sie mir dabei helfen?
- Ich möchte auf Toilette.
- Könnten Sie mir den Rollator ans Bett schieben?

## Und Sie könnten hören:
- Zrobię to sam(a).
- Chciał(a)bym wstać. Mogę prosić o pomoc?
- Chcę do toalety.
- Mogę prosić o przystawienie mi balkonika do łóżka?

- Könnten Sie mir bitte helfen, mich auf die andere Seite zu drehen?
- Könnten Sie bitte das Kopfteil höherstellen?

- Mogę prosić o przewrócenie mnie na drugi bok?
- Mogę prosić o podwyższenie zagłówka?

## Jedzenie i picie

### Może pan(i) powiedzieć:

- Jaki rodzaj chleba sobie pan(i) życzy?
- Chce pan(i) jedną czy dwie kromki chleba?
- Jest pan(i) w stanie jeść sam(a)?
- Potrzebuję pan(i) pomocy przy jedzeniu?
- Mam panu/pani zrobić kanapkę?
- Mam odkroić skórkę chleba?

- Chce pan(i) do chleba kiełbasę/ser/miód/dżem?
- Przynieść panu/pani coś do picia?

- Na co do picia ma pan(i) ochotę?
- Podać jeszcze jedną filiżankę kawy?
- Podać mleko i cukier do kawy?

- Pokroję panu/pani jedzenie na małe kawałki.
- Dzisiaj nie wolno panu/pani spożywać posiłków.

## Essen und Trinken

### Sie sagen:

- Was für Brot möchten Sie?

- Möchten Sie eine oder zwei Scheiben Brot?
- Können Sie allein essen?
- Brauchen Sie Unterstützung beim Essen?
- Soll ich Ihnen das Brot schmieren?
- Soll ich die Rinde vom Brot abschneiden?
- Möchten Sie Wurst/Käse/Honig/Marmelade aufs Brot?
- Soll ich Ihnen etwas zu trinken bringen?
- Was möchten Sie trinken?
- Möchten Sie noch eine Tasse Kaffee?
- Möchten Sie Milch und Zucker für den Kaffee?
- Ich werde Ihnen das Essen mundgerecht zerkleinern.
- Sie müssen heute nüchtern bleiben.

Może pan(i) usłyszeć te zwroty:

- Machen Sie mir bitte Frühstück?
- Ich möchte ...
  - Graubrot (od Mischbrot)
  - Schwarzbrot/Toastbrot/
  - Vollkornbrot/Weißbrot
- Bitte die Rinde/Kruste/den Rand abschneiden.
- Ich möchte Kaffee/Tee/ Mineralwasser trinken.
- Ich würde jetzt gerne zu Mittag/ Abend essen.
- Können Sie mir bitte das Mittagessen/Abendbrot vorbereiten?
- Können Sie mir bitte ... kochen?
- Ich habe (noch) Hunger.
- Ich habe (noch) Durst.
- Ich habe wenig Appetit.

- Kaffee/Tee/Wurst usw. mag ich nicht.

Und Sie könnten hören:

- Zrobi mi pan(i), proszę, śniadanie?
- Chciał(a)bym ...
  - chleb pszenno-żytni
  - chleb ciemny razowy/tostowy
  - chleb pełnoziarnisty/chleb biały (pszenny)
- Proszę odciąć skórkę chleba.

- Do picia poproszę kawę/herbatę/ wodę mineralną.
- Chciał(a)bym teraz zjeść obiad/ kolację.
- Mogę prosić o przygotowanie obiadu/kolacji?
- Mogę prosić o ugotowanie mi ... ?
- Jestem (jeszcze) głodna/głodny.
- Chce mi się (jeszcze) pić.
- Nie chce mi się za bardzo jeść./ Nie mam apetytu.
- Kawy/herbaty/kiełbasy itd. nie lubię.

## Jak się pan(i) czuje?

Może pan(i) powiedzieć:

- Jak się pan(i) (dzisiaj) czuje?
- Czuje się pan(i) dzisiaj trochę lepiej?
- Dobrze pan(i) spał(a)?
- Podać panu/pani tabletkę nasenną?

## Wie geht es Ihnen?

Sie sagen:

- Wie geht es Ihnen (heute)?
- Geht es Ihnen heute ein bisschen besser?
- Haben Sie gut geschlafen?
- Soll ich Ihnen eine Schlaftablette geben?

- Boli pana/panią coś?
- Gdzie pana/panią boli?
- Odczuwa pan(i) (jeszcze) ból w ...?
- W którym miejscu jest ucisk?
- Ma pan(i) problemy z oddychaniem?
- Ma pan(i) zatwardzenie?
- Ma pan(i) jakieś alergie lub nietolerancje pokarmowe?
- Ma pan(i) problem ze wstawaniem z łóżka?
- Może pan(i) ruszać nogami?
- Wziął pan/Wzięła pani już leki?

- Mam wezwać lekarza?
- Czy wypróżniał(a) się już pan(i) dzisiaj?
- Potrzebuje pan(i) miski na wymioty?
- Doskonale rozumiem pana/pani obawy.
- Proszę się nie martwić.
- Można to dobrze leczyć.
- Wszystko będzie dobrze.
- Ból przeminie.
- Niedługo będzie pan(i) znów mógł/mogła normalnie chodzić.

- Haben Sie Schmerzen?
- Wo haben Sie Schmerzen?
- Haben Sie (noch) Schmerzen in ...?
- Welche Stelle drückt besonders?
- Haben Sie Schwierigkeiten beim Luftholen?
- Leiden Sie an Verstopfung?
- Haben Sie irgendwelche Allergien oder Unverträglichkeiten?
- Fällt es Ihnen schwer, aus dem Bett aufzustehen?
- Können Sie die Beine bewegen?
- Haben Sie schon Ihre Medikamente genommen?

- Soll ich einen Arzt rufen?
- Hatten Sie heute schon Stuhlgang?
- Brauchen Sie eine Brechschale?

- Ich kann Ihre Sorgen gut verstehen.
- Machen Sie sich keine Sorgen.
- Das lässt sich gut behandeln.
- Es wird schon wieder.
- Die Schmerzen gehen vorüber.
- Bald können Sie wieder normal laufen.

## Może pan(i) usłyszeć te zwroty: Und Sie könnten hören:

- Es geht mir gut. / Ich fühle mich gut.
- Es geht so.
- Ich bin müde.

- Czuję się dobrze.
- Tak sobie.
- Jestem zmęczony/zmęczona.

- Ich fühle mich sehr schwach.
- Mir ist übel.
- Mir ist so heiß/kalt.
- Ich habe schlecht geschlafen.
- Ich kann wegen des Hustens nicht schlafen.
- Ich habe noch Schmerzen.
- Ich habe Schmerzen ...
  - am ganzen Körper.
  - an der Wirbelsäule.
  - beim Atmen/Husten.
  - im Fußgelenk/Handgelenk/ Sprunggelenk.
  - in den Beinen/Händen/Füßen.
  - in der Brust/ Kniekehle/ Leiste.
  - unterhalb der Rippen.
- Ich habe ... Bauchschmerzen.
  - Brustschmerzen.
  - Hüftschmerzen.
  - Knieschmerzen.
  - Magenschmerzen.
  - Rückenschmerzen.
  - Zahnschmerzen.
- Meine Knochen tun mir weh.
- Ich habe ... eine Hausstauballergie.
  - eine Medikamentenallergie.
  - eine Nahrungsmittelallergie.
  - Pollenallergie.
  - Tierhaarallergie.

- Jestem bardzo osłabiony/ osłabiona.
- Niedobrze mi.
- Jest mi bardzo gorąco/zimno.
- Źle spałem/spałam.
- Nie mogę spać ze względu na kaszel.
- Mam jeszcze bóle.
- Mam bóle ...
  - całego ciała.
  - kręgosłupa.
  - podczas oddychania/kaszlu.
  - w kostce/w nadgarstku/ w stawie skokowym.
  - w nogach/w rękach/w stopach.
  - w klatce piersiowej/z tyłu kolana (w dole podkolanowym)/ w pachwinie.
  - pod żebrami.
- Mam ... bóle brzucha.
  - bóle w klatce piersiowej.
  - bóle biodra/bioder.
  - bóle kolan(a).
  - bóle żołądka.
  - bóle pleców.
  - bóle zęba/zębów.
- Bolą mnie kości.
- Mam ... alergię na kurz.
  - alergię na leki.
  - alergię pokarmową.
  - alergię na pyłki.
  - alergię na sierść zwierząt.

- –Fruktoseintoleranz.
- –Laktoseintoleranz.
- –Glutenunverträglichkeit.
- Ich bin allergisch gegen Eier/ Erdbeeren/Fische/Nüsse.
- Ich habe Schwierigkeiten beim Atmen.
- Ich habe Verstopfung.
- Es juckt hier.
- Es tut mir nicht weh.

- –nietolerancję fruktozy.
- –nietolerancję laktozy.
- –nietolerancję glutenu.
- Mam alergię na jajka/truskawki/ ryby/orzechy.
- Mam problemy z oddychaniem.
- Mam zatwardzenie.
- Tutaj swędzi.
- To mnie nie boli.

## Czynności medyczne

### Może pan(i) powiedzieć:

- Podam panu/pani lekarstwo na …
- Te tabletki pomogą panu/pani na te dolegliwości/uśmierzą ból.
- Zrobię panu/pani teraz lewatywę.
- Zrobię panu/pani teraz zastrzyk przeciwbólowy/przeciwzakrzepowy.
- Proszę się nie przestraszyć, będzie drobne ukłucie.
- Proszę się nie bać, to nie boli.
- To potrwa tylko chwilkę.
- To wszystko.
- Skończyliśmy.
- Nie będzie tak źle.
- Zmierzę panu/pani teraz gorączkę.

## Medizinische Behandlungen

### Sie sagen:

- Ich gebe Ihnen gerne ein Medikament gegen …
- Diese Tabletten werden dagegen helfen/werden Ihren Schmerz lindern.
- Ich mache Ihnen jetzt einen Einlauf.
- Ich gebe Ihnen jetzt eine Spritze gegen die Schmerzen/gegen Thrombose.
- Erschrecken Sie nicht, es piekst jetzt ein bisschen.
- Keine Angst, das tut nicht weh.
- Es dauert nur einen Moment.
- Das war's schon.
- Schon sind wir fertig.
- Das wird nicht so schlimm.
- Ich messe jetzt Fieber bei Ihnen.

- Proszę podnieść ramię.
- Pomiar rozpoczyna się w tej chwili.
- Proszę w tym czasie spokojnie leżeć.
- Ma pan(i) (jeszcze) gorączkę.
- Temperatura lekko wzrosła.

- Zmierzę panu/pani teraz ciśnienie.
- Może się pan(i) ubrać.
- Trzeba wymienić opatrunek.

- Zaraz go poluzuję.
- Posmaruję to miejsce niewielką ilością maści.
- Gdzie jest najbliższy szpital?
- Jaki jest numer telefonu na pogotowie ratunkowe?

- Heben Sie bitte den Arm.
- Die Messung beginnt jetzt.
- Bitte bleiben Sie in der Zeit ruhig liegen.
- Sie haben (noch) Fieber.
- Ihre Temperatur ist leicht gestiegen.
- Ich messe jetzt Ihren Blutdruck.
- Sie können sich wieder anziehen.
- Ihr Verband muss noch gewechselt werden.
- Ich mach es gleich lockerer.
- Ich trage hier ein bisschen Salbe auf.
- Wo ist das nächste Krankenhaus?
- Wie ist die Telefonnummer des Krankenwagens?

## Może pan(i) usłyszeć te zwroty: Und Sie könnten hören:

- Ich brauche noch etwas aus der Apotheke.
- Dort liegen die Rezepte.
- Könnten Sie bitte meine Medikamente holen?
- Ist mein Blutdruck wieder normal?
- Die Manschette am Arm drückt.

- Nicht so fest drücken!
- Das tut aber weh!

- Potrzebuję jeszcze czegoś z apteki.
- Tam leżą recepty.
- Mogę prosić o kupienie mi leków?

- Czy moje ciśnienie jest już w normie?
- Mankiet ciśnieniomierza jest za mocno zaciśnięty i uwiera.
- Proszę nie naciskać tak mocno!
- To naprawdę boli!

# Extras | Dodatek

## Uhrzeit | Czas

| Es ist … | Jest …. |
|---|---|
| 12.00 Uhr. zwölf Uhr. Mittag. | godz. 12:00. (godzina) dwunasta. dwunasta w południe. |
| 24.00 Uhr / 0.00 Uhr. vierundzwanzig Uhr / null Uhr. zwölf Uhr nachts. Mitternacht. | godz. 24:00 / 00:00. (godzina) dwudziesta czwarta / (godzina) zero zero. (godzina) dwunasta w nocy. północ. |
| 9.25 Uhr. neun Uhr fünfundzwanzig. fünf vor halb zehn. | godz. 9:25. (godzina) dziewiąta dwadzieścia pięć. wpół do dziesiątej. |
| 13.00 Uhr. dreizehn Uhr / ein Uhr. | godz. 13:00. (godzina) trzynasta/pierwsza. |
| 14.45 Uhr. vierzehn Uhr fünfundvierzig. Viertel vor drei. | godz. 14:45. (godzina) czternasta czterdzieści pięć. za kwadrans trzecia. |
| 15.15 Uhr. fünfzehn Uhr fünfzehn. Viertel nach drei. | godz. 15:15. (godzina) piętnasta piętnaście. kwadrans po trzeciej. |
| 16.40 Uhr. sechzehn Uhr vierzig. zwanzig vor fünf. | godz. 16:40. (godzina) szesnasta czterdzieści. za dwadzieścia piąta. |
| 17.55 Uhr. siebzehn Uhr fünfundfünfzig. fünf vor sechs. | godz. 17:55. (godzina) siedemnasta pięćdziesiąt pięć. za pięć szósta. |
| 18.05 Uhr. achtzehn Uhr fünf. fünf nach sechs. | godz. 18:05. (godzina) osiemnasta pięć. pięć po szóstej. |

| | |
|---|---|
| 19.30 Uhr.<br>neunzehn Uhr dreißig.<br>halb acht. | godz. 19:30.<br>(godzina) dziewiętnasta trzydzieści.<br>wpół do ósmej. |
| 22.00 Uhr.<br>zweiundzwanzig Uhr.<br>zehn Uhr. | godz. 22:00.<br>(godzina) dwudziesta druga.<br>dziesiąta. |

## Uhrzeiten im Alltag | Rozmowy o czasie

| | |
|---|---|
| Ich komme **um** 10 Uhr an. | Przyjeżdżam **o** 10. |
| Kann ich Sie **gegen** 11 Uhr erreichen? | Czy możemy porozmawiać **około** 11? |
| Der Entwurf muss **bis** 14 Uhr fertig sein. | Projekt musi być gotowy **do** (godziny) 14. |
| Wir treffen uns **um** 16.30 Uhr. | Spotkajmy się **o** (godzinie) 16:30. |
| Ich bin **zwischen** 13 Uhr und 17 Uhr im Büro. | W biurze jestem **od** (godziny) 13 **do** 17-tej. |
| **Ab** 18 Uhr habe ich Zeit. | Mam czas **po** (godzinie) 18. |
| Er steht nie **vor** 9 Uhr auf. | Nigdy nie wstaję **przed** 9. |
| **Nach** 17 Uhr ist das Büro nicht besetzt. | **Po** (godzinie) 17 biuro jest zamknięte. |
| Sie muss um **kurz nach** drei los. | Ona musi wyjść **zaraz po** trzeciej. |
| **Von** sechs **bis** acht ist Happy Hour. | Happy Hour jest **od** 18:00 **do** 20:00. |
| Bleib doch noch, es ist **erst** vier. | Zostań jeszcze. Jest **dopiero** czwarta. |
| Die Tankstelle hat **rund um die Uhr** geöffnet. | Stacja benzynowa (jest) czynna **non stop**. |

Hinweis: Im Alltag werden die Stundenangaben über 12 selten verwendet.

# Zahlen | Liczby

## Grundzahlen | Liczebniki główne

| | | | |
|---|---|---|---|
| 0 | zero null | 80 | osiemdziesiąt achtzig |
| 1 | jeden eins | 90 | dziewięćdziesiąt neunzig |
| 2 | dwa zwei | 100 | sto hundert |
| 3 | trzy drei | 101 | sto jeden (ein)hunderteins |
| 4 | cztery vier | 200 | dwieście zweihundert |
| 5 | pięć fünf | 300 | trzysta dreihundert |
| 6 | sześć sechs | 400 | czterysta vierhundert |
| 7 | siedem sieben | 500 | pięćset fünfhundert |
| 8 | osiem acht | 600 | sześćset sechshundert |
| 9 | dziewięć neun | 700 | siedemset siebenhundert |
| 10 | dziesięć zehn | 800 | osiemset achthundert |
| 11 | jedenaście elf | 900 | dziewięćset neunhundert |
| 12 | dwanaście zwölf | 1000 | tysiąc tausend |
| 13 | trzynaście dreizehn | 1999 | tysiąc dziewięćset dziewięćdziesiąt dziewięć (ein)tausend neunhundert neunundneunzig |
| 14 | czternaście vierzehn | | |
| 15 | piętnaście fünfzehn | | |
| 16 | szesnaście sechzehn | | |
| 17 | siedemnaście siebzehn | 1999 | rok tysiąc dziewięćset dziewięćdziesiąty dziewiąty (das Jahr) neunzehn hundert neunundneunzig |
| 18 | osiemnaście achtzehn | | |
| 19 | dziewiętnaście neunzehn | | |
| 20 | dwadzieścia zwanzig | | |
| 21 | dwadzieścia jeden einundzwanzig | 2000 | dwa tysiące zweitausend |
| | | 3000 | trzy tysiące dreitausend |
| 22 | dwadzieścia dwa zweiundzwanzig | 4000 | cztery tysiace viertausend |
| | | 5000 | pięć tysięcy fünftausend |
| 30 | trzydzieści dreißig | 10 000 | dziesięć tysięcy zehntausend |
| 31 | trzydzieści jeden einunddreißig | 100 000 | sto tysięcy hunderttausend |
| | | 1 000 000 | milion eine Million |
| 40 | czterdzieści vierzig | 2 000 000 | dwa miliony zwei Millionen |
| 50 | pięćdziesiąt fünfzig | 5 000 000 | pięć milionów fünf Millionen |
| 60 | sześćdziesiąt sechzig | 1 000 000 000 | miliard eine Milliarde |
| 70 | siedemdziesiąt siebzig | | |

## Ordnungszahlen | Liczebniki porządkowe

Wenn die polnischen Ordnungszahlen dekliniert werden, müssen die entsprechenden Endungen angehängt werden: -y od -i m, -a f, -e n, -i od -y *Personalform pl*, -e *Sachform pl*.

1. pierwszy, -a, -e erste
2. drugi, -a, -e zweite
3. trzeci, -a, -e dritte
4. czwarty, -a, -e vierte
5. piąty, -a, -e fünfte
6. szósty, -a, -e sechste
7. siódmy, -a, -e siebte, siebente
8. ósmy, -a, -e achte
9. dziewiąty, -a, -e neunte
10. dziesiąty, -a, -e zehnte
11. jedenasty, -a, -e elfte
12. dwunasty, -a, -e zwölfte
13. trzynasty, -a, -e dreizehnte
14. czternasty, -a, -e vierzehnte
15. piętnasty, -a, -e fünfzehnte
16. szesnasty, -a, -e sechzehnte
17. siedemnasty, -a, -e siebzehnte
18. osiemnasty, -a, -e achtzehnte
19. dziewiętnasty, -a, -e neunzehnte
20. dwudziesty, -a, -e zwanzigste
21. dwudziesty, -a, -e pierwszy, -a, -e einundzwanzigste
22. dwudziesty, -a, -e drugi, -a, -e zweiundzwanzigste
30. trzydziesty, -a, -e dreißigste
31. trzydziesty, -a, -e pierwszy, -a, -e einunddreißigste
40. czterdziesty, -a, -e vierzigste
50. pięćdziesiąty, -a, -e fünfzigste
60. sześćdziesiąty, -a, -e sechzigste
70. siedemdziesiąty, -a, -e siebzigste
80. osiemdziesiąty, -a, -e achtzigste
90. dziewięćdziesiąty, -a, -e neunzigste
100. setny, -a, -e hundertste
101. sto pierwszy, -a, -e hunderterste
200. dwusetny, -a, -e zweihundertste
300. trzechsetny, -a, -e dreihundertste
400. czterechsetny, -a, -e vierhundertste
500. pięćsetny, -a, -e fünfhundertste
600. sześćsetny, -a, -e sechshundertste
700. siedemsetny, -a, -e siebenhundertste
800. osiemsetny, -a, -e achthundertste
900. dziewięćsetny, -a, -e neunhundertste
1000. tysięczny, -a, -e tausendste
1999. tysiąc dziewięćset dziewięćdziesiąty, -a, -e dziewiąty, -a, -e eintausend neunhundert neunundneunzigste
2000. dwutysięczny, -a, -e zweitausendste

| | | | |
|---|---|---|---|
| 3000. | trzytysięczny, -a, -e dreitausendste | 10 000. | dziesięciotysięczny, -a, -e zehntausendste |
| 4000. | czterotysięczny, -a, -e viertausendste | 100 000. | stotysięczny, -a, -e / stutysięczny, -a, -e hunderttausendste |
| 5000. | pięciotysięczny, -a, -e fünftausendste | 1 000 000. | milionowy, -a, -e millionste |

## Bruchzahlen | Ułamki

- 1/2 **jedna druga** *od* **pół** *(ein)*halb
- 1/3 **jedna trzecia** ein Drittel *n*
- 2/3 **dwie trzecie** zwei Drittel
- 1/4 **jedna czwarta** / *(nur bei Gewicht)* **ćwierć** ein Viertel *n*
- 3/4 **trzy czwarte** drei Viertel
- 1/5 **jedna piąta** ein Fünftel *n*
- 1/10 **jedna dziesiąta** ein Zehntel
- 1/100 **jedna setna** ein Hundertstel *n*
- 1/1000 **jedna tysięczna** ein Tausendstel *n*
- 1 1/2 **półtora** *od* **jeden i pół** anderthalb, eineinhalb
- 2 1/2 **dwa i pół** *od* **dwa i jedna druga** zweieinhalb
- 0,25 **zero dwadzieścia pięć** / *(nur bei Gewicht)* **ćwierć** null Komma fünfundzwanzig
- 0,5 **zero przecinek pięć** *od* **pół** null Komma fünf
- 3,8 **trzy przecinek osiem** *od* **trzy i osiem dziesiątych** drei Komma acht

# Grammatik | Gramatyka

## Kurzgrammatik des Polnischen | Zarys gramatyki polskiej

### Konjugation der Verben

Die Reihenfolge der Formen (von links nach rechts): Infinitiv, 1. und 3. Person *sg* und 3. Pers. *pl* Präsens (für perfektive Verben Futur), Imperativ (1. Pers. *sg*), Präteritum (3. Pers. *m*, *f*, *nsg* und *pl Personalform*), Partizip der Gleichzeitigkeit.

**1** Infinitiv -ać

**1a** Hinweis beim Stichwort: (-am)

koch-**ać**  -am, -a, -ają  -aj!  -ał(a, -o), -ali  -ając

**1b** Hinweis beim Stichwort: (-ę), (-ię), (-czę), (-żę), (-rzę), (-szę), (-szczę), (-żdżę)

łap-**ać**  -ię, -ie, -ią  łap!  -ał(a, -o), -ali  -iąc

- *Zur Beachtung*: **sł-** wird zu **śl-**, **sp-** zu **śp-**. Alle Präteritumformen werden vom Infinitivstamm abgeleitet!

**1c** Hinweis beim Stichwort: (-eję)

grz-**ać**  -eję, -eje, -eją  -ej!  -ał(a, -o), -ali/-eli  -ejąc

**2** Infinitiv -wać

**2a** Hinweis beim Stichwort: (-ję)

da-**wać**  -ję, -je, -ją  daj!  -wał(a, -o), -wali  -jąc

## 3 Infinitiv -iwać, -ować, -ywać

### 3a Hinweis beim Stichwort: (-uję)

| | | | | |
|---|---|---|---|---|
| obsług-**iwać** | -uję, -uje, -ują | -uj! | -iwał(a, -o), -iwali | -ując |
| meld-**ować** | -uję, -uje, -ują | -uj! | -ował(a, -o), -owali | -ując |
| ukaz-**ywać** | -uję, -uje, -ują | -uj! | -ywał(a, -o), -ywali | -ując |

- *Zur Beachtung*: Beim Hinweis **-wuję** bleibt das **-w-** in den vom Präsens-Futur-Stamm gebildeten Formen: **rozstrzeliwać – rozstrzeliwuję**. Beim Hinweis **-[w]uję** bleibt beim imperfektiven Verb das **-w-** in den vom Präsens-Stamm gebildeten Formen.

## 4 Infinitiv -ąć

### 4a Hinweis beim Stichwort: (-nę), (-[e]pnę), (-[e]gnę), (-mę), (-[e]jmę)

| | | | | |
|---|---|---|---|---|
| kl-**ąć** | -nę, -nie, -ną | -nij! | -ął( -ęła, -ęło), -ęli | -nąc |

- Bei den vom Futur-Stamm gebildeten perfektiven Formen **e**-Einschub bei Konsonantenhäufung: **odpiąć: odepnę** (aber: **odpiął** usw.).

## 5 Infinitiv -nąć

### 5a Hinweis beim Stichwort: (-nę), (-nę, ń!), (-nę, -ł)

| | | | | |
|---|---|---|---|---|
| ciąg-**nąć** | -nę, -nie, -ną | -nij! | -nął (-nęła, -nęło), -nęli | -nąc |
| sły-**nąć** | -nę, -nie, -ną | -ń! | -nął (-nęła, -nęło), -nęli | -nąc |
| marz-**nąć** | -nę, -nie, -ną | -nij! | -nął/-ł (-ła, -ło), -li | -nąc |

- *Zur Beachtung*: **-snąć**, **-znąć** – 3. Pers. **-śnie**, **-źnie**, *Imperativ* **-śnij!**, **-źnij!** Vokalwechsel **o: ó**: **zmoknąć – zmókł**.

## 6 Infinitiv -eć

### 6a Hinweis beim Stichwort: (-em)

| | | | | |
|---|---|---|---|---|
| umi-**eć** | -em, -e, -eją | -ej! | -ał(a, -o), -eli | -ejąc |

## 6b Hinweis beim Stichwort: (-eję), (-ieję)

| | | | | | |
|---|---|---|---|---|---|
| mdl-eć | -eję, -eje, -eją | -ej! | | -ał(a, -o), -eli | -ejąc |

## 6c Hinweis beim Stichwort:
(-ę, -i), (-cę, -i), (-dzę, -i), (-szę, -i), (-żę, -i), (-ę, -mij!), (-nę, -nij!)

| | | | | |
|---|---|---|---|---|
| myśl-eć | -ę, -i, -ą | myśl! | -ał(a, -o), -eli | -ąc |
| brzm-ieć | -ię, -i, -ią | -ij! | -iał(a, -o), -ieli | -iąc |
| pachn-ieć | -ę, -ie, -ą | -ij! | -iał(a, -o), -ieli | -ąc |

- *Zur Beachtung:* **-cieć : -cę : -ć** (**leciéć – lecę – leć**); **-dzieć : -dzę : -dź** (**siedzieć – siedzę – siedź**); **-sieć : -szę : -ś** (**wisieć – wiszę – wiś**).

## 6d Hinweis beim Stichwort: (-ę, -y)

| | | | | |
|---|---|---|---|---|
| słysz-eć | -ę, -y, -ą | słysz! | -ał(a, -o), -eli | -ąc |

## 7 Infinitiv -ić

### 6a Hinweis beim Stichwort:
(-ę), (-ię), (-ję), (-cę), (-dzę), (-lę), (-szę), (-szczę), (-żę), (-żdżę), (-ę, -nij!), (-ę, -pij!)

| | | | | |
|---|---|---|---|---|
| bron-ić | -ię, -i, -ią | broń! | -ił(a, -o), -ili | -iąc |
| pros-ić | -szę, -i, -szą | proś! | -ił(a, -o), -ili | -sząc |

- *Zur Beachtung:* **-lić, -cić, -dzić, -aić, -eić, -oić : -lę, -cę, -dzę : -aję, -ai; -eję, -ei; -oję, -oi; -sić : -szę, -si; -ścić : -szczę, -ści; -zić : -żę, -zi; -ździć : -żdżę, -ździ.** Imperativ endungslos (erweicht: **c : ć, dz : dź, s : ś, z : ż**), bei Verben auf **-nić** entweder **-ń** oder **-nij**. Bei Verben auf **-aić, -eić, -oić** lautet der Imperativ auf **-j**, wobei Vokalwechsel **o : ó** stattfindet: **kleić – klej, kroić – krój**.

## 8 Infinitiv -yć

### 8a Hinweis beim Stichwort: (-ę)

| | | | | |
|---|---|---|---|---|
| ucz-yć | -ę, -y, -ą | ucz! | -ył(a, -o), -yli | -ąc |

*Zur Beachtung*: Im Imperativ Vokalwechsel **o : ó** (**tworzyć – twórz!**)

## 9 Infinitiv -ć (einsilbige Verben auf -ić, -uć, -yć)

### 9a Hinweis beim Stichwort: (-ję)

| | | | | |
|---|---|---|---|---|
| pi-ć | -ję, -je, -ją | pij! | pił(a, -o), pili | -jąc |
| żu-ć | -ję, -je, -ją | żuj! | żuł(a, -o), żuli | -jąc |

# Deklination der Substantive

## 1 Maskulina

### 1a Endung: -c, -cz, -dz, -dż, -rz, -sz, -ż; -g, -k; -ch; -ć, -dź, -j, -ń, -ś, -ź, -l

| Kasus: | N | G | D | A | I | L | V |
|---|---|---|---|---|---|---|---|
| sg belebt | rycerz | rycerza | rycerzowi | = G | rycerzem | rycerzu | = L |
| | tatuś | tatusia | tatusiowi | = G | tatusiem | tatusiu | = L |
| unbelebt | cel | celu | celowi | = N | celem | celu | – |
| | kamień | kamienia | kamieniowi | = N | kamieniem | kamieniu | – |
| pl m-os | rycerze | rycerzy | rycerzom | = G | rycerzami | rycerzach | = N |
| | tatusiowie | tatusiów | tatusiom | = G | tatusiami | tatusiach | = N |
| ż-rzecz | cele | celów | celom | = N | celami | celach | – |
| | kamienie | kamieni | kamieniom | = N | kamieniami | kamieniach | – |

### 1b Endung: -b, -d, -zd, -f, -ł, -m, -n, -p, -r, -s, -t, -st, -w, -z

| Kasus: | N | G | D | A | I | L | V |
|---|---|---|---|---|---|---|---|
| sg belebt | sołtys | sołtysa | sołtysowi | = G | sołtysem | sołtysie | = L |
| | Kurp | Kurpia | Kurpiowi | = G | Kurpiem | Kurpiu | = L |
| unbelebt | staw | stawu | stawowi | = N | stawem | stawie | – |
| | sklep | sklepu | sklepowi | = N | sklepem | sklepie | – |
| pl m-os | sołtysi | sołtysów | sołtysom | = G | sołtysami | sołtysach | = N |
| | Kurpiowie | Kurpiów | Kurpiom | = G | Kurpiami | Kurpiach | = N |
| ż-rzecz | stawy | stawów | stawom | = N | stawami | stawach | – |
| | sklepy | sklepów | sklepom | = N | sklepami | sklepach | – |

## 1c Endung: -a, -o, -anin

| Kasus: | N | G | D | A | I | L | V |
|---|---|---|---|---|---|---|---|
| sg | poeta | poety | poecie | poetę | poetą | poecie | poeto! |
| belebt | cieśla | cieśli | cieśli | cieślę | cieślą | cieśli | cieślo! |
|  | dziadzio | dziadzia | dziadziowi | = G | dziadziem | dziadziu | = L |
|  | Rosjanin | Rosjanina | Rosjaninowi | = G | Rosjaninem | Rosjaninie | = L |
| m-os | poeci | poetów | poetom | = G | poetami | poetach | = N |
|  | cieśle | cieśli(ów) | cieślom | = G | cieślami | cieślach | = N |
|  | dziadziowie | dziadziów | dziadziom | = G | dziadziami | dziadziach | = N |
|  | Rosjanie | Rosjan | Rosjanom | = G | Rosjanami | Rosjanach | = N |

## 2 Feminina

### 2a Endung: -ba, -cha, -da, -fa, -ga, -ka, -ła, -ma, -na, -pa, -ra, -sa, -ta, -wa, -za

| Kasus: | N | G | D | A | I | L | V |
|---|---|---|---|---|---|---|---|
| sg | głowa | głowy | głowie | głowę | głową | głowie | głowo! |
|  | matka | matki | matce | matkę | matką | matce | matko! |
| pl | głowy | głów | głowom | = N | głowami | głowach | = N |
|  | matki | matek | matkom | = N | matkami | matkach | = N |

### 2b Endung: -ca, -cza, -dza, -dża, -rza, -sza, -ża, -la; -bia, -cia, -dzia, -fia, -gia, -ja, -kia, -lia, -mia, -nia, -pia, -ria, -sia, -tia, -wia, -zia sowie -i

| Kasus: | N | G | D | A | I | L | V |
|---|---|---|---|---|---|---|---|
| sg | praca | pracy | pracy | pracę | pracą | pracy | praco! |
|  | ciocia | cioci | cioci | ciocię | ciocią | cioci | ciociu! |
| pl | prace | prac | pracom | = N | pracami | pracach | = N |
|  | ciocie | cioć | ciociom | = N | ciociami | ciociach | = N |

### 2c Endung: -ć, -ość, -dź, -j, -ń, -ś, -ź, -b, -p, -w, -l; -c, -cz, -dz, -dż, -rz, -sz, -ż

| Kasus: | N | G | D | A | I | L | V |
|---|---|---|---|---|---|---|---|
| sg | postać | postaci | postaci | = N | postacią | postaci | = G |
|  | noc | nocy | nocy | = N | nocą | nocy | noco! |
| pl | postacie | postaci | postaciom | = N | postaciami | postaciach | = N |
|  | noce | nocy | nocom | = N | nocami | nocach | = N |

- Die erweichte Aussprache der Konsonanten wird in den abhängigen Kasus durch nachfolgendes **-i** (+ Vokal) ausgedrückt. Feminina auf **-ość** haben im *N/pl* immer die Endung **-i**.

- Einige, vor allem einsilbige Feminina verlieren ab G/sg den Vokal der Wurzelsilbe: **wieś – wsi, brew – brwi**.

## 3 Neutra

### 3a Endung: -ci-, -dzi-, -j-, -ni-, -si-, -zi-, -pi-, -bi-, -mi-, -wi-, -c-, -cz-, -dz-, -dż-, -rz-, -sz-, -ż-, -l- +-e oder -o sowie -go, -ko, -cho

| Kasus: | N | G | D | A | I | L | V |
|---|---|---|---|---|---|---|---|
| sg | płuco | płuca | płucu | = N | płucem | płucu | = N |
| | zdanie | zdania | zdaniu | = N | zdaniem | zdaniu | = N |
| | łyko | łyka | łyku | = N | łykiem | łyku | = N |
| pl | płuca | płuc | płucom | = N | płucami | płucach | = N |
| | zdania | zdań | zdaniom | = N | zdaniami | zdaniach | = N |
| | łyka | łyk | łykom | = N | łykami | łykach | = N |

### 3b Endung: -bo, -do, -ło, -mo, -no, -po, -ro, -so, -to, -wo, -zo sowie -um

| Kasus: | N | G | D | A | I | L | V |
|---|---|---|---|---|---|---|---|
| sg | drzewo | drzewa | drzewu | = N | drzewem | drzewie | = N |
| | muzeum | muzeum | muzeum | = N | muzeum | muzeum | = N |
| pl | drzewa | drzew | drzewom | = N | drzewami | drzewach | = N |
| | muzea | muzeów | muzeom | = N | muzeami | muzeach | = N |

### 3c Endung: -ę (-ęta), -ę (-ona)

| Kasus: | N | G | D | A | I | L | V |
|---|---|---|---|---|---|---|---|
| sg | cielę | cielęcia | cielęciu | = N | cielęciem | cielęciu | = N |
| | imię | imienia | imieniu | = N | imieniem | imieniu | = N |
| pl | cielęta | cieląt | cielętom | = N | cielętami | cielętach | = N |
| | imiona | imion | imionom | = N | imionami | imionach | = N |

## Deklination der Adjektive

### 1a  Hartstämmige Adjektive auf -y sowie auf -gi, -ki, weichstämmige Adjektive auf -i

|   | maskulin | feminin | neutral | m-os | ż-rzecz |
|---|---|---|---|---|---|
| N | nowy, tani | nowa, tania | nowe, tanie | nowi, tani | nowe, tanie |
| G | nowego, taniego | nowej, taniej | = maskulin | nowych, tanich | nowych, tanich |
| D | nowemu, taniemu | nowej, taniej | = maskulin | nowym, tanim | nowym, tanim |
| A | = G oder N | nową, tanią | nowe, tanie | nowych, tanich | nowe, tanie |
| I | nowym, tanim | nową, tanią | = maskulin | nowymi, tanimi | nowymi, tanimi |
| L | nowym, tanim | nowej, taniej | = maskulin | nowych, tanich | nowych, tanich |

- Bei Adjektiven auf **-ki** und **-gi** bleibt das **-i-** in den Lautverbindungen **k + e** und **g + e**:
  - **długi – długiego, wysokie – wysokiego** usw.

- *G/sg* der maskulinen Form ist für Menschen und Tiere = Genitiv, für Sachen und Begriffe = Nominativ.

- Lautwandel im *N/m-os*: **-py : -pi, -by : -bi, -wy : -wi, -my : -mi, -ny : -ni, -dy : -dzi, -ki : -cy, -ty : -ci, -sy/-szy/-chy : -si, -ły : -li, -ry : -rzy, -ży : -zi, -gi : -dzy, -sty : -ści, -sły : -śli**.

- Nur als Prädikatsnomen gebrauchte Adjektive: Im *N/sg* der männlichen Adjektive kommen Formen vor, die auf Konsonant enden und nicht deklinierbar sind: **ciekaw, świadom, kontent, rad, wart, winien** usw. Lautwechsel und (i)e-Einschub sind möglich: **zdrowy – zdrów, pełny – pełen, godny – godzien** usw.

- Der *N/m-os* der Komparative auf **-szy** lautet **-si: stary – starszy – starsi**. Dabei wird **ł** zu **l**, **n** zu **ń**, **g** zu **ż** und bei einigen Adj. **a**, **o** zu **e**, und **ą** zu **ę**. Adj. auf **-ki, -eki, -oki** verlieren diese Endung, **s** wird zu **ż: słodki – słodszy, daleki – dalszy, niski – niższy**. Bei Konsonantenhäufung vor dem **-y** der mask. Form endet der Komparativ auf **-ejszy: ładny – ładniejszy**.

# Kurzgrammatik des Deutschen | Wskazówki dotyczące gramatyki języka niemieckiego

## 1 Rzeczownik

**Deklinacja rzeczowników w liczbie pojedynczej**
W liczbie pojedynczej wyróżnia się trzy główne typy deklinacji i typ mieszany.

- Większość rzeczowników rodzaju męskiego i wszystkie rzeczowniki rodzaju nijakiego (odmiana: das Herz) przybierają w dopełniaczu końcówki -s/-es: der Vater – des Vater**s**, der Fluss – des Fluss**es** itp.

- Rzeczowniki rodzaju męskiego oznaczające istoty ożywione we wszystkich przypadkach oprócz mianownika mają końcówki -(e)n: der Elefant – des Elefant**en**, der Student – des Student**en**.

- W rzeczownikach rodzaju żeńskiego nie dodaje się końcówek w żadnym przypadku: die/der/der/die Mutter.

- Do typu mieszanego należą rzeczowniki rodzaju męskiego i jeden rzeczownik rodzaju nijakiego: das Herz, der Buchstabe, der Gedanke, der Name. Te rzeczowniki przybierają końcówki -(e)n w bierniku (w przypadku rodzaju męskiego) i w celowniku, a końcówkę -(e)ns w dopełniaczu.

**Tworzenie liczby mnogiej i deklinacja rzeczowników w liczbie mnogiej**
Liczbę mnogą tworzy się przez dodanie do tematu

- końcówki -e (z przegłosem i bez): der Gast → die Gäste, der Tag → die Tag**e**

- końcówki -en (bez przegłosu): die Frage → die Frage**n**, die Tür → die Tür**en**

- końcówki -er (z przegłosem): das Buch → die Büch**er**, das Haus → die Häus**er**

- końcówki zerowej (z przegłosem i bez): der Lehrer → die Lehrer, der Garten → die Gärten

- końcówki -s (bez przegłosu): das Kino → die Kinos

W celowniku liczby mnogiej dodaje się do rzeczownika końcówkę -n, z wyjątkiem rzeczowników zakończonych na -n lub -s. Większość rzeczowników należących do typu drugiego i trzeciego (oprócz rzeczowników zakończonych na -el, -er i kilku innych) we wszystkich przypadkach liczby mnogiej mają końcówkę -(e)n.

## 2 Przymiotnik

Rozróżnia się trzy kategorie form przymiotnika w funkcji przydawki:

- Przymiotnik z rodzajnikiem określonym lub innym wyrazem, posiadającym taką samą końcówkę jak rodzajnik (**diese**(r, -s), **jene**(r, -s), **manche**(r, -s), **solche**(r, -s)) oraz w lm alle, keine, meine, deine, seine, ihre, mehrere, eu(e)re, irgendwelche, sämtliche:
  - N lp der/die/das dicke, kleine, junge itp.
  - A lp die/das dicke, kleine, junge itp.

  - We wszystkich pozostałych przypadkach lp i lm końcówka -en:
    - dem/der/die/den (ihren/meinen/irgendwelchen/manchen) dicken Mann, kleinen Kind(ern), jungen Frau(en) itp.

- Przymiotnik **z rodzajnikiem nieokreślonym** lub innym wyrazem, posiadającym taką samą końcówkę jak rodzajnik nieokreślony (**kein, mein, dein, unser, folgend** itp.):
  - N lp ein alter (Mann) – eine junge (Frau) – ein kleines (Kind);
  - A lp einen alten (Mann) – eine junge (Frau) – ein kleines (Kind)

  - We wszystkich pozostałych przypadkach lp i lm końcówka -en:
    - eines kleinen Kindes, einer jungen Frau, einem alten Mann itp.

- Przymiotniki **bez rodzajnika** odmieniają się jak rodzajnik określony i jedynie w G lp rodzaju męskiego i nijakiego przybierają końcówkę -en:

des alt**en** Weines, des frisch**en** Brotes. Przymiotniki rodzaju nijakiego przybierają poza tym w N i A lp końcówkę **-es** (nie – as!):
- frisch**es** Brot, alt**es** Haus.

## Stopniowanie przymiotników

- Formę stopnia wyższego tworzy się przez dodanie sufiksu **-er** do krótkiej formy przymiotnika:
  - einfach → einfach**er**

- Forma stopnia najwyższego tworzy się przez dodanie sufiksu **-st** lub **-est**, w prymiotnikach zakończonych na -d, -t, -s, -x, -z, -ß, -los, -haft:
  - einfach → einfach**ste** (am einfach**sten**)

  - W niektórych jednosylabowych przymiotnikach w stopniu najwyższym samogłoska ulega przegłosowi:
    - stark → stärk**er**, stärk**ste** (am stärk**sten**).

  - Niektóre przymiotniki odbiegają od ogólnej zasady:
    - gut → besser, beste (am besten) itp.

# 3 Czasownik

Poniższa tabela stanowi przykład koniugacji **słabego** czasownika *fragen* w najważniejszych formach: strona czynna czasu teraźniejszego (Präsens), czas przeszły prosty (Präteritum), czas przeszły złożony (Perfekt), czasu przyszłego złożonego (Futur I) i strona bierna czasu teraźniejszego (Passiv Präsens).

|  | Präsens | Präteritum | Perfekt | Futur I | Passiv (Präsens) |
|---|---|---|---|---|---|
| ich | frage | fragte | habe gefragt | werde fragen | werde gefragt |
| du | fragst | fragtest | hast gefragt | wirst fragen | wirst gefragt |
| er/sie/es | fragt | fragte | hat gefragt | wird fragen | wird gefragt |
| wir | fragen | fragten | haben gefragt | werden fragen | werden gefragt |
| ihr | fragt | fragtet | habt gefragt | werdet fragen | werdet gefragt |
| sie | fragen | fragten | haben gefragt | werden fragen | werden gefragt |

Formy koniugacyjne **odmiany mocnej** podane są w zestawieniu, umieszczonym na końcu słownika.

## 4 Zaimki, rodzajnik określony i nieokreślony

**Zaimki osobowe**

| sg | N | ich | du | er | sie | es |
|---|---|---|---|---|---|---|
| | G | meiner | deiner | seiner | ihrer | seiner |
| | D | mir | dir | ihm | ihr | ihm |
| | A | mich | dich | ihn | sie | es |
| pl | N | wir | ihr | sie | sie | sie |
| | G | unser | eurer | ihrer | ihrer | ihrer |
| | D | uns | euch | ihnen | ihnen | ihnen |
| | A | uns | euch | sie | sie | sie |

**Rodzajnik określony i zaimki wskazujące**

| sg | | m | f | n | pl | | m, f, n |
|---|---|---|---|---|---|---|---|
| | N | der | die | das | | N | die |
| | G | des | der | des | | G | der |
| | D | dem | der | dem | | D | den |
| | A | den | die | das | | A | die |

Według tego wzoru odmieniają się również zaimki wskazujące **diese**(r, -s), **jene**(r, -s), **solche**(r, -s): dies**er**, dies**es**, dies**em**, dies**en**, dies**e** itd.

**Rodzajnik nieokreślony i zaimki dzierżawcze**

| sg | | m | f | n | pl | | m, f, n |
|---|---|---|---|---|---|---|---|
| | N | ein | eine | ein | | N | keine [1] |
| | G | eines | einer | eines | | G | keiner |
| | D | einem | einer | einem | | D | keinen |
| | A | einen | eine | ein | | A | keine |

1) Rodzajnik nieokreślony nie ma liczby mnogiej.

Analogicznie: **dein**, **sein**, **unser**, **euer**, **ihr**.

## 5 przyimek

**Rekcja przyimków**

| G | wegen, außerhalb, aufgrund, diesseits, halber, infolge, inmitten, jenseits, kraft, oberhalb, seitens, um … willen, ungeachtet, unterhalb, während |
|---|---|
| D | aus, bei, entgegen, gegenüber, gemäß, mit, nach, seit, von, zu, zuliebe |
| A | bis, durch, für, gegen, je, ohne, per, pro, um, wider |
| D, A | an, auf, hinter, in, neben, über, unter, vor, zwischen |

# Wichtige deutsche starke und unregelmäßige Verben | Ważne nieregularne czasowniki w języku niemieckim

Jak należy posługiwać się wykazem:

- Wykaz obejmuje tylko czasowniki proste, t.zn. w nim nie uwzględniono (z pewnymi wyjątkami) czasowników złożonych, utworzonych przy pomocy przedrostków.

- Dla odnalezienia formy hasłowej czasowników złożonych nierozdzielnie (z przedrostkami be-, ent-, er-, ge- i in.) względnie rozdzielnie (z przedrostkami ab-, an-, fort-, her-, hin-, weg- i in.) oraz czasowników złożonych rozdzielnie bądź nierozdzielnie (z przedrostkami durch-, hinter-, miss-, um- i in.) należy:

  - wychodząc od formy praesens lub imperfectum oddzielić przedrostek: er-hält – hält → halten + er = forma hasłowa w bezokoliczniku: erhalten; emp-fing – fing → fangen + emp = forma hasłowa: empfangen; ab-hob – hob → heben + ab = forma hasłowa: abheben;

  - wychodząc od formy imiesłowu czasu przeszłego dokonanego (Partizip II) zamienić przedrostek be-, emp-, er- i in. nierozdzielnie złożonych czasowników przedrostkiem ge- lub oddzielić przedrostek ab-, an-, weg- itp., występujący przed ge- w rozdzielnie złożonych czasownikach: be-stochen → gestochen → stechen + be = forma hasłowa: bestechen; ab-ge-hoben → gehoben → heben + ab = forma hasłowa: abheben; miss-ver-standen → gestanden → stehen + miss + ver = forma hasłowa: missverstehen.

- W wykazie podaje się następujące formy: 3 os. 1.p. czasu teraźniejszego (praesens), 3 os. 1.p. czasu przeszłego niedokonanego (imperfectum) [+ tryb warunkowy], imiesłów czasu przeszłego dokonanego (Partizip II).

| Infinitiv | Präsens (3. Person Sg) | Präteritum (3. Person Sg) | Partizip II |
|---|---|---|---|
| backen | backt/bäckt | backte/buk | gebacken |
| beginnen | beginnt | begann | begonnen |
| beißen | beißt | biss, *pl* bissen | gebissen |
| bewegen | bewegt | bewog | bewogen |
| bieten | bietet | bot | geboten |
| bitten | bittet | bat | gebeten |
| bleiben | bleibt | blieb | geblieben |
| brechen | bricht | brach | gebrochen |
| brennen | brennt | brannte | gebrannt |
| bringen | bringt | brachte | gebracht |
| denken | denkt | dachte | gedacht |
| dürfen | darf | durfte | gedurft |
| empfangen | empfängt | empfing | empfangen |
| empfehlen | empfiehlt | empfahl | empfohlen |
| essen | isst, 2. *pl* esst | aß | gegessen |
| fahren | fährt | fuhr | gefahren |
| fallen | fällt | fiel | gefallen |
| fangen | fängt | fing | gefangen |
| finden | findet | fand | gefunden |
| fliegen | fliegt | flog | geflogen |
| fliehen | flieht | floh | geflohen |
| geben | gibt | gab | gegeben |
| gehen | geht | ging | gegangen |
| gelten | gilt | galt | gegolten |
| genießen | genießt | genoss, *pl* genossen | genossen |
| geschehen | geschieht | geschah | geschehen |
| gewinnen | gewinnt | gewann | gewonnen |
| gießen | gießt | goss, *pl* gossen | gegossen |

| | | | |
|---|---|---|---|
| gleichen | gleicht | glich | geglichen |
| greifen | greift | griff | gegriffen |
| haben | hat | hatte | gehabt |
| halten | hält | hielt | gehalten |
| hängen | hängt | hing | gehangen |
| heben | hebt | hob | gehoben |
| heißen | heißt | hieß | geheißen |
| helfen | hilft | half | geholfen |
| kennen | kennt | kannte | gekannt |
| klingen | klingt | klang | geklungen |
| kommen | kommt | kam | gekommen |
| können | kann | konnte | gekonnt |
| laden | lädt | lud | geladen |
| lassen | lässt | ließ | gelassen |
| laufen | läuft | lief | gelaufen |
| leiden | leidet | litt | gelitten |
| leihen | leiht | lieh | geliehen |
| lesen | liest | las | gelesen |
| liegen | liegt | lag | gelegen |
| lügen | lügt | log | gelogen |
| messen | misst | maß | gemessen |
| mögen | mag | mochte | gemocht |
| müssen | muss | musste | gemusst |
| nehmen | nimmt | nahm | genommen |
| nennen | nennt | nannte | genannt |
| pfeifen | pfeift | pfiff | gepfiffen |
| raten | rät | riet | geraten |
| reißen | reißt | riss, *pl* rissen | gerissen |
| reiten | reitet | ritt | geritten |
| rennen | rennt | rannte | gerannt |

| | | | |
|---|---|---|---|
| riechen | riecht | roch | gerochen |
| ringen | ringt | rang | gerungen |
| rufen | ruft | rief | gerufen |
| schaffen | schafft | schuf | geschaffen |
| scheiden | scheidet | schied | geschieden |
| scheinen | scheint | schien | geschienen |
| schießen | schießt | schoß, *pl* schossen | geschossen |
| schlafen | schläft | schlief | geschlafen |
| schlagen | schlägt | schlug | geschlagen |
| schleichen | schleicht | schlich | geschlichen |
| schließen | schließt | schloss, *pl* schlossen | geschlossen |
| schmeißen | schmeißt | schmiss, *pl* schmissen | geschmissen |
| schmelzen | schmilzt | schmolz | geschmolzen |
| schneiden | schneidet | schnitt | geschnitten |
| schreiben | schreibt | schrieb | geschrieben |
| schreien | schreit | schrie | geschrien |
| schreiten | schreitet | schritt | geschritten |
| schweigen | schweigt | schwieg | geschwiegen |
| schwimmen | schwimmt | schwamm | geschwommen |
| sehen | sieht | sah | gesehen |
| sein | ist | war | gewesen |
| senden | sendet | sandte | gesandt |
| singen | singt | sang | gesungen |
| sinken | sinkt | sank | gesunken |
| sitzen | sitzt | saß | gesessen |
| sollen | soll | sollte | gesollt |
| spinnen | spinnt | spann | gesponnen |
| sprechen | spricht | sprach | gesprochen |

| | | | |
|---|---|---|---|
| springen | springt | sprang | gesprungen |
| stechen | sticht | stach | gestochen |
| stecken | steckt | steckte/stak | gesteckt |
| stehen | steht | stand | gestanden |
| stehlen | stiehlt | stahl | gestohlen |
| steigen | steigt | stieg | gestiegen |
| sterben | stirbt | starb | gestorben |
| stinken | stinkt | stank | gestunken |
| stoßen | stößt | stieß | gestoßen |
| streichen | streicht | strich | gestrichen |
| streiten | streitet | stritt | gestritten |
| tragen | trägt | trug | getragen |
| treffen | trifft | traf | getroffen |
| treiben | treibt | trieb | getrieben |
| treten | tritt | trat | getreten |
| trinken | trinkt | trank | getrunken |
| tun | tut | tat | getan |
| vergessen | vergisst | vergaß | vergessen |
| verlieren | verliert | verlor | verloren |
| verzeihen | verzeiht | verzieh | verziehen |
| wachsen | wächst | wuchs | gewachsen |
| waschen | wäscht | wusch | gewaschen |
| wenden | wendet | wandte | gewandt |
| werden | wird | wurde/ward | geworden |
| werfen | wirft | warf | geworfen |
| wiegen | wiegt | wog | gewogen |
| wissen | weiß | wusste | gewusst |
| wollen | will | wollte | gewollt |
| ziehen | zieht | zog | gezogen |

# Wskazówki dla użytkownika

| | |
|---|---|
| Hasła pisane są czcionką **niebieską** | **Tennis** *n* (-; *bpl*) tenis; **~ spielen** grać w tenisa **Tennisball** *m* piłka tenisowa |
| Zwroty i wyrażenia złożone pisane są czcionką **tłustą** | **wieś** *f* (*wsi*; *wsie*; *gen wsi*) Dorf *n*; **jechać na ~** aufs Land fahren; **na wsi** auf dem Land(e); **we wsi** im Dorf |
| | **Datum** *n* (-s; -ten) data; **welches ~ haben wir heute?** którego dziś mamy? |
| Tilda ~ zastępuje wcześniej użyte słowo | **pieczeń** *f* (-*ni*; -*nie*) Braten *m*; **~ cielęca** Kalbsbraten *m*; **~ wołowa** Rinderbraten |
| Tłumaczenia pisane są czcionką zwykłą | **samolot** *m* (-*u*; -*y*) Flugzeug *n*; **lecieć ~em** mit dem Flugzeug fliegen |
| Części mowy i informacje o rodzaju towarzyszą hasłom: *adj, m* | **krakowski** *adj* Krakauer |
| | **Daumen** *m* kciuk |
| Skróty używane do oznaczenia rodzaju wyrazu tłumaczonego: *f, m* | **ład** *m* (-*u*; *bpl*) Ordnung *f*; **dojść do ~u** zu- |
| | **małpa** *f* (-*y*) Affe *m*; *umg pej* blöde Kuh *f*; |
| Czasowniki dokonane są umieszczone w nawiasach ostrokątnych | **nabierać** (-*am*) ⟨**nabrać**⟩ (*nabiorę*) (*gen*) nehmen (*akk*); *apetytu* bekommen (*akk*); |
| | **obniżać** (-*am*) ⟨**-yć**⟩ (-*ę*) senken; *poziom* |
| Wskazówki dotyczące tworzenia form: (-*u*; -*y*), (-*y*; *bpl*) | **namiot** *m* (-*u*; -*y*) Zelt *n* |
| | **oliwa** *f* (-*y*; *bpl*) Olivenöl *n*; TECH Schmier- |